本辭典編撰經費承
嘉新水泥公司捐助壹佰萬元
嘉新文化基金會捐助貳拾伍萬元

雲五社會科學大辭典

第三冊

政治學

名譽總編纂 王雲五

編輯委員會召集人 楊亮功 陳雪屏 羅志淵

本冊主編 羅志淵

本冊編輯委員 王兆荃 朱堅章 仲肇湘
易君博 連戰 華力進
雷飛龍 羅志淵 羅時實

出版委員會主任委員 劉季洪

出版者 臺灣商務印書館

本冊撰稿人

（以姓名筆畫為序）

王世憲　杜奎英　周道濟　荊知仁　張旭成　張翰書　陳治世　葉　愷　繆全吉　魏　鏞

王壽南　李鍾桂　金耀基　袁頌西　張京育　陳　慶　華力進　雷飛龍　謝延庚　羅志淵

朱堅章　易君博　胡述兆　孫廣德　張益弘　陳水逢　傅宗懋　楊樹藩　戴鴻超　羅時實

仲肇湘　芮和蒸　郎裕憲　涂懷瑩　張劍寒　陳世材　賀凌虛　談子民　魏　泰

雲五社會科學大辭典

第三冊　政治學

序　言

政治學之稱，雖不見之於我國往古的典籍，但在二千五百餘年之前，儒家由修齊治平以迄世界大同的政論，實具有其整套的理論體系。在西方言之，二千四百餘年之前的希臘哲人亞里斯多德著政治學一書，開創了政治學的新格局。嗣是以還，歷代從政人員和治學之士，對於政治理論和政治制度，精研潭思，踵事增華，使政治學的論域日益擴展，政治學的體系日趨完整，成爲現代重要社會科學之一。而近代美國行爲學派，更以新方法建立新的政治理論；此一新的趨勢，猶在迅速發展階段，中外政治學者正予以莫大的注意和關切。

本部門編排體例係按名辭中文首字筆畫爲序，每題爲文，長短詳略，未必一致，蓋爲尊重作者原意，主編者未敢強予求同。本部門因牽涉中外古今的政治論說，由於人力物力及時間之所限，所列名詞及其內容，難免有所缺失，尚望高明，不吝賜正，俾於再版時修正。

中華民國五十九年七月十五日**羅志淵**謹識

雲五社會科學大辭典（第三冊）

政治學

一元論 (Monism)

哲學思想中認定宇宙（世界）由一基本原素演化而成或以宇宙爲「一個體本質」(one individual being) 而以一切人或物爲此本質所涵之各分體者曰一元論。在哲學史上，一元論有三種形式，即唯物論 (materialism)，以物質爲構成宇宙之基本元素，由希臘原子論派首倡；唯心論 (spiritualism)，以精神爲構成宇宙之基本元素，如柏拉圖，黑格爾等人皆倡此說；及中性論 (neutralism)，以構成宇宙之基本元素爲一中性之物，而物質與精神則爲此中性之物之外相表現，如 Spinoza 之本體說。

近代學者應用「一元論」一詞多已脫離其原來含義；如「經濟一元論」(economic monism) 一詞即泛指某些學說，如馬克斯主義，過分強調經濟因素對政治社會關係之支配影響，而忽視其他因素。又某些學說以「權力」(Power) 爲國際關係之唯一動機，即爲「權力一元論」(Power monism)。（張旭成）

一院制

見「兩院制」條。

九寺

我國古時政府機關名，故凡府廷所在皆謂之寺，寺蓋官吏治事之所，自漢以來，尤以之通指九卿之所居（左傳隱公七年發幣於公卿疏云）。通典職官總論諸卿：「漢以太常、光祿勳、衞尉、太僕、廷尉、大鴻臚、宗正、大司農、少府謂之九寺大卿」。然考西漢諸卿亦尚未見九數之定制，故凡九卿九寺，其在漢時通爲習稱。通典北齊九寺註謂：「晉荀勖曰九寺可併於尚書，後魏亦有三府九寺，則九卿稱寺久矣，然通異名，不連官號，其官寺連稱，自北齊始也」。按隋書職官志載北齊之制云：「太常、光祿、衞尉、宗正、太僕、大理、鴻臚、司農、太府是爲九寺，置卿、少卿、丞各一人，各有功曹、五官、主簿、錄事等員」。隋唐同於北齊，九寺乃正式爲政府機關之名稱。同時省寺權責亦由演進而有明晰之分野，唐書楊收傳：「總羣官而聽曰省，分務而專治曰寺」，九寺執掌實與尚書六部相繫屬，蓋尚書六部乃政務機關，九寺乃事務機關，六部出令決策，九寺受命執行，非復魏晉以來省寺職權混淆之情狀。然宋後九寺職事多併入各部，下逮明清，雖習有九卿之稱，而九寺之官署久歸缺廢。茲依唐制序列九寺之執掌及職官於後：一、太常寺，掌禮樂郊廟社稷之事；二、光祿寺，掌酒醴膳羞之政；三、衞尉寺，掌軍衞器仗；四、宗正寺，掌天子族親屬籍；五、太僕寺，掌廐牧輦輿之政；六、大理寺，掌折獄詳刑；七、鴻臚寺，掌賓客及凶儀之事；八、司農寺，掌倉儲苑囿之事；九、太府寺，掌財貨廩藏貿易。寺各以寺卿爲之長，少卿二，爲之次官，有丞一至六人不等，餘則太常寺有博士、太祝、奉禮郎、協律郎；大理寺有大理正、主簿、獄丞、司直、評事；太府寺有主簿，員額不一。各寺間有所屬下級機構，職官另有編制。（參看九卿各條）（杜奎英）

九品中正

魏文帝依陳羣議定九品官人法，凡郡邑設小中正，州設大中正，品第人才，由小中正以九等第其高下，上諸大中正，大中正核實，上諸司徒，司徒再核實然後付尚書選用。晉、南北朝皆仍之，隋開皇中始廢。惟官制爲九品，後魏九品又各分正從，凡十八品，宋元明清仍之。

通典職官典「秩品」：「魏官置九品，第一品：黃鉞大將軍、三公、諸國王、公、侯、伯、子、男爵、大丞相，第二品：諸四征、四鎮、車騎、驃騎將軍、諸大將軍，第三品：侍中、散騎常侍、……，第四品：城門校尉、武衛、：，第五品：給事中、給事黃門侍郎、……，第六品：尚書左右丞、尚書郎中、……，第七品：期門郎、諸國公謁者、……，第八品：尚書、中書秘書、著作及主書、主圖、主譜史、……，第九品：蘭臺殿中、蘭臺謁者及都水使者書會史。」沈約「恩倖傳論」：「權立九品。」

小學紺珠、職官類「九品」：「漢自中二千石至百石，凡十六等；後十三等；魏更置九品；梁定九品，更十八班，增置為十品，凡二十四品；後魏置九品，品各置從，凡十八品，自四品以下，每品分為上下階，凡三十階。」（繆全吉）

九流十家

春秋後期，王官失守，私學漸興，百家競爽，諸子爭鳴。及至戰國中葉，儒墨已成顯學，孟子曾說：「楊朱、墨翟之言盈天下，天下之言，不歸楊則歸墨。」（滕文公下）「逃墨必歸於楊，逃楊必歸於儒。」（盡心下）可見當時雖處士橫議，但却以儒、墨、楊朱的學說最為流行，且已形成宗派（墨子一書，已有儒者之名，而孟子書中，亦有墨者之稱，其早已形成公認的宗派，似無疑問）。至於其他學說，或者信徒一時雖足以與儒、墨相頡頏（如楊朱），或者其受時君的重視雖凌駕儒、墨之上（如名法、縱橫、陰陽等），或者雖亦自成門戶（如許行之有徒衆數十人，聚而捆屨織席以為食，〔參看孟子滕文公上〕），但先秦時期，均始終未被時人視為一個宗派。直至西漢中期，司馬談論述先秦以來各種學說，首先將它們分為陰陽、儒、墨、名、法、道德等六家（見史記自序引司馬談論六家要指），以家為學派之稱自此始。西漢末年，劉歆奉詔繼承其父劉向校讎祕府藏書，於是總羣書而奏七略，其中諸子略又於司馬談所分的六家之外，增加縱橫、雜、農、小說等四家，並因小說家係屬「小道」，所以說：「諸子十家，其可觀者，九家而已。」而他於分論各家之時，首句均稱某家者流，後人因將十家中的小說家除外，而稱之為九流，而統述先秦學派時則常好稱之為「九流十家」。七略一書，現已散佚，但東漢時班固著漢書，曾刪其要而成藝文志。民國以前學者對九流十家等學派分類向無異議，即論列先秦諸子所屬派別，亦大多以藝文志為根據。民國六年，胡適發表「諸子不出於王官論」一文，首先對上述分類大肆批駁，認為「乃漢儒陋說，未得諸家派別之實。……其說多支離無據。」翌年，胡氏出版中國哲學史大綱上册，更對司馬談及藝文志所作的「六家」、「九流」之分，根本不予承認，以為先秦古書裡，從沒見過道、法等家之名，這些學派名稱的形成，全是後人沒有歷史眼光的結果。可是此等學派的名稱，一來沿用已久（胡氏書中於論述管、商、申、韓等人學說時，亦未能完全免「俗」），再則它們原是漢人所加的劃分，後人大體感覺這些名稱尚能表達該派學說的重心或特徵，因而即使現在，大家仍習用如故。

關於各家學說的源流，藝文志不但認為盡出於王官，且各源於一官。民國以前歷代學者亦大致相信不疑。及胡氏「諸子不出於王官論」一文加以批駁後，近人即不乏懷疑藝文志之說。經大家反覆研討，時人大抵承認春秋以前並無私家著述，學術俱掌於王官，尤其是掌於史官，似為不爭的事實，故諸子之學源於王官之說，大致不差，不過，認為各家全出於王官，尤其每家各源於一官，則未免牽強附會，但一概抹煞，認為不出於王官，又未免武斷（參看蔣伯潛：諸子通考，嵇哲：先秦諸子學，黃建中：中國哲學講義，戴君仁：陰陽五行學說究原等書或論文）。

至於諸家學說之所以興起，主要在春秋戰國這近五百年的空前大動亂時期中，由於舊的制度、觀念、習慣均陸續遭受破壞，而新的一切則迄未確立，人們既解脫於傳統束縛之外，又未受到政治上的壓制，無罣無礙，個性得自由發展，立說可不必顧忌，人人得隨意發揮其思想，於是有心人無不針對當時亟待解決的社會問題，尤其政治問題，紛紛加以研究，提出主張，諸家學說無不直接或間接討論政治，原因即在於此。不過，各派學說實際上對我國歷代政治發生重大影響的，祇有儒、道、法三家而已。

有關諸家學說的重要內容，請參閱諸家各本條。（賀凌虛）

九卿

我國昔日中央政府九種官署之長官也。周九卿之制為冢宰、司徒、宗伯、司馬、司寇、司空（以上又為六卿）、少師、少傅及少保（以上為三孤）。秦漢之九卿為奉常（後改名太常）、郎中令（後改名光祿勳）、衛尉（又曰中大夫令）、太僕、廷尉（又曰大理）、典客（後改名大鴻臚）、宗正、治粟內史（後改名大司農）及少府。或曰：中尉（後改名執金吾）亦爲其時之九卿，郎中令非。按：其時九卿又稱正卿，亦謂之九寺大卿，官階均爲中二千石。後漢亦以太常、光祿勳、衛尉、太僕、廷尉、大鴻臚、宗正、大司農、少府爲九卿。歷代大率因之，惟後周依周禮，設六官，北齊曾改少府爲太府而已。至元，置卿甚雜亂，與前代有異。明改以吏部尚書、戶部尚書、禮部尚書、兵部尚書、刑部尚書、工部尚書（以上又爲六部長官）、都察院都御史、通政司使、大理寺卿爲九卿。清以太子太師、太子太傅、太子太保及六部尚書爲大九卿；太常寺卿、太僕寺卿、大理寺卿、鴻臚寺卿、光祿寺卿、通政使、國子監祭酒、翰林院掌院學士及都察左都御史爲小九卿。（周道濟）

人民民主 (People's Democracy)

此與進步民主(progressive democracy)、蘇維埃民主(Soviet democracy)同爲異名而同質的名詞。馬克斯主義者根本否認政治民主的價值，以爲這是布爾喬亞的上層結構，壓迫階級用以壓迫被壓迫階級的工具。經過二次世界大戰他們看出民主政治在西方文化生活上的重要性，不是空言所能抹殺，乃強調經濟民主，認爲在財富懸殊者間無法平等，故政治民主不切實際。所謂人民民主，進步民主，乃至蘇維埃民主，都是他們在不能否認民主本身的優點之後，而另創出來好聽的名詞，既乏確定內容，和蘇俄及其他共產國的實際生活亦未能符合。只是說說而已，尚未發生太大的宣傳作用。（羅時實）

人身自由 (Freedom of Person)

世之論者常將人身自由 (freedom of person) 稱爲人身不可侵犯權 (inviolability of the person)，蓋以人身自由爲一切自由權利的基礎，自應受到充分保障，不容稍有侵犯。人身自由有廣義狹義的區分：就廣義言，實包括個人人身自主權，個人居止行動權，及個人身體保護權，就狹義言，則只指個人身體自由的保障。人身自主權已有刑法爲之保障，如我國刑法第二九六條規定「使人爲奴隸或使人居於類似奴隸之不自由地位者，處一年以上七年以下有期徒刑」，是全爲保障個人自主權而設，無待深論。個人居止行動權以居住自由及遷徙自由爲實質，已有另論。故茲所應具論者爲個人身體自由的保障。怎樣才能保障這一自由呢？實有賴下列種種法制的配合運用：

(甲)罪刑法定主義：何謂罪刑法定主義？這是說那一種行爲係屬犯罪，犯了某種罪的應處予那種刑罰，都應有明文規定，以昭信守，而杜枉縱。從而人民的身體自由，乃得有法律的保障。這一原則，爲近世文明國家所遵循。但其表達的方式，則有以憲法規定，有以法律規定之。我國是取後一方式，所以刑法第一條明定：「行爲之處罰，以行爲時之法律有明文規定者爲限」；違警罰法第一條亦規定：「違警行爲之處罰，以行爲時之法令明文規定爲限。所以必須律有明定的罪刑，復有犯罪的事實，其行爲才受處罰。這是保障人身自由的第一要件。爲貫徹這一要件的作用，自不容有所謂「科比」和溯及已往法制的存在；蓋許以「科比」，則罪行的定義泛漫，人民有動輒得咎之虞，溯及已往則有違事前法定的意義了。

(乙)檢審一元主義：人民犯罪，固應科刑，但審罪量刑，自應有一定的機關來辦理，這一機關即爲司法機關。近世文明各國，都已確立檢察一元化審判一元化的法制，即咸認惟司法機關始有逮捕拘禁審判處罰普通罪犯的權力，而且司法機關逮捕拘禁審問罰罪犯，亦不得任便爲之，必須遵照法定的程序來辦理，然後人民的身體自由方能得到確切的保障。我國憲法所定「人民之身體自由，應予保障。除現行犯之逮捕由法律另定外，非經司法或警察機關依法審問、處罰，得拒絕之」。即爲檢審一元主義的表現。

爲貫徹上述的原則計，文明各國均反對普通罪犯受軍法裁判的制度；軍法裁判惟軍人軍屬犯軍法者始得行之，普通罪犯原則上應由普通法院審判。我國憲法順應世界的趨勢特於第九條明定：「人民除現役軍人外，不受軍事審判」。我國軍事審判法遵循憲法要旨，特於第一條第二項明定：「非現役軍人不受軍事審判，但戒嚴法有特別規定者，從其規定」。（按戒嚴法第八條規定　接戰地域內之內亂，外患，妨害秩序，公共危險………等十種犯罪歸軍事審判）。凡此規定乃正所以加強保護人民的身體自由。

(丙)出庭狀制：人民身體自由的保障，除上述諸義外，各國猶有一通行的法制，即所謂「出庭狀」制 (writ of habeas corpus) 是。按這一法制，係創自英國，其制凡有被法院以外的機關或個人逮捕禁錮者，其本人或其親友或任何人均可請求高等法院對禁錮者發出命令狀 (writ)，令其將被禁錮的人，完好無恙 (habeas corpus)　交出於法庭，由法庭依法審判，以判定應否究治，這於人身自由的保障，大有裨益，所以各國多採用這一制度。我國訓政時期約法第八條即已採用這一制度的精神，而二十四年六月二十一日頒佈的「提審法」乃爲這一制度的具體實施。而現行憲法第八條二三兩項規定：「人民因犯罪嫌疑被逮捕拘禁時，其逮捕拘禁機關應將逮捕拘禁原因，以書面告知本人及其本人指定之親友，並至遲應於二十四小時內移送該管法院審問；本人或他人亦得聲請該管法院，於二十四小時內向逮捕之機關提審。法院對於前項聲請不得拒絕，並不得先令逮捕拘禁之機關查覆。逮捕拘禁之機關對於法院之提審，不得拒絕或遲延」。這是把出庭狀制的要義，直接由憲法來規定實施了，這較之訓政時期約法及提審法的立義進步得多了。

(丁)寃獄賠償法：人民無犯罪行爲而遭司法機關之羈押或刑之執行者，是爲寃獄。寃獄是人間最大的不幸，亦爲人身自由之最大侵犯。寃獄之防止，固有賴司法機關之恪遵法律正當程序，愼重處理司法案件；但人民已遭此不幸者，則不可不有所賠償，以撫慰受害人之精神，並補償其物質上的損失。本來憲法第八條第四項之規定：「人們遭到任何機關非法逮捕拘禁時，其本人或他人得向法院聲請追究，法院不得拒絕……」；而第二十四條復規定：「凡公務員違法侵害人民之自由或權利者，除依法律受懲戒外，應負刑事及民事責任，被害人就其所受損害，並得依法律向國家請求賠償」；司法機關負有保障人民自由權利之責，而竟有造成寃獄的不幸事件，則應由國家負賠償責任，乃爲事理之所當然了。我國本此意義，特於四十八年九月一日頒行寃獄賠償法。依該法第一條之所示，凡「依刑事訴訟法令受理之案件，具有左列情形之一者，受害人得依本法請求國家賠償：(一)不起訴處分或無罪之判決確定前曾受羈押者。(二)依再審或非常上訴程序判決無罪確定前，曾受羈押或刑之執行者。不依前項法令之羈押受害人亦得依本法請求國家賠償」。是則人民遭受寃獄者得有請求賠償之權利，而請求賠償的程序和賠償金額，亦於該法詳爲規定。此於人身自由之保障極爲重要，不可不察。

抑有進者，人民的身體不惟非依法不得逮捕、拘禁、審問、處罰，且非依法不得加以搜索。搜索人民身體，應依刑事訴訟法第十一章各條所定的法律程序進行。至於「管束」人民身體，係屬行政直接管制處分之一，並非是刑罰；但其於人民身體自由,極有關係,所以行政執行法第七條明定：「管束非有左列情形之一者，不得爲之：(一)瘋狂或酗酒泥醉，非管束不能救護其生命身體之危險及預防他人生命身體之危險者。(二)意圖自殺，非管束不能救護其生命者。(三)暴行或鬥毆，非管束不能預防其傷害者。(四)其他認爲必須救護或有公安之虞，非管束不能救護或不能預防危害者。前項管束不得逾二十四小時」。行政機關管束人民身體，當以此爲限，逾此限度，則有傷人民身體自由了。

人民身體自由的保障，不僅憲法上和行政法上有其規定，即民刑法上亦有所規定，使人身自由的保障，臻於周密。民法第一百九十五條規定：「不法侵害他人身體健康名譽或自由者，被害人雖非財產上之損害，亦得請求賠償相當之金額……」。刑法第三百零二條規定：「私行拘禁或以其他方法剝奪他人之行動自由者，處五年以下有期徒刑，拘役或三百元以下罰金」。第三百零四條亦規定：「以強暴脅迫使人行無義務之事或妨害他人行使權利者，處三年以下有期徒刑，拘役或三百元以下罰金」。第三百零五條復有「以加害生命、身體、自由、名譽、財產之事恐嚇他人，致生危害於安全者，處二年以下有期徒刑，拘役或三百元以下罰金」的規定，凡此禁制，均所以確保人民身體的自由。

（羅志淵）

人身保護狀 (Habeas Corpus)

由法院法官，以書面令狀，命令拘禁人民的官員，將被拘禁者帶至法院，陳述其拘禁的原因及時間者，謂之人身保護狀。此種令狀的目的，在防止人民遭受政府官員的非法拘禁。法官的職責，在調查被拘者是否享有正當法律手續，不在探究其有無犯罪。此一民權，在英、美諸國固已視爲天經地義，但有些國家，官員拘禁人民，往往漫無期限，既無指控，復不審判，實爲對人身自由的一項極大威脅。

人身保護狀，早在十四世紀的英國，已經存在，但至一六七九年英國正式通過人身保護狀法後，始成制度化。美國革命以前，人民向當時英國殖民地法院申請人身保護狀者，往往遭受無理拒絕，因而招致人民對英國殖民政府的極端不滿，故在費城制憲時，特將人身保護狀載諸聯邦憲法中，其規定如下：「除遇內亂外患而爲公共治安所需要者外，人身保護狀之特權不得停止之」。（美國聯邦憲法第一條第九項第二款。）（胡述兆）

人頭稅 (Poll Tax)

人頭稅（Poll tax）乃爲限制人民選舉權的方法之一。此法曾爲美國南方各州用爲限制黑人選擧權的一個措施。稅額自一元至二元不等，而大率在選擧六個月前就須繳納。這種人頭稅在表面上不分種族，但實際上則不利於黑人。因爲在美國南方，黑人貧苦者不在少數，所以人頭稅縱使在執行時沒有種族歧視，但在實際上則剝奪了不少黑人的選擧權。惟近年來南方各州在各方反對之下，紛紛取消此種規定。而且自第二十四條憲法修正案批准後，憲法已明文規定聯邦和各州不得以公民未繳納人頭稅或其他賦稅而否認或剝奪其選擧權。（袁頌西）

人權 (Human Rights)

人權是以人的資格而享受的基本權利。其概念是凡屬人類，具有人格，即享有此種基本權利，不因時、因地、因膚色、性別、出身或環境而異。人權是人的尊嚴的礎石。其目的在促使人人能充分發揮其潛能與才幹，達到最大的安全與滿足。但從歷史上看，部落的、封建的、君主的和工業社會的種種專制獨裁政府常藉軍事、政治、經濟和宗教的需要而摧殘人權。

中國傳統上重義務而輕權利。雖有「民爲邦本，本固邦寧」，民貴君輕，「聞誅一夫紂矣，未聞弑君也」等民主理論，實際上，一般民衆向來只有納稅、服兵役、服勞役等義務，而人身、財產及其他自由權沒有充分的法律保障以對抗政府的侵犯。除了考試服官外，更少有直接參與國政的機會。

人權的觀念是近代社會的產物。十八世紀後期的政治革命即在追求被迫害者的解放。一七七六年美國的獨立宣言和一七八九年法國的人權宣言不僅闡明了人的基本權利；更重要的，它們確定政府存在的主要目的即在確保這些人權的不受侵犯。此後，人權便成爲國民應享的基本權利。它不僅基於自然法，且爲實證法所保障。現代各國憲法雖仍明白規定人權，但其重點却由政治轉向經濟，從自由轉向平等和安全。

我國憲法第二章規定人民的權利義務，頗合時代潮流。它規定平等權和種種自由權，如人身、居住、言論、信教、集會結社等。另外又規定生存權、工作權和財產權的保障。在第十三章基本國策中，復對國民經濟、社會安全和教育文化作原則性規定，以保障人民之經濟和社會權利。

基本上說，人權的含義是促使社會各分子充分發揮其才幹，達到自治、安全與滿足。但人不能離羣獨生，而係政治社會的一員。各社會的政治、經濟、文化情況不一。因此人權雖有頗爲一致的涵義，却不能在世界各地統一的實施。

人權的觀念雖已爲世界各國普遍接受，但人權的保障並不僅因憲法或法律的規定而鞏固。必須人民自身、公共團體、國邦和世界組織繼續不斷地促其實現。政府尤須採建設性的步驟來推行。例如人民患「愚」，則應推廣教育；人民患「貧」，則須滿足其衣食住行；人民不負責任，則須教以自律。至於政府應守憲法和維護自由平等的基本人權，更屬當然。（張京育）

人權宣言 (The Declaration of the Rights of Man and of the Citizen)

法國大革命時的國民會議於一七八九年八月二十六日發布人權宣言（The Declaration of the Rights of Man and of the Citizen)。這一宣言是參考美國維基尼亞及其他各邦憲法中權利宣言的體例，並基於自然法的觀點，及個人權利的信念，以確保人民自由平等的權利。如其中有謂：「人類生而並且永久享有自由平等之權利」，人類之權利爲「自由、財產、安全及壓迫之抵抗」。「法律爲總意的表示，凡國民本身或其代表均有參與立法之權利，法律對於一切人民國民均須平等待遇」。並且承認思想、宗教、言論、出版及集會自由權利。除依法外政府不得逮捕處罰人民，且禁止無償取得私有財產。故明白規定：「私產爲一種不可侵犯之神聖權利。任何人之財產不得被剝奪，惟因公共之需要，經合法之決定者爲例外。即在此種場合，亦須預給領主以公平之賠償」。這一人權宣言爲近代法國政治上重要文獻之一，其重要性堪與英國的大憲章及美國的獨立宣言先後輝映。而後來法國的各種憲法亦莫不承認這一宣言保障人民權利的原則。例如第四共和憲法序言曰：「……一七八九年人權宣言所規定人民之各項權利及自由……茲復鄭重予以確認」。第五共和憲法弁文開頭便說：「法國人民對於一七八九年人權宣言所規定，茲經一九四六年憲法弁文所確認，而又加以充實之人權及國民主權的原則，鄭重申明，恪遵不渝」，足見人權宣言仍爲現在法國公法的一部分，其原則仍爲國會立法的基本觀念，其光彩眞是萬古常新。（羅志淵）

八座

後漢以六曹尚書并令僕二人，謂之八座。魏以五曹尚書二僕射一令爲八座。宋、齊八座與魏同。晉、梁、陳不言八座之數，隋以六尚書左右僕射及令爲八座。唐與隋同。凡歷代尚書有五曹，則兼以二僕射一令爲八座；有六曹則以左右僕射爲一座，兼令共爲八座；若有六曹，而左右僕射並闕，則以尚書僕射及令爲八座；若尚書唯有五曹，又無左右僕射，則不備（通典職官）。（芮和蒸）

十九信條

我國實行過的第一部基本法，當推宣統三年九月十三日清廷公布的「十九信條」。其所以稱爲「十九信條」者，因爲清廷自光緒三十一年（一九〇五年）倡議立憲以來，一再下詔預備立憲，一再下詔定期籌備憲政，而其衷心所志，無非欲假立憲之名，以鞏固其政權而已。及至辛亥八月十九日（即十月十日）革命軍的義幟飄揚武昌，各省相繼響應，宣告獨立。清廷手忙脚亂，急調駐關外的陸軍第二十鎭赴漢應援。該鎭統制張紹曾藍天蔚都是傾向革命軍的，所以於九月初六日在灤州軍次，就以立憲要義十二條電請清廷採納，其中第八條即說：「組織責任內閣，總理大臣，由國會選舉後，以皇帝勅任之，其他國務大臣，由總理大臣推荐任之，皇族不得爲國務大臣」，這就是說我國將來一定要採用內閣制來轉移清廷的政權。這種要求，清廷本不願意接受；然而，不接受就難保張藍等不採取軍事行動；而張藍電報到京之日，適逢閻錫山在山西響應革命而宣告獨立，左右挾攻的形勢已成，所以清廷只好接受。乃於九月初九日命資政院起草憲法，費四日時間草就憲法十九條，清廷即命刊刻謄黃宣布，十月初六日復由清帝與攝政王宣告大廟，表示信守的決心，所以稱之爲「信條」。

十九信條中的政治制度，看來似乎是採用英國式責任內閣制；所以皇帝只居虛尊的地位，沒有實際的權能；而實際權力則握之於國會，而由內閣執行之。內閣總理經國會公選由皇帝任命之；內閣所有施政，均須對國會負責。假如內閣「總理大臣受國會之彈劾，非解散國會，即內閣總理辭職，但一次內閣不得爲兩次國會之解散」（第九條），這似乎足夠表明採用英國式的責任內閣制了。然深切究之，則深覺十九信條只抄襲了內閣制的皮毛，沒有體會到它的神髓。因爲英國責任內閣制的根本精神，乃在以內閣總理代英皇對國會負實際政治責任。在這一要義下於是有不可不備的條件二：一爲皇帝的命令須有國務大臣的副署才能發生效力；二爲國會對於內閣，得爲不信任的投票，以使內閣去職。今十九信條中並沒有大臣副署權的規定，依法理推論，則皇帝於其權限內，尚可自由行使大權，而內閣既無副署之權，則亦無由對國會負責，所以它是欠缺責任內閣制的第一要件。十九信條中只有國會對總理大臣的彈劾權，而沒有不信任投票權，這或者是當時制憲的人，誤解彈劾即是不信任的投票，實則兩者迥然不同。因爲彈劾權是在行政官員有犯罪行爲時始得行使，所以是一種法律行爲；而不信任投票則係對於內閣的政策不滿意而發，所以是一種政治行爲。因之，彈劾權在總統制的國家，其議會亦得行使，而不信任投票則唯內閣制下的國會才能行使，這是內閣制的最重要特徵，可惜制訂十九信條的人沒有弄清楚，所以十九信條中的內閣制是殘缺不全的。（羅志淵）

三元

見「會試」、「鄉試」條。

三公

官名。周以太師、太傅、太保爲三公，論道經邦，燮理陰陽，皆兼領六卿。秦以丞相、太尉及御史大夫爲三公。漢因之，其太師、太傅、太保則爲上公，不常置；末年，以大司徒、大司馬、大司空爲三公，並爲宰相。後漢以太尉、司徒、司空爲三公；又有太傅，謂之上公，而無師保。魏三公與後漢同，然皆無事，不與朝政。晉有太宰、太傅、太保、太尉、司徒、司空、大司馬及大將軍，凡八公，同時並置。其時，太宰、太傅、太保，又曰上公；太尉、司徒、司空，又曰三公。宋齊梁陳以太宰、太傅、太保爲三公，無其人則闕。後魏太師、太傅、太保，謂之三師，上公也，大司馬、大將軍，謂之二大，太尉、司徒、司空，謂之三公；北齊因之。後周置六卿之外，又改三師官謂之三公。隋唐以太師、太傅、太保爲三師，太尉、司徒、司空爲三公，並無其人則闕。宋承唐制，三師三公均爲宰相親王使相加官，其特拜者，亦不預政事。元三公有太師、太傅、太保各一人，又有大司徒、大司空、太尉之屬，或置或不置。明清無太尉、司徒、司空之官，而以太師、太傅、太保爲三公，均屬虛銜，爲勳戚文武大臣加官贈官而已，無定員、無專職也。（周道濟）

三司

(一)三公之別稱。三公，古官，代有其制，可得而考。自漢以降，三公之名，別稱三司。漢文帝元年，始用「宋昌爲衛將軍，位亞三司」（通典職官）；後漢章帝建初三年，始使「馬防爲車騎將軍，儀同三司」（藝文類聚職官部「儀同」引齊職儀）。前者在言宋昌官位，次於其時丞相、太尉、御史大夫之三公；後者在言馬防官儀，同於其時太尉、司徒、司空之三公。而後漢安、順二帝詔書，亦分別見有「三司之職，內外是監」，及「刺史二千石之選，歸任三司」之語（見後漢書安帝紀及順帝紀），此皆指三司爲三公而言。其後演變，又有所謂「開府儀同三司」之號，亦卽言受任者不僅比照當朝三公，具有同一儀制，且得辟置掾屬，別開一府（參看「開府」及「開府儀同三司」條）。(二)宋、金之官稱。宋開國後，長期置有「三司」官署，後金亦仿設之，皆爲掌國計機關，置有三司使。據史載：「宋沿五代之制，置（三司）使以總國計，應四方貢賦之入，朝廷不預，一歸三司，通管鹽鐵、度支、戶部，號曰計省，位亞執政，目爲計相，其恩數廩祿與參樞同」。及「元豐官制行，罷三司使，並歸戶部」（宋史職官志）。又載：「金泰和八年，省戶部官員，置三司，謂兼勸農、鹽鐵、度支、戶部三科也。貞祐罷之。使一員，從二品」（金史百官志）。又遼南京，置有「三司使司」，而「南京多財賦官」，此官署或亦爲與遼國計有關之財賦機關（見遼史百官志「南面京官」）。(三)典故之習稱。其一、唐制，「凡冤而無告者，三司詰之。三司，謂御史大夫、中書、門下也」。「凡三司理事，（侍御史）與給事中、中書舍人更直朝堂。若三司所按而非其長官，（御史臺侍御史）則與刑部郎中、員外郎、大理司直、評事往訊」（新唐書百官志「御史臺」）。「凡鞫大獄，以（刑部）尙書侍郎與御史中丞、大理卿爲三司使」（前書百官志「刑部」）。明、清之以刑部、都察院、大理寺爲三法司，卽本唐制。其二、明制，「承宣布政使司」設布政使，「掌一省之政」；「提刑按察使司」設按察使，「掌一省刑名按劾之事」；「都指揮使司」設都指揮使，「掌一方之軍政」（見明史職官志），此地方文武長官合而稱之，亦謂「三司」（見續文獻通考職官考「布政使司」）。（丙和蒸）

三民主義

是中華民國國父孫中山先生爲中國革命與現代化而提出的建國寶典。孫先生從人類社會之歷史發展，認爲任何國家必須解決民族，民權，民生三大問題。美國總統林肯曾在格特斯堡演說，提出此三大問題，稱爲民有，民治，民享。但他沒有時間對這三大問題供給實施的具體方案。孫先生說：『兄弟所主張的三民主義，實是集合古今中外的學說，順應世界底潮流，在政治上所得的一個結晶品。這個結晶的意思，和美國大總統林肯所說底民有，民治，民享是相通的』。世界許多政治與思想家窮畢生之力，只解決一個，至多兩個問題，把這三大問題聯成一起，最早是林肯總統，對這三大問題給予內容與解決方案則是　國父孫中山先生。

孫先生鑒於革命是非常的破壞，必須繼以非常的建設，故主張在推翻滿清的一次革命，將這三大問題作一總的解決。後因遭遇各種阻礙，乃以在野之身集合同志，預作各項研究準備；提出知難行易學說，以建立信心；從集會討論學習民權的行使，撰擬實業計劃以爭取外援，俾以迎頭趕上方式，縮短建國的時間。這三大問題在中國革命過程中最早發生的是民族，次爲民權，再次民生。至他講述三民主義時，世界正在急劇變動，信仰馬克斯主義的共產黨已在俄國取得政權，爲綢繆未雨，中國在事先應有防範措施，故在頒佈建國大綱之時，強調建設之首要在民生，次爲民權，次爲民族，旨在安定人民生活，使其他建設容易進行。

民族主義之主要精神是恢復固有道德與智能，以迎頭趕上方式擷取西方科學與工藝的精華，其初步目的爲取得中華民族之自由與平等。行有餘力再本興亡繼絕，扶危濟傾與己立立人的精神，邁向天下一家的大同世界。

鑒於中國人民缺乏民主政治的素養，因此他的革命程序論主張在軍政與憲政之間，應有一段教育與訓練的訓政時期，以學習民權的行使，使革命與進化調和，保持穩定的進步。此種主張已逐漸獲得政治學者的贊許。他的權能區分說，亦被認爲是對政治學理論的一大貢獻。

他的民生主義雖曾使他受到不少煩惱，他所提出的國際共同發展中國實業計劃雖未能在他生前實現，經過若干年後，他所主張的公營與私營企業並存的經濟，已成當前世界經濟的主流；由區域安全以達成集體安全爲理由，以軍事和經濟援助工業後進國家，在今日已普遍流行，其理由則和當年　國父主張完全符合。把生存看作一種基本人權，以社會安全措施，彌補現有經濟的缺失，他也是最早主張的一人。（羅時實）

三老五更

古天子有三老五更，以父兄之禮養之，其人數有二說：各一人說：禮「文王世子」：「適東序釋奠於先老，遂設三老五更，羣老之席位焉。」鄭玄注：「三老五更各一人，皆年老更事，致仕者也。天子以父兄養之，示天下之孝悌也，名以三五者，取象三辰五星，天所因以照明天下者。」又「樂記」：「食三老五更於大學」。注：「三老五更，互言之耳，皆老人更知三德五事者也。三德，謂正直剛柔；五事，謂貌言視聽思也」。其次，以三老爲三人，五更爲五人說：依蔡邕疏禮、「文王世子」云：「更字爲叟老稱，以三老爲三人，五更爲五人。」史記「樂書」：「食五更於大學。」漢書「禮樂志」：「養三老於辟廱」。後漢書「明帝紀」：「尊事三老，父事五更」。（繆全吉）

三舍法

見「科舉」條。

三省

官署之稱，指尚書、中書、門下三省而言。此三省相繼興起於漢魏兩晉及南北朝之世，掌樞機之任，爲世所重。及隋文混一區宇，釐訂官制，百度伊始，還依漢魏（隋書百官志）。一時並置尚書、門下、內史（隋以中書爲內史）、秘書、內侍五省，前三省自爲政本所在，以三省長官爲宰相（新唐書宰相表序）。唐初，因隋之制，正式確立三省制度，中書（唐復改內史爲中書）、門下二省爲立法機關，尚書省爲執行機關，所謂「中書主出命，門下主封駁，尚書主奉行」（困學紀聞）。三省合而爲宰相機關，三省首長中書令、侍中、尚書令（自令不置，代以左右僕射），皆宰相之職（見新唐書百官志）。繼而又合中書、門下之職，特置同中書門下三品、同中書門下平章事之號，執行宰相任務。並設政事堂，後改爲「中書門下」，爲羣相議政之所。故唐代宰相，不限於三省長官。而演變所至，尚書省長官之未繫同中書門下三品，或同中書門下平章事之號者，不得入「中書門下」議政而復爲宰相（見通典職官）。至是，三省制之運用，已有重大轉變。宋沿唐舊，三省之形式未改，而實際之功能有殊。宋制，「三省長官尚書、門下並列於外，又別置中書禁中，是爲政事堂。與樞密對掌大政」。且三省首長「中書令、侍中、尚書令，不預朝政」，或設而不除，或用作贈官。其佐天子總百官平庶政者，仍「以同（中書門下）平章事爲眞相之任」（宋史職官志）。後雖迭加改制，但去唐三省舊制之精神日遠，北宋之末，三省制已不見其餘緒，南渡後更面目全非。遼南面朝官倣置三省。金初亦置三省，海陵正隆元年罷中書、門下省。元、明、淸之世，皆未採行三省制度。（芮和蒸）

三院

唐制御史臺所屬有三院，由諸御史分隸之：一爲臺院，其職官爲侍御史；二爲殿院，其職官爲殿中侍御史；三爲察院，其職官爲監察御史；此在玄宗後乃成定制。宋依唐故事，御史臺亦分置三院，惟唐制三院之名僅爲公宇之號，並非官稱，宋時殿院、察院乃並以名官云（參看御史、御史臺各條）。（杜奎英）

三統

三代之正朔，夏正建寅爲人統，商正建丑爲地統，周正建子爲天統，稱三正，亦稱三統。漢書律曆志上謂：「有三統之義焉，其傳曰黃帝作也。……三統者，天施、地化、人事之紀也。……黃鍾爲天統，……林鍾爲地統，……太族爲人統，……此三律之謂矣，是爲三統。其於三正也，黃鍾子爲天正，林鍾未之衝，丑爲地正，太族寅爲人正」。又謂：「故向子歆，究其微眇，作三統曆及譜」。劉歆所作之三統曆，乃以五行天干與天地人等相配合，由伏羲氏至漢，推言各代之曆數。而董仲舒春秋繁露三代改制質文篇所言之三統，則較富政治哲學意味。意謂：自古以至於將來之朝代，皆於黑白赤三統中各當一統。其以商爲白統，乃變夏而來，而繼商之周又爲赤統；是由夏開始，以黑統講起，順黑白赤之順序排列而來。其餘與三統相配合者，又有四法，即每一朝代皆於商夏質文四法中各當一法。其謂：舜法商，禹法夏，湯法質，文王法文；是由商講起，順商夏質文之順序排列而來。每統每法各有一套制度，當某統者，須行某統之制度；當某法者，又須行某法之制度。就當某統又當某法言，自亦須兼顧某統某法之制度。單言三統是三代一循環，單言四法是四代一循環；兼三統與四法言，則須十二代一循環。茲以圖示之如左：

黑統	白統	赤統	黑統	白統	赤統	黑統	白統	赤統	黑統	白統	赤統
法商	法夏	法質	法文	法商	法夏	法質	法文	法商	法夏	法質	法文

董仲舒三統說所言，亦係關於朝代更替之法則，其途徑雖與五德終始說不同，然當某統某法之朝代，須受命改制之基本精神，則與五德終始說無異，或即由五德終始說改造而成。（孫廣德）

上士

(一)三代官名，據禮記王制之說，天子諸侯均有之；天子之上士亦名元士或適士。(二)民國初年文官官秩之一，在少大夫之下，中士之上；得任荐任職。(三)現制軍士之等級，在士官長之下，中士之上。（杜奎英）

上伏塔 (Republic of Upper Volta) 政黨

上伏塔共和國 (Republic of Upper Volta) 原爲法國屬地，一九六〇年八月五日獨立。該國亦爲非洲的一黨國家之一，其唯一的政黨稱之爲伏塔民主聯盟 (Union Democratique Voltaique 簡稱爲 UDV)，係由非洲民主聯盟(Rassemblement Democratique Africain)之國家支部改組而成的。黨員絕大部分爲當地農民。該黨努力的目標爲廣拓農業耕作面積及擴大水利灌溉區域。領導人爲黨秘書長牙麥谷 (Maurice Yaméogo)，曾出任該國總統。（袁頌西）

上計

漢制，郡國每歲將地方一切情形以計簿方式向京師報告，謂之上計。上計制度至遲戰國時已漸形成，例如韓非子外儲右下：「田嬰相齊，人有說王者曰：終歲之計，王不以數日之閒自聽之，則無以知吏之姦邪得失也。王曰：善。……田嬰令官具押券斗石之計，王自聽計，計不勝聽。」蓋戰國時封建制度破壞，中央集權之郡縣制度逐漸形成，於是諸侯述職之制一變爲上計之制。漢代地方行政爲郡（國）縣（道）兩級制，因此上計亦爲兩級，即縣道上計於郡國，續漢書百官志述縣令長之職云：「秋冬集課，上計於所屬郡國。」郡國再上計於京師，續漢書百官志述郡國守相之職云：「歲盡，遣吏上計。」上計時間大約爲歲盡之時，每年一上計，邊遠之郡或特殊情形下，亦有三年上計者。計簿內容所含甚廣，舉凡郡縣戶口、墾田、錢穀入出、盜賊多少、宗室狀況、斷獄情形、兵戎戍卒、山澤利饒、關梁貿易、地理變遷，無不入簿。西漢縣道上計於郡國，由縣令長丞尉自行，郡國上計於中央，由郡丞國長史代行。東漢縣道上計於郡國，只遣丞尉以下，令長不自行，郡國上計於中央，只遣掾史爲計掾、計史、計佐，奉計行之。郡國上計者並非僅奉達計簿至京師而已，而且一方面要代表郡守國相參與朝會，備詢政俗，一方面承中央詔勅，宣達於郡國守相，以爲行政之準則。又東漢州刺史亦有上計，續漢書百官志述州刺史之職云：「初，歲盡詣京都奏事；中興，但因計吏。」上計制度自漢歷魏晉劉宋皆行之，宋書百官志：「漢制，歲遣上計掾、史各一人，條上郡內衆事，謂之階簿。至今行之。」其制內容約與漢同。（王壽南）

參考文獻：

除上引諸書外，參考嚴耕望中國地方行政制度史。

上議院 (Upper House)

見「兩院制」條。

下議院 (Lower House)

見「兩院制」條。

土耳其(Turkey) 政黨

土國憲法對政黨之活動規定甚嚴。如規定政黨之黨章、政策及活動須合乎民主及政教分離之共和國原則；政黨須向憲法法院報告收支經費；政黨內部事務及活動須向憲法法院報告等是。

土國重要政黨有共和人民黨、共和農民國家黨、新土耳其黨、土耳其勞工黨與國家黨等。

(1)共和人民黨 (Republican People's Party)：爲土國歷史最悠久之政黨，具有强烈之國家主義思想，創始人爲凱末爾．亞他土克 (Kemâl Ataturk)。該黨在外交政策上支持聯合國，與英、法、美及鄰邦均保持友好關係，在內政政策上鼓吹土耳其之現代化，因經濟及戰略之理由而大量修建公路與鐵路，並爲保持民族之統一團結而强調土耳其語與土耳其文化之重要性，在經濟政策上主張國家社會主義 (étatism)。在一九五〇、一九五四、一九五七及一九六五年之大選中，該黨均遭敗績。但在一九六一年至一九六五年期間，該黨曾領導數次之聯合內閣。

共和人民黨之現任領袖爲伊諾魯將軍 (General Ismet Inönü)。伊氏爲前任總統與人民黨之主席，並經一九四六年該黨大會選爲終生領袖。其他重要領袖爲該黨秘書長布倫特．伊斯魏特 (Bülent Ecevit)。

(2)共和農民國家黨 (Republican Peasants' Nation Party, RPNP)：建立於一九五八年，由國家黨與農民黨合併而成，爲土國强烈之反共政黨。該黨現任領袖 (President-General of the Party) 爲屠克斯 (Alpaslan Türkes)。

(3)新土耳其黨 (New Turkey Party)：建立於一九六一年二月。政綱强調繼續西化 (Westernization)，並由國營企業支持私人企業爲基本工具，透過對工農業之計劃投資以迅速改善經濟環境。在外交政策上該黨主張依聯合國憲章之原則以促進和平、正義、平等與共同安全。

新土耳其黨之重要領袖爲黨之主席 (Party President-General) 亞克蘇 (Irfan Aksu) 博士，副主席亞西阿格魯 (Yusuf Azizoğlu) 等。

(4)土耳其勞工黨 (Turkish Labor Party)：建黨於一九六一年。在經濟上該黨政綱採行馬克斯主義；在外交上主張促進土國與蘇俄之邦交，取消北大西洋公約組織在土國之基地，並採行中立之不結盟政策。

勞工黨之領袖爲該黨主席艾巴 (Mehmet Ali Aybar)。

(5)國家黨 (Nation Party, NP)：與共和農民國家黨分裂後，於一九六二年建立。該黨爲土國在社會主義思想與宗教觀點上之保守派。

國家黨之領袖爲布魯克巴西 (Osman Bölükbasi)。

(6)正義黨 (Justice Party, JP)：爲一九六五年大選後國會上下兩院之最大政黨，創立於一九六一年二月。該黨政綱强調經濟發展、促進私人企業、限制國家之經濟活動並擴大推行社會福利措施；在外交上確信聯合國憲章之規定，鼓吹現行之結盟政策並與鄰邦保持友好關係。

正義黨之領袖人物爲狄米內爾 (Süleyman Demirel)，彼爲該黨主席，亦爲土國現內閣之總理。其他重要領袖有托南 (Osman Turan)、亞沙爾 (Talat Asal) 及蘇堪博士 (Dr. Faruk Sükan) 等。

土國各政黨之勢力及分合情形，可由一九六五年之下院大選後各黨席次分配情形得知：

(1)正義黨	二四三席	(2)共和人民黨	一三四席
(3)國家黨	二七席	(4)新土耳其黨	一八席
(5)土耳其勞工黨	一四席	(6)共和農民黨	九席
(7)獨立分子	四席	(7)虛位	一席

共計：　四五〇席

又據一九六六年土國上院大選，各黨席次分配如下：

(1)正義黨	九六席	(2)共和人民黨	四八席
(3)新土耳其黨	一席	(4)共和農民黨	一席
(5)土耳其勞動黨	一席	(6)獨立分子	二席
(7)當然議員	一八席	(8)總統指派	一五席
(9)虛位	一席		

共計：　一八四席

根據上表統計，正義黨在國會上下兩院均佔過半數議席當然成爲執政黨。共和人民黨之席僅次於正義黨，自爲國會之最大反對黨。至其他政黨，勢力均小，不能影響政局。（郎裕憲）

大中正

見「九品中正」及「中正」條。

大夫

古官名，先秦舊籍所載，三代時天子諸侯均或有之，位在卿士之間，別爲三等，有上大夫中大夫下大夫（禮記王制、孟子萬章、韓非外儲），左傳所見名號尤多，中以三晉爲衆，秦漢因之，大夫之官，不一其名，漢代除御史大夫位在三公外，餘爲光祿勳屬官，漢書百官表：「大夫掌議論，有太中大夫、中大夫、諫大夫，皆無定員，多至數十人。武帝元狩五年，初置諫大夫，秩比八百石。太初元年，更名中大夫爲光祿大夫，秩比二千石，太中大夫秩比千石如故」。後漢置中散大夫，更諫大夫爲諫議大夫，秩均六百石。自光祿大夫以下，皆散官，不治事，無定員。後漢書百官志：「凡大夫議郎皆掌顧問應對，無常事，惟治命所使」。淵鑑類函引漢官解詁：「武帝以中大夫爲光祿大夫，與博士俱以儒雅之選異官通職」。蓋漢制，朝廷大政及法令制度禮儀，每下公卿大夫博士議，大夫之屬雖不治而議，然得參與國家大計，或冠以侍中給事等加官，則更近密勿，易見信任，公卿高位往往由此擢拔，降及後代，漸流疏濫，或專作封贈之用，隋唐宋金所置大夫官名無慮數十，宋政和中，武散官至亦以大夫爲號（淵鑑類函，文獻通考累集備悉）。（杜奎英）

大司空

見「司空」條。

大司馬

官名。周禮夏官大司馬，掌軍旅之事，爲六卿之一。秦及漢初有太尉，不置大司馬。武帝元狩四年，罷太尉，置大司馬，以冠將軍之號，其後，霍光以大司馬大將軍輔政，權任在丞相上。西漢末，但稱大司馬，不冠將軍，爲三公之一，位在大司徒上。後漢光武建武二十七年，省大司馬，以太尉代之。靈帝末，大司馬與太尉始並置。魏晉以後，太尉、大司馬、大將軍，常各自爲官。後周謂之大司馬卿，乃夏官也。隋以後廢，世人或亦稱兵部尚書爲大司馬。參看「太尉」條。（周道濟）

大司徒

見「司徒」條。

大司農

見「司農」條。

大法官

司法院設大法官，組織大法官會議，行使解釋憲法並統一解釋法律命令之職權。其建制由來及職掌之演變，詳見司法院條。大法官額定十七人，由總統提名，經監察院同意任命之，任期九年，遇有出缺時，繼任人之任期至原任屆滿之日爲止。大法官應具有下列資格之一：㈠曾任最高法院推事十年以上而成績卓著者，㈡曾任立法委員九年以上而有特殊貢獻者，㈢曾任大學法律學主要科目教授十年以上而有專門著作者，㈣曾任國際法庭法官或有以法學或比較法學之權威著作者，㈤研究法學富有政治經驗者。具有上項任何一款資格之大法官，其人數不得超過總名額三分之一。第一屆大法官於民國三十七年七月二日由總統提名經監察院同意任命。大法官以解釋憲法及統一解釋法律命令爲專職，與憲法第八十條及第八十一條規定，依據法律獨立審判之法官有別。大法官職權之行使，詳見「大法官會議」條。（仲肇湘）

大法官會議

司法院設大法官會議，掌理司法院解釋憲法及統一解釋法律與命令之事項。大法官會議之解釋，須經聲請始得爲之。其解釋憲法之事項，規定爲：一、關於適用憲法發生疑義之事項；二、關於法律或命令有無抵觸憲法之事項；三、關於省自治法縣自治法省法規及縣規章有無抵觸憲法之事項；以上解釋之事項均以憲法條文有規定者爲限。有下列情形之一者，得聲請解釋憲法：一、中央或地方機關於其行使職權適用憲法發生疑義，或因行使職權與其他機關之職權發生適用憲法之爭議，或適用法律與命令發生牴觸憲法之疑義者；二、人民於其憲法上所保障之權利遭受不法侵害，經依法定程序提起訴訟，對於確定終局裁判所適用之法律或命令發生有牴觸憲法之疑義者。聲請解釋不合上項規定者，大法官會議應不予受理。

聲請統一解釋法律與命令，規定爲：中央或地方機關就其職權上適用法律或命令所持見解，與本機關或他機關適用同一法律所已表示之見解有異者，得聲請統一解釋；但該機關依法應受本機關或他機關見解之拘束，或得變更其見解者，不在此限。聲請解釋機關有上級機關者，其聲請應經由上級機關層轉上級機關，對於不合規定者不得爲之轉請，其應依職權予以解決者亦同。

大法官會議以司法院院長爲主席，院長不能主席時，以副院長爲主席。解釋憲法應有大法官總額四分之三出席，及出席人四分之三之同意，方得通過；統一解釋法律及命令，應有大法官過半數之出席，及出席人過半數之同意，方得通過，可否同數取決於主席。

按各國憲法之解釋制度，可歸納爲三類：一、普通法院解釋，可以美國爲代表。美國之各級普通法院，尤其聯邦最高法院，於受理有關法令違憲問題之訴訟案件時，審查其所適用之法令有無違憲。二、特別法院解釋，可以第二次世界大戰後之西德聯邦憲法法院爲代表。西德聯邦憲法法院解釋憲法疑義及裁定聯邦法律或各邦法律有無牴觸憲法。三、議會解釋，可以比利時爲代表。比利時憲法規定，解釋憲法之權屬於立法機關。我國之大法官會議制度，與第二類特別法院之性質相近。

民國十二年十月十日北京政府公布之中華民國憲法，規定憲法有疑義時，由憲法會議解釋，憲法會議由國會議員組織之。民國二十年五月十二日南京國民政府公布之中華民國訓政時期約法，規定約法之解釋權，由中國國民黨中央執行委員會解釋之。此為我國訓政時期特有之創例，非憲政之常制。但我國之有憲法解釋，事實上自民國三十七年行憲司法院設大法官會議後開始。民國三十八年一月六日大法官會議公布釋字第一號解釋，關於憲法第七十五條立法委員不得兼任官吏之疑義。憲法解釋除解釋憲法疑義外，對憲法不僅有補充作用，如民國四十一年五月二十一日釋字第三號解釋，監察院關於所掌事項得向立法院提出法律案；且可對憲法賦予新的內容，以適應當時國家社會之需要，如民國四十三年一月二十九日釋字第三十一號解釋：「憲法第六十五條規定立法委員之任期為三年，第九十五條規定監察委員之任期為六年，該項任期本應自其就職之日起至屆憲法所定之期限為止。惟值國家發生重大變故，故事實上不能依法辦理次屆選舉時，若聽任立法監察兩院職權之行使陷於停頓，則顯與憲法樹立五院制度之本旨相違，故在第二屆委員未能依法選出集會與召集以前，自應仍由第一屆立法監察委員繼續行使其職權。」如民國四十九年二月十二日釋字第八十五號解釋：「憲法所稱國民大會代表總額在當前情形，應以依法選出而能應召集會之國民大會代表人數為計算標準。」由於以上兩項解釋賦予憲法適應當時情況的新內容，而使國民大會立法院監察院三中央民意機關在動員戡亂非常時期得繼續及充分行使憲法所規定之職權，憲法解釋制度之重要，於此可見。

統一解釋法律與命令之意義，民國三十八年一月六日大法官會議釋字第二號解釋，言之最詳：「憲法第七十八條規定司法院解釋憲法並有統一解釋法律及命令之權，其於憲法則曰解釋，其於法律及命令則曰統一解釋，兩者意義顯有不同。憲法第一百七十三條規定憲法之解釋由司法院為之，故中央或地方機關於職權上適用憲法發生疑義時，即得聲請司法院解釋，法律及命令與憲法有無牴觸發生疑義時亦同。至適用法律或命令發生其他疑義時，則有適用職權之中央或地方機關皆應自行研究，以確定其意義而為適用，自無許其聲請司法院解釋之理由。惟此項機關適用法律或命令時所持見解，與本機關或他機關適用同一法律或命令時所已表示之見解有異者，苟非該機關依法應受本機關或他機關見解之拘束或得變更其見解，則對同一法律或命令之解釋，為將發生歧異之結果，於是乃有統一解釋之必要，故限於有此種情形時，始得聲請統一解釋。……」

我國現代司法制度，自前清光緒三十二年九月二十日改刑部為法部，專掌司法行政，改大理寺為大理院，專掌司法審判，始啓其端緒。同年十月二十七日擬定之大理院審判編制法，規定大理院之審判，於法律緊要處表示意見，得拘束全國審判衙門，實創我國由最高司法機關統一解釋法令之先聲。宣統元年十二月二十八日頒行法院編制法，規定大理院為最高審判衙門，置正卿少卿各一員，……大理院卿有統一解釋法令必應處置之權。民國成立，前清頒行之法律，暫予援用，法院編制法雖於民國四年及五年分別修訂，內容大致仍舊。民國十六年十月二十五日國民政府頒行最高法院組織暫行條例，改大理院為最高法院，規定最高法院有統一解釋法令及必要處置之權。民國十七年十月二十日國民政府頒行司法院組織法，同年十一月十七日又略加修正，規定司法院院長經最高法院長及所屬各庭庭長會議議決後，行使統一解釋法律及變更判例之權；及至民國三十七年行憲後司法院組織法，始專設解釋機構，規定司法院設大法官會議，以大法官十七人組織之，行使解釋憲法並統一解釋法令之權。計自民國十六年最高法院成立至民國十七年司法院成立止，最高法院共解釋法令二百四十五號，司法院自民國十八年至民國三十七年行憲止，共解釋法令四千零九十七號，大法官會議自民國三十八年至民國五十八年止共解釋憲法及法令一百二十七號，其直接間接影響憲法及法令之損益及施行者至為深遠，亦可由此概見司法解釋制度對於國家政治所發揮之功能。（仲肇湘）

大英國協

見「國協」條

大理寺

古官署名，為國家最高司法審判機關；秦漢初有廷尉為諸卿之一，掌讞刑辟，景帝中平六年，更名大理，通兩漢南朝後魏，或為廷尉，或為大理，交替其名，北齊定為大理寺，隋唐以下因之，直至清光緒三十二年，改官制始更寺為院（詳見「大理院」條）。唐制：大理寺掌析獄詳刑，凡罪抵流死者，上刑部，覆於中書門下，繫者五日一慮，長官大理寺卿，從三品；少卿二人從五品下；餘屬官有大理正二人，從五品下，掌議獄，正科條，凡丞斷罪不當，則以法正之，大理丞六人，從六品上，掌分判寺事，正刑之輕重。司直六人，從六品上，掌出使推按，有錄事二人爲之佐。主簿二人，從七品上，掌簿書勾稽。獄丞二人，從九品下，掌管領囚徒。評事八人，從八品下，職司依宋制推之，則應與司直同司詳斷（以上分據通典，唐書百官志）。宋制大理寺卿一人，少卿二人，卿掌析獄詳刑，鞫獄之事，凡職分左右，天下奏劾，命官將校，及大辟囚以下，以疑請讞者，隸左斷刑，則司直評事詳斷，丞議之，正審之。若在京百司，事當推治，或特旨委勘，及係官之物應追究者，隸右治獄，則丞專推鞫，蓋少卿分領其事，而卿總焉（宋史職官志）。明大理寺，卿一人，左右少卿各一人，左右寺丞各一人，其屬，司務廳，司務二人，左右寺，各寺正一人，寺副二人，評事四人，卿掌審讞平反刑獄之政令，少卿寺丞贊之，左右寺分理京畿十三布政司刑名之事（明史職官志）。淸大理寺，卿滿洲一人漢一人，少卿滿洲一人漢一人，掌平天下之刑名，凡重辟，則率其屬而會勘，大政事下九卿議者，則與焉。左寺，寺丞滿洲一人，漢軍一人，漢一人，評事漢一人；右寺，寺丞滿洲一人，漢軍一人，漢一人，掌分覈內外之刑名，凡重辟在平者，左右寺各會其刑司與其道而聽之，以質成於卿少卿（清會典大理寺）。（參看「九卿」，「廷尉」，「大理院」諸條）（杜奎英）

大理院

清末司法官署名，清史稿職官志：「大理寺……光緒二十四年，省入刑部，尋復故；三十二年，更寺爲院」。則由舊大理寺改制而來，爲全國最高審判機關，置正卿少卿各一人，正卿正二品，少卿正三品，刑科民科推承各一人，正四品，推事二十八人，典簿廳都典簿一人，從五品，典簿四人，從六品，主簿六人，正七品；八九品錄事三十人。正卿掌申枉理讞，解釋法律，監督各級審判，以一法權。少卿佐之。推丞分掌民刑案款，參議疑獄。都典簿掌簿籍罪囚；典簿掌出納文移。大理於重罪爲終審，凡法庭審判，推事五人會鞫之。附設總檢察廳，掌綜司大理民刑案內檢察事務，監督各級檢察廳，調度司法警察官吏，廳丞一人從三品；檢察官六人，正五品；主簿二人，八九品錄事四人。看守所所長一人，從五品；所官四人，正八品；九品錄事二人。初制，刑事四庭，推事十九人，民事二庭推事九人。嗣於宣統元年，改刑科民科各三庭，置推事各十四人，三年增置總檢察廳典簿一人。（杜奎英）

大赦 (Amnesty)

大赦係指對于某一時期內的一組犯罪者，赦免其罪。大赦一經宣告，其罪刑或追訴權卽完全歸于消滅，一如根本未觸刑章者然。此種情形常見于內戰或革命時期，戰勝之一方，例多對于戰敗者加以赦免，如美國南北戰爭結束後，聯邦政府對于南方之叛亂份子赦免其罪，卽爲著例。

特赦與大赦有別，係指對已受罪刑宣告之特定罪犯，免其刑之執行。特赦一經賦予，其刑罰雖不再執行，但其罪並未消滅，且因其犯罪而附帶引起之民事責任，亦不得免除。特赦又與減刑不同，後者的刑罰並未完全免除，只因其具有某種可恕之原因，而減輕其刑之程度。故大赦後再犯罪者爲初犯，而特赦減刑後再犯罪者爲累犯。

大赦、特赦之權屬于行政元首。美國憲法賦予總統對于所有聯邦犯罪，行使赦免之權，但對會受國會彈劾之罪犯不在此例。各州州長對于在其本州內之犯罪亦有類似權力，但對叛國罪及藐視法庭罪不在其內。我國現行憲法第四十條規定：「總統依法行使大赦、特赦、減刑及復權之權。」至于各省主席自無赦免之權。（胡述兆）

大將軍

官名，通典職官武官下曰：「大將軍，戰國時官也，楚懷王與秦戰，秦敗楚，擄其大將軍屈匄是矣」。漢高帝拜韓信爲大將軍，武帝以衞青爲大將軍，更欲尊崇之，乃置大司馬官號以冠之（後漢書百官志），固猶僅爲武職。自霍光以大司馬大將軍輔政，而後大將軍往往冠大司馬及領平或視尚書事，以侍衞武官之率，爲內朝首，參決政務，權尤在丞相上。成帝建三公官，罷大將軍，立大司馬自爲一官，然其權任猶大將軍。哀帝時復以大司馬冠大將軍如故，未幾又去將軍，獨置大司馬（漢書百官志）。東漢復置大將軍，權位仍重，班秩迄與三公相上下（參看後漢書百官志）。除參朝政外，平時置有幕府，有長史司馬、從事中郎等官吏及掾屬，員額甚衆。出征領軍則有部曲（並見後漢書百官志）。故通考云：「兩漢以來，大將軍內秉國政，外則仗鉞專征，其權任出宰相之右」。其勢至晉仍盛，晉書職官志云：「自漢東京，大將軍不常置，爲之者皆擅朝權，至晉景帝爲大將軍，亦受非常之任」。南朝宋梁有之，爲諸公之一，齊陳以爲贈官，北朝後魏北齊與大司馬同置爲二大（隋書百官志）。三國時魏吳並置上大將軍，蜀分置右大將軍（分見三國志各該職官志）。後魏又有柱國大將軍，天柱大將軍(魏書官氏志)，後周有八柱國大將軍(北周書侯莫陳崇傳)。位均在大將軍上。魏晉而後，雜號將軍亦多有加大字者，然秩位均在大將軍下。按大將軍，自以兩漢時爲重，魏晉而後漸次位崇權輕，並亦不關實政，隋唐於諸衛皆置大將軍（各書百官志）。宋因其制，爲環衞之官（宋史職官志）。明初以徐達爲大將軍，清代軍年羹堯諸人亦受撫遠大將軍等號，然均非常設，事已即罷。（參看「將軍」，「大司馬」，「內朝」各條）（杜奎英）

大衆 (Mass)

「大衆」一字爲社會學者、政治學者對現代工業社會人羣的一種指稱。惟此字之眞正內涵，頗多歧異。如 H. Blumes 等以大衆爲不可分辨之人群，依此義，大衆爲「階級」之對；如 C. Wrigh Mills 等以大衆爲不能對國是形諸意見之團體，依此義，大衆爲「公衆」(Public) 之對；如 Ortega Y. Gasset 等以大衆爲無形、低質之人羣，依此義，大衆爲「紳士」之對；又如F.G.Juenger 等以大衆爲無個性之零件、螺絲釘，如K. Mannheim,M. Weber 等以大衆爲高度組織化社會中之客體，人云亦云，中心無主；又如 E. Lederer, H. Arendt 則以大衆爲暴民，飄盪無根，冷漠反常，爲現代極權政治之酵素。約言之，大衆被認爲是無形象、無價值、無理性、無所認同之數目，他們是傳統解體、社會高度工業組織化之產物。

自亞里斯多德以來，大衆一字即多少帶有負面之價值意義。尼采超人哲學鄙視大衆，世所周知，希特勒利用大衆心裡，芻狗大衆，更爲極權政治操縱大衆之始作俑者。惟法國大革命以後，大衆在政治中之比重日高。由於民主憲政之變化、深化，大衆在政治中之角色日見加重。今日任何政府之合法化與權威之取得皆需在實際上或形式上取得大衆之「同意」，即極權政府或開發中之國家亦不能不設法使大衆進入政治之範疇，此所以政治上有「參與擴炸」之現象。E. Shils 認爲新興或開發國家之最大問題便在彌縫秀異分子與大衆間之距離。唯學者中亦有肯定大衆之價值者。如 D. Ball 即以爲大衆形成之文化不必低劣，大衆形成之政治，不必極權，美國殆其一例。（金耀基）

大衆交道 (Mass Communication)

「大衆交道」爲現代政治中極重要之一環，它是「秀異份子的交通」(elite communication)之對。後者爲傳統社會政治決定過程中最要者；前者則爲現代社會政治決定過程中不可或缺者。大衆交道通過「大衆媒介」，如報紙、電影、無線電、電視等將秀異羣之符號、意理等傳遞到廣大的、非特定的社會大衆去。大衆交道可以爲單純的（極權社會常只有自上而下之溝通），也可以爲雙軌的（民主社會常具有上下交流之溝通）。大衆交道之過程可以是二級的（如政治領袖直接與大衆建立溝通關係），也可以是三級以上的（如政治決定者借助於各類中間階層之組織，如意見領袖等，間接與大衆建立溝通關係）。大衆交道之爲開放或閉鎖殆爲政治之爲民主或極權之重要指標。

大衆交道通常是與工業化、都市化、世俗化相因而至的，它是政治現代化之徵象之一。在現代政治交道中，「面對面」之基本交道雖未消失，或未減弱，但其所扮演之交道角色似已退居在大衆交道之後。

大衆交道不但直接間接地影響個人之知覺、態度與行爲，並且或多或少地型塑了社會文化。論者有謂大衆交道爲了迎合流俗，重量不重質。E.R. Murrow, W. Pickles, V. Pockard 等以爲在一電視時代，選民對三等政客與一流政治家已無法辨別。政治趨向於商品化。至於在大衆交道時代，如 G. Walls 等指出政黨或政治領袖之「形象」已較政治之「見解」尤爲重要。關於大衆交道之研究，目前還在萌芽階段。對其功能之評斷，還嫌過早。政治學者H. Lasswell所提供之「誰對誰說了些什麼?有何結果?」的研究要點仍爲研究大衆交道者所沿用。「誰」是指大衆媒介中之組織與人員；「對誰」是指聽（觀）衆之結構與性格；「說了些什麼」是指大衆媒介之內涵；「有何結果」是指大衆媒介之影響及聽（觀）衆之反應。

大衆交道無疑是現代政治中一項較廉價而有效之工具，並且它是中性的。它可以用之於推動社會之變遷，也可以用之於社會控制。民主政府固可藉它來溝通意見（如羅斯福之爐邊談話），極權政府也可用它來控制並達到「社會政治化」之目的。對於大衆交道之全面了解，當然需要將它與政治制度、社會組織、文化系統及人格結構等相關性作深入之研究。（金耀基）

大衆媒介 (Mass Media)

所謂大衆媒介是指報紙、電臺、電視、電影、雜誌，等等能迅速、廣泛地傳播消息，溝通意見的工具。在這些媒介中，放送與接受消息或意見的過程，傳播者與觀衆或聽衆沒有「面對面」的接觸（face to face contact），而必須依賴傳播的媒介。大衆媒介的發展，一般地說，是工業發展的現象；在低度開發的社會，消息傳播主要仍是依賴「口頭」(words-by-mouth) 的傳遞。（張旭成）

大學士

官名。唐中宗景龍二年，始於修文館（又名昭文館，後改名弘文館）置大學士四人，以象四時，後又置集賢殿大學士，皆以宰相兼領之。修文館與集賢殿均掌圖書之輯刊與生徒之教育，以宰相兼領，乃所以重文教之意。宋承唐制，其上相爲昭文館大學士，監修國史，其次爲集賢殿大學士，或置三相，則昭文集賢二學士併監修國史。此外，尚有資政殿大學士及觀文殿大學士，以崇宰相舊臣。元昭文館大學士僅爲虛銜，集賢院大學士常以道教之流充之，並不典司圖籍，與舊制有異。明太祖洪武十五年，倣宋制，置華蓋殿、武英殿、文淵閣、東閣諸大學士，又置文華殿大學士，以備天子之顧問，或作太子之輔導。建文中，改大學士爲學士，其職如舊。成祖卽位，復大學士官，又設內閣以掌機務，所簡入閣辦事者大率爲編檢講讀之官，不盡是大學士。其後，內閣之權漸重，閣臣皆加華蓋殿以下各殿閣大學士銜，此亦所謂內閣大學士也，從而，大學士事實上漸成爲宰相之任，然其品階不過正五品，故常以尙書兼之，以高其品秩。清初，以諸王貝勒及總管大臣議政大臣等組議政機關，而置大學士於內三院（內國史院、內秘書院、內弘文院），其職掌僅止於文學紀錄之事，不若明代內閣大學士之爲機務官。順治元年，世祖入北京，始以內三院掌機密，置大學士及學士，而關於文學之事則別立翰林院以掌之。十五年，內三院改稱內閣。十八年，復內三院之舊制。康熙九年，再改爲內閣。內閣大學士亦以殿閣之名冠之，並仍得兼各部尙書。其時，大學士四人，協辦大學士二人，秩皆正一品，贊理機務，表率百僚，蓋爲宰相之職。嘉慶以後，所有軍國密務皆集中於軍機處，內閣形同虛設，大學士非兼軍機大臣已非眞宰相。參看「內閣」條。（周道濟）

大憲章 (Magna Carta, Magna Charter, Greated Charter)

大憲章是英國憲政發展史上一項最重要的文件，由國王約翰 (John) 於一二一五年在封建領主壓迫下所頒佈。此憲章一二一六年以亨利第三(Henry III)名義由攝政重行頒佈，省略原文部分內容，一二一七年再次頒行，一二二五年亨利第三正式統御後又再頒佈一次，內容與一二一七所頒相同。中世紀英國法典彙編所載爲一二二五年所頒內容。一二一五年原件內容至十七世紀時始爲學者所悉，現尙存原抄本四件，以後由於英人對此憲章之重視，當封建領主感覺英王過份橫暴時卽常堅持國王應遵守憲章，至亨利第五（一四一三—一四二二）時止，前後由國王重行確認計四十四次。自依莉沙白 (Elizabeth) 女王後，律師、學者卽以此憲章與英王抗辯。

憲章原文甚短，部分意義不明確，全文內容可分爲三部分：第一部分爲關於國王與領主關係之規定，第二部分爲關於國王施政程序與方針之規定，第三部份爲關於處理當時國王與領主爭端之規定。第三部分爲當時過渡性條款，與現代政制無關。其第一、二部分之本意也只是在保障當時所謂的「自由人（包括全部封建階級及部分農民）」，與農村大衆無關。但其中條款包括未經共同會商不得徵稅，除依法判決外，不得逮捕、拘禁、放逐、剝奪財產之規定，而最重要的是大憲章本身明白表示英王權力受法律限制。以後普通鄉民獲得自由後，亦卽認爲他們亦應享受憲法所授之權利。王權有限與個人自由卽成爲大憲法基本原則。以後英國憲政卽循此二大原則發展而成今日之民主政治體系。故史脫布氏（Bishop William Stubbs ，十九世紀英國早期政治史名學者）認爲整個英國憲政史乃大憲章之註釋史。（華力進）

大鴻臚

官名。卽周官大行人之職。秦稱典客，漢景帝中六年，更名大行令，武帝太初元年，更名大鴻臚，掌朝賀慶弔之贊導相禮，爲九卿之一。按：鴻、聲也，臚、傳也，所以傳聲贊導，故曰鴻臚。王莽改曰典樂，東漢復曰大鴻臚。魏及晉初皆有之。自東晉至於宋齊，有事則權置兼官，畢則省。梁除大字，但曰鴻臚卿。後魏曰大鴻臚。北齊設鴻臚寺，有卿及少卿。隋文帝開皇三年，廢鴻臚人太常，十二年復置，領典客司儀崇玄三署。唐鴻臚曾改名爲同文及司賓，有卿及少卿。宋高宗建炎後，罷鴻臚寺，併入禮部。元亦不設鴻臚寺官，而以侍儀司掌贊導行禮之事。明復置鴻臚寺，有卿及少卿。清仍之，光緒三十二年裁併禮部。按：鴻臚本在於主領蕃國封貢，自明代始專掌殿庭禮儀之事，遂與歷代建置不同，故此後之鴻臚，名雖相襲，實則魏晉南北朝謁者臺、唐宋通事舍人、閤門使之任也。（周道濟）

大黨 (Major Parties)

大黨係指其在選民中的力量有使其奪取多數議會席位，並從而可能組織政府的政黨。但是它與多數黨不同，除在特殊情況下，沒有希望在議會中獲得絕對多數的議席。如果它們當政，其權力之行使，非依賴其他政黨的合作與支持不可。如果它們處於反對黨的地位，其影響力爲不可忽視的力量。（袁頌西）

小中正

見「九品中正」及「中正」條。

小宰

官名，周禮天官之屬，爲大宰之副，執掌宮中之刑罰政令，後世亦稱少宰。春秋列國亦有置者，又邑宰之俗稱。（杜奎英）

小說家

小說一詞，係大道之對。莊子外物篇：「飾小說以干縣令，其於大道亦遠矣。」漢書補註沈欽韓引桓子新論曰：「小說家合叢殘小語，近取譬論，以作短書，治身理家有可觀之詞。」漢書藝文志對他們的論述亦說：「小說家者流，……街談巷語，道聽塗說者之所造也。孔子曰：『雖小道，必有可觀者焉；致遠恐泥。』是以君子弗爲也，然亦弗滅也。閭里小知之所及，亦使綴而不忘。如或一言可采，此亦芻蕘狂夫之議也。」

該志所列小說家的著述，凡十五家千三百八十篇，現今全部散佚。此等著作，所述似多零碎小事，並無思想體系，致未受到劉向父子與班固的重視，故認爲：「諸子十家，其可觀者，九家而已。」但近人梁啟超則認爲其中宋子十八篇，當係荀子正論篇所稱宋子，即宋銒所作。宋銒最好談而善用譬，故其著述使用通俗講演體，劉、班不辨其書的實質而徒觀其形式，入之於小說家，此書的亡佚，實爲我國思想界最大損失之一（參看氏著：諸子略考釋）。（賀凌虛）

小黨 (Minor Parties)

小黨係指某些政黨在議會中的力量，不論其是否爲在朝或在野，皆不居於重要的地位。但如多數黨與少數黨之間的議席差距微小，此時小黨的力量可能會變得相當重要。

據法國學者杜佛息(Maurice Duverger)的見解，小黨可分爲兩類：一爲人物黨(personality parties)；另一爲永久性的小黨(permanent minor parties)。前者完全爲國會中的政團，並沒有羣衆組織與主義，也沒有眞正的社會基礎。其組成份子可能爲不滿大黨之紀律而由大黨分離出來者，亦可能爲認爲大黨無法實現其野心的分子。至於後者，不僅存在於國會之內，也存在於國會之外，所以它們有全國性或地方性的組織。固然它們也有羣衆基礎，但只代表少數人的利益。（參見M. Duverger, Political Parties, New York: John Wiley & Sons, 1964, pp. 288-292.）（袁頌西）

工作權

在現代私有經濟的體制下，工作實爲取得經濟財的主要途徑，無工作即無取得生活資財的可能，所以各國憲法注意於人民工作權的保障。工作權普通亦稱之爲工作自由，過去用語上又常稱之爲職業自由或營業自由，即人民對其所服役的業務有選擇自由，不受干涉的意義；但今日所謂之工作權，則除消極的意義外，更含有積極的意義，所以我國憲法除於第十五條規定，「人民……之工作權……應受保障」外，更於第一百五十二條明定「人民具有工作能力者，國家應予以適當工作機會」；這即含有積極的意義了。至於國家怎樣使有工作能力的人民得有適當工作的機會，這是政治措施上的行政問題，當爲執政者應有的政治考慮。就消極的工作自由說，則係指工作自由應受到法律的保障。惟工作自由亦有它一定的限度，這就是工作自由亦附有相當的限制，這種限制得分數端言之：㈠工作自由不能妨害公共利益：工作自由的保障，以工作對於社會有所貢獻爲前提，所以凡有妨害社會利益的工作，自不在保障之列。我國訓政時期約法第三十七條規定：「人民得自由選擇職業及營業，但有妨害公共利益者，國家得以法律限制或禁止之」，現在憲法上雖然沒有這樣的條文，但這一原則自不容否認，而其實施則散見於各種法律之中。如刑法之所以禁止人民操習淫業，違警罰法之所以禁止唱演淫詞穢劇以及禁止售賣春藥，都是這一原則的表現。㈡工作自由不能妨害國家專賣事業：近世各國大都採用專賣制度；劃定某種工商業爲國家專賣事業。凡已劃歸專賣的事業，人民不能自由經營，以確保國家的專賣權，舉例說來，我國以鹽爲專賣品，所以鹽業條例第六條明定：「鹽非經政府之特許不得由國外輸入或對外輸出」。而未經許可而私製或再製者則爲私鹽，所以同條例第十三條復明定：「鹽非經財政部之許可，不得採製」。可見人民不能以工作自由的理由而任意經營專賣事業。㈢工作自由不能妨害特許事業：近今各國對於公用事業及具獨佔性的企業，大都由政府公營。但政府爲經營上的便利，得將公營事業，特許人民經營之。我國憲法第一百四十四條「公用事業及其他具有獨佔性之企業，以公營爲原則，其經法律許可者，得由國民經營之」，即爲這一意義的表現。國家特許人民經營某種公用事業或獨佔企業的權，法律上稱之爲特許權。人民取得特許權，必須付以相當代價，所以法律必須保障特許事業之獨家經營，人民對於特許事業，自不能以工作自由之理由而任便經營之。㈣工作自由不能妨害專利事業：國家爲獎勵人民從事工業的發明計，對於人民新發明具有工業上價值者，予以專利權。依我國專利法第四十二條的規定：「專利權爲專利權人專有製造販賣或使用其發明之權，其發明若爲一種方法者，包括以此方法直接製成之物」。國家既予人民以專利權，則法律必須保障之，所以專利法除於第八十一條規定「專利權受損害時，專利權人或實施權人或承租人，得請求停止侵害之行爲，賠償損害或提起訴訟」外，復於第九十條明定「仿造有專利權之發明品或竊用其方法者，處二年以下有期徒刑、拘役或科或併科五千元以下罰金」。由此可見，人民不能以工作自由的原則，任便經營專利事業。（羅志淵）

工業民主 (Industrial Democracy)

是在工業社會的民主國家中，偏重經濟平等的一種要求。其理由是說，勞工進入工廠不僅是賺取工資，對於爲誰生產和怎樣生產，他們應有權過問。希臘的民主是要使每一自由人都能以國民身份，參與城市國家的決策。工業民主則希望同一廠內勞心勞力之每一成員了解他們的工作，他們的意見能使廠內決策受到影響。過去的民主是政治性的，他們要求的工業自治則是由工廠從業員共同參與的小型民主，希望由此擴大，由每一工廠的自治擴展爲全國性，由職業代表組成的職業民主。

這種工業民主目前仍在試行階段，使工人選擇代表參加廠方的決策機構，如德國與奧地利有廠方與工會混合組成的決策部門，南斯拉夫有代表工人之評議會參加管理決策。其他國家亦有由廠方與工會組成的聯合諮商組織。

一般意見都認工業民主是促進政治民主的途徑之一。但其先決條件只有在民主精神高度發達的國家，可以經由政治自由去接近經濟的平等。假如不是民主國家，人民沒有政治的自由，所謂經濟平等便失去意義，工業民主只是口上說說而已。（羅時實）

不成文憲法

見「成文憲法」條。

不信任投票

責任內閣制是要使內閣對民選的議院負責。爲貫澈國會中的民選議院對內閣課責計，於是國會對內閣應有不信任投票權（vote of want of confidence or vote of censure），這種權力乃爲國會迫使不稱職的內閣去職的最有效之方式；也是國會控制內閣最重要的武器。不信任投票有時亦稱之爲不信任決議。不信任投票之制起源於英國一八四一年，當時 Robert Peel 反對輝格黨內閣而表示不信任之意，自是而後，議院得作不信任投票，就成爲確定的制度（見薩孟武政治學第三五一頁）。在英國說，衆議院至少有四種方法以表示其對於內閣的不滿，由是以導致內閣的去留問題：㈠衆議院通過一個單純的不信任決議(a simple vote of want of confidence)，藉以表示其對內閣一般政策的不贊同。㈡衆議院對內閣某些措施通過一個譴責決議案(a vote of censure)，藉以表示譴責內閣或某些關係閣員。㈢衆議院否決內閣所提出而不肯放棄的法案。㈣衆議院雖通過內閣所提的法案，但已予以重大的修正，致使內閣所不願接受者。內閣當衆議院於上述四者中有任一表示時，則非解散國會，應即辭職。從英國政治制度的理論說，閣員地位之維持或黜免是基於內閣一般政策如何及整個內閣政績如何以爲斷，其緣於個別特殊事件而去職者，僅於特別重要的事件時見之。而依上述第二方式所提出的譴責案，乃爲對某一閣員的某些特定行爲或政策而發，是其作用自然沒有不信任決議案那麼強而有力。有些國家爲安定內閣計，特於憲法中規定，國會不通過內閣的提案，內閣不必辭職。例如德意志帝國的首相是只對皇帝一人負責，國會縱否決其提案，祇須皇帝對他尙繼續信任，他就無須辭職。如一九一三年衆議院以二一三對九七票決反對政府在波蘭所行的攘奪政策，又以二九三對五四票決反對政府對「沙伯恩事件(Sa-bern affair)」之政策，社會民主黨兩次皆要求首相辭職，但皆無結果。現行西德憲法第六十八條規定：「一、聯邦內閣總理要求信任之提議，若不能得聯邦議會議員過半數之同意時，聯邦總統得依內閣總理之請求，於二十一日內解散聯邦議會。但聯邦議會若以議員過半數選出另一聯邦內閣總理，此解散權則即時消滅……」。這種信任案之否決而不需辭職，亦意在安定政局。（羅志淵）

不管部大臣（不管部閣員）(Minister Without Portfolio)

見「內閣總理」條。

中正

官名，秦末陳勝爲楚王，嘗置中正之官，惟不詳其職事，魏文帝時有九品中正，晉、南北朝咸因其制；隋謂之州都，唐廢。

史記、「陳涉世家」：「陳五以朱房爲中正。」

南史、「梁紀」：「詔諸州各置中正。」

文獻通考、職官考、「總論州佐」：「中正，陳勝爲楚王，以朱房爲中正，而不言職事。兩漢無聞，魏司空陳羣，以天臺選用不盡人才，擇州之才優有昭鑒者，除爲中正，自拔人才，銓定九品，州郡皆置，吳有大公平，亦其任也。晉宣帝加置大中正，故有大小中正，其用人甚重。」（繆全吉）

中央集權

分配中央政府和地方政府權力的制度，大致有三種，即中央集權制、地方分權制和均權制。中央集權制多於單一國實施，例如法國，自君主專制時期到第五共和時期，都是實施中央集權制。該制視全國爲一個行使立法行政司法各權的單位，中央政府爲國家一切權力的源泉和總匯，地方政府祇是中央政府的分支單位，一切權力來自中央，由中央授與，地方政府的設立和保留是中央權限內的事情，地方政府的決定須和中央的政策一致，如不一致，中央可以命令來變更或撤銷，要之，中央對於地方有監督指揮的權力，地方政府沒有拒絕中央命令或抵抗中央壓制的餘地。（陳治世）

中丞

見「御史中丞」條。

中丞相

官名。秦悼武王二年，始置左右丞相；其後，爲尊崇宰臣起見，又往往改稱丞相爲相國；秦二世立，趙高代李斯爲相，則曰中丞相。所謂中丞相，並非有左有右必有中，於左右丞相外另立一官之意，而爲一特殊稱號，以加於宦官之任丞相者。按：秦漢官名之冠以中字者多係宦官爲之，宦官古亦謂之中人，趙高既是宦官，又爲丞相，故稱中丞相也。（周道濟）

中官

通解爲宦官。後漢書宦者列傳如是云：「鄭衆得專謀禁中，終除大憝（指竇憲），遂享分土之封，超登公卿之位，於是中官始盛焉」。又云：「中官用權，自（鄭）衆始焉」。凡是所謂中官，即指禁中宦官。（芮和蒸）

中非(Central African Republic)政黨

中非共和國(Central African Republic)原爲法國屬地，一九六〇年脫離法國獨立。現只有一個政黨稱諾里非洲社會改革運動黨 (Mouvement d'Evolution Sociale de I'Afrique Noire 簡稱 MESAN)。

該黨之秘書長爲索林 (Sec-General M. Tholin)，而實際領導人則爲卜卡薩將軍 (General Jean B. Bokassa) ，其在一九六六年元月推翻達可 (David Dacko)總統後，自任該國總統，並兼任內閣總理及國防、內政部長，但其國策方針乃爲樹立健全之政治，奠定穩固之經濟，推廣教育，提高國民知識水準。對外則基於解放非洲與拯救非洲人免於奴役與貧窮，並和加彭、查德、喀麥隆

、剛果共和國訂有赤道非洲經濟及關稅聯盟。該黨在卜氏領導下，國際政治上已走向親西方民主國家之路線。（袁頌西）

中郎

㈠官名。秦置，漢因之，屬郎中令，掌宿衛侍直，守門戶，出充車騎。按：秦漢之時，郎中令（後更名光祿勳）統率三署郎等天子的侍衛隨從人員，三署者、五官中郎一署，左中郎一署，右中郎一署，三署郎則有議郎、中郎、侍郎、郎中等，多至千人。每署各置將一人以領之，謂之中郎將。後漢末，增東南西北四中郎將，此外，更有虎賁中郎將、使匈奴中郎將等。魏無三署郎，猶置左右中郎將。晉武帝省左右中郎將官。宋孝武大明中復置。梁左右中郎將並分司丹禁。至唐，置諸衛中郎將。宋諸衛亦有中郎將。元中郎將爲儀工扈從之官。明清不設。㈡東漢魏晉南北朝時代，諸公府及將軍往往置從事中郎以爲掾屬，無定員。隋以後廢。（周道濟）

中郎將

秦時，掌皇宮侍衛之武官。秦會要云：「中郎將，秦官。並領三署，郎從。蓋秦制，三署諸郎，別有中郎將以將之。」漢承秦制：「中郎將分掌三署郎，有議郎、中郎、侍郎、郎中凡四等。並無定員，多至千人，皆掌門戶，出充車騎。」（通典職官）所謂「三署」者，即五官署、左署、右署是也。掌五官署郎者，稱五官中郎將；掌左、右署郎者，稱左、右中郎將。魏：無三署郎，猶置左、右中郎將。晉武帝省左右中郎將官。宋孝武大明中復置。齊：左右中郎將屬西省，梁代並分司丹禁。「唐時，皆屬十六衛中，無五官中郎將。及特設左右中郎將。」（續通典職官）宋環衛官左右金吾衛有中郎將；左右衛有中郎將；左右千牛衛有中郎將。金、元中郎將爲儀衛扈從之官僚，明不設。」（續通典職官）此外，漢時又有「虎賁中郎將，主虎賁宿衛。」（後漢書百官志）「羽林中郎將、主羽林郎。」（同上）雖名稱不同，職皆爲天子宿衛。且漢時、更有「四中郎將」，即東中郎將，南中郎將，西中郎將，北中郎將。江左彌重，或領刺史，或持節爲之。銀印青綬，服同將軍。唐時已無此官，宋遼金元明皆不置。又有雜稱中郎將、如後漢主護南單于，設使匈奴中郎將，晉爲理廣州主護南越，置平越中郎將。金泰和六年伐宋置殄寇中郎將。（楊樹藩）

中書

官名。漢舊置中書官，領尚書事（漢官儀）。此蓋武帝遊宴後庭，始用宦者，掌禁中書記，因罷尚書，改置中書，實則兩者名別職同，「只是一所」（文獻通考職官考）。成帝建始四年，又罷中書宦者，復置尚書，是後無復中書之職。東漢初亦無其官（初學記）。魏世中書官職，則別有所自。初，魏武帝爲魏王，置秘書令，典尚書奏事（晉書職官志）。文帝黃初初，改秘書爲中書，以劉放爲監，孫資爲令，遂掌機密（三國志魏書劉放傳）。中書省之設置，亦「自魏晉始」（通典職官）。省內官司，除監令外，另置中書侍郎、中書通事舍人等員。中書監令自爲顯職，掌贊詔命，記會時事，典作文書。晉世，「中書監令常管機要，多爲宰相之任」（文獻通考職官考）。自中書興，而尚書之權任漸減。南北朝皆置有中書官。隋初，改中書爲內史，置監令，尋又廢監，並以尚書、門下、內史三省長官爲宰相（見新唐書宰相表序）。唐承隋緒，復改內史爲中書，正式確立中書、門下、尚書三省制度，三省長官中書令、侍中、尚書令（自令不置，代以左右僕射），皆宰相之職。其中，又唯侍中、中書令及平章事，是爲正宰相之任（册府元龜宰輔總序）。中葉以後，中書令又僅存虛名，或爲加銜。宋沿唐制，而獨重中書，「三省長官尚書、門下並列於外，又別置中書禁中，是爲政事堂，與樞密對掌大政」（宋史職官志）。惟仍以同平章事爲眞相之任，中書令不預朝政。遼南面朝官初置政事省，後改制爲中書省。金初亦置中書省，海陵正隆元年與門下省同罷（見遼史、金史百官志）。元設中書省，爲中央之唯一最高政務機關，以皇太子爲中書令。明廢中書省，別於內閣置中書舍人，爲制誥屬文之官。後又特設中書科署，置定額中書舍人二十人，專「掌書寫誥敕制詔銀册鐵劵等事」（明史職官志）。清襲明制，內閣置有中書，貼寫中書，中書科中書舍人等職（清朝文獻通考職官考），宣統時改內閣官制，中書始廢。（芮和蒸）

中書舍人

舍人，古官，見周禮地官，掌宮中之政。中書舍人，晉官。漢置中書，無聞其職（初學記）。魏置中書通事舍人。或曰舍人通事，各爲一職，晉江左乃合之，謂之通事舍人，掌呈奏案章，後省之。宋初，又置中書通事舍人四員，入直閣內，出宣詔命，凡有陳奏，皆舍人持入，參決於中，中書侍郎之任爲輕。齊永平初中書通事舍人四員，各住一省，時謂之四戶，權傾天下，中書監令往往反爲淸閒之職。梁時，中書舍人之權勢不減，專掌詔誥兼呈奏之事。自是詔誥之任，舍人專之（見通典職官）。陳及北朝，皆因之，掌制誥。隋制，初稱內史舍人，後改爲內書舍人。唐初，亦稱內史舍人，武德三年改爲中書舍人，置六員。龍朔以後，隨省改號，而舍人之名不易，「專侍進奏，參議表章，凡詔旨、制勅、璽書、册命，皆起草進畫，旣下，則署行。」（新唐書百官志）自永淳以來，天下文章，道盛臺閣，髦彥無不以文章達，故中書舍人，爲文士之極任，朝廷之盛選，諸官莫比焉（通典職官）。宋初，中書舍人爲所遷官，實不任職。復置知制誥及直舍人院，主行詞命，與學士對掌內外制。及修官制，遂以實正名，而判（中書）後省之事（宋史職官志）。遼南面中書省設中書舍人院，置有中書舍人。金初亦置中書省，旋罷，無中書舍人之職。元中書省亦未置中書舍人。明中書舍人屬內閣，革中書省，存中書舍人。然此內閣中書舍人與另設之中書科中書舍人，職有攸分，前者在制誥屬文，後者以書寫爲職（見續文獻通考職官考）。淸襲明制，內閣置有中書科中書舍人之職，宣統時改內閣官制，廢之（參看「中書」及「中書省」條）。（芮和蒸）

中書門下

唐初，三省長官議事于門下省之政事堂。其後裴炎自侍中遷中書令，乃徙政事堂於中書省。開元中，張說爲相，又改政事堂，號中書門下，列五房于其後：一曰吏房，二曰樞機房，三曰兵房，四曰戶房，五曰刑禮房，分曹以主衆務（新唐書百官志）。由是「中書門下」成爲宰相治事機關。（芮和蒸）

中書省

官署名。自魏晉始有此稱，置監、令、中書侍郎、中書通事舍人等官職。梁陳時，凡國之政事，並由中書省，除置監、令、中書侍郎外，設有中書舍人五人，領主書十人，書吏二百人，分掌二十一局事，各當尚書諸曹，並爲上司，總國內機要，而尚書唯聽受而已。後魏亦謂之西臺。北齊中書省管司王言，並司進御之樂，及淸商龜茲諸部伶官。隋初，改爲內史省，置監令各一人，尋廢監，置令二人。唐武德三年復中書省。龍朔二年改爲西臺。咸亨初復舊。光宅元年改爲鳳閣。神龍初復舊。開元元年改爲紫微省。五年復舊，置令二人，侍郎二人，舍人六人，右散騎常侍二人，右諫議大夫四人，右補闕、右拾遺各六人，起居舍人二人，通事舍人十六人，其餘小吏各有差（見通典職官及新唐書百官志）。宋因之，省內設一令，侍郎、右散騎常侍各一人，舍人四人，右諫議大夫，起居舍人，右司諫，左正言各一人（宋史職官志）。遼南面中書省，大體可謂倣自宋制，置有中書令、大丞相、左右丞相、知中書省事、中書侍郎、同中書門下平章事、參知政事等官，所屬中書舍人院有中書舍人，右諫院有右諫議大夫，右補闕，右拾遺等職。金初亦設中書省，海陵正隆元年與門下省同罷（見遼史、金史百官志）。元代中書省兼尚書省之任，置中書令一人，右左丞相各一人，平章政事四人，右左丞各一人，參政二人，及參議中書省事等官，所屬左右司各置有郎中二人，員外郎二人，都事二人，分掌各房。外設行中書省（見元史百官志）。明因元制，初設中書省，不置令，由左右丞相統領省事。旋「罷丞相不設，析中書省之政歸六部，以尚書任天下事」（明史職官志），而由皇帝親統之，中書省遂廢。淸不置中書省（參看「中書」條）。（芮和蒸）

中書監、令

官名，宰相之任。見「中書」及「中書省」條。（芮和蒸）

中國政黨

一、演變概況

我國之有現代政黨，始於淸光緒二十年（甲午歲，卽西曆一八九四年）孫中山先生在檀香山成立興中會，光緒卅一年（己巳），復與黃克强宋教仁領導之華興會，章炳麟領導之光復會，合組同盟會，以推翻滿淸，建立民國爲宗旨，是爲當時之革命派。又光緒廿四年戊戌政變失敗，康有爲梁啓超逃亡海外，組織保皇黨，以擁護變法之光緒帝，推翻守舊之慈禧太后爲宗旨，是爲當時之維新派。

民國建立後，同盟會改組爲國民黨，由革命政黨退居爲普通政黨。而保皇黨之梁啓超，與總統袁世凱合作，聯合北方新起的共和黨、統一黨、民主黨，合組進步黨，以與國民黨對抗。是時國會以國民黨爲在野黨，進步黨爲在朝黨。民國二年，宋教仁被刺死，國民黨人舉兵討袁，袁氏下令解散國民黨，民國三年，孫中山先生將國民黨改組爲中華革命黨。民國五年，袁氏實行帝制，梁啓超亦起而反對，卒由國民黨人與進步黨人合作，推翻袁氏。袁氏既死，副總統黎元洪繼任總統，復行召集國會。惟國民黨業已改爲中華革命黨，而國民黨籍之國會議員，多未參加，故另組憲政商榷會，以資聯絡，是爲當日北京政府之在野黨。進步黨在袁氏稱帝時間，亦已瓦解，遂組織憲政研究會，是爲當日北京政府之在朝黨。其後，軍人專政，國會亦遭解散。憲政商榷會日就消沉，憲政研究會亦不得勢，後復變爲研究系，其中知名之士，間或出入內閣，點綴北京政壇。此爲民國初年我國政黨之大概狀況。

當北方軍人亂政之際，孫中山先生以廣州爲革命基地，組織軍政府。並於民國八年，改組中華革命黨爲中國國民黨，進行重建中國之大業，實爲當時中國唯一有組織之政黨。第一次世界大戰時，有蘇俄十月革命，世界局勢大變，各種政治思想，傳播中國，於是又有新政黨之產生：㈠民國十年七月，中國共產黨在上海成立，由陳獨秀李大釗等領導。㈡民國十二年十二月，中國青年黨成立於巴黎（國人稱之爲國家主義派，並曾成立中國國家主義團體聯合會，至民國十八年，始將黨名公布），由曾琦李璜等領導。我國政黨活動，自該兩黨成立以後，遂成一新局面，非復清末民初之形勢矣。

民國十二年國民黨改組，共產黨人受第三國際指示，多參加國民黨並有居要職者。十四年，　孫中山先生逝世。是年夏，國民政府成立，準備北伐，共黨陰謀篡奪國民黨黨權。十五年三月，發生中山艦事變，其後共黨居國民黨中央要職者，均行解職。是年七月，國民黨在今　總統蔣公領導下，出師北伐，克武漢、下南京。而共黨陰謀叛亂日亟，造成寧漢分裂。十六年四月，國民黨宣佈清黨，始將共黨份子逐出於國民黨之外，是年八月一日，共黨在南昌叛變，後被逼南竄廣東，旋即潰散。而毛澤東朱德復先後自湘南及粵北，裹脅羣衆，刼奪地方自衛武器，竄入贛南井岡山爲寇。自南昌事變後，陳獨秀被清算，共黨由瞿秋白、向忠發、李立三、秦邦憲等先後領導。迄二十三年十月，朱毛自贛南向西流竄，二十四年一月，逃至貴州遵義，召集會議，解除總書記秦邦憲職，以張聞天繼位，實則由毛匪把持一切，自此毛匪遂取得共黨首領之地位。

惟自民國十七年以來，國民政府奠定統一之局。依照國民黨之主義政綱政策建設國家。十八年，青年黨在國民黨統治之下，始公開活動。二十一年，中國國家社會黨創立於北平。三十五年，國家社會黨與海外民主憲政黨合併爲民主憲政黨，以張君勱爲主席，伍憲子爲副主席。伍氏屬清末維新派，張氏原屬梁啓超之研究系，是民主社會黨與康有爲梁啓超之政治組織，深具淵源。

當民國二十六年，抗日戰爭初起時，全國各黨派（包括共產黨），一致宣稱共赴國難，願受國民政府之領導，抵抗日本之侵略。但共黨利用此一機會，擴充組織及武力。抗戰勝利後，舉行政治協商會議，共黨雖與各黨派一致參加，然包藏禍心，蔑視決議，拒絕參加協議召開之制憲國民大會。其後，稱兵作亂，竊據大陸，經國民大會列爲戡亂之對象，自不得視爲合法政黨。又當抗戰期間，中國國家社會黨，中國青年黨，第三黨（領導人爲章伯鈞），救國會（爲當時所謂「七君子」之沈鈞儒、章乃器、史良、李公樸、鄒韜奮、沙千里、王造時等所組成），鄉村建設會（領導人爲梁漱溟），職業教育社（領導人爲黃炎培、冷遹等），及東北救亡同志會，合組「統一建國會」，繼改稱「中國民主政團同盟」，後又改爲「中國民主同盟」。至民國三十七年冬，青年黨、民主社會黨均聲明退盟，其他各黨派，則多附逆，亦不得視爲合法之政黨組織，故今述中國政黨，僅以國民黨、青年黨及民主社會黨爲限。

二、中國國民黨

中國國民黨之組織發展可分爲五個階段：㈠興中會：清光緒二十年甲午中日戰爭之際，孫中山先生至檀香山，組織興中會，從事救亡運動。甲午之後，中山先生返國，曾準備奪取廣州，以爲革命根據地，事洩失敗，逃亡海外。國內革命活動，多由陳少白，史堅如，鄭士良等策劃。㈡同盟會：清光緒卅一年乙巳秋初，孫中山先生在日本，會晤華興會領導人物黃興、宋教仁等，討論組織革命黨問題。旋協議成立同盟會，由興中會、華興會及光復會（其領導人爲章炳麟、秋瑾、徐錫麟等）合併組成，推舉孫中山先生爲總理。同盟會成立宣言要旨，爲驅除韃虜，恢復中華，建立民國，平均地權。其後中山先生奔走海外之日爲多，國內革命活動及組織，頗得力於黃興、宋教仁等之策劃，以迄辛亥革命成功。㈢國民黨：同盟會原爲革命秘密團體。迨民國成立，遂行公開，且會員參加國會，已成爲普通政黨。當時，宋教仁主張與同盟會宗旨相接近之統一共和黨、國民共進會、共和實進會及國民公黨，合併組成國民黨。於民國元年八月正式成立。民國二年三月，宋教仁在上海遇刺死。自後袁世凱圖謀帝制，先行擴大總統職權。是年秋，成立憲法起草委員會，增修約法。於是黃興、李烈鈞、柏文蔚等起兵討袁，均失敗。袁氏乃向國會提出增修約法案，但以國民黨籍議員，佔絕對多數，未獲通過。是年十一月，袁氏通令解散國民黨，追繳國民黨議員證書證章。國民黨遭此嚴重打擊，組織遂行潰散。㈣中華革命黨：民國三年七月，中山先生成立中華革命黨於日本。此為秘密革命政黨之組織，為避免外間注意，仍常沿用國民黨名義。其黨章規定之宗旨，為實行民權民生兩主義，掃除專制政治，建設完全民國。並重申革命須經過軍政訓政憲政三個時期。其實質與民初之國民黨，退居於普通政黨者，完全不同。㈤中國國民黨：孫中山先生認為革命事業之徹底成功，有賴於組織廣大群羣，建立堅强之革命陣營。中華革命黨因係秘密組織，未易號召廣大民衆參加，故於民國八年十月十日，將中華革命黨改名為中國國民黨，此係中山先生辭去廣州軍政府總裁後不久之事。民國九年夏，中山先生回粵，就非常大總統之職。十一年六月陳烱明叛變，中山先生走上海，次年元月，陳烱明失敗，二月，中山先生返廣州，重組大元帥府。國民黨幾經頓挫，組織散漫，而成員或趨衰頹，亟待吸收新幹部，以擔當革命任務。遂於十一年多間，決定改組。十二年一月一日發表宣言，決定於十三年一月召開第一次全國代表大會。民國十四年，中山先生逝世，國民黨由今　總統蔣公領導。卅八年，蔣總裁以大陸之失敗，乃由黨的組織渙散，革命精神不振，決定予以改造，黨的革命精神重振，組織趨於健全。近年以來，臺灣日趨繁榮進步，實以此為契機。

中國國民黨服膺中山先生手創之三民主義，領導中國革命，歷八十餘年，其一貫宗旨即在建設中國為三民主義共和國。至於時移世易，政策實施，或須因時制宜，但原則上，一體遵循中山先生手訂之革命方略，予以融會，俾利實用。近代中國政治之發展。以國民黨為主要發動力量。其對國家最大貢獻，有下述數端：㈠推翻滿清專制政府，建立中華民國，為亞洲第一個共和國。此一功績，為同盟會時期所完成。㈡推翻袁氏帝制，及建設廣州為革命基地。此為中華革命黨，及改組中國國民黨時之功績。㈢消滅北洋軍閥，統一中國。自國民政府奠都南京後，即取消關稅協定，實行關稅自主。使中國脫離次殖民地的地位，而成為獨立自主之一等國家。㈣抵抗日本侵略，經八年苦戰，獲得最後勝利。收復臺灣、澎湖，並取消一切不平等條約。又於民國三十二年，中美英蘇共同發表宣言，中國已躋於一等强國地位。三十四年，聯合國成立，中國為五個常任理事國之一，遂成為第二次世界大戰後，世界四强之一。㈤實施憲政厲行民主之政治。於民國三十五年制定憲法。三十六年全國普選，三十七年結束訓政，開始實施憲政。㈥消除赤禍進行戡亂工作。共產匪黨自民國三十八年，竊據大陸後厲行暴政，民不堪命。國民政府播遷來臺，後承　總統蔣公繼續領導，整軍經武，革新政治，待機反攻，光復大陸重建中華，此為目前國民黨所擔負之艱鉅任務。經廿年之建設，臺灣實行地方自治，實施土地改革，推行民主主義，社會福利政策，以提高全民生活水準，實施多次四年經濟建設計劃，致力經濟發展，故而經濟繁榮，民生康樂，成為三民主義模範省，而軍民團結，士氣奮發，更為全世界反共之先鋒。有關復國建國工作，正待周詳策劃逐步實現。

中國國民黨之領袖為蔣總裁，在蔣總裁之下以李煜瀛、蔣宋美齡、孫科、張羣、何應欽、陳立夫、張知本、薛岳、謝冠生、李嗣璁、黃國書等十一人為中央評議委員會主席團主席。以嚴家淦、蔣經國、谷正綱、張其昀、黃少谷、袁守謙、黃杰、周至柔、倪文亞、閻振興、李國鼎、蔣彥士、謝東閔、林挺生、陳大慶、郭澄、郭驥等為中央常務委員，張寶樹為中央委員會秘書長。

三、中國青年黨

青年黨在未建黨以前，即已開始救國運動，民國七年，曾琦（青年黨領導人）聯合留日學生，組織留日學生救國會，反對中日軍事協定。旋罷學歸國，即發起組織少年中國社。「本科學的精神，為社會的活動，以創造少年中國為宗旨。」成立之初，因係學術團體性質，各方人士，多有參加，如李大釗、惲代英、張聞天、毛澤東等共黨分子，亦為會員。於是思想分化，學會難於有所作為。民國十二年十二月二日，曾琦、李璜、張子柱、何魯之、李不韙等，聚會於巴黎，決定組織國家主義之政黨，並議定宣言，政綱及章程，青年黨遂於是日宣告成立。十三年四月廿日，在巴黎舉行第一次全體會議，曾琦當選為中央執行委員會委員長。張子柱、李璜、何魯之、李不韙等四人為委員。於是青年黨中央組織乃告完成。惟對外並未宣布黨名，國人皆以國家主義派目之。曾李等旋回國，創辦醒獅週刊，宣傳國家主義，與共產黨作思想鬥爭。同時，聯絡國家主義政治團體，成立中國國家主義團體聯合會。民國十六七年間，在上海召開兩屆全國代表大會，均用此一名義。至十八年夏，在香港召開第四屆全代會始公開青年黨之名稱。民國二十年「九一八」事變起，青年黨主張「政黨休戰，一致抗日」。二十六年「七七事變」後，曾琦、李璜等，曾由國民政府邀請參加廬山談話會。二十七年四月，國民政府公開承認青年黨爲合法政黨。同時，該黨推薦人員參加國民參政會。三十年，與國家社會黨，第三黨，救國會，鄉村建設會，職業教育社等團體，組織「中國民主同盟」。三十四年，抗戰勝利後在重慶召開第十屆全代會，制定新的黨章和政綱，以謀青年黨之重振。三十五年一月，參加政治協商會議。是年十一月制憲國民大會，有青年黨代表一百名。三十六年，全國普選，青年黨人當選國大代表者二百三十名，當選立法委員者十六名，當選監察委員者十一名。三十六年四月十五日，青年黨、民社黨與國民黨簽訂國民政府改組後之共同施政綱領。曾琦、余家菊、何魯之、陳燕生爲常任國府委員，左舜生爲農林部長，陳啓天爲經濟部長，李璜、鄭振文、楊永浚任政務委員，是爲青年黨人擔任政府要職之始。三十七年冬，聲明退出民主同盟。三十八年，大陸陷落，青年黨幹部大都相繼來臺。四十年五月，其領導人曾琦在美病故，青年黨內部分裂，經左舜生、陳啓天等多方面調節，已趨團結一致，爲反共而奮鬥。

青年黨爲國家主義之政黨。其組織之初，在黨章第一條標舉：「本黨本國家主義之精神，採全民革命之手段，以外抗强權，力爭中華民國之獨立與自由，內除國賊，以建設全民福利的國家爲宗旨」。三十四年制定之新宗旨：「本黨本國家主義之精神，民主政治之原則，內求統一與自由，外保安全與獨立，以建設全民獨立的現代國家，並促進平等合作的和平世界爲宗旨」。較之原定宗旨，刪去「採全民革命之手段」一語，表示青年黨，並非革命政黨。至於所定政綱，亦因時有所改變。如抗戰時期，以擁護政府抗戰，爭取最後勝利，爲第一方針。制憲時期，則以主張實行民主政治，爲第一方針。行憲及戡亂時間，則以支持政府，貫徹反共抗俄國策，以求恢復國家領土主權之完整與獨立爲主要方針。

在政治實績方面，由於青年黨人僅於行憲之前，一度參加政府，擔任行政部門要職，爲時甚暫，故其政治實績，乃就在野地位，從事政治活動而論：青年黨人具有愛國熱忱，在抵禦外侮，反抗侵略方面，除盡力宣傳外，尙能協助抗戰，促進全國團結，且青年黨人堅決反對共黨主義，故從來擁護政府之反共政策。大陸陷匪後，追隨政府來臺，一致效力於戡亂復國工作，並協助政府建設臺灣，推行地方自治，是爲青年黨對國家之最大貢獻。

中國青年黨之領導人，現爲陳啓天、余家菊、李璜、胡國偉等，中央黨部幹事長爲陳翰珍。

四、中國民主社會黨

民國二十一年四月張君勱發起組織國家社會黨於北平。廿二年四月，在天津舉行第一次全國代表大會，選舉張君勱、張東蓀、湯住心、胡石青、羅隆基、徐君勉、梁秋水、黃任之、諸青來、陸敍百、胡子笏等十一人爲中央總務委員，張君勱兼總秘書，湯住心兼組織部長，羅隆基兼宣傳部長，梁秋水兼財務部長，中央總部卽設於石板房。時徐君勉任中國民主憲政黨總裁，(民憲黨設於美洲)係以個人身份參加。民國二十五年，伍憲子繼徐君勉主持中國民主憲政黨，並赴北平與張君勱洽商兩黨合併事宜。抗日戰爭發生後，至二十七年四月，張君勱代表中國國家社會黨致函中國國民黨總裁，願共赴國難。國民政府乃承認國家社會黨爲合法政黨。旋卽推薦張東蓀、胡石青、羅隆基、梁實秋、陸鼎揆等爲國民參政會參政員。張君勱亦被聘爲參政員。三十年，梁漱溟、左舜生等爲團結各民主黨派與張君勱商談統一組織，卽由中國國家社會黨與中國青年黨、第三黨、救國會、鄉村建設會、職業教育社、東北救亡同志會洽組「統一建國會議」，繼改稱「中國民主政團同盟」，後又改稱「中國民主同盟」。卅四年，民主憲政黨在美代表與張君勱商洽與國家社會黨合併事，已獲協議，是年八月十五日，中國國家社會黨與中國民主憲政黨在上海聚會，通過兩黨合併，改名中國民主社會黨。選張君勱爲中央組織委員會主席；張東蓀等五十五人爲中央組織委員。九月六日張氏正式宣布中國民主社會黨之成立。是年十一月，民主社會黨提出參加制憲國民大會名單，李聖策等五十七人，請政府遴聘，完成制憲工作，十二月，民主社會黨，聲明退出民主同盟。卅六年三月，應政府之邀，與中國青年黨，及社會賢達共同協商施政方針十二條，由三黨領袖蔣中正、張君勱、曾琦三先生及社會賢達莫德惠、王雲五兩先生於四月十六日在南京簽訂。並提出參加政府之人員，以戢翼翹、徐傅霖、胡海門爲國民政府委員，蔣勻田爲行政院政務委員，是爲民主社會黨參加政府之始。是年普選，民社黨在國民大會、立法院、監察院所得席數，僅次於青年黨。惟民社黨自大陸陷匪後，其主席張君勱久居國外，黨務無人主持。民國三十九年夏，曾由張氏提請徐傅霖代理主席職務。徐氏不久去世，內部遂成分裂狀態。目前，民社黨各派重要人士，多能捐棄己見，力求黨的團結，現正由該黨團結委員會六召集人向構父、蔣勻田、王世憲、郭虞裳、孫亞夫、李緞等協調斡旋，並經成立團結協商會議，以周樹聲等十一人為協商委員。該黨全面團結，今已完成。

國家社會黨成立於民國二十一年，民主社會黨，則組成於民國卅五年，在中國政黨中，可謂黨齡最輕者。但伍憲子為康有為門生，清末為保皇黨人，民初為進步黨人，其後在美國組織民主憲政黨。而國家社會黨之主要人士，亦多為梁啓超之進步黨及研究系成員。祇以康有為自張勳復辟失敗後，不復從事政治活動，而梁啓超亦於民國八年退出政壇，康梁嗣又相繼去世。至民國二十一年，始由張君勱等重組新黨。民主憲政黨設在美洲，地區較遠，故國人對之甚少知聞而已。

依據民主社會黨成立宣言，其政治抱負有下列四點：1.奠定和平。2.擁護統一。3.要求民主。4.實現社會主義。又依民社黨主席張君勱對社會主義之銓釋有下列三點：1.以全社會各得其所為目的。2.採行計劃經濟。3.在勞工、土地、資本三方面，有一番公道的調整方法。是民社黨之宗旨，與歐洲各國社會民主黨頗為接近。至其政治方策，在成立宣言中所標舉者計有：1.實行民主憲政。2.政治大改革。3.復興道德，以求民族之自力更生。4.鬥爭不能離開善羣之規矩，是所採行之政略，尚屬和平穩健。

民社黨之政績，自國家社會黨始，大致為：支持政府抗戰，協助政府推行憲政，支持反共抗俄國策，協助政府在臺灣推行地方自治。政治協商會修正憲草時，張君勱曾自動起草憲法，後即成為提出制憲國民大會之憲法草案。

民社黨現在主要負責人物為：向構父、郭虞裳、蔣勻田、王世憲、孫亞夫、李緞、楊毓滋、梁朝威、黃淼、劉中一、廖競存。其中央黨部的秘書長為黃孟剛。（雷飛龍）

中常侍

秦官。漢興，列為「加官」（前漢書百官公卿表），或用士人，銀璫左貂（漢官儀），得出入臥內禁中諸官（漢舊儀）。秩本千石，後增秩比二千石。「掌侍左右，從入內宮，贊導內衆事，顧問應對」（後漢書百官志）。自後漢和熹太后以女主稱制，不接公卿，乃用閹人，「假貂璫之飾，處常伯之任」（後漢書朱穆傳疏曰）。自是，中常侍由中人（閹人）專任，為宦者職稱（參看「宦官」條）。（芮和蒸）

中產階級 (Middle Class)

「中產階級」是泛指社會中一在經濟上、身分上屬於（或心理上屬於）中等階層（如粗率地將社會分為上中下三等）之社羣。故中產階級基本上是一經濟學上與社會學上之名詞。它具有客觀性（如依收入、財產之類）與主觀性（在美國有些在經濟上屬於上層或下層階級的人，都自我認同為中產階級）。同時，中產階級之標準各個社會並不相同（如美國之工人階級的收入即不下於其他許多社會之中產甚至上層階級）。中產階級之組成分子各個社會亦不同，有些社會以小商人、白領階級為主；有些則以薪水階級、自由職業為主。

一般言之，屬於中產階級之人群，有經濟之安全感，較具軟性、容忍之心態，和保守惡變之行為模式。粗率地說，中產階級越大的社會，越安定，越易促成、鞏固民主政治。美國即是一中產階級佔絕對多數之社會，社會上形成一種神聖之中產階級之迷思。反之，一般傳統或開發中社會，則幾乎只有上下二階層，而無中產階級之存在（即存在，亦極微弱）。政治上之極端主義大都來自下層階級。共產主義能在經濟落後地區得勢，而難在經濟先進社會立足，多少與此原因有關。但學者如 S.M. Lipset 等指出，當中產階級之權益身分被（或感到被）侵奪或忽略時，則亦易因挫鬱而轉發為極端主義，法西斯運動之興起即是一例。

中產階級之角色與功能不止與社會系統之性格有關，亦且與一個社會發展之階段有關。要而言之，開發國家如何加速促成、擴大中產階級；先進國家如何穩定、重組中產階級，皆與政治之安定與進步密切攸關。（金耀基）

中朝

西漢中央政府，實質上的分權制度。漢書劉輔傳註云：「中朝，內朝也，左右前後將軍、侍中、常侍、散騎，諸吏為中朝，丞相以下至六百石為外朝也」。大司馬在西漢為「加官」稱號，冠將軍名銜之上，地位特別榮寵，即為中朝之首領。他如常侍、侍中、散騎、諸吏等，亦皆為「加官」稱號，多加諸列侯、卿、大夫、郎將、都尉、尚書、太醫、太官、郎中等官員頭銜上。凡加侍中、常侍者，得入禁中（皇帝宮中），加散騎者，得隨皇帝乘輿，加諸吏者得舉不法。被加官者，均屬皇帝親信，遂為中朝官。特別是加「大司馬」的將軍，皆有「輔政」之權力。其政治地位，超過丞相，且能「領尚書事」，尚書漢時爲皇帝之秘書處性質，天下事由尚書奏呈皇帝時，必透過輔政之「大司馬」。並用正副二封，副封由領尚書事之大司馬開啟，正封轉奏皇帝。因此，中朝官權力甚重，如果丞相、御史大夫一旦違反法度，皇帝恒交付中朝官研議，提供處分意見，作爲皇帝參考。東漢，雖有「中朝」之名，但實權遠非西漢之隆。（楊樹藩）

中期選舉 (Mid-term Election)

這一名詞係指美國國會在總統任期期中所舉行的改選。依照美國憲法規定，總統、副總統任期四年，每隔四年之偶數年，即舉行改選（美國憲法第二條第一項）。參議院議員任期六年，每隔二年改選其總額三分之一。衆議院任期二年，每隔二年全部改選。故在美國總統改選之年，尙有參議院之部分改選，與衆議院之全部改選。這一選舉，一般稱之爲大選。在總統任期期中之國會選舉，一般稱之爲小選或中期選舉。中期選舉時，兩黨在國會中議席之得失，大致可看得出美國民意之動向。（袁頌西）

丹麥(Denmark)政黨

丹麥 (Denmark) 爲一多黨制的國家，其主要政黨如左：

㈠社會民主黨 (Social Democratic Party)：該黨現爲丹麥第一大黨。其社會基礎，主要是勞工階級。該黨在外交方面支持聯合國，歐洲經濟合作，及斯堪的納維亞半島 (Scandinavian Peninsula)三國合作。在內政方面，主張計劃經濟、充分就業、社會安全、適度的國防政策等。現任黨魁爲克拉格 (J.O. Krag)。

㈡漸進自由黨 (Moderate Liberal Party)：該黨主要是代表農民及勞工團體。在外交方面，與社會民主黨無大差別。在內政方面，主張工商業自由競爭，放寬政府對於經濟的限制與減低稅收等。該黨現爲丹麥第二大黨，在國會裡擁有三十五個席位。現任黨魁爲哈特林 (Paul Hartling)氏。

㈢保守黨 (Conservative Party)：該黨主要代表工商業界的利益。在外交政策方面與前述政黨無大差別。在內政方面則主張保護私有財產、保護關稅、降低賦稅、健全財政政策等。該黨現爲國會中第三大黨。其所佔議席僅少於保守黨一席。現任黨魁爲泰斯特羅 (Knud Thestrup)氏。

丹麥除上述三大黨外，尙有激進自由黨 (Radical Liberal Party)，社會主義人民黨 (Socialist People's Party)，共產黨，自由中央黨(Liberal Center)，單一稅制黨(Single Tax)等小黨。（袁頌西）

五五憲草

「五五憲草」的官方名稱爲「中華民國憲法草案」，乃訓政時期國民政府在中國國民黨的指導監督下，爲貫徹中山先生實施憲政，還政於民的建國方略之遺教，由立法院於民國廿五年五月一日三讀通過，國民政府於五月五日明令宣布。當時及後來的人，爲了稱謂上的方便，乃依其宣布日期，通稱爲「五五憲草」。

這部憲草在擬訂過程中，不但曾廣徵民意，而且曾歷經中國國民黨中央委員會及第五次全國代表大會之審查。所以在內容上，被認爲是比較最能符合中山先生的遺教。此一草案原有一百四十八條，及廿六年四月略經修正，將其中第一屆國民大會之職權，由制憲國民大會行使之第一四六條刪除後，縮減爲一四七條。除前言而外，計分八章，依次爲總綱，人民之權利義務，國民大會，中央政府，地方制度，國民經濟，教育，及憲法之施行及修正。

「五五憲草」內容的特點，最重要的厥爲政權機關國民大會之設制。蓋依照中山先生權能區分之遺教，人民之四種政權，於縣自治事項，係直接行使，而於中央政務，則委託國民大會代爲行使。所以憲法草案特立專章，設置國民大會，由縣市蒙藏及海外僑民所選代表組成之（第廿七條）。國民大會代表任期六年，除臨時會外，其常會每三年由總統召集一次（第卅、卅一條）。由於國民大會乃代表人民行使政權之機關，所以不但享有創制，複決及修憲權，其選舉與罷免權之範圍，且特爲廣泛。像總統副總統，立監兩院之正副院長，及立監委員，固均由其進退，卽司法考試兩院之正副院長，雖係由總統任命，但國民大會却有權予以罷免（第卅二、七十、八四條）。這種設計之主要目的，旨在使國民大會藉政權之運用，一方面掌握政府重要人事之進退，同時又能控制立法事項之怠濫，以實現中山先生「人民有權，政府有能」之遺教的理想。

其次，憲草對政府制度之規劃，其於中央，以總統爲國家元首，另設五院。除立監兩院之正副院長與委員，係由國民大會選舉產生外（第卅二條），其他行政，司法，考試三院之正副院長，及行使院之政務委員與各部會首長，均由總統任命（第五六、五八、七七、八四條）。關於治權機關之責任，行政院自院長以降，以至各政務委員及各部會首長，皆分別對總統負責（第五九條），而總統，立監兩院及考試與司法兩院院長，則均對國民大會負責（第六三、七七、八四、八七條）。五院彼此並立，平等相維，雖然行政，司法，考試，監察各院，於其主管事項，得向立法院提出議案（第六九條），而立法院於立法事項，亦得向各院、部、會提出質詢（第六五條），但其目的在於協調溝通五院之合作，而並無責任關係。所以關於二院以上之事項，總統有權召集五院院長予以會商（第四五條）。此外，總統以國家元首，享有許多權力，不過公布法律及發布命令，須經關係院院長之副署（第卅八條）。而其餘的各種權力，除統率武裝部隊，依法任免文武官員，及授予榮典外（第卅七、四二、四三條），他如宣戰，媾和，締約，戒嚴，及大赦，在程序上尚須經立法院之議決（第卅九至四一、六四條），對緊急事變之急速處分，亦須於發布緊急命令後三個月內，提交立法院追認（第四四條）。對立法院通過之議案，總統得於公布或執行前，提交復議，若經立法院出席委員三分之二以上決議維持原案，則除對法律案及條約案，得再提請國民大會複決外，應即予以公布或執行（第七十條）。從這些規定來看，可見立法院在五種治權中，仍然有其比較特殊的地位。

至於地方制度，分設省及縣（市）兩級政府。縣爲地方自治單位（第一○三條），縣長及縣議員，均由縣民大會選舉產生（第一○六、一○八條）。縣民於縣自治事項，依法享有選舉、罷免、創制及複決之權（第一○五條）。而縣自治事項之內容，則依因地制宜之均權原則，由法律予以具體規定（第一○四條）。省係居間承上轉下，執行中央法令及監督地方自治（第九八條）。省長由中央任免（第九九條），省參議會則由各縣市議會所選舉之參議員組成（第一○○條）。其組織與職權，亦尚待法律更爲明確之規劃（第一○一條）。

「五五憲草」經國民政府於二十五年五月五日正式宣布之後，依照中國國民黨五屆一中全會之決議，政府應於是年十一月十二日召開國民大會，將之提交審議。嗣以國大代表之選舉，未能如期完成而延期。及廿六年二月，三中全會復決議於是年十一月十二日，召開國大制憲。惟由於「七七事變」，抗日軍興，國民大會之召開，遂因國難而受阻。不過在抗戰期間，國民大會雖始終未能召開，但「五五憲草」則先後曾經國民參政會憲政期成會，及憲政實施協進會兩度廣泛地研討。不惟前者曾提出完整的修正草案，即後者亦曾提出卅二項修正意見。及抗戰勝利，政治協商會議在各黨派之協議下，更對「五五憲草」再作全面之檢討。其所完成之政協憲草，對原憲草中關於國民大會及總統之職權，以及五院，特別是行政與立法兩院之關係，均作了極重要的修改。國民政府嗣即以此爲藍本，擬具憲法草案，於卅五年十一月廿八日提交國民大會審議。不過制憲國民大會所審議的憲法草案，雖爲政協憲草，而非「五五憲草」的原案，但政協憲草中的許多條文，却仍然保持着「五五憲草」舊有的設計。所以「五五憲草」對「中華民國憲法」，亦仍然具有重要的參考價值。（荆知仁）

五行

言五行最明確者，首見於尙書洪範：「一、五行：一曰水，二曰火，三曰木，四曰金，五曰土」。然此時之五行，由其「水曰潤下，火曰炎上，木曰曲直，金曰從革，土爰稼穡」之解說觀之，僅係五種實用資材；且其順序爲水、火、木、金、土。至於陰陽家成立後之五行，則與此不同。其一、五行之順序爲木、火、土、金、水。呂氏春秋十二紀，禮記月令，淮南子天文訓，以及管子及春秋繁露有關諸篇，所言皆如是也。其二、以五行與陰陽相配合，以解釋宇宙間一切事物。見於呂氏春秋十二紀者，如四時十二月、天文星象、十干、五帝及神、五音十二律、數字、五味五臭、五祀、五臟、五靈、明堂位、五色、五禾、五畜、器皿、時、方，以及有關農事、兵事、災祥禁忌等政令，均納入五行系統之中。至漢，又納入五事、五常、八風、八卦、地支、姓氏等。於是五行不僅爲宇宙間之五種基本元素，亦爲宇宙間五種基本作用力，可構成一切事物，亦可影響甚至支配一切事物。故其後之政制、禮儀、法度與政治措施等，常依順之，尤以兩漢爲甚。而將五行昇化之，又可稱爲五德，如用以解釋朝代更替時然。（孫廣德）

五房

唐制，「中書門下」爲宰相治事機關，其後列有五房：一曰吏房、二曰樞

機房、三日兵房、四日戶房、五日刑禮房，分曹以主衆務（參看「中書門下」條）。（芮和蒸）

五服

㈠古代京畿之外，分地爲五等，謂之五服，服者言服事於天子也。甲、書「益稷」：「惟荒度土功，弼成五服，至于五千，州十有二師，外薄四海，咸建五長各廸有功。」傳：「五服：侯、甸、綏、要、荒服也。服五百里，四方相距爲方五千里。」小學紺珠，地理類「五服」：「甸、侯、綏、要、荒。」乙、周代五服：爲侯、甸、男、采、衛。請參見「六服」一條。書「康誥」：「周公初基，作新大邑于東國洛，四方民大和，會侯、甸、男、邦、采衛。」疏：「正義曰：男下獨有邦，以五服男居其中，故舉中，則五服皆有邦可知。」小學紺珠，地理類「五服」：「侯、甸、男、采、衛。」

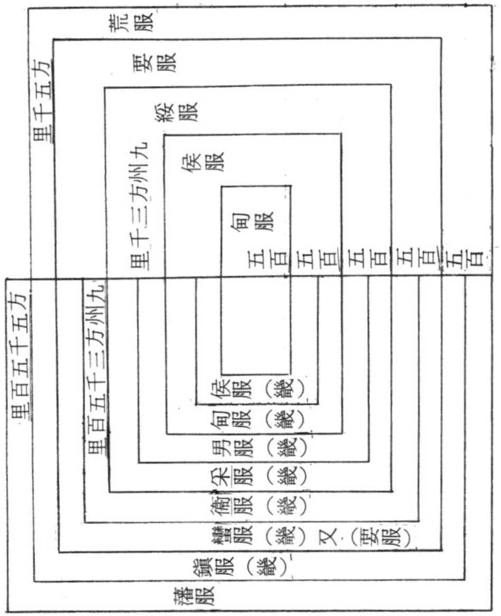

五服九服對照圖

方五千五百里
方五千里
九州方三千五百里
九州方三千里
荒服
要服
綏服
侯服
甸服
五百
五百
五百
五百
五百
侯服（畿）
甸服（畿）
男服（畿）
采服（畿）
衛服（畿）
蠻服（畿）又（要服）
鎮服（畿）
藩服

㈡古時喪制，服分五等。禮「學記」：「師無當於五服。」疏：「五服，斬衰也，齊衰也，大功也，小功也，緦麻也。」群書拾唾：「斬衰，齊衰，大功，小功，緦麻，服制令云，父斬衰三年，母齊衰三年，祖父母，伯叔父母，姑兄弟，齊衰周年，同堂兄弟，大功九月，再從伯叔父母，姑兄姊，小功五月，三從伯叔父母姑兄姊，緦麻三月，此謂五服。」

㈢古時服制，於上層階級分爲五等，其說有二：甲、天子、諸侯、卿、大夫、士之服裝。書「益稷」：「予欲觀古人之象，日月星辰，山龍華蟲，作會彝，宗藻火粉米，黼黻絺繡，以五采彰施于五色，作服。」又「皋陶謨」：「天命有德，五服五章哉。」傳：「五服，天子、諸侯、卿、大夫、士之服也。尊卑采章各異，所以命有德。」乙、王、公、卿、大夫、士之服裝。周禮、春官「小宗伯」：「辨吉凶之五服，車旗，宮室之禁。」注：「五服，王及公、卿、大夫、士之服。」（繆全吉）

五常

尙書泰誓有「狎侮五常」語，疏云：「五常卽五典，謂父義、母慈、兄友、弟恭、子孝」。東漢王充論衡問孔篇則云：「五常之道，仁義禮智信也」。董仲舒云：「東方者木，農之本，司農尙仁。……南方者火也，本朝司馬尙智。……中央者土，君官也；司營尙信。……西方者金，大理司徒也；司徒尙義。……北方者水，執法司寇也；司寇尙禮」（春秋繁露五行相生第五十九）。將五行與仁義禮智信相配。唐楊倞注荀子非十二子篇「案往舊造說，謂之五行」，逕曰：「五行，五常，仁義禮智信是也」。成玄英釋莊子天運篇「六極五常」，而曰：「五常謂五行，金木水火土，人倫之常性也」。則五常共有三說，而五行亦稱五常，五常亦稱爲五行者也。（孫廣德）

五德終始

見陰陽家條及五行條。

五禮

㈠吉（祭祀）、凶（喪葬）、賓（賓客）、軍（軍旅）、嘉（冠婚）等之禮。書「舜典」：「修五禮。」馬融注：「五禮，吉、凶、賓、軍、嘉也。」周禮、春官「大宗伯」：「以吉禮祀邦國之鬼神示，……。以凶禮哀邦國之憂，……。以賓禮親邦國，……。以軍禮同邦國，……。以嘉禮親萬民。」

㈡公、侯、伯、子、男五等諸侯之禮。

書「舜典」：「修五禮。」鄭注：「五禮，公、侯、伯、子、男，朝聘之禮矣。」

傳：「天次敘有禮，當用我公、侯、伯、子、男五等之禮，以接之使有常。」

㈢天子、諸侯、卿大夫、士、庶人之禮。

書「皐陶謨」：「天秩有禮，自我五禮，有庸哉。」

鄭玄注：「五禮，天子也，諸侯也，卿大夫也，士也，庶民也。」

（繆全吉）

五權憲法

爲中華民國國父　孫中山先生政治主張之重要部份。　孫先生對西方國家憲法流行之三權分立說，認爲雖有不少好處，亦有許多弊害，因此「主張五權分立制，以救三權鼎立之弊」。（註一）孫先生致力中國革命，其主要目的之一爲使中國成爲一民主和法治國家，必須有一良好憲法，認爲「必全國有共同遵守之大法，斯政治之舉措有常軌。」（註二）他從一九〇六年起卽一再强調需有此種根本大法之重要性。玆述其思想發展之經過如次：

一、歐美憲法不能學亦不必學

孫先生研究歐美憲法的結論說：「兄弟歷觀各國的憲法，有文憲法是美國最好，無文憲法是英國最好。英是不能學的，美是不必學的」。（註三）其見解亦如其他政治家和學者，看出英國憲法是由歷來習慣積累而成，其國會下院認爲有必要時，隨時可以通過議案，增訂或修改憲法。憲法學者稱這種憲法是柔性的。中國素無憲法，民衆對民主政治的素養不深，他的革命程序論，主張中國在以軍事力量掃除革命的阻礙後，要有一段教育與訓練時期，使人民學習行使民權，對此種未具條文形式隨時可以增減的英國憲法，自然更不容易適應。何況英國的憲法雖經孟德斯鳩的讚揚，指出是三權分立的憲法，實際上到十九世紀後期，英國學者也認爲這只能說是「一權政治」。　孫先生也說：「當時的英國雖然是把政權分開了，好像三權分立一樣，但是後來因政黨發達，漸漸變化，到了現在，亦不是三權政治，實在是一權政治。英國現在的政治制度是國會獨裁，所謂以黨治國的政黨政治。」（註四）

至於美國憲法雖然受到孟德斯鳩學說的甚深影響，把三權界限劃分清楚，除受到世界憲法學者的讚美，美國人民也幾乎衆口一詞，認爲本國憲法是世界上最好的，　孫先生却說他是呆板的憲法，因爲美國修改憲法的程序非常麻煩，憲法學者把它列入剛性的一類。　孫先生可能是因中國人過去未曾有過憲法的經驗，草創之始，難免百密一疎，等到發現需要修改，却因程序麻煩，遷延下去，會影響政事的推行。何況美國憲法因時日長久，經歷許多變遷，有些地方已經不甚適用，他說：美國憲法「在一百年前算是最完美的了。一百二十年以來雖屢次修改，那大體仍然是未變的。但是這百餘年，美國文明日日進步，土地財產也是增加不已，當時的憲法，已經是不適用的了。」（註五）此外，他又認爲美國憲法「不完備的地方還是很多，而且流弊也很不少。」（註六）所以是「不必學的」。

二、兼採衆長中國應有自己的憲法

他既認爲英國憲法不能學，又說美國憲法不必學，而此時堪資取法的民主國家，只此兩國對他印象最深。這兩國的憲法俱不足學，勢必另闢蹊徑，創造一種新型憲法，以適應新中國的需要。他在一九〇六，民國建立之前六年有此構想，並已繪出輪廓，要在歐美原有的三權之外，加上中國固有，行之有效的考試與監察兩權，便能成爲一部完美的憲法。他曾計劃就「五權憲法」和「中央政府」著一專書，作爲新中國的建國典範，事雖未成，但從他的講演與其他著作，仍可看出他對憲法的主張，是要兼採衆長，調和中西政制的優點。他說：「當此新舊潮流相衝之日，爲調和計，當平心靜氣，並取兼收，以使國家發達。今以外國輸入之三權與本國固有之二權，一同採用，乃可與世競爭，不致追隨人後，庶幾民國駕於外國之上也。」（註七）

要學三權分立，自以美國憲法爲研究對象。　孫先生並不否認三權分立原有的價值，但他認爲在三種治權之外，仍有兩種治權如能獨立行使，可使政府機構更臻完美。他看到美國前期普遍發生，直至現在仍有存在的選舉流弊，很容易想到中國從未有過投票選舉的習慣，如在事先不加防範，許多在美國獨立以後，經過南北戰爭，以至進入本世紀初期仍在南方各州容易見到的，在競選期間的各種怪狀，都能在中國隨時隨地普遍發生。其次就是美國在建立文官制度以前，跟着總統州長進退的可謂「分贓制度」（spoil system），使美國政府中執行公務的人不僅毫無政治經驗，而且品類複雜，在行政效率上和普魯士，英國的行政人員無法比擬。　孫先生對此曾慨乎言之：「美國官吏有由選擧得來，有由委任得來的。從前本無考試的制度，所以無論是選擧，是委任，皆有很大的流弊。就選擧上說，那些略有口才的人便去巴結國民，運動選擧，那些學問思想高尚的，反都因訥於口才，沒人去物色他。所以美國代表院中，往往有愚蠢無知的人夾雜在內，那歷史實在可笑。就委任上說，凡是委任官都是跟着大統領進退。美國共和黨民主黨，向來是以選舉爲興廢，遇着換了大統領，由內閣至郵政局長不下六七萬人同時俱換」。（註八）又說：「共和國家首創選舉。所選之人，其眞實學問如何，每易爲世人所忽，故黠者乘時取勢，以售其欺」。（註九）這些話證以在大陸和在臺灣所見的選舉情形，都可看出他的主張，在未具民主政治素養的國家，確實是有先見之明。

其次是監察權附在立法權內，容易產生許多流弊。他說：「現在立憲各國沒有不是立法機關兼有監督的權限。那權限雖然有強有弱，總是不能獨立，因此生出無數弊病。比方美國監察權歸議員掌握，往往擅用此權控制行政機關，使他不得不俯首聽命，因此成爲議員專制。除非有雄才大略的大總統，如林肯、麥堅尼、羅斯福等，纔能達到行政獨立的目的」。（註十）

三、保存中國固有的考試與監察制度

孫先生改善三權憲法的方案，是把中國固有的考試與監察制度，和行政、立法、司法三權一樣，在中央政府機構中分別獨立行使各自的職權。他認爲從考試取才任官是中國歷來政制的特色。他說：「稽諸古昔，泰西各國，大多係貴族制度，非貴族不能作官。我國昔時雖亦有此弊，然自世祿之制廢，考試之制行，無論貧民貴族，一經考試合格，即可作官，備位卿相，亦不爲僭。此制最爲平允，爲泰西各國所無。」（註十一）的確，中國是因有考試制度而使才智之士獲得出頭機會，成爲安定社會的一種力量。中國除極少數的例外，沒有如歐洲幾個大國，和亞洲日本那樣具有深長歷史的世家，讀書人只要考試中式，便能平步青雲，致身顯要。在英法德日等國尚在封建時期，貴族平民的階級界限仍甚顯著，中國因有考試的途徑與階梯，任何人都能因自身的努力，改變一己和家庭的社會地位。白屋公卿是中國舊社會中的流傳佳話。上述幾個國家直到進入現代，其國民社會地位的變易(social mobility)，才逐漸容易。

中國的考試制度雖因時勢變遷，其科目形式不適於現代政府的要求，其精神和原則並不因時代改變，減少原有的價值。據不少可靠的記載，英國的文官制度是因襲東印度公司的藍本，東印度公司則係參攷中國的考試制度，略有改變，以適應當時的實際需要。　孫先生也說：「厥後英人首創文官考試，實取法於我，而德法繼之。」（註十二）又說，「英國首先仿行考選制度，美國也漸取法。大凡下級官史，必要考試合格，方得委任。自從行了此制，美國政治方有起色」。（註十三）關於中國考試制度的優點，　孫先生曾和他的外國朋友常有討論。其中一位是久居中國，做過北洋大臣的顧問，創辦天津北洋大學的丁韙良（(W.A.P. Martin)　，他說：「美國如用考試方法，選舉流弊當可減少。」（註十四）中國的考試制度雖亦不免缺點，如考試科目不切實用，試場弊端時有傳聞。但因中國是一專制國家，君主可憑個人喜怒黜陟人才，賴有考試制度，使仕宦有正途可循，對安定社會，減少紛擾，有過甚大貢獻。

美國自老羅斯福總統任內建立文官制度，美國的政治雖已逐漸走上軌道，孫先生認爲這種制度仍未完全免除選舉和「分贓制度」的流弊，是因美國的文官考試「祇能用於下級官吏，並且考選之權仍然在行政部之下。」（註十五）爲此他才提出考試權應該獨立行使的主張。他說：「考試如果屬於行政部，那權限未免太廣，流弊反多，所以必須成立獨立機關，纔得妥當。」（註十六）又說：「將來中華民國憲法必要設立獨立機關，專掌考試權。大小官吏必須考試，定了他的資格，無論那官吏是選舉的，抑或由委任的，必須合格之人，方得有效。這法可以除卻盲從濫選，及任用私人的流弊。」（註十七）這裡所說的，連選舉出來的也須經過考試，可能會在西方政治學者中引起爭論，因他設計的對象，是未具民主政治素養的中國國民，經過最近二十年來在大陸各省及臺灣所見的選舉情形，多數善良的中國人已逐漸感到　孫先生這種要以考試濟選舉之窮的主張，的確是具有先見之明，不僅中國有此需要，對未具民主政治素養的其他新興國家，也同樣適用。

其次就是監察制度。　孫先生說：「糾察權專管監督彈劾的事。這機關是無論何國皆必有的，其理爲人所易曉。但中華民國憲法，這機關定要獨立。中國從古以來，本有御史臺主持風憲，然亦不過君主的奴隸，沒有中用的道理。就是現在立憲各國，沒有不是立法機關兼有監督的權限，那權限雖然有強有弱，總是不能獨立，因此生出無數弊病……況且照正理上說，裁判人民的機關已經獨立，裁判官吏的機關，卻仍在別個機關之下，這也是論理上說不去的，故此這機關也要獨立。」（註十八）又說，「古時彈劾之制，不獨行之官吏，即君上有過，犯顏諫諍，亦不容絲毫假借。設行諸近世，實足以救三權鼎立之弊。」（註十九）他曾引用對中國監察制度有過研究的　John W. Burgess　的話說：「從前美國有一位學者叫巴直氏，他是很有名望的，著過一本書叫做『自由與政府』，說明中國的彈劾，是自由與政府中間的一種最良善的調和方法。由此可見中國從前的考試權和監察權，都是很好的制度，憲法裏頭是決不可少的」。（註二十）他說這話是要證明現在一般人所了解的三權憲法並不是十全十美，無可非議，何況在三權之外，監察權可以獨立行使，也不是他一人有此主張。

四、五權憲法與三權分立的關係

孫先生何以會獨創五權憲法？這當然是因他對三權鼎立的政府機構看出缺點，因而想到中國固有的兩種制度，加上去可以有所裨益，才引起他繼續研究的興趣。他說：「我所說的五權也非我杜撰的。就是將三權再分彈劾及考試兩權。所謂三權者，就是君權之行政，立法，裁判獨立起來。但中國自唐宋以來，便有脫出君權而獨立之兩權，即彈劾與考試是也。現在我們主張五權，本來即是現時所說的三權，不過三權是把考試權附在行政部分，彈劾權附在立法部分。我們現在將外國的規劃，融和起來，較為周備。」（註廿一）足見五權憲法係由三權分立脫胎而來。在此我們可以明顯看出，他的政治主張和學說，也是和他在民族主義的講演中表示的那樣，要保留中國固有的長處，以迎頭趕上方式採擷外國的優點。三權分立的好處，據法儒孟德斯鳩的研究是在它的制衡作用，不使大權集於一個人或一個團體，這樣自由才有保障（註廿二）。孫先生同意這種看法，所以他所主張的五權憲法，也是為了要保持自由與權力的平衡。他說：「我們為什麼實行五權憲法呢？要知道這個原因，便應該把幾千年來的政治拿來看看。政治裏頭有兩個力量：一個是自由的力量，一個是維持秩序的力量。政治中有這兩個力量，好比物理學裏頭有離心力和向心力一樣。離心力是要把物體裏頭的分子離開向外的，向心力是要把物體裏頭的分子吸收向內的。如果離心力過大，物體便到處飛散，沒有歸宿；向心力過大，物體便愈縮愈小，擁擠不堪。總要兩力平衡，物體才能保持平常的狀態。政治裏頭的自由太過，便成了無政府，束縛太甚便成了專制。」（註廿三）又說：「兄弟所講的自由同專制這兩個力量，是主張雙方平衡，不要各走極端，像物體的離心力與向心力互相保持平衡一樣」。「政治上的憲法（當然包括五權憲法在內）就是支配人事的大機器，也是調和自由和專制的大機器。」（註廿四）

這部大機器雖然分為五個部分，但是各有所司，合攏起來仍是一個整體。孫先生說：「政府替人民做事，要有五個權，就是要有五個權工作，要分成五個門徑去做工。」又說，這「分立之中，仍相聯屬，不致孤立，無傷於統一。」（註廿五）這是說，就政府的工作性質分成五個部門，由五個機關主管，分工合作，以便利工作進行，提高工作效率。他曾把政府機能比作蜜蜂社會，在蜂羣之中，有的覓食，有的採花，有的看守蜂窩，秩然有序，各有所司，使大家都能得到適當的生存。

五、五權憲法的中央政府

根據五權憲法組織之中央政府，係由國民大會行使統治權。依照民國十三年四月　孫先生逝世前一年頒布之「建國大綱」第二十四條，國民大會對於中央政府官員有選舉權，有罷免權，對於中央法律有創制權，有複決權。因總統為行政首長，選舉總統者為國民大會（孫先生在別處也曾說過由各縣人民投票選舉總統，但未說明投票方式）。又說，總統「組織行政院」，因此乃留下一個疑問：總統是否兼任行政院長，抑在總統之下，另有行政院長對總統或對平行之立法院負責，由此更引起中國政府的中央政制是如美國式的總統制，抑如英國式的內閣制之爭論問題。中國國民黨的多數黨員依照總理　孫先生權能劃分的學說，認為行政，立法，司法，考試，與監察五院，除立法委員為民選外，他四院院長同由總統提名，同受總統監督，同為總統下面行使治權的機關，亦同對國民大會負責。國民大會係由全國各縣各舉代表一人組成。（註廿六）代表資格由考試院定之。因現時奉行的憲法，係在抗戰勝利之後，受到特殊環境影響，未能完全依照　國父孫先生的遺教。又因憲法頒行不久，共匪勢力猖獗，大陸淪陷，退處臺灣一隅，為適應環境要求，在憲法上有應變授權之臨時條款，憲法之功效如何，尚非論定之時。

孫先生對五權憲法的功能，具有堅強信心。他說：「五權分立，這不但是各國制度所未有，便是學說上也不多見，可謂破天荒的政體。」因為各國未有，學說亦不多見之故，因此他鼓勵他的同志，要繼續研究，期於至善。他說：「兄弟如今發明這基礎，至於那詳細的條理，完全的結構，要望大眾同志盡力研究，匡所不逮，以成為將來中華民國的憲法」。（註廿七）又說：「現在雖然沒有人懂得，年深日久，數百年或數千年後，將來總有實行的時候」。「英國的政治，到了孟德斯鳩出來，才贊成他」。（註廿八）因此他渴望有人繼起，光大他的研究，或以誠意奉行，使憲法生效，遲早會有如孟德斯鳩者其人，為文傳播他所發明的五權憲法。

註釋：

（一）採用五權分立制以救三權鼎立之弊——五年八月。
（二）辭大元帥職之通電——民七。
（三）三民主義與中國民族之前途——民前六年十月。
（四）五權憲法——十年七月。
（五）同（註三）。
（六）同（註四）。
（七）採用五權憲法之必要——五年七月。
（八）同（註三）。
（九）同（註一）。
（十）同（註三）。
（十一）同（註一）。
（十二）同上。
（十三）同（註三）。
（十四）W.A.P. Martin, The Lore of Cathay and the Intellect of China, pp. 303, 307, 310-11.
（十五）同（註三）。
（十六）同上。
（十七）同上。
（十八）同（註三）。
（十九）同（註一）。
（二十）同（註四）。
（廿一）同（註四）。
（廿二）同（註四）。
（廿三）同（註四）。
（廿四）同（註四）。
（廿五）同（註四）。
（廿六）自治制度乃建設之礎石——講演。
（廿七）同（註三）。
（廿八）同（註七）。（羅時實）

參考文獻：

孫先生有關五權憲法的主張，俱載入「國父全書」的演講部分。此外如崔書琴之「三民主義新論」，Paul Linebarger 著 The Political Doctrines of Sun Yet-Sen, John Hopkins University Press, 1957. 俱為學術性之著作。

井田

田地制度，以井字形區劃，八家各耕一區，中央由八家共耕，收入歸公。

穀梁傳「宣、十五」：「古者三百步為里，名曰井田，井田者九百畝，公田居一。」

孟子「梁惠王下」：「耕者九一。」集注：「九一者，井田之制也，方一里為井，其田九百畝，中畫一井字，界為九區，一區之中，為田百畝，中百畝為公田，外八百畝為私田，八家各受私田百畝，而同養公田，是九分而稅其一也。」

孟子「滕文公上」：「方里而井，井九百畝。其中公田，八家皆私百畝，同養公田。」

後漢書「仲長統傳」：「井田之變，豪人貨殖，館舍布於州郡，田畝連於方國。」

事物紀原，利源調度部「井田」：「通典曰：黃帝始經土設井，以塞諍端，立步制畝，以防不足，使八家為井，井開四道，此井田之原也。其法肇於皇帝，成於大禹，備於周，壞於秦也。」（繆全吉）

元后

(一)天子也。書「大禹謨」：「汝終陟元后。」傳：「元，大也，大君，天子也。」書「泰誓上」：「亶聰明作元后。元后作民父母。」傳：「人誠聰明，則為大君。」劉楨「贈五官中郎將詩」：「昔我縱元后。」書言故事「人君類」：「尊稱天子曰元后。」

(二)天子嫡后，即第一皇后。明史：「孝烈方皇后傳」：「二十六年十一月乙未，后崩，詔曰：皇后比救朕危，奉天濟難，其以元后祀葬。」（繆全吉）

元首 (Head of the State)

各國均有元首之設置。在君主國家，元首是爲世襲的君主，而在共和國家，元首大致說來是由直接或間接選舉產生，有一定的任期。惟馬來西亞聯邦元首產生之制度較爲特殊。元首雖名義上由選舉產生，但在實際上則由各邦世襲之蘇丹互相推選而已。所以馬來西亞之元首制，可說是介於上述二者之間的制度。

元首又有兼任行政首長(chief of the executive)與不兼任行政首長之分。在從前君主專制時代，這兩個角色是不分的。降及近代，在採用內閣制之國家，元首不論是爲君主或總統，均是不兼行政首長的；行政首長是由國務總理擔任，對國會負其責任。而在總統制的國家，元首與行政首長集於一人之身，對全國人民負責。

一般國家的元首，均有下列權限：(1)監督法律施行權；(2)公布法律權；(3)發布命令權；(4)辦理外交權；(5)統率軍隊權；(6)任免官吏權；(7)赦免權；(8)榮典權等。但這些權限，是否爲元首實際所享有，仍要看這一國家的政治制度是採用內閣制或總統制而定。在採用內閣制國家，這些權限表面上屬於元首，在實際上則屬於內閣。反之，在總統制國家，縱有內閣之設，這些權限仍然屬於身爲元首的總統。

元首由於地位崇高，一般國家均賦予若干特權。惟元首特權之大小，端視該國所採之國體而定。在共和國，元首所享有之特權不高。一般說來，只享受除內亂外患罪以外之刑事上的免責權。如中華民國憲法第五十二條規定，「總統除犯內亂或外患罪外，非經罷免或解職，不受刑事上之訴究。」即是。但在君主國，元首所享有之特權頗多。舉其要者如下：(1)君位繼承權；(2)榮譽權，即君位有特別的稱號；(3)神聖不可侵權；(4)不負責權，即君主私人的行爲，在刑事方面，可享受免責權；在政治上，亦不負責任，而由副署的國務員負其責任；(5)皇室經費請求權，即不但君主個人的薪俸由國家供給，其家族也向國家領受一定的生活費。這些特權，均非共和國元首在法律上所享有者。（袁頌西）

內史

秦京畿郡長官爲內史，漢初承之，旋分爲左右內史，又更爲京兆尹、左馮翊、右扶風。西漢初立諸侯王國，有太傅輔王，內史治國民，中尉掌武職，丞相統衆官，成帝綏和元年，省內史，令國相治民。晉武帝太康十年改諸王國相爲內史，宋、齊、梁、陳因之，內史職權一如郡太守（參閱「郡太守」條）。及隋初廢郡，以州統縣，煬帝又罷州置郡，諸郡各加置通守一人，位次太守，京兆、河南則謂之內史。唐高祖改郡爲州，此後遂無內史之設。又隋中央政府有內史省，實由中書省更名而來，置監、令各一人，尋廢監，置令二人，侍郎四人，舍人八人，通事舍人十六人，主書十人，錄事四人。唐高祖武德三年內史省復名爲中書省。（王壽南）

內侍

官名，宦者之任。斯職淵源有自，「漢魏曰長秋卿，梁曰大長秋，北齊曰中侍中，後周曰司內上士」（舊唐書職官志）。隋文釐正前典，改置內侍省，領內侍（即舊長秋），內常侍（即舊中常侍，參看中常侍條）等官。煬帝又改內侍省爲長秋監，置令、少令及丞，並用士人，餘用宦者。唐武德初，仍改稱內侍省，皆用宦者。龍朔二年，又改爲內侍監，咸亨元年復舊。光宅元年又改爲司宮臺，神龍元年復舊，置有內侍、內常侍及屬官內給事、內謁者監、內寺伯、寺人等官（見通典職官、新唐書百官志）。其「內侍之職，掌在內侍奉，出入宮掖宣傳之事，總掖庭、宮闈、奚官、內僕、內府五局之官屬。內常侍爲之貳」（舊唐書職官志）。宋承唐制，又增置「入內內侍省，與內侍省號爲前後省，而入內省尤爲親近。通侍禁中，役服褻近者，隸入內內侍省；拱侍殿中，備灑掃之職，役使雜品者，隸內侍省」。兩省皆設有「內侍」、「殿頭內侍」、「高品內侍」、「高班內侍」等職位（見宋史職官志）。南渡後，紹興三十年，廢內侍省，併歸入內內侍省（見文獻通考職官考）。遼北面有近侍局，設於侍衛司內。南面除置有內侍省外，又置有內省、上京內省司與東京內省司，皆內侍之任（見遼史百官志、續文獻通考職官考）。金制，設近侍局，屬殿前都點檢司；設內侍局，屬宣徽院，亦分領內侍之職，而不專設內侍省（見金史百官志）。元亦不置內侍省，由「侍正府」掌「內廷近侍之事」（見元史百官志），其職「不專宮禁事，即文階亦授之」（淵鑑類函設官部內侍省）。明、清皆不設內侍省，另有「太監」之制，總領內侍之職（參看「太監」條）。（芮和蒸）

內官

㈠隋官之類稱。其制，「諸省及左右衞、武侯、領、左右監門府爲內官，自餘爲外官」（隋書百官志）。唐時，亦有內廷與外廷之分（參看外廷條），或卽淵源於隋代內、外官之制。㈡宦官之別稱。後漢書朱穆傳謂穆嚴抑常侍，「由是內官咸共恙疾」。唐初，「內侍省不置三品官，權未假於內官」（舊唐書宦官列傳序文）。明洪武二十八年，「重定內官監、司、庫、局等官職」，設「內官監十一」（明史職官志）。凡是所云內官，皆宦者之任。㈢女官之總稱。周制，有后，有夫人，有嬪，有世婦，有女御，「五者相參，以定尊卑」（通典職官「內官」引鄭玄云）。故禮曰：「古者，天子后立六宮，三夫人，九嬪，二十七世婦，八十一御妻，以聽天下之內治」（禮記昬義）。漢興，「因秦之稱號，帝母稱皇太后，祖母稱太皇太后，適稱皇后，妾皆稱夫人」（前漢書外戚傳序文），「其餘內官，十有四等」（三國志魏書后妃傳序文）。自漢以降，代有其制，皆可得而考。此外，隋、唐、明及金之宮廷中，又有「六尙」女職之設（參看六尙條），曰：「尙宮、尙儀、尙服、尙食、尙寢、尙功；皆內官也」（金史后妃列傳序文）。（芮和蒸）

內容分析 (Content Analysis)

內容分析之意義爲對社會間彼此傳達信息之內容，做客觀、有系統及累積的(quantitive) 分析，其目的在從社會間傳達之信息 (communication) 測度社會間之關係。換言之，其主旨在發掘社會構成份子之行爲，與其所表示態度間之關聯，對於態度之形成，或信息之本身並無重視。這一方法之最大優點乃在於經濟及易於進行。

在政治學上，特別是在國際政治方面，內容分析更爲學者所重視，因爲國際政治之研究往往不能以訪問或書面問答之方法獲取資料，而報章及政府文件等却不難獲得。例如學者們曾利用內容分析研究一九一四年大戰爆發前歐洲各國間彼此敵對及友善態度，其方式爲蒐集當時各國決策者所發表之聲明、備忘錄等文件，找出代表敵對及友善之文字，計算其在各項文件中出現之次數，進而說明各國間敵對或友善之程度。

內容分析雖然具有相當之價值，但是反對者認爲此一方法忽略了信息本身之價值，換言之，在許多信息之中，其重要性並不一致，但此一方法却無法予以考慮。因之內容分析之正確性也就值得懷疑。此點似爲學者應用時應注意者。（魏　泰）

參考文獻：

Berelson, Bernard, "Content Analysis," in Lindzey (ed.), **Handbook of Social Psychology**, Vol. I, (Cambridge, Addison-Wesley), 1954.

Berelson, Bernard, Content Analysis in Communication Research, (New York, Free Press), 1952.

內朝

見「中朝」條。

內閣

內閣一詞，有中國固有的意義，及西洋傳來的意義。就中國固有意義說，辭源有云：「明洪武中仿宋制，置諸殿閣大學士，永樂初開內閣，簡翰林院官入閣參預機務，旋兼大學士，朝位班次列六部之上」，是則中國固有之內閣機體，創自明代。清沿明制，亦有內閣之設，但自雍正時設立軍機處，內閣不復預機務。宣統三年仿立憲國制，設責任內閣，以舊內閣軍機處合併，設總理大臣，又合各部大臣爲國務大臣，爲行政最高機關，是爲西洋內閣制傳來之始。而西洋的內閣制創自英國，爲英國人於施行憲政制度中自然而然流露出來的法度。按安格魯薩克遜人 (Anglo-Saxons) 統治英格蘭之時，中央政府中有「智人會議」(Witenagemot) 之設，行使立君廢君的職權，並爲協贊及監督國君的重要機關。迨諾曼底威廉 (William of Normandy) 征服英國後，將智人會議更爲「大會議」(Magnum Concilium)，以協助國王決定政策，監督行政，並行使最高法院的職權，但對於國君則無議立議廢之權了。大會議每年至多集會三次，而每次集會時間又不長，殊難切實處理國政。於是參與大會議的皇室人員，以常侍國王，足供國王之隨時諮詢。當其集議以研商國王諮詢案時，亦構成一種會議，是卽爲「小會議」(curia regis)，故小會議不啻爲大會議的核心機體，其職權與大會議相類，而尤其注意於日常行政事務的計議。後來小會議中又產生「常設會議」(Permanent council)，由國王少數近臣構成，以參與機密之議。迨至亨利第六 (Henry VI, 1422–61) 又以該會日形龐大，於是在該會中派生出樞密院 (Privy Council)。杜德王朝時樞密院人員增至四十人，已不適宜於獻議定計，乃於院中分設若干委員會（其中之一的外交委員會地位極爲重要），成爲院中的核心組織。後又以委員會太多，不便作機密的獻議工作，於是國王乃召喚樞密院中重要人員至宮中小閣（cabinet）密議大計，當時已有「內閣會議」（cabinet council）之稱，或稱之爲「克巴爾」（Cabal），蓋以當日參與樞密院外交委員會者有五個重臣，即Clifford, Aehley, Buckingham, Arlington, Lauderdale，取這五個人名的頭一字，合成爲 Cabal 五字而爲委員會的代稱，而委員會爲內閣的苗床，故又常以 Cabal 當內閣的別稱。總之，現代英國的內閣，是由樞密院演進而來的。但英國今日的內閣仍只是事實上爲樞密院執行政務的機構，在法律上並沒有取代樞密院的地位。所以在目前，樞密院仍爲法律上的最高行政機關，而內閣只爲政治上的最高決策機體，沒有法律上的正式地位。惟其如是，內閣所有政治措施，仍須以「樞密院令」（Orders-in-Council）行之，易言之，內閣只爲政治決策的機體，而樞密院乃爲發號施令的機關。（參考 Encyclopaedia Britannica, 1950, Vol. 4, p. 498 及 B. Munro and Morley Ayearst, The Governments of Europe, p. 45, Note 17），欲進一步理解內閣與樞密院的關係，則須從樞密院的組織及其任務探索之，按樞密院是由三百餘個議員組成。這些議員依其性質得分爲三類：第一爲英國內閣閣員及自治領國家的閣揆，蓋依英國傳統所有內閣閣員均爲樞密院議員，而自治領各國的閣揆同爲英王樞密院獻議人員，故亦爲樞密院議員。第二爲最高司法官以及高僧，如貴族院之法律貴族議員，及康伯特和約克的大主教暨倫敦主教均爲樞密院議員，第三爲在政治、公務、科學、文學有卓著績效，以及其他方面聞人經英王授與榮典者，均得爲樞密院議員。這三類議員之中，以曾任及現任閣員佔最多數。蓋以內閣非法律上之機關，故凡爲閣員者，必先爲樞密院議員而經保密公正忠貞之宣誓，乃能入閣而參與閣議也。樞密院既由議員所構成，故應以會議行使職權，但全體議員的會議惟於新君即位，或其他大典時舉行，平常極少召開。而以三人爲法定人數的院會（council meeting）則時常舉行。出席此一會議者通常爲樞密院議長、樞密院書記（司紀錄）及二三與議案有關的閣員。院會的主要作用係爲國務員及其他官員舉行宣誓或接受其印信，但其最重要的工作則爲頒發「樞密院令」。由是以觀，可見樞密院係以閣員爲主要組成分子，其任務則依內閣提出之案經決議而發爲樞密院令，以推行內閣政策，是則樞密院乃爲內閣所運用的一個法律上的機關。（羅志淵）

內閣制 (Cabinet System)

「內閣制」（cabinet system）有時被稱爲「內閣制政府」（cabinet government or ministerial government）或「議會制政府」（parliamentary government），甚或「責任政府」（responsible government）。內閣制產生於英國，源遠流長。按英人華爾波（Robert Walpole）於一七二一年擔任內閣要職，迄一七四二年因失衆議院之信任而去職；世之論者認爲是可視爲內閣制的眞正起源。正因爲內閣制起源於英，故言內閣制者，莫不以英制爲例說。按照英制，則所謂內閣制者，乃謂以內閣代元首對國會負責任。依這一根本觀念而爲政治活動，則必須具備幾個必要的規範：㈠內閣閣揆必須由國會中之衆議院多數黨領袖充任，以組成多數黨負責的一黨政府，而其他閣員則由閣揆於其黨內幹員中提請元首任命，然後才能以黨魁領導黨員及同黨合作的關係來達成連帶負責的使命。㈡正因爲內閣制係以內閣代元首對國會負責任，所以元首發布的公務文書，必須經閣揆或閣揆和關係閣員的副署（countersignature），才能發生效力，沒有經過副署的公務文書，不能發生效力，但一經閣揆及關係閣員副署，則緣於這一文書而發生的責任應由內閣負擔，元首不負責任，英國人所常說的「國王不能爲非」（The king can do no wrong），其道理即在於此，足徵副署是內閣制中最重要的一種辦法。㈢內閣是代表元首對國會（衆議院）負實際政治責任，國會對於內閣自然有課責的權力，爲貫澈課責計，國會對於內閣應有不信任投票權（vote of censure）；這種權力乃爲國會迫使不稱職的內閣去職的方式，是爲國會控制內閣最重要的一種武器。㈣在內閣制的體統下，立法行政兩方有相剋相制以求眞正民意表現的妙用。國會已有不信任投票權以爲控制內閣的武器，於是內閣亦須得有相制的辦法，這就是內閣應有呈請元首解散國會之權，所以解散權（dissolution）爲內閣對抗國會的法寶。內閣握有這一權力，才能將其自認足以表達民意有利國計而被國會所反對的政策，經由解散國會，繼之以全國的普選方式，訴之國人裁判（to appeal to the country）以決定其應否繼續執政。㈤英國內閣制不但使國會與內閣有相剋相制的作用，而且使立法機關與行政機關有聯繫的關係，這種聯繫關係的所在，即爲國會議員得兼任內閣閣員的制度，這一制度的意義是在求立法與行政兩方有貫連溝通的機會。易爾伯特 (Courtenay Ilbert) 曾謂：「在內閣制中立法權與行政權並沒有與作爲美國憲法特色的那樣截然劃分」（見 James Wilford Garner, Political Science and Government, Chap. 14引語）。白芝皓稱英國內閣爲「聯絡立法機關和行政機關的連字符號，是結合兩者間的一個鈕扣」；且謂內閣是由國會推選以治理全國的一個委員會（見 Walter Bagehot, The English Constitution, p. 12）。羅維爾則說內閣即「在朝黨國會領袖的非正式而具有永久性質的幹部會 (caucus)」（見 Lowell, Government of England, Vol. I, p. 56）。究實言之，內閣制的眞諦是以立法行政兩者融會貫通渾成一體爲正規，兩者抗衡鬥爭爲出軌，在出軌之際，內閣制已失其正經，這時候非國會行使不信任投票，以迫使內閣去職，即內閣呈請元首解散國會，將國是訴之選民裁決。經由這些方式的運用，以求立法行政兩者的再行融會爲一，回復內閣制的常規。以上所論，係就英國實施的內閣制，以說明普通所謂內閣制所必具的種種法度，也可以說是內閣制的傳統觀念的內涵。合於這些義理者，可說是純粹的內閣制，離乎這些義理者，乃爲變質的內閣制（參考羅孟浩論責任內閣制頁十三—十五）。

所謂變質的內閣制可以法德等國爲例。按法國於第三共和開始施行內閣制，蓋以一八七五年二月二十五日憲法第六條第一項明定「國務員關於一般政策，連帶對議會負責」，及第三條所定「總統每一措施應有一閣員副署」，可以爲證。但法國施行內閣制的條件不如英國：誠以法國素屬多黨制國家，國會每次改選，殊難產生多數黨，故難如英國實現多數黨組成的一黨內閣，而常爲多黨湊成的聯合內閣。在聯合內閣的局勢下，各閣員同床異夢，各有營謀，既難有共同奮鬥的一貫政策，更無連帶責任的團結意識，是爲內閣本身力量渙散的內在弱點。而且內閣要對國會的兩院負責，參議院倒閣的事例，亦曾四次出現（如一八九六年、一九一三年、一九二五年及一九三〇年之內閣均爲參院所推倒），較之英閣只對衆議院負責者，其處境之困難可想而知之。至於內閣對抗衆議院的解散權，亦以須獲得參議院之同意始能行使，其運用之不易可以想見，而一八七七年五月十六日馬克馬洪總統 (MacMahon) 之運用解散權，非出之於正當手段，卒造成所謂五月事變，從此法國人之視解散權，幾有談虎色變之勢，故終第三共和之世，不再見解散權之行使。內閣已不敢運用解散權，是乃失却對抗國會的武器，馴至國會坐大，形成專制之局，內閣甘拜下風，無由表現內閣制的精神了（參考 James Wilford Garner, Studies in Government and International Law, Chap. VII. Cabinet Government in France）。第四共和憲法鑑前之失，作各種適當的糾正，如規定內閣只對衆議院負責（第四八條第一項），不對參議院負責（第四八條第二項）。解散權的行使不復須得參議院的同意。但這一權力的行使程序，仍有種種限制：蓋憲法第五十一條明定「在十八個月期間內，因第四十九條及五十條之情形，遭遇兩次閣潮時，國務會議於徵詢國民會議議長意見後，得決議解散國民議會。國民議會之解散，由總統依照國務會議之決議，以命令行之。前項規定，於國會任期未滿十八個月前，不適用之」。易言之，唯於國會成立經過十八個月後，再於嗣後十八個月內發生兩次國民議會不信任之決議以倒閣時，經依上述程序，始得解散國民議會（即衆議院），足徵解散權運用之時機，甚爲難得。是以在第四共和時代，只有一九五五年閣揆傅爾 (Edgar Faure)，曾解散國民議會一次。此外，第四共和時代政黨形勢一如往昔的黨派林立，難得出現多數黨，十二年間內閣更易二十七次，其不安定，可概見了。第五共和憲法，本着戴高樂抑制國會提高行政權的主旨，力謀安定內閣之道。其可得而言者：如立法權之縮小（第三十四條），集會期間之縮短（第二十八條），倒閣之限制，議員不得兼任閣員，議事程序之受政府支配等，均爲抑制國會的顯例。另一方面則加強了總統的權力，爲總統者，除行使一般元首的權力外（如召集國會特別會、公布法律，發布命令、外交權、任命權、赦免權等均以總統名義行使之）；復有種種實際的特權：如任命閣揆、解散國會、頒布緊急命令、向國會致送咨文，以及將法案提付複決，暨任命憲法委員會部分委員等，均無需內閣副署，是則得由總統個人自行爲之，故爲其實際的特權；而政府命令權的擴展，更足以伸張政府的權力，有裨於內閣之便利施政。總此以觀，則第五共和下總統權力之大，有似美國總統，從而現行法度，亦殊難視爲純粹的內閣制。

遠在一八四八年德意志人在法蘭克福 (Frankfort) 議憲之際，對於內閣制雖曾予以充分的考慮，一八七一年德意志帝國成立以後，社會民主黨 (Social Democratic Party) 雖曾一再要求施行內閣制；但在德意志帝國憲法下類似內閣總理的帝國首相 (imperial chanceller) 則實無內閣制的氣息。因爲首相與其他閣員關係不是同僚，而是屬吏，他們是自官吏中擢任的行政長官，而非是國會選拔的閣員；所以他們只對德皇一人負責，衆議院 (Reichtag) 投票反對也不能迫使他們辭職。即就觀念上言之，除社會民主黨人外，德國許多政治學者和政治家都斥內閣制政府爲「瞬息變換的大多數人」(fleeting majority)統治的政府，認爲與德人強有力個人政府的原來觀念不合，而且他們也不願因採行此制而自處於模仿英法的地位（如 Treitschke 曾問「誰想具有如此光榮的德國，必須步島國的後塵？有什麼理由」？），因此德國是直至歐戰結束社會民主黨執政才確立了內閣制。依威瑪憲法之所定，不但聯邦政府，而且各邦政府都須施行內閣制。聯邦內閣總理和閣員必須獲得衆議院的信任，總統公務文書應由閣揆及有關閣員副署，由是以內閣代總統對衆院負責任。德國內閣制的特點是由閣揆決定大政方針，由他負統治政策 (governing) 的責任，而各閣員則負各該部行政 (administering) 的責任，由是降低了連帶責任的意識（以上參考林昌恒譯迦納著政治科學與政府第三冊第五九三頁以次），切實言之，「即他們不是聯帶負責，而是個別負責。此蓋出於憲法起章人 H. Preuss 的苦心。德國小黨分立，組閣不易，苟令一位國務員受到議會譴責，而即引起內閣的更迭，未免因小失大」（見薩孟武政治學第四〇九頁）。德國內閣制最特異之點，乃在其總統的地位與權力，他是由人民直接選舉，對人民負責。要把他去職，須由衆議院提議，再由人民投票表決之。他有解散國會之權，對於國會通過的法案，得提付人民複決之；藉以增強其權力，抑制國會的專橫。易言之，總統於內閣與國會衝突之際，究竟是遵從國會，改組內閣？抑支持內閣，解散國會？他有獨立決定之權。誠以國會本有不信任投票權，以迫使內閣解職，而內閣有請求總統解散國會之權，以訴之國民裁決，兩方權力自有抗衡之道。而於兩者之間，保持權力之均衡者，則爲總統。所以在威瑪憲法體制下，其總統固不若美國總統之強而有力，亦不似法國總統之懦弱無能，自有其獨特的地位，並有其相當的權力。威瑪憲法雖於制度上的規劃有其優異處，但因德國亦係政黨林立，勢力分散，威瑪共和十四年間，內閣更迭二十次，政局之不安定，有如法國然。西德憲法鑑往思來，於內閣制之規劃，煞費苦心，總其要義，得有數端：一則加強國會的選揆權，但削弱國會的倒閣權。依西德憲法第六十三條之所示，閣揆由總統提名經聯邦議會（即衆議院）選舉之，總統提名必按政黨形勢以行之，其可自由考量之處極微；而議會選舉必須依法定期間進行，倘議會對於閣揆人選終難達成協議，則總統得解散議會，改選議會以打開政治僵局。關於議會倒閣權的限制，見之於憲法第六十七條的規定：「一、聯邦議會得對聯邦內閣總理表示不信任，惟須預先以其議員過半數選出繼任內閣總理，要求聯邦總統免職現任內閣總理，聯邦總統應依照此要求，任命被選人。二、提議與選舉之時間，須隔四十八小時」，這就是說推翻現任內閣，要以選出繼任閣揆爲條件，此一條件不具備，則現閣員無需辭職，以期安定政局，是誠具有積極的建設性的作用，故學者稱西德的不信任投票爲「建設性的不信任投票」制。二則削弱總統權力。威瑪共和時代總統得將法案交付人民複決的權，擔任全國軍隊最高統帥權，緊急命令權，不復見之於西德憲法，而提名閣揆權作用極微，解散議會權頗受限制，所以今日總統權力大不如前，非復如 H. Preuss 所謂「一個確定的中心人物，即一個不可動搖的旗竿」了。三則加強閣揆權威：就不信任投票制，及國會不信任案內閣不必即行辭職，且可要求總統解散國會諸端以觀，已可見今日閣揆地位的穩固，並由是而滋衍出強大的權威了，而其副署總統命令及處分之權，提請任免閣員之權，決定一般政策並協調閣員不同意見之權，決定政府各部門總和職掌之權，依一九五六年修憲案而獲得指揮武裝部隊之權，均可爲加強閣揆權威的顯例，從而形成西德以閣揆爲政府重心的政治制度。益以西德政黨發展日趨健全，逐漸形成兩黨制，而閣揆則爲黨的領袖，挾政治上的勢力以駕馭自黨內選拔出來的閣員，自然能得心應手，左右逢源，西德內閣制之發展，行見日趨健全（參考憲政思潮第五期羅志淵西德憲法下的內閣制）。（羅志淵）

內閣總理 (Prime Minister)

施行內閣制國家的內閣是內閣總理和閣員所組成的國家最高行政機關；欲理解這一機關的實質，則須明瞭內閣總理與閣員的地位和任務。

內閣總理 (prime minister, premier) 國人常簡譯爲閣揆，而英國的閣揆國人又常譯爲首相；各國的稱謂或國人的譯稱容有不同，而其實質則一。閣揆之取得其名位，大都須經國家元首的任命，而各國元首任命閣揆的權力作用和任命程序，則各有不同：英國多年來是兩黨互爭雄長的國家，每次衆議院改選之後，通常必有一黨佔衆院議席的多數，依英國多年來的政治傳統，英王必召喚多數黨領袖出而組閣，這一領袖亦必欣然接受組閣之命，從而着手組成其一黨內閣，以主持國家大政。是以英王之任命首相，全依政黨形勢進行，實少有自行考慮的餘地，故其任命權全屬形式的權力，殊少實際的作用。但其任命首相之舉，不必提經國會同意，是其任命程序極為簡單。法國在第三共和及第四共和時代，因政黨林立，勢力分散，每次衆議院改選後，難得有多數出現。內閣之組成須經各黨協議，始能組成聯合內閣。法國總統在此場合中，對於閣揆人選的抉擇，較有考慮的機會，且可針對政治情勢，玩弄政治手腕，以達成其政治作用。惟入第五共和之後，擁護戴高樂的政治團體如新共和聯盟等，發揮其組織作用，常能控制衆院多數議席，故第五共和的內閣有異往昔的聯合內閣，而任命閣揆之權實掌握於戴高樂一人之手，是乃為特殊現象，未可以常例相衡。德國在威瑪共和時代，政黨林立的情勢，有如往昔的法國，故其內閣亦常為聯合內閣，總統頗有支配閣揆人選的作用。西德建立聯邦政府後，政黨發展日益健全，頗有形成兩黨制的趨勢，於是閣揆人選當決之於多數黨，而非總統一人之所能任意左右。但在任命程序上，總統亦得有考慮的機會；蓋西德憲法第六十三條對於閣揆的任命程序有詳細的規定：「一、聯邦內閣總理經聯邦總統提名，由聯邦議會不經討論選舉之。二、凡得聯邦議會議員過半數票者為當選。被選人若得聯邦議會議員過半數票，聯邦總統應任命其為聯邦內閣總理。三、聯邦總統提名之候選人不能當選時，聯邦議會得於投票後十四日內以議員過半數以上選舉聯邦內閣總理。四、在此期間內，聯邦內閣總理不能選出時，應即舉行新選舉，以得票最多者為當選。被選人若得聯邦議會議員過半數票，聯邦總統應於選舉後七日內任命之。被選人若未得過半數票，聯邦總統應於七日內，或任命之，或解散聯邦議會」。由是可知，總統向議會提出閣揆人選後，必須早日達成協議，於規定時間選出閣揆，若議會對閣揆人選終難達成協議，則總統有解散議會之權。是則總統關於閣揆的任命權確實有相當的分量。

在內閣制國家中，閣揆是全國最高行政首長；但其所能發揮的權威如何，則因各國的政治形勢不同而有所差異。在英國說，由於兩黨制的關係，首相實居於三位一體的地位。申言之，首相是他所屬之黨的黨魁，是衆議院的領袖（因他的黨在衆院佔多數議席），是內閣的主席和政策協調者，亦即是內閣的閣揆。本於黨魁、領袖、閣揆三種力量發揮出來的權威，自然是大有可觀，所以他是英國實際政治上最重要的人物，一切政治行動由他導演，一切政務措施由他策動，可以說整個政權的運用，總離不了他的發縱指使，這是概括的說法。分別說來，他既為黨魁，對於整個的黨自有極強的支配作用，對於整個黨的活動他不能不特別關懷，他要竭智盡能去規劃、策動和督率，使黨能活潑有力，可以爭取整個黨的勝利。他要在黨員中去選拔精幹的分子以為閣員（或影子內閣閣員），擔任議場幹事，及黨部的各種負責人，以期控制黨部的活動。就對衆議院說，內閣的各項措施繫於議會多數議席的支援，然後政府所提法案才能順利通過，以貫澈內閣的各種政策。所以身為閣揆者要利用他為衆議院領袖的地位，以領導黨屬議員在議會中奮鬥。更要與本黨在衆議院中的主任幹事 (Chief Whip) 商討院內事務的部署，與反對黨領袖解決程序問題及分配討論時間，協助議長及全院委員會主席維持議場秩序，並答復議員提出的有關一般政策的質詢。在內閣中他居於總攬政務的地位，一切政務他都得過問。具體些說，他要決定閣員人選，任免其他高級官員，指示各部要政措施，協調各部會間的歧見，關懷外交關係，主持內閣會議，決定重大政策，總括一句，他是內閣的靈魂，是全體閣員的領導者。以上所說是屬英國閣揆任務的概述。至於法國第三共和、第四共和時代的閣揆，以及威瑪憲法時代的德國閣揆，因其內閣常為聯合內閣，在國會則未能佔有多數議席，在內閣則係代表各黨的雜牌軍，控制指揮，談何容易。法德閣揆之所以不能發揮權威，實為情勢之所必然，但法國步入第五共和之後，德國則自西德建立聯邦政府後，政黨形勢，日趨健全，因而閣揆的處境也逐漸好轉了。

內閣既由閣揆和閣員所構成，則閣員地位的重要亦可想見。各國閣員大都係由閣揆提請元首任命。為閣員者固然大都得兼有議席，（英國在一九一九年前國會議員入閣為閣員須請求其選區重選他為議員，一九一九年制定閣員連選條例 (Reelection of Ministers Act) 後，則議員入閣，無須請求重選而仍為議員）。但亦有不兼議席者，如現在的法國閣員即為一顯例。於此有注意者，即英國的閣員是與國務員有所區別的。按英國中央政府中除樞密院與內閣外，尚有所謂國務院 (Ministery，它只是個意象上的慣用語，沒有具體的機關，亦沒有會議)，其與內閣的關係極為微妙。一般人的想法是認為，國務院是由在國會中有議席，直接對衆議院負責，並於獲有該院多數支持而繼續任職的王室官員構成之。這些官員普通即稱之為國務員 (ministers)。各國普通的說法謂，國務員乃為負責制定政策並指揮其政策的實施者。但這一說法未能適用於英國。因為英國國務員中尚有與政策並無關係，或亦不負執行政策之責者。究實言之，在某一時間的國務員名單中得區分為四類：第一為行政各部的首長，如財政大臣、外交大臣、國防大臣、大法官、教育大臣，以及勞工與國民服役大臣等是。第二爲不負各部職務的其他高級官員，如樞密院議長（Lord President of the Council）及典璽大臣（the Lord Privy Seal）是。因爲這些職位只是負擔名義上的職務，出任此等職位者乃被稱爲「不管部大臣」(Minister without Portfolio)，又常被譯稱不管部閣員，凡不欲負擔部務管理，而其物望和經驗爲政府所亟欲得到的著名人士，均可藉此吸收於政府中，以資爲政治上之運用。法比德諸國亦行此制，日本稱爲「無任所大臣」，我國稱爲不管部會「政務委員」）。第三爲政務次長（parliamentary undersecretaries）及其他低級國務員。英國各部常有一個或幾個政務次長，於其部長係屬貴族院議員時，乃爲各該部在衆議院中的發言人。爲分擔部長沉重的責任，類於政務次長而具有較尊的銜稱甚或負較重的責任者乃爲所謂「國務大臣」(minister of state)。此等政務次長及國務大臣大都係以執政黨晚輩任之。第四有若干宮廷人員亦屬於國務員，如皇室會計主任（treasures）、審計長（comptroller）及副掌禮大臣（vice-chamberlain）是被視爲具有政治性的職位，故被列爲國務員。大體言之，國務員人數在第一次世界大戰前常達五十人左右，在兩度世界大戰期間，其名額乃膨脹至一百名以上。而依一九五七年初的例示，有十九個國務員是居於內閣職位，十九個其他高級國務員，及七十八個低級國務員。可見國務員中是包括了閣員，易言之，所有閣員（cabinet ministers）均爲國務員，但並非所有國務員（ministers）均爲閣員。如郵政部長、年金部長及檢察長均爲國務員，但非閣員。更從任務方面說，國務員負個別的行政官員的責任，閣員則除此之外，還有集體的責任。本於集體的態勢，他們須討論政務，決定國策，調整政府，領導政府。內閣會議即爲閣員參與閣議，決定政策的機體。（羅志淵）

內臺

尚書省的另一稱呼，宋之尚書寺居建禮門內，亦曰尚書省，亦謂之內臺。元代御史臺稱內臺，因外部設置行御史臺，故中央之御史臺曰內臺。「掌糾察百官善惡，政治得失。」（新元史百官志）凡諸道肅政廉訪使，皆隸於內臺。（楊樹藩）

內戰 (Civil War)

內戰是國內戰爭，是國際戰爭的對稱。

當國內合法政府和人民團體發生武裝衝突的時候，合法政府必視人民團體的行爲是暴動或叛亂，視自己的行爲是維持法紀和秩序的鎭暴或平亂措施，反過來，人民團體必稱自己的行爲是革命戰爭，稱合法政府的措施是反革命戰爭。所以只有外國人會稱這種衝突爲內戰，所以內戰不是國內政治或國內法常用的名詞，而是國際政治和國際法的名詞。

內戰的起因不一，政府完全忽視民意，多數人利益長期受政府侵害，黨派間的思想矛盾過大，野心家受外國利用，諸如此類，都可能引起反政府的暴力行爲。

就國際法言，合法政府和人民團體的武裝衝突，不一定就是內戰，這種衝突必須符合下列各點，才是內戰：第一、該團體的最後目標是政治的—推翻現政府、改變國體或政體，或脫離現政府的控制而自建一個獨立國；第二、該團體有領袖、有組織、有紀律、有統治其佔領區的機構和能力；第三、該團體有相當數目的人民支持，實力頗雄厚，足以威脅現政府的生存；第四、該團體有遵守國際法的意志和能力，不任意殺人放火，不刼掠人民財物，避免戰術上不必要的破壞或損害。如果該團體並無政治目標，祇是搶奪財物，報私仇，洩舊恨，全爲私人打算，即令聲勢浩蕩，組織嚴密，紀律良好，也不能使這種衝突具有內戰的意義，充其量不過像梁山泊的一羣英雄好漢罷了。

內戰爆發後，外國可否干涉？這是法律問題，也是政治問題。就法律說，各國負有不干涉他國內政的義務，內戰由合法政府看來總是國內管轄事件，如果外國直接或間接阻擾合法政府的行動，或協助人民團體把它推翻，便會被視爲違反國際義務的干涉，但許多國家的政治考慮往往先於法律考慮，爲維護其本身的利益起見，竟置法律義務於不顧，或明或暗的援助在內戰中的人民團體，一九三六至一九三八年間，德國和義大利積極援助西班牙的佛郎哥軍隊，蘇聯協助西班牙政府，便是顯例。

自有共產黨的國際陰謀和組織以來，特別是有希特勒的第五縱隊(the fifth column）以後，侵略國家日夜利用類似第五縱隊的人員在外國從事滲透顚覆活動。滲透結果所產生的武裝顚覆行動，表面上雖然是當地人民的反政府行動，事實上却爲外國政府利用、指使、操縱的叛變。例如一九六〇年時，剛果（金沙夏）的魯孟把(Lumumba)總理企圖推翻卡沙烏布（Kasa-Vubee）總統，是由蘇聯政府在幕後牽線所演的木偶戲，現在越共的反政府行爲，是由河內共黨政權指揮操縱的。這類國內武裝衝突，和二十世紀初期以前的內戰有天壤之別，其性質已完全改變了，實難說祇有國內性質、沒有國際性質了，其國際性質的顯明程度，明眼人一看可見，所以聯合國接受剛果政府的請求，派兵協助平亂，美國等接受越南政府請求，遣將援助剿共，這種援助不違反一般國際義務，是維持國際和平的壯舉，是履行國際義務、盡責任的行爲。因此，外國干涉內戰是否合法，不能再按十九世紀的觀念來論斷，要視內戰的根本性質而定。

在常態的眞正內戰進行期間，外國政府基於本身利益的考慮，必要時可以承認內戰中的人民團體爲交戰團體 (belligerency) 或叛亂團體 (Insurgency)，如果承認其爲交戰團體，便須自承認時起嚴守中立，不偏袒合法政府或交戰團體，視後者具有前者的全部交戰權利，給兩者使用其港口的平等機會，其民船應接受兩者的臨檢和搜索，其民船因破壞封鎖或違反中立義務而被拿捕時，不再干涉；另一方面，承認國政府對於交戰團體的行爲，不得要求合法政府負責，其權利受交戰團體侵害時，祇可以向這團體請求賠償。一九四九年在日內瓦簽訂的四份公約，都訂明締約國的革命團體經承認爲交戰團體時，內戰便具有公約所稱的國際性質的戰爭，交戰團體接受公約規定時，公約也對它實施。可見原爲國內性質的戰爭，可因外國的干涉而變爲國際性質的戰爭，儘管在戰事結束前一般人仍然視它爲內戰。如果外國政府承認內戰中的人民團體爲叛亂團體，這祇是宣告戰爭存在的事實，不是承認戰爭的法律狀態，承認國政府和內戰中的合法政府之間的法律關係不變，不引起中立義務、臨檢、搜索、海港封鎖等問題，也不使內戰具有國際性質。

內戰發生後，國內合法政府於必要時也可以承認革命團體爲交戰團體或叛亂團體。如果承認它爲交戰團體，它便有交戰者的法律地位，便可享受交戰者的各種權利，外國得享受中立權利，並應盡中立義務，合法政府捕獲革命分子時應給予戰俘待遇，不得處予叛亂罪刑；另一方面，交戰團體須依戰爭法從事作戰，要對自己的一切行爲負責任，包括契約、債務、侵權行爲等的法律責任。合法政府如果祇宣告它爲叛亂團體，則仍可依國內法處理它所引起的問題，把革命分子視爲叛亂人員加以處罰，未承認它爲交戰團體的外國政府和合法政府的法律關係，亦未變更。儘管這樣，依照一九四九年的日內瓦公約，無論合法政府或叛亂團體，還是要遵守以人道爲基礎的條款，不得殺害非戰鬥人員、投降人員、傷病者、已喪失作戰能力者，也不得按種族、性別、宗教、膚色等來給予差別待遇。可見國內性質的戰爭，又可因合法政府的宣告而變爲具有國際性質的戰爭。

總之，內戰所涉及的問題非常複雜，這裡不能盡述，要實際討論某國某時的內戰，方能夠詳細深入的分析各方面的問題，才能夠說明內戰起於何種原因、何時由國內性質轉變爲國際性質的戰爭、何時由何國干涉才不違法等。

（陳治世）

公布法律權

法律之公布係法案經立法機關通過制定之後，由有權機關予以簽署刊告實施，一方面表示立法程序之完成，另方面除其明定生效日期外，亦表示法律執行之開始。由於公布的積極目的，在於經命令的程序，以要求執行法律，所以一般國家之公布法律，咸由元首爲之。是爲元首的公布法律權 (power to promulgate law)。不過元首對於此項權力，在運用上的裁量彈性，各國制度則並不相同。有的元首於法律之公布，享有絕對的否決權，對其所不同意的法律，得拒絕予以公布，使議會所通過之法案，根本不能成立實施。有的元首則僅具有相對的否決權，對其所不同意的法律，只能簽附意見，移請立法機關覆議，如果立法機關決議維持原案，則元首便必須予以公布。

就元首於公布法律之絕對否決權而言，又可分爲無條件的絕對否決權與有條件的絕對否決權兩種情形。無條件的絕對否決權，乃歷史上君主專制時代所習見的制度。自民主憲政盛行以來，雖然有少數國家，仍然保持君主元首的體制，而其君主在憲法上，亦仍享有無條件的絕對否決權，但此一權力，久已因其政治責任之轉移於內閣而名存實亡。像英國、比利時、丹麥、荷蘭，以及自治領各國以英王爲元首的若干國家，即均屬此類國家。至於有條件的絕對否決權，主要是說元首的公布權，在法定的條件下，可以藉不行使的方式，使議會所通過的法案，根本上消滅。這可以美國、巴西、巴拿馬、挪威、瑞典、希臘及菲律賓等國爲顯例。這些國家的憲法，除希臘規定國王對於議會通過的法律，在議會閉會後二日，若未予公布，即歸無效外，其他國家類皆賦予元首一種要求覆議權，而元首對於一項法案，在憲法規定的批准期間，若因國會閉會，而致其無法移請覆議時，則可不予公布，使之不能成立。這在美國的政治術語中，稱爲袋中否決（pocket veto）。

其次，就元首公布法律之相對否決權而言，其表現方式則爲覆議制度。當代有半數以上的國家元首，均享有法案的要求覆議權，不過其所移請覆議的法案，若經國會依既定程序決議維持原案之後，元首便必須予以公布。也有一些國家，像非洲的查德、茅利塔尼亞、達和美、剛果、歐洲的法國、西班牙、氷島，以及亞洲的巴基斯坦等國家，其元首於公布法律前，亦得將之提交公民複決（巴基斯坦憲法第廿七條規定由總統選擧人團複決），而經複決通過的法案，元首除予公布外，則別無選擇。由此可知，採取此種覆議制度的國家，其元首對於法律之移請覆議或複決，只是暫時停止或延長法律之公布，並不能絕對地予以拒絕公布。這在美國的政治術語中，又稱爲中止的否決權（suspensive veto）。關於公布法律，在制度上大體可以分爲兩種類型。在內閣制國家，元首的公布法律，須由國務總理或國務員之副署，其爲權力係有名無實。而在總統制國家，元首雖有實權，而且可移請覆議，但是如果立法機關堅持成議，則元首除了予以公布外，並不能別作選擇。從以上的說明，可見公布法律之於元首，既是一項權力，也是一種責任。（荆知仁）

公民投票（Plebiscite）

由一國或一地區公民以投票表示他們對於：㈠是否支持某種政府形式；㈡是否應獨立成爲一個國家；㈢願意歸屬於某一國家等問題之意見，稱爲公民投票。第㈠種公民投票於法國大革命時開始採用，法國在以後以至二次大戰後曾多次採用。第㈡種情形如原法屬北非阿爾及利亞（Algeria）於一九六二年由公民投票是否脫離法國獨立。第㈢種情形如薩爾區（Saarland）公民於一九五五年投票歸屬德國抑法國。公民投票有時亦稱「複決（referumdem）」，但通常用「複決」一詞時，指公民或特定機關對立法機關已通過法律或憲法草案之投票，與上述公民投票情形不同。（華力進）

公民資格（Citizenship）

citizenship 是 citizen 的性質或狀態，而 citizen 一字則有下列意義：一、城市居民；二、鎮民；三、城市的自由民，和外國人及不能享受當地政權者不同；四、對政府表示忠順並且得其保護的人；五、無當地國籍又未歸化，但因久居其地，已可享受其法律上的身份地位的人。所以 citizen 一字相當於中文的公民， citizenship 一字相當於中文的公民資格。

公民資格，就其現代的意義看，和國籍（nationality）有密切關係。無國籍者無公民資格，要有公民資格，必須先有國籍，有了國籍，才可以依法取得公民資格。一般國家祇承認已成年的本國人民爲公民，公民不包括所有本國人民，也就是說，有國籍者未必全是有公民資格者。

人可因出生或符合一定法律規定而有國籍，例如中華民國國籍法第一條規定：「一、生時父爲中國人者；二、生於父死後，其父死時爲中國人者；三、父無可考或無國籍，其母爲中國人者；四、生於中國地，父母均無可考或均無國籍者」，都有中華民國國籍；第二條規定：「一、爲中國人妻者，但依其本國法保留國籍者，不在此限；二、父爲中國人，經其父認知者；三、父無可考或未認知，母爲中國人，經其母認知者；四、爲中國人之養子者；五、歸化者」，亦分別取得中華民國國籍。

有國籍者最少要依法成年後才有公民資格。成年者的年齡，各國法律規定頗不一致。中華民國定爲二十足歲，英國定爲二十一足歲，蘇聯定爲十八足歲，美國絕大多數的州定爲二十一足歲，但喬治亞（Georgia）州却定爲十八足歲。可見成年者的最低年齡，各國的規定不完全相同。

具有公民資格者，在一般情形下，得享受公民權利。所謂一般情形，是指積極方面已經成年並且已在國內某地設籍若干時間，消極方面不被褫奪公權、不受禁治產的宣告、不患心神喪失的疾病等，有些國家剝奪赤貧者流浪者的公民權，更有些國家規定行使公民權者須依法辦理登記手續，這就表示有公民資格者未必可以享受公民權利。公民權利的含義，各國的規定不盡相同，其在中華民國，是指選擧權、罷免權、創制權、複決權、應考試權、服公職權等，英國公民中，有些人不能充分享受這些權利的全部，例如貴族祇於地方性的選擧中有投票權，不能於國會議員選擧時投票。

公民權利通常祇有本國公民可以享受，外國人民無此機會，但在一九二七年以前，美國南方的一些州准許無美國國籍的當地居民於當地擧行的選擧中投票。不過，當時外籍居民所享受的祇可以視爲特權（Privilege），不是一種權利（right），而且這種特權早已撤銷了。時至今日，各國都保留公民權給本國公民，不讓外籍人士享受。（陳治世）

公法案 (Public Bill)

見「法案」條。

公務員政治中立 (Political Neutrality of Public Service)

公務員政治中立，意指在政府工作的事務官，應不與任何政黨和政策發生公開的關聯，以免執政的政黨或政策變更時，無法繼續在政府服務。這是爲保障事務官久於其位，便利政務官推行政策，而提高政府的行政效率的措施。此一制度以英國近百年來施行最有成效，其他國家對此規定並不一致。

在英國，所謂事務官的政治中立，並非謂事務官不得參加政黨，亦非謂事務官不得對政策表示意見，而是對在政府擔任比較重要職位的事務官之政治活動權，施行若干必要的限制。本來英國原先規定所有事務官不得參加政治活動，但自二次大戰以後，政府職能擴張，事務官的人數增加，盡剝奪其政治活動權，似亦不合民主政治之道。一九四八年工黨政府因指派委員會對此進行研究，次年提出建議，終於一九五三年國會立法，列舉政治活動爲五種：(1)作爲國會議員候選人；(2)擔任與全國性政黨活動有關之黨內職位；(3)公開對全國性政治爭議問題發表談話；(4)對全國性政治爭議問題，著書，投稿，表示意見；(5)替國會議員候選人作競選活動。並將事務官分爲三類：(1)擔任工友差役的職位者，享有上述五種政治活動之完全自由；(2)擔任打字及書記職位及非監督職位之人員，除作國會議員候選人外，如部方認爲所參與之政治活動，與其職務無衝突者，均得參加；(3)所有行政級，執行級，專業級及未含於其他範疇之高級職位，除經部方許可，得參加地方性之政治活動外，上述五種政治活動，均不得參加。事務官對職務有關之政策，如有意見，應儘量向直屬長官提出，不應有所保留，甚至可與長官激烈爭辯。但如長官已有決定，應即服從，並竭智盡力予以執行，不得以任何藉口或詭謀，加以阻撓破壞。至於有貴族院議員身份之事務官，得在職務許可範圍內參加上院開會，但不得參加辯論及表決。

在美國，一九三九年及一九四〇年兩次赫奇法（Hatch Acts）規定，除民選之職位外，文官不得在政黨活動中採取積極的立場，違者暫時或永久予以黜免。

在法國，事務官向來有作爲議員候選人的權利，只是禁止在任官的選區競選，以免發生不正當的壓力，法國政府給予文官之爲國會議員候選人者，以帶薪從事競選活動的特權；甚至本身不作候選人的文官，亦得享受此項特權去爲人競選。一九五〇年及一九五九年文官法規定，文官當選爲國會議員者，只是暫時停職停薪，仍舊具有文官資格，得於議員任滿後恢復職務。在法國亦屬文官之大學教授，並且不必停職停薪。

在德國，帝國時期的文官，向有不偏私的盛譽，實際態度保守，故對威瑪共和甚爲仇視；納粹當政時，文官皆被迫向希特勒宣誓效忠，盟國佔領德國時，與納粹有關者多被黜免，以致文官與政治發生關聯。至文官是否可任議員，帝國時期雖無禁止規定，但由實際上的限制，很少文官得兼任議員。二次大戰後因黜免納粹的結果，反抗納粹的文官可以兼任議員，後來發現弊端，乃加改革，現行規定爲：(1)事務官有參加邦及地方政治活動的全權；(2)事務官得爲聯邦議會議員候選人；如獲當選，則可領退休金退休，並於議員任滿時，有申請復任之權；如不當選，當然仍舊擔任原職。（雷飛龍）

公開投票 (Open Voting)

選舉人投票時，公開表示其意向，使一般得知其投票給誰者，稱爲公開投票。公開投票約有四種方式：㈠歡呼投票（acclamation）——選舉事務人員向全場提出候選人姓名，選舉人若報以歡呼，即視爲當選。㈡唱名投票（viva-voce）——由選舉人高聲說出被選舉人姓名，經選舉事務人員登錄於簿册之上，計算多寡，以決定何人當選。㈢舉手投票（handshow）——選舉人舉手表示投票意向，由選舉事務人員計算舉手人數，以決定候選人中何人當選。㈣雙記名投票——選舉人於投票紙上塡寫被選人姓名，並同時塡寫選舉人自己的姓名。

公開投票，選舉人不免有所顧忌，實違背自由選舉的原則，故當前各國均不採行公開投票。（謝延庚）

公費選舉 (Spending Public Money in Campaign)

乃指候選人競選公職由政府給予財政支援，不必其本人花費大量金錢。其目的在整飭選舉風氣，羅致賢才，及使人民能有平等參政之機會，不失爲一補偏救弊之道。美總統齊奧多羅斯福於一九〇七年曾向國會建議由政府撥款支援候選人或政黨。此一建議之缺點非特納稅人不願以國家公款輔助私人作競選費用，而在實施上為求公平合理，有待研究之問題仍多，諸如公費支援對象應為政黨？抑為候選人？如為前者，大小黨間之比例如何確定？如為後者，應否有提名與非提名之分？對政黨與候選人之競選活動應否嚴加限制？如何確定其範圍？對不同之公職如何確定支援之比重？以及如何防制醉翁之意不在酒之候選人？晚近英、日兩國僅實施部分公費選舉，即以公費為候選人辦理各種有關宣傳活動。（談子民）

六工

禮，「曲禮」：「天子之六工：曰土工、金工、石工、木工、獸工、草工。」註：「此殷時制也，周則皆屬司空。」疏：「工，能也，言能作器物者也。」又云：「此六工於周禮，並屬司空，而司空職散亡，今惟有考工記以代之。」（繆全吉）

六尚

殿中近侍之官，掌諸供奉。尚，猶主也。漢初，承秦之制，置有尚冠、尚衣、尚食、尚浴、尚席、尚書，謂之六尚（宋書百官志）。後世之建制屢更，但名別而事存。隋唐之世，殿中皆領尚食、尚藥、尚衣、尚舍、尚乘、尚輦六局（隋書百官志，舊唐書職官志）。宋制，殿中省置尚食、尚藥、尚醞、尚衣、尚舍、尚輦六局（宋史職官志）。元侍正府亦設有尚冠、尚衣、尚鞶、尚沐、尚飾、尚輦等員（元史百官志）。凡是，皆謂六尚。又宮人女官，亦有六尚之設。隋文「采漢晉舊儀，置六尚六司六典，遞相統攝，以掌宮掖之政」。煬帝時，「又增置女官，準尚書省，以六局管二十四司。一曰尚宮局、二曰尚儀局、三曰尚服局、四曰尚食局、五曰尚寢局、六曰尚工局」（隋書后妃列傳序文）。唐因隋制，「六尚亦曰諸尚書」，設六尚局，尚宮、尚儀、尚服、尚食、尚寢、尚功各二人，皆「正五品」（新唐書百官志）。金亦置六尚，「宮人女官，職員品秩，皆同唐制」（金史百官志）。明初，女官定制，亦設六尚，仍曰：尚宮、尚儀、尚服、尚食、尚寢、尚功；置有「六局，分領二十四司」（明史職官志）。（芮和蒸）

六服

㈠服屬王室之地，以遠近區別為六，請參見「五服」條。書「周官」：「六服群辟，罔不承德。」疏：「周禮九服，此惟言六服者，夷鎮蕃三服，在九州之外，故惟舉六服。」小學紺珠，地理類「六服」：「侯、甸、男、宗、衞、幷五畿。」

㈡周天子六種服色，即大裘、袞衣、神衣、罽衣、絺衣、玄衣。周禮、春官「司服」：「王之吉服，祀昊天上帝，則服大裘而冕，祀五帝亦如之，享先王則袞冕，享先公饗射則鷩冕，祀四望山川則毳冕，祭社稷五祀則希冕，祭羣小祀則玄冕。」注：「六服同冕者，首飾尊也。……鄭司農云，大裘、羔、裘也，袞、卷、龍衣也，鷩、神衣也，毳、罽衣也，……希讀為絺，或作黹，字之誤也。」

㈢周王后之六種服色，即褘衣（玄）、揄狄（青）、闕狄（赤）、鞠衣（黃）、展衣（白）、緣衣（黑）。周禮、天官「內司服」：「掌王后之六服，褘衣、揄狄、闕狄、鞠衣、展衣、緣衣、素沙。」小學紺珠，制度類「王后六服」：「褘衣（玄）、揄狄（青）、闕狄（赤）、鞠衣（黃）、展（白）、緣衣（黑）。」（繆全吉）

六科

明代職掌規諫、侍從、補缺、拾遺，稽察六部百司的官府。所謂六科，即吏科、戶科、禮科、兵科、刑科、工科是。每科置都給事中一人，正七品，稱掌科，因其掌管本科之印，故以之命名。置左右給事中各一人，從七品，另置給事中，員額各科不等，明制，吏科四人，戶科八人，禮科六人，兵科十人，刑科八人，工科四人，皆從七品。至於所主業務，各科不同，吏科：「凡吏部引選，則掌科同至御前請旨，外官領文憑，皆先赴科畫字，內外官考察自陳後，則與各科具奏。」戶科：「監光祿寺歲金穀，甲字等十庫。錢鈔雜物與各科兼蒞之。皆三月而代，內外有陳乞田土隱占侵奪者糾之。」禮科：「監訂禮部儀制，凡大臣曾經糾劾削奪有玷士論者，紀錄之，以核贈謚之典。」兵科：「凡武臣帖黃，誥敕，本科一人監視，其引選劃憑之制，如吏科。」刑科：「每歲二月下旬，上前一年南北罪囚之數，歲終類上一年蔽獄之數，閱十日一上實在罪囚之數，皆憑法司移報而奏御焉。」工科：「閱視軍器局，同御史巡視節慎庫，與各科稽查寶源局。」清初，六科沿用明制，自成一機關，雍正元年，

將六科改隸都察院。（楊樹藩）

六軍

㈠周天子之軍，一軍一萬二千五百人，共七萬五千人。

周禮、夏官「大司馬」：「凡制軍，萬有二千五百人爲軍，王六軍，大國三軍，次國二軍，小國一軍。」左傳「成、三」：「晉作六軍。」注：「爲六軍，僭王也，萬二千五百人爲軍。」又「襄、十四」：「周爲六軍，諸侯之大者，三軍可也。」

㈡晉代六軍之制

南齊書「百官志」：「領軍將軍、中領軍、護軍將軍、中護軍、左右二衞將軍、驍騎將軍、游擊將軍，晉世以來，謂領護至驍游爲六軍。」小學紺珠，制度類「六軍」：「領軍、護軍、左右二衞、驍騎、游擊，南齊志，晉世爲六軍。」

㈢唐代六軍之制，依小學紺珠制度類「六軍」及唐書「百官志」所載爲：左右龍武、左右神武、左右神策，號六軍。

㈣唐代北衙六軍之制依前兩書所載爲：左右羽林、左右龍武、左右神武，總曰北衙六軍。（繆全吉）

六曹

尚書所領曹數爲六，謂之六曹。歷代列曹尚書，互有損益，而以六曹爲多。後漢置有三公曹、吏曹、二千石曹、民曹、客曹。此外，一說分客曹爲南主客曹、北主客曹，合爲六曹（見後漢書百官志）。一說更加中都官曹爲六曹（見晉書職官志）。晉初，置吏部、三公、客曹、駕部、屯田、度支六曹。太康改置吏部、殿中、五兵、田曹、度支、左民六曹。惠帝之世，又有右民尚書，止於六曹，不知此時省置何曹（見前書職官志）？宋置吏部、祠部、度支、左民、都官、五兵六曹。齊、梁與宋同，亦別有起部而不常置。陳與梁同。北齊置吏部、殿中、祠部、五兵、都官、度支六曹。隋置吏、禮、兵、刑、戶、工六部（見通典職官）。唐、宋因之（其序爲吏、戶、禮、兵、刑、工六部）。至是，六曹名號雖與時有異，而所隸之尚書省則一，亦可謂爲重大特色。自元以降，其制乃變（參看「尚書」條）。另可考者，遼南面尚書省與金尚書省，亦皆置吏、戶、禮、兵、刑、工六部。又唐地方官制，據舊唐書職官志云，府州亦置有六曹，謂爲功曹、倉曹、戶曹、兵曹、法曹、士曹；亦稱司功、司倉、司戶、司兵、司法、司士六曹。（芮和蒸）

漢代武宣之世，收相權於近侍，尚書職權擴張，分曹任事，或謂武帝已有四曹，至成帝加一爲五曹（漢官儀）。或謂成帝初置四曹（後漢書職官志）。曹名職事亦有出入。然六曹之名實定於光武之世。敘其沿革及職事，則以晉書職官志較近詳確，以爲成帝建始四年，置尚書五人，一人爲僕射，而四人分爲四曹，一曰常侍曹，二曰二千石曹，三曰民曹，四曰主客曹，後又置三公曹，共爲五曹。「後漢光武以三公曹，主歲盡考課諸州郡事。改常侍曹爲吏曹，主選舉祠祀事；民曹主繕修功作鹽池園苑事；客曹主護駕羌胡朝賀事；二千石曹主辭訟事；中都官曹主水火盜賊事，合爲六曹，幷令、僕射二人，謂之八座尚書。雖有曹名，不以爲號，靈帝以侍中梁鵠爲選部尚書，於此始見曹名」（晉書卷二四職官）。則六曹分職定於光武，以曹名名官始於靈帝，自後，歷經魏晉南北朝迭有增減分合變化，大體以六曹爲常。至隋代定爲吏禮兵刑戶工六部尚書（隋書百官志）。（參看六部、尚書省各條）（杜奎英）

六部

即六部尚書，如溯其起源，始自西漢成帝將尚書分曹辦事。當時有常侍曹，主公卿事；二千石曹，主郡國二千石事；民曹，主吏民上書事；客曹，主外國夷狄事；後又增三公曹，主斷獄。東漢至魏，大致相因，晉已具備六曹，即吏部、三公、客曹、駕部、屯田、度支是也。經南北朝，尚書曹名偶有不同，大抵多爲六曹。（見通典職官）由隋至唐，六部尚書制度遂告完成。即吏部尚書一員，正三品，掌文選、勳封、考課之政。戶部尚書一員，正三品，掌天下土地、人民、錢穀之政。禮部尚書一員，正三品，掌禮儀祭享貢舉之政。兵部尚書一員，正三品，掌武選、地圖、車馬、甲械之政。刑部尚書一員，正三品，掌律令、刑法、徒隸、按覆、讞禁之政。工部尚書一員，正三品，掌山澤屯田、工匠、諸司公廨紙筆墨之事。六部皆隸於尚書省。（見唐書百官志）宋因唐制。元六部尚書隸於中書省。明初，仍仿元制，洪武十三年，廢中書省，六部尚存，直隸於皇帝，然事權常受內閣之干與。清沿明制，亦設吏、戶、禮、兵、刑、工六部尚書，每部滿漢各一人。（楊樹藩）

▲六筦（**六管**）

王莽𠛬設之制度。漢書「王莽傳」：「初明六筦之令，命縣官酤酒、賣鹽、鐵器、鑄錢、諸采取名山大澤衆物者，稅之。」注：「師古曰，筦、亦管也，管、主也。」後漢書「隗囂傳」：「設爲六管。」注：「管、主也，莽設六管之令，謂：酤酒、賣鹽、鐵器、鑄錢、名山、大澤，此謂六也。」

（繆全吉）

六管

見「六筦」條。

六職

㈠周禮、天官「小宰」：「以官府之六職辨邦治，一曰治職，以平邦國，以均萬民，以節財用，二曰教職，以安邦國，以寧萬民，以懷賓客，三曰禮職，以和邦國，以諧萬民，以事鬼神，四曰政職，以服邦國，以正萬民，以聚萬物，五曰刑職，以詰邦國，以糾萬民，以除盜賊，六曰事職，以富邦國，以養萬民，以生百物。」疏：「六官者，各有職，若天官治職，地官教職，其職不同，邦事得有分辨，故云以辨邦治也。」

㈡周禮、考工記「總目」：「國有六職，百工與居一焉，云云，坐而論道，謂之王公，作而行之，謂之士大夫，審曲面埶，以飭五材，以辨民器，謂之百工，通四方之珍異以資之，謂之商旅，飭力以長地財，謂之農夫，治絲麻以成之，謂之婦功。」後漢書「輿服志」：「周室大備，官有六職，百工與居一焉。」小學紺珠，人倫類「六職」：「王公、士大夫、百工、商旅、農夫、婦功。」

㈢禮「曲禮下」：「天子之六府，曰司土、司木、司水、司草、司器、司貨，典司六職。」注：「府主藏六物之稅者，此亦殷時制也，周則皆屬司徒、司土、土均也，司木、山虞也，司水、川衡也，司草、稻人也，司器、角人也，司貨、卯人也。」律歷類「六府」：「水、火、金、木、土、穀。」管子「五行」：「通乎九制六府，三光。」墨子「節葬下」：「治五官六府。」書「大禹謨」：「帝曰，俞，地平天成，六府三事，允治，萬世永賴，時乃功。」蔡傳：「六府，即水、火、金、木、土、穀也，六者財用之所自出，故曰府，三事正德、利用、厚生也。」（繆全吉）

分項否決

見「否決權」條。

分權 (Separation of Powers)

「分權」爲近代民主政治的基礎，創自法國之孟德斯鳩氏 (Baron de Montesquieu,1689–1755) 於一七四八年刊行之「法意」 (De l'Espirit des Lois) 一書，發揚其說，因美法革命立憲，採行其說，而普及於世。惟分權學說，可溯源於希臘時代之亞里斯多德之分政府權力爲：(1)討論 (deliberative) ，(2)管理 (magisterial) 及(3)司法 (judicial) 三要素，但僅爲「權力分離」之論，而未及「制衡」 (check and balance) 之運用。至羅馬時代，至波里比亞士 (Polybius 204–122 B.C.) ，倡爲「混合政府說」 (mixed government)，認爲羅馬政體爲代表君主之執政官 (consul)，代表貴族之元老院 (senatus) 及代表民主的民會 (comitia centuria) 三者互相制衡，爲「制衡說」的矯矢。而後十六世紀，布丹始主張司法獨立。十七世紀時，洛克雖分國權爲三：(1)立法，(2)執行，(3)外交 (federative power) ，但認後二者可委由同一機關（即政府）行使，故爲「兩權分立說」，又主「立法權的優越」。至孟德斯鳩，則分權力爲：(1)立法，(2)行政，(3)司法，分由三個機關行使，並主「互相制衡」，以「保障人民自由」，而限制政府權力。

孟氏的分權論，因英國的責任內閣制度產生行政立法協調而非分立，首遭衝擊。美國聯邦憲法實施的結果，總統立法權力的擴展，號稱爲「第三院」；若干特殊行政機關之具有「準立法權」與「準司法權」者（如「州際商務委員會」、「聯邦貿易委員會」等），號稱爲「政府的第四部門」。因而三權分立學說有動搖之勢，如：㈠主二分說者，有：古德諾 (F.J. Goodnow) 及甄克士 (L.H. Jenks) 之分國家權力爲：(1)制定政策權（卽立法權），與(2)執行政策權（包括行政、執行與司法三者）。㈡主四分說者，如西塞爾 (Cecil) 之主增加彈劾權獨立而爲四權是。㈢主五分說者，除孫中山先生之五權分立說外，西方學者有主於傳統的行政、立法、司法之外，再增益「執行」(administrative agency）及「選民團體」（electorate），合爲五權者。如威羅貝氏（W. W. Willoughby）。

關於「分權」，尚有須加注意者二：⑴通常所謂分權，乃指政府治權功能之縱分而言，與權力之橫分乃「劃權」（division of Powers）爲中央地方權限分配者，不可混淆。⑵政權與治權之分，爲「權能區分」，亦即西方「民權」與「政權」之分，與茲所謂之分權限於「治權」（即西方政權）功能之分離與制衡者，不同。（涂懷瑩）

厄瓜多（Ecuador）政黨

厄瓜多（Ecuador）自十九世紀後半期至一九四四年由保守與自由兩黨輪番執政，其後兩黨日呈衰退。晚近二十餘年，各新興政黨日增重要。一九六三年七月及六六年三月均曾發生軍事政變。一九六六年十月選舉制憲大會，制訂新憲法，並選舉郭麥滋（Gomez）爲總統，保守人士聯盟在大會中佔有多數議席。

保守黨　歷史最久，以邃遠（Sierra）爲中心，主張財產私有，擁護天主教會，反對共產主義。自十九世紀下半期至一八九五年長期執政，一九五六至六〇年復由黨人恩銳奎賓（Enriquez）膺選總統執政。主席：克甲斯（Cajas）。

急進自由黨　以沿海地區居民爲主力。主張：人民生存權，本良知行事、思想表達、與集會結社等自由，發展工商業，並維護財產私有制，反對共產主義。主席：苗諾資（Munoz）。

社會主義黨　一九二五年成立，乃唯一關切印第安人權益之政黨，以部分學者及對印第安問題感興趣之人士爲黨人。一九六〇年分裂爲西方之厄瓜多社會主義黨與親卡斯楚之革命社會主義黨。雙方均自認爲馬克斯主義者，前者雖爲最高選舉裁判法庭所承認，惟更分裂爲兩派：一派使用原有名稱，以哲姆浦悅諾（Zambrano）爲首腦；另一派稱統一社會主義黨，以達麥里資（Tamariz）爲領袖。

共產黨　倡導傳統共產主義者綱領，自古巴卡斯楚革命以來，其活動雖日漸積極，惟黨員人數少，力量有限。一九六〇年之選舉，顯示該黨實力脆弱。一九六三年軍人執政團宣佈其非法。現分爲親莫斯科與北平兩派。前者領導人爲奈亞姆（Niyaim），後者爲佛羅里斯（Flores）。

國民革命行動黨（ARNE）　乃一具有革命觀念右傾組織，强烈反對共產主義，以托悅爾（Toral）爲領導。

社會基督教運動（SCM）　乃一中間偏右之政黨。領袖龐士（Ponce）曾爲一九五六至六〇年間之總統。（談子民）

厄耳薩爾瓦多（El Salvador）政黨

厄耳薩爾瓦多（El Salvador）自一九六六年起，計有六個合法政黨：國民融和黨（PCN）、基督教民主黨（PDC）、革命行動黨（PAR）、民主統一革命黨（PRUD）、國民革命漸進黨（PREN）與薩爾瓦多大衆黨（PPS）。

一九五〇至六〇年間，民主統一革命黨容納國民融和黨。一九六〇年政變，總統李馬斯（Lemus）被罷黜，前者之黨員大量轉入後者。

政黨制度雖受政府支配，但於選舉期間反對黨均可照常活動，惟多屬曇花一現，組織之目的一經過去，即告消失。其所主張之理論與方案均受嚴格之限制，故有「節制民主」之稱。惟遵章活動，而不倡議以激進或革命方法解決國家問題者始被允許其存在。

參加一九六二年之選舉者，除執政之國民融和黨外，另有基督教民主黨、革命行動黨、眞正憲政黨（PCA）、國民行動黨（PAN）與社會民主黨（PDS）。眞正憲政黨與國民行動黨跡近保守，而社會民主黨及基督教民主黨之政綱與國民融和黨或革命行動黨相類似。選舉結果，國民融和黨人芮偉淵（Rivera）當選總統，同年七月就職，任期五年。

一九六四年之選舉，最顯著之反對黨爲革命行動黨。選舉結果，由五二位議員所組成一院制之國會，國民融和黨三二席，基督教民主黨一四席，革命行動黨六席，議長爲多數黨覺銳樂（Guerrero）。

一九六六年三月十三日國會改選，議長仍由覺氏當選。國民融和黨三一席，基督教民主黨一五席，革命行動黨三席，薩爾瓦多大衆黨一席，國民革命漸進黨一席。最後兩小黨乃本屆選舉始露頭角者。（談子民）

反史大林（Anti-Stalin）

一九五三年三月蘇俄共黨總書記史大林逝世，馬林可夫以第一書記掌握黨政大權。一九五六年二月俄共召開二十屆代表大會，黑魯雪夫派勝利，黑氏開始清算史大林，從二月二十四日深夜至二十五日清晨黑魯雪夫在特別會議中發表反史大林演說。此一演說曾使世界震驚，亦可說是蘇俄共黨的部份秘史，歷數史大林殘暴罪惡，如大規模屠殺共幹，爲搜括糧食在全國農村施行之恐怖政策，不僅國外甚少人知，共黨幹部亦未窺全豹。演說時間甚長，茲僅摘其要點如下：

一、揭示對個人崇拜之錯誤及其苦果。

二、史大林歷年的顯著罪狀，如一九三四年選出之中央委員一三九人中，有九十八名被捕和槍決。同年出席第十七次代表大會之一千九百六十六人中，有一一〇八名被捕和被殺。其餘零星案件更不勝數。

三、史大林暮年之昏瞶與殘暴，在對德戰爭中使蘇俄蒙受許多不必要的損失，及因病而停未實行之另一屠殺計劃。

黑魯雪夫在結論中堅決要求取消對個人崇拜，採取集體領導。此回演說對蘇俄上層作風有甚大影響，在黑魯雪夫下臺後，仍無大的改變。（羅時實）

反杜林論 (Anti-Duhring)

恩格斯著作，又被稱爲馬克斯主義之經典著作。其內容包括哲學、自然科學、社會科學領域中之重大問題。杜林(Duhring, 1833–1921)爲德國哲學家之反馬克斯主義者。恩格斯指其用庸俗唯物論來擁護形而上學，主張資產階級領導之社會主義，故著此書駁之。

反杜林論是在一八七七－一八七八年間發表。一八七五年德國的工人政黨統一組織，稱爲德國社會民主黨，德國的布爾喬亞曾多方阻止馬克斯主義在工人群衆中的傳播。恩格斯稱他們歪曲與反對馬克斯主義，自稱爲「社會主義的改革者」，杜林就是這羣人中一個代表。但是杜林的言論顯然在社會民主黨內獲得支持，被稱爲機會主義者的伯恩斯坦等人歡迎杜林的言論。恩格斯因此奮起，出面對杜林論予以攻擊，在理論上幫助社會民主黨走上共產主義正宗的道路。

恩格斯指出，杜林在哲學方面是個折衷論者，經常將唯物論與唯心論混淆起來；在政治經濟學方面，杜林是庸俗的資產階級政治經濟學的追隨者；在社會主義理論方面，他是一個反動的小資產階級的所謂社會主義者。杜林是以資產階級的立場出發來攻擊馬克斯主義的。在「反杜林論」中，恩格斯第一次對馬克斯主義的三個組成部分，即哲學、政治經濟學、和科學社會主義作了系統的敘述。（羅時實）

反理智主義 (Anti-Intellecturalism)

「反理智主義」一字常因在不同之系絡中有不同之意義。歷史學者 C. Brinton 以「反理智主義」是二十世紀文化的精神質素之一，亦即是一種鄙視理智，頌揚情感的浪漫主義。「反理智主義」反對抽象與演繹的邏輯思考，二十世紀因受心理學者 Freud, Pavlor 等人學理之影響，此一精神心態更形得勢，而與科學的理智主義同爲西方現代思想之主流。

唯「反理智主義」一字在美國政治史中似有其特殊之意含。這是指美國政治之反知識分子之一普遍心態（如譏知識分子爲「鴨蛋頭」是）。美國政治之崇尚平民主義，大衆智慧，反對知識貴族的現象可以追溯到早期傑弗遜之平民政治運動。H. Laski 以爲美國人之重實效，反理論之心態即在知識分子圈內亦極顯著。人類學者 Clyde Kluckhohn 夫婦嘗指出美國人信仰「普通人」之簡單的理智主義。斯則 J. Brycl 所謂美國人迷信多數原則殆係社會文化之背景使然。美國知識分子常在政治中遭受冷漠，史蒂文生在總統大選中之挫敗，未嘗不與美國大衆之「反理智主義」（或反知識分子心態）有關。唯政治學者S. M. Lipset 以爲美國知識分子自怨其僅具有「第二等公民」身分之意識實無客觀之根據，而係知識分子主觀的自卑意結所造成之自我形象。J.K. Galbraith 等指出美國知識分子早已贏得社會崇高地位，而與商業領袖等共享尊榮。事實上，由於教育之普及，大衆媒介系統之發達，今日美國知識分子已逐漸操社會變遷之樞軸，大學等知識結構更成爲型塑社會新價值之中心。

據社會學者 E. Shils 研究，政治上之反理智主義或反知識分子運動，在亞非新興及開發國家中尤爲普遍；這些國家中的知識分子在開國初期，獨立革命運動中，常以思想言論造成風雲，爲社會變革之領導力；但革命運動一旦結束後，權力結構常拒知識分子於門外，知識分子或退隱，或被逐，或成爲權力結構之御用機器。（金耀基）

反猶太主義 (Anti-Semitism)

早在一八四八年德國革命時，許多日耳曼人已視猶太人爲資本家剝削者的代理人。第一次世界大戰後，希特勒組織國家社會黨。他本來對猶太人深有偏見，又受俄國反猶的「猶太國長老錄」(Protocols of the Elders of Zion) 一書的影響，乃展開大規模的反猶運動，倡導泛日耳曼主義、反宗教主義、反唯物論、反舊約全書，並且和奧國、捷克、波蘭的種族主義者的政黨串通，共同迫害猶太人。一九三三年希特勒登臺執政後，第二次世界大戰爆發前，德奧捷波境內的猶太人紛紛逃亡，留居原處者迅速減少。一九四〇年，納粹黨要員羅森堡(Alfred Rosenburg) 建議在馬達加西加 (Madagascar) 島設特區，強制所有猶太人遷入，以消除德國境內的猶太人問題，並藉以擴展反猶運動到海外去，於是集中猶太人於波蘭境內的特區，以便集體押運，但這計劃於一九四一年放棄了，為消滅政策取代了。消滅政策由秘密警察局 (Gestapo) 猶人組組長艾克曼(Adolf Eichmaun) 負責執行。猶太人被逐入壕溝遭槍掃射，或被迫走入毒氣列車，或被投進焚化爐中，到一九四四年止，先後死者近六百萬人。他們在死之前，衣履被剝精光，珠寶手飾被拿走，存入柏林國家銀行的地下室，他們的骨灰則用作戰時所缺乏的肥料；尚未喪失勞動力的猶太人被迫從事危險的工作，已無勞動能力但仍有生存機能的則用為醫學的試驗品；戰事惡化，德國政府亟需外匯時，曾向瑞士境內的猶太人討價，把德國境內的猶太人去換取他們的法郎或車輛。一九四五年五月，德國境內的猶太人最多祇有十萬，他們之所以能夠倖存，乃是因為希特勒認為他們仍有利用的最低價值。屠殺猶太人的劊子手艾克曼於一九四五年二月間曾說：「五百萬人死在我手下，我已心滿意足，可以含笑黃泉了。」

在蘇聯，一九二〇年代時，稍有積蓄的猶太人被視為資產階級分子，全被剝奪公權，或被砍殺；一九三〇年代的猶太人，仍然信奉猶太教者，和外國猶太人有聯絡者，受猶太文化影響者，尤其是同情猶太殖民主義 (Zionism) 或猶太復國運動者，一律被政府視為資本主義者，都是敵人；猶太人的報社被處罰關閉，猶太文化活動受禁止，猶太人的自治區被廢置，共產黨裡的猶太組(The Jewish Section) 被撤銷，在該組服務的猶太人被整肅；一九四〇年代，德國進攻蘇聯後，許多猶太人受到嚴格的限制，在工廠機關中被革職，凡有猶太姓氏者，都遭歧視的待遇；以色列建國後，一九四九年，有些猶太人想離開蘇聯，移居以色列，都受到反猶運動的阻止和打擊，這次反猶運動直到史達林於一九五三年死後才轉入低潮。總之，蘇聯共黨分子認為，猶太人骨子裡必有親西方的氣質，應該把這氣質消除乾淨。

阿拉伯國家的反猶太主義早已盛行，第二次世界大戰後的反猶行動最為劇烈。一九四七年，聯合國大會討論於巴勒斯坦建立猶太國案時，阿拉伯國家用盡方法反對；一九四八年五月十四日，以色列宣告誕生，敘利亞、約旦等阿拉伯國家第二天便興兵動武，向以色列進攻，幾乎消滅了這個剛呱呱墜地的嬰兒小國，好在聯合國干涉，盡力勸阻，於一九四九年勉強使以阿雙方簽了停火協定；以後雙方小規模的武裝衝突，猶如雨後春筍，以阿戰爭於一九五六年再發，一九六七年又起，都是阿拉伯國家反猶政策實施的結果。在這兩次大規模的戰鬥中，以色列打贏了，如果打輸了，阿拉伯國家的反猶運動已成功了。現在，以阿間的戰火還未完全停止，究竟何時會全停？無法預料。阿拉伯國家的反猶運動能否成功？也在未知之天。阿人的反猶行動何時放棄？更難猜斷。

猶太人喪失祖國流浪各地，已一千多年，他們在居留國引起的反猶運動，或大或小，不可勝數，本文所提及的，不過是其中最為世人注意的而已。

至於反猶的原因，為數亦多。沙士比亞 (Shakespeare) 於其所著威尼斯商人傳 (The Merchant of Venice) 中，說猶太商人賽樂克 (Shylock) 要割欠債人的肉來償債。這故事也許反映許多人因經濟原因而有反猶的思想。希特勒反猶，主要是基於種族的原因。蘇聯共黨反猶，是由於政治宗教文化方面的考慮。阿拉伯人反猶，其原因更多，長遠的包括領土、政治、經濟、宗教、種族、文化上的衝突，新近的包括戰爭造成的仇恨、約旦河水的爭奪、蘇以士運河和阿卡巴灣的使用、巴勒斯坦難民問題等。要之，反猶原因因地而異，因時而不同。(陳治世)

反對黨 (Opposition Party)

反對黨一詞，為民主政治成熟後之產物。在此以前，反對即是反叛，故只有叛黨而無反對黨。民主政治之成熟，乃經長期發展，反對黨之得以合法存在，並獲忠實之譽，其領袖並以「忠貞的反對黨領袖」名義，獲得薪俸，以報酬其反對所為之貢獻，亦為民主政治，尤其是英國的民主政治趨於成熟的里程碑。

依戴爾 (Robert A. Dale) 統計，在一九六四年聯合國會員一一三個國家中，大約只有三十個國家，有合法的反對黨存在(Robert A. Dale, Political Oppositions in Western Democracies, New Haven: Yale University Press,

1966, p.XI)..而以「忠貞的反對黨領袖」之資格，享受政府薪俸者，迄今亦只有英國和加拿大等少數國家。

在英國「英王陛下的反對黨」(His or Her Majesty's Opposition)，據說是霍布浩斯(John C. Hobhouse)在一八二〇年代所創。但反對黨之合法存在，在一七八三年小庇特(Younger Pitt)執政時，即已確定。庇特原屬托利黨(Tory)，在擔任首相前，領導反對輝格黨政府已經爲時甚久，而仍被允許和平地取得政治權力。而在此以前不久，托利黨人則被視爲「顚覆分子」。一八三〇至一八四〇年間，庇爾(Robert Peel)領導托利黨人從事公開的反對輝格黨人的權力鬥爭，才使「忠貞的反對黨」之稱爲衆接受。但在一八七〇年以前，爲反對而反對，仍常受劇烈批評。

一九三七年，英國國務員薪俸法中，首次規定後予反對黨領袖以相當於國務員的薪津，可說是民主政治發展的最重要成就之一。因爲這不只是允許反對黨合法存在，而且承認反對黨對國家有所貢獻，而須給予報酬。由於英國人認爲：執政黨的責任，爲對當前國家重要事務提出處理辦法，而反對黨的任務，則爲反對。當然並非執政黨之一切措施，全在反對之列，但通常是對執政黨之各種措施，皆加批評，在立法時，不只表示相反的意見，而且在議會通過法案的各階段，都提出各種反對，阻礙甚至破壞，以使執政黨失敗，取其位而代之。在一般情形，執政黨和反對黨有如在法官（選民）前的兩造律師，各自申辯其證據與理由，以便法官公斷，故忠貞的反對黨，對民主政治的作用，是積極的而非消極的。

承認反對黨爲合法團體，首須執政黨與反對黨均容許政權可以宣傳說服選民，依選舉結果而加以轉移。這是民主政治的基本條件。換言之，反對黨必須是個普遍政黨，而非革命政黨，不以武裝顚覆爲取得政權的手段，在政權易手之際，不能殺人和沒收財產，在成文憲法的國家，即不能違反憲法，而取得和運用權力。所以，合法的反對黨或忠貞的反對黨，所反對的乃是當時的政府中人及其所訂的政策，而非反對當時的政治制度；或者縱使反對當時的政治制度，也是要以合法的方式加以修改。其所用的手段是有限制的，不能不擇手段。

一國的反對黨是否容許被發現，與其政黨制度有關。在組織嚴密，陣線分明的兩黨制度之下，反對黨是易於發現的，也唯有如此，反對黨領袖的薪津，由誰領受，才不致成爲問題，現在的英國卽係如此。在組織不嚴，陣線不明的兩黨制度之下，如美國的民主黨中有的人支持共和黨政府，而共和黨人却亦有人反對本黨政府。究竟誰爲政府黨人，誰爲反對黨人，非常不易確定。至於多黨制的國家，政客覆雨翻雲，時而參加政府，時而退出；時而贊成，時而反對，要確認誰爲反對黨，亦不容易。這就是至今還只有英國等極少數國家，給反對黨領袖以薪俸的緣故。(雷飛龍)

反饋 (Feedback)

原爲「操縱學」(Cybernetics) 中一重要觀念，爲已去世之名數學家羅伯維勒 (Norbert Wiener) 氏所創造。近來行爲政治學者在討論政治現象時，常借用此一觀念，其中尤以通訊理論和體系理論學者爲最。

在一般工程學中，「反饋」一詞，係指從一個機器輸出的能量，又採取同樣（或不同樣）的形式，重新輸入該機器的現象。羅伯維勒氏將「反饋」定義爲：不以預期的表現 (expected performance)，而以實際的表現 (actual performance)爲基礎的對於機器的控制。他以用手檢取雪茄烟爲例，說明人們在檢取雪茄時，所做的並非一個單一的、完全受意志 (will) 左右的行爲，而是一項繁複的，牽涉反饋作用的行爲。他指出一個人在試圖檢取雪茄時，事實是在靠感覺器官不斷指引並修正肌肉的連續動作完成的。當肌肉在某一點上超過了目標時，感覺器官便將此項「情報」(information) 送回神經組織，而限制下一個動作的幅度。這種限制性的、修正性的反饋，叫做「陰性反饋」(negative feedback)。多種動物的行爲和一些複雜的機器的行爲，都是靠陰性反饋的過程來完成。

在政治學中，「通訊理論」學家篤意奇 (Karl W. Deutseh) 和「體系理論」學家伊斯頓 (David Easton) 都曾利用「反饋」的觀念，說明政治體系的輸出（決定、行動）轉爲新的輸入（新的要求、支持、或情報）以影響下一次輸出的過程。(魏 鏞)

參考文獻：

Norbert Wiener, Cybernetics: Communication and Control in The Animal, the Machine and Society, Cambridge: M.I.T. Press, 1948.

The Human Use of Human Beings, Boston: Houghton Mittlin, 1950.

徐道鄰著：行爲科學概論（香港友聯出版社四十九年初版）。並參看「體系理論」及「通訊理論」條。

天下

昔時中國文化所及之範圍，亦即中國王法所治理之領域為天下，蓋普天之下，莫非王土。古謂中國即世界，四境皆環以海，故謂天下外及四海，又謂中國為海內。易「乾」：「乾元用九，天下治也。」書「大禹謨」：「奄有四海，為天下君。」大學：「國治而后天下平。」禮「曲禮」：「君天下曰天子。」注：「天下謂外及四海也。」呂氏春秋「不苟」：「天下有不勝千乘者。」注：「天下海內也。」（繆全吉）

天子

古者至尊之稱，亦即君主之意，謂其君臨天下，作民父母，猶天之子也。儀禮喪服：「傳曰：天子至尊也。」禮記曲禮下：「君天下曰天子。」周書洪範：「天子作民父母，以為天下王。」白虎通爵篇：「天子者，爵稱也，爵所以稱天子者何？王者父天母地，為天之子也。」我國夏商周時代，天子之正號為王，自秦至清，則為皇帝。入乎民國，則無所謂天子矣。參看「君主」條。（周道濟）

天國 (The City of God)

見「奧古斯丁」條。

天壇憲草

所謂「天壇憲草」，乃臨時政府於民國元年四月北遷，國會於二年四月正式成立集會之後，所擬定的中華民國憲法草案之別稱。由於這個草案是由國會參衆兩院組成的起草委員會，假北平天壇祈年殿所完成的，因而時人乃名之為「天壇憲草」。起草的工作，自二年七月十九日開始，本預定於四十五日內完成。嗣以時值國民黨二次革命失敗，起草會中，以國民黨為中心的反袁委員又居於多數，於是袁世凱藉其軍事武力上的優勢，為謀專權自恣，深恐起草會所定草案於其不利，乃積極採取干涉憲法的起草工作。始而透過其御用之憲法研究會，於八月十九日向憲草會提出草案大綱廿四條，並捕殺國民黨籍的議員與起草委員；繼而於十月十六日向衆院提出增修臨時約法案，十八日向憲法會議要求憲法公布權，廿二日，更派其親信八人赴憲草會陳述其對於憲法內容的意見。嗣以這些干涉措施，先後為國會與憲草會所拒絕，於是乃於同月廿五日通電各省都督及民政長官，公開反對憲法草案，而由於各省軍民長官多屬袁氏私黨，因而乃紛紛響應，主張解散國會。面對這樣一種風雨如晦，大變將臨的局勢，憲草會為使起草工作有一交待，遂密鑼緊鼓，於廿八日將草案完成二讀，卅一日匆匆全案三讀通過，並於十一月一日將整個草案提交憲法會議。是即時人所稱的「天壇憲草」。此一草案原訂十一章，共一百十三條，但在民國六年以後的審議期間，憲草會又曾根據憲法會議的決議，歷予增訂。所以當十二年審議完成通過的時候，憲法的內容與二年的草案，已有相當出入。

當憲法草案由起草會於二年十一月一日提交憲法會議之後，旋因袁世凱於四日下令解散國民黨，取消該黨議員資格，被追繳議員證書者多達四百餘人，致使憲法會議不足法定開會人數。三年一月十日，袁氏更進一步明令停止殘餘議員職務，國會至是被毀，憲法草案遂亦無從審議。及袁世凱於五年六月六日隨帝制失敗而去世，雖然國會於八月一日恢復集會，十五日即開始其議憲舊業。但由於武人囂張，政爭迭起，十六年春即復以兩院拒絕通過國務院之對德宣戰案，於是國會乃再度被以總理段祺瑞為中心之各省強項督軍，迫使總統黎元洪於六月十二日非法下令解散。至是憲法草案之審議，尚未完成二讀乃又被迫中輟。國會被二次解散後，在南北對峙的局面下，雖然曾追隨護法軍政府，於七年九月在廣州舉行非常會議，繼續從事憲法之審議工作，惟以各政黨對憲法內容，意見過於紛歧，卒致殊乏成效，至九年一月廿四日，遂亦宣告停止審議。迨十一年八月一日國會再度在北京恢復集會之後，尚未及審議憲法，乃又發生改選總統之政爭。及十二年六月十三日，總統黎元洪在曹吳武力脅迫之下，離京出走辭職，曹錕乃積極展開賄選。及十月五日曹錕賄選成功，受賄的國會議員們，為了掩蓋他們受賄賣身的罪惡，於是乃匆匆將憲法草案於三日之間，草草地完成二讀與三讀程序，並於十月十日曹錕就職總統之日，予以公布。這部民國以後第一次制定的正式憲法，官方雖名之為「中華民國憲法」，然由於它是在曹錕賄選的情形下被完成的，自始即未能獲得各方的承認和重視，因而當時輿論，多稱之為「曹錕憲法」或「賄選憲法」。此蓋春秋筆法，顯有瀆貶之意存焉。

曹錕憲法在規模上，除前言而外，凡十三章，依次規定：國體、主權、國土、國民、國權、國會、總統、國務院、法院、法律、會計、地方制度，以及憲法之修正解釋及效力等，共一百四十一條。其對政府制度之設計，關於中央與地方之權限，在國權一章曾分別列舉國家與省之事權範圍，（第二十三至廿五條）而於餘權，則視其性質之關係全國者屬之國家，關係各省者屬之各省；遇有爭議由最高法院裁決之。（第廿六條）這種規定，頗與中山先生的均權主張相吻合。至於立法與行政部門，國會議員不得兼任官吏（第四五條），參衆兩院除於一般立法權力平等外，衆院特別專有不信任權（第六二條），彈劾權（第六十、六一條），任命國務總理同意權（第九四條），以及預算決算之最後決定權（第一百十二、一百廿條）；而參院則亦享有彈劾案審判權（第六三條），解散衆院同意權（第八九條），及審計長選舉權（第一百廿二條）等，而爲衆院所無。其次，行政部門由總統及國務院共同構成，總統由國會選舉產生（第七三條），其任命國務總理須經衆院通過，解散衆院則應得參院同意。政府有權向國會提出法案（第一百〇三條），而於國會通過之法律，總統得於十五日內請求覆議，若未請覆議而逾期不予公布，則苟非適逢國會休會或衆院已被解散，該法案即自動成爲法律；（第一〇四、一〇五條）是爲總統之中止否決權（suspensive veto）與袋中否決權（pocket veto）。至於總統之宣戰、媾和、締約，以及對彈劾案判決之復權，均須經國會之同意。（第八四、八五、八七條）由於衆院對國務員享有不信任權，所以國務員應對衆院負責。（第六二及九五條）因爲這個關係，故「總統所發命令及其他關係國務之文書」，除任免總理者外，「非經國務員副署不生效力」。（第九五條）由此可見「曹錕憲法」於立法行政二者關係之設計，其所含內閣制之色彩是相當濃厚的。

曹錕憲法於十二年十月十日公布之後，在當時國家分裂的局面下，不但未能全面實施，而且在十三年十一月第二次直奉戰爭中，直系崩潰，曹錕退職，臨時執政府成立之後，即被實際上予以放棄，執政府且於十四年四月廿四日正式下令予以取消。綜其適用期限，不過一年而已。（荆知仁）

太卜

官名。太，古作大。殷已有之，周時屬春官，爲卜筮官之長，亦稱卜正。秦漢有太卜令，後漢幷於太史，自後無聞。後魏有太卜博士，北齊有太卜局丞，後周有太卜大夫，隋亦有太卜局丞。唐設太卜署，有令一人，丞二人。宋以太卜隸司天臺，不置專官。遼金元皆無之。明洪武十七年置稽疑司，有令一人，左右丞各一人，屬官司筮無定員，以掌卜筮，未幾罷。（周道濟）

太上皇

天子之父不預國政；太上皇帝，天子之父而預國事。

㈠太上皇：史記「秦始皇紀」：「追尊莊襄王爲太上皇。」漢書「高帝紀」：「高祖五日一朝太公，太公擁篲迎門卻行，高祖大驚，下扶，於是尊爲太上皇。」注：「師古曰：太上，極尊之稱也，皇，君也，天子之父，故號曰皇，不預治國，故不言皇帝也。」文獻通考，帝系考「太上皇、太皇太后、皇太后」：「唐高祖武德九年，詔禪位於皇太子，稱太上皇。」日知錄、禮制「太上皇」：秦始皇本紀，追尊莊襄王爲太上皇，是死而追尊之號，猶周曰太王也。漢則以爲生號，而後代因之矣。

㈡太上皇帝：魏書「獻帝紀」：「於是羣公奏曰：昔三皇之世，澹治無爲，故稱皇。是以漢高祖既稱皇帝，尊其父爲太上皇，明不統天下。皇帝幼冲，萬機大政，猶宜陛下總之，謹上尊號太上皇帝，乃從之。己酉，太上皇帝徙御崇光宮，彩椽不斲，土階而已。國之大事，咸以聞。」北齊書「武成帝紀」：「於是羣公上尊號爲太上皇帝，軍國大事，咸以聞。」（繆全吉）

太子

天子之子，立爲皇嗣者稱太子，始見稱於周武王。周代天子及諸侯之嫡子稱爲太子，亦稱爲世子。至漢代皇帝嫡子稱皇太子，諸王則稱太子，金元時，天子庶子亦稱太子，明以後皇帝嫡子稱皇太子，親王嫡子則稱世子。禮「王制」：「樂正崇四術，立四教，王太子、王子、羣后之太子，卿、大夫、元士之適子，國之俊秀，皆造焉。」稱謂錄「太子」：「白虎通，爵，天子之子稱太子。」事物紀原、帝王后妃部「太子」：「唐虞而上，皆傳之賢，故無太子之文。夏、商之王，雖傳之子，其文略矣。至周始見文王世子之目，武王繼子稱太子發，此其始也。漢天子號皇帝，故其嫡稱皇太子，漢高爲祖紀，五年二月甲午，漢王即皇帝位，尊太子曰皇太子，此其始也。」「綠雪亭雜言」：「古者天子之嫡子，亦稱世子，諸侯之子，亦稱太子，西漢天子嫡子稱皇太子，諸王之子稱太子，如皇太子殺梁王太子之類，是也。金、元，庶子皆稱太子，如四太子兀朮之類，是也。本朝東宮稱皇太子，親王嫡子稱世子，郡王嫡子稱長子。」

（繆全吉）

太史

考「太史」之職，本「三代舊官。周世，掌建邦之六典，正歲年以序事，頒告朔於邦國。又有馮相氏視天文之次序，保章氏掌天文之變」（見宋書百官志，及通典職官）。降至秦漢，太史之任，遂「併周之太史、馮相、保章三職」（見前書），而爲記「史」與稽「歷」之官。秦置太史令。漢武任司馬談爲太史（公），「司馬氏世典周史」，談之職，即掌「文史星歷」之事（見前漢書司馬遷傳）。談卒，其子遷嗣之。漢宣時，置太史令，而將記事「修撰之職，以他官領之，於是太史之官，唯知占候而已」（通典職官「史官」）。後漢置太史令，專「掌天時星歷。凡歲將終，奏新年歷；凡國祭祀喪娶之事，掌奏良日及時節禁忌；凡國有瑞應災異，掌記之」。置丞二人（見後漢書百官志「太史令」本注）。由漢、晉而至南朝，歷宋、齊、梁、陳，太史之官，皆屬太常。北朝後魏、北齊，皆如晉、宋之制（見通典職官）。隋文設太史曹，置令、丞，屬秘書省。煬帝時改曹爲監（見隋書百官志）。唐初，又改監爲局。嗣後名稱數易，至乾元元年、定名司天臺後，不再變更。其「臺」，設監、少監及丞等職，仍屬秘書省。其監，「掌察天文，稽歷數」（新唐書百官志）。宋元豐正官制，仍於祕書省內設太史局，「掌測天文，考定歷法」。其官有令、正、丞、直長、靈臺郎等職（見宋史職官志）。遼南面朝官之司天監有太史令。金亦設司天臺，隸祕書監，置提點、監、少監、判官等職（見遼史、金史百官志）。元制，設有司天監，與回回司天監，又別置太史院，與「監」並立，「掌天文歷數之事」。其官有院使、同知、僉院、同僉、院判等職（見元史百官志）。明、清皆不採「太史」舊稱，而別設「欽天監」，置監正、監副等，司天文、占候之任，其名號雖殊，而職事仍存。（芮和蒸）

太后

帝王之母稱太后，秦昭王時始有其稱。戰國策「趙策」：「趙太后新用事。」史記「秦紀」：「昭襄母，楚人，姓芉氏，號宣太后。」又：「張釋之傳」：「文帝與太后言之。」漢書「外戚傳序」：「帝母稱皇太后，祖母稱太皇太后。」

事物紀原，帝王后妃部「太后」：「史記秦本紀曰：昭之母芉氏，號皇太后，王母於是始以爲稱。故范睢說秦王，有獨聞太后之語。其後趙孝成王新立，亦有太后用事之說，是太后之號，自秦昭王始也。漢襲秦，故號皇帝，故亦尊母曰皇太后也。」（繆全吉）

太妃

事物紀原，帝王后妃部「太妃」：「魏以來，諸王之母爲太妃，此蓋其始稱也。司馬氏之晉，帝母其嫡爲皇太后，所生爲皇太妃。晉書后妃傳：章太妃周氏，生哀帝，拜貴人，帝即位，有司議位號，詔崇爲皇太妃，其禮自晉哀帝始也。宋朝眞宗皇帝，亦册楊貴妃爲皇太妃，晉元帝所生母，稱夏侯太妃。」依清會典可知，清代尊封皇祖，皇考之妃，有皇貴太妃，貴太妃，太妃之號。

（繆全吉）

太守

見「郡太守」條。

太保

官名。古三公之一，位次太師太傅。殷太甲時伊尹、周成王時召公俱爲之。秦及漢初俱無。平帝元始元年，始用王莽爲之，爲上公。光武中興省。魏初不置，末年始置。晉、梁、後魏、北齊、後周及隋皆有之。唐太保不常置。五代亦然。宋制：凡除拜必自司徒遷太保，徽宗政和以後，太保由三師(上公)改列爲三公。元太保亦爲三公，不常置。明清均有太保，仍係三公，惟大率爲贈官及加銜，並無專職。（周道濟）

太祝

官名。殷置。太、古作大；祝、祭主贊詞者，所以事鬼神。周時屬春官，掌六祝之辭以祈福祥。秦及兩漢，有太祝令丞。魏晉南北朝皆因之，惟後周依周官。至隋，置太祝署，有太祝令丞，煬帝罷署，有太祝八人。唐置太祝六人，掌出納神主，祭祀則跪讀祝文。宋設太祝一人。元置十人，較前代爲獨多。明置贊禮郎九人，掌讀祝兼贊導之事，嘉靖中，增至三十三人；又建文中，曾置太祝一人，未幾卽罷。清亦有贊禮郎及讀祝官。（周道濟）

太倉

京師積穀之倉也，用以名官，所以掌倉廩出納者。秦有太倉令丞。漢因之，屬大司農。後漢令主受郡國傳漕穀。歷代並有之，北齊亦然。後周曰司倉下大夫。隋有令二人，丞六人。唐設太倉署，有令三人，丞二人，隸司農。宋元豐中，以京城二十五倉屬司農，每倉設監官。元京都二十二倉，各倉置監支納一人、大使二人、副使二人，皆屬戶部，不隸司農寺。明永樂中，遷都北京，置京倉及通州諸倉，以戶部司員經理之。宣德五年，始命李昶爲戶部尚書，專督其事，遂爲定制。以後或尚書、或侍郎，俱不治部事，專理糧儲。清京通十五倉、每倉設監督二人，滿洲漢人各一，均屬戶部。（周道濟）

太師

官名。古三公之最尊者。紂時箕子、周武王時太公、成王時周公，並爲太師。秦及漢初俱無。平帝元始元年復置，與太傅太保合稱三師，又曰三太，均爲上公。後漢廢之，獻帝初，董卓爲太師，卓誅，又廢。魏世不置。晉初以景帝諱師，故置太宰以代太師之名。宋齊梁陳亦有太宰。後魏、北齊、後周及隋，則設太師。唐拜太師者只有李克用一人。五代以畀藩鎭及贈官。宋亦以太師爲異數。徽宗政和二年九月，詔以太師太傅太保古三公之官，今爲三師，古無此稱，合依三代爲三公。於是太師又爲三公。元明清均置太師，其秩最尊，亦爲三公，惟大率爲贈官及加銜，無專職也。（周道濟）

太尉

官名。秦置，掌武事。漢因之，有事則置，無事則省，其尊與丞相等，爲三公之一。武帝元狩四年，更名大司馬。王莽時，都尉曰太尉。後漢光武建武二十七年，復舊名爲太尉，居三公之首，凡國有大造大疑，與司徒司空通而論之，國有過事，則與三公通諫諍之。靈帝末，大司馬與太尉始並置。魏晉南北朝，惟後周無太尉，其餘皆有。隋亦有之。唐制：非有大功者不授太尉。五代亦然。宋初，在位久近或已任司空司徒者則拜太尉；徽宗政和二年，罷之，定爲武階之首，秩在節度使上。元三公三師之職常缺，太尉或置或不置。明制：三公內無太尉，生受者旣無此職，追贈者亦無此銜。清亦不設太尉。參看「大司馬」條。（周道濟）

太常

官名。秦置奉常。漢初曰太常，惠帝改名奉常，景帝中六年，又名太常。掌宗廟朝廷的禮儀祭祀，爲九卿之一。按：太常、王者旌旗也，畫日月焉，王有大事，則建以行禮，官主奉持之，故曰奉常，後改曰太常，尊大之義也，欲令國家盛大常存，故稱太常。王莽改太常曰秩宗，東漢復爲太常。漢舊制以列侯忠孝敬愼者居之，後漢不必侯也；又舊制，陵縣悉屬，歲舉孝廉，後漢則否。獻帝建安中改爲奉常，魏文帝黃初元年又改爲太常。兩晉宋齊梁陳皆有之。後魏爲上卿，兼置少卿官。北齊曰太常寺，置卿及少卿，掌陵廟羣祀禮樂儀制天文術數衣冠之屬。後周建六官，置大宗伯卿，是爲春官。隋曰太常，與北齊同。唐太常曾改名爲奉常及司禮。宋初，太常寺置判寺，別置太常禮儀院，雖隸本寺，其實專達。元豐官制行，復置太常寺卿及少卿，掌禮樂郊廟社稷陵寢之事。元設太常禮儀院，世祖中統元年，中都立太常寺。明洪武元年，置太常司，三十年，改司爲寺，有卿及少卿。清仍之，光緒三十二年，裁併禮部。（周道濟）

太傅

官名。古三公之一，位次太師，在太保上。周成王時，畢公曾爲太傅。秦無。漢高后元年，置太傅，後省，八年復置，後又省。哀帝元壽二年，又置，位在三公上，爲上公。後漢有太傅，光武以卓茂爲之，薨省，明帝又以鄧禹爲之。其後，每帝初卽位，輒置太傅，錄尚書事，薨則省。桓帝不復置傅，但令太尉胡廣司徒趙戒領尚書事，至靈帝復以陳蕃爲太傅，與廣參錄尚書事。魏晉南北朝皆有太傅。隋唐太傅不常置。五代以太傅爲贈官。宋承唐制，太傅爲三師之一（上公），政和而後，太傅與太師太保則被列爲三公。元太傅或置或不置。明清均有太傅，亦係三公，惟大率爲贈官及加銜，並無專職。（周道濟）

太僕

官名。周禮夏官之屬，掌正王之服位，出入王之大命。秦漢列為九卿之一，掌輿馬。王莽時，改名為太御，東漢復為太僕。魏因之。晉初亦有太僕，元帝過江之後，或置或省，太僕既省，故驊騮廐為門下之職。宋齊二代不置太僕，而別有乘黃令屬太常，驊騮丞屬侍中，以掌乘輿廐馬。又御史臺有庫曹，以主廐政，是國馬王馬、其職固各有所分屬也。梁陳俱有太僕卿。後魏兼置少卿。北齊設太僕寺，有卿及少卿。後周如古周。隋如北齊。唐太僕曾改名為司馭及司僕，有寺卿及少卿。宋初太僕寺置判寺事一人，元豐官制行，置卿及少卿，建炎後廢太僕寺，併入兵部。元明均有太僕寺。清太僕寺掌兩翼牧馬場之政令，凡遇車駕行幸，以卿少卿一人隨，光緒三十二年，裁併兵部。（周道濟）

太監

官名，首見於遼制。然其淵源有自，初，南朝蕭梁仿古制，置有太府卿與少府卿。隋承梁制，先設太府寺；大業五年，又分太府寺，置少府監（見隋書百官志，舊唐書職官志）。宋代因之，元豐正官制，太府寺置有卿、少卿、丞、主簿等員，少府監置有監、少監、丞、主簿等員，皆以朝官充任。前者「掌邦國財貨之政令及庫藏出納商稅平準貿易之事」，後者「掌百工技巧之政令」（見宋史職官志、文獻通考職官考）。遼循宋制，南面朝官置有「太府監」（改「寺」為「監」）、與「少府監」，各置「太監」、少監、監丞、主簿等員（見續文獻通考職官考），「太監」之名，始見於此，殆居兩「監」長官之任。元時，太府、度支、中尚、章佩、經正、祕書諸監，皆置有太監官職。其中，太府、中尚、祕書三監，皆「參用宦者」；而章佩監卽「掌宦者速古兒赤所收御服寶帶」（見元史百官志），故元諸監與宦者，在職務上已多結合。明襲元制，宦官分掌諸監，組織龐大，權任尤重，內廷計設司禮監等二十四衙門。其外，有「庫」、「房」、「廠」、「局」等，皆置太監任職（見明史職官志）。以是有明一代，宦官為禍至烈（參看「司禮」條）。清「依明宮寢舊制，裁定（太監）員額」，「陞遷降調，由內（務）府移咨吏部敬事房」。並「屢加裁抑，以清風軌」（清史稿職官志）。由於相沿日久，「太監」一詞，乃成為宦官之俗稱。（芮和蒸）

太學

古學校名。禮書：「四代之學：虞則上庠、下庠；夏則東序、西序；商則右學、左學；周則東膠、虞庠。」所謂上庠、東序、右學及東膠，均太學也。漢興太學，立五經博士，以養天下之士。魏制五經課，試之法。魏志「文帝丕傳」：「夏四月，立太學，制五經課，試之法，置春秋穀梁博士。」唐代太學與國子學、四門學等並隸國子監。宋因之，凡七品以上之子弟得入國子學。明代以降，惟有國子監，無太學。（繆全吉）

太醫

官名，供奉於內庭，為皇帝及皇室之御醫，並兼主醫藥之政令。史記「扁鵲傳」：「秦太醫令李醯，自知伎不如扁鵲也。」漢書「百官公卿表」：「奉常、秦官，……屬官有太卜、太醫。」後漢書「桓榮傳」：「榮每疾病，帝輒遣使者存問，大官太醫相望於道。」周官有醫師上士、下士，掌醫之政令。秦漢有太醫令，亦主醫藥。魏仍之。梁又稱侍御師。後魏有太醫博士，而門下省別有尚醫局侍御師。隋太醫署令。唐因之，凡領醫、鍼、按摩、呪禁，各有博士。宋改太醫局。元改太醫院，明清均仍之。（繆全吉）

少府

官名。秦置，漢因之，掌山海池澤之稅，以奉養天子，為九卿之一。王莽改曰共工。東漢復曰少府，掌中服御之諸物、衣服寶貨珍饍之屬，凡中書謁者、尚書令僕、侍中、常侍、黃門、御史中丞以下皆屬焉。晉初設少府，哀帝末，省并丹陽尹，孝武復置。宋齊梁陳以及後魏亦均有之。北齊無少府，其尚方等署皆隸太府。至隋煬帝大業五年，又分太府為少府，置監及少監，復領尚方織染等署，後又改監少監，並為令。唐少府曾改名為內府及尚方，有監及少監，掌百工技巧之政，總中尚、左尚、右尚、織染、掌冶等五署。宋少府初置判監事一人，以朝官充，凡天子器玩后妃服飾分隸於文思院後苑造作所，本監但掌造門戟神衣旌節郊廟諸壇祭玉法物。元豐官制行，始置監及少監，掌百工技巧之政令及乘輿服御。元以大都留守司兼知少府監事。明不設少府監，其職皆總於工部。清亦然。（周道濟）

少數內閣

見「聯合內閣」條。

少數代表法 (Representation of Minorities)

選舉的結果，少數黨亦可產生一部分當選人者，稱爲少數代表法。此法只能實行於複數選舉區之內，可分爲下列幾種：

(一)減記投票法 (limited vote)（參閱「有限投票」條）

(二)重記投票法 (cumulative vote)（參閱「累積投票」條）

(三)遞減投票法 (graduated vote)（參閱「遞投票」條）

(四)單記投票法 (single vote)（參閱「單記投票法」條）

(五)比例代表法 (proportional representation)（參閱「比例代表法」條）

（謝延庚）

少數黨 (Minority Party)

這一名詞係相對於多數黨而言者，通常係指在議會中獲有少數議席的政黨。在兩黨制度國家中如英國者，一般言之，少數黨即爲反對黨；而在多黨制國家，少數黨未必即爲反對黨，有時可能爲政府黨。在德國威瑪憲法時代，中央黨 (the Center Party) 之以少數黨的地位數度聯合其他小黨組閣即爲一例。

（袁頌西）

屯田

(一)使屯戍之卒墾植田畝也，而世亦稱屯卒所墾之田爲屯田。

正字通：「田，漢晋率兵屯，領以帥，唐率民屯，領以官，宋率營田以民。……趙充國於全城留步士萬人，屯田擊先零，條上屯田十二事。宣帝從之。明初，兼行官屯、民屯、兵屯、商屯、腹屯、邊屯諸法。永樂時著令，每一都司另撥旗軍十一，名耕田，號樣田，據所收子粒多寡，以辨別歲之豐凶，軍之勤惰，雖養軍百萬，不費民閒一粒。兵法所謂：屯田一石可當轉輸二十石也。」

事物紀原，利源調度部「屯田」：「事始曰：昭帝紀，始元二年，詔發習戰射士，詣朔方，調故吏，將屯田張掖。謂爲屯田始，非也。西域傳曰：自武帝通西域，置校尉屯田渠犂。又征和中，桑弘羊奏言：可遣屯田卒，益種五穀張掖、酒泉。然則屯田蓋於漢武開西域之時也。」

漢書「昭帝紀」：「始元二年冬，發習戰射士，詣朔方，調故吏，將屯田張掖郡。」

又「趙充國傳」：「詣全城，上屯田奏，願罷騎兵，留步兵萬餘，分屯要害處，條不出兵留田便宜十二事。」（繆全吉）

巴力門 (Parliament)

見「國會」條。

巴西 (Brazil) 政黨

巴西一八八九年由君主政體轉變爲共和國，一九六一至六三年爲巴利門制度實驗期。一九六三年一月六日全國就總統制與巴利門制舉行複決，顯示選民對總統制有強烈之偏愛。現有合法政黨十三個，其中社會民主黨、國家民主聯盟、與勞工黨乃支配全國政治之三大政黨。其餘小黨分爲個人主義與理論兩類，僅於特定州中具有部分力量。

社會民主黨(PSD)　由瓦格斯所任命之各州監督與地方行政人員聯合組織而成，爲中上層社會人士所支持。瓦氏於一九三〇年執政，至一九四五年因受壓力而辭職。一九四五、一九五〇、一九五五等三屆總統選舉及一九六四年之補選，均由該黨人士當選。主席阿馬悅 (Amaral)。

國家民主聯盟(UDN)　乃瓦氏政權之反對者於一九四五年所組成之反對黨，當即成爲第二大黨。以全國知識分子、地方中上層社會人士爲基礎，其目的乃在實行自由民主之政治。惟於社經改革則持保守態度，故對都市勞工羣衆缺少吸引力。一九六〇年黨人鄺覺斯 (Quadros) 當選總統。主席貝勒斯 (Bilac)。

勞工黨(PTB)　由一羣工會領袖所組成，乃國家主義之發言人。以都市勞工大衆、農村寡頭政治份子，及下層社會具有吸引力之人士爲基礎。自一九四五年起日益成長，一九四八年由瓦格斯領導，一九五四年瓦氏於總統任內自殺後曾由其所扶植之高勒特(Goulart)繼任。一九五五及六〇年之兩屆副總統均由高氏當選，故有利於該黨對勞工部及國家社會福利機構之控制。一九六一年八月總統辭職，復由高氏繼任。當該黨成爲衆院第一大黨時，曾引起許多團體之恐懼，故有一九六四年之整肅與高氏之放逐。

共產黨　成立於一九二〇年，一九三五年因煽動叛亂反對瓦氏政權未獲成功，即被宣佈爲非法。浦悅史特斯 (Prestes) 等被捕下獄，一九四五年大赦獲釋，該黨亦獲合法承認，曾參加一九四五年及四七年兩屆選舉，成爲第四大黨。由於馬列主義違反憲法，旋經全國選舉法院撤消上項合法地位之承認。巴西晚近政治之不穩，要由該黨所使然。

各小黨　另有社會主義黨、基督教民主黨、解放黨、人民代表黨、與社會進步黨等，不一而足，惟均力量甚微。（談子民）

巴拉圭(Paraguay)政黨

巴拉圭(Paraguay)一八一三年獨立，繼以專制暴政五九年。其後保守、自由兩黨交互執政，惟迄未構成民主政治之基礎，特爲個人政權之工具。

保守黨　代表地主、教會、與傳統之陸軍勢力。一八七四至一九〇四年長期執政，其特質爲黨內豪族控制總統職位之鬥爭較其與自由黨之競爭尤烈。一九〇四年因自由黨革命奪權。至一九四七年聲勢復盛。一九四八至五〇年曾五易總統，其後除自由黨主席龔查里資(Gonzalez)曾任短暫總統外，均由該黨執政，以迄於今。領袖史覺斯納爾 (Stroessner)，主席蔡尾斯 (Chaves)。

自由黨　主張改進教育、政治自由、與政教分離。自一九〇四至三九年執政，其中要以阿亞拉 (Ayala) 總統有黃金時代之稱。一九三二年以領土糾紛，導致與玻利維亞三年之澤淍戰爭。由於戰火破壞與新思想之孕育，發生政變，失去政權。主席龔查里資。

一九三六年復永柯上校掌權，有意採取獨裁路線，建立「新巴拉圭」。部份陸軍因見復氏過分偏左，故有翌年白威亞之奪權。一九三九年繼白氏者爲伊斯狄格利比亞將軍，翌年冬伊氏飛機失事，國防部長莫銳尼哥奪得總統。執政八年，致力土地改革及改善與玻利維亞外交。一九四二年解散自由黨，一九四七年由四位保守黨人及四位與該黨有關軍官組織新閣。一九五〇年由蔡尼斯任總統，至五四年爲陸軍所罷黜。繼任之史覺斯納爾將軍於一九五八、一九六三、及一九六八年再三當選連任。其在政治上之成就乃來自軍人職位而非保守黨黨魁。

李偉自由派(Levi Liberals)　乃自由黨分裂而成，曾參加一九六三年選舉，於國會六〇名議員中贏得二〇席，爲第二大黨。主席李偉。

大衆保守運動 (PCM)　由保守黨不滿分子所組成，一九五九年多被放逐於國外。主席蔡尼斯。

基督教民主社會黨　一九六〇年建立，迄未辦理登記，乃一左傾團體。主席愛斯柯巴 (Escobar)。

共產黨　一九六三年被宣佈爲非法，現分兩派，由巴節(Barthe)與克銳德(Creydt)分別領導，均稱代表正統共產主義。（談子民）

巴枯寗 (Bakunin, Mikhail, 1814-1876)

俄國無政府主義者。原爲軍官，派駐波蘭。因不滿當時沙皇政權所爲，辭職赴德法瑞士等國遊歷，因不接受返國命令，俄政府乃抄沒其私產。

一八四九因參加德國德勒士登(Dresden)革命政府的防禦失敗被捕，德政府將其遞解回俄，被流戍東部西伯利亞（一八六一）至一八六一獲機逃往西歐。從此時起接替普魯東爲歐洲無政府主義者領袖。一八七六年死於瑞士伯爾尼。

從其主要著作「上帝與國家」(God and the State) 和與朋友通信中歸納其主要思想有如下三項：一、無神論與無神論的宣傳而非不可知論。二、國家的毀滅。把國家看作壓迫的機構，將其權力毀滅之後，無政府的共產社會便自動地產生。許多社會主義者顧慮在將資本主義的國家消滅之後，要有一代替的革命政府，這直是蠢材的想法。三、反對一切政治行動，只有反叛而非政治行動，能毀滅國家的機構。

不過巴枯寗自身也有一個矛盾。他要求毀滅一切和他有關的社會和組織的權力，在他自己統率的組織，却要絕對服從他的命令。他要跟着他的少數同志以生命奉獻革命，以革命至上，爲了集體的組織和行動，不准個人有任何意志或私人打算。爲了此一目的，他特別結合訓練少數人組織社會民主黨團，最初在和平與自由同盟，後來在國際勞工會中發生主動作用。

因黨團還是公開組織，其中另有名爲「同胞」的秘密組織，上面又有一百人的「國際兄弟會」，作爲最高的神經中樞。一八七二此一秘密組織解體，巴枯寗又組織一個稱爲Y的秘密團體。他的重要幫手是一名 Nechaieff 的俄人。

他的革命作風用他自己的話說，只有在不到一打的人中，才有眞話，互信，和眞實與嚴格的團結。其餘的都是供使用的盲目工具。爲了革命我有掌握這批人的思想行動的必要，一切行動不必要讓他們自己知道。

他的主張在一八七二年以前居然能在這一國際，被人接受。特別是在西班牙、意大利、比利時、法蘭西、瑞士都奉他爲事實上的領袖。他在法國里昂曾親自領導暴動結果鬧出許多笑話。但在一八七三的西班牙革命，還有幾處地方的同樣暴動，都會受到他的影響。比利時有過舉動，未及爆發即已失敗。在意大利與俄國影響亦頗深刻。他對虛無主義雖無理論貢獻，但是由他創始。他能以至誠感人，和他接談過的很容易受他感動。因意西和他自己的俄國都是工業落後，多數農民受到生活上的壓迫，所以他的思想頗爲風行。（羅時實）

巴拿馬(Panama)政黨

巴拿馬（Panama）地處大西、太平兩洋交通要道，環境特殊，政治常呈不穩。一九○三年十一月脫離哥倫比亞成爲獨立共和國。政黨雖多，惟均以個人主義爲基礎，既無理論可言，自無具體綱領。依照憲法規定，國會議員選舉既採比例代表制，而總統又不得競選連任，故難以產生多數黨。

巴拿馬主義運動（亦名全國聯合反對黨） 一九六八年爲執政黨，以國家主義者爲骨幹，並掌握全國工會。在政制結構上雖未產生重大改革，但在政治實質上，已將社會革命注入拉丁美洲國家主義與經濟低度開發世界。其領袖阿悅斯（Arias）於一九四○、一九四八、及一九六八年三度當選總統，惟前兩次均於任期未滿時即爲政變所推翻。阿氏仇視外人，尤對北美楊基爲甚，乃一典型獨裁者，迭以行政命令停止憲法賦予人民之自由。一九五九年巴拿馬獨立紀念日向運河區進攻之企圖，係由國家主義者諸政要所領導及由極端主義者之煽動而成。

人民聯盟 乃由國家自由黨與共和黨聯合而成，原掌握國民兵，一九六○與一九六四年之大選，均由黨人蔡銳（Chiari）與駱布勒斯（Robles）當選爲總統。對美國採取溫和外交。

基督教民主黨 主席康柴利茲（Conzalez）曾參加一九六八年五月總統之選舉，惟該黨迄未成爲競爭上有效之組織。主張民主憲政與溫和改革，其構成分子以享譽社會之自由職業人士與大專學生爲主力。（談子民）

巴基斯坦(Pakistan)政黨

巴基斯坦（Pakistan）之政黨以巴基斯坦回教聯盟（The Pakistan Muslim League）爲主，其他五個小黨之勢力甚微。以一九六五年之選舉而論，該盟領袖艾育布被選爲總統，在國會一百五十議席中，該盟黨員亦贏得一一八席。其他五反對黨僅得三二席。此次選舉，使回教聯盟黨在一九七○年前在行政與立法兩方面均能掌握全權，不虞反對黨之威脅而獨斷獨行。（郎裕憲）

巴黎公社 (Paris Commune)

一八七○至七一的普法戰事，使巴黎與外省隔斷，對戰事的反應亦各地不同。農民多的地區反對繼續作戰，巴黎屬於極端的共和派，主張抗戰到底。Adolph Thiers 當選總理，贊成議會停戰主張。因巴黎衛戍部隊態度頑強，乃於一八七一年三月十七日晚，計劃將其繳械，由於部隊反抗，反使政府當局逃出巴黎。這時只有衛戍部經由選舉產生的中央委員會和當地市長，是合法首長，他們同意於三月二十六日經選舉組成公社。選舉結果多數都是社會主義者，被人目爲「赤色的共和」Red Republic，此即歷史著稱之「巴黎公社」。

巴黎公社只要求巴黎地區的行政管理權，未被 Thiers 接受，又於四月二日下令砲擊巴黎。衛戍部隊會於翌日反攻，亦未得逞，戰事乃繼續進行。

公社政策只是部份社會主義。雖然後人把巴黎公社稱作第一個「勞工共和」Workers' Republic，但此一半的社會主義政策，亦因時間不夠，無法施展。

Thiers的部隊於五月廿二日佔領巴黎西區，槍殺許多俘虜。公社中人不願抵抗者紛紛離去，留下的憤慨之餘，槍殺人質六十七人，以示死守的決心。五月廿九日巴黎陷落，勝利者除殺戮俘虜而外，另有二萬人（一說三萬六千人）不分男女老少概被屠殺，生者則徙往 New Caledonia。迄今在 Pére Lachaisc墳場有一橫牆屹立，國際社會主義者每年來此集會，紀念此一事件。（羅時實）

巴黎的約翰 (John of Paris)

在歐洲的中世紀時代，教會（以羅馬教皇和各地大主教爲代表）和國邦（

以神聖羅馬帝國皇帝與各地王、公爲代表）常因權力的行使而互相衝突。教皇派認爲教會的權力由上帝所授與，而主宰人類的靈魂，世俗國邦的權力僅及於人類的肉體。但靈魂控制肉體，所以教皇的權力爲最高。君主派認爲教會與君主的權力皆由上帝授與，兩者職司不同，互不相涉。教會在宗教和精神生活上可以自主，但與實際政治有關的事項如財產的享受，租稅的繳納等則須受國邦的支配。兩派權力互有消長，最後是王權勝利。

巴黎約翰在一三〇二—三撰寫君主與教皇的權力 (De Potestate Regia et Papali) 一書爲王權辯護。他認爲法國君主的權力建立於基督教成立之前，法蘭克人從未成爲羅馬皇帝、教皇或任何其他人的屬邦。他認爲教會可以具有普遍性，但政治組織則無。他強調人種、語言、經濟利益的差別容易造成國邦間的衝突。所以政治區域無需定於一統。

君主權力既早於教會，它當然無需取得教會的認可。他承繼亞理斯多德氏理論，認爲政府是造成善良生活所必需。因此即使無基督教之認可，只要政府施政合乎道德，便可被認爲正當合法。

關於教會與財產的關係，他反對下列兩種極端的看法。一是教士不應擁有財產，另一是因教士有精神上權力，所以也有支配財產的一切權力。他認爲教士可以合法取得財產以進行其精神上的工作，但財產權須受國邦法律的規範。他認爲教會財產爲當地社團所共有，教皇僅是其管理人而已。其次，他認爲一般人有財產的所有權，但政府可因公益的直接需要而加以管制。

關於宗教權力與世俗權力的關係，巴黎約翰認爲教會裁判和糾正犯罪者之權僅限於驅逐出教 (Excommunication)。強制之權，屬於政府。驅逐一位統治者出教可以解除人民對他的忠誠，但並不表示教會可以強制政治上的統治者。君主對教皇濫用權威的抗議也可以逼使後者讓步，但這不表示君主可以強制教會。

巴黎約翰認爲教皇權威只限於處理教會的行政事務。在精神權力方面，所有主教都立於平等地位。教皇既經選舉產生，自然也可循法律途徑使之去職。因此他主張教皇權力與教會財產一樣爲教會所共有。

巴黎的約翰雖爲教士，却堅主法國國王獨立於教會之外。他根據當時的政治制度，認爲一國的統治者和教皇都經過具有代表性的會議所產生；同時，精神權力只具有道德與宗教性質，而沒有法律上的強制性。

巴黎約翰的君權、教權分離的理論，是歐洲民族國邦逐漸形成的反響，也頗有助於民族國邦的鞏固。（張京育）

心理學的研究法 (Psychological Approach)

運用心理學的理論、觀念，與方法來研究政治學，爲「行爲研究法」(behavioral approach) 中主要方法之一。

用心理學的方法來研究政治學起源甚早，馬克維里 (Niccolo Machiavelli) 的霸王論 (Prince)、浩布斯 (Thomas Hobbes) 的巨靈論(Leviathan)、彌耳(John Stuart Mill) 的自由論 (On Liberty)、邊沁(Jeremy Bentham)的道德與立法原則導論 (An Introduction to the Principles of Morals and Legislation) 等書，都或多或少地應用心理學的原則來分析政治現象。不過用近代心理學的觀念，有系統地討論政治學中諸問題，還是要以華萊士的人性於政治爲開端（見 Graham Wallace. Human Nature in Politics)。

自華萊士於一九〇八年出版人性於政治後，芝加哥大學教授墨瑞恩(Charles E. Merriam) 於一九二五年著政治的新方向 (New Aspects of Politics)，極力強調運用心理學和社會學方法來研究政治現象的必要。他並主張用現代化的科學方法針對政治問題作微視的 (microscopic) 探討。墨氏通過其著作及講學，所訓練出來的一些門徒，在美國政治學界先後嶄露頭角，被人稱之爲「芝加哥學派」(Chicago School)，他們對美國政治學自一九三〇年代的發展方向，有相當不小的影響。

在芝加哥學派中，用心理的研究法分析政治學分析得最澈底最有系統的，恐怕要算拉斯維爾 (Harold D. Lasswell)。拉氏的思想受佛洛伊德(S. Freud)學說，尤其是心理分析方面理論的影響很大。他從一九三〇年開始，陸續地著作了病態生理學與政治 (Psychopathology and Politics, 1930)，政治：何人在何時用何法得到何物 (Politics: Who Gets What, When, How? 1936)，民意的民主 (Democracy Through Public Opinion, 1941)，權力與性格 (Power and Personality, 1948)，政治行爲之分析：經驗的研究法 (The Analysis of Political Behavior: An Empirical Analysis, 1948)，和權力與社會 (Power and Society, 1950) 等書以及許多的學術論文，將政治學心理研究法發揮得非常透澈。

一般從事政治學心理研究法的學者，多就人類的「基本需要」(basic needs)來解釋政治行為（所謂基本需要通常包括：身體的需要（食物、水、性等），安全感，愛撫，自尊，及自我之實現等，見 James C. Davies, Human Nature in Politics, New York: John Wiley and Sons, Inc., 1963, pp. 6-23)；拉斯維爾則以性格分析的方法，發展出「政治性格」(Political Personality) 的模式，來說明政治家及政客的形成和行為。

根據拉斯維爾的定義，一個有政治性格的人是把「權力」看得比其他「價值」（參看「價值」條）要重要得多的人。這種人可以犧牲其他的價值以求權力的獲得及擴張。這種人特別需要獲得別人對他的服從和尊敬 (deference)，而在早期的私人生活中，沒有得到足夠的尊重，因而產生很大的沮挫感(frustration 沮喪與挫折）與侵略性 (aggression)。這種私人生活中所產生的沮挫和侵略性，潛伏在一個人的性格之中，到了適當時機，便會經由不自覺的心理過程，移植 (displace) 於「公共目標」(public objects) 之上，然後自圓其說 (rationalization) 地認為他這樣做是為了團體、國家、或社會的利益。於是一個政治性格便形成了。

拉斯維爾曾以拿破崙、林肯、及希特勒為例，說明他們早期個人生活的困苦坎坷的遭遇，身世的寒微，是促使他們後來極力爭取權力地位榮譽，以至不惜走向戰爭，來實現他們自己以為的國家光榮與利益的主要原因。

拉氏曾把他這種對政治人物的病態心理的解釋(psychopathological explanation) 濃縮成一個簡單的過程，即：私人生活中的沮挫和侵略性→移植到公共目標之上→經過自圓其說的過程→等於政治人格。他更進一步取 private aggression, displacement, rationalization, political personelity 等英文名詞的第一個字母，把上述過程簡化為一個公式——p } d } r = P。這個公式常常被行為政治學所引用來解釋領袖人物的行為。

拉斯維爾的政治人格的理論曾遭到兩種不同的批評，一種批評是傳統政治理論家提出來的。他們認為拉氏的分析完全抹殺領袖人物參加政治時，所抱的為民造福的情操與抱負。換言之，即拉氏對道德勇氣與個人操持沒有給予適當的考慮。另外一種批評是政治學心理分析學派學者所提出來，他們認為拉氏完全從早期個人生活中的沮喪與失敗來解釋政治領袖的性格與行為，犯了以偏蓋全的毛病。

除了用心理研究法來分析政治人物之外，行為政治學者也曾利用心理學的觀念與方法分析其他政治現象。如：用「伊底帕斯錯綜（情意法）」(Dedipus complex) 來分析從父子關係而演變出來的個人與權威的衝突；用「學習理論」(learning theory) 分析「政治社會化過程」(political sociolization)；用「認知」(perception) 觀念解釋團體與國家間誤解及衝突之形成；用「基本需要」和「期待」(expections) 的觀念來推斷革命的起因；以及用「權威型個性」(authoritarian personality)的觀念來分析保守和自由的政治傾向等等。都導致了很豐富的收獲。

此外心理學的實驗室研究(Laboratory research) 的技術，最近也被運用到政治學的研究上。用少數研究人員，扮演假想的政治角色 (roles)，根據一定的規則來互相反應 (reaction)，已愈來愈普遍被拿來分析「小羣行為」(small group behavior)、「國際行為」(inter-nation behavior) 和「戰爭行為」(war behavior) 上去。這種方法，有人稱之為「博奕法」(gaming)，有人稱之為「模擬法」(simulation)，很多研究國際關係的學者曾用這種方法來考驗 (test) 平常無法考驗的一些關於國家行為的假設（因為關於國家行為的資料很難收集，學者通常很少有參加及直接觀察國際關係的機會），獲得許多雖非決定性，但卻有很大啓示性的發見。（魏　鏞）

參考文獻：

James C. Davies, Human Nature in Politics, The Dynamics of Political Behavior, New York: John Wiley and Sons, Inc., 1963.

T. W. Adorno et al., The Authoritorian Personality, New York: Harper & Bros., 1950.

Sigmund Freud, New Introductory Lectures in Psycho-Analysis, London: The Hogarth Press, 1933.

Erich Fromm, Excape from Freedom, New York: Rinehart & Co., 1941.

Herbert Hyman, Political Socialization, Glencoe, Ill.: The Free Press, 1959.

Robert E. Lane, Political Ideology, New York: The Free Press, 1962;

David Riesman, The Lonely Crowd, New Haven: Yale University Press, 1950.

Sidney Verba, Small Group and Political Behavior, Princeton University Press, 1961.

Harold Guetzkow (ed.), Simulation in Social Science, Englewood Cliffs, N.J.: Prentice-Hall, 1962.

Harold Guetzkow (ed.), Simulation in International Relations, Englewood Cliffs, N.J. : Prentice-Hall, 1960.

並參看「行爲研究法」條。

心臟地帶說 (Heartland Theory)

乃「地緣政治學」(Geopolitics)中的一種理論，創自英國麥金德氏(H.J. Mackinder)。氏認爲：東歐及西亞一帶，爲具有戰略價值的世界「心臟地帶」。環繞其外的亞、歐、非三洲，則爲控制世界陸權與海權的「世界島」(World-Island)。心臟地帶的樞紐，在東歐。故「誰能統治東歐，便能控制心臟地帶；誰能統治心臟地帶，便能控制世界島；誰能統治世界島，便能控制世界」。（見氏著「民主觀念與實際」Democratic Idea and Reality, 1919. ，第一五〇頁。）——此種理論，德國慕尼赫大學的浩斯霍夫(K. Haushofer)亦持同調，而尤重實用。霍氏以德國地少人衆，應向外擴張，爭取「生存空間」(lebensraum)，控制心臟地帶，進而統治世界。其說影響希特勒，著爲外交政策，而提出了「血與地」(Blud and Boden) 的號召，謂德國具有雅利安民族的最優秀血統，有擴展其生存空間的自然權利，成爲世界的主人，以爲其侵略的理論依據，實爲地緣政治學的誤用。（涂懷瑩）

文官 (Civil Service)

文官乃受僱于政府機關擔任文職工作人員之總稱，不包括軍事人員及選舉官員在內。

西方文官制度始行于英國，初爲英國駐印機構文職人員之特稱，一八五四年以後始在英國本土普遍應用。一八五五年，英國正式成立文官委員會，開始以競爭的方法考選公務員。一經錄取，即按能任職，依功晉級，超然于政黨之外，不受任何政府變動的影響。故自該制實行以來，雖內閣時有更迭，而公務進行不輟，可謂功效卓著，成績斐然。

美國自傑克生總統時起，盛行分贓制，新總統一旦上任，即大事調換聯邦行政機關文官，務使主要得力助選人員，皆能分到一官半職。于是官不稱職者，所在多有，影響公務，至深且鉅。爲矯正此弊，乃于一八七一年成立文官委員會，開始以公開競爭的方式，考選取士，但行之不久，即告撤銷。一八八一年，加非爾總統被刺，而其兇手爲一謀求官職不遂，憤而刺殺總統者。此一不幸事件，導致國會于一八八三年通過「班都頓法」(Pendleton Act)，再度建立文官委員會，並詳細釐訂聯邦文官的級職及薪俸，藉以實行功績制。一九四〇年的「赫區法」(Hatch Act) 又嚴禁公務員對競選公職者的捐獻，以使公務員完全超然于政治之外。近年，聯邦政府根據胡佛委員會的報告，更有多項改進，使美國的文官制度益臻完善。（胡述兆）

方鎮

我國古代高級地方長官常稱「方鎮」，如魏太武帝拓跋燾與宋太祖書：「可善勅方鎮，刺史守宰，嚴供時之具，來秋當往取揚州。」（宋書索虜傳）又晉書范寧傳：「方鎮去官，皆割精兵器仗，以爲送故。」及至唐代，「方鎮」二字更爲常見，乃專指節度使、觀察使、都防禦使及嶺南經略使而言，爲地方最高行政單位及長官之通稱，唐代方鎮之別稱甚多，如「藩鎮」、「藩翰」、「藩方」、「藩侯」、「藩閫」、「征鎮」、「戎鎮」等，均與「方鎮」名異實同。（參閱「節度使」條）。（王壽南）

日本政黨

一、戰前日本政黨略史

日本最初的政黨組織是一八七四年一月，由板垣退助領導自由民權派同志所創立的「愛國公黨」。一八八一年十月明治天皇頒詔籌備設立帝國議會，於是一般熱中於政權或反對藩閥政府的人士，乃紛紛組織政黨，而有自由黨、改進黨及帝政黨等正式政黨的出現。自由黨由板垣退助所創立，一八八一年十月成立，當初是屬急進左傾的先鋒，民權主義的代表，但後來經過種種變化，甚至於根本變質，最後竟變成了保守主義的政友會（一九〇〇年九月十五日創立，初代總裁爲國權派中心人物伊藤博文）。改進黨由大隈重信領導，成立於一八八二年三月，成立當初亦持反對藩閥政府態度，崇奉英國式功利學派思想，標榜自由，主張擴大人民選擧權，其政治主張較自由黨有漸進主義的色彩。改進黨後來幾經脫胎換骨，於一九一六年十月改爲憲政會，旋於一九二七年六月改爲純保守主義色彩的立憲民政黨。自此以後，日本的政治舞台，是政友會和民政黨兩大勢力互相角逐，互爲消長的時代。

帝政黨是國權派人士的御用政黨，其名稱後來迭有改變，但勢力始終不伸。至於日本最早的社會主義政黨，是一八八二年五月成立的「東洋社會黨」，其後雖出現多種名稱不同的社會主義政黨，但一則一般勤勞大衆智識未開，一則以利權私肥的藩閥政府，視社會主義爲外來的主義思想正在日本國內漫延發展，感覺有很大的危險威脅，於是乃對社會主義政黨大加壓迫，故第二次世界大戰前在日本政治舞臺上，社會主義政黨本身脆弱，佔不到什麼地位。即使在昭和時代，社會主義政黨的組織雖然准許成立活動，但它在政治上仍未能發生多大的作用。

總括言之，第二次世界大戰前日本政黨的演變史，政黨的發軔係肇始於智識份子及一部分官僚的結合，因之政黨發育不良，演變結果，議會政治被藩軍財閥等惡勢力侵害包圍，致不能發揮政黨應有的機能。降及一九四〇年八月，在軍部及法西斯化官僚的壓迫下，所有政黨不論右翼左翼，一律被解散，成立了軍閥御用的所謂「大政翼贊會」，擁有六十年歷史的日本政黨，至此澈底被消滅。

二、戰後日本政治演變經過

一九四五年八月十五日，日本接受無條件投降以後，在盟軍當局積極扶助下，不但解除了帝國時代加諸政治結社的種種法禁，而且指導日本制訂了一部國民主權主義的新憲法，確立了民主主義的政治，因此，在戰時被解散的政黨，又紛紛復活，迄一九四六年四月戰後第一次大選爲止，全日本的大小政黨總共達三六三個黨。戰後的日本政界人士，由三種不同的立場，各別組織政黨，從事政治活動。在革新陣營中，除了共產黨（一九二一年秘密成立，一九四五年十二月一日恢復組織）外，其餘從事合法政治活動者，結成日本社會黨（一九四五年十一月二日成立）一黨，至於保守陣營，則分組爲日本自由黨（一九四五年十一月九日成立）、日本進步黨（一九四五年十一月十六日成立）及日本協同黨（一九四五年十二月八日成立）。

日本政黨在戰後最明顯的特徵，就是離合集散，一味以利權感情人事爲轉移，而鮮以政策主張爲依歸，這種現象尤以保守派政黨爲然。戰敗初期，日本多黨分立的局面，恰如多黨制國家的法國。各黨均固執於某一主義或政策而互不相讓，結果弄得日本選民頭昏目眩，不知所從，這種紛亂的局面，迨至一九五五年自由民主黨和社會黨兩大政黨的形成，始告結束，不但使日本步入兩大政黨對立的良好局面，同時亦使日本政府獲得穩定的基礎，惜乎這種兩大政黨對立的局面，並未維持多久，一九六〇年一月廿四日民主社會黨的出現，日本政界由於自民、社會兩黨所構成的兩大政黨制，竟告崩潰，而進入三黨鼎峙的新時代。惟降及一九六四年十一月十七日保守派的公明黨之創立，又使日本陷入多黨對立的局面。

至於目前日本各大政黨的領導人物及其基本政策之大要則如下：

甲、自由民主黨

(A)領導人物

總裁：佐藤榮作　副總裁：川島正次郎

幹事長：福田赳夫　總務會長：橋木登美

政調會長：大平正芳

(B)基本政策——對外：主張修改現行憲法，以便重整軍備，而積極展開獨立自主和平外交，恢復失土，以提高日本在國際上的聲望地位。

對內：確立國民道義並改革教育，以培育國民的民主主義精神與愛國心。整肅政風，上自中央下至地方一律確立責任行政體制。維持幣值之穩定與國際收支均衡，謀致經濟之自立繁榮及完全就業之實現，以建設福利社會。

乙、日本社會黨

(A)領導人物

中央執行委員長：勝間田清一

副委員長：河野密、江田三郎

書記長：山本幸一

(B)基本政策——對外：以達成日本之完全獨立，確保國際和平及安全保障，確立日本之經濟之獨立的立場與一切國家建立友好親善關係。反對日美安保條約，代之以日美中（中共）蘇爲主，簽訂集體安全保障條約。

對內：反對修改現行憲法，反對核子軍備，阻止自衛隊之擴大。以民主方法，從國家觀點，調整鐵鋼、造船、肥料、運輸等產業，並收電力及煤業爲國營。

附表甲：戰前日本保守黨離合集散表

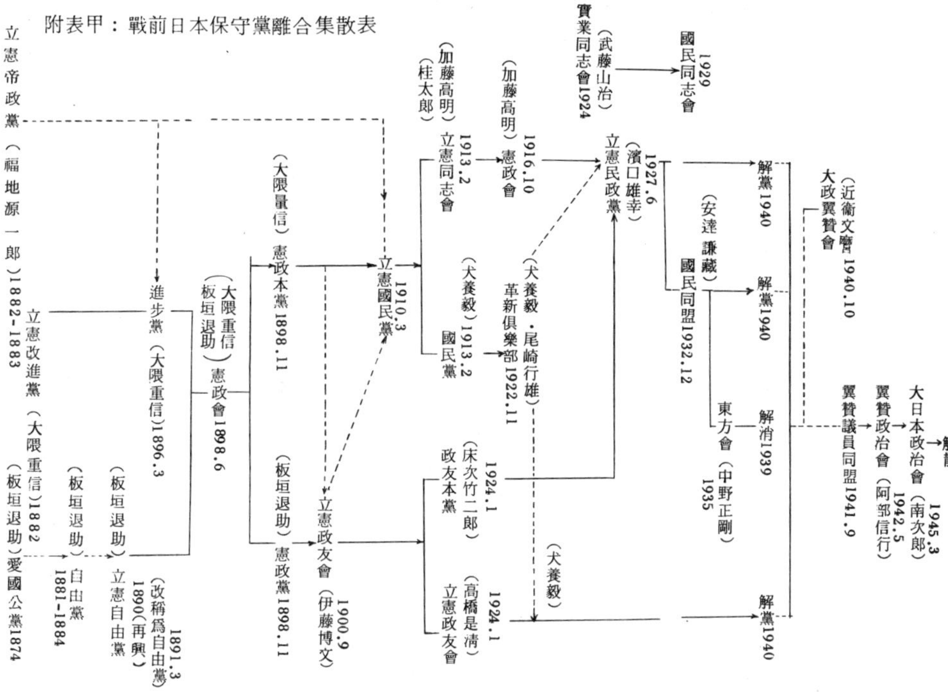

立憲帝政黨（福地源一郎）1882-1883
立憲改進黨（大隈重信）1882
（板垣退助）愛國公黨1874
（板垣退助）自由黨 1881-1884
（板垣退助）立憲自由黨 1890(再興)
1891.3（改稱爲自由黨）
進步黨（大隈重信）1896.3
（大隈重信）（板垣退助）憲政會1898.6
（大隈重信）憲政本黨1898.11
（板垣退助）憲政黨1898.11
立憲政友會（伊藤博文）1900.9
1910.3 立憲國民黨
（桂太郎）（加藤高明）1913.2 立憲同志會
（犬養毅）1913.2 國民黨
（加藤高明）憲政會 1916.10
（犬養毅・尾崎行雄）革新俱樂部 1922.11
（床次竹二郎）1924.1 政友本黨
（高橋是清）1924.1 立憲政友會
（犬養毅）
（武藤山治）實業同志會1924
1929 國民同志會
1927.6（濱口雄幸）立憲民政黨
（安達謙藏）國民同盟1932.12
東方會（中野正剛）1935
解黨1940
解黨1940
解消1939
解黨1940
（近衛文麿）大政翼贊會 1940.10
翼贊議員同盟1941.9
翼贊政治會（阿部信行）1942.5
大日本政治會（南次郎）1945.3
1945.9 解散

附表乙：

戰前日本社會主義政黨離合集散表

1882.4（樽井藤吉・赤松泰助）東洋社會黨
車界黨（奧宮健之・植木枝盛）1882.10
（當日禁止）1892.8 東洋自由黨（大井憲太郎）
1900.2 社會主義協會（片山潛等）
（當日禁止）1901.5 社會民主黨（幸德秋水等）
1901.5 日本平民黨（呈報結社當日禁止）
1904（堺利彥）日本社會黨
日本平民黨（西村光二郎）1906.1
1906.2 日本社會黨（片山潛等）
（結社禁止）1920.5 社會主義者同盟（山川均等）
（赤松克麿等）政治問題研究會 1924.6
曉民共產黨 1921.11
日本共產黨 1922.7
無產政黨組織準備會 1925.8.10
檢擧 923.6
解黨決議 1924.3
農民勞動黨 1925.12
（即日結社禁止）
共產主義團體 1925
勞動農民黨 1926.3
再建 1926.12
1928.2 勞動派
檢擧 1928.3
結社禁止
1926.12（三輪壽壯）日本勞動黨
地方政黨
1928.7（鈴木茂三郎）無產大衆黨
日本農民黨
（平野力三・安部磯雄）1926.10 1926.12 社會民衆黨
地方政黨
新黨準備會
1928.12（大山郁夫）勞動者農民黨
即日結社禁止
解黨派
檢擧 1929.4
（日本共產黨 勞動者派）
（高野岩三郎）日本大衆黨 1928.12
勞農大衆黨 1929.4
東京無產黨 1929.4
山梨勞動農民黨 1929.12
全國民衆黨 1930.
無產政黨戰線統一全國協議會 1930.3
政黨 地方
（大山郁夫）1929.11 勞農黨
1928.12 勞農同盟 政治的自由獲得
解消派 1930.8-11
檢擧 1932.10
（麻生久）全國大衆黨 1930.7
實現同盟 1931.2 黨合同
（加藤勘十派）協同黨 1931.1
檢擧 1932.10
（赤松派）日本主義派 1932.4
（麻生久）全國勞農大衆黨 1931.12
（大矢・白鳥等）國家社會主義派 1932.5（安部磯雄）社會大衆黨 1931.7
勞農無產協議會 1936.5
1933.6 轉向派
檢擧 1933.11-1934.1
皇道會 1932.4
國家社會主義 新黨準備會 1932.5
勤勞國民黨準備會 1940.4
結社禁止 1940.5
解消 1940.7
（加藤勘十）日本無產黨 1937.2
結社禁止 1937.12
中央奪還全國代表者會議 1934（多數派）
1935.9
檢擧 1936.1-12
（片山哲）日本社會黨 1945.11
（戰後重新復活）（德田球一）日本共產黨 1945.11

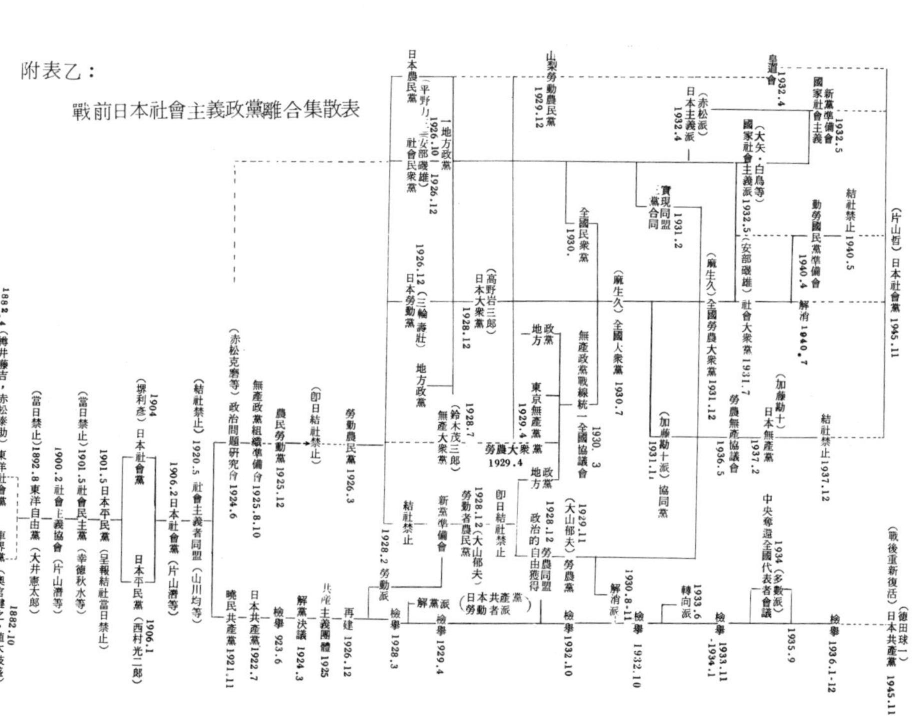

附表丙：戰後日本保守派政黨離合集散表

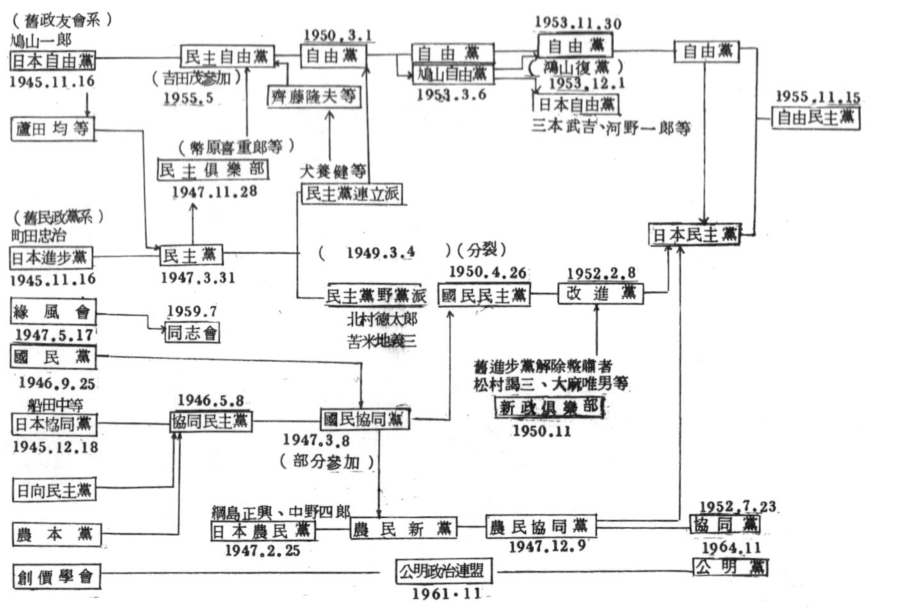

附表丁：戰後日本社會主義政黨離合集散表

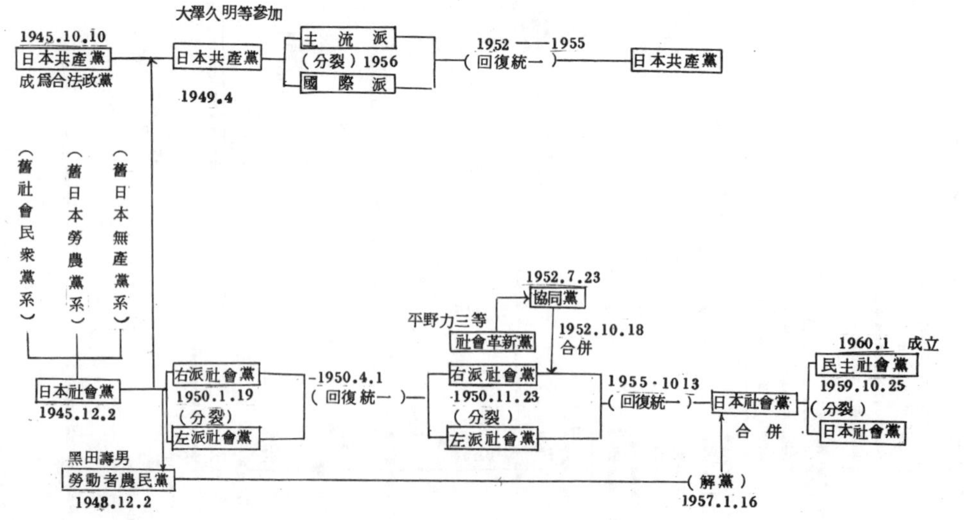

加强社會保障，以照顧一般國民生活。

丙、日本民主社會黨

(A)領導人物

中央執行委員長：西尾末廣

(B)基本政策——對外：完成獨立，確保安全，由國際合作以確立和平，推行自主獨立的外交路線，及達成經濟自立。反對將日美安保條約改成相互防衛條約。

對內：反對修改現行憲法，反對核子軍備，尊重個人的私生活，排斥獨占資本之壟斷，保障國民最低限度的生活。推行農業及中小工商業的協同體制，反對暴動性的行動。

丁、公明黨

(A)領導人物

委員長：竹入義勝

(B)基本政策——對外：高舉王佛冥合之大理念，誓願遵循地球民族主義之精神，以拯救人類自取滅亡之危機，採取獨立自主精神，確立世界永久和平之基。

對內：反對修改現行憲法，反對核子軍備。以佛法民主主義爲基本理念，圖以淨化日本政界，確立議會民主政治之基礎，深植根基於大衆之中，以謀大衆福祉之實現。

戊、日本共產黨

(A)領導人物

中央委員議長：野坂參三

(B)政綱政策——對外：反對日美安保條約，反對核子軍備，推行和平、中立、獨立外交。反對借「以聯合國爲中心」的反社會主義陣營依附美國的外交。停止敵視中共的政策，放棄一切對社會主義國家的歧視行爲與敵視政策。

對內：擁護現行憲法，反對核子軍備，撤銷一切違反憲法的條約及法令，以和平、獨立、中立、民主主義爲目標，實現人民爲主人的政治。反對獨占資本，由國家來實行中小企業資本、資材、設備的近代化，保障銷路，促進自主性的協同化。擴張公共事業，以吸收失業者，確立最低工資制度。（陳水逢）

比利時 (Belgium) 政黨

比利時 (Belgium) 自二次世界大戰結束後，一直爲一多黨分立的國家。其內閣大致是由基督教社會黨(Social Christian Party)與社會黨或自由進步黨等所聯合組成。茲將各大黨派的主張及領導人物簡述如次：

(一)基督教社會黨：該黨前身爲天主教黨 (Catholic Party)，係一强有力的中間路線的政黨。該黨左翼主張社會改革，與社會主義黨及天主教工會利益的支持者之主張，並無不同。在其支持者當中，有信奉天主教的貴族、農人、及勞工團體等。其主要力量所在地區爲法蘭德斯 (Flanders)。該黨無條件的贊成北大西洋公約組織 (North Atlantic Treaty Organization)，西歐聯盟(Western European Union)，共同市場與統一計劃。現任黨魁爲波南 (Paul Vanden Boeynants)氏，並爲聯合內閣的總理。次要領袖尚有哈麥 (Pierre Harmel)，司徒宜 (Paul Struye) 等人。

(二)社會主義黨 (Socialist Party)：該黨爲一溫和的社會主義政黨。其主要主張是擴張社會福利措施。該黨也與基督教社會黨一樣，支持北大西洋公約組織、西歐聯盟、共同市場與歐洲統一計劃。現任黨魁爲柯拉德 (Leo Collard) 氏，副黨魁爲艾恩德 (Jos Van Eynde) 氏。

(三)自由進步黨 (Party of Liberty & Progress)：該黨從前稱爲自由黨(Liberal Party)。在一九六一年十月七日進行改組並改稱爲今名。該黨爲一保守性的政黨，主張自由企業，反對福利國家措施，但支持比利時的多邊經濟與防禦結盟政策。

比利時除了上述三大黨而外，尚有共產黨、人民統一黨等小黨。但其力量俱不足以左右比國的政治情勢。（袁頌西）

比例代表法 (Proportional Representation)

即各黨按所得票數爲比例，產生當選人。簡言之，多數黨選出多數議員，少數黨選出少數議員。此法若就選民投票對象言，可分爲兩種：(一)單記比例代表法 (single transferable vote)，即選民以選票上之候選人爲對象，任意投票，不受政黨之羈束。但可對候選人表示優先順序，如第一優先已獲當選票數，可將多餘票數移給第二優先。此法係英人 Hare 所倡，故又稱哈爾投票法。(二)名單比例代表法 (list system of proportional representation)，即投票人以政黨爲對象，就各黨所提出之名單擇一投票，而不得自由選擇不同名單中的候選人，亦不許變動名單中候選人的次序。

比例代表法，須先確定當選商數(electoral quotient)（參閱「當選商數」條），候選人所得票數達到當選商數之時，即可當選。故各黨可依當選商數與該黨所得的票，求出各該黨應得的議席。

比例代表制，雖甚合於民主精神，但論者批評此制亦有缺點，其顯著者為易於產生有害的階級立法，且所選出之議員，往往囿於特定的利益立場，難於代表全民利益。（謝延庚）

比荷盧同盟 (Benelux)

比荷盧同盟是比利時、荷蘭、盧森堡三國的關稅同盟。比、荷、盧三國於一九四四年九月五日在倫敦簽訂一項關稅同盟條約，但這個關稅同盟直到一九四七年十月二十九日才正式成立。自一九四八年正月一日起，比、荷、盧三國採用共同海關稅則，對於三國間彼此的貿易裨益頗大。因此之故，三國當局頗想將彼此一切的出廠稅和間接稅也一律統一起來；但是因為這個問題牽涉太廣，需要更嚴密的經濟協調，比利時的經濟比較自由，而荷蘭的經濟管制較多，二者不易調和，所以沒有實現。比荷盧同盟雖已將阻礙三國間貨物流通的因素除去，但是阻礙三國間資本和勞力流動的因素依然存在，而且農產品不在自由貿易之列，所以這個關稅同盟對於三國的經濟發展所作的貢獻，畢竟還是有限。一九五四年，比、荷、盧三國同意建立一個共同對外貿易和清算政策，即由比荷盧同盟代表三國處理這些有關商務、財務和進口限額等問題，三國不再自行另訂條約。一九五八年二月三日比、荷、盧三國又在海牙簽訂一個經濟同盟條約，規定三國間的資本、貨物、勞役、運輸等都可以自由流通，人民也可以自由移動，從一九六〇年十一月一日生效，自此以後，比、荷、盧三國的經濟合作，可說已進入一個新的境界了。（陳世材）

水衡都尉

官名。漢武帝元鼎二年始置，掌上林苑，兼主稅入。後漢光武省之，并其職於少府。按：漢財用之司凡三所，曰司農、少府、水衡，除司農掌國家財用外，少府水衡皆天子之私藏也。魏晉以後，或置水衡都尉，或置都水監，掌天下水軍舟船器械及航運河隄，其職有異於前矣。（周道濟）

尺度 (Scale)

在一切科學研究中不可缺少者，乃是對各種資料之度量(measurement)，如果各種資料都未經過可靠之度量，科學家就無法得知資料對於各種自然或社會現象所表現之程度。度量一般被認為係依據一定之規則給予資料以數字或其他之表記，因而顯示該項資料之重要程度。此一規則即為尺度。

尺度在科學研究上之主要目的，乃是表示其所指定數字間之關係，換言之，在指定數字以表示資料之重要性之前，必須先根據理論及事實之需要決定如何加以表示，即決定引用何種尺度做為指定數字之標準。

尺度在政治學中之運用不一而足，例如學者們計算各國間敵對或友善文字之傳遞，分別以千次做為單位，排列等級，進而說明國際間之緊張程度(tension level)即是。（魏　鏞）

參考文獻：

Kaplan, Abraham, The Conduct of Inquiry, (San Francisco, Chandler) 1964, p. 189.

Phillips, Bernard, Social Research: Stratety and Tactics, (New York: MacMillan) 1966, p. 166.

王制

㈠王者制度。荀子「正論」：「故所聞曰，天下之大隆，是非之封界，分職名象之所起，王制是也。」注：「王制，謂王者舊制。」潛夫論「浮侈」：「今京師貴戚，衣服飲食車輿文飾廬舍，皆過王制，僭上甚矣。」

㈡禮記篇名，記先王治國之制度。禮「王制」疏：「鄭目錄云：名曰王制者，以其記先王班爵授祿祭祀養老之法度，此於別錄屬制度。」（繆全吉）

王國 (Kingdom)

見「君主國」條。

王畿

古天下分九服（九畿），王城四方各五百里，即方千里稱王畿，又稱國畿、邦畿。正字通：「畿，古者王國千里曰王畿，自此以往，每五百里爲一畿，通天下爲九畿，故因之約方千里爲一畿。」周禮、夏官「職方氏」：「乃辨九服之邦國，方千里曰王畿，其外方五百里曰侯服。」孫詒讓正義：「云方千里曰王畿者，謂建王國也，大司馬云國畿，大行人云邦畿，義並同。」（繆全吉）

世子

見「太子」條。

世官

謂世襲其官，猶言世祿。孟子「告子下」：「士無世官，官事無攝。」其以官位代代傳襲。與世卿相若，即世襲卿大夫。公羊傳「隱、三」：「其稱尹氏何？貶曷爲貶，譏世卿，世卿，非禮也。」注：「世卿者，父死子繼也。」（繆全吉）

世界人權宣言(Universal Declaration of Human Rights)

二次世界大戰前和戰爭中發生了許多迫害人權的事例，各國有識之士均覺有予人權以國際保障的必要。在聯合國憲章中，人權一語出現達七次之多。促進人權的尊重成爲聯合國宗旨之一。但是人權一語，太過概括，爲求了解其具體意義起見，聯合國大會於一九四六年二月決議成立人權委員會，以起草人權法案。

聯合國人權委員會在一九四八年草擬成「世界人權宣言」。同年十二月十日經聯合國大會一致通過（蘇俄集團六國、沙地阿刺伯和南非聯邦棄權）。大會認這一宣言是各國努力以赴的共同標準。各國個人及團體均應致力於尊重這些自由和權利的教育。國內和國際並應採措施以確保它們的普遍有效的承認和遵守。

世界人權宣言共三十條，不僅包含了一般現代憲法中規定的公民權利和政治權利，並且包含了經濟、社會和文化權利。第一類中包括生命、自由和安全；不受非法逮捕、拘禁及驅逐出境之權；接受獨立公正機關公平與公開審訊之權；思想、良心和信教自由；言論、出版、和平集會結社與不結社的自由；參與選舉和服行公務之權等。經濟社會和文化權利包括社會安全、私有財產、工作、受教育、享受適當生活資料、參與文化生活、享受藝術及科學進步利益等諸權利。國邦對上述自由和權利僅得爲防止妨礙他人自由、維持公安秩序、道德和公共福利，才能依法律加以限制。

世界人權宣言的效力如何？說法不一。黎巴嫩代表，宣言起草人之一的馬立克(Charles Malik)說：這一宣言代表黎國政府接受聯合國憲章時所承諾、促進、完成並遵守者。因此，它不僅是一項決議案，且是憲章的延長。另一起草人美國羅斯福總統夫人 (Mrs. Franklin D. Roosevelt) 則認爲世界人權宣言不是一項國際協定，沒有法律上的效力。一般的看法是：宣言本身雖無法律拘束力，但它既經聯合國大會無異議通過，至少可視爲對聯合國憲章關於人權保障的一項權威性解釋，它使憲章所規定的義務更爲確定，它宣示了一項各國應共同以赴的目標。

世界人權宣言已被許多國邦，如義大利、比利時、奧地利、荷蘭、菲律賓、美國等的法庭引用來裁判案件。加拿大中央及各省政府曾通過法案執行人權宣言中的某些原則，如禁止就業機會的歧視等。一九五一年對日和約的前言中，日本宣佈其完成人權宣言目標的意向，其他締約國歡迎此一意圖。一九五八年的幾內亞憲法前言表示完全支持聯合國憲章及世界人權宣言。這些都給人權宣言帶來某些法律上的效力。

聯合國人權委員會在一九五六年決議以年度報告方式來執行憲章和世界人權宣言。經社理事會批准了此一提案，而要求各會員國每三年向聯合國提供一項在人權範圍內的發展和進步的報告，由一小組委員會審查、批評並作成建議。這使世界人權宣言有了具體的推行辦法。歐洲各國更先後締結了歐洲人權公約，設立了歐洲人權法院，在國際人權的保障方面邁進了一大步。（張京育）

世界政府(World Government)

本世紀的兩次世界大戰結束後，各國政治家都企圖設立世界性的政府來處理世界事務，避免戰禍，維持世界和平。國際聯盟和聯合國就在這企圖下產生的，但它們都沒有演進到世界政府的地步。一個世界性（國際性）政府的產生，至少會牽涉到兩個重大問題：第一，在何種程度下，這世界政府會有權力來處理世界事務？換言之，世界各國應授給世界政府何種權力以統治？第二，這種權力應由何人（何國）來行使？在這兩個問題中，第一題尤難解決，因爲它涉及各國的主權——它常是國際團結與合作的一大障礙。

自一九四五年以來，建議設立世界政府以代替各主權國家之說頗多。有主張先由區域性組織（例如北大西洋公約組織）着手進而發展到世界性的，有主張一開始卽由世界性組織着手，並以聯合國爲基本改進而爲健全的世界政府。這些建議，在一九五〇年韓戰爆發時受到打擊。同時，提議了多年的「統一歐洲」運動始終無大進展，北大西洋公約組織也演進爲幾乎是純軍事性的組合。其他區域性的組織，如東南亞公約組織、華沙公約組織、非洲聯合組織和拉丁美洲的進步聯盟等，都只在各地區活動，離世界性組織的發展還很遙遠。

多人認爲聯合國安全理事會中的否決權是阻止聯合國發展爲世界政府的關鍵；因此，修改憲章取消否決權應是改進聯合國的第一步。到目前爲止，世界政府的組織仍只限於建議階段而已。（陳　慶）

主事

官名。漢有南北庭主事，歷代因之。入民國，各部於僉事下置主事。旋廢。現駐外使館設有主事。通典、職官典「歷代主事」：「主事，二漢有之。後魏於尚書諸司置主事令史。隋於諸省又各置主事令史員。煬帝三年，並去令史之名，但曰主事，隨曹閑劇，而每十令史置一主事，不滿十者，亦一人，雜用士人，大唐並用流外。」續通典、職官典「歷代主事」：「按主事一官，自唐宋以來，或爲首領官，或與吏令史同職。自洪武時改爲司官，乃與郎官並列。」（繆全吉）

主書

官名，主文書者，晉置。通典，職官典，宰相「中書令」：「主書，晉中書省有主書之員，本周武官。宋改用文史。齊於中書，置中書令史。陳置主書而去令史之名。後魏又爲主事令史，置八人。北齊置主書十八人。隋復加令史。大唐又除之。」（繆全吉）

主義 (Ideology)

主義是一種觀念和信仰的形態，用簡單的語句，解釋複雜的社會現象，使人們瞭解其所欣賞的基本價值，從而知所抉擇。主義的基本作用在於釐訂一套社會行動的綱領，宣揚其優點，號召羣衆來擁護。一種主義包含一種生活方式，，反映着它所企求的政治組織、經濟系統、社會目標、和道德價值。大致說來，各種主義可以歸納於三個類型，卽保守的、改良的、和革命的。現今西方人士所常標舉的主義，爲民主主義和共產主義兩種。這兩種主義衝突得最厲害，把其他的主義都遮蓋住了。現在所謂「冷戰」(cold war)，便是民主主義與共產主義鬥爭的結果。（陳世材）

主稿

六部成語，吏部「主稿」注解補遺：「乃奏事主撰摺稿者也，凡外省大員，如有事經數官會銜議奏者，摺尾必行聲明此摺何人主稿。又六部司員中，經承撰擬本部公文摺保者，亦謂之主稿。」（繆全吉）

主簿

官名，主管文書、帳簿等事，爲掾史之領袖。

㈠公府主簿。漢代御史主簿，魏晉以來無之，隋大業三年，御史臺置二主簿，唐宋因之，元代廢除。通典、職官典「主簿」：「主簿，漢有御史主簿，魏晉以來無聞，隋大業三年，御史臺始置主簿二人。」

㈡寺監主簿。通典、職官典具載大常寺、光祿寺、衞尉寺、太僕寺、鴻臚寺、司農寺、大府寺、將作監、國子監、軍器監、都水使者，均有主簿之設，但間亦省置者。

㈢東宮官主簿。通典、職官典、謂東宮官如「太子詹事」、「太子家令」、「大子僕」各置主簿，間或省置。

㈣州郡主簿。通典、職官典記，州郡主簿如下：甲、州佐主簿一人，錄門下衆事，省署文書，漢制也，歷代至隋皆有。乙、縣佐主簿，「漢有之，晉亦有之，他史多闕。大唐赤縣置二人，他縣各一人，掌付事勾稽省置鈔目、糾正縣內非違監印，給紙筆。」唐、宋、遼、元、明皆置。

㈤雜主簿。宋置，掌諸城砦，馬監，及岳瀆神廟簿籍。（繆全吉）

主權 (Sovereignty)

「主權」爲近代國家構成要素之一，其字源於拉丁文之 superanus，乃「較高」或「最高」之意。古希臘亞里斯多德之論政治及羅馬法家，多言及「國家之最高權」。惟近代主權觀念之建立，則始自十五世紀法國波馬諾(Beaumanoir)及諾索(Loy Seau)兩人之國王主權說，以反對封建諸侯之權力。及布丹(Jean Bodin 1530–1596)，乃開「傳統主權論」之先河。

傳統主權論的發展，始自波丹之「君主主權論」(monarchical sovereignty)；即以君主爲最高主權者，不受現實法的限制，但事實上仍受神意法、自然法、憲法（亦即「國法」laws of the realm）及財產權等的限制。及十八世紀，乃有盧梭及百科全書派等學者，倡導「人民主權說」(popular sovereignty)，基於人類平等原則，而爲「分數主權」(fractionalized sovereignty)之論，即人人均應參政。但法國大革命時的制憲大會，反對盧梭的個別意志總和的國民總意的人民主權說，而採用了代議精神的「國家主權說」(national sovereignty)。今日世界各國憲法，多採取此項規定。此外，尚有所謂「國家主權說」者，以國家爲一法人，主權乃此一具有法人人格之國家所有。其說創自瑞士學者柏倫智理(J.K. Bluntchli, 1808–1881)，德國之拉班德(P. Laband, 1839–1919)及耶林勒克(G. Jellirok, 1851–1911)二人完成了。但此說爲法西斯國家所利用，以伸張國家的權力。

綜括傳統主權學說論「主權之特性」，約有六點：(1)最高性(supremacy)，(2)永久性(perpetuality)，(3)普遍性(universality)，(4)無限制性(unlimitation)，(5)不可分割性(indivisibility)，(6)不可讓與性(inalienability)。

傳統主權論爲一元論者，殊多不合事實。因而現代乃有「多元之主權論」的產生。其說有三：(1)克拉布(H. Krabbe)之「法律主權說」，以法律之拘束，乃由於人民之法律感情與法律意識，非由於國家之強制，而國家亦須受法之拘束，故法律爲最高主權。但立法權分屬中央，地方及職團，故爲多元主權。(2)拉斯基(H.J. Laski)的「團體主權說」，以團體乃因人類需要而產生，非由於國家之承認，而國家亦爲團體之一，故國家與其他團體同享有主權，且非最高的權力，而宜有所限制。(3)杜驥(Lcon Duguit)的「主權否認說」，以主權乃事實上治者加於被治者之力，而非權利。國家之發生由於事實上之力，但使國家合理化者，則爲法。而法則係據社會規範而制定，以實現「社會聯立關係」(social solidarity)爲目的。故國家的特質，不在主權，而在其能提供「公共服務」(public services)，亦即國家無絕對的權力，故無主權之必要。

多元主權說的主要精神，在反對主權之無限，並主張主權之分割。但亦在事實上，不得不承認國家主權之優越性。至於主權之限制，一元論者，並非完全主無限論者，事實上，主權亦受到相當的限制。因而，又有以下各種主權的分類：(1)「法律主權」與「政治主權」(legal sovereignty & political sovereignty)，前者係謂最高造法機關之主權，後者乃指控制法律主權的人民或團體而言。(2)「虛名主權」與「實際主權」(titular sovereignty & real sovereignty)，前者乃有名無實之主權，後者則爲有實而無名之主權。(3)「合法主權」與「事實主權」(de jure sovereignty & de facto sovereignty)，前者謂依法而享有的法定權力者而言，後者則係指以實力或武力而握於實際的權力者而言。(4)「對內主權」與「對外主權」(internal sovereignty & external sovereignty)，在國際法上，在一國領土之內具有的「最高的管轄權」，爲對內主權。其對外「獨立」，不受他國控制之權，爲「對外主權」。

至於主權的眞實性質，乃指統治權中具有「對人的最高權」、「對領土的最高權」及「對組織的最高權」三種性質者而言，故亦有名之爲「最高統治權」者。其與統治權的區別，在於主權爲國家權力的最高意志所在，統治權則爲其表現的方式。故主權不可分，而統治權之行使，其不分者，則爲集權專制；其分權者，則爲民主政體。「統治權」(right to govern)又可分爲「政權」與「治權」，後者在西方稱爲「政府權」或「政權」(governmental power)，前者稱爲「民權」(civil rights)。故一般論者，常產生觀念上之混淆，以我國之政權與西方之政權（其實爲治權）等量齊觀。（「建國大綱」中之統治權觀念，則又有與政權同視之處。）（涂懷瑩）

令史

官名後轉爲吏名。蘭臺尚書屬官，掌理文書事務，始設於漢，歷代因之，唐宋於三省、六部及御史臺均置令史，其地位較卑，至明廢。而改爲吏之一種，於六部、都察院、通政使司、光祿寺、太僕寺、詹事府、各衞、應天府、布政使司、都指揮使司及屬衞均設置，且爲各該單位之主吏，清無此名色。史記「酷吏傳」：「用廉爲令史。」通典、職官典「尚書、歷代都事主事令史」：「令史，漢官也。後漢尚書令史十八人，曹有三人主書，後增劇曹三人，合二十一人，皆選於蘭臺符節簡練有吏能者爲之。其尚書郎，初與令史皆主文簿，其職一也。郎缺，以令史久次者補之，光武始革用孝廉，孝廉恥焉。舊制，尚書郎限滿，補縣長，令史補丞尉。尚書令鄭弘奏曰：職尊賞薄，多無樂者，請郎補千石，令史爲長。帝從之。西晉，令史朝晡詣都座朝，江左唯早朝而已。又賈充爲尚書令，以目疾，表置省事吏四人，尚書置省事，自此始也。其品職與諸曹令史同。晉宋蘭臺寺正書令史，雖行文書，皆有品秩，朱衣執板給書僮，孔顗爲御史中丞，坐鞭令史，爲有司所糾。梁陳與晉同。後魏令史，亦朱衣執笏，然謂之流外勳品。北齊尚書郎判事正令史側坐，書令史過事，令史皆平揖，郎無拜。自隋以來，令史之任，文案煩屑，漸爲卑冗，不參官品。煬帝以四省三臺，皆曰令史，九寺五監諸衞府，即皆曰府史，於時令史得官者甚少，年限亦賒。（繆全吉）

以色列 (Israel) 政黨

以色列最近一次之大選於一九六五年十一月二日舉行，各黨席次分配如下：

(1)聯合黨	(Coalition, "Mapai and Achdut Ha'avoda")	四五席
(2)加合黨	(Gahal, "Herut Movement and Liberal Party")	二六席
(3)國教黨	(National Religious Party)	一一席
(4)納非黨	(Rafi, "Israel Labor List")	一〇席
(5)馬派門黨	(Mapam, "United Workers Party")	八席
(6)獨立自由黨	(Independent Liberal Party)	五席
(7)亞加達以色列黨	(Agudat Israel)	四席
(8)阿拉伯黨	(Arab Lists)	四席
(9)新共產黨	(New Communist Party)	三席
(10)波奈亞加達以色列黨	(Po'alei Agudat Israel)	二席
(11)哈阿拉赫茲黨	(Ha'olam Hazeh, "New Force")	一席
(12)以色列共產黨	(Israel Communist Party)	一席
總計		一二〇席

上表統計說明國會十二個政黨中無任何一黨之議席超過總席次之半數，故組織多黨聯合內閣乃勢所必至。以色列現內閣即由聯合黨、阿拉伯黨、國教黨、馬派門黨、獨立自由黨與波奈亞加達以色列黨聯合組成。此等黨派共擁有國會一二〇議席中之七五席。其他黨派則爲反對派，而最大之反對黨則爲加合黨。

上列組織聯合內閣之黨派中，以提倡社會主義之聯合黨之勢力最大。共黨之勢力微不足道，新共黨與以色列共黨合計僅在國會中佔有四席。（郎裕憲）

出版自由 (Freedom of Publication)

出版自由係人民對於政治社會經濟文化諸種公共事務，得以出版品來發表意見；出版品的刊印及發行不受非法的干涉。出版自由實以「出版」爲中心問題，所以世人又稱出版自由爲刊行自由 (liberty of printing)。出版的意義，依我國出版法第一條之所示，乃指用機械印製或化學之方法所印製而供出售或散佈之文書圖畫而言，如新聞紙、雜誌、圖書等，均屬出版品。

各國對於出版品的管理有二種制度，一爲預防制 (preventive system)，一爲追懲制 (repressive system)。預防制是指政府恐怕人民濫用出版自由，所以採事前干涉的措施，就是在出版品未出版以前，即已受政府機關的干預。預防制之中，又得別爲四種：即(一)檢查制 (censorship)、(二)特許制 (charter)、(三)保證金制 (cautionnement)、(四)報告制 (report) 是。採用檢查制者，凡出版品於出版之前，應經政府機關檢查核准後，才得出版。採特許制者，報章雜誌的出版雖不受檢查，但其創辦，須領得政府機關的出版執照，始能成立。採保證金制者，在報章雜誌創辦時，須繳納規定數額的保證金，以保證將來言論之不致違法。採報告制者，則在出版之初，須報知政府機關，以便注意，但無須預得許可。以上爲預防制中的概要。追懲制則與預防制相反，凡出版品在出版以前，毫不受政府機關的干預，僅於出版之後，有違法情事，才受法律的制裁，即違法之後，才受懲戒，所以稱之爲追懲。

我國目前對於出版品的管制，依民國四十一年頒行的出版法之規定，是兼採許可制與審查制。具體說來，對於新聞紙雜誌及發行書籍或其他出版品之出版業是採許可制，所以該法第九條明定：「新聞紙或雜誌之發行，應由發行人於首次發行前塡具登記聲請書，呈經該管直轄市政府或該管縣（市）政府，轉呈省政府核與規定相符者，准予發行，並轉請內政部發給登記證，前項登記手續各級機關均應於十日內爲之，並不收費用……」。第十七條又規定：「發行書籍或其他出版品之出版業應依第九條第一項第二項之規定聲請登記……」。但機關學校團體及著作人或其繼承人代理人出版發行書籍或其他出版品者不適用第十七條……之規定」（第二十條），是卽不用聲請登記，是爲許可制中的例外規定。至於「出版品之爲學校或社會教育各類教科圖書發音片者，應經教育部審定後方得印行」（第二十二條），就是說這些圖書發音片是採用審查制。此外，水陸地圖的印行，則應經內政部的審查核准，始得爲之。

出版自由固應受法律之保障，但這一自由權的行使亦有一定的限度。換言之，出版自由也是要受法律限制的。這種限制得區別爲三：㈠爲國家安全而設的限制：出版法第三十三條明定出版品不得有「觸犯或煽動他人觸犯內亂罪外患罪」的記載。何謂內亂罪？依我國刑法第一百條規定：「意圖破壞國體，竊據國土，或以非法之方法變更國憲，顚覆政府，而着手實行者……」爲內亂罪。所謂以非法之方法，違法的出版亦屬其一，所以用非法的出版品而圖顚覆政府者，乃構成內亂罪，應處以刑。何謂外患罪？刑法第一百零九條以「洩漏或交付關於中華民國國防應秘密之文書圖畫、消息或物品者……」爲外患罪之一，所以出版品有洩漏國防秘密的記載卽構成外患罪，應予處刑。此外出版法第三十五條復明定：「戰時或遇有變亂或依憲法爲急速處分時，得依中央政府命令之所定，禁止或限制出版品關於政治軍事外交之機密，或危害地方治安事項之記載」，爲了國家的安全，這種禁止或限制是理所當然的。㈡爲社會公益而設的限制：出版法第三十三條第二三兩款規定：出版品不得有「觸犯或煽動他人觸犯妨害公務罪妨害投票罪或妨害秩序罪」，「觸犯或煽動他人觸犯褻瀆祀典罪或妨害風化罪」的記載；凡此規定，均與刑法第一百五十三條的命意相當。至於「出版品不得登載禁止公開訴訟事件之辯護」（第三十四條），則與國家安全，社會公益，均有關係，自應加以禁止。㈢爲保障個人權益的限制：凡有利用出版品以侵害個人權益者，自應予以處罰；刑法第三百十條明定：「意圖散佈於衆而指摘或傳述足以毀損他人名譽之事者爲誹謗罪……」應處以刑，而「散佈文字圖畫犯前項之罪者……」加重其刑。惟「對於所誹謗之事，能證明其爲眞實者，不罰，但涉及私德而與公共利益無關者，不在此限」。且「對於已死之人，犯誹謗罪者」（第三一一條）亦應科刑，這些都是爲保障私人權益而設的。此外出版法又規定私人有請求更正的權利。該法第十五條明定：「新聞紙或雜誌登載事項涉及之人要求更正或登載辯駁書者，在日刊之新聞紙應於接到要求後三日內更正或登載辯駁書。在非日刊之新聞紙或雜誌，應於接到要求時之次期爲之，但其更正或辯駁書之內容顯違法令或未記明要求人之姓名住所，或自原登載之日起逾六個月而始行要求者，不在此限。更正或辯駁書之登載其版面應與原文所載者，相同。」至於更正或辯駁書之登載不得違反出版法第三十三條至第三十五條的限制，自不待論。（羅志淵）

功利主義 (Utilitarianism)

廣義而言，功利主義乃指一切以行爲的結果來衡量行爲是非的學說。古今中外都不乏其例，我國古代申韓的思想，兩宋重經世致用諸士之論說，便具有充分的功利主義色彩；西方古希臘的哲人派，依璧鳩魯派(Epicureans)，以及近代經驗主義諸思想家的政治理論，也是一樣。他們大致都相信，行爲的是非，決定於能否實現個人或社會的需要爲斷。

狹義的功利主義乃專指英國邊沁（1748－1832）爲首的功利主義（見「邊沁」條）。邊沁相信，人人都追求快樂避免痛苦，人類的一切言行思想都受制於此趨樂避苦的自然慾望，凡能增加快樂減少痛苦的便是好的，就是善；反之，便是壞的，就是惡。因此，行爲的是非決定於能否具有增加快樂減少痛苦的功用，這也就是邊沁所謂的「功利原則」(principle of utility)，所以中譯也有稱邊沁的學說爲「功用主義」，「功效主義」，或「效用主義」的。

不過，苦樂只有個人才能感受，所以，政治行爲的標準在求「最大多數人的最大量樂」。邊沁並相信苦樂只有量的不同，並無質的差異，因此，可以量化計算，建立道德科學，藉立法以達「最大多數人的最大量樂」之目的。

我國儒家強調「正其誼不謀其利，明其道不計其功」，英國當時的傳統觀念也大致相似。邊沁倡功利決定道義之說，自然會受到很大的攻擊。何況他還強調苦樂並無質的差異。而凡快樂都是好的，都是善，則聲色犬馬之樂豈非也是好的，也是善了。所以後來約翰穆勒 (John S. Mill) 乃加以修正，一方面仍然相信邊沁的功利原則，他方面却認爲快樂有質的高下了。但快樂一旦有了質的差異，邊沁的道德科學固然失去了基礎，並且實際上等於否定了唯快樂是善的信念了。（朱堅章）

加拿大 (Canada) 政黨

加國政黨係先有地方組織，然後有全國組織；而且地方組織健全，全國組織僅爲地方組織之鬆弛聯合體。自一八七八年迄今，均由保守與自由兩黨輪番執政，故爲兩黨制。惟自一九二一年起出現第三黨，致使兩黨多次組閣均曾借助於第三黨，亦有認爲係多黨制者。

自由黨 (LP) 現爲執政黨，以都市中天主教徒、法語系加籍公民、與所謂少數民族爲基礎，尤對青年及中年人更具魅力。並以魁北克、昂大略、與大西洋若干省區爲根據地，在西部各省中之力量仍甚脆弱。過去主張：加拿大自主，自由貿易，重視農民利益，與加强法國聯繫。目前政策：謀求全民經濟福利，培養實業環境，實施社會福利政策，建立美加友善關係，與支持聯合國及集體安全體系。領導人物杜魯道於一九六八年四月接替皮爾遜 (Pearson)。

保守黨(CP)乃最早之執政黨。以農民、新教徒、英語系加籍公民、與年長人士爲骨幹。並以諾瓦史柯復、麥尼托巴、薩斯克奇旺、阿日北塔等省爲根據地，於西部草原地區亦有堅强據點。主張：中央集權，高關稅（邇來有支持互惠低關稅之傾向），與加强英加之聯繫。具有濃厚國家主義。惟於公共所有權及社會安全制度，與自由黨並無軒輊。狄芬柏克 (Diefenbaker) 爲該黨領袖甚久，現由斯坦斐(Stanfield)繼任。

新民主黨(NDP)其前身合作共和聯盟(CCF)係由民主社會主義者所組成，一九六一年八月與勞工委員會(CLC)相聯合乃有今名。一九三五、一九六二、一九六三、及一九六五年等四屆國會均有其議席。以農工商各界中上層社會人士爲骨幹，並以哥倫比亞、昂大略、與麥尼托巴三省爲根據地。其宗旨從一九三三年越基拿宣言與一九五六年文宜別格宣言足以見之。綱領：(一)以計劃經濟救治資本主義之窮；(二)改善社會福利，並透過文化與娛樂之途徑使人民生活更臻安適；(三)排除外洋對本國工業之控制；(四)拒斥中立主義；(五)減少對美國之依賴；(六)支持非核子防衞政策。主席卜克 (E. Park)。

社會信任黨 (SCP) 一九三五年成立於 Alberta 省，其後一直支配該省省政。綱領：(一)支持民營企業；(二)重視國家主權；(三)力主與聯合國合作；(四)拒斥世界政府思想。除一九五八年外，各屆國會均有其議席。主席湯姆遜(Thompson)。

復興黨 (RP) 乃由魁北克社會信任黨之國會議員於一九六三年分裂而成。支持信任黨之理論，但拒絕湯姆遜之領導。主張魁北克有更大自治權。一九六五年之選舉贏得國會中九個議席。領袖克奧特 (R. Caouette)。（談子民）

加彭 (Gabonese Republic) 政黨

加彭共和國 (Gabonese Republic) 原爲法國保護地，於一九六〇年八月七日始獲得獨立。現有下列兩個政黨。

(一)加彭人民民主集團 (Bloc Democratique Gabonais)：加彭人民民主集團簡稱 BDG，爲該國最大之政黨，亦係目前之執政黨。其創始人爲前總統莫巴 (Leon M'Ba)。該黨爲親法人士所組成的聯合陣線，對內以團結、正義、工作等獨立信念爲其奮鬥的座右銘，對外則主張和法國保持聯繫，並與同屬法蘭西國協 (French Community) 之赤道非洲國家締結經濟、技術及關稅同盟。該黨自獨立以來，一直執政至今。在莫巴領導下，曾於一九六七年大選時囊括了國民議會所有之四十七個議席。同年十一月莫巴逝世，由現任總統彭哥出任領導該黨。

(二)民主組織保衞黨 (Parti Pour La Defense des Institutions Democratiques)：該黨爲政府的反對黨，但一直未能得勢。在一九六七年大選中更是全軍盡滅，一個議席未得到。（袁頌西）

卡萊爾 (Carlyle, Thomas, 1795-1881)

英國文學家，史學家兼哲學家，出身貧寒，畢業於愛丁堡大學，早年主要依靠寫作度日，生活自不寬裕，到中年才享盛名，改善處境。他的思想頗受德國浪漫主義的影響，相信歷史是英雄所創造，有如偉人的傳記，因而反對民主，視每人一票的平等爲可笑。認爲羣衆必須由英雄偉人來決定他們的命運，羣衆而沒有英雄領導，將會像瘋人一樣地迷失。所以，崇拜英雄偉人不僅對整個社會有益，並且也是羣衆心理所必要。雖然如此，卡萊爾嫌惡工業革命所造成的種種弊端，特別指出工人生活的悲慘，因而強烈反對功利主義的放任思想。不過，卡萊爾並沒有提出任何改革計劃，依舊寄望於偉人英雄。他的最有名的著作是「英雄與英雄崇拜」(Heroes, Hero-Worship, and the Heroic in History, 1841，商務有中譯本)（朱堅章）

古巴 (Cuba) 政黨

西班牙殖民者非特嚴防古巴政黨之發展，並强烈反對殖民地之代表制，惟流亡中之馬狄 (Marti) 於一八八〇年以前即建立古巴革命黨。自一九〇〇年至一九三三年之政治力量有三：㈠哈瓦那國家主義者經溫和派演變為保守派；㈡聖地克勒拉共和人士演變為自由派；㈢民主聯盟。

自一九三三年革命至一九五五年，雖產生三種新興力量：陸軍、哈瓦那大學指導委員會，與有組織之工人。惟以急進國家主義者與陸軍之抗爭為主體。革命後首屆政府為急進國家主義者馬丁 (Martin) 所推翻。翌年一月陸軍士官柏狄斯達(Batista)逼馬氏辭職，成立柏氏傀儡政府，六易總統。柏氏以工運領導人與陸軍為工具，紛碎一九三五年總罷工，其後二年修正其政策：㈠確立三年社經發展計劃；㈡承認共產主義者為合法，並准其組織革命同盟黨 (PUR)；㈢制訂一九四〇年新憲法。柏氏並以制憲之譽望當選總統。一九四四年馬丁得力於其前十年建立 Auténtisos 黨之支持，擊敗柏氏所支持之候選人而當選總統。其後四年則由馬氏同黨執政。一九五四年選舉，柏氏再作馮婦。

一九五五至五九年係陸軍與共產黨由抗爭而搏鬥，終於成為共產獨裁政權。古巴共產黨成立於一九二五年，曾於一九三八、五三與五九年三度宣佈為非法，Marinello 與 Guillen 為其先後領導人。卡斯楚因襲擊 Moncada 兵營下獄。一九五五年五月大赦獲釋，翌年十一月由墨西哥發動八十六人對 Oriente 南海岸之突擊，登陸倖存者十二人，進行游擊戰，並得哈瓦那大學革命指導委員會所展開都市恐怖之聲援，其他反對柏氏政府之各團體則組成公民反抗運動 (MRC)，為虎作倀。一九五八年柏氏欲藉選舉以謀緩和，惟反抗怒潮已不可遏，翌年一月逃亡。首屆政府乃由公民反抗運動與卡斯楚七二六運動聯合所組成，惟是時卡氏勢盛已可置各尾巴黨派之要求於不顧。一九六一年四月古巴流亡政府進攻 Playa Giron 失敗，卡氏共產政權益固，非特構成美國之嚴重威脅，且為拉丁美洲各國一大禍源。(談子民)

古典自由主義 (Classic Liberalism)

見「自由主義」條。

可資選擇之思想 (Alternative Thinking)

在整個科學思想及推理之中，最重要的條件之一乃是對於現象或事物做窮盡的分析。每一事物皆可從不同之途徑加以研究，每樣事物在不同的環境中亦會有不同之表現。研究一國之政治體系可以從社會、文化或經濟等不同之方向出發，研究一國之外交政策也可以從決策者、國際現況或科學發展等不同之觀點予以分析。凡此種種皆表示各種事物之分析均不止一途。科學研究之重點也在發現這些不同之途徑，而使發現不致因思想之狹窄而有所不實。因之研究者在研究一項事物之時，須隨時提高警覺，如何在某項理論之外發現同樣可資選擇之理論 (alternative)，這是科學研究之重要條件，也是成功的學者隨時思索之對象。(魏　泰)

史大林主義 (Stalinism)

史大林為喬治亞皮鞋匠之子，僅受中等教育，雖曾隨列甯工作，任其私人秘書，對黨的理論不如托洛斯基或布哈林等有其獨特的見解。在列甯生時感於俄國工業落後，最大多數人民未受教育，生活貧苦，又無法取得西方國家的援助，不得已採取野蠻的專制手段，以加速模仿西方的物質建設。他的想法是如他對外國記者所說，「用野蠻方法，以打擊野蠻主義」。他的同志說，共產黨擔起的歷史任務，是使用一切專制和極權手段，使一個未開發國家現代化。

這種野蠻的專制手段，到了史大林更是變本加厲，以殘酷手段對付共黨高級幹部，對付被奴役的俄國人，在幾次五年計劃中把一落後的俄國，變成具有威脅性的軍力國家。因此史大林如有對共產主義的個人主張，「一國共產主義」便是史大林主義的主要內容。在列甯逝世之前，只有托洛斯基的威望地位在史大林之上。等到史大林受命為共產黨中央總書記，對黨的各級幹部有影響力時，彼乃提出在帝國主義包圍中，蘇俄可以單獨建立共產主義的主張，以與托洛斯基爭雄。結果托洛斯基失敗而被放逐出國，史大林獨力控制黨與政府，從一九二七至一九五三他死時止，此一長時期蘇俄在共產主義國內與國外的發展，蘇俄的人物與政策方向都可說是這一主義的影響。這一主義在蘇俄國內之主要措施為：

一、使共產黨成為史大林統治的主要工具，黨已變成中央集權和控制一切之官僚機構，具有無限權力。(托洛斯基在一九〇四年即曾對列甯此種構想，作過預言「以共產黨代替勞動階級，黨的組織排除了黨；中央委員會排除了黨的組織；最後是獨裁者把中央委員會放在一邊」。)

二、原有的國家理論已被放棄，以積極的發展國家權力，作爲促成國家凋謝的條件。強化特務和秘密警察，使特工超越黨部，可以任意逮捕中央政治局委員及中央委員。

三、全面強制農業集體化，一次消滅富農三百六十萬人，其目的祇是爲了容易控制糧食的生產。

四、實行工資等差制度，以鼓勵生產。放棄工資待遇的平均主義，指其爲小資產階級的偏差。

五、鼓勵愛國主義和民族主義，抬出彼得大帝，甚至恐怖伊凡，均被稱爲蘇俄英雄。（羅時實）

史瓦濟蘭(Kingdom of Swaziland)政黨

史瓦濟蘭王國 (Kingdom of Swaziland) 原爲英國保護地，一九六八年九月六日獨立。現有下列幾個黨派：

㈠英波柯多國家運動黨 (Imbokodvo National Movement)：該黨現爲史瓦濟蘭執政黨，領導人爲可西尼親王 (Makhosini Dlamini)，黨員多屬當地人民，一九六四年大選時獲得國會十個議席。一九六七年總選中贏得全國廿四個選舉席位及百分之七十九以上之選票。馬克西尼現出任該國總理。

㈡恩溫國家自由大會 (Ngware National Liberatory Congress)：該黨由斯萬博士(Dr. Ambrose Zwane) 所領導。現已得選票百分之二十。該黨主張泛非主義。

㈢史瓦濟蘭聯合協會 (United Swaziland Association)：該黨爲歐洲人所組成的政黨。在一九六四年總選中獲得十六個議席的六席。但一九六七年大選時並未再提候選人。

除上述三黨外，史瓦濟蘭尚有下列幾個小黨：(1)史瓦濟蘭民主黨 (Swaziland Democratic Party)。該黨現已和英波柯多國家運動黨合併。(2)史瓦濟蘭聯合陣線 (Swaziland United Front)。(3)史瓦濟蘭進步黨 (Swaziland Progressive Party)。此三黨在一九六四年與一九六七年兩次大選時均未獲議席。（袁頌西）

右派 (The Rightists)

見「左派」條。

司士

官名，殷天子五官之一，掌羣臣之版。禮「曲禮下」：「天子之五官，曰司徒、司馬、司士、司空、司寇，典司五衆。」注：「衆謂羣臣也，此亦殷時制也，周則司士屬司馬。」周禮、夏官「司士」：「司士，掌羣臣之版，以治其政，…。以德詔爵，以功詔祿，以能詔事，以久奠食。」

司士參軍，官名，北齊士曹參軍爲郡之佐吏，掌工務。唐制，在府爲士曹參軍，在州爲司士參軍，在縣爲司士。通典、職官、州郡總論郡佐「司士」：「司士參軍，兩漢無聞，北齊以後，與功曹同，唐掌管河津、營造橋樑、廨宇之事。」（繆全吉）

司戶

官名，漢魏以下，公府有戶曹掾，主民戶，在州郡爲戶曹史。北齊爲戶曹參軍。唐宋在府曰戶曹參軍，州爲司戶參軍，在縣爲司戶，掌戶口、籍帳、婚嫁、田宅、雜徭、道路之事。元廢。稱謂錄，庫大使「司戶參軍」：「案唐之司戶，不主倉庫，至宋乾道六年，汪大猷乞令司戶專差主倉庫，則與今之庫大使正同。」通典、職官、總論郡佐「司戶」：「司戶參軍，漢魏以下，有戶曹掾，主民戶，北齊以下與功曹同。大唐掌戶口、籍帳、婚嫁、田宅、雜徭、道路之事。」（繆全吉）

司功

官名，唐州府之佐吏，六參軍（司功、司倉、司戶、司兵、司法、司士）之一，府爲曹，州爲司，與漢功曹吏同。通典、職官、州郡、總論郡佐「司功」：「北齊諸州有功曹參軍，隋亦然，及罷郡置州，以曹爲名者，改曰司，煬帝罷州置郡，改曰司功書佐，大唐改曰司功參軍，開元初，京尹屬官，及諸都督府並曰功曹參軍，而列郡則曰司功參軍，令掌宮園、祭祀、禮樂、學校、選舉、表疏、醫筮、考課、喪葬之事。」（繆全吉）

司市

周官名，地官之屬，爲市官之長。周禮、地官「司市」：「司市，掌市之治教、政刑、量度、禁令。」（繆全吉）

司兵

官名，夏官之屬，掌武器，各辨其物與其等，以待軍事。周禮、夏官「司兵」：「掌五兵五盾。」漢代佐吏有兵曹從事史，有兵事則置之，以主兵馬。北齊置兵曹參軍，爲郡佐吏，唐在府爲兵曹參軍，在州爲司兵參軍，在縣爲司兵。通典、職官、州郡、總論郡佐「司兵」：「司兵參事，漢司隸屬官有兵曹從事、史，蓋有軍事置之，以主兵事，至北齊以後，並同功曹，大唐掌軍防、烽侯、驛傳、廄馬、門禁、田獵、儀仗之事。」（繆全吉）

司法院

司法院爲國家最高司法機關，掌理民事、刑事、行政訴訟之審判及公務員之懲戒，並有解釋憲法及統一解釋法律、命令之權。設院長、副院長各一人。設大法官十七人，以大法官會議行使司法院解釋憲法及統一解釋法律、命令之權。院長、副院長及大法官均由總統提名，經監察院同意任命之。司法院設最高法院、行政法院及公務員懲戒委員會。最高法院設院長一人，庭長、評事若干人，爲民事、刑事最高審判機關，行政法院設院長一人，庭長、推事若干人，審理全國行政訴訟事宜，公務員懲戒委員會議委員長一人委員九人至十五人，掌理公務員之懲戒事宜。大法官及大法官會議，詳見「大法官」及「大法官會議」條。司法院由院長綜理院務及監督所屬機關，司法院院長因事故不能視事時，由副院長代理其職。置秘書長一人，承院長之命，處理該院事務。

司法院之制，最早見 國父民國十年「五權憲法」演講詞、及民國十三年手訂之「建國大綱」。民國十七年秋國民革命軍北伐完成，開始訓政，中國國民黨遵照 國父遺教，成立五院制國民政府，十月八日公布中華民國國民政府組織法，設行政、立法、司法、考試、監察五院。十月二十日公布司法院組織法，設司法行政部、最高法院、行政法院及公務員懲戒委員會。司法行政部於民國二十一年改隸行政院，二十三年復歸司法院，三十二年又改隸行政院，行憲後仍其舊，以迄於今。

司法院之職掌及司法行政部之隸屬問題，久爲各方所爭論。司法權之一般通義，指民事、刑事及行政訴訟之審判而言，在訓政以前北京政府時代，民事、刑事之最高審判機關爲大理院，繼改稱最高法院，獨立設置，行使國家司法權。行政訴訟歸平政院，繼改設行政法院，雖組織系統直隸大總統，但依民國元年中華民國臨時約法及民國十二年中華民國憲法之規定，仍屬司法權範圍。公務員之懲戒機關爲文官懲戒委員會，隸屬大總統，則不在司法權範圍。司法行政機關爲司法部，隸國務院，屬於行政權範圍。但 國父所創五權憲法中之司法權，是否亦限於審判，見仁見智，不一其說。訓政時期最初成立之司法院，除設最高法院、行政法院外，同時設司法行政部及公務員懲戒委員會，而司法行政部又兩度改隸行政院。民國二十五年五月五日國民政府公布之中華民國憲法草案，規定司法院掌理民事、刑事、行政訴訟之審判及司法行政。民國三十五年一月在重慶舉行各黨派政治協商會議議定之憲草修改原則，其第四條爲：「司法院卽爲國家最高法院，不兼管司法行政，由大法官若干人組織之。大法官由總統提名，經監察院同意任命之，各級法官須超出於黨派以外。」民國三十五年十一月二十三日經國民政府提送制憲國民大會之憲法草案，規定司法院爲國家審判機關，掌理民事、刑事、行政訴訟之審判及憲法之解釋，另規定司法院設院長一人，大法官若干人，由總統提名，經監察院同意任命之。當時立法院長孫科，代表國民政府主席向制憲國民大會報告憲法草案內容，說明「此種制度（憲草第七章司法）相當於美國之最高法院。」嗣制憲國民大會復將憲法草案修改爲現行條文：「司法院爲國家最高司法機關，掌理民事、刑事、行政訴訟之審判及公務員之懲戒。」及「司法院解釋憲法，並有統一解釋憲法之權。」在憲草審議過程中，曾有修正案多起，主張將司法行政列入司法院職掌，但未獲通過。至此，司法院之職權範圍及司法行政部之隸屬問題，始有法定解答。又按政協修憲原則及憲法草案，司法院卽爲職司審判之最高法院，由院長一人及大法官若干人組成，相當於美國之聯邦最高法院，而稱之爲司法院。其後制憲國民大會將大法官職權修改爲專司解釋憲法及統一解釋法律命令，又將公務員之懲戒，列爲司法院職權，於是司法院之組織體制，除增設大法官外，又大體上恢復訓政時期司法院之舊貫。（仲肇湘）

司法審查制度 (Judicial Review)

政治科學上所稱的「司法審查制度」，「爲美國憲政制度最顯著的特徵」

(Edward S. Corwin 語），也是美國人對政治科學的一大貢獻。簡約說來，所謂司法審查制度乃謂法院於審判訟訴案件時，對於所涉及的法令得予以審查其是否與憲法精神相符；倘與憲法義理相悖，則法院得認定這一法令為違憲 (unconstitutional)，否認其效力而拒絕適用。法院所得審查者既為法令，則不以國會制定的法律為限，而總統的行政措施亦在其列。所謂法律亦不以聯邦法院為限，各州法院亦包括在內。申言之，聯邦各級法院得宣告與聯邦憲法相悖的各州法律或聯邦法律為違憲，從而否認其效力並拒絕適用。各州各級法院得依據聯邦憲法宣告違反聯邦憲法之聯邦法律為無效，並得依據聯邦憲法或州的憲法宣告違反該憲法義理之州的法律為無效。最後決定法律是否與聯邦憲法相衝突者則為聯邦最高法院。至於美國法院之有法律審查權，並非憲法所授予，憲法本身並無明文涉及司法審查制度。美國關於這一制度的根源，常推闡憲法第三條第二項的涵義，或演繹憲法第六條的規定。然而凡此立論，終屬附會之說。一七八七年制憲會議對於法律審查事宜，已多所體認。漢密爾頓 (Alexander Hamilton) 於聯邦論集 (The Federalist) 第七十八節力言法院審查法律之重要，並極力辨析法院審查法律，絕無司法權優於立法權之意。漢氏謂有一義理亟且澄清者，即委任機關的每一法律違反所受委任之要旨者無效。所以世無立法機關制定違反憲法的法律能視為有效者。否認這一義理則將肯定代表大於其本體，傭役超越於主人，人民代表優於人民自身，代行職權之人不但可為並未授權之事，而且可為授權者所禁止的行為了。漢氏更進一步認為，如果說立法機關本身即是其權力的裁判者，且其解釋對其機關即為最後的解釋，則這一說法是不合自然的論斷，也非依憲法規定的立場。是乃無異說，憲法立意是使人民代表以其自己的意思 (will) 以替代其選區的意思。較為合理的說法是認定法院乃為人民與議會兩者間所設立的中間機關，以期使議會能遵守其所應受的限制。法律的解釋乃為法院正當且特殊的職權。憲法必須是由法官視為基本法。所以斷定憲法的意義，以及論斷立法機關制定之法律的意義之權必須屬於法官，假如憲法與法律之間產生了不相稱的歧異，則具有較高責任和效力者自然應該優先，或則易言之，憲法應優先於法律，亦即人民的意思優先於其代表的意思。這一論斷並沒有假定司法權是優越於立法權。它只假定人民的權力是優越於司法權和立法權兩者；遇有立法機關表現於法律上的意思與人民代表現於憲法上的意思相反時，則法官只有遵從人民的意思，而不受議會意思的拘束。亦即法官應依基本法以裁判案件，而不從非基本法以判決。漢氏這一說法，頗衷於理。此外更有認定為確保聯邦制度、分權制度、及維護人民權益，應予法院以法律審查者，為說亦是。惟有應注意者，美國法院之有法律審查權，非依據理論推闡而為的安排，乃緣於歷史發展的事實。按一七八〇年新澤西邦最高法院樹立法律違憲無效的原則，一七八二年維基尼亞判決法律違憲為無效，一七八六年羅德島最高法院宣告該邦的紙幣法為無效，而翌年之春北卡羅林納邦最高法院宣告一種集會法為無效，理由是因它違反邦聯協約。迨一八〇三年聯邦法院審理馬寶利控告麥德遜案 (Marbury V. Madison) 中，宣告違背聯邦憲法的一七八九年國會制定之司法條例為無效，是為聯邦法院行使解釋憲法權之始。至於美國法院解釋憲法的程式言之，各級法院並不自動解釋憲法，也不自行去審查各種法律。法院之解釋憲法，必限於某項法律公布後，因該法之施行，某人之實際法益已受或將受侵害時，提起訴訟，法院受理訴訟後，始進行審查法律是否違憲，苟無訟案發生，法院絕不自行審查法律。審查結果，倘發覺法律違憲，則不依之以定讞，是即法院只否認違憲法律對於本案之效力，但不撤銷這一法律，是則法律本身仍然存在，但不為法院所適用了。

（羅志淵）

司法權 (Judicial Power)

現代所謂的司法權乃意謂法院或法官適用法律於某一訟爭或事件之上，以求得公平的判決或合法的處理。立法權與司法權性質的歧異，顯而易見，無待申論；惟行政權與司法權的性質有似是而非之處，應予辨析，蓋行政權與司法權均具有適用法律的性質，惟兩者有根本不同之點：一則行政權之適用法律係屬一般性，即依法律所賦與之職權，普遍推行於全國，以謀全國人民的福利；司法權之適用法律係屬個別性，即依據法律對於某一特定案件，或為之審判，或加以處理，其結果只及於某案有關的當事人。二則行政權的行使應具有自動自發的精神，於法定範圍內積極地推行福國利民的政策，所以行政權是屬積極性的權力；司法權則素守「不告不理」的原則，惟以發生訟爭或有某種事件申訴於法院之後，法院始依據法律，針對案情，為之裁判，或加以處理，所以司法權是屬消極性的權力，絕不會自動的去找案來辦。三則行政權的行使分別由各級行政機關擔當，並且十分注意於指揮體系，即各級行政機關發揮層層節制監督的作用。司法權的行使則着重於各審級的獨立精神，即在法院組織的體系上固有地方法院、高等（上訴）法院、最高法院之別，但各級法院行使司法權，都是各自獨立的，關於審判事宜，上級法院不能指揮下級法院。當事人對於下級法院的裁判倘有不服，得依法定程序逐級上訴至最高法院。上級法院處理上訴案亦各自獨立審判，或發還原審級法院更審，不得對下級法院有所指揮。四則行政機關的組織大都採用獨任制，因而行放權責最後是由首長一人擔當，亦可以說在採用獨任制的行政機關中是由首長一人行使政權；司法機關的組織表面上亦有院長之設，以爲一院的代表，但院長只作對外代表本院，對內處理行政事務，而司法權中最重要的審判權，除地方法院對於普通案件以獨任庭審理外，地方法院中的重大案件以及高等以上法院的審訊案件，大都是採用合議庭，卽以多數法官共同會審，並以會議決定宣判，所以行政權的行使方式多採用獨任制，而司法權的行使方式則多出之於合議制。至就司法權的範圍說，固然法院以審判民刑訴訟乃至於行政訴訟及選舉訴訟案件爲最主要的任務，但除審判訟案以外，還有其他種種任務。最明顯的，各國法院大都要辦理非訟事件，如財產登記、公證結婚、發給執照、委派監護人與保管人、檢驗遺囑、處置死者遺產、頒發禁止令及其他各種令狀，以及提存等，均屬非訟事件的顯例。其次，在英美兩國法院尚有「宣告判決」(declaratory judgment)，卽遇有利害關係的各方詢問法院的意見，法院得不經開庭審問形式卽逕行宣布是非和法律規定的情形。再其次英美兩國法院均有提供諮詢意見的任務，如英皇得向樞密院司法委員會徵詢法律意見，英國貴族院關於法律問題得徵詢任何法官的意見，凡此徵詢，均應提供答覆。美國除聯邦法院自開國之初以來不提供答覆徵詢意見外，各州法院對於州長徵詢法律意見，多提供答覆。在加拿大，最高法院對於總督經參政會議同意所諮詢的法律問題，有貢獻意見的義務。其他各國法院亦多有提供答覆者。此外，美國及若干國家的法院尚有憲法解釋權（見司法審查制）。抑有進者，近代分權論者之所以亟亟主張司法權之應獨立，蓋欲藉此以擺脫司法之受立法和行政兩權之干涉。固然，英國的貴族院仍爲聯合王國的最高上訴機關，行使着最後判決的司法權；英國樞密院司法委員會仍受理英國各殖民的上訴案，行使着最後終審的裁判權，但這種以立法機關、行政機關行使司法權究屬英國歷史遺留下的特例，實不足爲訓。大體言之，各國之言司法權者，莫不強調司法權之不受立法權或行政權的干與，以期司法的獨立。所謂司法獨立，或法官獨立，乃爲審判獨立之謂。審判獨立，非謂法官不受任何拘束，而意在法官成爲中立的仲裁人，不必顧慮到政治關係，單憑客觀的法律，以作客觀的審判。欲貫徹審判獨立的主旨，則有不可不備之條件三：一則法官須超出黨派之外，不受政黨政治的影響，才能依據法律，獨立裁判。我國現行憲法第八十條云：「法官須超出於黨派以外，依據法律獨立審判，不受任何干涉」，正所以確保我國審判的眞正獨立。至於所謂「超出黨派」的命意，並非謂曾有黨籍者不得擔任法官，乃指已任法官之後，則不得參加政黨活動，應擺脫政治關係，庶幾可以超然態度，公正審判案件。二則法官之任用應以公開選拔方式行之，以免法官在人事上受到不良影響。按之各國法制，法官任用方式有三：㈠法官由立法機關選舉。例如，今日瑞士聯邦法官是由聯邦議會選舉，美國羅得島、威爾曼、南卡羅林納及維基尼亞四州的法官是由各該州議會選舉。㈡法官由人民選舉，例如法國於一七九〇年至拿破崙執政之前，採行此制；目前美國各州法官仍多出自民選；瑞士各郡最下級法院之法官亦由民選。㈢法官由行政機關任用。例如美國聯邦最高法院法官由總統提名經參議院同意任用之，美國有少數幾州法官由州長提經州議會或州參議院同意任命。我國法官雖由政府任命，但依法院組織法第三十三條第一款之所示，必須「經司法官考試及格者」，始得合格任命（當然尚有其他資格得被任爲法官），是則我國法官之正常任用方式，實採取公開競爭考試辦法，全憑法學知識以獲選，摒絕政治關係與人情作用的因素，由是以出任法官者自可以超然身分，獨立審判。與法官人事相關聯者，卽其任期與薪俸應有充分保障，我國憲法第八十一條規定：「法官爲終身職，非受刑事或懲戒處分或禁治產之宣告，不得免職，非依法律，不得停職，轉任或減俸」；蓋必如是，法官始可免於患得患失之心，而得獨立行使職權；並可免生活壓迫以遂行其所志。三則切實施行各審級法院獨立審判，嚴禁上級法院以不良作法影響下級法院的審判；恪遵上訴程序的規例，庶可貫徹審判獨立的精神。（羅志淵）

司空

官名。周禮冬官大司空，掌水土之事，爲六卿之一。秦無司空，置御史大夫，掌監察。漢初因之，至成帝綏和元年，始更名御史大夫爲大司空，祿比丞相，爲三公之一。哀帝建平二年，復爲御史大夫，元壽二年，又爲大司空。後漢初爲大司空，光武建武二十七年去大爲司空。獻帝建安十三年，復罷司空，置御史大夫。魏又置司空。其後歷代皆有之；至後周爲多官，謂之大司空卿。隋及唐以司空爲三公，惟不常置；五代亦然。宋初以司空爲三公，徽宗政和二年，罷之。元三公不常設。明制：三公內無司空，故無生拜者，亦無追贈者。清亦不設司空，惟後人或稱工部尚書爲大司空。（周道濟）

司直

西漢丞相府的監察官，如漢書百官表云：「武帝元狩五年，初置司直，秩比二千石，掌佐丞相舉不法。」東漢初年，司直在司徒府，助司徒督錄諸州郡所舉上奏，司直考察能否，以徵虛實，後廢此官。後魏永安二年，置司直十人，隸廷尉，位在正、監上，不署曹事，唯覆理御史檢劾事。北齊、隋因之，隋初置十人，煬帝置十六人。唐代司直設於大理寺內，共六人，從六品官，「掌出使推按，承制推訊。」（唐書百官志）太子東宮官中，也設司直一人，「掌糾劾宮僚，及率府之兵。」（百官志）宋亦置司直，仍設於大理寺內，佐大理寺卿，審斷天下之罪案。（楊樹藩）

司倉

官名，漢代爲郡屬吏，掌倉庫，亦稱倉曹史。北齊爲倉曹參軍。唐制，在府爲倉曹參軍，在州爲司倉參軍，縣爲司倉。通典、州郡、總論郡佐「司倉」：「司倉參軍，兩漢有倉曹史，主倉庫，北齊以下，並同功曹，大唐亦掌倉、廩、庖廚、財物、廛市之事。」稱謂錄、倉場「司倉」：「隋書食貨志：司倉辦九穀之物。」（繆全吉）

司徒

官名。周禮地官大司徒，掌邦教，爲六卿之一。秦置丞相，省司徒。漢初因之，至哀帝元壽二年，罷丞相，置大司徒，與大司馬大司空並爲三公，同爲宰相。後漢仍之，初爲大司徒，光武建武二十七年，去大爲司徒，凡國有大疑大事，則與太尉司空通而論之。獻帝建安末爲相國。魏文帝黃初元年，又改爲司徒。晉司徒與丞相通職，更置迭廢，未嘗並立，至懷帝永嘉元年，始兩置焉。宋司徒亦與丞相並置。齊司徒之府，領天下州郡名數戶口簿籍。梁罷丞相置司徒。陳亦有司徒。後周以司徒爲地官，謂之大司徒卿。隋唐司徒，復爲三公，唯不常置，五代亦然。宋制，授司徒，始得遷太保，或再加太尉；徽宗政和二年，罷之。元或置或不置。明三公三師內無司徒，故生授者無此官，追贈者亦無此爵。清亦無司徒，惟俗稱戶部尚書爲大司徒。（周道濟）

司書

周官名，天官之屬，主計會之簿書，爲司會之副，即後之書記。周禮、天官、序官「司書」：「司書掌邦之大典，八灋、八則、九職、九正、九事、邦中之版、土地之圖。」注：「司書，主計會之簿書。」（繆全吉）

司馬

見「大司馬」條。

司理

官名，掌刑法之事。元廢，明後俗稱推官爲司理。揚雄「廷尉箴」：「獄臣司理，敢告執謁。」晉書「刑法志」：「夫刑者司理之官。」文獻通考、職官考、錄事參軍「司理」：「五代以來，諸州皆有馬步獄，以牙校充馬步都虞侯，掌刑法，謂之馬步院。宋太祖慮其任私高下其手，開寶六年，始置州司寇參軍，以新進士及選人爲之。後改爲司理，掌獄訟勘鞫之事，不兼他職。」事物紀原，撫字長民部「司理」：「漢公府有決曹掾，主罪法事，通典以爲法曹之職。白氏六帖則云：魏置理曹掾，蓋法曹也，即今司理之任。舊制：諸州有馬步院，及子城院，主禁繫訊獄。張緒續錦里耆舊傳曰：開寶六年秋，勅改馬步院爲司理院。廢馬步都虞侯，除文資爲司理參軍。成都雄藩一十六處置左右馬。子城院不得禁繫公事。呂夷簡三朝寶訓曰：太祖開寶六年，謂近臣曰：諸州馬步判官，比來止選牙校爲之，刑獄人民所繫，當選士流任之，蓋自始置司理之官。」（繆全吉）

司農

官名。秦設治粟內史。漢因之，景帝後元年，更名大農令，武帝太初元年，更名大司農，掌錢穀之事，爲九卿之一。王莽改大司農爲羲和，後又改爲納言。東漢復為大司農。按：秦漢之治粟內史或大司農乃主管國家財政之官，與其時之少府及水衡都尉掌理天子之私財者有別。魏文帝黃初元年，改大司農為司農。晉初因之，渡江，哀帝末，省司農併都水，孝武復置。宋齊梁陳皆有司農。後魏曰大司農。北齊曰司農寺，置卿及少卿，掌倉市、薪米、園池、果實。隋與北齊大率同。唐司農曾改名為司稼，有卿及少卿。宋元亦時設司農寺。明初，置司農司，未幾廢，悉以其所掌歸戶部。清亦以戶部司漕糧田賦，故俗稱戶部尚書為大司農。（周道濟）

司憲

後周改御史臺曰司憲，屬秋官府，唐龍朔中，曾改御史大夫為大司憲，改御史臺為憲臺，咸亨元年復舊。（楊樹藩）

司隸

周時官名，「掌五隸之法」，（所謂五隸者，即罪隸、四翟之隸是。）並帥其民而捕盜賊。（通考職官）漢武帝征和四年，初設司隸校尉，持節從中都官徒千二百人，捕巫蠱，督大姦猾，後罷其兵，命其專察三輔（即京兆尹、左馮翊、右扶風三郡）、三河（河內、河南、河東三郡）、及弘農諸郡。元帝初元四年，去節。成帝元延四年省其官，綏和二年，哀帝復置，去「校尉」稱號，但名「司隸」。後漢光武時，復置司隸校尉一人，秩俸為比二千石。專察河南尹、河內郡、河東郡、弘農郡、京兆尹、左馮翊、右扶風等七郡，其治所設於河南洛陽。其職無所不糾，惟不察三公，其部屬有從事史十二人：一為都官從事，主察舉百官犯法者；二為功曹從事，主州選署及眾事；三為別駕從事，凡校尉行部，則奉引錄眾事；四為簿曹從事，主財穀簿書；五為兵曹從事，主兵事。餘為郡國從事，每郡一人，共七人，主督促文書，察舉非法。以上諸從事，皆由司隸校尉自行任用，秩俸通為百石。魏晉時司隸與兩漢同。後周有司隸下大夫之設，掌五隸及徒者。隋煬帝置司隸臺，設有大夫一人，掌諸巡察。（楊樹藩）

司禮

官名。㈠「司禮」為唐龍朔時「禮部之改稱。高宗龍朔二年，嘗改禮部為司禮，禮部尚書為司禮太常伯」（見舊唐書職官志、新唐書百官志），旋復舊稱。㈡「司禮」為明「司禮監」之簡稱。太祖設置之初，僅掌宮廷禮儀，有提督太監、掌印太監、秉筆太監、隨堂太監等員。以後權任日重，「掌印太監掌理內外章奏及御前勘合，秉筆太監、隨堂太監掌章奏文書，照閣票批硃」（明史職官志），外廷宰輔，受命唯謹而已。以是國家決策之權，悉操宦官之手，為禍之烈，史所僅見。（芮和蒸）

四民

古時社會人民四種階級，即士農工商也。書，「周官」：「司空掌邦土，居四民，時地利。」傳：「冬官卿，主國空土，以居民士農工商四民。」穀梁傳「成元」：「古者有四民，有士民，有商民，有農民，有工民。」國語「齊語」：「四民者勿使雜處。」注：「四民，謂士農工商。」管子「小匡」：士農工商四民者，國之石民也。」漢書「食貨志上」：「士農工商四民有業，學以居位曰士，闢土殖穀曰農，作巧成器曰工，通財鬻貨曰商。」小學紺珠，人倫類「四民」：「士、農、工、商。」（繆全吉）

外交權

外交為國家主權的對外運用，其表現途徑，通常為交換使節，締結條約，及宣戰媾和。除宣戰特別作說明外，媾和的外交，主要為交戰國間戰爭狀態之終止，而一般多以締結和約的方式出之。至於交換使節，乃象徵國家間外交關係的存在。依照國際法慣例，使節之派遣，雖須預先徵得駐在國對行將出使者的同意，但除非有特殊情形，則國家元首之接受外國使節，亦初不過為一種外交儀節而已。故於此所要進一步說明的，僅以締結條約為限。

條約乃國家間的契約。各國對於條約之締約，咸以行政機關司理其事。然而由於一般國家皆承認條約具有國內法的效力，同時條約之締結，不但直接影響國家的榮譽，亦且間接影響人民之權益，故而各國對行政機關之締結條約，類須受到議會的限制。像英國、西德、西班牙、及印度等，其行政機關之締結條約，雖不直接受議會的牽制，但條約的內容，若涉及增加國民財政負擔，或變更現行法律，或須議會另行通過執行條約的法律，始克履行時，則若非得到議會核可，議會實不難以消極的反對方法，使條約無從履行。故西德基本法規定，總統之締結條約，若規定聯邦政治關係，涉及聯邦立法事項者，須以聯邦法律之形式，且經聯邦立法機關之同意或協贊爲之（第五九條）。若條約之內容與某邦有特殊關係，尚須於締結前，徵求該邦之意見（第卅二條）。法國第五共和憲法亦規定，凡條約之有關於媾和、通商、國際組織、個人權利、領土之讓與交換合併、影響國家財政、及變更國內法律者，非經立法程序之批准或認可，不生效力（第五三條）。

以上是說明有的少數國家，其行政機關之締結條約，在形式程序上，雖無須由議會批准，但實際上仍必須獲得議會的默許和支持。像西德和法國，一般的條約，雖可由行政機關單獨締結，但具有特定內容的條約，則仍須經由議會的同意協贊或批准。至於多數國家，行政機關之締結條約，則均須經由議會批准後才能生效，不過有的僅須由上院批准，如美國、墨西哥、菲律賓、及賴比瑞亞等；有的則須由議會兩院同時批准，如奧地利、日本、阿根廷、比利時、荷蘭、丹麥等。瑞士憲法更規定，一般條約須經兩院批准（第八十五條），而條約若不規定有效期限，或期限在十五年以上者，不但須經國會批准，若有三萬公民或八邦之要求，尚須提交公民複決（第八九條）。我國憲法規定，總統締結條約（第卅八條），須經行政院會議議決（第五八條），及立法院之通過（第六三條），若條約涉及國家領土之變更，則尚須提交國民大會批准（第四條）。（荊知仁）

外廷

唐代中央政府，分爲三省，中書、門下、兩省爲內廷，尚書省以下爲外廷，舊唐書宋申錫傳有：「申錫時居內廷（中書舍人）」，「令與外廷朝臣謀去之，」之句。宋時，「中書、門下省、樞密、學士院，設於禁中。」蓋仿唐有內廷之意；獨「建尚書於外。」（見通考職官）蓋亦如唐之外廷也。（楊樹藩）

外朝

西漢中央政府，實質上的分權制度。對「中朝」而言，（詳見「中朝」條。）所謂外朝，即丞相以下至六百石之官屬，皆爲外朝官。東漢，雖有「中朝」之名，但外朝官如三公等，多錄尚書事，因此，實質上已無內外朝之分矣。（楊樹藩）

外臺

漢時，謁者爲外臺。唐肅宗至德以後，諸道使府參佐，皆以御史爲之，謂之外臺。（楊樹藩）

奴隸制度(Slavery)

人民在法律上被視爲財產，在行爲上被當作機械者，稱爲奴隸制度。它的起源極早，在公元前十八世紀巴比倫的漢模拉比(Hammurabi)法典中，即有奴隸制度的規定。最初的奴隸制度與戰爭有關，凡戰俘或戰敗國的全體人民均被視爲奴隸，戰勝國可以對之爲所欲爲。農牧時代以後，因爲農田需人耕作，畜牧要人看管，于是債務人、孤兒或窮無立錐者，例多成爲權富階級奴役的對象。由于奴隸可以增加財富，創造閑暇，使無須勞力者得有餘力從事學問，促進文化，所以阿里斯多德也認爲奴隸制度的存在是應該的。奴隸既可增加財富，而當地可供奴役者有限，于是奴隸買賣又應運而生。早期的奴隸制度只與階級有關，並不限于特定的種族。一四四二年葡萄牙人將非洲黑人販賣于歐洲，一五一七年西班牙人又將黑奴帶至南美，一六一九年更由荷蘭人帶到北美，于是黑人與奴隸制度結上不解之緣。美國號稱世界上最民主自由的國家，但其奴隸制度直至一八六三年一月一日林肯頒布「黑奴解放令」後，才算正式廢止。時至今日，世界上的奴隸制度仍未絕跡，例如共產國家的集中營，即爲明例。聯合國爲維護人權，乃于一九四八年通過「人權宣言」，禁止奴隸制度。一九五四年安理會又通過決議，譴責強迫勞工。一九五六年更制定廢止奴隸公約，簽字者達四十餘國。（胡述兆）

尼日(Republic of Niger)政黨

尼日共和國(Republic of Niger)原爲法國屬地，一九六〇年八月三日獲得獨立。尼日亦爲非洲的一黨國家。尼日進步黨 (Parti Progressiste Nigérien) 現爲該國唯一的政黨。該黨簡稱 PPN，原係非洲民主聯盟 (Rassemblement Démocratique Africain) 之尼日分部。尼日共和國獨立後，始自立改稱今名。黨主席爲哈麥 (Boubou Hamai)，但實際上領導者則爲黨秘書長狄奧里 (Hamani Diori)，現爲尼日總統兼國防部長。尼日原有巴卡里 (Djibo Bakary) 所領導的反對黨—薩瓦巴黨(Sawaba Party)，該黨信仰聯邦主義，一九五八年投票否決法國大憲章未成。在一九五九年爲政府所解散。現在尼日國家議會的六十席議

席盡爲進步黨所囊括。（袁頌西）

尼加拉瓜(Nicaragua) 政黨

爲中美唯一兩院制之國家，因法律規定多數黨與少數黨在衆院議席爲二與一之比，故執政黨鐵定控制國會。由於地處兩洋交通孔道，外來干涉助長國內派系，長期困擾於自由與保守兩黨之爭。雙方理論雖有不同，敵對關鍵乃在爭霸。當自由黨莫悅魯 (Morazan) 垮台後，保守黨曾執政，惟仍較自由黨爲短。

國家主義自由黨　一九二八與一九三二年兩屆選舉，均由該黨人士當選總統。一九三六年雖曾發生軍人政變，惟在美國影響下仍由黨人蘇慕查(Somoza)執政。蘇氏乃一强於政治技術者，主張工人權益，但無社經改革。其統治策略，乃對上層社會使用民主方法，透過憲法修正，悉心掌握各種選舉；對反對黨講求技術運用，不予無情鎮壓。主要手段乃以掌握自由黨進而控制國會，用能執政二十年，直至一九五六年遇刺。其子劉易士連任兩屆總統，大力實施乃翁計劃。一九六三年選舉，谷探銳賫 (Gutierrez) 當選。谷氏一九六六年八月逝世，副總統駱雲卓 (Lorenzo) 繼任。主張政教分離，信仰自由，學制凡俗化，與立法社會化。主席：駱雲卓。

正統主義保守黨(PCT)　該黨於蘇慕查時代頗爲重要，惟拒絕參加一九五七與一九六三年之選舉，故未被承認爲法定政黨。倡議政府與天主教會合作，其他教派則有信奉教義自由。主張：實施初級强迫教育，政府對民營企業少加干涉，與銀行由私人經營。主席：芮卡多 (Ricardo)。

尼加拉瓜保守黨(PCN)　由正統主義保守黨分裂而成，故主張相似。曾參加一九六三年選舉，故於衆院佔有三分之一議席。主席：阿里矜覺 (Alejandro)。

獨立自由黨　蘇慕查政府對之防範綦嚴，未參加一九六三年選舉，故非法定政黨。主張：公民有更大自由，社經改革，與保障農工勞動者權益。主席：卡羅斯 (Carlos)。

社會基督教黨　乃一新興政黨。主張發展經濟，提高國民生活水準；政治自由，反對財富集中。主席：愛達多 (Eduardo)。（談子民）

尼采 (Neitzsche, Friedrich, 1844-1900)

德國哲學家，出身於虔敬的宗教家庭，父親早逝，長成於祖母母親等女性教養之下，思想上頗受叔本華的影響。

尼采相信「權力意志」(Will to power) 是人類最基本的動力，也是使人達於極致的內在條件，眞正左右世界的便是這種對權力的意志，而不是理性。因爲他相信達爾文的物競天擇之說，認爲歷史是永恆的爭鬥，人類的進步便是權力爭鬥的歷程。唯具有最強權力意志的「超人」(superman) 的勝利，才是人類的「理想境界」。因此，對於主張平等的民主政治與強調謙卑的基教倫理自然是他所極端反對的。他的思想爲心理分析學家弗洛伊德所讚賞，並影響了當代頗具勢力的存在主義。（朱堅章）

左右丞

官名。秦置尚書丞一人，漢因之，成帝更置丞四人，至光武減二，惟置左右丞各一人。丞者，承也，言承助令僕，總理臺事（續漢書）。漢制，尚書令、左丞總領綱紀，無所不統；僕射、右丞掌廩假錢穀（漢官儀）。歷代相因，皆爲顯職。及至唐初，令僕鮮置，太宗遐以左右丞掌理省務，權任益重（見舊唐書戴胄傳、劉洎傳）。宋沿唐制，左右丞掌參議大政，通治省事，以二令僕射之職。南渡後省而不置（宋史職官志）。金尚書省亦置左右丞，爲執政官，居宰相之二。自元以降，左右丞之官職未廢，如元中書省及行中書省之置有左右丞，明初中書省未革前之置有左右丞，清末新官制各部之置有左右丞（理藩部、海軍部除外），民國初年政事堂之置有左右丞，但皆非漢唐相沿之尚書臺、省系統，名號雖同，體制有殊（參看「尚書」條）。（芮和蒸）

左丞

官名，秦置尚書一人，屬少府。漢因之，至成帝建始四年，置丞四人，及東漢光武始減其二，惟置左右丞，掌佐令僕，臺中紀綱無所不總，歷代因之。至明廢。清末改官制，於各部置左右丞，爲侍郞之貳。民初，政事堂置左右丞，爲國務卿之貳，後廢。後漢書「百官志」：「尚書左右丞，各一人，掌錄文書期會。」通典、職官典、尚書上、僕射「左右丞」：「左右丞，秦置尚書丞一人，屬少府。漢因之，至成帝建始四年，置丞四人，及後漢光武，始減其二，唯置左右丞，佐令僕之事，臺中紀綱無所不總。左丞主吏章服及騶伯史，右丞與僕射皆掌授廩假錢穀，又假署印綬及紙筆墨諸財用庫藏。左右丞闕，以次郎補之，三歲爲刺史。漢御史中丞侍御史，行複道中，遇尚書及丞郎，避車執版揖，丞郎坐車，舉手禮之，車過遠乃去。尚書官左右丞，敢告知，如詔書律。令郎見左右丞對揖，無敬稱曰左右君。丞郎見尚書執版揖，稱曰明時郎；見令僕執版拜，朝賀對揖。魏晉左右丞，銅印青黑綬；進賢漂冠，介幘絳期服。左丞，主臺內禁令，宗廟祠祀，朝儀禮制，選用署吏急假，並糾彈之事；右丞，掌臺內庫藏廬舍，凡諸器用之物，及刑獄兵器，督錄遠道文書章表奏事。宋因之，而右丞亦主錢穀。……後魏北齊，左丞爲上階，右丞爲下階。……大唐因隋制，龍朔二年，改爲左右肅機，咸亨元年復舊。左丞掌管轄諸司，糾正省內，勾吏部、戶部、禮部等十二司，通判都省事；右丞掌兵部、刑部、工部等十二司，餘與左丞同。」（繆全吉）

左派 (The Leftists)

這一名詞源出於法國大革命時期。在當時的國民議會 (National Assembly) 中，激進的或革命的代表們聚坐在議場的左邊，保守份子則聚居在場的右邊。時人乃以左派及右派稱之。惟這兩個名詞，其後在使用方面意義甚爲紛歧。例如在黨內而言，實際係指黨的左翼與右翼；前者主張較爲激進，後者主張較爲保守。在黨外而言，常指主張改變現狀的政黨如社會黨等，或主張、態度傾向於上述政黨的人士爲左派；主張維持現狀的政黨或態度傾向於此類政黨者爲右派。（袁頌西）

市經理制 (Council-Manager Form of Municipal Government)

美國首創並在美國流行之一種市政制度。一九〇八年維吉尼亞州史湯頓 (Staunton)市首設總經理一職，並仍保留部分舊制。一九一二年南加羅林那州森透 (Sumter) 市首先正式採市經理制。以後逐漸發展成爲美國三種市政制度之一，以中小城市採用者較多。至一九六〇年採用此制者已超過一千五百個市。現加拿大亦有採用此制者。

在市經理制下，市設民選市議會，代表市民議決政策、市法規、預算、稅率等，市議會通常人數只在五人至七人，絕大部分城市由非黨派投票選出，通常並由市議會就議員中選出市長一人以主持議會及市典禮，但無實權。市政之處理則由市議會任命一非黨派之市經理主持之，其他人員均由市經理任免。市經理對市議會負責，受市議會監督，市議會與市經理關係一如公司董事會與總經理之關係，總經理經營良好則可續聘，加薪，成績不佳即可另覓新人。市經理在美國已成一新職業，有國際市經理協會之組織 (International City Manager's Association)。（華力進）

布哈林 (Bukharin, Nikolay Ivanovich, 1888-1938)

俄共領袖。一八八八年十月廿七日生於莫斯科。十八歲加入俄國社會民主工黨 (RSDRP)。一九〇八補上布什維克莫斯科委員會委員，一九一一逃亡德國，一九一二在 Cracow 會見列甯，列甯稱之爲布黨最大理論家。以後歷經維也納、瑞士、挪威、丹麥等處，一九一六年十月以 Dolgolevsky 假名，寄居美國紐約，爲俄共報紙 Novy Mir 編輯。

一九一七年革命後經由日本回至俄國。八月當選第六屆 RSDRP 改名俄共之中央委員，是年年底任眞理報主筆。他先反對列甯簽訂的 Brest-Litovsk 和約，旋被列甯說服。一九一九當選第三國際第一屆中央執行委員，以此經常赴歐。一九二〇出版「過渡時期的經濟」，認爲在無產階級獨裁的局面穩定之後，革命告一結束，階級鬥爭停止，共產主義的宣傳工作將聽其自然進化。列甯斥之爲書生之見。一九二三當選中央政治局委員。他反對史大林，但在政治局中却支持史大林對付 G.E. Zinoviev 與 L.B. Kamenev。但從一九二八以後又聯合 Rykov 反對史大林，以此一九二九年二月被免除眞理報主筆，七月免除第三國際執行委員，十一月免除政治局委員。一九三〇他公開認罪不應反對集體農場。旋被派任管理技術出版物委員。

一九三四年二月布哈林被任爲 Izvestia 編輯，十月後又被免職。一九三七年二月被逐出中央委員會拘捕審問，以托派罪名與 Rykov 及其他十六人於一九三八年三月十四日處決。

布哈林是中國共產黨的理論導師。他的共產主義ABC成爲早期共產黨員的課本，以此中國很多人都知道布哈林的名字。（羅時實）

布雪維克主義 (Bolshevism)

俄國社會民主黨極左翼之政治主張。一九〇二至〇三年間俄國社會民主黨在布魯塞爾與倫敦間開會，發生爭執，由列甯領導之一派獲得勝利。另一爲少數派孟雪維克(Menshevik)，暫時退出組織。

先是普勒肯諾夫(G. V. Plekhanov)與奧塞羅德(P. B. Axelrod)於一八八三組織工人解放會，正當馬克斯的學說傳至俄國，奧塞羅德深受影響，在此以後成立之社會民主黨卽以馬克斯學說爲其中心思想。

據列甯自稱，社會民主黨的發展可以分爲三個階段：自一八八三至一八九四爲孕育時期，一八九八爲成長時期，至一九〇三從魯塞爾遷至倫敦舉行會議，黨的外觀與內部俱已成型。在第一時期只有集會討論，印發小册子，有領袖而無羣衆。因俄國工業落後，工人運動不易組織。至第二時期稍有進展，黨的主義明白清楚，脫離民粹黨獨立組織，和工人階級建立明確關係。因工業已在成長，可以發動罷工，地方組織也開始有了。像列甯，加拉辛(L. Krassin)馬爾托夫(L. Martov)等人都屬中堅份子，許多都市逐漸有了社會民主黨的支部。

在發展途中黨的構成份子逐漸複雜。一八九七加入的有波蘭和立陶宛猶太籍的工人組織，這班人除受到經濟壓迫外，加上宗教上被人歧視，情緒非常激烈，組織亦甚堅強，一八九八社民黨爲他們在明斯克舉行黨的第一次大會，選舉中央委員，發表由司徒魯夫(Struve)草擬的宣言。

關於黨的性質和思想，這時亦有幾種不同意見。一派主張爲爭取工人階級的支持，應從改善工人待遇做起，不宜侈談奪取政權。另一係以列甯居首，認爲要消除經濟的不平，故須組黨，好向資產階級手中奪取政權。前者認爲推翻沙皇不是工人階級的任務，他們爭的是提高工資，縮短工作時間。他們被稱爲經濟學家。反對他們的人爲列甯，馬爾托夫，普勒肯諾夫等人被稱爲 Iskrists，因爲他們發行 Iskra)的刊物。

這時黨員增多，學生和知識份子大量加入，其中不少自由主義者如米留可夫(Milyukov)一類人物，他們要求黨要有明確的政治路線，如對激進資產階級的關係，對到處發動的恐怖行爲應持何種態度，因爲黨的組織鬆懈，意見不易一致。

列甯，普勒肯諾夫，馬爾托夫，奧塞羅德等人認爲黨的態度應該鮮明，他們第一要打擊經濟學家，第二要決定是聯合所有各派社會主義者推翻沙皇，還是由無產階級的黨單獨進行此一任務。列甯於一九〇二發表一篇「我們應該怎樣」的文章，主張要集中一切革命力量，組成一個權力集中的黨，每人擔任一固定工作如軍隊士兵一樣，不能有散漫的個人行動，黨內應有革命的核心，由一羣職業革命者受中央戰略委員會之直接指揮，以其一生精力從事革命任務。由於當時的世局變動，他們決定在比利時的布魯塞爾舉行第二次代表大會。因受到警察干涉，乃遷往倫敦舉行。

這次大會共有代表六十人，所有黨內重要人物都包括在內。從開始卽有兩大相反意見：第一，猶太的工人聯盟要求在黨內須保持此一猶太人的組織，因此便和以階級爲黨的核心主張，發生衝突。列甯認爲聯合 (federation) 本身就是戰略的弱點。假如黨的組織要考慮到民族上的不同，卽不可能有無產階級的革命。關於此點，未來孟雪維克的領袖馬爾托夫和列甯持相同見解。

第二是對黨的看法。馬爾托夫和奧塞羅德又和列甯發生裂痕。列甯認爲黨員必須參加組織，服從黨的命令。馬爾托夫認爲同情主張便是黨員。列甯認爲只有堅定凝固的組織，服從命令，一心一德的黨員才能使黨有力量，否則便無意義。馬爾托夫則以這樣會使許多大學教授和知識分子不願加入。但這時只是爭論而已，黨內理論家一向是以普勒肯諾夫居首，普勒肯諾夫並不認爲十分嚴重。經過表決馬爾托夫的自由派反而佔了上風。接上又遇着另一難題。馬爾托夫提議，只要自由主義者表示贊成普選，卽可暫時與其合作。列甯與普勒肯諾夫對此都強烈反對，認爲關鍵在只能有無產階級的革命。自由主義者是要利用社會主義者推翻沙皇。社會主義者只有單獨行動才能完成社會主義的革命。在此以前列甯都和馬爾托夫站在一線。等到列甯主張黨的組織必須集權，馬爾托夫仍主維持聯合形式，讓猶太工人組織保持完整，他們二人便完全對立。在決定對 Iskra 控制權時，列甯要求投票決定，結果是二五與二三之比，列甯得到勝利，從此便稱爲布雪維克。另一爲孟雪維克。

布雪維克的核心主張是把無產階級領導的革命作爲一切基礎。爲達成此一目的必須犧牲資產階級的自由，廢除依照民主精神選出的議會，要使革命成功，須有獨裁。

分裂之後社民黨的中央委員和 Iskra 全歸列甯一系人掌握。馬爾托夫返至俄國另起爐竈，開始小册子的對戰。一九〇五的日俄之戰和曇花一現的革命行動正是兩派對立的時候。普勒肯諾夫和中央委員會好幾位從前都和列甯一起的，不久又轉變爲孟雪維克。加上有數人被捕，補上的都是孟雪維克，又使馬爾托夫取得掌握黨權的優勢。列甯被迫退出，也另起爐竈，發行名「前進」Forward 刊物，並在好幾處成立分支委員會。

一九〇五年十月突然爆發了革命，列甯一派主張馬上成立臨時革命政府，俾便進行無產階級的革命。孟雪維克認爲無產階級革命的時機未熟，只能希望由專制改爲立憲政府，主張由密林可夫領導，支持自由主義的資產階級。列甯認爲罷工和武裝叛亂是革命戰術的基本，應該儘力利用。孟雪維克認爲這兩者皆未成熟，不能作爲階級革命的工具。關於參加都馬 Duma（國會）問題，雙方也有相反意見。這樣相持一直到一九〇五的革命失敗，又對革命失敗責任互相推諉和指摘。

一九〇五以後俄國政治表面上很有步西歐後塵，走上君主立憲的趨向。因此孟雪維克主張顯然是佔了上風。不過列甯態度繼續堅持，經過一九〇七的倫敦會議，和一九一〇的巴黎會議，直到一九一七的革命，在分裂十五年後，一直無法復合。

經過一九一七之二月革命，至是年十月列甯從克倫斯基手中接收政權，布雪維克的歷史和蘇俄歷史已無法分開。大致說來布雪維克是代表馬克斯主義，加上俄國的特有經驗，相信無產階級的革命勝利將是無可避免的。因無產階級和資產階級沒有共同之處，所以鬥爭也是無可避免的。鬥爭是事實的邏輯，這兩者間既不能用和平方法，使一方放棄鬥爭，也不是用民主憲政方法可以解決，因此鬥爭才是無可避免。又因政府機構和生產工具都在資產階級的手中，所以不能適用民主政治。他們認爲這是無產階級的歷史任務。

他們在奪取政權之後馬上要求建立無產階級專政的政府，其理由是非此無以消除反對者，及摧毀舊政權留下的一切制度。革命就是戰爭。在勝利者承認消滅反革命的阻力以前，只有戰爭才是適當的方法。托洛斯基說：「爲使敵人不能發生危害作用，必須在戰時將其消滅」。遲疑不決，軟弱，憐憫，和對民主之僞裝崇拜，只能刺激反革命的力量，妨礙新政權的團結。專政是由共產黨執行，因爲一、他們是受過考驗，可以信賴的，二、他們是代表工人的眞實意願，這種意願過去是被資本主義壓制和隱蔽了的。

自列甯死後（一九二四）經托洛斯基與史大林的權力鬥爭，結果是史大林獲得勝利，托洛斯基亡命中東，再至墨西哥定居，二次大戰時在其住宅被人砍殺。在一九三六至三八年間又經過一段流血的清算鬥爭。此時已無所謂階級，但仍使用暴力對待同志，和對待階級敵人一樣，儘量殘殺，和中國有過關係的人物如布哈林、拿達克（莫斯科國際學院院長）卜魯韜爾（加侖）俱在此時被加以托派罪名，相繼處死。（羅時實）

參考文獻：

E.H. Carr, The Bolshevik Revolution, 1917–1923, 2 vols. (1951–52).

布爾喬亞 (Bourgeois)

Bourgeois 爲法語，原意指住在城區之自由人，後擴大爲勞工與有土地貴族中間之整個階級，亦即近代史所稱之工商階級，與小市民階級，或在貴族，僧侶以外之第三階級 (tiers éstat)。共產黨最愛使用此一名詞，他們對任何國家之資產階級通稱爲布爾喬亞。

布爾喬亞階級與此同義。（羅時實）

布爾喬亞階級 (Bourgeoisie)

見「布爾喬亞」條。

平政院

民國之官署名，隸於大總統之下，掌察理行政官吏之違法及不正行爲。並審理糾彈事件。置院長一人，監督全院事務，下置評事十五人。今其制已廢。（楊樹藩）

平章事

唐時宰相之職銜。本來「唐因隋制，以三省之長中書令、侍中、尚書令共議國政。」（唐書百官志）是爲宰相。後來，太宗嘗爲尙書令，臣下避不敢居其職，由僕射爲尙書省長官，與侍中、中書令號爲宰相。繼以中書、門下二省長官暨尙書省左右僕射，品位既高，不願輕以授人，故以他官居宰相職，但須加以特定職銜。永隆二年，統以「平章事」爲名，凡職官加「平章事」者，即爲宰相。舊唐書郭正一傳云：郭正一「檢校中書侍郎，與魏玄同、郭侍舉、並同中書門下平章事，宰相以平章事爲名，自正一始也。」宋承唐制，亦以同平章事爲眞相之任。（宋書百官志）所謂「同」者，即同中書門下之略稱也。元八府宰相之一之平章政事，亦平章事之演變。明初，雖仿元制設八府宰相，亦

置「平章」作爲相職，後廢中書省，宰相並廢，無此職稱，遼南面朝官亦有同中書門下平章事之職，亦屬宰相身份。（楊樹藩）

平等派 (Levellers)

英國清教革命時期的民主激進派，一六四七—五〇年是他們的全盛期。平等派的份子多數來自較貧窮的中等階級，小地主或小商人。所以，他們雖然不反對私有財產，却攻擊貿易或職業的獨占。他們強烈主張改革的是：統治權力必須是以成文憲法爲基礎的有限政府，議會中的代表基礎應該是人，而非利益或土地，議員則應由男性公民普選產生。此外並曾提出若干社會改革，一度甚至主張公醫。由於這種民主的傾向，所以他們的領袖曾訴諸羣衆的積極支持。平等派在當時雖然是失敗了，但他們的觀念爲民主政治舖了路，至影響了一個世紀以後的美國殖民者。平等派思想的主要代表人有李波蘭 (John Lilburn)，歐佛登 (Richard Overton)，與瓦爾溫 (William Walwyn) 等。（朱堅章）

參考文獻：

Joseph Frank, The Levellers, Cambridge: Harvard University Press, 1955.

平等選權 (Equal Sufferage)

凡選舉，每人只有一個投票權 (one man one vote)，而且每一投票權之價値相等者 (one vote one value)，稱爲平等選舉。自其反面觀之，不平等選舉有兩種：其一是每個投票人所投的票不平等，這稱爲複數投票制度 (plural vote system)；其二是每票的價値不平等，這稱爲等級投票制度 (class vote system)。前者可以英國爲例，選舉人在其選區之外，若以營業爲目的，占有每年租金十鎊以上的土地或房產者，可在其財產所在地再投一票；而大學畢業生在大學選舉區，亦得再投一票，如此，同一人可能投三票。及至一九四五年工黨執政後，始於一九四八年通過選舉法，廢除複數投票制，而採取平等選舉的原則。後者可以普魯士爲例，在一九一八年以前，該國採三級選舉制度，每區須製成選舉人總表，以選舉人所納直接稅多寡排定次序，分爲三級，使每級選舉人所納直接稅等於全區直接稅總額的三分一。即取表中納稅額最高的前列數名，併爲第一級（其納稅額共占全區總額之三分一者），依此類推，列出第二級和第三級（其納稅額各占三分一）。結果第一級選舉人的人數自然最少，第二級較多，第三級最多，但依法合組選舉團，各選出同數的議員，於是選舉人雖各投一票，然則每票的價値都不相同。

上述兩例，皆爲不平等選舉。當今之世，各國皆以平等選舉爲普遍原則。（謝延庚）

平等權 (Right of Equality)

自古以來，即有許多學者討論平等權 (right of equality) 問題。亞里士多德 (Aristotle) 在雅典公民享有政治生活中實質平等的時代爲文以區別社會待遇上的兩種平等：一爲予每人同樣權利的數字上的平等 (numerial equality)，二爲依人們的功勞而予人以權利之相當的平等 (proportionate equality)。他認爲第二種平等合乎公道，而第一種則否。斯多噶學派的人 (Stoic) 認爲人們已具有理智的天賦乃使人們被視爲在性質上和法律之間都是根本平等的。西賽羅 (Cicero) 肯定凡由造物主得有理知天賦者亦得有正當的理知，所以他們也得有法律的稟賦 (gift of law)，是即正當的理知用之管理和禁止方面者。由是羅馬法學家乃主張立基於一般理性的法律平等 (equality before the law)。十七八世紀時代，社會契約說爲欲說明社會和政府的起源並打擊世襲君主及特權貴族起見乃重振根本平等之說。如浩布思 (Hobbes) 力謂造物主使人們身心方面都是平等的；陸克 (Locke) 亦說在自然界中是屬平等的，但他特別強調地位的平等 (equality of status)，任何人不應作優越於他人的要求，因受自然法管制的人們都應尊重他人的地位。盧梭 (Rousseau) 則注意於不平等 (inequality)，認定世有兩種不平等：一爲自然的或身體的不平等，其中包括年齡、健康、臂力、心理或精神等的差異；另一爲依人們習慣而造成之精神的或政治的不平等，其中包括財富、榮譽的特權，及支配他人的權力。人們是以賦有自然的不平等而進入社會，但由社會習慣及政府而予以加甚。他的結論肯定，精神不平等與身體的不平等相稱時，則與天賦人權相衝突的。盧梭並沒有說自然的平等，但斷言社會及政府已加甚不平等的程度，是則應予消滅或減輕者。自十八世紀之末，平等的理論是認定，世人固然有身心方面的不平等，但並沒有理由去接受基於特權的人爲不平等。因人們所遭遇的不平等種類不同，於是所要求的平等亦隨時隨地而異。現在世人所要求者乃爲機會的平等、國家待遇的平等、選舉權的平等，以及兩性間的平等。在有些情形下其要求係爲數字上的平等（如選舉權），而在其他方面則係爲相當的平等（如機會平等和法律待遇平等）。今日英美人士說他贊成平等，其意乃指他希望減少社會階級間的不平等。　國父孫中山先生之論列平等權，不贊同齊頭的平等，而主張立足點的平等。易言之，不抹煞人類身心方面的差異，但應確保人們在法律之前平等發展之機會。我國憲法第七條規定：「中華民國人民，無分男女、宗教、種族、階級、黨派，在法律上一律平等」，是爲法律平等的表現，其他各國憲法大都作如是規定，以保人民的平等權。（羅志淵）

平衡理論 (Theory of Equilibrium)

爲現代政治分析中的理論之一。常在「體系理論」及「結構功能理論」的著作中出現。在有關「政治穩定」(political stability) 的研究中，亦常被學者提及。

要了解平衡理論的意義，先要知道「平衡」(equilibrium) 一詞不同的內涵，根據卡普蘭 (Morton Kaplan) 氏的分析，「平衡」通常有兩種：一是機械性的平衡(mechanical equilibrium)，一是生物性的平衡(homeostatic equilibrium)。

所謂機械性的平衡，是指物理現象中重量及力量的均衡 (balancing)。例如兩個物體重量相同及兩種力量 (forces) 相互抵消及僵持的狀態。這兩種平衡的狀態，都可以客觀地用度量工具如天平、彈簧秤等測量出來。

生物性的平衡，是指生物生理上的平衡 (physiological equilibrium)。譬如人體的溫度，始終維持在攝氏卅六度半左右。在夏天，人體靠汗腺的揮發來減低體內蘊藏的熱能；在冬天，人體靠血管的收縮及增加衣服以保持體溫，使其不致因外在環境的變遷而影響到體溫的平衡。顯而易見的，生物性的平衡遠比機械性的平衡要複雜，測量起來也要困難得多。

在現代政治分析中，談到社會體系及政治體系的平衡，多半是引用生物性平衡的概念。許多「體系理論」及「結構功能理論」學者均認爲一個體系的穩定與持續 (persistence)，有賴於該體系之是否能維持一種平衡的狀態。這種平衡的狀態，或指該體系各部分之間的一種相互均衡的情勢，或指它對環境加以適應以維持其內部的和諧與融合 (integration)。

就「體系理論」而言，內在與外在環境的變遷，構成對一體系的「騷擾」(disturbance)，此種騷擾將一種壓力 (stress) 加於政治體系之上，使其失去平衡，政治體系若要減除壓力並恢復平衡狀態，便需針對外界環境中的變遷加以調節與適應。就「結構功能理論」而言，一體系各種結構運作的結果，自然便會產生一些不良的功能 (dysfunctions)，而使得該體系失去平衡。要恢復平衡，必須由體系內部產生「改變」(changes)。改變之途有三：一是針對外來變遷 (exogenous changes)加以適應 (adjustment)；二是從結構及功能的區分(structural and functional differentiation)所得的成長 (growth) 加以改變；三是由社會中的羣體及成員的發明(invention)及創新 (innovation) 來克服。（見 Van-Den Berghe, "Dialectic and Functionalism:Toward A Theoretical Synthesis," American Sociological Review (October, 1963, pp. 696-697)

從以上的討論，吾人可知平衡理論，雖常在政治學及其他社會科學的討論中應用，在其內涵實在過於抽象及含混。因此伊斯頓 (David Easton) 在對平衡理論作詳細的分析後指出它是一種不恰當的理論 (inadequate theory)。他說平衡理論的分析框架 (analytical framework) 很難用從具體政治體系中收集的資料加以考驗。在可預見的未來也無此可能。（見 David Easton, The Political System, An Inquiry into the State of Political Science, New York: Alfred A. Knopt, 1960, p. 286）

在現代政治分析中，目前除研究國際關係及利益集團的學者外，其他行爲政治學者似乎愈來愈少用「平衡理論」的趨勢。（魏　鏞）

參考文獻：

David Easton, "Critique of a General Theory," in The Political System, op. cit.

Morton A. Kaplan, "Systems Theory," in James C. Charlesworth (ed.), Contemporary Political Analysis, New York: The Free Press, 1967, pp. 150-163.

William Mitchell, Sociological Analysis and Politics, The Theories of Talcott Parsons. Englewood Cliffs, N.J.: Prentice-Hall, 1967, pp. 55-57, 129-31, 185.

George Liska, International Equilibrium. Cambridge: Harvard University Press, 1957.

正式質詢 (Interpelation)

這一制度淵源於法國。原來法國的質詢分爲兩種，一爲普通質詢(question)，另一種是爲正式質詢。普通質詢只是質詢人與負責當局之間的問題，不能成爲全院的議題，任何人都可單獨提出，分爲書面與口頭兩種。書面的由負責當局於一星期內答覆於政府公報之上。口頭的質詢事先必須徵求負責當局之同意。負責當局同意之後，該議員就於質詢時間到來時，提出質詢。負責當局逐次答覆後，便算結束。這兩種質詢，在法國均不重要。重要的是爲正式質詢。正式質詢與英國的不信任案（nonconfidence）有點相似，可成爲全院議題，任何議員均可單獨提出。質詢日程到來時，由負責當局作答，然後開始辯論。辯論既畢，又由議員提議舉行表決。這個表決在法國稱之爲「恢復議事日程的表決」，其意爲結束質詢，恢復議事日程。惟恢復日程又可分爲兩種，一種叫做「無意見的恢復日程」，另一種叫做「有意見的恢復日程」。在前者，議決案對於政府的行爲不加批評，而只議決恢復日程；在後者，議決案不但議決恢復日程，且對政府的行爲表示信任與不信任。其表示信任之形式爲：「某議院信任內閣，茲恢復議事日程。」其表示不信任之形式爲：「某議院不信任內閣，茲恢復議事日程。」由此可見，「有意見的恢復日程」，實質上無異於信任或不信任投票。在第四共和時代，議會常濫用這種制度以推翻內閣。第五共和憲法有鑒於此，乃將正式質詢制度廢止，而保留普通質詢（參見法國第五共和憲法第四十八條第二項）。

德國在威瑪憲法時代也有正式質詢（grosse anfrage）這種制度。普通質詢（kleine anfrage）由議員五人連署提出，政府可作口頭答覆，亦可作書面答覆。對政府的答覆，除經議長同意，得爲附加質詢外，不得舉行討論。至於正式質詢，由議員三十人連署用書面提出，由議長轉交政府，約期作答。如政府拒絕作答，或超過二星期而不作答，則將正式質詢列入議程。到時先由質詢人發言，次由政府當局答辯之後，若有議員五十人之請求，則可舉行辯論；辯論後，若再有議員三十人提議，則可把質詢案交付委員會審查，或延至下次會議表決。萬一表決的結果不利於政府當局，則可引起內閣的辭職。所以普通質詢，只是要求內閣報告事實而已，而正式質詢關於重大問題，可引起內閣去留的問題。（袁頌西）

民主 (Democracy)

民主是英文 democracy 的意譯，德謨克拉西是同字的音譯，而 democracy則起源於希臘文，由希臘文的 demos（平民）和 krateiv（支配）兩字合成，爲 demokratia，表示人民支配政治。

公元前五世紀時，希臘的城邦（city state）如雅典(Athens)等，實施人民直接參政的制度。當時城邦的國土小，人口少，衆人有關的事務簡單，全國人民可以齊集一處，舉行會議，以決定衆人之事。在這制度下，國家主權屬於全國人民，由人民直接行使，所以後人稱這制度爲直接的絕對的全民政治。然而所謂全民，就是在城邦時期也不包括幼童、婦女和奴隸。

一般說來，現代國家幅員較廣，人口較多，衆人有關的事情亦較紛繁，全國人民不可能聚首一堂，共同直接運用主權，以決定全民有關的複雜的大計小事，只好選出代表和官員，授權給他們按某些基本程序來處理衆人之事，所以今天雖然沿用 Democracy 一字，而各國所施行的以民爲主的政治，却是間接的人民授權的代議政治，不復是古希臘時代的全民直接控制的政治。

由於觀念演變時代進步，現在 democracy 一字的意義已很複雜，例如人民的態度、習慣、平等觀念的民主化，即社會本身內部的民主化，叫做社會的民主（social democracy）；社會財富分配平等，經濟利益的機會人人共有，叫做經濟的民主（economic democracy）；工人參加工廠的經營，同享工廠的收益，叫做工業的民主(industrial democracy)，議員由職業團體選舉，不按地區產生，叫做職務的民主（functional democracy）；綜合性的政治制度，具有民主精神者，叫做政治的民主(political democracy)；祇重視自由的民主，稱爲自由的民主（liberal democracy）；根據憲法而實施的民主政治，稱爲憲政的民主（constitutional democracy）；社會主義者所說的新民主，是指社會主義者的民主(socialist democracy)；蘇聯共黨自稱有其不同的民主，是指蘇維埃式的民主(Soviet democracy)；第二次世界大戰後，蘇聯的附庸建立了人民共和國，便有所謂人民的民主(people's democracy)；還有所謂進步的民主(progressive democracy)、共產主義者的民主(communist democracy)等。總之，民主的名稱極多，不勝枚舉，各種名稱的內容是否符合民主精神，亦難確定，往往兩人使用同一名詞以表示不同的意思，僅提民主（democracy），不加上限制詞，或不連帶說明，更容易引起問題，例如蘇聯共黨也常說民主，是指蘇維埃控制的政治制度，不是西方民主人士所接受的觀念。因此，這裡祇視民主為一種理想、一種政治程序、一種政府制度，特別是英美所標榜的政治制度，來作綜合性的簡要說明。

狹義的民主是指國家主權屬於全國人民，國家施政以民意為準則，公民享有選舉、罷免、創制、複決等權利的一種兩種三種或全部；廣義的民主除指國家主權屬於人民全體外，還包括下列原則：一、政府權力來自人民；二、法治；三、政府制度和官員受人民控制；四、公平合理的選舉；五、人民權利和自由依法保障；六、國家福利為全國人民共有共享；七、政黨政治。概括地說，民主政治就是民有民治民享的政治。

政府權力來自人民，是指政府要以人民同意為基礎。所謂人民，可以是人民全體，也可以是人民的三分之二或過半數，由各國按其國情來決定，但就一般來說，現在多數民主國家都採用公民過半數決定的原則，實際上是參加投票者的有效票過半數決定的原則。所謂同意，是支持的表示，這表示必須是積極的正常的，而且相當定期的，不是被欺騙、被壓迫、或被恐嚇的結果。在人民衆多的時代，這種表示的方式多是投票。

民主政治必須是法治的。這裡所說的法，包括憲法、一般國內法和國際法。憲法至上，是基本法，任何法律和憲法牴觸時，在國內總是無效，無論是成文的或不成文的憲法，都有這樣的最高效力。無人得站在法之上，無人得居於法之外，政府官員中上至最高行政首長，下至警員，平民中的富翁和赤貧、學者和文盲、以及其他一切人民，都受同一法律的限制和保護，受同等法院的管轄，被告時由相同的司法程序處理，政府官員執行公務時要依法，國會立法時也要依法。總之，政府機關、官員、平民都在法律之下，人人在法之前平等，政府如要限制或剝奪某些人的權利或自由時，必須於法有據。

政府官員產生後，是否履行其上任前的承諾？如果沒有，是否由於正當的原因？他們是否徵收過重的稅？是否浪費公帑？其政策是否失當？其措施是否妨害國家利益？其行為已否越權？人民都有權追問，追問可以用一切合法的方式，追問時沒有遭受明打或暗算的恐懼，追問的目的在於平時監督政府，不必等到政府官員任滿時才算其總賬，如果必須靜心忍受到他們下臺時才監督，恐怕積重難返禍根已深，誰也無法補救了。所以平時監督政府重要性，不亞於選舉和罷免官員的重要性。其次，人民認定政府制度不良時，可用法定的和平方式予以改變，遇有官員違法或失職時，也可依法定程序加以處罰。這樣，政府制度和官員才算是受人民的控制。

政府權力既然要以人民的同意為基礎，同意又多以投票方式來表示，那末，公平合理的選舉制度便是不可缺少的。公平合理的選舉制應該符合下列五項原則：一是普及原則，即國民無分階級、種族、宗教、性別、語言、黨派，祇要達到法定年齡和居住期限，不是定刑罪犯、心神喪失或吸食毒品者，都有投票權；二是平等原則，即同一人不得於同一選舉時投一票以上，富翁、赤貧、大官、小販、教授、文盲等各投的一票具有同等價值，這就是一人一票各票等值；三是秘密原則，即投票者可秘密圈票，不讓人知其選舉何人，法律禁止他人窺探其秘密，同時保障其保守秘密的權利；四是直接原則，即投票者直接選舉自己支持的人，無需先選代表，後由代表選舉其支持的人；但在政黨紀律嚴格、政治道德高尚的情形下，其代表必選其支持的候選人時，雖有間接的形式，卻有直接選舉的意義了；五是自由原則，即選民有決定是否投票和投票給何人的自由，不受任何外人或壓力的干涉；至於強制公民行使投票權是否違反自由原則的問題，學者見仁見智，各說不一，但在目前實施民主政治的國家中，作這種強制的祇佔絕對的少數。

民主政治的相對好處，是它以人為目的，不視人為達成國家目的的工具，是它較能發展個人的天性和優點，是它給予並且保障人民的各種權利和自由，例如中華民國憲法規定，人民有身體自由（第八條）、居住和遷徙自由（第十條）、言論講學著作及出版自由（第十一條）、秘密通訊自由（第十二條）、集會及結社自由（第十四條）、信教自由（第十三條）、生存權工作權和財產權（第十五條）、請願訴願和訴訟權（第十六條）、選舉罷免創制和複決權（第十七條）、應考試和服公職權（第十八條）、以及受教育權（第一五九條）。國民享有這些權利和自由，才能夠發展其天性、優點、民族精神、自治精神、國民道德和生活智能。政府能夠確實保障這些權利和自由，使人人能培養高尚的道德，能享受精神的生活，才算符合民主政治的一種要求。

人民的幸福快樂，固然要以自由為基礎，也要依賴相當充裕的物質條件，所以民主政治下的政府必須改善人民造福的環境，防止對國家利益和人民福利有害的情勢，更應該爲人民造福，造福後不許政府官員或某一特殊階級獨享，要公平合理地分配給全體人民，由人民依法享受，這便是全民福利的政治。理想中的福利國家 (Welfare state)，雖然目前仍未見有，但少數國家已經朝着全民福利的方向努力，例如英國工黨於第二次世界大戰後的某些政策，確有福利主義的意味，眞正的民主政治，當然應該包含全民福利主義。

民主政治下的人民既有思想自由，有彼此不同的價値標準，有各種衝突，又有集會結社的自由，那末，觀念意見利益相同或相近的人，便會結合起來，以集體力量謀求其主張的實現。實現政治主張的有效方法，是取得主政的權力，而取得主政權的最好方法就是贏得選舉。經由選舉以實現政治主張的組織，就是民主國家的政黨。政黨教育選民，形成輿論，促進選民的政治興趣，提供政策和候選人給選民抉擇，使選舉順利成功。勝利的政黨執政，失敗的政黨則負監督政府的責任，以防止政府暴虐人民，這就是政黨政治。政黨政治要發生良好的效果，必須具備兩個起碼的要件：第一、執政黨容忍在野黨的批評攻擊和反對，尊重並且保障其合法的地位和權利，不以非法手段剝奪其公平競爭的機會，不用專制策略使其永無執政的可能；第二、政黨數目不多，於同一選舉中最好祇有兩黨競爭，以便有明顯的多數黨出現，如果政黨林立同時競選，則難選出明顯的多數黨，可能要由幾個少數黨組織聯合政府，果如此，則除在非常時期外，政局勢難穩定，政府更迭跟着頻繁，不能有長遠的施政計劃，造成國家的損失。總之，民主政治不能沒有政黨，但不應有太多的大黨，政黨必須有容忍的精神。

做到了上述七點，可以說是接近廣義的民主政治的理想了。但這理想的實現，談何容易。英美等國家費了多年久載，才達了相當的程度，就是現在的成就，也是經過許多挫折和痛苦才做到的。按它們的歷程看，要民主政治步步高升，朝理想目標前進，必須提高一般國民的知識水準，促進經濟繁榮，維持社會安定，改善人民生活，培養人民的容忍和妥協精神，發揚人民德性，否則民主政治一開始實施，便易爲野心家利用，人民反而自食惡果。

就因爲民主政治是最難的，尤其是廣義的民主政治更不容易實施，所以有人反對民主政治，說民主政治埋沒傑出人才，高估一般人的自治能力，否認團體重於個人，不按理性來處理衆人之事，結果如不演變成暴民政治，亦必產生平庸政治。這種說法，實難確立，歷史已經證明了寡頭（貴族）的封建的專制的獨裁的以及極權的政治，都不能同時滿足人類物質的和精神的兩種慾望，祇有民主政治可以做到，因爲民主政治尊重個人尊嚴，重視個人價値，崇高個人自由，保障個人權利，使人有發展其理性的機會，給各人按其天性和才能而應得的地位，讓人人追求其興趣，准許各人決定其利益，最重要的是使每人覺得在國家事務中有其重要性，這些都是符合絕大多數人的心理的。符合了人民心理，再由人民自由公平地競爭，結果是對政治活動有興趣的才德兼備之士當權，爲人民服務，平庸者即令有極大的野心，也未必能居要津。執政者既有才又有德，人民既能享受物質生活，又有自由、權利、地位和價値，這樣的政治顯然勝於其他任何形態的政治。

現在的國家，無論大小貧富、新舊與强弱，絕大多數都在試行民主政治，就是極權制的蘇聯等共黨國家，也掛起民主政治的招牌，視實施民主制爲榮，以最民主的國家自誇。依時代潮流看，民主政治雖然在許多國家中一波三折，時逢逆流，但世界總是往民主政治的方向前進，共黨國家不能阻止歷史的步伐，孫中山先生的民權主義定是世界發展的一面指針。（陳治世）

民主社會主義 (Democratic Socialism)

民主社會主義，是經由民主程序以達到目標的社會主義，也可以指實施社會主義時不能缺少民主政治，是所謂革命的社會主義的對稱，是階級獨裁的社會主義的對照。

按社會主義最初是針對資本主義的經濟制度而提倡的，反對個人主義，反對放任的經濟政策，主張一切生產手段─資本、土地以及其他財產─由社會全體共有共管，一切生產和經營以增進全民福利爲目的。但時至今日，社會主義演變多年，其內涵固然因人因時而不同，幾乎所有標榜社會主義的政黨都强調其自己的一套理論，以致甲黨所宣示的和乙黨的大同小異，丙黨所揭櫫的和丁黨的迥殊（請閱社會主義條）。

社會主義的名稱，更是紛亂無比。有所謂空想的或烏托邦的 (Utopian) 社會主義，如傅立業 (Charles Fourier, 1772-1837)、歐文 (Robert Owen, 1771-1858) 等所提倡的，曾受人譏笑爲空想的社會主義（請閱傅立業條及歐文條）；有所謂科學的社會主義，如馬克思 (Karl Marx, 1818-1883)、恩格斯 (Friedrich Engels, 1820-1895) 等所主張的，自稱是科學的社會主義；這兩人主張以暴力爭取政權後，復以暴力推行社會主義，世人便稱爲暴力的社會主義（請閱馬克思條及恩格斯條）；有所謂基爾德社會主義（Guild Socialism），如潘體(A.J. Penty)於英國倡導並會在英國出現的同業組合，組合佔有生產工具，自行決定產品性質和數量，實行生產自治制，以增進勞動者的福利（請閱潘體條）；有所謂國家社會主義，如希特勒（Adolf Hitler, 1889–1945）於一九三〇年代所推行的，可以稱爲國家社會主義（請閱國家社會主義條）；又有所謂民主的社會主義，例如英國勞工黨每次執政時，必盡力實施社會主義的政策，其程序是先爭取選民的支持，在國會議員選擧時求得勝利，進而控制國會，然後經由合法程序，達到其黨綱所標榜的目標。總之，社會主義的內涵沒有全球一致的定論，其名稱也是五花八門。本條的範圍限於民主的社會主義，不應涉及其他的社會主義，上文所說的，只是表示民主的社會主義僅是諸種社會主義的一種而已。

民主社會主義的內涵，亦隨國家和時代的不同而有分別。由於德國社會民主黨(The German Social Democratic Party)成立最早，最近又以民主的社會主義爲奮鬥的最高目標，所以本條以該黨爲例，作簡略的說明。

一九五一年，德國社會民主黨於富蘭克佛（Frankfurt）召開大會，發表宣言，說明「社會主義的目標，在解除人民對少數控制生產手段者的倚賴，…在使全體人民握有經濟權力，並且創造自由人以平等身分一起工作的社會」；「民主的社會主義(Democratic Socialism)和資本主義的（經濟）計劃以及各種極權的（經濟）計劃，都有顯著的矛盾」；生產手段由私人控制和由社會控制有別，私人控制和私有不同，公的控制和公有也不一樣，民主的社會主義所追求的，是生產手段受公的控制，不是所有生產手段公有。

一九五九年，該黨復於巴・哥德士堡(Bad Godesberg)舉行大會，通過黨綱，重申祇憑一網打盡的原則，不能促進並且維持近代工業社會的秩序，生產手段公有只是國家控制的正當方法的一種，而公有應指經濟權力的公有，不一定指財產的公有，經濟權力固然應受公的控制，但私有的生產手段，如不妨礙公平的社會秩序，亦應受公的保護和激勵；中央政府無需作全國各處的經濟計劃，有競爭時應有自由市場，可能時儘多競爭，必要時儘量計劃，才能爲自由奠立基礎—消費者可以選物，工作者可以擇業；也唯有這樣，民主社會主義的經濟政策才能利用其重要因素—自由競爭和企業家的自發精神。

因此，該黨確認混合的經濟制度最好，即生產手段公有制和私有制同時並存最好，因爲一則私人利潤的生產動機不受壓抑，反而常受鼓勵，生產必然進步，二則某些私的經濟權力過於龐大、妨害公衆利益的生產情形出現時，政府可以設法控制，如果祇把私的經濟權力全部移給政府，經濟權力問題依然存在，人民倚賴全不受控制的衙門，恐怕比倚賴資本家的命運還慘。所以公有權力必須按照自治與分權原則來決定，勞資雙方的利益必須配合大衆和消費者的利益，社會必須朝多元化的方向發展。

該黨承認民主政治不但是實現社會主義的手段，而且是社會主義目標的一部分，和馬克思的暴力革命無產階級獨裁論相反，所以該黨不再使用「被剝削階級」、「階級鬥爭」等名詞，連馬克思、恩格斯的名字也不提，可見該黨是一個改良主義的政黨。

原來該黨的前身是全德國工人協會(The Universal German Workingmen's Association)，該會於一八六三年成立，由拉沙爾(Ferdinand Lassalle, 1825–1864)領導。當時普魯士總理俾斯麥（Prince Leapold Bismarck, 1815–1898）正在積極壓制自由分子，馬克思認爲這是貴族封建勢力對資產階級的壓制，工人協會應該支持自由分子，反對俾斯麥，並且應該準備於封建勢力摧毀後，進一步領導勞工階級，推翻自由分子的勢力，進行社會主義革命，但拉沙爾認爲德國的自由分子無革命性，反對馬克思的意見，堅決支持俾斯麥，以爭取言論自由、結社自由和成年人的選擧權；在經濟政策方面，拉沙爾主張國家負擔合作社工廠的資金，讓工人變成僱主，以防止李卡道(David Ricardo, 1772–1823)的工資鐵律（the iron law of wages）所指的弊病；拉沙爾相信國家應統治社會，國家有助人獲得自由的作用，國家不應也不會消失。

一八七五年，全德國工人協會和李伯涅(Wilbelm Liebknecht)貝伯爾(August Bebel)領導的社會民主工人黨(Social Democratic Workingmen's Party)合併，成爲德國社會民主黨，也成爲世界上第一個標榜社會主義的政黨，以後法國、奧國、比利時、瑞士、丹麥、瑞典、俄國、英國等，亦有社會主義政黨的成立，社會主義運動大有風起雲湧之勢，社會主義國際（The Socialist International）的聲勢亦日見壯大。

德國社會民主黨成立後，內部發生激烈的爭論，例如以馬克思信徒自居的考茨基(Karl Kautsky, 1854–1938)，認爲德國的國會雖然有決議預算案的權力，却不能控制負責行政的總理，總理只對國王負責任，不對國會負責任，儘管社會民主黨的議席增加，其在國會的權力並不跟着相對增加；此外，俾斯麥已於一八七一年實施普及選舉制，固然和社會民主黨的要求相符合，但這不見得對社會民主黨的長遠目標有利，因為俾斯麥的用意是爭取農民和工人的選票，以對抗城市的中產階級，等到事出意外，社會民主黨的選票開始增加的時候，俾斯麥又提出社會福利的綜合法案和限制社會民主黨的法案，希望能夠利用工人以對抗社會民主黨。所以考茨基派堅持應走革命路線。可是該黨理論家柏恩士泰 (Eduard Bernstein, 1850–1932) 積極反對馬克思、考茨基等的革命論，於其所著社會主義思想史、社會主義的前提與社會民主黨的任務(The Presupposition of Socialism and the Task of Social Democracy) 等書中，抨擊馬克思思想的謬誤，指出經濟不是人類生活的重心或社會進化的原動力，剩餘價值論和階級鬥爭論不符合社會上已有或將有的實情，工業社會必然發生很大的變化，社會主義的政黨無需走暴力革命路線，只要把握時機，從事改進工作，必可達成目標，這可從德國的歷史和人民的心理找到充分的根據（請閱柏恩士泰條）。由於這些基本原則上的意見紛歧，所以德國社會民主黨終告分裂，分為最左的史巴他卡士 (Spartacus) 派、獨立派和多數派。然而儘管該黨內部分裂，並且高唱反對政府從事國際戰爭的調子，堅稱要發動社會主義國際的力量以維持和平，可是一九一四年世界大戰爆發後，德國政府的戰爭預算案在國會中付表決時，社會民主黨籍的議員只有一人投反對票，其餘都投贊成票，投贊成票者為了辯護自己的立場，或說馬克思主張人民國籍原則，或謂馬克思曾經建議德國對俄國作戰，或稱恩格斯也認為對俄作戰是為了國家的生存。可見社會民主黨員的階級意識並不重於國家觀念，其實際行動並不符合其高喊的口號。

第一次世界大戰結束後，該黨極左派分子脫離，另組共產黨，多數派繼續活動，成為德國許多政黨中的中間大黨，曾在威瑪共和時期組織政府，在威瑪憲法所規定的範圍內努力奮鬥，以求社會主義的實現。該黨被希特勒解散，至第二次世界大戰後才能於西德恢復活動，其基本的支持者包括工會會員、城市工人及其眷屬、社會安全制的受益人、部分公務員和教育文化界人士，現在是西德的第二大黨，因襲戰前原則，在經濟方面主張緩進主義，反對激烈的革命方法，反對全盤集中的國家計劃和無約制的放任政策，認為經濟結構可由立法程序加以改進，獨佔性的工業，尤其是萊茵區及魯爾區的煤鐵生產應歸公有，但公有並不是全部國有，而是由工人和消費者等的重要分子所組成的混合公司進行管理經營；在賦稅方面主張按收入和資產的比例直接徵收，不按消費總額；此外，應維持充分就業，以防止經濟恐慌，以維持經濟安定，應嚴禁權威主義的和極權分子的干擾，以維護社會正義和人民自由；在政治方面強調民主勝於專制，具有強大的中央政府的單一國勝於聯邦國，因而反對西德的聯邦制、地方主義、分離主義和邦權主義；在外交方面主張和自由與共黨國家建立邦交，竭力謀求德國的統一，因而反對德國再武裝，反對西德加入西方聯盟，唯恐再武裝或加入西方聯盟可能妨礙德國的統一。

可見德國社會民主黨所提出的具體主張，完全符合其於一九五一和一九五九年所揭櫫的一般原則，其最後目標是社會主義的民主政治和民主政治內的社會主義，社會主義和民主政治不可分離，兩者缺一即非該黨追求的理想。現在該黨黨魁布蘭特 (Wilhelm Brandt) 加入政府，任副總理兼外交部部長，其所言所行，也和該黨的綱領大體相同。無疑的，該黨是一個改良主義的政黨，正在爭取民主社會主義的實現。（陳治世）

民主集中制

為共產主義的組織原則。依照此一原則①黨的決策與各級幹部的產生，應依照民主方式，先經下層討論與選舉；②經各級黨部逐層選舉產生的中央委員會具有決策與人事的最高權力，其命令須嚴格執行。因俄共在革命時期，黨的實際工作俱由少數職業革命者充任。列寧則為此一部份人的領袖。自與孟什維克分裂，由列寧領導之布什維克向由列寧獨裁，托洛斯基於一九〇四年即曾預言此種組織方式的演變將使黨的組織掩蓋了黨；中央委員會排除黨的組織；獨裁者又排除中央委員會。

自一九一七年的十月革命，布什維克在俄國取得政權。布黨舊知識分子見列甯對外侈言無產階級民主和蘇維埃民主主義，對內則厲行中央集權，要求黨內應有較多自由，主張在蘇維埃內給有黨籍委員以優越地位，地方黨委代表享有若干自治權，並要求較為寬大之新聞檢查制度。因托洛斯基亦在列甯逝世前後，看到黨的幹部有自成一個階級的趨向，曾數次加以抨擊，有一時期在布黨內部掀起過民主浪潮。後來托洛斯基在與史大林的鬥爭中失敗，民主集中制亦不再有人提起。其多被稱爲民主集中派分子被人加上托派頭銜，在一九三六年的整肅期間或被公開處決，或無故失去踪影，不知所終。（羅時實）

民主集產主義 (Democratic Collectivism)

見「集產主義」條。

民定憲法

見「欽定憲法」條。

「民約論」(Contract Theory)

「民約論」，亦稱「社約論」(Social Contract Theory, Social Compact Theory)，乃關於國家起源學說之一種。謂國家之產生，係先經過一無政府的「自然狀態」(state of nature)，惟有賴於「自然法」(law of nature) 以維持社會的秩序。依據自然法，而享有「自然權利」(natural rights)。迨自然法不能維持此國家的社會秩序時，人民乃結約而成立國家。

民約論可溯源於希臘時代的詭辯學派 (Sophists)、伊壁鳩魯派(Epicurean School)，以及苦行學派 (Stoics)等的自然法理論，歷經羅馬法中的自然法觀念，及中世紀的教會中的「議會運動」的契約觀念，至十七、八世紀，因霍布斯(Thomas Hobbes 1588–1679)、洛克(John Locke 1632–1704)及盧梭(Jean Jacques Rousseu 1712–1778)三家而益發揚光大，成爲社約說的代表人物。

三家關於社約說所不同者，在於：

(1)霍布斯認爲：自然狀態中的人民的自然權利，爲互相侵犯殘殺，故締約限制自然權利，奉主權於「巨靈」(Leviathan)而成爲專權的權威者，以達到自然法謀求和平的目的，人民無反抗君主之權利。其契約論的目的，在建立一「專制王國」。

(2)洛克的契約說，則認爲自然狀態爲一安樂世界，但因各人行使自然權利，引起糾紛時，缺少自然法的裁判者，故締約成立國家政府，以司理自然法。因此，人民締約後所成立的國家，得保留其自然權利，而於統治者侵犯其所保留之權利時，人民可收回之（亦卽另組新政府）。故洛氏契約說，係治者與被治者同受契約拘束，而爲「君權有限」說，與霍氏之君權無限說，不受契約拘束者不同。——洛氏的理論乃爲一六八八年英國「光榮革命」辯護，幷爲美國革命的「思想之父」。

(3)盧梭的自然狀態的構想，爲一種自由自在的境界，與洛克同。但其締約的原因，則認爲係由於人口繁殖的結果，而產生種種罪惡與困擾，難以維持原始的和平。因而全民「總意」(General Will) 締約成立國家，故主權仍在民，而政府則僅爲國家僱傭機關，須絕對聽命於人民之公意。人民的主權是無限的，其公意的表現則爲公民總投票。其學說，具有「直接民權」的精神。

三家的契約說理論，均係憑想像，而缺少事實的依據，故於進化論及歷史主義興起後，卽一蹶不振。其「自然權利說」尤爲 國父孫中山先生所反對。（參考「革命民權說」條）但如就其爲國家之目的理論言，用以解釋國家之性質與功能，則亦有其相當的理論價值。（現代之「基本人權說」，卽係基於此一觀點，參看該條解釋。）而就其推動近代之民主政治運動言，尤著有貢獻。（關於「自然狀態」、「自然法」、「自然權利」，並參看各該條。）（涂懷瑩）

民族自決 (Self-Determination of Nations)

民族自決是指具有共同語言、文化及傳統的人民，有權組織他們自己的政府，而成爲一個獨立的民族國家。此一原則盛行于十九世紀的歐洲，以爲分割那些老大帝國成爲若干以民族爲單位的小國之理論基礎。第一次世界大戰期間，民族自決的原則成爲同盟國的一項主要號召。美國威爾遜總統于一九一八年一月八日向國會兩院聯席會議所提出的戰後十四點和平原則，其中第十一點卽係揭示此一原則。大戰結束後，由于此一原則的應用，使原屬于德、奧、俄、土等帝國的部分領土，成立了許多以民族爲單位的小國。二次大戰後，亞、非兩洲的許多國家紛紛獨立，亦係此一原則的延伸。然由于政治與經濟的現實環境，民族自決原則之適用有其一定的限度，一次大戰後的歐洲如此，今日亞、非兩洲的情形亦復如此。（胡述兆）

民族國家 (National State)

由一個民族所組成之國家謂之民族國家。自民族主義發展後，各民族以成立單一民族國家爲理想，第一、二次大戰後，許多新興國均屬民族國家。所謂民族自決，卽由一民族自行決定應否成立一獨立民族國家。（華力進）

民意 (Public Opin ion)

「民意」（或輿論），不必是盧梭之全意志，但通常多少隱指公衆綜合之意見。D. Hame, T. Jefferson 以民意爲政府唯一存在之基礎。故有謂民主政治即民意政治者。唯民意之意義與內涵，殊難確認。此主要是因「公衆」一字並無一客觀之定義。J. Rosenau 以公衆非國家全體之國民，亦非任何小團體，而係一環繞於某種特定之政治社會問題所自然結合起來之流動的集合體。故該政治社會問題一變，公衆之結合分子亦變。從而，民意乃指不同之公衆對某一時間內特定問題形成之看法。

通常對民意一詞之用法極具概括性，而少系統之分析。近年來學者已有較確切之了解，指出民意在民主社會實是：多數之「大衆」、少數之「意見領袖」及極少數之「政治決策分子」，交光互影輻輳而成者。大衆之意見是量重於質。其意見極少結構性與系統性，對問題抓不緊，提不出方案，僅爲一種意見氣候，一種流動之心境。但此一氣候、心境却決定國是之最後制限，逾此制限即不免產生政治之危機。意見領袖之意見則質重於量，他們不但能抓緊問題，且能提出方案，他們之功能是將公衆之流動之心境、態度型製爲系統性之見解。意見領袖乃構成 G. Almond 所謂之「質之市場」(quality market)。政治決策分子之政策需向「質之市場」推售，如不爲「質之市場」接受，則政策難期順利推行，甚且胎死腹中。

反之，在極權社會，不但大衆意見難成氣候，且根本缺少一意見領袖所構成之「質之市場」，政治決策者常可舖設民意，僭奪民意。當然，極權社會也非純無由下而上之「反餵機構」(feedback mechanism)，但其反餵機構不若民主社會之複雜、多元與自立性，故而難得民意之眞相。

民意之意義與內涵，不但因政治系統之開放與閉鎖分別而異，亦因大衆媒介等之運用而生差別。整個地說，民意對政治之影響有日漸加重之勢，從而 W. Lippman, H. Nicolson 等以爲這是政治素質之墮化，而主張在外交等領域不應受民意之干涉。實則，如前所分析，民意既不必即是大衆之意見，更不必即會降低政治之水準。民意之探求，目前常藉「民意測驗」等方法行之，民意測驗對政治影響之爲正爲負，現在尚不易說，但民意測驗之將在民主政治中扮演重要角色，殆可斷言。（金耀基）

民意測驗 (Public Opinion Polls)

爲利用直接調查訪問(interview)或問卷(questionnaire)調查用一定方法選定的少數民衆的意見，從而推測一般民意的方法。

早在一九三五年開始，美國喬治蓋洛普 (George Gallup) 所屬的「美國公共意見調查所」(American Institute of Public Opinion) 即用民意調查方法調查美國民衆對「社會安全法案」和其他政府措施的態度，時至今日，蓋洛普測驗 (Gallup Polls) 已成爲民意測驗的代名詞，政府官員及學者莫不注意其調查的結果。除私人的民意調查機構外，歐美各國政府機構和政客也常從事民意調查，作爲其制定政策和發表政見的參考。由於民意測驗結果的重要性逐漸爲世人所公認，少數共產國家如波蘭、南斯拉夫與捷克也開始作民意調查。

初期的民意調查選定調查對象，問題內容，和分析方法都很簡單。慢慢地愈來愈複雜，但其可靠性也越來越增加。在最近的幾次美國大選中，美國「國家廣播公司」（NBC）和「哥倫比亞廣播系統」（CBS），運用精密的「選樣」(sampling) 方法和高速電子計算機統計分析的結果，常能在投票當天或次日即可預測獲勝的候選人。

民意測驗，已越來越成爲專家的工作，因爲無論「選樣」和「問卷」的設計（尤其是scaling），都需要長期的訓練才能勝任。否則由外行來充任，便會大大影響到測驗的可靠性 (reliability) 和推論性 (inference)。這在平時一般民衆便慣於隱藏其政治意見，或附合當權者的政治文化中，尤有「差之毫厘，失之千里」的可能。（魏　鏞）

參考文獻：

V.O. Key, Jr., Public Opinion and American Democracy, New York: Alfred A. Knopt, 1961.

Charles H. Backstrom and Gerald D. Hursh, Survey Research, Evanston: Northwestern University Press, 1963.

Harold D. Lasswell, Democracy Through Public Opinion, Menasha, Wis.: Banta Press, 1941.

民權法典 (The Bill of Rights)

見「權利法案」條。

永久革命論(Permanent Revolution)

Permanent Revolution 是俄國布什維克領袖托洛斯基對馬克斯主義之主要貢獻，和其政治活動具有不可分離的關係。早在一九〇六年爲革命奔走繫獄之時，托氏發表以「回顧與前瞻」(Result and Prospect) 爲題之論文，提出此一構想。馬克斯認爲在革命進行中，階級勢力關係不斷變更，權力應轉移於更革命之階級行使。在所謂資產階級民主革命時期，無產階級必須領導城市小資產階級及農民，進行反封建勢力革命。革命勝利以後，無產階級即須使革命不間斷地繼續下去，使資產階級民主革命轉變爲無產階級專政。在托洛斯基發表上述之論文以前，一位俄籍德人名 **A.L. Helphand-Parvus** 者，對此有過意見，會使托洛斯基受到影響。

托洛斯基之永久革命論是針對俄國的情形而言。他反對馬克斯主義者把俄國革命看作一七八九—一七九三的法國革命，在推翻沙皇政權，建立民主政治後，發展資本主義的工業，使俄國工人有從容製造階級鬥爭的經驗，一俟革命的社會主義到成熟地步，即轉變爲社會主義的革命。在首次大戰以前包括列甯在內之多數布什維克，均持此一見解，只列甯個人有時略爲變通。

托洛斯基同意列甯認爲勞工階級在革命應該充任主角的主張。但他明白指出，正惟如是，這一革命不能認爲就是布爾喬亞的。他認爲這是布爾喬亞和無產階級的聯合革命。無產階級既與布爾喬亞携手，推翻了沙皇和大地主，接上就要推翻布爾喬亞，建立無產階級的獨裁，把一切生產工具歸社會共有。托洛斯基主張應使俄國成爲世界上第一個實現無產階級專政的國家。這在當時曾引起很大爭論。包括列甯在內，所有馬克斯主義者都認爲只有西方工業高度發達國家，才能首先建立無產階級專政。

托洛斯基繼續指出，因爲俄國工業與文化落後，加上人民貧困，所以它要先有社會主義的革命。但它必須和西方的革命聯在一起，才有成功完成的希望。因此俄國的革命，不只是一個國家的問題，而是歐洲和世界革命的序幕。就如革命不能止於布爾喬亞階級，革命也不能局限於俄國一國的國境。無論國內國外，革命都應該是永久的。

托洛斯基是此一理論的創始者，他從正統的馬克斯主義取出一部份，修改一部分，再加上他自己的創作。他是馬克斯主義者中頭一個宣布，反資本主義的革命是要從未開發國家發動，而不是從西方高度工業化國家發動的人。

但他並未脫離馬克斯主義的正統。因他始終認爲西方的工業國家是產生社會主義的適當地土，是具有潛在力量的中心，對社會主義的前途具有決定性的作用。一個像俄國這樣的落後國家，雖然在爆發革命時領先，實際建設社會主義的領導，仍非西方國家莫屬。

恰好在一九一七以前不久，列甯也得到和托洛斯基的同一結論，爲此他又加入列甯的布什維克黨。在列甯和托洛斯基共同領導之共產國際曾把永久革命的觀念，列爲正式的行動綱領。他不贊成由少數革命者，沒有取得多數勞工的支助，冒失地發動政變，同時也反對用武力在外國鼓動革命。他認爲永久革命是一種有機的歷史程序，在先天上是那一時代的階級鬥爭，和政治衝突的邏輯發展。

這一理論因托洛斯基與史大林爭權，而引起軒然大波。在列甯死後，史大林提出與此針鋒相對的一國社會主義，堅持要在列強包圍之中，先把蘇俄建設起來，使其他共產黨知所取法。在第二次世界大戰之前，史大林一直是執行建設蘇俄的孤島主義路線，以托派罪名整肅許多在共產黨具有地位的老黨員。

（羅時實）

瓜地馬拉 (Guatemala) 政黨

現有下列四個合法政黨：㈠革命黨 (PR) 乃一溫和偏左之政黨，領袖爲馬狄尼滋 (Martinez)。㈡國民解放運動(MLN) 爲一九五四年卡斯狄羅「解放運動」之支派，領袖爲阿拉康 (Alarcon)。㈢民主學會黨 (PID) 爲一保守團體。㈣瓜地馬拉基督教民主黨 (PDCG) 以克姆卜 (Campo) 爲領袖。

瓜國自一八七一年至一九四四年，除中途曾有少數事件發生外，均爲自由黨人獨裁政權所統治。其最後一人爲一九四四年之「十月革命」所清除。繼任之兩位總統均爲左傾人士，即一九四五至五一年之阿銳偉羅 (Arévalo)，及一九五一至五四年之戈節門 (Guzman)。其時社會安全制度、勞工立法與土地改革等均被提出，以作爲改革之重心。然而瓜地馬拉共產主義者與國際共產主義運動作廣泛接觸，滲入該國革命運動，於一九五四年取得支配地位。其後發生多次軍事政變，制憲大會於一九六五年九月公布新憲法，規定總統與國會議員任期均爲四年。翌年三月六日舉行總統與國會之選舉，革命黨人蒙特尼哥羅(Montenegro)當選總統，於同年七月一日就職。議長為皮祿習尼 (Pieruccini)。議員五五名中，革命黨三一席，民主學會黨一九席，國民解放運動五席。(談子民)

甘比亞 Gambia 政黨

甘比亞(The Gambia)原為英國之殖民地，至一九六五年始獲得完全獨立。該國現有三個主要政黨：

(一)人民進步黨 (People's Progressive Party 簡稱 PPP)：該黨創立於一九五八年，對內政策主張致力於經濟建設與文化發展。而與塞內加爾保持合作則係該黨一貫的對外政策。黨的領導人為賈瓦拉 (Sir D.K. Jawara)，係現任甘比亞總理。該黨對政治意識的激發居功頗偉。一九六三年以十九席對十三席，擊敗前執政黨聯合黨。一九六六年更以二十四席對八席再獲執政機會，一直至今。

(二)聯合黨 (United Party)：聯合黨簡稱U.P.。其領導人為恩吉(Mr. P.S. Njie)氏，在一九六二年前曾出任首席部長。該黨為一九六二年前甘比亞之執政黨。但自一九六二年大選時敗於人民進步黨後即一直不振。該黨政策與人民進步黨相去無幾，故其失敗乃由於候選人之聲望不若人民進步黨所致。

(三)民主大會同盟黨 (Democratic Congress Alliance)：民主大會同盟黨領袖為費葉 (Rev. J. C. Faye) 及加巴賈宏巴 (Mr. I.M. Garba-Jahumpa)。在一九六二年時與人民進步黨聯合擊敗聯合黨，此後該黨一直是人民進步黨的支持者，本身的力量尚無法與兩大黨相抗衡。(袁頌西)

生存權 (Right to Exist)

生存權為人民一切權利的基本，人民不得生存，則其他一切權利都成為海市蜃樓。人民初生，國家即應登記其出生，證明並承認其存在，這是一切權利義務的開端。人民的存在已為國家所承認，則人民的生存自當由國家保護之，我國憲法第十五條：「人民之生存權……應予保障」，其意義即在於此。

所謂生存權乃謂處於弱者地位的人——經濟上的弱者，或生理上的弱者，都有權要求國家予以扶助，以維持他的生存。什麼是經濟上的弱者呢？這是指一般勞動者而言。因為自工業革命後，生產制度由家庭手工業進而為工廠工業。在工廠工業體系下，生產工具，規模宏大，非一般勞動者所能購備，而為資本家所專有，資本家掌握了生產工具，也即是掌握了生產支配權，勞動者不能與之抗衡，所以勞動者遂成為經濟上的弱者了。勞動者在經濟上已處於劣勢的地位，就不能與之抗衡，所以勞動者遂成為經濟上的弱者了。勞動者在經濟上已處於劣勢的地位，就不能不要求國家的扶助了。反過來說，國家以保障民眾生活為天職，對於佔人口絕對多數而生計難以維持的勞動者，自然負有解決他們生活的義務。各國對於這一義務的措施，大都採用社會政策性的社會立法制度，即以法律規定國家應積極的舉辦種種事業，以資助勞動者的生活；如社會保險，職業介紹，失業救濟，工人住宅，福利設施，衛生設備等等，均其顯例。此外，社會立法又規定最低工資，限制工作時間，女工童工的保護，以及實施團體協約等，也都是所以扶助勞動者的生活。但我們要特別注意的，我國目前仍為一個以農立國的國家，農民所受的苦難，不亞於勞工，所以我們國家對於農民也有特別保障的責任。憲法第一百五十三條的規定「國家為改良勞工及農民之生活，增進其生產技能，應制定保護勞工及農民之法律，實施保護勞工及農民之政策，婦女兒童從事勞動者，應按其年齡及身體狀態，予以特別之保護」，這是我國特殊情勢下所需要的保障工農生存權的必要措施。

所謂生理上的弱者，係指衰老殘廢的人們。衰老的人因年數已高，精力已衰；他們在年富力強的時代，為社會服務，對社會已盡了其所能為力的貢獻。等到年老力衰時，再沒有生產能力，而平日又無所蓄積，不能自圖生活了，這時候他們實有權要求國家予以資助，以維持生計。殘廢的人，或四肢不全，或五官有缺，生產條件不能完全具備，形成生理上的弱者，也不能不要求國家予以扶助，以保障其生存。所以國家對於衰老殘廢的人們，要以種種社會事業來保障他們的生活，我國往聖先賢，莫不抱民胞物與的心懷，視天下疲癃殘疾惸獨鰥寡，皆吾兄弟之顛連而無告者。所以我國往昔之於救濟事業，素極重視。「康濟錄」一書，對於種種救濟事業的措施，記載至詳。但我們要注意，往昔的救濟觀念，係出於仁慈的意識，而今日則已進於義務的意義了。易言之，老弱殘廢的人，有向國家請求扶助的權利，而國家則負有維持其生存的義務。憲法第一百五十五條所謂：「人民之老弱殘廢，無力生產，及受非常災害者，國家應予以適當扶助救濟」，即為義務觀念的表現。更自現實的法律上看，三十二年九月二十九日國民政府公布之社會救濟法，亦已由慈善意識進而為義務觀念，不復視社會救濟爲當政者的施振恩惠，所以該法已說：「應受救濟人得向主管官署或有救濟設施之處所，請求予以適當之救濟」，復謂「救濟事業經費，應列入中央及地方預算」，權利義務的觀念，已表現得極清楚了。（羅志淵）

生活方式 (Way of Life)

此乃研究社會學之一名詞。指在某一地區之某一人羣，在某一時代，于其共同生活中，爲達到某一共同目的，所具有之共同價値觀念—無論在社會與政治或其他方面—並透過一套共同制度，與生活習慣及行爲，以表示彼等與其他人羣之不同。此名詞在政治學上，爲解釋民主政治之定義者所引用。近代政治學者對于民主政治之看法，認爲民主政治不但爲一種政府型式(form of government)，且爲一種生活方式。前者乃代表狹義之解釋，後者乃代表廣義之解釋。例如 R.M. MacIver 氏在其一九四七年所出版之 Web of Government 一書中，曾有下語：「如民主政治僅爲一種政府型式，則吾人並未將民主政治之精神加以解釋。人類之所以爲民主政治而奮鬥，並非爲此型式，而乃爲此種政府型式所支撐之生活方式」(We do not definc Democrocy by its spirit, since Democrocy is a form of Government. But men have struggled toward Democracy not for the sake of the form, but for the way of life that it sustains.)。是以吾人今日于民主與共產集團冷戰之中，時聞西方，尤其美國人民聲稱吾人乃爲維護吾人之生活方式而反共。生活方式一詞之爲政治學所引用，與研討民主政治頗有關聯。（王世憲）

目的與方法分析 (Ends and Means Analysis)

目的與方法之區別不但在哲學思想上佔有重要之地位，而且在社會科學之研究上亦不可缺少。在分析政治現象時如能認淸目的與方法之差異，往往促成對各種事物之瞭解，例如「民主政治究係達成某一目的之方法，抑或其本身即爲人類所追求之目的」這一問題，雖然爲學者們爭論不息，但是也因爲爭論而使人類對民主政治更加認識。

從理論上說，一件事可能爲某一事物之目的，但是也同時爲另一事物之方法。例如美國社會安全 (social security) 制度之目的爲養老安貧，而養老安貧又爲繁榮社會之方法。事實上目的與方法往往可被視爲一項連鎖，在這一連鎖中，每一事物都可被視爲低一層事物之目的，或高一層事物之方法。因之在政治現象的連鎖中，學者往往將所研究之事物從兩方面加以分析，進而促使對該項事物更深之瞭解，此種方式之研究即稱爲「目的與方法分析」。

近年來此種分析，不但在政治哲理方面時加應用，而且特別在「政策釐定分析」(decision-making analysis) 上更爲重要。例如在研究外交政策之釐定時，首先應分析者卽爲外交政策之目的，其次乃爲方法，目的與方法瞭解之後，該一外交政策之研究已完成大半。因之目的與方法分析在現代政治學上實佔有重要之地位。（魏　秦）

參考文獻：

Oppenheim, Felix E., "Rational Choice," Journal of Philosophy, Vol. 50, June, 1953, pp. 341-350.

Simon, Herbert A., Administrative Behavior, (New York, Macmillan) 1957.

Whitaker, Urban G., Jr., "Actor, Ends And Means: A Coarse-Screen Macro-Theory of International Relations," in James N. Rosenau, (ed.), International Politics and Foreign Policy, (New York, Free Press), 1965, pp. 438-448.

立法委員

立法委員爲民選中央公職人員，組織立法院，代表人民行使中央立法權。立法委員之名額，由全國各省、各直轄市選出者，人口在三百萬以下者五人，超過三百萬者每滿一百萬人增選一人，由憲法規定之。蒙古各盟旗、西藏、邊疆地區各民族、僑居國外之國民及職業團體選出者，及各類選舉中之婦女名額，以法律規定之。立法委員任期三年，連選得連任。立法委員不得兼任官吏，在院內所爲之言論及表決，對院外不負責任，除現行犯外，非經立法院許可，不得逮捕或拘禁。

行憲後第一屆立法委員選舉，於民國三十七年一月舉行，法定名額爲七百七十三人，實際選出七百六十人，其中婦女八十二人，同年五月十八日在南京舉行行憲第一屆立法院第一會期第一次會議。不久大陸淪陷，民國三十八年八月，立法委員隨同政府播遷臺灣，於三年任滿時，因事實上不能依法辦理次屆選舉，先由總統咨請立法院繼續行使立法權，嗣於四十三年一月，復經司法院大法官會議解釋，在第二屆立法委員未能依法選出集會與召集以前，應仍由第一屆立法委員，繼續行使其職權。民國五十八年總統依據憲法臨時條款，發布命令，在自由地區辦理中央公職人員增補選，計臺灣省及臺北市共增選立法委員十一人，第一屆立法委員法定名額，增爲七百八十四人，惟因出缺不能遞補，故實有立法委員不足此數。

職司中央立法之民選公職人員，在北京政府時代，稱參議員、衆議員或國會議員。民國十七年中華民國國民政府組織法，始稱立法委員。惟訓政時期之立法委員，係由政府任命，民國二十年修正國民政府組織法，一度改爲立法委員之半數，由法定人民團體選舉之，但並未實施，故訓政時期之立法委員，其職權任務，與行憲立法委員出自民選者，有所不同。訓政時期立法委員名額四十九人至九十九人，任期兩年，民國二十六年因抗戰軍興，立法委員之任期，延長至抗戰勝利，政府還都南京。民國三十六年又新增各黨派提名之立法委員五十人，連同原有委員共一百四十九人，爲行憲之準備，以迄民國三十七年五月，行憲立法院首次集會，訓政時期之立法院始告結束。訓政與行憲立法委員雖性質有別，但爲國家從事立法工作，則前後相繼，歸於一本。（仲肇湘）

立法院

立法院爲國家最高立法機關，由人民選舉之立法委員組織之，代表人民行使立法權。立法委員之選舉、任期及其他有關部分，另見「立法委員」條。立法院設院長、副院長各一人，由立法委員互選之。立法院以會議行使其立法權。會期每年兩次，自行集會，第一次自二月至五月底，第二次自九月至十二月底，必要時得延長之；遇有總統之咨請，或立法委員四分之一以上之請求時，得開臨時會。立法院會議須有立法委員總額五分之一出席始得開會，開會時以院長爲主席，院長因事故不能出席時，以副院長爲主席，院長、副院長均因事故不能出席時，由出席委員互推一人爲主席。立法院會議之決議，除憲法別有規定外，以出席委員過半數之同意行之。立法院設內政、外交、國防、經濟、財政、預算、教育、交通、邊政、僑政、司法、法制等委員會，必要時得增設其他委員會及特種委員會，審議交付審查之議案及人民請願書。委員會委員由立法委員分任之，每一委員以參加一委員會爲限。委員會各置召集委員一人至三人。

立法院由院長綜理院務，立法院院長因事故不能視事時，由副院長代理其職務，置秘書長一人，副秘書長一人，承院長之命，處理該院事務。

立法院除議決法律案、預算案、戒嚴案、大赦案、宣戰案、媾和案、條約案及國家其他重要事項而外，尚有其他法定職權：對總統提名行政院院長及監察院審計長之同意任命權；決議移請行政院變更重要政策；覆議行政院所提覆議案；向行政院院長及各部會首長提出質詢；決議移請總統解嚴；追認總統發布之緊急命令，變更或廢止總統發布之緊急處分；及擬定憲法修正案提請國民大會複決。故立法院之職權，不止於狹義的立法，而與一般民主國家國會之職權相當。

以立法院爲國家最高立法機關之法定稱謂，始自民國十七年中華民國國民政府組織法。在此以前之北京政府時代，則稱爲議院或國會。民國三年袁世凱公布之中華民國約法，雖規定有立法院，但該約法不合法統，且始終未成立立法院，故不足爲據。訓政時期國民政府之立法院，其委員由政府任命，與憲政時期立法委員出自民選，性質不同，但兩者之組織及議事制度等，則由訓政而憲政，前後一脈相承。按民國二十五年國民政府公布之中華民國憲法草案，立法院院長、副院長及立法委員均由國民大會選舉罷免，立法院對國民大會負其責任。現行憲法則規定立法委員由人民選舉，代表人民行使立法權，並不向國民大會負責。立法權在憲政制度上之此一重大變動，與行政權制度之前後變動，係同受民國三十五年政治協商會議修憲原則之影響所致，可參看「行政院」條。（仲肇湘）

立法程序 (Legislative Procedure, or Legislative Process)

立法程序 (legislative procedure, or legislative process) 的涵義，有廣義狹義之別。廣義的說法是準照立法機關的職權範圍以立論，認爲立法機關大致有三種職權：制定各種法律，通過各種經費，及監督行政措施。立法機關由於立法行爲乃有一套法制以規範人民的活動；由於通過預算乃使政府有經費以履行其職務；由於質詢乃能對行政機關繼續不斷的行使監督權。凡此足以表示立法機關任務的繁重，欲完成這些任務則非有各種程序規則(rule of procedure)不可。這些程序規則不僅志在便利制定各種法律，也意在使保證公款之合理運用，保障立法機關中少數派的權利，並圖謀使行政當局能遵守法律之道。所以普通所謂之「立法程序」者，其涵義不止於立法，應該包括立法、制用 (appropriation) 及監督程序而言（參考 William Bennet Munro and Morley Ayearst, The Government of Durope, 4th ed., 1954, p. 426)。甚至有人採取更廣泛的涵義，則其所稱立法程序，不但指立法機關的立法而言，舉凡立法的及行政的議事機關的議事處理，均包括於立法程序之內（參考Paul Mason, Masson's Mannual of Legislative Procedure, 1953, pp. 29–30）。至就狹義的立法程序言，則專指法案的處理程序，其他議案的處理方式，則不謂爲立法程序。蓋就各國國會制度看，一般議案 (resolution) 與法律案 (bill) 的處理程序，實有所不同。一般議案於國會通過之後，即已完成審議程序，且多屬即可付諸實施。而法律案則於國會通過之後，尚須移請元首公布，是以公布亦屬立法階級上必經的一個程序。又在若干國家中，行政機關對於國會通過的法律案，尚有要求覆議之權，國會對於此項法案，應予以覆議，是覆議亦屬法律案處理程序之一，而一般議案罕有這一程序。此外，按之各國國會的立法程序，法律案的審議多須經三讀程序 (three readings)，而其他一般議會多不循此程序。由此亦可見法律案處理程序，又較其他議案爲嚴謹。由是可知適用於一般議案的程序，不足以爲法律案的處理程序，而法律案所用的立法程序，則可用於處理一般議案而有餘，是則狹義立法程序，雖涵義較爲嚴謹，而運用的幅面亦屬甚廣。易言之，適用於法律案的立法程序，對於預算案及其他議案，可以準用之。概括說來，立法程序乃規範立法機關之構成、法案之提出、議程之編製、法案之審查、討論、修正、表決、再議、覆議諸種立法過程中必要的程式，及其應有的規律，兼及委任立法的運用與限制。至於法律案之公布雖屬行政機關之行爲，究屬立法程序上之最後一著（參考羅志淵「立法程序與立法技術」頁三）。（羅志淵）

立法緊急狀態 (The State of Legislative Emergency)

這是現行西德基本法上對於解決內閣總理與聯邦衆議院衝突的一個新辦法。當聯邦總理所提信任案被聯邦衆議院否決，而總理未提議解散衆議院，衆議院亦未以多數選出新總理時，衆議院如拒絕通過總理所提緊急議案，總理得請求總統並經聯邦參議院之同意宣佈爲立法緊急狀態。進入此狀態後，衆議院如再拒絕該案，則該案經參議院同意時即可成爲法律。此狀態宣佈後六個月內，凡被衆議院拒絕之法案總理均可用同樣方式使之通過，但一任總理只能宣佈一次此種狀態。按此規定立法原意在避免如德國威瑪共和時代在多黨情形下內閣無法應付緊急事件之困難。在此規定下，內閣總理如與衆議院發生衝突，即在多黨情形下既不能以解散重選解決僵局，亦不能各黨聯合過半數議員選出新總理時，總理即可藉上院之支持通過並執行緊急法案。（華力進）

任免權 (Power of Appointment and Removal)

國家或行政元首的主要權責，厥爲指導及監督法律之執行。而爲了貫徹權責之需要，於是元首乃得藉任免權，以控制政府人事的進退。

國家的官員有軍官與文官兩種，軍官有其特別的任免程序，姑不具論。文官中除經由選舉產生者外，一般的常任文官 (civil service)，其任命固須受考試及格的條件限制，其免職亦受文官服務法的保障，需有法定的原因。所以元首於常任文官的任免，通常皆授權各級機關首長依法爲之，即使任免令以元首名義發布，亦屬象徵性的行禮如儀。眞正由元首直接任免，而值得注意的，初不過是少數非常任的政務官而已。

關於政務官之任免，在採行類屬內閣制的國家，其於總理之任命，或則須事先諮詢國會之意見，如法國第四共和（憲法第四五條）；或則須獲國會之默認與支持，如法國第五共和（第八條）、義（第九二條）、奧（第七十條）、丹麥（第十四條）、瑞典（第七條）；或則須經國會之同意，如韓國（第六九條）；或則由元首提名，交國會選舉決定，如西德（第六條）；或則由國會議決提名，交元首任命，如日本（第六七及第六條）。上述總理之任命程序，雖有不同方式，然由於總理須向國會負責，是以其任命之須獲得國會之信任與支持，在實質上並無不同。至於總理以下之其他國務員，則大抵均由總理提請元首任命。其次，在採行類屬總統制的國家，各部會首長之任命，類須獲得國會一院之同意，如美國、巴西、阿根廷、及賴比瑞亞等。不過此類國家元首任命各部會首長之須經國會一院同意，旨在防止元首濫用私人。而內閣制國家元首任命總理或國務員之須獲得國會支持或同意，則旨在貫徹政治責任。二者在設制之精神與目標上是並不相同的。

至於政務官之免職，在內閣制國家，係以國會之信任爲基礎，元首除了在國務員失去國會信任時，接受其辭職外，通常並不能依一己之愛惡，予以主動免職。而在總統制國家，則並不適用此一原則。以美國的情形來說，那些經參議院同意而任命的純政治或行政性的官員，在本質上只是輔佐總統完成其政治責任的僚屬。故而總統可以因履行其政治責任的考慮，主動予以免職。法律既不能予以限制，也不再受參院同意權的干預 (Myers V. United States, 272 u.s. 52, 1926)，不過關於依法成立，而行使準立法與準司法權的獨立委員會委員，因爲其職務的性質，並不是純政治或行政性的，所以這類人員，雖係總統經由參院同意而任命，但却須受法律的拘束，非有法定的理由，並不能任意予以免職 (Humphrey's Executor V. United States, 295 u.s. 602, 1935)。（荆知仁）

任意權力 (Arbitrary Power)

當權者任己意使用權力，而且儘量使用權力，以推行政策或滿足私慾，無論其政策或私慾是否違反人民願望、大衆福祉和國家利益，其權力的行使都不受法律的限制或制裁。這種任性的專斷的個人的絕對權力，便是任意權力。

古代的專制君主和現代的獨裁者，都行使任意權力。任意權力的種類和範圍，因時代不同而有分別。一般說來，古代君主的任意權力的種類較少，其範圍亦較小，現代政府職務紛繁，統治的工具和方法又多，所以獨裁者的任意權力，不但在種類上比古代多，而且在範圍上也比古代廣。任意權力的行使，可以按照人民願望、大衆福祉和國家利益等原則，不一定禍國殃民，當權者亦未必暴虐無道，但因權力容易使人腐化，當權者往往誤用權力，所以無任何限制的任意權力，十之八九會使當權者變成暴君，人民陷入地獄中做奴隸，一切遭受悲慘的惡運。

在民主國家裡，任意權力沒有存在的可能，因爲無論其政府採內閣制、總統制、委員制、總統內閣混合制、或其他制度，立法行政司法各權都必分屬不同的機關，由不同的官員行使，並由憲法加以限制。在共黨控制的國家裡，共產黨是唯一的政黨，是決定國家政策、負責國務的唯一組織，憲法是一紙具文，議會是御用工具，一切由黨支配，一切以黨爲于歸，而黨則由黨魁或幾位最高級人員把持，所以在今日的共黨國家裡，可以說仍有任意權力，由共黨黨魁一人或幾位黨棍行使。（陳治世）

伊匹鳩魯主義者 (Epicurean)

是伊匹鳩魯 (Epicurs, B. C. 342? – 270) 學說的信從者。伊匹鳩魯生於希臘的撒摩士 (Samos)，幼習哲學，紀元前三〇六年在雅典設校講學，廣收門徒，和他們過樸素簡單的團體生活，鄙棄奢侈，節衣縮食，不求名祿，不問世事，追求心靈愉快的精神享受，打破當時的社會傳統，儼然處身修道院中，直到他老死的時候。

伊匹鳩魯主義的目的，在使人獲得自我滿足，強調好的生活在於享樂，在於避免痛苦、煩惱和憂慮。人生短促，難久而可貴，如果在痛苦中度過，實在毫無意義，唯有在幸福生活中方可以達到至善的境界。但快樂有外鑠的和內發的分別，前者被動，隨慾望而來，是暫時的，可能樂後生悲，後者內發，如從誠摯友誼中求得的快樂，是無窮的，樂後無苦的。

由伊氏看來，自然只是物理現象，原子構成一切東西，自然使人自私自利，賦予人追求自己幸福的慾望。規範人類行爲的習慣，如果不能產生更大的幸福，便是多餘的。所有社會上的例規，如果不增加私人的最大好處，便是不正當的。社會裡種種，除快樂外，沒有眞的道德或價值。所以智者不必顧及無謂的公共生活，非不得已不要參與政事。

人人自私，只求自己的好處，甚至違反正義，都不是壞事，但各人的好處爲他人的自私行爲所妨害，違反正義後會遭受痛苦的結果，往往造成不可忍受的情形，以致人人自危，誰也無法享樂，所以大家相互默契妥協，不害人，不受苦，尊重他人權利，以換取自己權利的保障。有了這種契約後，國家、政府和法律出現，人民交往獲得便利，正義才能維持，違反正義者受罰，得不償失，智者當然不願違反正義，侵害他人了。可見道德是權宜的事，國家只是爲了大衆安全而組成，由於人與人間的默契而建立。

伊氏認爲妥適公正的行爲，無絕對標準，隨環境時間地方而不同。誠然，各地人性相同，所有人的正義大體一致，但在運用時，正義觀念按人的生活而變化，某事由此地人看來是對的，由別處的人看來可能是不對的。同理，法律於制訂時符合正義，環境變遷後則不一定如此。所以法律和政治制度的好壞，視其能否適合環境而定，如能爲人爭取更大的安全，使人與人交往更容易，便是好的。君主政體最有力最穩定，跟着能夠投合人們的需要。

文化—包括生活方式、社會政治制度、藝術、科學等—全是人類智慧的結晶。原來人類沒有偏愛社會的本性，只有不斷追求幸福的動機，最初穴居野處，流蕩孤獨，與禽獸鬥，偶然發現了火，才造屋以居，剝獸皮爲衣，由於感情激動而發出叫聲，才形成了語言，後來憑適應自然環境的經驗，才創造了藝術、法律和有組織的社會制度。這就是說，文化只是人類在物質環境所供給的條件下，利用智慧來發展的。不過，智慧的開始，是在人類曉得神不管人間俗務之後。

伊氏說神不干涉人，既不使人變好，也不使人變壞。因此，他嚴厲批評各種迷信的儀式和信仰，駁斥卜卦和星相學之類的論調。他認爲人類信神是從做夢開始的。

從此可見，伊匹鳩魯的人生觀、政治哲學和社會演進論，屬純唯物論派，以自我主義爲中心，以享樂主義爲理想，以契約論爲基礎，是希臘當時環境所產生的遁世主義。（陳治世）

伊朗 (Iran) 政黨

伊朗之主要政黨有國民黨及人民黨兩黨。其他小黨尚有國民陣線(National Front)、伊朗人民黨(Iranian Party)，伊朗自由運動黨(Freedom Movement of Iran)、社會主義聯盟(The Socialist League)、伊朗黨(The Iran Party)、大伊朗黨(Pan Iran Party)與共產黨(Masses, The Communist)等，惟共黨已被禁止。

伊朗國民黨(Melliyun, The National Party)由艾馬密博士(Dr. Ahmad Emami)領導，後改名新伊朗黨(New Iran Party)，現爲執政黨。

伊朗人民黨(Mardom, The Peoples Party)由艾里博士(Dr. Yahya Adl)領導，現爲下院中之反對黨。

國民陣線(Jebheh Melli, National Front)由沙里(Allayar Saleh)領導，係甚多派系之聯合，組織比較鬆弛，在國會亦無議席。

根據一九六三年之選舉，各黨在下院席次分配如下：

黨派	席次
國民黨 (The National Party)	一三〇席
人民黨 (Mardom)	一六席
獨立派 (Independents)	一六席
未加盟分子 (Unaffiliated)	二五席
空缺 (Vacancies)	一三席
共計	二〇〇席

（郎裕憲）

伏爾泰 (Voltaire, 1694-1778)

伏爾泰，法國思想家，早歲即有「諷刺詩人」之譽。一七二六與一七二九年間旅居英倫，潛心研究牛頓的物理及洛克的哲學，深深贊佩當時英國政治及社會制度的進步情形。因伏爾泰及稍後之孟德斯鳩共同鼓吹，洛克思想乃成爲法國啓蒙運動之基礎，對英國政治社會之倣效變成法國自由主義之重心。他極力主張宗教與政治信仰及言論之自由，爲受宗教迫害之人挺身奮鬥，他攻擊當時法國政府對宗教政治言論之嚴格管制，對後來法國人之獲得言論自由貢獻最大。（張旭成）

休會任命 (Recess Appointment)

美國憲法規定，總統任命之一部分聯邦官員需經參議院之同意。但在參議院休會期間，總統可逕予先行任命，俟參院開會後再提請同意，如未獲同意則此項任命至參院本會期終止時爲止。此種任命稱爲休會任命。美總統有時利用休會任命任用他想用但得不到參院同意的人選。（華力進）

光祿大夫

官名，秦及漢初有郎中令，屬官有中大夫，漢武帝太初元年，更名郎中令爲光祿勳，中大夫爲光祿大夫。光祿大夫秩比二千石，無定員，與諸大夫議郎共掌議論，備詔命顧問，凡諸國嗣之喪，則光祿大夫往常（漢書百官表，後漢書百官志）。魏制轉爲優重，不復以爲使命之官，諸公告老皆加拜此位，在朝顯職亦以加之。晉初置左右光祿大夫，假金章紫綬，而光祿大夫如故，加金紫者爲金紫光祿大夫，其本光祿大夫則爲銀青光祿大夫。宋齊以下亦如之，後魏有光祿大夫，金紫銀青光祿大夫。隋及唐初有光祿大夫，左右光祿大夫，貞觀後唯曰光祿大夫，金紫光祿，銀青光祿（通典職官文散官）。宋亦有金紫先祿大夫，銀青光祿大夫及光祿大夫。金元兩朝則金紫光祿大夫，金爲正二品上，元爲正一品；光祿大夫，金爲從二品上，元爲從一品。明正一品授特進光祿大夫，從一品授光祿大夫。淸文職正一品曰光祿大夫(文獻通考、皇朝文獻通考)(參看「大夫」條)。(杜奎英)

光祿勳

官名。秦有郎中令，掌宮殿掖門戶。漢因之，武帝太初元年，更名光祿勳。按：勳猶閽也，閽者，古主門之官，光祿主宮門，故曰光祿勳也。王莽改曰司中，東漢復名光祿勳，爲九卿之一。兩漢自光祿、太中、中散、諫議等大夫，及謁者、僕射、羽林郎、郎中、侍郎，五官、武賁、左右等中郎將，奉車、駙馬二都尉，車戶騎三將，並屬光祿勳。建安末，改爲郎中令。魏黃初元年，復爲光祿勳。東晉哀帝時，省光祿勳併入司徒。孝武寧康元年復置。自魏晉以後，無復三署郎，而光祿勳亦不再居禁中。梁除勳字，謂之光祿卿，後魏又置少卿。北齊曰光祿寺，置卿及少卿，兼掌諸饍食帳幕。隋文帝開皇三年，廢光祿寺入司農，十二年復置，至是，光祿全掌諸殽饍，不掌宮殿，雖取漢代舊名，而其職則別矣。唐承隋制，有光祿卿及少卿，惟光祿曾改名爲司宰及司饍。宋初，光祿寺置判寺事一人，元豐官制行，始置卿及少卿，建炎以後，廢寺併入禮部。元亦有光祿寺卿及少卿。明初，設宣徽院，有院使，以尚食尚醴二局隸之，繼即改爲光祿寺，設卿及少卿。淸仍之，光緒三十二年，始裁併禮部。參看「郎中令」條。(周道濟)

全民政治

一般人了解之全民政治，係指代議政治之對稱。　孫中山先生鑒於西方民主國家，其國民在選擧政府首長及議員之後，便無權過問政治。雖說主權在民，祇是間接民權。他的民權主義主張人民直接參加政權，除選擧權外，應有複決，創制，及罷免民選官員之權。他在民國八年居上海時，發刊建設雜誌，介紹好幾篇歐美學者有關全民政治的論著，其中如廖仲愷譯述，威爾恪士(D.W. Wilcox)著的全民政治(Government by All the People 一九一二年出版)尤爲他所樂道。

實行全民政治的方法，　孫先生列擧四種：選擧，罷免、創制、與複決。前兩種是任免人員，後兩種則專指法律。關於罷免、創制、複決三種直接民權在瑞士與美國幾個州政府曾有規定，但極少實行。二次世界大戰之後，因大衆傳播工具如廣播、電視、報紙、雜誌，以及民意測驗，均能迅速反映民間對政府人物，與法律的好惡。民意代表亦能與選區人民保持經常接觸，使全民政治另有新的發展方向，對罷免、創制、與複決三種直接民權因簽署人名數字的限制，手續麻煩，反而不感興趣。首次大戰之後因德國威瑪憲法有創制與複決的規定，至國社黨崛起，希特勒遂藉總投票爲求取所欲的工具。二次大戰後戴高樂在法國取得今日地位，亦經由此途徑。

孫先生主張之直接民權，則說明其不宜行於地大人多之處，只宜以縣爲試行單位。他也說過對國家政治，人民的創制，複決，與罷免權，付託於國民大會之代表，但這已不是直接民權。近年國大代表常爲此事集會研討，其所以未獲結果，即因其前提爲直接民權，由代表代行，即失去其應有意義。由此可見孫先生主張之直接民權是限於地方，只是實行地方自治的一種方法，並不妨礙地方正式議會的存在。有關選擧、罷免、創制、複決，四種直接民權之涵義與運用，詳見另條。(羅時實)

全球的互賴性(Global Interdependence)

「全球的互賴性」這個觀念意指人類整個世界的各個部份是(或者潛在地是)彼此互相關連，互相依賴的。亦即是說人類世界是(或者潛在地是)一個社會。這個觀念爲世界主義與國際主義者所鼓吹，但它卻不只是一種超國家的政治意理，亦且是一種事象的客觀描述。

誠然，人類世界現在爲不同的國家、種族、文化、意理、語言、宗教……所分裂隔離爲不同之社羣。但人類之本性、需要、希望畢竟有其相通與共同處。一言之，人類世界一方面是不可藥救的歧異，一方面却又是無可避免地互有關連。特別是現代交通，大衆媒介之發達，一方面使人類之物理世界大爲縮小，天涯猶若比鄰；一方面使人類心靈不斷擴大，海內皆存知己。而科學、戰爭(特別是核戰)等因素尤其使全球面臨一前所未有的共榮枯、同存亡之命運。嚴格言之，現在無一國家或社會可以完全孤立，可以完全不依賴其他國家或社會之支助。人類之前途似必須走上合作之路，始有光明。國聯、聯合國皆是人類合作事業之偉大試驗。但人類之合作願望與衝突欲念常交錯並存。而有些學者指出現代科學之發達的另一面影響，反而有彰顯各個國家或社會之特殊性、差異性；減低國家或社會間之互賴性、依存性之可能與傾向。

世界之和諧與合作，實不能單靠善意與努力即可獲致，而必須有更大之政治的創造力與世界文化一體性之增加，始能逐漸求得。學者如K. Dentsch, E. Haas, A. Etzioni等皆已從理論、策略上作勇猛之探討，而歐洲共同市場之建立更為「區域的互賴性」之合作提供有力的見證。是則「全球的互賴性」之合作應可有樂觀之展望。（金耀基）

共和國 (Republic)

在歐洲十七世紀前「共和國」一詞是指有良好組織的國家而言，也就是「國家(state)」一詞未流行前對各種國家的通稱，故布丹(Jean Bodin)在一五七六年出版之「論共和國(Les Six Livres de la Re'publique)」即在討論專制君主國問題。另一方面，歐洲十七世紀共和運動(republicanism)反對君主專制，主張代議政府，自由與平等，在以後用法上常與民主政治相同。

在現代通常用法上，共和國與君主國相對稱，是指一個沒有君主為國家元首的任何政體國家，其元首稱為總統、主席或其他類似稱號。在這涵義下，共和國與民主國沒有聯帶關係，所以極權國家蘇聯得稱為共和國，而民主國家如英國則因尚有虛位君主為國家元首，則不稱為共和國。（華力進）

共產主義 (Communism)

一般了解是指共有財產，或對所得與財富均勻分配之社會組織。在西方歷史上曾有不少人憑其宗教信仰，組織小規模的共產社區，十九世紀的羅伯‧歐文(Robert Owen)、傅禮葉(Francois Fourier)等亦有類似試驗，但其動機為慈善性質，因同情勞動階級之苦難，希望從集體生活（如傅禮葉的 phalanx）中，追求一種新而合理的社會秩序。自一八四八馬克斯與恩格斯發表其共同草擬之「共產主義者宣言」(Communist Manifesto)後，此一名詞遂為此一派人所獨佔，專指由共產黨領導之無產階級，經階級鬥爭，消滅有產階級的統治者後，廢除私有財產，經過一段所謂「無產階級專政」，進而實現各盡所能，與各取所需的共產社會。

馬克斯與恩格斯創造之共產主義，原屬工業高度發達國家的產品，因俄國工業革命比西歐各國落後，該國社會民主工黨的布什維克領袖列甯（化名）乃另創新的革命理論，謂利用貧窮與混亂，共產主義革命可以先在工業落後國家爆發，並提出共產主義征服世界的捷徑是從北平經由加爾各答，以進入巴黎的理論。他提出此一理論的翌年，俄國於一九一七年春間發生革命，推翻了沙皇的統治。同年十月由列甯領導之布什維克取得政權，一九一九他們組織第三國際，作為征服世界，指揮各國共產黨的司令臺。

在二次世界大戰以前只有俄國共產黨取得政權。因此，所謂共產主義亦以列甯的解釋為最具權威。列甯於一九二四年逝世，經過托洛斯基與史大林爭奪政權，托敗史勝，史大林執行其「一國社會主義」政策，經過數次五年計劃（第三次行至半途遭遇希特勒突擊，戰後又繼續進行）使蘇俄成為現代工業強國，史大林亦因此而厠於共產主義理論權威之列，與馬克斯，恩格斯，列甯並稱為馬恩列史主義。

從列甯生時成立第三國際，豢養來自各國的共產黨員。這些人在二次大戰結束後，屬於東歐衞星和其他取得地盤或政權的，紛紛返回本國，成為統治人物。這些人在初期俱唯俄國與史大林之馬首是瞻，等到羽翼漸豐，首由南斯拉夫的狄托發難，史大林無可奈何，被迫對衞星國稍為鬆手，准許各該國的共黨能就本國經濟與社會環境的特殊情形，對共產主義設施可以稍事變通，因此又有所謂「民族共產主義」(National Communism)的名稱。馬克斯的理論共產主義是依照辯證唯物論的歷史發展，是世界性的。共產主義而冠以民族的形容詞，顯然是一新的矛盾。

現由共產黨取得政權的國家，俱仍停滯在無產階級專政的階級。此一階段在蘇俄已經過五十餘年，不僅國家機構仍在逐年加強，看不出有任何消逝跡象，其原有的統治階級—布爾喬亞早經消滅，但代之而興的統治階級亦隨而形成，而且就是共產黨員本身。在經濟方面雖然經過幾次的改變，物質的鼓勵仍是提高生產情緒不可缺少的有效途徑，因此乃又產生共產主義何時實現，和能否實現的問題。

今天除在印度克萊拉(Kerala)的共黨曾憑選舉取得政權，為一例外，全世界的共產國殆無一處不是憑籍武力，取得政權，建立鐵幕。雖然共產主義亦有其對民主政治的理解，祇因民主政治不能離開公開選舉，而共產集團迄無此種表示，遂使共產主義能否與民主精神並存的問題，無法獲得適當的解答。與此有關各問題，分見另條。（羅時實）

共產主義者宣言 (Communist Manifesto)

一八四七年夏間有一羣來自德國之技藝工人，在倫敦舉行新近成立之共產主義者聯盟(Communist League)首次大會。馬克斯以前和他們有過來往，這時住在布魯塞爾，僅由恩格斯一人參加。受大會委託，要他和馬克斯替他們起草一個行動綱領。恩格斯先用問答方式提出二十五個問題，由馬克斯就此發揮，提出是年十一月舉行之二次大會。大會接受他們意見，馬克斯即遄返布魯塞爾，工作兩月，宣言告成。初用德文在倫敦發表，不數日巴黎即爆發革命。

共產主義者宣言 Communist Manifesto —此一歷史性文件一共分四部分。頭一部分敍述布爾喬亞在將封建制度中之私有財產，政治，和道德摧毀之後，在新的社會取得支配的優勢；這些經布爾喬亞自身創造的生產力是如何偉大豐盛，經一再發展，已不再和布爾喬亞的財產關係及其優勢，能相互配合；最後指出普羅里達是新的革命階級，只有這一階級能控制現代工業的力量，並終止人對人的剝削。第二部分宣布共產黨的政策，認爲這是各國勞工階級中最進步，和具有決心的部分。推動無產階級的革命將要摧毀布爾喬亞的權力，把無產階級提升到統治階級的地位。第三部分檢討在此以前和同時存在的其他社會主義，指出其爲空想的烏托邦主義，缺乏科學基礎。最後一部分則提出共產黨的戰術，及和左翼政黨如何相處。

宣言是一篇充滿火藥氣味的文件。因資本論卷帙浩繁，不易卒讀，世界上許多著名共產黨員都是因讀過宣言，而被吸引，作爲聖經的資本論，反而無人問津。宣言是整個共產主義理論的輪廓，只須一小時半便可讀完，對共產主義的宣傳與擴展，有過極大影響。(羅時實)

共產黨 (Communist Party)

在俄國革命，布什維克取得政權以前，代表馬克斯主義的正統組織，在西歐是以社會民主黨(Social Democratic Party)爲代表。通常所指之共產黨是一九一七年俄國十月革命以後，由布什維克 Bolshevik 的改稱。因俄共具有代表性，故茲篇所述亦以俄國共產黨爲其代表。

(一)來由：俄國在十九世紀末期，只有產業工人二百四十萬人，比之西歐各國遠爲落後。最早介紹馬克斯主義者爲普勒肯諾夫Georgy Valentinovitch Plekhanov，其路線則爲一八八九成立之第二國際。一八九五年他們另有活動計劃，在聖彼德堡組織勞工階級解放同盟 League of Struggle for the Emancipation of the Working Class，其中有一主要分子 Vladimir Ilyich Ulyanov，後來化名列寧。此一同盟會與左翼的猶太組織名 Bund 者聯繫，一九九八年在明斯克集會中組成俄國社會民主工黨 Russian Social Democratic Labor Party(R.S.D.L.P)，共產黨的名稱即由此而來。

一九〇三年爲避免逮捕，此一組織逃至比國布魯塞爾集會，旋又遷往倫敦。因路線爭執，分裂爲布什維克與孟什維克。前者主張黨由無產階級組成，強調戰鬥、紀律、和黨的集權制度。托洛斯基初期屬於後者，認爲能贊助者即爲黨員，不必過於嚴格。一九〇五年這兩派曾各自集會，至俄國革命始相率返國。一九一八年三月布什維克改稱俄國共產黨，一九二四年又改稱全聯共產黨(All Union Communist Party)，一九五二年再改稱爲蘇聯共產黨The Communist Party of Soviet Union 一共舉行全黨代表大會二十三次。其最後一次是一九六六年三月廿九日至四月八日在莫斯科舉行。史大林生時曾舉行代表大會三次。死後，黑魯雪夫曾以第一書記身份在二十一次大會中，以甚長時間詳數史大林的罪惡，曾使世界爲之震驚。

世界其他國家的共黨，起初名稱亦不相同，至一九二〇年以後，規定一律稱爲共產黨。據一九六九年的統計全世界八十八個國家和地區共有共產黨員四千五百廿萬人，其中已當權的共產黨十四個，在野共產黨三十五個，被宣佈爲非法的共產黨三十九個。又其中親俄者三十九個，親中共者五個，分裂者卅個，中立者十四個。

(二)黨綱：世界共產黨均以奉行一八四八年公布，由馬克斯和恩格斯草擬的「共產主義者宣言」爲共同目的，雖然各國的經濟情形並不一致，數十年來亦有不少修改，但對此一原則，始終未變。茲以俄共爲例。

俄共初名俄國社會民主工黨，其有黨綱始於一九〇三年。經一九〇五年的革命加以修正，至一九一九年又以取得政權的經驗，再度修正，說明共產黨的任務是實現無產階級獨裁的先鋒隊，其目的則爲造成民主政治的最高形態，爲求達成此目的，對於大衆文化、組織、和活動的程度必須繼續提高。造成此種進步的基礎，則爲國有一切生產工具——土地，森林，水資源與地下蘊藏，以及工業，運輸，銀行，商業等等。

從條文上看所有人間進步好聽的名詞，都說盡了。除國內民族一律平等之外，並規定組成蘇維埃全聯的各民族，享有分離的自由，其實這在蘇俄原是不可想像的事。他們在東歐因二次大戰而取得不少衛星國家，鐵幕建成即無法離開，匈牙利的抗暴運動，便是此一例證。

司法規定是代表階級利益，只有無產階級能充任法官，判案在法條無可依據時，法官應一本社會主義精神，維護無產階級的利益。學校是共產黨改造社會的工具，其使命是對勞動者中的半無產階級和非無產階級分子灌輸知識、組織、和教育影響，使下一代的國民堪以負起建設共產社會的任務。

馬克斯曾把宗教比作麻醉勞動階級的鴉片，列寧則稱宗教為低級伏爾加酒，俄共在書面上雖未明白反對宗教，但宗教在實際上已被消滅。各地的教堂已被用作共產黨部的集會所，克里模棱 Kremlin 則已替代梵蒂岡對各國教會發號施令的地位。工會是國營工業的組織機構，負有執行紀律的任務。農業是依照社會主義精神，組織公社，分為國營與合作式的集體農場。私人商業已被廢止(因農民不易馴服，政府乃被迫在農民人數多處開放黑市市場，准許農民出售自己生產的糧食)，由合作社擔任消費品的銷售。銀行由政府經營，貨幣雖未廢止，作用則受到限制。

㈢紀律：有關俄共的紀律部分，是以一九五二年的規定為依據，為提高社會之生活與文化水準，以國際主義與同志的關切精神，訓練共產黨員與世界勞動階級，親愛團結，以蘇維埃為祖國，由社會主義漸進於共產主義，以建立共產主義的社會。

從一九〇五年列寧強調黨的嚴格紀律時起，共產黨一直保持為一團結的戰鬥組織，任何違離黨章與紀律的行動，輕則處以勞動改造，重則置之死地。自二十年代至一九三六年止，以紀律為名處決之知識分子，老黨員，及以整肅名義殺戮的黨與軍方高階層負責人物，幾已無法數計。

除在革命前參加過別的黨派者外，新黨員須有黨員三人以上的介紹，經過一段觀察期間，方獲入黨。黨員須有三年以上的黨齡，始有介紹新黨員的資格，在發現其所介紹的黨員行為有缺失時，介紹者須負連帶的紀律責任。在革命前曾參加別的黨派者，須有革命前的黨員二人及具有黨齡十年以上的黨員三人的介紹，經中央委員會的核准，經過一年的預備黨員，可獲入黨。黨員的年齡至少為十八歲。

㈣組織：俄共黨的組織除少數例外，大致與政府組織平行。最高權力機關為全聯代表大會，其下為中央委員會與監察審核會。在十四個聯合共和邦中各有其本邦的代表大會與中央委員會。俄羅斯蘇維埃聯邦社會主義共和國(R.S.F.S.R.位列第十五，却是其中最大的一個組成單位，其本身雖無代表大會，但其邦內大的地區都有代表會和執行委員會，可以直接向全聯代表大會，提出報告。邦以下為地區，各有代表會與執委會。最低層的地方組織通常稱為細胞，此種細胞遍佈於全國的工廠、鄉村、集體農場、拖力機站、以及紅軍與海軍之每一單位。

全聯代表大會規定至少四年舉行一次，遇有重大事故，或經三分之一以上組成邦的請求，亦得召開臨時會。實際上代表大會的距離都比規定的時間為長。中央委員會負責編擬代表大會的提案，及決議案的執行。代表由各邦及俄羅斯蘇維埃聯邦社會主義共和國的各地區代表大會，依照規定名額選舉之。代表大會之主要任務為選舉中央委員會委員及中央監察審核會委員，追認中央委員會決議各案，修改黨章，及決定黨的政策與路線。

中央委員會全體會議規定每半年舉行一次，由全會推選主席團 Presidium 負責處理全會後一切黨內重要事項。從一九五二年起主席團即綜攬一切，代替從前政治局和組織局原有的工作。此外尚有秘書處，負責文書工作；紀律委員會考核工作與計劃是否符合，以及黨員之違紀事件。

從列寧死後，史大林即利用黨的書記地位，以影響政治與組織兩局，實行獨裁。自一九五三年史大林逝世，繼任者始公開宣佈，以主席團之集體領導，代替過去的獨裁制度，並保證不再使獨裁有發生可能，亦不再有類似三十年代的清黨情事。自此以後知識分子和專家在黨內漸有抬頭機會，生產方面為提高工作情緒，亦逐漸採用物質鼓勵，遂使有人懷疑，在蘇俄進行的共產主義已有轉變趨向，和從前抨擊之資本主義經濟有接近徵象。

㈤少年組織：為培植共產黨員的來源，俄共另有三種少年組織：一為全聯列寧主義共產青年同盟（All-Union Leninist Communist League of Youth)，或(Komsomols）。這是從參加一九一七年革命的青年，加以組織。其中有許多人參加過紅衛兵作戰，一九一八年組成時有會員二萬二千人，一九二〇年增加至四十萬人。一九二二年此一組織的活動中心，轉向健身、運動、教育和宣傳活動、及參加建設運動的示範工作。一九五〇年左右增至一千八百五十萬人，從十四至二十六歲的男女青年可以自由參加。二爲少年先鋒隊，凡屬九至十四歲的少年不分性別與階級背景，經過兩個月的考察，卽可加入。三爲十月革命兒童隊，在二次大戰期間撤消，由學校加强政治教育與課外活動，以資替代。

(六)共產黨的法律地位：在一九三六年頒佈的蘇聯憲法第一二六條，正式規定共產黨爲國內唯一的合法政黨，其理由是依照馬克斯主義，在布爾喬亞被淸除後，剩下的只有由工農勞動者構成的唯一階級，因此只有一個代表階級的政黨。

在一九一七年春，推翻沙皇的政權時，布什維克只有黨員四萬人，至同年之十月革命增至二十萬人，二次大戰發生前爲一百五十八萬八千九百人，一九五六年增至七百二十一萬五千五百〇五人。(羅時實)

共通意志 (General Will, Volonté Générale)

這是法國大思想家盧騷(Jean Jacques Rousseau, 1712–1778)的政治思想中一個重要觀念。他認爲由社會契約所產生的政治體 (body politic)，也就是國家，其本身是具有生命與意志的。政治體本身的意志就是共通意志 (general will, volonté générale)，其構成必須具備三項條件：(一)出自全體國民，就是在形成共通意志的時候，必須由全體國民參加。(二)以全體國民爲對象。換言之，共通意志的對象一定是具有一般性的，其運用必須是爲了全體國民的事。所以，共通意志絕不能有個別的對象；以個別的人或事爲對象者，絕非共通意志。(三)以共同利益爲目的。共通意志一定總是趨向於共同利益的；凡以私利爲目的者，絕非共通意志。所以共通意志也總是對的，不會錯誤。

共通意志與全民意志(will of all, volonté de tous)最易混淆，盧騷特別辨明二者的區別：後者是許多個別意志的總和，會顧及私人利益；前者則只考慮到共同利益。每個人的政治意見都爲自利心所支配，而自利心包含着兩部分：(一)個人所特有的，(二)社會一切組成分子所共同具有的。全民意志旣是許多個別意志的總和，自然兼賅這兩部分，也當有顧及私人利益的成分在內。上面第一部分代表個別利益；如彼此間沒機會互相通知幫忙，則這些個別利益，旣各有不同，將會因衝突而互相抵銷。然後，所留下來的乃是第二部分。這第二部分代表個別的自利中之共同者，也可以說代表大家的共同利益。而共通意志就是代表全體人民共同利益的這第二部分。所以盧騷說，從全民意志中，把互相「摧毁」的部分剔去，所剩下的「差別之總和」("the sum of the differences")才是共通意志。

社會契約賦予政治體以指揮其組成分子的絕對權力；這個權力在共通意志的指導之下，名爲主權。所以，主權不外就是共通意志的運用(the exercise of the general will,e'exercice de la volonté générale)，共通意志乃是國家主權的表現。而法律又是共通意志的表現。依上述的解釋，共通意志乃是每個國民自己所有的意志。所以，國民服從法律，就是服從共通意志，也與服從自己的意志沒有分別，當可保持生而有之的自由。盧騷解決其政治思想中的中心問題——調和國家權威與個人自由的問題，實以共通意志爲其樞紐。

共通意志的觀念，如解釋得當，未嘗不可作爲民主政治的心理基礎。但盧騷這一個觀念，實在是太抽象、不確定、而令人蒙昧了。他說從全民意志中，剔去互相抵銷的有關個人私利部分，就可以得到共通意志。可是，各個人自爲私利打算的意志是否可以恰好完全互相抵銷呢？那是無從證明的。卽使捨此不論，共通意志如何求得，還是極端困難的問題。盧騷有時說共通意志就是多數的決定，從票數的計算中獲致。但他又有時說多數的意志並不一定就是共通意志；使意志成爲共通意志的因素，要在於共同利益。他自己就沒有一個確定而一貫的說法，別人又如何設計呢？這樣不確定的觀念，易滋流弊，自不難想見。推其極，少數組織嚴密的分子，甚至於一個人，其意志都可以曲解成共通意志。羅伯斯比爾 (Robespierre) 就曾利用這個觀念，他說：「我們的意志就是共通意志」。墨索里尼 (Mussolini) 與希特勒 (Hitler) 也都有類似的說法。近代的極權政治與盧騷思想有關，共通意志的觀念是一個重要因素。

在一七五五年的政治經濟論一文裡，盧騷就用了共通意志一詞。這個觀念，在近代發生了極大的影響。因爲盧騷對這個觀念有特殊獨到的發揮，中西學者乃常認爲這名詞是盧騷所創造、發明的。美國的塞賓 (George H. Sabine)教授還爲此考證一番，他斷定「發明」這名詞的不一定是盧騷，也許是狄德羅 (Diderot)——狄氏在一七五五年也用了這個名詞。(參閱塞氏所著 A History of Political Theory, Henry Holt and Company, 1950，第五八二、五八五頁。)但作者卻有一點新發現，就是孟德斯鳩 (Montesquieu) 在其一七四八年出版的法意 (The Spirit of the Laws) 一書中，早已用了「共通意志」這個名詞。他說立法權乃是「國家的共通意志」("the general will of the state", "la volonté générale de lĕtat")，而行政權則是「那共通意志的執行」（法意第十一卷第六章），所用名詞與盧騷所用者是完全一樣的。可見，顯然這個名詞既不是盧騷「創造」的，也不是狄德羅「發明」的，一般的錯誤觀念可以澄清，而塞氏的考證也是不必要的了。

再就思想發展的痕迹來看，盧騷對共通意志的觀念有特殊獨到的發揮，自係事實。但其此種觀念之形成，還是有長遠的淵源，向前追溯，不難發現其來龍去脈。中古的馬塞流(Marsiglio of Padua, 1270–1342)有一種觀念，認爲最廣義的法律之精華在於全體人民的集體意志（collective will），已足爲盧騷開其先河。十七世紀的斯賓諾莎(Benedict Spinoza, 1632–1678)覺得國家的主權應立於其組成分子的共同理性(common reason)或共通意識（general mind)之上，這種想法與後來盧騷所想共通意志的中心觀念是相通的。英國大哲學家陸克(Locke)說「社會的本質與一體性在具有一個意志」，社會組成分子所要服從的就是這一個意志；而這一個意志，他名之曰「公共意志」（public will)。陸氏所用的名詞雖與盧騷不盡相同，但更可爲盧騷的共通意志觀念舖路。再晚一點，法國的孟德斯鳩不但有類似的觀念，而且連所用的名詞也與盧騷一樣了。至於盧騷以後，德國與英國的唯心論派，如康德（Kant)、黑格爾(Hegel)、葛林（Thomas Hill Green, 1836–1882)、包桑葵(Bernard Bosanquet,1848–1923)等的共通意志或類似的觀念，則都是受到盧氏之影響的。（參閱「盧騷」、「孟德斯鳩」、「陸克」等條及張翰書著西洋政治思想史——臺灣商務印書館大學叢書，民國五十年出版——下册第三六三、三五二、三九八、三九九頁與「共通意志」探源一文——載在民國五十二年六月一日出版的「新天地」雜誌第二卷第四期。）（張翰書）

冰島（Iceland）政黨

冰島(Iceland)現有大小政黨六個，但在國會中擁有議席者，只有四個。茲簡述如左：

㈠獨立黨（Independence Party）：該黨乃是融合該國舊有的自由與保守兩黨而成者。在對內政策方面，主張自由經濟與國內經濟的穩定，可以說是代表了商業界與漁業界的利益，但也獲得相當多的農民與勞工的支持。在對外的政策方面，支持北大西洋公約組織，在國際現狀未改善情況之下繼續駐軍於冰島。該黨現任黨魁爲班尼迪克森(Bjarni Benediktsson)氏。

㈡進步黨（Progressive Party）：該黨主張改善冰島的農業，擴張教育與推廣合作運動。其在外交政策方面，祇是有限度的支持北大西洋公約組織，並主張在國際局勢許可情況下，北約應儘快自冰島撤軍。現任黨魁爲姜森（Eystenn Jonsson)氏。

㈢社會民主黨（Social Democratic Party)：該黨的政綱主要是放在國內經濟的穩定與國家的發展方面。其思想是近於溫和的社會主義。該黨的對外政策是繼續支持北約的組織。

㈣勞工聯盟（Labor Alliance）：嚴格說來，這一組織並非是一政黨，祇是一選舉的聯合而已。該組織成立於一九五六年，最初是社會民主黨左翼與共產黨的聯合，後來國家保衞黨（National Defense Party)亦加入之。

勞工聯盟的對外主張完全受共產黨所操縱。

㈤共產黨：冰島共產黨在內政方面，採激進的社會主義政策，在外交方面，主張冰島立即退出北大西洋組織以及北約組織自冰島撤出駐軍，恢復冰島的中立地位。這些主張與莫斯科的宣傳沒有若何差別。

冰共不常單獨提出自己的候選人名單，而以參加勞工聯盟的方式提出之。

㈥國家保衞黨：該黨成立於一九五三年，係一極端的民族主義政黨。其在對外政策方面，極力主張冰島脫離北約組織與北約軍隊撤離冰島。其對內政策，一般言之，比較左傾。

該黨亦爲參加勞工聯盟的政黨之一。現任黨魁爲葛孟森(Gils Gudmundsson)氏。（袁頌西）

列侯

封建時代之國君，漢代食邑之國，與通侯、徹侯、諸侯同。史記「周紀」：「漢興，求周苗裔封其後，嘉曰：周子南君，比列侯，以奉其先祭祀。」漢書「高帝紀」：「重臣之親，或爲列侯。」注：「張晏曰：通侯，後改爲列侯，列者，見序列也。」漢書「百官公卿表」：「列侯所食縣曰國。」「獨斷」：「諸侯王、皇子封爲王者，稱曰諸侯王，徹侯羣臣異姓有功封者，稱曰徹侯，武帝諱改曰通侯，或曰列侯。」（繆全吉）

列寧主義（Leninism）

列甯是俄共布什維克的領導者，其思想爲形成布什維克的骨幹，見諸文字的除「國家與革命」外，應爲俄國革命前一年，一九一六發表之「帝國主義—資本主義發展之最高階段」小册子，所謂列甯主義，主要是從這一小册子開始。依照正統馬克斯主義的解釋，在經過布爾喬亞的民主革命，應有一段時間，聽任工業發展。孟什維克認爲這時共產黨應該聯合布爾喬亞的自由分子，列甯却要拉攏農民，作爲勞工階級的戰友。因此他的革命戰術也是分作兩個階段。第一是無產階級和農民的革命民主專政，以完成布爾喬亞的民主革命，然後由無產階級聯合鄉村貧民，去發動社會主義的革命。經過一個時期他又得到和托洛斯基相同的結論，認爲這兩個階段的革命可以使其合併進行，因此他又唱出不間斷的革命論調，說他所策動的革命決不半路停止。

史大林說，這就是列甯主義。他們不再等待工業進展，和無產階級人數的增加，要從帝國主義最弱的一環，戳穿資本主義陣線。從資本主義的意義上說，俄國雖然工業落後，但她仍能在工業先進國家之前，進行社會主義的革命。

這是把馬克斯主義應用於工業落後國家的途徑，使工業落後由阻礙革命，變成革命的機會，無產階級專政的概念從作爲多數人的武器，轉變爲少數人的工具。有了少數具有革命意識與決心的人，便無須等待無產階級自動自發去掀動革命。這少數具有組織和嚴格紀律的革命領袖，就能把握人民的痛苦，變成絕對權力之新的工具。列甯對這班獻身革命的職業革命者具有信心。他說：「我們只要把革命者組織起來，就能推翻俄國」。

馬克斯主義者對列甯在共產主義革命的理論貢獻，認爲馬克斯與恩格斯係生於革命之前時代，彼時帝國主義尚在萌芽狀態，無產階級亦僅係爲革命而在成長之中，但馬恩之繼承者列甯則生於帝國主義成熟與無產階級革命時代。列甯之分析，使馬恩學說獲得歷史性之發展。（羅時實）

匈牙利（Hungary）政黨

匈牙利（Hungary）現爲東歐共黨集團國家之一。其共產黨正式名稱稱之爲「匈牙利社會主義勞工黨」（Hungarian Socialist Workers' Party）。該黨乃爲一九四八年六月合併共產黨與社會民主黨（Social Democratic Party）而成者。

匈共原爲匈牙利少數黨之一。一九五七年五月藉控制該國警察武力之便，發動政變推翻了當時比較親西方的總理納基（Ference Nagy），而代以左傾的迪耐斯（Lajos Dinnyes）。在同年八月大選裡，共黨變成了全國最强的黨派。自此以後，共黨一步一步地鞏固了其在匈國政治上的地位。一九四九年二月一日，共黨宣布匈國所有政黨皆併入「獨立人民陣線」（Independent Peoples' Front），並公開宣布卽將建立一「人民共和國」（People's Republic）。同年八月二十日，新憲法生效，共黨之目標完全達成。此後匈共政權之一切努力皆以模仿蘇俄爲能事。

一九五六年十月，匈牙利的勞工與學生爲爭自由而發動革命，改由傾向自由主義的分子納琪（Imre Nagy）任總理，但這一革命不旋踵卽爲蘇俄入侵的軍隊所壓平。代之而爲總理者，則爲親俄派的匈共分子卡達（Janos Kadar）。一九六五年六月，匈共亦效法俄共所標榜的「集體領導」制度，而改組其領導組織，由卡萊（Gyula Kallai）出任總理，卡達專任黨的第一書記。（袁頌西）

印度尼西亞（Republic of Indonesia）政黨

因印尼人民爭取獨立運動之時間甚久，且社會結構複雜，地理環境特殊，故自始卽政黨林立，派系鬥爭激烈。以獨立後首屆印尼國會之各黨議席分配言，則黨團之多，數達十九。計瑪斯友美黨五〇席；印尼國民黨四十二席；大印尼統一黨十八席；印尼社會黨（沙里爾所領導者）十六席；民主系十一席；大印黨九席；天主教黨八席；勞工黨七席；獨立印尼國民黨六席；印回聯盟五席；印尼農民陣線五席；基督教黨四席；平民黨三席；以及印尼共產黨八席；勞工陣線（Front Buruh）七席；印尼勞工黨（P.B.I. 印共所領導）五席；民權黨五席；社會黨二席；超黨派者二十餘席，共計二三六席。

獨立初期印尼之政黨分野如上，獨立十年後印尼之多黨政局並未改變。故一九五五年總統蘇嘉諾在印尼八一七國慶日對印三十餘政黨曾極力指責，謂該等政黨應對政局動盪負責。因此，一九六〇年，蘇嘉諾卽藉口解散批評政府最烈之印尼第二大黨瑪斯友美（Masjumi）黨及另一主要政黨印尼社會黨（Socialist Party of Indonesia）。

印尼自獨立起至一九六六年止二十年間，均因蘇嘉諾大權在握，實施所謂指導民主，指導經濟，而使該國之政黨減少其重要性。一九六六年，因印尼軍方不滿蘇嘉諾之傾共政策，逼其下野，並由陸軍首腦蘇哈托代理總統職權。一九六八年，蘇哈托由印尼臨時國會選為印尼共和國之總統。蘇哈托自一九六六年起，即實施清共，採親西方政策，並領導印尼重入聯合國。

印尼政黨雖因現在之政局動盪而不能發揮其應有功能，但一俟澈底消滅共黨威脅之後，必能再度掌權，促進印尼之民主政治。在現局下値得注意之印尼政黨仍為印尼國民黨(P.N.I.)——原為蘇嘉諾所領導；印尼社會黨(P.S.I.)——沙里爾所領導，與已被宣布為非法之印尼共產黨(P.K.I.)——艾提所領導；及瑪斯友美黨。

印尼國民黨為最早從事獨立運動之政黨，主張美英式之議會政治；因蘇嘉諾領導錯誤，幾經分裂。蘇嘉諾下臺後，該黨仍將重採原有之親西方政策。

印尼社會黨主張西方之議會政治，在經濟上採溫和之社會主義政策。

印尼共產黨之主張與一般共黨無異，目前雖不能公開活動，仍有其力量。

印尼瑪斯友美黨乃一深富宗教色彩之政黨，因印尼以回教立國，故以回教教義為政綱根據之瑪黨，聲勢極大。(郎裕憲)

印度聯邦共和國(India)政黨

印度現有六個重要政黨:國民大會黨(The Indian National Congress Party)、沙門玉克塔社會黨(Samyukta Socialist Party)、蒲拉加社會黨(Praja Socialist Party)、哈拉提亞·簡·山扶黨(BHaratiya Jan Sangh Party)、斯瓦談特拉黨(Swatantra Party)及共產黨(The Indian Communist Party)等。

(一)國民大會黨(簡稱國大黨)：尼赫魯為該黨領袖，並任印度總理達十七年之久。一九六四年尼氏逝世後由夏斯屈繼任總理，但一九六六年夏氏亦逝世，由尼赫魯之妹甘地(Indira Gandhi)夫人繼任總理至今，惟國大黨之領袖則為拉達(K. Kamaraj Nadar)。其他重要領導人物為狄賽(Morarji Desai)、派提爾(S.K. Patil)、南達(Gulzarilal Nanda)與傑萬(Y.B. Chavan)等人。

國大黨鼓吹民主政治，主張宗教與教育及政治分立，即建立所謂非宗教性之民主政府(democratic secular government)。在經濟上採行中間偏左之社會經濟政策，以達成福利國家之目的。該黨並致力於以和平之手段解決印度與巴基斯坦之糾紛。在外交上該黨推行其所謂中立主義，企圖在民主與共產衝突之現況下，保持其獨立之立場，以便向雙方討好。惟自前總理尼赫魯之中立主義外交，遭受重大挫折後，印度現政府或有改弦更張之可能。

(二)沙門玉克塔社會黨：成立於一九六四年，本係與蒲拉加社會黨合併而成。但不久蒲派社會黨員甚多拒絕參加新黨(SSP)，並隨麥地(Ashok Mehta)加入國大黨。一九六五年一月，已參加新黨之蒲派黨員，重整舊黨，其目標在建立印度之民主社會主義。

該黨現在之重要領袖有覺西(S.M. Joshi)——黨的主席，納內安(Raj Narain)——黨的秘書長，與羅西亞博士(Dr. Ram Manohar Lohia)等人。

(三)蒲拉加社會黨：本為國大黨之左派，成立於一九五二年，係由社會黨與馬智多蒲拉加黨(Kisan Mazdoor Praja Party)合併而成，乃一羣採行甘地路線之人物。一九六四年與沙派社會黨(SSP)合併，但不久重組。其政綱在推行民主社會主義。重要領袖人物為黨的主席戈雷(N.G. Goray)、狄夫德(S.N. Dwivedy)與巴興(Prem Bhasin)等人。

(四)哈拉提亞·簡·山扶黨：係由親印度教之印人組成，主張本印度人之文化(Hindu Culture)從事經濟與社會之改革。此派在一九六二年之大選中頗有所獲。其領袖人物現為黨的主席馬德俄克(Balraj Madwok)、秘書長郁拔海亞亞(Din Dayal Upadhyaya)、及國會領袖哇帕依(A.B. Vajpayee)等。

(五)斯瓦談特拉黨：成立於一九五九年，為印度最右派之政黨。該黨反對國大黨之經濟政策，在各邦中為勢力最大之反對黨。自印共分裂後，在印度聯邦國會中亦為最大之反對黨。其領袖人物有內加戈帕拉加內(C. Rajagopalachari)、黨的主席蘭加(N.G. Ranga)教授、曼西(K.M. Munshi)與馬山里(M.R. Masani)等人。

(六)共產黨：成立於一九三四年，對印度之勞工運動發生甚大影響。由於其採用恐怖方式，暫時控制部分之Andhra Pradesh區。其暴動與怠工政策曾變為公開叛亂，雖在一九五〇及一九五八年遭受挫折，但其基本政策並未修正。現已分裂為左右兩派，右派親蘇，左派親中共。一九六四年成為印度之合法政黨。同年十二月多數左派領袖下獄，一九六六年獲釋。其重要領袖有右派主席丹吉(S.A. Dange)、亞門德(Z.A. Ahmed)；中間派古卜塔(Bhupesh Gupta)；左派領袖戈帕南(A.K. Gopalan)、南布狄內派德(E.M.S. Namboodiripad)等人。

根據印度一九六二年第三屆大選，國大黨獲三五六席、共產黨二九席、斯瓦談特拉黨二二席、簡·山扶黨一四席、蒲拉加社會黨一二席。故國大黨現為

印度之執政黨。（郎裕憲）

各國國協

見「國協」條。

合法性 (Legitimacy)

「合法性」是政治上有效統治的必要基礎。這是治者與被治者間一種共認的理則或信念。統治之實，難免涉及權力，但統治不能純靠權力，否則不但少功，且難服衆。權力必須經由合法性之過程，始能成爲權威 (authority)。權威之治，力少而效宏，方是統治之正途。合法性不卽是法律性(legality)。合法性可以基於一種宗教之信仰系統（如歐洲中古之君權神授說、中國之承命於天說）；可以基於一種傳統之習俗（如父歿子繼、兄終弟及）；可以基於某種政治之原理（如盧梭之社會契約、馬克斯之無產階級專政），也可以基於一種理性的法律程序（如美國四年一度之大選）。一言之，合法性是一種存在於社羣中有意識的與無意識之默認信守之「天經地義」。合法性之對則爲僭奪，爲政變，爲赤裸之權力行爲。凡不具有合法性之統治，必難取得被治者普遍之同意與信託，而難長久。故非依合法性原則僭居統治之地位者，爲求其統治之安穩與有效，常需披戴合法性之外衣，如古之權奸挾天子以令諸侯，今之極權政府僞行選舉以符民主是。

合法性有其時空性，非放之四海而皆準，亦非千古不易。就空間性言，某一政府可以爲甲國認爲合法，亦可以爲乙國認爲不合法。就時間性言，某一政府，可以在甲時代被認爲合法，亦可以在乙時代被認爲不合法。合法性之改變表現之於革命者最爲顯著。革命不同於篡弒或政變等，它是一種從基本上推翻既存之舊的合法性原則，而另建新的合法性原則之一種運動。如孫中山先生之推翻滿淸帝國，肇建民主共和是。

統治者之合法性之取得主要固依賴內部被治者之同意；有時也需靠外部社羣之認可，如其他國家之外交承認，超國家組織之合法承認（如聯合國之給予會員身分）。

合法性之觀念，自古有之，亦爲歷代思想家屬筆運思之焦點。唯現代政治分析之重合法性觀念，則源於德國社會學家 Max Weber 之闡釋張揚。Weber 之重合法性之多元性，並分合法性爲三理型：卽 traditional legitimacy, rational legitimacy, charismatic legitimacy（詳見各條），被公認爲對社會科學之重大貢獻。唯合法性一觀念，涉及社羣行爲之全體，此一觀念之普遍性之邏輯問題，以及其在理論與實際中所發生衝突之倫理問題，皆有待進一步之研究。（金耀基）

同平章事

官名。唐合中書、門下之職，特置同中書門下三品、同中書門下平章事之號，執行宰相任務。同平章事爲同中書門下平章事之省稱（參看「平章事」條）。（芮和蒸）

同知

遼職官已有「同知」之號，如遼史百官志有「同知黃龍府事黃龍府判官」、「某州同知州事」。金諸州置同知一員，正七品。元諸路總管府各有同知一人，散府各有同知一人，諸州亦置同知（上州秩正六品，中州從六品，下州正七品）。明地方諸府有同知，無定員，邊府同知有增至六七員者，秩正五品，與通判分掌淸軍、巡捕、管糧、治農、水利、屯田、牧馬等事，無常職，各府所掌不同；明諸州亦置同知，（里不及三十者無同知）從六品，無定員，視其州事之繁簡以供厥職，又明都轉運鹽使司宣慰使司，亦置同知。淸地方諸府置同知，各府員數不等，秩正五品，分掌督糧、捕盜、海防、江防、淸軍、理事、撫苗、水利諸務，各直隸州則置州同，從六品，其職掌與諸府同知同。（王壽南）

同意論 (Consent Theory)

「同意論」爲民主政治之一種學說。依此學說，政治之主權在民。政府受人民之信託而立，故統治必須得被治者全體之同意，必須符合人民之信託。同意論爲對自來政治上「誰應統治」之問題的一個答案。此是對統治權力的合法性之一種理性解釋，亦是代議政治之根本骨幹。Locke, Rousseau 爲同意論之先驅，美國之立國卽建基於此說。法國大革命後，同意論已成爲普遍之政治原理。（我國學者如錢穆、勞幹等以爲中國傳統政治思想中有一種「信託政權」

的意味，此則亦與同意論有近似處）。同意論以政府所以應得被治者全體同意之理由有四：㈠符合個人自由之原則；㈡符合自我利益之需要；㈢符合人類之莊嚴與尊敬之基準；㈣政府可久可安。

同意論在理論上固頗堅實，但由理論轉爲行動，則疑難滋生。蓋芸芸之民，心難同，理更難同。衝突絕不可免，全體同意之和諧毋寧幻想。同意論之理想出路，固在解除衝突，但衝突何由以消除？消除而需保持和諧更何由以得？這正是De Tocqueville等用力之所在。而最後消除衝突之道乃落實到對政治「過程」之同意上去，即通過選擧之「多數原則」之「過程」之運用，以表達被治者之同意。若是，「全體同意」已轉爲「多數同意」，而究其實質，縱使「多數同意」亦屬表像，蓋多數也者在全民中只佔少數，且選擧可眞可僞，並僅定期擧行，而選擧時亦無法將每一事作同意之表決。故同意論在實際運作中，常有名無實。而政府有效統治之基礎實在於少數秀異分子之「同意」上（類於D. Riesvan所稱之秀異分子的 Veto Power 之停用），社會大衆則多半對政治「沈默」，因此有「沈默即是同意」之說。此在開放之政治系統中或然，在閉鎖之政治系統中，則沈默常是冷漠與抗議之表現。

同意論在小國寡民，文化同質之社會有較多之實行性，在廣土衆民或文化異質之社會，極難實現。唯現代政府皆不免努力於尋求各個階層之實質的或形式的同意，蓋被治者之同意已爲今日高度「政治化」社會之政治安定與有效之重要條件。（金耀基）

名家

我國古代的名學，即現代所謂論理學或理則學，西方所謂邏輯。春秋戰國之際，政治上名實混亂，故孔子首創爲政應先正名。其後百家雜興，學說上各逞其利辯以非議他人，名學因而大行，墨家有三表之法與墨辯之作，道家大談無名，法家則高唱循名責實，而鄧析、惠施、公孫龍之流，更斤斤於名實之論，逞其詭辯奇辭，漢人遂專稱之爲名家。司馬談謂其「苛察繳繞，使人不得反其意，專決於名，而失人情，……若夫控名責實，參伍不失，此不可不察也。」（史記太史公自序）漢書藝文志則認爲：「古者名位不同，禮亦異數。孔子曰：『必也正名乎！名不正則言不順，言不順則事不成。』此其所長也。及警者爲之，則苟鉤鈲析亂而已。」該志列有名家言七家三十六篇，其中鄧析、尹文子今各殘存二篇，公孫龍子則殘存六篇，其餘皆散佚。今本鄧析二篇，經近人考證，均承認係僞作，且膚廓粗淺，頗與名家根本精神相反，而據藝文志補注引淮南鴻烈及劉序所說，鄧析原屬巧辯之徒，與今本公孫龍子所載及莊子天下篇所述惠施學說及辯者二十一事相類，純以詭辯是尚。至於今本尹文子二篇近人亦疑非原書，但多承認其內含名家精髓，故姑據以略窺名家的政治思想。

名家由正名出發，認爲政治上必須名實相符。「大道無形，稱器有名，名也者，正形者也。形正由名，則名不可差。故仲尼云必也正名乎，名不正則言不順。」「故名以正形，今萬物具存，不以名正之則亂。萬物具列，不以形應之則乖。故形名者，不可不正也。」名實既正，就須各守其分。「名定則物不競，分明則私不行。物不競，非無心，由名定，故無所指其心。私不行，非無欲，由分明，故無所指其欲。……雉兔在野，衆人逐之，分未定也。雞豕滿市，莫有志者，分定故也。」要使社會各階層各守其分，名家認爲必須「以名稽虛實，以法定治亂。」原因「以萬事皆歸於一，百度皆準於法。歸一者簡之至，準法者易之極。如此，頑嚚聾瞽可與察慧聰明同其治也。」法由君定，君因其勢以制法，「羣下不得妄爲」，要使羣下不得妄爲，便得用術。「術者，人君所密用，羣下不可妄窺。」要使一般羣下與百姓守法遵令，君主便須掌握賞罰之權，利用大多數人的心理，以名利刑罪驅策之。所以說：「今天地之間，不肖實衆，仁賢實寡。趨利之情，不肖特厚；廉恥之情，仁賢偏多。今以禮義招仁賢，所得仁賢者，萬不一焉；以名利招不肖，所得不肖者，觸地是焉。故曰：禮義成君子，君主未必須禮義，名利治小人，小人不可無名利。慶賞刑罰，君事也；守職效能，臣業也。君科功黜陟，故有慶賞刑罰，臣各愼所任，故有守職效能。君不可與臣業，臣不可侵君事，上下不相侵與，謂之名正，名正而法順也。」（以上本段所引均見尹文子校詮卷上）足見名家政治思想大體與法家接近，所以後人常以名法並擧。

不過，名家政治思想，亦有其與法家不相侔之處。法家多主張重罰少罪和刑多而賞少，名家則主張刑賞不可過當：「刑罰過，則民不賴其生。生無所賴，視君之威末如也。」法家多重視以法爲治而非棄仁義禮樂，名家則認爲「仁義禮樂，名法刑賞，凡此八者，五帝三王治世之術也。」各有其長短，未可將前四者完全偏廢。此外，名家雖亦承認「凡人富則不羨爵祿，貧則不畏刑罰。」但對於貧窮的人却不如法家韓非之認爲「以布施於貧家，是奪力儉而與侈惰也。」（韓非子顯學）而主張「今萬民之望人君，亦如貧賤之望富貴。其所望者，蓋欲料長幼，平賦斂，時其饑寒，省其疾痛，賞罰不濫，使役以時，如此而已。……故富貴者可不酬。貧賤者人君不可不酬萬民。不酬萬民，則萬民之所不願戴，所不願戴，則君位替矣。」（以上所引名家之言，均見尹文子校詮卷下）。（賀凌虛）

名單投票法 (List System of Voting)

此法是以政黨爲單位，將同一政黨的候選人列入一張名單，選民投票，只以政黨爲對象，而不以個別的候選人爲對象。其嚴格採用此法者，選民只能就各黨的候選人名單擇一投票，不得自由選擇不屬於同一名單中的候選人，亦不得變更名單中候選人之次序。

名單投票法爲比例代表法的重要一環，德法等國家採行之。（謝延庚）

吏治

吏有通義與專義，通義吏與官互訓，吏治取其通義，謂官吏治事之成績。周禮天官冢宰：「三歲，則大計羣吏之治而誅賞之。」墨子明鬼下：「吏治官府之不絜廉。」史記秦始皇紀：「繁刑嚴誅，吏治刻深，賞罰不當，賦斂無度。」史記酷吏傳：「吏治烝烝，不至於姦。」漢書宣帝紀：「具知閭里奸邪，吏治得失。」皆指官吏之治事。現代政府中事務官所司之行政工作，與吏治之義相當。（仲肇湘）

在野黨 (Country Party)

乃與在朝黨相抗衡之政黨。所謂英王陛下忠義之反對黨。在朝黨與在野黨非特曩昔之英國爲然，北美各州遠在殖民地時期亦均有之。論者謂在野黨乃在朝黨之警鐘與良藥，蓋極言其克收批評監督之效。（談子民）

在朝黨 (Court Party)

今義乃指掌握政權之政黨而言，又名執政黨。源於十八世紀初期英國宮廷中之御用政黨。其組成分子乃英王可以透過其王朝恩寵予以控制，同時他亦可於此等分子中物色其大臣。J. Swift 曾於其一七一〇年所撰「忠告十月俱樂部」一文中有曰：「輝格黨人現正成爲反對在朝與在野兩黨雙方之獨立派」(F.E. Smith, Toryism (London: Harper & Brothers), 1903.)。（談子民）

地方分權 (Decentralization)

「地方分權」是與「中央集權」(centralization) 相對待之名詞。惟在日常使用 "centralization" 一詞，並不單指中央行政機關對地方握有一切實質權力之情形，尙包括中央行政機關兼有立法權及司法權之情形，以及中央行政部門處理事務權力匯一之情事。由於「中央集權」之情形不同，所謂「地方分權」，亦不一致。第一種地方分權，是中央機關與地方機關權力之劃分，各有其獨立之範圍，地方機關在權限範圍內，有高度的裁量權及相當的自主權，中央不得隨意干涉，這種分權稱爲「分割性的地方分權」(décentralization)。第二種地方分權，是中央機關將部份權力交與地方機關代爲行使，而中央仍握有最終的決定權，地方只是中央之代理而已，這種分權，稱爲「分工性的地方分權」(déconcentration)。「分割性的地方分權」與「分工性的地方分權」，雖皆是「權力的自上交下」(devolution of powers from above)，但並不相同。蓋前者是權力的「確定移轉」，後者不過是「委任」或「代理」耳。學者俄德佛(Harold F. Alderfer)曾說：「分割性之地方分權，即是地方決策機關，具有或多或少的獨立自主權。而分工性之地方分權則反是，一切治權皆集中於中央政府，地方機關縱有選舉產生之首長，其行使權力僅係中央政府之代理人耳」。可謂的論。從目的方面言，分割性之地方分權，在增進地方機關之自主性，以便實施地方自治。而分工性之地方分權，皆在加強中央之統治，以利對地方政府之掌握。

英國型之地方政府，是「分割性地方分權」之代表，而法國型之地方政府，則採「分工性的地方分權」。「分割性地方分權」之特徵，則有下列數端：第一，採行立法統治；第二，實施地方自治；第三，法律授權；第四，多目標之業務活動；第五，發展地方以利民生。而「分工性地方分析」之特徵，亦有下述諸點：第一、採用行政統治；第二、注重地方行政；第三、命令授權；第四、中央統一指揮；第五、層層節制以便治理。

過度實施「分割性地方分權」，則有害國家之通盤建設，且妨礙國家之進步。而太強調「分工性地方分權」，則地方機關難以達成其任務，不能使地方高速發展與繁榮。故兩種「地方分權」極端化，對國家與人民皆無益處，最理想之辦法，是「中央集權」與「地方分權」融合一起，也就是採行均權主義。

關於「地方分權」之其他問題，請參閱「地方自治」條。（張劍寒）

參考文獻：

G. Montagu Harris, Comparative Local Government, New York, 1948, Chap. I, "Underlying Principles".

Harold F. Alderfer, Local Government in Developing Countries, New York, 1964, pp. 1–10.

International Encyclopedia of the Social Sciences, 1968, Vol. 2, "Centralization and Decentralization" pp. 370–378.

地方自治

地方自治名詞的正式使用，實起於清末光緒三十四年八月的城鄉地方自治章程，府廳州縣地方自治章程，京師地方自治章程。這些章程都是摸擬日本地方自治法制而成的，所以地方自治的詞語，也是由日本翻譯而來的。但在今日的用語上，則頗爲紛雜；地方制度、地方行政、地方自治、地方政府等詞語，有時相提並論，有時互爲訓釋，紛然雜陳，並沒有一定的嚴格分際。究實論之，地方制度應該涵義最廣，不僅一國的政治區劃是在地方制度之內，即軍區劃分，司法區域，乃至於選舉區域，教育區域，也不失爲地方制度的一個幅面，所以它是時常被用泛指各種制度而言。地方行政只指中央政府在地方行政區域的措施而言。而地方自治則指某一區域內之地方自治團體的活動而言。至於地方政府乃爲某區域內的特定政治機關；在採用集權主義的國家，地方政府的地位是國家官署（state agency），其作用以地方行政爲主；在施行地方自治的國家，地方政府的地位是地方自治團體（local self-governing body），其作用有二，即一方面是地方自治的機體，他方面又是爲中央政府推行國家政務的代執行機關。

地方自治詞義的混淆，不僅於我國爲然，即在西洋各國，亦復如是。如地方政府（local government）、地方行政（local administration）、地方自治（local self-government or local autonomy）、地方自治團體（local self-governing body）等稱謂，無論在官署文書上，或私人著述上，亦間見雜出，漫無分際。據邵德維爾（James T. Shotwell）主撰的「歐洲大陸政府」（Government of Continental Europe, 1952, p. 137）謂：就法國人的觀念說，地方政府（local government）的名詞，雖非不知，但却不常用，也完全與法國人的脾氣不相投。法國學者是用地方行政（local administration）比較更爲自然。中央與地方的關係是這麼密切，所以地方政府乃被視爲完成中央政務的一部分。除立法權認爲係制定法律應歸屬於國會外，政府實際事務則認爲包涵於行政權之中，這種行政得分爲三層，即中央行政，省級行政及其他基層的地方行政。各地方雖有民選的議會之設，但地方政府的種種活動，通常總認爲是屬於行政性質。法國學者所抱持的這種觀念，與英美學者的見地顯有不同。在英美人士中雖也不無用到地方行政的詞語，但通常總是使用地方政府的名詞。英美都是採用分權主義的國家，實行地方自治，地方政府具有雙重機能，即負有推行地方自治及執行中央政令的雙重任務，因而英美人士所謂的地方政府即常具有地方自治的意義，但兩者又常可互爲代用。所以「大英百科全書」（Encyclopaedia Britannica）即以地方政府（local government）的標題，而兼訓地方自治（local self-government）的命意。該書說：「……地方政府乃謂一種機關以決定和執行國內較小地區的政務。所謂地方係指一個特定區域。其變體的文字則爲地方自治，其命意所在，乃係着重於地方團體之決策和行動的自由。在英國常將地方自治作爲地方政府。………」可見地方政府，地方自治是常可互爲使用的。至於 local autonomy 本爲 local self-government 的別稱，而 local self-government body 則係就法律觀點着意，這兩個詞語都不很常用。（羅志淵）

地域代表制（Geographical Representation）

選舉民意代表以地域爲基礎的，稱爲地域代表制。地域代表制又可分爲大選舉區制與單選舉區制，前者係將全國劃爲若干面積較大而數目較少的選舉區，令選民一票選出若干議員；後者係按照議員名額將全國劃爲若干選舉區，每區只能選出一名議員。這兩種制度均曾爲大多數國家先後採用。英美兩國關於下議院議員之選舉，皆採用單選舉區制；法國及意大利，常取捨於此兩種制度之間。概括言之，這兩種制度，各有其利弊得失。（謝延庚）

地緣政治學 (Geopolitics)

地緣政治學是討論自然環境與政治關係的一門學科。亞里斯多德即談到環境對政治的影響，以後亦不斷有其他學者討論到。十九世紀時德國出現李透(Karl Ritter 1779–1859)爲先驅之地理決定論者；地緣政治學之父雷茲(Friedrich Ratzel, 1844–1904) 提出國家發展法則理論，認爲發展的文化亦要發展其土地。曲里柴克 (Heinrich Von Treitschke, 1834–1896) 則提出生存空間 (lebensraum, living space) 一詞，並主張強國可以奪取生存應需要之土地；但地緣政治學一詞則由瑞典政治學者凱倫 (Rudolf Kjellen, 1864–1922) 所提出與傳播，他認爲一個國家向外發展充分的領土是正當的，德國國家社會主義分子對地緣政治學之發展則與郝曉佛 (Karl Hanshofer) 有密切關係，他出版許多早期地緣政治理論書籍，其中包括英人麥金德 (Sir Halfred J. Mackinder) 理論；麥氏稱歐亞非三洲爲世界島 (World-island)，以東歐至中亞地區爲世界島之心臟地帶(heartland)並認爲誰統治東歐即能控制心臟地帶，誰統治心臟地帶即控制世界島，誰能統治世界島即能控制世界，此理論爲希特勒所利用，爲其侵略理論根據之一。

由於德國曾利用地緣政治理論從事侵略，使人誤以地緣政治學與戰爭及侵略相關聯。過去地理學者曾堅持地緣政治學爲政治學之一部分，政治學亦會將這學科推還給地理學。時間已將此種誤會逐漸消除，地緣政治學之成爲一門學問自仍有其價值。而且這學問在其他國家亦有不同方向的發展。(華力進)

多元主義 (Pluralism)

此乃研究政治思想所習見之一名詞，尤與研究主權論有關。多元主義之思想，應追溯至中世紀，現代國家尚未產生之前。其時教會，基爾特，都市，及其他社團即已先國家而存在。主張多元主義者認爲：以上各種團體既已先國家而存在，是以主權並非如一元論者所謂爲國家所獨有，應同時由以上各具有其自身之人格之各種社團所分有。在多元主義者眼中，政府僅爲整個社會中社團之一而已。人類之整個社會乃由與國家政府同時存在或先國家而存在之各各獨立而互存之各社團共同組織而成。因此社會乃多元的，主權自亦爲多元的，適與一元主義者之立論相反。多元主義與無政府主義不同。因多元主義不但承認政府之應存在，且承認政府之所有功能，諸如征稅、保安、主持外交等等。多元主義者之主要目的並不在否認國家之具有最高主權，而在限制近代國家權力之擴張與侵犯社團之活動，防其趨于集權或極權。是以多元主義者乃欲積極的使社會團體得以發展其對于人類文化之貢獻。近代政治學者所以重視政黨組織，利益團體，職業團體選舉，與民意等等。實即爲此。法國 Emile Durkheim 所著(一九二六年第五版)之 De la Division du Travail Social 及德國 Otto F. Von Gierke 所著之 Political Theories of the Middle Ages (1958 年美 F. W. Maitland 教授譯本) 爲多元主義較早之名著。(王世憲)

多元性民主 (Polyarchy)

此字與 Pluralist democracy 同義，可譯爲「多元性民主」，爲政治學者 R. Dahl 所創。Dahl 以爲純粹之「民主政治」爲一無法企及之理想。蓋眞正之民主政治，至少意含在一政治體中，具有一種近乎完善的權力分配之情況，且每一成員幾乎擁有同質之價值信仰。唯此種條件在現實世界中鮮有可能，而在一廣土衆民之大社會中尤難實現。Dahl 指出傳統的政治學者與流行的觀念，均以爲美國之民主政治是建立在「多數原則」之上，藉此「多數原則」以解決衝突，而達到被治者「全體同意」之結果者。Dahl 向此一久被視爲當然之觀念挑戰，他指出欲藉「多數原則」以達到「全體同意」之觀念，非唯在邏輯上不通，在實際上尤多問題。他認爲美國政治之所以經久不墮，長享和平（二百年中僅一南北戰爭），實際上不是靠「多數原則」之運用，而是靠社會中多元的權力中心之交互制衡。他說美國社會中，政府非唯一之權力中心，除政府外，尚有其他許多權力中心雜然幷峙，無一權力中心可以壟斷獨佔主權。人民雖爲合法主權者，但在多元主義下，即人民亦非絕對的主權，故多數票決之結果亦不應代表絕對的主權。美國因賴多元的權力中心，彼此制衡，遂使權力不致濫用，諸種衝突亦得以和平解決，不惟多數意見受到尊重，少數意見亦不致橫遭壓迫，而一個非專制的共和國乃獲實現。依Dahl之言，「多元性民主」與傳統的民主政治之基本的區別，在於後者重「憲法上」的分權與制衡，而前者重「社會上」的分權與制衡。（此與經濟學者 J.K. Galbraith 之抗制權論 Theory of Countervailing Power 頗有相通之處。）

「多元性民主」實指一種特殊的政治系統，在該政治系統下，每一個合法

的團體，在政治決定的過程中，都有極高之可能率，使其意見或期待獲得表現。（金耀基）

多元社會 (Multiplex Society)

此本爲研究社會學所使用之一名詞。因多元主義（pluralism）哲學思想之興起，社會學者使用之者更多。近世紀以來，自多元主義于政治思想上發生重大影響，復由于近代政治學者對于社會學研究法（sociological approach）之重視，此一名詞遂在研究政治程序中（political process）佔有重要之位置。凡研究民意、選擧、政黨組織及政府以內之各種政治程序，莫不涉及此多元社會在其相互影響下，所發生之衝擊與平衡作用。依 J. Joseph Dunner 所編之政治科學辭典（Dictionary of Political Science），此名詞之解釋如下：『通常一個高度技術化的社會，在其發生變動之時，近代多元主義即在此社會中產生一種極顯着之現象：即此社會所作之各種決定（decision-making）與其生產程序，必將經由各種不相同而專門化之機構與組織─包括政治的、社會的、宗教的、經濟的、工商的──之相互影響與互相均衡而實現。此各種機構與組織乃從多方面與多階層的發生相互依賴及互相衝擊現象。政治程序僅乃此相互爲用與相互平衡現象中之一部分而已。此多元社會適與集中計劃及一元社會相反。』（王世憲）

多明尼加 (Dominican) 政黨

多國早期政治爲獨裁、政變、軍閥割據、與美國干涉之局。一九三一年始有政黨，一九六二年政黨之產生有如雨後春筍，離合靡常，爲多黨制國家。

多明尼加黨　一九三一年由覺吉羅（Trujillo）所建立，所有公務員、從事實業與專門職業人士均爲黨員，黨證爲參加活動所必需，開除黨籍乃有力制裁。經費來源爲扣除公務員薪俸百分之十，與黨營事業之收入。該黨所推行之公共福利、貧民救濟、與老年醫藥支援等費，均由政府支付。覺氏擔任總統乃自一九三〇年起至五二年止。後復支持其兄弟赫克探（Hector）競選連任兩屆總統，於一九六〇年八月辭職，覺氏則於一九六一年五月遇刺。其統治技術：㈠直接控制各種武力，並指揮秘密警察；㈡親自領導黨務，並以天主教爲國教；㈢先後宣布反法西斯與反共，以爭取美國朝野之支持；㈣以報社與廣播媒介爲喉舌，使國會爲傀儡立法機關。

多明尼加革命黨（PRD）　乃一民主偏左政黨，人多以共產主義者目之。其構成份子以下層社會與農民爲骨幹。領袖波士奇（Bosch）由於主張土地改革，經濟發展，與許諾對於覺吉羅之擁護者不採報復手段，以致一九六二年十二月之選擧非但當選總統，並掌握國會兩院，惟波氏政府爲翌年九月之軍事政變所推翻。

國家公民聯盟（UCN）　乃保守性之政黨，代表企業家、教會、與上層社會。領袖菲愛樂（Fiallo）曾參加一九六二年十二月之選擧，結果失敗。

改革黨　領袖柏拉甘（Balaguer）於一九六二年一月一日建立由七人所組成之國務會議，並自任總統。同月十六日卽爲軍事政變所罷黜。一九六六年六月之普選，柏氏當選總統。

各小黨　基督教民主黨，主席韋鐵尼（Vittini）；基督教民主進步黨，主席克斯狄羅（Castillo）；兩黨均擁護柏拉甘。基督教社會革命黨，主席羅沙略（Rasario），曾支持波斯奇。第三勢力運動之候選人龐納利曾爲五個小型政黨組成之國家統一運動（MTN）所支持。共產黨與大衆運動均未參加選擧。（談子民）

多哥 (Togolese Republic) 政黨

多哥共和國（Togolese Republic）原爲聯合國交由法國管理的託管地，一九六〇年獨立。現有下列諸黨：

㈠多哥人民統一黨（Comité de Ilunite Togolaise）：該黨於一九五八年普選時主張與迦納合併而獲勝，而取得執政機會，一九六〇年獨立時又獲得三十四席，而繼續執政。其黨魁奧林波（Synanus Olympio）於一九六〇年四月獨立後出任多哥總統，並兼內閣總理。惟一九六三年陸軍發動政變，奧林波遭暗殺，多哥人民統一黨亦從此不振。

㈡多哥人民民主聯合黨（Union Democratique des Populations Togonaises）：該黨成立於一九五九年十月，係由多哥人民進步黨、北部領袖及人民聯合黨、獨立黨等諸小黨部分黨員合併組成。一九六〇年多哥獨立時得十二席議席，在一九六三年陸軍政變，推奧林波之內弟格魯尼茲基（Nicolas Crumitzky）領導該黨出組臨時政府，旋卽解散議會，格氏自兼內閣總理及內政外交與國防等部部長。一直到一九六七年艾德奈將軍（Genera Etienne Gnassimbe）發動政變，始結束格氏政權。

多哥一九六〇年前尚有北部領袖及人民聯合黨(Union des Chefs et Population du Nord)，一九五八年普選時獲國會十席。多哥人民進步黨(Parti Togolais du Progrès)得三席。獨立黨(Indépendents)獲四席，但一九五九年底分別併入多哥人民統一黨或另組多哥人民民主聯合黨。（袁頌西）

多項變數分析 (Multivariate Analysis)

見「變數」及「有控制的研究」條。

多數代表法 (Representation of Majorities)

凡選舉的結果，多數黨可壟斷該區全部當選人名單者，稱為多數代表法。此法又可分為兩種：

㈠小選舉區的單記多數代表法，即每區只能採取單記投票法，以得票較多或最多者當選，因之當選人必屬於得票最多的黨。以得票較多為當選者，稱為比較多數法(relative majority)；以得票過半數為當選者，稱為絕對多數法(absolute majority)。英美兩國採用比較多數法，選舉下院議員。法國在第三共和時代及今之第五共和，採用絕對多數法，選舉下院議員，若無人獲得過半數，於一星期後，作第二次投票，以得較多數票者當選。

多數代表法，就一區說，固然是多數黨的天下，若就全國言，每黨當選人數往往不能與其所得票數成正比，有時得票多的政黨反遭失敗，顯然有失公平。

㈡大選舉區的連記多數代表法 即所謂「勝者全得」(the winner takes all)的辦法，多數黨可以一票領先(one vote majority)，而囊括該區全部當選人名額。現今美國總統選舉人(presidential electors)的選舉，尚沿用這種整體投票制(the general ticket system)，其不公平較單記多數代表法尤甚。（謝延庚）

多數黨 (Majority Party)

這一名詞通常係指在議會中擁有過半數議席的政黨。不過這一名詞在英國則指在國會下院(House of Commons)中擁有過半數議席，即可組織政府，所以在英國，除特殊情況以外（如在一九一八年至一九三五年的三黨鼎立時期，或在戰爭期間的聯合內閣時期），多數黨也即是政府黨(government party)。反之，這一名詞在美國，其含義則稍稍不同，在國會中擁有過半數議席的多數黨，並不一定是政府黨。即使與政府黨同屬一黨，其在政策上的見解，也不見得就一致。多數黨這一概念之含義，在英美兩國之所以有差異，蓋由於兩國所採政治制度不同之故。（參見總統制，內閣制條）。（袁頌西）

安那其 (Anarchy)

「無政府」之音譯，乃指一種缺少法律或最高權力的社會狀態而言，尤指一無法律秩序及政治混亂的國家言之。在特定用語上，乃指現代無政府主義者(Modern Anarchists)所擁護的一種政治社會狀態。（詳見「無政府主義」條）

（涂懷瑩）

州牧

漢成帝綏和元年，刺史更名牧，秩二千石。漢哀帝建平二年復罷州牧，仍為刺史，哀帝元壽二年又改稱州牧。光武帝建武十八年復廢州牧置刺史。靈帝中平五年，又置州牧，意在尊其秩位，以名臣鎮守地方，壓制東漢末年各地的寇盜，但東漢末所置州牧大多在有亂事諸州，而刺史之名並未盡廢，因此州牧與刺史並存。東漢刺史已不限於監察職責，而干涉及地方行政，改名州牧，在名義上更成為最高的地方行政長官。東漢末州牧不僅職重位尊，而且有治中、別駕諸部從事，及長史、司馬、東曹、校尉等屬佐。三國以後，偶有州牧，如魏書官氏志載太和二十三年重訂職品令，有司州牧之置，通典職官典載北齊亦有司州牧。周書明帝紀二年三月，改雍州刺史為雍州牧。又通典職官典，隋雍州亦置牧。州牧與刺史實同，為地方行政長官，僅表示位崇秩高而已。唐則京兆、河南、太原三府置牧，由親王遙領，並不臨民治事。宋開封、應天等府有牧，然不常置，偶由親王領之。（王壽南）

托洛斯基 (Leon Trotsky)

於一八七九年生於烏克蘭，一九四〇年在墨西哥被刺死。是一九一七年十月革命和列甯共同策劃的領袖；第一次蘇維埃政府的外交部長，紅軍的建立者。從一九一八至一九二五任軍事部長，與列甯同是共產國際的發起人。一九一八—二七任蘇俄政治局委員。在列甯生前托洛斯基因主管軍事與黨的宣傳，地位聲望俱在史大林之上，因史大林負責組織，在黨的基層遍佈勢力，托洛斯基在對史的鬥爭失敗，于一九二九被逐出國，寄居土耳其一小島上。托氏在流亡中著「俄國革命史」，轉瞬即被譯成數國文字，在世界知識圈中獲得好評。其後曾往返丹麥，小住法國，至一九三七始至墨西哥定居。托洛斯基離去俄國一直攻擊史大林政策，指出蘇俄政權只是一個過渡時期的社會秩序。其中有資本主義者，社會主義，甚至還有資本主義前的人物，却沒有那個是眞正的社會主義者。在蘇俄境內布什維克主義的孤立只是永久革命劇中，兩幕中間的過場，因史大林的錯誤和機會主義，把這過場（換幕）時間拖長而已，並不能說是革命程序的中斷。他又嚴厲抨擊蘇俄的官僚政治。認爲這將腐蝕布什維克的精神。他似乎已經看出布黨幹部將會形成一個新的壓迫階級，因此他強調要有無產階級或蘇維埃式的民主，除非工人和窮苦農民，以及接近他們的人得到眞正的言論和結合的自由，是無法實現的。

所謂托洛斯基主義，是以永久革命論爲其主幹，對官僚政治的抨擊，以及要求實現蘇維埃的民主，對西方民主國家的左翼份子頗能發生吸引作用。後來凡是開罪史大林，或史大林想清除的，一概加以托派罪名，甚至各國共黨亦以此一名稱，相互攻擊。

托洛斯基是在一九四〇年八月二十日經史大林的特工查克生，在其墨西哥的流寓園中，以特製鋼斧將其砍死。子女四人均在托氏生前經史大林以不同方式，分別處決。（羅時實）

托洛斯基主義

見「托洛斯基」條。

旨

㈠皇帝敕諭稱旨。正字通：「旨，凡天子諭告臣民曰詔旨，下承上曰奉旨。」漢書「孔光傳」：「奉使稱旨。」

㈡上官命令亦稱旨。陔餘叢考「旨」：「旨字，古人亦不專以爲君上之稱，後漢書曹褒傳：褒爲圉令，有他郡盜入，捕得之，太馬嚴諷縣殺之，褒敕吏曰，臯陶不爲盜制死刑，今承旨而殺之，是逆天以順府意也。三輔決錄：游殷以其子託張既，既難違其旨。宋書，江夏王義恭請以庶人義宣還其屬籍，文帝答詔曰，以公表付外，依旨奉行，是上於臣下所云亦謂之旨矣。梁溪漫志：記宋時士大夫名刺末稱裁旨。甕牖閒評云：本朝君相曰聖旨、鈞旨，太守而下曰臺旨，又次曰裁旨，則宋時旨字，猶上下通用。」（繆全吉）

有限制的多數表決或統治 (Limited Majority Rule)

在西方民主政治的演進過程中，以「算人頭代替打破人頭」亦即以多數人的意志爲依據而不憑藉武力爲決策的標準是一種很重大的進步與改進，多數統治變成了民主政治的要素之一，然而，多數決的原則在運用上應有限制；例如議會不能憑多數的決定而剝奪人權，斷定一個人或少數黨犯罪，亦即作司法的決定，不能因多數決而解散反對黨，在國際機構，多數決之運用亦多受限制。例如在聯合國的安全理事會，有關實質(substantive)事項，多數決也可因五個常任理事國其中任何一國的施行否決權(veto power)而被否定；在聯合國的大會，對重大事項的表決必須以三分之二以上的多數（不是簡單的過半數多數）才能通過。（張旭成）

有限制的否決

見「否決權」條。

有控制的研究 (Controlled Investigation)

指對於研究對象(research object or event)及其環境 (environment) 有相當控制(control)及操縱 (manipulation) 能力的研究。

「控制」是試驗性研究(experimental research)中的一個重要概念。它一方面是指研究者能不能夠將有關一個事物(event)的變數 (variable) 和其環境（即其他假定與該事物無關的各種變數）分開來；另一方面指研究者能不能對與研究有關的變數加以操縱。

舉例言之，在 $Zn+H_2SO_4\rightarrow ZnSO_4+H_2\uparrow$ 的化學試驗過程中，研究者將鋅與稀硫酸置於一燒瓶中，而觀察其變化。此時研究者不單將研究有關的變數（鋅與稀硫酸）與其環境（燒瓶以外的世界）加以分隔，而且對於鋅與稀硫酸的分量及其比例加以控制，因此便可以對於該化學變化的結果（硫酸鋅與氫氣的產生），予以相當精確可靠的觀察、分析與預測。

一般說來，有關無機物的研究控制較易；有關有機物的控制較難。自然科學的研究控制較易；社會科學的研究控制較難。社會科學的研究控制較難的原因，主要是由於研究的對象爲人類（個體或羣體）。社會科學家（除部分心理學研究外）很難有機會將研究的環境及對象加以控制。同時對人類加以操縱也還常與人類社會的基本價值觀念（basic values）相違背。

在政治學的範疇中，早期的政治學家均就自然的政治社會現象加以觀察，綜合，和整理，而獲得一些一般性的結論。這可說是無控制的研究(uncontrolled investigation)。在這種研究中，歷史性的資料（historical data）和制度性的資料（institutional data）佔很重要的地位。

自從政治學行爲研究法興起後，從事政治現象研究的學者也逐漸試圖對其研究的對象及環境和條件(conditions)，加以或多或少的控制。茲以「控制羣設計」(control group design)，「模擬研究法」（simulation），和「多項變數分析」(multivariate analysis)爲例來說明有控制的研究在政治學中的應用。

㈠控制羣設計　控制羣設計的原理可以追溯到約翰彌勒（John Stuart Mill）。其法是選擇兩組在各方面都極類似的兩羣人，其中一羣將其暴露（expose）於刺激物（stimulus），稱爲「試驗羣」(experimental design)；另外一羣則不予暴露於刺激物，並防止與其他因素發生反應，稱爲「控制羣」(control group)，然後再將兩羣人加以觀察，比較其變化，若結果試驗羣發生變化，而控制羣無變化，便可推定係某刺激物（變數）引起該項變化。此種設計可簡略圖解如左：

$$\frac{O_1}{O_1}\text{——}X\text{——}\frac{O_2}{O_2}$$　O＝ observation（觀察）　X＝ stimulus（刺激）

控制羣設計在政治學中的運用，可以用對「爭取支持都市重建」的影片的效力的試驗加以說明。試驗人先選定兩組在種族，宗教，收入，教育等各方面都極類似的人羣。測定其對都市重建的態度（應當非常接近）。然後讓一組人看一部宣傳都市重建各種好處的影片，另一組人則不看該片，若該影片有效，則在放映影片後的測驗中，看過影片的一組，應當增加其對都市重建的支持，而沒有看過的一組態度不變。（見 Donald T. Campbell and Julian C. Stanley, Experimental and Quasi-Experimental Designs for Research. Chicago:Rand McNally & Company, 1963, pp. 13-23)

美國學者拉塞斯弗友（Paul Lazarsfeld）等將控制羣設計的原則，運用到選民行爲的研究中，發展出「排樣方法」（panel method）。其法是在美國總統大選前後調查相同的選民，以測定各種變數對投票行爲的影響，增進了不少吾人在這方面的知識（見 Paul F. Lazarsfeld, Bernard Berelson, and Hazel Gandel, The People's Choice, New York: Columbia U. Press, 1948)。

㈡模擬研究法　美國西北大學心理及政治系教授蓋茲考(Harold Guetzkow)，將心理學實驗室研究法（laboratory research）和博奕論（game theory）相結合，發展出政治學模擬研究法。

其法是將參加試驗的人（participant），每人給與一個假定的角色（role），如總理，外交部長，國防部長等，各組成假想中的國家，然後按照一定的規則相互反應(interact)。研究者乃可從其相互反應的樣式(pattern)中，考驗（test）有關國際關係的一些假設（hypotheses）。

在模擬研究中，研究者可以自由操縱各種變數，對試驗的環境也有相當的控制。惟一缺陷爲其假設之考驗（hypotheses testing），係在一人工製造的情況進行，因此其結果只有相當程度的啟發性，而有待在實際情況中再予證實。（見 Harold Guetzkow (ed.), Simulation in Social Science: Readings Englewood Cliffs, N.J.: Prentice-Hall, 1962; Guetzkow et al., Simulation in International Relations. Englewood Cliffs, N.J.:Prentice-Hall, 1963)。

㈢多項變數分析　由於政治學的研究多在「自然環境」(natural setting)中進行，固然對於各項變數很難加以控制。譬如在以上提及的製氫的化學試驗中，我們可以獲得相當純度的鋅與硫酸來試驗其相互反應。但在政治行爲的研究中，我們便不能將一個人的宗教信仰孤立（isolated）起來，單獨試驗其對投票行爲的影響。換言之，每個人都是一個多種變數的組合，研究者實無法將一樣樣的變數抽繹出來，單獨研究其性質的影響。

但自從多項變數分析（multivariate）發展出來以後，我們雖不能對有關的變數作試驗上的控制，卻能作統計上的控制（statistical control），茲舉例說明如下：

宗教信仰控制後，收入與黨籍關係圖

宗教信仰	黨	籍	總數
收入	共和黨	民主黨	百分比（人數）
基督教			

	收入高	75%	25%	100	(102)
	收入低	40%	60%	100	(83)
天主教					
	收入高	55%	45%	100	(42)
	收入低	20%	80%	100	(155)

在以上圖表中，研究者將「宗教信仰」變數加以控制，結果顯示在同爲基督教信徒的選民中，高收入的傾向於共和黨，低收入的傾向於民主黨，在信天主教的選民中，收入與黨籍也顯示同樣的關係，因此我們便可下結論說，當宗教加以控制後，收入對於黨籍仍有獨立的關係。

綜合以上對於「控制羣設計」、「模擬研究法」、及「多項變數分析」的討論，吾人可以說在社會科學的研究中，控制雖比在自然科學要難得多，但隨着社會科學方法的進步，有控制的研究已愈來愈爲普遍了。（參看「行爲研究法」、「有組織的觀察」、「變數」諸條）（魏　鏞）

參考文獻：

Ernest Nagel, The Structure of Science, New York: Harcourt, Brace & World, Inc., 1961, pp. 450-459.

Claire Selltiz et al., Research Methods in Social Relations, New York: Holt, Rinehart and Winston, 1965, pp. 94-121.

John C. Townsend, ph. D., Introduction to Experimental Method, New York: McGraw-Hill Book Company, Inc., 1953.

有組織的與無組織的觀察 (Structured and Unstructured Observation)

直接對研究的對象加以觀察，是社會科學家收集「資料」(data)的主要方法之一。在社會科學的研究中，有的觀察是有特定的對象、嚴密的步驟、和方法的，稱爲「有組織的觀察」（或「有結構的觀察」）；有的觀察是只有一個籠統的對象和極爲簡單的步驟和方法的，稱爲「無組織的觀察」（或「無結構的觀察」）。但此處「有組織」與「無組織」只是程度上的區別，因爲卽使一般所謂「無組織的觀察」，也有大致的對象和步驟，而不是漫無程序的。

茲將兩種觀察的不同之點分別比較如左：

(一)觀察之對象：有組織觀察之對象，範圍較小，觀察者對於影響一特定事物或現象的因素(factors)，事先已有推測性的認識，甚至已將這些因素串聯在一個模式(model)之中。相反的，無組織的觀察只有一個範圍較大的一般觀察對象，事先對於影響一事件的因素不甚明瞭，甚至不作理論上的假定，而只從觀察中去發掘。

(二)對環境(setting)和因素的控制(control)與操縱(manipulation)：有組織的觀察，不論是「實地調查」(field survey)或「實驗室研究」(Laboratory research)，都能對環境和相關的因素加以或多或少的操縱和控制（在實驗室中的操縱和控制，較爲澈底）。至於無組織的觀察，則大率在實地觀測，很少，也很難對環境和因素加以控制和操縱。

(三)觀察的程序與方法：在有組織的觀察中，觀察者常不公開露面，以避免與被觀察的對象發生相互反應(interaction)，影響觀察結果的可靠性。同時多半在觀察之先，已制定條理分明的項目，將觀察結果分類記錄其中，再加以分析。在無組織的觀察中，觀察者常以參與者(participant)的身分出現，來觀察其想觀察的對象，其記錄的方式多爲一般性的描述，要在整理資料時才加以歸類分析。

在社會科學中，人類學者常採取無組織的觀察法；心理學者多採用有組織的觀察法。至於政治學者則兩者兼用，不分軒輊。（魏　鏞）

參考文獻：

Claire Selltiz et al., Research Methods in Social Relations, New York: Holt, Rinehart, and Winston, 1965, pp. 199-234.

Robert A. Merton, "The Bearing of Empirical Research on Sociological Theory," in Merton, Social Theory and Social Structure, New York: The Free Press, 1957, pp. 102-120.

Morris R. Cohen and Ernest Negal, An Introduction to Logic and Scientific Method, New York: Harcourt, Brace, 1934.

考試院

考試院爲我國中央政制五院之一，主管公職人員之員吏人事，以及特定非公職人員如律師、會計師、醫務人員、及專門技術等人員之考試。此一制度，係中山先生鑒於西方國家將考試隸屬行政機關之弊端，以及發揚我國隋唐以來考試制度之優點所設計，而於民國十七年，由國民政府所建制實施，並於三十五年刊諸憲法。

考試院在組織上，設院長副院長各一人，及考試委員十九人，均由總統提名，經監察院同意後任命，任期亦各為六年。此外，設考試院會議，以統籌有關考銓決策，並置考選及銓敘兩部，以分掌有關考銓事宜。至於各省區之考銓處，乃因事制宜，為該院之派出機關。

考試院之職權，包括考試、任用、銓敘、考績、級俸、陞遷、保障、褒獎、撫卹、退休、及養老等事項。其中除考試業務由考選部掌理外，其他各項均由銓敘部負責。按考試制度，旨在為國掄才，其事首重公平。現行制度中，諸如考試委員之須超出黨派及特定之任命程序、每次考試之由臨時組織之典試委員會主持、試卷之彌封，以及由監察委員監試等措施，無不在杜絕偏私與倖進，力謀貫徹考試之獨立與公平之要求。（荊知仁）

考課

考課為我國人事制度及其演進史上重要一環。語源出自漢京房所作考功課吏法，見漢書京房傳，其法不傳於後，尋其意義，應為考政事之優劣得失與課任事者之功過善惡。歷代皆有其政：尚書舜典篇有「三載考績，三考黜陟幽明」之文，內容無可稽考。春秋戰國及漢謂之上計。周禮「以六計弊群吏之治」，左傳昭公二十五年載臧會為郈賈正，「計於季氏。」杜註「選計簿於季氏。」韓非子「李兌守中山，苦陘令上計而入多。」漢制，郡國每歲遣吏詣京師進計簿，漢書所載資料甚夥，皆可證。惟所謂上計，以考功為主，其後漸重課吏，故京房有考功課吏法之作。東漢之制，三公各掌考課之任，太尉主兵事，司徒主人民事，司空主水土事，皆以歲盡奏殿最而行賞罰。魏劉劭作都官考課法，事不果行。晉制以正身勤民撫孤敦本修人五條考羣縣；杜預曾作考課法，「委任達官，各考所統。」大要為每歲舉優劣各一人，通六歲而計之，處優者超用，處劣者奏免，優較多者敘用，劣較多者左遷。唐代考課之計最為完密。考課程序分百司初考與吏部總者兩級，司考須「大合衆而讀之」，總考並由皇帝敕派使臣校之。考績標準分四善二十七最，四善為共通標準，二十七最為分職標準。考績等第視善惡之多少有無而分九等，但考官得視其情由，臨時量定而上下其等，優者加祿晉階，劣者奪祿解職，宋制內外官異其考課，內官卽中央官，仍以唐之善最為標準而由審官院主之。外官卽地方官，以八事為標準，由考課院主之，并定磨勘歷紙之制。磨勘係指定特別官員或官署以總核百僚之功過；歷紙係考狀，由百司長官於平時記其所屬之善惡，以為銓註之根據。明清兩代之考課，大同小異，分考滿與考察兩種，前者為歷俸計年之法，相當於停年及任期，考滿據以升降遷調；後者通內外官而較其優劣臧否，內官謂之京察，外官謂之大計，大率以三年為期，而以四格考其功過，八法議其黜降。民國以來，考課公務人員，則又恢復尚書考績之名。現行考績法分年終考績及平時考績，以工作操行才能學識四目或三目為標準，而以五等或四等次第之，按其等次分別以晉級、降級及免職予以獎懲。

總之，考課者考核官吏在職之功過善惡，立有一定標準，分別等差，以憑考核。歷代雖有異同，大致不離此旨。然我國在人事措施上不一其道，故考課極易與他事相淆。有舉古代巡狩朝覲省耕省斂之事為考課者，實則此等舉措，屬於禮制之義多，屬於政制之義少。更有以漢代六條刺察及歷代監司之職守為考課，實則兩者係監察權與行政監督權之行使，且六條刺舉並不以官吏為限，皆與考課有別。（仲肇湘）

考績

見「考課」條。

自由 (Freedom)

自由 (freedom) 為西洋的觀念，通常係指不被他人控制、妨礙或拘束。浩布思(Hobbes)說所謂「自由人乃為依其體力才智所能為之事而願為之者不受妨礙」之謂。亦有從積極方面謂自由係指具備各人能力發展所需之條件或機會。更有認自由為生活方式合乎道德或合乎理知，伊比德杜斯(Epictetus)謂缺德之人絕無自由。卡利爾 (Carlyle) 謂一個人之眞正自由係在其發現正當途徑，並循正當途徑以行事。格林(Green)謂道德自由係指循理知以決定意思，由其自己以實現圓滿的理想。黑格爾 (Hegel) 則以自由觀念與政治哲學結合，謂依善良和理知標準而締造之自由見之於國家之中，國家是倫理的整體，是自由的實現。

自由固為限制的對稱，但自由權的行使又不能不有所限制，於是自由與限制乃有相反相成的妙用。誠以人爲社會羣居之一分子，人在林林總總的社會生活中，頗有牽一髮而動全身的關係。狄驥 (L. Duguit) 稱這關係爲「社會聯帶關係」(social solidarity)。聯帶關係即爲互相影響的意義。換言之，一己認爲應該自由的，常難免有損及人羣，所以個人欲行自由，又不可不顧及他人的自由，於是自由在本質上乃有其一定的限度。法國一七九八年權利宣言說：「所謂自由是指有權作爲一切不損及他人的事情而言；是故各人之行自然的權利，祇在保證社會其他分子亦能享受同樣的權利範圍內，受有限制，而這種限制，祇能依制定法的規定」。一七九三年權利宣言第六條也說：「自由係一種權力，人之有此種權力，始得爲一切不損害他人權利的事情，自由以自然爲原則，以正義爲規範，而以法律爲保障；己所不欲，勿施於人；這兩句話，是自由受道德上限制的格言」。狄驥所說：「自由權利是人類相依相扶圖社會的共存，方受法律的保護，並非單爲個人的利益而存在的」，及我國民法第一四八條所定：「權利之行使不得以損害他人爲目的」，這些話都足以闡發自由內在限制的涵義。(羅志淵)

自由世界 (Free World)

所謂「自由世界」，究何所指？迄今還沒有人下過一個定義。在第二次世界大戰時，德、日、義三個軸心國實行極權主義，在「國家至上」的口號之下，把人民當作芻狗，蔑視人權。羅斯福總統提出「四大自由」的口號，號召全世界愛好自由的人士起來反抗。因此之故，一般人士將軸心國家以外的地區稱爲「自由世界」。一九四一年紐約出版一種雜誌，名叫自由世界，其中論文的作者，包括共產黨的領袖人物，如南斯拉夫的狄托等。第二次世界大戰結束後，蘇聯向外擴張，把波蘭、捷克、匈牙利、羅馬尼亞、保加利亞等東歐國家放在它的勢力範圍之中，於是邱吉爾發表演說，指出蘇聯放下「鐵幕」，奴役這些東歐民族。從此以後，「自由世界」一詞便不再包括蘇聯及其他共產國家了。現在大致說來，在民主國家裏，一般人所謂「自由世界」，就是指共產國家以外的地區。至於在共產國家裏，是否有「自由世界」這個名詞，如果有的話，是否亦指共產國家以外的地區，那就難說了。(陳世材)

自由主義 (Liberalism)

自由主義 (liberalism) 發源於英國，它是一種思想，也是一種運動。它一直與實際政治相結合，所以自由主義一詞的意義也隨着客觀環境的改變而改變。

就自由主義的發展而言，大致可分爲早期的或古典的自由主義 (classic liberalism) 與現代的或新自由主義。不過，自由主義的基本目標，總是在反對干涉與解除束縛，以個人爲目的，視國家爲工具。早期的自由主義，側重於減少乃至排除國家權力對個人自由的干涉，現代自由主義則主張利用國家權力來解除社會經濟勢力對個人自由的威脅與束縛。

不論在思想上或實際政治上，最能代表自由主義演進的當推英國。一六八八年的光榮革命，可算是歷史上第一次成功的自由主義運動；其代言人洛克 (John Locke, 1632-1704) 則爲第一位自由主義的大思想家。

以洛克爲始的早期自由主義者，同時也都是個人主義與理性主義者，強調個人的價值，相信人人具有理性，足以自主自動。不過，迄於十八世紀中葉，自由主義的主要目標，只是倡導憲政，法治與分權等，以防止政府任意干涉與壓制個人的信仰，思想與言行的自由，其實不過要求政府寬容歧異而已。

由於工商業的迅速發展，自由主義乃漸次擴及於經濟。亞當斯密 (Adam Smith, 1723-1790) 在法國重農學派的影響下，於一七七六年發表「國富論」(the Wealth of Nations)，力倡解除重商主義的束縛，認爲「人自爲謀而週詳」。在經濟方面，國家應完全放任，聽由個人自由競爭，各以自己的方式追求他自己的利益。亦相信人人各自追求私利，正所以促進公益，國家的干涉反而有礙於這種自然秩序。這一放任學說不僅影響了西歐與美洲，且及於整個世界。發展並充實早期自由主義的功利學派邊沁 (Jeremy Bentham, 1748-1832) 與大小穆勒 (James Mill, 1776-1836 與 J.S. Mill, 1806-1873) 等，則主張普及選舉，充分代表，使人人得以自己參與，決定自己的幸福。英國的自由黨便是依據這種思想，倡自由投票，自由選擇，自由競爭，自由發展。

早期的自由主義者，由於所了解的政府不是民主的，而是爲封建特權所把持的，因而把它視爲對個人自由的唯一障礙，而忽視了其他一切因素，似乎只要能免於國家權力的干涉，個人便可以眞正自由了。同時他們又過於相信人的理性能力，足以爲自己及其環境的主宰。因爲，個人既然具有充分的自主能力，則人人自由選擇，自由競爭的成敗，正所以顯示努力與懈怠。其結果自然應該歸由當事人自己享受或承擔，何用政府施爲？所以，早期的自由主義者對於政府的救貧，公衆安全，衞生等一切社會立法，大致都持反對態度，其甚者如斯賓塞(Herbert Spencer 1820–1903)，則連公共教育也堅決反對。功利學派雖然主張藉立法以達「最大多數人的最大幸福」，但仍然認爲一切法律都是對自由的侵害，政府不過是必需的禍害。

自由主義在十九世紀末葉開始改變它的放任學說。因爲隨着工業發展而來的工廠制度，企業組織與都市生活，在在使人感到政府以外的社會經濟勢力，似乎更嚴重地威脅着個人的自由；而政府却正日趨民主，已不若往昔之可畏了。同時，又察感到大多數個人並不能爲自己及其環境的主宰，他們不僅無知，且亦無力自主自助，而社會學與心理學的研究也否定了個人的充分理性與自立能力。早期自由主義的樂觀信念，至此已變爲反動與新特權勢力的堡壘了。由是人們乃想到利用國家的力量來排除社會經濟勢力對個人自由的威脅與障礙。

英國的格林(T.H. Green, 1832–1882)是代表這種轉變的自由主義思想家。他反對僅求免於國家權力干涉的消極自由，而提出「積極自由」的觀念，認爲自由是個人在國家中實現自我的能力。因此，自由必須實際上爲可能。法律所訂的契約自由，對於無知無力的當事人，反而是任人宰割，所以格林熱切倡導強迫教育，法定工資，公共衞生等各種社會福利立法。但其目的僅限於排除自由之障礙，因爲格林仍然相信自由主義的一貫信念：人必須自助，父權即是專制，它使個人的道德力量萎縮，所以，格林繼功利學派之後，鼓吹普及選舉，使人人積極參與政治，利用國家的力量來實現公衆的福利。

二十世紀以來，由於工業的高度發展與戰爭的需要，自由主義的目標已漸次實現，但自由主義却也就日趨式微了。所以，現代的自由主義，主要是針對實際需要的若干反應，而較少清晰的系統理論。因爲自由主義的許多觀念，一方面爲民主的社會主義所吸收，英國的工黨實際執行着自由主義的傳統，費邊社的思想即源於格林；他方面保守主義也吸取了自由主義。因爲時移勢遷，保守主義者要保守的秩序已是自由主義的秩序了。在歐陸，自由主義的政黨實際上往往是保守的政黨。所以 Carl J. Friederick 教授把德國的海耶克比爲十八世紀英國的柏克(Edmond Burke)。至於美國，自由主義的意義雖很不確定，但大致也相當於福利國家思想或民主社會主義了。

自由主義雖已式微，但其尊重人的價值，期在公道的條件下，人人得以充分實現自我的精神，却似更見重要了。（朱堅章）

附註：現代自由主義的意義很不確定，且有爭論，以上所述大致爲通說。除一般辭書與有關思想的書籍外，請參考：

Laski, Harold J., The Rise of European Liberalism: An Essay in Interpretation, London: Allen & Unvin, 1936.

Spitz, David, The Liberal Idea of Freedom, Tucson: The University of Arizona Press, 1964.

Watkins, Frederick, The Political Tradition of the West: A Study in the Development of Modern Liberalism, Cambridge: Harvard University Press, (1948) 1967.

自由議案 (Open Question)

英國一黨內閣爲貫徹連帶責任制度，對閣員及本黨議員在國會言論表決有嚴格約束，凡內閣已決定態度之法案，閣員及本黨議員均不得在國會發表相反言論及投反對票，否則予以黨紀制裁。自由議案是連帶責任的例外，即內閣對某法案不表示態度，閣員及同黨議員可就此法案自由表示意見與投票。如一九〇八至一九一四年自由黨政府將婦女選舉權議案宣佈爲自由議案。（華力進）

自治領國家

英國人稱自治領國家爲 dominion，而 dominion 的原義爲權威、統治權、最高權；後來由統治的意義衍化爲統治的地方(territories)，英王在海內外統治的地方，視爲英王的領土(dominions)；這是一個新的涵義。一八六七年英國的殖民地加拿大獲得充分獨立的自治權，於是成爲加拿大自治領(the Dominion of Canada)。自一九〇七年以後，dominion 一字，用以專指有自治權的英屬殖民地，同年帝國會議指示「自治領土」(self-governing dominions) 一詞應用以顯示於內政方面有充分自治權的大英帝國之某些部分，不久之後，這一詞語復簡稱「自治領」(the Dominions)。其時具有自治領地位(Dominion Status)者爲加拿大、澳大利亞、南非、紐西蘭，而一九二二年復加上愛爾蘭自由邦(the Free Irish State)。自治領地位經一九二六年的帝國會議予以確定，而一九三一年的西敏寺法(The Statute of Westminster, 1931)復賦予法律的效力。一九四七年對印度、巴基斯坦、及錫蘭授予自治領地位，但印、巴、南非及愛爾蘭等國因已成爲共和國而不願接受自治領的名義。故今日眞正的自治領國家乃爲加、澳、紐三國。總之，在目前的情勢下，所謂自治領，乃意謂英國以前的屬地，現已獲得完全自治，成爲獨立國家，與英國處於平等地位，但仍與英國共同效忠於英王，並爲大英國協的分子國。(參考 Julius Gould and William L. Kolp (ed.), A Dictionary of Social Sciences, p. 209) 自治領國家的政治有一特色，卽她仍擁戴英王爲元首，她本國沒有自己的元首。英王爲便於行使自治領國家的元首職權，乃派一總督 (Governor-General) 駐在各該自治領國家，以便就近代行元首職權，但這一總督並非來自倫敦之英王親信，乃爲各該自治領國家內閣所推荐的人員而經英王派任者。(羅志淵)

自然狀態 (State of Nature)

社約論中所指的國家產生以前的社會狀態，謂之自然狀態。惟各家所說的自然狀態互異：霍布斯的自然狀態，爲「侵略與戰爭」，故無法律，無正義，亦無財產，惟有依賴體力以限制自然狀態中的人的權利。洛克的自然狀態，則爲「平等」與「自由」，蓋人有社會性與愛好和平的天性，而受自然法的約束，以享有其自然權利。盧梭的自然狀態，則爲一理想的幸福社會，有類我國古代道家所想像的自然之治的世界。(參看「民約論」及「自然權利」各條)(涂懷瑩)

自然權利 (Natural Rights)

亦稱「天賦人權」。乃「社約論」中洛克等一派學者，據於自然法的觀念，謂在自然狀態中，凡人皆享有若干與生俱來的自然權利，據以結約成立國家，爲不可讓與 (inalienable)，而且是「天賦」(inherent) 者。故國家對此等自然權利不容侵犯，因其乃個人締約所保留，并非國家法律所賦予。其列入憲法中，乃宣示其存在，非謂由憲法所產生。自然權利爲「個人主義的權利觀念」，亦爲近代美法革命之民主理論的依據。其主要內容，包括：生命、自由、財產及幸福的追求等權利。惟因「社約論」缺少歷史的事實作依據，故十九世紀以後學者，多採「法定權利」(legal rights) 的說法，以個人權利乃因國家而存在，有法律而後方可保障個人的自由權利；并爲謀全社會的公共福利與進步，一方面保障個人的自由權利，同時亦限制了其範圍，是爲今日「新自由主義」與「新個人主義」異於過去的舊理論之處。 國父孫中山先生的「革命民權」說，係從史實上，以說明人民權利之非由於「天賦」的證據，以見人權的眞實意義。而最近的「基本人權」(Fundamental Rights) 說，則係從抽象的邏輯假定上，確定人的尊嚴的價值，以建立民主社會的基準，而爲人權性質的說明。(參看「民約論」及「自然狀態」各條)(涂懷瑩)

行在

天子巡幸所在之地曰行在，亦稱行在所。蔡邕「獨斷」：「天子以天下爲家，不以京師宮室居處爲常，則當乘車輿以行天下，車輿所至去處，皆曰行在。」漢書「武帝紀」：「帝舉獨行之居子，徵詣行在所。」後漢書「光武帝紀」：「悉令罷兵，詣行在所。」通鑑綱目集覽：「辛勁曰，乘輿所至處，曰行在所。」書言故事「朝制類」：「天子所至處，曰行在所」。(繆全吉)

行政否決

見「否決權」條。

行政院

行政院爲國家最高行政機關，國家治權，除屬於總統及立法、司法、考試、監察四院而外，均由行政院掌理。行政院設院長、副院長各一人，各部會首長若干人及不管部會之政務委員若干人。院長由總統提名經立法院同意任命之，副院長、各部會首長及不管部會之政務委員，由行政院院長提請總統任命之。行政院設行政院會議，商議重要決策事宜，詳見「行政院會議」條。

行政院由院長綜理院務，並監督所屬機關。行政院長因事故不能視事時，由副院長代理其職權。置秘書長一人，副秘書長一人，承院長之命，處理該院事務。行政院設內政、外交、國防、財政、教育、司法行政、經濟、交通等部，蒙藏、僑務等委員會，及主計處、新聞局、人事行政局等機關，部會及其他直屬機關之設置，視需要得爲適時之增減。

行政院就下列範圍，對立法院負責：㈠行政院有向立法院提出施政方針及施政報告之責，立法委員在開會時，有向行政院院長及向各部會首長質詢之權。㈡立法院對於行政院之重要政策不贊同時，得以決議移請行政院變更之。行政院對於立法院之決議，得經總統之核可，移請立法院覆議。覆議時如經出席立法委員三分之二維持原決議，行政院院長應即接受該決議或辭職。㈢行政院對於立法院決議之法律案、預算案、條約案，如認爲有窒礙難行時，得經總統之核可，於該決議案送達行政院十日內移請立法院覆議。覆議時如經出席立法委員三分之二維持原案，行政院院長應即接受該決議或辭職。

我國以行政院爲國家最高行政機關之法定稱謂，首見於民國十七年中華民國國民政府組織法，以迄民國二十年中華民國訓政時期約法，及民國三十六年公布之現行中華民國憲法。在此以前之北京政府時代，稱國務院，或不設國務院而由總統總攬行政權。

我國中央政府五院制政治制度，係依據　國父孫中山先生創立中華民國之遺教而制訂。訓政時期民國二十五年五月五日國民政府公佈之中華民國憲法草案，規定行政院院長、副院長、政務委員、各部會首長由總統任免之，各對總統負其責任。總統則向國民大會負責。總統對立法院之決議案得交復議，但對於法律條約案得提請國民大會複決之。故行政權屬於總統，而由行政院執行之。其後抗日戰爭勝利結束，民國三十五年一月，中國國民黨、中國共產黨、中國青年黨、中國民主同盟及中國國家社會黨等各黨派及社會賢達，各推代表在重慶舉行政治協商會議，協議憲草修改原則，關於行政院部份，規定爲：㈠行政院爲國家最高行政機關，行政院院長由總統提名，經立法院同意任命之，行政院對立法院負責。㈡如立法院對行政院全體不信任時，行政院或辭職，或提請總統解散立法院，但同一行政院院長不得再提請解散立法院。上項修憲原則，與民國二十五年憲法草案之行政院，其性質地位，大不相同。民國三十五年十一月召開制憲國民大會時，中國共產黨已實行全面叛亂，不參加制憲，故提出於制憲國民大會之憲法草案，折中於民國二十五年憲法草案及政治協商會議修憲原則之間，其第五章「行政」，經制憲國民大會，通過如現行條文，有謂近於責任內閣制，有謂近於總統制。按制憲國民大會開會時，立法院院長孫科向大會報告憲法草案之要點，關於第五章「行政」部分，謂：「根據條文意義來講，行政院院長是有條件的對立法院負責，還不能稱責任內閣制度。……同時行政院仍受總統指揮，也可說這個制度是一種修正的總統制。」（仲肇湘）

行政院會議

行政院會議爲行政院商議決策之機構，由行政院院長、副院長及不管部會之政務委員組織之。行政院院長及各部會首長須將應行提出於立法院之法律案、預算案、戒嚴案、大赦案、宣戰案、媾和案、條約案及其他重要事項，或涉及各部會共同關係之事項，提出於行政院會議議決之。會議每週舉行一次，以組成人員過半數之出席爲法定人數。開會時由院長主席，院長因事故不能出席時，由副院長代理主席，院長、副院長均因故不能出席時，由出席者公推一人代理主席。行政院會議之決議，以出席人員過半數之同意行之，院長或主管部會對決議有異議時，由院長決定之。行政院秘書長、副秘書長及部會以外之行政院直屬機關首長均應列席會議；各部會首長因事故不能出席會議時，得由副首長代表列席。行政院並得邀請有關人員，列席備詢，列席人員無表決權。

行政院會議雖規定用表決制，但因院長對決議有最後決定之權，故行政院會議爲首長制之會議，與合議制之會議，主席無變更決議之權，僅於表決可否同數時，始取決於主席者，性質不同。（仲肇湘）

行爲主義 (Behavioralism)

指用「行爲研究法」研究政治學的學派、學者，及其研究的途徑和成果。（參閱「行爲研究法」條）。（魏　鏞）

行爲主義(心理學) (Behaviorism)

爲心理學中一個學派，與政治學中的「行爲主義」(behavioralism) 不可混爲一談。（參看「行爲研究法」條附註）。（魏　鏞）

行爲的資料 (Behavioral Data)

指有關人們在政治活動中實際行爲的資料；亦指用行爲研究法，經由試驗研究 (empirical research) 獲得的人類行爲的資料（參閱「行爲研究法」條）。（魏　鏞）

行爲研究法 (Behavioral Approach)

行爲研究法（亦可譯爲「行爲途徑」）爲晚近政治學者利用行爲科學 (behavioral sciences) 的理論與方法來研究政治現象的方式。在有些關於行爲研究法的著作中，這種研究政治學的方式也稱爲「行爲主義」(behavioralism)（註）。若干政治學者更逕稱利用這種方式研究政治學及其研究的成果爲「政治行爲」(political behavior)。在這種用法下，「政治行爲」乃成爲政治學範疇中許多分科 (fields) 之一。

政治學行爲研究法，建立在一個基本假定(assumption)之上—即吾人要了解政治現象，必須要從人們在實際政治中的行爲着手，而這些政治行爲，是可以用科學方法去觀察，分析，試驗而獲得可靠的結論的。基於這項假定，從事政治學行爲研究法的學者乃以個人行爲（包括他的「行動」(action) 及「動向」(orientations to action)，諸如「認同」(identification)，「要求」(demands)，「期望」(expectations)，及「評價」(evaluations)）作爲「分析的單位」(unit of analysis)。行爲政治學者並不忽視對於「羣體」(group)，「組織」(organization)，「社區」(community)及「國家」(nation)的研究，但認爲這些單位都不過是「個人行爲」(individual behavior)的延伸，爲個人行爲的集體表現而已。

行爲政治學者既認定人類行爲爲分析的對象，在研究時便自然而然地借重行爲科學（主要包括人類學、心理學、社會學、經濟學、生物學等）的理論與方法。因此他們研究的內容與成果便充滿了「科際性」(interdisciplinary，亦可譯爲「多科性」）的色彩。

在理論方面，行爲政治學者一反過去傳統政治學者偏重「歷史分析法」(historical analysis)，「主觀分析法」(normative analysis)，「制度分析法」(institutional approach) 及「法律分析法」(legal analysis) 的趨勢，而着重於客觀的，「經驗性理論」(empirical theory) 的應用。於是「結構功能理論」(structural-functional theory)，「一般體系理論」(general system theory)，「通訊理論」(communication theory)，「決定形成理論」(decision-making theory)，及「博奕理論」(game theory) 便逐漸取代了「人性論」、「正義論」、「歷史決定論（或循環論）」等推論式(deductive)的，先入爲主 (a priori) 式的各種早期理論，而成爲政治行爲研究分析及討論的依據。

在研究方法上，行爲政治學者極力講求觀察的客觀性及「度量」(measurement) 的「可靠性」(reliability)。他們把「道德問題」(moral problems) 和「經驗問題」(empirical problems) 作嚴格的劃分。前者是一切有關「價值判斷」(value judgement) 的問題，是由「應該怎麼樣」(ought) 的句子組成的；後者是一切有關社會實際現象(social facts)的問題，是由「是怎麼樣」(is) 的句子或「如果怎樣……便會怎麼樣」(if-then) 的句子組成的。行爲政治學者認爲道德和價值問題，應該讓政治哲學家或倫理學家去討論，政治學家在研究過程中，要儘量做到不受自己價值判斷的左右，要做到「價值祛除」(value-free)，才能保全其研究結果的客觀性和可靠性。部分行爲政治學者並不反對研究價值問題，但他們仍主張有關一個問題的價值判斷，應在獲得並了解該問題的「經驗資料」(empirical date)之後才可以下。並且價值問題的討論，仍應受邏輯及其他科學方法的約束。

行爲政治學者既如此注重觀察的客觀性和分析的科學性，而傳統政治學並沒有發展這些方法，於是他們便不能不在研究方法上，大量採取其他科學，尤其是行爲科學的方法。政治學者採用行爲科學方法的結果，使他們認定一切缺乏「經驗資料」(empirical data) 支持的「命題」(propositions) 都只能當做「假設」(hypothesis)，不能當做結論。而一切假設，都須經過經驗資料的「考驗」(testing) 後，加以「證實」(verified) 或「推翻」(rejected)；由此而得的結果叫做「發見」(findings)。

普通行爲政治學者研究一個問題的過程可以簡述如左：

①瀏覽有關材料 (review of literature)。
②找出有關的理論及命題 (proposition)。
③從理論及命題中確定「變數」(variables) 或「變數羣」(groups of variables)。
④從變數間的關係上引繹 (derive) 出假設。
⑤收集有關變數的「資料」(data)。
⑥針對資料將假設加以考驗 (testing hypothesis against data)。
⑦獲得發見—假設的證實或推翻。
⑧解釋發見 (intepretation of findings)。
⑨新理論、新命題的樹立及（或）舊理論、舊命題的修改或推翻。

在以上研究過程中，行爲政治學者對「研究設計」(research design)，「資料收集」，及「度量方法」等問題特別留意，以避免喪失研究的「有效性」(validity)。經過多年的探索與發展，行爲政治學者已愈來愈借重統計及數學的分析，同時也就越來越注意「量的資料」(quantitative data) 和「資料的數量化」(quantification of data)。於是「多項變數分析」(multivariate analysis)、「統計的考驗」(statistical test)、「實地研究」(field research)、「抽樣調查」(sample survey)、「內容分析」(content analysis)、「模擬研究法」(simulation)、「因素分析」(factor analysis)、以至「電腦程式」(computer programming) 等種種科學分析方法，都先後被運用到政治學的研究上，大大地促進了吾人對於人類政治行爲的了解。

一般來說，政治學行爲研究法的發軔可以追溯到一九〇八年英國學者華萊士(Graham Wallace)所著人性於政治(Human Nature in Politics)一書的出版。同年美國學者班特利 (Arthur F. Bentley) 出版政府之過程 (The Process of Government) 書，首先運用「羣體研究法」(group approach)分析政治現象。至一九二五年，芝加哥大學教授墨瑞恩(Charles E. Merriam)著政治學的新方面。在該書中，墨氏一方面批評當時政治學研究的情形，一方面指出政治學者運用行爲科學探索政治現象的新方向。他在芝加哥大學所訓練出來的一批學生，其後在美國政治學研究上產生了很大的影響。

一九三〇年代是行爲政治學發展史上一個很重要的時期，在這個時期當中，一方面美國學者拉斯維爾 (Harold Lasswell) 先後出版病態心理學與政治 (Psychopathology and Politics) 和政治：何人在何時用何法得到何物(Politics: Who Gets what, When, How?)兩書，爲心理學（尤其是性格分析）在政治學研究中的運用開路；另一方面部份學者如帕生斯(Talcott Parsons)及佛德瑞克(Carl L. Friedrick)先後將歐洲學者的思想與方法介紹到美國。被介紹的學者包括馬克斯 (Marx)、佛若伊德 (Freud)、涂爾幹 (Durkheim)、帕瑞妥(Pareto)、莫斯卡 (Mosca)、韋伯 (Weber)、和密歇耳 (Michels)。這些學者的著作，供給美國學者許多新的觀念和途徑。

從一九四〇年代開始，行爲研究法在政治學中大量開花結果。在拉塞斯弗爾 (Paul F. Lazarsfeld)、堪博耳 (Angus Campbell)、和柏瑞生(Bernard Berelson) 等氏的努力下，選擧行爲(voting behavior)首先得到長足的進展。隨後奧芒 (Gabriel Almond)、柯歐門(James S. Coleman)、戴維斯(James C. Davies)、道爾 (Robert A. Dahl)、亨特 (Floyd Hunter)、塞滿 (Herbert A. Simon)、利璞舍 (Seymour M. Lipset)、維歐克意(V.O. Key)、楚滿 (David Truman)、亥曼 (Herbert H. Hyman)、維爾拔 (Sidney Verba)、和史奈德(Richard Snyder)等分別在「政治學結構功能分析法」(Structural-functional Analysis in Politics)、「政治心理學」(Political Psychology)、「民主理論」(Theory of Democrary)、「行政行爲」(Administrative Behavior)、「政治社會學」(Political Sociology)、「利益集團行爲」(Interest Group Behavior)、「政治社會化過程」(Political Socialization)、「政治文化」(Political Culture)、和「決定形成過程」(Decision-making Process) 各方面，獲得重大的發展和成就。此外伊斯頓(David Easton)和卡普倫 (Morton Kaplan) 對「體系理論」(system-theory)的建立，篤意奇 (Karl W. Deutseh) 對「通訊理論」(communication-theory)的介紹，以及勒爾納 (Daniel Lerner) 和漢亭頓(Samuel Huntington)對「政治發展」(political development)的發揮，都對政治學行爲研究法地位的確立，有不可磨滅的貢獻。

時至今日，不僅在美國行爲研究法成爲政治學的主流，在歐洲的英國、法國、德國、挪威、意大利，以及在亞洲的日本、印度等地，行爲政治學(behavioral political science) 也有後來居上之勢。難怪前美國政治學會會長道爾(Kobert A. Dahl) 曾聲稱：「行爲政治學在爭取被接受的戰役 (battle for acceptance)中已經得勝，將來與對手只會有此零星接觸了。」(見R.A. Dahl,"The Behavioral Approach,"American Political Science Review, 55 (1961), pp. 763-772)

話雖如此，政治學行爲研究法至今仍遭受一小部分政治學者的嚴厲批評（見Herbert J. Storing (ed.), Essays on the Scientific Study of Politics, New York: Holt, 1962; James C. Charlesworth (ed.), The Limits of Behavioralism in Political Science: A Symposium，Philadelphia: American Academy of Political and Social Science, 1962; Charles A. MeCoy (ed.), Apolitical Politics, A Critique of Behavioralism，New York: Thomas Y. Crowell Company, 1967)。他們對行爲政治學的不滿可以歸納爲以下幾點：

(一)人類政治行爲複雜無比，不可能用客觀的科學方法去分析，而只能經由主觀的體驗和觀察去了解。

(二)政治現象多數牽連到價值(value)問題。行爲科學家避免作價值判斷，乃逃避了對許多重大政治問題的研究。

(三)由於行爲政治學者着重於可度量的(measurable)量的分析，而事實上許多重大政治問題因素十分複雜，很難加以度量，因此他們乃避難趨易，專找容易作數量分析的問題（諸如民意測驗和選民行爲）來分析，而忽略，或故意逃避對不易作數量分析問題（如社會正義、政治思想、和戰爭及和平等問題）的研究。

對於上述各項批評，行爲政治學者曾一一提出答辯。但是行爲政治學高度分科及重視科學方法的結果，的確有使一些從事這種研究法的學者，走上象牙塔作支離瑣碎分析，而忽視了與社會國家有重大關係問題的趨勢。最近參加一九六八年度美國政治學年會的一些受過行爲研究法訓練的青年政治學者，成立「新政治學討論會」(Caucus for a New Political Science)，呼籲美國政治學者應該研究種族問題、都市問題、民主制度問題、及越南戰事問題，可說是對上述現象的一個反響。

〔註〕　此處所用 Behavioralism 一詞，與 Behariorism 的意義不同。前者專指政治學者採用一些行爲科學的理論與途徑來研究政治現象的方法；後者則專指心理學中，以華生 (J.B. Watson) 爲首的一個學派。此派學者，認爲心理學家應該以生物受外界刺激而產生的，可以用感覺器官觀察或器械測度的反應，作研究的對象。他們的基本公式是 S-R (Stimulus（刺激）→ Response（反應））。後來此公式又被修改爲 S-O-R (Stimulus → Organism（有機體）→ Response)。這個學派現在已漸漸式微。因爲現代心理學研究結果，已經證明生物內在的、主觀的感覺 (feeling)、動機 (motivation)、與自覺 (awareness)，也是解釋生物行爲的重要資料 (data)。見 David Easton, "The Current Meaning of 'Behavioralism'," in James C. Charles Worth (ed.), Contemporary Political Analysis (New York: The Free Press, 1967), pp. 11-13.

（魏　鏞）

參考文獻：

Heinz Eulan et al. (ed.), Political Behavior, New York: The Free Press, 1956.

Heinz Eulam, The Behavioral Persuasion in Politics, New York: Random House, 1963.

Austin Ranney, Essays on the Behavioral Study of Politics, Urbana: University of Illinois Press, 1962.

Nelson Polsby et al. (ed.), Politics and Social Life: An Introduction to Political Behavior, Boston: Houghton Mifflin Co., 1963.

Robert A. Dahl. Modern Political Analysis, Englewood Cliffs, N.J.: Prentice-Hall, 1963.

James C. Charlesworth (ed.), Contemporary Political Analysis, New York: The Free Press, 1967.

Heinz Eulan. Political Behavior in America: New Directions, New York: Random House, 1966.

行臺

行臺之制約始於魏晉，馬端臨文獻通考職官考：「行臺自魏晉有之，昔魏末晉文帝討諸葛誕，散騎常侍裴秀、尚書僕射陳泰、黃門侍郎鍾會等以行臺從。至晉永嘉四年，東海王越帥衆許昌，以行臺自隨。越請討石勒，表以行臺隨軍。」然而此類行臺，僅爲臨時隨軍而設，非地方性之行政組織。統治地方之行臺始置於北魏道武帝天興元年，魏書太祖紀：「帝至鄴，巡登臺榭，遍覽宮城，將有定都之意。乃置行臺。以龍驤將軍日南公和跋爲尚書，與左丞賈彝率郎吏及兵五千人鎮鄴。車駕自鄴還中山，…將北還，…帝慮還後山東有變，乃置行臺於中山，召左丞相守尚書令衞王儀鎮中山。」所謂行臺，即行動之尚書臺，亦即尚書臺之地方分部，代表中央指揮地方之機構，行臺長官鎮撫一方，治有定所，所轄數州至十數州不等，總理軍事，兼治民刑諸政。但北魏初年的行臺並未繼續推行，直至北魏末年國家大亂，始在衝要之地再設行臺，以應付亂事，隨機處分。至北齊，行臺普遍設立，成爲地方行政之最高機關，隋書劉炫傳，炫曰：「齊氏立州不過數十，三府、行臺遞相統領。」北齊書辛術傳：「武定六年，侯景叛，除東南道行臺尚書。……東徐州刺史郭志殺郡守，文宣聞之，敕術自今所統十餘州地，諸有犯法者，刺史先啟聽報，以下先斷後表聞。」隋代行臺稱行臺省。唐初尚有行臺，貞觀以後廢。行臺之組織，北齊以前已不能詳。隋制則見之於隋書百官志：「行臺省別有尚書令，僕射（左右任置），兵部（兼吏部禮部），度支（兼都官工部）尚書，及丞（左右任置），各一人；都事四人。有考功（兼吏部爵部司勳）、禮部（兼祠部主客）、膳部、兵部（兼職方、駕部、庫部、刑部（兼都官司門）、度支（兼倉部）、戶部（兼比部）、金部、工部、屯田（兼水部虞部）侍郎各一人。」可見隋之行臺省官制即照中央尚書臺稍簡省之。唐行臺設尙書省令一人，正二品，掌管內兵民，總判省事，有僕射一人，從二品，掌貳令事，自左右丞以下諸司郎中，略如京省。（見新唐書百官志）（王壽南）

西班牙(Spain)政黨

西班牙(Spain)自一九三九年以來，一直爲一黨制之國家。執政黨稱之爲「長槍會」(Falange)。其全名在西班牙爲Falange Española Tradicionalista y de las Jons。該黨實際上不稱之爲政黨，而祇是一個「國民運動」(National movement)而已，由佛朗哥將軍(General Franco)領導。在一九六六年憲法公布以前，該黨秘書長爲內閣當然閣員，現則改爲由內閣總理任命。除長槍會以外，其他政黨一概不允存在。（袁頌西）

佐史

官名，佐治之小吏也，漢代爲刺史屬官。漢書「宣帝紀」：「佐史以上二級。」漢書「百官卿表」：「百石以下，有斗食佐史之秩。」注：「佐史，同俸八斛也。」後漢書「光武紀」：「持節北渡河，鎭慰州郡，所到郡縣，輒見二千石長吏三老官屬，下至佐史。」注：「每刺史皆有從事假佐，每縣各置諸事曹史也。」（繆全吉）

佐吏

官名，上官之屬吏。晉書「庾亮傳」：「在武昌，諸佐吏殷浩之佳，乘秋夜，往共登南樓。」資治通鑑「晉記」：「孝武帝，太元八年，沖對佐吏歎。」注：「諸藩府參佐爲佐吏。」（繆全吉）

佐貳

即輔佐之官，如州同、州判、縣丞、巡檢、典史等是。福惠全書，蒞任部，「受印」：「委本州佐貳官，同吏房送至公館。」六部成語，吏部，「佐貳官，注解」：「府州縣幫辦官之總名，即佐、助、貳、副也。」（繆全吉）

佐雜

明清地方衙門正印官外屬官之總稱。清會典事例，吏部「漢員遴選」：「朕敕部引見，曾發知縣十人，佐雜二十人，酌量委用，今據該督奏聞。」清國行政法汎論「正印官及佐貳雜職首領」：「或總稱佐貳、首領、雜職三者，曰佐雜。」又曰：「正印官爲主任之義，佐貳、雜職、首領，皆補助官之名稱。」（繆全吉）

何爾巴哈(Baron Paul d'Holbach 1723-1789)

德裔法國哲學家，是百科全書派的健將，學問淵博，精通拉丁及英、意、德諸國文字；他交遊廣濶，所過從者多爲當時的名流學者，氏乃融匯各家學說而自成體系。

何爾巴哈的政治思想，大致以愛爾法修爲楷模，亦與以洛克爲宗派的法國學者脈絡相通。氏以無神論者自居，攻擊教會爲人間罪惡的源泉，倡言應以教育制度誘導開明的自利觀念，並以科學打破宗教的枷鎖，使人類依歸自然而生活。這種哲學，決定了他的政治思想的方向。

概括的說，何爾巴哈的思路是多面的，他襲取了盧梭的社會契約論與全意志學說，洛克的主權在民學說，以及孟德斯鳩的分權學說。因此，何氏的政治觀念，充分流露出愛自由和反權威的精神。氏深信人類應以依順自然及反樸歸眞爲自救之道，蓋一切政府莫不以暴力爲政權基礎，且有愚昧專横和殘民自肥必然傾向，社會之所以不公正，不平等，皆因政府無道與人謀不臧使然。故若不能削弱政府機能及其政治權威，則人民的自由、財產、和安全、均難有所保障。

就其反政府及倡議激烈改革的論調而言，可知何爾巴哈的政治思想頗具革命色彩。（謝延庚）

克巴爾

見「內閣」條。

克魯泡特金(Kropotkin P'etr (Peter) Alekseevich, 1842-1921)

地理學家，無政府主義之理論家與領導者。出身俄國舊貴族家庭，受過優良教育。十五歲入帝國貴胄學校，受訓七年，照例畢業之後可在宮庭或部隊中，獲一優差。祗因自幼憧憬正義社會，同情苦難農民，又性喜冒險，從兒時卽拋棄貴族頭銜，寧願赴西比利亞邊區，在哥薩克騎兵隊中任職。不久調任駐赤塔省長隨從參謀，又調駐伊爾庫茨克，東西比利亞總督署主管哥薩克事務武官。一八六四年奉命領導一探測隊從大貝加利亞(Trausbaikalia)經過北滿到達阿木爾區(Amur)。旋與另一探測隊合併，進入松花江，深入我國東北腹地。他對這兩次的探測，撰成亞洲地形報告，在聖彼得堡印行，受到學術界的重視，並因此而引起他對學術的研究興趣。從一八六二至一八六七居西比利亞五年中，他對人類和其他動物在毫無羈束狀態中的生活，經常注視，感到興趣。

在地理學上他有過很大成就。他在一八七三印行的地圖和論文中推翻了前人對亞洲地形的構想，亞洲的地形結構是從西南到東北，不是從北到南，自東向西。一八七一他發現芬蘭和瑞典的冰川。因有這些成就，他被推爲俄國地理學會的秘書。因他愛讀社會主義的論著，立志要爲社會正義獻身奮鬥，在地理方面的工作便不再進行。

一八七二他遊歷瑞士，在日內瓦加入國際勞工協會。不久又嫌該會過於保守，在紐樹特爾(Neuchatel)研究另一比較前進的同類組織Jura Federation，並接交當地許多社會主義和無政府主義者後，他選定無政府主義爲他一生奮鬥的目標。迨後再到瑞士小住，回國卽宣傳無政府主義，並參加一秘密組織，結果被警察破獲，（一八七四）被捕入獄。一八七六他從監獄醫務所中僥倖逃出，遁往西歐，在一九一七以前大部時間住在英國。

他從在西北利亞年青作軍官時，開始對達爾文的進化學說發生疑問。他在讀過「物種由來」後，原意要在此一望無垠之廣漠地帶，爲生存鬥爭理論找出一些新的證據。不料所見恰與初意相反，所謂鬥爭以求生存，在動物生活中比較起來並未扮演主要的任務。反之，爲適應自然環境和與人類接觸之後，他倒找出許多團結的事例。他在西比利亞荒野生活中從第一手的觀察，看到拓荒農人與哥薩克族如何自動團結，守望相助的情形，更加強了他對合作在生活上的重要信念。稍後更從研究俄國與西歐工人階級的歷史與處境，體會到在物種之中，原來就存在着團結的意識。

這些空洞的觀念到一八八〇年因讀到俄國動物學家 Karl F. Kesler 之研究報告，獲得科學支持而成爲理論。Kesler 在這一年提出的報告中說，從廣泛科學觀察的基礎上可以看出，決定同一物種彼此關係的，是合作而非鬥爭。這是進化過程中的決定因素。克魯泡特金馬上把這一觀點應用到社會問題上，指出是風俗與自願，而非法律與權力，代表歷史上的創造力。一八八八年赫胥黎在「十九世紀」雜誌上發表鬥爭以求生存的論文。克魯泡特金則從一八九〇年起也發表一連串的論文，答覆赫胥黎的指陳。這些論文後來併成一本書，就是使他名世的互助論：進化的一個因素 (Mutual Aid: A Factor in Evolution)。

互助論的主旨是認定合羣和自然鬥爭同是合乎自然律的，在任何情況下要鬥爭以求生存時，能合羣的會佔極大優勢。最適合的個別分子，並不一定是最強健的，而是最能和衆與合作的。因此凡是能夠合作的生物，必然繁衍，不能合作的將歸淘汰。爲證明這一理論的正確性，克魯泡特金特從最低級動物社會到原始部落，鄉村聚集，和中世紀的行會組織以至各種各類的現代結合中，尋覓自動合作的許多證據。認爲互助的基礎是一種團結的本能意識。他強調這種團結意識並不是從愛產生，相反地却是提供了愛的基礎。克魯泡特金把自動的結合和國家與法律制度，作一對比，認爲後者只能產生掠奪的本能，助長剝削。他認爲政府的東西必然會屈服在自願的東西下面。雖然他並不否認在進化中，競爭這一因素有其作用，可是被達爾文的羣衆過分誇大了。

克魯泡特金心目中的社會，是一種自由結合的社會，其生產工具與生產物都歸共有，每人各取所需（一八九二）。他把這種社會稱爲無政府的共產主義，以別於馬克斯主義。他說後者是憑藉國家力量，深深地染上了專制的成分。他和與他同時的密凱洛夫斯基 (Nikolai K. Mikhailovskii)一樣，反對被認爲是現代特色的加強分工制度，認爲這對人的特質是一種損害，主張應使每一個人都能有其自由而適當的環境，從事各人願意的心力或體力勞動。

克魯泡特金於一九一七年二月革命後返至俄國，支持當時克倫斯基主持的臨時政府，反對布什維克。列甯奪取政權後，他息隱莫斯科鄉間，在極度艱苦情況下撰寫道德觀念史。他有時也挺身而出指摘列甯的獨裁。在他逝世之前他斷定布什維克是失敗了，因爲它不能產生能爲大衆接受的倫理觀念。

克魯泡特金的倫理觀和他的社會觀一樣，都是建立在互助論上。同一物種的個別分子爲適應環境而必須合作，必然會跟着產生一種公道的意識。有了公道意識就會承認別人的權利，由是產生平等的觀念，並因是而使個人知道爲了團體的利益，不能不犧牲個人的利益。道德只是高度發達的良知，和此一公道意識繁複的形式而已。從互助的發展，經由公道而進入道德，是社會進化一種內在而必須的程序。從這三者可以看出構成自我保持的一種本能，互助是最基本而植根最深，道德則是這些本能之中最高，也是最不穩定的一種。在進化中不經歷互助到達道德的社會，將會衰微消滅。他這種看法受到中華民國國父孫中山先生的讚美。

克魯泡特金的特殊成就是爲無政府主義提供了科學的基礎。他從動物與歷史的豐富知識中，使他有充分理由大聲疾呼，在動物與人的進化中，自發，自動，與合羣的重要性，並因此而使無政府主義得到一些合乎科學的「無可避免性」(inevitability)。馬克斯與恩格斯的許多理論能在讀者中發生影響，是他不說如何如何，而說這是無可避免的「必然」，克魯泡特金的「無可避免」，比他們具有更多的科學基礎。克魯泡特金本人也是言行一致，他的唯心論，對生命的愛好，和不腐化的性格，在極度艱苦中不屈不撓的精神，曾使文學與戲劇作家王爾德 (Oscar Wilde) 爲之懾服。他說克魯泡特金是他一生了解的兩個快樂人中的一位。(羅時實)

克魯泡特金的著作(見國際社會百科全書)

1885　Paroles d'un révolté, Paris: Marpon & Flammarion.

1886　Law and Authority: An Anarchist Essay, London: International.

(1890–1896) 1955　Mutual Aid: A Factor of Evolution, Boston: tending Horigons. → Thomas Huxley's "The Struggle for Existence" is included in both the original 1902 and the 1955 publication.

(1892) 1926　The Conquest of Bread, New York: Vauguard → First published in French.

(1893) 1927　The Great French Revolution: 1789 – 1793, 2 Vols. New York: Vauguard → First Published in French.

(1898–1899) 1930　Memoirs of a Revolutionist, Boston and New York: Houghton Mifflin. First published in the Atlantic Monthly as The Autobiography of a Revolutionist.

(1899) 1913　Fields, Factories and Workshops: Or Industry Combined With Agriculture and Brain Work with Manual Work, Reviteul, ed. New York and London: Putnam.

(1922) 1924　Ethics: Origin and Development, New York: Macveagh First published in Russian.

初選制 (Primary)

初選制又稱之爲「直接初選制」(direct primary)，乃美國各州政黨提名公職候選人的一種辦法。最早採用此制者，是爲一八四二年賓夕法尼亞州(Pennsylvania)克拉福郡 (Crawford County) 的民主黨所採用，目的在將候選人的提名由少數人操縱的秘商會(caucus)或代表大會(convention)轉移到多數黨員手中。但整個州採用初選制並以法律規定者是爲一九〇四年的威斯康辛州 (Wisconsin)。其後各州繼仿之。現在在美國五十州當中，除少數幾個州如紐約州，印地安納州，康奈狄克州，德拉瓦州及密歇根州等外，大致均採用直接初選制以爲各該州提名地方公職候選人的辦法。

在直接初選制之中，又可分爲開放式初選制 (open primary) 與閉關式初選制 (closed primary) 兩類。在閉關初選制，只有通過黨員考查的選民才能參加投票。其考查方法有二種：一爲登記制 (enrollment)，即投票人在註册時或在投票時表明其所屬黨籍。無黨籍者不得參與投票。次爲查訊制(challenge system)，即凡欲申請於初選中投票者，除表明其黨籍外，主持選舉官員得要求其證明確實屬於某一政黨，例如其在上屆選舉中支持那些候選人，或在大選中將投票給那些候選人等。至於開放式初選制，乃參加初選投票之選民，並無黨籍之限制。凡具備公民資格者，均可參加居住地初選的投票。在採用直接初選制的美國各州中，以採用閉關制者佔多數。(袁頌西)

別墨

別墨一詞，首見於莊子天下篇。意謂非墨學正宗，而爲墨家別傳之學也。孫詒讓以爲墨子經上下、經說上下「四篇皆名家言，……則似戰國之時，墨家別傳之學」(墨子閒詁卷十卷首語)。胡適謂墨子經上下、經說上下、大取、小取六篇，非墨子之書，亦非墨者記墨子學說之書，惠施公孫龍之學說多在其中，應是惠施公孫龍時代之「別墨」所作(中國古代哲學史(二)頁八至九)。依此，所謂別墨之學，即墨子經上下、經說上下、大取、小取六篇中所載之名理論辯之說；其說之性質與名家之說略同。然晉魯勝以爲經上下、經說上下四篇為墨子所著（墨辯注敍）。畢沅與孫星衍亦均以此四篇為「翟自著」（畢沅墨子註敍及孫星衍經說篇跋）。依此，則經上下、經說上下，又是墨學正宗，而非別墨之學。且由莊子天下篇「相里勤之弟子，五侯之徒，南方之墨者，苦獲、己齒、鄧陵子之屬，俱誦墨經，而倍譎不同，相謂別墨」之語觀之，則所謂別墨，實墨子死後，諸派墨子相非之辭。果然，則根本無所謂別墨，自亦無所謂別墨之思想也。（孫廣德）

君子

㈠君主。詩，春風「車鄰」：「未見君子，寺人之令。」鄭玄箋：「欲見國君者，必先令寺人。」禮記「曲禮上」：「故君子式黃髮。」疏：「君子，謂人君也。」論語「顏淵」：「君子之德風，小人之德草，草上之風，必偃。」

㈡有位者。易「乾」：「君子終日乾乾。」注：「居上不驕，…因時而惕。」詩，邶風「雄雉」：「百爾君子，不知德行。」詩小雅「兩無正」：「凡百君子。」箋：「凡百君子，謂衆在位者。」禮記「月令」：「君子齋戒。」疏：「蔡氏云：君子謂人君以下至在位士也。」左氏「襄、十三」：「君子稱其功以加小人。」注：「君子，在位者。」孟子「離婁上」：「君子犯義，小人犯刑。」孟子「滕文公上」：「無君子，莫治野人，無野人，莫養君子。」荀子「大略」：「君子聽律習容，而後士。」注：「君子，在位者之通稱。」（繆全吉）

君主

凡君主國家之元首，均可稱之為君主。其產生，大體上皆係由一家系世襲而來。例如：我國從前的皇帝，日本的皇帝，英國、丹麥的國王，盧森堡的大公(Grand Duke)，摩納哥 (Monaco) 的公 (Prince)，均為（或曾為）各該國之君主是。按：我國昔日的君主，兼具有「統」與「治」的雙重作用，他一面為國家的元首，對內對外代表國家，一面又為政府的最高首長，過問全國政事。易言之，他並非象徵式的虛位元首，而係決定國家政事的最高主權者。在現代君主立憲國家，如英國及日本則不然，其君主僅為虛位元首，蓋實際政治係由首相所領導之內閣主持之也。（周道濟）

君主國 (Monarchy)

君主國（或王國）與共和國 (republic) 相對稱，一國之元首有皇帝，國王或其他類似稱號者稱為君主國，其國家元首亦稱號為總統，主席或其他類似稱號者為共和國。

君主、國王之地位往往由於世襲，但歐洲君主國君主地位常有基於選舉者。

君主國有專制君主國 (absolute) 與立憲君主國 (limited or constitutional monarchy) 之別，前者指君主權力無憲法限制之國家，後者指君主權力受憲法限制之國家。過去君主國在東西方均屬專制君主國，現代君主國如英國，荷蘭，日本均屬立憲君主國。專制君主國與民主國家在形式、實質上均不同，立憲君主國則如英、荷、日等均為民主國家。（華力進）

君權神授 (Divine Right of Kings)

為政治上的一種學說，流行于十七世紀的歐洲，特別是英國。意為君主的權力直接來自上帝，故屬絕對而無限。其主要理論基礎有四：㈠君主政體乃上帝所創設的制度，㈡君主的世襲權不容廢止，㈢君主僅對上帝負責，㈣君主縱然無道，臣民亦須服從，不得反抗。

君權神授之說乃對教權至上之說的一種反抗。原來中世紀的歐洲，在理論上說，教權與君權各有所轄，即教皇對精神事務有最高權力，而君主對世俗事務有最高權力。但在事實上，教皇常踰越界限，使他的最高權力兼及于世俗事務。俟經政治思想家如但丁、馬基維里等為文立說，鼓吹君權，復為時勢所趨，遂使政教慢慢分家。惟君權神授說之確立及實行者乃為英王詹姆士一世 (James I,1566-1625)，他因懷疑自己的身世，故力稱君主的權力來自上帝，直接對上帝負責，以為他君臨英國的根據。此一理論為法王路易十四 (Louis XIV, 1638-1715) 所承襲，而謂「朕即國家」。流毒所至，乃使當時的歐洲，陷于暴君統治，而引起人民的普遍反抗。于是洛克的「政府論」(On Civil Government)，孟德斯鳩的「法意」(The Spirit of Laws)，盧梭的「社會契約」(The Social Contract) 等自由民主及分權制衡的學說，應運而生，卒使許多暴君上了斷頭臺。（胡述兆）

否決權 (Veto Power)

否決權有國內法的和國際法的兩種意義。就國內法言，否決權是憲法賦予行政機關以抗衡立法機關的權力，所以通常又稱之為行政的否決（executive veto）。關於行政的否決當先從英國說起。按英國國會中的衆議院在十四世紀之前，本無制定法律之權，它只能訴請英王去制定法律。這種由衆議員行使的請願權，後來成為實際參與立法的基礎。因為有許多個別提出的請願書常是對同一苦痛而發的；在這場合下乃演成這些請願合併成為一個共同請願的習慣，即以集體的請願，以作為全院提出的請願，這種請願後來被視為一種「上君主的陳訴」。到十五世紀時演成國會將具備好的法律程式向英王提起以期成為法律；因此，英王亦僅對國會所提的法案表示同意或拒絕，自己不去另議法條。由這一階段發展成一種「絕對否決」（absolute veto）的制度，即英王拒絕某一法案時，這一法案即被打消了。這種「絕對否決」權在杜德及斯圖亞王朝時是時常行使的。後來隨着責任內閣制發展的演進，英王的否決權亦逐漸失去作用。而一七〇七年女王安尼（Anne）最後一次否決蘇格蘭國民兵法（Scotch Militia Bill, 1707）之後，即不再見否決權的行使了（但英王否決權並未因久不行使而歸於喪失，因為英憲有一根本原則，即英王權力不能因為他久不行使就算喪失）。英王之所以不行使否決權，是因英國在十八世紀中葉前後已施行責任內閣制。在責任內閣制下，有三種因素使否決權趨於無用：㈠政府黨在衆議院中擁有多數議席，而法案大都係由政府提出；政府所需要的法律，必能在衆議院通過，易言之，衆議院所制定的法案，必為政府所需要的法律，自無否決之可言。㈡衆議院倘有政府不需要或難於執行的法案，政府運用其多數黨的地位，在衆議院討論過程中，即可予以打消，必不能通過，是即衆議院不會制定政府不需要的法律。㈢倘衆議院竟通過政府所不需要的法律或難於執行的法律，是即表示政府已失去多數黨地位，不復能控制衆議院，亦不復為衆議院所信任。在這場合中非內閣辭職，即解散衆議院，英王運用否決權，實無濟於事，不能挽救政治的危局。

否決權雖不復見用於英國，却隨英國的移民發展於北美殖民地，當時殖民地的總督對當地議會制定的法案得行使否決權。且英王對於殖民地議會的法案也時常行使否決權，獨立宣言中特別加以譴責。美國制憲會議中對於否決權的問題曾熱烈討論，蓋以他們不欲再見絕對否決權，但也不願國會之專橫而無所節制。最後乃於憲法第一條第七項中予總統以有限制的否決權（qualified veto）。這種有限制的否決權有時又被稱為「要求覆議權」。因為憲法第一條第七項第二款規定：每一法案經兩院通過而成為法律之前，應咨送總統，總統倘承認之，則應予簽署，不承認，則應將該案退還原始提案的一院，該院應進行覆議，是即總統對於不贊同的法案有要求覆議權。覆議時倘出席議員有三分之二贊成維持原案，移送另院覆議倘亦獲出席議員三分之二贊同維持原案，則這一法案即成為法律，亦即國會推翻了總統的否決權，簡稱之曰「推翻否決」（oversiding a veto）。世之所以稱總統的否決為限制的否決者，即因其否決得由國會予以推翻之故。再者倘法案經送達總統，而總統不於十日之內（例假除外）予以簽署，亦不退還國會覆議，則視同該案業經總統簽署，成為法律。但在這十天之內，倘國會已經閉會，致總統無法退還國會覆議時，則該案並不因總統未退還國會覆議而成為法律，該案視為無形消滅，這即普通所稱的「保留簽署」（pocket veto），或曰「積壓否決」。此種否決國會沒有推翻的機會，是則有類絕對的否決了。抑有進者，國會通過的「共同議案」（Concurrent resolution）以及憲法修正案，無需送請總統簽署，是以總統對之無行使否決權的機會。又總統對法案之否決，應對全案否決，不能如同各州州長一樣施行分項否決（item veto）。美國的否決制度，法國第三共和時代曾有意倣行，但法國總統從未行使過否決權。威瑪共和時代的德國總統對於國會通過的法案不得予以否決，但總統倘不欲予以公布時，得交由選民複決之，是則以選民經由複決方式以行使否決權（參考 Saligman, Encyclopedia of Social Sciences, Vol. p.）。（羅志淵）

均田

古田制名。漢書「王嘉傳」：「均田之制，從此墮壞。」注：「自公卿至吏民，名曰均田，皆有頃數，于品制中令均等。」左思「魏都賦」：「均田畫疇，蕃廬錯列。」北魏嘗行均田制，依文獻通考「田賦」：「帝深納之，均田之制始於此矣。九年下詔均給天下人田，諸男夫十五以上，受露田四十畝，婦人二十畝。老免及身沒則還田；又給桑田男夫一人二十畝，為代業身終不還；有盈不足聽其賣買；另給麻田男夫十畝，婦人五畝，亦從還授之法。」其後自北齊以迄隋唐，雖代有變革，而制度不廢。（繆全吉）

均輸

(一)官名，漢武帝用桑弘羊策，於郡置均輸官，以相給運而便遠方之貢，故曰均輸。漢書「百官公卿表」：「大司農屬官有太倉、均輸、平準、都內、籍田五令丞。」

(二)經濟政策，漢武元鼎二年，從桑弘羊議，爲徙賤移貴於郡國設均輸官，爲賤買貴賣於京師設平準官，作爲調節物價之手段。後均輸官弄權而民怨沸騰。史記「平準書」：「桑弘羊爲大農丞，管諸會計之事，稍稍置均輸，以通貨物。」注：「集解曰：孟康曰：謂，諸當所輸於官者，皆令輸其土地所饒，平其所在時價，官更於它處賣之，輸者既便，而官有利。」後漢書「劉盆子傳」：「帝憐盆子，……賜滎陽均輸官地，以爲列肆。」

(三)均輸法爲王安石新政之一。宋熙寧間，神宗鑒於內憂外患，爲圖富強，納安石策，於是令人民凡賣買稅斂上供之物，均得以近易遠，變貴致賤，以均其輸，謂之均輸法。宋史「食貨志」：「均輸之法，所以通天下之貨，制爲輕重斂散之術，使輸者既便，而有無得以懋遷焉。」（繆全吉）

妥協 (Compromise)

compromise 在國際關係上是指把爭端交付仲裁的協議，或指爭端於仲裁後已獲致的解決，或指由爭論國雙方讓步所達成的同意書，或指互相降低極端的要求或權利而導致的協議。Compromise 在國內政治上是指有關方面把敵對的途徑、意見、原則等作部分的讓步，以謀求彼此接受切實可行的調整。c'om-promise 的中文普通意思是妥協。

妥協和堅持不同，因爲無論在國際關係或國內政治上，衝突發生後，堅持者不作讓步，不願由第三者解決，非自己完全勝利不行，非對方完全接受其請求、願望、立場、或要挾不可。妥協和屈服有別，因爲屈服是放棄自己的願望、立場、意見、原則、權利等等，徹底失敗，毫無補償。所以妥協介於堅持和屈服之間，是避免事端擴大的態度，往往是解除衝突的初步。國際條約的簽訂，國際爭端的解決，固然多是妥協的結果，國內暴力鬥爭的防止，黨派歧見的消除，人與人間打鬥的減少，亦有賴於妥協的精神。

在民主國家裡，極左派代表一端，極右派代表另一端，中間派可以說是妥協分子，他們不讓極端派取得其所要求的全部東西，也不完全拒絕極端派的要求，能夠和極端派作適度的妥協。這樣，才可以避免政治上的悲劇。民主政治能否爲人民造福，全視妥協分子的中間派是否佔多數而定。

可見妥協在國際關係上，在國內政治上，在人與人相處往來時，是好的，是必要的。（陳治世）

孝廉

漢元光元年設孝廉科目，以後州舉秀才，郡舉孝廉，隋唐廢，宋太祖開寶四年再設，明仍立，清設孝廉方正。又俗稱舉人爲孝廉。漢書「武帝紀」：「昭先帝聖緒，令二千石舉孝廉」，注「孝、謂善事父母者，廉、謂清潔有廉隅者。」文獻通考、選舉考「孝廉」：「孝武元光元年冬，初令郡國，舉孝廉各一人，順帝即位，令郡國守相視事未滿歲者，一切得舉孝廉吏。閏月丁亥，令諸以詔除爲郎，年四十以課試孝廉科者，得參廉選，歲舉一人。」又孝廉方正，爲清代特別任用科目之一，即舉薦之一。世宗雍正六年，諭各省督撫，依據漢代賢良方正及孝廉科薦舉孝廉方正，各府州縣行誼篤實者具奏，給六品頂戴，年五十五以上引見任知州，餘與知縣官。清會典、禮部「貢舉」：「孝廉方正考試，以知縣用者，在部投供候選，照候補候選人員例，由吏部咨送國子監錄科應試。」孫星衍「舉孝廉方正議」：「嘉慶元年詔：舉孝廉方正，中外臺或視孝廉方正，爲奇行非今世所有。」（繆全吉）

宏都拉斯 (Honduras) 政黨

爲兩黨制國家，即國家主義黨（NP）與自由黨（LP）。自第二次世界大戰起，至一九四八年止，由國家主義黨安典諾（Andino）執政。論者以爲此一時期及其以前之政治未能透過憲政程序轉移政權，及使全國各種政治力量展開全面競爭。一九四八年之選舉會引起自由黨人之抵制，認爲該項選舉無異安氏一手遴選其繼任人之障眼法。所幸其繼任者格日維賚（Galvez）成就不惡，故未導致重大事變。一九五四年之選舉原甚公正，惟自由黨莫淵爾斯、國家主義黨安典諾、與國家改革主義運動威廉姆士三角競爭結果，未能產生一位贏得絕對多數（選民總數除二加一）之候選人，以符憲法規定。故授權改革主義者駱查諾（Lozano）組織臨時政府。駱氏久於掌權之意圖曾爲軍人政變所粉碎，乃有一九五七年九月之選舉，成立制憲大會。其席次爲：自由黨三六席，國家主義黨一八席，國家改革主義運動四席。制憲大會竟自變成議會，選舉莫淵爾斯爲總統，執政六年。主張：保持民主政治水準、力謀經濟發展、促進社會改革、致力中美洲之統一及擁護美洲國家組織。威斯康辛州立大學教授安德森（Anderson）稱莫氏之政治爲「學徒民主政治」（apprentice democracy）。

國家主義黨阿銳勒諾（Arellano）上校於一九六三年十月發動政變，推翻莫氏政權，解散國會。於十八個月軍人統治之後，一九六五年二月十六日舉行國會選舉，在六四個議席中，國家主義黨三七席，自由黨二七席，以多數黨拉別資（Lopez）爲議長。依據憲法選舉阿氏爲總統，任期六年。主張：建立穩定政府、發展交通、制訂公務人員法、支持中美洲之統一。自由黨雖曾採取不支持國家主義黨政府之姿態，惟阿氏曾任命兩名自由黨人爲閣員，並另有兩人參加最高法院。

國家改革主義運動乃國家主義黨之支派，一九五〇年成爲第三黨，傳統性之兩黨制幾爲動搖。嗣以多數支持者爲其他兩黨所吸收，故徒具虛名。（談子民）

局狹主義（Parochialism）

此字原義係指中古教區的一種特殊之管理系統。此字在社會科學中之意義，常因在不同之系絡中而有別。唯此字一般係指狹窄性、局部性、特殊性，而爲廣泛性、全體性、普遍性之對。故而勉可譯爲「局狹主義」。H. Lasswell 與 A. Kaplan 以政治符號依疆土之幅度爲準，可分爲「局狹的」符號與「普遍的」符號。舉例以言，「工人」一符號若寫爲「世界的工人」則爲普遍性的，若寫爲「美國的工人」，則爲局狹性的。然而，「局狹性」與「普遍性」乃係相對的、變動的觀念，而非絕對的、靜態的觀念。「美國的工人」之於「世界的工人」，固爲局狹的。但「美國的工人」若與「匹茲堡的工人」較，則又爲普遍的了。「局狹主義」在文化、政治上是一極尋常的現象。在文化上，如部落意識、種族中心主義之類是。局狹主義在世界文化、大同社會未出現前，固所難免，即在世界文化、大同社會出現後，亦不易消失。人類學者，國際關係學者等雖多有主張局狹的文化應該或將要轉爲普遍的世界文化，局狹的政治組織應該或將要轉爲普遍的世界政府者。但究之實際，人類的局狹主義之傾向與色彩非唯不必減弱，亦且或有加重之勢。局狹主義並不因交通，大衆媒介之發達而必然地趨於淡薄。

局狹主義與價值之多元性，歧殊性是相關的。基於傳統、歷史、經濟等原因，人類總會分屬於不同之社羣，而每一社羣總如社會學家 Summer 所說，有一或強或弱的「我羣」意識。而「我羣」必有一高於「他羣」之優越意結，且常相信其所持有的「局狹之價值」爲一絕對的、普遍的價值。此種局狹性的意識，如前所述，在政治文化中屢見不鮮。不寧惟是，即使在學術研究上，人衆亦常不免以偏概全，以井觀天，此即 W. J. Thomas 所謂之「特殊性的謬誤」。F. Bacon 更指出人衆常犯各種錯誤偶像之崇拜，而劃地自牢，不能見事理之全。K. Mannheim 認爲任何政治（理論）皆不免基於一特殊之觀點，而不能掌握歷史之全相，故他認爲必須通過動態的綜合過程，解消特殊性，而層層上達到一普遍性之原理。但他不以爲可以有絕對性之綜合，而只可以有相對性之綜合，蓋世界變動不居，非靜止不變者也。（金耀基）

巡狩

亦作巡守，謂天子巡行諸國也。左氏「莊、二十一」：「王巡狩虢。」注：天子省方，謂之巡狩也。」又「莊、二十三」：「王有巡狩。」孟子「梁惠王下」：「天子適諸侯曰巡狩，巡狩者，巡所守也。集注：巡所守，巡行諸侯所守之土也。述所職，陳其所受之職也。」史記「封禪書」：「巡狩至北嶽。」白虎通「巡狩」：「王者所以巡狩者何？巡者，循也；狩、牧也；爲天下循行守牧民也。道德太平，恐遠近不同化，幽隱有不得。」班固「東都賦」：「乃動大輅，遵皇衢，省方巡狩。」又巡守：書「舜典」：「歲二月，東巡守，⋯五載一巡狩」。孔安國傳：「諸侯爲天子守土，故稱守，巡行之」。（繆全吉）

巡撫（General）

官名。巡撫二字始見晉書劉頌傳：「咸寧中詔頌與散騎郎白褒巡撫荊揚」。唐狄仁傑爲河南巡撫大使，宋太宗令巡撫使傳謚張詠，皆未定巡撫爲官。巡撫之成爲官制肇始於明。洪武廿四年八月命懿文太子巡撫陝西，是爲巡撫見稱於明之始。永樂十九年，遣尚書蹇義等二十六人巡行天下，安撫軍民。斯後常派遣尚書、侍郎、都御史、少卿等，皆爲有事則遣，事畢復命而職亦消滅。其稱謂初有巡撫、鎮守之別，後以鎮守侍郎與巡按御史不相統屬文移窒礙，乃定爲以都御史任巡撫。其兼軍務者加提督。於有總兵之地方加贊理或參贊軍務。蓋所謂有事則遣，率常指地方有警而言。終明之世，巡撫未爲定制，亦未成爲地方長官。各省仍以承宣布政使司，都指揮使司，及提刑按察使司分立爲長。滿清定鼎，其於政制方面，多出漢人規劃，一襲前明遺制。初於省置巡撫一員外，并有一省置數巡撫者，如延綏巡撫與陝西巡撫之并置；有一撫之轄區兼跨數省者，如鄖陽巡撫，南贛巡撫是。康熙四年五月確立巡撫以省各一員爲原則。其不置巡撫省份則以總督兼管巡撫事。

巡撫一如總督，源於中央官員之奉使外差，故其職權與其兼銜之關係至爲密切。巡撫，從二品。雍正元年議定由侍郎補授巡撫者以兵部右侍郎兼都察院右副都御史。由學士，副都御史，布政使等官補授巡撫者，俱爲右副都御史。由右僉都御史，四品京堂，按察使等官補授巡撫者改爲右僉都御史。乾隆十三年裁右僉都御史，巡撫一體以都察院右副都御史爲兼銜。此外有巡撫兼總理各國事務衙門大臣銜，兼提督銜，兼副都統銜，兼管河道屯田銜等名目。巡撫管轄業務範圍之大小，與其兼銜之多寡成正比。概括之言，「巡撫掌考察布、按、諸道，及府、州、縣官吏之稱職不稱職者，以舉劾而黜陟之。用兵則督理糧餉。三年大比則爲監，臨合省之秀士升於禮部，於一省文職無所不統」，若是兼提督等職銜時則通省武弁亦皆奉節制。故其職權實繫行政、司法、文官、考試、監察、軍事、制定例則等方面。

清代既設總督，又置巡撫。旨意原在建立軍民分治，總督權兼文武重在保障一方。巡撫宣達政令，重在察吏安民。唯其發展成爲常設官職之後，初則寖假爲地方長官，再則督撫職權漸趨平衡。迨至太平天國事起，經制軍隊完全腐化，鄉勇團練代之而興，巡撫籌辦團練濵成應有之職權，復以戰事頻仍，中央財用支絀，鄉勇之費非就地籌集不爲功，厘金之制，緣之以興，因之督撫財權擴大，由之形成督撫類成同一，且得專制一方。民初軍閥割據，實植因於此。

清代督撫并置，形成督撫同城，問題嚴重。薛福成謂：「一城之中，主大政者二人，志不齊，權不一，其勢不得不出於爭，若督撫二人皆不肖，則互相容隱以便私圖，仍難收牽制之益。如乾隆間任抗納，浦霖之事可睹矣。若一賢一不肖，則以小人甚君子力常有餘，以君子抗小人力常不足」(語見清朝文獻通考卷一三二)，其結果遂致賢者永不得有爲，中材亦因之自廢　。（參閱「總督」條）（傅宗懋）

巡檢

宋代職官有巡檢司，主要職掌爲捕盜及維持地方治安。宋史職官志：「巡檢司，有沿邊溪峒都巡檢、或蕃漢都巡檢、或數州數縣管界或一州一縣巡檢，掌訓治甲兵，巡邏州邑，擒捕盜賊事。又有刀魚船戰棹巡檢，江河淮海置捉賊巡檢，及巡馬遞鋪巡河巡捉私茶鹽等，各視其名以修舉職業，皆掌巡邏譏察之事。中興以後，分置都巡檢使，都巡檢巡檢州縣，巡檢掌土軍禁軍招塡教習之政令，以巡防扞禦盜賊，凡沿江沿海招集水軍，控扼要害及地分濶遠處皆置巡檢一員，往來接連、合相應援應則置都巡檢以總之，皆以材武大小使臣充，各隨所在聽州縣守令節制本砦事，並申取州縣指揮。」遼亦設巡檢使司。明制，各府州縣關津要害處皆設巡檢、副巡檢，主緝捕之事。（王壽南）

廷杖

明用之爲常刑，恒以折辱大臣。此刑始於太祖，「永嘉侯朱亮祖父子皆鞭死，工部尚書夏祥斃杖下」。「正統中，王振擅權，尙書劉中敷、侍郎吳璽、陳瑺、祭酒李時勉，率受此辱，而殿陛行杖，習爲故事」（明史刑法志三）。此所以論者曰：「刑法，有創之自明，不裏古制者，廷杖（其一也）。殺人至慘，而不麗於法，踵而行之，至末造而極，良可嘆也」（見前書刑法志三）。（芮和蒸）

廷爭

漢書載高后欲王諸呂，右丞相王陵力爲諫阻，陳平謂陵能「面折廷爭」。顏師古注曰：「廷爭，謂當朝廷而諫爭」（見前漢書王陵傳）。（芮和蒸）

廷尉

見「大理寺」條。

廷推

明代官吏選法之一，謂任官者由廷官共同推薦二人或三人，請自上裁。明史「選舉志」：「內閣大學士，吏部尙書，由廷推或奉特旨。侍郎以下及祭酒，吏部會同三品以上廷推。太常卿以下部推。外官惟督撫廷推，九卿共之，吏部主之。」明會典「推陞」：「舊制陞必滿考，若員缺當補，不待考滿者曰推陞。類上一人，單推上二人。三品以上，九卿及僉都祭酒，廷推上二人。閣臣吏兵二部尚書會大九卿，五品以上，官及科道，廷推上二人，或再上三四人，皆請自上裁。」（繆全吉）

廷試

廷試卽殿試。詳「殿試」條。

廷議

古之議事制度。周官三公，「參天子坐而議政」（前漢書百官公卿表），是開「廷議」之先河。秦採廷議之制，其君遇有重大決策，輒召集臣僚，在朝廷論議，例如孝公意欲變法而心存顧忌之時，商鞅與甘龍、杜摯爭辯廷前，而卒採鞅說，「定變法之令」（見史記商君列傳）。惠王伐韓伐蜀猶豫未決之頃，張儀與司馬錯爭論廷中，而卒採錯說，「起兵伐蜀」（見史記張儀傳）。又如始皇定帝號，置郡縣，皆「下其議於羣臣」（見史記秦始皇本紀二十六年）。漢興，因秦之制，「其有疑事，公卿百官會議」（蔡邕獨斷）。「凡國有大造大疑，太尉與司徒、司空通而論之」（後漢書百官志）。其參與廷議者，身分不一，有公卿、將軍、列侯、二千石、大夫、博士等。其議及之範圍，亦至廣泛，有「議立君、議儲嗣、議宗廟、議郊祀、議典禮、議封建、議功賞、議民政、議法制、議食貨、議選舉、議邊事、以及議大臣罪獄」等（見西漢會要、及東漢會要「集議」）。且不問官職大小，均得自由發言，雖「以郎，大夫之微」，亦可「獨陳異說」，而人君輒「能違衆而聽之，大臣無賢愚亦不復執前說」（見容齋隨筆「漢采衆議」），是則此制有足稱者。其後各代政事，雖不乏廷議之例，但總未能若漢之採爲常制。明代「大事廷議」（明史職官志「六科」），並定爲大法，「洪武二十四年，令：今後在京衙門有奉旨發放爲格爲例及最要之事，須會廷臣計議允當，然後施行」；「宣德三年，令：官民建言，六部尚書，都察院、六科給事中會議奏聞」；「正統十年三月，始命內閣與各衙門會議大政」（明會要「集議」）。而廷議所及之範圍，其可考者，亦有「議立君、議儲嗣、議建都、議郊祀、議宗廟、議典禮、議封爵、議親藩、議大臣、議民政、議漕運、議邊事」等項（見前書「集議」）。惟有明一代，往往由於人君或權臣之有所指意，以及「科」「道」朋黨之意氣相爭，廷議所表現之精神，似不及兩漢。明史竟記有「議者率相顧不發，拱手聽」之語（見明史李承勛傳），則其情形可以想見。另明「推舉文武大臣，必下廷議」（見前書李承勛傳），此卽所謂「廷推」（見明史選舉志「任官」），亦明之一代典制，別有其意義。（芮和蒸）

希臘（Greece）政黨

希臘（Greece）爲一多黨制國家，截至一九六六年底爲止，其主要政黨有下列幾個：

㈠中央聯盟(Center Union; EK)：這是由許多中間路線的政黨與政團在一九六一年大選前夕所聯合組成的，其中包括巴派德里奧(George Papandreou)所領導的自由黨，已故世的委尼佘尼斯(Sophocles Venizelos)所領導的「自民主同盟」(Liberal Democratic Union)，還有農民黨(Agrarian Party)等其他小黨所組成。該黨在一九六四年二月十六日所舉行的國會選舉中計得選票百分之五十七點七二，獲得一百七十一個議席。現任黨魁爲巴派德里奧氏。

㈡國家激進同盟：該黨是由前總理康士坦丁・卡拉曼列斯(Constantine Caramanlis)在一九五六年一月組成。並曾在一九五六年至一九六三年之間爲執政黨。一九六四年二月十六日與進步黨(Progressive Party)聯合競選，共得選票百分之三五點二六，計九十九個國會議席。現任黨魁爲款尼羅波勒斯(Panayiotis Canellopoulos)。

㈢進步黨：該黨爲一溫和的保守黨，於一九五五年組成。在一九六四年二月大選中，曾與國家激進同盟聯合競選。現任黨魁爲麥凱辛尼斯(Syyroo Markezinis)。

㈣左翼民主聯合黨(United Democratic Left; EDA)：該黨成立於一九五一年，爲一極左的黨派。在一九六三年選舉中，該黨共得三十個議席，百分之十四點五六的選票。一九六四年二月選舉共得二十二席，百分之十一點八五選票。現任黨魁爲巴薩立底斯(John Passalidis)。

㈤自由民主黨(Liberal Democratic Center; FDK)：該黨成立於一九六五年十二月，其發起人爲叛離中央聯盟的二十七名國會議員。現任黨的領袖爲史蒂芬諾波羅斯(Stephanopoulos)。

希臘現無共產黨。共產黨在一九四七年卽被宣布爲非法黨派而禁止其活動

。（袁頌西）

成文憲法 (Written Constitution)

從來憲法學者喜將憲法作種種不同的分類。在浦萊斯 (James Bryce) 之前的憲法學者大都分憲法爲成文憲法與不成文憲法兩類。此一分類法是以憲法之型態有無文書以爲標準：凡一國的憲法已以一種文書構成一種獨立法典，或以數種文書成爲基本法者，則稱爲成文憲法 (written constitution)，或曰文書憲法 (documentary constitution)，或曰「制定法」的憲法("statutory" constitution)。反之，一國的憲法並無文書以形成獨立法典，而將有關國家組織的重要事宜寄之政治傳統，或政治習慣，甚或散見之於若干種法規者，則稱爲不成文憲法 (unwritten constitution)，或稱之爲「普通法」的憲法("common law" constitution)。一六五三年英國「攝政」政府約法固可視爲英國有史以來唯一的成文憲法；但世人多以美國憲法爲現代第一部成文憲法之例，蓋以一七八七年制定的美國憲法將美國聯邦政府的組織體制及其職權，以簡約的七條條文規定之，成爲一種獨立的法典。浦萊斯對之極爲讚許：「就實際技術而論，確爲自來政治上最大貢獻之一，也是自來最完全最具體能表現民主政治根本原則的程式」（見 Bryce, Modern Democracies, vol. II. p. 10）。他還說到「組織體系的優美，其對於人民環境的適合，它的樸質，簡短，文義的明確，原則上既確定而細則上復有伸縮餘地的合理調和，皆高於其他一切成文憲法之上」（見Bryce, The American Commonwealth, vol. II, p. 28）。法國旋步美國後塵，於一七九一年九月間頒布其第一部憲法。而日耳曼各邦於一八一四年與一九二九年間大都已採用成文憲法。此外西班牙於一八一二年，挪威於一八一四年，丹麥及荷蘭於一八一五年，葡萄牙於一八二二年，比利時於一八三一年，意大利及瑞士於一八四八年，普魯士於一八四九年，奧地利於一八六一年，瑞典於一八六六年，德意志帝國於一八七一年，先後頒布成文憲法。而法國第三共和於一八七五年制定的有關政府組織的三種法律，亦具有法典地位，是爲以多種法律構成成文憲法之例。至於不成文憲法則莫不以英國憲法爲例。蓋英國憲法係以政治傳統 (tradition)、政治習慣 (usage)、憲法典則 (convention) 以及往昔憲章、國會制定法，暨法院判例等爲骨幹，並未構成一套完整的法典，故稱之爲不成文憲法。

世人已將憲法作成文與不成文之分，遂亦有就其作用而爲優劣之論者：大體說來成文憲法的優點是在明瞭確定，可免曲解，故其所保障的權利，亦較爲確實穩定。成文憲法修改程序較爲繁難，由是憲法本身亦得有保障，但修憲困難，則易招致革命，是又爲其弱點之所在。蓋以成文憲法的制訂者企圖將國家無限期間的政治生活與政治發展的原則，縮壓成爲一種呆板的公文書，期以永久羈勒後代，怎不引發革命？至於不成文憲法的優點是則在於具有彈性而能適應環境，故能隨時代的發展而演進，隨社會的變化而自行調適；政治革命和社會劇變，均可因憲法能適應伸縮而消弭於無形。

這種成文憲法與不成文憲法的分類，雖已行之多年，耳聞已熟，但殊不合理，蓋曠觀現世任何國家憲法，絕無完全爲成文，或完全爲不成文者。美國憲法雖屬成文，但已多不成文的成分，如總統選舉的實際辦法，以及政黨政治的作法，均屬政治習慣所演成，而非憲法條文所規定。英國憲法固多屬不成文，但法律、憲章、判例等均屬文書之表現，故已日在成文的演進中。總而論之，則憲法之成文與不成文，只有程度之差，而非性質之殊，以之爲分類標準，實屬非是。（羅志淵）

戒嚴權

戒嚴乃政府於國家的安全與秩序，遭遇外患或變亂的破壞時，所採取的軍事管制應變措施。在戒嚴區域，不但一切民政機關的職權要受軍事機關的指揮監督，或移歸其行使，卽人民在憲法上所享有的各種自由權利，亦同時要受軍事機關的限制。由於戒嚴具有變更常態法治程序的效果，所以戒嚴令 (martial law) 雖多由行政機關宣告，然此一權力之行使，則必須受立法機關之節制。例如法國第五共和憲法第卅六條規定，戒嚴由國務會議宣告，其期間逾十二日者，須經國會核准。阿根廷憲法規定，國會得爲戒嚴之宣告，但行政機關於國會休會時，亦得宣布戒嚴，惟應提請國會追認（第六七條第六二項）。我國憲法第卅九條亦規定，總統依法宣布戒嚴，須經立法院之通過或追認。

國家的安全與秩序之遭遇破壞，乃各國都可能發生的情事，因而戒嚴式之應變制度，自亦爲各國所共需。然各國憲法對此情事之處理方式，則並不盡相同。若予歸納，可以區分爲兩類四型。第一類是憲法對戒嚴事項予以明文規定，其中有的國家，憲法僅規定戒嚴的基本原則，其具體程序，則另由立法機關制定戒嚴法，更爲詳細的補充，這可以法國及中華民國爲代表。也有的國家，則直接由憲法作爲詳細的規定，而無需法律別爲補充，這可以巴西爲代表。該國憲法對於戒嚴之規定，達十條之多（第二〇六至二一五條），在程序上，諸如戒嚴的原因、期間、宣告之機關、限制及效力等，均一一詳予規定，這是一般國家很少有的。第二類是憲法對於戒嚴事項，根本不作明文規定。遇有事實需要時，或則由立法機關制定臨時的授權法案，或則引用憲法其他有關條文，以爲肆應。前者如英國一九一四年的帝國防衛法 (the Defence of the Realm Act)，以及一九三九年的緊急權力法(the Emergency Powers〈Defence〉Act)，均有一定的適用期間，非經國會決議不得延長。後者如美國憲法第一條第九節，關於內亂外患時期停止人身保護律的規定，實質上與戒嚴並無差別。國會於一八六三年並通過立法，授權林肯總統於當時叛亂期間，得依其判斷，以公共安全所需，作全國性或區域性的停止人身保護律。德國魏瑪憲法第四十八條，授予總統在公安秩序發生重大障礙時之緊急應變權，不但可以採取必要之措施，甚至使用兵力，而且得暫停人民在憲法上所享有的種種自由權利，惟須於事後，立即報請議會追認批准。意大利憲法第七七條，亦規定政府於緊急需要情形下，得採取有法律效力之臨時處分，但應即日將之提報議會，改變爲法律，如值議會休會，則應召集於五日內集會，請其對之作一決定。由上述第二類的情形來看，可知雖然有的國家憲法，並未規定戒嚴事項，事實上仍然各有其類似戒嚴的應變辦法。（荆知仁）

投票權 (Suffrage)

投票權指一國公民在選舉、罷免、複決上參加投票之權。希臘雅典的投票初限於出生身分，後限於財產，最後則除婦女、奴隸外，公民均有投票權。羅馬之投票權亦同樣經三階段變化。

現代民主國家所普遍採用的普通投票是經過長期演變直至二十世紀後才達成的。英國人民之投票權雖有悠久歷史，但至十九世紀初期尚只限少數有財產之男性。後經一八三二、一八六七、一八八四、一九一八、一九二八及一九四九年等幾次改革才做到不分性別、無財產、身分限制的普通投票，美國一開國即爲民主國家，當初對投票權亦有種種限制，至一八六〇年白人男子才獲得普通投票權，至一九二〇年女子才與男子有同樣投票權，黑人投票權在法理上雖在一八七〇年憲法修正十五條生效後卽享有與白人同樣的投票權，事實上則一直受到種種限制，一九六〇年後黑人獲得投票權者大爲增加，但迄今在事實上仍有相當黑人不能行使投票權。我國人民在民國三十六年實施現行憲法後卽獲得不分男女、宗教、種族、財產之眞正普通投票權。瑞士女子則迄今尚無投票權。

中世紀歐洲各國中多認爲投票是屬於具有某種社會身分或財產條件者的特權，故對投票權沒有限制；今日觀念視投票爲人民參與政治不可少的行動，並視投票爲一種權利同時亦爲一種義務，故投票應普及全體公民。（華力進）

杜驥的法學理論 (Dugit's Theory of Law)

Dugit 是法國社會學派法學家，Law in the Modern State 是其代表作。他根據現代心理學及社會學的發展和哲學的實證主義認爲法律是「社會勢力」(social forces) 的產物，應該爲社會的需要和利益而服務。他探討法律的運用及其產生的過程後，認爲對法律的評判不能單憑抽象的理論而應依據其產生的後果，法律的「制裁」也是爲了社會的利益和需要，所以他批評「主權國家是法律的創造者」的觀念。他認爲法律存在於國家權威之外並高於國家的權威。他的學說擴大了法律和其他社會科學的關係。（張旭成）

決定形成分析法 (Decision-Making Analysis)

見「決定形成研究法」條。

決定形成理論 (Decision-Making Theories)

見「決定形成研究法」條。

決定形成研究法 (Decision-Making Approach)

與「決定形成理論」(decision-making theories)及「決定形成分析法」(decision-making analysis) 通用，爲現代政治學中以「決定形成過程」(decision-making process) 爲中心的研究方法。

嚴格說來，「體系理論」(systems theory)、「通訊理論」(communication theory)、及「組織理論」(organization theory)，都或多或少的觸及決定形成的過程。

伊斯頓 (David Easton) 在討論政治體系將價值作權威性的分析時，實際上牽涉如何作決定以滿足政治體系成員的要求及爭取其支持的問題，篤意奇(Karl

W.Deutsch)在分析一個體系對外來情報的反應時，也是以決定的形成爲中心，不過他特別強調反饋的過程罷了。塞芒 (Herbert Simon) 在研究組織行爲時，亦着重於對各種不同的選擇 (alternatives)，儘量予以合理的選定(rational choices)，易言之，即作決定以滿足組織的需要。（但塞芒並不同意傳統經濟理論完全以合理性來解釋人類組織行爲）。不過完全依賴決定形成過程來分析政治現象，還是要數以史奈德 (Richard C. Snyder) 爲首的一羣研究國際關係及外交政策的學者。茲就其理論及方法簡約予以介紹。

史奈德的理論建立在一個基本假設之上，即吾人要了解政治行動，必須要設身處地，從行爲者(actors)本身的動機，境況，和眼界來分析，而不能夠用自己的價值判斷主觀地加以臧否。

他以外交政策爲例，舉出三項影響決定形成過程的因素羣，一種是從國內社會來的因素，他稱之爲「內在境況」(internal setting)；一種是從國外環境來的影響，他稱之爲「外在境況」(external setting)；還有一種是從政府組織結構中來的因素，他稱之爲「決定形成過程」(decision-making process)。他認爲了解一項決定的形成，首先必須判明誰是和該項決定有關的「行爲者」，接着便須找出有關行爲者中的「決策者」(decision-makers)，然後再從與「內在境況」（包括物質環境，社會文化，人口等），「外在境況」（包括其他社會之物質環境，文化，社會結構，政府組織及行動等）和「社會結構及行爲」（包括價值觀念，機關形式，社會組織，輿論，及政治過程等）有關的各種變數，來分析決定形成的過程。

決定形成關係簡圖

史奈德並進一步從關於一個行爲者決定形成過程的分析，延伸到行爲者與行爲者決定形成的關係的剖析。如下圖所示，甲、乙兩國之內在境況，決策者，以及行動各爲彼此的外在境況，甲國之行動影響乙國之決策者之決定形成過程，反之乙國之行動亦影響甲國之決策者，同時各該國行動之結果亦與其決策形成過程互爲影響。

史氏曾與佩己 (Glenn Paige) 合作，將其決定形成的模式，運用到美國參加韓戰的決定過程的分析上，獲致許多啓發性的發見。

以上有關「決定形成研究法」的介紹，側重於國際關係方面的研究。但「決定形成研究法」的運用，並不局限於此。諸如議會議事，行政決策，司法判案，政黨活動，組織行爲，均可由決定形成的角度加以觀察及分析，其用途可說至爲廣泛。（魏　鏞）

參考文獻：

Richard C. Snyder, H. W. Bruck, and Burton Sapin, Foreign Policy Decision-Making: An Approach to the Study of International Politics. New York: The Free Press, 1962.

R. Snyder and Glenn Paige,"The United States Decision to Resist Aggression in Korea: The Application of An Analytic Scheme, "Administrative Science Quarterly,3(December,1958),pp.342-378.

James Robinson and Richard C. Snyder,"Decision-making in International Politics,"in Herbert Kelman (ed.),International Behavior: A Social-Psychological Analysis. New York: Holt, Rinehart,and Winston, 1965.

Herbert Simon, The Model of Man: Social and Rational. New York: Wiley, 1957.

Simon, "Theories of Decision-Making in Economics and Behavioral Science," The American Economic Review,54 (June, 1959).

（並參看「通訊理論」、「體系分析」、「政治行爲」諸條）。

狄托 (Tito, Josip Broz, 1892-　　)

一八九二年五月廿五日生於 Croatia，近 Zagreb 鄉間。首次大戰隸奧匈軍部，於一九一七為俄軍所俘。戰後放回原籍，組織工會，以狄托為名從事共產黨活動。一九四一德軍佔領南斯拉夫，狄托組織左翼游擊軍，時予德軍困擾。一九四五狄托自稱南斯拉夫元帥及國務總理兼國防部長，不久又仿蘇俄建制，為部長會議主席，亦即南斯拉夫總統。一九四八年六月廿八日共黨情報局發表公報，指摘以狄托為首之南斯拉夫共產黨中央委員會在若干路線方面犯有錯誤。翌日南共中央發表聲明，對情報局各項指摘加以反駁，並迫使原駐南斯拉夫首都貝爾格萊特之共黨情報局，遷往羅馬尼亞首都布加列斯特。狄托從此脫離依賴蘇俄之衞星地位，向西方集團表示好感，於一九五一接受美援，一九五四與希臘，土爾其簽訂軍事盟約。一九五三狄托被舉為南斯拉夫聯邦總統，聯邦行政會議主席，及武裝部隊最高統帥。一九五五赫魯雪夫偕布加甯同訪貝爾格萊特，與狄托重修舊好，狄托亦於一九五六回訪莫斯科，在共產集團中重建其與俄共並肩的關係。

共黨應為世界性的組織，自經狄托的反抗，俄共對其衞星國的控制已被迫放鬆，因是又有民族共產主義的矛盾名詞，准許因地制宜，根據本國國情，容許有獨立性的小異。一般稱為修正主義，在南斯拉夫則為狄托主義。（羅時實）

狄托主義

見「狄托」條。

秀才

秀才一詞，本泛指美秀之才。管子小匡篇：「農之子常為農，樸野而不慝，其秀才之能為士者，則足賴也。」史記賈誼傳：「吳廷尉為河南守，聞其秀才，召置門下。」係通稱而非專名。漢武帝詔：「令州縣察吏民有茂才異等可為將相及使絕國者，」據應劭註，茂才舊言秀才，漢書作者避光武諱，改稱茂才，自此秀才始成為皇帝特詔舉士的制舉之一科，並以之稱被舉之士。趙翼陔餘叢考：「禮記有秀士。漢書賈誼傳，河南守吳公聞誼秀才，召置門下，秀才之名，始見於此，以孫宏奏，博士弟子內有秀才異等，輒以名聞，是皆理才之秀者，非竟以為士子之專稱也。晉……永寧初，王接舉秀才……此士子專稱秀才之始。後魏令中正掌選舉，其秀才對策居中上者，表敍之。北齊令中書策秀才，濫劣者有罰墨計之例。南朝亦重此科，王融任昉俱有策秀才文，載文選可考也。至隋時秀才之舉益重，杜正元傳，開皇中海內舉秀才杜正元一人……後其弟正藏正倫，亦舉秀才，隋世天下舉秀才不十人，而杜氏一門三秀才，此其極盛也。唐高宗永徽二年，停秀才科，開元十四年以後，復有此舉，主司以其科廢久，不欲獎拔，多黜落之，其科遂廢。……唐時凡舉子皆稱秀才，見李肇國史補。……容齋隨筆，謂秀才名目，魏晉以後為貢舉科目之最，而今俗以為相輕之稱，則宋時凡應舉者，因無不稱秀才矣。……洪武中選國子生才高者，命博及羣書，以備大用，帝呼之老秀才，可見元明以來，秀才為讀書者通稱，今俗猶以府縣學生員為秀才，蓋亦沿舊稱也。」趙氏對秀才之沿革，考訂甚詳，而同一秀才也，古今有通稱專稱及地位重輕之不同，藉此亦可見世局演變之跡象。（仲肇湘）

私法案 (Private Bill)

見「法案」條。

言論自由 (Freedom of Speech)

所謂言論自由，乃指人民在羣眾集會或稠人所在的場所中有發表演說或參加討論問題的權利。反之，若在空谷僻野，個人放言高論，或於秘室私齋兩人呢喃密語，都無言論自由與否的問題；因為在這樣的情況下，所關涉的範圍很小，或與社會毫不發生反響。政府自然不必加以理會，所以不會引起什麼問題。必須在羣眾中發表言論，足以影響社會廣泛關係，政府才會注意這一言論的結果。許多外國學者將言論自由於集會自由中連帶討論，也就是因為言論與羣眾有深切聯繫性的緣故。

言論為發表意思的方式，而言論自由的實質，則包括有三層意義：㈠於羣眾集會中，凡屬會員都有發表演說或參加討論的權利；這就是發言平等權，不容他人侵奪，不能因某種關係而拘束其發言權的行使，德國威瑪憲法第一一八條「德國人民在法律限制內有用言語……自由發表其意見之權，並不得因勞動或雇傭關係剝其此種權利」的規定，正可證說我們的說法。㈡發言者所發表的內容，在法律範圍內應得自由發揮，不受法律外的干涉，尤不能有預審講稿的情事。一九四六年的巴西憲法第一四一條第五款規定：「思想之表達應為自由，除有關公共娛樂之外，不受檢閱……」，可爲明證。㈢發言者不應以發表某種言論的關係而蒙受不利的影響。一九二〇年的捷克憲法第一一七條即有這種意義的規定：「人民得在法律規定範圍內有用語言……以發表其意見。……，不得因人民行使此種權利而傷害其工作或雇傭範圍內之利益」，這點於言論自由的保障有特別重大關係，值得我們注意。總括言之，所謂言論自由，是指人人有發言的權，發言的內容不受法外的干涉，且不以發言的關係而蒙受不利的影響。

但是，言論自由亦有一定的限度，非可漫無限制的行使。各國關於言論自由的限制，大體得別爲兩方面：㈠公益上的限制：國家之所以保障言論自由，本爲使各人的精神或德性有充分發展的機會，但若所發表的言論有煽動罪惡，敗壞道德，或有妨害社會安寧的意思，則與保障言論自由的本旨相悖。爲了保障社會的公共利益起見，對於這種言論，自得加以限制，這種限制各國憲法多有明文規定，俾人民知所遵循。㈡私益上的限制：本來自由權的行使，以不侵害他人自由爲限度，侵害他人自由的行爲，不惟法律上不予保障，而且應予以制裁；言論自由權的行使，自亦應恪遵這一原則。所以各國法律爲了保障一般人的利益起見，都規定發言者不得有侮辱或誹謗他人的意思。我國刑法也明定：「公然侮辱人者……」（第三〇九條），或「意圖散佈於衆而指摘或傳述足以毀損他人名譽之事者爲誹謗罪…」（第三一〇條），都應分別處以相當的刑罰。但「對於所誹謗之事，能證明其爲眞實者，不罰，但涉於私德而與公共利益無關者，不在此限（第三一〇條第三項）。此外刑法第三百一十一條復規定：「以善意發表言論，而有左列情形之一者，不罰；一、因自衞自辯或保護合法利益者，二、公務員因職務而報告者，三、對於可受公評而爲適當之公評者，四、對於中央或地方之會議或法院或集會之記事而爲適當的載述者」。這是於保護私人的法益中，復寓言論自由的保障。（羅志淵）

身言書判之試

見「銓選」條。

辛狄卡主義 (Syndicalism)

爲十九世紀末期法國工會領袖們對當前革命或準革命所持的觀點和立場。雖然 George Sorel 和不少知識份子對此發表過不少文章，因其缺乏確定，一致之共同主張，只能說是代表勞工階級反抗當前的工業秩序，中央集權，和那時已具力量之社會主義黨派對政府之妥協行爲。

辛狄卡主義最早發動於法國，在意大利，西班牙，及北歐中南美洲，都有類似組織。在法國亦有稱爲工團社會主義者。因此一時期歐洲各種社會主義思想爭奇鬥艷；尤其是普魯東對法國工人領袖在知識上具有甚大之影響力，其他如馬克斯，和法國革命傳統與布朗克和巴枯寧的思想，以及巴黎公社標榜，以革命方式反對集權國家，都對辛狄卡之形成，具有甚大影響。

基本概念　一、認定階級鬥爭爲現代社會之主要特性，是推動社會改變的方法。二、勞工階級須從僱主的權力，工資制度，和國家的壓迫中獲得解放。三、工人不可依賴政治行動，須愼防政黨和政府的妥協，國會出賣勞工的利益。四、工人要以直接行動，如杯葛，暗中破壞，大衆遊行或罷工，對僱主和國家施以壓力。直接行動之最高形式是革命的總罷工。五、工人的組織，工會的中央權力機構，不能有太大權力。六、總罷工不能從有力和有錢的工會發動，須從有革命和戰鬥意識的少數人，去推動不識不知的多數人，使其產生警覺，加入戰鬥。七、工人只有階級意識，沒有祖國，因此工會必須消除民族主義和軍國主義。八、工會是反資本主義之戰鬥機構，是將來生產和分配的組織，社會改造的基礎。職業的工團組織和經濟代表將替代壓迫性的政治國家。

辛狄卡主義和馬克斯主義不同，是它反對共產黨的統治，不相信經濟定命論。和無政府主義不同，是它依靠職業團體和階級，不依靠個人。它有限度的接受組織，無政府主義者則厭惡組織。他們相信經由工團可以得到社會的解放，工團是組成自由聯合社會的中心。

辛狄卡主義始於法國，是因法國社會主義政黨未能與工會和洽相處而產生的。十九世紀末期法國有五個全國性的社會主義政黨，皆欲爭取工會。彼時法國工會力量薄弱，均以對政治取中立態度，不受知識份子的欺騙，爲自保態度。George Sorel 雖在理論上爲此一主義的先驅，但他對社會主義態度却在改良與革命路線之間，徘徊不定。他有兩位學生：Gdouard Berth 把辛狄卡引向反抗的民族主義。Hubert Lagardelle 的主張比較接近實際，對辛狄卡運動亦有貢獻。他想把工會拉向社會主義政黨，對 Sorel 與王黨接近甚爲不滿。自一九一四首次世界大戰發生，辛狄卡的工會響應政府號召，紛與政府及社會主義政黨合作，其原有色彩逐漸消失，舊有理論除供主權多元論的研究資料外，對

實際政治影響不大。(羅時實)

邦畿

見「王畿」條。

邦聯 (Confederation, or Confederation of States)

邦聯 (Confederation, or Confederation of States) 是若干國家爲促進或完成某些特殊目的，如爲對外保障領土的安全，或對內維持各國的和平，而設立一種聯合組織體。與這種聯合組織體頗爲相似而實不同者，乃爲同盟及聯邦。因爲邦聯有相當確定的中央組織，以表示其分子國的意志，同盟則常沒有固定中央組織，邦聯所欲完成的目的較同盟爲多而且複雜，且邦聯的存在亦較同盟爲有永久性。邦聯與聯邦最顯明的不同點是在邦聯各分子國仍各保留其原有的主權和政府組織權，事實上有多少分子國即有多少主權體。又邦聯是依據各分子國間所締結的協約而成立的，而聯邦是依據憲法而成立的。協約是屬國際法的性質，所以邦聯是國際性的結合，而非是個單純的主權國家；憲法是屬國內法的性質，所以聯邦是個完全的主權國家。由於邦聯與聯邦有這些根本的歧異，於是邦聯與聯邦各表現出其特性：(一)在邦聯的組織體下，邦聯對各分子國人民不得直接命令或指揮，邦聯要與各分子國發生關係，須經由分子國政府爲之。在聯邦制度之下，聯邦政府得直接命令各邦人民。(二)邦聯協約如要修改，須經分子國全體同意始可，聯邦憲法的修正，則只須較高額的多數邦之批准即可，無須全體同意。(三)在邦聯之下，邦聯當局倘有違法行爲，分子國得將之宣告無效，而予以取消，且分子國有退出邦聯之自由權；在聯邦之下，聯邦政府倘有違法行爲，各邦只得訴之於法院，以圖補救，不得自由宣告之爲無效，更不得自由退出聯邦。(四)邦聯只有議事機構，沒有行政及司法機關，且其所有議決事項，亦乏強制執行的權力；聯邦政府則有國會有行政首長及司法機關，以處理各種政務，國會之決議，必須全國遵行。至就邦聯的實例言之，本不勝枚舉，但大體說來，如一七八一至一七八九的美國，一八一五至一八四八年的瑞士，一八一五年至一八六七年的德意志，是其顯例(參考薩孟武政治學頁一一五——一一八；及 James Wilford Garner, Political Science & Government, ch. 12)。(羅志淵)

邦聯協約 (The Articles of Confederation)

自一七七五年四月十九日英屬北美殖民地人民與英軍發生衝突，美國革命正式爆發，但尚無中央統率機關。翌年六月十二日第二次大陸會議指派一個委員會以規劃各邦聯合機體。一七七七年十一月十五日提出方案，經會議通過成爲邦聯協約 (the Articles of Confederation)，經各邦陸續批准於一七八一年三月一日施行。此項協約爲文共十三條，於聯合機體的名義、性質及其權力，各邦人民應享受之權利，暨各邦軍政措施應遵守的規範，均有規劃確定。但此一協約制訂於自然權利觀念瀰漫各方，人們厭惡強有力的政府之時，是以協約的基本精神乃傾向各邦分權，疑懼中央權力。協約第三條且明稱「各邦……彼此分別加入此一堅強的友誼同盟」，是即此一組織並非爲全國人民的結合，不過爲各邦的同盟而已。固然各邦「爲了共同的防衛、自由的安全、相互的一般福利」而自行結合，但每邦仍然保留着「它的主權、自由及獨立，暨未明白授與合衆國之權力、職權和權利」。依此基本精神而規劃的組織體制乃極不健全，只設有一個議會(congress)，未設有獨立的行政首長，更無中央的法院。而議會的職權亦極有限，沒有賦稅之權，無管制各邦商務之權，且中央與各邦權責不清，中央不能直接命令各邦人民。是其爲制，實不足以適應革命後建國之所需，於是乃另制新憲，以取代此一協約。(羅志淵)

防衛情況 (A Case of Defence, Verteigungfall)

西德基本法上之特殊規定，是指聯邦各區域受武裝侵犯或受武裝侵犯威脅之情況。國防情況之認定係由聯邦政府提出聲請，經聯邦下議院議員以投票之三分之二通過(此三分之二票不得少於下議院議員總數之半)，並經聯邦上議院同意。如情況緊急需要立即處理，或聯邦下議院遭遇無法克服之困難無法及時集會時，則由「聯合委員會」以投票之三分之二多數通過認定之(此三分之二票不得少於聯邦委員會委員之半數)。聯合委員會由上下兩院議員共同組織，三分之二選自下院，三分之一選自上院，其名額應依國會政黨黨團比例分配之。國防情況公告後，三軍指揮權歸聯邦總理(平時歸國防部長)，聯邦政府並取得若干平時所無之權力(如有權將平時純屬各邦管轄事項改爲聯邦與各邦共管，徵召十八歲以上五十五歲以下婦女從事救護工作等)。在國防情況下，下院是否因不可克服之困難而無法及時集會，或是否無力作成決議案，由聯邦委員會以投票三分之二多數（此三分之二票不得少於全體委員之半數）認定之。如該會已認定此項事實之存在，該會即取得聯邦上下院地位，行使兩院之權力，但該會所通過之法律不得變更基本法或停止全部或部分基本法之適用。在國防情況下，聯邦下議院與各邦邦議會即將屆滿之會期延至防衞情況終止後六個月，聯邦總統之任期延至國防情況終止後九個月，聯邦憲法法院法官任期延至國防情況終止後六個月。如聯邦總理必需改選，則由聯邦總總提名，經聯合委員會多數通過改選，但聯邦委員會只能以三分之二多數另選繼任總理方式表示對總理之不信任。在防衞情況期間下議院不得解散。聯邦下院得經聯邦上院同意隨時將防衞情況下聯合委員會所制定之法律予以廢止，聯邦上院並得要求聯邦下院作此決議，聯邦下院得經聯邦上院同意，並經聯邦總統公告，隨時宣佈防衞情況之終止。（華力進）

亞里斯多德（Aristotle, B.C. 384-322）

亞里斯多德生於馬其頓的史臺吉拉(Stagira)，十八歲時前往雅典，就學於柏拉圖(Plato)，共二十年。柏拉圖逝世後，亞氏即爲亞塔紐斯(Atarneus)國王赫米亞斯(Hermias)服務，並娶其妹爲妻。紀元前三四二年，亞氏應邀赴馬其頓，任國王費立普(Philip)兒子亞歷山大(Alexander the Great)的教師。紀元前三三五年，亞歷山大出師東征，亞氏乃重返雅典，設校講學，弟子衆多，歷十餘年，後因遭受雅典人嫉恨攻擊，控以否定祈禱和犧牲價值的罪名，才於紀元前三二八年離開雅典去查西斯(Chalcis)，不久便病故該地。

亞氏創物理學、玄學、生物學、天文學、理則學、語言析論、倫理學、經濟政治學、美學等，其倫理學和政治學，現在仍有普遍的意義和價值。亞氏是把政治學和倫理學分開的第一人，也是政治科學的創始者。他分科學爲純粹的和應用的，純粹科學包括本原哲學、數學和物理學，應用科學包括政治學、經濟學和倫理學等，而研究各種科學的工具則爲理則學。

亞氏認爲人之道是中庸，不可走極端，思想、感情和行爲都應該「允執厥中」。他反覆辯護希臘當時的奴隸制度，強調人生而有別，很多人身強體壯，但是低能愚蠢，缺乏理智，祇能充任賤役，從事生產；有些人聰明理智，靈活而且能夠管理複雜困難的事情，適合政治生活，應爲自由人。所以根據生理、心理和經濟的需要，奴隸制是合理而不可少的。

亞氏在其論政（The Politics）一書中，詳細討論國家、政府、憲法、革命等問題，都有其精闢獨到的見解。他說國家是由於人的羣性而起；人依其本性是政治動物，有社會性，願和他人聚居，有追求完滿的團體生活的慾望；這種本性使男女結合爲夫婦而組織家庭，許多家庭合爲村莊，由村莊形成部落，再由部落而組成國家；部落以下各級的團體生活過於簡單，不能滿足人類複雜的慾望，唯有國家生活才有使人滿足的可能。所以作爲人類社會最高級組織的國家，其形成的主要原因不是經濟因素，而是人類的政治本性，國家建立後，經濟利益才發生作用，其作用便是使國家不易瓦解。

國家建立後，其目的是甚麼呢？亞氏認爲國家最高的目的是道德的，是使人類進入至善（the highest good）之境；家庭、村莊、部落等組合，亦追求善（good），但偏重於經濟利益；國家呢？除了消極的使人無衣食之虞、人人可以安居樂業外，還要積極的使人人發揮德性，達到人生最高的境界，撇開奴隸不算，大家能受治於人，也能治人，每人性格健全、高尙、充分的發展。

爲此，國家需要政府，沒有政府便不能達到目的。政府有純正的和腐化的，純正的政府中，如果最高權力屬於一人，便是君主政體（royalty or monarchy），如果屬於少數人，便是貴族政體（aristocracy），如果屬於多數人，便是立憲政體（Polity）；腐化的政府中，有和君主政體相對的暴虐政體（tyranny），和貴族政體相對的寡頭政體（oligarchy），和立憲政體相對的極端的民主政體（democracy）。政府的好壞，不因其有無法律，而以其是否符合國家目的、爲人民謀福利而定。憑身份以統治者是世襲的君主或貴族政治，往往偏重於追求道德目的，憑財富以統治者是寡頭政治，常常強調財力的重要，憑人數多以統治者是民主政治，必爭取自由平等。既有超人的能力又有高尙的道德的君主，極不容易找到，而且單獨一個人易爲情慾所左右、利慾所引誘、權力慾所迷惑、嫉恨心所指使，所以君主政體不是理想制度，常流爲暴虐政體；少數的貴族，亦不可能人人道德高、知識好、能力強，往往只求財以飽私囊，玩弄權勢以滿私慾，而演變爲財閥政體；世襲的貴族，只顧其階級利益，不重法律，一旦貴族階級內部發生衝突，執政者亦必重財富而忽略賢能；極端的民主政體，特別重視自由平等，在這制度下，一切公民都可享有政權，公民大會決定一切事情，其決定代替法律，會使國家無憲法、無法律、無秩序、一切紊亂，不能達國家的目的。那麼，何種政體最好呢？亞氏斷言國家應由中產階級統治，實施自由與財富兼顧的混合政體，卽立憲民主政體，因爲多數人的道德優於一人的道德，中產者不像窮人，沒有卑賤、無賴、自暴、自憐的缺點，也不像富人，沒有傲慢自大的毛病和爭權弄勢的野心；中產者可和窮人富人做朋友，站在調和聯絡雙方的地位。假如立憲民主制能夠加上貴族政治的道德，便成爲最理想的政體了。但好的政體並不以此制爲限，任何政體，只要它符合國情，爲多數人所支持，並能夠維持秩序和安定，便是好的，卽令是財閥政體，如果爲貧民而用錢，使國家安定、政府穩固，也是好的政體。

為維持國家的安定起見，除採用立憲民主制外，仍須注重公民教育與民性陶冶，實行法治，在政府中設立機關以完成討論 (deliberative) 執行 (administrative)司法 (Judicial) 等任務，監督並且管制國民的婚姻。此外，國家人口不可太多，自由公民以不超過一萬人爲原則，國土不可太大，以站在最高處能夠完全看到的寬度爲適當。

按亞氏的說法，平等分爲比例的和絕對的，有財富有能力有威望者主張比例的平等，其他人則爭取絕對的平等，因而發生衝突，引起革命。執政者傲慢貪婪，統治者使用恐怖或高壓手段，社會上的強凌弱衆暴寡，地區利益衝突，無意識的改革要求，當權者相互傾軋，中產階級人數過少，人種過度混雜，鄰國干涉，天災，諸如此類的原因，都會促成變亂或革命。革命所生的後果，往往是災害多而利益少，所以應該設法防止。防止之道，在政治方面最少應讓一般人民任低級官吏，統治者不可藉政權以爭取經濟利益，應把經濟利益讓給人民，自己僅享受尊崇和榮譽，最好是不領公俸，還要公布國家財政，使人民知道政府是否爲人民服務；在經濟方面應注意經濟發展情形，阻止不良的經濟變化，或適應已發生的變化，不能維持現狀時，則逐漸改變政體，羅致富人參加政府，爭取他們的信任和合作；在教育方面，則必須配合憲法精神，因制施教。

亞氏不用主權字眼，只提到國家最後權或國家全權。他以爲這種權何在以及如何運用，全由憲法規定。憲法訂明立國精神、政體形態、政府基本組織、人民和政府的關係等；憲法是人民生活方式的張本，憲法改變，人民生活方式和國家性質跟着改變，國家全權卽消失，新國家亦誕生，所以新政府沒有繼承舊政府的契約、債務和盟約的義務。

總之，亞里斯多德是一位極重理性的保守主義者，其最高理想在求社會安定、人人有道德、人人發展其本性至至善的程度。（陳治世）

亞爾索修斯(Althusius, Johanes, 1557-1638)

亞氏爲瑞士國教授，加爾文教派忠實信徒。曾任荷蘭安登(Emden)地方法官三十四年。生平著述，多與法律問題有關。他承繼亞里斯多德的思想，認政治生活爲人類走向完美之途所必需。

亞氏的主要著作爲系統政治學 (Systematic Politics)，他持多元主義，認個人除附屬於地域性政治團體外，並是許多其他團體的成員。他是社會契約思想闡明人之一。契約在其政治思想上有兩大作用：一是解釋統治者與人民的政治上關係，另一是解釋團體的社會作用。前者同於政府契約，後者是社會契約。從社會契約的意義來說，任何社團的存在都基於其構成分子間的一項默示協定：卽願共同生活，分享財貨和勞務。因此，任何社團都有兩重規律，一是決定其成員應該組織什麼團體，另一則創設並限制公務機關的權限。亞氏心目中的社團包括家庭、民間團體、地方政治組織、省及國，由簡而繁。上一級的團體是由次一級團體締約構成，而非由個人直接組織。而且較高級團體只規範與完成其目標有必要的行爲，其餘由次級團體自主。

亞氏認國邦的特質是擁有主權，而主權屬於國民全體，不得轉讓。但執行事務之權，則由法律賦予行政官吏。如官吏因故喪失此一權力，則權力改屬人民。

亞氏贊成早期加爾文派的理論，認負保障社會責任的民選官吏有剷除暴君之權。亞氏學說中認國邦是由各城市、省區根據法律共同組織的社會一點，可對執政者的濫用權力作較有效的限制。但當時研究政治思想最風行的英、法均未採取這一制度，這也許是亞氏學說未能廣泛傳播的原因之一。（張京育）

佩恩 (Paine, Thomas, 1737-1809)

佩恩(Paine, Thomas, 1737–3809)，美法革命時期的英國思想家，著有「常識論」(Common Sense,1776)、「森林通訊」(Foresters' Letters,1776)、「美國的危機」(The American Crisis,1776–1783)等書，鼓吹民主共和，反對君主制度及貴族繼承，堅持美國獨立，擁護法國革命，并曾實際參加兩國之革命事業，而不獲祖國諒解。其言論，影響於美國對於君主及貴族制度的態度，強調民選及獨立觀念者，至深且鉅。氏又批評英國制度，攻擊孟德斯鳩所讚揚的制衡原則；認爲：政府的功能僅有兩種：(1)法律的創造，與(2)法律的執行，司法權僅爲行政權的一部分而已。（於此，氏與當時美國的領導份子的思想不同。）氏認爲英國制度缺少成文憲法，爲其重大缺點；其政制建立於傳統與習慣上，不能稱爲正當的憲政。故美國採用異於普通立法所制定的成文憲法，乃一劃時代的進步。氏與英人波克(Edmund Burke,1729–1797)的通函中，爲法國的革命辯護，幷支持「人權宣言」中的自然法的哲學思想。（涂懷瑩）

使相

唐中葉以後有節度使之設，節度使加宰相銜者稱爲使相。趙紹祖新舊唐書互證卷七釋使相曰：「唐中葉以後，節鎭加宰相銜者極多，謂之使相，亦稱外宰相，非眞宰相也。」葉夢得石林燕語卷四云：「唐制節度使加中書門下平章事，爲使相。」文獻通考職官考：「自唐開元以來，郭子儀、李光弼相繼以平章事爲節度使，謂之使相，而宰相之職儕於他官自此始。」唐自玄宗以後，中書令、侍中與同中書門下平章事爲宰相，則所謂使相，即是節度使加「中書令」、「侍中」或「同中書門下平章事」銜之稱謂。五代之使相同唐制，五代會要卷十三中書門下：「後唐天成四年八月勅，朝廷每有將相恩命，准往例，諸道節度使帶平章事、兼侍中、中書令，並列銜於勅牒後側書使字。」宋代使相亦同唐制，孫逢吉職官分紀卷五：「國朝（宋）凡以檢校官兼中書令、侍中、同中書門下平章事者，並謂之使相。」宋史職官志：「遵唐制，以節度使兼中書令或侍中或中書門下平章事，皆謂之使相，以待勳賢故老及宰相久次罷政者，隨其舊職或檢校官加節度使，出判大藩，通謂之使相。」（王壽南）

例案研究方式(Case-Study Approach)

政治學者在分析政治現象時，往往僅將注意力置於某一特定事件或某一特殊狀況，例如研究國會對某一法案之立法經過，某一國家在特定時期內之外交政策等即是。此種研究即爲例案研究。

一般言之，例案研究雖然在於分析某一特別事件或狀況，發掘其有關要素間之關係，但其目的却不限於研究該項事件或狀況之本身，蓋因此種研究如僅限於說明某一特定事項，則其範圍至爲狹窄，因而缺乏從事之價值。由是例案研究應該具有兩方面之意義：

第一，例案研究應該在證明或加強某項一般性之理論下進行，即例案研究之目的須在說明更多同樣或類似之事件或狀況。

第二，例案研究應該具有累積之效果，即從很多例案研究中求取通則，進而解釋同類之狀況，預測未來同類事件之發生。

例案研究必須符合這兩項標準，才具有科學研究上之意義，此點爲例案研究方式應特加注意之處。（魏　泰）

侍中

古官。或曰風后爲黃帝侍中，（見晉書職官志）。周官常伯、侍中之任，殿下稱制，出即陪乘，佩璽抱劍。秦以丞相史五人往來殿中，故謂之侍中。西漢以侍中爲加官，無常員，舊用儒者，然貴家子弟亦多承寵受任，入侍左右，分掌乘輿服物，下至褻器虎子之屬。武帝時孔安國爲侍中，以其儒者，特聽掌御座唾壺，朝廷榮之。至東漢時屬少府，掌贊導衆事，顧問應對（見漢官儀及通典職官）。然以其親近天子，故得「省尙書事」（後漢書朱穆傳）。和帝時太后臨朝，外戚竇憲「以侍中內幹機密，出宣詔命」（後漢書竇憲傳），尤見權重一時。魏、晉相沿，承漢之制，置侍中四人，拾遺補闕，切問近對，久處腹心之地，得總樞機之任，而有門下省之興起，中書之權任爲輕。通考於此云：「東晉以來，天子以侍中常在左右，多與之議政事，不專任中書，于是又有門下，而中書權始分矣」（文獻通考職官考）。南北朝之世，門下省長官侍中，已正式居宰相之任。通典云：「梁侍中高功者，在職一年，詔加侍中祭酒，與散騎常侍高功者一人對掌禁令，此頗爲宰相矣。陳侍中亦如梁制。後魏置六人，加官在其數，宜都王穆壽，廣平公張黎並以侍中輔政」（通典職官）。隋制，立尙書、內史（改中書爲內史）、門下，秘書，及內侍五省，而「以（尙書、內史、門下）三省長官爲宰相」（新唐書宰相表序）。門下省長官一職，初改侍中爲納言，置二人。煬帝大業十二年，又改納言爲侍內。唐初爲納言，武德四年改爲侍中，亦置二人。龍朔二年改爲左相，咸亨元年復舊。光宅元年又改爲納言，神龍元年復爲侍中。開元元年又改爲黃門監，五年復爲侍中。天寶元年改爲左相，至德初復爲侍中（通典職官）。侍中之名，「自龍朔至天寶，凡經四易，而嘗爲宰相」（册府元龜宰輔總序）。考唐建制，初「以三省之長中書令、侍中、尙書令共議國政，此宰相之職也」（新唐書百官志序）。其後制度有變，三省長官未必全係宰相，「唯侍中、中書令及平章事，是爲正宰相之任」（册府元龜宰輔總序）。宋襲唐制，以同平章事爲眞相之任，侍中不預朝政。「自建隆至熙寧，眞拜侍中纔五人，雖有用他官兼領，而實不任其事。官制行，以左僕射兼門下侍郎行侍中職，別置侍郎以佐之。南渡後置左右丞相，省侍中不置」（宋史職官志）。門下省殆亦於此際撤廢。遼南面門下省有侍中。金初亦置門下省，旋罷，無侍中之職。元、明、清不設門下省，皆無侍中官。（芮和蒸）

侍郎

㈠尚書侍郎：西漢，惟稱尚書郎，置四人，「分掌尚書，（按：尚書組織，有天子秘書處之性質，）其一人，主匈奴單于營部。一人主羌夷吏民。一人主戶口墾田。一人主財帛委輸。」（晉書職官志）東漢，正式稱尚書侍郎，共三十六人，每曹六人，「主作文書起草」（後漢書百官志）。魏、晉皆稱尚書郎。南北朝時，則稱郎中，（見郎條）。隋初，「尚書有六曹二十四司，凡領三十六侍郎，分司官曹務，直禁省。至開皇三十四年，二十四司又各置員外郎一人，以司其曹之籍帳，侍郎闕，則攝其曹事。煬帝卽位，以尚書六曹各置侍郎一人，以貳尚書之職，改諸司侍郎，但曰郎（卽郎中之職）。」（通典職官）唐，有吏、戶、禮、兵、刑、工六部尚書，每部置侍郎一人或二人，爲各部尚書之貳。（唐書百官志）宋承唐制，尚書各部侍郎，均爲各部之副貳。元之六部尚書，隸於中書省八府宰相之下，每部置侍郎二人，爲各部尚書之副貳。明洪武十三年，尚書六部直屬天子，每部置二侍郎，分爲左右，仍爲尚書之貳。且侍郎往往兼學士入閣參預機務。清，六部各置侍郎二人，分爲左右，滿漢各一人。爲尚書之副貳，有時侍郎奉特旨召入，參預軍機。㈡門下侍郎，秦官，有黃門侍郎，漢因之。與侍中俱管門下衆事。魏晉以降，該官之演變與職司，見黃門侍郎條。唐時，門下侍郎二人，掌貳侍中（宰相身分）之職。五代時，門下侍郎多以宰相兼之。宋門下侍郎，「掌貳侍中之職，省中外出納之事。」（宋史職官志）與「知樞密院、同知樞密院、中書侍郎、尚書左右丞爲執政官。」（宋史職官志）元、明、清，不設門下省，不置該官（參看門下省條）。㈢中書侍郎，該官起於魏，洎唐制，設二人，掌貳中書令（宰相身分）之職。五代時，任中書侍郎者，卽朝廷大政參議焉。四夷來朝，則受其表疏而奏之。五代時，任中書侍郎者，卽爲宰相。宋制，中書侍郎掌貳中書令之職，參議大政，外藩來朝，則奏其表疏。元雖設中書省，惟置八府宰相，無中書侍郎官稱。明、清皆無此官。（楊樹藩）

侍御史

掌監察的官員，秦時曾謂柱下御史，主四方文書，又一稱謂柱後史，亦稱作侍御史。漢設侍御史十五員，秩六百石，皆戴法冠，由公府（三公府）掾屬績優者陞補，或由議郎、郎中陞充。掌察非法。凡郊廟及大朝會，大封拜，則一人監威儀，有違失則劾奏。（太平御覽）平時分五曹辦事，一稱令曹，掌律令；二稱印曹，掌刻印；三稱供曹，掌齋祠；四稱尉馬曹，掌廐馬；五稱乘曹，掌護駕。（晉書職官志）侍御史由御史中丞率領。魏晉以降至北齊，糾彈之職皆重，人選亦嚴。後周設司憲中士代侍御史之任，隋仍復侍御史名稱，大業年間，侍御史專掌侍從天子及糾察百僚。唐代設侍御史六人，秩從六品下，居於臺院（御史臺隸下之一院），掌糾舉百僚。宋侍御史置一人，爲御史臺之副首長，多由尚書省諸曹郎官兼任。元侍御史置於殿中司，計二員，正四品，凡大朝會百官班序，其失儀失列，則糾罰之。明、清省此官。（楊樹藩）

兩院制 (Bicameral)

立法機關的組織分成爲兩個獨立的機體，而各自行使其職權者，世稱此立法體系爲兩院制 (bicameral)。反之，立法權只屬一個機關而不分院行使者爲一院制 (unicameral)，在兩院制之下，有一院的議員常較多於他一院。議員較多的一院常稱爲下議院 (lower house)，議員較少的另一院爲上議院 (upper house)，但這上院下院的稱謂，並沒有權力大小的暗示。就兩院議員的產生說，下院議員大都已經根據民主基礎，按直接選舉、選權平等、秘密投票的普選原則，由選民選舉之。上院議員除如美國、巴西、智利、澳大利亞等，由選民直接選舉外，有由世襲者如英國及以前之匈牙利和奧地利是，有由行政元首任命者如加拿大及以前之義大利和日本是，有由地方團體選舉者如法國及以前之德意志帝國和中國是，更有以御任總統爲當然之終身議員者如現在之義大利是。就兩院制的存在理由說，有爲代表不同階級利益者如英國是，有爲配合聯邦制度運用者如各聯邦國家是，有爲防止下院躁進過激或草率立法者如法義等國是，有爲備下院解散期間應政府之請求以議決緊急措置者如現在日本是。

此外尚有人就理論上以強調兩院制之功用者，如有些論者以為施行兩院制可以上院節制下院之專擅，以保障民權，上院可為政府與下院間之調劑機構，以緩和行政與立法之衝突，又有認為施行兩院制可以下院代表全國的民意，上院代表特殊智識與經驗；亦有認為可以下院代表普通消費的人民，上院代表生產上的職業團體，更有以為兩院制足資分別代表勞資關係。凡此所云，可視為主張兩院制之理由，孟德斯鳩、穆勒約翰、蒲萊斯及梅茵諸人均主張兩院制者。然而反對兩院制與主張一院制者，亦大有人在，如美人富蘭克林、斯托力(Story)，法人西耶士(Sieyes)拉馬丁(Lamartine) 等人是。總觀這些人的說法，認為施行兩院制，有如馬車前後各繫一馬，兩馬將背道而馳。且以為兩院制可能分裂國家主權，人民意志難得有「統一」表示，如西耶士說：「倘第二院與第一院意見分歧，則第二院即為有害之物，倘第二院與第一院意見一致，則第二院即為駢枝贅瘤」。且兩院互相牽制，使立法機關陷於僵局，徒然拖延立法的時間。兩院共同行使立法機關，顯然減輕了兩方的責任心，不如以一院負責，無可推諉。設立兩院，議員及職員人數加多，無濟於事，徒耗國帑（見 James Wilford Garner, Political Science and Government, ch. 20)。

總之，今日採用兩院制者，除緣於多年的歷史傳統或為配合聯邦制度，大都係為防止草率立法(basty legislation)而然。各國立法程序上大都已採用三讀程序(three readings)，以期慎重通過法案，而在一院制國家中，則更用特別鄭重的程序，以期彌補不設第二院的缺點，例如第一次世界大戰後南斯拉夫憲法第八十六條為防止草率立法起見特規定，每一法案在最後制定之前，在同一會期中必須兩次提出投票表決，始能成為法律。但因兩次投票中間應隔多長時間法無明文規定，於是這一規定未能嚴格執行。芬蘭的立法程序規定，法案在第三讀會中，若有一個議員要求，則得將法案延至下一會期 (next sitting) 審議。在下一會期時，倘有三分之一的議員要求，則得將該案延至下次國會改選 (next elections) 之後表決。新國會(Rikstag) 應將該案就二讀完成的條文重新予以討論（據統計一九二四年的國會所討論一一三件法案中，二二件是延付次會期審議，五件是延至改選後再行討論）。惟國會特別會期中對於政府案是不適用這一程序（見 Agnes Aeadlam-Morley, the New Democratic Constitutions of Europe, pp. 150–151）。（羅志淵）

兩極化 (Bipolarity)

「兩極化」是指二次大戰後，美國與蘇聯二國國力大增（國家總生產量為一重要指標），成為超級權力，特別是蘇聯繼踵美國擁有原子彈後，世界強國如德、英、法、日之國力與美蘇相較，不惟在量上懸殊，在質上亦有別，此一形勢使世界權力均配之秩序大變。原來多雄幷峙的「權力平衡」之局面為美蘇二巨強分庭抗禮之局面所取代。政治學者稱此國際關係為「二極化」，或「二極系統」。

在此一兩極化的國際秩序中，美蘇二國各為自由世界與共產社會之領袖，世界其他各國之聯盟組合皆不足以傾覆或改變此一近乎僵持之二極秩序。唯近年來，如 G.F.Kennen 指出此一嚴重的二極局面有逐漸鬆弛，而趨向多元中心的現象。在自由世界方面，由於歐洲各國經濟之復興，特別是法、西德、意等國形成「小歐洲」後，已隱然成為世界一新興之權力中心，在經濟上浸浸幾可與美蘇鼎足幷峙。在共產社會方面，由於中共、南斯拉夫、羅馬尼亞等與蘇分裂後，更逼使以蘇聯為首之共產帝國趨向崩解。不寧惟是，兩極化秩序更因美蘇雙佔之核子俱樂部為英、法、中共加入後，越形動搖。故今日之國際系統，雖尚難說已恢復昔日多元之權力平衡局面，却已是一「鬆懈的二極系統」(M. Kaplan, B. Russell)。在此一「鬆懈的二極系統」下，二級強國在國際行為上固已獲得相當自由，即小國亦得扮演縱橫捭闔之外交角色。論者有謂巨強壟斷之時代已經結束，二極化之世界秩序已告崩解。（金耀基）

典史

典史，官名，元置，與縣尉同為知縣屬官，明清循其制為縣佐貳官之一，掌縣獄及捕盜諸事。元史「百官志」：「汴梁、曹州、大同、開元、大寧、上都、濟南、眞定，以上八所提領、副提領、相副官各一員、典史一人、司吏一人。」明史「職官志」：「典史、典文移出納，如無縣丞，或無主簿，則分領丞簿職。」明代廢縣尉，以其所掌捕盜賊之事委諸典史，清仍之，故俗稱典史為縣尉。（繆全吉）

典吏

吏名，元置，為各官署屬吏。元史「百官志」：「蒙古書寫二人，典吏一十七人。」明代遍設於內外衙門，且典吏與其他吏員—掾史、令史、書吏、胥吏、人吏及司吏」之一，合稱為吏典，為明代基本之吏員。清代僅於地方之司、道、府、廳、州、縣衙門設置之。清會典「吏部」：「外吏之別四、三曰典吏。注：司、道、府、廳、州、縣之吏，皆曰典吏。」（繆全吉）

典型 (Typology)

在社會科學之研究上，學者通常將複雜之社會現象簡化，而對具有共同特徵之現象分類造成各種典型。一般說來，典型可分為兩種，第一種乃是純粹或理想典型，例如韋伯 (Max Weber) 對於行政組織 (bureaucracy) 所做之理想典型 (ideal type) 即是。理想典型雖不盡與事實相吻合，但是却對於事實之解釋具有相當之功效，因為理想典型乃根據理論對於各種要素 (variables) 間關係之基本說明，於是將理想典型與事實相較之下，不但在研究上不致茫無頭緒，而且由於理想典型之存在，對於事實更易瞭解。第二種典型乃是描述典型 (descriptive type)，此類典型乃是根據事實現狀所構成，與事實完全吻合，例如兩極國際體系 (bipolar system) 乃對目前國際政治體系之一項描述，而均勢體系 (balance of power system) 則為對第二次大戰前國際體系之描述。

一般言之，典型對研究之功用有二：第一典型對於複雜之現象做有系統之分析及整理。第二典型可對將來同類之現象做相當可靠之預計與說明。由於這兩項功用在社會科學中具有相當之價值，因而政治學者亦大量引用典型方式做為研究之工具。（魏　秦）

典客

㈠官名，秦置，主典賓客之禮，為九卿之一。漢改為大鴻臚，詳「大鴻臚」條。㈡晉別有典客，屬大鴻臚。隋唐因之，置典客署，掌四方歸化在藩者朝貢送迎之事。宋以後無。（周道濟）

典章

典章謂文物制度也。後漢書「順帝紀」：「典章多缺，上當天心，下厭民望。」隋書「牛弘傳」：「採百王之損益，成一代之典章。」唐書「令狐德棻傳贊」：「典章圖史，有國者尤急。」（繆全吉）

典獄

官名，為執法官，典理刑獄之事也，後世稱管理監獄之官曰典獄官。書，「呂刑」：「典獄非訖于威，惟訖于富，敬忌罔有，擇言在身，惟克天德，自作元命，配享在下。」蔡沈集傳：「當時典獄之官，非惟得盡法於權勢之家，亦惟得盡法於賄賂之人，言不為威屈，不為利誘也。」大學衍義補「慎刑憲，簡典獄之官」：「臣按刑獄之事，實關於天，典刑者，惟一循天理之公，而不恂乎人欲之和，權勢不能移，財利不能動。如此，用刑者無愧於心，受刑者，允當其罪，吾之心，合於天之心矣。」（繆全吉）

典簿

官名，唐時司簿、典簿、掌簿各二人，掌女史以上名簿。元國子祕書監及諸司屬，明代太常寺，國子監及諸王府屬，清因明制，惟王府不置。民初法庭均置典簿。元史「百官志」：「國子監，…典簿一員，令史二人，譯史，知印，典吏各一人。」又：「興文署，…，至治二年，罷置典簿一員，從七品，掌提調諸生飲膳，與文牘簿書之事。」又：「祕書監，…典簿一員，從七品。」明史：「職官志」：「太常寺，…其屬典簿廳，典簿二人。」又：「國子監，…典簿廳，典簿一人。」又：「五府長史司，左右長史，各一人，其屬典簿一人。」（繆全吉）

典屬國

官名。掌蠻夷降者，為漢武帝時所置。按：武帝時匈奴降者甚多，居於中國境內，稱為屬國，以屬國都尉就地領之，而京師則設典屬國，以領諸屬國都尉下之蠻夷。至於國境外之諸國，國境內之諸侯王，諸郡之上計吏及太守入京師述職者，則皆屬於大鴻臚。又，秦時未設典屬國，凡外國及諸郡守入都之事，皆屬典客。（周道濟）

典籤

官名，南北朝時代設置，掌文書事務，宋以後廢。南史「呂文顯傳」：「故事府州部內論事，皆籤前直敘所論之事，後云謹籤，置南籤以典之。」北史「蕭泰傳」：「引為丞相府典籤。」（繆全吉）

制度的研究法 (Institutional Approach)

以各種「政治制度」(political institutions)爲研究對象來了解政治現象的方法。如研究各國的憲法，總統制或內閣制，政府中立法，司法，及行政機關間的關係，制衡問題，中央與地方的分權問題等等。這種研究方法曾經是政治學的主要研究法。

但是自一九三〇年代開始，就漸漸有許多政治學者不滿意這種研究法，他們指出政府組織並不包括所有的政治活動。況且政府也不僅僅是由公文檔案，法律條文，或各種機關所構成，而是由人與人間在各種情勢所作所爲的模式(patterns)所建立的。因此他們主張政治學的研究中心，應該從着重制度上轉移到着重行爲上，努力研究人類在實際政治行爲中扮演什麼「角色」(roles)，採取什麼策略(strategies)，經過什麼「過程」(processes)，獲得什麼「價值」(values)，如此方能得到可靠的知識。

時至今日，「制度研究法」幾乎成了「傳統研究法」(traditional approach)的代名詞，成爲與「行爲研究法」相對的名詞。不過近來有些行爲政治學家也稍稍修正了他們對制度研究的態度。他們認爲制度的本身也值得研究，不過仍應運行爲科學的觀念與方法罷了。(參看「研究途徑(法)」，「行爲研究法」條)。(魏鏞)

參考文獻：

Samuel J. Eldersveld et al., "Research in Political Behavior," in S. Sidney Ulmer (ed.), Introductory Readings in Political Behavior. Chicago: Rand McNally & Co., 1961.

Frank J. Soraut, Perspectives on Political Science. Columbus, Ohio: Charles E. Merrill Book, Inc., 1965.

制憲權 (Constituent Power)

制定憲法和修正憲法的權力通稱之爲制憲權。有些國家的制憲權和立法權(legislative power)渾然不分，例如英國以國會爲全國最高權力機關，除不能使男變女，女變男外，得任展施爲，無所限制，是以法律是由它通過，憲法也由它制定，制憲權與立法權無所區分。但有些國家則將這兩種權力，釐然劃分。例如美國聯邦憲法是由一七八七年的制憲會議(Constitutional Convention)制定，而各種法律則由依憲法而產生的國會(congress)制定，是即前者行使制憲權，後者行使立法權。聯邦憲法制定之後，由各邦議會之外的臨時召開的各邦憲法會議批准之，是則各邦亦以憲法會議行使制憲權，邦議會行使立法權。聯邦憲法的修正案由國會兩院各以三分之二的多數提出之，或由各邦請求聯邦召集全國憲法會議以提出之總統對於國會提出的修憲案不得行使否決權，但對於國會制定的法律則得否決之，蓋以前者係屬行使制憲權的表現，行政機關不得有否決之權，後者乃爲行使立法權的結果，行政機關自可本制衡原則予以抗衡。修憲案得由各邦議會或各邦臨時召集的憲法會議批准之。凡此種種均足徵制憲權與立法權顯有所區分。法國人的觀念與美國近似，常以國民議會(national assembly)或國民制憲會議(national constitutional assembly)以爲制憲機關，行使制憲權，而以立法會議(legislative assembly)爲立法機關，行使立法權。第三共和時代，以國會的參議院及衆議院制定法律，而以兩院舉行聯席會議構成的國民會議(national assembly)議決憲法修正案，是則兩院行使立法權，而國民會議行使制憲權。德國威瑪憲法係由在威瑪舉行的國民會議(national assembly)制定，即以國民會議行使制憲權，而以嗣後依憲法成立的國會行使立法權。西德憲法係由在波昂召開的議會(parliamentary council)所制定，即以議會行使制憲權，而立法權則由以後成立之國會行使。凡此所云，足徵頗多國家是將制憲權和立法權作釐然的區別。關於制憲權的理論，世人多依法國革命時西耶士(Abbe Sieyes)之言以爲例說。西氏於論列主權與權力分立問題時議及制憲權。他認爲國家權力得分爲兩種：一是制定憲法的權力(pouvoir constituant)，一是憲法所設定的權力(pouvoir constitue)。前者爲制憲，是國家一切法制所由出的根源，而其本身則不受任何規範的拘束，所以必屬國民。後者依憲法而創設的權力，如立法行政司法各權，都是根據憲法而來的。國民所有的制憲權既得制定憲法，決定國家的根本體制，自屬最高的權力，可以視爲主權的實質，其所制定的憲法，也是效力最高的法律。至於依據憲法而來的立法權，只能制定一般的法律，而法律不能抵觸憲法，所以法律的效力是在憲法之下。(羅志淵)

制衡 (Checks and Balances)

制衡或稱之爲制衡理則，乃與分權制相輔相成的法制，故通常總是分權與制衡相提並論。制衡論首先見之於波里比斯之說，照他的理論，政體雖有君主貴族民主三種，但三種政體都會敗壞，最好的政體是把三種政體融和配合起來，使之互相制衡。孟德斯鳩也注意到制衡的必要，所以認爲權力分爲立法、行政和司法三種之後，還須使三種權力有互相牽制的作用，使權力之間能夠保持均衡。制衡的要義是着重於抑制立法權，國會之分爲兩院，各以否決權牽制別院，同時兩院又受政府的牽制，政府亦受兩院牽制。政府之間互相牽制，是卽「以權制權」，沒有一個機關獨攬大權，人民自由乃得保障（參考薩孟武政治學，四十五年版，頁二七三——二七五）。這些理論於美國制憲之際，發生廣泛影響作用。所以制憲諸人認爲憲法固應將立法、行政、司法三權分別賦由國會、總統、法院三個機關行使，然而，政府三個機關絕對分權，而毫不受其他機關的節制，則可能導致侵害人民自由。所以他們強調分權制度不但將使政府不能圓滿履行任務，而且將使某一權力集中某一機關人員之手，必須配合以制衡理則。制衡的意義在使一個機關職權的行使要受到另一機關的節制，節制的作用是要使賦有權力的機關，不能濫用其權力，使其權力的行使，適如其分，然後政府的效能得以適當發揮，而人民自由獲得確切保障。就美國的法制說，制衡作用表現於多方面：如立法權賦由參議院與衆議院組成的國會行使，但國會之行使立法權却受到總統與法院兩方面的節制：如總統得向國會致送咨文、召集特別會或命令休會、否決國會通過的法案，是爲總統節制國會立法權的作用。而美國於「司法審查制」下，法院有解釋憲法以使國會制定的法律失效之權，是爲法院節制立法權的表現。反過來說，固然「行政權屬於美利堅合衆國總統……」，但總統締結條約和任命高級官員須經參議院同意，總統設置行政機關須先經國會立法，總統所需行政經費須經國會決定，是卽國會有節制總統行政權的作用。國會不但有上述種種的節制，且有貫徹節制之道，其道爲何？其道是在國會對總統有彈劾之權。依美國法制，法院不但有權審查國會制定的法律是否違憲，也有權審查總統的行政措施是否違憲，法院就靠這一審查權足以節制總統行政權的行使。此外，法院之行使司法權，也受到國會和總統的節制。國會之節制司法權有數端足述：㈠聯邦下級法院之設置須經國會立法；㈡國會決定聯邦最高法院法官人數；㈢國會決定聯邦各級法院的管轄權，但最高法院的初審權除外；㈣參議院有同意總統提名任命法官之權；㈤國會對聯邦法官有彈劾免職之權；㈥法院固然可以解釋憲法權以節制國會的立法權，但國會可運用修憲權以圖克制法院解釋權。凡此均屬國會節制司法權的作用。至於總統節制司法權行使的機會較少，但總統於法官出缺時有提名任命權，其影響於法院的人事素質，自有重大的關係。（羅志淵）

制舉

見「科舉」條。

刺史

漢武帝元封五年所設，秩六百石，爲中央派遣的監察官，按六條察所監臨的州部各郡，無固定治所，歲盡赴京都奏事。西漢時計有豫州刺史部，冀州刺史部，兗州刺史部，徐州刺史部，青州刺史部，荆州刺史部，揚州刺史部，益州刺史部，涼州刺史部，幷州刺史部，幽州刺史部，交州刺史部等十二州部。每州部置刺史一人，專察所部各郡二千石之官，不按黃綬小官。在州部任職九年，可以舉爲郡太守或王國相，倘成績優異，則不次拔擢（漢書朱博傳）。東漢所設州部與西漢同，已有固定治所，赴京奏事，但用計吏。魏晋時，刺史身分甚重，有的爲使持節都督，有時領兵（通典職官）。後魏天賜二年，諸州會置三刺史，皇室一人，異姓二人，比古上中下之士之意。隋初，州亦置刺史，爲重其身分，常加「使持節」稱號。到開皇三年，因罷郡以州統縣，自此刺史之名雖存，而監察之職已廢。到煬帝大業初年，罷州置郡，刺史的監察職司漸復，於是設刺史十四人，巡察畿外諸郡，亦有六條之制，（此六條與漢不同）又置從事四十人，輔助刺史巡察，每年二月乘軺巡郡縣，十月入奏。唐武德元年，罷郡置州，改太守爲刺史，此時刺史爲地方之行政官，惟「宣德化、觀風俗、恤鰥寡、巡屬縣、錄囚徒」而已。（唐書百官志）（楊樹藩）

刻板觀念 (Stereotype)

此乃研究社會心理學之一名詞。指社會一般人對于某些人事物，于其想像中，預存一種先入爲主之刻板觀念。惟此一名詞與成見及偏見不同，非屬于某些個人的，而爲一般流行的，而且不具任何理由，例如西方人認爲南歐人較爲熱情，司干的尼維亞人較爲深沉。社會心理學家認爲此先入之見解大部分並不正確，且爲不公平與錯覺，惟其在人們之思考程序中，又不可或缺。蓋吾人時作一種無智識根據的心理狀態的思考，而此種思考必需以預存之刻板觀念爲憑藉。例如以上所舉西方人對于南歐人之想像，一般人卽以其預存之觀念加以想像，較爲方便。是以社會心理學家又稱之爲經濟的思考 (thought economy)。人們可以較簡單之概念，以想像外界之複雜人事物。其具有歪曲事實，武斷籠統與不成熟之危險自屬不免。此一名詞之爲政治學者所引用，首見于 Walter Lippmann 于一九二二年所出版之 Public Opinion 一書中。彼用之以說明民意之內容及其形成，與某一社會在其文化發展過程中，所產生之預存刻板觀念關係甚大。人們可將極複雜之觀念，例如何謂民主，何謂極權，何謂資本主義等等，使用其腦中所預存不大合理與過度簡單化之概念，表示贊成與否。是以在社會團體之意見溝通過程中，此預存刻板觀念，雖不合理，而有極大之影響，且對于民意之形成與內容，發生極大作用。近代凡屬社會心理學派之政治學者，對于此預存之刻板觀念在民意之研究上非常重視。（王世憲）

協定憲法

見「欽定憲法」條。

取消隔離 (Desegregation)

取消隔離是近年美國民權運動中的一個重要部門，它的意思是在各種公共場所或居住地方不許再將黑人與白人隔離，應讓他們自由混合。美國的黑人原是白人的奴隸，自從南北戰爭以後，林肯總統把他們解放出來，成爲美國的公民。一八六八年，美國憲法第十四號修正案成立，保證一切的美國公民在法律上一律平等，受法律的同等保護。但是法律自法律，事實是事實，事實上人種歧視依然存在。一八九六年，美國最高法院判決「普勒塞案」(Plessy V. Ferguson)，認爲魯易斯安那州之法律，規定火車上之客位，將黑人與白人隔離，仍與「隔離而平等」之原則相符合，並無違憲之處。但至一九五四年，美國最高法院審理「布朗案」(Brown V. Board of Education) 時，一反故態，認爲公立學校中的黑白學生，既經隔離，就難平等，因此判決取消隔離。此項判決一下，舉世爲之震動，擁護之熱烈得未曾有，但反對者亦不乏人。美國國會中南部十一州議員一〇一人於一九五六年三月十二日發表一項憲法原則宣言，卽所謂「南方宣言」(The Southern Manifesto)，對於最高法院此項判決抨擊甚力。但因美國採用三權分立制度，國會亦不能阻止此項判決之執行，況世界大勢所趨，人種歧視於今已無立足的餘地了。（陳世材）

參考文獻：

Blaustein, A. P. and Ferguson, Jr., C. C., Desegregation and the Law, (Rutgers University Press, 1957)

Ziegler, B.M., Desegregation and the Supreme Court, (Boston, 1958)

受命

見「陰陽家」條，「符命」條及「符瑞」條。

呼格蘭派 (Huguenots)

一五一七馬丁路德著文痛詆教會之積弊引起宗教之改革運動，新教勢力在十六世紀下半已自德意志蔓延至歐洲各地。在法國之新教徒卽 Huguenots，與舊教徒之宗教戰爭既長且烈，從一五六二至一五九八年先後不亞九次，在宗教衝突中，呼格蘭派備受摧殘至爲慘暴；一五九二年八月「聖巴托羅繆日」(St. Bartholomew Day) 之大屠殺，新教派在巴黎先後被害者，不亞兩萬人，呼格蘭派之呼號憤慨，痛詆君權（因其信奉舊教，迫害新教徒），希圖革命，自爲意料中事。新教徒反抗君權論著 A Defense of Liberty against Tyrants 一書對反抗暴君論據精闢影響甚大，其雖未進一步攻擊君主制度提倡共和，然已開十八世紀流行之契約，同意革命諸論點之先河。法國之新舊教徒之爭亦因 Henry of Navarre 之卽位，于一五九八年宣佈南特詔書 (Edit of Nantes) 給予 Huguenots 信教自由而暫告一段落。（張旭成）

命令權

命令爲執行法律，推行政策的手段，所以各國憲法類皆賦予行政元首發布命令的權力 (ordinance power)。而此一權力之行使，除採行美國式總統制的國家外，其於內閣制或採行部分內閣制設計的國家，或爲明責任，或爲謀協調，其元首之發布命令，類須經由總理或有關國務員之副署，始能發生效力。我國憲法於制度之安排，兼具內閣制與總統制兩種特點，其於總統發布命令，須經行政院院長，或行政院院長及有關部會首長副署之規定（第卅七條），卽同時具有明責與協調兩種意義。

命令，依其性質及目的，可以有不同的種類。德國的學者如拉邦（Laband），耶林克（Jellinek），及梅葉(Meyer) 等人，均區分命令為法規命令（rechtsverordnungen, law ordinances)與行政命令（verwaltungsverordnungen, administrative ordinances）兩類。前者包括執行法律而為法律所允許的補充命令，與根據憲法的緊急命令。這類命令因為具有補充現行法律與創立新法的作用，其本質屬於行政立法，所以稱為法規命令，其適用可以同時拘束執行機關及一般人民。後者純然是行政機關對其所屬單位所發布的內部作業規程，其適用僅能拘束行政機關本身，而不能直接及於一般人民。由上所述，可知命令雖然依其性質目的，可以有不同的種類，但值得特別注意的，厥為法規命令。

法規命令具有補充現行法律與創立新法兩種作用。就其補充現行法律而言，其表現一則為補充法律所定事項未盡詳明的執行命令(executive ordinances)，再則為補充法律授權事項的委任命令(delegated ordinances, delegated legislation）。執行命令既在補充法律所定事項的闕漏，所以命令的內容，既不能逾越法律所定事項的範圍，亦不能離開原法律而單獨存在。而此種命令之發布，則大抵皆以憲法之明認或默許為根據。至於委任命令，乃係基於法律之授權。凡法律本身對於某些特定事項，不自為詳細規定，而明文授權行政機關以命令規定時，行政機關即得據以發布命令，予以補充規定。上述兩種命令的權源容有不同，但由於其作用，在於補充現行法律，所以這類補充命令的內容，不得與現行法律相抵觸，這是近代一般立憲國家素所公認的原則。不過命令之不得抵觸法律的原則，只限於一般補充性的法規命令，緊急命令則不受此一原則的限制。

緊急命令乃政府於國家遭遇緊急事變，需為急速應變處分，而不及等待依正常法律程序以為肆應時，所發布的法規性命令。這種命令基於緊急應變的迫切需要，不但可以變更，停止及代替現行的法律，而且可以變更憲法中的權力程序。由於這個關係，所以緊急命令之發布，必須有憲法上的明文根據。

緊急命令原為過去日耳曼法系中德奧等帝國元首所特有的權力，魏瑪憲法承此傳統，亦復於第四八條，規定於國內公安秩序發生重大障礙，或有發生障礙之虞時，總統得為必要之處置，必要時且得使用兵力，以謀恢復。這個規定雖無緊急命令之名，却有緊急命令之實，它不但具有變更或代替法律之效力，而且可以暫時停止憲法所保障的各項基本民權。不過總統在採取此種緊急處置之後，應即報告國會，如國會要求時，其處置即失其效力。從魏瑪憲法這個規定看，其所以賦予總統這個緊急命令權，完全是為了適應政府緊急應變的需要，而因為這種權力之行使，具有變更正常法律程序的效力，所以又必須受到國會嚴格的控制。不過德國因為多黨的關係，雖然自一九一九至一九三二年間，興登堡總統曾發布緊急命令達二百餘次，其中且時以解決財經及勞工問題，甚至為修改民刑法而以緊急命令代替國會立法，但是國會却並未能對之發生控制作用。及至希特拉執政，國會於一九三三年三月廿五日通過授權法之後，元首的獨裁，也就使得魏瑪憲法從此名存而實亡。

緊急命令權在魏瑪德國雖然並不成功，但那主要是由於其缺乏健全的政黨基礎與良好的憲政精神所使然。無容否認，緊急命令權確為政府緊急應變的有效手段。所以不但英國於第一次歐戰後，由於工人不時罷工，引起經濟恐慌，因而國會於一九二〇年制定緊急權力法(Emergency Power Act)，授予政府緊急命令權。法國國會亦先後於一九二四及二六年，授權政府以緊急命令，處理有關財經問題。第五共和憲法更明確規定：「在共和制度、國家獨立、領土完整、或國際義務之履行，遭受嚴重且危急之威脅，而憲法上公權之正當行使受到阻礙時，總統經正式諮詢總理、兩院議長、及憲法委員會後，得採取應付情勢所必需之措施」。此所謂應付情勢所必需之措施，實無異為緊急命令之別稱。當代各國憲法之明文賦予行政元首此種權力者凡卅餘國，而非洲的新興國家，則佔半數以上。於此可見緊急命令權於二次戰後之盛行，無乃已漸次成為各國憲法的一個新趨勢。

我國憲法第四十三條，賦予總統緊急命令權，動員戡亂時期臨時條款第一項，更授予總統緊急處分權。前者之行使原因、條件程序較為嚴格，必須在有天然災害、癘疫、或財政經濟有重大變故發生，須為急速處分而適逢立法院休會時，總統始得經行政院會議之決議，依緊急命令法發布緊急命令，為必要之處置；而同時尚須於發布命令後一個月內，將之提交立法院追認，立法院若不予同意，則該緊急命令立即失效。後者之規定則較為寬泛，總統在動員戡亂時期，為避免國家或人民遭遇緊急危難，或應付財政經濟上重大變故，只要經行政院會議之決議，即得以命令為緊急處分，而不受憲法第四十三條所定程序之限制；只有在立法院不同意政府所作之緊急處分時，可以依憲法第五十七條第二款之規定，以決議予以廢止，或移請行政院予以變更。由上所述，可知所謂

緊急命令與緊急處分，於法律文字的用名雖然有別，而經由命令以緊急應變之實質，則並無不同。（荊知仁）

和平共存（Peaceful Co-existence）

這是國際共產黨的一個新名辭，在史太林逝世後逐漸傳播全球。它的要義是說共產國家可以不用武力而與西方資本主義國家和平相處，共同存在於這個世界上。它的含意並不是指共產世界革命將從此被放棄，共產主義和資本主義將永久和平並存，而是指在這和平共存的制度下，共產主義將以非武力方式對資本主義作各種和平競爭（尤其是經濟制度），以求最後勝利。

赫魯雪夫當權後，力主和平共存政策。他個人於一九五九年訪問美國，大唱與美國和平共存和平競賽的論調。國際共產黨的一九五七年的莫斯科宣言和一九六〇年的莫斯科聲明中，都規定和平共存為其目前的國際政策。中共蘇俄衝突公開化後，和平共存政策成為雙方爭論的問題之一。中共不同意蘇共的看法。解釋得最詳盡的要算劉少奇。劉在一九六三年五月訪問北越時說：和平共存㈠適用於不同的社會制度的國家之間，㈡適用於社會主義與資本主義國家之間，但㈢不適用於社會主義與帝國主義（殖民地主義）國家之間；社會主義國家對侵略的帝國主義國家沒有和平共存的餘地。

不論蘇共與中共對這名辭的歧見如何，他們都認為和平共存的價值只是暫時性的。其時機一過，價值便失，隨之而來的便是武力革命、武裝鬥爭。和平共存不過是共產世界革命進程中的暫時戰略，一個緩兵之計而已。（陳　慶）

和平服務團（Peace Corps）

為隸屬于美國國務院的一個機構，主管派遣美國志願人員，對開發中的國家提供技術性及半技術性的服務。

和平服務團的觀念，起于威斯康辛州選出的衆議員路斯(Henry S. Reuss)，他于一九五九年建議政府成立和平服務團，藉以對開發中的國家提供服務。一九六〇年的競選期間，故甘廼廸總統對于此一觀念表示支持。一九六一年三月在他的一道行政命令下宣告成立，是年九月廿二日，國會通過「和平服務團法」，乃成常設機構，並直屬于國務院。它的主要目的有三：㈠對開發中的國家，提供教育及技術性的人力服務，㈡使這些國家有直接瞭解美國人的機會，㈢使美國人對外國社會及生活習慣有直接的體認。參加該服務團者，多為剛從大學畢業的青年，凡年滿十八歲以上的美國公民，皆可自由申請，但挑選頗嚴。一經審查合格，施予短期訓練，卽派往國外服務，其期間為兩年，期滿後得申請延長兩年。他們在國外的工作，多為擔任中、小學教員，改善環境衞生，及協助改良農業等。這些人在國外的一切費用，統由美國政府負擔，現在每年的預算約為五千萬美元。自該團成立至今，派赴國外服務者已逾一萬人，服務地區廣及亞、非及拉丁美洲的五十餘國。由于美國的和平服務團成效卓著，于是歐洲及拉丁美洲各國相繼仿效，截至一九六八年為止，已有廿多國成立了類似的團體，他們的活動，均由「國際和平服務團秘書處」(International Peace-Corps Secretariat)協助及連繫。該處設于美國首都華盛頓。（胡述兆）

坦尚尼亞（United Republic of Tanzania）政黨

坦尚尼亞聯合共和國(United Republic of Tanzania)於一九六一年脫離英國獨立，但仍為大英國協之一員。現有下列二個政黨：

㈠坦干伊加非洲國民聯盟(Tanganyika African Nation Union 簡稱TANU)：該黨創於一九五四年。其領導人為黨主席尼瑞爾(Tulius K. Nyerere)。為一各色人種混合組成的政黨，黨員約一百萬，其政治目標為經由各種族與各階級之自助與合作，建立一個社會主義的民主國家。該黨曾支持非洲人以外的歐洲人與亞洲人參加競選。對外政策為在其本國政府管制下接受外國援助。但在國際政治上，該黨的政策有左傾之勢。黨主席為尼瑞爾，現出任該國總統並兼外長。

㈡非洲沙拉吉黨(Afro-Shirazi Party)：該黨創於一九五六年，為非洲人之主要政黨。建黨時約有黨員十萬人。唯一直沒多大發展。領導人為沙里福(Hon. Othman Shariff)及卡魯米(Hon. Abeid A. Karume)二氏。（袁頌西）

奈及利亞（Federal Republic of Nigeria）政黨

奈及利亞聯邦共和國(Federal Republic of Nigeria)從前為英國的殖民地，一九六〇年獨立。該國的政黨多係區域性的而非全國性的，所以政黨林立。但在一九六四年十二月大選時，國內政黨却形成了兩大集團；一為以北方人民大會黨為主組成之奈及利亞國家聯盟；一為以東區之奈及利亞國民會議為主組成之甘德聯合進步聯盟。玆分述於下：

㈠奈及利亞國家聯盟 (Nigerian National Alliance) 該黨簡稱 N.N.A 。係由下列諸黨所組成：

⑴北方人民大會黨 (Northern People's Congress) 該黨簡稱之N.P.C.，在一九四六年即已成立。現爲北奈及利亞最大之政黨，代表北奈及利亞的利益及回教之傳統勢力。成立時以貝羅 (Ahmadu Bello) 以及前聯邦總理巴勒瓦(Abubakar T. Balewa)爲領袖。當初組黨的目的爲防止南方勢力之北侵，現在則爲在阿拉伯式酋長制度下謀求地區發展和自治。對外堅持反以色列政策。其主要群衆爲郝札族(Hausa-Fulani)人。由於農工商各界人士不能直接參政，故大部皆加入該黨藉以影響政府，是以成立以來發展甚速。一九五九年大選時，在所有政黨中，所獲議席最多。秘書長爲阿哈帕特奇 (Alhaji A.G. Petegi) 。

⑵奈及利亞國家民主黨 (Nigerian National Democratic Party) 簡稱 N.N.D.P，成立於一九六四年，是由一些脫離奈及利亞會議黨的分子及其他小黨聯合而成。秘書長爲阿奇羅依 (A.M.A. Akinloye)氏。

⑶中西部民主陣線 (Mid-West Democratic Front)：該黨簡稱 M.D.F.，成立於一九六三年，爲中西區主要政黨，是由人民聯合黨 (The United People's Party)中西區支部及中西區人民國會黨 (The Mid-West People's Congress)協議組成。在一九六四年中西區大選中得十一議席。

⑷奈及三角洲國會黨 (Niger Delta Congress) ：該黨爲一區域政黨由布里衣領導 (Harold Biriye)。

⑸動力黨(Dynamic Party)：該黨主張實行善意的獨裁政治，現爲奇克俄比所領導 (Dr. Chike Obi) 。

㈡甘德聯合進步聯盟 (United Progressive Gand Alliance)：簡稱 U.P.G.A. 該黨係由下列諸政治團體所組成。

⑴奈及利亞國民會議 (National Convention of Nigerian Citizens) ：該黨於一九四四年成立時，以奈及利亞喀麥隆國民會議黨(National Council of Nigeria and the Cameroons) 名之。及至一九六二年三月才改爲奈及利亞國民會議黨。該黨起源於依波族(Ibo) 之部落主義，所以民族思想甚爲濃厚。成立時以阿捷克維 (Nnamdi Azikiwe)爲領袖。主張奈及利亞應採中立政策。該黨爲東部及中西部奈及利亞最主要政黨。其在西奈及利亞部分於一九六四年脫離該黨另組奈及利亞國家民主黨(N.N.D.P.)，所以對其發展不免有所影響。其政治目標爲建設並鞏固奈及利亞聯邦共和國，實行社會主義，提高人民生活水準，擴大民主原則，爭取政治自由，社會平等及宗教容忍，並謀求經濟之安定與發展；對外主張泛非主義。現該黨主席爲臥克帕拉 (Dr. Michael 1, Okpara)，國政秘書爲麥克運 (Frederich S. Mcewen)，執行秘書爲阿庫里(Chvdi Akuryili)。

⑵北部進步分子聯盟 (Northern Elements' Progressive Union)：該黨由安尼卡諾 (Mallam Aminn Kano) 所領導，爲北奈及利亞人民大會黨的主要反對黨。

⑶行動黨 (Action Group Party)：該黨簡稱 A.G.P.，其前身爲一學生聯盟，曾要求英國實現奈及利亞之獨立。一九五〇年成立後至一九五一年與另一部落之工會聯合而成北奈及利亞最具勢力的黨派。及至一九五九年大選，其地位始爲北奈及利亞人民會議所取代。其政治目標爲泛非主義，主張民主社會主義，提倡奈及利亞聯邦內區域自治，以維護少數民族之利益，所以其區域性甚爲顯著。領導人爲黨中央主席阿底汗羅 (Alhaji Adeghenro) 及中央秘書史奇庫 (Sgikoku)。

⑷中部國會聯盟 (United Middle Belt Congress)：該黨爲北奈及利亞之反對黨，主張錫礦國有化，稅務機關制度化。政治目標爲在聯邦中創立一個中帶州 (Middle Belt State) 自治區。現爲達爾卡 (T.S. Tarka) 所領導。

㈢不屬主要聯合之獨立政黨共有下列幾個：

⑴社會主義農工黨 (Socialist Workers' and Farmers' Party) 簡稱S.W.A.F.D. 該黨成立於一九六三年爲一親蘇聯的政黨。領導人爲溫特貝恩 (Dr. Turyo Otogbenye)氏。

⑵全奈及利亞馬列主義黨 (Marxist-Leninist Party of all Nigerian)：該黨由奈及利亞工人於一九六四年組織，領導人爲依墨杜(Michael Imoudu) 。

⑶奈及利亞三角洲人民黨 (Niger Delta People's Party) ：該黨成立於一九六五年，由佩里突 (T.N. Peretu)所領導。

⑷華里聯合黨(Warri United Party) ：該黨成立於一九六五年，領導人爲主席阿旺尼 (Janidi Awani)。 (袁頌西)

委內瑞拉 (Venezuela) 政黨

十九世紀委國政治爲保守、自由兩黨爭衡之局，所爭者非因主義而爲權力。當郭麥節(Gomez)二十七年執政之時，政黨在政治上殊無地位。一九三六年郭氏逝世後，在自由主義化之環境下多數政黨均含苞怒放，但基礎脆弱者僅於一次選舉後卽告消失。政黨林立，致使國會兩院難以產生多數黨，故政府黨常組聯合內閣。

民主行動黨(PAD)一九四一年由貝鄧柯特(Betancourt)與李阿尼(Leoni)兩氏所建立，爲一中間偏左政黨。一九四五年與軍人聯合奪得政權，於一九四六至四七年間舉行首次普選，控制國會兩院，翌年爲軍人所推翻，乃成非法組織。一九五八年因勝選重新執政，貝總統爲謀國家統一，乃組成三黨聯合政府。一九六〇及六二年黨內發生兩次分裂。一九六三年十二月李氏當選總統，翌年三月就職，任期五年，組織聯合政府。主席菲勾羅阿(Figueroa)。

基督教社會主義黨(COPEI)一九四六年成立，爲一溫和偏左政黨。主張：㈠改革政治及教育；㈡尊重宗教與勞工組織自由；㈢鼓勵民營企業及改善人民生活。主席柯悅爾(Corral)。

民主共和聯盟(URD)一九四八年成立，一九五九年參加民主黨聯合政府。翌年退出，一九六四年再度加入。主張：大衆參政，公平政治，與改善平民生活。主席阿銳休拉(Orihuela)。

國民民主陣線(FND)一九六四年成立，較保守，與工商團體關係密切。主席魏格斯(Vegas)。

大衆民主陣線(FDP)一九六二年成立，乃一溫和左傾組織。主席拉悅查巴(Larrazabal)曾參加一九六二年之總統選舉。

國家主義者統一革命黨(PRIN)一九六二年由民主行動黨之分裂所組成，其後接納許多左傾革命運動之不滿分子。主席吉美尼賚(Gimenez)。

共產黨　曾參加一九四七與一九五八年之選舉，一九六二年五月經宣佈爲非法。領袖狄亞賚(Diaz)。

革命左翼運動(MIR)一九六〇年由民主行動黨之分裂所組成，與共產黨密切聯繫，其政治權利亦於一九六二年被吊銷。領袖蔡康(Chacon)。(談子民)

委任立法(Delegated Legislation)

從廣泛說來，所謂委任立法有兩方面的情形：一爲制憲機關對立法機關的委任立法，另一爲立法機關對行政機關的委任立法。制憲機關對於某些事項不及詳爲規定，乃將之委由立法機關去規定，如我國憲法明定某某事項以法律定之，或如美國憲法修正案規定某某事宜由國會制定法律行之，可爲顯例。立法機關在制定某種法律時，對於某某事項不及規定著，得於法律規定委由行政機關以命令定之。普通所稱的委任立法(delegated legislation)，大都是指法律的授權行政機關的委任立法。這種委任立法的表現卽爲行政機關依據法律而頒布行政命令；可以說委任立法是學術上的用語，而行政命令則爲實際政務上的稱謂。究實論之，凡屬實行民主憲政的國家，大都有一個立法機關以司制定法律的任務，且西洋法制上有一個基本原則，卽「由委任得來的權力不得再行予以委任」(delegated powers could not be further delegated)，已有立法的專責機關經常存在，何以還要採用委任立法的法制呢？這其中自有種種道理在。第一、立法機關授權行政機關頒布命令以施行法律，不得視爲一種立法權的委任，乃爲實行立法權所必需的一種手法。第二、立法機關係由凡人所構成，這些人們固然有其智慧，但其智力也是有限度的，他們並非是超人的神，也非洞悉未來的預言家，所以他們所立的法也不能盡善盡美，纖悉無遺。第三、立法機關開會有一定會期，卽有休會的期間，而社會經濟政治的發展，則若長江大河，滔滔不絕，這種綿延不絕地發展的社會變化，在立法機關休會期中，非立法機關所能立卽應付，有待行政機關頒布行政命令來適應了。第四、在現代科學的時代中，法律的內容有許多是關涉極專門的技術性質。民選的立法人員常少具有這樣複雜的專門智識的人才；爲求法律的合理和切實的施行，實需要有特別受過某些專門教育和有專門經驗的人去制定法律的實施細則；這種任務以其責之於民選的立法人員，毋寧課之於富有專長和經驗的行政人員。第五、某種法律欲期適用一切場合之下，就難免發生困難。假如行政機關毫無裁量斟酌的權力，則法律將無彈性的作用以適應環境的需要。所謂裁量斟酌自然並不是毫無一定限度的。法律所應規定者爲普通的原則及其使用的限度。行政人員應該有權決定何種場合應絕對依法執行，何種情事得視爲例外。司法官在審判案件的時候是有裁量斟酌法律適用的權力，行政人員對於法律的執行更需要有權衡情勢的權力，這一權力的運用卽表現於行政命令之上。總而論之，行政機關之應有行政命令權力乃爲法律上及事勢上所必需。美國總統設置的行政管理委員會(The President's Committee on Administrative Management)說得好：

「行政命令由來已久了，當此政府政策及政府組織變更頻仍的緊急時代中，行政命令更覺得特別需要。沒有行政命令的法制則行政機關無法以指揮管理全國的行政事務」。正因委任立法日形重要，於是委任立法日見其多。為防委任立法權的濫用起見，各國對於委任立法多設法予以控制之（參考羅志淵「立法程序與立法技術」頁一九二——二〇四）。（羅志淵）

委員制 (Councillor Government)

在英美內閣制與總統制之間尚有委員制為政治制度中主要型態之一。委員制為瑞士所創用，故言委員制者均以瑞士的委員制為例說。按委員制亦屬合議制之一，而合議制的行政機關，早已見之於歐洲各國。雅典所置的 archon 九人，斯巴達所置的 rex 兩人，羅馬共和時代所置的執政官 (consul) 兩人，均屬合議制行政機關之例。法國革命後一七九三年憲法規劃行政委員會 (executive council)置委員二十四人；共和三年憲法置委員五人以構成政務委員會 (directory)，共和八年憲法置執政官 (consul) 三人組織執政府(consulat)，是為近代合議制行政機關之顯例。共和八年合議制的政府於法國軍隊侵入瑞士，建立赫爾維特共和國 (die helvetische Republik, 1798–1803) 之時，傳入瑞士。當時瑞士政府是由委員五人組成。嗣後一八四八年憲法及一八七四年憲法關於最高行政機關，皆採用合議制（參考薩孟武政治學第三七六頁），所以迄於今日瑞士政府中並沒有單獨的個人以為行政首長，行政權是委之於由七人構成的聯邦行政委員會(the federal council,bundesrath)。按瑞士係以國會的眾議院為最高權力機關，其議員任期為四年。該院會同代表各邦的上議院有權選任法官、永久文官首長，並於戰時選任軍隊總司令。此外，眾議院自其議員中選任聯邦行政委員會七人，各委員的地位平等，權力相同。其任期與議員相同，均為四年，每次眾議院改選之後，行政委員會亦必改選。眾議院每年又選任行政委員中的委員一人以為總統，另一人為副總統，任期均為一年，不得連選連任。總統為國家元首，對外代表國家，亦履行儀式上的職務；並為行政委員會的主席，且兼任一個行政部門的部長，在行政委員會開會時，和其他委員一樣投票，只於可否同數時，總統所投的票算為兩票。眾院選任行政委員並沒黨派的或政策的意義；被選人之所以當選，全以其行政技能為要素。當選為行政委員者不得兼任議員，但得出席兩院，陳述意見，惟無表決權，議員有所質詢時，兼任主管部長的委員負答復之責。行政委員會除處理重要行政事務，辦理外交事件，軍隊事務外，負有起草法案，監督公務人員，以及處分違法官吏的司法責任。委員會職權之行使，須出之於會議方式，有如內閣制下的內閣會議。其異於內閣制者有三：即委員會無領導眾院的作用，只以其行政才幹以協贊眾院；眾院得克制委員會，否決或變更其所提法案，但並不因此而認為不信任委員會；而且委員會不得解散眾院，是則對於眾院並無抗衡作用。在瑞士的委員制之下，雖有總統之設，但是屬虛位元首，履行儀式職權，除為委員會議時之主席外，並無實際行政權，其地位不得與美國總統作同日語。行政委員會對於國會通過的法案無否決權，最高法院亦無憲法解釋權。所以在瑞士整個政治制度中並無權力分立或制衡原則的作用，乃為一權力匯一的制度，但與內閣制又屬殊科。浦萊斯謂：瑞士的委員制有三大優點：㈠委員會為能影響議會排解困難而不帶政黨色彩的機關；㈡它能吸引國中最優秀的行政人才為國服務；㈢它能使政策繼續造成良好成訓。（參考 James Bryce, Modern Democracies, vol. I, pp. 351–355）。

南美的烏拉圭於一九五六年二月採用瑞士式委員制政府。其制是由國會選出九人的行政委員會，任期四年，其領袖是由六個重要委員中每年輪流擔任。委員會選出九人，分別擔任各部部長。世人每多以蘇聯及其附屬國家的政治制度亦視為屬於委員制，以主席團 (Presidium) 為最高行政機關，類似瑞士的行政委員會。而不知蘇聯是由共產黨控制的極權國家，雖以無產階級專政為標榜，實則由共產黨一黨專政，由共黨幹部少數人控制支配一切，實無制度之可言。（羅志淵）

委員會

委員會是政治上用以處理政務或審查議案的一種組織方式，司法機關用之極少，行政機關用之較常，而立法機關用之最廣。

行政機關之運用委員會，不但見之於機關之內以為處理特定事件的臨時組織，且已多用之以為一種完整的行政機體。美國運用這種組織方式日見其多，各國頗有樂於仿行的趨勢。按美國的委員會得就其作用，別為三類：一為獨立的管制委員會 (the independent regulatory commission)，其任務是屬管制的，即具有立法、司法、行政三種權力，成為準立法、準司法、準行政的混合機體。其特性是在職權的行使須出之於會議的決議，其決議無須呈請總統核定，其政務的處理也不受總統的節制；委員的免職必須依法定的原因爲之，總統不得隨意予以免職。所以這類委員會的控制不在白宮，而在國會。如州際商務委員會、聯邦貿易委員會、聯邦交通委員會等最足表現這些特性，二爲非管制的委員會 (the nonregulatory commission) ，而用以執行龐大的政府計劃，如田納西河谷公署、原子能委員會、文官委員會等是。這類委員會既屬執行性的機體，則其應受總統的指揮節制，自不待論。三爲顧問（幕僚）委員會 (the advisory staff boards)，包括研究、顧問、規劃、及諮詢的機體，如經濟顧問委員會；全國航空顧問委員會等是（參考羅志淵美國政府及政治頁五六八—九）。

各國立法機關莫不有委員會之設，其作用類多擔任審查法案工作，負責處理特殊事件者，爲數極少。負責審查法案的委員會大致可以分爲三類：第一類常設委員會 (standing committee) 係於議院集會之始即行設置，直至本屆議院任期屆滿或解散之前經常存在者，故曰常設。各國國會兩院設常設委員會爲數多寡，極不一致，如英國衆議院設四個常設委員會，其中三個係依英文字母的順序以爲標名，曰A委員會、B委員會、C委員會，此等委員會受理各種公法案，非受理分類之案。委員會的委員由院中的「選任委員會」(Committee of Selection) 選任之。至於第四委員會乃稱爲「蘇格蘭委員會」(the Committee of Scotland)，由蘇格蘭所選出的所有議員組織之，專以處理有關蘇格蘭的各種法案爲任務。英國貴族院不採用常設委員之制。美國參議院設農林、撥款、武裝部隊、銀行貨幣、財政、外交等十六個常設委員會；衆議院設農業、撥款、武裝部隊、銀行貨幣、外交、司法等二十個常設委員會，以分別審查各類法案。兩院委員會委員由各該院內各黨的「選任委員會」(Committee on Committees) 選拔推荐。中國立法院則設內政、國防、外交、財政等十二個常設委員會，分別審查有關法案。各委員會委員由立法委員自行認定爲之，並於每一會期改組。第二特別委員會 (Select Committees) ，係爲研究某一特別法案而設，於研究竣事，提出報告之後，即予以撤消。亦有爲監督院內措施而設置的特別委員會，如英國衆議院的決算委員會及預算委員會是。至於英國衆議院的會期委員會 (Sessional Committee) 乃爲一個會期而存在的委員會，以處理某種特定事宜，如審查請願書者，是爲特殊的體制，各國罕見。第三爲全院委員會(The Committee of the Whole House)，係以全體議員所構成的委員會。依英國國會慣例，議院大會因審查財政法案或其他重要議案，隨時得改開全院委員會，全院委員會異於院會之情事有三：一則舉行全院委員會時議長離主席位，而以籌款委員會主席 (chairman) 爲主席，但此時的主席非就議長座位，而就書記長席；並且權標 (the Mace) 置之於桌下，以示院會已經停止。二則將院會改開爲全院委員會時議事規則較爲鬆懈：如議員對於同一議題得爲幾次發言；全院委員會中的各種動議無需附議；討論不得以「即付表決」(the previous question) 的動議方式以終止之；任何事項業經表決者易於復議等是。三則全院委員會將所須審查的議案告竣後，應即結束，並向院會提出報告；於是議長復就主席位，重開院會以聽取報告，並作接受委員會建議之決議。英國這種全院委員會的制度，各國多仿行之，但既有相當的變化，如中國立法院的全院委員會，非用之來審查財政法案，乃用來審查同意案。（羅志淵）

委託投票法 (Voting by Proxy)

見「缺席投票」條中之委任投票一項。

宗人府

官署名。明洪武三年，置大宗正院，二十二年，改爲宗人府。有宗人令一人，左右宗正各一人，左右宗人各一人，並正一品。掌皇九族之屬籍，以時修其玉牒，書宗室子之適庶名封嗣襲生卒婚嫁諡葬之事，凡宗室陳請，爲聞於上，選材能，錄罪過。初均以親王領之，其後以勳戚大臣攝府事，不備官，而所領亦盡移之禮部。按：周禮小宗伯，掌三族之別，以辨其親疏，此宗人立官之始。後世因之，置宗正，然列於九寺之中。至明，方特立宗人府於六部之上。清仍之，設宗人府，有宗令一人，左右宗正，左右宗人俱各一人。初制：宗令以親王郡王統理，宗正以貝勒貝子兼攝，宗人以鎮國輔國公及將軍兼攝。後擇賢任使，不復以封爵爲限。（周道濟）

宗正

官名。周禮小宗伯掌三族之別，以辨其親疏。秦置宗正，掌親屬，爲九卿之一。漢因之，更以敍九族，平帝元始四年，改名宗伯。王莽幷其官於秩宗。

東漢復置宗正，掌序錄王國嫡庶之次及諸皇室親屬遠近。兩漢皆以皇族爲之。魏亦然，晉兼以庶姓。東晉省之屬太常。宋齊亦不置宗正。梁天監七年，復置，以皇族爲之；陳因之。後魏有宗正卿及少卿，北齊亦然。隋如北齊之制。唐宗正曾改名爲司宗及司屬，有卿及少卿。宋初，宗正寺置判寺一人，以宗姓兩制以上充，元豐官制行，詔宗正長貳不專用國姓，蓋自有大宗正司以統皇族也。元大宗正府兼治一切刑政，非掌皇族之專官。明清則設宗人府，專掌皇族之屬籍。詳「宗人府」條。（周道濟）

宗伯

㈠周禮六官之一，謂春官宗伯也。掌邦禮，治神人，和上下。其大宗伯，掌建邦之天神人鬼地祇之禮，以佐王建保邦國，乃六卿之一。小宗伯則係中大夫之任，掌建國之神位、五禮之禁令、及三族之別，以辨親疏，凡大禮佐大宗伯。秦漢始改設太常，以代宗伯之任。其後，尚書省雖復置禮部以準春官，而太常亦竝建不廢，寅清之職遂岐而爲二，故唐六典於禮部尚書侍郎及太常卿沿革，皆以春官宗伯當之。㈡漢平帝時，將宗正改名爲宗伯。詳見「宗正」條。（周道濟）

宗法

古立宗之法，即指宗族系統之制度言，玉海、藝文、譜牒「熙寧姓纂」：「呂大臨有宗子，祖謙有宗法。」禮「大傳」：「公子有宗道。」萬斯大「宗法論」：「宗法何昉乎？古之時，諸侯之適長爲世子，嗣爲諸侯，其支庶之後族繁多，懼其散而無統也，因制爲大宗小宗之法。經曰：別子爲祖，繼別爲宗，此百世不遷之大宗也。繼禰者爲小宗，此五世則遷者也。夫諸侯世子之兄弟，不分適庶，皆稱別子，特以其爲祖爲禰不同，故大宗小宗遂因以異。何以知之？王制云：大夫三廟，一昭一穆，與太祖之祖而三，士一廟。祭法言，適士二廟，無太祖。鄭注：大夫太祖，別子始爵者。大傳：別子爲祖，謂此也。據此則諸侯之別子，亦必爲大夫，而後得爲後世之太祖。然先王之世，使以德爵以功，未有無功德而爲大夫者。諸侯之別子，豈必皆賢。其爲大夫者，則爲後之太祖，故其子孫適長繼此祖而爲大宗。其爲士者，止得爲禰，于其子而爲小宗。太祖廟百世不遷。故大宗亦百世不遷也。雖然大宗小宗之別，漸別於其後，非遽別于其初，蓋別子之反身爲大夫士于公廟，有宗道也。」

蓋別其親疏，示以系統，以明親親合族之義，而其道可推於治民安國，故後人名之曰宗法。（繆全吉）

宗教自由

按信仰自由（freedom of belief）或思想自由的倡導，本來是指求脫離教會的束縛，而使人民有精神思想的自由。因自中世紀以迄十五世紀之末，教會權力至高，支配靈俗兩界，學術思想亦在教會支配中。迨哥白尼（Copernicus, 1473-1543）倡地球非宇宙中心的說法，現代科學思想乃告萌芽。哥白尼之說，經刻卜勒（Kepler 1571-1630）及伽利略（Galiles 1564-1642）的贊助宣揚，乃大昌於世，而教會視之，認爲異端邪說，多所壓抑。例如伽利略深信地圓之說，教會乃迫他在上帝前懺悔，迫令他要放棄這一說法，當時學術思想的不自由，於此可見一斑了。後經無數科學家的奮鬪，及教會自身的沒落，思想自由乃得確立不拔的根基。各國制憲時乃以憲法保障之，所以思想自由或信仰自由乃從教會的束縛中解放而得；而思想自由所以有時即稱之爲宗教信仰自由的原故，亦因緣於此。

從另一方面說，宗教自由之保障，乃爲宗教革命的結果。我們曉得在中世紀時代，羅馬教支配一切，中西歐人民大都隸屬於「天主教會」（Catholic Church）。教會的首腦爲羅馬教皇，其下分爲各個教區，及各級主教與牧師。羅馬教皇的威權高於一切，甚至各國國王的進退，以及法律之是否有效，他都可以危害教會利益的名義而左右之，可見他的權力是超越於國家之上了。迨十六世紀初有新教徒（protestants）興起於北歐及英法諸國，他們都不滿教會的專橫，起而反抗。這一運動起於一五二〇年至一五七〇年的五十年間，這一運動史家稱之爲宗教革命（reformation）。領導這一運動的有馬丁路德（Martin Luther）、克蘭姆（Cranmer）、齊文格里（Zwingli）、克爾文（Calvin）、克諾斯（Knox）諸人，而路德及克爾文的貢獻尤爲偉大。路德曾朝羅馬，眼見教廷的腐敗和教會的專橫，所以在返德之後，即到處宣傳，以揭發教廷的罪狀，並昭告德國諸侯脫離教廷的統治，及沒收教會財產與權力。各方接受他的宣傳，並予以支持，丹麥及瑞典等國亦多受其影響，所以路德領導的宗教革命運動的勢力實達於德國北部及斯堪的那維亞諸國。克爾文爲法人，因反對羅馬教會，逃往瑞士，承受齊文格里的傳統，改革教會及教義。他這派的教徒在歐陸各國的稱爲改革教會派 Reformed Church)，在法國的稱爲耶穌新教徒(huguenots)，在英國的稱爲清教徒(puritanism)，在蘇格蘭的稱爲長老派教徒(Presbyterian)，所以克爾文領導的運動影響及於法、瑞、比、德、匈諸國，以至於蘇格蘭。惟英國自宗教革命後，另成立英國教會(Anglicanism)，以爲英國國教。以上諸教派，自羅馬教會視之，均屬新教徒。新教徒與舊教徒的鬥爭甚烈，欲求宗教信仰之統一，已非易事。所以當時政治家都主張彼此容忍之說，如英國於一六八九年通過容忍法案，由是宗教派別之爭，乃告結束，彼此不復誣異教爲邪教，所以宗教自由在英語上又稱之爲宗教容忍(religious toleration)。

所謂宗教自由實涵有二個要義：一爲人民對於教義的信仰應不受干涉，二爲人民對於教儀的舉行應不受干涉。正因爲這種自由具有這二種涵義，所以歐美學者常稱之爲宗教及禮拜自由(freedom of religion and worship)。按所謂教義的信仰應不受干涉者，自積極方面說，人民信仰什麼教，在他不作表示前，乃屬他內心的精神維繫，沒有受干涉的可能。但自消極方面說，則有二點應注意：㈠國家不應強制人民信仰某一宗教，若強人信教則屬干涉人民的信仰自由，有違宗教自由的意義了。㈡人民信教與不信教，均屬人民的自由，國家固不能強令人民信教，也不能強令人民對於宗教作表示的意見，換言之，人民對於宗教意見的保留，亦屬不可侵犯的權利；西班牙憲法明定：「不得強迫任何人公然聲明其宗教信仰」(第二十七條)，德國威瑪憲法亦明定：「無論何人，皆無宣告其宗教上信仰之義務。但爲隸屬各種宗教團體之故而有權利義務之關係，或爲法定統計上之必要，官署得在此範圍內，有權詢問人民屬於何種宗教」(第一三六條)，除此特殊情形外，人民沒有表示宗教意見的義務。至於所謂教儀的舉行應不受干涉者，即人民有舉行或參加教儀的權利。各種宗教大致都有它一定的儀節，藉儀節的舉行，以宣揚它的教義，所以教義和教儀有表裏的關係。教義的信仰已不受干涉，則教儀的舉行也當自由；但這一自由權的行使，應受相當的限制，即教儀的舉行不能有礙公共安寧，不能妨害善良風俗，這是各國所承認的通例。

國家對於人民宗教自由的保障與其他自由的保障有一特異之處，即國家對宗教事宜，應採用超然的立場，對任何宗教，均無所愛惡，無所軒輊。在這一立場下，有下述三點亟須注意：㈠宗教與國家分離，不應有國教制的存在，一有國教制，即有強迫信仰的作用，失却宗教自由的原義了。㈡宗教應與政法分離，即人民不應因宗教信仰之不同而異其在政治上法律上的地位，我國憲法第七條「中華民國人民，無分……宗教……在法律上一律平等」，即爲這一意義的表示。㈢宗教應與教育分離，即各級學校中不應有強行的禮拜及宗教課程，以免損傷學生的精神自由，西班牙憲法第七十二條所謂「公立學校之教育，應無宗教性質」，即爲宗教與學校分離的表示。我國憲法上雖沒有這種規定，但私立學校規程第六條明定：「私立學校不得以宗教科目爲必修科，及在課程內作宗教宣傳。宗教團體設立學校內，如有宗教儀式，不得強迫或勸誘學生參加，在小學並不得舉行宗教儀式」。

我國雖然沒有宗教激烈鬥爭的事實，但不能因此而否認各種宗教之存在。漢初尚黃老之說，後世乃演變而成爲道教。漢明帝時，佛教流入我國，極佔優勢。明末海國初通，天主教，基督教相繼傳入，諸教並行，相安無事。後來，有些不肖教徒，藉着外國教會的勢力，勢燄凌人，卒召八國聯軍之役，這是因宗教作用而引發政爭的唯一事例。但嗣後我國確保外人在華傳教的自由，教民之間，亦相安無事了。至於蒙藏人民之信佛，新甘青等省人民之信回教，乃爲悠久的事實；所以民國元年臨時政府與清廷簽訂的優待款中特別規定：「滿蒙回藏原有之宗教，聽其自由信仰」(第一清單第七項)，這是我國憲政史上以正式文書承認宗教自由的首次表示。以後歷次制定的憲法，以及現行憲法第十三條均明定「人民有信仰宗教之自由」。此外，在各種法律中猶多關於保障宗教自由的規定。如刑法第二百四十六條規定：「對於壇廟、寺觀、教堂、墳墓、或公共紀念處所、公然侮辱者」，或「妨害喪、葬、祭禮、說教，禮拜者」，均構成褻瀆祀典罪，應受刑罰。違警罰法第六十五條規定：「汚損祠宇墓碑公共紀念處所或設置，尚未構成犯罪者」爲違警，應予科罰。這些規定都是確保人民對於教義信仰及教儀舉行的自由。至於監督寺廟條例，其主旨雖側重保護寺廟的財產法物，但保護財產法物即所以保障寺廟的存在與充實，對於宗教自由有其積極保障的作用。所以我們可以說監督寺廟條例係從積極方面以保障宗教自由，而刑法上褻瀆祀典和違警罰法上的規定乃從消極方面以維護宗教自由。(羅志淵)

宗廟

(一)祀先人之宮室，古人分別嫡庶統系，稱所自出之祖曰宗，則宗廟即祖禰之廟也。書「太甲上」：「社稷宗廟，罔不祇肅。」禮「五制」：「天子七廟、三昭三穆，與大祖之廟而七，諸侯五廟，二昭二穆，與大祖之廟而五，大夫三廟，一昭一穆，與大祖之廟而三，士一廟，庶人祭於寢。」中庸：「宗廟饗之，子孫保之。」孝經「喪親章」：「爲之宗廟，以鬼享之。」疏：「禮記祭法，天子至士，皆有宗廟。…舊解云：宗、尊也，廟、貌也，言，祭宗廟，見先祖之尊親也。」

(二)爲國家、社稷、天下之義。北齊書「神武紀下」：「爲宗廟社稷，出萬死之策。」歐陽修「論選皇子疏」：「荷祖宗之業，承宗廟社稷之重。」（繆全吉）

定額抽樣(Quota Sampling)

抽樣在統計學及社會科學中，通常乃依據可能率(probability)之原理在選擇樣本時，使每一特徵都具有同樣表現之機會，學者們稱此種方式爲可能性之抽樣(probability sampling)。原則上如此，但是在某些時候，學者們也利用另外一種方式，卽非可能性之抽樣(non-probability sampling)，此種抽樣並非依據可能率之原理抽取樣本，而完全依據研究者個人之判斷，決定應將某件事物列入樣本範圍之內，例如在計算物價指數之時，常常由專家決定應將何種消費品列入卽是。定額抽樣乃屬非可能性抽樣之一種，卽是對不同之族羣(Population)指定應行列入樣本之數額，然後依據定額決定如何列入樣本。此一方式在美國民意測驗中時常運用，其唯一之目的乃在於經濟及方便，但此種抽樣之方式，因爲受到個人定見(bias)之影響，缺乏可靠性，故在運用上頗值學者之考慮。（魏　泰）

參考文獻：

Moser, Claus A., "Quota Sampling," Journal of the Royal Statistical Society, Series A. vol. 115, 1952, pp. 411-423

Moser, Claus A. and Stuart, Alan, "An Experimental Stuoy of Quota Sampling," Journal of the Royal Statistical Society, series A, vol. 116, 1953, pp. 349-405.

尚比亞(Republic of Zambia)政黨

尚比亞共和國(Republic of Zambia)原爲英國屬地，一九六三年獨立，但仍留於大英國協之內，現計有四個黨派。

(一)聯合國家獨立黨(United National Independence Party)：該黨簡稱U.N.I.P.，於一九五九年底爲肯尼斯卡坤達(Kenneth Kaunda)所創，其前身爲北羅得西亞非洲國民大會(African National Congress)。在獨立前積極反對聯邦之成立，並極力爭取非洲人在政府及議會中地位之提高，一九六四年根據新憲法所舉行的第一次選舉中，該黨獲五十五席。當時其政治目標爲達成充分就業，謀求聯合國會員國的地位。採不結盟之外交政策，加强軍事力量，保障對外安全。擴充教育和衛生設備。改善交通，發展實業。獨立後雖在外交上政策略有改變，但對內措施仍大致同於獨立前。其領導人坤達，現爲共和國總統。黨秘書長爲馬因加邱那(Mainza Chona)。

(二)國家進步黨(National Progress Party)：該黨原爲魏林斯基(Sir Roy Welensky)所領導之聯合聯邦黨北羅得西亞地區分部。爲一白人組織。其領導人爲約翰勞勃茲(John Roberts)在一九六四年大選中得十席。但一九六六年七月該黨宣佈解散，解散時尙擁有國會議席九席。

(三)非洲國民大會黨(African National Congress)：該黨創於一九四四年。由哈利孔布拉(Harry Nkumbula)領導，爲一非洲人與歐洲人混組而成的政黨，一九六四年選舉時亦得有十個議席。該黨由於內部不團結，故一直沒有多大發展。

(四)聯合黨(United Party)：聯合黨創於一九六六年，領導人爲黨主席穆布納(M. Mumbuna)，成立後之第二年卽在國會中擁有二個議席。（袁頌西）

尚書

官名。漢官解詁稱此職云：「唐虞曰納言，周官爲內史，機事所總，號令攸發」。通典職官又云：「昔堯試舜於大麓，領錄天下事，似其任也；周之司會，又其職焉。鄭注：周禮司會，若今尚書」。及秦之世，少府遣吏四人，在殿中主發書，故號尚書。尚，猶主也（漢官儀）。秦制設尚書令一人，尚書四人，不分曹名，尚書丞一人。至漢、仍承秦制。及武帝遊宴後庭，始用宦者主中書，中間遂罷其官，以爲中書之職，此所謂之中書尚書，異名同職，「只是一所」（文獻通考職官考）。成帝建始四年，罷中書宦者，復置尚書，除令、丞外，另設僕射一人，四尚書分領四曹：常侍曹、二千石曹、民曹、客曹。後又置三公曹，是爲五曹。列曹置有郎官，謂爲尚書郎。後漢尚書五曹六人，六百石，三公曹尚書二人，吏曹、二千石曹、民曹、及客曹各一人。或說有六曹，後漢書百官志云分客曹爲二，合爲六曹；又晉書職官志云，以前漢五曹，更加中都官曹爲六曹。其間，又輒以大臣參預尚書機要，因而兩漢有領尚書事，錄尚書事等特殊稱謂。就權力之演化言，前漢尚書，通掌圖書祕記章奏及封奏宣示內外而已，其任猶輕。後漢則爲優重，出納王命，敷奏萬機，成爲樞機之任，其令及左丞總領紀綱，無所不統，僕射及右丞分掌廩假錢穀。惟漢初尚書，雖有曹名，不以爲號。至靈帝以侍中梁鵠爲選部尚書，於是始見曹名，總謂尚書臺，亦謂中臺（晉書職官志、通典職官）。曹魏以降，尚書臺脫離少府，發展爲獨立機構，三國職官表如是云：尚書令總典綱紀，無所不統，所居曰尚書臺，出征則以行臺從，漢猶隸少府，魏時政歸臺閣，則不復隸矣」。其際已有省名，惟未定於一稱（見三國會要職官）。魏之尚書體制，仍遵前式，設有尚書令、僕射、列曹尚書、尚書丞及尚書郎諸員。晉代悉承魏制。南北朝亦設有尚書機關，而後周無尚書（通典職官）。惟此一階段，由於中書、門下之興起，掌機衡之任，尚書在內朝之權任日輕，但在外朝之地位日隆、歷隋而唐，演變爲三省之制，尚書省成爲全國最高之行政執行機關。唐制，尚書省領二十四司。自不置令，由左右僕射總判省事。設左丞管吏部戶部禮部十二司，右丞管兵部刑部工部十二司，左右司郎中，員外郎各掌副十有二司之事（舊唐書職官志）。其重心端在承襲隋制而定型之六部尚書：一曰吏部、二曰戶部、三曰禮部、四曰兵部、五曰刑部、六曰工部，凡庶務皆會而決之（舊唐書職官志）。此六部尚書之制，以後歷代相因，成爲典型官制。六部中吏部居首，視五部爲特重。宋制沿襲唐代，尚書省及六部職司依舊，遼南面朝官置尚書省，嘗有左右尚書之設。金亦置尚書省。元世，尚書省時置時罷，而終撤廢，職權劃入中書，六部尚書亦隨之改隸於中書省。明廢中書省，由皇帝親統六部，倣周官六卿之制，陞六部秩，以尚書任天下事，侍郎貳之（明史職官志）。及至內閣權重，六尚書之任始輕。清制仍同明舊，設有六部尚書及左右侍郎，俱滿漢一人。此外，理藩院亦設有尚書，左右侍郎，俱各滿洲一人。間亦有蒙古人爲之（清史稿職官志）。光緒三十二年，改併六部，更定內閣部院官制，由內閣總理大臣統屬各部尚書，共設外務、吏、民政、度支、禮、學、陸軍、法、農工商、郵傳、理藩十一部，每部設尚書一人，左右侍郎二人（清朝續文獻通考職官考）。宣統三年，頒布內閣官制，改設責任內閣，轄十部，裁吏、禮兩部，增海軍部（宣統元年增設），並諭令改各部尚書爲大臣（清朝續文獻通考職官考）。由是，始廢置其本質隨時演化而具有歷史淵源之「尚書」官名。（芮和蒸）

尚書令

秦官、漢因之，爲少府官屬。武帝用宦者，更爲中書謁者令，成帝用士人復故（後漢書百官志本注）。後漢衆務，悉歸尚書，令爲臺主，領諸曹，主贊奏，總典紀綱，無所不統（漢官儀）。惟雖位居機要，而其秩甚卑，漢制亦僅千石，銅印墨綬，去公卿遠甚。魏晉以來，浸以華重。唐初，遂爲三省長官，居眞宰相之任（容齋隨筆）。後以太宗嘗爲尚書令；臣下避不敢居其職，由是僕射爲尚書省長官（新唐書百官志）。宋制，以尚書令爲贈官，虛設其名，無有除者。南渡後並省不置（宋史職官志）。遼、金置省設令。元世、尚書省時置時罷，至大四年撤後，不復再置。據事文類聚云：「元尚書令一人，正一品。」（淵鑑類函設官部尚書令）。明無尚書令官，清同（參看「尚書」條）。（芮和蒸）

尚書省

官署名。漢初，尚書雖有曹名，不以爲號。靈帝以侍中梁鵠爲選部尚書，於是始見曹名，總謂尚書臺。亦謂中臺。二漢皆屬少府（晉書職官志、通典職官）。魏時，政歸臺閣，不復隸屬、成爲獨立機關（見三國職官表）。魏晉宋齊之際，此一機關有三種名號可考，三國會要職官如是云：「後漢尚書稱臺，魏晉以來爲省」。太平御覽亦云：「尚書漢稱臺，魏晉以降。方號曰省」。另淵鑑類涵設官部尚書總載引齊職儀云：「魏晉宋齊，並曰尚書臺」。南齊書百官志亦云∶「尚書令總領尚書臺二十曹、爲內臺主」又宋書百官志云：尚書寺居建禮門內」。通典職官亦云：「宋曰尚書寺，居建禮門內。亦曰尚書省。亦謂之內臺」。是則此一階段名號、或曰臺、或曰寺、或曰省、並未定於一稱。及至南朝蕭梁之世，尚書始定制稱省，隋書百官志云∶「（梁）尚書省置令、左右僕射各一人，又置吏部、祠部、度支、左戶、都官、五兵等六尚書」。北朝在北齊官制中，尚書亦正式稱省，隋書百官志云：「（後齊）尚書省置令、僕射、吏部、殿中、祠部、五兵、都官、度支等六尚書」。通典職官亦云：「北齊尚書省亦有錄令僕射，總理六尚書事，謂之都省。亦謂之北省」。歷隋而唐，尚書省之發展，已成典型制式，置令、左右僕射、左右丞、左右司郎中、左右司員外郎等官，由左右司分統吏、戶、禮、兵、刑、工六部。宋沿唐舊，尚書省之建制未變。遼南面尚書，又悉循宋制。金亦倣設尚書省、置令、左右丞相、平章政事、左右丞、參知政事、左右司郎中、左右司員外郎等官，亦由左右司分察六部（見遼史、金史百官志）。元世，省事併入中書，六部尚書亦隨之改隸，尚書省廢。明、清別有體制，不置尚書省（參看「尚書」條）。

（芮和蒸）

尚書僕射

僕射、秦官，自侍中、尚書、博士、郎皆有。古者重武官，有主射以督課之，軍屯吏騶宰永巷宮人，皆有取其領事之號（漢書百官公卿表）。漢承秦制，成帝建始四年，置尚書五人，以一人爲僕射，主開封掌授廩給錢穀（漢官典職儀式選用）。後漢尚書僕射一人，六百石，署尚書事，令不在，則奏下衆事。印綬與令同（後漢書百官志本注、通典職官）。獻帝建安四年，始置左右僕射（漢官儀）。經魏至晉，迄於江左，置二則爲左右僕射，或不兩置，但曰尚書僕射。令闕則左爲省主，若左右並闕，則置尚書僕射以主左事，置祠部尚書以主右事（見晉書職官志）。雖省置無恒，但委任漸重。歷南北朝、隋而至唐宋，左右僕射不但在制度上爲令之副貳，而且在實質上成爲宰相之任，地位殊爲尊崇。唐初，以三省長官爲宰相職。尚書省自不置令，僕射爲一省長官，與侍中，中書令號爲宰相（見新唐書百官志）。宋制以尚書令爲贈官，不實授，左右僕射掌佐天子、議大政，貳令之職，與三省長官，皆爲宰相之任（見宋史職官志）。遼南面尚書省亦設左右僕射。金尚書省無僕射名號。元廢尚書省，明、清亦不置省，皆無尚書僕射官（參看「尚書」條）。（芮和蒸）

居住自由 (Freedom of Domicile)

居住自由（freedom of domicile），或稱之爲「居住處所不可侵犯權」(inviolability of the home) 實爲人身自由的延長。因爲唯有居住處所得到保障，然後人民身體的居止始得安全；所以英諺說「英人之家室爲其人之堡壘」(An English man's house is his castle)，堡壘是安全的保障所，堡壘是絕不能受人侵犯，人民居住處所就有這麼神聖不可侵犯。

居住自由的命意有三：㈠居住處所不得無故侵入；㈡居住處所不得無故搜索；㈢居住處所不得無故封錮。我國自漢以來，即重視居住處所的不可侵犯權，所以有「無故入人家宅格殺勿論」的法例。現行刑法雖沒有這樣嚴厲的法條，但對於侵害居住自由的制裁，却相當嚴厲。如刑法第三〇六條明定：「無故侵入他人住宅，建築物，或附近圍繞之土地或船艦者，處一年以下有期徒刑，拘役或三百元以下之罰金；無故隱匿其內，或受退去之要求而仍滯留者亦同」。陸海空軍刑法第三十一條規定：「強佔民房……處一年以上五年以下有期徒刑。」強佔甚於侵入，故處刑乃爲之加重。這裡所謂住宅不以房屋爲限，蒙古一帶以氈廬毳幕而居住者，當然視爲住宅。且住宅不含民法上住所的意義：縱暫時居住旅店的房間，在居住時期中，居者自有監督權，亦應視爲住宅，有拒絕他人入侵之權。至於無故搜索他人居住處所，同法第三〇七條亦規定制裁辦法。即「不依法令搜索他人……住宅，建築物……處二年以下有期徒刑，拘役或三百元以下罰金」。這裡已說不依法令搜索他人住宅要受刑罰，那麼，依法令規定或「有故」即可搜索或侵入他人住宅了。所謂依法令是依什麼法令呢？這可分二方面來說：一係依刑事訴訟法，一係依行政執行法。依刑事訴訟法第一二二條第一項規定：「對於被告之……住宅或其他處所，於必要時得搜索之」；同條第二項規定：「對於第三人之……住宅或其他處所，以有相當理由可信爲被告……存在時爲限得搜索之」。搜索住宅的手續，在原則上說，應用搜查票。但檢察官或推事親自搜查時，得不用搜查票。又依同法第一三一條規定：有左列情形之一者，司法警察或司法警察官雖無搜索票得逕行搜索住宅或其他住所：㈠因逮捕被告或執行拘提，羈押者。㈡因追躡現行犯或逮捕脫逃人者。㈢有事實足信爲有人在內犯罪而情形急迫者。搜索住宅的時間，以日間行之爲原則，所以同法第一四六條明定：「有人住居或看守之住宅或其他處所，不得於夜間入內搜索……」；但亦不無例外，即「……經住居人看守人或可爲其代表之人承認或有急迫之情形者，不在此限。……日間已搜索者，得繼續至夜間。」此外有些特殊地方，亦得於夜間進行搜索，這就是同法第一四七條所列的三種地方：㈠假釋人住居或使用者。㈡旅店、飲食店、或其他於夜間公衆可以出入之處所仍在公開時間內者。㈢常用爲賭博或妨害風化之行爲者。這些特殊地方都可以夜間進行搜索。凡此所說係就刑事訴訟法上關於侵入搜索住宅的情形說。至就行政執行法說，則其中第十條明定：「對於住宅或其他處所之侵入，非有左列情形之一者不得爲之：㈠人民之生命身體財產危害迫切，非侵入不能救護者。㈡有賭博或其他妨害風化或公安之行爲，非侵入不能制止者。前項第二款情形如在日入後日出前時，應告知其居住者，但旅館、酒肆、茶樓、戲園，或其他在夜間公衆出入之處所不在此限」。行政官署對於人民住宅的侵入，當以上述的兩種情形爲限；逾越這一限度，即屬侵害人民的居住自由了。以上僅就人民住宅的侵入與搜索說；至於人民住宅的封錮，更爲嚴重，因爲封錮住宅，不僅有傷人民的居住自由，且有關人民財產的處分，所以封錮住宅是件非常嚴重的事，不得任便爲之。關於封錮人民的住宅，詳於強制執行法中。該法自第七十五條以下，對於封錮的秩序，規定得很詳細，自然恪遵辦理，惟刑事訴訟法第一百五十一條有「搜索或扣押暫時中止者，於必要時應將該處所閉鎖，並命人看守」之規定，是爲刑事程序上的暫時處置，與強制執行法上的民事處分不同，不可不辨。（羅志淵）

府尹

見「知府」條。

府兵

唐書「兵志」：「府兵之制，起自西魏，後周，而備於隋，唐興因之。」古今原始：「南北朝，魏初作府兵。」時周太祖宇文泰輔西魏，議周典置六軍，籍六等之民，使刺史以農隙教之，合爲百府，分屬二十四軍，開府各領一軍，每一將軍統二開府，是爲府兵之始。泰子覺，簒西魏，而爲後周，踵而行之，其制不變。隋繼周加以損益，置十二衞，衞置將軍，分統諸府之兵。唐初尚循隋舊，於天下十道置府六百三十四，諸府統之，其後藩鎮漸強，府兵之制遂廢。（繆全吉）

府牧

見「知府」條。

承旨

官名㈠翰林院之屬，唐憲宗始置翰林學士承旨，學士中年高望重者充之。撰集文章，校理經籍，掌月終進課，歲尾考最。宋元因之。舊唐書「職官志」：「考課之法，有二十七最，其十一曰承旨，敷奏吐納明敏，爲宣納之最。」唐書「百官志」：「凡承旨，撰集文章，校理經籍，月終則進課于內，歲終則考最於外。」歐陽修「湖州長史蘇君墓誌銘」：「太宗時，承旨，翰林爲學士。」事物紀原，勳階寄祿部「承旨」：職林曰：「至德以後，翰林置學士六人，內年深德重者一人爲承旨，所以獨承密命故也。此疑承旨之始也。而唐百官志曰：元和中翰林學士以院長一人，別承敕旨，或密爲顧命，爲學士承士。職林又謂：德宗正元已後，承旨多至宰相，疑唐志爲誤。」

㈡樞密院之屬，五代有承旨、副承旨，以諸衞將軍充。宋亦因之，增置都承旨。舊五代史「晉高祖紀」：「密院承旨，宜改爲承宣。」宋史，「職官志」：「都承旨、副都承旨，掌承宣旨命，通領院務，若便殿侍立，閱試禁衞兵，校則隨事敷奏，承所得旨，以授有司，蕃國人入見，亦如之。檢察主事以下功過及遷補之事。都承旨舊用院吏遞遷，熙寧三年，始以東上閤門使李評爲之，又以皇城使李評爲之副。」（繆全吉）

抽樣原理（Theory of Sampling）

雖然社會科學之研究基礎建立於廣泛資料之上，但在事實上，學者所能蒐集之資料卻異常有限，每項研究也僅能從代表性之資料中，推斷整體之原理原則，由於此種事實上的限制，統計方法中之抽樣（sampling）就對於社會科學異常有用。

在統計學上對於某一特殊現象，可能由觀察所得之全部資料稱爲族羣（popalation），而族羣之一部分即被稱爲樣本（sample），樣本與族羣之界線殊難加以斷論，其分野完全基於研究者之重點而定，例如美國一州選民的十分之一爲該州選民之樣本，而該州全部之選民又爲全國選民之樣本，其區分完全基於研究者所研究現象爲全國或一州而定。在統計學上，抽樣的基本原理乃是在運用樣本資料以求得對整個族羣之一般性原則，其基本之假設是在選取樣本時使族羣中的每一項特徵都有在樣本中出現之同樣機會，因此研究者並無須對整個族羣加以分析，僅在樣本中已可得到整體之特徵，這就是盲目樣本(random sample)之基本理論。

抽樣之運用在政治學上甚爲廣泛，但由於事實上的需要及研究對象之差異，抽取樣本之方式亦有不同，所以在每一特殊研究中都須要根據抽樣原理，制定抽樣方式（sample design），然後再行選擇樣本。（魏　　莘）

拂折—侵略 (Frustration-Aggression Theory)

心理學上認爲一個人受過分的拂折（如受欺負委曲、恥辱等）會導致他強烈的反應而對周圍世界產生敵對的態度。社會科學家應用此一理論以解釋某些國家的國際行爲，例如第一次世界大戰，德國因凡爾賽和約被迫賠割主權受限制等等可謂受大大的拂折，希特勒之能崛起，短期之內恢復軍備，動員德國的人力物力侵略鄰國發動第二次世界大戰乃基於此一心理因素。第二次世界大戰後，亞洲非洲的許多新獨立國家之實行反西方政策及濃厚的民族主義色彩亦基于對西方國家過去殖民地政策的反感。（張旭成）

拉斯基(Laski, Harold, 1897-1951)

拉斯基是一位著名的近代政治思想家，其先世是波蘭猶太族，因受宗教迫害而遷居英國曼徹斯特。他早年牛津大學畢業後任加拿大McGill大學講師，後任教美國哈佛大學，旋回英國倫敦政治經濟學院任教，昇任教授。他不但在思想上，尤其是他的馬克斯主義觀點，對亞非各地在英國就讀的許多青年學生有很多的影響；而且他本身積極參加政治活動，加入英國工黨，一度擔任工黨秘書長。在他變成馬克斯主義信徒以前，他是一個多元主義者(pluralist)；他對政治思想的貢獻也是因爲他的多元主義理論，根據他的多元主義理論，「國家」(state)不過是社會上很多「組織」或「社團」(association)之一，沒有絕對的主權（sovereignty），國家不能強制人民服從，人民之服從國家和服從其他的組織（如工會，同學會等）一樣是自願的。他後來慢慢修改他的多元主義理論；例如在一九二五年在A Grammar of Politics一書中他承認「國家」與其他團體不同，其他握有政治權力，而且個人不能脫離「國家」這種團體，但他仍認爲本質上「國家」與其他社團沒有差異。到一九三五年他在The State in Theory and Practice 一書中，他才完全改變他過去的主張而接受「國家」高于其他社團。他的理由是「國家」因有主權而與其他社團有差別；它的命令就是法律，因而能夠拘束他人。Laski 著作除上述兩書外，還有The American Presidency較著名，研究Laski 其人及理論者亦甚多，讀者請參考Herbert A. Peane, The Political Ideas of Harold Y. Laski (New York, 1955)及Kingsley Martin, Harold Laski, A Biographical Memoir (London, 1953)（張旭成）

拓荒者 (Diggers)

十七世紀中葉英國的一個小規模宗教和經濟運動，因開墾荒地得名。他們是一羣空想社會主義者，其中一部分在一六四九年佔領並種植未經圈定的公有地，將生產分配予貧民。這項試驗繼續約一年，後因司法訴訟及暴民武力干擾而中止。

拓荒者認生存資料的共有係自然法的規則。生存資料中以土地爲最重要。土地是上帝或自然賜予的共同財富，爲全體生存的所繫，個人只有參加勞動和享受分配之權。因此要求地主放棄土地的私有，買賣和租賃。拓荒者認私有財產制造成人間種種不平，流血和奴役。要想消滅人間罪惡，必須廢棄私有財產，特別是私有土地制度。但拓荒者是和平主義者，沒有煽動使用暴力沒收地主土地的企圖。

拓荒者派的代表作家爲文斯坦利 (Gerald Winstanley 一六〇九—一六六〇)。他在一六五二年出版自由之法則(Law of Freedom)一書，強調奴役源於貧困，必人人有使用土地並享受其果實之權時，才有眞自由。因此，他主張土地公有。此外，他提倡普通選舉，限制官吏任期，改教會爲教育機構等。文氏清楚地闡明：政治的自由和平等係基於經濟的自由和平等，這可說是政治學上一大貢獻。（張京育）

明清內閣

官署名。肇端於明成祖即位之初，其時，特選翰林院文學行誼才識之士七人，使入直文淵閣，諭以委任心腹至意，專典機密，謂之內閣。仁宗登極，內閣之權漸重，無異宰相之設。然所謂入閣，雖爲主職，實係兼官，故縱爲內閣大學士，論其品秩，終明之世，不過正五品。惟自仁宗以後，殿閣大學士與內閣閣臣漸已合而爲一，任此官者又多以尚書兼之，其本官品秩既高，實權又重，故地位遂亦超出百僚之上。明代內閣初不置官屬，景帝景泰中，方於誥敕制敕二房各設中書舍人若干，擔任文書工作。又，明自中葉以後，六部尚書在官制上雖爲天子之直屬，但事實上無不承奉內閣大學士之風旨，於是內閣與六部間遂發生統屬關係，一如元及明初六部之隸屬於中書省然。清順治年間，始設內閣，使議天下之政，宣佈絲綸，釐治憲典，總鈞衡之任。內閣大學士皆以殿閣之名冠之，殿閣之名凡六，卽中和殿（乾隆十三年裁，增設體仁閣，以配三殿三閣之名）、保和殿、文華殿、武英殿、文淵閣、及東閣，其名雖六，而設員則滿漢各二人，不必備也。惟雍正年間，設軍機處，次第綜攬一切機務，內閣大學士雖可特簡入軍機處，但其本職已不參預密勿，自是以後，內閣實權遂漸移於軍機處。清末宣統三年，發布內閣官制，內閣置總理大臣一人，協理大臣二人，並定國務大臣議政之制；同時宣布，舊設之內閣與軍機處一律廢止，此卽新式之內閣，又與舊制大異其趣矣。（周道濟）

明經

謂通明經術者，爲舉士科目之一。漢始以明經射策取士。唐設秀才、明經、進士、俊士、明法、明字、明算等科取士，而以明經、進士兩科最爲士流所重，蓋當時以詩賦取者謂之進士，以經義取者謂之明經。至宋神宗改以經義論策試進士，而明經始廢。漢書「劉向傳」：「薦更生宗室忠直，明經有行，擢爲散騎宗正給事中。」又「平當傳」：「以明經爲博士。」後漢書「章帝紀」：「元和二年，令郡國上明經者，口十萬以上五人，不滿十萬三人。」通典、選舉「歷代制上」：「武帝元光元年，舉賢良，……又制郡國，口二十萬以上，歲察一人，四十萬以上二人，六十萬三人，八十萬四人，百萬五人，百二十萬六人，不滿二十萬，二歲一人，不滿十萬，三歲一人。限以四科，一曰德行高潔，志節清白，二曰學通行修，經中博士，三曰明習法令，足以決疑，能按章覆問，文中御史，四曰剛毅多略，遭事不惑，明足決斷，材任三輔縣令。」唐書「選舉志」：「唐設取士之科，其目有明經，而明經之別有五經、有三經、有二經、有學究一經、有三禮、有三傳、有史科。」宋史「選舉志」：「嘉祐二年，增設明經試法，凡明兩經或三經，五經，各問大義十條，兩經通八、三經通六、五經通五爲合格。」事物紀原、學校貢舉部「明經」：「漢始以明經、射策取人，以通經多寡，補文學長，故唐乃置明經之科，開元中，崔元瓘上言，問大義十道，時務策三道，宋朝定業三經義三十道也。」日知錄「明經」：「今人但以貢生爲明經，非也，……今之進士，廼唐之明經也。」（繆全吉）

東方專制主義 (Oriental Despotism)

此一名詞乃 K.A. Wittfogel 教授于其一九五七年所出版之 Oriental Despotism 一書時，首先用之。其含義不但爲政治的，且爲社會的。根據 Julius Gould 與 William L. Kolb 所編之社會科學辭典 (A Dictionary of the Social Sciences)，解釋此名詞如下：『Wittfogel 教授認爲「東方專制主義」一詞，不僅意指其爲政府之一類型，且指其爲整個社會結構之一型式。Wittfogel 教授于其書中亦稱此種社會爲「水力社會」(hydroulic society)。此社會之特徵：㈠專制。㈡集權的官僚行政。㈢缺少穩定的上層階級。㈣商人居于附屬地位。㈤奴隸制度之存在。㈥農田灌溉依賴大規模之水利。Wittfogel 教授且認爲此六大特徵中，以第六爲最重要，其他特徵多半因之而引起。社會學者與政治學者對于 Wittfogel 教授之用此一名詞及其解釋頗有表示異議者，認爲：第一，「東方」一詞似不正確。蓋並非所有亞洲國家之政治均表現此特徵。況 Wittfogel 教授自己已在其書中引亞洲以外之地區爲證。第二，此六大特徵並無絕對的聯帶關係。例如一、二、三、四、五各特徵之存在可爲分別單獨的，並非完全連鎖的，尤其可不與第六發生關係。第三，若干亞洲社會雖在農業方面仍使用大規模水利灌溉，然在其他方面未始不在變化中，是以不可一概而論。（王世憲）

法西斯主義 (Fascism)

「法西斯主義」爲一種「極權主義」(Totalitarianism) 的運動與理論。就其爲「運動」來看，乃謂意大利的墨索里尼（一九二二年）、德國的希特勒（一九三三年），阿根廷的貝隆 (Peron，一九四二年)，以及二次世界大戰前的日本軍閥（一九三〇年）等所採取的極權獨裁國家的行動而言。就其爲「理論」言，則係指其爲黑格爾國家絕對說發展的極致，以國家爲一「神秘的實體」(Mystical Entity) 的理論。

「法西斯主義」一詞，源自拉丁文的 Fascis —乃古羅馬用作官吏權標的束桿。墨索里尼會宣稱，法西斯主義乃綜合馬開維里 (Machiavelli) 的「機會主義」(opportunism)，黑格爾的「國家絕對論」，索拉爾 (Sorel) 的「暴力主義」，及詹姆士 (William James) 的「實用主義」等而成。墨氏的教育部長羅可 (Alfredo Rocco) 曾明言，「法西斯主義乃一行動」，故法西斯主義的本質，實乃一信仰，而非基於理性的主義。其要旨，約可析如下列：

第(一)，國家至高無上，反個人自由。——法西斯主義繼承黑格爾的國家絕對論，認國家爲一「實體」；「國家的偉大，爲一神話 (myth)」；國家超越個人，個人爲國家犧牲其自由，乃其義務，故無個人自由權利之可言。國家乃目的，個人則爲工具而已，故個人應受國家絕對控制，以求完成國家光榮的目的。

第(二)，反平等，故反民主；反種族平等，并反和平。——法西斯主義不相信人類平等，而相信「領袖萬能」，認爲治人者永遠是少數人，領袖爲國家意志的代言人。因此，自然反民主，以民主實不能代表全民的意見，且無效率，故應服從全能的領袖，以爭取國家榮譽，德國納粹黨黨員守則第一條便是：「領袖永遠是對的！」

基於反平等的理論，自亦「反對種族平等」，而主張侵略弱小民族。墨索里尼的「非洲擴張政策」，希特勒的「屠殺猶太人」，即其重要表現。同時，反和平，而頌揚戰爭，墨氏之「恢復羅馬帝國的雄圖」，希特勒「征服歐洲的野心」，皆可以見之。

第(三)，反共產主義，但同爲「極權主義」的一丘之貉。——法西斯主義之反共產主義，主要在於：(1)共產主義以物質決定意識，法西斯主義則以精神意志，可以創造歷史。(2)共產主義主張階級鬥爭，工人無祖國，法西斯主義則認爲「一切爲祖國」，故反階級鬥爭與罷工，但私有財產應置於國家控制之下，以調和勞資關係。惟二者均爲「極權統治」，而且，法西斯主義者從事正面侵略，共產主義者則從事於陰謀顚覆滲透活動，故在本質上，實一丘之貉。二次大戰期間，德俄始則結合，終乃相背，亦可見其陰陽反覆之本性。今日法西斯主義國家雖均覆滅，但其餘燼未熄。而共產主義國家，正受時代考驗，將爲人類文明進步的洪流所淘汰，可信無疑。（參看「納粹主義」及「共產主義」條）（涂懷瑩）

法院 (Court)

各國的司法權雖不一定完全由法院 (court) 行使，究以法院爲行使司法權的主要機關。法院的職權雖有多種（參見司法權），究以審判訴訟案件，保障人民權利爲主要任務。故世人咸認法院爲直接保障權利的機關。各國的法院由於各國基本法制的歧異，表現出各種不同的體系。大概言之，世有四種法院體系：

第一、官民訴訟一元的法院體系與官民訴訟二元的法院體系：國家爲公法人之一，得爲權利主體。但國家係爲擬制的人格者，其任務必須由其所任用之機關人員執行之。國家所屬各機關官吏行爲如有錯誤、疎忽、違法、越權而致損害或侵害人民權利時，則被害人得控訴國家，以求賠償。這種控訴姑稱之爲官民訴訟。對於這類訴訟的處理，英美法制與大陸法制，顯然不同。在英美以及採用英國法制的國家，認爲除經權利請願手續以外，國家絕不負侵權行爲與契約上的責任。英國人本具法律上平等的觀念，認爲公共機關與私人間的爭執，和私人與私人間的爭執相同，當在普通法院依普通法律裁判。私人受了公共機關的侵害，只能於普通法院控告加害的官吏要求損害賠償，易言之，普通公民與官吏受同一法院用同一法律所管轄。蓋認爲法院爲至高無上，可以管轄全國官民；於是英國人肯定「公共機關的一切行爲，無論加害者爲誰，受害者爲誰，皆在普通法庭審判，此外並無其他方法解決」，是即爲官民訴訟一元的法院體系。大陸法制的觀念則與此迥殊。按大陸法制是導源於法國行政裁判權與普通民事裁判權各別劃分的觀念，而此一觀念起於法國大革命時代。當時法國人士鑑於革命前最高法院 (Parlement de Paris) 有審查政府命令之權，常以命令有違國家根本法而予以否認。革命人士深恐這種法院干涉政務的作風，將有阻礙革命建設之虞。爲求行政機關之能遂行其志，乃有種種之法律以禁止司法機關干預行政事務，亦即「禁止法院審訊行政案件」。而且，法國人是素習孟德斯鳩三權分立之說，認爲法院已獨立於政府之外，不受行政機關的支配，則行政機關亦不應受普通法院的管轄，是則普通法院只宜管轄私人間的普通訴訟，不宜過問人民與官署間的行政訴訟；行政訴訟應由普通法院系列之外的行政法院審判之，於是一七九九年的新憲法乃有行政法院的建制，從而構成了官民訴訟二元的法院體系。抑有進者，在英國法制之下，公共機關官吏侵害人民權益的行爲，被害人只能控訴官吏私人，公共機關本身不負責任，在此情勢下，被害人縱然勝訴，但官吏私人常無賠償能力，是以勝訴亦無補於其所蒙受的損害，然則對於人民權利的保障，實有口惠而實不至之嫌。因此種種，法國爲制，乃將國家機關官吏損害人民權益的行爲，分別處理：即這一行爲如係出之於官吏個人的違法失職而致損害人民權益，是為私人過失 (falt personnel) ，自應由其個人負責；由被害人於普通法院控訴之。反之，若官吏損害人民權益的行為，並無個人違法失職的因素，純為執行公務職責上招致的結果，是為職務上的過失 (faite du service) ，這一行為的責任不應歸之於官吏，而當為國家機關擔當，所以被害人所應控告者，非官員個人，乃為政府機關。是即構成行政訴訟，應由行政法院依行政法規裁判之，如須賠償損害，則由國家負責，國家當不致有無賠償能力的情事，被害人的受害，可以獲得實效的賠償。這一制度創始於法國，然後經由德奧傳至大陸各國，故曰大陸法制。

第二、民刑訴訟混合的法院體制與民刑訴訟分系的法院體制：大陸法制各國除行政法院專司審判行政訴訟外，普通法院是受理民事訴訟和刑事訴訟的。例如法、德、奧諸國以及日本和我國的普通法院，都是以同一法院管轄民事案和刑事案；是為民刑訴訟混合的法院體制。英國的法院的體制則與此迥殊。英國是將管轄民事訴訟與刑事訴訟的法院分為兩系，一系為縣法院 (county courts)，高等法院 (high court of justice)，及上訴法院 (court of appeal)，專門受理民事訴訟的案件，凡民事訴訟標的價值在四百鎊以下者由縣法院初審。由縣法院審理的訟案如訴訟標的價值超過五鎊者，原告被告均得要求由八人組成的陪審團審理。凡訴訟標的價值在四百鎊以上者歸高等法院初審；其不服縣法院判決者上訴於高等法院。凡不服高等法院判決者則上訴於上訴法院。又合高等法院與上訴法院而言之，則謂為最高法院 (supreme court of judicature)，但這只是英國人意象上的說法，實則並無最高法院的機關。以上為民事訴訟一系的各級法院。另有一系的各級法院以專門處理刑事訴訟案件。最低的刑事審判機關在鄉村為治安法官 (justice of the peace) 在城市則為有給判事 (stipendiary magistrate)，兩者均係受理輕微刑事案件。犯案較重者則兩個或更多治安法官構成「小法案」(petty sessions) 以審理之，治安法官及小法庭均屬「簡易司法」(summary jurisdiction) 程序，不採用陪審制度。犯案更重者則由一縣治安法官所組成的「季審法院」(quarter sessions) 審判，惟殺人犯案則由「巡廻法院」(court of assize) 審判。凡不服季審法院或巡廻法院判決者則上訴於「刑事上訴法院」(court of criminal appeal)。以上為刑事訴訟一系的各級法院。由是可知英國法院是民刑訴訟分系。惟有極少數的民刑訴訟案件於民事上訴法院或刑事上訴法院判決後仍不服者得上訴於貴族院 (House of Lords)，是為一種特例。此外，英國樞密院設有司法委員會 (Judicial Committee of the Privy Council) 以受理各殖民地法院，若干自治領國家法院以及英格蘭宗教法庭的最後上訴案，是亦為一特例。

第三、中央地方一系的法院體制與中央地方分系的法院體制：大體言之，在單一制國家的法院是採用中央和地方一系的法院體制。例如我國全國法院組織是採用三級三審制：在中央有一最高法院，在各省各設高等法院，在各縣各設地方法院，是為三級的法院體系。民刑訴訟案件，初審歸地方法院裁判，不服地方法院判決者上訴於高等法院，是為二審，不服高等法院判決者最後上訴於最高法院，是為終審；由初審二審終審構成的三審制，乃為審判的通例，自然還有兩審結案的特例。此一法院體制為單一制國家所通行，惟聯邦國家如美國者則與此迥異。蓋美國法院是採用中央地方分系的法院體制：即聯邦有其一系的各級法院，如聯邦地方法院，聯邦上訴法院，聯邦最高法院，是為中央一系列的各級法院。五十州中各有其一系列的各級法院，如州地方法院，州上訴法院，州最高法院，是為各州系列的各級法院。各種訴訟究竟歸聯邦法院管轄，抑或歸某州法院管轄，當依聯邦憲法第三條所具列的管轄權，及案件所涉及的法律規定而定其繫屬。以上所言，係美國之例。今日的西德和以前的德國雖屬聯邦國家，其法院體制又與美國不同：蓋德國雖素行聯邦制，但聯邦法律多由各邦執行，故其法院體制是以各邦的各級法院為主幹，聯邦並無另成一系的各級法院，不過有一聯邦大理院，以為各邦的最後上訴機關。

法院組織體系除上述三大類型外，尚有普通法院與特別法院的分別：例如英國的宗教法庭，樞密院司法委員會，法國的勞工法院，商事法院，美國的求償法院，海關法院，軍事法院，西德的憲法法院，法德等國的行政法院等均屬特別法院之例。（羅志淵）

法案 (Bill)

在立法程序上，法案 (bill) 乃指向立法機關提出以備審議制定的法律草案。從嚴格的意義說，法律經立法機關通過乃變為法律 (act)。所以在英國說，法案意謂立法的草案，經兩院通過，並獲得英王裁可時，乃成為國會法律 (act of parliament or statute)。這是英國一般的說法（見 C. Campion, An Introduction to the Procedure of the House of Commons, London, Macmillan,

1950, p. 109–10)。華爾克 (H. Walker)則依美國慣例謂，當一種提案(proposal)準備提出於立法機關時，乃被稱為法案，當經立法機關制定時，乃成為一種法令 (act)，當經行政首長核定，並完成其他規定的程式時，乃成為法律 (law)。這是華爾克的意見（見 The Legislative Process, N.Y. Ronald Press, 1948, p. 225)。美國論者罕有遵循這一區別的說法。更就英國國會的慣例看，法案得被分為種種不同之類別：就法案的效力說，英國的法案得分為公法案 (Public Bill) 與私法案(Private Bill) 兩類。公法案乃有關公共政策而具有一般性，適用於全體人民，至少也適用於大部分人民之間。私法案則只關於某一地方、某一社團或某特定人的利益。就法案的來源說，法案得分為政府案 (Government Bill) 與議員案 (Private Members' Bill)。政府案乃為閣員提出之公法案，所有金錢法案 (Money Bill) 及其重要公法案，必須由政府提出之。但除金錢法案外之其他公法案，亦得由議員提出之，是謂為議員法案（較重要之議員案於二讀程序時，必有國務員一人以說明政府對於本案是贊成或反對的態度）。由是可知，政府案與議員案均屬公法案。至於私法案，則非出之於政府或議員提案，乃由直接利害關係人之請願而來也。中國立法制度上亦有政府案與委員案之區別（見立法院議事規則第十、十七、十八等條）。但無公法案與私法案之觀念。美國因為施行分權制，總統無提案權，所以沒有政府案與議員案的稱謂，但有公法案與私法案的意識。（羅 志淵）

法家

司馬談論六家要旨曾說：「法家不別親疏，不殊貴賤，一斷於法。」（史記，太史公自序）漢書藝文志則說：「法家者流，………信賞必罰，以輔禮制。」可見漢人最初把李悝，申不害、商鞅、愼到、韓非等人的著述歸為法家，並不是因為他們是法律專家或法理學家，而是因為他們對法特予重視，認為係治國唯一有效工具的緣故。管子一書，漢書藝文志原將它列入道家，但因該書大部分均闡述法治理論，故自隋書經籍志以後，歷代均將它歸入法家。

春秋之時，任法的思想濫觴於管仲，子產繼之，實行鑄刑書，以法治國。下逮戰國，李悝相魏文侯，著法經，商鞅挾以入秦，變法圖強，同時申不害相韓，亦厲行法術之治，於是任法便蔚為風氣。不過上述諸人俱屬專注於事功的政治家，他們雖有著述遺世，但均係後人彙集其言論、政策，追記其行事及闡述其主張而成，大抵非一時之書，亦非出於一人之筆，更無完整的系統與理論。直至愼到居齊為稷下之士，先秦法家始有不治而理論之作。統一前夕，韓非憂國，憤而著書，集申、商、愼等人思想之大成，完成法家有系統的政治理論，李斯據以輔弼始皇，使法家的政治事業達於最高峯。漢初，政策上雖專事反秦，但政制則沿而未改，武帝及昭、宣之際，儒家名義上雖為獨專，而事實上則係以儒飾法，元、成以後，法家勢力始漸衰退。東漢以來，儒術大倡，法家刻薄之譏遂成定論。此後，我國歷代政制雖仍頗多本於法家精神，然不論政治家或政論家，縱令心存法家學說，亦例以儒者自命，法家之書，因此大多散佚，如非經晚清及近代學者的整理註釋，幾無一能卒讀。

法家諸子的政治理論，雖有所謂重法、重術與重勢三派，但大體均具有歷史在進化、政治須尙力及人性本惡等共同看法，並均本於尊君抑臣的基本立場，以法為治國唯一有效的工具，茲分述之如下：

一、法家的共同認識：

1.歷史在進化：法家認為時代不斷變易，歷史也在繼續進化，因此必須順應情勢，因時變法。管子說：「聖人者，………其治人民也，………不慕古，不留今，與時變，與俗化。」（正世）商君亦謂：「聖人不法古，不脩（循）今，法古則後於時，修（循）今時塞於勢。」（開塞）韓非更譏刺「欲以先王之政，治當世之民」的人為守株待兔（五蠹），攻擊「明據先王，必定堯舜者，非愚卽誣也。」（顯學）且大聲疾呼：「法與時轉則治；治與世宜則有功。時移而治不易者亂，能治衆而禁不變者削。」（心度）

2.政治須尙力：法家認為政治的本身，無論對內對外，俱唯利是尙。管子指出國家的起源卽在乎「智者假衆力以禁強虐。」（君臣）而「人君之所以為君者，勢也，………勢在下，則君制於臣矣。」（法法）國際間更是「君之所以卑尊，國之所以安危者，莫要於兵。」（參患）商君亦謂：「國之所以重，主之所以尊者，力也。」（愼法）「夫聖人之治國，能摶力，能殺力。……摶力以一務也，殺力以攻敵也。」（一言）韓非子更強調政治上的權力服從關係，他說：「民者固服於勢。」（五蠹）「人臣之於其君，非有骨肉之親，縛於勢而不得不事也。」（備內）「力多則人朝，力少則朝於人，故明君務力。」（顯學）所以法家諸子均極力講求如何能使主尊威重，令行禁止，國富兵強，無敵於天下。

3.人性本惡：法家諸子均主性惡。管子說：「人之心悍，故爲之法。」（樞言）愼子則說：「人莫不自存也。」（因循）韓非更進一步的指出人性極爲涼薄而自私，「故父之於子也，猶用計算之心相待也。」（六反）何況「人臣之於其君，非有骨肉之親，縛於勢而不得不事也。故爲人臣者，窺覘其君心也，無須臾之休。………夫以妻之近與子之親，而猶不可信，則其餘無可信者矣。」（韓非子備內）人君爲了御下，防姦，使別人無法取代其權力，所以不得不用術。「人主處制人之勢，有一國之厚，重賞嚴誅，得操其柄，以修明術之所燭，雖有田常子罕之臣，不敢欺也，奚待於不欺之士？」（韓非子五蠹）法家所謂術就原則上言，大致可分爲㈠御下之術，乃人君「藏之於胸中………而潛御群臣者也。」（韓非子難三）㈡用人之術，「乃人主因任而授官，循名而責實，………課群臣之能者也。」（韓非子定法）具體而言，則管子有九守之術（見管子九守篇），而韓非更提出防姦八術和御下七術（分見韓非子八姦與內儲說上）。同理，法家認爲君主對於人民亦不能厚愛而必須使用嚴刑，原因人性既涼薄而自私，「君雖厚愛，奚遽不亂？」（韓非子五蠹）所以必待「殺然後從，見利然後用，被治然後正。」（管子正世）換言之，「民固驕於愛，聽於威矣。………故明王峭其法而嚴其刑也。」（韓非子五蠹）。

二、法家論政的基本立場：法家論政，其基本立場均爲尊君抑臣，並以人民爲謀求國家富強的手段。他們認爲君主必須一而尊，然後一國才可以致治。何以故？「兩貴不相事，兩賤不相使。」（愼子逸文）「使天下兩天子，天下不可理也。」（管子霸言）「一家二貴，事乃無功。」（韓非子揚權）「故安國在乎尊君。」（管子重令）而君主如何才能尊貴呢？法家認爲對內君主必須集權、任勢。原因：「主所以尊者，權也。」（韓非子心度）「權制獨斷於君則威。」（商君書修權）「故從而貴之，不敢論其德性之高卑。」（管子法法）「勢者，勝衆之資也。」「善任勢者國安。」所以「萬物莫如身之至貴也，位之至尊也，主威之重，主勢之降也。」（分見韓非子八經、姦刼弑臣、愛臣）對外君主則須善用衆力，驅民以戰。原因：「大國之君所以尊者何也？曰：爲之用者衆也。」（管子法法）「力多則人朝。」（韓非子顯學）「不勝而王，………自古及今，未嘗有也。」（韓非子畫策）而臣民之「爲上忘生而戰，以尊主安國也。」（商君書農戰）在法家看來，係屬至爲應該之事。

三、法家所強調的治國工具：法家諸子，因各人所處的時代及環境不同，故其所闡述的政治理論亦各有所精，但却無不強調法律的功能，認爲那是治國唯一有效的工具。他們說：「法者，所以興功懼暴也；律者，所以定分止爭也；令者，所以令人知事也。法律政令者，吏民規矩繩墨也。」（管子七主七臣）「法者，所以齊天下之動，至公大定之制也。」（愼子逸文）「以法治者彊，以政治者削。」（商君書去彊）「夫聖人之治國，不恃人之爲吾善也，而用其不得爲非也。………用人不得爲非，一國可使齊，爲治者用衆而舍寡，故不務德而務法。」（韓非子顯學）「以法治國，舉錯而已。」（管子明法、韓非子有度）「不明於法，而欲治民一衆，猶左書而右息之。」（管子七法）「法雖不善，猶愈於無法。」（愼子威德）而欲法令之得行，他們認爲必須因於人的好惡，重賞以誘之，厚罰以懼之，使他們樂於從而不敢違。所以說：「好惡者，賞罰之本。」（商君書錯法）「聖人設厚賞，非侈也；立重禁，非戾也。賞薄則民不利，禁輕則邪人不畏。設人之所不利，欲以使，則民不盡力，立人之所不畏，欲以禁，則邪人不止，是故陳法出令，而民不從。」（管子正世）「治國之有法術賞罰，猶若陸行之有犀車良馬也，水行之有輕舟便檝也，乘之者遂得其成。」（韓非子姦刼弑臣）而他們基於「治國不恃人之爲吾善也，而用其不得爲非」的觀念，對於賞罰兩者的運用，係偏於重罰而輕賞，認爲「治國刑多而賞少。」（商君書開塞）「刑勝而民靜，賞繁而姦生。」（韓非子飾邪）一般儒家往往因法家主張嚴刑峻法而譏他們爲刻薄寡恩，但法家對此却大不以爲然。「今不知治者，皆曰重刑傷民，輕刑可以止姦，何必於重哉？此不察於治者也。夫以重止者，未必以輕止也。以輕止者，必以重止矣。是以上設重刑而姦盡止，姦盡止，則此奚傷於民也？」（韓非子六反）「刑重者，民不敢犯，故無刑也，而民不敢爲非，是一國皆善也。」（商君書畫策）（賀凌虛）

法國政黨

法國在一七八九年大革命以前，根本無政黨政治可言。而法國大革命之後，亦由於國體的問題，卽法國應爲君主、共和、帝國或其他型態的國體，未能達成協議，因此政黨政治也就無法臻於健全。同時更因爲受了：(1)國民性的影響：由於法國國民傾向理論政治，忽略實際政治，故可能爲一特殊理由或問題而堅持己見，採取不合作態度，致使政黨林立；(2)第三共和以後，國會的兩院規則，承認議員政團的存在，因此議員可參加數個政團，致使政治關係日趨複雜；(3)政黨缺乏紀律的影響：由於法國國民性不喜歡受團體拘束，再加上議員當選非全靠政黨，而有賴個人的聲望與努力。故很難樹立嚴格的紀律，致使政黨的拘束力減少，黨員行動自由，造成多黨政治。正因為法國政黨林立，各黨派皆欲自行標榜其獨立旗幟，以致政治主張混淆不清，各黨派朝秦暮楚，離合靡常，所以政黨關係愈加複雜，而法國政局的不穩定亦著稱於世。

雖然自一九五八年戴高樂登台之後，法國的政治逐漸走上安定、正常的軌道，但是黨派之多仍舊不遜於第三、第四共和時代。茲將法國現行各黨派的名稱、成立的時間、住所、政策、領導人物以及在國會中所占席次等分別闡明於后：

(一)新共和聯盟——勞工民主聯盟(Union Pour la Nouvelle Rēpublique-Union Democratique du Travail, UNR-UDT.)：總部在 123, rue de Lille, Paris 7e.。此派係於一九六二年十二月由一九五八年創立的新共和聯盟，與一九五九年創立的勞工民主聯盟合併而成的。其主要政策是協助戴高樂總統的法國與海外政策；恢復法國的光榮傳統；穩定第五共和政府；促進法國在西方聯盟的獨立與主宰地位。一九六二年國會選舉時，在國民議會中獲得二三三席次。其領導人物是：黨部書記長 Jacques Baumel；國民委員會秘書長：Rene' Tomasini.。

(二)工人國際法國支部 (Section Française de l'internationale ouvriere (SFIO)，即社會黨。總部設在 12, cite' Malesherbes, Paris 9e.。是主要的反對黨，其重要的政策是：推行計劃經濟；廢除一切私有財產，以期達到社會主義的目標。自一九五八年選舉以來，其在國會中的地位由第四位提高至第二位。一九六二年選舉時，已在國民議會中擁有六六席次。社會黨的領導人物是：書記長：Guy Mollet. 副書記長 Pierre Mauroy, Pierre Herbaut, Ernest Cazelles 等。

(三)法國共產黨 (Parti Communiste François, P.C.F.) 即共產黨。總部設於：44, rue le peletier, paris 9e. 其重要政策：完全貫徹馬克斯主義；聯合工人，民主與國民的力量；運用談判的方式解決國際爭端；確立法國在聯合國的獨立地位。一九六二年選舉結果，其在國民議會的席次由十增加至四十一。其領導人物是：書記長：Waldeck Rochet.

(四)人民共和運動黨 (Mouvement Républicain populaire, M.R.P.)，總部設立在：7, rue de poissy, Paris 9e. 此派主要是由傳統法國地區羅馬天主教所支持，其主要政策是偏向社會主義者的經濟思想；贊同北大西洋公約組織與歐洲團結；要求政府協助教會教育，一九六二年選舉時，在國民議會中的席次由四三減至三六。其領導人物是，書記長：Joseph Fontanet.。

(五)獨立共和研究聯合中心派 (Centre de Liaison et d'Etudes des Republicains Indēpendants) 即獨立共和黨，總部在：130, rue de Rivoli, Paris 1e. 是自獨立國家中心派中分裂而成立的新右翼派。其主要政策是：支持戴高樂的黨派，主動參加一切第五共和政府的工作，贊成北約組織與歐洲團結，在國民議會中占三五席。領導人物是主席：Raymond Mondon，副主席 Marcel Anthonioz, Andre Bettencourt 等，及書記長：Aime' Paquet.。

(六)獨立國家中心派(Centre National des Indēpendants) 總部在：106 rue de l'université, Paris 7e. 由於其內部的分裂，使其在國民議會的勢力大為減少，而不發生任何作用。領導人物：書記長：Camille Laurens.。

(七)急進共和與社會急進黨(Parti Rēpublicain Radical et Radical-Socialiste)，即急進黨。設址：1 Place de Valois, Paris 1e. 是第三共和中央黨的主要延續者，但自第四共和結束後力量即非常脆弱，主要政策是指導自由經濟思想；贊同北約組織與歐洲團結；支持反對黨派。領導人物是：主席：Rene' Billéres，書記長：François Giacobbi, Preire Brousse 等。

(八)統一社會主義黨 (Parti Socialistē Unifiē (PSU)：設址：81, rue mademoiselle, Paris 15e.，主要政策是主張獨立左翼。在國民議會中僅占一席次，領導人物是：書記長：Edouard Depreux，助理書記長：Gilles Martinet.。

(九)反抗民主社會聯盟 (Union Dēmocratique et Socialiste de la Resistance, 設址：21, rue du Mont Thabor, Paris 1e. 是戰後形成的中間偏左小黨，其主要政策是倡導傾向社會主義的經濟理論；贊成北約組織與歐洲團結。一九六二年在國民議會中僅獲一席次。領導人物是 François Mitterrand。

(十)共和中心派(Centre Rēpublicain) 設址：229 Bvd. St. Germain, Paris 7e.，於一九五六年創立的。主張自由經濟理論，偏向贊同北約組織與歐洲團結。領導人物：主席是：André Morice （以上資料見：The Europa Year

Book 1966, vol. 1, Part II. Europe p. 523.)

法國於一九六八年五月因學潮而引起工潮，其嚴重程度竟被視爲是「一九六八年法國大革命」，於是戴高樂總統在五月廿四日宣佈以公民投票決定其去留；在五月卅日再宣佈解散國民會議實行大選，兩次投票的結果如下：

聯合黨派名稱		第一次投票結果		第二次投票結果	
戴高樂派	保衛共和國聯盟	一二四	共計一五二席	一六九	共計二〇五席
	獨立共和黨	二八		三六	
共產黨		六席		二八席	
中道派		五席		二四席	
統一社會黨		一席		〇　席	
民主左翼聯盟		〇席		五七席	
其他		二席		五席	

（餘二席係由南太平洋之海外領土產生）

戴高樂派共贏得三五七席，較解散國民會議時增加一一七席，故可穩操國會的主要領導權，而可徹底執行其所揭櫫的必要政策。（見張棟材：法國的學工潮與普選，問題與研究、第七卷第十期，民國五十七年七月十日出版，第六六五頁）。（李鍾桂）

波札那（Republic of Botswana）政黨

波札那共和國（Republic of Botswana）原爲英國保護地，獨立於一九六六年九月。計有下列三個政黨：

㈠波札那民主黨（Botswana Democratic Party）：該黨成立於一九六一年，由卡瑪（Sir Seretse Khama）所領導。現爲波札那多數黨，一九六五年大選中獲國會二十八個議席，卡瑪乃以該黨主席而出任波札那總統。副主席楚依比氏（A.M. Tsoebebe）出任勞工社會服務部長。黨秘書長馬賽爾（Q.K.J. Masire）出任副總統及財政部長。該黨施政的重點爲擴大教育、改善交通及促進農業與工業之現代化。

㈡波札那人民黨（Botswana People's Party）簡稱ＢＰＰ）：該黨創於一九六〇年，爲莫特細特（K.T. Motsete）氏所創。嗣後人民黨分成兩大集團，一爲莫特細特本人所領導，一爲馬天德（P.G. Matante）氏所領導。一九六五年大選時，獲國會三個議席。一九六五年該黨和下述之波札那獨立黨組成聯合陣線。

㈢波札那獨立黨（Botswana Independence Party）：該黨於一九六四年爲謨佛（M.K. Mpho）所創。謨佛原爲波札那人民黨領袖之一，脫離人民黨後在一九六五年大選時，因未能獲得議席，旋又與人民黨合組成聯合陣線。該黨主席由謨佛本人自任，副主席爲谷希（J.G. Gugushe），黨秘書長爲謨庫比（E.R. Mokobi）。（袁頌西）

波那拍主義（Bonapartism）

法國大革命後，波那拍．拿破崙（Napoleon Bonaparte）家族中，有拿破崙一世（Napoleon I, 1769–1821）和其侄拿破崙三世（Napoleon III, 原名 Charles Louis Napoleon Bonaparte, 1808 – 1873）先後統治法國，兩人有大致相同的作風和政策，世人便以波那拍主義爲拿破崙或其家族的作風和政策的總稱。

按拿破崙一世出生於地中海的科西嘉（Corsica）島，在巴黎受軍事教育，一七八五年任陸軍少尉，一七九三年，因爲在土龍（Toulon）指揮礮兵作戰，大勝英軍，聲名雀起，卽由革命政府擢升爲准將。一七九五年，他於巴黎逐散正向執政團（The Directory）侵襲的暴民，旋受任爲國內陸軍總司令。第二年，奉命出征義大利，誓師前夕，娶阿力山大將軍（General Alexandre）遺孀約瑟芬（Josephine de Beauharnais）爲妻，進兵後，節節勝利，打敗了包括奧、普、英、西、荷、薩（丁尼亞）的第一次聯軍。一七九七年，他有意進攻英國，擬定先於埃及擊潰英軍，然後進攻英國本土。他於一七九八年在埃及打敗了英、土的陸軍，佔領開羅，但其海軍爲英艦摧毀了。當他獲悉國內民怨沸騰，反對執政團的政策，而且第二次聯軍（英、奧、俄）已重佔北義大利後，他從地中海的英國艦隊中偷渡，趕回巴黎，發動政變，另組三人執政團（The Consulate），自任第一執政（The First Consul），於一八〇二年改任終身執政，並於一八〇四年廢棄法國第一共和，由人民選舉爲皇帝。他再出征義大利和奧大利，又連連告捷，達到目的。外患既平，他便着手整頓內政，建立比較民主的教育制度，改革司法制度，編纂拿破崙法典（一八〇四—一八一〇），和教皇簽訂協定，恢復法國天主教徒原來地位，實施嚴格的中央集權制度。他本有建立海外殖民帝國的野心，所以曾於一八〇〇年強迫西班牙割讓北美洲路易士安那領土(the louisiana territory)，但因亟需軍費，於一八〇三年把這塊土地賣給美國，他曾企圖進攻海地(Haiti)，但因財力兵源不足，不得不放棄計劃，終使他的海外帝國成為幻夢。海外擴展既無希望，乃轉向歐洲大陸，他於一八〇五年再度擊敗奧國，建置萊茵河邦聯，使神聖羅馬帝國徹底瓦解。他於一八〇六年攻入普魯士，佔柏林，第二年擊敗俄國，建立華沙大公國，於一八〇九年粉粹第五次英奧聯軍。第六次聯軍(英、奧、普、俄、瑞典)再犯時，他決定先打敗俄國，然後轉攻其餘敵國，乃於一八一二年親率五十萬大軍攻佔莫斯科，不幸遭遇大火災、嚴寒和俄國的清野游擊術，不得不自行撤退，回到法國時，僅留下五萬殘軍，於一八一三年在萊普錫 (Leipzig) 為聯軍打敗，退守巴黎，於一八一四年四月宣告遜位，伏居厄爾巴島(Elba Island)。一八一五年二月，他潛返法國，普遍受到軍民全心的擁護，便復組軍隊，以對抗聯軍，六月，因兵員過少，於滑鐵爐慘敗，被囚居於南大西洋的聖赫里那島 (St. Helena Island)，至一八二一年憂憤以終。

拿破崙三世的父親，是拿破崙一世的弟弟，曾任荷蘭國王。拿破崙三世於一八三六年企圖在史楚拉士堡(Strasbourg)發動軍變，失敗，被放逐美國，第二年返回歐洲，定居倫敦，於一八四〇年再次策劃推翻法王費立普 (Louis Philippe)，親自率領革命人員，又因事機漏密，變為階下囚，過了五年多的鐵窗生涯，至一八四六年才僥倖逃脫，再往倫敦。一八四八年二月，法國革命成功，他重返巴黎，在巴黎選區當選為國會議員，由於他過去的革命活動和其家族姓氏的吸引迷力，在同年九月當選為法國第二共和第一任總統。他於十二月就職，誓為共和制而貢獻一切，但自一八四九年初起，他和國民會議間便發生意見紛歧、權力衝突、公開爭鬥，至一八五一年十二月，他用拉攏賄賂等手段，經由公民投票的方式，把自己的任期從四年延長為十年，再過一年，用同樣的手段和方式，改共和為帝國，帝位終身，自任皇帝。他統治期間，扼殺新聞自由，參加克里米亞戰爭 (The Crimean War of 1854-56)，聯合薩丁尼亞發動對奧戰爭(一八五九年)，竟背信與奧國私訂休戰協定；他為了重建法國海外殖民帝國，於一八六二年五月派兵遠征墨西哥，越一年，攻佔墨西哥城，並派奧國大公爵麥西米蘭 (Austrian Archduke Maximilian) 為墨西哥國王，美國當時正在內戰中，不採取強硬的對策，到一八六七年，美國強迫他撤軍，墨西哥王國隨即消失；一八七〇年七月，他因賀安索綸 (Hohenzollern) 族對於西班牙王位繼承的爭議，向普魯士宣戰，法軍屢屢敗退，他於是御駕親征，希望能夠鼓勵士氣，但仍不能挽回戰局，在色當 (Sedan) 被包圍，他親自率軍投降，成為戰俘，法國第二共和跟着瓦解了。一八七一年，他獲釋赴倫敦和其妻子重聚，祇兩年，便死於倫敦。

從上所述，可見拿破崙一世和三世兩人，同是野心極大的人物，有大致相同的作風和政策，有類似的遭遇和命運，其中最重要者如從事政變陰謀以取得政權，當權後以手段延長自己的任期，推翻共和，恢復帝制，帝位終身，自任皇帝，對內實施高度的中央集權制，限制人民自由，對外拓展領土，爭霸歐洲，多次征戰，企圖建立海外殖民帝國，最後於戰時被擄，野心完全破碎等。所以波那拍主義的主要涵義，是指此類作風和政策。(陳治世)

波桑克 (Bosanquet B., 1848-1923)

英國的政治思想家，澈底擁護國家主權的理論。著有「國家之哲學理論」(Philosophical Theory of the State)，其理論的中心係以黑格爾學說為依歸，並將盧梭全意志學說塗抹了一些玄學的色彩。認為國家是一個至高無上的道德體，也是一個具有人格和意志的巨靈。

波桑克不承認個人與社會有衝突，因為國家是一個有機體，人民好比是這個有機體的手足，而政府便是這有機體的頭腦，以頭腦指揮手足，不致發生窒礙，透過這種相輔相成的關係，社會成為一和諧的整體，國家所表現的行為自然歸於公正，而能獲致人民的全面支持。

波氏在「國家之哲學理論」中，藉盧梭學說以表達其思想的特色，他附和「全意志」(the general will) 有異於「全體意志」(the will of all) 的說法，認為國家的意志可吸收並融合個別的意志，而成為正確及合於公道的全意志；也就是說，全意志不是人民個別意志的總和，而是人民所組織的有機體的意志，因此，波氏又引伸黑格爾的理論，以神祕的口吻說，國家的行為不能受制於個人的道德規範，故立法者亦毋須依順人民的表面利益。

鄒文海教授說：「波桑克很巧妙的為政府的鐵腕戴上絲絨的手套，他以為國家全體才能發現人民眞正的利益，不過他太把國家理想化了。」(謝延庚)

波蘭 (Poland) 政黨

波蘭(Poland)爲東歐共黨集團共黨國家之一。就其國會（Sejm）中議席分配的情況而論，表面上看來，波蘭爲一多黨制的國家，實際上則爲與其他東歐「人民民主國家」一樣，亦爲一黨專政的國家。這些黨派除波共之外，自一九五二年新憲法施行之後，已喪失其重要性了。玆分別述之如次：

波蘭聯合勞工黨（Polish United Workers' Party）：該黨簡稱之爲P.Z.P.R.，自稱爲羅莎·魯森堡(Rosa Luxamburg) 的「波蘭暨立陶宛（Lithuania）社會民主黨」（一八九三年至一九一八年）的直接繼承者。一次大戰後該黨改名爲「波蘭共產主義勞工黨」（Communist Workers' Party of Poland），隨即又改稱「波蘭共產黨—共產國際支部」。但自一九一九年起由於遭受到政府的禁止，乃轉入地下活動。一九三八年由於豪上托洛茨基主義(Trotskyism)的罪名及爲波蘭秘密警察所滲透，乃由共產國際下令予以解散。一九四二年一月，波共組織在德軍佔領區內復活，自稱之爲波蘭勞工黨（Polish Workers' Party），由戈慕卡(Wladyslaw Gomulka) 擔任總書記（一九四三—一九四八）。一九四八年戈氏犯了所謂「右傾民族主義」的罪名而被罷黜，直到一九五六年才又東山復起。

一九四八年十二月波共與波蘭社會黨（Polish Socialist Party)合併，改稱爲「波蘭聯合勞工黨」今名。

一九五六年六月，波斯南(Poznan)　的勞工因抗議俄式的統治而發生暴動。結果導致波共政治局的改組；以狄托主義的罪名被繫獄三年的戈慕卡氏出任第一書記。戈氏出任第一書記後，隨即與俄共商談，使波共獲得了某種程度的自由。戈氏最明顯的勝利，是爲將俄共派遣至波蘭擔任國防部長的俄國二次大戰中英雄羅可索夫斯基將軍(Marshal Konstantin K. Rokossovsky) 排除於政治局之外，並免去其國防部部長之職，使其歸返俄國。

在戈慕卡統治下的波蘭，在內政方面標榜「一國社會主義」，但在國際事務方面，則緊隨着俄共的路線。自一九五七年以後，波共在國內政策方面，逐漸地又採收縮政策，而剝奪了波蘭人民一九五六年奮鬥所獲得的許多自由。

波共在黨的組織方面，與俄共大致相同。政治局(Politburo)　由十二名委員組成，戈慕卡排名第一。另有三名候補委員。中央委員會書記處由八名書記所組成，其中總書記一職，由戈慕卡氏擔任。

波蘭除了共產黨以外，尚有兩個無關緊要的小黨。這兩個小黨，也可以說是波共的尾巴黨。一爲聯合農民黨（United Peasant Party），一爲民主黨(Democratic Party)　。（袁頌西）

治權

中華民國國父　孫中山先生本其權能區分學說，將國家主權，亦即統治的權力分爲兩種：一爲政權，另一爲治權。治權就是政府處理公務的權力，亦即發揮「能」的必要條件。他說：「政府替人民做事要有五個權。就是要有五種工作，要分成五個門徑去做」。又說：「用五權憲法所組織的政府，才是完全政府，才是完全的政府機關。有了這種政府機關去替人民做工夫，才可以做很好很完全的的工夫」。「這五個權是行政權、立法權、司法權、考試權、監察權」。這五者之中，前三者是執行普通政府的職務，考試職司選拔人才，監察職司糾彈失職的官吏。（羅時實）

狀元

見「進士」條及「會試」條。

孟德斯鳩(Charles Louis de Secondat, Baron de la Bréde et de Montesquieu)

孟德斯鳩(Baron de Montesquieu) 是法國大思想家，生於包爾德 (Bordeaux)附近一個貴族家庭，原學習法律，曾任包爾德市議會的議員和議長。一七二一年，他發表了波斯人的書信 (Persian Letters, Lettres Persanes)，文名大噪。一七二六年，他放棄議長職位，專事學術研究，並去巴黎。一七二八年，他獲准爲法蘭西中央學士院(French Academy, Academie Française) 的院士。然後，他遍遊了歐洲大陸各國，並到英國居住兩年，對英國的自由思想與政府制度頗爲傾慕。他回國時，再居故鄉，一七三四年又發表了羅馬興亡史論 (Greatness and Decline of the Romans, Consideration sur les causes de la grandeur des Romains et de leur decadence)至於他費盡半生心力而完成的名著法意（The Spirit of the Laws, De l'Esprit des Lois），則在一七四八年問世。

孟氏爲學，採用歷史的方法與觀察的方法，立論都是依據對過去和當前具體事實的考察。而對他影響最深的是羅馬歷史與英國憲法。

在孟德斯鳩以前，論法律者不是說法律是理性的指示，就是說法律是命令。而孟氏卻給法律下了一個別開生面的定義，說最廣義的法律乃是「從事物的本性所起的必然關係」("the necessary relations arising from the nature of things")。然則，一切事物都各有其法。就人類說，最初就是由人之所以為人的本性而來的自然法 (laws of nature, lois de la nature)。社會組織形成後，開始有戰爭狀態，這是制定法 (positive laws, lois positives) 發生之源。制定法由三種關係而來，可分為三種：㈠發生於各民族間的關係者是國際法(law of nations, droit des gens)，㈡發生於一國中治者與被治者的關係者是政治法 (political law, droit politique)，㈢發生於一國中各個人民間的相互關係者是民法(civil law, droit civil)。

孟氏論政體，首先分別政體的性質(nature, la nature)與原理(principle, le principe)：前者指政府的構造而言，後者則指促使政府行動的人類情感而言。然後，依性質把政體分為幾種：㈠共和政體 (Republic,R'epublique) 又分為(1)民主政體(Democracy,D'emocratie)與(2)貴族政體 (Aristocracy, Aristocratie) 兩種。㈡君主政體 (Monarchy, Monarchie)。㈢專制政體(Despotism, Despotisme)。各種政體各有其特殊的原理：㈠民主政體的原理是道德 (virtue, vertu) ——「愛國家，愛平等」的政治道德。㈡貴族政體的原理是禮讓 (moderation,mod'eration)。㈢君主政體的原理是榮寵 (honour, honneur)。㈣專制政體的原理則是恐怖 (fear, crainte)。政體的原理是政體維繫的因素，政體是否會發生變遷，就要看它的原理有無改變。

孟德斯鳩政治理論的重要性，以自由論為第一，而其頗負盛名的三權分立說又是與自由論緊密相聯的。他先把自由的意義解釋為一個人相信他可以依照自己的意志而行動，然後把自由分為兩種：㈠政治自由 (political liberty, liberté politique)，㈡個人自由(civil liberty,libert'e du citoyen)。

孟氏對政治自由特別重視，把它解釋為在法律所容許的範圍內可以如願行事的權利。要使政治自由得到保障，必須制止權力的濫用；要制止權力的濫用，又必須使權力牽制權力，那麼就要使政府的各種權力分立並互相制衡——這是保障政治自由的必要條件。於是，他乃把政府的權力分為三種。他最初所提出的三種，與英國陸克 (John Locke) 所提出的立法權、執行權、外交權，實質上完全相同。不過他隨即把執行權改稱為司法權，而把外交權改稱為行政權，並且進一步說明行政權應包括一切立法的執行。這樣，孟氏所分的政府三種權力乃是：㈠立法權 (Legislative Power, Puissance l'egislative)、㈡行政權 (Executive Power, Puissance exécutrice)、㈢司法權 (Judicial Power, Puissance de juger)。其中，假如有任何兩種以上的權力集中於一個機關，都會妨害政治自由。所以，這三種權力必須分屬於三種不同的機關：㈠立法權足以表現「國家的共通意志」(the general will of the staté, la volonté générale de letat)，應屬於全體人民(the whole body of the people, le peuple en corps)。但是鑒於全體人民實際從事於立法工作，勢不可能，或很不便，孟氏乃主張代表制，由選出的代表來代辦立法工作，分為兩部分：(1)「貴族團」，(2)「代表人民的一團」，這兩部分分別開會討論。㈡行政權應由君主一人掌握，以求速效。㈢司法權直接涉及個人，在人民看來是很可怕的，所以不應付於常設的機關，而應由人民所選出的人來行使；這些人所組成的裁判所，並非經常性的，其存在的時日，視實際需要而定。如此分立的三權，還要彼此互相制衡。照以上的設計，司法權已經變成人眼所看不見的了。然則，在政府權力互相制衡的關係上，司法權可以說是「無」(nothing)。於是，孟氏論政府權力的互相制衡，乃主要的集中於立法與行政兩權的關係，有下列幾項要點：㈠立法部門由「貴族團」與「代表人民的一團」組成。這兩部分各有其利益，各有其意見，分別開會討論，而彼此之間互有否決權。如此使立法部門的內部先有互相牽制的關係。㈡行政部門對立法部門，雖無權參加討論或提案，但有否決之權。又立法部門不能自行集會或閉會，其開會或閉會的時間應由行政部門酌情定之。這是行政權對立法權的牽制。㈢立法部門對行政部門執行法律的實際情形，可以監督。這又是立法權對行政權的牽制。孟氏從政治自由的保障，講到三權分立說，發生了極大的影響，而且在美國聯邦憲法，各州憲法，與各州的許多權利表，以及法國的人權宣言 (Declaration of the Rights of Man and of the Citizen) 中，都可以具體的看到。據孟氏自己說，此種理論乃由研究英國憲法而發現。但實際上，英國一六八八年的革命已經奠定了議會至高無上的地位，孟氏的觀察顯屬錯誤。基於錯誤觀察而發揮出來的理論，竟發生了極大的影響，真令人不可思議。

至於個人自由，孟氏並沒有下一個確切的定義，而於個人自由的反面，奴隸制度，則討論甚多。他對以前維護奴隸制度的各種理由，一一加以駁斥。

孟德斯鳩又特別注意到一國的法制必須適合其環境——包括政體、自然環境、以及社會、經濟、宗教情況等等。這許多關係合起來，就構成他所謂「法律的精神」(the spirit of the laws, lesprit des lois)。他在這一方面，有很多的發揮，並提出不少具體意見。他不滿意當時的政治，總想有以改善，但又因注意到上述的關係，認爲一種法制形成之後，必與其國情的各方面息息相關，改革不能不慎重將事。於是，孟氏的思想，對當時的政治來說，乃是溫和改良現狀的態度。

綜觀孟氏的政治思想，應注意其三點特色：㈠思想範圍之廣博，可以說幾乎包括了一切社會科學在內。㈡治學採歷史的方法與觀察的方法，而增廣其範圍，兼及於文明未進化的民族與遼遠的地方。㈢自由的理論，也與前人不同。他認爲唯有在分權政府之下，政治自由才能得到保障；他所注意的不是個人的權利，而是政府權力的分配。（參閱「陸克」與「共通意志」兩條。）（張翰書）

直接選舉 (Direct Election)

由選民直接選舉當選人者，稱爲直接選舉。反之，由選民選出第二選舉人，再由第二選舉人選舉當選人者，則爲間接選舉(indirect election)。行間接選舉制者，南美洲的阿根廷，智利，和墨西哥均屬之。美國的總統選舉，亦係間接選舉的形式。至於直接選舉，巴西和秘魯，均曾有過由一般選民直接選舉行政元首的經驗，一八四八年的法國憲法，以及德國魏瑪憲法，亦有類似的規定。時至今日，由於民主觀念普及，加上政黨政治的因素，已不容許第二選舉人任意選舉，故間接選舉已與直接選舉同其意義。

晚近各國選舉法大抵趨於直接選舉制，就代議制度言，下議院的選舉，幾已一致採取直接選舉制。（謝延庚）

知州

州之長官，漢魏以來爲刺史。及宋太祖即位，欲奪地方權柄，常分命朝臣出守列郡，號稱權知軍州事，軍謂兵，州謂民政，其後文武官參爲知州軍事，二品以上及帶中書樞密院宣徽使職事，稱判某府州軍監，於是，知州成爲一州之長官，刺史則爲虛階。知州掌理州政，「宣布條教，導民以善，而糾其姦慝，歲時勸課農桑，旌別孝悌，其賦役錢穀獄訟之事，兵民之政皆總焉。凡法令條制悉意奉行，以率所屬，有赦宥則以時宣讀而班告于治境，舉行祀典，察郡吏德義材能而保任之，若疲軟不任事或姦貪冒法則按劾以聞，遇水旱以法賑濟，安集流亡無使失所。」（宋史職官志）宋代所謂知州者，皆以州領縣，無有爲郡所屬之散州，故知州與知府相等。元州分上、中、下三等，上州置州尹，秩從四品，中州置知州，正五品，下州置知州，從五品。明州有二種，一爲屬州，與縣同，一爲直隸州，與府等。州有知州一人，掌一州之政。清代沿襲明制，直隸州知州秩正五品，屬州知州秩從五品。（王壽南）

知府

隋以前，地方行政單位爲州、郡、縣，未有府之名，（雖已有都督府與總管府，但不穩定，不能視作固定之地方行政單位）至唐，府始成爲正式地方行政單位，唐代除在國內衝要地區置都督及沿邊重鎮置都護府外，主要之府爲京都及行在府，唐代之京都及行在府先後有十，即京兆府（雍州），河南府（洛州）、河中府（蒲州）、太原府（并州）、鳳翔府（岐州）、成都府（益州）、江陵府（荆州）、興元府（梁州）、興德府（華州）、興唐府（陝州），每府之下領有縣，在實質上，府與州郡相等。京兆、河南、太原三府有牧各一人，從二品，不常置，或以親王遙領之，不任府事，九府（興唐府至唐末天祐元年始置，其組織不詳）均置尹各一人，從三品，「掌宣德化，歲巡屬縣，觀風俗，錄囚，恤鰥寡。」（新唐書百官志）爲一府之行政首長，府內官屬有少尹二人（從四品下，掌貳府州之事，歲終則更次入計），司錄事參軍（掌正違失，莅府印）、功曹司功參軍事（掌考課、假使、祭祀、禮樂、學校、表疏、書啟、祿食、祥異、醫藥、卜筮、陳設、喪葬），倉曹司倉參軍事（掌租調、公廨、庖厨、倉庫、市肆），戶曹司戶參軍事（掌戶籍、計帳、道路、過所、蠲符、雜傜逋負、良賤、芻藁、逆旅、婚姻、田訟、旌別、孝悌），田倉司田參軍事（掌園宅、口分、永業及蔭田）、兵曹司兵參軍事（掌武官、選兵甲器仗、門禁、管鑰、軍防、烽候）、法曹司法參軍事（掌鞫獄、督盜、刑法）、士曹司士參軍事（掌津梁、舟車、舍宅、工藝）、參軍事（掌出使贊導）、文學（掌以五經授諸生）、醫學博士（掌療民疾），其他屬吏尚多。五代之季，府數增多。宋代府名更多，府有牧一人，尹一人，不常置，或偶以親王領府牧事。牧尹闕則置權知府事一人，蓋宋初鑑於唐末五代地方權勢過盛，故常命朝臣出守府州，所謂權知府事，即表示非其本任，特命朝官，權且領知一府之事而已，從此以後，乃有知府之名，實質上，宋代以後知府成爲一府的眞正行政首長，等於漢之郡守或唐之刺史。宋各府屬官互有不同，主要有少尹、通判、功曹倉曹戶曹兵曹法曹士曹等各曹參軍、左右軍巡使判官等。金有大興府，置尹一人，掌宣風導俗、肅清所部、總判府事、兼領本路兵馬都總管府事。元散府置知府或府尹一人，秩正四品。明改元諸路爲府，府置知府一人，太祖洪武六年，分天下府爲三等，糧二十萬石以上爲上府，知府秩從三品，二十萬石以下爲中府，知府正四品，十萬石以下爲下府，知府從四品，其後定知府不論其府等級，一律秩正四品，「掌一府之政，宣風化，平獄訟，均賦役，以教養百姓，每三歲察屬吏之賢否，上下其考，以達於省上吏部。凡朝賀弔祭，視布政使司，直隸府得專達，凡詔赦例令，勘箚至，謹受之，下所屬奉行，所屬之政皆受約束於府，劑量輕重而令之，大者白於撫按布按，議允乃行，凡賓興科貢，提調學校，修明祀典之事，咸掌之，若籍帳、軍匠、驛遞、馬牧、盜賊、倉庫、河渠、溝防、道路之事，雖有專官，皆總領而稽覈之。」（明史職官志）府內官員有同知、通判（無定員，分掌清軍、巡捕、管糧、治農、水利、屯田、牧馬等事）、推官（理刑名、贊計典）、經歷、照磨（受發上下文移、磨勘六房宗卷）等。惟明應天府於太祖洪武三年改知府爲府尹，順天府於成祖永樂十年亦改知府爲府尹，兩府尹均秩正三品，有府丞一人，治中一人，及通判、推官、經歷、知事、照磨、檢校、儒學教授、訓導等，府尹亦掌一府之政事，然地位較一般府之知府爲崇顯。清沿襲明制，各府設知府一人，掌一府之政，統轄屬縣，初定知府秩正四品，高宗乾隆十八年改爲從四品，每府官員有同知、經歷、照磨、司獄等，各府人數不定。（王壽南）

知縣

見「縣令」條。

知識社會學 (Sociology of Knowledge)

爲研究歷史上每一階段特定知識形式的產生與其社會及政治環境的關係的學問；同時也指將各種知識與思想的本身，當作科學研究的對象，而不受其內容的影響的客觀的研究態度與方法。

「知識社會學」一詞隨使用人和其專攻學科的不同，而可能有下列各種不同的內涵：

㈠馬克斯主義的用法　在馬克斯 (Karl Marx) 學派的著作中，「知識社會學」幾乎與「唯物史觀」(Materialistic Concept of History) 同義。根據馬克斯的理論，一切社會均以由生產關係形成的經濟結構 (economic structure) 爲基礎，其他社會、政治、宗教、文化等結構均建立在此經濟結構之上。因此人類的思想狀況是由其社會環境所決定，而不是由前者決定後者。（見 Karl Marx, A Contribution to the Critique of Political Economy (1859), trans.by N. I. Stone. New York: International Library Publishing Company, 1904)

㈡滿漢 (Karl Mannheim) 的用法　德國社會學家滿漢對社會環境與思想形式的關係，曾加以深刻的分析與研究。他認思想的內容與「意的」(ideology，亦可翻譯爲主義）的形式，與社會及經濟環境有密切的關係。一個社會在一特定時期的思想潮流，與該社會在該時期內的社會和經濟結構息息相關。個人的思想和「意的」，也受其社會背景和其所居住之社會環境的影響。滿漢主張用科學方法來研究各種思想形成的過程，及其與社會和經濟因素的關係。（見 Karl Mannheim, Ideology and Utopia, New York: Harcourt, Brace and World, Inc.,1936, Chap. V)

㈢在知識論 (epistemology) 中的用法　在哲學的討論中，「知識的社會學」一詞指研究對外在世界的認知 (cognition) 而獲得知識的一種過程，屬於知識論（亦譯爲認識論）的範疇。

在以上三種用法中，以滿漢的用法最爲普遍，在政治學的分析中，「知識的社會學」一詞的內涵，多半以滿漢的著作爲準。（魏　鏞）

社會化的達爾文主義 (Social Darwinism)

英國博物學家達爾文 (Charles Darwin 一八〇九——一八八二) 於一八五九年出版物種原始 (The Origin of Species) 一書，從生物學的觀點來解釋進化，說生存競爭、自然淘汰、差異、和適者生存是生物進化的過程。他的物競天擇的理論是基於四點理由：㈠新物種的出現；㈡新物種源於更古老的物種；㈢物種變化是自然淘汰的結果；㈣自然淘汰是基於物種的差異。

達爾文認爲自然界的資源有限，只有適者才能爭得生存。因此任何有機體如能獲得足夠的生活資料而滋長繁衍，其本身便是優越的。其他的有機體便因爲不能取得足夠的生活資料，競爭失敗而被淘汰。換句話說，一個有機體和另一羣有機體的關係是生存競爭的關係，優秀的有機體繼續生存，且藉遺傳將其優點傳播下去。

達爾文的理論純粹限於生物學的領域，他並未指出其哲學上的或社會學上的含義。但其學說至少可以說明人類本身亦是進化的產物。許多學者就把達爾文這種理論應用到社會學和哲學上，認爲人類的社會生活也和人類的肉體生活一樣，受進化論的支配，這便是社會化的達爾文主義。其最著名的倡導者有英國的史本塞（Herbert Spencer 一八二〇—一九〇三，哲學家和科學家）、白求德（Walter Bagehot 一八二六—一八七七，銀行家、社會科學家和評論家）、和奧國的古勃勞維次（Ludwig Gumplowicz 一八三八—一九〇九，著名的社會學家和大學教授）。

採用社會化達爾文主義的人，雖然有許多不同的主張，但有下列的共通點。他們都同意人類社會是生存競爭的結果，現存的社會生活與制度都由生存競爭造成。自然淘汰在某種方式上決定生存；能生存就表示其具有適於生活的條件。他們同意人類不能改變進化的方式，而必須配合進化的勢力。國邦和其他社會組織不是人造的，是自然成長的，而成長是競爭的結果。

社會化的達爾文主義流派複雜。它包括極端自由放任主義和國家有機體思想；也有極端的種族主義，認人類生理和心理狀況的不同是自然淘汰的結果。這種種族主義在德國最爲流行。他們強調雅利安族的優越和純粹，說明猶太人將造成德國文明的崩潰。許多德國人曾支持這一理論，最後更被希特勒用爲殘殺猶太人的根據之一。

社會化的達爾文主義對國際關係曾發生重大影響。在羣衆時代裡，國邦不能僅用增長國力爲藉口來從事侵略和擴張，它們必須在思想上尋找根據。因此，在十九世紀末期，西方民族乃以其自然優越於其他低劣種族的理論，來爲其侵略擴張，殖民主義和種族主義作辯護。認爲他們的民族比其他民族優秀，因此有責任去領導、控制其他民族。所謂「白人的責任」（white man's burden）、「明顯的命運」（manifest destiny），以及後來的日本和納粹德國都採用了這一理論。

社會化的達爾文主義者強調競爭和戰爭，實爲民族帝國主義的基礎。近來這個主義已失其影響力，原因是：㈠自然淘汰已不被一般人接受爲社會運動的根據。換言之，人類行爲的生物性和倫理性並不合一。㈡即使我們承認進化論的普遍性，我們也不能證明整個民族或整個社會作同樣的或等速的演化。

第二次世界大戰後，民族主義的高張和殖民地的獨立說明以達爾文的理論來推行帝國主義，已不合乎時代潮流了。（張京育）

社會內變素 (Intrasocietal Parameter)

在整個體系分析（system analysis）之中，環境（environment）這一觀念佔有相當重要之地位，根據學者們之分析，環境之變遷往往會引起體系本身之改變。爲了進一步說明環境對體系之作用，伊士頓（David Easton）更將政治體系之環境分爲「社會內環境」(intrasocietal environment)與「社會外環境」(extrasocietal environment)兩種。根據伊士頓之說明，前者乃指整個社會體系（social system）內除政治體系(political system)外之一切部分體系(subsystems)（註一）；後者則指在社會體系外之一切體系或部分體系。（註二）

下圖可做進一步之說明：

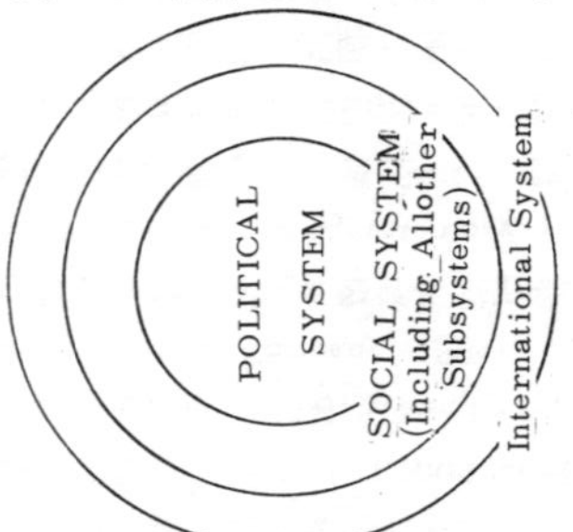

POLITICAL SYSTEM
SOCIAL SYSTEM (Including Allother Subsystems)
International System

依渠之分析，社會內或社會外環境皆可可被視爲變素(parameters)之來源，即當社會體系或國際體系中產生變化時，皆能影響到政治體系本身之變化，此種社會內環境之變化即爲社會內變素，社會外環境中之變化即爲社會外變素。

伊士頓之此一說法與柯普林(Morton A. Kaplan)之「內在變素」(internal Parameter)與「外在變素」(external parameter)意義稍有不同（註三）。柯普林乃從研究國際政治之觀點，將體系分爲國內體系(national system)及國際體系(international system)，雖然柯普林並未明白指出內在變素爲何，但根據其運用之方式，似應指整個國內社會體系之變遷而言，其中包括政治體系本身之變遷在內。而外在變素則與伊士頓之社會外變素範圍相符。

總結言之，伊士頓與柯普林兩者所用之名詞，皆未爲學者們所普遍採用，，雖然如此，一般學者在基本觀念上却具有相同之實體，故名詞之運用似非關鍵，而重要者却在學者們本身觀念之如何區分而已。（魏 泰）

註一：見 David Easton, A Framework for Political Analysis, (Englewood Cliffs, Prentice-Hall) 1965, pp. 69–75

註二：同前

註三：Morton A, Kaplan, System and Process in International Politics, (New York, Wiley) 1957, pp. 54–56.

社會主義國際 (Socialist International)

社會主義國際，又名第二國際 (Second International)，是一八八九年二十多個國家的社會主義黨集會於巴黎，決議成立的，其全名是「社會主義黨第二國際。」(The Second International of Socialist Parties)，其所以稱第二國際，是因一八六四年，曾經成立過一個「國際工人協會」(The International Workingmen's Association)；這個協會只是很少的政治與工會團體組成的聯合會。馬克斯 (Karl Marx) 本非這個協會的發起人，後來加入而成爲重要人物，因其與無政府主義者巴枯寧 (Bakunim) 爭吵而於一八七二年分裂。馬克斯等將巴枯寧等開除。而將其總部移往紐約。終於一八七六年在費城 (Philadelphia) 決議解散。

第一國際存在的期間，社會主義的政黨在歐洲並不多見。歐洲第一個社會主義黨，是一八七五年成立的德國社會民主黨 (German Social Democratic. party)，其後則在法、奧、比、瑞士、瑞典、丹麥等地，紛紛有社會主義的政黨出現。一八八三年，馬克斯逝世之年，俄國和英國亦有社會主義的政黨出現，終於一八八九年成立了第二國際。第二國際只是各國社會主義政黨合組的聯合會，任務在互通聲氣、交換情報經驗，精神上相互支援和後來的第三國際總部得以命令指揮各國支部的情形不同。第一次世界大戰期間，第二國際的分子黨，大部分支持本國作戰，第二次大戰期間亦然。

社會主義國際，現在共有分子黨 (member parties) 三十一個，協商及觀察地位 (consultative and observer status) 的參加黨十四個，其主要的分子黨是奧國社會黨、英國工黨、德國社會民主黨、法國社會黨、挪威工黨、瑞典社會民主黨、紐西蘭工黨、澳大利亞工黨、馬爾他工黨、新加坡人民行動黨、牙買加人民國家黨、丹麥社會民主黨、比利時社會黨、荷蘭社會黨、日本社會黨等。其領導機構爲政治局 (Political Bureau)，由委員十八人組成之。

社會主義國際認爲社會主義的社會經濟理想與民主政治不可分離，所以完全放棄以革命方法取得政權的觀念，採取議會路線，放棄以工人階級利益爲中心思想的階級政黨觀念，改採以建立福利國家爲中心思想的全民政黨 (people party) 觀念。放棄國有化爲社會主義經濟的第一原則，代之以公共控制企業與計劃，以達成經濟發展及平衡所得的目標。完全反對極權主義，故參加反對蘇俄擴張的各種組織，如北大西洋組織等。（雷飛龍）

社會外變素 (Extrasocietal Parameter)

見「社會內變素」條。

社會立法 (Social Legislation)

社會立法泛指各種有關處理由現代工業化所造成之種種問題之立法，諸如有關社會保險，失業保險，對童工、女工之保障、工廠、礦場之安全、工人權利之保障以至各種社會安全法律均屬社會立法。（華力進）

社稷

社爲土地神，稷爲五穀神，社配祀句龍，稷配祀后稷。亦有以社稷爲祀句龍，后稷兩神之說。

古君主建國，立此二神於王宮之右；宗廟於其左，蓋君爲社稷之主，國存行社稷之祀，國亡則廢祀，故社稷轉爲國家之義。

社稷位置圖（禮器圖）

東門
北門
南門
西門
壝
壝
社
稷

書「太甲上」：「先王顧諟天之明命，以承上下神祇，社稷宗廟，罔不祇肅。」書「召誥」：「越翼日戊午，乃社于新邑，牛一、羊一、豕一。」孔安國傳：「告立社稷之位，用太牢也，共工氏曰句龍能平水土，祀以爲社，周祖后稷能殖百穀，祀以爲稷，社稷共牢。」疏：「句龍能平水土，祀之以爲社，后稷能殖百穀，祀以爲稷，左傳、魯語、祭法，皆有此文。漢世儒者說社稷有二：左氏說：社稷惟祭句龍，后稷人神而已，是孔之所用。孝經說：社爲土神，稷爲穀神，句龍，后稷配食者，是鄭之所從。」詩、周頌「載芟序」：「載芟，春籍田而祈社稷也。」周禮，地官「大司徒」：「設其社稷之壝，而樹之田主。注：社稷，后土及田正之神。」疏：「云社稷后土及田正之神者，鄭義依孝經緯，社者五土之摠神，以句龍生時，爲后土官，有功於土，死配社而食，稷是原濕之神，宜五穀，五穀不可遍擧，稷者五穀之長，立稷以表神名，故號稷，棄爲堯時稷官，立稼穡之事，有功於民，死乃配棄而食，名爲田正也，故云社稷，后土及田正之神，雙言之耳。」

禮「檀弓下」：「能執干戈以衛社稷。」禮「祭儀」：「建國之神位，右社稷，而左宗廟。」左傳「隱、三」：「請子奉之，以主社稷。」論語「先進」：「有民人焉，有社稷焉。」孝經「諸侯章」：「能保其社稷而和民人。」注：「列國皆有社稷，其君主而祭之，言：富貴常在其身，則長爲社稷之主，而人自和平也。」疏：「列國已具上辭，云皆有社稷者，韓詩外傳云：天子大社，東方青，南方赤，西方白，北方黑，中央黃，土若封四方，諸侯各割其方色土，苴以白茅而與之，諸侯以此土封之爲社，明受於天子也。社則土神也，經典所論社稷皆連言之，皇侃以爲稷五穀之長，亦爲土神，據此稷亦社之類也。言諸侯有社稷乃有國，無社稷則無國也。」

後漢書「祭祀志下」：「孝經援神契曰：社者土地之主也，稷者五穀之長也。禮記及國語皆謂，共工氏子曰：句龍爲后土官，能平九土，故祀以爲社，烈山氏之子曰：柱，能植百穀，自夏以上祀以爲稷，至殷以柱久遠而堯時棄爲后稷，亦植百穀，故廢柱祀棄爲棄。」大司農鄭玄說：「古者官有大功則配食其神，故句龍配食於社，棄配食於稷。」」（繆全吉）

肯亞 (Republic of Kenya) 政黨

肯亞共和國(Republic of Kenya)原爲英國殖民地，一九六三年獨立。現有下列三個政黨。

㈠肯亞非洲國家聯盟(Kenya African National Union 簡稱 KANU)：該黨創於一九六〇年，爲一全國性的政黨組織。獨立前領導肯亞自治，並由自治進而求獨立。獨立後之目標是致力於內政之改革及從事經濟發展。一九六三年大選時該黨獲得國會六十四席，而成肯亞最大黨。同年九月，議會中某些小黨併入該黨。一九六四月十一月，肯亞的次要政黨非洲民主聯盟(Kenya African Democratic Union) 又與之聯合（非洲民主聯盟在一九六三年大選時得三十二席）。此後非洲國家聯盟變成肯亞唯一的政黨，一直到一九六六年後始有反對黨產生。該黨政治目標是促進各部落的團結。領導人有黨主席傑讀肯亞塔(Jomo Kenyatta)，現爲肯亞總統。黨秘書長湯姆莫波亞(Tom Mboya)，現出任肯亞經濟計劃及發展部部長。

㈡肯亞人民聯盟(Kenya People's Union)：該黨創於一九六六年，爲肯亞非洲國家聯盟最主要之反對黨。其政策大致是中間偏左，成立時在國會佔九席。領導人爲粵丁加(T.O. Odinga)氏。

㈢肯亞非洲選民黨(Kenya African Party of Electors)：該黨亦成立於一九六六年，所屬黨員僅一萬五千人左右。領導人爲馬里雅(Ondieg Marenya)。至一九六七年止，該黨對執政黨尚不能發生影響作用。（袁頌西）

芬蘭 (Finland) 政黨

芬蘭(Finland)爲一多黨制的國家，現在在國會(Eduskunta)中擁有議席的政黨計有八個，但眞正稱得上爲大黨的祇有四或五個。玆分敘如左：

㈠社會民主黨(Social Democratic Party)：現該黨在國會中擁有五十五席。其主要支持的來源爲勞工及一部分小農。現任黨魁爲派蘇(Rafael Passio)氏。

㈡中央黨(Center Party)：以前稱之爲農民黨。該黨主要的基礎爲鄉村農業人口。現在國會中擁有五十個議席。現任黨魁爲維羅萊寧(Johannes Virolainen)氏。

㈢芬蘭人民民主同盟(Finish People's Democratic Union)：這是一個由共產黨控制，促進左翼政團合作的政治組織。該黨在國會中共佔四十一席。黨主席爲柯羅(Kusti Kulo)氏。副主席爲共黨籍的克希寧(Herta Kuusinen)夫人。

㈣保守黨(Conservative Party)：該黨主張私有企業、法律、社會與民主秩序循保守路線的政策。現在黨魁爲李坦尼姆(Juha Rihtiniem)氏。

除上述四大黨外，尚有瑞典民族黨(Swedish People's Party)，自由人民黨(Liberal People's Party)，小農黨(Small Farmer's Party)。（袁頌西）

長史

漢相國丞相及三公屬官，諸史之長，魏晉以後王公府屬官，後世刺史之副官。史記「李斯傳」：「秦王乃拜斯爲長史，聽其計。」漢書「百官公卿表」：「文帝二年後置一丞相。有兩長史，秩千石。」後漢書「百官志」：「每郡置太守一人，丞一人，郡當邊戍者，丞爲長史，王國之相，亦如之。」事物記原、撫字長民部「長史」：「漢百官表曰：秦置郡丞，其郡當邊戍者，丞爲長史，則長史宜秦所置官也。通典曰：唐五府長史理府事，餘府州通判而已。」書言故事「通判類」：「長史，通判之稱。」明代諸王國之輔弼爲長史，清代親王府郡王府亦均設長史。（繆全吉）

門下省

官署名。始設於晉，據通典職官云：「門下省，後漢（指蜀漢）謂之侍中寺（嘉平六年，改侍中寺）。晉志曰：『給事黃門侍郎與侍中，俱管門下衆事。』或謂之門下省。」東晉以還，門下省之權限日增。「天子以侍中常在左右，多與之議政事，不專任中書」（文獻通考職官考），而中書之權任爲輕。南北朝因之，侍中爲門下省長官，居樞機之任。齊制，侍中呼爲門下，領給事黃門侍郎，散騎常侍，散騎侍郎，給事中，奉朝請，駙馬都尉等官（南齊書百官志）。梁門下省置侍中、給事黃門侍郎各四人，掌侍從左右，擯相威儀，盡規獻納，糾正違闕，監令、嘗御藥、封璽書（隋書百官志）。後魏尤重門下官。北齊門下省掌獻納諫正，及司進御之職，有侍中、給事黃門侍郎各六人，統左右、尚食、尚藥、主衣、齋帥、殿中等六局（見前書百官志）。隋門下省置納言二人（改侍中爲納言），給事黃門侍郎四人（初時爲六人，至煬帝減二人），及散騎常侍，諫議大夫，散騎侍郎等官，並掌部從朝直。又設給事、奉朝請等職，掌同散騎常侍等，兼出使勞問。統城門、尚食、尚藥、符璽、御府、殿內等六局（見前書百官志）。唐承隋制，設門下省。龍朔二年，改稱爲東臺，咸亨初，復舊。至武太后臨朝，光宅初，改爲鸞臺，神龍初，復舊。開元元年，改爲黃門省，五年，復舊。置有侍中二人，門下侍郎二人，左散騎常侍二人，左諫議大夫四人，給事中四人，左補闕、左拾遺各六人，起居郎二人，典儀二人，城門郎四人，符寶郎四人，其餘小吏各有差（見通典職官及新唐書百官志）。宋因之，省內設一侍中，侍郎、左散騎常侍各一人，給事中四人，左諫議大夫、起居郎、左司諫、左正言各一人，符寶郎二人。受天下之成事，審命令，駁正違失，受發通進奏狀，進請寶印（宋史職官志）。南渡後改制，門下省廢。遼南面朝官設門下省，大體倣自宋制，置有侍中，常侍、散騎常侍，給事中、門下侍郎等官，其重要所屬：起居舍人院有起居舍人、知起居注、起居郎，左諫院有左諫議大夫、左補闕、左拾遺，通事舍人院有通事舍人，符寶司有符寶郎等職。金初亦設門下省，海陵正隆元年與中書省同罷（見遼史、金史百官志）。元不設門下省。明、清別有體制，亦不置門下省。（芮和蒸）

門閥

即閥閱，亦即伐閱。左傳、「襄十九年」：「夫銘，天子令德，諸侯言時計功，大夫稱伐。」伐義當本此。玉篇：「門在左曰閥，在右曰閱。」徐灝云：「閥字從門者，蓋因閱而增之，唐宋以後，遂於門外作二柱，謂之烏頭閥閱，見冊府元龜。」後世謂巨室曰閥閱。再由功績經歷而言，閥閱既指有功績家門，其轉義亦有稱貴族爲閥閱者。後漢書「宦者傳論」：「聲榮無暉於門閥，肌膚莫傳於來體。」唐書「鄭仁表傳」：「常以門閥文章自高。」唐書「魏元同傳」：「門閥有素，資望自高。」宋史「李宗諤傳」：「國朝將相家，能以聲名自立，不墜門閥。」韻會：「閥、閥閱、功狀。」史記「功臣年表」：「太史公曰：古者人臣有五品，以德立宗廟，定社稷曰勳，以言曰勞，用力曰功，明其等曰閥，積日曰閱。」漢書「陳千秋傳」：「無他材能學術，又無伐閱功勞。」論衡「程材」：「儒生無閥閱。」後漢書「章帝紀」：「不繫閥閱。」注：「明其等曰閥，積其功曰閱。」顏氏家訓「風操」：「乃陳文墨，𢥠𢥠無言者，須言閥閱。」故事成語考「宮室」：「貴族稱爲閥閱。」（繆全吉）

門蔭

見「科舉」條。

阻擾立法 (Legislative Filibustering)

議院裡的少數黨議員在院會中以冗長的言論使審議中的法案難以通過，世稱這一行爲爲阻擾立法(legislative filibustering)，見之於美國的參議院中。

蓋依美國慣例，參議院發言是沒有時間的限制，少數黨則利用這一點，以盡量發言，使其所不欲通過的法案，不易通過，申言之，議員一經取得發言的地位後，他的發言可以與議題無關，可以援引無關宏旨的經典，可以在發言時朗誦詩賦，以種種無謂的言論，以拖延時間，常有一人發言超過十數小時或逾二十小時者。以這種冗長不絕的發言，以阻延法案的通過，冀達其以語言拖死議題（talking an issue to death）的目的。正因爲這種漫無限制的發言，流弊滋多，於是參議院乃於一九一七年三月八日以七十六票對三票的絕對多數通過了所謂「停止討論規則」（Closure Rule），以爲結束討論的一種辦法。依照規定，經十六個參議員的簽署，隨時可向主席提出結束討論（to close the debate）的請求，主席應即將這一動議提報院會。這一動議提出後討論仍可繼續進行一日多，若無其事者。但在二個「議程日期」之後院會重開時主席於開會後一小時內，應將這一動議提出院會，並命秘書進行點名，如足法定人數，則將這一動議不經討論，逕付點名表決，以三分之二之多數贊成爲可決。這一動議經表決通過，則原討論的議案，亟待解決，議員對議案雖仍可發言，但每個人發言不得超過一小時，以便迅速結束討論，將議案提付表決。假如「結束討論」的動議不被通過，則對原案的討論，不受限制，從此可見「停止討論規則」完全是爲針對阻擾立法發言的毛病而設，以便議案得以迅速解決。但這一規則的運用因要得到三分之二的可決票才能實施，於是在應用上實非易事，而冗長不絕漫無限制的發言遂不能完全杜絕。這固然是議事程序上的一大困難，但在另一角度說，則正足以表現參院是保持著充分自由討論的傳統。（羅志淵）

阿快那士（Aquinas, St. Thomas, 1225?-1274）

阿快那士是義大利人，在那不勒士（Naples）王國的一個貴族家庭出生，父親是阿快諾（Aquino）子爵。阿快那士十歲時入那不勒士大學攻讀，加入多明尼加（Dominican）教，六年後往巴黎、科隆（Cologne）等地繼續研究，爲亞里士多德學派大師阿爾伯（Albert the Great, 1206-1280）的學生，於一二五七年獲得神學博士學位，回義大利後從事寫作和講學，一二七四年赴里庸（Lyons）出席教會會議，不幸於旅途中逝世。

阿快那士集經院學派的大成，代表十三世紀的政教思想，他的著作成爲中古教會的寶典，他的哲學爲基督教學生所必修，他的重要著作包括下列各書：論君主之治（De regimine principum）、亞里士多德政治學評註（Commentaries on the Politics of Aristotle）、神學大全（Summa Theologica）、反異教論（Summa contra gentiles）等。

阿快那士的論著，涉及哲學、宗教、法律和政教關係的問題。他認爲宇宙是萬物萬象的總體，各物完整，彼此和諧，神和自然偉大而豐富，足以使千變萬化的各物有所于歸。研究宇宙中萬物萬象的學問，有科學、哲學和神學，人類知識構成一個單元。科學分別研究各物，匯聚成爲廣泛的知識。科學之上是理性的哲學，爲各種科學定下普遍性的原理。哲學之上是基督教神學，神學在理性之上天啟（Revelation）之下，是整個總體中最高的學問。天啟雖高於理性，却不和理性相反。神學使哲學和科學完整，維持兩者的連續性。信仰是理性的實踐，理性使信仰堅定，兩者目的一致，不相互衝突。知信可以合一，哲學和神學也可以融合。

宇宙中有一個系統，上自最高的神，下至最低的微生物，都包括在內。各物按照自己本性的內發慾望而行動，追求其本類的善或完美，並且按其完美的程度在系統中找到其位置，卽令是最低級的，也有其價值和地位，可以幫助促進宇宙整體的完美。在這系統裡，高級的統馭利用低級的，正如心使用四肢，神統治世界。

阿快那士分法律爲四種，卽永恆法（The Eternal Law）、自然法（The Natural Law）、神聖法（The Divine Law）、和人類法（The Human Law）。永恆法是神的理性，是神以智慧使萬物有條有理的永久計劃，在人類本性之上，非人類所能了解，儘管如此，却非和人的理性相反，或在人的理性之外，只要人類依理性而動，便會覺得神的智慧反映到身上，但因人不能了解永恆法，人類只得到變相的永恆法影跡。永恆法的制訂者，頒布者和執行者，都是神。

自然法是神的理性在萬物的反映，是永恆法的一部分，適用於具有理性的人類，沒有文字條款，只可以憑理性去體會。人類趨善避惡、自我保存、追求完美的生活、要在社會裡度日子，生養和教育子女、發展智慧、追求眞理等，都是自然法適用於人類的實例。自然法的基本原理永遠不變，到處相同，無論宗教信仰爲何，一切人受其拘束，不問統治者是否教徒，所有國家受其限制。使人性發展至最高峯的一切事情，必爲自然法所允許。

神聖法是神的啟示，是自然法的增益，神恩的禮物，自然理性的發現，例如神賜予猶太人的特別法典，賜予基督徒的聖經中的新舊約，都是神聖法。神聖法增加理性，不減損理性，其目的在解決人類不能體會或確定的問題，如人類最後命運問題，因人類理智的缺陷，自己不能解答，便要倚賴神的啟示，更要信仰神的啟示。

人類法是祇適用於人類的法律，是特別法，按照人類理性而制訂，定下人類行爲的準則，是自然法原則的應用或演繹，爲了適應需要，可因時因地因環境而變化，所以各國的制定法未必相同，於必要時可以修改，但人類法的變化和相互差別，絕不得違反自然法，如相牴觸，則人類法無效。

由阿快那士看來，人類法不包含任何新原則，祇是適用全世界通行的原則，是人類的社會性的產品，其目的在於維護增進公益，不是專爲某人或某階級的法律。人類法必須經由立法程序，或經由習慣，或經由公認的領袖人物的同意，再經公布，才能生效，其效力不是來自某一人的意志，而是來自全體人民的公衆權威。所以法律是統治者制訂公布的維護公益的理性規則。這些規則的最高目的是實現正義，給每人應得的東西。人類法又可分爲市民法(Jus Civile)和萬民法(Jus Gentium)，前者適用於本國人民，後者適用於外國人民。

法律的涵義既如上述，則各國的道德和政府便可以不是基督教的。然而，縱使政府不是基督教的，人民服從政府的義務並不減少，就是基督教徒也仍有服從政府的義務。基督教徒拒絕服從異教的國君，也是不當的。異教曲解拯救人類的眞理，固然是極大的罪惡，教會可以正當地撤銷臣民對這類國君的忠順，但教會不得祇因爲他不信教而推翻他。阿快那士對於異教國君的立場，確是相當溫和。

阿快那士認爲人類有合羣互助的社會性，爲自衞生存而羣居，自然形成社會，社會形成後，便需要法律以維持秩序，以確定交換服務的準則，使各人做自己應做的事情，例如農民工匠製造物品，教士作宗教崇拜和禱告等。爲使人人依準則服務，便要有人執行法律，爲使執行有效，便要給予執行者權威，於是形成了下級爲上級服務、上級指揮領導下級的政治社會——國家。國家的目的，是便利勞務交換、增加公益，使人民有完美的生活，有高尚的德性。但人的最後目的，在於達到塵世以外的至善之境，卽享受天國的生活。這目的超出了人間社會統治者的力量，不在統治者主管範圍之內，是教會要做的事情。不過，世俗統治者仍須維持秩序與和平，使人民快樂，做好公共行政、司法、國防的工作，防止權利濫用，掃除良好生活的障礙，做好人類達到最後目的的準備，因爲良好的政治生活對人類的最後目的必有裨助的。

國家的目的既是道德性的，那麼，統治者的權力便應受限制，應依法行使。統治者取人財物，不得超過公衆需要，統治者爲了公益，也不得剝奪臣民的自由或人民過道德生活的工具。無人必須在各方面服從，甚至奴隸的靈魂亦是自由的。統治者的地位基於其職務，基於社會全體的委託。他必須是理性的，有道德心，維持公道，才有合法的地位，才可以獲得人民的支持，如果他橫行無道，不履其道德上的責任，便成爲暴君，反抗暴君不但是人民的權利，也是人民的責任。但反抗暴君是全體人民的公共行爲，反抗的權利屬於人民全體，須受道德因素的限制，卽人民要消除的暴君造成的禍害，必須大於反抗行爲所引起的損失。叛變本是至大的罪惡，但正當的反抗暴君不是叛變。暴政固然十分可惡，但誅暴君(Tyrannicide)亦非好事。

在政體方面，阿快那士因襲亞里士多德的三分法，分爲君主的、貴族的和民主的。無論是那一種政體，都必須是合法的，爲人民謀福利，促進人民的道德生活，不可以祇爲統治者着想。阿快那士因爲目覩各國的紛亂，認爲需要君主來維持統一與和平，所以偏愛君主政體，尤其是立憲的君主政體。他強調良好的政體應給予全體人民參政權，並且根據道德標準來決定統治者人選。

從上文可見，阿快那士深受亞里士多德的影響，對於政教兩權威的爭議採取溫和立場，是溫和的教王支持者，相信教會得在某些情況下廢黜君主，並且可以撤銷人民對君主的忠順。他固然認爲教權應歸教會，政權應屬君主，兩權必須分開，不可以合併爲一體，他卻相信教王的權威高於國君的權威。他預料基督教社會的觀念是永久的，爭議可以時來時去，卻不能使這觀念發生大的變化。他重視神，自然和人類三者的關係，社會和政府的地位，以及宇宙中的和諧。（陳治世）

阿根廷 (Argentina) 政黨

自一八一六年七月獨立迄今，曾三易國體。首採聯省制，繼爲邦聯，現爲共和國。歷經總統卅五人。自一九五八及一九六二年兩屆國會選舉均多達廿餘個政治團體之候選人觀之，可知阿國爲多黨制。

白讓(Peron)政權　白上校爲工人所擁護，一九四五年十月公然向傳統性最後仲裁之軍隊挑戰，敵對雙方軍人相互抵抗於首都，白氏勝，於一九四六年出任總統，並連任一次，一九五五年爲革命所推翻。嗣以官方限制及內部派系作祟，致使白讓主義者未能構成政黨，特爲最大之政團。主張社會立法及國家主義。

兩個各別之急進黨(UCRI & UCRP) 乃代表往昔不妥協急進人民聯盟左翼與大衆急進人民聯盟之右翼。兩者於每一角落均有其黨羽，雙方之聯合力量常超過白讓主義者，惟走各自之路線。一九六三年選擧，大衆急進人民聯盟之鄺姆柏托當選總統。不妥協急進人民聯盟於選擧前分裂爲二：一派仍忠於阿倫第，另一派在佛郎叠節領導下改稱願望統合運動(MID)。

國家民主黨(PDN) 乃保守黨之化身。於一九一六年選擧中旣爲伊鋭哥元所擊敗，復爲白讓政權主要之犧牲者，一九五八年底，各中間派政黨之全國聯盟企圖將許多保守團體重新組合，民主黨亦加入之，聲譽復振，並於一九六〇年及六二年兩屆國會選擧先後獲勝。

基督教民主黨(PDC) 各種天主教政黨之產生乃白讓與天主教會鬥爭之結果。基督教民主黨乃代表天主教中之自由派。在爭取選民上較聯邦黨(PF)爲優越。

社會主義黨(PSA) 第一次世界大戰前，黨內背叛迭起，其後分裂爲二：極左派另組共產黨，極右派加入保守之組合。於白讓政權時所受頓挫較他黨爲甚，因其在勞工運動中久已建立基礎。加以若干親白讓份子力圖假手官方支持奪取黨內領導權，惟多數領導者與黨人均繼續反對獨裁政權。然於白氏政權推翻後復以對白讓主義者態度之爭而起分裂。一九六三年更分裂爲數個社會主義團體。都市地區乃該黨之根據地。

共產黨(PCA) 雖曾於都市選擧競爭中獲致若干成就，及在若干省區立法機關中贏得少數議席，但於全國性之選擧中從未有過較大之成功。一九五八年曾支持不妥協急進人民聯盟領導人佛郎叠節競選總統，並自行競選國會議員。惟以受 Saenz Pena Law 之限制，未能贏得席次。(談子民)

阿爾巴尼亞 (Albania) 政黨

阿爾巴尼亞現爲東歐共黨獨裁國家，亦爲華沙公約國之一。其共產黨正式名稱爲「阿爾巴尼亞勞工黨」(The Albania Labor Party)。

阿爾巴尼亞原爲東歐一君主國，二次大戰時爲德義聯軍所佔領。一九四五年十一月，由抗敵共黨領袖霍查(Enver Hoxha)出組臨時政府，隨卽獲得英、美、蘇三國承認。在同年十二月擧行大選，共黨獲得勝利，宣布爲人民共和國。新憲於次年(一九四六年)三月十五日公布，一切以模仿蘇俄爲能事。一九四八年六月，阿共參加共產國際情報局，爲史達林政策的忠實支持者。一九六一年，霍查深感俄共內部的貶抑史達林運動，有害於共黨統治之基礎，極表不滿，宣布與俄絕交，而與毛共政權接近。

現阿共第一書記仍爲霍查。(袁頌西)

阿爾及利亞 (Algerian Democratic People's Republic) 政黨

阿爾及利亞民主人民共和國(Algerian Democratic People's Republic)現爲非洲一黨國家之一，其唯一的合法政黨稱國家自由陣線 (Front de Liberation Nationale) 簡稱(FLN)。該黨創於一九五四年，爲目前之執政黨。政治目標大致是追求社會主義的民主政治。該黨在組織上分成聯邦與地方兩級，並設秘書處，由哈吉上校 (Col. Mohand on el Haji)，尤色夫上校(Col. Khalib Youssef)及泰比上校(Col. Mohamed Taibi)等人所主持。但一切決策通常多由布梅因 (Col. Houari Boumedienne) 所領導之軍政府決定，故布梅因氏可謂是該黨實際上之領導人。

除國家自由陣線外，下列各黨雖不爲軍政府所承認，但在阿爾及利亞境，其基礎亦自然存在。

(一)人民抵抗組織 (Organization de Resistance Pepularire)：該黨專爲對抗布梅因軍政府而成立。

(二)阿爾及利亞共產黨 (Parti Communiste Algérien)：該黨簡稱 PCA，因恐嚇與暴力行爲而被逐。

(三)阿爾及利亞秘密革命團 (Organization Clandestine de la Revolution Algerienne 簡稱OCRA)：該黨成立於一九六六年，領導人爲拉比亞烏依 (M. Labjaaoui) 及何新尼 (Aitel Hocine)。其目的在反對布梅因氏之軍政府。而承認班貝拉(M. Ben Bella)爲阿爾及利亞合法總統。(袁頌西)

附庸

謂附屬諸侯之小國。庸爲小城，不及五十里國也。詩、魯頌「閟宮」：「錫之山川，土田附庸。」禮「王制」：「天子之田，方千里，公侯田方百里，伯七十里，子男五十里，不能五十里者，不合於天子，附於諸侯，曰附庸。」注：「小城曰附庸，以國事附於大國，未能以其名通也。」孟子「萬章下」：「不能五十里，附于諸侯，曰附庸。」漢書「地理志」：孝王曰：「昔伯益知禽獸，子孫不絕，廼封爲附庸，邑之于奏。」漢書「韋玄傳」：「婧彼車服，黜此附庸。」（繆全吉）

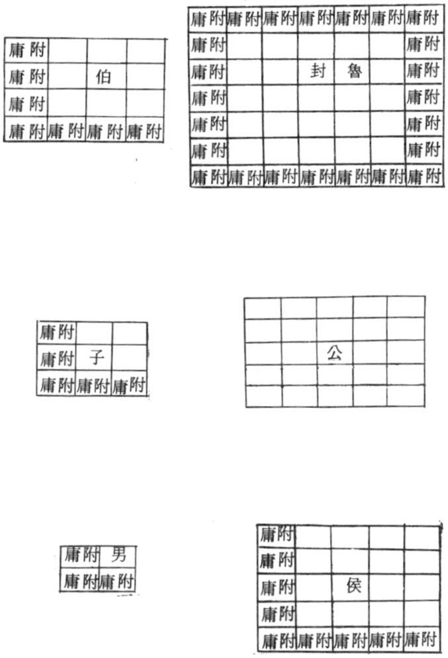

四等附庸圖（三禮圖）

附庸	附庸	附庸	附庸	附庸	附庸	附庸
附庸						附庸
附庸			封	魯		附庸
附庸						附庸
附庸						附庸
附庸						附庸
附庸	附庸	附庸	附庸	附庸	附庸	附庸

			公	

附庸				
附庸				
附庸		侯		
附庸				
附庸	附庸	附庸	附庸	附庸

附庸			
附庸		伯	
附庸			
附庸	附庸	附庸	附庸

附庸		
附庸	子	
附庸	附庸	附庸

附庸	男
附庸	附庸

非政治階層（Apolitical Strata）

「非政治階層」是相對於「政治階層」（詳見另條）而言者。這是對社會中那些未參與到政治之決定過程中的人衆之泛稱。

誠然，如亞里斯多德所言，人是政治的動物，很少人能完全生活在政治之外。但，人衆却並不一定都關心政治，都懂得政治，都參與政治。事實上，在任何社會，眞正構成政治階層者只屬於少數的成年人。傳統社會中，百分之九十以上的人民可能從未過問政治，專制極權社會中，絕大多數的人民可能對政治都無興趣。卽使在高度發達的現代民主社會，眞正參與到政治之決定過程中者也佔很小的百分比。人衆之所以不介與政治是政治分析中有趣的題目。這可以與政治系統有關（一般言之，閉鎖系統之政治參與較開放系統爲低，傳統系統較現代之工業系統爲低）；可以與公民能力有關（一般言之，政治自覺銳、教育程度高者，比政治自覺鈍、教育程度低者較傾向於參與）。籠統地說，現代化程度越高的社會，政治化的程度也較高，而「非政治階層」則較小。在理論上，「非政治階層」可以少至絕迹，但在實際上，則絕少可能。此蓋因人衆不必都將政治之價值置於其他社會、文化、經濟等的價值之上。而「政治階層」之擴大雖是民主政治之必要條件，却不是其充足條件。（金耀基）

保加利亞（Bulgaria）政黨

保加利亞（Bulgaria）爲東歐共黨國家之一。一九四六年共黨當政，一九四七年二月同盟國在巴黎和會裡與保國訂結和平條約，保共隨卽展開其整肅運動，壓制一切反對的報章雜誌與黨派。一九四七年十二月仿照俄國的新憲法通過於議會，共黨的統治至此更形鞏固。一九四八年二月改組稱之爲「祖國陣線」（Fatherland Front）的聯合陣線，強迫前此參加的五個獨立政黨要接受共產黨的領導。

共產黨現爲保加利亞的執政黨，它不僅控制了政府、議會、軍隊、工會、青年團體，而且也控制了包括政黨在內的一切公共組織。其中中央委員會第一書記（兼任內閣總理）爲朱維可夫（Todor Ehivkov）。（袁頌西）

保守主義（Conservatism）

保守主義有各種意義，通常多指政治上的保守主義，卽俗稱「右派」。政治上的保守主義是一派力量，主張維持現狀，反對政治的、經濟的、或社會的改革。他們的理論，以一七九〇年英人布克（Edmund Burke）在其所著法國革命之回顧（Reflections on the Revolution in France）一書中發揮得最爲詳盡。他們的擁護者多半是一些事實上或心理上的既得利益的階級人士。若以實例來說，則英國的保守黨，美國的共和黨，法國的戴高樂派，日本的自由民主黨，印度的斯華騰達黨（Swatantia Party），以及許多歐洲國家的基督民主黨，都是比較右傾的保守的政黨。不過，保守主義與反動不同：保守主義是安於現狀，祇是不願有激烈的改革而已。反動則不然，反動份子是不安於現狀的，他們要推翻現狀，恢復以前的舊態。例如張勳復辟，要把已經成立的中華民國推翻，恢復已被打倒的滿淸君主政體，這便是反動，而不是保守主義了。（陳世材）

保留簽署（積壓否決　）

見「否決權」條。

保馬

宋王安石所行新法之一。宋史「王安石傳」：「保馬之法，凡五路義保願養馬者，戶一匹，以監牧見馬給之，或官馬與其直使自市，歲一閱其肥瘠，死病者補償。」文獻通考，兵考「馬政」：「按熙寧五年所行者，戶馬也，元豐七年所行者，保馬也，皆是以官馬責之於民，令其字養。戶馬則是蠲其科賦，保馬則是蠲其征役。」（繆全吉）

保護關係 (Protectorate)

往昔強權政治時代，強國與弱國之間，經由條約規定，強國保護弱國不受第三國的侵略，弱國願將其外交事務受強國支配。負有保護弱國的強國稱為保護國 (protecting state)，受強國保護的弱國稱為被保護國 (protected state)。這種強國與弱國的關係，即為所謂保護關係 (protectorate)。如一九〇五年日本戰勝俄國之後，朝鮮成為日本的保護國，一九一四年埃及成為英國的保護國，可為顯例。保護國對於被保護國的關係，除控制被保護國的外交外，對其內政的措施，較少干涉。被保護國在國際社會雖仍可為國際法的主體，但因其外交活動受保護國的支配，故其國際地位是受限制的。

又按 protectorate 在國際政治固為如上文所述之保護關係，而在國內政治上，常指 Protectorate 為攝政政治 (Government by a protector)。英國共和 (British Commonweaith) 於一六五三至一六五八年由克靈威爾 (Oliver Cromwell) 及一六五八至一六五九年由克氏之子李查德 (Richard) 統治時期，其銜稱為護民長官 (Lord Protector)，英國史家稱此時期為攝政政治。（羅志淵）

信仰自由

見「宗教自由」條。

南非 (Republic of South Africa)政黨

南非共和國(Republic of South Africa)現有下列九個政黨。

(一)國民黨：該黨創於一九一二年，從一九四八年大選得勝後即取得政權，直至今日。其主要目標有四：(1)確保白人國家之存在。(2)領導班都族 (Bantu) 非洲人在其保留地有效地實行自治。(3)予所有各種族以平等的機會，使其得依照特殊的背景及願望而有效地發展社會及政治組織。(4)對所有各種族一視同仁地謀求其生活水準的提高。其實上述各點不過是隔離發展(apartheid) 政策的具體化。該黨認為由於各種族之文化與經濟開發程度互異，故應個別在其自己地區，依其自己的路線發展。同時又因白人在文化、政治及社會的進展方面遠較黑人為速。所以黑人應在白人領導下，作有計劃的政治自治與經濟發展，才能調和兩者間的衝突。但最近由於工業快速的發展，使非洲人成為勞動力的主要來源，與勞動人口的流動性增大。所以已使該黨所採的隔離發展政策遭遇困難。

國民黨之領導者為南非總理伏斯特(B.T. Vorster)氏。

(二)聯合黨 (United Party)：該黨成立於一九一四年，在一九六六年大選中獲衆議院三十九個席次。該黨對種族問題有其獨特之見解。其主張為經由一個由中央議會統治的種族聯邦制以解決國內的種族問題。在其計劃中，各種族在中央議會中皆得有其代表。但該黨又相信在將來可預期的一段時間內，白人政權的維持仍然有其必要。該黨之領導人為格里夫(Sir De Villiers Graaff)。

(三)進步黨 (Progressive Party)：該黨成立早在一九五九年，惟其勢力甚弱。在一九六一，一九六六年兩度大選中皆只獲一個議席。其目的在謀求創立一個以西方文明為背景之新憲法；在新憲法之下不分種族，膚色及信條皆得享受其所應享有之基本民權。該黨代表有色人種之選民。領導人為史特蘭 (Dr. Jan Stegtlen)及勞林斯 (H.G. Lawrence)二氏。

(四)南非自由黨 (Liberal Party of South Africa)：該黨成立於一九五三年，一向致力於該國民權運動之推進。其主張與進步黨大致相同。但議會中尚無該黨議席。領導人為布魯克斯 (Dr. E.H. Brookes)。

(五)非洲國民議會黨 (African National Congress)：該黨成立於一九一二年。其目的在建立一個各種族聯合的民主社會，並主張與左翼組織合作。該黨於一九六〇年被禁。黨主席為魯蘇里 (Albert Luthuli) 副主席為但波(Oliver Tambo)，秘書長為諾克威 (Duma Nokwe)。

(六)泛非議會黨 (Pan African Congress)：該黨是在一九五八年從非洲國民議會黨分裂出來的一個小黨。該黨由於主張激進亦於一九六〇年被禁。其領導

人爲索布克威 (Robert Sobukwe)。

(七)勞工黨 (Labor Party)：該黨成立於一九〇八年，爲南非最古老的政黨。其目的在追求種族間經濟上平等，並求逐漸伸張白人之政治權利。惟該黨在一九六一年大選時全軍覆沒，以後一直未能東山再起。該黨主席爲麥克弗森夫人 (Mrs. Jessie Macpherson)；秘書長爲克林卡姆 (C. Clinkham) 氏。

(八)南非印度國民議會黨 (Indian National Congress of South Africa)：該黨爲印度人所組成的政黨，因目標與非洲國民議會黨頗爲相近，故兩黨過從甚密。其領導人爲達都(Dr. Daidoo)及卡加林 (Y. Cachalia) 二氏。

(九)有色民衆議會黨 (Coloured People's Congress)：該黨爲南非國內非白人組織，其目的在爭取有色人種政治與經濟上之平等。

(十)南非極右派政黨：除上述外南非尚有三個極端右派之政黨，反對一切改善非白人政治及經濟生活之政策。並堅持現時共和憲法規定之隔離原則。此三黨爲(1)共和黨 (Republican Party)，領導人爲邁威 (C.F. Van der Merwe)。(2)保守黨 (Conservative Party)，由得布蘭克 (H. Terblanche) 領導。(3)國家保守黨(Conservative National Party)，領導人爲格羅貝勒(W. Grobler)(袁頌西)

南斯拉夫 (Yugoslavia) 政黨

南斯拉夫(Yugoslavia)爲東南歐共黨國家。其共產黨(The League of Communists of Yugoslavia) 乃是由二次大戰中抗德團體稱之爲「同盟者」(Partisans)發展而來者。該黨所組織之政權於一九四五年十二月獲得英美國家的承認。一九四六年十一月，由共黨控制下的人民議會宣布廢除君主制，並制定新憲法將南斯拉夫改爲「人民共和國」。

在二次大戰後最初三年，南斯拉夫爲蘇俄集團的一份子，但在一九四八年，南共領袖狄托(Josip Broz Tito)與史達林發生磨擦，而告分道揚鑣、自稱南共將經由自己的道路走向社會主義。這種分裂無論在外交方面或內政方面，對於共產集團的影響至爲深遠。

南共的組織與其他共黨大致相同。決策機構是握在三十五人的主席團以及十一人的執行委員會 (Executive Committee) 手中。黨的主席爲狄托氏。(袁頌西)

哈里法克斯 (Halifax, George Savile, 1633-1695)

哈里法克斯（一六三三—一六九五），英國政治家和政論家。早年旅行法、義，後曾任治安法官和民兵官職。一六七二年進入樞密院，曾屢次反對英王對言論自由的限制。並因此於一六七六年被免除樞密院職務。一六七九年復入樞密院，三年後受封侯爵，且擔任掌璽大臣。在這幾年中，他的願望是建立穩健的中央政府，防止天主教專制派的發展和共和派的當權。其後權勢漸衰，一六八五年被免除樞密院職務，其後三年他處於退休狀態，開始撰寫政論小册。

當威廉 (William of Orange) 抵英，內戰有一觸即發之勢時，他是唯一可以擔任調停的人。經努力無效後，他支持威廉，反對英王詹姆士。結果，國會於一六八九年推威廉及瑪麗爲英王及后，他任貴族院議長。其後他復任掌璽大臣和首相。後因他的機會主義政策不能消除激烈政爭，英王乃對之疏遠。一六九〇年，哈氏辭職。

哈氏政治思想：(一)重法治，認法律可以束縛感情。(二)認君主制較共和制易於推行。但君主亦須受法律的制約。(三)主張自由與秩序的調和。(四)認宗教是政府的基礎，但倡導宗教的容忍。(五)在國際事務上主張愛國主義。(張京育)

哈爾投票法 (Hare System)

參閱「比例代表法」條中之單記比例代表法。

型模 (Model)

「型模」是研究者對外在物像的一種心智的再造形象。自然與社會科學學者爲研究外在物象，有意識地或無意識地，必不可避免地作系統的概念思考，作分類及組合等活動，此即是一種「型模建構」(model-building)，的心智作業。「型模建構」是學者就已知的事物去了解未知的事物的一種方法，如生物學者哈維由抽水機原理而想像到心臟之機能，此是一種擬喩作用。就知識的形成過程言，研究者爲要了解外在複雜之事象，必須依賴他既知之簡單的符號加以表達，要了解許多事象，就需要許多符號，而把一組符號連結起來即需一組運作的規律，此一組符號與一組規律之結合即是「符號系統」，亦即「型模」。

K. Deutsch 指出型模有四個主要功能，即組織（資料）的、啟發（思考）的、推測（結果）的、及衡估（得失）的。嚴格言之，型模只是思考之工具，它是好的僕人，却是壞的主人，研究者不可遷就型模而歪曲事實。（因學者之目的是要了解事實，不在建立模型。如爲型模而建型模，則是學問之奢侈矣）。社會學者 A. Inkeles 認爲，型模不可避免地是一種對外在事象「選擇的審察」，而非全面的審察，但選擇的審察決不可是「歪曲的審察」。有人把「型模」與「理論」（見 Theory 條）看做同物。唯認眞說，理論可以被證爲眞或假，型模則不能被證爲眞或假，而只能被證爲有用或無用，完整或不完整。

型模種類繁多，有演繹的、歸納的；靜態的、動態的；巨型的、微型的……不一而足。學者可視問題之性質與需要而建立或採用一種或多種型模。「型模建構」現爲政治學中極流行的一項心智活動，而已出現了相當可觀的產品。（金耀基）

城市國家 (City-State)

亦稱城邦，指由以唯一的城市爲中心及其屬地所組成之國家。希臘自歷史開始以至公元前四、五世紀均由此種毗連而自治的城邦所組成。柏拉圖與亞里斯多德認爲只有在城邦中人才能發展其良好生活。中世紀時意大利亦採城邦制度。（華力進）

威瑪憲法 (Weimar Constitution)

一九一九年德國人制定的「德意志共和國憲法」(Constitution of the German Republic)，因爲是在威瑪 (Weimar) 地方制定的，所以世人稱之爲威瑪憲法(Weimar Constitution)。這一憲法是由當時的內政部長蒲魯斯博士 (Dr. Hugo Preuss)起草，體大思精，超絕千古。全文篇幅可達三十五頁之多，篇首有一文詞優美的前言，篇末有十六條「過渡及結束條款」的規定；其正文得分爲兩部分，第一部分有七章一百零八條，係規定「德國政府的組織和職掌」；第二部分有五章五十七條，係規定「德國人民的基本權利和義務」。其思想淵源出自多方面：一部分是舊憲思想的重現；如一八四九年法蘭克福的憲草，一八六七年及一八七一年憲法的理想，乃至於一八九一年社會民主黨亞爾福政綱，均爲其計慮所及之處。另一部分是以法國、瑞士和美國憲法爲其主要的參考資料。莫爾勒 (Agnes Headlam-Morley) 於其所著「歐洲民主新憲法」(The Democratic New Constitutions of Europe, p. 44) 中謂：「德國人業經使用所有新舊的方法以期民主能夠自行表現，同時尋求適當場所以實行新的理論。內閣制是借鏡於英國，強有力之民選總統的觀念是脫胎於美國，人民直接立法制度淵源於瑞士。總統與國會處於同等重要的地位，兩者均爲人民的代表，而使彼此能夠互相平衡；倘有爭執時則取決於人民。人民複決之舉得由總統決定，或由衆議院中少數議員提請，甚或由一部分人民自行要求行之。然而情勢的複雜不止於是。衆議院固然是主要的立法機關，但它並不是唯一的代表議會；還有一個參議院（或稱第二院）之設，以代表各邦利益，藉以節制衆議院行動。更有一個經濟會議對於國民經濟生活的需要得表示意見」。威瑪憲法所規劃的政治制度，莫爾勒已道出其根本精神之所在了。威瑪憲法關於人民自由權利的保障，計議至爲周詳，如個人權利、共同生活、宗教及宗教團體、教育及學校、經濟生活，莫不有保障的規定，爲文達五十七條，是亦威瑪憲法的重大特色之一。（羅志淵）

威權政治 (Authoritarianism)

見「獨裁」條。

宣戰權

宣戰爲國家對敵國宣告進入交戰狀態的一種軍事行動，在性質上，既是外交的，也是軍事的。而宣戰之結果，輕則影響國家之榮辱，重則關係國家之存亡。

關於宣戰權之運用，有的國家由行政機關或元首單獨行使。例如伊朗憲法規定，國王有宣戰媾和之權（第五十一條）；希臘憲法規定，國王經內閣會議之請，得對外宣戰（第五三條）；英國則由內閣行使對外宣戰權。有的國家宣戰權雖由行政機關行使，但須經國會之同意或批准。例如意大利憲法規定，總統經國會兩院之議決宣告戰爭（第八七條）；法國第五共和憲法規定，政府宣戰，須經國會核准（第三五條）；丹麥憲法規定，國王非經國會之同意，不得對外使用兵力（第十九條）；我國憲法規定，總統對外宣戰，須經行政院會議之決議，及立法院之通過（第三八、五八、六三條）。更有多數國家，宣戰權利則專屬國會。例如美國憲法將宣戰權賦之國會（第一條第八節第十一款）；瑞士憲法規定，國會有權處理聯邦軍隊（第八五條第九款）；菲律賓憲法規定，國會有宣戰之權（第六條第廿五款）；蘇聯憲法規定，聯邦最高蘇維埃，有權宣布國家處於戰爭狀態（第四九條第十一款）。

從憲法條文著眼，一般國家之宣戰權，雖有上述不同的制度，但從運用的觀點來看，實際上也並沒有太大的差別。因爲宣戰關係國家的存亡榮辱，所以無論那一種制度，都需要立法與行政之間有良好的配合，才能符合國家的最高利益。其專屬行政機關者，固需獲得國會撥款的支持；其專屬國會者，亦應尊重行政機關的判斷。行政機關宣戰，而國會不予同意，則戰爭固然難以爲繼。而國會即使無意宣戰，行政機關自亦可造成不得不戰的狀態，使國會別無選擇。美國一八四六年對墨西哥，一八九八年對西班牙之戰，可以說國會就是在總統的操縱下所宣告的。更重要的是，所謂宣戰，初不過是公法上的觀念和名詞，眞正說來，並不足以概括宣而不戰及戰而不宣的現象。我國於第一次世界大戰，雖然正式對德宣戰，事實上固未曾派出一兵一卒。而美國之出兵韓國越南，雖然歷經年所，死傷無算，但其國會則迄未宣戰。由上所述，可知宣戰權在憲法條文上，雖然可以有不同的設計，但在實際運用上，究竟是以行政機關的影響作用爲大。（荆知仁）

宦官

古官，供職省中（禁中）。周官有宮正、宮伯、宮人、內宰、閽人、寺人。戰國時有宦者令（趙有宦者令繆賢卽是）。秦少府屬官有中書謁者令丞，又有將行、衞尉、少府各一人（並皇后卿），皆爲宦官（見通典職官）。漢承秦制，省中宦官，有少府屬官「中書謁者、黃門、鉤盾、尙方、御府、永巷、內者」之七官令丞、及中太僕、中黃門、長信詹事（後更名爲長信少府，長樂少府）、大長秋、中常侍等職官。其中人選，「或用中人（閹人），或用士人」（前漢書百官公卿表）。及至後漢，「中興之初，宦官悉用閹人，不復雜調它士」（後漢書宦者列傳）。以後歷代相因，宦官乃成爲禁中閹人之廣泛職稱。而宦官之黨與相連，竊權干政，亦史不絕書，尤以後漢與唐、明爲甚，此卽所謂「宦官之禍」。（芮和蒸）

封建

天子在直轄之王畿外，以爵土分封諸侯，而使之建國於封疆之內，謂之封建，周代大行封建制度，及秦設郡縣廢之。漢初又兼采之，自景帝創諸王封地，釀成七國之亂後，諸侯皆不遣就國，而以相治之，封建遂名存實亡。左傳「僖、二十四」：「昔周公弔二叔之不咸，故封建親戚，以藩屏周」。魏志「明帝紀」：「古之帝王封建諸侯。」文獻通考「封建考」：「秦旣幷天下，丞相綰請分王諸子，廷尉斯請罷封建置郡縣者，歷千百年，而未有定說。其論之最精者，如陸士衡曹元首，則主綰者也。李百藥，柳宗元，則主斯者也。二說互相排詆，而其所發明者，不過公與私而已。曹與陸之說曰：唐虞三代，公天下以封建諸侯，故享祚長，秦私天下，以爲郡縣，故傳代促。柳則反之曰：秦公天下者也。眉山蘇氏又從而助之曰：封建者，爭之端，亂之始，篡殺之禍，莫不由之，李斯之論，當爲萬世法。而世之醇儒，力詆之，以爲二氏以反理之評，詭道之辨，而妄議聖人，然則後之立論者，宜何從，以封建爲非邪？是帝王之法，所以禍天下後世也。以封建爲是邪？則柳蘇二子之論，其剖析利害，指陳得失，莫不切當，不可廢也。愚嘗因諸家公私之論，而折衷之曰：封建郡縣，皆所以分土治人，未容遽曰：此公而彼私也，然必有公天下之心，而欲行封建，是授之以作亂之眞也，嗚呼！封建之難行久矣。」（繆全吉）

封駁

所謂封駁，卽人臣對君主詔敕，覺有不便者，得封還駁正之意。前漢丞相，後漢臺閣，皆有封駁之權。前漢哀帝「託傅太后遺詔令成帝母王太后，下丞相御史益封（董）賢二千戶，及賜孔鄉侯、汝昌侯、陽新侯國，嘉（卽丞相王嘉）封還詔書，因奏封事諫上及太后」（前漢書王嘉傳）。後漢明帝「性褊察，朝廷莫不悚慄，爭爲嚴切，以避誅責。唯意（卽尙書僕射鍾離意）獨敢諫爭，數封還詔書，臣下過失，輒救解之」（後漢書鍾離意傳）。「自是封駁之事，多見於史，而未以爲專職」（顧炎武日知錄「封駁」條）。及唐行三省之制，始正式釐定封駁機關。其制，門下省置有給事中四人（給事中在漢爲加官，隋稱給事郎，屬門下省），分判省事。「凡詔勅皆經門下省，事有不便，得以封還，而給事中有駁正違失之掌，著於六典。如袁高、崔植、韋宏景、狄兼暮、鄭肅、韓佽、韋溫、鄭公輿之輩，並以封還勅書，垂名史傳。亦有召對慰諭，如德宗之于許孟容；中使嘉勞，如憲宗之于薛存誠者。而元和中，給事中李藩在門下，制勅有不可者卽于黃紙後批之，吏請別連白紙，藩曰：別以白紙，是文狀也，何名批勅？宣宗以右金吾大將軍李燧爲嶺南節度使，已命中使賜之節，給事中蕭倣封還制書，上方奏樂，不暇別召中使，使優人追之，節及燧門而返。人臣執法之正，人主聽言之明，可以並見」（前書「封駁」條）。宋就唐制而加以變易，「政事之行，給、舍得繳駁」（宋史高閌傳）。「故事，詔旨皆付銀臺，司封駁。官制行，給事中始正其職，而封駁司歸門下」。其門下省仍置「給事中四人，分治六房。若政令有失當，除授非其人，則論奏而駁正之」（宋史職官志）。南渡後，罷門下省不置，存給事中而無封駁權。另中書省之中書舍人，亦兼掌封駁。其制，「（中書舍人）掌行命令，爲制詞。事有失當，及除授非其人，則論奏封還詞頭」（前書職官志）。元「給事中爲修起居注之職」（續文獻通考職官考「給事中」），無封駁權。至明，行「六科」之制，掌封駁之任。據史稱：「吏、戶、禮、兵、刑、工六科各都給事中一人，正七品。左、右給事中各一人，從七品。給事中吏科四人，戶科八人，禮科六人，兵科十人，刑科八人，工科四人，並從七品，後增減員數不常。六科掌侍從規諫，補闕拾遺，稽察六部百司之事。凡制勅宣行，大事覆奏，小事署而頒之，有失，封還執奏。凡內外所上章疏，下分類抄出，參署付部，駁正其違誤」（明史職官志「六科」）。明制，「詔旨必由六科，諸司始得奉行」。「如六科不封駁，諸司失檢察者，許御史糾彈」（明史駱問禮傳）。清初，沿襲明制，六科自爲一署，後改隸都察院。此六科給事中之職，滿漢並用，「掌言職，傳達綸音，勒鞫官府公事，以註銷文卷，有封駁卽聞」（清史稿職官志）。（芮和蒸）

帝國內閣

見「戰時內閣」條。

帝國主義（Imperialism）

帝國主義是指一個國家、民族、或政治體向外擴張，使用和平的或暴力的策略，推翻現狀，對其他的國家、民族、或地域實行侵略、吞併、或統治，因而取得或保持其政治的、經濟的、或文化的控制權而言。歐洲各國自中世紀下半期起，紛紛向外發展，尋覓新大陸，爭取殖民地，尤以工業革命之後，英、法、西、葡、荷、比諸國之殖民地，散佈全世界，各國之財富，因得殖民地之滋補，大見增加。因此之故，許多關於帝國主義的論著，皆以經濟方面爲重點，如一九〇二年何普生（J.A. Hobson）所發表的帝國主義論（Imperialism），即爲顯例。馬克斯主義者提倡唯物史觀，對帝國主義的評論，當然更是着重經濟方面，認爲帝國主義是資本主義發展的必然結果，資本家要推銷過剩生產品，控制原料的供應來源，都非有殖民地不可。列寧更進一步，直指帝國主義就是資本主義的最後階段，在他所著帝國主義就是資本主義的最高階段（Imperialism: The Highest Stage of Capitalism）一書裏，他說資本主義發展到帝國主義的時候，爲了爭奪殖民地，就要互相火併，引起世界大戰；而世界大戰的結果，帝國主義者互相殘殺，兩敗俱傷，共產主義的社會便應運而生。所以帝國主義就是資本主義的最後階段，而人類由此進入共產主義的社會也是歷史必然的途徑。馬克斯和列寧這一派的說法，有許多人反對，反對的理由包括：㈠帝國主義的存在遠在資本主義成立以前，說帝國主義是資本主義發展的結果或是資本主義本身的最後階段，都與歷史事實不合；㈡歷史上許多戰爭，都不是爲了經濟的原故而打的；㈢說資本主義促成帝國主義的戰爭，未免抹煞事實，事實上，資本家要發財便需要和平，戰爭帶來破壞和災害，那能讓資本家發財呢？時至今日，連共產黨的理論家們，對於帝國主義是否必然引起世界大戰？共產社會是否必須由世界大戰中產生？也發生了爭論。這就是現今蘇聯與中共在理論上的衝突的焦點。（陳世材）

參考文獻：

Daalder, H., "Imperialism", International Encyclopedia of Social Sciences (New York, MacMillan Co., 1968)

Koebner, R. and Schmidt, H.D., Imperialism: The Story and Significance of a Political Word, 1840–1960. (Cambridge University Press, 1964).

Morgenthau, H.J., Politics Among Nations, 4th edition, (New York, Knopt, 1967).

建國大綱

全文共二十五條，附有宣言，民國十三年四月十二日公佈。　國父孫先生在宣言中說：「夫革命之目的在於實行三民主義。而三民主義之實行，必有其方法與步驟。三民主義能影響及於人民，俾人民蒙其幸福與否，端在其實行之方法與步驟如何。」大綱卽爲規定分期實行三民主義的方法與步驟的根據。當時中國國民黨內，容許共產黨員參加，黨的性質時有爭論，大綱具有表明態度，端正視聽的作用。宣言中說：「儻能依建國大綱以行，則軍政時代已能肅清反側，訓政時代已能扶植民治。雖無憲政之名，已非藉憲法而行專政者所可同日而語。」詞意非常明顯。（羅時實）

建國方略

民國十四年　國父孫先生在北平逝世時，其遺囑中要求同志、務須依其所著「建國方略」及其他數種，繼續努力，以求貫徹。方略分三部分：一、民權初步又名社會建設，成於民國五年，係依照英國國會開會程序，藉以培養人民集會能力，以固結人心，糾合羣力。二、孫文學說，作於民國六年，亦名心理建設，以知難行易爲主題，多方引證，旨在說服同志，建立革命成功的信心。三爲實業計劃，成於首次世界大戰結束之後，從謀求世界永久和平着眼，希望各戰勝國能以其戰後剩餘機器，與一時未及就業之專才，幫助中國進行工業建設，促成其爲現代國家。（羅時實）

建設性不信任投票 (Constructive Vote of No Confidence)

內閣制國家通常規定，當國會下院對內閣通過不信任案時，內閣應即辭職或解散議會而訴諸民意。現德意志聯邦共和國（西德）基本法規定：「聯邦議會（下院）僅得以議員過半數選舉一聯邦總理繼任人，並要求聯邦總統免除現任聯邦總理職務，而對聯邦總理表示其不信任。」換言之，下院不能如一般內閣制國家規定僅以多數通過不信任案使總理辭職，必需同時能以多數選出一新總理時始能使現任總理辭職。此種不信任投票方式學者常稱爲建設性不信任投票。在多黨的下院情形下，很可能數黨聯合構成多數以通過不信任案，但同時未必能聯合成多數支持一新總理，此時如依一般規定即成內閣虛懸狀態，西德建設性不信任投票規定目的即在避免此一狀態之產生。（華力進）

待詔

官名，漢代徵士咸待詔公車，其尤優異者令待詔金馬門，備顧問。唐置翰林院，凡文詞經學之士，下至卜醫技術之流，各別院以廩之，以待詔命，故有畫待詔，醫待詔等稱。宋時猶然。別有翰林待詔，唐玄宗時置掌四方表疏批答應和文章，後改爲翰林供奉，又改爲學士。明清翰林院屬官有待詔，掌校對章疏文史，秩從九品。（繆全吉）

思想自由

見「宗教自由」及「意見自由」條。

拜克 (Burke, Edmund, 1729-1797)

拜克生於愛爾蘭都布林（Dublin），從都布林三一學院（The Trinity College）畢業後，於一七五〇年赴倫敦修習法律，一七五九年任國會議員漢密爾敦（William Gerald Hamilton）的私人秘書，於一七六六年開始任國會平民院議員，其選區爲英格蘭的布里士投（Bristol），不幸於一七八〇年競選連任時竟告失敗，以後便任輝格黨（The Whig Party）安全區的議員，直到一七九四年才退出政壇。拜克長於演說和文學，富有政治思想，攻擊國王控制國會的不當，反對東印度公司的特權，袒護北美殖民地的自由權利，對於自然、歷史、憲法、政黨、政府、社會諸方面有獨到的觀察和見解，是輝格黨的理論家之一，在政治理論上頗有貢獻。

拜克的中心思想，可以說是使自由與秩序平衡，現實與理想配合，自由和秩序衝突時，應先維持秩序，不可放棄秩序以爭取自由，理想與現實無法配合時，應先顧現實，不可空談理想，如果專談邏輯的理想，就會喪失原已獲得的成就，所以政治和道德律，都要投合人民的感覺、情操、利益、相關的制度，以及錯綜複雜的現實環境。

拜克認爲宗教、歷史和政治相互關連，不可分離。歷史是神聖計劃的產物；良好公民必須有宗教的虔誠，必須敬神、服從、克制自私、避免衝動；社會秩序應以宗教組織爲基礎，宗教組織須容忍信念不同的人；英國不能無國教，因爲政府固然是統治人的機構，也是神統治世界的道德秩序的分支機構，國家在神域中有一定的地位，正如個人在國家中有其一定的地位。

國家要有一般性的行爲規則，把相互衝突的利益和感情轉變爲一致的目的。行爲規則須遵循傳統，傳統可以決定權利歸屬，並把權利遺給後代，傳統亦應隨時適應新環境；憲法不能離開傳統，因爲憲法的權威來自時效，是積年累月的結果；國王、貴族、法官、陪審團等，都是因時效而有其權力；時效的效力最大，對財產如此，對政府亦如此；經過時間考驗的政府計劃必可有效地實施，未經年歲考驗的計劃行不通。

人雖然有社會性，卻不是社會秩序的單位，家庭能夠結合社會和國家，家庭才是社會秩序的單位。人的自然權利，須經習慣性的和時效的安排，有了這種安排，特殊的一羣人才形成社會；在蠻荒的自然狀態中，沒有民族，人羣沒有團體性；民族是由衆人協議組成，社會契約完全是人爲的。社會不以個人私利或意志爲基礎，要以起自家庭和鄰居的忠愛感來維持。社會是大我，個人是小我，小我的存在是短暫的，大我的存在是長久的。各人在社會中有歸屬感和責任感，無論地位怎樣低微，總感覺有其地位，覺得自己有擔負傳統所課的責任的義務。各人有這種感覺，社會才能安定。社會制度不是由人的智慧發明，而是由社會內部成長的。社會裡的不平等是無可避免的，必有貴族和平民，領袖應是貴族，並應制度化；貴族具有豐富知識，能夠自律，有人道和風度，由於榮譽感的作用，對名譽和光榮必特別重視，所以會視公益爲己益，但另一方面，又應給予非貴族的才智之士發展抱負的機會。社會根據契約而形成，這契約不是訂明臨時利益事項，例如買賣胡椒咖啡之類的事項，而是包含着各種科學、藝術、道德等的總和，其目的爲許多世代所追求，不但約束這一代，而且結合前代此代和後代。永恒社會中有偉大的原始契約，人類的社會契約祇是那份契約的一條，用來連接高級和低級的本性、連接可見的和不可見的世界。

政府的主要任務是調和秩序和自由，是促進公益，其權威來自人民。政府應做下列各事：第一、謀求並增進國家的傳統利益；第二、尊重人民因時效而取得的權利，恪守法治，謹慎地增加人民的自由；第三、在貴族領導下，平衡地主和商人的政治利益；第四、建立混合政府，由世襲的國王負責行政，由民意代表的機關從事立法。

多數統治制度是社會習慣，由一般性的協議加以確定，並由長期習慣予以加強了。習慣所作的選擇，勝於任何臨時選擇所作的安排。普及的選舉權對國家沒有好處，原因是許多人對於國事並無成熟的意見。眞正代表制的好處，在於代表共同的利益、感覺和慾望。巴力門式的政府應由熱心公益的少數賢達控制，一般人民受其領導，祇在巴力門（Parliament）中批評他們，使他們爲全國利益而負責任；議員經選出後便爲全國的利益而服務，應有獨立判斷和行動的自由，不受其選民意見的支配，只要作最好的判斷，便算盡了其對選區的責任，因爲議員不是向選民學習法律和政治原理的，巴力門祇是代表社會階級和經濟利益，不是代表個別人民的。

國王是國家連續性的象徵，是人民忠順崇拜的對象，國王世襲制可以產生和平的王位繼承，也可以保證人民的繼承權，所以國王是政治秩序的中心，但國王之下必須有一個混合的政府，由國王行使任命權，巴力門行使立法權，並且代表人民發言。

拜克認爲政黨是以大家同意的特殊主義爲基礎來促進國家利益而結合的團體，所以負責任的政治家必須和意見相同者合作，須有妥善的政策上的意見，決心推行政策，謀求推行政策的方法，團結一致，不自私，不遷就違反其本黨原則的任何人。此外，還要愼重，要適應情勢，要了解人性，要接受輿論，因爲事情的對與不對，須視其和他事的關係而定。

總之，拜克是虔誠的宗教容忍者，要政治和宗教結合，反對自然權利，極端重視傳統，強調秩序重於自由，雖然在經濟上他主張自由競爭、自由貿易、個人工作的報酬應有保障，他在政治觀念上確是十八世紀的保守主義者。（陳治世）

拾遺

唐武太后垂拱中設置，天授二年，增加員額爲五名，後又定額爲十二員，秩俸皆從八品上，分爲左右，左屬門下省，右屬中書省，俱掌「供奉諷諫，大事廷議，小則上封事。」（唐書百官志）宋太宗端拱中，改左右拾遺爲左右正言，「掌規諫諷諭，凡朝政闕失，大臣至百官任非其人，三省至百司事有違失，皆得諫正。」（宋史職官志）明建文中，曾一度廢止六科左右給事中，增設拾遺、補闕，至永樂中，仍置左右給事中，革去拾遺、補闕。（楊樹藩）

按察使

唐中葉以前設有按察使，巡察地方（參閱採訪使條）。遼有按察諸道刑獄使，其職權在分路按察刑獄，官不常設，有詔，則選才望官充之。金有諸路按察使，本主刑獄，糾察濫官污吏豪滑之人，兼勸農宣撫等事，其後並兼轉運使。元初置提刑按察司，分爲四道，即山東東西道、河東陝西道、山北東西道、河北河南道，世祖至元六年，以提刑按察司兼勸農事，其後，按察司分道歷年有增添，二十八年改按察司爲肅政廉訪司，三十年定全國爲二十二道，每道廉訪使二人，正三品。明置提刑按察使司，按察使一人（正三品）、副使（

（正四品）、僉事無定員（正五品）、經歷司經歷一人（正七品）、知事一人（正八品），照磨所照磨一人（正九品）、檢校一人（從九品）、司獄司司獄一人（從九品），「按察使掌一省刑名按劾之事，糾官邪，戢奸暴，平獄訟，雪冤抑，以振揚風紀而澄清其吏治，大者暨都、布二司會議，告撫按以聽於部院。凡朝覲慶弔之禮具如布政司。副使、僉事分道巡察。」明太祖吳元年置各道按察司，設按察使，正三品，洪武十三年改使秩正四品，尋罷，十四年復置，幷置各道按察分司，十五年又置天下府州縣按察分司，十六年改按察使爲從三品，二十二年復定按察使爲正三品，二十九年改置按察分司爲四十一道，三十年始置雲南按察司。惠帝時，改爲十三道肅政按察司。成祖初，復太祖舊制，此後按察司單位及屬官增減不一。（參見明史職官志）清亦有提刑按察使司，置按察使秩正三品，直隸、山東、山西、河南、江蘇、安徽、江西、福建、浙江、湖北、湖南、陝西、甘肅、四川、廣東、廣西、雲南、貴州各一人，其職掌略同於明代，各地按察使司屬官並不相同，略有出入。（王壽南）

政事堂

唐初，以政事堂爲羣相議政之所，後遂演變爲宰相治事機關。據舊唐書職官志云：「舊制、宰相常於門下省議事，謂之政事堂」。其後裴炎自侍中遷中書令，乃徙政事堂於中書省。開元中，張說爲相，又改政事堂，號中書門下，列五房於其後，分曹治事，遂成爲宰相辦公之所（參看中書門下，及五房條）。惟「唐之政令，雖出於中書門下，然宰相治事之地，別號曰政事堂」（古今圖書集成官常典公輔部雜錄二引却掃編）。宋就唐制而加以變易，「三省長官尚書、門下並列於外，又別置中書禁中，是爲政事堂，與樞密對掌大政」（宋史職官志）。元、明無政事堂之設。清末，仿君主立憲之制，改設責任內閣，在「內閣辦事暫行章程」內，規定「設政事堂爲國務大臣會議之所」（清朝續文獻通考職官考內閣）。中華民國成立後，袁世凱當國弄權，擱置民國元年臨時約法，於民國三年五月，另行頒訂新約法，改責任內閣制爲總統制，於總統府設政事堂爲治事機關，置國務卿一人以爲襄贊，設左右丞以助理政事，轄法制、機要、銓敍、主計、印鑄五局、及司務所。後袁氏帝制失敗，重又恢復責任內閣，政事堂亦隨之撤廢。（芮和蒸）

政府（Government）

凡一個政治組織，具有制定法律及執行法律之權力者，謂之政府。研究政府之學，爲政治學的主要部分。政府的類型極多：依統治者人數的多寡言，亞里斯多德將政府分爲三類，卽君主政府，貴族政府，民主政府，而此三者之腐敗面則稱爲暴君政府，寡頭政府，暴民政府；依權力之分配言，則有單一國政府如英、法，聯邦國政府如今日之美、加、澳、瑞士，邦聯國政府如一七八一年至一七八八年的美國及一八四八年前的瑞士；依行政與立法機關的關係言，則有總統制政府如美國，內閣制政府如英國，委員制政府如瑞士。但無論何種政府，其基本形式均必須規定于憲法。憲法有成文及不成文兩種，前者如美國，後者如英國。

政府是國家的工具，他的目的在爲人民謀福利。政府要完成這種目的，當然需要相當權力。但人民對于政府的態度不一致，無政府主義者根本反對政府的存在，個人自由主義者則要極力限制政府的權力，而極權主義者又想儘量擴大政府的權力，所以政府權力的大小，因國家的性質而異。大抵言之，民主憲政國家，政府的權力均列舉于憲法，如爲謀人民更大的福利，而有擴大權力的必要，亦須有法理上的根據。極權國家，政府的權力漫無限制，卽使有憲法，也是形同具文，故大如國防、外交、小至人民的衣、食、住、行，政府無所不管。（胡述兆）

政府之逐項分類（Spectrum Classification of Government）

在政治學之研究中，分類 (classification) 是一項不可缺少之方法，此項方法對於比較政治 (Comparative Politics) 之研究更爲重要。因爲比較政治研究之目的爲發現不同政治體系中相同與差異之點。分類就是達成這項目的的最佳方法。這也是從亞理士多德 (Aristotle) 到現代學者們都利用此一方法之原因。

簡言之，分類乃是根據一項標準 (criterion) 將不同之政治體系分別置於不同之類別中，例如根據人民之參與政治爲準，將各種政治體系分別置於民主 (Democracy) 與極權 (Totalitarian) 兩種政治之下；根據主權之歸屬亦可將政治體系分別置於單一 (Unitary) 及聯邦 (Federal) 等兩種政治型態之下。由於標準之衆多，政治體系之分類卽無止境。但嚴格地說來，每一政治體系皆具有其獨特之處，而無法絕對地歸屬某一類別，因此學者們往往將不同之政治體系，依據某一標準，逐項相對歸入很多類別，例如以人民參政做爲標準，將民主與極權做爲兩極端，在其間依程度之不同分爲多類，而將各個政治體系或政府逐項分類，而使每一類別更能接近實際之狀況。（魏　泰）

政府案 (Government Bill)

見「法案」條。

政府黨 (Government Party)

乃指政權屬於某黨，該黨卽爲政府黨。政府之獲得政權，於十九世紀時多採革命方式；於今民主時代，政權之遞嬗多取決於選民之投票。又名執政黨或在朝黨，但與多數黨有別。蓋政府可由數黨聯合而組成，在英國內閣制之下，政府黨必爲多數黨；在美國總統制之下則不盡然，蓋贏得總統一職之政黨雖爲政府黨，但未必爲多數黨。一九六八年之大選，共和黨爲政府黨，而非多數黨，因參衆兩院均爲民主黨所掌握。又一九五二年至六〇年艾森豪政府時，僅於一九五二年第八十三屆國會既爲政府黨，且爲多數黨；其餘三屆國會則僅爲政府黨，而非多數黨。（談子民）

政治 (Politics)

見「政治學」條

政治分析 (Political Analysis)

「政治分析」是對政治現象的一套系統的研究與剖解。政治分析之目的在求對政治現象之因果關係的了解。它不止在求了解，且希望能對政治問題與行爲作有效之判斷與預測。自古迄今，政治學者對下列幾個問題始終在尋求可能之答案，如㈠什麼是政治？㈡不同政治系統間之共相與異相爲何？㈢政治系統中權力與權威之角色爲何？㈣什麼是政治人之特徵？㈤什麼是不同政治系統之安定，變遷與革命的條件與原因？㈥什麼樣的政治系統是最理想者？R.Dahl說政治分析是科學也是藝術。政治分析可以由純學術之探索中爲之，也可以從實際政治之經驗中體悟之。政治分析固然重事實之解剖，然政治分析不必是「價值中性」的，亦卽它是可以有價值判斷的。但事實之陳述與價值之判斷必不可混淆，此是說客觀之事實描述不可與主觀之價值判斷夾纏一起，致將「實然」與「應然」二者視同一物（關於此請詳 normative statement 條）。此一分別或係政治分析與政治哲學，政治倫理區別之所在。近三十年來，政治分析因行爲科學之興起，與分析工具（如抽樣調查、民意測驗、精神分析技術，內涵分析等）之發達，故政治分析有許多突破性之成就，傳統的冥思、臆測、「想當然」已爲量化、論證、「知其所以然」所取代。當然，在可見的未來，政治分析尚不能期望純粹用量化之方式爲之，質的判斷仍將佔重要之地位。

政治分析之欲有意義，必須首先認同其問題，了解其「分析基元」、「分析層次」，並須認清理論與實際之間的關係，以及方法論上之其他諸問題（如變項之控制等）。（另參 Political Sociology 條）。（金耀基）

政治引用 (Political Recruitment)

爲政治體系重要功能之一，指政治體系將原來在「非政治性角色」(non-political roles)中之成員(member)，引用(recruit)進重要的政治角色(political roles)之中的過程。參看「結構功能分析」條。（魏　鏞）

政治文化 (Political Culture)

每一政治體系均有其特定的政治文化。所謂政治文化，指一政治體系的成員所共同具有政治信仰 (political belief) 與態度。爲維持 (maintain) 並持續 (perpetuate) 該體系的政治結構的必要條件。

政治文化的內涵包括一整套的政治準則 (political norms)，政治價值(political values)，和政治認同 (political identity)。這些準則、價值、與認同，經由「政治社會化」(political socialization) 過程，灌輸到政治體系每一成員的思想中，形成他們的「政治性格」(political personality)。這種由早期學習經驗 (learning experience) 所培育出的基本政治態度和觀念，一經形成，便很難加以改變。

經過近年來許多歐美政治及社會學家的研究，發現一國之是否能迅速現代化，與其政治文化有極大的關係。一個社會，卽使在表面上有現代政治體系的結構，若其基本政治文化仍爲傳統型，則其政治現代化的速度，便大爲延緩。又有些政治學家將各種政治體系比較研究的結果，發覺一體系成員對民主的價值觀念信仰的程度，和該體系中民主制度是否能建立、延續、發展，有很密切的關係。於是他們乃導致一項結論，卽民主（競爭性）的政治體系的能否建立與維持，除了要看一些經濟的，教育的，與社會的客觀條件以外，還要看文化上主觀的條件。（參看「政治的社會化過程」和「結構功能分析」條。）（魏　鏞）

參考文獻：

Gabriel Almond and Sidney Verba, The Civic Culture, Political Attitudes and Democracy in Five Nations. Boston and Toronto: Little, Brown and Company, 1963

Seymour M. Lipset, Political Man. New York: Doubleday, 1960

Gabriel Almond and G. Bingham Powell, Jr. Comparative Politics, A Developmental Approach. Boston: Little, Brown and Company, 1966

Robert E. Lane, Political Ideology: Why the American Common Man Believes What He Does. New York: The Free Press, 1962

Harold D. Lasswell, Power and Personality, New York: Norton Press, 1948.

政治冷漠 (Political Apathy)

指一國國民對於政治問題和政治活動冷淡而不關心的態度。

許多政治學家均認爲民主政治的維持，基於政治成員對政治的關心與參與，高度的「政治冷漠」會促使獨裁和寡頭政治的興起；長期的極權統治也會導致高度的政治冷漠。所以極權統治與政治冷漠是互爲因果的。

根據美國政治學者道耳 (Robert Dahl) 的研究，政治冷漠與「政治效力」(political efficacy) 有密切的關係。他在紐黑芬 (New Haven) 市所作社區權力結構的調查中，發現愈參加政治活動的人，其政治效力愈高。反過來說，自覺政治效力高的人，也愈熱心參加政治活動。（見 Robert A. Dahl, Who Governs? New Haven: Yale University Press, 1961, p. 288）

又據美國學者堪博耳(Angus Campbell)的分析，覺得政治效力愈高的美國國民，其參加投票的比率也就愈高。（見 Angus Campbell et al., The American Voter. New York: Wiley, 1960, p. 105）。同項分析也顯示多數美國人民，對於政治並無太大的興趣，其能對重要政治問題發生關切並具有興趣者，僅佔選民百分之廿八左右。由是可知政治冷漠並非極權國家特有的現象。部分美國解釋此種現象形成的原因，是因爲政治制度已替其成員解決大部問題，故成員覺得其關心政治與參加與否均無所謂了。（參看「權威主義」條）。（魏　鏞）

政治地位或角色 (Political Role)

地位或角色 (role) 本爲在社會學，社會心理學，及人類學上加以不同使用之一名詞。自社會學派的政治學盛行之後，political role 一詞遂于政治學書籍上屢見之。其含義如就社會學上所謂 status 地位言，乃指就居于政治上某種地位所屬之權利與義務範圍內所表現之活動。換而言之，履行其在政治上之權利與義務之活動是也。此乃 R. Linton 於其一九三六年所出版之 The Study of Man 一書內，對于 political role 政治地位所下之定義。如就社會心理學上所謂 (role) 角色言，乃指政治上居于某一地位之人物，如何表現其自己，或其與他人接觸時，如何發生相互影響作用。此種使用法，最初見于 G. H. Mead 於一九〇〇年初期在芝加哥大學所作之講演中，旋於一九三〇年，由 C. W. Morris 將其內容編爲 Mind, Self, Society 一書出版。一九五四年 T.R. Sarbin 復于 Handbook of Social Psychology 中，著有 Role Theory。 Sarbin 爲 role 立一定義：某人在某一交互作用的環境下所表現之一套活動與事蹟。是以依以上之各家解釋，如舉 The Political Role of American President 一詞爲例，吾人可譯之爲美國總統之政治地位或美國總統所扮演之政治角色。（王世憲）

政治行爲 (Political Behavior)

原意爲人類在政治活動的所作所爲。自政治學「行爲研究法」興起後，「政治行爲」一詞，漸有用來特指政治學範疇中，用行爲研究法研究政治現象的一個獨立的分科 (sub-field) 的趨勢。（見「行爲研究法」條）（魏　鏞）

政治的社會化過程 (Political Socialization)

「社會化過程」（socialization）原爲社會學中的一個名詞；指一個社會經由各種途徑引導其幼年成員 (member) 或成年的新成員進入既有的社會結構及秩序的過程。「政治的社會化過程」是晚近引爲政治學的一個的新觀念和研究重心，其含義可簡述爲 政治體系經由各種途徑，使其成員發展出共同的「認同」(identification)、「政治價值」(political values)、和「政治效忠」(political loyalty) 的過程。

政治社會化在基本上是一個「學習的過程」(learning process)。當一個政治體系的成員由嬰兒發展爲成年人時，他便不斷地從其父母、師長、同學、及工作同事處吸收關於政治體系的歷史，個人對於政治權威應有的態度，以及在政治體系中能享的權利及應盡的義務。新加一個政治體系的成員（如移民）也要經過類似的學習過程。這種學習過程，一方面使政治體系的成員了解並接受既有的「政治文化」(political culture)；一方面使他們培養出「政治的自我意識」(political self)。

在政治社會化過程中，扮演最重要角星色的是「基本羣」(primary group)。所謂「基本羣」，一般用來指家庭及「同儕羣」(peer group)。一個人的政治意識和政治態度，泰半是由其父母兄弟姊妹及其日常相處的同伴處得來。除了基本羣以外，學校也在政治社會化過程中發生很重要的作用。各級學校（尤其是小學及初級中學）有關社會及政治方面的教育，對於幼年及少年的政治意識發生非常重要模塑性的影響。

政治社會化過程有一個特性，便是政治體系的成員在早期經驗中所獲得及形成的政治認同、價值、及效忠，一旦生根，便很不容易加以改變，而成其性格(personality)的一部分。

每一個政治體系都需要一個基本的政治文化。這個基本的政治文化，一方面經由政治社會化過程一代一代地傳遞下去，一方面也可經由政治社會化過程加以創新和改造。所有共產政權在推翻舊有政治體系之後，莫不全力從事改造政治文化。許多殖民地政府會或多或少地改變了殖民地的政治文化。但是一般來說，政治文化的改變是一個相當緩慢的過程，是要經過長期地不斷地政治社會化才能完成的。臺灣經過了日本人五十年的統治，但始終未能完全納入日本的政治文化體系，這一方面顯示了中國政治文化的長遠和韌性，一方面也反映改變一個政治文化之困難。（魏　鏞）

參考文獻：

Herbert H. Hyman, Political Socialization, New York: The Free Press, 1959

Richard E. Dawson and Kenneth Prewitt, Political Socialization, Boston: Little, Brown and Company, 1969.

Richard W. Wilson, "The Children Political Socialization on Taiwan," Unpublished Ph. D. Thesis, Princeton University, 1967.

政治社會學 (Political Sociology)

「政治社會學」與「政治心理學」、「政治人類學」一樣，是科際整合運動的一種表現。（詳見 Interdisciplinary Integration 條）。政治社會學是政治學與社會學之結合，其研究對象爲社會與國家之關係。政治社會學以爲單單研究國家（或政府）之政治結構，對政治社會之現象的了解，鮮有助益。蓋國家只是政治系統（或體系）之一環，而政治系統復又是一般社會系統之部份內涵，故而，任何有意義之政治結構與過程之分析，必須探究其社會之基礎與條件。舉例以言，研究民主政治與極權政治，必研究其所以形成之社會原因，此則涉及社會價值、信仰系統、權力合法性、權威等問題。

根本上 S.M. Lipset 以爲政治社會學之興趣在了解社會之衝突與和諧。現代政治社會學受 K. Marx, de Torqueville, M. Weber, R. Michels 四人影響最大。Marx 偏社會之衝突；Tocqueville 兼及社會之衝突與和諧；Weber 與 Michels 二人則重官僚治體 (Bureaucracy) 與民主政治之關係。目前政治社會學者之着眼點是政治社會之安定與變遷，而政治系統（特別是民主政治）之社會基礎則爲其用力之焦點。當代美國政治社會學者之研究的主要課題，大約爲投票行爲，極端之政治運動、官僚治體、自願組合體內部之政治及權力，學者之多，著作之豐，不勝枚舉。當然，政治社會學還在成長階段，其眞正之成熟還待世界各個政治社會系統的比較研究之後。（金耀基）

政治效力 (Political Efficacy)

一個政治體系的成員自己所認爲對於政治決策所具有的影響力的程度。（參看「政治冷漠」條）。（魏　鏞）

政治神話 (Political Myth)

神話一詞在政治學上之使用，已見于本辭典。政治神話之意乃指政治理想家或野心家期將神話在政治思想上所用以說明價值觀念之含義，與神話對于民意之形成之關係，于實際政治上加以運用發生效用。古代之政治烏托邦思想，如柏拉圖之理想國，及培根(Bacon)之新大西洋島(New Atlantis)，近代政治科學家亦稱之爲一種政治神話。（見 C.C. Rodel 之 Introduction & Political Science 1957版）至于近代共產黨與法西斯黨所產生之政治野心家如史達林、希特拉等，彼等鑒于神話在原始與古代社會對于統治人民所發生之效用，力將其所標榜之主義或某種信仰，在實際政治上予以神話化，期集中人民之信仰，以遂其統治之野心。彼等實爲近代創造政治神話者之顯著例證。Erik H. Erikson於一九六四所再版之Childhood and Society一書中，有一篇The Legend of Hitler's Youth即稱希特拉之 Mein Kampf「我的奮鬥」，爲製造政治神話。其言如下：『其詞句之構造，其語調之音韻，吾人似在傾聽一段神話故事。吾人可分析之爲製造政治神話之一種近代嘗試。政治神話，不論古今，並非完全謊言，吾人可無庸解釋其無事實根據，亦不必認爲其爲故事。政治神話乃將歷史史實與虛構之故事互相混合，期在某一時代之某一地區使人民信以爲眞，引發其虔誠之驚異與熱烈之信心。凡受其感染之人民，將不問其爲眞實或邏輯與否，聞風而從之。』（王世憲）

政治參與 (Political Participation)

「政治參與」是指人民透過投票、組黨、加入政治的利益團體等活動，用以直接或間接影響政治之決定的行爲。人民之參與政治是基於民主政治之同意理論而來。在傳統專制國家，主權在君不在民，故統治者對於人民之參與問題，並不措意。但自民主憲理成爲時代潮流後，世界各國政府已在實質上或形式上將主權付之於民。普選已成爲政治之基本結構，原先被摒於政治欄柵之外的人衆都湧進政治之大門，此在新興及開發國家中情勢尤急，此一現象構成 G. Almond與 S. Verba 所說二十世紀之政治革命——「參與擴炸」(participant explosion)。

政治參與並非人民影響政治決定之充足條件，大量參與也非必是健康之民主政治必有現象。大量參與有時不但降低了政治之質素，亦且是一個政治體內部發生深刻衝突、崩解之徵候。但在一個沒有民衆參與，而「政治交道」被阻塞截斷、民瘼無由表達之情形下，則叛亂，造反等暴力行爲無由可免，T. Meadows 之論古代中國，J. Payne之論現代秘魯皆是啟發思考。

一般言之，人民之參與政治之程度的高低與他對其所從屬之政治體之認同的深淺成正比例，認同越深，則參與程度越高。此外，人民之參與不但與精神動機有關，也與公民能力有關，必須在G. Almond與 S. Verba 所謂之「公民文化」(civic culture) 中，人民有「參與取向」和能力（即公民有高度之政治自覺，並相信政治問題可由自己之參與而改變，亦即公民視己不止爲一被治者，亦且是一治者），政治參與才有眞正實質之意義。政治參與是現代政治文化之特色，但政治參與之意識與型態則在民主與極權社會中並不相同；在民主社會的政治參與中，人民是一多少可以左右政治的「有影響力的公民」；反之，在極權社會的政治參與中，則人民只扮演一跑龍套，裝門面的角色。瑞典學人 Stein Rokkan等對於政治參與曾作了極富啟發性的比較研究，唯有通過比較性的研究，我們對政治參與才能有深入的了解。（金耀基）

政治理論 (Political Theory)

見「政治學」條。

政治發展 (Political Development)

爲現代比較政治（comparative politics）中的一個重要的新概念，在討論新興國家 (emerging nations) 變動不居的政治結構及情況時，常常爲學者們所引用。「發展中國家」(developing nations，此名詞常與「新興國家」互用）的政治領袖在演說及文告中，也常提到此一名詞。

「政治發展」一詞雖經廣泛使用，但其內涵隨使用人而互有歧異。美國政治學家陸先派 (Lucian W. Pye) 曾歸納「政治發展」的意義，發現有以下各種不同的內容：

㈠把政治發展當作經濟發展的先決條件　在這種用法中，政治發展便成爲經濟發展的前提與手段，這在關心物質進步和經濟生長的落後國家而言，是很自然的想法。問題是政治上的改革和變遷並不一定帶來急速的經濟發展，經濟成長也不一定能意味政治進步。

㈡把政治發展當作工業化國家的政治型態　許多發展中國家的政治領袖，把政治發展看成向工業化國家的政治型態演變的一種過程。在這種用法下，工業化國家的政治型態被假定爲最合理的 (rational)，是應該模仿的對象。

(三)把政治發展當作政治現代化 (political modernization) 的過程　所謂「政治現代化」，是個相當時髦的名詞。一般說來，它是用來指西方式政黨，行政組織，和立法機關的建立，以及西方注意績效(merit)、成就 (achievement)、和效率 (efficency) 等觀念的運用。但是「西方化」與「現代化」並不完全同義，把所謂「現代化」的政治結構強加於傳統的政治文化上，是否能一定促成政治領袖心目中的現代化，也大成問題。

(四)把政治發展當作民族國家 (Nation-state) 的運作(operation)　在這種用法下，政治發展成爲發揚民族主義，建立民族國家的過程。政治發展的目的在於聯合社會各種團體，形成統一的政治制度。換言之，即爲國家建設(nation-building) 的程序。

(五)把政治發展當作行政與法律發展 (administrative and legal development)　國家建設可以分爲制度建設與公民發展（發展公民的觀念）。許多新興國家的領袖都認爲要建立現代國家，必須要有一套現代的，有效的法律制度和行政系統，因此特別着重於這方面的努力。但是把政治發展當作行政機構的改善，顯然忽視了公民訓練與普遍參政 (popular participation)，而這兩者都是政治發展的重點。

(六)把政治發展當作群衆的動員和參與(mass mobilization and participation)

有些國家的領袖們把動員群衆參加大規模的政治活動及示威，視爲是政治發展的一個重要項目，甚至認爲群衆運動本身就是政治發展。於是他們便常常發動群衆示威作爲顯示人民對國家及領袖効忠的主要方法。這種作法太訴諸情感，將群衆置諸於領袖人才(elite)的操縱之中，往往達到與促成政治進步相反的目的。

(七)把政治發展看成民主制度之建設 (building of democracy)　在這種用法下，政治發展的目的爲建立民主政治制度和民主的生活方式。雖然這種用法爲部分西方崇尚民主自由的學者所偏好，但不少社會科學家認爲含義太狹，沒有把政治發展也可以順其他「意的」(ideology) 的方向發展的可能包含在內。而且將政治發展看成民主的價值 (values) 的達成，實違反了行爲科學「價值袪除」(value-free) 的原則。（關於「價值袪除」的意義，請參看「價值袪除」條）

(八)把政治發展當作獲致穩定與有秩序的變遷(stability and orderly change)　持這種看法的學者，認爲政治發展在於調和並控制各種社會及經濟勢力，使之循合理的 (rational) 和有秩序的程序演進；易言之，即爭取社會和政治體系在穩定中求發展。當吾人如此解釋「政治發展」時，有好幾個問題需要加以答覆：第一、政治體系到底需要多少穩定？第二、過多的穩定與秩序是否會妨礙政治體系的變遷和發展？第三、穩定和秩序，是否只合乎中上階級人民的利益，而不合乎下階層人民的利益？第四、達到政治體系一些亟需達成的目標，是否比政治穩定和秩序更爲重要？這些都不是能一時回答的問題。

(九)把政治發展當作動員與權力(mobilization and power)　這種用法把政治發展視爲政治體系力量 (capability) 的增進，着重於政治體系能不能產生和迅速動員其潛能，以應付內在和外來的威脅。在這方面，民衆普遍支持政治領袖與否爲一重要因素。極權政治體系平時似乎非常強大，但在危機來臨時常不堪一擊，民主政治體系平時力量不顯，但在面對危機時常能發揮出無比的力量。吾人可就政治體系的教育制度，通訊系統，國防設施，經濟結構來度量其政治發展的階段。

(十)把政治發展看成多方面社會變遷中的一面 (one aspect of a multidimensional process of social change)　持這種看法的學者，認爲政治發展和各種社會變遷與經濟變遷關係非常密切，應該放在一起討論和分析。政治發展與社會發展在本質上都是一種歷史的過程，顯示政治和社會結構如適應環境的變遷，因此兩者是不可分。

以上「政治發展」各種用法的內涵雖有不同，但是使用此名詞的學者把「政治發展」看成比較政治中的一個中心概念的宗旨則一。他們在研究政治發展的過程時，各有其着重之點，有的着重於「政治文化」(Almond and Verba)，有的注重「政治性格」(Lucian Pye)，有的注重「政治通訊」(Lucian Pye, Karl Deutsch, Richard R. Fagen)，有的注重「行政結構 (Fred Riggs)，有的注重「領袖人才」(elite) (H. Lasswell, Daniel Lerner)，有的注重軍事領袖 (Morris Janowitz)，有的着重暴力和叛亂 (Lasswell, Harry Eckstein)。經過這些學者在不同的範圍用不同的角度觀察研究，產生了許多新的知識與新的觀念，大大地促進了吾人對於比較政治，尤其是發展中國家的政治的了解。（魏　鏞）

參考文獻：

Lucian W. Pye, Aspects of Political Development, Boston:Little, Brown and Company, 1966 .

Gabriel Almond and James Coleman, Politics of the Developing Areas. Princeton: Princeton University Press, 1960.

Gabriel A. Almond and G. Bingham Powell, Jr., Comparative Politics, A Developmental Approach, Boston: Little, Brown and Company, 1966.

Harry Eckstein and David Apter (eds,) Comparative Politics. New York: The Free Press of Glencoe, 1963.

Lucian W. Pye, Politics, Personality, and Nation-Building. New Haven: Yale University Press, 1962.

Pye (ed.), Communications and Political Development, Princeton: Princeton University Press, 1963;

Richard R. Fagen, Politics and Communication, Boston : Little, Brown and Company, 1966.

Gabriel A. Almond and Sidney Verba, The Civic Culture. Princeton: Princeton University Press, 1963.

S.P. Huntington, "Political Development and Political Decay," World Politics, (April, 1965).

Lucian W. Pye and Verba (eds.), Political Culture and Political Development. Princeton: Princeton University Press, 1965.

Fred Riggs, Administration in Developing Countries, Boston: Houghton Mifflin, 1964.

Harold Lasswell and Daniel Lerner, World Revolutionary Elites. Cambridge: M.I.T. Press, 1967.

Morris Janowitz, The Military in the Political Development of New Nations, Chicago: University of Chicago Press, 1964.

Harry Eckstein, Internal War, New York: The Free Press, 1966.

David Apter, The Politics of Modernization, Chicago: The University of Chicago Press, 1965; Gabriel Almond," A Developmental Approach to Political Systems," World Politics (January, 1965).

Harold D. Lasswell, "The Policy Sciences of Development," World Politics (January, 1965).

政治程序或過程 (Political Process)

程序或過程 (Process) 一詞，本爲社會學上所常用而難于捉摸其眞正意義之名詞。社會學上凡說明任何屬于社會之相互影響作用，或社會狀態之不斷轉變，皆統稱之謂社會程序或過程。政治學上之有政治程序或過程一詞，最早乃見于 A.F. Bentley 於一九〇八年所出版之 Process of Government 一書。及一九五一年，D.B. Truman 復出版 The Government Process 一書。迄一九五八年，W. Harrison 教授更將此一名詞之要義刊載于 Political Studies Vol XI. pp. 234-52 上。近年來以社會學方法研究政治學之風甚盛，此一名詞遂于政治學書籍上屢屢見之。依 Harrison 歸納一般政治學者之意見，此名詞之含義有三：㈠凡認爲變動乃政治最重要之現象者，經常以此名詞表達其意念。㈡使其此一名詞之含義較第一者爲廣，認爲經常一再不斷的變動乃世界上所有政治必有之現象，蓋政治必需受社會學上所謂程序法則 (process laws) 之支配。㈢着重于程序 (procedure) 之觀念，諸如立法程序，選舉程序等等。意指程序法則之間之交互作用，某些個人就其所居之地位與其所從事之活動與所表現態度之間之交互作用，及某些社會團體在其對內與對外關係之間所發生之交互作用。惟 Harrison 教授本人對于程序之觀念不甚同意，蓋政治現象之分析，並不能全部以程序法則爲依據。（王世憲）

政治階層 (Political Strata)

「政治階層」是對一個社會中，在精神上或行動上參與政治之決定過程之人衆的泛稱。「政治階層」之人衆在精神上或行動上參與政治的「態度」與「幅度」並不全同。分別言之，參與的「態度」當視他們的「動機」之高低與「消息」之多少而定。動機高，消息多者其態度較積極。參與的「幅度」則視他們之通向「政治交道」（如報紙、電視等）之「能力」的高低而定。能力高者，其幅度較寬。

參與政治之最普遍的方法固是選舉，但選舉却非持續性或最有效的。故而，政治階層之參與政治常通過政黨，利益團體，以及其他之組織性或非組織性的行爲，以冀達到他們之政治上的期待。政治階層之活動在民主國家受憲法或法律保障。在理論上，成年的合法公民人人皆得參與政治，但事實上，眞正成爲「政治階層」的人並非全部；亦不必佔絕大多數，此是因前所說，人之參與行爲受其動機、消息、及能力等因素所制限。反之，在極權國家，政治階層之活動則受種種限制。唯極權政府爲了統治之合法性以及動員社會力量等原因，常鼓勵、強迫公民通過投票、遊行等「政治化」過程，使整個「社會階層」成爲「政治階層」，此則可稱之爲變質的「政治階層」。依 R. Dahl 之分類，在政治階層內，還有二個「附屬階層」(sub-strata)，一是「權力追求者」、一是「權力領袖」。「權力領袖」是政治階層中最活躍並眞正作政治決定者，亦即是「權力的秀異分子」。一般地說，在民主社會，權力的秀異分子是異質的、多元的，也是互相抗制的。在極權社會，則權力秀異分子是同質的、單元的，他們是社會價值的壟斷者。

目前政治現代化之趨勢 E. Shils, S.N. Eisenstadt 等指出，已使原先居於社會低層、政治邊緣的人衆逐漸上冒，而轉入政治之中心地帶。亦卽「非政治階層」已逐漸縮小，「政治階層」逐漸擴大。（詳見「政治參與」條）（金耀基）

政治標準 (Political Criteria)

凡任用政府官吏不以才能 (talents) 或個人成就 (achievement) 爲取捨標準，而重個人出身 (ascription)，家庭背景，或政治觀點者，曰「政治標準」。西方學者常以「政治標準」之重要與否衡量一個政府「政治現代化」(political modernization) 之程度；在低度開發的社會，政府官吏通常來自某些大家族或特權階級，「平民」雖有能力總難有進身的機會。在今日之共產國家，出身工人階級之子弟在就學就業方面比出身於資產階級的人較有優先機會，在中共此一現象尤爲顯著，「紅」比「專」加倍重要，這是採用「政治標準」最清楚的例子。（張旭成）

政治學 (Political Science)

一、簡史

關於人類政治生活的思考或研究，有其很早的起源。在公元前五世紀時，史學之父赫洛多塔斯 (Herodotus) 對於國家的分析，就曾提出君主、貴族及民主三類型之說。(Sabine 1937) 從公元前五世紀直到二十世紀中葉，這二千餘年中，整個政治研究的發展史，可以分成兩個大的階段。十九世紀末葉以前是一個大的階段，可稱之爲前期的政治學。十九世紀末葉以後是另一個大的階段，可稱之爲後期的政治學。以十九世紀末葉，視爲政治學發展史的一個關鍵年代，其主要的理由是根據政治學的獨立性而作爲選擇標準的。前期的政治學，乃依附於史學、哲學、神學及其他社會研究之中而發展；政治研究並未形成一獨立的研究範圍，也沒有專業的政治學者。後期的政治學，在學術的領域裡，儼然自成一獨立的學科，不僅有其特獨的研究範圍及專門從事政治研究的學者，而且大學裡也設立了有關的課程及學系。

前期的政治學，又可分成古代與近代兩個時期。古代時期，指希臘羅馬時期及中古時期，最具有代表性的政治學說有：柏拉圖 (Plato) 的正義論，亞里斯多德 (Aristotle) 的國家目的論，斯多噶學派 (Stoics) 的自然法觀念，奧古斯丁 (St. Augustine) 的天國論，以及聖湯瑪斯 (St. Thomas Aquinas) 的基督教國家觀。近代時期，包括文藝復興時代直到十九世紀中葉的時代，最具有代表性的政治學說有：馬志儒尼 (N. Machiavelli) 及霍布斯 (T. Hobbes) 的政治權力論，布丹 (J. Bodin) 的主權論，洛克 (J. Locke) 及盧梭 (J.J. Rousseau) 的社會契約論，孟德斯鳩 (C. L. Montesquieu) 的分權論，邊沁 (J. Bentham) 的功利論，黑格爾 (G.W.F. Hegel) 的唯心論國家觀，馬克斯 (K. Marx) 的唯物論國家觀，及穆勒 (J.S. Mill) 的自由論。

後期的政治學，卽自十九世紀末葉開始成爲一獨立學科之後的政治學，若以政治研究的定向作爲標準，其發展又可分爲三個時期。第一個時期，乃指十九世紀末葉至第一次世界大戰之間而言。此一時期中，政治學以國家概念作爲主要的研究定向。所探討的對象是：國家的起源，性質及分類，政府的結構及類型，憲法的條文及類別。所研究的方式，偏重制度研究法及法律研究法。第二個時期，乃指兩次世界大戰之間而言。此一時期中，政治學以權力概念作爲主要的研究定向。其分析的對象是：權力的形成，分配與執行，以及權力的心理基礎與社會基礎。所採用的研究方式，則着重心理學研究法及社會學研究法。第三個時期，乃指第二次世界大戰以後而言。政治學的研究定向，又從權力概念逐漸轉變而爲政策概念。所分析的對象是：政府制定及執行政策的過程，

以及政府政策的性質及目的。其採用的研究途徑，則強調行爲研究法及決策研究法。(Easton 1953)

縱觀政治學的整個發展史，前期的政治學，比較重視政治生活的目的及價值，哲學及倫理學的色彩，極爲濃厚。後期的政治學，比較着重政治生活的現象及事實之描述，科學分析的傾向，日益顯著。

二、界說

政治學是探討及研究政治現象的一門學科。因此，對政治現象一詞的了解不同，政治學的界說也必隨之改觀。關於政治現象一詞的涵義，其說法甚多，在此不可能一一列擧。現僅選擇三種比較具有影響力的說法分別加以簡單說明，並根據每一種說法而引述有關的政治學界說。

第一種說法，認爲政治現象卽是國家的活動。國家是一種特殊的人類組織，係由人民、領土、主權及政府四個要素而構成。國家的活動，對內而言，卽是它的政府依法行使主權，對其人民與領土從事統治的活動；對外而言，則指一個國家在國際社會中與其他的國家發生關係而形成的各種活動。在對政治現象作如此了解時，當然認爲政治學卽是研究國家的科學。伽納 (J.W. Garner) 曾明白的說：「國家的現象，在其千變萬化之中，對於家庭、部落、民族及其他一切私人集團而言，雖不是毫無關係，究竟有所不同。此種特異的國家現象，卽構成政治學研究的主題。簡言之，政治學從頭至尾卽是研究國家的科學。」(Garner 1928)

第二種說法，認爲政治現象卽是人際關係中的權力現象。所謂權力乃「指一個人或一個團體，可以依照其自身的願望，去支配其他的人或團體。」(Tawney 1931) 也卽是說，個人與個人之間，團體與團體之間，或個人與團體之間，凡有支配現象之所在，卽是政治現象之所在。政治現象並不祇限於國家的活動，而是泛存於各種人際關係之中。對政治現象作如此了解時，政治學當被界定爲研究一切權力現象的科學。拉斯威爾 (H.D. Lasswell) 曾說：「政治研究卽是對於勢力及擁有勢力者的研究。」(Lasswell 1936) 則等於對政治學作了這一類型的界說。無論如何，有些政治學家認爲一切人際關係中的權力現象所涉及的範圍實在太寬，政治學不宜研究如此廣泛的現象，而主張把政治現象的範圍縮小，祇承認與國家有關的權力現象才是政治現象。因此，政治學的界說也隨之而變，肯定「政治學是一種特殊的社會科學，它一方面視國家爲一種權力組織體，而研究其性質及目的，另一方面也研究足以影響國家的非官方權力現象之性質及目的。」(Flechtheim 1952)

第三種說法，認爲「政治卽是政府制定政策的過程」(Ranney 1966)。「凡圍繞政府決策中心所發生的事件卽是政治現象」(Grazia 1952)。在二十世紀中葉，持此種說法的政治學者，是很普遍的。他們的基本論點，是肯定人類的社羣系統 (social system) 中有一次級系統——政治系統 (political system)。此一次級系統的主要功能，在根據社羣系統的需要，透過政策的制定及執行對各種價值從事權威性之分配。這種權威性政策 (authoritative policy) 之制定及執行的過程及各種影響因素，卽是政治現象之所在。(Easton 1965, Almond 1960) 對政治現象持如此了解時，當然認爲政治學是研究權威性政策制定及執行的學科。伊斯登 (D. Easton) 卽採此種看法，他說：「政治研究，首要的乃是企圖對一個社會中從事價值分配的權威性政策作一系統了解。」又說：「政治學卽是在研究一個社會中對價值的權威性分配。」(Easton 1953)

三、範圍

任何學科，爲了研究及教學的系統化，常劃分成許多不同的範圍 (fields)，以便於分別從事。政治學也是一樣，在其內在有各種不同的分科。不過，關於政治學內在的分科問題，到目前爲止，並沒有一個固定不變的定論。一九四八年聯合國的教科文組織 (UNESCO) 在巴黎召集世界性的政治學會議，而創立了「國際政治學會」(International Political Science Association)。在這次會議中，各國政治學者同意政治學有四個主要的範圍：第一個是政治理論，第二個是政治制度，第三個是政黨、輿論及政治團體，第四個是國際關係。每一個範圍又劃分成許多不同的次級範圍 (subfields)。這些次級範圍，卽屬於政治學在教學及研究上的分科。(UNESCO 1950)

另外一些政治學者，認爲政治學可以劃成較多的範圍。除了政治理論、政治制度、政黨及國際關係之外，還可增加公共行政、公法、政治歷史學、政治心理學、政治社會學及公共政策學等範圍。(Grazia 1952) 根據這些範圍再劃分次級範圍，當使政治學包括了更爲繁多的分科。

到了第二次世界大戰之後，由於強調政治行爲的研究，及政治研究的科學化，政治學的分科，不僅在日益擴充之中，而且使其問題更爲複雜。比如政治行爲究竟是一個政治學的範圍或是一個研究政治現象的途徑，便沒有定論，政治學方法論究竟是屬於政治學的一個範圍或一個次級範圍，也沒有固定的說法。無論如何，最近若干年來，世界各國的大學裡，尤其美國的大學裡，關於政治學的新課程的確是正在不斷增設之中。如像政治行為、政治學方法論、政治發展、比較政治、政治文化、政治人格、政治社會化、政治統計學……等等課程的相繼出現，便是證明。這些新課程的出現，一方面使政治研究步入了新的境界，另方面也為政治學的範圍問題帶來了更多的困擾。

四、展望

由於當代政治學的迅速進步，伊斯登認為已引發了「政治學的雙重革命」(the dual revolution in political science)。所謂雙重革命，是指政治學在研究技術及理論建構兩個方面同時發生了劇烈的變化。(Easton 1965)

自政治學成為獨立學科以來，一直企圖採用科學方法分析政治現象。到了二十世紀的二十年代，政治研究的科學化，更是加以強調。可是，政治現象不論被認為國家現象、權力現象或政策制定及執行，其最後的基礎乃是人的行為所構成，而人的行為比自然現象顯然不同，很難於根據科學方法從事經驗的調查而取到相干的資料。因此，政治研究科學化的提倡，雖歷時已久，却沒有顯著的成就。直到第二次世界大戰之後，政治學廣泛採用其他行為科學的新興研究技術，如問卷法、訪問法、局內觀察法、實地調查法、數學及邏輯的分析技術……才使政治行為的經驗調查之可能性大為提高，才使政治研究的科學化大為推進一步。這便是政治學在研究技術方面的革命。

政治研究的整個歷史中，過去已出現了不少的政治理論。可是，這些理論，大部分都是規範性的理論 (normative theories)，既沒有事實的印證性，也缺乏邏輯的推演性。根據科學理論的建構原則加以衡量，這些理論稱之為意識型態 (ideologies) 或政治思想，是更為適當的。第二次世界大戰以後，政治學家逐漸的明確的認識了理論建構在政治研究上的重要性，而竭力發展關於政治現象的描述性理論 (descriptive theories) 或經驗理論 (empirical theories)。經驗的政治理論，一方面要求政治概念，政治陳述及整個理論，都必須具有經驗事實的指涉及印證，另一方面也企圖使政治概念、政治陳述及整個理論之間，必須具有邏輯的推演性。現代政治學，除了在理論的性質上強調科學化之外，更深深的了解理論與研究過程之間有其不可分的關係。若無政治的理論，對政治現象從事科學的描述，解釋及預測，便沒有可能性。此種理論上的空前自覺，便是政治學的另一革命。

現代政治學中，雙重革命之發生，不僅象徵了政治學的進步，而且也為政治學帶來了極有前途的展望。（易君博）

參考文獻：

Almond, G.A., and Coleman, J.S. (Ed.) **The Politics of Developing Areas.** Princeton University. Press, 1960.

Bentley, A.F. The Process of Government: A Study of Social Pressures. Principia Press, 1949, 1908.

Catlin, G.E.G. The Science and Method of Politics. Knopf, 1927.

Charlesworth, J.C. (Ed.) Contemporary Political Analysis. Free Press, 1967.

Dahl, R.A. Modern Political Analysis. Prentice-Hall, 1963.

Davies, J.C. Human Nature in Politics: The Dynamics of Political Behavior. John Wiley, 1963.

Easton, D. The Political System: An Inquiry into the State of Political Science. Knopf, 1953.

Easton, D. A Framework for Political Analysis. Prentice-Hall, 1965.

Easton, D. A Systems Analysis of Political Life. John Wiley, 1965.

Eulau, H. (Ed.) Behavioralism in Political Science. Atherton Press, 1969.

Flechtheim, O.K. The Fundamentals of Political Science. Ronald Press, 1952.

Frohock, F.G. The Nature of Political Inquiry. Dorsey Press, 1967.

Garner, J.W. Political Science and Government. American Book Co., 1928.

Grazia, De, A. The Elements of Political Science. Knopf, 1952.

Lane, R. Political Life: Why People Get Involved in Politics. Free Press, 1961.

Lasswell, H.D. Politics: Who Gets What, When, How. Whittlesey, 1936.

Lasswell, and Kaplan, A. Power and Society: A Framework for Political Inquiry. Yale University. Press, 1950.

Merriam, C.E. Systematic Politics.University of Chicago Press,1945.

Masannat, G.S.; and Madron, T. Wm. (Ed.) The Political Arena: Introductory Readings in Political Science. Scribner's, 1969.

Mitchell, J.M. & W.C. Political Analysis and Public Policy. Rand McNally, 1969.

Rodee, C.C. et al., Introduction to Political Science. McGraw-Hill, 1957.

Ranney, A. The Governing of Men. Holt, 1966.

Sabine, G.H. A Historv of Political Theory Holt, 1937.

Tawney, R.H. Equality. Harcourt, 1931.

UNESCO, (Ed.) Contemporary Political Science. UNESCO Publiation No. 426, 1950.

Young, R. Approaches to the Study of Politics. Northwestern University. Press, 1958.

政治戰 (Political Warfare)

也有人稱它爲心理戰 (psychological warfare)，是指在對敵作戰時，除了軍事衝突外，非軍事性的各部門也應加入戰鬥，以期早獲勝利並確保勝利的果實。這些非軍事性的部門，範圍頗廣，包括政治動員、宣傳、思想改造、經濟封鎖，以及在新佔領地區所進行的綏靖和重建措施等。在對付共產黨的民族解放戰爭中，政治戰的重要性不下於軍事。越戰便是一個很好的例子。

政治戰一辭沿心理戰而來。在西方，英國軍事歷史家富努(J.F.C. Fuller)於第一次世界大戰後首創「心理戰」之說。第二次世界大戰時，「政治戰」一辭開始爲人起用。並設有心理戰或政治戰的機構。韓戰時，美國亦曾設立心理戰戰略局。有關政治戰的書籍於一九五五年在美出版 (John Scott, Political Warfare, New York: John Day, 1955)。在中國，政治戰曾用於自民國十九年至二十四年的剿共戰爭中。當時，政府採取了『三分軍事七分政治』的策略，以宣傳，經濟封鎖和綏靖措施等，協助軍事打擊敵人，收到很大的效果。

美國在越南的戰爭予政治戰以新的發展。美越方面，從數年的戰爭經驗深切的了解到：如聯軍不得民心，卽使在軍事上打敗了敵人，這戰爭還不能算勝利，更無法保障勝利的果實。因此，爭取『另一戰爭』勝利之說，高唱一時。新聞報導甚豐，書刊也逐漸出版（例如：William A. Nighswonger, Rural Pacification in Vietnam, New York: Praeger, 1966)。宣傳、綏靖、和重建的工作，極爲美越軍方所重視（西貢政府的「開手」政策優待越共分子反正的運動，便是一個好例子）。政治戰的重要性與其範圍的擴大，已爲一般人所接受。（陳　慶）

政治機器 (Political Machine)

見「黨務機器」條。

政治難民 (Political Refugee)

凡政治主張不爲本國所容，致被政府流放或自動逃往別處避難者；或本國被他國佔領，不願爲順民，而逃亡他國者，均稱爲政治難民。政治難民的存在，在世界史上屢見不鮮，如十五世紀西班牙籍的猶太人及摩爾人(Moors)被西班牙政府驅逐出境，及法國大革命時王室份子的流亡國外，皆爲著例。廿世紀以前，政治難民問題很少受到國際上應有的重視。一次大戰前後，由于俄國大革命及巴爾幹半島的混亂局面，造成了許多政治難民，情勢極爲嚴重，國際聯盟乃于一九二一年任命南森 (Fridtjof Nansen) 爲處理難民事務的高級專員，並頒發「南森護照」，凡持有人均得自由行動。二次大戰期間，由于希特勒侵佔歐洲許多國家，政治難民更多，故戰後在聯合國善後救濟總署之協助下所安置之難民，達八百萬人之衆。一九四八年，猶太人在巴勒斯坦建國，稱爲以色列，又造成七十萬的阿拉伯難民。近年以來，由鐵幕國家逃出的政治難民，更是比比皆是，尤其自中共區、東德、匈牙利、古巴等國逃出者爲最多。自一九五一年以來，聯合國難民高級專員總署對于國際政治難民協助頗多，並將一九六〇年定爲「世界難民年」，發起各國捐款，收效甚大。美國對于國際難民之協助，更是不遺餘力，而對匈牙利及古巴兩國之難民，且允其集體移民，故被譽爲難民的天堂。（胡述兆）

政治權力 (Political Power)

「政治權力」(political power) 和「政治影響」(political influence) 是政治學中兩個相互關聯的基本概念。然而這兩個基本概念，却一直沒有明確的有系統的定義，因此導致許多討論上的含混和誤解。

替政治權力及政治影響下定義的主要困難之一，是兩者都涉及兩個及兩個以上的行爲者 (actors) 之間的關係 (relations)。因此吾人必須從行爲者的關係中對權力和影響下定義。

我們可給這兩個概念簡單地定義如下：「政治權力」是一個行爲者(個人、羣體、及政治體系）在政治決策過程 (political decision-making) 中，影響其他行爲者，接受或挑定他自己所偏好的選擇(alternatives) 的力量。「政治影響」，則爲在政治活動中，一行爲者(甲)使另一行爲者(乙)做(乙)本來不大想做的事。

以上定義，關於「政治權力」的，主要是採納拉斯維爾 (Harold D. Lasswell) 的意見，至於「政治影響」，則基本上是根據道耳 (Robert Dahl) 的解說。

拉斯維爾在「政治：何人在何時用何法得到何物」(Harold D. Lasswell, Politics: Who gets What, When, How?) 一書，將「政治」定義爲人們爭取影響力的活動。其得到影響力多的，便是領袖人物 (elite)；其得到影響力少的，便是一般大衆 (mass)。前者是影響人的人 (the influential)；後者是被影響的人 (the influenced)。一個人獲得影響力的大小，與其社會背景、性格，技能，與機會有密切的關係。

道耳認爲國家 (state) 是政治權力的主要來源，個人在政治活動中試求控制國家，再經由國家的權威 (authority) 來伸展其個人的影響力。這樣獲得的影響力主要有兩種：一種是強制的影響 (coersive influence)；一種是可靠的影響 (reliable influence)。前者是帶有威脅性，不服從便會引來處罰的影響，這種強制性的影響力，通常便叫做權力 (power)；後者是經由各種因素（尤其是報酬 (reward)），使別人順從的可能性很高的影響。在這種情形，被影響的人並不覺得受到威脅，但却有意無意地接受其影響。

吾人欲求了解「權力」一詞的含義，必須要進一步把「潛在的權力」(potential power)、「實際的權力」(actual power)、「使用權力的意願」(the willingness to use power)、「使用權力的對象」(object of the use of power)，和「使用權力的結果」(outcomes) 等概念弄清楚。兹依次說明如下：

一、潛在的權力：就個人而言、財富、地位、知識、和技能，都可成爲權力的來源；就國家而言，人民、幅員、資源，均可視爲權力的基礎 (power base)

二、實際的權力：有潛在權力的個人、團體、及國家，並不一定具有實際的權力。潛在的權力要經過「轉換」(conversion) 的過程，才能成爲實際的權力，就個人而言，大量的財富，但已經投資不能隨意動用，便不能產生實際的影響力。只有經過一定的過程（如支持候選人及政黨競選經費），才能轉換成實際的權力，就國家而言，受過教育的人民，武裝的士兵，支持工業的資源，和具有良好交通網的土地，才成爲其實際的權力。

三、使用權力的意願：有了實際的權力，還要有使用權力的意願，才具有眞正的權力。就個人而言，具有實際權力的人若對某項政治問題作壁上觀，而不願使用其權力，則其對該事件的發展，便沒有太大的影響力。就國家而言，具有強大實力的國家（如瑞典），若採中立政策，處於國際糾紛之外，則其對國際政治，更只有有限的影響力。

四、使用權力的對象：權力使用的有效與否，要看在什麼問題 (issue) 上對誰使用。個人、團體、與國家，各有其一定關切的問題。道耳 (Robert A. Dahl) 在他的一項社區研究中，發現在擁有影響力的地方領袖間，各自有其所關心的問題，而非每個人對每個問題都涉入並使用其權力（見 Robert A. Dahl, Who Governs? New Haven: Yale University Press, 1961)。國家在國際社會中也是如此。一般說來，一個行爲者 (actor) 所涉入的問題愈多，其對各該問題左右的力量愈小。在另一面來說，行爲者所面對的競爭者(contestant) 的權力愈大，其本身所具有的權力便相對減少。若競爭對象弱，其情形則反是。

五、使用權力的結果：政治權力的實際效用，要看其使用的結果(outcome) 如何。換言之，便是要看行爲者在使用權力之後，能不能夠造成他想造成的情勢或得到他想得到的目的物。其中牽涉到使用權力的技術 (skill)。在歷史上，權力有限的小國，嘗能有技巧地運用其有限的權力，而成功地與大國對抗的例證。在國內政治中，也常有實際政治權力小的行動者，適切地運用其權力與實際權力超過許多的行爲者相周旋，而達到其目的的情形存在。

由此可知，權力在基本上是一種關係，一個行爲者權力的大小，先要看他潛在權力的基礎；再要看他實際權力的大小；再次要看他有無使用其權力的意願；又要看他涉入問題的多寡與對手的強弱；最後還要看他能否有技巧地使用其實際權力，以達到其所達到的目的。

以上所述各種過程，可以以下列圖表來表示：

權力之形成與使用圖解

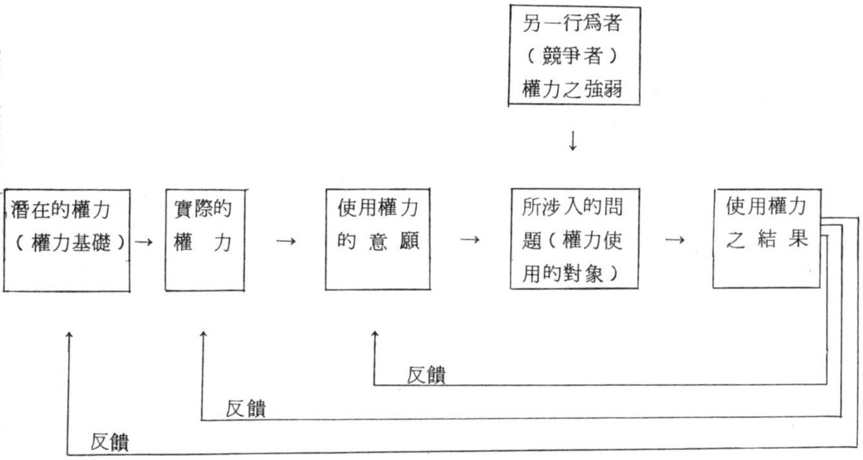

另一行爲者（競爭者）權力之強弱
↓
潛在的權力（權力基礎）→ 實際的權力 → 使用權力的意願 → 所涉入的問題（權力使用的對象）→ 使用權力之結果

反饋
反饋
反饋

即使經過以上的解釋與說明，吾人仍舊只能對權力形成的因素，運用的過程，和行爲者與行爲者的權力關係，獲得一個概括的了解，時至今日，權力的定義和度量(measurement)仍爲政治學研究裏一個中心問題，這個問題的解決，還有待政治學家繼續的探討。（魏　鏞）

參考文獻：

Robert A Dahl, Modern Political Analysis, Englewood Cliffs, N. J.: Prentice-Hall, Inc, 1963, pp. 39-54.

Floyd Hunter, Community Power Structure, Chapel Hill: University of North Carolina Press, 1953.

Klaus Knorr, the War Potential of Nations. Princeton: Princeton University Press, 1956.

A.F.K. Organski, World Politics, New York: Alfred A. Knopf, 1959, pp. 93-218.

Harold D. Lasswell, Politices; Who Gets, What, When, How? New York: The World Publishing Company, 1961.

Lasswel, Power and Personality, New York: W.W. Norton & Company, 1948.

Harold D. Lasswell and Abraham Kaplan, Power and Society, A Framework for Political Inquiry. New Haven: Yale University Press, 1950, part two, pp. 55-176. Robert A. Dahl, Who Governs? New Haven: Yale University Press, 1961.

L.S. Shapley and Martin Shubik, "A Method for Evaluating the Distribution of Power in a Community System," American Political Science Review, 48(September, 1954), pp. 787-792.

Herbert Simon, "Notes on the Observation and Measurement of Power," The Journal of Politics, 15(November, 1953). pp. 500-516.

政客（Politician）

此一名詞導源于古希臘，意爲獻身于政治事業之人。其在現代，則一切積極從事政治活動的人，如各種公職的競選者，政黨的組織分子，助選的經理人員，乃至以政治遊說爲職業者，皆稱爲政客。影響所及，遂使此名詞愈用愈濫，演變成爲在政治上翻雲覆雨，爲達目的不擇手段者的代名詞。甚焉者且有所謂酒巴政客、咖啡政客、茶室政客等等的骯髒意義。其實這一名詞的原始意義頗爲高尚，有時且與「政治家」(statesman) 一詞混用。二者主要的的差別，在于「政治家」係指具有高度智慧、豐富學識，崇高理想，偉大人格，而以大公無私的精神爲人民謀福利者而言，而「政客」則指一般以從政爲專業者而言。所以說「政客」只考慮到每次選擧的得失，而「政治家」則顧及千秋萬世的福利。(胡述兆)

政策 (Policy)

一般言之，政策一詞，乃指某一團體組織，無論小如社團，大如國家政府，以及國際組織，爲欲達到其自身之種種目的時，就若干可能採取之方法中，擇一而決定之方法而言。現代政治學上，何謂政策之一問題，自 H.D. Lasswell 教授強調政策在政治程序上之重要性後，尤其在政治決定(political decision) 方面——大爲人所重視。H.D. Lasswell 及 A. Kaplan 於其于一九五四年所合著之 Power and Society 一書中，認爲政策乃爲某目標價值與實踐而設計之計劃。政策程序應包括釐訂頒佈及執行 (policy is a project program of goal value and practice, policy process is the formulation, promulgation and application)。就政府制訂政策之程序言，近代政治學者更特別指出：在政府官員擬就某一目標採取某一行動或不採取行動時，彼等必需面臨若干可供選擇之途徑，惟不能同時均予採取，其中必有彼此不相融合或矛盾者，是以必需經由捨此取彼之程序，其最後所決定採取之行動或不行動，即爲政府政策之表現。(見 Austin Ranney 所著 The Governing of Men, 1966 再版) 政策一詞，在使用時，有其特定之內容與具體之行動與計劃者，如稱房屋政策。有爲空泛或有或無具體行動與計劃者，如稱外交政策是。(王世憲)

政策科學 (Policy Sciences)

爲研究如何將科學知識運用到實際問題之解決的學問。政策科學家的目的，在貢獻其專業知識，協助政府及社會各部門制定及執行各項政策。

雖然歷史上的許多哲人學者都可視爲政策科學家，但現代政策科學的興起，是二次世界大戰以後的事。美國學者拉斯維爾 (Harold D. Lasswell) 和勒恩納 (Daniel Lerner)，在一九五一年合輯政策科學一書，首次將此項學問的內容加以有系統的介紹和說明。(見 Daniel Lerner and Harold D. Lasswell, The Policy Sciences: Recent Developments in Scope and Method, Stanford: Stanford University Press, 1951)。

拉斯維爾及勒恩納二氏在其著作中指出，由於現代社會的複雜性，政府及其他機構在決定形成 (decision-making) 過程中，亟須專家的協助。專家在一項決定的形成過程中，至少可作三種貢獻，第一是澄清一項決定所追求的目標 (goals) 和價值 (values)；第二是貢獻科學知識和方法，收集有關一項問題的情報 (information)；在第三是提出所有對該問題可作的選擇 (alternatives)，在這三方面，政策科學家的勞務 (service) 均有助於決策的制定和執行。

政策科學並不與行爲科學的「價值却除」(value-free)原則相違背，因爲政策科學家只有在向決策者 (decision-maker) 提供建議時，才會涉及決策者及其本人的價值判斷 (value judgement)。其在研究分析一問題過程之中，不偏不倚 (unbiased) 的觀察與解釋的原則，仍然是要堅守的。(參看「價值却除」條，並參考 Harold D. Lasswell, The Future of Political Science. New York: Atherton, 1963)。(魏　鏞)

政策條款 (Policy Clause)

憲法上關於一國基本政綱政策之規定稱爲政策條款，如我國憲法上之基本國策是。過去憲法多無此種規定，在憲法上列入政策條款是二次大戰後的憲法新趨勢。(華力進)

政策釐訂者 (Policy-Maker)

一般言之，吾人稱某一團體之政策釐訂者時，究竟吾人心目中所指爲何人。此爲近代政治學者研究政策決定程序之一重要課題。明此，則知何謂政策釐訂者。晚近政治科學家認爲就程序言，凡參加政策決定之所有分子，即在決定過程中所有參加意見之分子——均應稱之爲政策釐訂者。因此，過去所謂政治與管理兩分法 (Politics and Administration Dichotomy 如 Woodrow Wilson 於一八八七年于普林士頓大學任教時所開始倡導者) 亦即所謂政務官乃釐訂政策者，事務官乃執行政策者之分，已成過去。因在整個政治程序中，實際情形並非如此。所有服務于政府之公務人員，即就事務官言，或多或少，直接或間接，對于政策之決定均有其影響力，尤其是有自由裁量權之事務官，及可在政策上從旁貢獻意見之高級文官爲然。是以方今行政學者如 J.M. Pfiffner ，認爲：三權分立之國家，立法機關透過其立法，固偏重于政策之釐訂。惟就行政部門言，政策釐訂者，除各部會之行政首長外，實應包括首長以下之各級主管，與其幕僚人員——包括人、財、物及公共關係各方面。換而言之，居于上層經由政治任命之政務官及其直屬之常任文官，均爲政策釐訂者。惟居最上層者與立法機關，政黨，及全般政策之釐訂，關係較深。居于中層者，則將居于執行階層之專家所發表之意見，承上接下，向居于最上層者推薦新政策。（見 John M. Pfiffner 所著之 Public Administration 第五版一九六七年）（王世憲）

政黨 (Political Parties)

政黨，是尋求政治權力，合法控制政府人事及政策的結合或組織。由於各時代各國家的社會背景和制度安排不同，其結合或組織的方式亦不一致。在君主專政時代，只有少數朝臣及士大夫非正式結合的朋黨；在選舉權限於少數有產者的民主初期，政黨只是少數議員及知名之士，談話會式的結合；在選舉權擴張及於大多數成年國民之後，政黨才逐漸發展成大規模的羣衆組織。這種羣衆組織，又可以其基本組織基礎，而分爲不同形式的政黨。

在我國古代，「黨」是地方單位的名稱。周禮地官大司徒條說：「五族爲黨」。注曰：「五百家」。即是說五百家爲黨。由於這五百家大抵都是親族姻戚，遇事互相協助，故黨的引伸意義是「黨助」。黨助本非壞事，但人既分親疏，親者相互協助，當其有過惡時，並助其掩飾；疏者不但不加協助，當其有過惡時，或甚尚予攻訐。因此，黨又有「相助匿非」，「黨同伐異」之意。

在我國古代和「黨」字極有關聯的另一字是「朋」。依說文，「朋」是古文「鳳」字。說文解字注曰：「象形；鳳飛，羣鳥相從以萬數，故以爲朋黨字」。換言之，朋黨就是追隨一位領袖，在政治上相互協助，黨同伐異的一批人。

我國過去是君主專制政體，最後決定權力，在於君主一人。朋黨既是「相助匿非」，「黨同伐異」的結合，當然妨害君權。甚至會發展成叛國弒君的勢力。所以韓非認爲：朋黨之禍，始則壅蔽，終則弒君。（韓非子，有度第六，揚權第八）是故，歷代君主無不厭惡朋黨；相互爭奪政治權力的人，亦最喜歡攻擊對方爲朋黨，使君主對之厭惡。例如東漢的鈎黨，唐代的牛李黨，北宋的元祐黨，南宋的慶元黨，明代的東林黨，無一不是敵方所加的名稱，而爲被稱爲黨者所否認的。

在西方，「黨」(party) 都是由 (part)（英）字演變而來，意即部份而非合全體。故「黨」與「派」(faction, clique, gang, cabel)大抵同義。最初都是一部分意見或利害相同的人底結合，其所作爲，也無非是「相助匿非」，「黨同伐異」，和我國歷史上的朋黨並無二致。故西方人士，最初亦對黨派結合不存好感。英國哲學家休謨 (David Hume)；美國第一位總統華盛頓 (George Washington)，都有厭惡黨派結合的明白表示（參見拙作，朋黨與政黨的比較觀臺灣商務印書館，人人文庫，動態政治頁一〇六、一四二）。

可是，不論君主，學者，和政治家如何厭惡，黨派還是到處存在，這是由於黨派的根源，深植於政治和人性的本質之中的緣故。政治，誠如拉斯威爾 (Harold Lasswell) 所說，是爭權位，求利益的行爲。(Politics: Who Gets What, When, How,1933) 在爭權位，求利益的鬪爭中，個人如感勢力孤單，便必須結合同志。其結合的基礎甚多，諸如性格氣質，經濟利益，民族感情，宗教信仰，和思想路線，皆是相互結合的根據，是即黨派的根源。

由於黨派結合的目的和根源相同，所以杜惑歇(Maurice Duverger)曾將政黨一詞概括一切黨派。他說：「我們以政黨 (parties) 一詞，來描寫一切黨派，包括分裂古代共和國的朋黨 (factions)，再生時期意大利圍繞着一位首領的部曲 (troops)；法國大革命時期，議會議員聚會的國民俱樂部；選舉權仍受財產限制而施行君主立憲的國家，準備競選工作的委員會；以及現代民主國家形成公意的龐大平民組織。它們之所以共有這個名詞，係因其有一種基本關係，就是這些團體都是以取得政治權力而運用之爲其目的。」(Political Parties (trans, by Barbara and Robert North)London: Methuen,1955. P. xxiii)

政治發展是漸進的，朋黨至現代政黨的蛻變也是漸進的。在政治權力之取得，決之於一人或少數人之時，只要設法取得此一人的寵信或少數人的支持，就可以得到權力；則朋黨必然限於少數人的聲氣相求，相互援引，無需亦不能有公開的龐大的嚴密組織，而只是以個人關係爲基礎的非正式結合。我國古代和希臘、羅馬、乃至英國早期的朋黨，都是如此。

在選舉權限於少數有產階級，或政治決策權力集中於少數知名之士的地方，黨派的性質，便由朋黨逐漸變為「談話會」(caucus) 式的政黨。例如英國，在一八三二年改革以前，選民只佔成年人口的百分之三，即使在一八三二年改革以後，至少有八個選區在一八三二年大選中的投票數還在二百票以下 (Geoffrey K. Roberts, Political Parties and Pressure Groups in Britain, London: Weidenfeld and Nicolson 1970. p. 4)。選舉權既集中於少數人之手，選舉便可在私相授受的方式下進行，想進國會的，只要結交「袋中選舉區」(pocket borough) 的所有人，就可如願以償。由於進入國會要靠有力人士的提攜，所以其時的黨派，都是以人為中心的結合，在人們的心目中，政治權力的掌握者，不是輝格黨 (Whig Party) 或托利黨 (Tory Party)，而是庇特派 (Pittites)，或肯寧派 (Canningites)，在各選區，除了庇特俱樂部 (Pitt Club) 或福克斯俱樂部 (Fox Club) 之外，亦無其他組織 (Sydney D. Bailey, ed., Political Parties and the Party System in Britain. New York: Frederick A. Praeger. 1952, p. 24) 這時政黨還大部分是朋黨的性質。

然而由於一八三二年的改革，選民較前增加二分之一，選區亦經調整。少數特權階級已漸不能控制選舉，選舉勝負的決定權已漸移入選民手中，各黨派為向選民拉票，遂在各選區成立「選民登記社」(Registration Society)，為有選舉權的人登記選民登記，並促其參加投票，這就是現代政黨羣衆組織的濫觴。一八六七年的改革，使選民增加到成年人口的百分之十三，並使同一選區可選出數位國會議員，像北明罕 (Birmingham) 可以選出三位。這時，在該選區有多數選民的黨，自然想設法完全囊括；而其他政黨，亦想分一杯羹。為此，黨的組織必須加強，將選票妥為分配。在北明罕，自由黨原為多數黨，遂在張伯倫 (Joseph Chamberlain) 的領導下，組織所謂「北明罕談話會」(Birmingham Caucus)，將該地的自由黨人，分區組織區談話會 (ward caucus)，選舉區委員會，再由區委員會選舉全市的中央委員會。由於這些委員會的努力，使自由黨在北明罕大獲全勝。其組織方法，遂為英國政黨地方組織的模範，這時的政黨，便是杜感歇所謂的「談話會」式的政黨。

依杜感歇的意見，以「談話會」為組織基礎的政黨，首先存在於選舉權仍受財產限制的國家。享有選舉權的人，為數不多，多屬中上層階級，思想亦不複雜，「談話會」式的政黨，即由選民中有號召力的知名之士組成。其不同於朋黨者，是參與朋黨者想是有官職或想有官職的人；而參與「談話會」者，則以地方有力人士為主，故其成員有限；但因其人有號召力，人數雖少，影響力則大。其活動地區，通常與選區一致，其活動亦是在選舉時方達高潮，不選舉時則頗沉寂。由於其成員都是地方有力人士，故獨立性甚強，中央集權式的上級組織，與之不能相容，故其中央組織必然鬆懈，性質僅是「談話會」的聯合會。

不但選舉權仍受財產限制時的英國政黨，係以「談話會」為組織基礎的政黨，即在選舉權已經普及的美國，其政黨組織也屬此一類型。不過英國政黨組織所根基的「談話會」，係由知名之士組成，而美國則由本無藉藉之名，但能贏取選票的專家組成而已。這種專家，就是各地的「選舉經理人」(electoral agents)，也多半就是各投票區的隊長 (precinct captains)。美國，大部縣 (county)，市 (city) 黨務組織均名委員會，因委員多係投票區隊長擔任，實即投票區隊長組成的「談話會」。黨的影響，就是經由「談話會」，透過投票區隊長，以達於基層。投票區隊長很少是黨務機構的眞正雇員，也不是純粹志願的協助者，他們一般處於中介性地位，向黨取得若干物質上的利益（如政府中坐領乾薪的職位），但同時還有一份私人職業，故其獨立性甚強。他們以社會服務的方式，將階級意識不強而意見不同的各色人等，結合在他的周圍，在選舉時聽他指揮。所以由他們組織的「談話會」式的黨務機構，也是人數少而影響大的有力人士集團，對中央集權的上級組織，也不相容，和過去的英國政黨，並無二致。

十九世紀末葉，社會黨在各國逐漸出現。社會黨的發起人雖多為中產階級出身的知識分子，但其所欲組織的對象，則為新興的勞動羣衆。這時，各國選舉權的財產限制已漸取消，勞動階級參政的法律障礙已除，問題只在他們的組織與認識，尚不足使其在政治上發揮很大的力量。社會黨的興起，便是想解決這個問題。因此，社會黨的組織，不能像中產階級的政黨一樣，以社會知名或有力人士所組成的「談話會」為基礎，而須歡迎羣衆加入，以「分部」(branch) 為其基本組織。「分部」與「談話會」的性質不同處，即「談話會」的成員是限制性的，重質不重量；「分部」是開放性的，儘量增加黨員，歡迎一切人等。「談話會」的活動是間歇性的，選舉時方達高潮；「分部」的活動是經常性的，不停地在黨內外從事組織宣傳的工作，並按期徵收黨費。「談話會」的參加人數既然有限，故其區域稍大無妨，「分部」的參加人數既多，又須密切聯繫，故地區必須較小。「談話會」的組成分子爲知名或有力人士，故獨立性較強，中央組織無法集權；「分部」的組成分子爲勞動大衆，必須團結及領導，方能發生力量，故民主集權的組織，有其必要。

以「分部」爲基礎的政黨組織，是社會黨的發明，並使社會黨達成了三項目的：組織羣衆，給予政治教育，從羣衆中選拔優秀份子以爲領袖。但羣衆並不完全接受社會主義，尤其是中產階級強大，民族主義和宗教意識堅強的地方，因此中產階級和右翼的政黨，也倣效社會黨的辦法，改變他們的組織，以「分部」代替「談話會」作爲組織基礎，以吸收羣衆參加。但是此種倣效與改變，事實上是理論多於實際。「分部」會議既不常開，而且缺席的現象非常普遍，許多黨員變成有名無實。分部會議既只少數常客參加，工作和黨費也只少數人經常負擔，結果和「談話會」的性質並無多大差別。杜惑歇認爲此種現象之所以發生，乃因中間階級的人自認政治教育已經很夠，毋需再受分部會議的政治訓練，他們具有相當的社會地位，並有其他方法保持或增進，黨對他並無多大幫助。而在勞動階級，則是政治上和經濟上的弱者，須以集體行動求其改善。所以，以「分部」爲組織基礎的政黨，基本上只適於勞動階級的心情，其他東施效顰者，多僅得其形式，而不得其實質。

一九一七年俄國革命的成功，共產黨組織，比馬克斯主義和勞工階級的低生活水準，貢獻尤多。共產黨的組織，是以細小的工場細胞（cell）爲基礎，而以所設「民主集中制」將之嚴密地聯繫起來。「細胞」與「分部」不同處有二，「細胞」以工作地點爲主，是職業性的；「分部」是地域性的，以結合同一地區的人爲目的。「細胞」的組成人數少，而且共產黨所要吸收者，必須階級性強，是所謂「領導階層」(elite）的組織；「分部」的組成人數多，其所吸收者無選擇性，多多益善。其所以如此，基本係因社會黨係以教育勞動羣衆爲任務，以參加選擧爲目標，故採用「分部」爲宜；而共產黨則以領導勞動羣衆爲任務，以從事顛覆活動爲目標，故不能不採細胞組織，以便於指揮掌握。

在共產黨小細胞組織控制工人，勢燄囂張的時候，希特勒的納粹黨和墨索里尼的法西斯黨，又發明了以「黨軍」(militia）爲基礎的組織。「黨軍」是一種私有的軍隊，按照軍隊的標準甄選，用軍隊的方法編組訓練，而繩以軍隊一般嚴格的紀律。他們和軍隊一樣，穿着制服，佩帶徽章，在旗幟領導下行進，並準備和政敵眞刀眞槍地戰鬥。不過，他們並非眞的軍隊，仍舊是平民，並且一般并非常在動員之中，也不由黨支付薪餉，只是經常集合受訓，準備隨時接受領袖的差遣而已！

當然，所謂以「談話會」，「分部」，「細胞」，「黨軍」爲基礎的政黨組織，非謂它們只有這種組織，而係就其一般方向和風格，以及爭奪政治權力的基本憑藉，加以說明而已，而且，現在許多政黨，往往同時採用許多形式的組織形態，以適應其不同環境的任務，所以組織的基礎往往不只一個。（雷飛龍）

政黨休戰 (Party Truce)

民主國家的政黨，爲爭奪政治權力，贏取選民支持，經常相互批評攻擊，到競選時，更是達到高潮。這種批評攻擊，通常是由反對黨對執政黨進攻，而執政黨則加辯護防禦，並不時加以還擊。這種政黨間的政治戰爭，固有向選民提供不同政策以供選擇，並且遇事公開揭發，使對方不敢胡作非爲，發生監督的效果；這在平時，可能是民主政治的必然程序，有利無弊；但在國家如遇強敵侵凌，或因天災人禍，內部發生嚴重困難；必須國人集中全力，應付難關之時，則此種政黨間的攻防，耗費無數精力，並且將國家機密，盡量揭發宣揚，不免爲敵國利用，則不免親痛仇快，弊多於利。是故民主國家在遇對外作戰，或爲應付國家嚴重危機之時，相互敵對的政黨之間，往往協議停止競爭；並往往成立各黨參加的聯合政府，互助合作，以渡難關。是爲政黨休戰。

例如英國在第一次世界大戰時，實行政黨休戰，由自由黨、保守黨、工黨組成聯合政府。在第二次世界大戰期間，由保守黨邱吉爾（Winston Churchill）組織聯合政府，邀請工黨，自由黨領袖參加，三黨既皆爲政府黨，故當然停止了互相攻擊；同時，並且協議停止競選。其具體辦法即國會及地方議會議員均予延長，不擧行新的選擧；地方議會議員如有出缺，則由當局任命一同黨者繼任；國會議員如有出缺，則由原屬之政黨提出候選人，參加補缺選擧，其他二黨不提候選人與之競爭。由於休戰只是三個大黨的協議，小黨及獨立分子不受約束，故仍有參與競選者，但成功者不多。（雷飛龍）

政黨制度 (Party Systems)

一般常以一個國家主要政黨的數目來劃分政黨制度，即：一黨制（one-party system)，兩黨制(two-party system)與多黨制(multi-party system)。如果這個國家沒有政黨或雖有一個政黨但與近代政黨定義不合者，稱之爲無黨制(non-party system)。

一黨制是指一個國家只有一個政黨獨佔着政治權力，其他政黨，根本沒有存在的機會，或者即使允許其存在，其作用只是陪襯點綴而已，永無可能取而代之。所以一黨制度也可稱之爲無競爭的制度(non-competitive system)。

在一黨制裡又可分爲下列幾個次類：(1)一黨權威制(one party authoritarian)，即國家權力爲一個獨佔性並有意識形態定向的政黨所掌握，但在該黨統治之下，雖不允許其他政治團體存在，惟政治尚未達到極權的階段。例如西班牙在長槍黨(Falenge)統治下的情況即是。(2)一黨多元制(one-party pluralistic)，即國家權力雖然爲一黨所獨佔，但該黨在組織上是多元的，政治見解也比較重實際，對於其他政治團體的關係是採取容忍的態度，而非無情的摧毀。現行墨西哥的共和黨(Republican Party　，簡稱之爲P.R.I.)即屬於這一類。(3)一黨極權制(one-party totalitarian)，即國家權力不僅爲一黨所獨佔，而該黨又利用一切手段(包括從溫和的說服到有組織的恐怖)，以達到其政治的目標。即連國家本身，亦不過是其統治工具之一而已。所以在這種政黨統治之下，社會生活的任何一個角落都受到控制。俄國的共產黨及過去德意兩國的納粹法西斯黨俱包括在這一類裡。

至於形成一黨制的因素很多，但就以蘇俄以及以前德意二國的一黨制產生的過程而論，可謂均是該三國政治危機之下的產物。換言之，如該三國沒有政治危機產生，或縱有危機，正常政府的能力足資應付，這三個極權的政黨能否攫取到政權，恐怕仍是問題。

所謂兩黨制，是說一個國家有兩個主要政黨在和平地交替執政之謂──一個在朝，另一個在野。至於其他政黨則很少有機會攫取到國家權力。一般言之，兩黨制乃是英美國家政治上的特色。但英美兩國之兩黨制度仍有某種程度的不同。第一、在美國，兩黨制度從未遭遇到嚴重的威脅；而在英國，在本世紀初，由於工黨之出現，傳統的兩黨制曾一度變成三黨制(一九一八年──一九三五年)。第二，在政黨組織方面，英國的政黨組織採高度的集中制、而美國的兩大黨俱採分散制。第三，美國兩大黨並無有系統的主義，亦無統一的社會基礎，而是建立在各種複雜甚至相互衝突的主張與社會基礎之上的。反之，英國的兩大黨則比較有統一的主義與社會基礎。

兩黨制產生的原因，有歷史的因素，心理的因素與選擧制度的因素，後者可能比較最爲重要。就以現在的經驗證據所示，單記多數代表法(single-majority single-ballot system)有維持兩黨制存在的功能，而不利於多黨制，幾乎很少有例外。

多黨制是指在一個國家中的政府是由幾個政黨聯合組成而又爲經常現象者。這是西歐許多國家政治上的特色。形成多黨制的因素很多，但最直接的因素仍然在於選擧制度，也即是杜惑歇(M. Duverger)氏所說的「二次投票多數代表法與比例代表制有利於多黨制」。(M. Duverger, Political Parties, 1964, p.239)二次投票多數代表法現甚少有國家採用，惟就以往經驗來說，凡採用此一投票制之國家，俱爲多黨制之國家。現在上述制度已爲比例代表制所代替。在採用比例代表制的國家，大都俱爲多黨制國家，幾乎沒有例外。其原因是由於比例代表制之目的在於使各政黨都能比例其所得票數而選出相當數目的代表，結果有鼓勵多黨分立的作用。

至於無黨制，是指一個國家根本沒有近代意義的政黨存在。屬於這一類的國家，在今日世界上並不太多。在亞洲有阿富汗(Afghanistan)，尼泊爾(Nepal)等國。二次世界大戰後由殖民地獨立的國家中也有少數可歸入這一類。這些國家往往是軍人或官僚主政，他們常藉口種種理由以壓制政黨的出現。但他們隨即發現，如無政黨之助，簡直無法適當地執行其統治任務，所以在這些國家中常出現一黨獨佔的現象。(袁頌西)

參考文獻：

M. Duverger, Political Parties (New York: Wiley, 1964).

Joseph Lapalombara & Myron Weiner (eds.), Political Parties and Political Development (Princeton, N.J.: Princeton University Press, 1966.

Roy C. Macridis (ed.), Political Parties (New York: Harper, 1967).

政黨制度，是個意義非常含混的名詞。勉強要加解釋，它大概指涉下列兩種關係：(1)政治彼此之間的關係及其對「政治體」(polity)之間的關係，如一黨獨裁，兩黨遞嬗，多黨並存之類；(2)政黨內部各成員間的關係，如其領導方式或結合基礎之不同形成。所以政黨制度的區分，不能只以政黨數目的多少為基準，而且涉及其他相互影響的因素。

是故，賈樸（J. Jupp）認為現在世界各國的政黨制度，可分為八種：(1)區分不明顯的兩黨制度（indistinct bi-partisan system），如美國的民主，共和兩個大黨，在組織基礎，領導作風，和政綱政策上，並無很明顯的區分，而又兩黨交替執政，其他小黨無足輕重的情形，菲律賓似亦類此。(2)區分明顯的兩黨制度（distinct bi-partisan system）例如英國的保守黨與工黨，組織基礎，領導作風，政策方向，都有顯著區別，而其他小黨無足輕重的情形。(3)能工作的多黨制度（working multi-party system），如以色列及瑞典等國，雖然國會有四個以上的政黨並存，但經常能組成相當穩定的聯合內閣的情形。(4)不能行動的多黨制度(immobiliste multi-party system）例如韋瑪共和的德國(German Weimar Republic），第四共和的法國，多黨並存，內閣壽命短促，無法工作的情形；(5)一枝獨秀的政黨制度(dominant party system)：如印度的國民大會黨（Congress party）雖與其他小黨立於平等競爭立場，然終一枝獨秀的情形，(6)兼容並包的一黨制度（broad one-party system）：如墨西哥的憲政制黨（Mexican Partids Revoluctionaria Institutional），廣泛吸收各種黨員，黨內派系自由競爭，亦許外界批評，但無他黨存在的情形；(7)基礎狹窄的一黨制度(narrow one-party system），例如埃及的阿拉伯社會主義者聯盟（Arab Socialis Union，一切候選人均須為該黨黨員；(8)極權的政黨制度（totalitarian system），例如共產黨國家，一切政治、經濟、社會組織，皆由其控制，黨員的私人生活亦無自由。(J. Jupp. Political Parties, London: Routledge and Kegan Paul. 1968, pp. 5-18)。

杜惑歇（Maurice Duverger）在其著名的政黨論(Political Parties: Their Organization and Activity in the Modern State. translated by Barbara and Rober North, London, Methuen. 1954）中曾說：政黨制度是由許多複雜的因素造成的，有的因素各國不同，有的因素則是各國共同的。各國不同的因素為：傳統與歷史，社會與經濟結構，宗教信仰，種族組成，與外敵的有無強弱等；各國共同的因素，則為選舉制度。杜惑歇認為就基本趨向言，比例代表制有利於多黨，嚴固的，獨立的，和穩定的政黨制度；過半數當選兩次投票的選舉制度，有利於多黨，彈性的，不獨立的，相對穩定的政黨制度；簡單多數一次投票的選舉制度，有利於主要的獨立政黨交替執政的兩黨制度（pp. 203-205）。杜惑歇並依政黨的基本組織單位及其組織成員之不同，將政黨制度分成下列不同的類型（參見 Aaron B. Wildavsky, A Methodological Critique of Duverger's Political Parties, The Journal of Politics, Vol. XXI (1959), pp. 303-318）:

政黨類型	幹部黨 (cadre party)	羣衆黨 (mass party)	獻身者的黨 (devotee party)	
基本組織單位	談話會 (caucus)	分部(branch)	細胞(cell)	黨軍(militia)
黨員的階級屬性	中產階級	勞工階級	勞工階級	中產階級
思想趨向	保守主義及中間路線	社會主義	共產主義	法西斯主義
結合強度	甚弱	強	甚強	甚強
集權程度	甚弱	強	甚強	甚強
紀律嚴否	甚弱	較強	甚強	甚強
領導方式	寡頭領導	更寡頭領導	專制領導	專制領導
優秀分子	傳統的	由黨培養	由黨培養	由黨培養
黨員人數	甚少	甚多	較多	較多
黨員熱誠	甚低	高	甚高	甚高
活動範圍	限於政治	全部政治及社會生活	全部政治社會及個人生活	全部政治社會及個人生活
活動時間	季節性	全年	全年	全年
主義的重要性	低	高	甚高	低

（雷飛龍）

政黨的基礎 (Party Bases)

政黨的基礎，即謂黨派結合所根據的因素。為什麼某些人結合成甲黨？而另一些人則結合成乙黨？歷來的答案甚多，在我國向來是以君子小人的品性說為主，在西方則有個人氣質說，經濟利益說，種族及地域說，宗教信仰說，和思想宗派說等。

我國所謂的君子小人，乃根據儒家的主張，「君子喻於義，小人喻於利」，就行為動機本乎義利來分辨的。究竟是君子抑或小人，才有朋黨的結合？則說法各有不同：(1)君子無黨，小人有黨說：西漢的劉向，唐代李德裕，都以為

「小人相與比周。迭爲掩護」，因此有黨；君子「忠於國則同心，聞於義則同志，退而各行其己，不可交以私」，所以無黨（參見李文饒文集，卷十上，上海商務四部叢刊本，頁五六－五七）。(2)君子有黨，小人無黨說：宋代歐陽修認爲：君子以同道爲朋，小人以同利爲朋。同道者事國則同心共濟，始終如一；同利者則見利爭先，利盡則散。(3)君子小人皆有黨：宋代范仲淹認爲：在戰場上好戰者自爲黨，怯戰者亦自爲黨，在朝廷中邪正之黨亦然。(4)純君子純小人無黨，不純者有黨：此說唯明代王世貞主張，他認爲，純君子中心無爲，以守爲正；純小人見利則趨，利盡則散，所以無黨；不純乎君子小人者，則好名，好勝，求利，故有朋黨之結合。（參見拙作，朋黨與政黨的比較觀，臺北，商務人人文庫，動態政治，頁一一二以下）。

在西方，與我國品性說相似者，爲個人氣質說（temperamental theory）。主張者有傑佛遜（Thomas Jefferson），羅維爾（A. Lawrence Lowell）等。傑佛遜認爲：輝格黨（Whig）和托利黨（Tory），乃是自然的黨派，任何國家都有，不論其名稱爲何。病態的，較弱的，懦怯的人，懼怕人民，天然是托利黨；健康的，强壯的，勇敢的人，愛護人民，天然是輝格黨。羅維爾則將人的氣質分成四種：一是鼓吹改革，而對前途樂觀者，則爲自由派；二是鼓吹改革，但對前途悲觀者，因而主採激烈手段者，則爲急進派；三是主張維持現狀，而對前途樂觀者，則爲保守派（conservatives）；四爲主張維持現狀；但對現狀維持懷抱悲觀，因而思以反動方法維持者，則爲反動派（reactionaries）（參見前引拙文）。

主張經濟利益說者，最著名的是麥迪遜（James Madison）和馬克思（Karl Marx）。麥廸遜在聯邦論（The Federalist）第十篇中，曾說人類分成黨派最普遍而悠久的原因，就是財產分配的歧異與不平。有產者和無產者的利益是不同的，放債的和負債的人，利益也是不同的；土地利益，工業利益，商業利益，和無數較小的利益，在文明國家必然發生，並將人們分成不同的黨派。馬克思的說法不如麥廸遜的詳盡，他把人分成有產階級和無產階級兩種，也只有這兩種利益，一切黨派也只能分成有產階級的政黨，和無產階級的政黨，這種兩分法過分簡單武斷，自然和五花八門的利害交織的現實世界不合。

種族和地域，有的地方聯在一起而成黨派結合的基礎，有的地方則分開而成個別黨派結合的根源。例如愛爾蘭國民黨（Irish Nationalist），既是種族也是地域性的政黨；而馬來西亞的馬華公會和巫人統一黨則只是種族性的政黨，我國北宋的洛黨，蜀黨，明末的齊黨，楚黨，浙黨，則完全是地域性的結合。一般說來，純地域性的黨派不多，現在多與經濟利益相結合；而成黨派的根源；純種族性的黨派，則是種族複雜的國家，相當普遍，當然，大部分也和經濟利益相牽連在一起。

宗教信仰之爲黨派結合的基礎，在宗教觀念較强的國家，常可發現。今日英國政黨的起源，據說即和宗教有關。自查理二世（Charles II）復辟以後，朝廷即因政見不合而分成兩派，一六七九年由於王弟詹姆士（James ，即約克公爵 Duck of York）因信天主教是否可以繼位爲建立並維護英國國教的英國國王，爭執達成高潮，於是形成輝格及托利兩派。即在今日，英國保守黨中，信英國國教者仍多，而工黨則以不信英國國教者（Non-comformists）爲主。歐洲許多國家的政黨，如基督教民主黨，天主教社會黨之類，顧名思義，即可知其爲宗教基礎的政黨。

學術思想不同，到處都是形成黨的根源。我國先秦的九流十家，相互競爭，秦始皇統一之後，儒法仍然爭競劇烈，結果李斯發動焚私書，禁私學的事件（史記李斯傳）。後來北宋王安石，司馬光領導的新舊黨之爭，與二人的經學，史學背景亦有深切關連。十九世紀，由於資本主義和帝國主義的禍害。社會主義，民族主義因而勃興，社會主義和民族主義的政黨，紛紛出現，其領導者多爲知識分子，其經濟地位與社會地位並非必然是弱者，其所以領導社會主義或民族主義運動，基於思想良知的驅使者可能更多。由於主義思想能夠激發人們的良知良能，提供羣衆的行動方針，故今日極大多數政黨，都喜標榜一種主義或路線，如最講實驗主義的美國，羅斯福（F.D. Roosevelt）也標榜「新政」（New Deal），其後杜魯門（Harry Truman）的「公政」（Fair Deal），甘迺迪（John F. Kennedy）的「新境界」（New Frontier），詹森（Lyndon Johnson）的「大社會」（Great Society），無非是用之爲思想或政策路線的號召，作爲結合支持者的基礎。

總之，政黨是爭權位的結合，爲完成這種結合，搞政治的人是竭盡一切可能利用的因素。品性、氣質、利益、種族、地域、宗教，以及主義，都是可被利用的因素，在政黨的結合，都會同時出現，共同的因素越多，政黨結合的基礎便越厚。（雷飛龍）

政黨政府 (Party Government)

乃指政府係由政黨主治而言，亦卽所謂黨治之政府。黨治與人治有別，因人治最大之缺點爲人存政擧，人亡政息；黨治則否。蓋政黨乃一羣人聯合所組成之政治團體，依照彼等所同意之特定主義，與共同之努力，以促進國家之利益，故黨治與人治不同，且較其爲優，事至顯然。又黨治有法治之長而無其短，蓋黨治非特卽爲法治，並能重視輿論，反映民意，貫徹主權在民之實。因法律乃人民公意 (General Will) 之結晶，而政黨能善於依循人民公意以爲治。Jennings 亟言「政黨政府均爲堅強之政府」。Schattschneider 強調：「政黨政府可以調和權力與自由兩者間之矛盾性，而使問題能經由民主與開明之途徑獲得解決。」MacIver 力言政黨政府對民主政治之三大貢獻：㈠簡化龐雜紛歧之意見，使選民易於選擇；㈡使政府施政對人民負責；㈢反對黨乃政府之警鐘，揭發施政上之缺點，並迫使政府隨時修正其政策於輿論批判之前。Barker確認政黨政府除政黨、選民、巴利門、與內閣四大部門均應平衡配合，各有專司，不得踰矩外，並應具備三要件：㈠討論之自由；㈡兩黨之存在；㈢多數決法則之行使。Ramney 特別強調政黨政府乃最理想之政府，蓋唯有政黨政府始爲民主、負責、與有效能之政府。（談子民）

政黨財務 (Party Finance)

政黨財務，亦卽政黨的經費收支，至今還大部分是「謎」。絕大多數政黨，都將其經費來源，及支出去向，保持高度機密，不使人知。每年將黨的經費收支，向社會公告的，似乎只有英國工黨 (British Labour Party)。工黨曾要求保守黨也將其經費收支數字公開，保守黨則加反對。其理由是：工黨只是英國社會主義運動 (Socialist Movement) 的一部份，其經費也只是社會主義運動全部經費的一部分，例如：一九四八年英國工會所收的政治基金共三九、〇〇〇鎊，其中一一三、〇〇〇鎊以黨費名義交給工黨，其餘的二八六、〇〇〇鎊，亦皆用於社會主義的宣傳及其他活動，又零售合作社用於教育上的經費，每年亦達三七〇、〇〇〇鎊，也是與社會主義宣傳有關的支出，保守黨認爲：英國每年花在社會主義運動的經費，總數在一百萬鎊以上，工黨每年公布其三四十萬鎊左右的收支數字，有何意義？就此一例，可知研究黨的經費收支而確知其眞象，委實不易。

試觀一九六九年英國工黨年會報告上所公布該黨一九六八年全年的一般經費收支數字：

收　入　（鎊）		支　出　（鎊）	
1. 黨費收入	310,597	1. 總部人事費	150,074
2. 出版品銷售	20,178	2. 總部行政費	49,038
3. 書店暑期學校等	5,420	3. 地區及選區組織費用	147,872
4. 投資收入	31,450	4. 年會全國執委會等會議費用	18,355
		5. 國際活動支出	11,579
		6. 出版部	47,943
總收入計	367,645	總計支出	423,881

至於大選基金 (general election fund) 及補選基金 (by-election fund)，工黨係專案處理，收支詳情亦未公佈。

分析一般政黨經費收入來源，不外兩途：一爲大額捐款，一爲小額收入。保守派政黨大致均以大額捐款，社會主義黨則以小額收入，爲主要的黨費收入。但實際上通常都是大額捐款和小額收入，均須注意。蓋因民主社會收入漸趨平均，依賴少數人大量捐款的可能性逐漸減少，英國保守黨向來依靠大額捐款，但一九四五年失敗以後，亦數度發動徵收黨員，期以普遍性的小額黨費收入，寬裕黨的經費，卽其目標之一。在另一方面，社會主義的政黨，如英國工黨，一般經費，固以黨費收入爲主要來源，但大選和補選經費，亦不得不另行籌措，候選人其他方面的捐獻，自屬歡迎。西德的社會民主黨 (German Social Democratic Party) 除恃黨費及政府津貼外，亦賴工商業捐款維持。意大利共產黨的經費，百分之八十以上靠與東歐國家經商贏利收入。美國民主黨由於大宗捐款不足應付競選活動龐大支出，故曾發動小型捐款運動 (Dollars for Democrats Appeal)，一元以上捐款，均所歡迎；甚至用過挨戶勸捐的辦法 (door-to-door collection)，共和黨經費來源雖以大額捐款較多，但「一百元一桀的餐會」，仍是常用的籌款方法。

在政黨的經費支出方面，主要是人事費用，不論是從事組織活動，研究政綱政策，以及宣傳教育，必須用人，用人之後又須有辦公、房舍及其他耗費，再次才是出版品的印刷寄發，以及開會所需的費用。至於國際活動的經費在搞

「革命輸出」的共產黨，往往是筆很大的開支；英國工黨由於是社會主義國際Socialist International) 的要角，故每年亦負擔相當大的經費。

在政黨財務上，困難問題不在經常費用，而在競選經費。由於競選一方面要動員許多人，廣泛的宣傳組織，尤其是廣播電視極為昂貴的今日，費用非常龐大；另一方面選舉又須選賢與能，不能讓候選人為少數富豪所獨佔，或用金錢控制。所以有些民主國家如英、美、日均規定：(1)禁止某些團體如銀行、公司、工會或私人經費的公用事業，對政黨或候選人作競選捐款；(2)限制私人捐款數額；(3)政黨或候選人選舉時所用金額，不得超過一定數額；(4)政黨或候選人應有人負責在選舉後將其選舉費用及捐款數額，向官方呈報。雖然這些規定有些地方（如美國）幾乎全被巧妙逃避，限制等於具文，但也表示各國在規範政黨財務上所做的努力。有的國家為減少政黨或候選人的負擔，提供免費的電視廣播時間，也可說是政府對政黨所做的一種津貼或補助。有人主張由於政黨在民主政治上所有的功能，實際上擔任了一部分政府工作，應該由政府負擔其活動所需的經費，則因困難重重，無法實現。（雷飛龍）

政黨組織 (Party Organization)

要說明何謂政黨組織，須先說明組織的意義。我們說一個團體已經組織起來了，乃指該團體中某些人已被授權、對內發號施令、對外代表發言。由於對內有人發號施令，其人的行為即被視為該團體的行為。從而該團體的行為有如一個生物，而被授權對內發號施令對外代表的人，則有如生物的器官 (organ)，因而該團體乃被稱為一個組織(organization)。

由於組織係指建立有權對內指揮，對外代表的機構，故政黨之有組織，必須是政黨發展已到某種階段之後，而只是個人非正式的結合朋黨，便無政黨的組織可言，即使英國十八世紀政黨已成立「庇特俱樂部」 (Pitt Club)，福克斯俱樂部(Fox Club) 因其無對內號令對外代表的正式權力，亦非正式的政黨組織。英國之有正式政黨組織，就國會組織而言，係自十九世紀初兩黨設立「國會黨團幹事辦事處」(whip's office) 開始，地方政黨組織，則自一八六七年自由黨成立北明罕聯合會(Birmingham Association)開始，中央政黨組織，則自同年保守黨全國聯盟(the National Union of Conservative Associations)之成立開始。

現在是科學的羣眾時代，一切政黨，無論是以選擇方式取得政權的普遍政黨，或是以武裝革命奪取政權的革命黨，都走羣眾路線，在各地建立基層組織，為協調基層組織，又須建立中間組織和中央組織，在議會中，為齊一同黨議員行動，從事議會鬭爭，也須建立議會政黨組織，這些政黨組織，都是由黨員選出來的，在這些選出的組織之下，還有一批類似常務文官的經常辦理黨務工作的黨工人員，他們也像政府的常務文官一樣，在黨的組織佔有重要地位。現在就將政黨的基層組織，中間組織，中央組織，議會組織，和黨工人員等項，分別略加說明：

(一)基層組織：黨的基層組織，是做黨務活動——訓練黨員、組織民眾、社會調查、活動選舉、或其他黨務鬭爭的實際行動的基本單位。在美國投票區 (precinct) 的黨務機構便是這種組織，它由一位投票區隊長或委員會主持，其人或由選舉，或由上級特派。許多地方，並無這種組織，有些地方則做得有聲有色，成為美國政黨組織最堅實的基礎。這種投票區隊長或委員，通常在縣市政府有掛名職位，而以作稅捐查定，承包政府契約，保護非法營業，以及其他替人民在政府機關跑腿等方式，取得財源，而對投票區中作多種救濟及服務等工作，與選民建立關係，取得支持，從而在選舉前他促使選民登記，投票日促使選民投票，自己並做投票所的監察以監察選舉之進行。在英國區 (ward) 委員會是黨的基層組織，工黨並有定期的黨員會議，作為訓練教育黨員的場所，兩黨並在各地設有俱樂部，提供書報閱覽、電視欣賞、或其他娛樂設備，歡迎當地人民參加，黨務活動則附在社交活動中進行，歐洲大陸政黨的基層活動、亦大率類此。共產黨的基層組織，是同一工作場所中黨所組成的三十人以下的細胞 (cell)，以便利在工作中接觸，進行思想教育、合作訓練、紀律執行、和實際鬭爭。這是為便利地下工作而設計的基層組織狀態，在蘇聯現已採地區性的分部，作為黨的基層組織。

(二)中間組織：政黨的中間性組織，因各國地方政治情形不同，頗不一致。在基層組織之上，縣、市、地區、省都是中間性組織。其在黨務上重要性亦不相同。美國的縣、市、和州級組織，由於地方自治和聯邦制的關係，各在法律上有其獨立的地位。有些地方並在頭目(boss) 控制之下，組成堅強的黨務機器(party machine) 。英國的選區組織，(constituency association)，是作選民登記調查，候選人的遴選提名，和競選工作進行最重要的單位。因此，各黨都在選區設有專業的幹事 (agent)，主持工作。選區以上英國政黨亦設有區域性聯合會，但重要性不大。法國政黨的中間組織如省聯合會(department federation of local sections)，由專業書記(secretary)負責實際工作，他對議員候選人的遴選，有很大權力，並可代表地方參加中央的黨務會議，其決議對議員亦有拘束力。

㈢中央組織：一般政黨的中央組織，都以全國代表大會 (Party convention) 為最高權力機關，有通過黨章，議決政綱政策，推選中央執行委員，和重要工作人員的職權。全國代表大會，通常是由各選區及各中間組織，依黨員人數比例，選出代表，和其他在黨務組織擔任重要職務的當然代表組成；例如美國民主共和兩黨的全國代表大會，即由各州代表大會選出的，兩倍於該州的參議員和衆議員人數的代表，和上屆總統選舉或州長選舉該州如果獲勝所另做的獎勵名額代表組成。法國社會黨的全國代表大會，則由各省每二十五位已繳足十二個月黨費的黨員推選一位代表的比例，推派代表組成。英國保守黨的全國代表大會，則由各選區委員會的主席、幹事、組織組長，及其他選出的代表組成。上屆黨的中央執行委員，一般都是全國代表大會的當然代表。

政黨的全國代表大會，有的是四年召開一次，如美國，有的是每年召開，如英國，故稱為年會 (aunual conference)；其他則每二、三年召開一次不等。在全國代表大會閉會期間，一般都以大會選出的中央執行委員會，為黨的最高權力機關。中央執行委員的人數及其選舉的方法，各黨不一。如美國兩大黨的全國委員會 (national committee) 是由各州男女委員各一、共一百人組成。其職權也極有限；英國工黨的全國執行委員會 (national executive committee) 則由工黨領袖、副領袖、司庫及其他分組選出的委員共二十八人組成。

㈣議會組織：不論施行何種政制，議會在任何地方都是代表民意，掌有立法和預算權力的機關，政黨如果係議會中的多數黨，為推動所主張完成的立法、實現其政綱政策、如果係少數黨，為反對所反對的立法，提出代替性的政策，都必須在議會中有所組織，政黨的議會組織，作用不外三種：(1)建立議會中的領導機構。(2)決定立法政策，(3)溝通領導份子與非領導份子之意見。議會政黨組織，在整個政黨組織中的地位，因各國政制不同而異。英國國會在法律上為英國最高權力機關(parliamentary supremacy)故黨的議會組織地位亦高，不受其他政黨組織的命令指揮，英國工黨黨章雖規定年會有最高權力，但年會的決議，國會工黨是否執行，仍有自行決定的全權。國會工黨選出的領袖、副領袖，亦即是工黨的領袖、副領袖。美國政黨的國會組織，由於和全國代表大會及全國委員會不生任何關聯，完全獨立行事。英美議會政黨之所以有這種獨立地位，是因他們認定人民是最高主權者，由人民選出的議員，不應受其他組織的命令指揮。其他國家的政黨，或者由於實行比例代表，政黨名單選舉法，選民是對政黨選舉，而非對議員個人選舉，或則由於政黨篤信其為選民利益的代表，是選民和議員之間的聯絡人，故政黨有權對議員指揮監督，因此議會組織也應服從議會外黨務組織的指揮。

㈤黨工人員：由於選出的黨務組織，是經常變動的，為求維持黨務工作的熟悉與繼續性，故必須有常業的黨工人員。在社會黨興起後的政黨，視黨為教育訓練羣衆的組織，黨工人員且居指導者的地位。美國政黨中的兩個大黨，專業性的黨工人員極少，而且不佔重要地位，社會黨及其後起的共產黨，或他種革命性的政黨，則黨工人員甚多，而且佔有重要地位，共產黨的最高黨工人員是——總書記，即是黨的領袖。邁克爾斯 (Robert Michels) 研究德國社會民主黨 (German Social Democratic Party) 提出著名的「寡頭鐵律」(Iron Law of Oligarchy) 即說明社會黨及其後的共產黨，專業的黨工人員和選出的黨務組織並久任的結果。（雷飛龍）

政黨頭目

政黨頭目 (boss) 一詞乃為美國政黨政治中的一個術語。其定義至為難下，且在使用上也至為紛歧。有些學者認為控制黨務機器 (party machine) 的領導人物為政黨頭目，控制政黨組織 (party organization) 的領導人物為政黨領袖 (party leader) 。但這種說法至為模糊且過於簡約。因之，要瞭解政黨頭目的性質，勢非從動機，手段、與責任三方面去觀察不可。就動機方面言之，一般認為政黨頭目係為尋求私利與權力而奪取權力者。反之，政黨領袖較偏重於為其黨的主義或政策的能夠實現，及公益之促進而奪取權力者，在選擇達成目標的手段方面，頭目往往只依賴恩惠與分贓以及各種形式的威脅與暴力，而領袖則依其才幹勸誘黨務人員為其效命，用政綱或政策去說服人民支持。最後，就責任方面言之，政黨頭目的權力來源是秘密的，模糊不清的。換言之，其權力來源是靠操縱而非靠在自由公開的選舉中選民的支持，所以它是不負責任的。反之，政黨領袖的權力是以其主義、政策或政績去爭取選民而來的，所以其責任是明顯的。（袁頌西）

政權

孫中山先生本其權能區分的學說，將國家主權分爲政權和治權兩種。政權是管理政府的力量，操之於人民。其表現方法則經由選舉、罷免、與創制、複決、四種程序。這幾種程序都可說是人民的權利，人民有了這種權利，一方面可以放心讓政府發揮其高度的行政效率，另一方面在發現政府有走入偏差，或逾越範圍之時，人民有權可以控制。因民主國家都規定主權在民，此之所謂政權，實由主權推演而來。經此劃分，可使政府放手工作，充分發揮其應有之能，也使主權在民之說，不再流於空洞。（羅時實）

政變 (Coup Detat)

不依傳統，或憲法規定且通常在武力或武力威脅下所造成之政府制度或最高權力人物的突然的決定性的變化稱爲政變，與經由叛亂或內戰推翻原有政府之革命不同。清光緒二十四年，慈禧太后因反對新政，在頑固大臣支持下突然幽禁德宗於瀛臺，再臨朝聽政，世稱戊戌政變。拿破崙於一七九九年靠軍事力量，破壞憲法，自任第一執政，取得獨裁權力，以及路易拿破崙原爲依憲法當選之總統，他在一八五一年突然破壞原憲法，將國民議會解散，舉行公民投票，均爲政變。在現代則政局不穩定的中南美及非洲國家常發生政變。（華力進）

政體 (Forms of Government)

歷來政治學者曾自不同觀點將國家作各種不同的分類。希臘時代卽將國家分成君主國，貴族國，民主國，這種區分無國體與政體之別。後來有些學者將國體與政體予以分類，國體指國家的形態，政體指國家的政治形態。在國體與政體區別下，美國與蘇聯同爲共和國體，英國與日本同屬君主國體，但美英同屬民主政體，蘇聯與戰前日本則同屬獨裁政體。但就現在政治分析意義言，英、美相同處甚多，美國與蘇聯，英國與戰前日本除表面形式（主要是國家元首形式）相似外，在政治分析上沒有什麼相同處。所以國體的分類，在政治學研究意義不大，新近政治學者多放棄國體的分類討論，只討論政體的區別。至於政體如何分類，則視各人觀點而異，並無定論。目前最流行的基本分類是分爲民主政治（以英美爲代表），極權政治（以蘇聯及希特勒時代之德國爲代表）二大類，自然還有許多介於二者之間的國家。（華力進）

施諾 (Zeno of Citium, 336 — 264 B.C.)

施諾約生於公元前三三六、死於公元前二六四年，希臘哲學家，斯多噶（Stoics）學派的始祖。

施諾和馬其頓國王安蒂哥魯斯二世（Antigonus II）有師生之誼，其門人復爲安蒂哥魯斯王儲之師。同時我們可以推想到斯多噶學派是傾向於開明專制的。據說，施諾在受教於犬儒派(Cynics)學者克拉底斯（Crates）時，寫成那帶有空想色彩的書。在他的理想國中，人人都是獨立的個人，無家庭、無財產、無種族或階級之別，也無需金錢或法庭。

斯多噶派講究個人主義，以個人利益而非社會社會福利爲重。在哲學觀念上，此派重物質、輕精神，認神和靈魂都是物質構成。施諾向他的學生說：宇宙是一個秩序井然的整體，其間所含的矛盾都會一一解決，達於至善。因此，罪惡只是相對的；個人所遭遇的不幸只不過是造成宇宙完滿過程中的副產物。人類最高的責任是遵從宇宙的秩序，因爲這種秩序是好的。在這種無爲的情況下，人類可享最大的快樂，取得心靈的平靜。眞正快樂的人是樂天知命、不抱怨惡劣環境的人。

斯多噶派的貢獻很大。他們強調義務、自制和寬容的德性，否認種族優越性，有「四海之內，皆兄弟也」的胸襟。他們並不主張個人退出公共生活，並且視參與公務是公民的責任。他們反對戰爭和奴隸制度。也反對激烈的改革。斯多噶派的平等主義、和平主義和人道主義對後世有很深遠的影響。(張京育)

柏拉圖 (Plato, 427-347 B.C.)

柏拉圖（Plato 427–347 B.C.），希臘大思想家，爲蘇格拉底之徒。蘇氏仰藥後，週遊列國。至西西里（Sicily, 387 B.C.)宣傳其政治主張，返回雅典，已逾中年，創立「學院」（Academia）講學，達四十年之久。以後又兩度去西西里，終未得志於政壇。

柏氏發揚其師蘇格拉底之學說，以知識卽美德，惟其所謂知識，乃抽象的概念(idea)，而非知覺，故唯少數聖賢，始能具有。柏氏著有「對話集」(Dialogues)甚多，採用辯證法，以發揚眞理。其對話集中，多代蘇格拉底立言，實則爲柏氏理論。有關政治思想者，主要有「理想國」(The Republic)、「政治家」(The Statesman) 及「法律論」(The Laws) 等篇。「理想國」爲柏氏早期著作，認爲理想的城市國家，應由「哲人王」(The Philosophert-King) 統治之，故爲貴族統治之論，而分階級爲三：(1)爲「勞動者」，(2)爲「軍人」，(3)爲「統治者」。並主張統治者及軍人「共產與共妻」，勞動者則可有動產及妻室。又特重教育的訓練。「政治家」及「法律論」成書較晚，則較重實際，而重視法律，乃不得已之「次善」(Second-Best) 的辦法。「政治家」中分政府爲六：(1)王制 (Kingship)，爲王者依法取得被治者同意之治。(2)暴君政體(Tyranny)，統治者用暴力不合法的統治。(3)貴族政制，乃有功績者統治的政府。(4)寡頭政治 (Oligarchy)，則爲少數富豪的統治。(5)民主政治，爲多數人的合法統治。(6)暴民政治 (Timocracy)，則爲多數人的非法的統治。「法律論」中則有「混合政體」的思想，亦即採用「君主與民治的均衡原則」，而開孟德斯鳩「三權分立說」的先聲。（涂懷瑩）

柏理克利斯的葬禮演說 (Funeral Oration of Pericles)

柏理克利斯（約公元前四九五—四二九），雅典政治家，雅典民主政制及帝國的締造者。他父親是波希戰爭中的要角，母親也出身望族。兩家均倡民主政治。當柏氏三十歲時，即與另一元老政治家共同領導民主政治派。

柏氏生長在希臘的黃金時代。當時，希臘諸邦擊敗了強大的波斯，而雅典變成了大同盟的首腦。公元前四六一年以後，柏氏成爲民主派的唯一領袖，且當選執政。其後十年，柏氏厲行改革，大多數政府官職都允許人民充任，不計貧富。中央指派法官監督地方法庭，以削弱地方勢力。柏氏並提出：雅典人必須父母都是雅典公民，才能享受雅典公民權。因此，公民權的範圍縮小，但在雅典公民中，政治機會平等却得到了保障。

柏氏的葬禮演說，據希臘史家修西地底斯 (Thucydides) 報導，係爲追悼與斯巴達作戰陣亡將士而發表。這一演說充滿了對雅典政治制度的熱愛和讚揚。他一再指出：成爲雅典國公民的一分子，乃是他們至高無上的光榮。有了雅典公民權，財產、家庭才有所依附。

柏氏演說雖語涉誇張，但也確代表了城邦政治的理想。雅典當時人口不多，公民與公民間、個人與城邦間關係密切，不像現代國邦因地廣人衆，往往疏遠了政府與國民的關係。所以對希臘人而言，城邦是一共同生活體，其憲法是一種生活模式而不僅是法律條文。城邦實代表了倫理的、社會的、經濟的和狹義的政治的意義。

根據亞理斯多德雅典憲法一書的估計，每年雅典公民有六分之一可或多或少參加政府，普通公民每年也約有十次正式討論政治問題的機會。因此，柏理克利斯最感驕傲的一點是：雅典的政治制度已找出了聯繫個人利益和公共利益的奧秘。他在演說中稱：

「一個雅典公民不因注意私益而忽視國邦。即使平民也對政治有相當正確的瞭解。我們認爲一個對公務漠不關心的人，毫無價值可言。如果我們中只有少數人是創造家，我們全體都是良好的政策裁判者。」

這一段話對民主政治充滿樂觀。城邦事務的處理基於公民的互助合作，而自由和充分的討論是合作的前提。自由和充分的討論制定公衆所需要的法律。雅典公民服從這項法律正因其爲自由討論和自由決定的結果。如此，自由和法律相輔相成，城邦政治的理想得以實現。難怪柏氏一再強調爲雅典而捐軀是一種無上光榮了。（附註：雅典公民固可參政，但奴隸却無此權利，故並非今日的民主政治。）（張京育）

柔性憲法 (Flexible Constitution)

柔性憲法(flexible constitution)與剛性憲法(rigid constitution)的區分乃爲浦萊斯(James Bryce)所創制（見 Studies in History and Jurisprudence, 1901, Essay, III)。其區分的標準係在憲法的修正程序。凡憲法的修正沒有特設修憲機關經由特別程序，而以普通立法機關依一般立法程序修憲者，其憲法即爲柔性憲法；世人多以英國憲法及一八四八年公布的義大利憲法爲例。反之，憲法的修正非出之於普通立法機關依一般程序，而以特設的修憲機關，或以特別程序修憲者，其憲法乃爲剛性憲法；世人莫不以美國憲法爲例。由於柔性憲法的修正是沒有特設機關或特別程序，於是有人便意識到柔性是易於修正，而且時常修正的；又由於剛性憲法的修正是須由特設機關或特別程序，因而有人以爲剛性是難於修正而且少有修正的。然而這一說法是與事實相違：例如英國憲法的修正雖然在法律上沒有什麼程序，但從政治觀點說，則英國憲政制度的重大變更，常須經長期計議，尤其在提案之前，多於選舉之際謀取選民之訓示；且在計劃變更憲政制度之前，政府常須經各黨之協議，以期謀得妥善之安排，更有時須將有關修憲的重要問題交付專家構成的委員會研究之，以澄清有關事實及各種利害關係以備國會作正確之裁決。由是足徵，英國修憲雖在法律上沒有特殊程序，然在政治上則思慮至周，而非輕易修憲者（參考 K.C. Wheare, Modern Constitutions, London, Oxford University Press, 1956, p. 23）。浦萊斯謂剛性憲法有如固體，具體確實，是其優點，但不易適應環境，是其短處；柔性憲法有如液體，流動靈活，能適應環境，故浦氏頗有讚揚柔性憲法之意。他認為柔性憲法可以曲折適應嚴重的危機，而剛性憲法在此種情形之下也許就會折裂。他曾明白說：「柔性憲法可曲折伸展以應付當前危機而不損及自己軀體，一俟危機過去，它仍可恢復原狀，好比一棵樹的外枝讓車輛通過後又恢復原狀一樣」。然而他也確認柔性憲法只有在三種條件之下始可適用：第一、最高權力必須操於對於政治有訓練在政治上公平正直的比較少數人之手；第二、大多數人民必須繼續熱心政治和熟習政治；第三、人民雖在法律上居於最高地位，但須只規定某種概括原則，而讓有訓練的比較少數人去辦理政務的細則（參考林昌恒譯迦納著政治科學與政府第八三五頁註二）。這些理論上的說法固然值得體認，但事實上，大勢所趨，是趨向於成文的剛性憲法；而且已經採用成文憲法的國家，絕無重回採取不成文的柔性憲法者。（羅志淵）

查德 (Republic of Chad) 政黨

查德共和國 (Republic of Chad) 原為法屬赤道非洲的一省，於一九六二年獲得獨立，但仍為法蘭西國協之一員。該國有下列數個政黨：

㈠查德進步黨 (Parti Progressite Tchadien)：查德進步黨原為非洲民主同盟 (Rassemblement Democratic African 簡稱 R.D.A) 之查德支部，其原始創始人為李士德 (Gabriel Lisette) 及董巴貝 (Francois Tombalbaye)。在查德共和國獨立前，該黨為獨立運動而籌謀策劃，不遺餘力。一九五九年董巴貝被選為該黨總理，在其領導下，終使查德獲得獨立。同年董巴貝被選為共和國總統，於是查德進步黨乃以查德最大黨的身分躍上政壇，該黨在董巴貝領導下，有鑒於過去常因種族衝突而導致外來侵略的歷史，因而特別注意種族間歧見的調和，但仍無法以和平手段消弭國內激烈的黨爭。一九六一年十月國會議員柯多可 (Ahmed Kotoko) 涉嫌謀殺總統一案發生，查德進步黨乃採取斷然措施，禁止所有在野黨從事任何性質之政治活動，嗣後，查德進步黨遂成查德唯一的政黨。一九六九年六月再以百分之九十三的選票比率，在大選中獲勝，一直執政至今。其主要的目標是團結內部一切的力量，尤其是種族的團結，以建立一強有力的中央集權政府。目前其領導人乃是總統董巴貝。

㈡其他黨派：查德獨立之始，原為政黨林立的國家，除查德進步黨外，尚有柯拉羅 (M. Kherallah)，領導之非洲社會運動黨 (Movement Socialiste Africaine) 及巴波底斯特 (Jean Baptiste) 所領導之查德內部保衛聯盟 (Union de Défense des Interets Tchadiens)。後又有民主獨立同盟及農村獨立會等與前述二小黨一部分人士所組成的非洲國民黨 (Parti National Africaine)，該黨以回教徒為中心，匯集了查德北部回教民族之勢力，企圖以宗教勢力和查德進步黨對抗。但上述各黨在一九六一年柯多可事件後遭禁，其領導者亦同時被逐。（袁頌西）

柯爾 (Cole, George Douglas Howard, 1889-1959)

為英國歷史、經濟、與社會學者。父為建築商人，幼即穎悟，以古典學獎學金肄業牛津大學，即以詩的寫作，及對社會思想言論，為同學推重。一九一二年二十三歲被選為大學摩德林學院 Magdalen College（牛津大學為三十餘學院組成，每院均有院士，為本院決策與管理階層，其當選者不限定為本院學生）院士，並陸續當選為 All Souls 及 University College Neffield 等學院院士。由經濟學首席副教授當選戚琪爾 Chichele 正教授，主講社會與政治理論。柯爾終生從事學術研究，時常發表政論，從任教時起，大部份時間都在牛津與倫敦經濟政治學院，三十年代為柯爾一生最活躍的時期，每有講演則座無隙地。其在牛津的地位與人望如凱恩斯之在劍橋，同為學生與年青講師的偶像。在其死前倫敦的經濟學人周刊曾對之加以猛烈攻擊，謂戰後英國社會的不安，係因多數領袖受到拉士基 Harold Laski 和柯爾二人的思想影響。

柯爾的第一本書為研究工人運動的創作，名「工人世界」The World of Labour。除搜集所有關於工運的資料而外，其主要貢獻在調和當時流行的兩種革命理論——辛的卡社會主義與議會或國家社會主義的優點。描繪一個新型社會主義的輪廓，其主要精神為重要工業歸社會共有，由工人組織本民主精神負責管理。因中古時代的基爾特（行會）是當時主要的生產組織。柯爾和其他共同設計的幾位朋友持把這一新型的社會主義取名基爾特社會主義，在思想方面受到威廉‧摩理士 William Morris 的影響。遠比卡爾‧馬克斯更爲顯著。基爾特社會主義的組織，雖因俄國革命而停止發展，其思想則因柯爾之不斷闡揚。影響仍甚深遠。此書出版於一九一三年，未付印前卽在牛津校刊引起甚大浪潮，至一九一七年出版「工業的自治」(Self-Government in Industry)柯爾已成爲國際知名之社會思想家，中國前期之留英學生曾爲文介紹過基爾特社會主義。第二次發刊之甲寅週報亦常載此類文字，其主編章士釗早年曾在英國留學，再度訪英正是柯爾聲名上揚之時，故章氏對此亦頗感興趣。

經過首次世界大戰，柯爾聲名卽已藉甚，所有英國及歐陸之勞工，工會及政治上的急進運動，柯爾的意見均被尊重，惟個人直接參加的政治活動則甚少成功。他曾組織各種委員會，創辦學校，發起社團，主持刊物，雖亦轟動一時，類皆凶終隙末，鮮有成功。其寫作之多與致力之勤，常使讀者有一書尚未讀完，第二本卽已出版之感。綜其一生著述，約可分爲三類。

一、檢討世界經濟政治情勢的著作，如智者對世界紊亂的認識The Intelligent Man's Guide Through World Chaos（一九三二），智者對當前歐洲局勢的看法 The Intelligent Man's Review of Europe To-day （一九三三），智者對戰後世界的認識 The Intelligent Man's Guide to the Post-war World （一九四七A），類皆詳贍而有條理，爲極有價值的參考書。餘如英國現勢The Condition of Britain （一九三七），地方與地區政治 Local and Regional Government （一九四七B）爲篇幅較小，堪稱佳構的代表作品。上述諸書皆與其妻瑪嘉琍（原姓 Postgate ）合著。

二、繼上述有關基爾特社會主義之後，對經濟理論方面之重要著作爲黃金、信用、與就業， Gold, Credit, and Employment （一九三〇）；馬克斯究何所指？ What Marx really meant ?（一九三四）；經濟計劃的原則 Principles of Economic Planning（一九三五）；論貨幣之當前與未來Money: Its Present and Future （一九四四）。

三、柯爾之歷史著作未因時間之變動而稍減其價值，許多雖至六十年代仍被許多大學用作課本。其傳記著作最知名者爲威廉‧柯伯特傳 Life of William Cobbett （一九二四）；羅伯特歐文傳 Life of Robert Owen （一九二五）。他的英國勞工運動簡史 A Short History of the British Working Class Movement（一九二五—一九二七）和合作運動一百年（一九四五）均屬此一部門的經典著作。另一最受知識分子推重的著作是他和雷蒙、伯士格特Raymond Postgate 合著的一七四六至一九四六間的普通人述 The Common People 1746-1946（一九三八）。柯爾的傳世之作可能要算他五大本的社會主義思想史(History of Socialist Thought）一九五三—一九六〇）其中四本在其死時出版，最後一本則由其未亡人代爲完成。這是此一部門的空前巨著，爲研究現代社會哲學與羣衆政治，社會運動必不可少的參考書。

除開專門性的巨著，從一九二三至一九四五之二十餘年中柯爾曾以餘暇和其夫人合作，寫過上十本的驚險小說，體裁平易，條理清晰。他的政治論文有時牽涉感情，但一般著作都能不違情理，保持研究者的態度。他在體裁上的缺點爲文字過於流暢，有一瀉千里之概。

柯爾體格修長，微帶晦色，少年風度翩翩晚年因糖尿病性情微嫌燥急，鮮有滿意之事。但不失學人本色，性情善良，在牛津大學爲近代最具風格與影響力的教授之一。（羅時實）

洗腦 (Brainwashing)

brainwashing 一名詞，最早見於民國三十九年韓戰發生之後，時有被俘美國士兵及下級軍官在中共控制區經過若干時日之思想訓練，對外廣播或與親友通信，宣傳其向所反對之共產主義，並以懺悔心情承認其在過去犯過之各種罪行，使聽者讀者對其前後言行有判若兩人之感。因是引起反共國家政府與學人之共同研究，對共產主義是否可以強迫方式使人接受，一個具有辨別是非能力之人，是否可以使其顚倒黑白，信僞爲眞，有關此種行爲的技術與程序，稱爲洗腦。

自三十八年中共佔據大陸，極大多數高級知識分子未及退出者，與留在大陸之外國傳教士，都曾公開接受思想改造教育，並經先後在其報紙雜誌上發表坦白文字，痛責自己過去如何欺騙與剝削人民，出賣國家利益等等。在另一方面則有許多意志堅強的學人、宗教家與社會領袖因不甘屈服，忍不住精神與肉體磨折，由殘廢而喪失生命。亦有極少數幸運之人在經歷極大艱險，逃出鐵幕，將在大陸身歷及見聞所得，有關思想控制，改造與灌輸的程序與技術，陸續報導。綜合各方所得資料加以分析研究，並回溯布雪維克在一九一七年十月奪取政權後，在其恐怖統治期間，以及權力鬪爭暨一九三六至三八年間的清算與流血諸慘劇，其所得到的結論，人類思想與信仰在經過長期的磨難與威逼，會對過去失去信心，在思想眞空狀態，亦有接受另一相反思想的可能。洗腦一名詞卽緣此而來，與思想控制（thought control）、思想改造（thought reform）、意識形態的改造（ideological reform）以及消滅思考力（menticide）等等爲類似名詞。

洗腦之主要目的，是使反對共產主義者改變其一向所持之是非與價值標準，相信共產主義，並以共產主義的觀點，爲個人行爲與評價標準。其經常步驟都是從坦白認罪做起，將自己說得一文不值，從祖宗罵到父母，在將此生結束之後，未來歲月都是共產黨的賜予，經過共產黨的審核，除過去反共著名者，經過侮辱磨折仍予處決外，其餘則令參加勞改，美其名曰無產階級學習。據對此作過研究者言，坦白認罪在俄共早期風行，一九三六大規模清黨期間，史大林對曾有附和托洛斯基者如布哈林，拿達克等都在坦白認罪之後方被處決。據說中共在坦白認罪方面，其技術步驟多數因襲俄共清黨時代的作法，在以各種難堪磨折毀滅其自尊心後，另以各種現代酷刑造成極度疲困與精神分裂，在求死不得情況下，意志薄弱者，只有聽其所爲，將自身變爲馬戲團的動物，接受共產黨馴獸師的擺佈。

據多數從中共區放回之美軍俘虜在覺悟後言，任何堅強意志與體力的人類都無法抵抗洗腦。因俘虜之中亦有不滿現狀的人，以爲自身是受人剝削壓迫，聽到各盡所能，各取所需的理想社會，亦未嘗不心焉嚮往。加上執行洗腦任務之人每日皆以同樣語詞揭露現社會的弱點，重複至若干時日，在聽者腦中亦逐於無意之中留下一種印象，由厭惡其本國或過去社會，逐漸接近共產黨所欲型塑的社會思想。尤其在磨折與女色引誘（許多美國士兵在洗腦之後，帶回中國太太）的比照下，意志稍不堅定甚少不落入圈套。洗腦之第一任務，是對被洗腦者盡情侮辱，在受者發覺自己無可驕傲，亦無任何可資珍惜之處，失去自尊心後，卽產生一種自卑心理，以後卽使有脫逃機會，亦恐以墮溷之花，不復爲社會重視，寧可留在原處，了此餘生。

洗腦雖能收效一時，但據 Lifton 的調查，多數經過洗腦遣回的美國士兵，在與家人團聚，回復正常生活後，對其往日在俘虜營中被迫所作的坦白認罪，都已先後發生反感，由羞慚而致憤激，對共產主義亦由同情而轉爲厭惡。當時不惜重資與多方設計，造就此少數俘虜，利其以子之矛，攻子之盾，可以淆亂聽聞，助長共產主義的進展。等到秘密揭穿，其所使用的科學刑具，爲鐵幕以外之世界普遍了解之後，其宣傳價值亦逐漸消失。今日世界局勢顯然是分成兩個壁壘，除在越南地區熱戰仍在進行，以宣傳爲主的心戰，二十年來曾以各種方式，從事勾心鬭角，未嘗一日休止。洗腦只是心戰的一種形態，經過近年的深入研究，了解的人數增多，實際的效用漸減，在技術上如無新的進展，可能會成一時現象，停止或減少使用。（羅時實）

參考文獻：

國際社會百科全書第二冊一三八至一四二頁。

Biderman, Albert D. 1963 March to Calumuy: The Story of American Prisoners of War in the Korean War, New York, MacMillan.

Brown James A. C. (1963) 1964 The Techniques of Persuasion: From Propaganda to Brainwashing. Gloucester, Mass.: Smith

Lifton, Robert J. 1961 Thought Reform and the Psychology of Totalism: A Study of "Brainwashing" in China, New York, Norton.

派系 (Political Factions)

這一名詞在近代政黨出現初期，常與政黨視爲同義。惟現在通常係指政黨或政治團體內部主張不同政策或擁護某一特殊領袖的小團體。其產生主要是爲了追求權力或主張主義的如何推行而非在於主義本身。（袁頌西）

玻利維亞（Bolivia）政黨

玻國十九世紀歷史乃一部政變、獨裁、與內戰之稗史，並曾多次敗於國際戰爭。廿世紀初期自由黨執政。一九二〇年共和黨革命，推翻自由黨政府，統治十六年。自一九三六至五二年幾經政變，終於爆發奠立民主政治基礎之國民革命。自由與共和兩黨消失，代之而起者爲國家主義革命運動等政黨。

㈠國家主義革命運動（MNR）：一九四一年成立。自一九五二至六四年執政，創始人白節（Paz）任第一及第三屆總統，賽力斯（Siles）任第二屆總統。歷屆選舉均導致黨內分裂，左右翼人士先後脫黨另組新黨。一九六四年十一月白氏政府爲軍事政變所推翻。主張：土地改革，教育刷新，錫礦公司國有化，及改善印第安人生活。

㈡玻利維亞革命陣線（FRB）：一九六六年七月三日奧托諾（Ortuno）當選總統，並贏得衆院一〇二席中之八二席，參院二七席中之一八席。該陣線爲社會民主黨（PSD）、基督教大衆運動（MPC）、眞正革命黨（PRA）、與伊資奎達革命黨(PIR) 等四個政黨所構成之聯盟。領袖白節與賽力斯。

㈢玻利維亞社會主義法西斯黨 (FSB)：乃一右傾國家主義政黨，強調秩序與紀律爲國家進步之先決條件。曾公開呼籲以武力推翻賽力斯政府。一九五六年以來之歷屆選舉會獲右翼社會民主黨與基督教社會黨之支持。領袖郭泰銳資 (Gutierrez)

㈣基督教社會黨 (PSC)：一九六四年易名基督教民主黨 (PDC)，爲一溫和偏左之政黨。領袖狄納特爾 (Dinatale)。

㈤革命勞工黨(POR) 乃一托洛茨基派共產主義之組織，以工廠與礦場勞工爲主力。領袖羅拉 (Lora)

㈥玻利維亞共產黨 (PCB)：一九五二年底正式成立，嚴守共產主義路線。以礦工爲骨幹，PIR 之部份知識青年於一九五六及一九六〇年兩屆選舉中與之結合，其勢益張。一九六一年全力阻撓政府着手工礦業之改組，賽力斯總統拒絕向共產黨人領導之總罷工低頭，大肆逮捕共黨礦業工會負責人。領袖寇托 (Cueto)親莫斯科；伊斯柯巴則親北平。（談子民）

皇太子

見「太子」條。

相依變數 (Dependent Variable)

見「變數」條。

科際整合 (Interdisciplinary Integration)

「科際整合」是現代科學研究者一種有意識底學術的統一運動。這是對較前時期學術極端專門化的一種反動。由於學術上專門化之極，造成鑽牛角尖、隔行如隔山的現象。舉例言之，心理學與政治學間固然缺乏有效之意見交道，即使心理學本身亦是門派林立，各自創造類似「黑話」的術語，而無法彼此交換知識與新的發現。此一趨勢的結果，造成所謂「飽學之無知者」，即一學者對於一個極專狹的領域可以無所不知，而對於該領域以外的事物則可以一無所知。此種學術上楚河漢界的牢域性形成了「見木不見林」的不幸現象。

研究者一方面不滿於這種科際局限劃地自牢的心態；一方面有感於社會(或自然）事象之眞正了解必不能不依賴本行以外學科知識之輔助，故而有意識地推向一種諸學科合作統一的運動。蓋任何一個事象都是整個的，研究者各別選擇一個領域作專精之研探，原只是一種學術上必要之分工與便宜。而實際上，各個學科所看到的事象只是該事象的一個面向。譬如一個人的投票行爲，從政治學的觀點看是一個政治行爲。但從社會學、經濟學、心理學等觀點看，則可能與他之身份、職業、人格系統、社會化等因素有關。從而要了解該人之投票行爲之實像之全，必須藉政治學、經濟學、社會學、心理學等諸學科知識作綜合性之分析，方克有功。

政治學中近年來政治行爲學派之興起，即是一種科際整合之運動，亦即綜合心理學、社會學、人類學，從個人、社會及文化三個層次研究人之政治行爲之運動。當然，科際整合並不只限於社會科學諸學科之整合，亦可兼及自然科學，人文科學之學科，如最近政治學者 K. Dentsch」等在行爲科學外，且用控御學、數學、歷史學、交道理論、學習論等來研究政治。總之，科際整合是科學間由分工而合作之運動，這不止是橫向的擴大，亦是縱向的加深。至於學者究應綜合何種或多少種學科之知識，則當視學者之學力，情性與問題之性質與層次而定。科際整合在理想的情形下應是團體的合作運動。孤索冥探，雖可有偉大之發明，但生也有涯，知也無涯，究難統括事理之全。唯不論個人或團體之科際整合運動，必須知各科之異，而後可異中求同，原則異者同之，同者畢之，科際整合徒成科際混亂。（金耀基）

科舉

科舉爲我國人事制度史上舉士之主要方法，自隋唐迄明清，實行一千三百年。民國紀元後，現行之分科分等考試制度，特易其名稱與略改其方法而已，本旨與實質固無變也。大致秦以前舉士與舉官不分，春秋左氏襄公三年傳所載祁奚內舉不避親，外舉不避讐之事；孟子告子下篇所謂「傅說舉於版築之間，膠鬲舉於魚鹽之中，管夷吾舉於士，孫叔敖舉於海，百里奚舉於市。」皆舉士舉官兼而有之。漢後制度漸密，舉士舉官乃分爲兩個階段，然取士之方仍不一其途。有特舉，有常舉。所謂特舉，一謂皇帝不時下詔舉賢，謂之制舉，如漢高求賢，漢武求茂才異等及賢良文學，唐有道侔伊呂及不求聞達等科，清康熙乾隆兩舉博學鴻詞，清季之經濟特科等皆是。二爲有力人士之薦舉或自薦，如楊意之薦司馬相如，孔融之薦禰衡，東方朔嚴安徐樂杜甫等之言事獻文。三爲門蔭及其他出身，父兄之在高位者可保任其子弟，勳貴並可於身後蔭其子孫。通曉醫卜方技之術者亦可賜予出身，下至納粟輸財亦爲進身之階。此皆歷代所有，散見正史及通考會要諸書。

所謂常舉，卽經常施行可大可久之定制，其中爲傳統之主流者，在兩漢爲察舉，其制發自董仲舒之天人三策，於漢武元光元年起施行，內容大要爲郡國每歲就吏民中舉孝廉各一人，謂之舉孝與察廉。其後略有變更，郡國須二十萬口歲舉孝廉一人，不滿二十萬，二歲一人，不滿十萬，三歲一人，并且要「諸生試家法，文吏課牋奏。」在魏晉六朝爲九品中正，此制本質上仍爲郡國察舉之延長，特異其名稱方法而已。因郡國察舉之權屬於守相，所舉之人，多受勢要請託，重以世局擾攘，難循正常軌轍，「魏文帝時，三方鼎立，士流播遷，四民錯雜，詳覆無所，延康元年……乃立九品官人之法……郡口十萬以上，歲察一人，其有秀異，不拘戶口，州郡縣俱置大小中正，各取本處人在諸府公卿及各省郎吏有德充才盛者爲之，區別所管人物，定爲九等，」「由小中正品第人才，以上大中正，大中正核實以上司徒，司徒再核，然後付尚書選用。」（引文獻通考及二十二史劄記）此制以大小中正易郡國守相，以九品易孝與廉，其客觀性與正確性並不太多，致有「上品無寒門，下品無世族」之流弊。在隋唐宋元明清爲科舉，此制本質上仍按州郡選取人才，不過不假手於守相或大小中正，而使諸生懷牒自列於州縣應試而已。

據文獻通考所載，九品及中正至隋開皇中方罷，先是北周宣帝太成元年，詔州舉高才博察爲秀才，郡舉經明行修者爲孝廉，上州上郡歲一人。隋文皇帝開皇七年，制諸州歲貢三人。煬帝太業中始建進士科，遂奠定一千三百年之科舉取士制。所謂科舉卽分科取士之謂。分科以唐爲最多，至五十餘種，其常選者亦近二十種，中以明經進士兩科爲最貴，而進士尤貴於明經，爲士人所爭趨，歷宋元明清而不變。科舉內容，實包括多級考試在內，按明史選舉志所載，士人初應童子試，得雋入府縣學，謂之諸生，俗稱秀才，三年大比，以諸生試之直省，曰鄉試，中式者爲舉人，次年以舉人試之京師曰會試，中式者天子親策於廷，曰殿試，分一二三甲，有進士及第與同進士出身之別，詳殿試條。清仍明之制。童子試唐宋無之，趙翼陔餘叢考謂：「府縣學生員之制，始於明太祖，欲令人才一出於學校，於是府設教授，州設學正，縣設教諭，各副以訓導，其生員之數，府四十，州縣遞減其十。」後命增廣其數，而有廩膳、增廣及附學生員之分，然鄉試以上，仍與學校無關。考試科目歷代略有同異，大抵不出詩賦經義及策論三者範圍，例分三場行之。至明而有八股文之程式，稱爲制藝，以限制士子之文體。考試唐原有通榜之例，試前主試者與士子相與往還，或自定狀頭，或挾勢取魁，或暗通關節，不一而足，以後遂有鎖院以限試官，棘圍搜檢，以防考生，糊名及謄錄以杜認知姓名字跡之弊，最後復有覆核及勘磨試卷之制，首嚴弊倖，次簡瑕疵，而格制益密。自兩漢察舉以降，地域平均主義，貫穿九品中正及科舉而不變，唐宋各州府均定舉士名額，明清則更進一步，於錄取名額求其地域之平均，於是有南北中卷比例錄取之制，大率長江以南各省取百分之五十五，以北各省取百分之三十五，川廣雲貴各省取百分之十。主科舉之事，會試卽省試或禮部試，唐時初由吏部考功員外郎主之，後以望輕改由禮部侍郎擔任，唐宋均謂之知貢舉，明清則特簡大臣稱曰總裁。鄉試亦謂發解，唐宋由州府長吏主之，明清則分派翰林院官分省監臨，謂之試差。其餘辦理考試之人通稱試官，有內簾官與外簾官之分，前者分房閱卷，後者辦理試務。至童子試以學校名義行之，由各省提學使主持。此科舉制度之大要，散見各史選舉志及文獻通考續通考等書。

與科舉相輔而行者，尚有學校取士，合教育從政於一途，爲古人久懷未伸之理想。漢文帝令博士諸生所作之禮記王制篇，謂鄉學之師教者曰秀才，論秀士之優者升之司徒曰選士，司徒論選士之秀者升之學曰俊士，俊士之在學者曰造士，大樂正論造士之秀者告於王而升之司馬曰進士，司馬論進士之賢者以告於王而定其論，然後官之爵之祿之。此一逐級淘汰，逐級上升之學校取士之法頗爲嚴整，古時曾否實行此制，文獻無徵，而後世之科舉方法，大抵淵源於此，而主要之學校取士本旨，反而式微。學校取士，歷代亦曾與察舉九品科舉之制並行。據各史所載，兩漢博士弟子及太學生如能通過嚴格之策試，可補文學掌故或郎中等官職。魏晉六朝學校衰落，學生多爲避役而來，見魏志王肅傳。其間僅梁武帝時一度復興，學生如能射策通明經術，卽委派官職。侯景亂後，學校又衰。唐書選舉志謂取士大要有二，學館生徒與科舉並列。當時國子監所統各學館，諸生在學成績及格，由監司拔其尤者，送尚書省考試錄用。宋國子監曾行三舍法，上舍生修業期滿，由政府派員舉行考試，上等授以官職，中等免禮部試，可直接參加殿試，下等免解，可直接參加禮部試。元酌採宋制，凡學生在國子監上齋三歲以上，於歲終考試貢舉，及格者與舉人有同等資格，可應會試而不直接授官。明國子監用積分及撥歷兩法，學生升至最高堂者，（明以堂別學生程度之高下，相當於宋之舍元之齋。）按月考試，積分及格者始予出身。撥歷法則在諸生肄業期閱，撥至六部諸司練習吏事，諸司加以考核，中上等奏送禮部附選，仍令歷事，遇有官缺，依次取用。清代大體沿襲明制，國子監學分二種，卽六種貢生與三種監生，學生積分及格者由監咨送吏部，在吏部歷滿考職後，按照成績，分別補用。監生肄業期滿，又可應廷試，上卷以知州用，上次卷以推官知縣用，中卷以通判用，中次卷以州判縣丞教職用。至於地方學校，歷代皆爲升入國學或應鄉舉之預備階段。總之，學校取士，一爲出路不及正舉，二爲宋以後成爲科舉之預備階段，故全國士子之趨向，在科舉而不在學校，學校僅爲科舉之附庸而已。（仲肇湘）

突尼西亞 (Republic of Tunisia) 政黨

突尼西亞共和國(Republic of Tunisia) 原爲法國屬地，於一九五六年三月二十日獨立，現有兩個政黨。

㈠社會主義憲法黨 (Destour Socialist Party)：該黨原爲老憲法黨 (The old Destour Party) 之一部分，在一九三四年時由包格巴 (Habib Bourguiba) 領導脫離了該黨，改組而成。該黨爲一溫和的左派政黨，主張共和。對突尼西亞的獨立該黨應居首功。其領導人包格巴氏，現出任突國總統，黨秘書長爲拉吉罕 (Bobi Ladgham)。突尼西亞原有反對黨稱突尼西亞人民民主聯盟 (Union Democratique de Peuples Tunisens)。但因領導人被逐而身居國外，故該黨已不能再發生反對作用。

㈡突尼西亞工團主義運動黨(Le Mouvement Syndicaliste Tunisien)：該黨成立於一九〇四年，至一九四六年在法拉•哈雪德(Farhat Hached) 領導下，改組成爲一有組織的突尼西亞工人總工會。其目的在反應工人之意見，但其對突國經濟建設及社會改革亦有不可磨滅的功勞。（袁頌西）

美國政黨

緣起：政黨爲人民參與政治之工具，民主政治與政黨政治實有不可分割之關係。一般研究美國政治者認爲，美國民主政體之發展，與共和民主兩黨制度之演進，有極密切之關係，相互影響，相互依賴。但觀之於歷史，美國大部份立國者對政黨制度之存在並不完全贊同。在一七八七年制憲時期，華盛頓等人曾反對將政黨制度列於憲法之中。其主要理由爲，美國立國之初，應力求內部團結，而政黨之創設易使國人分散意志，給予歐洲國家干預內政之機。這種看法很得一般制憲者之同情。因此憲法中，完全未提及政黨制度，至今仍然。但是一部份美國之開國元首認爲華盛頓的看法雖然在當時之情況下係正確的，日後，國基強穩，政黨之出現爲必然之現象，持此說最有力者爲麥廸生 (James Madison)，在聯邦主義者 (The Federalist 美國早期憲史中極重要之文件) 一書中，麥氏認爲人民因政見及私人利害之不同，當結合黨派。所應注意者，政黨派別應加以約束，使其互相牽制，而得以維持民主政治。

麥氏之看法，在華盛頓總統期中（十八世紀末期）卽得以應驗。一般主張加強聯邦權限者，如漢彌爾頓 (Alexander Hamilton) 等，成立所謂聯邦主義黨 (The Federalist Party)。不過並無嚴密之組織，祇是持同一見解之人，經常相互交換意見，相互支持的一種結合。同時，反對擴大聯邦權限之人士，也有所謂反聯邦主義者之組織 (The Anti-Federalists)。在傑佛遜 (Thomas Jefferson) 總統任期中（十九世紀初葉），經其極力贊助，反聯邦主義者，成立了所謂民主共和黨 (The Democratic-Republican Party)。之後，幾經變遷，在一八三〇年前後，經傑克遜(Andrew Jackson)總統改造擴張，原來之民主共和黨改爲民主黨 (The Democratic Party)。此時，美國亦出現獨立黨 (The Whig Party)，與民主黨相對峙。林肯原卽爲獨立黨黨員。一八五四年共和黨 (The Republican Party) 成立，獨立黨卽日趨衰微。一八六〇年共和黨推林肯爲總統候選人，獲得勝利。至此，民主共和兩大政黨之基礎完全奠定。共和黨自此繼續把握政權過數十年。至一九三〇年代，民主黨取而代之，成爲主要執政黨，至艾森豪 (Dweight D. Eisenhower) 及尼克森 (Richard Nixon) 總統任期時，共和黨再度贏得政權。

特質：美國憲法既無有關政黨制度之規定，政黨體制之定形，多受時勢演變之影響。在十九世紀末期廿世紀初期，民權思潮極度擴張，例如修改憲法俾人民直接選舉參議員，給予婦女選舉權，均在這一時期完成。其他最影響政黨之發展者，如民選總統，州政府及地方政府官員。所有這些選舉之舉行，促使美國政黨極力爭取選民，因此，美國政黨成爲群衆性之大組合。所謂共和黨或民主黨員，大部份均係以預選選舉投票時而定，經常投共和黨或民主黨候選人者即為共和黨員或民主黨員。因此選民變成黨員，無需經過入黨手續，並不持有黨證，也沒有繳納黨費之規定。美國政黨之另一特點是，其全國性之組織極為薄弱。州之組織較強。事實上，在甲州之共和黨或民主黨，與其在乙州者，並未經常取得聯繫。而且往往持不同甚至相反之政見。最明顯的例子即為南方與北方各州之民主黨對黑人權利問題之見解，完全不同，水火不相容。因為美國政黨與黨員之關係僅以選舉而確定，又因，全國性之組織不健全，美國政黨之紀律不嚴格，可想而知，此點下文當再討論。

功用：一般說來，政黨形成之主要目的為爭取執政權。因此政黨之主要功用為便於政見相同之人組成政府，行使政權。自十九世紀中葉以來共和黨與民主黨定期列舉政綱，發佈政見，參與地方，州及聯邦選舉，以爭取各級政府之執政權。在從事此類活動時，兩黨之另一功用為促使國家之統一及政府內部之協調，美國版圖廣大，職業分類複雜，人民之宗教信仰不同，種族相異，因此，假定兩黨制度不存在，可能意見紛歧，莫衷一是，執政者不知所從，無法依據民意，有效行使政權。現在因兩黨制之存在，一般人民不論其居住何處，所營何業，信仰何種宗教，隸屬何類種族，祇需同意某一政黨之政見即可加入該黨，支持該黨爭取政權，促使其政見之實施。同時，依據憲法，美國政府着重三權分立，而聯邦及州政府之權限均大體劃分清楚，政黨實為聯繫行政立法司法機關之主要工具及促使聯邦與州政府以及州與州政府間之協調之重要因素。（不過，假定不同政黨控制不同權力機關或聯邦與州政府時，政黨之聯繫及協調功用，自然減低甚多）。如果說以上所述為美國政黨之主要功用，其次要者包括促使民意之形成，調和利益組織(Interest Groups)之衝突，選拔政治領袖及幹部，以及舉辦社會救濟（在上一世紀及本世紀初葉，對窮民及新來移民之救濟，可謂大城市黨部最主要功用之一。如今，地方黨部很少從事這類活動）等項。

兩黨制度之維持：共和黨與民主黨自十九世紀中葉以來，相互交替執政。偶而亦有一黨控制白宮，另一黨控制國會，或一黨控制聯邦政府另一黨控制大多數州政府，兩黨均為全國性之組織，均有一世紀以上之歷史，今後兩黨制度之持續當無問題。此一制度形成及持續因素甚多。其主要者包括下列各端。第一，美國政制受英國影響甚大，共和黨與民主黨，可為英國保守黨及工黨（或自由黨）之對照，第二，美國採單員選舉區制 (Single-Member District System)，即每一選區僅選出官員或議員一名，這種制度對大黨有利，小黨無從競爭，結果造成僅兩最大之政黨可以存在，相互角逐（一般研究政治者，均認為單選舉區制與兩黨制有極密切之關係，而採用多員選舉區制 (Multiple-Member District System) 之國家，幾乎均為多黨制），第三，美國聯邦政府之行政權日趨擴張，白宮之控制，實為政黨最主要之目標，但總統僅可由一人擔當，因此自然趨勢是僅兩大政黨可參與角逐，獲有勝利希望。如果一政黨贏得勝利，總統可給予其本黨之方便不知凡幾，諸如派用本黨黨員為聯邦官員，幫助本黨黨員競選，增撥聯邦對本黨所控制之州各種款項興建事業，救助貧民，振興教育等等。該黨在州及地方之聲望及勢力可以增強，因而可擴大組織，爭取黨員，如此，兩黨交替控制白宮，則第三黨實無法與之相抗爭，（從美國歷史看來，如果一個新的第三黨成立，競選總統失敗後，往往無聲無息而消失，或成為無關重要或地域性之政黨，其主要原因即係不能利用對行政權之控制，增強黨之社會基礎及勢力。）第四，兩大政黨往往在某些地區或社會團體維持其雄厚勢力，譬如南方為民主黨之勢力範圍，新英格蘭及中西部則為共和黨之大本營（最近政黨地域上勢力之分野已發生很大變化，兩黨都已互相侵入彼此之範圍），黑人及工人大部支持民主黨，中上等收入之工商職業者多支持共和黨（過去農民多支持共和黨，現已無此明顯趨勢）。在這種情形下，兩黨可以持續競爭，不致因一黨過強併吞另一黨，形成一黨制度。最後，兩黨之制度之持續在於兩黨往往能夠執行第三黨之政見，使第三黨無存在之必要。譬如一九四八年進步黨 (The Progressive Party)，大聲疾呼，促使增進農民及勞工福利，民主黨立即採取此項政見，進步黨於競選失敗後不復存在，又如今日（一九六八年）華來士(George Wallace)以第三黨總統候選人身份參與競選，其主要政見之一為維持法律及秩序 (Law and Order) 但共和黨在擬定政綱及選擇副總統候選人時都對此一政見特加注意。一般人認為共和黨競選之主要策略即在着重維持治安，藉以爭取可能支持華來士之選民。當尼克森競選獲勝後，華來士之第三黨將無法成為有力之政黨。

政黨組織：（以下所述均係有關民主及共和黨者，其他地域上及微小黨派從略）。兩黨之組織系統，幾乎完全相同。全國性之機構有㈠全國代表大會（The National Convention) 形式上為黨之最高決策機關。每四年－總統選舉年－召開一次。其最重要之業務為決定總統，副總統候選人，草擬及發佈政綱，採納有關大會組織，議事之規則，及選舉全國委員會。㈡全國委員會 (The National Committee)由每州選出二名（一男，一女）代表組成。此等代表名義上由全國代表大會選出，實際上由各州黨部自行決定，經大會通過而已。全委會之職權極爲有限，並不經常聚會，僅是一種聯絡性的組織。其引人注意之活動，也不過係決定全國代表大會應於何城市召開而已。㈢全委會主席(The National Chairman)，通常由總統侯選人指定由全委會通過任命，其主要任務爲主持競選，如果本黨總統候選人當選，全委會主席將爲總統與本黨各州領袖聯繫之主要人物，通常有關任命本黨黨員爲聯邦官吏之事務，多由全委會主席辦理。㈣參議院及衆議院競選委員會。由兩黨於兩議院議員中推出，協助本黨參衆議員競選，譬如籌募款項，發表演說，組織集會等項活動，競選委員會均行參與。在州及地方，政黨設有各級委員會。此等委員會，特別是在州級及郡(County)級市級者，組織比較嚴密，經常聚會，商討黨務，通常州長及聯邦參議員爲黨之州委會之領袖人物，地方級之委員會權力之分佈，並無定形，某些委員會可能爲一人所控制，其他者可能爲少數人所領導。

兩黨制度之批判：近數十年來，研究美國政治之學者及從事實際政治者，對美國兩黨制度之優劣，是非之處，經常研討辯論，譬如美國政治學會，曾於一九五〇年提出一項報告：Toward a More Responsible Two-Party System，至今仍爲對美政黨制度批評最有力之文件。其指陳兩黨之缺點有下列數端：㈠組織極不健全，現在的政黨組織系統仍是十八九世紀之產物，百餘年未曾改進，今日兩黨並無常年存在之全國性之組織，州與州間之黨務無從聯繫，而全國代表大會之組成及議事規則，更屬落伍。每黨全代會均有數千代表及候補代表（例如一九六八年共和黨全大會共有一三三三正代表，民主黨者有三〇九九正代表），代表產生之方式又極不一致（產生之方式由各州州政府或選民—非州之黨委會—決定，有由黨員直接選舉者，有由州委會推派者，亦有由黨員選出部份，州委會推派部份者），數千人聚集一起，於一或二週內，決定政綱，推選總統及副總統候選人，執行其他業務，如何以民主方式進行議事日程實大有問題。因此代表人數過多，無從有效議事，許多大會會務實際多由各地各派領袖人物於幕後決定，大會之表決僅爲形式而已。㈡因組織之不健全，黨之領袖人物可操縱黨務，因此黨內民主之維持困難，一般黨員對黨務僅有表面上之決定權，而無實際參與討論之可能。㈢兩黨之政見上大同小異，給予選民之選擇機會甚少。兩黨之政綱條款不但內容相似，甚至使用同樣文字及口號，人民參與選舉時將無從以兩黨政綱而作抉擇之依據。㈣紀律鬆懈爲美政黨另一最顯著之現象。總統或政黨領袖對其本黨之國會之議員往往無從控制，國會議員對議案之投票幾乎完全由其自行決定，總統或政黨領袖無從約束，一黨之議員可反對其本黨領袖提出之議案，或支持他黨所提出者，此事經常發生，並無制裁（此爲美國與英國兩黨制最大不同處，英國議員反對其本黨領袖提出之議案者爲絕無僅有之現象），此在國會爲然，在州議會亦然，批評美國政黨制度者認爲，所謂政黨政治，黨員應當忠實執行黨之政策，議員依據黨之決定爲投票之依據，如今議員之行爲不受黨之約束，實使政黨政治名存實亡。

擁護現行政黨制度者，認爲此一制度歷久不衰，實有其特殊優點，政黨組織之鬆懈，紀律之不嚴格，雖然引致黨員行爲不一致，但民選官員及議員仍需聽命於選民，黨紀不嚴之結果，實可增強人民直接影響議會議事之能力，反之，如果黨紀嚴格，議員當需聽命政黨領袖，人民直接影響議員行動之能力將爲減低。再者，政黨組織龐大繁雜，此爲反映美國社會之實際情形，美國政黨與英國者不同之處實與社會環境相異有極大關係，英國人口較少，宗教信仰，地域派別，均比較簡單，因此保守黨與工黨組織系統比較單純，政黨領袖較有權力，黨紀嚴格。如果美國採用英制，兩黨之治將不可能維持。代之而起者，將爲多黨之政治，而多黨政治則易引起政局不定，（擁護美國制度者，往往指出，如果民主黨黨紀加強，其南方之黨員，勢將脫黨另組新黨），因此更改現制，實有得不償失之結果。事實上欲大肆更改現制，亦無實現之可能。在聯邦制度下，美國政黨之組成及運用受州及地方之影響甚大。欲求組織之系統化，增強全國性機構，必須修改各州之憲法或法律，此實爲異常艱鉅之任務。因此支持現制者一致認爲，欲求維持安定政局，保障民主，實不應對現制有所更改。所應注意者爲如何增強兩黨之競爭性，俾一黨持權，另一黨批評，交互爲政，政黨政治與民主政治因得兼而有之。（戴鴻超）

胡克（Hooker, Richard 1553-1600）

英國國教會教士，所著教會職組法（The Law of Ecclesiastical Polity）一書是英國清教革命時期的重要政治論著，也是由中世紀過渡到近代的主要政治思想作品。胡克的主要目的似在討論神學，爲英國國教，也就是爲國王兼教長辯護，攻擊一切反國家的新教；也反對舊教所主張的，國家與教會是兩個不同的社會組織之說。胡克強調國家與教會是一個完整社會組織的兩個面向，所以反對國教也就是反對國王。不過，胡克更重要的貢獻却在他所提出的契約論，雖然主張君主專制，但專制權力的基礎則為人民的同意與契約，在全體一致的條件下，人民還可以廢止契約，所以近代民主政治理論的宗師洛克，都公開承認受惠於胡克。（朱堅章）

英國政黨

一、英國政黨的演進：

英國的政黨，起源甚早，據費齡(Keith Feiling)的研究，早在十六世紀，英王亨利第八(Henry VIII, 1509–1547)與安娜波良(Anne Boloyn)結婚時，即肇其端。因為亨利的婚姻，未得羅馬教皇許可，乃自創英國國教(Church of England)，引起國教派與非國教派的對立。其後內戰時期，有騎士黨(Cavaliers)與圓顱黨(Round heads)的抗爭。而一六七九年，國會對約克公爵(Duke of York，即後來的 James II) 繼承王位的問題，一派贊成，一派反對，贊成者被稱為「托利」(Tory)，反對者被稱為「輝格」(Whig)，這便是保守黨與自由黨的遠源。但是，這時的兩黨，不過是兩派貴族及其隨從而已。

英國政黨的演進，和選舉制度的改革，選區的擴大，密切相關。在一八三二年以前，有選舉權的人，限於少數有年值租金四十先令的不動產所有人。由於工業革命，人口移動甚多，而議席的分配一仍舊貫，人口甚多的新興工業城市，無選舉議員之權；但已經衰敗的地方，反可選出議員。這種衰敗了的市鎮(Rotten Borough)，選民人數既少，有錢的人遂可用金錢收買選票，如果其地財產為一個貴族所有，不用收買，即是他的「袋中選區」(Pocket Borough)。此時，想做國會議員，只須自己有錢，或有「袋中選區」的主人支持，即可如願。因此政黨自然沒有成立組織，向選民活動的必要，政黨自然只是少數人的結合。

一八三二年的第一次改革，雖然沒有大幅地擴張選權，不過議席的分配頗有改善，同時，又規定各選區均須編造選民清冊。這項規定，對後來的政黨組織，發生了重大的影響，即使各黨派在選區成立「選民登記社」(The Registration Society)的組織。選民登記社的工作，一方面即代有選舉權而支持己方的人，辦理選民登記，並促其參加投票；另一方面即將支持敵方而不合於選民資格者，自選民清冊中剔除。這種選民登記社，即是後來政黨的地方組織的起源。

然而，這種選民登記社，乃由當地名流主持，而非黨員選出的代表性組織。事實上，當時黨員的觀念也不清楚，其在中央，也沒有正式的政黨組織，而只有作為國會議員社交活動中心的俱樂部的組織，在一八三二年之前，托利黨人的主要去處是一六九八年成立的懷特俱樂部(White Club)，而輝格黨人的活動中心則為布魯克俱樂部(Brooks Club)。一八三二年，托利黨議員復組織卡爾敦俱樂部(Carlton Club)；一八三六年，輝格黨議員亦設置改革俱樂部(Reform Club)，作為活動中心，有似於兩黨總部。

一八六七年的改革，將財產資格再度降低，由是城市中的工人階級大致都取得選舉權，選民遂由一一三萬餘人增至二四六萬餘人，同時議席亦經重新分配，由是伯明翰等大工業城市得選出國會議員三人，其時規定每一選票可以連記二人，伯明翰的自由黨聯合書記哈利斯(William Harris)以為伯明翰的選民，三分之二屬於自由黨，如果善為組織，妥善分配選票，可以囊括三個議席。但要選民能依黨方的指示投票，必須先使其對於黨的組織完全信任；故黨的組織由基層黨員選舉，並使有決定政策及議員候選人的全權，至關重要。哈利斯的主張經伯明翰自由黨採行，果然大獲全勝。伯明翰的成功，使其他各地的自由黨爭相效法。保守黨亦被迫而急起直追，將地方組織改為由基層黨員選舉產生的機構。

在中央組織方面，一八六七年以後，亦有重大發展。一八六七年十一月，保守黨在倫敦舉行的一項集會中決議成立的「保守及憲政協會全國聯合會」(National Union of Conservative and Constitutional Association)，這是保守黨第一個正式名稱，這次集會也被視為第一屆保守黨年會。一八六八年保守黨大選失敗，保守黨領袖狄斯累利(Benjamin Disraeli)全力改進黨務，於一八七〇年設置「保守黨中央黨部」(Conservative Central Office)，在國會保守黨督率員指揮下工作。一八七四年保守黨大選獲勝，論者謂其主要原因，即在成立全國聯合會及中央黨部，加強黨務組織及活動的結果。自由黨有鑒於此，一八七七年亦成立「全國自由黨聯合會」(National Liberal Federation)。自由黨聯合會和保守黨全國聯合會的性質類似，同為選區組織的全國性聯合體，其主要活動皆為舉行年會。但保守黨的全國聯合會不決定政策，而認決定政策乃領袖的職權；自由黨則不然，張伯倫常稱其聯合會為「自由黨的國會」(Liberal Parliament)，即謂其為自由黨的最高權力機關，不只批准其領袖的政策，而且要以公開討論所決定的政策拘束其領袖。

綜合以上所述，可知自一八六七年起，英國政黨無論在中央或地方，都已在建立現代化的羣衆組織。其後一八八四年的改革，使農村工人亦享受與城市工人同等的選舉權；一九一八年的改革，使二十一歲以上的男子及三十歲以上的女子皆有選舉權，一九二八年使成年男女皆有選舉權。選舉權一天天擴張，政黨的組織亦隨之擴大與嚴密，而成今日的狀況。

二、英國政黨制度的特徵

甲、兩黨制度

所謂兩黨制，即國會中經常只有兩個大黨對立，其他小黨只有極少數議員，無足輕重。因爲只有兩個大黨對立，英國之所以能有堅固的兩黨制，原因甚多；首先我們要說的是單一選區制。自一八八四年的改革起，英國就施行單一選區制，只有少數選區例外。拉斯基贊成單一選區制而反對比例代表制，即以前者可使選票集中於大黨，而議會中的多數黨得以出現，內閣得以安定；後者則有利於小黨的產生，易成多黨之局。其次，英國社會之單純，與選權的逐漸開放，也是兩黨制得以保持的主要原因。英國爲老牌工業國，農業人口只佔總人口四分之一，總人口五分之二住於七大都會區域。領土小，交通便，全英人士可於早餐時讀到當天倫敦報紙；半數人口可於當日往返倫敦，故得形成高度同質的社會。民族和宗教，是形成政黨的重要因素。英國人主要是盎格魯撒克遜人(Anglosaxons)，信奉新教。在地域上，雖有英格蘭，威爾斯，蘇格蘭之分，但威爾斯於一五三六年爲英格蘭合併，一七〇七年蘇格蘭亦被合併，威爾斯及英格蘭經過長期的同化，兩地雖有民族主義的痕跡殘存，但其號召力已甚微小。在宗教上，英國的天主教固佔少數，但新教中派別亦多。英國兩黨制初與宗教派頗有關係，即托利黨與英國國教有關，而輝格黨則以代表非國教派的新教徒爲事。此種因宗教有關的黨派區分，後來又與經濟利益的衝突結合，因爲在十八世紀結束以前，英國的經濟係以農業爲主，商業僅屬次要。在選權尚有財產限制時，也只這兩種人享有選權，其中大部分地主屬於保守黨，而少數地主則與商人結合而爲自由黨的支持者。這是英國兩黨制的原始基礎。後來社會進步，選權逐漸開放，每次新取得選舉權者，次第爲兩黨吸收，這和猝然實行民治，選民甚多而利益分歧的國家，兩黨不足以適應的情形，頗爲不同。在英國，因民族宗教不同而形成的新黨，以愛爾蘭國民黨爲最著，愛爾蘭一八〇〇年合併於英，得選衆議員一百人，出席英國國會。一八三二年改革，增至一〇五人。起初，他們並不團結，而分附於輝格托利兩黨，因愛爾蘭人多信天主教，與英國人多信新教者不同。一八二八年愛爾蘭議員阿康納(Paniel O'connell)等即以宗教不同而鼓動英愛分治。一八六八年，英國進行取消愛爾蘭教會(Irish Church)，於是原來贊成英愛合併的教會中人，亦皆轉而支持愛爾蘭自治運動，從而英國國會中遂有愛爾蘭國民黨(Irish Nationalists)的產生，在國會中自成一派，不參與自由，保守兩黨之爭。在六百多位下院議員中，他們雖只有八十餘人，但頗能團結，故有舉足輕重之勢，自由保守兩黨內閣，均曾爲其採聯甲倒乙的方法推翻。此時，英國的兩黨制頗呈動搖。由於自由黨比較同情他們的立場，故他們亦多予自由黨以助力。一八八六年自由黨領袖格拉士東向下院提出在愛爾蘭首府杜柏林(Dublin)建立議會；允許愛爾蘭自治的主張，卒陷自由黨於分裂，該案亦歸失敗。分裂出去的自由黨在張伯倫領導下自稱「自由統一黨」，路線多與保守黨一致；而愛爾蘭國民黨在國會內則多支持自由黨，形成四黨兩派之局。第一次大戰期間，愛爾蘭民族運動更趨激烈，要求完全獨立，而愛爾蘭國民黨亦爲更激烈的「新芬黨」(Sinn Fein)所取代。一九一一年自由統一黨合併於保守黨，新芬黨亦隨愛爾蘭於一九二二年獲得獨立而離開英國國會，英國境內自此無復嚴重的民族與宗教問題，亦無以民族及宗教爲背景的政黨在國會中出現。

再者，不滿的利益集團的是否存在，及其不滿是否強烈，亦與新黨的組織及其壯大有關。對此，可以工黨的成立及其發展爲例，加以說明。英國工人階級自一八六七年取得選權以後，即爲保守自由兩黨爭取的對象，十九世紀末葉的保守黨領袖之一藍多夫邱吉爾(Randolph Churchill)且曾強調，如果不能獲得工人階級的信任，保守黨即無法取得政權。然而，保守黨對工人階級，畢竟不如自由黨之接近，故工人階級亦多支持自由黨，工會人物多在自由黨旗幟之下，以「自由勞工」(Liberal-Labours)的名義，從事政治活動，由於自由黨的支持，有利於工人運動的立法，亦陸續經國會通過。但是，一八九八年自由勞工的主要領導人格蘭士東(Gladston)逝世，法院判決漸對工會不利，一八九九年工會聯合會年會，方才通過決議：邀請所有合作社，社會主義團體，及各工會，派遣代表，集會研究增加下屆國會中勞工議員的方法。一九〇〇年二月，會議在倫敦舉行決議成立「勞工代表委員會」(Labor Representation Committee)，這就是現在的工黨的前身。勞工代表委員會二月成立，九月參加大選，賴自由黨之助，當選議員二名，前途本甚暗淡，但因一九〇一年塔夫威爾判決（Taff Vale Judgment），判令工會負擔因罷工而引起的損害賠償之責，工會的生存遭受威脅，於是加入工黨者日衆，才有一九〇六年當選二十九名議員的成功。其後，由於自由黨內部分裂，工黨得以乘機崛起。現在，這種機會不易獲得了，在保守黨方面，既注意工人階級的爭取，亦接受社會主義的既成事實，維持一九四五年以後工黨政府的充分就業及社會福利措施。在工黨方面，其所謂勞工，不但包括體力勞動者，而且也包括智力勞動者。工黨雖然主張社會主義，但仍尊重民主政治的傳統。工黨與保守黨，雖然一左一右，中間實有契合的地方。它們已對社會所有的各種利益，予以相當的照顧，因此也沒有什麼不滿的利益集團來作新黨運動。

英國政黨派系分合表

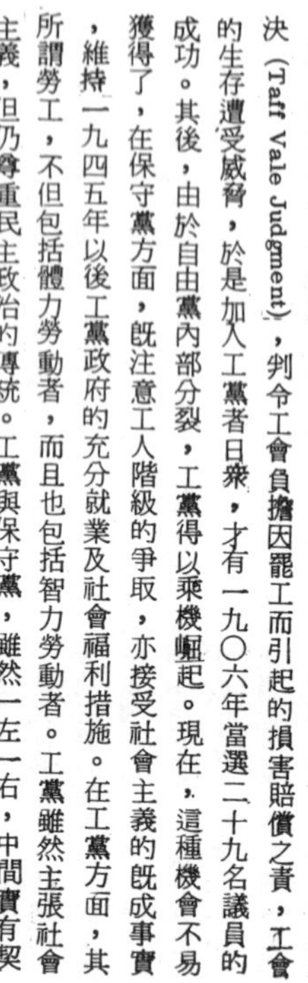

再次，還有人以為英國下院議席的佈置，也有助於兩黨制的維持，邱吉爾(Winston Churchill)，英國政治學者懷納，英國政治史家蘇末菲爾，和研究英國政黨的柏麥湯姆士 (Ivor Bulmer-Thomas)，都有這種看法。英國下院的議場是長方形的，議長坐在長方形的一端，在他右邊，是政府黨的席位，左邊是反對黨的席位，天然是兩個對立的方陣，沒有兩可中立的餘地。在這種議場中，議員們必須作一嚴重而基本的決定：坐那一邊？作為政府的與黨還是反對黨？大前提決定之後，就漸漸可能捨小異而趨大同，融合在兩個方陣之內。過去許多從兩大黨脫離出來的支派，後來都分別吸入兩大黨之內，固與單一選區制的壓力有關，但議場席位的安排，可能也有一點關係。

乙、信仰基礎

柏克 (Edmund Burke) 曾說：「政黨是一羣人根據彼此同意的某些原則，共同努力，以求增進國家民族的利益，而組織的團體。」照這個定義，政黨必須是以信仰為基礎的組織。在美國，這個定義是不適用的；在英國，它倒頗切合實際情形。

保守黨的信仰，為現代保守黨的創始人狄斯累利所指示的三大目標：①保持國家的制度，②維護大英帝國，③提高人民的生活狀況。然而，保守黨並不主張一成不變，它只是認為：主張改革的人，負有證明改革確實有利的責任。保守黨的特質是，致力於現有的優良制度的保持，而不熱衷於追求理想或時髦；它注意達到久已渴望的目標之方法，而不尚構想新的目標。保守黨人認為政治固然需要權力，但所需的權力愈少愈好。因此，政事的管理，必須儘可能徵求人民的同意，儘可能不要勉強。保守黨不認為國家高於人民，也不認為國家有辦法找到比現有的制度更有效能或更利他的辦事方法或人員。總之，保守黨反對輕率的改革，而主張儘量維持現狀。

工黨的信仰是社會主義，工黨黨章第四章規定：工黨的目標，在國內要依據分配，交換與生產工具共有原則，為手力或腦力勞動者取得其勞動的全部成果，與此項成果的最公平分配，並為彼等爭取各種工業或企業的公營與公管的最佳制度；要促進一般人民的政治、社會、與經濟的自由，尤其是直接依賴自己的手力或腦力勞動為生的人民的自由。但是，工黨要以民主政治的方式來達成這些目標，因此，工黨反對共產主義的專制獨裁方式。因為它使政治權力和經濟權力都集中於少數人之手，更不符合馴服權力的要求。

自由黨所信奉的，顧名思義，即可知為自由主義。它要掃除一切束縛人類身體及精神的桎梏。它主張解放奴隸，廢除國際貿易的阻礙，解除地主及獨占資本家對財產的掌握，剷除各種種族及階級間的歧視，具體言之，自由黨的基本主張計有三點：⑴反對任何形式的專斷權力，因此自由黨主張無論在國內或國際，均應實行法治。自由黨認為過去三十年間，行政機關的權力日增，議會的控制日趨微弱，人民的自由漸失保障，可以引為深憂。是故對於工黨所主張而保守黨所反對的產業國有問題，自由黨的看法是：產業所有權屬於少數資本家抑或一個公營公司，無關宏旨，要緊的乃是無論在公有或私人企業中，工人的地位如何，工人與管理人員之間的合作精神已否建立。因此，自由黨主張公私企業的管理機構，均應增加工人的代表，並以分享紅利或其他方式，刺激工人的生產情緒。⑵自由黨主張企業自由，因此無論是保護關稅，配額制度，或其他形式的管制，都是維護某些人的特權。但是，自由黨也不主張完全的放任主義，它贊成適度的國家干涉，尤其像美國田納西流域管理局(TVA)那種方式的干預，以國家的力量，來促進私人企業的發展。⑶自由黨信仰社會正義。社會福利工作，是自由黨所倡導的，一九四五年以後工黨政府所推行的各種福利事業，即以自由黨人貝佛力奇爵士(Lord Beveridge)的計劃為基礎。自由黨認為：現世界的社會問題，唯有綜合個人自由，經濟效率，和社會正義三者；方能解決。

由於三黨的信仰，可以看出自由黨和工黨都是屬於理想主義的政黨，都主張改革。反對改革的人自然歸附於保守黨；而贊成改革的，則須於自由黨與工黨之間作一選擇。此所以保守黨的地位相當穩定，而工黨所能取代者，自然只有自由黨。自由黨之所以被工黨取代，主要原因係由內部分裂及其主張的自由主義大部均已實現。為何自由黨與工黨內部常起分裂，而保守黨則較少？依懷納(Herman Finer)的意見，即因自由黨與工黨是主張改革的，往往因對改革的主張不同而起分裂，而保守黨反對改革，自己不必作積極主張，故少因主張不同而內部紛爭。

由於保守黨反對改革，有利於既得利益階級，故為貴族、地主、資本家、及中產階級以上的人所擁護。工黨為社會主義的政黨，以工會為其羣衆基礎，故其擁護者多為工人階級及信奉社會主義的其他階級中人。自由黨的支持者，較少階級性。勉強要說，他們是中間階級，富不到支持保守黨，窮不到支持工黨，他們大抵是不滿官僚化的中央集權的兩個大黨的人。因此，自由黨的支持者是不固定的，常變的，時而支持自由黨，時而因其經濟情況之變好變壞轉而支持保守黨或工黨，而保守黨或工黨的選民，也可能轉而支持自由黨，茲將英國政黨支持者的階級性表列如下，以見一斑。

職業及所支持政黨		調查年代及支持者所佔百分比			
		一九四三	一九四五	一九五〇	一九五一
手工工作者 調查人數一〇六四人	工黨	六〇	六八	六五	六五
	自由黨	一二			
	保守黨	二八	三二	三五	三五
非手工工作者 調查人數三七八人	工黨	三七	三一	二五	二三
	自由黨	一〇			
	保守黨	五三	六九	七五	七七

由於「工人階級」(working class)在英國選民中約佔百分之七十。如果他們完全支持工黨，工黨將在每次選舉中獲勝。可是他們却有三分之一左右經常支持保守黨，他們大抵是農民和白領階級的工人，這和他們自認其所屬階級係屬中產以上階級有關。而在非手工工作者之中，亦有四分之一左右支持工黨，可見英國選民的政治立場，與其信仰及所屬社會階級，極有關連。

三、英國政黨的現勢

自一九四五年以來，英國就是工黨和保守黨輪流執政的局面，自由黨在國會中所得議席，從未超過十二席。茲將一九四五年以來，各黨所得選票的百分比和在國會議席數，表列如後(見下頁)，以見各黨的實力。

在投票的選民中，依布朗德 (J. Blondel) 的估計，約有百分之八十五已固定地支持某一政黨，只有百分之十五是游離選民，大選的勝負，主要是由他們決定的。

現在工黨的領袖人物是：威爾遜(Harold Wilson)、工黨領袖；布朗(George Brown) 司徒華 (Michacl Stewart) ，克羅斯曼 (Richard Crossman) ；郎福

年份	所得選票%				所獲國會議席				
	保守黨	自由黨	工黨	其他	總計	保守黨	自由黨	工黨	其他
一九四五	三九、八	九、〇	四七、八	三、四	六四〇	二一二	一二	三九四	二二
一九五〇	四三、五	九、一	四六、一	一、三	六二五	二九八	九	三一五	三
一九五一	四八、〇	二、六	四八、八	〇、六	六二五	三二一	六	二九五	三
一九五五	四九、七	二、七	四六、四	一、二	六三〇	三四五	六	二七七	二
一九五九	四九、四	五、九	四三、八	〇、九	六三〇	三六五	六	二五八	一
一九六四	四三、四	一一、二	四四、一	一、三	六三〇	三〇七	九	三一七	一
一九六六	四一、九	八、五	四七、九	一、七	六三〇	二五二	一二	三六三	二
一九七〇	四六、四	七、四	四三、〇	三、二	六三〇	三三〇	六	二八八	六

爵士（Lord Longford）；加丁納（Lord Gardiner）；加拉罕（James Callaghan）；希利（Denis Healay）；保登(Herbert Bowden)；簡鑑士（Roy Jenkins）工黨副領袖，等人。

保守黨領袖人物爲：希斯（Edward Heath），保守黨領袖兼首相；毛德齡（Reginald Maudling），內政部長；賀姆（Sir Alec Pouglas Home），外相；何格（Quintin Hogg），大法官；卡令吞爵士（Lord Carrington），國防部長。

自由黨領袖人物，現爲葛里蒙（Jo Grimond），議會自由黨領袖；亨利（Lord Henly），自由黨黨務組織主席；以及拜爾士（Lord Byers），伊文士（G. Erans），李爵士（Lord Rea），拉博克(Eric Lubbock)，屈利斯(Pratarp Chitnis)，索普（Jeremy Thorpe）等人。（雷飛龍）

茂才

見「秀才」條。

茅利塔尼亞 (Islamic Republic of Mauritania) 政黨

茅利塔尼亞伊斯蘭共和國（Islamic Republic of Mauritania）於一九六〇年獨立，現在只有一個政黨—茅利塔尼亞人民黨（Parti du Peuple Mauritanien 簡稱 PPM，）該黨成立於一九六一年，爲該國所有活躍團體之聯合，其中包括一九六一年前的茅利塔尼亞團結黨（the Parti du Regroupement Mauritanien），茅利塔尼亞國家聯盟（Union Nationale Mauritanienne），及一些回教徒所組成的聯盟。目前茅利塔尼亞國民議會中經普選產生的三十四名議員皆爲該黨所囊括。其對內措施是團結回教徒一致對外，經濟上是農礦並行發展。對外主張與阿拉伯民族聯合。領導人爲黨秘書長墨塔卡大達（Moktak Ould Daddah），現在爲茅利塔尼亞總統。（袁頌西）

軍政時期

國父孫先生的革命程序論，把建國工作分爲三個階段：一曰軍政時期；二曰訓政時期；三曰憲政時期。民前七年中國同盟會軍政府宣言中說：「第一期爲軍法之治。義師既起，各地反正，土地人民新脫滿洲之羈絆，臨敵者宜同仇敵愾，內輯族人，外禦寇仇，軍隊與人民同受治於軍法之下。軍隊爲人民戮力破敵，人民供軍隊之需要，及不妨其安寧。既破敵者，及未破敵之地方行政，軍政府總攝之，以次掃除積弊：政治之害—如政府之壓制，官吏之貪婪，差役之勒索，刑罰之殘酷，抽捐之橫暴，辮髮之屈辱，與滿州勢力同時斬絕。風俗之害—如奴婢之蓄養，纏足之殘忍，鴉片之流毒，風水之阻害，亦一切禁止。每一縣以三年爲期，其未及三年已有成效者，皆解軍法，布約法」。至民國十三年四月公布建國大綱，則將軍法之治，改爲軍政時期（第五條）。

建國大綱第六條「在軍政時期，一切制度悉隸於軍政之下。政府一面用兵力掃除國內之障礙，一面宣傳主義以開化全國之人心而促進國家之統一」。因此這一時期工作，有兩方面：一爲軍事，一爲政治性的。其目的則爲以軍力掃除障礙，使國家統一，依照建國大綱之規定，循序漸進，使其成爲三民主義的國家。他在經過多次之革命失敗後，乃深感主義宣傳，團結人心之重要。他說「吾黨在國內以兵力奮鬥而勝利者已有三次」，革命仍未成功就是因爲欠缺「人民心力」之故，主張在國民黨改組之後，要「變更奮鬥的方法，注重宣傳，不注重軍事。」他說：「攻心爲上，攻城爲下」，「得其民者得其心也」，「宣傳便是攻心」，而欲得民心，必須靠宣傳，主張「宣傳要用九成，武力祇可用一成」。據此看來，軍政時期的主要工作是宣傳，其次纔是軍事。

自第二次大戰結束，戰勝國在德國、日本、與意大利均有長期佔領，組織軍政府，綜理民事，其工作亦以思想教育爲主，與　孫先生往昔主張，頗爲接近。（羅時實）

軍國主義 (Militarism)

軍國主義乃指一種理論，一種制度，或一種政策。其內容大致特別強調忠愛族國，但以武德爲基礎，如勇敢、堅強、紀律、服從等，並隨時準備爲此武德而犧牲，似乎它本身便是目的。戰爭則爲神聖使命，並把它作爲訓練武德與表現武德的機會。

軍國主義的社會大致以軍事領導政治，也就是以軍事上的價值指導政治，其程度則隨着國內外的情勢而不同，當國家安全受到威脅時，人們自然容易把軍事視爲第一，乃至整個社會制度都以軍事的需要而定向。以軍事上的價值爲一切行爲的標準。

西文中的軍國主義一詞首先出現於十九世紀的歐洲。但就其代表的意義而言，則可以遠朔到上古時代，古代原始社會的行爲模式，多數都是軍國主義式的，西方古代最顯著的特例自然是斯巴達，事實上，在古希臘社會中，軍國主義是一普遍深入的觀念，它主宰了整個政治，社會與經濟結構。文藝復興時期的馬克維里讚美英雄道德，強調武備與擴張爲國家生存的條件。則是一種軍國主義的理論。東方古代的匈奴、烏孫、後來的蒙古以及入關前的滿清，也都是軍國主義的實例。當前新興的亞非國家，則以內部的不穩而有趨於軍國主義的傾向。（朱堅章）

軍閥 (Warlords)

軍閥泛指軍人在本國某一地區以武力割據行使政權，對抗中央政府，而其行使的權力並未得到中央政府正式的認可。中國歷史上，一九一六年袁世凱被推翻後，北洋軍閥之割據互相混戰，至一九二八年國民革命軍之統一全國，西方學者稱之爲「軍閥時期」，當時大軍閥有段祺瑞、吳佩孚、馮國璋、馮玉祥、張作霖等人。（張旭成）

軍機處 (Grand Council)

軍機處全稱爲「辦理軍機處」是清代中央政府之重要政治機構。軍機處始設於何時，清代官私著述所說不同，有雍正七年（公元一七二九）、八年、十年諸說。其建置時間缺少正確記載之原因主要如次：㈠軍機處是先有其人其事，而後始成定制之機構，亦即先有政治實象，後成政治制度。軍機處并非基於突創而成，在其設置之前，滿清中央係由不同之政治機構，相替爲皇帝之秘書及顧問組織。如太祖時之諸王，太宗時期之文館，內三院，康熙時期之內閣及南書房以及各朝之議政王大臣等皆是其例。雍正朝設置軍機處不過承衍前此職司皇帝諸秘書、顧問組織之職能逐漸演化而來，所謂「軍機處本內閣之分局（註一）」即係此意。然其初期則爲有實無名，故爲先有事實後成定制，其設置時間即不易確定。其定名定制之後逐步成爲滿清中央最重要之機構。㈡直接導致設立軍機處原因之一即爲策劃對準噶爾用兵。爲求保持高度軍事機密，并使命令迅速傳遞，參與其事者皆皇帝重信之人，員數亦少，無設置之明令，遂缺確定之日期。故有「軍機處初祇秉廟謨、商戎略」之謂（註二）。是故，若以籌劃師征準噶爾之軍事密秘小組之始存，爲軍機處始設之時間，則當爲雍正四年（公元一七二六）後期（註三）。若以軍機處正式定名并頒發印信爲其設置之時間，則當爲雍正十年（公元一七三二）三月庚申，因是時始議定「辦理軍機印信」爲軍機處鈐封印信，貯辦理軍機處（註四）。

軍機處之主要成員爲軍機大臣及軍機章京。

軍機大臣員額無定，最少時以三員爲度，最多不超過十員，通常以四至七員爲常經，其中尤以任用五至六人之情形比例較大。軍機大臣，滿漢兼用，總計嘗任軍機大臣之人數一三九人（受命爲暫在軍機處或軍機大臣上行走者不計。又一人前後數度被任命仍以一人計），其中漢人六六人，滿人六三人，蒙人一〇人。漢軍機大臣總人數尚超過滿人。唯此種情況非即顯示滿清政權重用漢人，因軍機大臣之權重與否殊不繫於人數之多寡。至於滿軍機大臣中，其籍隸上三旗（正黃、鑲黃、正白三旗）者三三人，下五旗（鑲白、正藍、鑲藍、正紅、鑲紅）者廿一人，另親王、郡王九人，故知任用軍機大臣於滿人中有特重上三旗之情形。軍機大臣多係選自大學士、尚書、侍郎以及京堂，間亦有選自其他中央或地方官者比例不大，唯皆須由皇帝特旨簡授。軍機大臣之任命除親、郡王係以皇族身分受命，無須任用資格外，原則上以任命二、三品以上大員充任爲常經，其以從二品以上官員受命者佔一三〇人中之百分之九十，其以四、五品京官出任軍機大臣者，率皆曾任軍機章京熟悉樞務之士，且係逕由軍機章京之任擢選爲軍機大臣者（註五）。概括言之，其選自大學士，尚書、侍郎等官職者，目的在於用其政治行政經驗。其選自其他官職者以藉重其辦理機務之經驗。唯後種情況於嘉慶以前，未曾一見。選用軍機大臣以具有考試及格身分者爲原則。計以官員受命爲軍機大臣之一三〇人中，有進士，舉人、拔貢、貢生身分者爲九〇人，有監生、生員、廕生、官學生身分者二〇人（註六）。軍機大臣之任命，初起幷無制稱。清世宗時，始設籌劃辦理師征準噶爾軍需事宜之小組，故其對膺選人員有「辦理軍需大臣」，「辦理軍需之大臣」，「辦理軍機大臣」，「辦理軍機處行走」等不同稱謂，其後高宗及仁宗時，逐自「辦理軍機處行走」演化爲「軍機大臣上行走」，晚清更逕以「軍機大臣」爲稱而任命。此外任命軍機大臣尚有兩種情形。其一爲「軍機處學習行走」或「軍機大臣學習行走」。學習行走，非正式之任命，要爲受命者資望稍淺而又爲皇帝所信重有使之充任斯職之意，故特加「學習」二字。清仁宗時任命軍機大臣有建立凡資望較淺，又未歷練樞務（意指嘗充軍機章京）而初入軍機者加以「學習」之號之意向。然而自仁宗後之諸帝却無此種意向。故清史稿載「初入者加學習」之謂幷不確鑿。其二爲「暫行走」，或「暫學習行走」。暫行走之制創始於乾隆十九年八月，清高宗採暫行走任用之事例，多係在將軍入覲時使之暫行走以示寵信幷得藉召對之便（軍機大臣每日召見）有所垂詢或面示機宜，或係將使某京官奉使軍差，先令之暫行走庶便指示機宜。迨至仁宗朝則有以「暫學習行走」爲任免者，但皆完全出於現任軍機大臣或因差使在外，或係因病缺直之情況下，人手不足，以之暫資代攝。選任軍機大臣在習慣上有其禁制。其一：親王不入軍機。嘉慶四年十月丁未仁宗諭旨有，「本朝自設立軍機處以來，向無諸王在軍機處行走」之說，揆之實際自雍正設置籌劃軍需小組之初，其親信怡親王允祥卽爲重要分子。唯如認定雍正十年始設軍機處（見前），則仁宗此語確可成立。乾隆、嘉慶，道光三朝選用軍機大臣確係恪遵此項禁制。唯自咸豐三年十月戊寅，文宗任命恭親王奕訢在軍機大臣上行走之後，此一禁制已爲之突破，恭親王奕訢於咸豐五年七月免。嗣後自咸豐十一年十月至宣統三年四月裁軍機處止，其間除光緒廿七年七月至廿九年三月間無親王任軍機大臣外，俱以親王爲軍機處領班王大臣。形成樞要之地必以親貴荐之不第之局面。親王反而形成軍機處之重心。故有謂：「同光以後，世稱軍機權重，然特領班王大臣主其事耳」（註七）。其二：御前大臣不兼軍機大臣。此一禁制爲仁宗所樹立，肇致原因爲滿人和珅久任軍機大臣，復兼御前大臣。而御前大臣本管奏事處，奏事處掌接發奏摺。由之軍機大臣若得兼御前大臣卽能掌握奏事處，若然臣工奏摺未達御前，卽易爲軍機大臣所竊知或肆意壓擱。仁宗嘗謂：「和珅從前攬權專政，將各省奏報及在京各衙門奏摺任意壓擱，最爲伊罪之大者。蓋由和珅以軍機大臣兼御前大臣，權勢過重……是以朕親政以來，軍機大臣御前大臣彼此不令相兼，所以杜專權而防壅蔽」（註八）。此一禁制歷經採行。軍機大臣一經任命，幷無任期之規定。其任免遷調悉由皇帝之意願決定。其有任期不及一年者，亦有長達三十八年者（註九），軍機大臣之職，俱係兼職。被任命爲軍機大臣者，各有其本職。是故充任軍機大臣幷不因之增加薪給，率皆支領其本職之俸祿，或幷領其他有給兼職之津貼。唯以入直甚早，故「每日晨直飯食皆由膳房承應」（註一〇），迄光緒廿八、九年起始年支養廉銀二千兩，似幷未按年支給。光緒三十二年正月始正式諭令戶部按年籌給養廉，金額未詳。

軍機大臣中設有領班大臣。領班大臣率由以大學士本職兼任軍機大臣者充之。同時充軍機大臣者若有二人之本職皆爲大學士時，則或以資深者領班，或以滿大學士領班。迨親王入直軍機處後，遂概由親王領班。領班大臣之重要，在於每日晉見皇帝時，行走在前，而且「樞臣入對，次序有定，後列者非特詢不得越言」（註一一）。領班大臣外之其他大臣「其名次有一定，進見時所跪之跪墊亦有次序。大約以官位及行走先後爲序」（註一二）。學習行走之軍機大臣，例在班末，唯其正式規定已是咸豐八年五月。軍機大臣例須於每日清晨寅時（三－五時）入直，俟皇帝於寅卯之時之間將自奏事處呈遞御前，或已御批或未批示之臣工奏摺發下後，互相繙閱，然後將未經御批者置於黃匣，待皇帝傳旨見起（卽承旨）時，捧入請旨，軍機大臣之顧問，被諮詢功能，常運作於進見時。早期，皇帝僅召見領班大臣，乾隆十四年後始改成全體軍機大臣進見。又召見或一日數次。其隨扈出京召見軍機大臣則常在晚膳後。軍機大臣見起後，退直廬擬旨，初期擬旨係軍機大臣親役之，迨乾隆十四年後逐易爲由軍機章京承擔。其情形爲軍機大臣承旨之後，出列分令諸章京撰草，草畢交領班軍機章京送軍機大臣核閱，無訛，始付內監（內奏事處）遞進，稱爲述旨。皇帝若予改正，謂之過硃。述旨畢，則視各摺性質，其無關機務者下於內閣抄錄檔件後付發；否則逕由軍機處抄檔後付發。每日必俟內奏事太監傳旨始可散直。

軍機章京，軍機大臣之屬員，有滿章京，漢章京。早期無定額，視事務之簡繁由軍機大臣選用，後改爲請旨候補。嘉慶四年規定漢滿章京各爲十六員。

唯實際上軍機章京員額常超出此定制。因有章京亦額外行走之任命方式。額外行走有三種情形。其一：原曾充任章京，且係定額內人員，因丁憂或其他事故離任。迨至服滿或起復之後，為藉熟手仍令在章京上供職，但其原佔名額已為他人遞補，故使之在章京上額外行走。此種事例創始於乾隆二十八年。其二：原係署理額內章京之人員，於署理原因消失後，依理即喪失章京之任，然經軍機大臣奏請，准其額外行走，此種事例始於嘉慶十一年。其三：純然未曾參與軍機章京之工作，僅以現任章京人手不足，又無缺額而初次任用即為額外行走。此種事例始見於嘉慶二十一年。由之自咸豐三年至同治末期，漢軍機章京常往復於十八至廿員之間。故光緒三十二年變通章京缺額章程中乃規定漢章京為十八員。軍機章京常選自具有下列本職者兼任。漢滿之間略有不同：漢章京以內閣中書，六部郎中，員外郎，主事，七品小京官，由進士，舉人(或拔貢)出身者兼充。滿洲章京以內閣中書，六部及理藩院郎中，員外郎，主事，筆帖式兼充。軍機章京之任用，前後稱謂不同，乾隆二十九年以前常命為「軍機處行走」，乾隆中葉之後多以「軍機司員上行走」見命，自乾隆後期以迄清末率用「軍機章京上行走」一詞。選用軍機章京，有下列之限制：一、三品京官以上及外官臬司（按察使）以上之親子弟不得與選，肇始於嘉慶十年。因各大員與軍機處常有交涉，恐其子弟充任章京易滋私通信息洩露機密之弊，而難嚴關防。二、軍機章京之本職補放御史時，應即免除章京職位。此一禁制未詳始於何時。唯倘經軍機大臣奏留，則其儀注仍為司官，不得專達封事（註一三）。蓋御使掌封事，司糾彈，朝廷用寄耳目以肅綱紀，為期監察與行政分立之故也。此外，嘉慶五年規定，軍機章京本職升任京堂，通政使司通政使，副使，大理寺少卿者，必於奉特旨時始可仍舊充任章京。但實際多仍奉特旨留任，故此一限制僅係存其名目而已。

漢滿章京各分二班，每班皆置領班章京，由軍機大臣擇章京中之資深者充之。光緒三十二年規定除領班外每班設幫領班章京一人，前者從三品，後者從四品，須由軍機大臣向皇帝奏准。漢滿章京各分兩班，旨在實施輪班治事，皇帝在京城時則各以兩班間日值班；皇帝在圓明園時值班以四日為期。皇帝出巡則各以一班隨扈，一班留京。其值班章京，各以二人輪派值日，值日章京掌佩帶印牌，登記檔册等，其他同班之章京謂之幫班。值班章京每日寅時入隆寵門，俟皇帝將奏摺交下送軍機大臣繙閱，此外最重要之工作為繕寫諭旨、錄檔、歸檔等工作。

軍機處之重要功能如次：

一、軍機大臣為皇帝之政務大臣，掌議軍國大政，皇帝對政策之決定，軍機大臣得預議焉。舉凡軍事、外交、民政、財經、教育、考試等項皆在其預議之列。

二、軍機大臣為皇帝之秘書，故軍機處實即皇帝之秘書廳。清代頒白皇帝之文書，可分二種。其一為明發諭旨，可公之於百姓者，概以內閣奉上諭之形式為之，然其實際草擬工作則由軍機處承擔，此其為普通秘書之職能。其二為廷寄，事涉機密或指示機宜，直接下達於某官員者，由軍機處擬草，奉旨後逕批發每日里程交捷報處馬上飛遞，此其為皇帝機要秘書之職能。皇帝出巡，軍機大臣必隨扈，此其為隨從秘書之職能。

三、軍機大臣為皇帝之顧問；軍機大臣每日進見皇帝，以備顧問。

四、軍機大臣為皇帝掌管人事業務之幕僚；上自大學士、京堂、御前大臣等之出缺進學，下至部院郎中因病請假，知具之告請終養，廢員充伊犂章京之帶領引見，皆軍機大臣之職掌。

五、軍機大臣為皇帝之欽派法官；皇帝時派軍機大臣為特種案件之法官，參預審判。故大清令典軍機處條有謂「讞大獄，得旨則與」。

此外軍機大臣又得被皇帝派為特使，或指揮軍事，或查辦案件等。軍機大臣之權重，常寓於皇帝此種差遣中。皇帝派軍機大臣出辦軍務，未嘗一及漢人。足證其隱寄實權於滿族（註一四）。

軍機處，權重事繁，為清代中央重要機構，固為皇帝所運用，亦常對皇帝發生影響作用。唯皇帝畢竟為主權者，且清代諸帝大體皆能把握及此。

註一：趙翼：軍機處述見簷曝雜記卷一。

註二　清史稿軍機大臣年表序言。

註三　李宗侗著：辦理軍機處略考，幼獅學報第一卷第二期中華民國四十八年四月，臺北幼獅出版社。

註四　清朝通典卷二三職官一第二一六一頁。

註五　參閱拙著清代軍機處組織及職掌之研究第四章第二節第一目第一六六——一七二頁。

註六　同前書第二二四頁。

註七　清史稿列傳卷二二五傳論。

註八　明朝官史續編卷三二典禮勤政。

註九　前者爲雍正朝之漢大臣哈元生後者爲乾嘉間之董誥。

註十　樞恒紀略卷一四、規制二。

註十一　清史稿列傳卷二二六傳論。

註十二　鄧之誠談軍機處史學年報第二卷第二期。

註十三　掌廣西道監察御史嘗君世銘墓表碑傳集卷五七。

註十四　詳見拙著「清代軍機處組織及職掌之研究」第七章第二節。

（傅宗懋）

參考文獻：

拙著清代軍機處組織及職掌之研究。

迦納 (Republic of Ghana) 政黨

迦納共和國(Republic of Ghana)於一九五七年三月六日脫離英國獨立，但仍爲大英國協之一員。現有兩個主要政黨：

(一)人民會議黨 (Convention People's Party)：該黨是在一九五一年舉行議會選舉後始取得政權。在一九五一年選舉中該黨得七十五席。其領導者恩克魯瑪(Kwame Nkrumah)遂出任政府領袖，而爲黃金海岸的首任總理（該黨執政之初只有今迦納南部）。一九五四年普選時，該黨又得一百零四席中的七十五席繼續執政。一九六〇年迦納改國體爲共和國，該黨仍續獲支持。一九六四年，恩克魯瑪發起公民投票，確立一黨專政，其原有的反對黨—聯合黨 (United Party)遂失去原有反對地位。一直到一九六六年二月發生政變始結束恩格魯瑪的獨裁統治。

恩格魯瑪爲一左傾獨裁者，人民議會黨的政治目標可以說全是出於他一人的決定。該黨崇信社會主義，主張在國內實行全面的社會改革。在其執政期間，同時接受蘇俄與毛共的軍援，企圖鼓動所有非洲黑人發動革命並公推其爲領袖而組成一黑人非洲王國。同時恩氏並陰謀以其私人侍衞隊控制國家正規部隊，而引起軍隊的不滿，乃導致一九六六年的軍事政變。

(二)國家自由委員會 (National Liberation Council)：一九六六年二月，安克拉中將 (Lt. Gen. Ankrah) 領導國家自由委員會並取得該國警察的合作，推翻恩克魯瑪的一黨專政。在安克拉領導下，該黨政治目標對內爲維持政治安定及促進經濟繁榮。恢復司法獨立與基本民權，並禁止人民會議黨及其他政黨的活動。對外重申不結盟政策。宣佈停止對非洲其他國家的顚覆。所以今後迦納可期之趨勢將是睦鄰與民主。一九六九年四月安克拉自動請辭，此舉更贏得迦納人民對國家自由委員會的信任與讚譽。繼安氏出而領導國家自由委員會者爲阿富里費准將 (Brig A.A. Afrifa)。（袁頌西）

郇山主義（Zionism）

Zion 是耶路撒冷的一個聖山，「郇山主義」則指猶太人光復失土重建猶太國的思潮或運動。自猶太民族被逐後，猶太人散居各地，在法國革命前，常被當作宗教上的少數民族，備受歧視迫害。十九世紀後，自由主義澎湃，大多數猶太人失去了他們宗教文化的傳統，既使有光復失土的思想，也沒有民族自決的主張。然而宗教的反猶太人或反「閃族主義」 (Anti-Semitism) 雖然消失，種族的反猶太人主義却取而代之，尤其在俄國中歐各地的反閃族行爲，又慢慢刺激猶太人的民族主義。一八九六年猶太人領袖 Theodore Herz 提出「光復故土及重回故鄉」的主張，從此開始了「郇山主義」運動，企圖在 Palestine 重建猶太國。英國政府于一九一七年接受該運動領袖 Weizmann 之要求，承諾援助猶太人復國。在這個基礎下，猶太人繼續奮鬥，以色列共和國終于在一九四八年成立。今日 Zionism 一詞常變相指狹窄的猶太人民族主義或侵略主義。（張旭成）

重疊的成員身分 (Overlapping Membership)

爲美國政治學家楚滿 (David Truman) 在解釋政治利益集團的行爲時，所提出的一個觀念。

楚滿認爲許多美國人民多爲一個以上的利益集團的成員身分。由此產生以下幾種作用：

(一)因爲各利益集團組成分子，許多都同時是其他利益集團的成員，於是一個利益集團的領袖們，便無法在任何單獨問題 (issue) 上，完全得到所有成員無保留的支持。因此這些領袖們，爲了擴大支持的羣衆，便不得不降低其要求，甚至修改其要求的內容。

(二)就一利益集團的成員而言，因爲他們常有重疊的成員成分，因此在任何問題上，都不願在任何所屬的利益集團中，提出或支持過於極端的立場和意見。玆以猶太血統的美國醫生爲例，他一方面是「美國醫師協會(AMA)」的會員。該協會是反對「醫藥保健」(Medical Care)的，另一方面他又是「種族平等協會」(CORE)的會員。該協會是極端贊成「醫藥保健」的。在此情形下，該醫生多半會反對任何有關該項問題極端的措施，而會提出或贊成折衷性的方案，由是不單對他所屬的兩個利益集團中極端性的主張，有防止的作用，同時對於兩個集團意見的接近，有促進的功能。

楚滿教授的「重疊成員身分」，爲支持其（對美國社會提出的）「多元理論」(Pluralistic Theory)的一個基本觀念。在提出之初，頗得政治學者的欣賞。但近年已有一些學者開始懷疑該項觀念的正確性。因爲他實地調查結果，發現只有少數美國人民，具有重疊的成員身分，而且是集中在社會經濟地位較高的人士間，有許多中下層社會的民衆，連一個利益集團的成員身分也沒有。（參看「政治利益集團」條）（魏　鏞）

參考文獻：

David Truman, The Governmental Process: Political Interests and Public Opinion. New York: Alfred A. Knopt, 1951.

限制投票 (Limited Vote)

又稱減記投票法，即投票人不對議員名額全部，作連記投票，而只對其一部，作連記投票，以得票較多者當選。其目的在使少數黨在選票集中的情況之下，有機會選出少數議員。但須愼於運用：其一，各黨要知己知彼，精確估計雙方的可能得票數；其二，各黨所推薦之議員候選人，數目不能太多也不能太少；其三，各黨須將配票的工作做好，以免所獲席次不公平。

限制投票方法，係法國人孔道西(A.N. Marquis de Condorcet)所創，很受多黨制國家歡迎。英國會於一八六八年、一八七四年、及一八八〇年，用以選擧平民院一部分議員，但於一八八四年廢止。（謝延庚）

限制選權 (Limited Suffrage)

限制選權與普及選權相反，即選擧權之取得受某些條件的限制，如財產、教育、性別等條件之限制是。

財產條件之限制，其理由約可擧出下列兩端：第一，有財產者大都有較好的教養，故能判斷公共事務；第二，無財產者擁有選擧權，可能會破壞私有財產制度。法國大革命時代的人士多抱這種觀念。英國在一九一八年之前，選擧權尙有財產條件之限制。其在美國，各州當初亦以納稅或擁有一定財產爲取得選擧權之條件，後來多已相繼廢止，惟南方幾州以繳納人頭稅(Poll tax)爲條件的規定，直到第二十四條憲法修正案制定後，始告廢止。一九六六年，聯邦最高法院正式確認人頭稅的限制爲無效。

教育條件的限制，其用意本爲要求參政公民皆具有相當的知識程度，現今各國皆施行義務教育，人民均有接受初等教育的機會，故各國選擧法多撤廢教育條件之限制。但亦有例外情形，譬如美國至今仍有三分之一的州，要求公民必須通過文字測驗(literacy test)，方可取得選擧權。

性別條件的限制，亦已成爲歷史陳迹，婦女應有參政的權利，已獲各國公認。（謝延庚）

革命

一、革命意義

今日一般了解，革命一詞乃指劇烈的改變，可適用於任何方面。但從十八世紀至本世紀初期，多數人把它看作是政治和社會的改革——使用武力，不循正軌，推翻舊的王朝或秩序，另建新政權或新秩序之一種改革。中國最早有此名詞，孔子說：「湯武革命，順乎天而應乎人」，是讚美此一發動的合法性。在中國歷史上是最早指出，暴君無權統治，朝代更易有其必要，爲人君者應知所警惕，不能忽視民意之明顯表示。與此同義，在西方國家最早是在中世紀，意大利半島上的城市國家，其所經歷的幾次教會的改革，都被稱作「革命」。英語有此一名詞，是在一六〇〇年左右克朗威爾時代(Oliver Cromwell 1599-1658)，但與上述意義相反，是指回復舊的秩序。因爲西班牙、拉丁美洲和中東許多國家，經常有動亂政變，執政者此起彼伏，但社會無所變動，作風一仍舊貫，儘管亦以革命號召，只是政變而已。對革命作學術研究，爲人稱道者，近年有柏靈登 Crane Brinton 之「革命的解剖」 **The Anatomy of Revolution**，指出一七七六的美國獨立，一七八九的法國革命，和一九一七年十月布雪維克在俄國取得政權，爲典型的革命，在人類歷史上都是劃時代的事件。自然，和此同類型的不是沒有，只是以上三種具較多的代表性而已。

湯默士・加萊爾 (Thomas Carlyle 1795–1881) 在寫完法國革命史後得到一結論說，革命是劇烈性的改變，可以進步，也可以退步。他說此話是在了解進化 evolution 的意義之後，看到法國革命初期經歷的混亂、殘殺、使許多人對自由、平等、博愛，所作的美夢通通幻滅，一直至普法之戰，法國戰敗才重建新的秩序，使他感到進化經歷的時間雖久，但這是向上的發展，認爲革命只是不得已時爲之，和我們　國父孫先生的見解，完全符合。

現代常見的革命，其領導者都是揭櫫進步，自由和社會正義的旗幟，向專制、腐敗、和陳腐的社會經濟秩序宣戰。此類社會運動是否有眞實價值，不在其動機若何，標榜那一主義，主要還是看他取得政權後的表現。有的說來天花亂墜，賣的卻是空無實效的膏藥，或竟口是心非，以美言作爲欺騙的幌子。也有正心誠意，主張伸大義於天下的，祇因內部份子良莠不齊，或中途離散，毀滅自己的理想。因此我們常見有以革命相標榜者，被對方指爲反動或反革命，使人很難分辨清楚。希特勒的納粹，墨索尼里的法西斯，和蘇俄的布雪維克，同是極權主義 Totalitarianism ，亦同以革命標榜，使從十九世紀來通常容易辨識的左翼右翼，也紊淆了。法國的江都塞 (Marguis de Condorcet 1743-1794) 認爲只有爲自由奮鬥的運動，才是革命的名言，也逐漸不適用了。

二、革命的理論

把革命看作根本改變之現代觀點，雖古已有之，在近代史上則始於十八世紀後期。許多追求一種理想社會之烏托邦主義者，並不一定都是革命者，革命者則都不是烏托邦主義者。一般說來革命者要推翻專制帝王或暴君，是從自然法的觀點，指他們違反了自然的秩序。這種說法曾見於美國的獨立戰爭和法國革命的前期。法國革命產生了許多有關此一問題的理論，經過十九世紀的許多革命，更增加不少可供研討的題材。從布爾克 (Edmund Burke 1729-1797) 和潘恩 (Thomas Paine 1737-1809) 的往復辯論中，對革命的各種看法留下一個典型，直至今日仍有參考價值。保守主義的觀點，相信政治和社會之穩定持續是良好秩序的先決條件，因此對抽象的權利，和想像中的完美憲法，並不怎樣重視。對革命的看法，從好的方面說，只是破壞的動作，即使不把國家陷入長期無政府狀態，亦不過以暴易暴而已。十九世紀的保守派認爲革命運動在先天上便是罪惡，革命領袖是志大才疏，不合時宜的罪犯，其黨徒則是社會上無用的渣滓。

在另一極端也可以說是澈底的革命理論，則認定革命者是爭取自由、正義，和人類從古代憧憬着的各種理想最適合的鬪士，從遠處看絕無不是之處。假如保守和自由主義者反對革命，是怕革命會使用暴力，須知革命在理論上並不把暴力和恐怖看作重要手段，對現社會的政治權力，幾乎完全不予重視。

最近幾十年中革命這一名詞，幾乎被馬克斯、列寧的無產階級革命所獨佔了。他們自稱是有科學的根據，並把歷史看作是依照一些確定的規律而進展的。在社會的發展中，革命完成了它具有決定性的歷史任務，推翻了過時的舊社會秩序，建立一個新的秩序；在此過程中權力由一個反動的階級手中，轉入另一進步的階級手中。依照馬克斯的理論，社會的生產力在到達發展中的某一階段，會和現有的生產關係發生衝突，現有的社會秩序會妨礙它的發展，引起一個劃時代的革命。在每一次的革命，其基本問題就是國家的權力問題，經由階級鬪爭，權力從一個階級轉入另一階級。階級鬪爭可能會引起國內的戰爭，其最高形態就是革命。在一九一七以前所有的革命，只是一種人剝削另一種人的更迭而已，只有共產黨的革命才會終止人與人間的剝削。這便是最後的革命。因爲在一個共產主義的社會有的只是非敵對性的衝突，這種衝突可以用和平方法予以解決。

在這幾十年中馬列主義者曾在今日世界有了極大的擴展，但和共產主義的創始者馬克斯暨其好友恩格斯最初的期望却完全相反。馬克斯和恩格斯期望的革命，是要在工業高度發達的國家，如當時的英國，今日的北美發生。他們佔有的却是工業落後的帝俄，和中國大陸，以及北韓和越南等處。英國和西歐國家並不歡迎他們。他們也無法進入。今日被共產黨人佔據的國家也不是由於無產階級要有共產主義，而是共產黨人利用戰爭、貧困和混亂竊取政權。他們雖然極盡人間的殘暴，消滅了從前的統治階級，新的統治階級也在很早以前隨而產生。被剝削的階級依然存在，只是由個人的剝削變成統治階級對被統治者的集體剝削而已。

因爲馬列主義在工業高度發達國家無法得逞，遂使原來接近此種思想的革命理論，遂漸在改變方向。歐洲的社會主義政黨雖然照樣提到革命，行動上則已趨向修正，採取了民主的精神。一九五〇年左右歐洲好幾國的共產黨也已開始顯出走上修正主義的傾向。托洛斯基和他的一派，曾在蘇俄宣傳永久革命的理論，認爲在俄國或其他類似國家經過布爾喬亞的革命，馬上跟着就能建立無產階級的專政，一個國家的動亂將無可避免地會把革命引到更大的範圍。托洛斯基的世界革命雖未實現，依照史大林的想法，從上面發動的革命主張，却在蘇俄由史大林用強力實行。革命的意義從此不是要把社會從腐爛的政治和精神鎖鍊中解放出來，而是由一個專制的政權，控制一個極權的國家機構，配合無處不到之黨的組織，不管人民願意與否，憑着他們幾個人的想像去塑造社會。二次大戰之後，蘇俄佔領了東歐好幾個國家，也是從上面發動的革命方式，把他們變成蘇俄的衞星。相反地，一九五三從柏林發動，一九五六在波茨南和布達佩斯發動未成功的革命，却是由下而上，目的是反抗和推翻他們的政權。今天的革命呼聲，在未開發國家遠比工業高度發達國家叫得格外響亮。他們的問題是把民族主義運動和所謂馬列主義纏夾一起。爲了反抗白色人種的殖民主義，而接受赤色帝國主義的指導與援助，有的把共產主義當作渡船，原想到達彼岸之後，即可將渡船放棄。不知在登船之後，一切由彼方擺佈，他們到達，共產主義也跟着來了。這幾年非洲不少新興國家，都曾遭到這類麻煩。他們也曾企圖聯合起來，組成一個聯合陣線，並且自稱爲無產階級的國家，以別於其他工業高度發達的國家，成爲當前世界性的革命力量。

三、革命史實

引發革命的因素　雖不止一端，要而言之，舊的秩序無法應付新的要求，如遭逢災歉，面臨經濟恐慌，以及戰事持久不決，民力疲敝，主政者如無適當處置，常爲細小事故使一個政權陷於土崩瓦解的局面。

有人認爲經濟恐慌是引發革命的重要因素，並舉法國在一七八八遭遇的饑饉，一九一七年二月革命以前彼得格勒發生的麪包暴動爲證。然據法國左翼學者之共同意見，僅憑經濟恐慌，未必就能引起法國人民普遍參加一七八九年的革命行動。俄共的史家對一九一七年的革命看法，也認爲當時流行的反戰情緒，遠比糧食缺乏更能激起人民的反感。

認定戰爭是造成現代革命的決定因素，却有不少例證可以支持此一看法。一八七一的巴黎公社，一九〇五的俄國革命，都和戰爭有密切關係。戰敗國固然容易走上革命之路，戰勝國經過一番凌亂，其國民復員返家，目睹田園荒蕪，家人喪亡離散，在一切幻想破滅之後，憤激情緒油然而生。人們在戰時學會使用槍械，看慣戰場死傷情形，亂世人命已不值錢，遇到可以動聽的口號，很容易中風狂走，不顧一切。戰敗國自然有甚於此。二次大戰後的德國和日本，如非同盟國駐有重兵，馬歇爾計劃適時到達，以及韓戰發生需要軍械迫切，取得重建工業的機會，其不陷入共產集團的掌握，是很難說的。

本世紀經歷兩次大戰，世事變動激烈。一個行政效率低落，腐敗而爲人民厭惡的政府，因統治者未能適應時代，有所改變，即使並無戰爭，亦可能因人民愛好變動，推翻舊的政權。光是腐敗，頑固，並不一定就能引致革命。不少專制政府之被推翻，不是由於殘暴壓迫，而是失去自信，徘徊瞻顧，想改革而不實心奉行。一個團結堅固的統治階級，對其自身作爲具有信心，即使遭遇政治、經濟，乃至軍事上的挫折，不至遽爾動搖。反之，一個具有行政效率，本身並無失德的統治階級，祇因失去自信之故，遇着小的打擊，亦可引致喪失政權的革命。

一般說來，社會的不安應是造成革命緊張的主要原因。國民之中有差別待遇，同樣的貢獻未能取得同等報酬；社會結構顯出壁壘，有能力的不易出頭；或以少數統治多數，爲維護既得權而盡力壓迫；時日既久，怨毒愈深，遇機爆發，即不可抵禦。此事無問中外，讀歷史者類能言之。美國獨立是以殖民地反抗祖國不平等待遇的最早革命，由於政治、經濟與社會之自然發展，殖民地之領導人物已臻成熟，團結堅固，故能一舉成功。拉丁美洲的政治素養雖然差些，但因反對祖國爲外人統治（當時西葡兩國爲拿破崙派人統治），人同此心，亦容易達成目的。

革命是具有傳染性的。一八四八在歐陸蠭起的革命，和一九一七至一九一八間俄國革命產生的影響，固已彰彰在人耳目，其他重要性不如上述，例如一八二〇之西班牙 Rafael ded Riego 革命，間接影響葡萄牙（Bernardo le Sepulveda）拿普斯 (Yuglielmo Pope) ，彼得蒙等處的暴動；一八三〇年七月的法國革命，曾使比利時、波蘭受到影響。印度在一九四七獲得獨立之後，許多亞洲國家即繼起步他後塵。

革命的作法　就本世紀的經歷作一概述，大凡鼓動一種風潮。目的在取代當前政權，必先用種種方法，打擊政權之信用與尊嚴，如遊行罷工，以棍石抵抗維持秩序之軍警，或故意製造慘案，以渲染政權之罪惡，亦有以金錢女色誘致略具聲望之軟骨，待入圈套，即令其扮演應聲蟲，用作虎倀。在發動之始大都結合反現狀者，組織聯合陣線，以溫和政綱，號召羣衆。凡屬成功的革命運動，除有堅強的領導者外，仍須分別羅致各類專家，以領導政府機關之每一部門。除經濟建設與工業生產應儘力避免破壞，舊政權之中級行政人員多數繼續留用，或留至有人接替，始以各種方式，視其能否就範，以定去留。

政局稍趨穩定，具有特殊懷抱與控制力的領導集團，會提出其向所標榜激烈的改革計劃，往日的聯合陣線亦因此而開始分裂。權力鬪爭的結果，通常都是由多數併爲少數，最後乃集中一人。此時政權已有受過訓練的幹部，可聽指揮。於是權力集中一身的獨裁體制，乃逐步完成。

依照柏靈登的分析，最先發動革命的集團，常有曇花一現，爲另一階級或集團代食勝利之果。如英國的內戰推翻了當時的上層貴族，在另一方面卻使中等及中等以下階層獲得興起的機會。一九一七年的二月革命，經過半年便被布雪維克奪取政權。亦有在取得政權，政權安定之後，能破壞不能建設，馴至大權旁落，引致受過訓練，具有管理經驗之經理及官僚集團的擡頭，自身反被淘汰之許多事例。在政權鬪爭之中，有堅定信仰的急進領袖並不一定就能勝利。反之，長於鬪爭技術，在黨內能團結多數，對軍警實力能掌握運用的，容易獲得成功。

成敗關鍵　革命之性質不同，決定成敗的因素亦隨而有別。成功之首要條件爲獲得民衆的支持，否則鮮有不失敗者。其次爲堅定的信心，與明顯之目的。無目的之冒險行動，在現代國家甚難得逞。人數雖少具有堅固決心的革命者，能佔領行政中樞，得到軍警指揮官的贊助，控制大衆傳播工具，有先聲可以奪人者容易成功。一般民衆在革命發動之始，不易期其合作，但能中立卽於革命有利。經過三、五日對方不能調動援軍，革命團結有增無減，民衆可以逐漸轉向，造成有利革命的形勢。此時如宣傳技術高明，領導階層意志堅決，人數雖少可以控制一個大國。由於現代科學與工業技術有利於少數統治多數，行政中樞的決定可以迅速及於廣大地區，控制幾個大的工商中心，便可控制一個大國。

發動革命的時間，和適當的領導人物，於革命的成敗有極大關係。史大林爲列寧作傳，說列寧之適時到達是一九一七年十月革命成功之最大關鍵。其他傳記則把托洛斯基和列寧並論，同爲領導革命之關鍵人物，沒有他們革命便難得成功。此與先後在歐洲發生之其他左翼革命，除布雪維克成功之外，布達佩斯和慕尼黑都僅曇花一現。除列寧的領導和布雪維克的組織比較堅強外，匈牙利和德國的統治階級都比俄國堅強。俄國邊境離政治中心甚遠，外國的反革命勢力不易到達，亦是成功之另一因素。

許多次的革命失敗，是因領導者意志薄弱，未能矢志堅持，如一八四八的日爾曼革命，在戰爭稍持時日，便顧慮秩序紊亂不易收拾，革命內部有激進份子，恐懼內部反側甚於敵人力量。亦有許多革命因爲領袖被捕而被迫解體。因革命計劃參與者限於少數核心人物，在領袖失去自由之後，或因無計劃而被迫延期，或被政府歪曲計劃內容，沾污革命的價值，或製造囚犯供詞，使參與者感到神經恐怖。

革命後果　革命與政變不同，無論成與不成，在社會、政治、經濟與文化上多少會留下一些具有印象的影響。雖然許多革命是毫無意義，給予人民不必要的痛苦，也有不少次的革命是歷史的推動力量。有的使人民獲得解放，提高了階級的地位，也有多少罪惡是假借革命的名義做的。有人說不經一七八九的革命，法蘭西的第三階級也快要出頭。一九一七的俄國革命亦可使俄國走上民主憲政的坦道。因爲暴力只會產生暴力，雖然革命只是用於推翻專制，結果舊的專制雖被推翻，爲了藉口不讓死灰復燃，得到的往往祇是另一新的專制。蘇俄取得政權五十餘年，其人民至今未能與非共國家互通往來，便是明顯的例證。

現代幾個主要的革命運動，都自稱具有世界性的使命，亦都具有對外擴展的特質。法國革命在一七八九至一八一五之間，曾將自由平等帶至整個歐洲，其他地區亦於此後不久，受到此一革命的影響。不過以實力硬將自由平等的福音向別國推銷，曾在西歐幾個國家產生反自由的強烈愛國主義的反動，留下了嚴重的後果。揭櫫幾個簡明目標的革命，假如這些目標眞能代表多數人的願望，是可以成就一些眞正的改革。越是暴烈的革命，所用的強制力越大，其不免於獨裁的可能性也越多，儘管口裡說這祇是短期的過渡現象，不被推翻，是不會終止的。大凡要求全面改革的革命，都說是爲了多數人民的利益，因爲多數人民並不眞的了解他們自身的利益所在，只好聽由自稱人民前鋒的少數人的擺佈。其結果會使這樣產生之新的社會，永遠受到嚴厲的壓迫。這種國家也許能在經濟、國防，以及其他方面有顯著成就，但從過去的經驗來看，決不會造成一個比從前有更多自由和正義的社會。

革命與反革命　革命是要求改革，因此主張維護現秩序的便被稱爲反革命。在十九世紀的貴族、僧侶、暨陸軍高級將領，因在舊秩序中有既得權益，故不願見有革命發生。亦有原屬防止革命，因大勢所趨而改採中和路線，如一九〇〇年俄國警官翎巴托夫上校創立的工會，原爲對付當時的革命運動，因其行動溫和，在爭取人民支持獲有進展，遂成爲獨立的力量。一九二〇之法西斯與一九三〇的納粹，其發動之始亦是反革命的動機，迨至發展到可以控制情勢，以其領導階層並不屬於舊的秩序，亦遂無意恢復舊的秩序，索興標舉革命旗幟，成爲極權主義中和共產主義對立之另一極端。最妙的是俄國的布雪維克，一向視革命爲其專利品的，在經過長期之淸算鬭爭與恐怖統治後，稍稍放鬆便能引起不滿現狀的言論。假如此種言論與要求改革的呼聲是革命性的，整個俄共政權便是此一革命的反革命。可見此種稱呼並非永久固定，主客易位只是時間上的問題。

四、革命人物

革命乃冒險犯難之事，爲縉紳先生所不願爲。從十九世紀以至最近見到之革命運動，參加者多爲中等階級及中等以下家庭出身之學生，青年律師以及年青之下級軍官。雖然一七八九之法國革命有不少貴族，轉入市民行列；一八八九之巴西革命推翻了當時的君主，是大地主聯合起來，反抗廢除奴隸之結果；辛亥革命前夕長江各省鉅紳有護路運動，算屬例外；如張靜江先生以南潯首富，裘馬少年；克魯泡特金以沙皇近親貴族願與革命黨人爲伍，確屬稀有之事。

近代的社會主義運動，乃至所謂無產階級革命，其領導分子亦十九爲受過高等教育的中產階級，極少有眞正工人或貧而無告者流。其動機不外憤於當前政治之汚濁，個人的權利野心，反對社會不平，以及對各種幻想的追求。其對經濟問題眞正具有若何抱負者，反而不易見到。

英國政治學者巴克 Ernest Barker 在評論英國大學教育時說：「知識的無產階級是政治和經濟的革命種子」。哥大老教授麥開福 Robert Mcr Iver 在觀察共產黨的構成分子時說，任何時代與任何社會都有不滿現狀的少數野心家，以爲自己是被壓迫、被剝削、被歧視、被忽視，在現社會中無通顯希望，怨恨之極，輒願親見其被毀滅，並未計及新起的社會是否勝過前者。共產主義是火，此等人皆屬積薪，遇火則燃。又言女子在革命中表現比男子殘忍，是因現社會女子隨夫貴賤，對有能力的女性認爲是一種侮辱。自大陸淪陷，有人分析共產黨員的家庭背景，幾全屬中等家庭的知識分子，許多是受父母生活腐敗之刺激，與後母歧視，失去家庭溫暖，而以出外升學，考試失敗，無顏歸見父母，被迫挺而走險佔比較多數。因其事先皆未深研共產主義，故在取得政權之後，子女玉帛可以儘情享有，便不期然而然的重蹈其往日父兄舊時統治階級的覆轍。在歐洲知識分子一直就是此種運動的領導者。中東與拉丁美洲則以中下級軍官爲顯著的中堅分子。雖然軍官並不比文官和警察具有更大之革命性，但在此等國家擁有軍人贊助的革命，社會觀感以爲便成功了。警察與文官在平時處重要地位，因其一向接受政權命令，驟然反抗，比較不易習慣。

推翻現政權是以生命作孤注之冒險行爲，故發動之前必須保持高度的秘密，不必有太多會員，亦不能有太多民主。在有現代式的政黨之前，往往是借助秘密會黨，如一七八九以前之法國革命，黃花崗以前的洪門和在此以前之白蓮教、天地會、三點會等都會發生作用。由軍人發動的革命行動，在近年所見多由具有聲望的司令之一，與少數核心軍官，獲得軍方之多數響應爲之。衛戍首都和戍守首都近處的部隊是革命勢力必須爭取的對象，其成功與否亦以此種官兵之向背爲決定因素。二十世紀的革命運動在工業高度發達的國家需有廣大的群衆基礎。軍隊在發動階段可以發生作用，但保持政權，實行改革，非獲多數支持，不易持久。其由軍人發動的革命亦必與現有之政黨合作，或自組政黨在群衆中建立支持政府的基礎。

五、 國父革命學說要點

國父生當清季，目睹數次對外戰爭失敗，朝廷不知振作，民間要求革新，置若罔聞。他深知中國非現代化不能立國。非朝野一致，奮發圖強，不能成爲現代國家。顧政權操於少數民族，朝臣皆科甲出身，欲其全盤革新，等於與虎謀皮，故爲排除革命阻礙，首須推翻滿清王朝。因此他對革命的看法，是「要求進步」。「要人類進步，便不能不除去反對進步的障礙物，除去障礙物，便是革命」。他認清當時情勢，革命已屬自然趨向，大有水到渠成之局。故他引用湯武革命故事，證以「各國歷史及現今時勢，則知革命爲世界潮流，亦卽爲順天應人事業……」以增強其革命同志的信心。

因他對美國獨立和法國革命的歷史作過深切探討，了解革命是破壞事業，只在不得已時爲之，爲避免因革命而使人民受到痛苦，乃困心衡慮，要把中國在現代化前，必須完成的幾項歷史任務，在最短期間一次完成。他看清楚西方國家在羅馬帝國解體之後，都曾先後經歷民族、民權的革命，民生問題亦正在到處醞釀，隨時可以發生新的問題。因此他的革命主張是要將這三大問題作一次總的解決。除民族民權的革命有西方前例可資參考外，「使工業革命與社會革命畢其功於一役」的民生主義，則是他獨運匠心的個人創見。

因爲革命是非常事業，在經過非常的破壞之後，必須繼以非常的建設，故在事先要有詳密計劃，謀定而後動，才能避免或減少不必要的犧牲。他要在軍事完成之後，實施憲政之前，有一段用於教育和訓練的過渡時期，其目的即在養成人民行使民權的習慣與能力，以保持經過激烈手段獲致的成果，不再落入歷史的窠臼。他在黨的宣言中說：「前代革命雖起於民衆，及其成功則取獨夫而代之，不復與民衆爲伍。今日革命則立於民衆之地位，而爲之嚮導，所關切者民衆之利害，所發抒者，民衆之情感。……故革命事業由民衆發之，亦由民衆成之」。他認爲必須做到眞的「民治」，才有眞的「民享」，沒有「民治」，就連「民有」也是空的。

國父的革命作風一直都是從遠處穩處着想，曲突徙薪，因勢利導。民生主義的主要精神更能充分表現它的預防作用，經過數十年的各種演變，世界思潮的主流和他的革命主張，逐日接近，歐洲幾個標榜社會主義的國家，也已逐漸看出質的改變，與民主氣氛的加強。由此可以看出，革命與進化調和，使經過激劇改革獲致的成果，向上發展，將是革命的正確方向。

〔附註〕：本文主要參考書爲一：Clarence Crane Brington 的革命的解剖 The Anatomy of Revolution, Engleword Cliffs, N.J., 一九三八年初版，作者曾摘譯發表。現有的是一九五二年修正，由 Prentice-Hall, 2nd, 70 Fifth Avenue, New York 的再版，數年前臺灣書店有賣，私人有的不少。二：E. H. Carr, The Bolshevik Revolution, 1917–1923, 2 vols. (1951–52) 亦經作者摘譯登新思潮。三：國際社會百科全書第十三冊五〇三至五〇七頁，作者Walter Laqueur 論 Revolution 的專篇。此外多是散見雜誌上的論著，一九六六 Carl Frudrich 曾收集編成一書名 Revolution 由紐約 Atherton 出版。近年美國新聞處贈閱的「共產主義雙月刊」及去年發行的 Dialogue，時有關於此一問題一流作家的編著，可資參考。（羅時實）

剛性憲法 (Rigid Constitution)

見「柔性憲法」條。

剛果民主共和國 (Democratic Republic of Congo) 政黨

剛果民主共和國 (Democratic Republic of Congo)—金沙夏剛果原爲比利時之屬地，一九六〇年獨立。現國內黨派林立，政局不寧。

(一)剛果國民會議黨 (Convention National Congolais)：該黨簡稱CONAGO，創於一九六四年，爲一走中間路線的普遍性政治組織，對入黨者無特殊資格之限制。其成員包括前總統卡沙威貝(Kasavabu)及齊姆比(M. Tshombe)，卡米他圖 (Kamitatu) 等之支持者，惟大部爲基督徒。該黨的政治目標爲以溫和的手段實現中央集權的構想。其領導人爲黨之秘書長卡隆衣 (Isaac Kalonji)。

(二)巴剛果協會 (Association des Bakongo)：巴剛果協會簡稱ABAKO。該黨係就巴剛果區的文化集團組織而成。成立於一九五九年，爲前總統卡沙威貝所屬之政治團體。

(三)康那卡黨 (Conakat)：該黨成立於一九五九年，爲南卡坦加 (Katanga) 的主要政黨。主張因襲傳統之制度，所以一般稱該黨黨員爲傳統主義者。其領導人爲前任交通電訊部長齊姆比。

(四)剛果人民民主陣線 (Front Democratique Congolaise)：該黨之領導人爲黨主席尼達卡 (Victor Nendaka)。

(五)魯姆巴主義聯合黨 (United Lumumbists)：該黨成立於一九六四年，爲一左翼分子聯合組成之黨派。其領導人爲安東尼吉忍加 (Antonine Gizenga) 和安德里魯巴亞 (Andre Lubaya) 二氏。

(六)國家聯合黨 (Parti del' Unité Nationale)：該黨簡稱 PUNA，爲蒙巴剛果(Mon-Bakongo)部落中一般性之政黨組織。其所追求之政治理想，也是在於實現一個強有力之中央政府。其領導人爲黨主席波利康吉 (Jean Bolikango)。

(七) MNC 卡羅尼黨 (M.N.C. Kalonji)：此一政黨深具區域色彩，爲專屬巴古萬加 (Bakwanga) 部落區之政黨組織。其領導人爲阿爾貝卡羅尼(Albert Kalonji)。該黨之目的僅在反對卡沙區(Kasai)巴魯巴(Baluba)部落之政策與措施。

(八)巴魯巴卡黨 (Balubakat Party)：該黨爲傑森珊德畏氏(Joson Sendwe)對抗前述康那卡黨而組成的政治性組織。

(九)國家改造黨 (Parti Nationale de la Reconstraction)：該黨簡稱PANARE，成立於一九六五年。其組成分子大部爲知識階級。其政治目標是實現國家主義，主張完成內部的統一，在安定中求經濟發展和政治建設。領導人爲黨主席羅利卡(Pierre Loleka)。

(十) MNC 魯姆巴黨 (M.N.C. Lumumba)：該黨爲魯姆巴所創，成立於一九五八年。在一九六四年至六五年間發動政變未果而叛離中央政府。於取得部份非洲國家之政治承認後，將其總部設於史丹里威里(Stanleyville)。其領導人爲吉本儀 (Cristophe Gbenye)、桑米羅(Gaston Savminlot)、肯沙 (Thomos Kan-za) 三人。

(十一)國家解放委員會 (National Liberation Committee)：該黨簡稱 CNL，爲一左翼分子組成的政府反對黨。 (袁頌西)

剛果共和國 (Republic of Congo) 政黨

剛果共和國(Republic of Congo)—剛果共和國原爲法國赤道非非州殖民地之一部分。一九五八年獲得自治；一九六〇年八月十五日獨立。該國爲非洲的一黨國家。唯一政黨稱之爲「全國革命運動」(Mouvement National de la Revolution)。

全國革命運動簡稱 M.N.R. 成立於一九六三年。剛果在一九五八年至一九六三年之間，主要政治領袖爲于魯總統 (Abbé Fulbert Youlou)。但工人不滿其政策而於一九六三年八月發動總罷工，迫使于魯辭職，組織臨時政府。臨時政府另組全國革命運動黨，推瑪森巴底貝(Alphonse Massambadebat) 領導該黨並任總統。一九六三年大選中，該黨盡得國會五十五個議席。一九六四年七月，新憲法成立該黨正式成爲剛果共和國唯一的政黨。

全國革命運動的政治目標爲對內主張革新政治，改善勞工生活，促進新陳代謝；對外主張不結盟政策惟比較親法。與蘇聯集團及中共亦建立有相當關係。

剛果政局多變。最近馬林尼圭魯 (Marien Nyouab) 崛起，將剛果改組成軍政府，自任軍政府首長。就目前而言，從前全國革命運動的地位已爲軍政府所取代。 (袁頌西)

原始的政治體系 (Primitive Political System)

原始社會 (primitive societies) 中的政治體系。所謂「原始社會」，一般用來指產業技術極爲單純落伍甚至沒有文字的部落社會。原始的政治體系，目前只存在於非洲，大洋洲，和美洲的少數原始部落中。

原始的政治體系，有幾點共同的特性；第一是政治結構極爲簡單，除了一些極基本的決策組織和規律外，其他較複雜的政治形態(如官僚組織)均付闕如。第二是政治功能 (political functions) 混淆不分。「規律的制定」(rule-making)、「規律的應用」(rule application) 與「規律的裁決」(rule-adjudication) 嘗混在一起履行，很難加以區分。部落酋長有時一人同時執行這三種任務。其他功能的相互重疊 (overlapping)，也屢見不鮮。原始政治體系的第三種特性是政治體系與社會體系 (social systems) 之間的界限(boundaries)極不分明。家族制度常常也同時是政治制度，社會階級往往也就是政治階級。

由於「結構功能分析」(structural-functional analysis) 在近代政治學研究中的地位日趨重要，政治學家對原始政治體系的結構與功能的興趣，也就隨着增進。(魏　鏞)

參考文獻：

Lucy Mair, Primitive Government, Baltimore: Penguin Books, 1962

E.E. Evans-Pritchard and M. Fortes, London: International Institute of African Languages and Cultures, 1940

參看「結構功能理論」條

哥倫比亞 (Columbia) 政黨

自十九世紀迄今，乃自由與保守兩黨競爭之局。兩黨各級組織均有定期之代表大會及永久性之管理委員會，逐級指揮。全國性之領導人物均由少數人輪任，而地方黨部則爲地方政府分擔責任。兩黨均分裂爲兩派：一派親政府，另一派則持反對立場。故有兩黨聯盟之國民陣線、支持左派與中立主義者之自由革命運動(MRL)、與支持極權主義者之大衆國民聯盟(ANP)等團體出現。兩黨在若干問題上之意見常相接近，惟在理論上仍有基本之差異。

一九三〇年以後雖有許多小黨出現，惟多係個人主義及野心家之政治工具，派性強於黨性，除共產主義者外(一九四九年亦已分裂)，迄無第三黨能有數年之壽命。加以自由與保守兩黨均各自設法永久長存，致有一九五七年十二月之全國公民投票，確立兩黨政府在十二年中之衡等式，一九五九年憲法修正案並延長其爲十六年，規定內閣職位，國會、州立法機關、與市議會之代表均由兩黨等額分配，故第三黨始終未能打破兩個傳統政黨在實質上之分佔。

㈠自由黨　該黨丙斯屈樸(Restrepo)於一九六六年五月一日當選總統，同年八月七日就職，任期四年，並組成兩黨等額內閣。該黨原爲歷史性反教派主義，分散制政府，與自由貿易之鬬士，惟時至今日，除仍堅持政教分離外，現已轉而信賴強有力之中央政府，對自由貿易與經濟放任主義亦均已放棄。領袖：肯麥哥(Camargo)。

㈡保守黨　主張政教合作，採用限制選舉權，維護階級特權與高度集中之政府，並強調秩序爲進步之先決條件，領袖：哈特多(Hurtado)。

㈢大衆社會主義黨(PPSC)乃一中間偏左政黨，缺乏政治魅力，從未贏得羣衆廣泛之支持。（談子民）

哥斯達黎加(Costa Rica)政黨

哥國重視文人政治，教育預算超過軍事預算，並爲多黨制國家。

㈠國家共和黨(PRN)：領袖爲醫學巨子迦第亞(Guadia)，迦氏平易近人，頗獲羣衆好感。該黨作爲左傾極端主義者與國家主義者之橋樑，乃迦氏之力。迦氏於一九四〇年至四四年任總統。一九四八年再度競選，導致國會宣佈選舉無效。結果，在國家解放黨人費勾銳斯(Figueres)領導下之武力起而推翻支持迦氏爲候選人之政府。

㈡國民聯合黨(PUN)：一九四六年成立，乃一溫和與主張中央集權之組織。領袖鄔勒特(Ulate)爲一傑出報人，於費勾銳斯保證尊重一九四八年選舉之結果後，出任一九四九至五三年之總統。一九五八年選舉，亦爲黨人伊慶第(Echandi)當選，執政四年。

㈢國家解放黨(PCN)自一九四八年以來，在費勾銳斯領導下日趨重要。費氏於一九四八至四九年間爲臨時國會首長，因制訂新憲法乃獲選爲一九五三至五八年間之總統。一九六二至六六年之總統亦爲黨人阿里奇(Orlich)。阿氏曾致力以前各屆政府之社經方案，乃一保守份子。

一九六六年二月舉行大選，以選舉總統、副總統、與五七位立法委員。提名候選人參加總統與副總統競選者僅有國家解放黨與國家統一黨。國家統一黨乃由國家共和黨與國民聯合黨所組成，同意提出一位總統候選人與一份立委候選人名單，後者係由雙方比例遴選。由伊慶第多數支持人所組成之國民共和聯盟黨(PURA)與國家統一黨密切合作。革命公民聯盟與民主黨則僅有候選人參加立委之競選。

國家解放黨之候選人爲阿里奇政府之外長奧都柏(Oduber)，國家統一黨則遴選屈覺斯(Trejos)爲候選人，於長達六個月熱烈競選後，屈氏以四、二二〇少量之多數票當選，並於同年五月八日就職。

屈氏爲溫和保守分子，能支持前任政府各種社經方案，如銀行制度國有化等。惟其政府爲立法院中國家解放黨所反對，蓋該院現有委員五七人，國家解放黨佔二九席，國家共和黨一八席，國民聯合黨八席，革命公民聯盟二席。（談子民）

哲人派(Sophists)

又名詭辯派或懷疑論者，亦稱「希臘之百科全書派」。紀元前五世紀，時值波斯戰爭之後，雅典成爲城邦聯盟的首腦，市民的見識與眼光大爲拓展，哲學家們不免對舊有的觀念、制度、與俗尚發生懷疑，並作詰問和評估。其時在政治觀念方面，出現了一種新的趨勢，即反傳統而重技藝(arts)，教人如何在政治上覓致成功之途徑，哲人派便是一種代表那個傾向的政治見解。析言之，教人勿爲哲學和道德的教條所囿，而着意於成功的策略，是以在教育上很重視修辭學(rhetoric)與雄辯術(oratory)。

哲人派反對抽象的正義原則，而認爲「人是萬物的準繩」"Man is the measure of all things"（倡此說者以Protagoras爲代表性人物），即強調人人皆有資格按照自以爲是的意念去衡量客觀的事物。再者，此派中人確信宇宙間一切皆變動不居，否定不變的行爲法則(fixed rules of conduct)，並據此以抨擊理性的本質，搖撼希臘哲學和倫理的基礎。抑有進者，以言人類行爲與權力之表現，哲人派甚至認爲人生而自私且不平等，故政治權威的實質，必然是「強權卽公理」(Thrasymachus 等人卽持此說)。（謝延庚）

哲君(Philosopher-King)

嚴格的說，哲人派並非哲學思想的門派，而是代表一種觀點與方法而已。

希臘哲學家柏拉圖在其所著「理想國」(The Republic) 第五卷中強調「除非哲學家爲國王，或世界上的國王與王子都具備哲學家的精神與才能，使智慧及政治領導權同屬于一人，以及一般只知排除異己的普通平民立於政治圈外，否則我相信我們全人類及所有城邦都不能清除其弊病」，柏拉圖之所以主張由哲君治理國家乃因他將人分爲金、銀及銅鐵三個等級，銅鐵階級重慾望是一般人，宜從事生產事業。銀級的人重精神尙勇氣宜於捍衞國家擔任軍人衞士之任務，金階級的人愛理智，能憑其智慧來調和每個階級的特性，使其各盡其責，各守其分，使國家達於至善境界，是最好的治國者，人民須無條件接受其領導。哲君的理想多少給後世一些自命爲「開明專制」君主理論上的依據。(張旭成)

埃及政黨

阿拉伯聯合共和國(埃及)(United Arab Republic)(Egypt)爲一黨國家。阿拉伯社會主義聯盟 (The Arab Socialist Union)爲該國現在唯一之政黨。

埃及於一九五三年元月解散一切政黨，但到一九五七年十一月，埃及總統納塞(Gamal Abdel Nesser)感到有在埃及重新建立一個政治性組織的必要，於是乃成立「國家聯盟」(The National Union)。國家聯盟的目的是在建立一個社會主義與互助的民主社會。此一聯盟於一九六一年又改組並改稱「阿拉伯社會主義聯盟」(The Arab Socialist Union)，由納塞自兼此一聯盟最高執行委員會的主席。該黨所懸之目標，對內爲力行社會改革，對外爲團結阿拉伯民族。在一九六四年時擁有黨員約五百萬，以後年有增加。

該聯盟於一九六四年底與伊拉克阿拉伯社會主義聯盟合併，一直是以阿戰爭的領導核心。(袁頌西)

孫尼卡 (Seneca, Lucius Annaeus, 4 B.C.–65 A.D.)

孫尼卡在公元前四年生於西班牙，爲當代名修辭學家及史學家之子。幼年被送往羅馬，除一度遭放逐外，均住該地。公元四九年，他被聘爲皇儲尼羅(Nero)的老師。公元五四年，尼羅爲帝，孫氏加封執政官銜，擔任要職。但尼羅後期荒淫無道，除殺自己母親外，並迫孫尼卡於公元六五年自殺。

孫氏承繼斯多噶派(Stoics)思想，認自然是善良和理性的表徵。他認爲羅馬共和政治是羅馬政治史的顚峯發展。他那時的羅馬已經腐敗、墮落、暴君專制無可避免。由於社會的墮落，卽使君子當政，仍不能有所作爲，且反會削弱或摧毁其善良根性。因此，孫尼卡很少討論政府型態，因「好」的和「壞」的政府都不能有大成就。

孫氏思想與早期政治思想家最大的不同點是：孫氏設想到人可以不擔任政治性職務而仍可服務社會。換句話說，他繼斯多噶派傳統，承認人都屬於兩個不同的政治社會：一是自己所屬的國邦，一是大於國邦的人類社會。後者是以道德或宗教而非以法律及政治所維繫。因之，不擔任公職的智者和仁者仍可對人類有所貢獻。一個人如能以其思想啟廸全人類，其地位較任何政治領袖更高尙、更有影響力。

孫氏是一個人道主義者，思想中含有很濃的宗教成分。他主張人類一家，痛責奴隸制度，提倡男女平等。但他是一個悲觀主義者。他認爲在人類的黃金時代，人類無知無識，快樂逍遙。當時生活簡單，無奢侈，無文明。行善是順乎自然，而非求道德的完美。那時，私有財產制尙未建立，因此大家無貪婪之心。社會無須政府和法律，衆人自動服從道德高、能力強的人。這些領袖抑強扶弱，禁暴除奸，使社會秩序井然。後來人類墮落，爲了禁止罪惡和腐敗，便創設法律和刑罰。政府的目的不過在制裁邪惡而已。在他生長的時代，專制政治已取代自治政府，國邦已不再被視爲一個道德的實體或是促進道德進步的媒介。社會與國邦從此得到明確的劃分。

這一思想和希臘政治大不相同。後者認爲人類是政治的動物，人唯有生存在城邦中，經常參與政權與治權的行使，才能使自身趨於完善。孫氏則認爲政府已失去其積極的功能，其作用不過在延續人類的生活而已。他的「黃金時代」的思想對後來的理想主義者影響很深。他對社會和國邦的區別建立了聖奧古斯丁 (St. Augustine) 和其他天主教思想家二元主義的基礎。

孫尼卡本人的思想和行爲成一尖銳對比。他宗法斯多噶學派，尙節儉，不恥惡衣惡食，不畏痛苦與死亡。但他却變成朝中要角，且藉不正當手段成爲巨富。這也可算是一種普遍的人性矛盾吧！(張京育)

宮正

周代初置，隸於天官，「掌王宮之戒令糾禁。」(周禮)魏初，改漢之御

史中丞爲宮正，仍主監察之任，後復爲中丞。（楊樹藩）

宰相

我國君主時代位極人臣之官，一面爲君主的最高幕僚，一面又爲百官之表率，其職無所不統。按：宰有宰制之意，相有交接扶助之意，宰相二字合爲一辭，其意義與宰輔、宰執、宰臣、相臣、輔相等相當，有時亦簡稱爲相。凡此，均係便宜上之稱謂，並非正式之官稱。殷湯有太宰，周有冢宰，俱常以師保兼任之，即宰相也。秦悼武王始置左右丞相，其後或置丞相，或置相國，皆宰相也。漢承秦制，置丞相，間或置相國或左右丞相；至成哀之際，改御史大夫爲大司空，丞相爲大司徒，與大司馬合爲三公，同爲宰相。東漢以太尉、司徒、司空爲宰相。惟東漢之時，尚書之權日漸優重；至魏，其任錄尚書事、尚書令及尚書僕射者，遂爲宰相。洎乎兩晉，中書監令亦爲宰相。宋齊梁陳並相沿習，其宰相除錄尚書事、尚書令僕及中書監令外，並有侍中；而北魏北齊，侍中之權尤重。後周改制，以大冢宰爲宰相，後亦嘗置左右丞相。至隋，居宰相之任者，厥爲尚書令僕，內史監令及納言。唐沿隋舊，初以三省長官（尚書令僕、中書令及侍中）爲宰相；中世之後，中書令與侍中仍係宰相，而左右僕射除另加同品、平章等銜外，則非宰相，至於尚書令，早已弗置。又、唐往往以他官參政，故凡擁有同中書門下三品，同中書門下平章事，參預朝政，參知政事，參掌機密等銜者，均爲宰相。宋代居宰相之位者，初爲同中書門下平章事，後爲左右僕射，後又爲太宰少宰，旋復爲左右僕射，最後則爲左右丞相。元以中書令、左右丞相、平章政事爲宰相。明初亦有左右丞相，平章政事等官，即宰相也；後罷宰相，置內閣大學士，以總機務。清初以內閣大學士爲宰相，嘉慶以後，大學士非兼軍機大臣已非眞宰相。（周道濟）

家產主義 (Patrimonialism)

此詞勉可譯爲「家產主義」。這是德國社會學家 M. Weber 用以指稱一種皇室與政府不分，或政府直接由皇室宮庭擴大組成之政治系統者。在家產主義下，官吏係宮庭之傭僕或由傭僕演變而來，其個人身分、權力仰賴統治者之賜授。Weber 以家產主義爲官僚政治的前期之政府形式。家產主義與封建主義同屬傳統的政治系統。在理論上，后者之統治關係重契約取向，傾向分權，理想的統治者是英雄；前者之統治關係重身分取向，偏向集權，理想的統治者是聖君。但在實際上，此二者常相混合。家產主義普遍存在於東西方之傳統社會。統治者視天下爲一己之私產，政府事務與皇室事務難分。（即諸葛亮所謂「宮中府中俱爲一體」也。H.F. Tont 論英國早期行政具此特色，至爲詳盡。中國以前之九卿亦係由皇室之傭僕轉來）。其后由於疆土遼濶，事務繁雜，宮庭人手不足應付，遂自然而然增多員吏，宮庭乃擴大爲政府，唯政府員吏之工作皆視爲係對統治者個人之勞務，員吏無一定之薪水，亦無特定之工作範圍，他們無「權利」，只有「特權」，特權也者指係統治者所授賜。取奪予與全決之於統治者一己之念。員吏與人民間之權力關係亦猶之乎統治者與員吏之關係然。家產主義之統治權原雖在傳統，唯傳統之內涵常非特定，故統治者（君主與員吏）有極大之自由裁量權，常流於專斷濫權，而鮮少有客觀之制衡。家產主義之進化形式爲官僚主義，在官僚主義下，則統治者之權源不在傳統而在理性化的法律，統治者與被治者一併受束於客觀之理性之法律（參 traditional legitimacy 與 rational legitimacy 二條）

Weber 之家產主義當然爲一分析之抽象概念，即係一理型，不必與實際之事象完全相符。中國之傳統政權雖具有不少家產主義之性格，但誠如錢穆等指出，中國古代政治，宮中府中已非一體，君權與相權不惟分開且相抗衡；凡此均不能列傳統中國爲家產主義。以色列社會學者 S.N. Eisenstadt 在傳統與現代的政治系統之間另立一過渡性的政治系統，名之曰「官僚帝國」(bureaucratic empire)，庶幾較能彰顯傳統中國之眞貌。（金耀基）

射策

漢代試士之一法。漢書「蕭望之傳」：「以射策甲科爲郎。」注：「師古曰：射策者，謂爲難問疑義，書之於策，量其大小，署爲甲乙之科，列而置之，不使彰顯，有欲射者，隨其所取得而釋之，以知優劣；對策者，顧問以政事經義，令各對之，而觀其文辭，定高下也。」漢書「兒寬傳」：「以郡國選詣博士，受業孔安國，以射策爲掌故。」（繆全吉）

席謝祿 (Cicero, Marcus Tullius, 106-43 B.C.)

席謝祿是羅馬人，初從希臘詩人阿基阿士 (Archias) 學習，精通希臘哲學文學，後習法律，曾任律師，博學多才，能文善辯，於紀元前六十三年當選為羅馬執政官，消滅凱提萊(Catiline)叛亂，功績不可謂不大，可惜為凱撒 (Julius Caesar)所忌妒，被放逐，乃於紀元前五十八年出奔馬其頓，於凱撒被刺後才返回羅馬，發表演講十四篇，以批評安多尼 (Antoneanae)的專橫無道，不久為安多尼所殺。

席謝祿著有哲學的神性論和至善論，以及政治學方面的論共和國、論法律、論官吏等書，所以人們稱他為羅馬的文人政治家。他把希臘斯多亞學派(Stoic)的自然法觀念廣為傳播，並把自然法觀念與羅馬實證法混合，成為羅馬思想的代表人物。

席謝祿說，世上有自然法，根源於神意和人類的理性及社會性，具有普遍性，各地一樣，是世界國家的憲法，拘束全人類和所有國家和它牴觸的一切立法都不能稱為法律；它合乎自然，永恒不變；它的威嚴，在呼喚人民完成責任；它的禁令，是限制人為非作歹；但它的威嚴和禁令，祇能影響好人，不能對壞人生效；利用立法以使它失效，在道德上永遠是不對的，也不可以限制它的實施，更不可能使它全部無效；元老院和人民都不能免除人類服從它的義務；它不是在羅馬訂這規則，在雅典訂另一規則，不是今天這規則，明天另一規則；神是它的制訂者解釋者和保證者；不服從它的人必定失掉其較好的生活，其真正人性亦被否定，他會遭受最嚴厲的制裁，儘管他已逃脫了大家叫做處罰的其他後果 (On Republic, III, 22, English translation by George H. Sabine)。

席謝祿因此堅信人人平等，人人同有理性、光榮感和卑鄙感，能夠分辨正誤，接受經驗，知識和財產量的差別並不妨礙人的平等，唯有錯誤、惡習和謬見才會阻礙人們在事實上的平等；世上沒有任何東西和人類這樣彼此相像，或和人類這樣有正義、公道、是非的觀念，所以人類在永恒的自然法之前是平等的。

席謝祿的人類平等說，恰和亞里斯多德的相反（請參閱「亞里斯多德」條），但席謝祿的意見，與其說是指事實，不如說是指一種道德要求。他並不因此否定當時的奴隸制度，只是希望改善奴隸的生活，因為由他看來，某些人缺乏自治能力，結果會被外族征服而變為奴隸，其縱慾無度的劣根性跟着便得到抑制。席謝祿說人類平等，也不意味着政治上應有民主，祇表示人人應有尊嚴，應受尊重，即令身為奴隸者，仍不是活的工具，僅可視為終身受僱的工資賺取者。

在人類平等的前提下，席謝祿認為必須視人為目的，不應視人為手段，國家由公民組成，是道德團體，公民共同佔有國家和法律，並且相互承認彼此的權利和義務；因為正義本身是好的，所以國家要以倫理為目標，以道德紐帶使人民結合，否則不像國家，不能永久存在；國家管理人民事務，所謂人民，不是用某種方法結合的各羣人，而是在大家公認的法律和正義之下的一種人羣，以謀全體的便利 (On Republic, I, 25)，也就是說，國家是法團，其目的在給予全體公民便利，為此，便需要維持正義的政府。既然這樣，則國家的權威來自全體人民，人民為了自治必然保有必需的權力；其次，執政者由法律產生，須經法律許可，其權力從其職位而來，應正當而合法地行使，否則濫用了本屬全體人民的權力；「法律管轄執政者，猶如執政者管轄人民；……執政者是有聲的法律，法律是無聲的執政者」 (On Laws, III, 1, 2.)；再次，因為自然法高於一切法律，而且人民是平等的，所以國體必須是共和的，國家和法律在神（道德或自然）法之下，而神法是比人類的抉擇和一切制度優越的；神法雖然不袪除一切不道德的事，國家仍可能是暴虐無道的，可以用武力統治臣民，但是，這樣的國家已失去了本質，所以祇應偶然使用，也唯有用來維持正義和權利原則時，才算正當。

至於國家的政體，席謝祿認為不必是民主的，只要主權在全體人民，主權運用的方式並非重要，由君主或由貴族運用，都可以為全體人民謀福利，達到國家的目的，當然，民主政體也是好的，但不見得比君主政體或貴族政體好些。

席謝祿雖然不談及人民可對暴虐的執政者採取什麼行動、誰有權利代表人民採取行動、或人民應忍受暴政到什麼程度，但他的政治原則後來獲得普遍的接受，對民主政治有相當深遠的影響。（陳治世）

恩格斯 (Engels, Friederich, 1820-1895)

生於德國的巴門 (Barmen)，死於英國倫敦，是馬克斯之至友，與馬克斯共同創立其自稱為科學的社會主義的學說。

恩格斯是他父母的長子（兄弟姊妹八人）。父為資本家，在其本籍與英國曼徹司德都有紡紗廠，故恩格斯一生生活優裕，有餘力資助他的好友。一八三八至四一年間在巴門就學，曾服軍役一年。

年少時他對本地中產階級虔誠的卡爾文主義信仰（上帝決定一切），和勞工階級因酗酒而加深貧困情形有極深印象。後因受到史特勞斯(David Strauss)和浮爾巴赫 (Ludwig Feuerbach) 著作影響，逐漸對宗教感到厭惡，甚至發表諷刺的文字。因海斯(Moses Hess)的誘導，他對法國早期社會主義者如聖西蒙，傅里愛的作品發生興趣，海斯自詡是他把這位第一年的革命者變成共產黨員。

一八四二年恩格斯去英國曼徹斯德完成他父親期望他的商業訓練。從這年的三月起他在萊茵新聞中對英國的政治和社會情形，常有批評。在英國歐文一派的期刊中也時有介紹大陸社會主義發展情形的文字。他這時對英國亞丹斯密的經濟學特別注視，有一篇文章登在馬克斯和黑格爾學派青年魯謝 (Arnold Ruge)主編的「法德年鑑」，據馬克斯後來的回憶，所有他的科學社會主義之一般原則，都在這裡繪出了它的輪廓。他舉出自由主義經濟學說的許多矛盾，把所有一切經濟現象都歸入私有財產的背景，他的結論是要廢除私有財產。雖然這一刊物僅出過一期，馬恩二人却因此成為一生的密友。他倆在一九四四的秋天在巴黎會面，據恩格斯說，這時他兩人在理論上已經完全一致。

在馬恩二人之間很有一些相似之處：他們對文學詩歌都有愛好，都注意宗教問題；愛討論法律政治，都由黑格爾派的左翼轉入共產主義。這時普魯士佛烈德．威廉第四的集權作風，和知識分子反抗此一作風之激烈化，都對二人思想有所影響。不過馬恩二人的思想已超過布爾喬亞自由批評的範圍，因此和從前許多朋友逐漸遠離，尤其是馬克斯對他們攻擊到不留餘地（如德意志的意識形態）。至於他二人怎樣會變成共產黨，其背景亦不盡相同。恩格斯是因接觸勞工階級之貧苦生活而激起憤怒。馬克斯却認為無產階級只有在貧苦狀態下，才能引起革命的改變。

恩格斯從和馬克斯見面時起即推崇馬克斯為天才，而甘居其次。他說：「馬克斯的格局高，看得遠，比一般人能更快而周到地把握問題的重心。馬克斯是天才，我等充其量算是聰明而已」。

事實並不一定如其所言。因恩格斯了解英國比馬克斯早，由於恩的邀請和資助馬克斯才來英國長住。恩格斯計劃寫的「英國社會史」，其中一章為「英國的勞工階級」受到許多人的讚美，被稱為德文書中刻畫入微之最佳作品。

不過恩格斯確實有意擡舉馬克斯，例如「唯物史觀」。他硬說主要部分的理論，有關經濟和歷史的研究，和把這兩者聯成一起，都是馬克斯的貢獻，只有極少部分是屬於他自己的。在馬克斯寫「德意志的意識形態」，和在「哲學的貧乏」批評普魯東時，恩格斯都使盡力量為他助陣。

早在一八四三他和德國流寓倫敦的秘密組織正義同盟 (League of the Just)的領袖有過接觸。一八四四年底他和海斯在萊茵地區組織共產黨的集會。等到這一組織受到制止，他又於一八四五年四月遷往布魯塞爾，藉以接近馬克斯。他和馬克斯發起國際共產黨通信委員會，許多實際工作都是由他擔任。一八四六年八月他去巴黎，經過許多次的討論才把正義同盟當地的領袖從德國早期社會主義者魏特靈(Wilhelm Weitlin)和法國無政府主義者普魯東之影響，轉到和他們接近，再於一八四七年六月在倫敦舉行的首次會議中把他們轉變成為共產主義同盟的盟員。這年的秋天舉行第二次會議，推恩格斯會同馬克斯草擬一個共同行動的綱領。恩格斯的初稿是用問答式說明共產主義的原則（一八四七）這就是著名的「共產主義者宣言」的前身。可是這一宣言所表現的無論在智慧和體裁上，好像都出自馬克斯的手筆。

一八四八的革命爆發後，恩格斯和馬克斯都回到德國堪恩 (Cologne)，由馬克斯任發行人，恩格斯主編新萊茵報。因言論激烈政府發出幾次拘票要拘捕他。他也參加過 Elberfild 地方的非軍事的叛亂，因主持的領袖說他是共產黨，拒其參加。一八四九在報紙被迫停刊後，他和馬克斯密謀把在 Baden 和 Palatinate 地方性的武裝暴動擴展為全德的革命，失敗後逃往瑞士，十月再去倫敦。他在一八四九至一八五〇年間發表好幾篇文章，描寫這回造反的經過。

一八五〇他在倫敦發表「德國的農民戰爭」，希望農民的革命傳統能為新的德國革命鋪路。他相信這種革命的成功有賴於把十六世紀農民戰爭的再版來支持無產階級。他在這篇文章中把當時反抗的領袖托馬士．門策 (Thomas Munzer)苦鬬的困難刻劃盡致，指出這就是他在未來革命中所處的地位。他相信門策當時的處境是無可奈何，他是一個極端主義的領袖，被迫要在他所代表的階級領導未被國人接受，他的黨綱未曾順利實施前，一切尚未成熟的情況下接收當時的政權。

為了要在未來的革命擔當軍事領袖，他對一七九二以後法國革命的戰史刻意下過一番深入研究的工夫。他發表過許多研究革命行動原則的文字如「德意志：革命與反革命」，但他沒有用自己的名字，表面的作者還是馬克斯。他的行動哲學是決不隨便發動，要以最大決心採取攻勢。他說：「防守是每一軍事發難的致命傷。在敵人力量分散時給他奇襲，不管勝利大小，每日都準備要有新的勝利，保持因首次勝利得到的高昂士氣。拉攏游離分子，他們是經常注視安全，看誰有力量跟着誰跑。要在敵人重整戰力之前，迫他退出戰場」。

從一八五四到一八七〇恩格斯在他父親曼轍斯德的工廠擔任職務，他的寫作主要是軍事科學，因此朋友都叫他將軍。在未來革命他準備擔當的任務有似法國革命時把羣衆組成軍隊的卡魯(Carnot)的任務。在新英百科全書中他寫過許多有關陸軍、騎兵、要塞、步兵和海軍一類的文字。以記者身分他常寫各國軍事狀況，並對他們的戰力加以估計。他不只是報導而已，對因新的工業技術引起在軍備和作戰上的劇烈改變，和在這些發展中的政治意義，他都作過深入的探討。他爲此主張擴大法意反奧的戰爭成爲德國對拿破崙第三的戰爭。他把拿破崙第三看作革命的主要阻力。

在這一時期從他和馬克斯的通信中可以看到他如何資助馬的生活，鼓勵他從事寫作。並且收養馬的非婚生子。他本人和一位愛爾蘭的女工 Mary Burns 同居幾二十年，Mary 死後又和她的胞妹 Lizzy 同居。至 Lizzy 臨死之前才和她在病榻之前，補行婚禮。從這裡可以看到他們對男女關係的態度。

一八七〇他從曼轍斯德遷居倫敦，在一八六四發起的第一國際任理事，負責和西、葡、意、愛、比利時等國的通信工作。在和巴枯寧的爭辯中他是主要人物。他的反杜林論（一八七八）對宣傳馬克斯主義發生過甚大影響。另有「社會主義：是烏托邦還是科學的？」（一八八〇）是把反杜林論的前三章作一概述，尤爲時人所稱道。

馬克斯於一八八三年三月十四日逝世。在此以前恩格斯專力於他未完成的「自然的辯證觀」（一八七三—一八八三），這書的主旨是攻擊自然科學中某些形上論者把自然現象看作不變的，因此他把自然科學也包括在辯證之內，超出了馬克斯唯物史觀的範圍，把辯證論看作一切相互關係的科學(Science of all bi-terrelationships)，由唯物史觀擴展爲辯證唯物論。在他的「家族、私產、和國家的起源」（一八八四）中把這一原始概念擴大到包括史前的人類社會。

恩格斯把馬克斯的遺稿整理，出版資本論第二册。第三册是依照馬克斯的大意由他執筆，參入他自己見解，稍後出版。其中究竟那些部分是恩格斯的，一直沒有人作過批評的分析。

他一直負責馬克斯的遺著，爲它修正，再版，作序和辯護。因此把他自己的文名也掩蓋了。在他生命的後期他和許多人在通信中討論過許多在理論上的重要問題。他曾經承認社會的上層結構有時也可能影響到下層結構的經濟。因此對那些頑固派硬把歷史事實看作刻板規律的人，算是受到一點打擊。這一在理論上的澄清對於後來蘇俄的發展頗有影響。

他繼承了馬克斯在政治和著作上的許多工作。一八八九第二國際的產生，他出過大力。經過許多人的關係他對法德兩國社會黨的活動，經常有所指示。因他堅持要發表馬克斯生前寫過的「哥達計劃的批判」（一八七五—一八九一）譴責拉薩爾 (Ferdinaud Lassalle) 一派在理論上的讓步，曾在黨內引起激烈的爭論。

他是病食道癌死的。在他生命終結前他一直關懷馬克斯的著作及其家屬。他兩人互相推崇，在學術思想上也很難劃分清楚。如必須說出一點分別，有人說恩格斯的思想來自早期法國的社會主義，馬克斯則具有濃厚的德國正統哲學的色彩。（羅時實）

主要參考文獻：

國際社會科學百科全書第五册第六四至六八頁 Thilo Ramm 撰，恩格斯條。

恐怖平衡 (Balance of Terror)

「恐怖平衡」是指核子武器爲二個以上的國家擁有時，所產生的一種戰爭（指全面性的戰爭）被冰凍了的國際關係。蓋核器殺傷力過大，使擁有核器者都懼於使用，若果使用，亦不免同歸於盡，故而戰爭已不復是「外交之其他手段的延長」。此種敵對國彼此不敢求戰，不想求勝，但求防阻對方發動戰爭的戰略，是謂「互相防阻」的戰略。而此種「互相防阻」戰略所造成的核子僵局，國際關係學者稱之爲「恐怖平衡」。

「恐怖平衡」之觀念爲邱吉爾所創。此一觀念與傳統的「權力平衡」之觀念有其相關性。政治學者 T. Herz 認爲這是一種新的「權力平衡」——「原子的權力平衡」。R.Snyder 則以為今日之國際關係中，傳統的「權力平衡」與新的「防阻平衡」并存。此一「混合性平衡」不止重敵對國客觀的力量之平衡，亦重敵對國主觀的意願之平衡。

自「恐怖平衡」觀念出現後，世人多少形成一種幻覺，以為戰爭從此可絕。但實際上，核戰縱或可免，傳統的有限戰爭非但未見絕迹，抑且有增無減。而 A.Wohlstetter 等警告「恐怖平衡」極為脆弱，它可以由衝突階梯之升高、談判等不確定因素而使冷戰熱化為核戰。「恐怖平衡」之理論為國際關係學者中博戲論一派最感興趣。自美蘇核器雙佔局面打破後，「兩極的恐怖平衡」已轉為「多元的恐怖平衡」。此二種恐怖平衡究以何種較易被打破，論者意見不一。但一般學者與政府負責者咸信核器之擴散，將增多核子戰爭之可能性，此所以有禁止核子擴散等運動之發生。（金耀基）

挪威（Norway）政黨

挪威（Norway）現在國會中有議席的政黨計有六個。但實際上大小政黨共有七個之多。玆擇其較重要者言之：

㈠勞工黨（Labor Party）：該黨主張國家計劃及國有某些主要工業，但其現行政綱並不贊同任何新增的國有計劃。在外交政策方面，支持北大西洋公約組織。該黨現為挪威第一大黨，在國會中擁有六十八席。現任黨魁為布賴特立(Trygve Bratteli)氏。

㈡保守黨：該黨主張低稅與讓工商業有更多的自由，在外交政策方面堅決支持北約組織。該黨現為挪威第二大黨，在國會中佔三十一席。現任黨魁為林德柏萊克(Sjur Lindebrekke)氏。

㈢自由黨：其在社會政策方面比較激進。支持某種程度的國家計劃經濟。現任黨魁為加波 (Gunnar Garbo) 氏。

㈣中央黨（Center Party)：該黨乃由從前的農民黨改變而來的。主張重視農民的利益與區域發展。現任黨魁為波登(Per Borten)氏。

在國會中的政黨除上述四個大黨外，尚有基督教人民黨(Christian People's Party)與社會主義人民黨(Socialist People's Party)兩個小黨。在國會之外的政黨只有共產黨一個。（袁頌西）

書手

見「書吏」條。

書令史

見「書吏」條。

書吏

吏名。㈠衙門中掌簿書、案牘會計等小吏。漢書「陳遵傳」：「為河南太守，既至官，當遣從史西，召善書吏十人於前。治私書，謝京師故人，遵馮几口占書吏，且省官事，書數百封，親疏各有意。」注：「師古曰占，隱度也，口隱其辭以授吏也。」

㈡明代都察院、按察使司，都轉鹽運使司所設之主吏，曰書吏；清代總督、巡撫、學政、各倉、各關、監督之吏。清會典「吏部」：「設在官之人，以治其房科之事、曰吏，外吏之別四，一曰書吏。」注：「總督、巡撫、學政、各倉、各關監督之吏，皆曰書吏。」

㈢管事務屬官，昔親王家服勤職員之下屬。家令「職員令」：「大書吏一人，少書吏一人。」注：「掌勘署文案，餘書吏准之。」書令史初為官名，漢變至後代成為吏名。其原係佐理案牘之官，書記之類。通典「職官」：「「晉宋蘭臺寺，有正書令史，北齊尚書郎判事，正令史側坐，書令史過事。」

書差　即書記。清會典事例、吏部、處分例「書役」：「咸豐五年奏准，書差勒索平民，及例應拘提之案，索詐得贓，致斃人命，如本管官知情徇隱者，革職提問，未經致死，知情徇隱者，降三級調用。」

書手　即書記、書佐、書吏。輟耕錄「書手」：「世稱鄉胥為書手。報應記：宋衎應明經舉，因疾病廢業，為鹽鐵院書手，蓋唐時已有此名。」福惠全書，蒞仕部「看須知」：「如本衙門吏者若干名，書手若干名。」

書辦　即書吏、書記。稱謂錄「書史、書辦」：「明史，宦官劉瑾傳：文華殿書辦官張駿等改膽。」清國行政法汎論，文官仕途種類「吏胥之特別遷秩」：「吏胥者，謂各衙門之掌籍書案牘者，其稱呼不一而足，或稱書吏，或稱吏，俗又稱之書辦。」

書役　即書差、書記、書辦。清會典事例，吏部、處分例「書役」：「雍正八年議准，在外大小各衙門，有鄉紳奴僕承充書役者，該督撫轉飭該管地方官查明革除，取具並無宦僕充當書役印結，彙齊送部存案。」

書記　掌文書記錄等事，初爲官名，後轉爲慕賓與胥吏之別名。又稱書佐。魏時始見其名，唐元帥府及節度使僚屬有掌書記。事務紀原，撫字長民部「書記」：「漢書百官志曰：五公及大將幕府，皆有記室，掌表書記。續事始引魏志：太祖以陳琳阮瑀爲記室，文帝與吳質書稱，孔章章表殊健，元瑜書記翩翩，宋江夏王乃以丘源爲掌書記，而未以職名。唐開元元年，敕節度置掌書記，自後藩侯得自奏請也。又魏志：建安中，曹洪欲使阮瑀掌書記。」任昉：「齊竟陵文宣王行狀」：「謀出股肱，任切書記。」「注」向曰：「書記，謂文學之士也。」謝靈運：擬魏太子鄴中集「阮瑀詩序」：「管書記之任，故有優渥之言。」白居易「送令狐相公赴太原詩」：「青衫書記何年去，紅旆將軍昨日歸。」

書佐　初爲官名，演變至清代爲幕友與胥吏之別名。又稱祐筆，書記，漢代州刺史屬官有功曹書佐，又郡太守屬官典郡書佐，主文書。漢書「王尊傳」：「太守奇之，除補書佐。」後漢書「蔡邕傳」：「詫河內郡吏李奇，爲州書佐。」（繆全吉）

書佐

見「書吏」條。

書役

見「書吏」條。

書差

見「書吏」條。

書面問答 (Questionaire)

書面問答與訪問 (interview) 同爲社會科學研究中資料蒐集方式，其與訪問不同之處乃在其僅限於書面，而非面對面(face to face)之詢問與回答。在書面問答中，被詢者僅就有關問題做書面之回答，其回答之方式或僅就已擬定之回答選擇，或任由己意答覆，其不同則視書面問答之問題而定。另一方面，書面問答與訪問不同之處乃是書面問答之問題皆爲預訂，而訪問則有時由訪問者自由詢問。

一般言之，由書面問答所獲得之資料不若訪問所得之詳盡與正確，但是書面問答之優點却也不能爲訪問所及。書面問答之最大優點乃在可以大量應用，而不致消耗太多之金錢與時間，因之書面問答在政治學研究上之應用亦甚廣泛。（參看「訪問」條）（魏　鏞）

參考文獻：

Jahoda, Marie, et. al. Research Methods in Social Relations, 2 Vols, (New York, Dryden Press), 1954. (Chapter 6 Data Collection:The Questionaire and Interview Approach, And Chapter 20 Constructing Questionaire and Interview Schedule)

書記

見「書吏」條。

書辦

見「書吏」條。

格老秀斯 (Grotius, Hugo, 1583-1645)

格老秀斯是荷蘭人，原名 Huig de Groot ，生長在荷蘭德爾富特(Delft)的一個三代書香的家庭，九歲時便能夠用拉丁文寫詩，十二歲入來典(Leyden)大學攻讀，祇兩年便告畢業，十五歲赴法國，第二年修完奧良爾大學法學博士學位，乃回荷蘭做律師，三年後，受命爲荷蘭政府的國史編纂官，不久改任德斯蘭 (Zeeland) 檢察總長。一六一三年，他年方三十，以荷蘭代表身份前往英國，和英政府商議英國沿岸的荷蘭漁權問題，返國後任鹿特丹(Rotterdam)市市長。一六一八年，他被誣告破壞國教的罪名，琅璫入獄，幸得其妻設計營救，於坐牢二十個月後，便能夠越獄逃脫，留居巴黎，潛心著作。一六三一年，他再回荷蘭，原想長期定居，但因又有被捕下牢的危險，乃出奔漢堡(Hamburg)，避難兩年，於一六三四年入瑞典外交界服務，第二年任瑞典宮庭顧問兼瑞典駐法國公使，連續任這職位十年。他於一六四五年因病逝世，享年六十二歲。

格老秀斯著作極多，其中重要的包括拿捕論 (De iure Praedae Commentarius，這書於一六〇五年完成，但當時不印行，延至一八六八年才在巴黎出版）、海洋自由與荷蘭之東印度貿易權 (Mare liberum, Sive de iure quod Batauis competit ad Indicana Commercia dissertio, 1609）、釋明書 (Apologeticuseorum qui Hollandiae,1622)、平時戰時法(De iure belli ac pacis, 1625)、荷蘭現代史 (Annales et historiae de rebus Belgicis, 1637）、美洲各國人之起源 (De orgiñe gentium Americanarum, 1642) 等。其著述題目，廣及詩、宗教、歷史、政治和法律，可見其學問的廣博了。他在學術思想上的貢獻，以法律方面的爲最大。他在國際法上的造詣，至今猶爲世界各國學者所推崇。

自從宗教革命開始以後，基督教的團結遭受破壞，基督教的權威墜落，誰也不能再把教會的尊嚴、聖經的大義或任何神的啟示作爲法律的基礎，以同時拘束舊教徒和新教徒，又約制基督徒和非基督徒的統治者，所以格老秀斯重提基督教建立以前的傳統，強調自然法的重要，闡釋自然法的意義，說自然法是一切法律之母，把神法、教會法、羅馬法等和自然法分開，希望能夠爲基督徒、非基督徒、舊教徒和新教徒定下共同遵守的行爲準則。

自然法是甚麼？按照格老秀斯的意見，它是正常理智的宣示，它指出某行爲違反人的理性，在道德上是謬誤的，爲神所禁止的，也指出某行爲符合人的理性，在道德上是必需的，爲神所命令的。自然法像數學上的二乘二等於四，無需證明，只要注意，便可瞭解，其明顯的程度，和手可觸到的一樣，誰要否認它，就對不起自己。自然法出自神意，但神也不能改變它，因爲神不能使矛盾者不矛盾，或使原是罪惡的不是罪惡。不得佔取他人的東西，應該歸還他人的東西，必須履行由承諾而生的義務，必須賠償因過失而造成的他人的損害，應依法處罰罪犯，都是自然法的一部分。

自然法既是基本法，便成其他法律的骨架，從這骨架演繹出來的法律，便是意定法 (voluntary law)。自然法既然訴諸理性，則在科學或法律上，並不排除觀察和事實，所以各地可以根據觀察和事實需要，自定其不同的意定法，只要不違反理性，就可以改變意定法。

格老秀斯的自然法理論的價值，是它給予法律和政治一種指標和超經驗的價值，如正義、誠信、公平交易等，作爲判斷政治和實證法的施行結果。一般說來，他是柏拉圖主義者，視自然法爲一個理想 (idea)、一個模型，即令和事實不一致，也是有效。

格老秀斯對社會、國家和主權有下面的說法。第一、他認爲凡人生而有合羣的社會性，愛好在和平的有組織的有秩序的社會裡，享受合人性（即理性）的生活，即令不缺乏任何東西，也會發生相互的社會關係，都要維持秩序，這並不是由於功利慾，而是出自本性。第二、人類結合爲社會後，由於生活和文明的進步，以及共同的需要，便以明示或默認的契約來組成國家，所以國家是自由人爲享受權利而組成的最完全的社會，其目的是好的，主要是使人人財產安全、行爲誠信、交易公平、功得獎、過受罰。阿爾修雪士 (Althusius) 和洛克 (Locke) 等人說契約是限制政府權力的原始依據，霍浦斯 (Hobbes) 和史賓諾沙 (Spinoza) 等以契約論來辯護政府的絕對權力，格老秀斯則和其他許多人一樣，走中間路綫，不用契約說來支持人民反抗政府，也不用它來增加政府權力，只強調統治者和人民都受契約的道德的限制，法律和政府屬於道德範疇，國家不是武力的表現，而是倫理團體，這是自然法的原則，是人類理性的要求。統治者違反自然法的要求，人民可不服從。第三、主權是一種不受國內國外法律限制的權力，不因他人的意志干涉而無效，可由國家本身享有，也可依憲法規定歸一人或少數人的政府，人民可以放棄它，把它交給政府，放棄後便不得收回。人民爲防止受害，固有反抗政府的權利，但國家爲維持公共秩序起見，也可以限制人民的反抗。主權可因征服或移轉而取得，因放棄而喪失。主權不由神意產生，獨立於神意之外。

格老秀斯在國際法上的最大貢獻，是他的規範主權國家關係的觀念。他認爲國家像個人，也構成一種社會，同受自然法的拘束。某種國家行爲，如果符合人類社會不可少的基本道德原則，便符合自然法，如果所有或許多文明國家的行爲，爲許多國家在不同的時間空間裡遵循，這些行爲便是出自自然法的。發現自然法的前一方式是演繹法，後一方式是歸納法。格老秀斯說，規範國家行爲的法律，除自然法外，還有意定法，意定法以國家的同意爲基礎，其同意或爲明示的，如在條約中的表示，或爲默示的，如在習向或習慣中的表示。無論是明示的或默示的同意，都發生拘束力，所以萬民法 (Jus gentium) 是意定法。意定法如果和正常理智的宣示一致，便和自然法混合了，混合後就是自然法的表示，如果和自然法牴觸，則自然法有效，意定法無效，因爲自然法是基本法，意定法可因各國習慣而不同，其權威在基本法之下。

格老秀斯寫平時戰時法一書的時候，三十年的宗教戰爭（一六一八—一六四八）正在進行。在當時，各國可以隨意發動戰爭，戰時又任意屠殺，不顧神法或人法，那種殘忍、悲慘、毫無人道的情景，眞是令人目不忍覩。所以格老秀斯訴諸自然法，並且以上述前提爲基準，逐一探討分析國家行爲問題，尤其是戰爭問題，例如戰爭能否符合正義？如果有正義的戰爭，其基礎爲何？誰有權利發動戰爭？在戰爭中，那些行爲是合法的？他要根據自然法來解答這些問題。他雖然認爲自然法是明眼人一看可見的，但他爲了向世人證明自然法的定則起見，仍儘量敍述歷代哲學家、詩人、歷史學家、政治家的見解，引經據典，既用各家理論，又據各國古代習慣，以證明正義戰只有三種：一是自衞戰爭，二是恢復國家的戰爭，三是懲罰的戰爭。他跟着說明，這三種戰爭固然符合自然法，但最好是防止戰爭發生，而防止戰爭則有賴於國際衝突的和平解決，國際會議、仲裁和抽籤，則是和平解決國際衝突的有效方法。他並且討論自衞權、財產保護權、財產所有者的義務、損害賠償、承諾、誓言、條約、使館設置、罪犯懲罰、國家的權利和責任等問題，提出他精闢獨到的見解。

格老秀斯在平時戰時法一書中，表示了新的法理思想，把國家的正當和不正當行爲，從學術的抽象討論，變爲具體的論述，使籠統的原理成爲規則，清楚地指出國家於何時有權利向他國提出公道的請求，說明各國有怎樣的權利和怎樣的責任，務求大家和平相處，過理想的國際生活。格老秀斯不是討論這些問題的先驅，但是，對這些問題作系統的討論，同時討論全部有關問題，而且具有進步思想者，他確是第一人。他做了非常重要的建設性的工作，他的許多主張很快就獲得廣泛的接受，由許多國家採納遵行，所以他取得了國際法鼻祖的美名。（陳治世）

格林（Green, T.H., 1836-1882）

英國的唯心主義者，其政治哲學淵源於希臘，亦頗得力於盧梭及德國唯心論者的著作。簡略的說，格林的思想，乃是個人主義之反動，它代表崇拜國家觀念的再度擡頭。

格林謂國家目的在實現倫理方面的價值，個人權利唯有在道德規範之下始受尊重，換句話說，國家可以干涉個人不道德的生活，其權力的行使，可視爲權利與自由的保障。格林並不諱言個人的道德生活或許會受到國家的非法干涉，但如果個人因而反抗國家，則不免破壞秩序，亦即破壞其他個人倫理生活的保障，故格林強調服從的意義，認爲國家若未違背公認的道德規範，個人總應當無條件的聽從國家的號令。

雖然，格林不曾將國家主權帶入極端境界，他肯定個人權利的餘地，主張國家行爲應以袪除自由的障礙爲限，且以保護私有財產爲國家的主要職責。然而，由於格林否認了個人倫理生活遭受干犯時的抗議權利，遂使他政治理論中的自由色彩，成爲浮光掠影，不切實際。概括的說，格林的政治思想，可說是功利主義（utilitarianism）與以德國學派爲脈絡的新唯心主義之混合。（謝延庚）

核心內閣

見「戰時內閣」條。

校尉

武官名，漢置中壘、屯騎、步兵、越騎、長水、胡騎、射聲、虎賁凡八校尉，秩皆二千石，各有丞及司馬（漢書百官表）。其中壘蓋漢初北軍屬之，餘則武帝增置，諸校均掌屯兵以備宿衞（補漢兵志）。東漢廢中壘，胡騎併爲長水，虎賁併爲射聲，八校省爲五校，秩比二千石（後漢書百官志）自後五校之名歷代因之。按魏晉猶領營兵（晉書職官志）然委任漸輕，雜號滋多，類以宗室爲之，或以爲崇勳之位，非皆征伐之任。比及隋唐，乃以爲武散官，清制，武官八品以下爲校尉，位次騎尉。此外，漢時置城門校尉，掌京師城門屯兵，其屬有司馬及城門侯。又置司隸校尉，領中都兵持節督捕姦猾，後罷兵察三輔三河弘農七郡，則其職司實以監察糾舉爲主（參看漢書百官表）。東漢除糾察百官外，並主一州治畿輔七郡，如州刺史，是爲中央監察官更兼地方行政長官，不涉武官職事（後漢書百官志及注引蔡質漢儀）。又校尉之鎭戍邊地以護蠻夷，亦自漢始，如戊巳校尉，護烏桓校尉，護羌校尉等皆是，晉及南朝，其名尤多，後每就之省改爲刺史，或由刺史兼領，則係中央武官出任地方首長性質。（杜奎英）

浮爾巴哈（Feuerbach, Ludwig）

浮爾巴哈（正譯爲「佛耶巴赫」），名「路德維希」（Ludwig Ancreas），一八○四年七月二十八日，生於德國南部白崙（Bayern 英文 Bavaria）邦的蘭支胡特（Landshut）城。其父安塞姆・佛耶巴赫（Anselm Feuerbach），爲有名的法學家，對德國刑法和刑事訴訟法的改良，很有貢獻。路德維希是他第四個兒子，甚爲聰穎。浮氏一門好學，世代書香，在學術上多有成就。

路德維希早年信仰宗教，十九歲時（一八二三年），入海德堡（Heidelberg）大學，從其師卡爾・達布（Karl Daub）研究神學。達布爲黑格爾（Hegel）派人，故亦受黑格爾思想的影響。時黑格爾正執教於柏林，浮爾巴哈不顧他父親的勸阻，決心往從其學。由一八二四至一八二八年，他致力於黑格爾哲學的研究，拳拳服膺，成爲黑格爾學說的左派。一八二八年，他畢業於爾蘭根（Erlangen）大學，以「論理論的統一性、普遍性和無限性」的拉丁語論文，取得博士學位，並任該校哲學講師。其後他匿名發表「關於死與靈魂不滅的思想」一書，說人的思維爲普遍永久的存在，個人的肉體一死，人格即隨之消滅，惟人類全體及其精神是不朽的。他這種意見，與當時的神學及耶穌不死的信念牴觸，爲人發現那書是他著的，除被政府沒收外，學校亦不敢復請他擔任教職。終其一生，由於思想傾向於無神論及唯物論，故無論如何飽學，卒不得進大學之門重執教鞭，而與世隔絕。

一八三七年，他三十三歲，與珮玳・呂芙（Berta Löw）小姐結婚，很有幫助。珮玳小姐爲布魯克堡（Bruckberg）一家瓷器工廠的股東，薄有資產，對他非常體諒。婚後，他定居珮玳的故鄉——布魯克山莊，度恬靜幸福的生活，達二十五年之久。一八六○年，因其妻工廠倒閉，經濟破產，生活亦陷於困境，不得不遷居倫堡（Nünberg）附近一個小地方，過貧苦的日子，幾乎饔飧不能自給。一八七二年九月十三日病逝，葬於倫堡的約翰公墓，享壽六十八歲；一說他是一八七三年四月以肺炎去世。遺女一，晚年曾篤信社會主義，參加社會運動，並加入爲社會民主黨黨員。

浮爾巴哈的思想，可分爲兩個階段：其一是由神學到黑格爾哲學，其次是由唯心論進至唯物論。費氏因受家庭環境和時代的影響，其初信仰宗教，研究神學，後因傾慕黑格爾，往習哲學，服膺唯心論的思辨理論。那時，他認爲精神或理性是構成世界的基礎，概念爲事物的本質，精神生活的最高表現，如藝術、宗教、科學等，表面雖是人爲的產物，實則其內容是以「絕對」爲動力，屬於神的目的或神的事業。其後他的思想改變，便以爲黑格爾哲學是從康德（Immanuel Kant）、菲希特（Johann G. Fichte）發展而來，爲近代哲學的極致，今後哲學的任務，必須加以批評，打破其全部體系，重新有所樹立。他的「黑格爾哲學批判」（一八三九年）與「未來哲學的根本原則」（一八四三年）二書，即因此而作。

在他看來，黑格爾以「絕對精神」爲宇宙的本體，「自然」只是其邏輯發展的表現，是不切實際的。『思維與存在，邏輯與自然，是一種什麼關係呢？……邏輯由其本身，只知道有思維；至於說另外還有一種原素，還有「自然」、還有「存在」存在，是不能從邏輯上演繹出來的』。自然是甚麼？他說：『自然界就是人所認爲不屬於人，而從自己分別出去的一切感性力量與本質之總和；自然界就是非從人手、人意和人的決定產生出來，反而感性的成爲人類生活基礎和對象之一切事物』。人是受動的，自然界則影響人、刺激人，先於人而存在，不由人所創造。因此，自然界是人的基礎，較高者以較低者爲前提。人是物質先於精神，無意識先於意識，感性先於理性，情慾先於意志。假如這世界是眞實的，則神僅爲一個幻夢，存在於人的思想和想像中。由神導引世界，精神產生自然，皆爲邏輯的遊戲。這是他的宇宙觀，也就是唯物論。

惟其如此，所以他把超絕的東西，排除於學問之外，將神學還原爲「人學」，不依純粹邏輯，用思維的辯證法運動產生智識。他使一切超自然的事物，經過人，回復到自然界來，而使超人的事物，經過自然界，又回復到人來。任何智識，只有經過感性，主體纔能接觸客觀的實在。對象要眞正爲人所知，必須通過感官，而非專靠思維。『直接智識之祕密，就是感性』。『我們藉感官爲媒介，以達到理智——感官刺激人去思想，但却不是從感官獲得理智。感官替我們提出疑謎，却沒有解答疑謎拿理智給我們』。人們如果把思維去掉，則感官的對象，只是一些無意義的圖畫和符號』。浮爾巴哈的認識哲學，雖然注重感性，却並不是庸俗的感覺論，沒有忽視思維的重要。

依他的意見：認識論之所謂「感性」，也就是「人的概念」。這個「人」，不是只能思想的東西，非純粹概念的機器，而是眞正實在的、整個的，有眼、有耳、有手、有腳，爲理性的主體。能思想的是人，並不是「我」，也不是理性。人就是自我意識，哲學上思維與存在的統一，必須以「人」爲基礎和主體，纔有意義。『人的神不是別的，正是人的本質之經過神化者，因之宗教史或神史不是別的，也正是人的歷史』。神的性質，就是從感性直觀抽象出來的自然界；人由自然界所得的印象，用「神」這個名詞將它客觀化，代表其所認爲最高的勢力、最高的本質，即最高的感情、最高的思想。哲學以人爲出發點，而人是包含在彼此的統一和交接中，絕不是孤立的個人。「我」與「你」是不可分的，彼此互相依賴。我對自己來說，是「我」；同時對他人或他物來說，又是「你」。「我」與「你」同樣是實在的。由「我」、「你」而「他」，便引出全類。故實在的概念，即托根於整個「人」中，不僅在感覺和感情內，同時亦在愛中，表現得明白。我覺得我是依賴世界而存在的，因爲我先依賴他人而存在。我獲得「世界」的意識，是經過「你」的意識間接介紹而來。我與你都能存在，而不互相妨害。這種「類」的實在，是感情上的事實；沒有類，愛是不可想像的。他提倡「人學」，就是要把每個人在感情上承認的事實，表現爲理論上明白的意識。

在「宗教本質講演錄」中，他說：『我的這個學說，總括一句話，就是：神學就是人學』。他說：『我的全部著作，可以分成兩個部分：一部分是以哲學爲對象，另一部分則特殊的以宗敎或宗敎哲學爲對象。屬於第一部分的是：我的「近代哲學史」（從培根到斯賓洛莎），我的「萊卜尼茨」，我的「貝爾對於哲學史和人類史的貢獻」，我的哲學批評和哲學原理。屬於第二部分的是：我的幾部關於「死和不朽的思想」、「基督教本質」，最後「基督教本質一書的註解及補充」。我的著作雖然這樣分成兩個部分，但嚴格說起來，却只有一個目的、一個意志和理想、一個主題——這個主題，恰好就是宗教和神學及與之有關的事物』。「宗教本質演講錄」一書，是一八四八年冬，他應海德堡大學學生之請所作的講演，於一八五一年春，以他的「全集」第八卷發表。從此以後，直到他死，只寫過「神史」一書出版。他說：『我不要寫其他的文章，我死後，除了「宗教本質講演錄」和「神史」外，也不要遺留其他著作以爲人類的紀念』。於此可見其重要。

爲他改編「全集」的約德爾（Friedrich Jodl），在「浮爾巴哈的哲學」一書中說：『「宗教本質講演錄」纔把他的宗教哲學思想和自然哲學思想綜合起來，而且許多方面，可以代表他整個世界觀的成熟形態』。他在該書末尾，簡要說明其人學的主旨是在：『否定天堂，就必須肯定今世；否認天上將有一個更好的生活，就必須要求改善地上的生活，必須將更好的未來生活，從那祇手靜待的信仰對象轉變爲義務，爲人類積極活動的一個對象。……人類的命運，不是依賴於人以外或以上的甚麼東西，而是依賴於人類自己；相信人的唯一的魔鬼就是人，就是野蠻、迷信、自私和兇惡的人；人的唯一的神，也就是自己』。因此，他要使人『從神的朋友變爲人的朋友，從信仰者變爲思想者，從祈禱者變爲工作者，從基督敎徒變爲人——爲完全的人』。這是一種積極的哲學，爲人類思想的革命。

馬克斯（Karl Marx）受他思想的影響，故由黑格爾的信徒變成唯物論者。所不同的是：浮爾巴哈反對整個黑格爾的哲學，連唯心論和辯證法在內；馬克斯則保留其辯證法，而否定了唯心論。浮爾巴哈雖未參加德國十九世紀的革命，晚年却傾向於社會主義。其著作經他本人生前整理爲「全集」出版者，有十卷；後於一九〇三年，又經約德爾與波林（Wilhelm; Bolin）二人，增編整理爲「新全集」出版，以紀念浮氏百年誕辰，仍爲十卷，有各種文字的譯本流行於世。（張益弘）

參考文獻：

約德爾著「浮爾巴哈底哲學」（一九〇四），

浮爾巴哈著「黑格爾哲學批判」（一八三九年），

浮爾巴哈著「基督敎的本質」（一八四一年），

浮爾巴哈著「未來哲學的根本原則」（一八四三年），

浮爾巴哈著「宗教本質講演錄」（一八五一年）。

海地（Haiti）政黨

一八〇四年一月一日獨立，乃拉丁美洲唯一由黑人統治之國家。其政治組合爲：社會中堅、羣衆、農民團體、工會、商會、與陸軍，無政黨之存在。該國憲法頗具歐陸傳統，對個人自由規定甚詳，總統任免一切非選任之公職，不必立法機關之認可。其向國民議會提出之法案及預算案，例多照案通過，絕少修改。

一九五〇年以前總統係由立法機關所選舉，其後則改由選民普選。原定任期六年，不得連選連任。惟一九五七年九月選舉所產生之總統杜威耶（Duvalier）除於一九六一年當選連任外，而一九六四年五月立法院所批准之新憲法並認可杜氏為終身職。杜氏於一九六一年三月廢除兩院制之立法機關，及選舉一院制之立法委員。一九六七年二月立法院改選。杜氏之政治工具乃以國防軍與國民兵為主。並建立全國秘密警察網，而以電台、報紙、與教會之工作網為宣傳之武器。（談子民）

烏干達（Uganda）政黨

烏干達(Uganda)原為英國屬地，於一九六二年十月九日始獲獨立，現有下列數黨。

㈠烏干達人民議會黨（Uganda People's Congress)：烏干達人民議會黨成立於一九六〇年，由烏干達人民聯盟(Uganda People's Union)和烏干達國民議會（Uganda National Congress)之分裂派合併而成。該黨主張不結盟政策，力圖維持統治階級者之地位。現約有黨徒五十萬。領導人為爾頓奧波德（Apollo Milton Obote)現出任烏干達總統；該黨主席約翰巴比哈(John K. Babiiha)任副總統。

㈡民主黨（Democratic Party)：民主黨成立於一九五三年主張國家主義不分種族與階級。主要成員為羅馬天主教徒，為一溫和派政黨，一九六七年大選中獲國民議會六個議席，領導人為奇瓦奴卡（Benedicto Kiwanuka)。

㈢卡巴卡雅卡黨（Kabaka Yekka)：該黨成立於一九六一年，其目的在保護卡巴卡族之地位。（袁頌西）

烏托邦（Utopia）

英人謨爾（Thomas More, 1478-1535）于一五一六年出版烏托邦(Utopia)一書分上下兩卷，上卷暴露及指責英國當時政治之腐敗社會之罪惡，下卷則描寫其理想的社會，即假想的島國，包括五十四個市鎮的烏托邦，其幅員形態類似希臘的城邦國家，政府採取代議的民主制度。烏托邦之最基本制度為私產廢除，全國共產；男女老幼每日工作六小時各盡所能各取所需，不設貨幣。但謨爾主張保留家族制度，此與柏拉圖相異，因謨爾所指點的目標與現實相差甚遠，「烏托邦」乃成理想或空想主義之代名詞，謨爾亦被稱為「烏托邦主義之父」。然烏托邦亦不乏實在主義，謨爾承認戰爭、犯罪、奴隸制度等等之存在。（張旭成）

烏托邦主義（Utopianism）

繼謨爾之後，歐洲從十七世紀兩百多年間產生許多烏托邦論者；此輩之理想深受當時新天文，新地理，新科學，新經濟及種種新事物之影響。較著名的有：

培根（Francis Bacon 1561-1626）所著的新西國（New Atlantrs 約完成於一六二三－一六二九之間）提供科學研究揭發大自然之奧秘而改良人類之生活。篇中描敍假想的 Salmon's House，有深逾數里之洞，有高聳雲端的塔，有驗光室，試音所，機械廠，陳列館等。德人安德累雅（Ehann Andrae）之耶教都（Christranopclis），暗示都市設計，技術統治及國家及教育與從事科學之發展工作，英人哈林頓（James Harington 1611-1677）之大洋國(Ocena, 1656 年出版），主張秘密投票，間接選舉，官職輪流及兩院國會，分負討論與表決之任務。奧文（Robert Owen, 1771-1858）之「新社會觀」（一八一三）及「工廠改革六案」（一八一五）提倡工人生活福利教育，減少工作時間，禁止十歲以下童工。

上述烏托邦主義者或偏重社會經濟制度如謨爾，奧文，或重視科學之發展，如安德累雅與培根，或集中討論新政治原則及制度，如哈林頓，然其重視「應然」（ought to be）及指出人類奮鬪目標則一。此輩論點在當日因多為空想，然則其中建議對後世影響甚鉅，多數已受採用。（張旭成）

烏拉圭（Uruguay）政黨

十九世紀時乃自由與保守兩黨抗爭之局，肇端於一八三五年之內戰。政制特殊，承認黨中派系，對政黨之依附乃出於傳統之忠誠，而非基於政綱。現雖仍由傳統性之政黨執政，惟不再以兩黨為限，且各黨組織健全，今非昔比。

㈠自由黨：乃一中間偏左之團體，執政九十餘年。當柏特利於一九〇三年擊敗保守黨出任首次總統，久達一世紀之國內鬪爭為之終止。柏氏主張政治重於經濟，致力各種進步之社會立法，及良好制度之建立。非但指揮自由黨，並對該黨之制度化貢獻甚大。柏氏雖死於一九二九年，惟烏人迄今仍受其賜。一九六六年十一月之總統選舉，黨人德義爾（Daniel)當選。倡議進步之勞工立法，企業國有化，政教分離，與美洲國家密切合作。黨員以都市中各階層人士為骨幹，而支配勢力之柏特利主義者復分為十大派。

㈡保守黨：乃一中間偏右之組織，政策保守。一九二〇年部分人士另組急進主義保守黨，一九三〇年再度分裂，鴻溝甚深。一九五四年更分裂爲阿爾柏托與阜南狄節兩派。一九五八年首次達成黨內聯合，以致贏得該年之選擧。其後阜南狄節與拉銳達等領導之團體復聯合組成民主人民聯盟（UBD），惟仍受保守黨之統轄，再度贏得一九六二年之選擧。該黨以地主爲骨幹，並以農業地區爲基礎。現分民主人民聯盟與農村主義者兩派，前者以皮納狄斯爲首腦，後者以巴德柏銳爲主席。

㈢各小黨　駱追勾資領導之基督教民主黨，佛羅里斯之基督教公民運動，復洛哥尼之社會主義運動，白覺之社會主義黨，及阿銳斯門第之共產黨，均甚少獲得選民之支持。（謬子民）

特別委員會

見「委員會」條。

特別推理 (Ad Hoc Theorizing)

根據社會科學家之說法，原理（theory）係指一套假設（hypothesis）表示出事物關係者。原理存在之目的乃在引導研究（research）走入正軌，同時易於發現、分類或歸納各項要素，進而從事實際之實驗工作，以證明原理本身之正確與否。

從這一定義也可以很容易發現「推理」（theorizing）之含義，簡言之，推理乃是根據一般之觀察或經驗，對欲加研究之現象或事物間之關係，用一連串之假設加以表示，換言之，卽做成原理之這一程序卽爲推理。

一般言之，推理乃一切科學研究之基本工作，而科學研究乃在對某一類之現象或事物求取一般性之原理原則，雖然如此，科學家却也有時爲了特別之目的，或特定之事物而做特殊之推理，此種爲特殊目的或事物所做之推理卽爲特別推理。（魏　泰）

特赦 (Pardon Power)

見「大赦」條。

留守

㈠天子巡幸出都，置重臣防守京師曰留守。史記「越世家」：「與太子留守。」史記「呂后紀」：「呂后年長，常留守希見上。」後漢書「張禹傳」：「和帝南巡，禹以太尉兼衛尉留守。」

㈡唐以後官名，至宋以親五大臣總轄留守事，置於西南北三京，掌宮鑰及京城修葺等事，以知府事兼之，遼金元從其制，明亦置中都留守司，統鳳陽等八衛，以防護皇陵。至清廢。民初，以辦理南方軍務善後事宜，嘗置南京留守，後廢。

㈢天子行幸中，守宮禁之官。

儀制令：「凡車駕巡幸及還，……留守者不在辭迎之限。」（繆全吉）

祖父條款 (Grand-Father Clause)

祖父條款爲美國南方各州限制黑人選擧權的方法之一。它包含兩個要點：第一、嚴格規定取得選擧權的教育條件或財產條件，使大多數黑人無法取得選擧權；第二、規定凡在一八六六年或一八六七年以前（卽再建法Reconstruction Act 通過以前）已取得選擧權者及其子孫，一律可取得選擧權，無須具備上項的教育條件或財產條件。由於這一條款的規定，白人因其祖先在一八六六年或一八六七年以前已有選擧權，縱使其爲文盲或無財產，也可當然取得選擧權。反之，黑人在一八六七年的再建法及一八七〇年的憲法修正第十五條尚未通過以前，根本沒有選擧權，所以必須具備嚴格的教育條件或財產條件始得獲取選擧權。南加羅林納州憲法於一八九五年首先採用，其後其他南方各州相繼仿之。但自俄克拉荷馬州憲法中的祖父條款爲聯邦最高法院在 Guinn V.U.S.（1915）一案中宣告違反憲法修正第十五條之後，南方各州現已停止採用。（袁頌西）

祖先崇拜 (Ancestor Worship)

祖先崇拜是把一個人已故的祖先，或可取祖先的地位而代之的人，或家長視若神明，用崇拜神明的方法和態度來崇拜他。在這種習俗之下，一個人死了之後，就認爲已參加他的家族鬼神之列，雖然死亡並未改變其人的性格，但這無礙於他的享受崇拜。他可以向他的後裔顯現，也可以化身轉世。這種祖先崇拜的習俗並不普遍，在原始民族中，只有非洲的班圖黑人（Bantu Negroes）

和糜那尼西族（Melanesian Tribes）有這種習俗。在美洲只有古代的秘魯人和帕布羅印第安人（Pueblo Indians）有這種習俗。在文化很高的民族中，只有中國人和日本人是崇拜祖先的。而日本人的祖先崇拜還是從中國學來的。因此之故，有人想把祖先崇拜與某種經濟組織或某種家庭生活方式聯在一起，說它們有必然的關係，這是不可信的。又有人說中國的文化停滯，是受了祖先崇拜的影響。這也不無可疑，因爲日本人也崇拜祖先，而日本的文化進步並未因此而停滯呢。（陳世材）

神話 (Myth)

此本爲人類學上所用之一名詞。指自原始社會所代代相傳，關于某某神的的故事，藉以說明宇宙之創造與人類之由來。此種故事，有時亦涉及某人某事，惟多半無事實根據，或爲幻想的，或爲虛構的，故謂之神話。研究人類學者藉此以解釋人類文化之如何傳播，並重視神話在原始社會所發生之功用，認爲其雖爲虛構與迷信，但在當時實爲形成集體信仰與維持社會道德不可缺少之準繩。此一名詞之用于政治學上，乃由研究政治思想與哲學者，將其含義擴大範圍，包括人類對于整個宇宙與價值所懷之觀念。最著名者爲：R.M. MacIver 於其一九四七年所出版之 The Web of Government 名著中，首先使用此一名詞以說明其所倡導的科學的價值相對主義（scientific value relativism）。彼認爲凡人類不能以科學證驗與超乎技術以外之一切文化創造，尤其是在價值方面，凡爲人類所認爲含有價值信仰與觀念，而屬于科學智識以外之價值系統，皆可用「神話」一詞名之。蓋彼將此一詞予以中性化（neutral use），撇去其迷信之一面，力主價值是超科學範圍，無法判其眞僞，是以只好用「神話」形容之。自此一詞用于政治學後，研究民意者，進而認爲某民族文化之神話對于該民族民意之形成關係甚大。民意之內容多半受神話之影響，蓋人類之信仰乃人們對于某些想像之事實所作之解釋。神話雖無事實根據，然代代相傳，終爲人們所接受而成爲人民之信仰。此種根深蒂固之信仰；在民意形成之過程中自發生極大之作用。（見 C.C. Rodee 所著 Introduction to Political Science, 1957）（王世憲）

秘書令

官名，後漢桓帝延熹二年，始置秘書監一人，掌圖書秘記。後省。魏武帝又置秘書令，職掌秘要文書；「典尚書奏事」（晉書職官志）。文帝黃初初，分秘書，立中書，「以劉放爲監，孫資爲令，遂掌機密」（三國志魏書劉放傳）。而別以他官領秘書監，專「掌藝文圖籍之事」（通典職官）。（芮和蒸）

秘密投票 (Secret Voting)

選舉人投票時，不公開表示其意向，使一般無從得知其投票給誰者，稱爲秘密投票。早期的秘密投票，係採取單記名投票，即選舉人只塡寫被選舉人姓名於選票之上，而不具投票人自己姓名，可是此法仍有洩密可能，蓋選票上旣留下投票人筆蹟，則他人可由筆蹟推測誰爲投票人。一八五六年，澳大利亞投票法（Australian Ballot）補救了這個缺點，該投票方法係由政府先印妥候選人名單，投票人只須就所支持的人選在名單上作一定記號，而不留任何文字痕跡；且選舉人投票處，爲一投票布棚（polling booth），無慮他人窺視，故最能保密。後來歐美各國相繼採行此一投票方法。晚近美國各州，紛紛採用「投票機器」（voting machine），選舉人進入布幔深垂的獨室之後，只須將機器手把移向所鍾意之候選人，機器即自動記錄其投票結果，更能達到秘密投票的要求。（謝延庚）

秘商會 (Caucus)

秘商會是早期政黨的組織。這一名詞通常是指黨內少數領導人物依據黨的規章，爲考慮黨的組織及政策等問題的集會或小團體。

這一制度最早出現於殖民地時期後半期的美國波士頓（Boston）。當初這一名詞在人們心目中的含義不佳，而把它視爲在幕後操縱提名選舉的小團體。在美國獨立以後，此一制度曾用作爲提名各級公職候選人之用。在一七九三年以後，州長候選人的提名，即由在州議會中有黨籍的議員所組成的「議會秘商會」（Legislative Caucus）所行使。某些選舉區如在州議會中無代表者，即由該區政黨領袖代表出席，此稱之爲「混合制秘商會」（Mixed Caucus）。在聯邦，於一八〇〇年至一八二四年之間，兩黨的「國會秘商會」（Congressional Caucus）也行使同樣的職務，即黨的總統，副總統候選人，皆由有黨籍的國會議員集會提名。這一制度因其不夠民主，現已由代表大會制與直接初選制所替代。

在英國，這一名詞於一八七六年是指採用委員會制的政黨組織。其起源與自由黨領袖約塞•張伯倫 (Joseph Chamberlain) 在北明翰(Birmingham)所設立的「北明翰秘商會」有關。該一組織是一競選委員會，曾爲該黨在一八六五年大選中贏得北明翰地區三個議會席次。

法國學者杜佛息(Maurice Duverger)則認爲政黨的組織，不論其名稱爲何，只要其組成分子僅限於少數有影響力的人士，而不對群衆開放，其首要目標放在贏得議會席次之上，其活動有地域性並有季節性，以及組織與組織之間的聯繫相當薄弱者，皆得以「秘商會」稱之(M. Duverger, Political Parties, London: Methuen Co., 1964, pp. 17-18.)。在這一界說之下，不但美國兩黨的地方組織，英國的保守，自由兩黨的組織，甚至英國工黨與法國激進社會黨(French Radical Socialist Party)的地方組織均可包括在這一類中。（袁頌西）

秘魯 (Peru) 政黨

秘魯軍事政變迭起，政黨林立。而政黨特爲個人主義之工具，許多小黨僅作一次選舉上之安排，曇花一現，頓告消失，其中並多左傾。國際性政黨爲憲法所禁止，故共產黨與人民黨均曾多次被宣布爲非法。

(一)人民黨(PAP)：乃一中間路線之政黨，反對共產主義與帝國主義。已保持卅餘年有紀律之組織，惟長期被迫從事地下活動，故結合力甚強。以沿海各大都市爲根據地，諸如利馬、克勒窩、與覺吉羅。而以有組織之勞工與知識份子爲主力。主張由美洲國家共管巴拿馬運河及改善印第安人之命運。領袖赫亞(Haya)足智多謀，著作甚多，爲一國際性人物，曾被放逐，於返國後更吸收數以萬計之黨羽。黨人阿柏托 (Alberto) 於一九六三年當選參議長。

(二)大衆行動黨(AP)：乃一中間偏左之政黨，由強烈之改革主義運動者所形成。爲中產階級及左傾主義者所支持，以專門職業人士爲骨幹。領袖探銳(Terry)及柯悅里斯 (Corrales) 於一九六三年當選總統及第一副總統。一九六八年十月爲軍事政變所推翻。

(三)阿追亞主義國民聯盟(UNO)：阿追亞將軍於一九四八年領導陸軍奪取政權，一九五〇年七月當選總統並控制國會，乃組織政黨，致力發展公共工程、充分就業、與各種社經改革，以致社會繁榮，政治安定，民多思慕，執政凡六年，爲該黨之領袖。

(四)秘魯民主運動(MDP)：乃一浦拉多(M. Prado)個人主義之政黨，以溫和爲特色。浦氏於一九三九至四五年爲總統，一九五六年再度當選。該黨與人民黨常相合作，有時並掛上後者之招牌。時至今日，民主運動日漸消失，領袖狄璋 (Tizon)。

(五)基督教民主黨 (PDC)：乃一中間偏左之政黨。主張：自由主義、社會正義、與經濟改革。雖以基督教民主運動爲基礎，惟未獲教會有力之支持。一九六三年與大衆行動黨結盟，故黨人鄔甲狄契 (Ugarteche) 當選第二副總統。主席蔡偉節 (Chavez)。

(六)共產黨：從未提名公職候選人，與國家解放陣線關係密切。領袖喬治浦悅多(J. Prado)親莫斯科，馬席多(Macedo)親北平。

(七)國民解放陣線：乃一大衆陣線之組織，親共反美。領袖伊勾斯奎聞 (Equsquiza)。

(八)印第安人社會聯盟：乃一甚小之左翼政黨，成立於一九六三年。領袖波角(Boggio)曾參加一九六三年之選舉。（談子民）

租庸調

唐代之三種徵稅法，即稅土地爲租，役民夫爲庸，課家業爲調。租以粟，調以布帛上納之，德宗時其法大敝，建中間乃改用兩稅法，而廢。唐書「高祖紀」：「二月乙酉，定租庸調法，令文武宗終喪。」又「食貨志」：「租庸調之法，以人丁爲本。」資治通鑑「唐紀」：「高祖武德二年，初定租庸調法，每丁租二石，絹二匹，綿三兩，自茲以外，不得橫有調斂。注：租庸調之法，以人丁爲本，梁陳齊周，各有損益，唐制：凡授田者，丁歲輸粟二斛、稻三斛，謂之租丁；隨鄉所出，歲輸絁二匹，綾絁二丈，布加五之一，綿三兩，麻三斤，非蠶鄉，則輸銀十四兩，謂之調；用人之力，歲二十日，閏加二日，不役者，日爲絹三尺，謂之庸，有事而加役二十五者免調，三十日者租調皆免，通正役不過五十日。」（繆全吉）

索列斯堡的約翰 (John of Salisbury ,1115-1180)

在中世紀教權與王權的爭執中（參看「巴黎的約翰」條），索列斯堡的約翰是教權的擁護者。

約翰在公元一一一五年生於英國的索列斯堡，約於一一三六年赴巴黎求學，大約於一一五〇年被任命為坎特布里（Canterbury）大主教的秘書，擔任對外交涉和政治性工作。他曾數赴羅馬及其他各國首都。一一七六年他晉升主教，一一八〇年去世。

約翰的名著政治家書（Policraticus）成於一一五九年，是英國第一部有系統的討論政治原理的書。他雖生於封建時代的高潮，卻極少提及封建制度，而專重於羅馬時代的國邦觀念。他認為國和人一樣是有機體。國王是頭腦，元老院是心臟，地方首長則擔任眼、耳和舌的功能，一般士兵如雙手，農夫工人如雙腿……。但整個身體的主宰是靈魂，就國邦而論其主宰則為宗教。因此教會居於最崇高的地位。君主雖是國邦的首腦，其權力和責任皆由上帝所賦與。

索列斯堡約翰認為法律是人類社會中普遍存在的環節，包括統治者與被治者關係在內，故國王與國民均受其拘束。他認為法律是神的衡平與正義的解釋者，而君主不過是公益的維護者和衡平的僕人而已。除法律和衡平所強制和應公益的需要外，君主不能獨立處理公務。他的行事只能根據上帝的意旨。懲罰和強制之權原屬於教會，教會認教士不宜於行使該權，故付之於君主。索列斯堡的約翰又是中世紀第一個主張人民可以處決暴君的學者。暴君與國王的區別在於前者以力服人，後者依法為治。他認為暴君一向都會遭到惡報。這種報應有時是上帝直接懲罰，有時借一自然人擔任。因此，他認為誅殺暴君的人是上帝的使者，其行為得到神的贊助。

索列斯堡的約翰對當時的教會也有嚴厲的批評。他指責教會和牧師貪婪、欺詐、爭權、且不同情於受難者。他認為宗教的暴虐比世俗的暴政更可惡。

總之，索列斯堡的約翰的政治思想有兩大支柱：一是君主附從於教會；一是正直的統治者和暴君的區別。這對歐洲中世紀的政治思想都有很深的影響。（張京育）

索馬利亞（Republic of Somalia）政黨

索馬利亞共和國（Republic of Somalia）係合併前意大利的委任統治地（Trusteeship Territory）與英屬索馬利亞而成的，建國於一九六〇年七月。該國為一多黨國家。其主要政黨如下：

㈠索馬利青年同盟（Somali Youth League）：該黨於一九四三年創立後，即組織政府。該黨的成立可謂是索馬利亞全國各地之大聯合。就其目標而論，對內主張消除該國部落間的界限與宗教糾紛，並厲行國家主義，維持內部安定。對外則為爭取外援。一九六四年大選時獲國會議席六十九席（總數是一二三席）。一九六九年大選再度告捷。目前其領導人為索馬利亞總理衣格（Mohamed Hagi Ibrahim Egal），其外交政策有親西方民主國家之傾向。

㈡索馬利國家議會黨（Somali National Congress）：該黨為索馬利青年同盟、索馬利國家同盟和索馬利聯合黨的部分黨員所組成。在一九六四年大選中獲國會議席二十二席，為索馬利亞勢力最雄厚的反對黨。領導人為主席金麥爾（Sheikh Ali Gimmale）氏。

㈢索馬利民主聯盟（Somali Democratic Union）：該黨為索馬利聯合黨、索馬利國家同盟及大索馬利同盟黨所組成之聯合組織，成立於一九六二年。在一九六四年大選中獲國會議席十五席。主席為胡賽獻（Haji Mohammed Hussein）氏。

㈣索馬利憲政獨立黨（The Independent Constitutional Somali Party 簡稱 H D M S）：憲政獨立黨為索馬利亞南部最具勢力的政黨。一九六四年大選中獲國會九個議席。

㈤索馬利國家同盟（National Somali League）：該黨與索國北鄰法屬索馬利蘭（French Somaliland）、西鄰衣索匹亞部分區域及南鄰肯亞北部省區之部落相互依賴。在一九六〇年前英索馬利蘭時代為最大政黨，惟現已趨沒落。

㈥索馬利聯合黨（Somali United Party）：該黨於一九五九年即已成立。為一些較偏僻地區之部族所組成。主席為哈山（Ahkmed Hassan）。

㈦索馬利自由青年黨（Liberal Somali Youth Party）：該黨為前述索馬利青年同盟之反對黨，惟勢力甚弱。

㈧大索馬利同盟（The Greater Somali League）：該黨創始於一九五八年，為索馬利青年同盟中之不滿份子脫離該黨而另組的新黨。領導人胡賽獻聲言，該黨為全索馬利人民之政黨。一九六二年更與其他兩黨組成索馬利民主聯盟，企圖在選舉中共同抵制索馬利青年同盟。（袁頌西）

紐西蘭（New Zealand）政黨

紐西蘭之重要政黨有二：國民黨與勞工黨。

(一)國民黨 (National Party)：除一九五七年至一九六〇年三年之間在野外，自一九四九年以來連續執政至今。該黨政綱倡導進步而有效能之政府，鼓勵創造發明，並提倡選舉權之財產條件 (a property-owning democracy)；保持並擴大已有之社會安全立法，繼續擴張工業，並特別鼓勵出口；除必須之工業進口原料外，採取保護關稅政策。在外交上該黨主張獨立自主，支持聯合國，國際裁軍及核子武器禁試。除此之外，該黨並支持東南亞公約組織及大英國協之防禦佈署；而且對馬來亞及越南繼續提供其援助。

國民黨之重要領袖除現任總理賀里俄克之外，尚有該黨主席費特 (E.D. Holt)與秘書長威爾遜(R.F. Wilson)。

(二)勞工黨 (Labor Party)：一九三五年至一九四九年及一九五七至一九六〇年間，均為紐西蘭之執政黨。該黨執政早期即推行全面之社會安全政策，全國性之住宅建築計劃，保障奶農價格及建置羊毛局(Wool Board)。紐西蘭大多數之勞工立法，包括每週工作四十小時，每兩週發給工資及最低工資標準等立法，均由該黨負責完成。一般言之，勞工黨主張限制政府企業，鼓勵地方性工業，並管制進口以調節支付均衡(balance of payments)。該黨一九六六年之政綱為擴大國家補助造宅計劃，調查領取養老金者之實際生活費用，並建立一項生活費用指數(a cost-of-living index)以決定新比率，提高醫生待遇以減低就醫費用，並進一步管制地方或海外勢力之接收者。該黨復主張退出世界銀行，勞工黨之外交政策包括支持大英國協、聯合國、ANZUS 及 ANZAM。該黨認為東南亞公約組織 (SEATO) 需加修正始能發生效力。對於越南主張以經濟援助代替出兵。對裁軍協定，核子禁試等均主急迫進行，而且認為平時應廢除徵兵制度。

勞工黨之重要領袖有柯爾克(Norman E. Kirk)——國會反對黨領袖；道格拉斯 (Norman V. Douglas)——黨之主席；麥克唐納 (A.J. Macdonald)——秘書長 (National Secretary) 等。

除前述兩黨之外，尚有第三黨社會榮譽黨 (Social Credit Party)，該黨全名社會榮譽政治聯盟 (The Social Credit Political League)，其政綱強調財政政策，惟因在國會中僅佔一席，無影響力。

根據一九六六年十一月二十六日國會 (Parliament-House of Representatives) 大選，國民黨在八十議席中贏得四十四席，勞工黨三十五席，社會榮譽黨一席。故現為國民黨執政期間。(郎裕憲)

納粹主義 (Nazism)

納粹主義創自德國希特勒之組織「國家社會主義工人黨」(National Socialist German Workers Party)，簡稱「納粹黨」(Nazis)。其理論的淵源，乃黑格爾、尼采、詹姆士之混合物；而將俾士麥的國家主義，加上拉薩爾 (Lassalle)、馬克斯及恩格斯等的社會主義，混稱為國家社會主義。其實，與正統的「國家社會主義」，如拉薩爾所主張的由國家管理有關民生之事業，以節制社會財富，并改善勞工生活者，不同。納粹主義的主要精神，實為一種族國家主義的資本主義，故其理論之為極權專制，與意大利之法西斯主義大體相同，惟有以下若干差異之處：

(1)法西斯主義原則上仍維護私有財產制度，但須符合國家利益，始保護之；納粹主義則採取了若干「社會化」的措施。

(2)法西斯主義「反對地區代表制」，而主張「採用職業代表制或工團代表制」；納粹主義的德國，則仍維持其地區代表性的議會。——但此僅為形式上的不同，實則議會完全由法西斯黨及納粹黨的領袖操縱，不過為御用工具而已。

(3)法西斯主義崇拜國家，納粹主義則特別強調「雅利安種族的優秀性」。

(參看「法西斯主義」條及「國家社會主義」條)(涂懷瑩)

缺席投票 (Absentee Voting)

選舉人因故不能出席投票，得以其他方法行使投票權者，稱為缺席投票。按缺席投票，初行於美國南北戰爭之時，旨在便於軍人行使投票權，嗣後逐漸為一般平民所沿用，此制乃遍及各州，歐陸各國亦相繼採行。

缺席投票約有兩種方式：(一)委任投票(vote by proxy)，即委託家人或他人代為投票，英國駐防海外之陸海空軍選舉人皆採行之。(二)通信投票(vote by mail)，即先由選舉機關將選票寄至遠戍異地之服役選民，再由缺席投票者將已圈選之選票寄還選舉事務所。美國各州採行之。(謝延庚)

袁氏約法

袁氏約法的官方名稱爲「中華民國約法」，於民國三年五月一日公布實施。此一約法乃當時總統袁世凱爲建立其極權獨裁統治的產品。蓋依照元年「臨時約法」的規定，諸如總統之制定官制官規，任命國務員及外交大使公使，以及宣戰、媾和與締約，均須經參議院之同意。（第卅三至卅五條）袁氏因不願受此限制，所以在憲法起草期間，曾於二年十月十六日，向國會衆院提出增修臨時約法案，不惟要求將行使上述權力須經參議院同意之限制取消，而同時尚要求增加總統之緊急命令權。及十一月四日國民黨被解散，十四日國會兩院停止議事，三年一月十日殘餘議員被資遣回籍，國會被毀之後，袁氏旋於三月十八日召集一項約法會議，以從事臨時約法之改造。及四月廿九日，該會議即依袁氏所提增修約法大綱，三讀通過，咨達總統於五月一日公布，是爲「中華民國約法」，時人稱爲「新約法」或「袁氏約法」。民元「臨時約法」，則同時予以廢止。

「袁氏約法」凡十章六十八條。依其規定，總統由國務卿及各部總長襄贊大權獨攬，行使立法權之立法院，已不成其爲代表民意，有效節制總統權力的機關。總統制定官制官規任命一切文武官員，及宣戰媾和，固無需立法院之議決，（第廿一、廿二條）即締結條約，若無變更領土，或增加人民負擔條款，亦無需經立法院之同意。（第廿五條）而於立法院議決之法案，不惟享有要求覆議權，即令立法院經出席議員三分之二以上仍執前議，若總統認爲於內治外交有重大危害，或執行有重大障礙時，得經參政院之同意，不予公布。（第卅四條）同時，總統經參政院之同意，更享有解散立法院之權，（第十七條）而立法院則既無不信任權，行政部門亦無需對之負責。參政院雖然地位特殊，但該院參政係由總統自行任命，其本身初不過爲應總統諮詢（第四十九條）之御用顧問機關而已。像國家元首享有這樣廣面而絕對的權力，惟專制君主始克如此。而若取「袁氏約法」與清廷「憲法大綱」對君權之規定予以比較，則不難發現二者異名同實，在精神上袁氏約法實無異爲憲法大綱之複製品。

「袁氏約法」之取代民元「臨時約法」，而爲憲法施行前之基本法，其適用時間，亦不過兩年另一個月。及民國五年六月六日，袁氏因洪憲帝制失敗辭世之後，其一手促成之所謂「新約法」，即與其人同朽，成爲民國政治史上的一頁陳迹。（荆知仁）

訓政時期

國父孫先生的革命程序論，在軍政與憲政之間列有訓政時期，曾在中外學者中引起爭論。但哈佛大學政治學系主任教授何爾康（Arthur Holcome）則加以讚美，謂有此一階段，可使革命獲得的成果，向進步方向發展，使革命與進化能夠調和，非常合理。 孫先生鑒於中國國民對民主政治從無素養，如不假以時間使有養成自治能力，與練習行使政權的機會，則欲速不達，反而浪費時間，加重人民的疾苦。他從法國革命之後，禍亂相尋，經八十餘年至普法戰後，方始安定。以及美國從西班牙人取得菲律賓後，從事教育訓練，與地方自治工作，民智日開，能從穩健中走上進步之路。因而想到中國古代伊尹和太甲故事，佳話流傳，可以爲訓。故爾決定要在推翻滿清政權之後，劃定一個時期，使人民接受民主政治之教育與訓練，從地方自治中奠定永久之民治基礎。經過民初一段混亂時期，如袁氏稱帝，與軍閥割據，議員賄選等怪現象，更加強了他對此一主張的信心。

訓政時期的主要工作是訓練人民行使政權，與協助人民辦理自治。其詳細程序則規定於「地方自治開始實行法」中，主要項目爲一、清戶口，二、立機關，三、定地價，四、修道路，五、墾荒地，六、設學校。

凡一省完全底定之日，爲訓政開始之時。凡一省全數之縣皆達完全自治者，則爲憲政開始時期。（羅時實）

訓政時期約法

國民政府於民國十七年秋完成北伐，統一全國之後，即遵照中山先生建國方略，於軍事時期結束之後，實施訓政。中國國民黨二屆五中全會亦決議頒布約法，以爲訓政時期之基本大法。嗣以黨內領袖之間，對於制定約法問題，意見不一，發生爭議，於是乃稽延至二十年五月，始由國民會議完成約法之制訂工作，並由國民政府於六月一日公布實施，是爲「中華民國訓政時期約法」。

「訓政約法」分八章，依次規定總綱，人民之權利義務，訓政綱領，國民生計，國民教育，中央與地方之權限，政府之組織，及附則，共八十九條。在內容設計上，比較最特出的，厥爲訓政綱領一章。該章除了規定訓政時期人民之四種政權由國民政府訓導行使，（第卅一條）五種治權由國民政府運用，（第卅二條）一切政治綱領及設施，悉依建國大綱之規定（第廿八條）外，更規定中央統治權，由中國國民黨全國代表大會代表國民大會行使。（第卅條）其次，關於政府制度，中央由國民政府總攬治權，（第六五條）地方則依次設省縣兩級政府。（第七八、八一條）國民政府設主席一人，委員若干人，均由中國國民黨中央執行委員會選任，（第七二條）其所轄五院院長及各部會首長，則由國府主席提請國府依法任免。（第七四條）至於中央與地方之關係，則依建國大綱第十七條，採均權制度。（第五十九條）不過省縣政府，須依其層級分別在中央及省政府指揮之下，綜理全省及全縣之政務。（第七八、八一條）照這種規定，可知均權制度實際上乃是於處理政務，取其因地相宜的一項授權原則。約法的規定，如果發生疑義，則依黨治原則，由中國國民黨中央執行委員會解釋之。（第八十五條）

訓政約法雖為國家之基本法，但其適用只是過渡性的。當全國有過半數省分完成地方自治，達到憲政開始時期，國民政府應即召開國民大會制定憲法，（第八七條）實施憲政，停止約法之適用。而依照十八年中國國民黨三屆二中全會的決議，訓政時期規定為六年，預定於二十四年完成訓政，制定憲法，還政於民。不過嗣以國民大會之召集受到稽延，二十六年之後，又以對日抗戰關係，早日制定憲法之主觀願望，礙於事實上的困難無從實現。要到三十四年日本請降之後，國民政府乃於翌年召集國民大會，完成憲法之制訂，並於三十六年元旦公布，十二月廿五日施行。而訓政時期約法，亦於憲法施行之日，停止其適用。（荆知仁）

財政法案

財政法案又常稱為金錢法案(Money Bill)，這是英國特別注意的法案。按英國於一三九五年愛德華第三(Edward III)時代國會通過金錢法案時，已開眾議院先議之例；一四〇七年更確定了眾議院的財政動議權(financial intiative)，從而演成眾議院有財政法案之先議權的制度；這種制度已為多數民主憲政國家所採用。迨一九一一年英國制定國會法 (Parliament Act, 1911)，其中對於財政法案的涵義有特別的規定。依該法所示，財政法案乃為一種公法案，這一公法案依眾議院長的意見，只包括下列各種事項之規定，即賦稅之課徵，廢止、免除、變更、或調整；為支付債務之課稅，或為統一（公債）基金支出其他財政作用之課稅，或此等支出之任何變更或廢止；國費、公共經費之撥款、收入、保管、發放或審計；借款之舉辦或擔保，或償還；或與上述諸種事項涉及之有關事宜。上項細目中「賦稅」、「公共經費」、及「借款」等詞句並不包括地方機關或地方團體為地方用途所徵收之賦稅、經費或借款。（羅志淵）

財產權 (Rright of Property)

自私有制度確立後，財產權 (right of property) 即受到法律的保障。在十七、八世紀之際，自然法學說瀰漫環宇。依自然法的理則每一個人都賦有與生俱來及不可讓與的權利，其中包括生命、自由、及財產，是即認財產為天賦人權之一，神聖不可侵犯，政府應予以保障。但今日保障私有財產權的理論，並非依據天賦人權說，乃係根據社會職務說(social function)而然。在社會職務說的理論下，認各人對於社會都負有相當的義務。但人們要履行義務，則必須有相當權利，財產權也是許多權利中的一種，乃法律承認事實上處於某種經濟地位的個人，使能履行其從地位而生的社會職務；故所有人的財產權固然由法律認為正當，但應受所負社會使命的限制。申言之，今日的財產權應受下列的限制：第一、所有權人有運用其財產的義務，即應充分使用財產。第二、財產的使用應同時有助於公益，不得有無益於己而有損於人的行為；所以我民法一則曰：「權利之行使不得以損害他人為主要目的」（第一四八條），再則曰：「土地所有人經營工業及行使其他之權利，應注意防免鄰地之損害」（第七七四條）。第三、國家為公共利益計得以有償強制徵收私產，尤以土地徵收為常見。

依法律觀念，財產不但是指現實物體之所有，而且包括無形的所有物，如股份、共有權、專利權、著作權等，隨時隨地而不同其範圍，當視各種法律之所定。（羅志淵）

退伍軍人壓力團體 (Veterant's Pressure Group)

退伍軍人所組成的，以促進其會員利益的團體，是美國政治上主要壓力團體之一種。在美國成立最早的有一七八三年之 Society of the Cincinnati，是華盛頓麾下部隊退伍軍官組成的。在南北戰爭後，又有「聯邦退伍軍人組織」(The Grand Army of the Republic) 促使聯邦政府優遇退伍的北方軍人，現在美國最大的退伍軍人組織是「美國退伍軍人協會」(The American Legion)，成立於第一次世界大戰之後，擁有三百萬以上會員，其他較有名的團體有

Veterants of Foreign Wars, American Vetrants of World War II等等，在英國的退伍軍人組織有The British Legion。（張旭成）

郎

通稱郎官，乃漢代天子秘書處性質之「尚書組織」中的低級幕僚。西漢，稱尚書郎，「置四人，以分掌尚書。其一人主匈奴單于營郭；一人主羌夷吏民；一人主戶口墾田；一人主財帛委輸。」（晉書職官志）東漢，稱尚書侍郎，置「三十六人，四百石，一曹六人，主作文書起草。」（後漢書百官志）取孝廉未五十，先試牋奏，選有吏能者爲之，五歲任滿，陞遷大縣縣令。魏亦稱尚書郎，先爲二十三人，主作文書起草。「有殿中、吏部、駕部、金部、虞曹、比部、南北主客、祠部、度支、庫部、農部、水部、儀曹、三公、倉部、民曹、二千石、中兵、外兵、都兵、別兵、考功、定課二十三郎。」（三國職官表）青龍二年，又置「都官、騎兵、合凡二十五郎。」（同上）「每一郎缺，白試諸孝廉能結文案者五人，謹封奏其姓名以補之。」（通典職官）晉尚書郎選，極清美，號爲大臣之副。武帝時有三十四曹。後又置運曹爲三十五曹，共置郎二十三人，更相統攝。宋二十曹郎，齊，如宋制，梁加三曹，爲二十三曹。陳有二十一曹，後魏，三十六曹，至西魏十二年改爲十二部。北齊，有二十八曹。隋初，尚書有六曹，二十四司，凡領三十六侍郎（按：侍郎、即郎官演變之別稱），分司曹務，值禁省，如漢之制。唐稱郎中，隸尚書省各司，有左右司郎中各一人，分管尚書六曹事。其諸曹諸司郎中總三十人，特重其選。（通典職官）唐以後之郎官，隸屬於尚書六部。（楊樹藩）

郎中

官名。周時爲近侍之稱。秦郎中與中郎侍郎同隸郎中令，主更直宿衛，以其爲郎居中，故曰郎中。漢因之。東漢凡郎官初上臺稱守尚書郎中，滿歲稱尚書郎，三歲稱侍郎。自是以來，尚書屬或有侍郎，或有郎中，或曰尚書郎，或曰某曹郎，或則兩置，或爲互名，雖稱號不一，實皆郎中之職。至唐，尚書六部二十四司均置郎中，遂爲諸司之長，其下復有員外郎等官。歷代因之，清末始廢。（周道濟）

郎中令

官名。秦置，掌宮殿掖門戶，以其主郎內諸官，故曰郎中令。漢初仍之，武帝太初元年，改名光祿勳。東漢亦名光祿勳，爲九卿之一。魏晉以後，雖亦有光祿之官，而其職則有異。實際上，純就職掌而論，魏之武衛將軍，兩晉以至隋唐之領軍將軍，左右衛大將軍，宋之殿前司指揮史，明之掌領侍衛侯伯駙馬官，清之領侍衛內大臣，殆亦秦漢之光祿勳也。餘詳「光祿勳」條。（周道濟）

郡太守

戰國時代，秦及三晉郡長官曰守。秦代稱郡守。漢景帝中二年更名太守。秦漢郡太守秩二千石，對於一郡的政務無所不統，爲一首領性的地方長官。北堂書鈔設官部引漢官：「太守專郡，信理庶績，勸農賑貧，決訟斷辟，興利除害，檢舉郡姦，舉察黜惡，誅討暴殘。」可見郡太守職掌廣泛，同時，郡太守權力亦甚強大，析而言之，其重要權力約有六項：一、對於本府官吏，除都尉外，有絕對的控制權。郡府官屬除都尉、丞及長史外，其他屬吏均由郡太守自行任免賞罰，屬吏事郡太守如臣子事君父，郡太守對丞、長史及其屬吏均能絕對控制。二、郡太守自聽縣政，可隨時另遣他人權知屬縣事，可擅治縣令、縣長之罪而驅逐之，平時又將郡內分部，置督郵，經常在外按部督察屬縣，所以郡太守對於屬縣行政有絕對的控制權。三、對於郡境吏民有向中央察舉的特權。郡太守除得察舉本郡孝廉外，凡中央政府詔舉人才如賢良方正，能言極諫之士等，郡太守爲舉主。四、對於刑獄有近乎絕對的決斷權，死罪雖必先奏請，然徒具形式，類皆報可。五、郡太守對地方財政有自由支配權，中央惟據地方上計而審核地方財政，然上計乃對地方財政作事後及全部性之審查，甚爲粗疏，因此郡太守對地方財政有近乎絕對的支配權。六、郡太守掌握郡內的兵權。至於京畿郡長官，秦爲內史，漢初承之，旋分爲左右內史，又更爲京兆尹、左馮翊、右扶風，是爲三輔，畿輔郡長官兼有地方行政長官與朝官兩重身份，故除具有一般郡太守的權力外，尚得參與朝政，其官階秩中二千石。漢地方政制爲郡國並行制，其初，諸侯王國置丞相以統國內衆官，內史治國民，中尉掌武職，漢景帝中五年，改王國丞相曰相，漢成帝綏和元年，省內史，令相治民如郡太守，於是郡守與國相名異而職掌實同，權力亦同。秦漢郡府僚佐約可分爲佐官與屬吏兩部分，佐官秩二百石以上，郡丞、長史、郡尉皆是，由中央任命，屬吏秩百石以下，功曹、主簿、督郵等皆是，由郡太守自辟。漢代郡府官吏

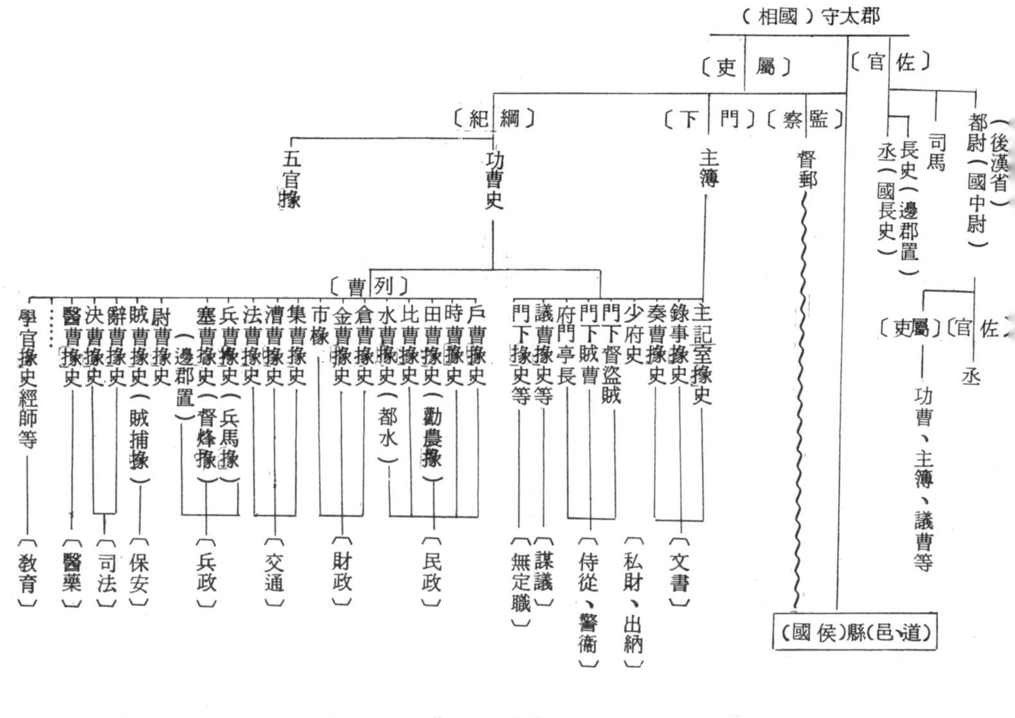

如上（根據嚴耕望中國地方行政制度史上編）。

三國承漢，郡皆置太守一人，掌統郡事，魏之王國亦承漢置相，如郡太守。晉初亦沿魏制，晉武帝太康十年十一月，改諸王國相爲內史，晉書職官志：「郡皆置太守。河南郡，京師所在，則曰尹。王國以內史掌太守之任。」至東晉建都建康，地屬丹陽，故置丹陽尹。宋、齊、梁、陳皆郡置太守，國置內史，丹陽置尹，一如晉制。南朝又有合兩郡置一太守之事，即所謂「雙頭郡太守」亦偶有三郡合置一太守者。北魏、北齊、北周亦郡置太守，京師置尹。北周孝閔帝元年九月，改太守爲郡守。隋文帝開皇三年罷郡，以州統縣，煬帝大業初，復置郡罷州，上郡太守從三品，中郡太守正四品，下郡太守從四品。唐高祖武德元年改郡爲州，改太守爲刺史。玄宗天寶元年改州爲郡，改刺史爲太守，肅宗時又改郡爲州，改太守爲刺史，從此太守之名遂廢。（王壽南）

郡丞

秦漢郡太守之佐官有丞，秩六百石，諸侯王國則置長史，職如郡丞。漢官儀：「丞者，承也；長史，衆史之長。」漢制，凡長官皆有丞或長史，職佐長官，不名一職，故郡國守相亦有郡丞或長史。郡丞或長史在守相府吏中地位最高，遇守相生病或出缺，常代守相行事，且郡府奏疏及一般文書，均經郡丞副署。郡丞與長史乃由中央任命，往往非郡國守相之親信，故郡國守相常疏遠之，以致徒有高位而多無實權。西漢邊郡長史與丞並置，各一人，長史治兵馬，丞治民。（見衞宏漢舊儀）東漢光武帝建武十四年罷邊郡郡丞，以長史領丞職。魏晉制如漢代，位第八品。晉元帝太興二年罷郡丞，旋復置，成帝咸康七年又罷省，唯丹陽爲東晉首都劇郡，仍置郡丞。此後，晉郡丞時置時廢，及劉宋太祖元嘉四年復置郡丞，齊、梁、陳沿之。北魏、北齊、北周亦各有郡丞。隋初廢郡制，乃無郡丞之官，煬帝又改州爲郡，郡置贊治一人；後改郡贊治爲郡丞。唐高祖即位，廢郡置州，改郡丞爲別駕，自此以後，郡丞之官遂廢。（王壽南）

郡守

見「郡太守」條。

郡尉

見「郡都尉」條。

郡都尉

郡都尉不知始置於何時，但秦統一後郡已置尉，掌一郡之武事。漢書百官公卿表「郡尉，秦官，掌佐守，典武職甲卒，秩比二千石。」漢初沿襲秦制，景帝中二年更名都尉，王國則稱中尉，都尉職掌主要爲佐助郡太守典甲卒兵馬，戢清盜賊、鋤抑豪強。漢郡太守有時稱郡將軍，都尉則稱副將，故都尉承太守之指揮分治軍務，直接統率士卒。都尉有治所，多與太守別置，又能開府置佐（都尉府有由中央任命之丞及由都尉自辟之祭酒、掾、史、屬、書佐等）且直接統率軍隊，故易於擅權，西漢末已有都（中）尉與太守國相爭權之事。及東漢世祖建武六年，「省諸郡都尉，並職太守，」（續漢書百官志）但邊郡軍旅劇繁，仍置都尉，而內郡有劇盜時，亦往往置都尉。漢代邊郡二郡常不止一都尉，一郡中分爲數部，每部各置一都尉，各典一部（數縣）之武事，有時部都尉且過問民事。（參見漢書地理志）邊郡除部都尉外，尚有屬國都尉與特種都尉之設置。屬國都尉始置於漢武帝時，其作用在統治屬國，漢書百官公卿表：「典屬國，秦官，掌蠻夷降者，武帝元狩三年昆邪王降，復增屬國，置都尉。」屬國都尉既治理蠻夷降者，故除負責軍事外，並兼理民事。漢代邊郡特種都尉甚多，常見者有農都尉（主屯田殖穀），騎都尉（主養馬訓練騎兵），關都尉等。及東漢末葉，都尉常直接統治部內之縣，綜理軍民諸政，如太守然，故自三國以後，都尉甚多改爲郡，（參見宋書州郡志，都尉改郡之例甚多，宋書百官志下云：「漢末及三國多以諸部都尉爲郡」。）三國西晉都尉如漢制，但東晉以後，史籍甚少有郡都尉之記載，惟宋書王鎮惡傳、南齊書五行志、陳書世祖紀天嘉元年條載武陵郡有都尉。隋煬帝時，置都尉，但其職只爲領兵，「與郡不相知。」（文獻通考六十三，職官考十七）以與郡都尉不同，「又置京輔都尉，從三品，立府於潼關，主兵。」（隋書百官志下）其與郡太守關係如何，史無詳載。自唐以後已無郡都尉之制。（王壽南）

馬克斯 (Marx, Karl,1818-1883)

在塞里格曼教授主編之「社會百科全書」中有爲 Maurice Dobb 執筆，關於馬克斯的生平簡述說：「卡爾．馬克斯 (Karl Marx, 1818 - 83) 社會哲學家，革命領袖，和形成社會主義主流之創始者」，下面即其一生之重要事蹟：

家庭　馬氏生於德國萊茵流域之特萊夫斯 (Treves)，是一個染有濃厚法國氣息的城市。數代祖先均猶太教士，至祖父開始習律。父爲當地律師，母系亦荷蘭法律專家。其父執行律務雖未致富，但頗受人尊敬。馬氏六歲時，其全家放棄猶太信仰，改信基督新教。由於祖先爲猶太教士，馬克斯於無形中染上一種自以爲是的微妙感覺，猶太思想之「先知」成份亦爲馬氏思想之重要因素。

在其本鄉完成中等教育以後，馬克斯進波昂大學一年，柏林大學四年，在耶那 (Jena) 大學得博士學位。離開學校在德國住了幾年，初次徙居巴黎。一八四五普魯士政府要求法國趕他離開，又往布魯塞爾，三年之後比利時政府怕他鼓動革命，又把他逐回巴黎。一八四八的下半年他曾一度返至德國，至一八四九年五月被逐，再返巴黎。同年遷往英國倫敦，以後就住在那裡，不再回過德國。

記者生活之馬克斯　馬氏在四十年代老是各方流轉，沒有能在一個地方安定住下。在這些不定的年頭，歐洲國家的政府都怕聽到馬克斯的革命主義。有若干次他本國不許居留，同時其他國也不歡迎他的寄居。在這些年代的羈旅生活中，他主要的活動是一個新聞記者。由於當時政府的壓力，和有關刊物經費都很困難，使他許多計劃不能實現。

在他考取博士之後原想在大學任一助教，因他的思想違離正統，未被接受，乃向許多報紙和雜誌投稿。他的文章曾引起一家萊茵省自由報紙Rheinsche Zeitung 發行人的注意，使他在二十四歲就成爲此一報紙的主編。經過一年爲了政府新頒的離婚法，他著論抨擊，引起政府的干涉，他又自動離開，在巴黎主編「法德年鑑」(Franco German Year Book)，這是一個發表批評社會制度的刊物，只出一期即未繼續。其中有篇文章是後來和他合作，終生密友恩格斯的作品。經過一個研究和寫作時期，他又主編一家萊茵報紙。此一報紙也是反現狀的，一年之後又被迫關門，留下的債務把他有限的一點私蓄全用光了。以後只能做點不定期的寫作，除爲歐洲的刊物寫稿之外，有一時期曾任美國紐約論壇報的歐洲通訊員。

經濟狀況　他這樣的記者生活，不僅沒有大的收入，而且未能經常拿到。在離開柏林幾年後，他和同邑一個參議員的女兒結婚。這一來自中等階級的女性生了三個小孩。成長以後受他父親影響，老是受經濟壓迫，有時至於不能生活。他們遇着過不去時，只有與當店結緣，有一回爲了完成一篇文稿的印刷，曾把僅有的一件外衣當了。以後他住在倫敦，景況稍微好些，但這是許多朋友肯幫助他，不是自己有什麼好的辦法。有一位欣賞他作品的人，給過他一筆遺產，大部分時間還是靠恩格斯每年送他一筆整數。恩格斯小他兩歲，也是德國萊茵區的猶太人，父親在 Westphatia 的 Baden 和英國曼斯德兩地經營紡紗廠，爲一純粹的布爾喬亞。恩氏死於一八九五，其全部遺產給予馬克斯的兒女。

學者生活的馬克斯　除記者生活而外，馬克斯的另一方面就是學術生活。他是一個學者，同時又是一個革命領袖，無論到什麼地方總是研究學問。十七歲他進波昂大學研習法律。這主要是他父親主張，一年以後便轉入柏林大學專攻哲學、歷史和文藝。在這幾年他對法律興趣逐漸消失，對哲學研究則日漸濃厚。他父親看到他學術興趣的轉變，及埋頭讀書不理外務，曾婉轉勸告，他都沒有接受。

在柏林大學期間，他主要的學術興趣是在哲學的領域。個人的思想體系，在這幾年幾乎已經完成。他致力最深的可以說是德國黑格爾的哲學。黑格爾是這一時代的哲學大師，其學說風靡全歐，和康德同是這一世紀唯心論的權威。除黑格爾外影響馬克斯者當首數浮爾巴哈 (Ludwig Feuerbach)。浮爾巴哈在「基督教的要點」(一八五一)中說，宗教只是反映人類的物質需要。又在 rovisional Thesis (一八四三)中把宗教看作玄想的哲學。浮爾巴哈反對黑格爾的超絕論 Transcendentalism ，主張純唯物的哲學。他說：「吃那一種東西的就是那一種人。」由此可以看出馬克斯認爲「人們心中產生的東西都是物質環境的反映」，其思想淵源是從浮爾巴哈來的。浮爾巴哈認爲物質條件決定存在。馬克斯則更進一步，認爲決定社會的存在，即指人羣的生活是由物質條件所決定之意。

在大學期間，畢業生俱樂部對他有過很大幫助，在這裡他得到許多朋友和辯論機會，使他立志要做一個純學術工作者。以一個受同學重視的高材生，以猶太籍和反正統的思想關係，未獲留校任教，使他在下意識中永遠存在一種仇恨的情緒。

早期在哲學方面的研究，是馬氏一生從事學術研究的重要部分。在基礎上接受了黑格爾的哲學，他採取的幾種立場，假設和觀點，一直影響到他以後的研究。這些哲學的觀點並不是一下子接受的，他是經過苦心研究，唯日孜孜地和別的比較，到最後才經他認爲是最好的。雖然他在後來還有許多不很科學的說法，時常發出許多偏見，這些偏見究竟是他從黑格爾學來，還是他自己的錯誤，沒有人對此作過分辨。不過馬克斯在治學方法上始終沒有離開過他最初的立場。他一切的分析，都是從這裡開端。

從他開始研究哲學的連續十年中，馬克斯很喜歡研讀當時關於社會主義的書籍，大部分是法文和英文寫的。在十九世紀的中葉，有許多書籍批評當時的社會制度。馬克斯之成爲社會主義者是受了這種影響。但他並不是烏托邦的社會主義者。在進入研究的初期，他認爲社會主義之實現是要經過許多社會程序，對於這些工作，他必須先有了解。

在他播遷的十年之中，他利用一切機會研究當地的經濟現象，把找到的資料應用到他的哲學計劃上去。在布魯塞爾他利用好友恩格斯的豐富藏書，後來遷居倫敦，在資本論出版以前，花了十幾年從未間斷的時間，在大英博物館潛心研究。他從開門坐到關門爲止，搜尋近幾百年來關於經濟和社會制度的詳細資料。

看起來馬克斯在學者方面的工作，比他作記者更有成就。他一生的大部精力用在他少年時期哲學輪廓的構成方面。後半截則忙於人生經濟方面的研究。從這裡他建立馬克斯理論的主體。

革命者的馬克斯　馬克斯之爲革命領袖不如他作記者與學者之普遍爲人所知，因爲比較上花在這一方面的時間少些。雖然組織勞工階級是他一生最大的希望，雖然他深切地覺得有此必要，並且願意從事實際鬭爭，使工人脫去他們的束縛，但在這一方面的成就始終還是微弱無足稱道。在柏林大學做學生時期，馬克斯也喜歡寫詩歌和短篇故事，下面幾句可能是寫出他的懷抱。

我們不應作卑鄙的屈伏，
丟開一切可怕的生活，
在功業與志願來臨之時，
我們要加入鬭爭。

在四十年代當他浪跡歐洲的時候，他除認識普魯東和巴枯寧一類革命者外，曾和許多不滿現狀的工人常有接觸。這些人都希望在經濟和政治方面，能夠有一綜合和根本的改革。這羣人多數是從德國遷入的勞工，彼此間有一鬆弛的國際組織名叫正義同盟 (League of Just)，藉以交換各地方的情報消息。馬克斯住在布魯塞爾的時候，和此一組織開始接觸，到一八四七他和恩格斯都參加他們的經常集會。那時馬克斯只二十九歲，恩格斯二十七歲。到會的人請他二人爲他們起草一個行動綱領。此一組織即共產主義聯盟的前身，此綱領即後來世界聞名的「共產主義者宣言」。他們選用這個共產主義者的名稱，是要使他們和他們的行動綱領有別於當時的各種烏托邦派和社會的改良派。因爲這些都是那時號稱社會主義者，馬克斯是看不起他們的。

恰好在「共產主義者宣言」發表之後不到幾天，一八四八（二月）的法國革命就發生了。不久在維也納，意大利和德國好些地方，也發生過小規模的暴動，在瑞士和英國則要求政府應有急劇的改革。因有這些紛擾，遂使當時的各國政府要鎮壓有革命色彩的工人活動。共產主義同盟有好幾位領袖被監禁，組織也被解散了。

自從這回和工人有過短期的接觸以後，馬克斯住在倫敦好幾年專心寫作。在一八六四他代表德國工人參加一個國際集會，這回組織了一個國際工人總會 (International Workingmen's Association) 即通常被人目爲第一國際者。這年馬克斯曾向這一國際發表過好幾次演說，並且爲它起草一個原則的聲明。這是由許多不同份子組成的東西，對於怎樣改進工人的利益，意見非常歧異。有一時期馬氏領導的一派曾控制過這一國際的政策。透過這個國際他曾勸告過一八七一暴動的法國工人，不過他們沒有接受他的勸告。在這年巴黎公社失敗之後，馬氏這時是第一國際的總書記。他主張把這個組織的總部遷往紐約，後來遷了，所以有一時期他也住在美國。因爲內部意見紛歧，和法國革命運動失敗，這個國際在一八七六解散了。

一方面感到有組織的革命活動應和主義關聯配合，同時又表示準備把自己精力用在推進這些活動，可是他沒有辦法在思想和行動上抵得過世界上其他相反的力量。而以終他之生在這一方面不能有怎樣成就。不過在這幾年的經驗和接觸中，對他理論的構成得到許多實際的幫助。他的記者生活並不能建立一個爲勞工宣傳的長久機構，他對組織的努力和領導，也沒有造成一個永久的勞工革命。所以留下來的只是學者和作家的馬克斯供給後人作研究對象。

馬恩二人的主要著作、　馬克斯雖爲一不易相與之人，但其與恩格斯的結合則始終無間。沒有恩格斯的合作，馬克斯可能以學者終身。馬克斯只知道德國情形，是恩格斯是他的生意，英國的產業革命發生最早，應是資本主義發展的代表國家。恩格斯在一八四五出版的「英國勞工生活」把英國勞工生活的貧困狀況刻畫得非常活躍，使馬克斯有極深印象。馬氏曾說：『恩格斯的思想時常走在我的前一步』。因馬克斯對他推崇備至，把自稱得意的學說往往用「我們的理論」發表，實際上許多重要文件也是由兩人共同執筆。因他二人有其不易分割的關係，所以二人的重要著作也寫在一起。

如把共產主義看作一種宗教，一八四八年二月發表的宣言應是它的教條，資本論則代替聖經的作用。依照宗教通常慣例，教條總是根據聖經的摘錄，今先有教條，就自然的程序上說，很容易會使讀者有本末倒置之感。宣言的氣勢充沛，的確是十九世紀一篇動人的作品，但只說資本主義是註定毀滅，而未提出何以毀滅的原因，因此在宣言發表之後，馬恩的徒衆即要求補充。在一八四四即宣言發表之四年前，他曾和書店訂過契約，撰著政治學與經濟學批判 (Critique of Politics and Economics)，直至一八五九年始完成兩章，書名則改爲「政治經濟的批判」(Critique of Political Economy)，除解釋價值的理論而外，只在序文之中提出十五個命題 (Propositions) 說明他對歷史唯物論的見解。因有許多人正在期待，繼宣言之後能有補充的解釋，歷時既久曾有不少人表示失望。關於唯物史觀的闡釋，在一八四五至四六之間，曾和恩格斯合作寫過「德意志的意識形態」(Deutsch Ideology)，但外間只知有此書名，至一九三三始經莫斯科刊印傳佈。在一八六二他曾一度作過新的努力，想把批判中的兩篇加上一八五〇以後在大英博物館先後收集的資料，以暴露資本主義的罪惡。但其工作進行很慢，至一八六七資本論首册方始問世。有次他和朋友通信說：『爲了此一工作會使我犧牲生命、幸福、和家庭』。他原想把資本論奉獻給達爾文，但爲達氏婉辭謝絕。資本論原用德文寫成，一八八六始有英文譯本（此時仍只首册）。因出版之後甚少有人注意，恩格斯乃多方奔走，請人撰寫書評。未獲反應乃自己動手，假造許多名字登出許多正反不同的論評，希望引起社會的注意。第二册於一八八五，三册於一八九四出版，距馬克斯之死已數年矣。（恩格斯在其死後，居倫敦靠地租收入過布爾喬亞生活，這種生活是他努力要消除的。）

除上述者外，另有四十年代後期寫的兩種小册比較亦甚重要。一爲一八四五所著關於浮爾巴哈的論文(Theris on Feuerbach)，經恩格斯發現，於一八八八附刊於恩氏所著浮爾巴哈論集之後。從這裡可以看出馬克斯在採取黑格爾的哲學之後，怎樣又受到浮爾巴哈的影響。另一卽「哲學的貧乏」以回答普魯東的「貧乏的哲學」(Philosophy of Poverty)的方式，對烏托邦式社會主義加以駁斥。此外還有好些小册子如 Class Struggle in France, The Eighteenth Brumaire 和 Civil War in France，前兩者是爲了一八四八的革命而寫，後者則爲一八七一巴黎公社的事件。至於其他和別人爭辯文字，無關宏旨者從略。

關於馬克斯的學術地位寫得好的，還算恩格斯的「反杜林論」（一八八七），馬克斯自己看過，其中關於政治經濟一章，還是馬氏自己執筆。此書原定在德國社會民主黨黨報 (Vorwärd) 分期發表，因在一八七七年五月的代表大會有人反對，卽中止刊載，經調解結果，乃改印單行本隨報附送。本條須與恩格斯條合觀。（羅時實）

參考文獻：

羅時實著，馬克斯主義及其批判。

馬克維里 (Machiavelli, Niccolo, 1469-1527)

馬克維里（Niccolo Machiavelli, 1469-1527）是義大利佛羅倫斯人，當時的義大利正處於四分五裂的狀態之中，受着法國西班牙等統一強權的欺凌，因而渴望義大利的統一與強大，恢復昔日羅馬的光榮，「國家至上」乃成爲他的中心思想。並發爲「但問目的，不擇手段」激越之論，只要是爲了國家，無不可爲。雖然如此，馬克維里並沒有否定道德與宗教，並且還特別強調它們的重要，但其所以如此，乃因宗教與道德有助於國家的興盛與壯大，是強固國家權力不可缺少的工具。他主張共和，重視人民的態度亦復一樣。但是，馬克維里並不討論國家的目的，何以國家該列爲至上，而只分析如何才能使國家強大。因此，所論都是強國之術，很有點像我國的韓非。馬克維里的主要著作有「君王論」(The Prince) 與「李維史論」(Discourses on Livy)，前者有中譯本。（朱堅章）

馬利 (Republic of Mali) 政黨

馬利共和國(Republic of Mali)原爲法國在非洲之屬地，一九六〇年六月始獲得獨立。目前只有一個政黨，該黨稱之爲「蘇丹同盟」(Union Soudanaise)。蘇丹同盟係由非洲民主聯盟(Rassemblement Démocratique Africain)之地方支部改組而成。其領導人凱達 (Modibo Keita)，在一九五九年與塞內加爾合組成馬利聯邦之時，曾出任總理。蘇丹同盟雖仍主張和法國保持合作，但却堅持泛非主義，不似塞內加爾那樣的擁護法國，且其又主張中央集權，與塞內加爾之視馬利聯邦爲一散漫之聯邦組織者不同。由於兩者意見之衝突，遂使聯邦解體。一九六〇年馬利改建共和國，蘇丹同盟出而執政，對內乃主張中央集權制，對外繼續與法國及法蘭西國協(French Community)其他會員國保持合作。一九六四年大選中盡獲國會八十個議席。黨秘書凱達曾出任該國總統兼內閣總理，與國防外交兩部部長。（袁頌西）

馬拉加西 (Malagasy Republic) 政黨

馬拉加西共和國(Malagasy Republic)原爲法國殖民地，一九六〇年獲得獨立，而爲法蘭西國協會員國之一。現在政黨計有下列三個：

㈠社會民主黨 (Parti Social Democrate)：社會民主黨簡稱 P.S.D.爲馬拉加西之執政黨，成立於一九五七年，創始人爲齊拉納 (Philibert Tsiranana)，齊氏在獨立籌備間被選爲出席法國國民會議的代表。一九五九年當選爲馬拉加西總統。黨秘書長爲李宣普 (André Resampa)，但實際上仍是由齊氏主持黨的大計。該黨深受基督教社會主義的影響。而以進步與自由爲眞努力的目標。在齊氏領導下，從獨立至今，一直爲該國最大黨，黨員遍及全國。自一九六〇年舉行大選以來，所獲選票向不低於總數百分之九十。以下兩個政黨由於勢力太小，一直不振，一九六一年與社會民主黨混合而喪失其獨立性。

(1)馬拉加西國家復興黨(Neo-Renovation Nationale Malgache)：該黨原爲馬拉加西國家同盟，後始改組爲馬拉加西國家復興黨。由貝沙卡 (Alexis Bazaka) 領導。

(2)馬拉加西國家獨立運動黨(Mouvement National Pour I'Independence de Madagascar)，簡稱 M.O.N.I.M.A，於一九五八年成立，領導人爲澤納(Monja Jaona) 以馬拉加西之獨立爲號召。當時約有黨員二十三萬人，獨立後一直不振。

㈡馬拉加西國會獨立黨 (Parti du Congrés de I'Independence de Madagascar)：該黨成立於一九五八年，簡稱 P.C.I.M.或 A.K.F.M.。在全國約有

三百五十個分支部，爲左翼分子組成的政府反對黨，激烈地譴責馬拉加西接受法國式的新殖民地主義。該黨現控制了首都塔那那利佛(Tananarive)市議會及全國半數報紙。其宣傳運動分子曾受共黨訓練。而宣傳對象則是一些憎恨法國的民族主義分子。惟該黨的政策並非始終如一。有時激烈反對政府政策，有時則又與執政黨混合不分。領導人爲黨的主席安德曼(Richard Andriamanjato)與秘書長羅貝沙拉(Gisèle Rabesahala)。（袁頌西）

馬拉威(Republic of Malawi)政黨

馬拉威共和國(Republic of Malawi)於一九六四年始完全脫離英國的控制而獨立，一九六六年新憲法制定施行。該國政黨可概述如下：

㈠馬拉威大會黨(The Malawi Congress Party)：該黨創於一九五九年，爲一非洲人所組成的政黨。其前身爲尼亞薩蘭非洲人民大會黨(The Nyassland African National Congress)。該黨於一九四三年即告成立，曾代表非洲土著部族爭取土地所有權與反對羅尼聯邦的成立。一九五八年底哈斯丁班達博士(Dr. Hastings Kamuzu Banda)就任該黨領袖，幾經挫折終於將其改組成馬拉威大會黨，而於一九六〇年正式成立。在一九六一年八月大選中獲得立法會議廿二個議席，而成爲馬拉威的多數黨員而執政。一九六四年五月大選又獲五十席。該黨主席班達爲馬拉威現任總統兼內閣總理及外交部長。該黨目標在一九六四年獨立前爲脫離英國，實行馬拉威自治。獨立後的目標則爲改良公共衞生、廣推教育、促進社會福利與開發國家資源，而其推行最力的爲公共衞生及教育（班達本人爲醫生）。其對外一貫之態度是支持非洲民族獨立運動，尤其反對阿拉伯民族之迫害非洲人。黨秘書長爲雅里卡班達(Aleke Banda)。

㈡憲政黨(Constitutional Party)：該黨或稱爲尼亞薩蘭憲政黨，其前身爲聯邦聯合黨(United Federal Party)。主張實行聯邦制，爲前聯邦政府中多數黨，共和國成立後爲馬拉威第二大黨。其組成分子絕大部分爲歐洲人。在一九六四年五月大選亦得三席，但不久卽被解散。（袁頌西）

馬爾他(Malta)政黨

馬爾他(Malta)以前爲英國的殖民地，一九四四年獲得自治權，一九六四年九月二十一日獨立，而爲大英國協分子國之一。其獨立後第一屆大選舉行於一九六六年三月，結果國民黨獲得二十八席，勞工黨獲得二十二席。

㈠國民黨(Nationalist Party)：該黨現爲馬爾他之執政黨。其主張爲：堅持羅馬教會之原則，發展一民主獨立的馬爾他，維護拉丁文化，改善人民道德及社會地位，與北大西洋公約組織及西方同盟國家公開結盟。

該黨領袖奧立維爾(Giorgio Borg Olivier)氏現爲國務總理。

㈡馬爾他勞工黨(Malta Labor Party)：該黨主張教會與國家分離，在外交方面採不結盟政策。現爲國會中唯一之反對黨，對於執政黨之未能快速發展經濟建設頗表不滿，而時時予以嚴厲之批評。

現任黨魁爲明托夫(Dominic Mintoff)氏。（袁頌西）

停年格

見「銓選」條。

副署

在責任內閣制之下，從法律意義說，元首是一國政令之所繫，國家要政之措施，須以元首的名義行之。從政治意義說，元首是不負政治上的責任，英諺所謂「君王不能爲非」(The king can do no wrong)正是君王不負責任的結果；而內閣是掌握政權、運用政權的機體，導演政治的行動，決定國是的政策。總括一句，內閣有主政實權，元首則發號施令。爲配合這一關係的需要，乃有副署制度(countersignature)的產生。從責任內閣制的諸般關係看，概括言之，副署是證明這個行爲是副署人的行爲，即內閣的行爲；分析說來，副署制度具有三種意義：㈠重要政務的措施，既須以元首的名義行之；爲防止元首濫行發號施令的流弊起見，乃創設副署之制；所以這一制度，乃爲防杜元首的濫權而設的。惟有應注意者，自表面言之，所謂副署，本來是說元首發布的公務文書，須經閣揆或閣揆與關係閣員副署之；從實際言之，重大政策及重要措施的決定權乃操之於內閣內而非掌於元首之手；故今日之所謂副署，並不是元首自動的欲施行某種要政，發布命令，因而要求內閣副署；乃內閣於決計施行某要政之後，擬具命令，請求元首簽署而已。這正是所謂「從前是君王依國務員而作統治，現在是國務員依君王而統治」。㈡就法律觀點說，凡施行責任內閣制的國家，元首發布公務文書，必須於自行簽署之外，依法取得閣揆或閣揆與有關閣員的副署，才能發生法律上的效力，否則，無效。㈢副署是具有證明行為責任歸屬的意義。民主政治是責任政治，任何政治行為，必須追究責任。在責任內閣制之下，政治行為既為內閣的行為，而非元首的行為，則所有政治責任，自應由內閣負擔。副署即具有證明責任歸屬的作用。所以元首的公務文書，凡經內閣閣揆或閣揆與有關閣員副署者，則所有副署的人，都應負擔由這一文書發生的政治責任。至於總統制國家，政治責任由總統擔當，無需國務員代其負責，因之也不用副署制度，縱有副署，也不過表示這一樁事件是由某人承辦，而絕無內閣制下副署即為負責之本的意義。（羅志淵）

參事

參有參預謀度之義，故職官之以參字冠首者，無論古今，皆居於僚屬地位。參事係民國以後之官名。民初中央政府直屬各部局皆置之，位部長次長之下，謂參知部事也。國民政府以迄行憲仍之，總統府行政司法考試監察四院及中央各部會均設置參事，惟直屬處局及立法院無之。地方政府惟直轄市有之，省政府亦無。其職掌大率主管所在機關法案命令之撰擬與審核，非熟悉所在機關之業務幷有豐富之法律學識者不能勝任。此職在歷史上遠可溯至秦漢之議郎，中可溯至唐宋之參知政事，近可溯至明清之行省參政及各部參議。惟地位之高低，古今殊不一致，議郎秩六百石，低於現今之參事；參知政事居副首相之任，地位遠為崇高；行省參政及各部參議，始可謂為與今不相上下。此職現行官階，在品位制為簡任，在職位分類制在十職等至十三職等之間，均須經總統依法任命。（仲肇湘）

參軍

參軍係官職名稱之一，古今皆有之，其職掌為參謀軍務，亦大致相同，惟古多文人任之，今則非軍人莫屬，其間頗多演革升沉。杜佑通典云：參軍後漢末置，參諸軍府事，若今（唐）節度判官。漢書：靈帝以幽州刺史陶謙，參司空張溫軍，此其始也。本以府官，晉始置其職於王國及州郡，有單稱參軍者，有冠以職名者，如諸議記室錄事及諸曹參軍皆是。漢末之以府參軍，位任頗重。魏晉六朝之參軍，亦皆清要，如三國志軍譏傳，諸葛亮以稷為參軍。文選謝朓拜中軍記室辭隋王牋：「即日被尚書召，以朓補中軍新安主記室參軍」蓋當時王國皆帝室懿親，方州刺史皆兼都督軍府，參軍事任非輕。及隋唐兩代，州制猥繁，而或州或郡，更改非一，刺史太守，職稱屢易，參軍兼為郡史，主官已輕，況乎僚佐，任此職者，其淹滯疲輭可知，故唐中葉及五代優伶有弄參軍之戲。明清雖有參軍之職名，官卑職小，馴致名實不符。民國紀元，於將軍府之下設置參軍，十七年以後，國民政府參軍處，設參軍長及參軍，三十七年行憲，取消參軍處，餘仍舊，參軍長以上將為之，參軍以中少將為之，名位崇重，庶幾漢時公府參軍之舊規，復見於今。（仲肇湘）

參照羣理論 (Reference Group Theory)

從個人的羣體關係（group association）和「羣體認同」(group identification)上來研究分析其行為的理論。

利用「參照羣理論」來分析人類行為，肇端於史陶弗（S.A. Stouffer）等學者對美國士兵的研究中（見 S.A. Stouffer et.al.: The American Soldier: Combat and Its Aftermath. Studies in Social Psychology in World War II, Vol. 1. Princeton: Princeton University Press, 1949; S.A. Stouffer et. al., The American Soldier: Adjustment During Army Life, Studies in Social Psychology in World War II, Vol. II. Princeton: Princeton University Press, 1949）。在以上這些對美國士兵在二次大戰期間行為的各種研究中，史陶弗等學者將士兵對於應召入伍及軍營生活的各種態度當作「相依變數」(dependent variable)；將「相對的剝奪」(relative deprivation) 當作「解釋性的涉中變數」(interpretative intervening variable)，士兵的「地位屬性」(Status Attributes) 為「獨立變數」(independent variable)，來分析後兩項變數對第一項變數（相依變數）的影響。（關於「變數」之意義，請參看「變數」條）

史氏等的研究結果顯示，士兵們對於入伍及軍營生活的態度，和他們的背景及地位(Status)有密切的關係。譬如年紀比較大的士兵和已婚士兵，對於入伍生活的厭惡，超過年輕和未婚的士兵；教育程度高的士兵的厭惡軍中生活，超過教育程度低的士兵；北方來的黑人士兵比南方來的黑人士兵，要更厭惡軍中生活。

為了解釋上述現象，史氏等提出了「相對的剝奪」(relative deprivation)

的觀念。史氏認爲士兵對於軍營生活厭惡的程度，與軍營生活對其原來老百姓生活剝奪的程度有關。而其剝奪的程度，則視其「參照的羣體」(reference Group)而定。舉例言之。已結婚的士兵，把他的軍中生活，與未入伍安享家庭生活的人來比較，便覺苦不堪言；教育程度高的士兵，將其軍中待遇，與一般教育程度高的平民比較，便覺低下甚多。而對未結婚的士兵而言，軍中生活與未婚平民生活，相差並未太大，對於教育程度低及南方黑人士兵而言，軍中的生活與待遇，較同背景地位的平民甚至還要好些，因此他們很可能不但不厭惡軍中生活，甚至還有認爲加入軍隊爲他們帶來光榮及個人尊嚴的可能。

由上述情形，可見人們對於各項事物的反應，與其「群體關係」和「群體認同」有非常密切的關係，這兩種因素在一般人心中構成「參照的肩架」(frame of reference)，形成他們對各種事物有意識或無意識地反應的基礎。

基本上來說，「參照羣體」(reference group)包羅萬象，不勝枚舉，因爲任何個人有成員(member)身分的羣體(group)，以及個人不是成員的群體，都成爲影響他的態度的「參照基點」(points of reference)的可能。在現代社會學及政治學的研究中，各種「社會羣體」(家庭、收入、階級、宗教、教育、職業)及「政治羣體」(利益集團，政黨)，都常被視爲「參照羣體」而收入研究變數羣中，作關聯上的研究。(relational analysis)

「參照羣理論」雖係由社會學家所提出，但目前在行爲政治學，尤其是選民行爲的研究中，已普遍予以應用。這種理論不僅給「多項變數關聯分析」(multivariate contingency analysis)一個有力的學理上的根據，也予以很大的方法上的啟發。(魏　鏞)

參考文獻：

Robert K. Merton and Alice S. Rossi, "Contributions to the Theory of Reference Group Behavior," is Robert K. Merton, Social Theory and Social Structure. Revised and Enlarged edition. New York: The Free Press, 1957, pp. 225-280.

參議

參議在古今人事制度上，均異乎所謂正官實職。元於中書省置參議，典左右司文牘，事見續通典，明廢。明於布政使參政下置參議，見明史職官志，清廢。明又於通政使司置左右參議，見明史職官志，清廢。清各部有參議，相等於今之參事，民國廢。民國初，高級軍事機關亦置參議，但多爲因人因事而設，並非定制。現時各機關法定組織中，僅總統府有參議，但無正式職掌，行政院則事實上有參議與諮議之設，兩者特名稱小異而已。臺灣省政府亦有參議。此等職位皆爲遷調資深員司或位置閒散人才而設，其地位低於參事，備諮詢顧問之用，有時亦襄助處理實務，事無專掌，員無定額，職等係派任或聘任，現則常設者已改爲簡任或薦任，須受人事規制之管理。(仲肇湘)

參議院 (Senate)

見「國會」條。

參議員禮貌

依美國憲法第二條第二項第二款的規定，總統任命大使、公使、領事、最高法院法官及其他官吏，須提請參議院同意；這是憲法對總統任命權所課的一種限制。制憲者的原意是要藉此以防止總統濫用任命權，並使參議院對於總統所提出的人員，以功績爲考慮的標準。漢米爾頓曾說：「參議院議員對於總統所任命的人員，絕不能在功績的標準以外加以推敲」，孰知漢氏的預言，並未兌現。自華盛頓總統以來，參議院對於任命人員同意權的行使，一半是基於政黨的派別，一半是基於個人的好惡。美國開國之初，參議院即開始行使其同意任命案的否決權。迨至傑克遜出任總統時，即流行着所謂分贓制(Spoils System)。而分贓制的另一面乃有所謂「參議員禮貌」(senatorial courtesy)的出現。何謂「參議員禮貌」呢？據洛居士教授(Prof. Lindsay Rogers)解釋說：「參議院的禮貌，就是免除否決的意思。換而言之，參院自己不提出人選，他們希望總統所提出的人員，如郵政局長，稅務局長等等，要從那個局的所在地的州中選出，能得與總統同黨的參議員所贊成，如果總統不顧參議院的意思提出人選，其結果很少不遭否決的……」(見王世憲譯拉斯基著美國的總統制二二頁)。蓋聯邦政府機關百分之九十是散佈全國各州。總統任命這些機關的人員，或事前先由該機關所在之州選出的參議員介薦人選，或則由總統提出該參議員所喜歡的人選，然後在徵求參議院的同意時，才不會因其人的反對而遭否決。這不是法律的規定，乃屬總統欲順利行使其任命權對參議員所予以的一種禮貌。是卽為總統與參議員間有關任命權行使的一種諒解。這雖然是屬諒解，現在也似乎有一定的規律：第一、與總統同黨的參議員，才能享受這種權利。第二、假使某州的兩名參議員，都與總統同一政黨，則有幾種不同的方法：一種是以各人在參議院的行為為準，如對總統一切的政策，都表示支持，則其支配權較大，否則亦須在黨中具有更大的力量，而與總統有特殊關係；一種是由該州的兩位參議員，自行分配其勢力範圍，例如，印第安那州，凡該州的聯邦稅收官員與司法官吏，屬於參議員某甲的勢力範圍，遇缺卽由某甲向總統推薦，至於該州的聯邦檢察官，港口征收官員，以及禁酒處主任，則屬於參議員某乙的勢力範圍，遇缺卽由某乙向總統推薦；有的時候，反對黨的參議員，如係支持總統之人，也能分到「杯羹」，以示報酬（見邱昌渭美國的總統第四五頁）。總之，參議員的禮貌，雖非法律所定的原則，但却已成為牢不可破的慣例。總統如違反這一習慣，則其任命權的行使，必遭挫折。（羅志淵）

國民權（Civil Rights）

國民權，就其狹義而言，是指屬於本國國民、外國人不能享受的權利，是人民基本權利的一類。

按人民的權利有私法上的和公法上的分別，私法上的如繼承權親屬權等，項目繁多，不勝枚舉，不在本題討論範圍之內；公法上的權利，依其適用對象來看，大致可分為人權（human rights）、國民權（civil rights）和公民權（citizen rights）三類。人權對圓臚方趾的自然人適用，無論是本國人或外國人，具有人的資格者都可以享受，所以人權適用的對象最多；國民權祇對具有本國國籍的人民適用，外國人無論身居何地或貢獻如何卓越，亦不能享有，所以國民權適用的對象較少；公民權僅對依法成年的公民適用，未具本國國籍者與具有本國國籍但未成年者都不能取得這類權利，所以公民權適用的對象最少。

國民權究竟包括那些項目呢？關於這問題的答案，各國憲法和法律的規定固不一致，政治學者的意見也極紛歧。中華民國憲法訂明人民有身體、居住、遷徙、言論、講學、著作、出版、秘密通訊、信教、集會、結社等自由，並規定人民有生存、工作、財產、請願、訴願、訴訟、選舉、罷免、創制、複決、應考試、服公職、受教育等權利，其中選舉、罷免、創制、複決、服公職等五項權利，應是公民權，不是未成年的國民可以行使的權利，但憲法祇說人民有這些權利，不說公民才有，也不說人民「依法」得享有這些權利。雖然在事實上祇有合格的公民才可以享有，但從字面上看，這些權利已被視為國民權了。西德一九四九年通過的基本法，列養育子女、繼承、擇業、政治庇護等為人民的憲法權利，一般說來，其中的養育子女和繼承權，是私法上的權利，政治庇護是國際法上的權利，可見公法的私法的國際法的權利，都可視為人民的權利了。美國政府除為南方各州黑人爭取選舉等國民權外，甚至把住宅選擇權也列入 'civil rights' 的範圍。一九四八年聯合國大會通過的普遍人權宣言（The United Nations Universal Declarations of Human Rights）指出許多權利和自由，不分性別、種族、語言、宗教，只要是人就可以享受，其中包括生命權、自由權、人身安全權、獨立公正法院的審判權、自認無罪權、住宅不可侵犯權、秘密通訊權、國籍權、婚姻權、財產權、選舉權、任公職權、社會安全權、工作權、適度生活水準權、受教育權、參與社會文化生活權，以及免為奴役的自由，免受任意逮捕拘禁的自由、住宅自由、遷徙自由、思想和宗教自由、意見自由、和平集會結社的自由等。這宣言雖然在嚴格的法律意義上祇是最高道德原則的宣示，不是普遍的國際法，但從中可以看出，人權實際包括了前文所說的人權、國民權和公民權三類，因為免為奴役等自由屬於人權，受教育權等屬於國民權，選舉權等屬於公民權。也從此可見，要把國民權和人權或公民權截然分清，眞是不容易的事，要把國民權下的權利項目一一齊列，更是做不到的事。

現在各國人民所能享受的憲法保障的民權，包括那些項目呢？據皮士禮（Amos J. Peaslee）在其所輯的各國憲法彙編（Constitutions of Nations）的導論中指出，集會、結社、信教、秘密通訊、居所、人身、財產、言論、出版、平等、受教育、請願、勞動、衛生、社會安全等自由和權利，散見於各國憲法中。但好些國家對於人民權利的保障，例如英國，不在憲法中規定，祇於普通法律中訂明，所以皮士禮所指出的，亦非各國人民現有的全部基本權利。

然而總觀各國實況和趨向，人民在公法上的基本權利，大致可分為四類，卽平等權、自由權、受益權和參政權。所謂平等，是人人在法律之前的平等，指男女平等，種族平等，階級平等，宗教平等，黨派平等，語言平等，例如中華民國憲法第七條訂明：「中華民國人民，無分男女、宗教、種族、階級、黨派在法律上一律平等」。所謂自由，是指不受非法的干涉，受到非法干涉時得依法抗拒，包括人身、居住、遷徙、言論、講學、著作、出版、秘密通訊、信教、集會、結社、財產、免爲奴役、結婚成家等自由。中華民國憲法自第八條至第十四條，除不提及免爲奴役和結婚成家兩自由外，對上述自由一一加予保障。所謂受益權，是人民得請求國家從事某種行爲，使其享受某種利益的權利，包括經濟上的受益權，行政上的受益權，司法上的受益權和教育文化上的受益權；因爲有經濟上的受益權，人民得請求政府作某種供應，以維持其生存，這就是人民的生存權。中華民國憲法對人民的生存權特別重視，於第十五條訂明：「人民之生存權，應予保障」，於第一五七條規定：「國家爲增進民族健康，應普遍推行衞生保健事業及公醫制度」，並設國民經濟專章，以促進人民的經濟利益，又於第一五三條訂明：「國家爲改良勞工及農民之生活，增進其生產技能，應制定保護勞工及農民之法律，實施保護勞工及農民之政策」，以保障勞工和農民的經濟受益權；復於第一五五條規定：「國家爲謀社會福利，應實施社會保險制度。人民之老弱殘廢，無力生活，及受非常災害者，國家應予以適當之扶助與救濟。」以保障老者弱者殘廢者赤貧和災民的經濟受益權；爲使人民自食其力計，於第十五條保障人民的工作權；爲使人民能夠享受追求幸福的權利計，於國民經濟章外，再設社會安全和教育文化兩章；又爲使人民享受損害賠償的權利起見，於第二十四條載明：「凡公務員違法侵害人民之自由或權利者……被害人民就其所受損害，並得依法律向國家請求賠償；此外，自冤獄賠償法於四十八年公布施行後，人民所受的物質與精神上的損害，也可得合理的賠償了。人民在行政上的受益權，是指請願權訴願權和行政訴訟權，中華民國憲法第十六條說：「人民有請願訴願及訴訟之權」，這便是對人民在行政上的受益權的保障。人民在司法上的受益權，即人民於其生命財產等遭受侵害時得向法院提起訴訟的權利，這權利包括：一、法院不得拒絕受理，二、民刑訟案由普通法院審判，不受軍事或特別法庭管轄，如中華民國憲法第九條規定：「人民除現役軍人外，不受軍事審判」，三、法院應迅速審判，四、審判應公開進行，五、判決書應載明判決理由，法院審判應於立法行政等機關之外獨立。人民在教育文化上的受益權，是指受教育過文化生活的權利，中華民國憲法說：「人民有受國民教育之權利與義務」（第二十一條），「國民受教育之機會一律平等」（第一五九條），「六歲至十二歲之學齡兒童，一律受基本教育，免納學費，其貧苦者由政府供給書籍。已逾學齡未受基本教育之國民，一律受補習教育，免納學費，其書籍亦由政府供給」（第一六〇條），「各級政府應廣設獎學金名額，以扶助學行俱優無力升學之學生」（第一六一條），「教育科學文化之經費，在中央不得少於其預算總額百分之十五，在省不得少於其預算總額百分之二十五，在市縣不得少於其預算總額百分之三十五……」。最後，所謂參政權，是人民參加國家統治權力的行使的權利，指選舉權、罷免權、創制權、複決權、被選舉權、任官權、應考試權等，選舉權使人民抉擇公職人員，罷免權使人民得免除不稱職的公職人員，創制權使人民得提出其所希望的法律，複決權讓人民對立法機關通過的法律表示贊同或反對，被選舉權給合格人民做公職侯選人的機會，任官權是合格人民服公職的權利，應考試權是學有專長者參加政府舉行的考試的權利。這些權利的適用對象，必須是法定成年、不受禁治產，不被褫奪公權、並無心神喪失的疾病者。至於一切合格的國民可否充分享受上述七種權利呢？各國法律規定和習慣並不一致，例如英國的貴族，雖然可以投票選舉地方性公職人員，却不得於國會議員選舉時參加投票，美國部分公民得罷免其所選出的地方性公職人員，却不得直接對總統行使罷免權，在中華民國，由於憲法第十七條規定：「人民有選舉、罷免、創制及複決之權」，第十八條規定：「人民有應考試、服公職之權」，人民可以充分行使參政的各項權利，以選舉上至總統（經由國民代表大會）下至村里長，以罷免上至總統（亦經由國民代表大會）下至里鄰長，以創制法律或複決法律（憲法第二十七條），以應各級政府舉辦的各種考試，以任民選或官派的公職。

由此可知，國民權的涵義非常廣泛而複雜，範圍極難確定，項目無法列舉，各國人民所能享受的也不盡同，其範圍隨時代的進步而擴大，其項目亦隨觀念的演變而增加，前面所說的不過是國民權的概念而已。（陳治世）

國民大會

國民大會乃中華民國憲法依據中山先生權能區分之遺教，所建制代表全國國民行使中央統治權之政權機關。由縣市，蒙藏，邊疆民族，華僑，職業及婦女團體所選代表組成。（第廿六條）大會之常會，每六年由總統召集一次。（第廿九、四七條）臨時會之舉行，若爲補選總統副總統，或處理監察院對總統副總統之彈劾案時，由立法院院長召集；若爲處理立法院所提修憲案，或係由國大代表五分二以上之請求時，則仍由總統召集。（第卅條）

國民大會之職權，依中山先生所訂建國大綱之規劃，係對於中央政府官員有選舉罷免權，對於中央法律有創制複決權。（第廿四條）國民政府依據此項原則，於廿五年所宣布之「五五憲草」，其中除列舉創制複決及修憲等權力外，對選舉及罷免權，更具體確定其適用對象。前者包括總統副總統，立監兩院之正副院長及立監委員，後者除適用於經其選舉產生之人員外，並得對司法及考試兩院之正副院長，行使罷免權。（第卅二條）而憲法採取「政協憲草」對「五五憲草」之修正，規定國民大會之職權，雖仍包括選舉，罷免，創制，複決，及修改憲法，但選舉罷免兩權，僅適用於總統副總統，而創制複決兩權，則除修改憲法外，其於普通法律，尚須俟全國有半數縣市曾經行使創制複決兩項政權時，再由國民大會制定辦法予以行使。（第廿七條）此外，憲法又賦予國民大會享有領土變更之決議權。（第四條）由上所述，可知憲法關於國民大會職權之規定，較之昔日建國大綱及五五憲草之設計，顯然已有相當之縮減與限制。

國民大會自行憲於卅七年建制迄今，已歷廿餘年，其集會計常會四次，臨時會一次。關於職權之運用，除了四次常會時，選舉總統副總統，第二次常會期間，行使罷免權，通過監察院所提對第一任副總統李宗仁之彈劾案外，第一次常會，並經修憲程序，制定「動員戡亂時期臨時條款」，賦予總統特別的緊急處分權。對於此一臨時條款，自第二次常會議決延長其時效後，至五十五年第四次常會，曾先從予以三度修訂。特別是五十五年二月臨時會對臨時條款之修訂，其中規定：「動員戡亂時期，國民大會得制定辦法，創制中央法律原則與複決中央法律，不受憲法第廿七條第二項之限制」。而兩權行使辦法；亦旋經該次臨時會制定通過，並由總統於八月八日明令公布實施。有了臨時條款及兩權行使辦法規定之後，於是國民大會創制複決兩權之行使，在動員戡亂時期，便不再受憲法原始條文之限制了。（荆知仁）

國民大會代表

國大代表爲組成國民大會之主體，於大會開會時，代表各該選區人民行使政權。代表由八種不同選舉單位之選民選舉產生，而八種選舉單位中，除縣市同等區域原則上採小選舉區制，每縣市及其同等區域各選代表一人，但其人口逾五十萬人者，每增加五十萬人，增選代表一人外，其他七種選舉單位，均採大選舉區制。各選舉單位代表名額之分配，依選舉法附表之規定，可以歸納統計如下：

選出代表單位	應選名額	增選名額	應選總額	其中婦女所佔名額	備考
縣市同等區域	二二二六	五一	二二七七	四〇	婦女所佔名額係包括在應選總額之內
蒙古各盟旗	五七		五七	六	
西藏	四〇		四〇	四	
邊疆地區民族	三四		三四	二	
海外華僑	六五		六五	六	
內地生活習慣特殊國民	一七		一七	一	
職業團體	四八七		四八七	七四	
婦女團體	一六八		一六八	一六八	
合計	二九九四	五一	三〇四五	三〇一	

照憲法之規定，國大代表每六年改選一次，但每屆代表之任期，以至次屆國民大會開會之日爲止。（第廿八條）因而國大代表之任期，在原則上雖爲六年，但在次屆代表尚未選出或未能開會之前，舊有代表之任期，即可自動延長，繼續集會，行使國民大會之職權。不過代表在任期中，其原選舉區之選民，可依法將其罷免，使之去職。

憲法對於國大代表，設有兩種保障。第一爲身體保障，凡國大代表，在國民大會開會期間，除爲現行犯外，非經國民大會之許可，不得予以逮捕或拘禁。（第卅三條）第二爲言論保障，即國大代表在會議時所爲之言論及表決，對會外不負責任。（第卅二條）不過此所謂不負責任，依設制的立法意旨而言，只是說對會外不負法律上的責任。而就選民所享政權中之罷免權來說，國大代表在會議時所爲之言論與表決，對其選區選民，仍然要負政治上的責任。否則代表罷免法所賦予選民之罷免權，便沒有什麼意義了。

國大代表的總額，依照選舉法附表的規定，應爲三〇四五人。國民大會依法選舉罷免總統副總統，及修改憲法時，即應以此法定總額爲計算總額之標準。而自政府遷臺之後，一則由於部分代表陷身大陸，再則由於部分代表老成凋謝，以致代表人數日減，大會行使職權爲難。所以爲了克服此一困難，乃經大法官會議解釋，「憲法所稱國民大會代表總額，在當前情形，應以依法選出而能應召集會之國民大會代表人數爲計算標準」。（釋字第八五號）經此解釋之後，國民大會行使職權因人數日減而在總額計算上之困難，便不再存在了。

（荊知仁）

國民政府

「國民政府」一詞，在民國政治史上，具有兩種極爲重要的指涉涵義。其一是從「法統」的觀點着眼，指民國十四年成立於廣州，嗣又遷移於南京，以至三十七年行憲政府成立時結束的政府，以別於國民革命軍統一以前的北京政府，以及十四年以前廣州的各種政府。其二是從「黨治形態」的觀點着眼，指從十四年以迄行憲爲止，在國民黨的指導及監督下，掌理全國政務的政府，以別於憲法實施後的行憲政府。這兩種認同的觀點角度雖然有別，但其所指涉的政府實體，則並無不同。

國民政府係民國十四年七月創制於廣州。在此之前，由於民元約法和國會，屢遭北方軍閥的破壞，所以中山先生曾號召國人，於廣州成立護法政府。先後有六年八月的大元帥制軍政府，七年五月的總裁制軍政府，十年四月的中華民國政府，以及十二年三月的大元帥制大本營。這幾次政府的名稱和組織雖然互不相同，但有一個共同的目的，即在於維護元年約法，及促成國家的和平統一。不過當大本營成立之後不久，由於十二年十月北京政府發生曹錕賄選大總統的醜劇，中山先生深感不但護法給軍閥們造成了玩法禍國的機會，同時與恃兵割據，專權自恣的武人空談和平統一，殊無異與虎謀皮。於是乃毅然放棄法統，積極主張組織強有力的革命政黨，進而以黨的力量，建立一個新政府，以改造國家。所以十三年一月在廣州舉行的國民黨第一次全國代表大會，除了決定黨的改組外，同時又通過了一個組織國民政府案。不過由於當時廣東尚爲陳烱明、楊希閔及劉震寰等軍閥所盤據，因而格於形勢，這一個組織國民政府的決議案，並沒有立卽付諸實施。要到十四年三月，中山先生於北京逝世，爲了適應當時集體領導的需要，以及廣東的軍閥，次第被敉平之後，組織國民政府的障礙，已經不復存在。所以國民黨中央執行委員會，乃於六月十五日，正式決議將大本營的大元帥府，改組爲國民政府，並旋卽通過國府組織法，發表宣言。於是國民政府乃於十四年七月一日，正式建制成立。

國民政府乃國民黨領導北伐，推行訓政，實踐中山先生建國遺教的國務機關。自建制之後，其組織與實際的運用，均曾歷經調整，而每次的調整，也大都步及組織法的修改。在組織體制的原則上，最大的一次改變，厥爲十七年七月北伐告成之後，根據十月八日新的國府組織法，開始實行五權制度。現在行憲政府的五院制，在院與院的關係上，雖與國府時期的五權制有所不同，但在制度形式的設計上，卻正是以當時的五權制爲藍本。

國民政府自建制之始，卽採取委員制，委員的人數雖屢有增減，國府的組織，也經過五權制的改革，但委員制的原則，迄未稍作更張。一切國務，皆由委員會議決議行之。國府主席主持國務會議，代表政府，多數時候，主席只是國家的名義元首，並無實際權力，但在某些時期，由於政情和人物的關係，也有例外的情形。

國民政府的最大特色是其本身乃執行「黨治」的機關。按黨治的原則，構意於同盟會軍政府宣言，揭示於中華革命黨總章，至十四年國府建制，復正式表現於法律。十四年國府組織法首條，卽規定「國民政府受中國國民黨之指導及監督，掌理全國政務」。嗣後組織法雖屢經修改，但黨治原則的規定，則始終保留不變。至於黨治原則的實踐，在適用上的表現，可以歸納爲四種涵義。其一是人民的四種政權，於訓政時期，由國民黨全國代表大會代爲行使中央統治權，全國代表大會閉會期間，則由中央執行委員會執行。其二是政府由黨產生，諸如國府主席、委員、及五院正副院長，均由黨的中央執行委員會選任。其三是政府受黨的指導和監督，並對黨負責，黨對政府實施訓政的成績，具有最後的考核權。其四是立法原則由黨決定，重要法律，由黨修正及解釋，約法的解釋權，由中央執行委員會行之。

國民政府雖是國民黨的黨治政府，但訓政時期國民黨之執政，僅是依照該黨建國三序方略，臻於憲政的過渡手段，其代行政權，乃暫時性質，訓政完成之後，當卽還政於民。所以當卅六年元旦憲法公布之後，國民黨卽擴大國民政府組織，邀請民青兩黨及社會賢達參加政府。及行憲政府成立，國民黨卽結束黨治，還政於民。而國民政府，亦於斯時完成其時代使命，退出了政治舞臺。

（荊知仁）

國民會議 (National Assembly)

見「國會」條。

國邦的理由 (Raison d'Etat)

一國邦的理由」是義大利馬基維尼（Niccolo de Bernardo Machiavelli 一四六九－一五二七）所闡明的一項原則：為了國邦的安全和利益，執政者可以不受道德和法律的拘束。

在馬基維尼的著作中並無國邦的理由一詞。但這一觀念充斥於他的著作，特別是君王論（The Prince）一書中。馬氏生於文藝復興時代的意大利，當時許多小邦競逐權力，為了國邦的生存和發展，往往無所不用其極。馬氏認為政治是一全盤的權力鬬爭，政治行為的目標是擴張國邦權力到最高限度。只要是以理性的態度去擴張國邦的權力，則一切手段都可採用。這些手段既是為了國邦的利益，便不受傳統道德法律觀念的束縛。這種思想經霍布斯、黑格爾等的發展，成為極端國邦主義——帝國主義——的張本。為了國邦利益，一國可以背信毀約，可以不顧人道，可以肆行侵略。

馬氏思想受其時代的影響，認國際間無友誼可言，無真正合作的可能，而各國實時時在戰爭的陰影下。這種觀念只能說明一部分的國際關係。同時，由於國邦觀念的改變和法治主義的盛行，政治已不僅是以權力的追求為唯一鵠的。因此國邦的理由已不再是政治行為的護身符了。（張京育）

國邦社會主義 (National Socialism)

一九一九年有七個人在德國慕尼黑（Munich)創立了德國國邦社會主義工人黨（National Socialist German Worker's Party），簡稱納粹(Nazi)黨。七人中的希特勒（Adolf Hitler 一八八九－一九四五）後來成為該黨的領袖，與該黨相始終。國邦社會主義便是該黨的信條，也是希特勒一九三三－一九四五執政時的政綱。

國邦社會主義不是一種有嚴密系統的思想和哲學。它實是第一次大戰後德國政治社會失調的產物。二十世紀初年，德國是歐陸第一強國。它的大學、科學、哲學和音樂都舉世聞名。德國人不相信常勝的德軍會在第一次大戰中敗北，因而產生了所謂猶太人和社會主義黨人在後方陷害以致德國失敗的說法。國邦社會主義產生的第二因素是自一九二三年起產生的惡性通貨膨脹，薪水階級和固定收入者都變得一貧如洗，只有少數人——包括猶太人和純種德意志人——靠投機發財。但不管是誰投機，總是遭致中下階級的不滿。國邦社會主義產生的第三項因素是德國傳統的軍國主義和對共產主義的恐懼。軍國主義重鐵的紀律，恐懼共黨革命使許多人以兩害相權取其輕的態度，支持納粹黨人。但是促成納粹黨興起的最重要因素實為一九二九年以後的經濟大恐慌。該黨在此以前只能獲得那些不滿現狀，生活困難的中下層社會和一部分復員軍人的支持，此後則農民，大學生和成百萬的失業者都投向它的陣營。一九三三年希特勒開始執政。不久，他就把威瑪共和制度破壞無遺，而從事一黨專政和個人獨裁。

德國國邦社會主義確曾是一種擁有廣大人民支持的政治運動。在德國戰敗之餘，它以民族主義相號召，當然能得大衆的擁護。它以社會主義相號召，既可為一般民衆所接受，又可削弱馬克斯主義的號召。國邦社會主義的目標，簡單的說，便是全民努力開發資源，避免因階級鬬爭而引起的浪費和摩擦，並將生產公平的分配於勞資雙方。因此它成為對人人均有吸引力的一種政治主張。國邦社會主義高喊理想主義以拒斥馬克斯的唯物主義。認為自由主義是為富人所操縱的一種體制，自私並且缺乏愛國心。它輕視自由、平等和幸福，提倡服務、忠誠和紀律。它視國際主義為懦弱，國會制度為無能。它特別強調意志和直覺。在一個社會因戰爭、通貨膨脹和經濟蕭條而混亂時，這些口號可以使一般人在感情上放棄個人利益以增強國邦力量。為了使個人放棄其各別的利益以追求集體利益，其最有效的辦法是從事戰爭，因此國邦社會主義實是推行戰時政治和戰時經濟。不過其目的不是去應付一時的緊急狀態，而是視為一永久制度。這最後必然導致對外擴張和侵略。

國邦社會主義重集體，講權威，尚武力。它是極端民族主義的，並帶有濃厚的浪漫主義色彩。這些都與意大利的法西斯主義相似。但是國邦社會主義認為雅利安族為最優秀的、對人類進步唯一有貢獻的民族。同時認為一個民族的成就和特質與生俱來，不因環境而改變，因此不承認久居於德國的猶太人為德國人。這種極端種族主義並無科學上的根據，其目的不過是替德國所遭遇的困難找一隻代罪羔羊而已。另一方面，國邦社會主義者強調簡單的生活，對農民極為優待，並且不像義大利法西斯政府那樣採用工團制度，使各行業選舉代表直接參與國政。最後，國邦社會主義比法西斯主義更瘋狂，具有宗教狂熱。國邦社會主義的推行無論是對德國或對世界，幾乎是只有百害而無一利的。（張京育）

國協 (The Commonwealth)

國協的本來全稱為「大英國協」(British Commonwealth of Nations)，後稱

「各國國協」(the Commonwealth of Nations)，通常簡稱為「國協」(the Commonwealth)。按 commonwealth 在政治上的意義，首先見之於一六四九年英國國會宣告成立「一個自由共和國」(a Commonwealth and Free State) 的出現，是則 Commonwealth 有共和國的意義；而一九〇二年有「澳洲聯邦」(the Commonwealth of Australia) 的建置，因而 Commonwealth 又有聯邦之義。其用之於英國與其他自治領國家間的關係者則始於一八八〇年至一八九〇年代之際，蓋其時英國正考慮適當詞語，以表示英國與其殖民地自治政治的關係。一八八四年羅斯伯利爵士 (Lord Rosebery) 首先使用 commonwealth of nations 之詞，嗣是以迄第一次世界大戰之前，卡廸斯 (Lionel Curtis) 予以廣泛運用，以為其所倡導的「帝國聯合會」(Imperial Federation) 的名稱。一九一七年史末資將軍 (General Smuts) 使用「大英國協」(British Commonwealth of Nations) 以稱英國與其自治領各國的結合關係，而一九二一年的英愛條約 (the Anglo-Irish Treaty of 1921) 則予以正式的使用。一九二六年帝國會議規定，英國與自治領各國「是在大英帝國之內的自治團體，地位平等，雖以共同效忠英王而結合，並自由參加成為大英國協之分子國，但不論其內政或外交方面彼此並沒有隸屬的關係」，於是「大英國協」具列於官文書，而自治領各國取得與英國平等的地位，賦有完全的主權。而一九三一年的西敏寺法 (The Statute of Westminster, 1931) 賦之以法律效力。然而，「大英國協」之稱為亞非兩洲的構成員所厭惡，於是乃以「各國國協」(the Commonwealth of Nations) 代之，更常簡稱之為「國協」(the Commonwealth)。就今日實際情形說，參加國協者除加拿大、紐西蘭、澳大利亞等自治領外，凡由昔日英國殖民地宣布獨立的國家，大都是加入國協，俾便與英國保持相當的維繫關係。這些關係得具列數端以為例說：(一)國協各國承認英王為國協首領的所謂共同效忠，並不包含有共同外交政策或對於和戰的共同態度。(二)各國可以自由參加國協，也可以不參加或退出國協。(三)於英王之外另有其元首的共和國或其他國家，只要承認英王為國協首領以為國協各國自由結合的象徵，即得為國協的構成員。(四)為國協構成員，除象徵的承認並於適當機宜咨商其他構成員外，並沒有包含著各種義務（參考 Julius Gould and William L. Kolp (ed.), A Dictionary of the Social Sciences, pp. 109-110)。從而可知，國協的本質不是一個國家，沒有憲法，沒有議會，也沒有任何常設的機構，國協的作用只是為了共同的目的而結合，如有關國際情勢的肆應，經濟互惠的計議，以及情報建議等交換而已。為了這些目的的需要，於相當時機舉行國協會議，由國協各國閣揆參與協商，會議地點常在倫敦。國協各國雖擁戴英王為國協首領，却與英國政府並沒有什麼法律關係，為了政治上的需要，國協各國得派高級專員駐於倫敦，以為各該國的政府代表，英國亦有高級專員分駐於國協各國的首都，以代表英國政府。關於特別重要事宜由英國首相與國協各國閣揆直接函電洽辦之；其他事宜的溝通是經由倫敦的國協關係部與國協各國的外交部為之。（羅志淵）

國相

見「郡太守」條。

國務大臣 (Minister of State)

見「內閣總理」條。

國家 (State)

目前全世界有一百四十左右政治單位可稱為「國家」，在東方與西方歷史上有許多政治單位在現代語文上亦稱為國家，但這些通稱為國家的政治單位在實質上是有重大差異的。

我國封建時代，天子統治範圍稱天下，諸侯統治範圍稱國，卿大夫統治範圍稱家，而以「國家」一詞統稱天下、國、家。秦漢以後，中國統一，皇帝統治範圍通稱天下，亦稱為國家。這所謂天下或國家沒有現代國家的一定土地領域的觀念，凡我國兵力所及的地方都可視為中國國土，歷代武力強弱不同，中國版圖大小亦異；另一方面，中國過去也沒有主權觀念，在封建時代，天子與諸侯所統治區域既都可稱為國家，自與現代主權觀念不合，在秦漢以後的天下觀念下，不承認其他民族有同樣最高權力，亦與現代主權觀念不合。我國自清代與西方國家接觸後，不再視中國人以外民族為蠻夷，承認世界上有與我國處於平等地位的政治單位，中國亦與他們在平等地位簽訂條約與交換使節，不再以天下自稱，而要以「國家」自稱並用以稱呼與我們相等地位的政治單位，至這時候，中文「國家」一詞才有現代意義，但同時仍以這名詞稱呼過去天子，諸侯所統治的政治單位。

在西文上，本來沒有統稱各種國家的名詞，希臘的「(Polis)」；羅馬的「(Respublica)」、中世紀的「Empire」、「Monarchy」等政治單位在現代文字上，中文都可以「國家」，英文都可用「state」稱之。英文通稱國家的「state」一詞是十六世紀在馬開維里 (Machiavelli) 首先使用後才逐漸成爲流行的。歐洲中世紀以前各種國家亦與現代意義國家不同，往往缺乏一定土地概念，在政教爭取最高權力的衝突與封建制度重複管轄下，亦無現代主權觀念。

現代國家是在十六、七世紀歐洲國家擺脫中世紀封建制度及宗教控制後首先形成，再在世界各地發展的。所謂現代國家是指具備下列四個條件的人類社會團體：第一是有一羣人，這一羣人可多可少，多則數億，如中國，少則幾千萬，幾百萬，幾十萬不等，甚至不到一千人的梵帝岡城也可視爲是一個國家；第二是有固定土地，土地面積大小亦不一定，大如蘇聯，有土地八百六十餘萬方英哩，小如梵帝岡只有零點二方英哩，但這土地必需是固定的，不是可以隨便伸縮或不固定的（但可能有部分不十分確定的邊界如中緬未定界，也可以部分轉移如割讓，歸還，購買等）；第三，組成政府行使主權；第四，有主權，亦即在國際社會上維持獨立地位。因此，香港雖有一羣人民，一定土地，成立政府，但無主權不能稱爲國家。許多英屬殖民地過去均與香港地位相等，在取得主權而於國際上享有獨立地位後即成爲國家。

以上四條件指現代獨立國家而言。現存世界上一百多個國家都具備人民、土地、政府條件，主權則就對外獨立，對內最高兩原則而言，並非每一個國家都充分具備。如梵帝岡 (Vatican)、列支敦斯敦 (Liechtenstein) 是否得稱爲國家自主權觀點言是有爭論的，所謂被保護國、附庸國則爲主權顯然不完整的國家，但仍然稱爲國家。

我們現在用國家一詞指古今東西各種型態的國家，但沒有一般同意的定義。所以有些學者解釋國家此名詞時並不下定義（如 George H. Sabine, "State", Encyclopedia of the Social Sciences, 1936; Morton H, Fried, "State - The Institution, " in International Encyclopedia of the Social Sciences, New York: MacMillan, 1968），有些學者也提出簡要的定義，但這些定義顯然不能適用我們習用「國家」一詞所指的各種政治單位。如韋金斯 (Fredrick M. Watkins) 稱：「國家是由共同服從單一最高權力所結合的人類社會中的某一定地域就一定地域與最高權力作爲國家定義顯然不適用我國過去以及在歐洲中世紀以前的國家，又如愛勃萊 (Paul H. Apploby) 認爲「國家是在最高權力的政府下的政治性的組合之一羣人。("State," Encyclopedia Americana, 1968)」這定義一方面不能包括東西封建時代諸侯所統治的國家，一方面未提到地域因素，有令人誤會國家完全爲一羣人的組合而與領土無關之可能，這是不符過去與現代國家基本條件的。總之，這些定義都只能指某一類國家，而不能用以概括各種型態的國家。

就整個人類社會來看，各種類型國家都是社會制度之一，但對此社會制度的看法則差異甚大。柏拉圖與亞里斯多德都認爲人唯在城邦中始能充分發展其良好生活，中世紀歐洲是個多元社會，權力由教會，國王及封建領主分享，國家觀念自趨沒落，殆中世紀末期，由法國起逐漸形成現代國家，並在馬克維里、布丹等人鼓吹下，直至十七、八世紀，歐洲人對國家的崇拜趨於最高峰，認爲國家是維持社會秩序的唯一可能基礎，服從國家統治者是人民的義務。自法國大革命後，歐洲人逐漸感到政治行動只在維持法律與秩序是不夠的，人民開始要求個人自由與社會公正，以後法律平等、學術自由、放任經濟等自由主義觀念發展，再後有民族主義，社會主義思想的發展，凡此均導致十九、二十世紀國家權威的貶抑，至於無政府主義者的主張，更主張廢棄國家制度而代以其他非強制性社會制度來維持人的社會生活。但就大多數情形言，十九、二十世紀後的發展，是人民主權觀念，此種觀念可說已具世界性，在此觀念下，政府必需在理論上具代表人民的才能有合法權力，極權國如蘇俄等在表面上亦不得不如此表示。在此觀念下，國家、政府都是一種工具，毋復過去對國家的崇拜觀念。

就政治學之研究而言，現在對國家的看法亦大異往昔，本世紀初期，政治學者多持迦納 (James G. Garner) 氏看法，即「政治學始於國家終於國家 (Introduction to Political Science, 1910)」，但現代政治學者，尤其是美國行爲主義派政治學者，雖仍重視國家問題，但如國家起源，主權等問題已多不視爲政治學問題之中心，而以政治權力、政治體系的性質與運作爲研究中心。認爲一社會的政治功能不限於專由國家此一社會制度所發揮，工會，專業組織等的權力關係與政府的權力關係同樣具有政治性並值得注意。因此，現代政治學，不再是「國家學」。（華力進）

國家利益 (National Interest)

「國家利益」一詞不止是政治領袖們之口頭禪，亦且是政治學者筆下喜用的字彙。在政治現實派心目中，國家利益實是外交政策中最基本之指導原理。H. Morgenthau 辯稱國家利益是與下列三種利益不同者：即㈠「非國家利益」；㈡「超國家利益」；㈢「小於國家利益之利益」。唯稍一深思，則知「國家利益」一詞極滋疑義：一者何謂「國家」？依傳統政治學，國家之特性爲主權，「領土完整」等，唯此種特性在今日不是已經不存在，便已發生動搖，T. Rosenau, T. Herz等論之甚力矣。二者何謂「利益」？究指國家之安全乎？經濟乎？抑包括生活方式或意理乎？如若爲安全，則安全之界線何由以定？……由此可知，「國家利益」一詞實經不起嚴格之分析，縱使在分析上可以解決，在實際處理上，也是困難重重。故「國家利益」一詞與盧梭之 general will 一樣，極難有運作性之意義。

事實上，國家利益常非是客觀，而是主觀之事物。亦即是政策決定者依其「感知」(perception) 結構而定的。從 Spront 之研究可得一啟發，即「眞正」之國家利益是一件事，被決策者「所感知」之國家利益又是一件事。政策決定者「所感知」（此不必是基於私心、情緒，而大半是基於他（們）之認知的能力）之國家利益可以與眞正之國家利益相合，但亦可以不相合。在相合之情形下，則自理想。在不相合之情形下，則決策者「所感知」之利益，實非眞正之利益，而是一種「利益形象」(interest image ，此詞係筆者直接從 K. Deutsch 博士一次談話會中獲得者），即誤非利益爲利益也。所可憾者，世人信以爲是眞正利益者，常是一種「利益形象」。

國家利益之決定，常視政治系統之性格而有異。一般言之，在閉鎖性的專制極權系統中，國家利益爲少數權力份子所決定（依「朕即國家」之說，則朕之利益即是國家利益矣）。在開放的多元的民主系統中，則國家利益常由互相衝突之秀異羣，經由複雜之折衷妥協過程而定。在前者情形，則遠乎國家利益。在后者情形，則較近乎國家利益。

今日，不少政治學者對「國家利益」一詞極爲不滿，以爲它是一十分含糊之符號，不是因它沒有意義，而是因它有太多意義。可是，在政治分析中，國家利益這個觀念如能謹愼運用，仍不無其存在之價值。（金耀基）

國會

各國立法機關 (legislative body)，通常稱爲國會；而國會稱謂各國並不一致：英國稱之爲巴力門 (Parliament)，美國稱爲康格里斯 (Congress)，法國在大革命之初稱「國民會議」(National Assembly)，近年來亦常稱爲巴力門，德國會稱爲「諦得」(Diet)

英國國會係由盎格魯・薩克遜時期的智人會議 (Witenagemot)，於諾曼時期演進爲大會議 (Magnum Concilium)，迨一二五四年乃有巴力門之稱。十四世紀之末，高級教士和大貴族以他們的利益相同，乃結合爲一；他方面各縣的騎士及各市鎮的出席人，以利益相同，又另成一體。至於下級教士不願參加國會，而寧願參加各地的教士會議 (Convocations)，由於高僧與大貴族的結合，後來演成爲貴族院 (House of Lords)；而各縣騎士與市鎮代表的結合，後來形成爲衆議院 (House of Commons)，由是演成兩院的體系（關於兩院的性能另見「兩院制」）。所以英國兩院制的建制係緣於歷史偶然的事實，而非出自理論的計議。總之，巴力門爲國會的名稱，其中包含有兩院，亦即國會係由兩院所構成。現在貴族院係由世襲貴族、蘇格蘭選派之貴族（十六人）、宗教貴族（二十六人），以及法律貴族（九人）等約近千人所構；至於愛爾蘭獨立前所選派之貴族（二十八人），則全已死亡了。貴族院原與衆議院處於同等地位，共同行使立法權；並且內閣須對兩院負責。「所以兩個政黨在兩院互占多數之時，內閣實難應付。所幸者英國內閣有解散第一院的權，而第二院又無一定名額，凡是英國貴族，同時必兼爲第二院議員。所以兩院衝突之時，內閣得解散第一院，訴諸國民，改選之後，政府黨仍佔多數，第二院理應讓步。第二院不肯讓步，內閣尚得奏請英王，封本黨黨員爲貴族，以壓迫第二院內反對黨。這種製造貴族議員的方法首實行於一七一二年，當時保守黨政府恐第二院不肯通過 Utrecht 條約，乃任命十二名貴族議員。此後尚有兩次企謀應用，一次在一八三二年，自由黨內閣欲用以通過「選舉改革法」，另一次在一九一一年，自由黨內閣欲用以通過「國會法案」。兩次均已得到國王同意，其所封貴族人數甚多，足令政府黨在第二院控制多數，然而洪水般的貴族可以破壞英國貴族及第二院的性質，所以保守黨只有讓步，而通過上述兩種法案焉」（見薩孟武政治學第四〇四頁）。自一九一一年國會法施行後，復以一九四九年之修正，於是貴族院對於財政法案已無否決權，對於一般公法案只有一年的中止否決權，是則對於英國政治已少有決定性的作用了。衆議院爲民選議員（約六三〇人）的立法機關，亦爲控制內閣的政權機關，尤其自上述國會法施行後，成爲英國國政的重心機關，幾乎衆議院即可爲英國國會的代名詞。該院的多數黨領袖必由英王召喚以組閣，是則內閣出自該院，並須對該院負政治責任。倘該院認爲內閣不能勝任時，可以不信任決議，迫使之辭職，但內閣得呈請英王解散該院，進行新的選舉，是即以國是問題，訴之選民裁決。至就英國國會的職權說，其權力之大，世無倫比，狄倫曾謂英國國會除不能使女變男，男變女外，能做任何事情，故其職權是絕無法律的限制。所以英國國會是世界上最有權威的國會，其歷史亦最長，已歷七百有四年。

英國北美洲十三個殖民地人民於提軍抗英以求獨立的革命期間，曾有大陸會議(the Continental Congress)以爲革命會議策劃的機關；一七八一年三月一日施行邦聯協約(Articles of Confederations) 後，大陸會議成爲十三邦的中央議事機體。迨一七八七年制定美國聯邦憲法，其中第一條第一項明白規定，「本憲法授予之所有立法權應賦之於合衆國國會(Congress)，國會包含參議院(Senate) 及衆議院 (House of Representatives)。」由是可知 Congress 爲美國國會的總稱，而其中則包含兩院。參議院由每州選舉參議員二人組成之，參議員在一九一三年前由各州州議會選出，嗣後則由選民直接選了。衆議院由各州選民直接選出的四三五個衆議員組成之，選舉係採小選舉區多數當選制。國會的權力以憲法第一條第八項所列舉的十八種事項爲限，非如英國國會可以任展施爲；而且總統對於國會通過的法案可以行使中止的否決權（詳見否決權），最高法院對於國會制定的法案可以行使解釋權，如經判定與憲法精神相牴觸時，得不予援用而使之失效（詳見司法審查制）。國會職權由兩院共同行使之，即法案之制定須以兩院一致之意思行之；是即兩院有平等的立法權。但財政法案須由衆議院先議，惟參議院得予以修正。用人同意權，條約批准權，則由參議院單獨行使，是則參議院之權力更優於衆議院，乃爲各國所罕見者。從而可知，美國參議院是現世各國採用兩院制之國會中最有權威者。

法國在一七八九年舉行三級會議之際，平民代表脫離貴族僧侶自行集會，名曰「國民會議」，是即爲國會之意，嗣後一七九一及一七九三年的憲法均採用一院制，一七九五年採行兩院制，一直行至一八四八年，其年又恢復一院制，第三共和之後均採兩院制。現行第五共和憲法第四章標題曰巴力門，其中第二十四條明定巴力門包含國民議會(the National Assembly)及參議院(the Senate)，是則在革命初起時意爲國會的 National Assembly 現已成爲下議院之稱，而國會的整個名稱，有如英國稱爲巴力門了。依現行法制，國民議會由四八一名議員組成。議員選舉採單記多數選舉制，第一次投票結果，凡未能獲得(一)有效票數之絕對過半數(二)登記選民總數四分之一之選票者，不得當選，應舉行第二次投票，以獲得相對多數票者，即可當選，易言之，第一次投票以絕對多數當選，第二次投票則以比較多數當選。參議院由二七三名參議員組成，參議員係由國民議會議員及各地方代表構成的選舉團產生。第五共和的國會，其權威已不若第三共和及第四共和時之強大；而國會兩院之中，以國民議會爲立法重心機關，參議院只有中止的否決權。

一八一五年六月八日的德意志邦聯法 (the German Act of Confederation, June 8, 1815) 設有一個會議機關名曰「諦得」(Diet)，以爲各邦代表議事的機體。這一機體本爲各邦使節集議而設，實不能視爲國會。一八七一年的帝國憲法所規定的國會雖採兩院制，並未以 Diet 爲國會的總名稱，而逕稱其下院爲 Reichstag，多譯爲帝國議會，而其上院則稱爲 Bundessath，多譯爲聯邦議會。威瑪憲法稱其下院仍曰 Reichstag，而上院則曰 Reichrat，通常分別譯稱前者爲衆議院後者爲參議院。現行西德憲法稱民選的立法機關爲聯邦衆議院 (the Bundestag)，代表各邦的議事機關爲聯邦參議院 (the Bundesrat)。在現制之下，衆議院由民選的議員四九八人組成之，議員選舉採用單選舉區與比例選舉各佔百分之五十的混合選舉制，這一民選的議院乃爲立法重心機關，亦爲對國政有決定性的政權機關。至於參議院則爲各邦派遣代表四十五人所構成的議事機關，以參與聯邦立法，具體言之，對政府提案有獻議之責，並有立法的否決權，它要保障各邦利益，保障聯邦制度，且爲基本法的立法保障者，所以就政治觀點說，自威瑪憲法以迄現在的國會應爲衆議院；惟學者之爲文著論，間常泛稱 Diet 爲德國國會的總稱。

中國國會之稱，首見於十九信條，其中第十九條明定「關於國會之職權，在國會未開前資政院適用之」，是即以資政院代行國會職權。臨時政府組織大綱以參議院行使國會職權，而「參議院未成立以前，暫由各省都督代表會代行其職權」，是又以各省都督會暫行國會職權了。迨臨時約法制定，仍以參議院居國會地位。元年八月十日該院制定「國會組織法」，規定國會以參議院及衆議院構成之。迨二年四月八日，國會正式揭幕，是為中國有正式國會之始。現行憲法未有「國會」之規定，但以國民大會代表全國國民行使政權，以立法院為國家最高立法機關，代表人民行使立法權，以監察院為國家最高監察機關，行使同意、彈劾、糾舉及審計權。是則三者各別行使職權，難言何者應居於國會地位。惟民國四十六年五月三日大法官會議釋字第七十六號解釋云：「我國憲法依據 孫中山先生之遺教而制定，於國民大會外並建立五院，與三權分立制度本難比擬。國民大會代表全國國民行使政權，立法院為國家最高立法機關，監察院為國家最高監察機關，均由人民直接間接選舉之代表或委員所組成，其分別行使之職權，亦為民主國家國會重要之職權，雖其職權行使之方式，如每年定期集會，多數開議，多數決議等，不盡與各民主國家國會相同，但就憲法上之地位及職權之性質而言，應認國民大會立法院監察院共同相當於民主國家之國會」。（羅志淵）

國會法 (The Parliament Act, 1911)

見「國會」條。

國際主義 (Internationalism)

國際主義是一個理想，要把全世界各國聯合起來，組成一個超國家的國際社會，各國雖仍保持一部分的獨立功能，但都要受中央機構的控制。這理想認為人類的政治組織，不應以國家為限，而應求更進一步，擴大為國際社會。有人以為中國禮記禮運篇是國際主義的濫觴， 實則禮運篇所提倡的是大同主義(Cosmopolitanism)，與國際主義不同。因為大同主義只是提倡全人類聯合一起，並沒有把世界整體與各部分的關係弄清楚，而國際主義則認為在國際社會中的各國，並未完全喪失其主權，只是受到若干限制而已。組成大同世界的分子是個人，而組成國際社會的分子則為國家。中國自秦漢以來，海內一統，而且中國人以中國為天下，天下既歸一統，自無組織國際社會的必要。西洋的情形則不然，自中世紀起，鼓吹國際主義者頗多，如杜布亞 (Pierre Dubois)、坦丁(Dante)、亨利第四 (Henry IV)、克魯塞 (Emeric Crucé)、潘威廉 (William Penn)、聖皮耳 (Abbé de St. Pierre)、康德 (Immanuel Kant) 等，都提出了各色各樣的主張和方案，想把歐洲各國組織起來。事實上，近代的國際組織，最初是以歐洲為中心，逐漸擴展以至包括全球，第一次世界大戰後的國際聯盟和現今的聯合國，可說是集國際主義的大成。吾人於此有順便說明之必要者，即社會主義者的國際運動是也。自從一八四八年馬克斯 (Karl Marx) 發表了共產黨宣言 (Communist Manifesto)，提出了「全世界的工人們聯合起來！」的口號以後，共產黨的政治鬥爭便成了一個國際運動。最初是由馬克斯和恩格爾 (Friedrich Engels) 等於一八六四年組織「國際工人聯合會」(International Working Men's Association)，包含着全世界各國的社會主義分子，這就是所謂「第一國際」。這個國際因為分子複雜，內部矛盾很多，於一八七六年解散。繼之而起者為「社會主義國際」(Socialist International)，即所謂「第二國際」。這國際因第一次世界大戰爆發，各國的社會主義者分別效忠其祖國，無法維持，於一九一四年解散。一九一七年蘇聯共產革命成功後，列寧於一九一九年創立「共產國際」(Comintern)，即所謂「第三國際」，直接指揮並控制各國共產黨的活動，想把全世界赤化，組成一個全世界蘇維埃共和國，實現「普羅國際主義」(Proletarian Internationalism)，因此與各國的合法政府衝突得很厲害。在第二次世界大戰期間，史大林於一九四三年宣布解散「第三國際」。但大戰結束後，史大林又於一九四七年組織「國際共產情報局」(Cominform)，祇包含七個東歐共產國家（阿爾巴尼亞不在其列）和兩個西歐國家（即法國和意大利）的共產黨，已經沒有世界性；自從一九四八年把南斯拉夫的狄托除名以後，更談不到普羅國際主義了。（陳世材）

國際情報局 (Cominform)

是第三國際組織取消後，經過一段時期再度建立的國際共產黨的組織。自二次大戰結束，共產黨的國際運動戰略可以分為三個時期：積極的前進時期；史大林式的和平共存；和赫魯雪夫主政時期，強調從經濟競爭，避免戰爭的競爭的共存。國際情報局的組織是積極的前進時期的主要現象。

這時共產黨的戰略是把世界劃分為兩個集團：一個是蘇俄與共產國家和共產黨，各國的民族解放運動，以及散處各地的和平力量。另一便是帝國主義的美國及其盟邦。他們的作戰方式一方面是破壞美國對西歐國家經濟復興及再武裝政策，對亞洲正在重建的國家則以各種方式打擊其民族政權。

國際共黨及勞工黨情報局 (The Information Bureau of the Communist and Worker's Parties or Cominform) 是一九四七年九月由日丹諾夫和馬林可夫出面，由蘇聯，南斯拉夫，保加利亞，匈牙利，羅馬尼亞，波蘭，和捷克斯拉夫的共產黨（這時的阿爾巴尼亞仍是南斯拉夫的附庸，故未加入），以及法國和意大利兩個具有多數黨員的共產黨所組成，其目的在以此爲蘇俄的控制工具，以團結新的共產國家，破壞西歐的反共力量。

當情報局組織之始原欲使其成爲共產國際的繼承者，但其不同之處，參加的共產黨受到限制，原有機能亦未恢復。自成立以來其最重大的一次行動爲一九四八年開除南斯拉夫共產黨的會籍，亦因此一舉而使其本身無疾而終。

國際情報局比較顯著的活動是發行兩種週刊：一名永久和平 (For Lasting Peace)，另一爲人民的民主(For People's Democracy)，是把俄共路線推廣爲國際共產黨的路線。自南斯拉夫脫離組織，原設在南國首都貝爾格萊特的局址，遷往布格列士特。一九五六年四月十七日俄共爲執行反史大林與和平共存政策，該情報局亦告解散。（羅時實）

國際無政府狀態 (International Anarchy)

國際間沒有一個被普遍承認爲超國家的世界組織來維持國際秩序和規範國際行爲，國家只能依靠自己之力量以保護維持正義和安全，於是列國競相擴張軍備以其爲自保的捷徑，此種國際無政府狀態在第一次世界大戰前甚爲顯明，軍備競賽又引起列國之間的互相猜疑和恐懼。第一次世界大戰後，政治家及學者咸認爲此種國際無政府狀態乃促成世界大戰之主因，乃倡議國際聯盟之組織，擬以「世界政府」之力量維持戰後的國際秩序。第二次世界大戰誕生之聯合國亦基于同樣之構想，然而，國際聯盟與聯合國並非國家的世界政府，而是主權國家的組合；他們沒有自己的武力來強制執行其決議，其能否解決國際爭端完全依賴會員國尤其是强國的合作。（張旭成）

國畿

見「王畿」條。

國體 (Forms of State)

見「政體」條。

唯物史觀 (Materialistic Interpretation of History)

馬克斯的歷史解釋，是其全部學說的主要部份。他的本意是要藉此以窺測將來，好知道資本主義的命運是怎樣決定的。只有瞭解造成歷史事實的那些力量，對於造成將來事象的那些力量，才好據以推測。

史觀是指對歷史的一種看法。歷史學者中有一部份人，認爲人類歷史情況與事實雖然錯綜複雜，變化萬端，但綜合研究仍未脫離一種公式的範圍，例如信宗教者，相信宇宙間的一切事物都是經過上帝的安排。讀中國說部會使人感到，歷史只是少數英雄豪傑的活動記錄。英國湯馬士．加萊爾(Thomas Carlyle)在寫完法國革命史後，又撰一「英雄及英雄崇拜」(Hero and Hero-worship)，有人把它稱爲英雄史觀。馬克斯是相信歷史可由公式窺測的，認爲社會進化是經濟力推動的後果，在型成人類社會制度和文化上，經濟情況和事實具有決定性的影響。因爲經濟是物質的，便把這種觀點稱爲唯物史觀。

馬克斯和恩格斯的說法　在馬克斯「政治經濟的批判」序文上說：

『從我研究中得到的結論，法律的關係和國家的形式，是不能從他們的本身看出來的，也不能從人類所謂心的普通發展上去看。相反地，這是生根於生活的物質情形……普通社會的解剖，可以從政治經濟中找出來……我所得到的總結論，—在得到之後，就可以在我的研究中，作爲指導的線索。……它是這樣構成的：在生存憑藉之社會生產上，人類不由自主地，進入確定、必須的生產關係，在他們物質生產力發展的固定階段上，這些生產的關係是和它適應的。這些生產關係之總和成爲社會的經濟結構，一切法律和政治的上層結構，都是在此一眞實的基礎上建立起來的。社會意識之固定形態是和這相互呼應，爲生存的物質憑藉之生產方式，決定社會，政治，和知識生活的一切進行』。

恩格斯在「反杜林論」中曾用相近的語句，解釋唯物史觀：

『依照這種見解，所有社會變動，和政治革命之最後原因，不能求之於人們的心中……必須求之於生產與交換方式的變動，不能求之於哲學，必須求之於有關時代的經濟』。

這裡所指的重點是生產方式。農業社會的生產方式是從耕種取得生活，是人和土地的生產關係。這是社會的下層結構，從這一基層上生出適於這種生產關係的上層結構如政治、法律、文學、藝術，以及一切社會制度等等。由農業社會進入工業社會是由於生產方式變動的後果，因此其上層結構也要隨之變動。以家庭制度爲例：農業社會是勞力與土地的結合，人力多的人家容易累積財富，因此希望多生子女，大家庭和早婚成爲這種社會的特徵。工業社會是人們進入工廠工作，工人來自四面八方，很少姻親和家族關係。青年要找到工作，有了固定收入，才考慮成家；有相當積蓄才準備生育兒女。因此遲婚和小家庭成爲這種社會制度。

用生產方式解釋歷史變動的造因，的確比其他史觀深入而有啟發性。問題是唯物史觀是和其他史觀一樣，作爲研究歷史的一種解釋，還是有了唯物史觀便可抹殺其他史觀，成爲歷史之唯一解釋？因爲馬克斯堅持後者，才在這一百年中引起基於各種不同觀點的許多爭論。其次是把下層的經濟結構認爲是引致一切變動的唯一動力，漠視其他政治、心理、和非經濟的各種因素，也是這一史觀的缺點。（羅時實）

基本法

現代施行憲政制度的國家，大都認定憲法爲國家的根本法律，由是謂憲法爲基本法（fundamental law）；憲法的效力高於其他法律，因而又稱憲法爲最高法（supreme law）。

基本法或最高法的觀念，遠源於希臘亞里士多德之法律分類。按亞氏曾蒐集希臘一百五十八國法律，就作用與性質分爲兩類：一爲普通法律，另一關於國家根本組織者爲憲法，且主張普通法律應以憲法爲根據，是則認憲法爲基本法或最高法了。羅馬人對於普通法律與有關國家根本組織的法律亦有輕重之別，前者得由行政長官（magistrate）獨自運用更改，後者須得護民官（tribune）同意，始得變更，是即含有基本法之義。迨至中世紀時，英國人認定一二一五年英王約翰（King John）頒布的大憲章（Magna Carta）爲基本法，一切法律不得與之牴觸。如愛德華一世（Edward I）曾令任何判決違反大憲章者應視爲無效；愛德華三世（Edward III）曾發布確認大憲章的宣言達十五次，末次宣言謂國王制定的法律牴觸大憲章者，則爲無效。

迨十六世紀時，基本法的尊嚴觀念，已見於各種著作中，尤習見於君權放伐論者（monarchomachs）的著論中。十七世紀時甚至詹姆士一世（James I）在一次的演說中也曾把「基本法」作爲神聖不可侵犯，說他自己便是基本法的保護者，迨其子查里第一（Charles I）爲王時，每與國會發生爭執，基本法的觀念常爲爭議的重要論題。一六五三年克倫威爾（Oliver Cromwell）所頒布的四十二條「攝政政府約法」（The Instrument of Government of the Protectorate）中有一條明定凡違反「攝政政府約法」的任何法律皆爲無效，是則充分表現出基本法的特殊精神了。就法國言之，在十四世紀時，法國法學家，尤其是自然法學派的法學者，已確立了國家根本法律（les lois fondamentalls du royaume）和國王的法律（les lois du roi）的區別。前者爲基本法，國王非得三級會議（state general）同意，不得加以取消或修改，後者爲普通法律，國王得自行變更。基本法具有較高的效力，足以拘束立法機關。法國十六世紀時的法學家臘舍（Loyseau）說：「根本法就是因爲要嚴厲限制國王權力而設的」。法國人心目中的基本法是指國王未得三級會議同意，不得徵收新稅；國王不得修改女子不得繼承王位的沙烈克皇位繼承法（the Salic Law of Succession）；國王不得割讓領土；法律非經巴黎高等法院登記不生效力；非依法官命令，不得監禁任何人；每一公民皆具有受同輩審判之權；這些都是基本法原則的例證。國王違背這些原則，人民即無服從的義務。所以有一次法國王於一七七一年四月十三日由他大臣代表宣稱，他願意尊重國家的基本法。至於美國人對於基本法的觀念，遠在美國獨立前的康涅狄格一六三九年制定規範政府組織的法律，便稱爲「康涅狄格基本法」（Fundamental Order of Connecticut）了。逮乎一七八七年美國憲法制成，其中第六條標舉憲法爲國內最高法之義。嗣是以還，各國制定的憲法，莫不具有根本法的地位。而一九四九年制定的西德憲法則更逕稱之爲基本法（basic law）。（羅志淵）

基本羣（Primary Group）

指家庭及「同儕羣」（peer group），爲對人類行爲模式的形成發生最重大影響的團體。就政治體系而言，基本羣是政治社會化過程中最基層最重要的單位（unit）和經理者（agent）。（參看「政治的社會化過程」條）（魏　鏞）

基爾特式民主

見「基爾特社會主義」條。

基爾特社會主義（Guild Socialism）

西歐在中世紀營手工業者有行會組織名基爾特（guild），是中世紀經濟生活之重要形態。英國在本世紀的二十年代有一派社會主義者主張每項工業應由其從業者（工程師管理師與體力勞動者）應用民主原則，自己管理，其社會組成亦以行會（基爾特）爲基礎，工業由社會共有，由每一行會的工人管理其自身從事的工業，稱爲基爾特社會主義（guild socialism）。

此一運動的創始者爲一名彭迪（Arthur J. Penty）之建築師（一九〇六），但其比較具體的主張則爲一九一二由奧萊琪（A. R. Orage）主編之「新時代」（New Age），霍布生（S.G. Hobson）執筆之「國民基爾特」（National Guilds），在此一書中揭出基爾特社會主義是要使英國的工會做到由本行業的工人控制各人從事的工業，經由他們的努力，創造由各種不同的基爾特組成的國家。

早期的基爾特社會主義只是少數知識份子因思想接近形成的組合。在首次世界大戰之前，英國工會時有糾紛，工人心理甚不安定。美國的工人組織運動正在展開，法國的辛的卡主義亦向英國廣爲宣傳，受此影響遂產生此一折衷式的基爾特社會主義。他們和辛的卡主義者一樣，反對工業的官僚政治和國家管制。其不同之處是他們不贊成無政府主義，承認在需要政治組織與管制之時，國家有其存在的必要。

一九一五他們在柯爾（G.D.H. Cole）、梅勒（W. Mellor）、萊基特（M.B.Reckitt）等人的領導下組織「全國基爾特同盟」（National Guilds League），影響逐漸擴大。柯爾是此一運動的主幹人物，費邊社許多人都與此一運動有密切關係。

首次世界大戰的情勢有利於此一運動的成長。政府爲鼓勵工人生產情緒，對工會運動採取寬容態度。當時的獨立工黨和工黨本身亦因有此一運動，將工人要求管理工業，列爲黨的政綱。大戰結束更由要求而進入實際行動。在工會的贊助下，他們在建築和另外幾種行業得到試驗理想的機會。從一九二〇至一九二二建築業基爾特接受不少重要住宅建築的合同，並使社會得到好的印象。因爲缺乏資本，常感週轉不靈，致有許多大而有利工程無力接受。因過度倚賴銀行及商業信用貸款，緩不濟急，一九二二終於一蹶不振。其他如製衣基爾特，鋼琴工人基爾特均因規模較小，曾支持較長時間。

這種失敗對基爾特社會主義者並不算是太大打擊。基爾特社會主義的主要精神是社會共有工業，而由從業的體力與心力勞動者自操本行業的管理權。他們和國家社會主義不同，是他們堅持工業自治的主張，反對政府的官僚政治，把政治和工業混在一起。他們認爲國家的形成和結構是以基爾特爲組成份子，有的認爲國家可以繼續存在，也有人認爲在基爾特社會主義實現之後，國家將是一種由代表各種基爾特的聯合組織，在政治哲學上屬於多元的主權論者。他們認爲在資本主義的經濟中沒有實現工業自治的可能。

基爾特的民主理論　基爾特社會主義者認爲只有在幹同樣行業，社會主要活動相同的情況下，才會有眞正的民主。因爲一個人的日常工作無可避免地會影響他的態度和地位，假如工業的管理權操在資本家之手，他不會了解工人的心境，因此他不能代表工人的眞正利益，因此工人在此種情況也不會有極好的表現。我們期望的社會是社會中每人皆如團契一樣，相互合作，而現在情形則是資本家和僱工各爲自己的利益打算，造成如陶納（R.H. Tawney）所稱現在這種「貪得社會」（acquisitive society）的許多病症。因此未來的經濟和社會組織必須依照各人從事的行業劃分，使各人能清楚推選本行業中自己熟悉，値得信賴的去代表他們，大家爲公衆利益而各自努力，以造成整個社會的和諧。

基爾特社會主義是英國產品，對英國的工會和社會政策發生過甚大影響。雖然他們的口號，「經濟權力在政治權力的前面」，至今仍在不斷的爭辯之中，他們所堅持的權力須與責任聯在一起，並儘一切可能依照行會系統，普及大家，認爲這是健全的民主制度不能缺少的條件，在最近數十年中已成社會主義中部分的共同資產。我國立法委員與國民大會代表的選舉在地區之外，職業團體亦可參與選舉，在思想上亦多少受到此一運動的影響。（羅時實）

參考文獻：

G.D. H. Cole, Guild Socialism Re-stated (1920).

執金吾

官名。秦置中尉，掌徼循京師。漢因之，武帝太初元年，更名執金吾，緹騎二百人，五百二十人輿服導從，光生滿路，羣僚之中，斯最壯矣。按：吾、禦也，執金吾者，執金革以禦非常也。或曰：吾實大棒之名，以大棒可禦非常，故以吾名之，執金吾者，執此棒也。或曰：金吾、鳥名也，主辟不祥，天子出行，職主先導，以禦非常，故執此鳥之象，因以名官。王莽改爲奮武。東漢復爲執金吾。魏武秉政，又爲中尉。晉初罷，直至後周，乃置武環率武候率下大夫各二人。隋置左右武候府，大將軍一人，將軍三人，掌車駕出入，先驅後殿，晝巡夜察，執捕姦非。唐龍朔二年，改爲左右金吾衞，有上將軍，大將軍，及將軍。宋元亦有之。明置留守衞指揮使司，專領軍馬守禦各城門及巡警皇城與城垣造作之事。清則有提督九門巡捕五營步軍統領，掌京城內外門禁。（周道濟）

婦女選舉權 (Woman Suffrage)

婦女選舉權乃是婦女參政運動的產物，這個運動直到十九世紀的下半期才風起雲湧。在第一次世界大戰之前，承認婦女投票權的僅有美國的懷俄明州(Wyoming)(一八九〇年)、柯羅里多州(Colorado)(一八九三年)、猶他州(Utah)(一八九五年)、及愛達荷州(Idaho)(一八九六年)，澳大利亞，芬蘭、而英國，紐西蘭，和丹麥，其時祇在地方選舉中給予婦女參政的機會。婦女在戰時的卓越表現，加速了婦女選舉權的發展。一九二〇年，美國修改憲法，使婦女與男性享有同等的政治權利。英國則於一九一八年通過法律(The Representation of the People Act)，承認三十歲的婦女在全國各級選舉中的選舉權；至一九二八年乃承認廿一歲的婦女有選舉權；在第一次大戰後的新憲法中，蘇俄、德國、波蘭、奧國、捷克、羅馬尼亞、愛爾蘭自由邦，也都給予婦女以平等的選舉權。但比利時至一九一九年始准部份婦女（具有功勳者或烈士家屬）擁有選舉權，法國至一九四六年，意大利至一九四七年，始施行男女平等的選舉制。

晚近以來，各國對婦女選舉權的承認，已視爲當然。（謝延庚）

將作大將

官名。周禮考工之官，蓋其職也。秦有將作少府，掌治宮室。漢景帝中六年，更名將作大將。後漢光武中元二年省，以謁者領之。章帝建初元年復置。魏晉因之。江左至宋齊，皆有事則置，無事則省。梁改爲大匠卿，陳因之。後魏亦有之。北齊有將作寺，其官曰大匠。後周有匠師及司木。隋與北齊同，至開皇二十年，改寺爲監，大匠爲大監，又有副監。唐將作監曾改名爲繕工監及營繕監，其大匠小匠亦曾改名爲大監小監。宋初，置判監事一人，凡土木工匠之政，均隸三司修造，本監但掌祠祀之事。元豐官制行，始置監及少監，掌宮室城郭橋樑舟車營繕之事。元將作院掌成造金玉冠佩器皿織繡，銜號同，而職掌與古異焉。明宮殿陵寢城郭祠廟王府邸第之役，掌於工部營繕司，不設將作監。清亦然。（周道濟）

將軍

軍官名，春秋時晉獻公初作二軍，自將上軍，太子申生將下軍（左傳，閔元）然未遂爲官名。左傳昭公二十八年載：晉魏獻子將中軍，閻設女寬面稱將軍，則爲將軍一名之初見。後漢書百官志：「初，漢武將軍始自秦晉，以爲卿號，七國皆有其事」。通典職官典武官上將軍總敍稱：「自戰國置大將軍，周末又置前後左右將軍，至秦，將軍之名多矣」。漢承秦制，亦有將軍官，初爲大將軍，驃騎將軍，車騎將軍，衞將軍，及左右前後將軍，雖有者不常置，然均位望隆崇，往往冠大司馬或領錄視尙書事，參決政事，爲內朝之首，權任尤出宰相上（參看漢書百官表，晉書職官志通考）。其餘伏波、樓船、橫海、渡遼、貳師、蒲類、破羌等將軍名目，雜號非一，大抵因事立名，權時之制，亦不常設（通典）。魏晉南北朝號尤雜濫，梁武帝以將軍之名高卑舛雜，更加釐定，置一百二十五號將軍（隋書百官志）。北魏自大將軍至偏將軍，列爲九品，名目亦多（魏書官氏志）。北齊北周爲制多循後魏，北周有八柱國大將軍，轄十二大將軍，然此外功臣至柱國及大將軍者多矣(周書侯莫陳崇傳)。隋於十二衞各置大將軍一人，將軍二人（隋書百官志）。唐十六衞各置上將軍、大將軍、將軍，左右羽林左右龍武左右神武六軍，亦各置大將軍、將軍，並爲環衞之官(唐書百官志)。宋於諸衞，亦設上將軍、大將軍、將軍，略如唐制，無定員，皆命宗室爲之(宋史職官志)。明總兵官值大征討，則臨時掛諸號將軍印，事罷納印。另有遊擊將軍，位次於參將，則爲常職軍官（明史職官志，通考）。清代初仿明制，製諸號將軍印，臨時命將加號，事已而罷。嗣定制各省駐防將軍，皆以滿人爲之（參看「大將軍」條）。（杜奎英）

專制政治 (Despotism)

見「獨裁」條。

專制政體（Autocracy）

為「政體」（forms of government）分類的一種，乃相對於「民主政體」（democracy）的政體，又稱「獨裁政體」（dictatorship），而與民主政體之為「責任政府」（responsible government）相對待。其特徵，在國家統治權之行使，係由君主或獨裁者一人獨斷專行，在形式上或實際上，缺少分權的政府組織，故無制衡而又為「不負責任的政府」（irresponsible government）。其發展，在古代，有柏拉圖氏所分類的「君主專制」，而現代之專制，則恒以一黨獨裁之形式出之。二次世界大戰前之義大利法西斯政府與德國的納粹政府，以及今日之蘇聯政府，均為專制獨裁政體，不特未採分權制度，抑且不守法治原則，命令可以高於法律，且不對任何人負責，國家與政府不分，實為亞里斯多德氏所謂的政制的病態。惟民主國家，在非常時期，依憲法規定所實施的「憲政獨裁」（constitutional dictatorship），仍為權力受限制的責任政府，與前所謂之「專制獨裁」之為「極權主義政府」，不可等量齊觀。（參看「獨裁」與「憲政獨裁」各條）（涂懷瑩）

專權政治

見「獨裁」條。

常設委員會

見「委員會」條。

康格里斯（Congress）

見「國會」條。

強制投票（Compulsory Voting）

乃國家強制公民行使投票權之謂。簡言之，公民無故放棄選舉權，國家可加以制裁者，稱為強制投票。若以選舉權乃是選舉人對社會所擔負之義務，則選舉人便有履行該一義務的責任，國家自可加以強制。按強制投票之緣起，係因人民無故放棄選舉權，形成投票率低落的現象，或有礙於民主精神的表現，國家遂以強制方法，促使公民行使投票權。一八九三年，比利時率先採取強制投票，嗣後，西班牙（一九〇八年）、荷蘭（一九一七年）、保加利亞（一九一八年）、捷克（一九二〇年）、羅馬尼亞（一九二三年）、盧森堡（一九二四年）、澳大利亞（一九二四年）、匈牙利（一九二五年）、希臘（一九二九年）諸國，均相繼採用之。各國對於無故放棄選舉權者之制裁，約有三端：一是道德上的制裁；二是金錢上之制裁；三是政治上的制裁。

嚴格的說，投票率之高低，並不能據以判斷一國之是否民主，強制投票乃顯得無甚意義，而徒增選民反感，故現時各國多不採取強制投票。（謝延庚）

御史

御史之名，周時已有之，「掌邦國都鄙及萬民之治令，以贊冢宰，凡治者受法令焉，掌贊書。」（周禮春官）降至戰國，仍有御史其官，當時御史不過為記事之職。至秦漢，御史始任糾察之職。尤其西漢時，設御史三十人，在御史大夫寺，理百官事，由御史丞率領，（見漢舊儀）以後各朝代，不專稱御史，但冠以「侍」，「監察」之號，而名曰侍御史，監察御史等。（楊樹藩）

御史大夫

為監察官之首腦。秦代初設，為丞相之副，因其為侍御史之率，故稱大夫。身分是銀印青綬。西漢因襲秦制，多選拔地方郡太守或王國相考績高等者，歷九卿而陞充。其機關稱御史大夫寺，（漢官舊儀）所以稱寺者，表示有法度之意。內部組織，有御史丞，供職寺內，理百官事，並統轄御史（見御史條）四十五人。有御史中丞，（見御史中丞條）供職天子殿中，外督部刺史（見刺史條），內領侍御史十五人，主糾察百僚。東漢廢御史大夫不設。唐代置御史大夫一人，正三品，為御史長官，掌以刑法典章，糾正百官之善惡。其屬有三院，一稱臺院，由侍御史主之；二稱殿院，由殿中侍御史主之；三稱察院，由監察御史主之。凡有御史彈劾，必先白大夫，大事以方幅，小事署名而已。宋代初年，御史大夫不任正員，但為加官或檢校官。元豐官制施行，省御史大夫。元代設御史大夫二員，皆從一品，多選朝廷重臣充任，（新元史韓若愚傳）其屬有殿中司，設殿中侍御史二員，凡大朝會百官班序，其失儀失列，則糾罰之。有察院，設監察御史三十二員，專掌刺擧，即八府宰相亦在其糾察之列。明

太祖吳元年，曾設左右御史大夫，後罷，置都御史，（見都察院條）雖係大夫之任，但非大夫之名。清承明制。（楊樹藩）

御史中丞

掌監察之官，西漢時，御史大夫之下設兩丞，一稱御史丞，一稱御史中丞，亦稱御史中執法。中丞常在天子殿中，「兼典蘭臺秘書，外督部刺史（見刺史條），內領侍御史，受公卿章奏，糾察百僚。」（漢官儀）東漢將御史大夫轉爲司空，不負監察職責，於是中丞獨爲御史臺之首領，餘如西漢中丞之職。魏初，改中丞爲宮正，後復爲中丞。晉時，用東漢之制，以中丞爲臺主，與司隸分督百僚，自皇太子以下，無所不糾。宋、齊、梁、陳皆設中丞，職無不察，雖皇太子在宮門行馬內違法者，亦糾彈之。後魏稱御史中尉，仍掌督司百僚之職。北齊則稱中丞，後周稱司憲大夫，設二人，掌司寇之法，辨國之五禁。隋以國諱，改中丞爲大夫。唐設御史中丞二人，正四品下，輔助御史大夫糾正百官（見御史大夫條）。宋以御史中丞爲御史臺長，掌糾察官邪，肅正綱紀，惟不置正員，多用給事中或諫議大夫權攝。元設中丞二員，正二品，輔助御史大夫糾察百官善惡及政治得失。必要時可代行御史臺事。明初，設有御史中丞之官，洪武十四年，置都察院，不再置中丞。清因襲明制，亦不設中丞。（楊樹藩）

控制羣設計 (Control Group Design)

見「有控制的研究」條。

採訪使

唐中葉置採訪使以監察地方。按唐代地方監察機關，太宗、高宗、中宗時有巡察使，將全國分爲若干道（數目不定，通常以十道爲多），每道一人，巡察州部。睿宗景雲二年改爲按察使，玄宗以按察使之職與右御史臺職重複，乃於先天二年九月停諸道按察使，其年十月又復按察使而廢右御史臺。及開元三年又稱巡察使，開元八年，復置十道按察使，及開元二十一年，改稱採訪使，或稱採訪處置使。新唐書地理志：「開元二十一年，又因十道（按唐太宗貞觀元年始於山河形便，分爲十道，名曰：關內道、河南道、河東道、河北道、山南道、隴右道、淮南道、江南道、劍南道、嶺南道。）分山南、江南爲東西道，增置黔中道及京畿、都畿，置十五採訪使，檢察如漢刺史之職。」採訪使爲使職，無品階，或由中央官兼充，或由州刺史（或郡太守）兼充。其主要職權爲監察考課地方官吏，唐會要卷七十八：「（開元）二十五年十二月二十四日，命諸道採訪使考課官人善績，三年一奏，永爲常式。」至開元二十九年七月，「勅採訪使等，所資按部，恤隱求瘼，巡撫處多，事須周細，不可匆遽，徒有往來。」採訪使又得對州縣戶口增減予以審查向尚書省報告，同時，採訪使尚可「專停刺史務，廢置由己。」（唐會要卷七十八諸使中）故其權任甚重。採訪使有判官二人，分判尚書諸司事及州郡簿書，支使二人，分使出入，職如節度使之隨軍，推官一人，推鞫獄訟。至唐肅宗乾元元年，改採訪使爲觀察處置使。遼太宗時，有採訪使之職名，其職權不詳。（王壽南）

探花

見「鄉試」、「會試」及「殿試」條。

捷克 (Czechoslovak Socialist Republic) 政黨

捷克現爲東歐共黨國家之一。但在二次世界大戰剛結束後，捷克並非是共黨國家。在二次大戰期間流亡於英國的貝納斯 (Benes) 總統，於戰爭一結束後（一九四五年五月十六日）隨即返回捷京布拉格 (Prague) 市，任命前捷克駐蘇俄大使費林高 (Edenek Fierlinger) 氏爲內閣總理。新閣中包括八名共產黨籍的閣員。

一九四五年十月二十八日，臨時國民議會 (National Assembly) 開幕，追認貝納斯爲捷克總統。一九四六年五月二十六日選舉制憲國民會議，使其一方面修改憲法，另一方面行使立法職權。但在同時，共產黨在政府中的力量逐漸增強。沒有多久，國務總理，內政部部長等職位與軍隊，盡入其掌握之中。這種奪權的工作到一九四八年的二月裡可以說全部完成。新閣表面上是由共產黨，及左翼社會黨與同情共產黨的他黨人士所組成，但實際上是共產黨一黨專政，他黨不過陪襯而已。

一九四八年五月九日，共產黨爲了鞏固其統治，乃通過一新憲法。同年五的國民議會。但貝納斯總統拒絕簽署公布這部新憲而辭職。新憲法由戈德瓦（Klement Gottwald）代表內閣簽署，並於同年六月九日公布。國民議會隨即於六月十四日一致選舉戈德瓦爲總統。六月十五日，新內閣成立。內閣固然包含了三名社會民主黨黨員，但不旋踵（六月二十七日）共產黨即迫令社會黨解散其組織。

共產黨於奪得政權後，在各方面無不以服務蘇俄的利益爲能事。其結果是人民的各種自由喪失殆盡，恐怖籠罩於全國。甚至於在一九五三年三月史達林死亡後，開始於蘇俄帝國的貶抑史達林主義運動，亦未能改變捷克國內這種情勢。保守的史達林主義派依然盤據黨內及政府要津，並獲得莫斯科的支持。

一九五三年三月，戈德瓦去世，由諾伏尼(Antonin Novotny)替代出任中央委員會第一書記。諾氏並於一九五七年十一月被選爲捷克總統。

到一九六〇年早期，捷克由於經濟發展的停滯，與人民對共黨過度傾向於莫斯科路線的不滿，而激發了黨內民族主義派的興起。他們要求改革經濟及黨，撤換諾伏尼這一派人的職位。諾伏尼盡力設法保衞自己，結果仍然失敗。甚至在一九六七年尾，俄共總書記布列茲尼夫（Leonid Brezhnev）訪問布拉格以壯諾氏之聲威，亦無法遏阻這一倒諾狂瀾。一九六八年一月，改革派領袖杜布西克(Alexander Dubcek)出任第一書記，隨即展開各項民主化的改革，諸如恢復一九五一年被整肅者的名譽，清除黨內及工會親俄份子，廢除新聞檢查制，禁止警察濫用權力，恢復宗教自由，允許捷人至國外旅行等措施，一一付諸施行。但這些措施，却激怒了在莫斯科的頭子們。從春天到初夏，莫斯科一直嚴厲攻擊杜布西克集團容忍對蘇俄誹謗的批評。六月華沙公約國在捷克邊境擧行大演習，目的在恫嚇捷克改革派趕快終止自由化的措施，但捷克依然堅持如故。在六月下旬，捷人發布稱之爲「二千字」（Two Thousand Words）的民主化宣言，其內容爲：譴責捷共過去出賣了人民，將黨變成了自私自利者，投機取巧者以及懦夫們競爭權力者的場合；同時又譴責捷共扼殺忠實地討論與敗壞量能掄才的標準。捷克政府對這一文件的態度固未公開支持，但亦未採取任何禁止的行動。這更使蘇俄領袖懷疑捷共改革派有共謀的嫌疑。雖然杜布西克不止一次地向俄共保證共產主義在捷克並未發生立卽的危險與喪失控制力。他說：「我相信我們的朋友終將瞭解捷克社會主義復興的過程，絕不會危害其他社會主義國家的利益。」但蘇俄仍不相信杜氏及其他領袖的一再保證。他們堅認民主化（[illegible]）業已在捷克抬頭。一九六八年八月二十一日，俄、波（蘭）、東德、匈牙利與保加利亞五國軍隊藉口應捷克政府與捷克共黨之請，派兵入侵，佔領全捷，並逮捕了杜布西克等人。二天後，蘇俄想用三個傀儡來統治捷克，但在全捷人民消極抵抗下不得不下臺。俄共又想利用斯羅伐克人(Slovaks)與捷克人之間的傳統矛盾，以達到其分化控制的目的。但捷人與斯羅伐克人不爲所動，堅強地團結在一起。俄共看看無機可乘，只好將二次大戰時抗德英雄，曾爲蘇授勳並長期信任的史渥波達（Ludvick Svoboda）總統召至莫斯科談判，令其接受投降條件。但史渥波達總統堅持釋放杜布西克等人爲談判的先決條件。俄共見各項陰謀不成，只好讓步。但捷克對於俄方之條件，諸如重施言論審查制、清除政府、黨內及教育機構內之改革派，允許俄軍駐紮捷境等條件，一一接受。於是杜布西克等人乃爲俄共所能接受之塞尼克(Oldrich Cernik)與胡薩克(Gustav Husak)等所替代。（袁頌西）

教會與國家(Church and State)

教會與國家是指教會和國家的關係，尤其是基督教教會和政府的關係，因爲其他宗教如佛教回教等，不引起嚴重的政教關係問題，祇是基督教教會曾經和政府發生長期的衝突。

基督教發源於巴勒斯坦的耶路撒冷，其教會由耶穌基督（Jesus Christ）所創立，向希臘義大利等地傳播教義，因爲不崇拜君主帝王，在羅馬帝國內常受殘酷的迫害，教徒被屠殺者不知多少，所以基督教在公元四世紀前祇是民間的秘密宗教。公元三一三年，羅馬皇帝康士坦丁（Constantine, 306–337）頒布有名的米蘭敕令（The Edict of Milan），宣布不再迫害基督教徒，並願加以保護，三三七年，他自己亦受洗禮爲教徒，後來羅馬皇帝西奧多雪士(Theodosius, 379–395)承認基督教爲羅馬國教，基督教不僅取得合法地位，而且成爲唯一合法的宗教，其他宗教都是異教，爲基督教教會和基督教政府所不容。

基督教教會取得優越地位後，勢力迅速擴張，教堂遍設各地，組織更加嚴密，財產天天增加，於是進而企圖爭取政治權利和獨立地位，與皇帝分庭抗禮。西羅馬於四七六年滅亡後，原有的政治制度破壞，而教會的組織依然健存，教皇乃乘機進攻，使其地位躍居皇帝之上，控制了許多皇帝，例如神聖羅馬查理曼（Charlemagne）大帝於八〇〇年登位時，由教皇利奧三世（Leo III）加冕，奧圖(Otto)於九六二年經教皇約翰十二世(John XII)加冕後才成爲羅馬皇帝，這些事例逐漸形成一般觀念，以爲非經教皇同意並且加冕的皇帝是不合法的，甚至教皇不但有權任免主教，保有財產，向教徒收什一稅（tithes），免納財產稅，而且可以操縱政權，革免皇帝。

在羅馬帝國時期，教會和國家不是兩個社會，而是一個社會，不是某些人構成教會，另一些人組成國家，而是全體人民既屬於國家，同時又屬於教會，全體人民的宗教事務由教會管理，凡俗事務歸國君管轄。宗教的和凡俗的事權如果有明確的劃分界線，君主和教會的爭執便較易避免，但在事實上並不如此，這兩種事權總是混淆難分，所以教皇和君主常起衝突，軟弱的君主受教皇欺侮，無能的教皇因爭權而受辱，例如第九世紀時的羅蘭(Lorraine)國王羅他(Lothar)和妻離婚後再娶其情婦，竟被教皇廢黜了，他雖然聯合許多主教和其弟法王路易二世(Louis II)等起來反抗，也不成功。一〇七三年，教皇格列戈瑞七世(Gregory VII)禁止教士接受君主的任命，違者驅逐出教，希望這樣可以達到控制所有教會人選的目的，當時德皇亨利四世(Henry IV, 1056–1106)表示反抗，召開教會會議，決定罷黜教皇，教皇立刻驅逐亨利出教，並且撤銷臣民對他的忠順誓言，後來亨利不得已，於一〇七七年，親到羅馬向教皇請求恕罪，在雪地上赤足等候三晝夜，才得到寬恕，恢復了教籍。教皇英諾鮮三世(Innocent III, 1198–1216)於一二一三年强迫英王約翰(John)承認爲教皇的封臣，英格蘭和愛爾蘭爲教皇所賜的采地，並且表示每年向教皇納稅進貢。然而教會不能常常勝利，總難免遭逢惡運，例如法王費立普四世(Philip IV, 1255–1314) 於一二九六年，不徵求教皇同意，便向教士徵稅，教皇波尼費士八世(Boniface VIII, 1294–1303)下諭令抗議，加以阻止，費立普置諸不理，並且下令停止向教皇繳納金錢、食物以及其他東西，於一三〇二年在法國召開教士、貴族、平民的三級會議(The Estates General)，獲得一致擁護，宣告教皇罪行，應予制裁，這時候，教皇要開除費立普的教籍，而費立普則要執行會議的決定，於一三〇三年派兵往阿囊尼(Anagni)，把他變爲階下囚，準備解回法國，由宗教大會審判處罰，他雖然被當地人民救出，却因忍受不了這奇大恥辱，不久便於羅馬含恨以終。一三〇五年，紅衣主教們選法國主教克斐冏五世(Clement V)爲教皇，新教皇在里庸(Lyons)加冕，以阿維農(Avignon)爲教廷。以後七十年，教皇無異是法王的御用工具。

政教爭執中的理論不外三種，一是教權和政權平等，二是教權高於政權，三是政權高於教權。爭執時大家引經據典，自圓己說，以求勝利。支持第一種理論者，以教皇耤雷雪士一世(Gelasius I)爲代表。他主張一神兩劍論(The Two Swords Theory)，於四九四年致書東羅馬皇帝安那士推雪士(Anastasius)，說世界由兩個系統治理，一是教士的神權，一是帝王的君權，當最後裁判時，帝王要由教士代向神報告，教士的神權似較重要。這說把精神和凡俗事務分開，由教會和政府分別處理，除神以外，誰也不應同時行使教權和政權，但以後教會常强調教士代帝王向神報告一節，認定教士高於帝王，以致引起許多政教衝突。教會支持第二種理論，或引證聖經中所爾(Saul)和撒姆爾(Samuel)的關係，或反覆重提「康士坦丁的贈予」(The Donation of Constantine)，或創立新理論，以維護自己的立場，其辯詞大致可分爲三點：一、關於道德問題，神已授權給教會處理，平民和君主違反道德標準時，教會可以定其罰刑，聖彼得(St. Peter)本來像岩石，教會立在岩石上面，是上天國的燈塔，有權決定誰應上天國，而教皇爲彼得的繼承人，有權最後決定人間爭執，這權力比帝王的大，基督給彼得的命令含有教士管理君主和平民的權力，懲罰罪行是出自神意，國君統治臣民不過是在教會指導下執行神意而已；二、教會主管精神事務，使人靈魂得救，國君辦理俗物，供人肉體安全，精神重於肉體，所以教職重於君位，教權優於政權，教皇爲皇帝的君長，榮譽與尊嚴都在皇帝之上；三、統治國家者只有一權，如果分爲兩權，亦同屬於教會，因爲君主必須受法律限制，一切法律必須依據神聖法，如相互牴觸，則法律無效，君主的命令也須依據教會的意志，否則不能執行，君權來自教會，教會借君主來執行神法，可見教會高於帝王。至於帝王君主方面，或根據法律，或說君權亦由神授，或說君權來自人民，以辯駁教會的主張，其論點可簡述如下：一、如巴托拉士(Bartolus)等法學家所說，國家主權不可讓與，皇帝爲世間的神，代表國家，這是神意的安排，如果和他爭論，便是冒瀆神聖；皇帝意志有法律的效力，所有皇帝都享有凱撒的權力，這是羅馬法的基本觀念；二、政治社會是神意的來源，政治社會由國王統治，國王代表神意，其權力由神所授與，直接對神負責，無需經由教會；國家是懲罰人類罪行的工具，爲維持正義伸張公理的組織，其目的是道德性的，因而君主的權力亦具神聖性，正如保羅書所說：「政權爲上帝所設立，任何人若抗拒此權力，卽爲抗拒上帝之諭旨。一三、政權旣有神聖性，則國家不獨掌管俗務，亦有促進道德的使命，而教會只有精神事務的責任，不能兼管政事，所以國家的責任比教會的多，權力比教會的大；四、國君在教會建立以前已經存在，行使其立法權，獲得人民擁護，人民除支持國君外，甚至不知教會爲何物；五、世界大帝國的時代已不復存在，也不可能再出現，各地人民生活習慣互異，不應由一個世界性的統一權威來統治，最多祇要人民信仰相同就夠了，所以教皇權力不可能在帝王之上。

無論教會和國君兩方面的理論怎樣，時代的演變總是對教會不利。因爲教會本身的腐敗，文藝復興運動漸見效果，封建制度迅速崩潰，以及民族國家紛紛建立，導致了德國馬丁路德 (Martin Luther) 於一五一七年發起的宗教革命，法國瑞士等跟着響應，革命運動如風起雲湧，羅馬教皇雖盡力遏阻，設法恢復宗教的統一，並且企圖挽回各國教會的優越地位，還是無力扭轉已去的大勢，結果各國的教會和政府分離，屈居政權之下。然而教會的失敗，不就是教會的消滅，十七世紀後，許多國家一方面禁止教會干涉政權，另一方面保護宗教信仰自由，不干涉教會組織和活動。現在除蘇聯等共黨國家仍然操縱一切宗教組織和活動，把教會作爲御用品外，凡是政教分離的國家，多數有宗教自由，其教會只能宣告妨礙靈魂得救的法令不能拘束人民的天良，只能讓信徒利用民權以對抗政府，不得以非法手段或教會權威來干涉政府，而政府方面則最少要採消極立場，不干預個人團體的信教和崇拜自由。至於政府是否應有積極的措施，以促進人民的宗教生活，則隨各國國情而定。所以一般說來，目前各國教會與政府的關係，不再有誰高孰低、政府應操縱教會、或教會應行使政權等問題。（陳治世）

曹錕憲法

見「天壇憲草」條。

梭文主義 (Chauvinism)

梭文主義是由 Nicholas Chauvin of Rochefort 而來，而 Chauvin 則是法國拿破崙第一共和及帝國時期的老戰士，對拿破崙十分忠心，視他爲天生的絕代英雄，在他完全失敗，變成聯軍的階下囚後，仍對他表示無限的敬仰、忠誠和熱愛，稱讚他爲人高尙做事有方，其過分而且過時的態度，甚至爲自己的戰友所譏笑，被稱爲梭文主義。現在，凡具有過度的好戰性和愛國心者，對已經失敗的領袖或事業還保持虛妄的信心者，一般人常嘲笑他們爲梭文主義者。（陳治世）

梅因 (Maine, Sir Henry James Sumner, 1822-1888)

英國法學家及歷史學家。早年畢業于劍橋大學，並先後在牛津、劍橋兩校講學。一八六二年至一八六九年，任英國駐印度總督的法律顧問，于印度不成文法規之編纂，貢獻甚多。他以「古代法」(Ancient Law, 1861) 一書而成名，晚年又將其在牛津、劍橋之講稿輯成三書：一曰「東西鄉村社會」(Village Communities in the East and the West, 1871)，二曰「制度發皇史」(The Early History of Institutions, 1875)，三曰「平民政府」(Popular Government, 1885)。就中以「平民政府」一書影響最大。在此書中，梅氏鑒于英國平民選舉權擴張過程中的流弊，及法國大革命後暴民政治之可怖，又受當時德國社會安全立法頗收成效的衝激，力言民主政治之弊害及不足恃，並反復陳詞，以證民主政治與社會進步並非成正比。他攻擊政黨的存在，攻擊選舉權的擴張，而認爲社會的一切貢獻，乃是來自少數人，因爲民主愈擴大，選出的官員愈無能，眞正的社會改革也就愈無望。以此，在十九世紀末葉，梅氏被目爲民主政治的「反動派」。

此外，梅氏是以歷史及比較方法研究政治社會進化的先驅，他認爲法制史的研究乃是研究人類文明史最確切有效的途徑，社會的發展是由習慣進至法律，而羅馬法爲從古代法進至英國現代法的媒介。他的這種見解，對于法制史的研究，具有重大影響。（胡述兆）

深度訪問 (Depth Interview)

訪問或任何其他蒐集資料之方式，皆在於獲取可靠而正確之信息，但是正確而可靠之信息卻並不一定是完整的信息，在訪問中，被訪者往往基於各種因素，而未將全部之事實透露，此一現象在訪問有關動機、意向或心理狀況時更爲顯著，因之訪問者乃對獲取此種深度信息特加注意，而此種訪問卽稱爲深度訪問。

深度訪問一辭雖常爲社會科學者所引用，但其定義則甚含混，依據通常之觀念，深度訪問可從兩方面加以說明，從訪問技術方面言，訪問者以盡量減少發表個人之意見及觀點，並盡量減少任何行動，目的乃在給予被訪者以完全之自由透露所有之事實，很顯明地，如果訪問者在訪問某一機關首長時，對該一機關表示不滿，其所得之資料當然不會完全。從訪問之資料而言，深度訪問乃限於有關社會心理方面，例如某些牽涉到被訪者之身份、地位，對於時間地點之記憶，對於主觀及客觀之分析等等皆是。事實上，在每一項訪問之中，訪問者都可能面臨詢問，與被訪者有着『深度』關係，或有關『心理作用』之資料，因之為求資料之圓滿，訪問者必須對每一細節加以注意，是以具有修養之訪問者，往往會獲得較為完整之資料。

在目前政治學演進之中，一般認為社會心理與政治行為之間具有密切之關聯，因之在政治行為的研究中，往往不能避免社會心理之分析，如果在研究時蒐集資料之方法為訪問，那麼「深度訪問」即為訪問者所應注意之方法。（魏泰）

參考文獻：

Gorden, Raymond L., "Dimensions of the Depth Interview," American Journal of Sociology, Sept. 1956, pp. 158-164.

清黨 (Purge)

俄國布什維克自於一九一七年十月取得政權，初賴一部份海軍陸戰隊之天眞與幻想，支持了一個時期。至自建紅軍粗具規模，即以清黨為名，將陸戰隊三萬餘人盡數屠戮。嗣後每隔若干時期即大規模清黨一次，將黨部、政府、工會中所謂社會主義異端分子，分別處以極刑或集中一處，任勞苦工作。其對外理由則謂國家在向社會主義前進途中，階級鬥爭必然增強。在此恐怖氣氛中如一九二八至三一年內施於老知識分子之鎮壓運動。一九三六至三八年間之大清黨是歷來最慘重的一次，因負責執行者為內政人民委員長葉佐夫，故又稱為葉佐夫時代。引起這回大清黨有幾種原因：托洛斯基被逐出國，發動第四國際，對外國共產黨有甚大號召力量；蘇俄在此時已進行兩次五年計劃，基本工業已粗具規模，史大林的地位已經穩固；資本主義國家經過三十年代的經濟恐慌，創鉅痛深，沒有力量干涉國外政治發展；因此史大林才敢肆意進行其恐怖統治，以清除過去和托洛斯基接近或同情人物。旋又發現軍人之中有幻想破滅之不穩表示，因又大舉屠殺，在五名元帥中有三名被殺，其餘軍團長，軍長，師旅長更無可數計。因農民在心理上未能接受無產階級的思想武裝，乃提出消滅富農口號，將蓄有牲畜五頭以上者列為富農，屠殺三百六十萬人。此時紅軍組成份子已由工人轉到農人身上，在將領被殺，士兵的家屬被殺，紅軍乃成為無法應戰的空架子，對希特勒的威脅侮辱，不能不委曲求全。此事從一九三四即已開始，史大林以基洛夫被刺為藉口，逮捕過去反對派份子。一九三六年中期將範圍擴大，大多數共黨中央委員，包括不少史大林的親信，以及葉佐夫的前任特務頭子雅可達等，甚至中央政治局委員亦鋃鐺入獄，被指為罷工、謀反、策動恐怖活動，與間諜罪狀，被宣佈為人民公敵。他們都是經由內政人民委員會的三人委員會，不遵正常程序，判處各人死刑或勞動改造的長期徒刑，其罪狀之唯一證物則出自酷刑之自白書，僅極少數案件在季諾維耶夫、普雅科夫、與布哈林公審中，有過專供宣傳作用，近乎戲劇性的自供罪狀與自毀人格的表演。

此回因清黨犧牲之正確人數，外間無從估計，至少為八百至一千萬人。有人謂史大林亦曾聞此心酸，有停止清黨的諾言。但至戰事發生，一九三九至四一年間又有在東波蘭、波羅的海國家、比薩拉比亞、及北布科維納等吞併領土上的整肅活動。一九四四至四六年間有在過去淪陷區，及對遣返戰俘與平民放逐犯的整肅。一九四九至五三年有反世界主義，尤其所謂反猶太運動，而以史大林病時所謂醫師陰謀案方欲掀動另一浪潮的趨向，因史大林之死而戛然中止。（「蘇俄簡明百科全書」「整肅」條有比較詳細記載）

我國自中共竊取大陸，所謂三反五反以及類似舉動，亦不斷舉行。其施行方式亦與蘇俄在史林時代所行，並無二致。在中共掩有大陸之時，許多知識份子與工商領袖，其本身利害原與共產主義無法相容。祇因一時缺乏認識，不肯遠離家園與原有事業，一入牢籠遂成自然的鬥爭對象。現此種趨勢仍在繼續發展，犧牲於此種清黨的實際人數亦無法估計。（羅時實）

理性化的國會 (Rationalized Parliament)

法國第三、第四共和時期國會控制內閣，造成內閣軟弱。戴高樂等為加強政府權力，於第五共和憲法上削減國會權力，在憲法上列舉國會立法權範圍，並規定在此列舉事項外，均屬政府命令權範圍。通常單一國會立法權力不受限制，聯邦國如美國國會權力亦列舉，但餘權屬各邦及人民，非屬於行政機關。故法國第五共和關於國會權力之規定爲一新制度。此種國會法人自稱爲「理性化國會」。此種制度現有由前法國非洲殖民地獨立之中非共和國等十餘國模仿採用。（華力進）

理性的合法性(Rational Legitimacy)

「理性的合法性」是指一種統治的合法性係原於理論與法律者。此爲 M. Weber 所謂「理法的」或「法律的」權威的基礎。依 Weber，理性的統治最後歸結於法律的統治，而與人的統治大異。此所謂法律係指人衆自願地依理性之程序，而制訂出來的一組抽象的共信共守之原則，如憲法、行政法、公務員服務法等，而非指神秘的，渺不可尋的宇宙之最高法則。故，依「理性的合法性」而來的統治乃法治，亦即社會人衆受經由民意產生之政府之統治。

在依「理性的合法性」而建立之權力關係中，有權發號施令者是「上官」，他個人既無神寵，他的權威也非依傳統慣習之認可（如繼承身分）而得（見 traditional legitimacy 條），而是由客觀的法律所特定或選舉而來。他之管理的對象是「下屬」。下屬之服從上官，也純係因上官擁有執行法律之職位。上官與下屬雖有從屬之關係，但上官與下屬，治者與被治者之言行皆一併受法律所約制。再則，任何法律皆可循理性之程序加以改變，不似傳統之膠柱鼓瑟。

現代之政府所賴以統治者皆主要地建於「理性的合法性」之上。統治者之權威來自民意之授與，而民意則由依合法之選舉程序以表達，故選舉在現代政治上已成爲最不可爭辯之理性的合法性之表現。卽極權政府亦必假形式化之選舉以行使其統治權。

M. Weber 更强調「理性的合法性」爲「官僚治體」之特質（此處官僚二字並無褒貶之價值意含，而純係指一種龐大之組織體的行爲模式）。在理想的情形下，「官僚治體」應該是「價值中性」的，卽它只是執行政治意志之工具。故在民主政治中，官僚治體仍需輔之以民選的政治領袖及行使民意的憲法機關加以主導，否則官僚治體將僭奪民意，而喪失它「理性的合法性」之最終鵠的。所應注意者，「理性的合法性」只是現代政治最重要的一種權力基礎，但却不是唯一的，同時，也是相當脆弱的。（金耀基）

理論(Theory)

「理論」是指研究者將他所知（或他以爲知道）的問題以系統的方式表達之概念結構，亦卽用一種系統的方式以究詰問題，俾得藉以組織已有之知識，決定研究方向，並解釋新的發現。理論之意義爲何，幾乎言人人殊。自然科學與社會科學對於理論之看法頗不同。自然科學中之所謂理論，乃指一系列定理之組合。定理是一種命題，它是某些定義之嚴格的邏輯結論。自然科學中之定義的問題大半已解決，蓋自然科學研究之對象較易控制，錯誤之觀念極易爲鐵硬的事實所否定。反之，在社會科學中，由於研究對象有太多的變項，極不易控制，似是而非的觀念常不易有客觀之事實可加以否定，故所謂定義之問題不但學者無一致之意見，且正是爭端之焦點。一般言之，社會科學者視理論爲概念之指涉架構，卽它是一組可以指導如何研究問題之系統觀念；或它是一種可以作實際演習的假設之系統。理論與假設不同，假設係在事實未經檢定前所擬立者，且範圍較小。而理論則原則上是對較大範圍之事實，經檢定後所作者。唯若以每一個理論之結果必須能轉化爲經驗之觀察，則未必是適當的態度。「經驗的理論」(empirical theory) 誠可以經驗加以檢證，而較具有確切性，但「分析的理論」(analytical theory) 則雖常不能予以檢證，却不能遽認爲非理論。年來學術界所引起之「巨型理論」（如 T. Parsons 之行動論）與「微型理論」（卽一般可經個案之經驗研究而證其眞僞者）之辯，卽係環繞於理論之是否應爲經驗檢證之爭。社會學者 R. Merton 所提「中級理論」卽係欲用來調節「巨型理論」與「微型理論」間之脫節者。總之，理論而能有經驗之基礎固較理想，設或不能有經驗之佐證亦不必卽無用，事實上目前社會科學中所有之檢證工具，未必完備，且尚粗漏，理論之實證性還待以後較成熟之檢證工具之出現（如 Parsons 之行動論；M. Black 等雖加否定，但 K. Deutsch 却已能運用極具想像力之量化觀念予以肯定）。比較保守地說，社會科學之在今天恐尚不能像自然科學一樣發展出嚴格之經驗理論，而只能型制具有高度或然率的理論 (probabilistic theory)。

理論之最高目的可能在求對事象作描述、解釋、推斷之諸功能。但社會科學之理論亦不必完全停留或自排於「價值」世界之外，社會科學之理論欲徹底與「價值」世界隔絕，恐不止是不可能，抑且是不可欲的（參 Normative Statement 條）。理論像「型模」（參 Model 條）一樣，是一個研究者自覺或不自覺間在運用的。它們均可以幫助研究者組織資料、統攝有關變項、以及尋求

外在物象之同一性與歧異性，凡此皆是用爲增闢人類知識之疆域的有力工具。（金耀基）

研究途徑 (Approach)

在現代政治分析中， approach 一詞，有兩個基本的含義：其一是指一位學者在研究政治問題所採用的基本觀念 (concepts)，模式 (models)，與方法；其二是指各種政治學者因採用不同的觀念、模式、與方法，而形成的各種學派。一般而言，我們可就政治學家是否運用主觀價值判斷或客觀實驗資料 (empirical data)，而判定其爲「主觀的研究途徑」 (normative approach) 或「實驗的研究途徑」 (empirical approach)。亦可就學者之是否注意及有能力運用行爲科學方法及理論來研究政治問題，而分別彼等爲「傳統的研究途徑」(traditional approach)及「行爲的研究途徑」(behavioral approach)。又可就學者在從事政治分析時，在各種社會科學中，偏重何科而將其分爲「歷史的研究途徑」(historical approach)，「心理的研究途徑」(psychological approach)，社會的研究途徑 (sociological approach)，及「經濟的研究途徑」(economic approach) 等等。在各種主要的研究途徑中，尚有更爲仔細的分類。例如「行爲研究途徑」中，復有「決策過程研究途徑」(decision-making approach) 及「結構—機能研究途徑」(structural-functional approach) 等分別。詳細情形，可參照：James C. Charlesworth, "Identifiable Approaches to Study of Politics and Government," in Charlesworth, James C. (ed.), Contemporary Political Analysis (New York: The Free Press, 1967), pp. 1-10.（魏鏞）

符命

乃五德終始說下，當德應運，依天命應爲帝王者之受命之符。卽呂氏春秋應同篇所云：「凡帝王之將興也，天必先見祥乎下民」。董仲舒賢良策一所云：「天之所大奉使之王者，必有非人力所能致而自至者，此受命之符也」。所謂受命之符，亦卽受天之命之證據，如呂氏春秋應同篇所述：「黃帝之時，天先見大螾大螻，……及禹之時，天先見草木秋冬不殺，……及湯之時，天先見金刄生於水，……及文王之時，天先見火，赤烏銜丹書集于周社」等，皆是也。（孫廣德）

符瑞

卽天所降之祥瑞，以爲帝王之受命之符，亦卽自然或人事界所發生之吉兆，以爲帝王之受命證據者也。其意略同於符命。（孫廣德）

第三國際 (Comintern)

是由俄共主持，指揮世界共產黨活動的國際組織。名爲第三國際，是因在此以前的社會主義運動，有過兩次國際組織。從一八六四至一八七六的國際勞工會是第一國際。從一八八九至一九一四的社會主義者國際組織是第二國際。這回是俄國的布雪維克在本國取得政權之後，爲求得國外共產黨的支援，於一九一九由列寧發動組織，所以名爲第三國際。

第三國際的組織原則是由列寧親自製訂，其目的是要擴大布雪維克成爲世界組織。譬於第二國際只是各國社會主義者一種鬆弛的結合，第三國際是要把世界共產黨員成爲一個整體，各國的共產黨則是組成此一整體的一個部份，其與第三國際的關係是依照民主集中制的原則，在理論上討論批評具有充分的自由（民主），一經決定，在行動與目的上必須絕對一致（集中）。但在一九三〇以後所有的一切決定都是由莫斯科的中樞以命令行之。

第三國際之由蘇俄控制是由當時之情勢使然。蘇俄是在二次大戰以前唯一由共產黨取得政權的國家。第三國際設在莫斯科，其職員和經費不能不仰賴蘇俄的供應。用托洛斯基批評列寧對黨的組織概念的話說，第三國際的組織就是第三國際的本身；蘇聯的共產黨替代了組織；最後則是獨裁者替代了蘇聯共產黨。

當其盛時第三國際有一套頗爲複雜的組織網，把各國的共產黨聯繫起來。它的執行委員會的任務，是把蘇聯政治局的決策，成爲國際運動的綱領。各國共產黨的中央執行委員會在理論上是接受各該國全國代表大會的命令，但也聽命於第三國際的執行委員會。它有權補充各國代表大會的決議案，批准他們的政綱，可以開除個人乃至整個共產黨，不承認其爲第三國際的組織份子。第三國際設有許多地域性的委員會，其任務在監督各該國的共產黨活動。另有國際聯絡局，專司國際秘密交通網的組織與活動，包括一切的隱藏組織，製造文件的各種設備及秘密電台等等。為掩護並支持第三國際的活動，另有各種具有特種目的社團組織如國際青年及其他種種，有的可以發展為聯合陣線，以吸收同情而不必接受共產黨規定義務的各色人等。此一委員會後來擴大職權，等於國際共產黨的代表大會，惟此種大會在一九二四以後，僅於一九二八及一九三五舉行過兩次。

此一複雜的國際組織自一九三〇以後開始受到不少阻折，其機構亦由集中而分散各處。自德國納粹抬頭以後，許多設在德國的活動中心不能不遷往別處。為結合反法西斯的力量，蘇俄被迫採取集體安全政策，為袪除別國的疑慮便於和其他社會主義者甚至布爾喬亞的合作起見，不能不緊縮第三國際的活動。至一九四三史大林為敷衍羅斯福和邱吉爾的面子，便索興取消了第三國際的名義。（羅時實）

紳豪 (Elite)

紳豪是一羣對政治、經濟、文化、社會各方面有重要影響力或控制權的人士。大凡一個有組織的社會，內部必定有一個權力中心，對外必定有發言人或代理人，紳豪便是那些在內掌握權力，對外代表那個社會的人物。紳豪之所以取得那種優越的地位，是由於血統、門第、階級、財富、智識、或特殊技能的原故。所以凡是社會生活中有一種活動，就有那種活動中的紳豪。這種在某一方面的紳豪，其影響力只限於某一方面，稱為「局部紳豪」(segmental elite)。若其影響力不限於某一方面，而及於整個社會，則稱為「重要紳豪」(strategic elite)。社會愈進步，活動愈多，紳豪的種類也就隨之而增。有的紳豪很容易看出來，例如政治領袖、工商鉅子等是；有的紳豪却很難確定，例如藝術大師、文化領袖等是。因為現在的社會變化太快，競爭甚烈，有的人原是無名小卒，但因發憤上進，逐漸躋入紳豪之列。也有的人原屬於某一方面的紳豪，但因逐漸落後，遭受淘汰，所以紳豪的份子變化甚多，缺乏長期穩定性。現今美、英、法、德、蘇等國的紳豪，幾乎全是根據個人的成就而來，根據血統、門第、階級等遺傳而來的紳豪，一天比一天較少了。（陳世材）

參考文獻：

Keller, S., "Elites", International Encyclopedia of Social Sciences, (New York, Macmillan Co., 1968)

累積投票 (Cumulative Vote)

又名重記投票法，即投票人在複數選舉區內，對議員名額全部，作連記投票，但投票人得連記不同的候選人，或合記同一候選人，簡言之，即投票人得以所有票數，全部投給一人，或分別投給數人，以得票較多者當選。此一投票法，少數黨可集中力量，使少數人當選。

累積投票方法，曾實行於美國的若干州，英國教育機關的選舉，亦曾採行之。（謝延庚）

組織原理 (Organization Theory)

此一詞在政治學上廣義言之，包括社會上任何團體之組織原理而言。狹義言之，指政府之政治與行政機關之組織原理（包括政黨）而言。無論其為廣義的或狹義的，言組織原理者可分為新舊兩派，或名之為傳統的組織原理與近代的組織原理，又名之為剛性派的與柔性派的 (Hard and Soft School)。舊的組織原理期以科學證驗之研究方法，發現一套有關組織之原理原則，使其能適用于所有團體組織，以增進其效率，以完成其組織之目的。在企業為增進生產效率，在政府為增進行政效率，即所謂科學管理觀念是(concept of scientific management)。換而言之，整個組織之目的先予此組織之個人目的。此種觀點，今日雖為言新的組織原理者所抨擊，惟彼等確曾作形成一套原理原則之嘗試，且為過去言組織者所重視。在維護組織完整之大原則 (principle of integration) 下，可歸納其原理原則五點如下：㈠完整統一，㈡協同一致，㈢層級節制，㈣管理經濟，㈤事權確實。（詳見張金鑑著行政學典範）惟自近代社會學心理學派研究法(Sociological and Psychological Approach)風行之後，組織原理之觀念為之一新。新的組織原理認為前項之觀點與其所持之原理，不免過分重視理想與理性，忽視現實與感情，失之機械性。持新說者認為任何組織均非呆板的機械的或死的泥土塑像，乃由有思想有感情有靈魂的人羣所結合的活動體。人乃社會動物，組織中的工作員乃團體人，因此應以人羣關係 (human relations) 觀點去認識組織。社會心理學派如 Victor A. Thompson, James G. March, H.A. Simon, Dwight Waldo 等從組織的實際活動與管理指導認為民主重于權力，實際重于理想，心理諒解重于法律控制，將過去傳統之注重有形組織 (formal organization)

轉移于無形組織(informal organization)。組織原理之新說，可歸納為下列各點：㈠思想交流，㈡相互領導，㈢上下一體，㈣自由交通（communication and Participation），㈤激勵原則（Motivation Theory）。（詳見張金鑑著：行政學典範）（王世憲）

莫爾（More, Thomas, 1478-1535）

莫爾於一四七八年生於英國，其父是王座法庭法官。因其父的影響，他自幼得在坎特布里（Canterbury）大主教家受教育。後入牛津大學。他曾一度想做和尚，終因捲入愛河，締結婚姻而作罷。牛津畢業後，在倫敦習法律，而成為國會議員。他的智慧與風度深得英王亨利第八的賞識，因而扶搖直上，先後獲授騎士爵位，被選入樞密院，次擔任財政大臣，下議院議長，一五二九年被任為總理大臣。

莫爾爬得高，也跌得快。亨利第八極盼莫爾的支持。當良心不許莫爾支持亨利的離婚，且他又不贊成亨利與國會和教皇的爭執時，亨利第八由愛轉恨。一五三二年莫爾去職。當英國教會與羅馬教皇決裂，而莫爾不願立誓效忠以英王為首的英國國教時，他又立即被捕，且於一五三五年以叛國罪斬首。

莫爾的名著理想國（Utopia）約成於公元一五一五或一五一六年，當他正享盛名的時候。理想國一書是以虛構的體裁，諷刺的口吻借一個旅行家之口來攻擊當時英國的不良制度，同時介紹理想國中的優良制度。

英國的刑罰制度首被攻擊為殘酷，不公正和無效力。這位旅行家指出刑罰對竊盜太過嚴厲，但却不注意人民的生活，以致驅良為盜。英國及許多歐陸國家連年戰爭，又無法安置傷殘官兵，因使他們羣趨犯罪。強者、富者剝削貧者、弱者，當後者無力為生時，又怎能不從事盜竊？

這位旅行家又指出當時英國有產階級，因為出售羊毛能獲巨利，紛紛改農田為牧場，結果農舍如墟，農莊破壞，農民流離，生產銳減。失業農民淪為乞丐和竊盜。富者錦衣玉食，賭博浪費無所不至其極，但收入究竟有限，最後唯有以犯罪手段獲利。

這位旅行家又指出，金錢為萬惡之源。如以金錢為萬物之中準，則最好的事物必操少數最壞人之手。他乃轉而敘述他在理想國的見聞。

理想國為一新月形的島嶼。長約五百，寬約二百英里。四週有天然與人為的防禦物，敵人不能侵入。該島原為一半島，其名王烏托布斯（Utopus）強制其人民挖掘海彎，使其與大陸隔絕，此後，最理想的政府即逐漸出現於此島。

島上有城五十四，大小，建築，法律，習慣均相近。兩城相距至少二十四英里，最多不過一日脚程。每城每年選出三位最具智慧的參議員赴居該島中央的京城共商國是。鄉間設有許多農舍，城市居民須輪流赴鄉間耕作兩年。他們耕地，畜牧，伐木，並運往城市，所種所畜皆為生活所必需，且使有餘裕以贈與鄰城之人。當他們有缺少之物時，即從城鎮取之，無須以金錢或貨物交換。每逢收穫，城中市民俱赴農村協作。

城鎮中道路寬濶，房屋相似，均一面臨街，一面糞以花園，因為無私有財產，故門雖設而常開。每十年以抽籤方式彼此交換住所。

在理想國中，人人須有一技之長。每天工作六小時。此外，人人自幼習農事，輪流赴農村工作。兒童通常繼承父母之業，但並不受强迫。他們可以學習其他行業。成年人有充分準備亦可轉業。但除疾病老弱者外，人人皆須勞動。家為經濟與社會生活的基本單位，往往數代同堂。每三十戶成一里，里長民選，任期一年。每十里選區長一人，任期一年。各區長聯合由市民提出的四位候選人中選出市長一人，任期終身，但得因故罷免之。各區區長組成參議院，每三日集會一次，討論公務。在此會議中，必有二里長輪流出席以報告日常事務。公務須參議院連續討論三日作成決定後才得執行。各市及其鄰近農莊年選三名代表組成國民大會─為全國最高統治機關。

理想國的生活是共產化的。各里居民午、晚均在里長家就食。食物由炊事人員自公庫提出準備。各戶自炊並不受禁止，但很少家庭如此做。各戶日常生活所需亦取之於公庫。因不虞匱乏，故雖各取所需，而不必濫取。

六小時工作之外，即為休閒、教育、飲食和睡眠。早晨未開始工作前，即有公開演講，自由參加。唯以學術為業者，則必須前往聽講。晚間則從事閱讀、遊戲、音樂、談天諸活動。

理想國中無商業，僅有存儲物資的場所，各家將其生產的物資交到該處，並取其日常之所需。理想國無錢幣。鐵以其有用而被珍視。金錢則存儲以賄賂外敵，僱用傭兵，或挑撥敵人。

理想國有奴隸制，但非世襲。戰俘，犯重罪者，在他國被判死刑而由理想國贖身者，均罰終身勞動。

婚姻由國邦規定。男不滿二十二，女不滿十八不得結婚。採一夫一妻制。離婚須經政府批准。

在理想國中法律簡單，犯罪率也少。因無私有財產，所以保障和規律所有權的法律便無必要。因無商業交易，契約法就不存在。唯一經法律追訴的犯罪是通姦。其他的懲罰則由參議院決定。

理想國人民認爲戰爭是一種純粹的罪惡。除了自衞，協助他國抵抗侵略和幫助被壓迫民族解除暴政的桎梏外，理想國決不從事戰爭。但他們認爲國防的準備是必要的，男女均有服兵役的義務，爲了縮短戰爭，他們認爲賄賂，欺騙，煽動等均可施諸於敵人。

在宗教事務方面，理想國一向主張信敎自由和宗教平等。凡掀起宗教仇恨者則受重懲並時遭放逐出境。理想國人民雖對宗教容忍，却反對無神論者。凡不信神者，在理想國中不能取得榮譽與信託。

理想國的神職人員不多，但均道德高尚之士。他們由人民秘密投票選出，負保管神器，崇拜上帝和監督人民行動之責。當人民犯有缺點時，他們只能勸告，處罰之權屬於市長及其官吏。

莫爾的理想國受柏拉圖的共和國一書影響很深。但也有許多相異之處。在柏拉圖的共和國裡，軍事貴族佐哲王 (philosopher king) 爲治，從事工商業的平民無參與政治之權。莫爾的理想國則服膺民主政治，政府乃民有、民治、民享。人民不僅選舉統治者，且對重要國是有最後決定之權。莫爾拒絕柏拉圖所提倡的婦女與兒童屬於公有的制度，而繼續維持當時英國的家庭制度。柏拉圖混政治宗教於一，國邦取代了神的地位。其他的宗教制度不容許存在。莫爾則主張政教分離。雖然理想國的人民宗教信仰極深。

莫爾，像其他許多集體主義者一樣，未能解決共產主義所引起的許多基本問題，但他的思想深深的影響了後來的改良派。許多改革如刑罰學，土地所有制，公共衞生，教育，宗教容忍，民選政府等均多少受他的影響。後來的學者如培根，如韓林頓都曾有理想國的撰寫，這當然也是由他開創的風氣。另一方面，我們可看出莫爾的理想國是非常集權的，人民的一舉一動，幾乎都受到政府的規範，許多現代極權國邦，特別是共產集團，似乎是師法這一「理想」呢！（張京育）

荷蘭 (Netherlands) 政黨

荷蘭 (Netherlands) 爲一多黨制的國家，現有政黨不下十個之多。玆就其主要者言之：

(一)天主教人民黨 (Catholic People's Party)：該黨之力量基礎主要是放在信奉天主教的人口之上。主張民主政體，中間路線的社會政策；認爲宗教，家庭，財產爲社會之基礎；支持聯合國，西歐合作與北大西洋公約。現該黨爲荷國兩院中的第一大黨。聯合內閣亦以該黨爲主。現任黨魁爲阿爾布西 (P.J.M. Aalberse) 氏。

(二)勞工黨 (Labor Party)：該黨現爲荷蘭第二大黨，同時爲一溫和的主張憲政的社會主義政黨。主張在生產，銀行業與運輸業等方面社會化，但反對任何形式的國家專制。現任黨魁爲譚斯 (J.G.H. Tans) 氏。

(三)自由黨 (Liberal Party)：其正式名稱爲「人民自由民主黨」 (People's Party for Freedom & Democracy)。該黨擁護個人自由與自由競爭，反對國有化與限制自由企業，但不反對社會立法。在外交政策方面，自由黨支持西歐聯盟與北大西洋公約。現任黨魁爲波爾斯 (K. Van der Pols)。

(四)反對革命黨 (Anti-Revolutionary Party)：該黨爲一信奉克爾文教派教義的保守的民主政黨。主張維持強有力的軍備，反對國營及計劃經濟等。現任黨魁爲潘固斯 (W.P. Berghuis) 博士。

除了上述四大黨而外，尙有中間路線的「基督教歷史同盟」(Christian Historical Union)，極左的共產黨，保守的「政治改革黨」 (Political Reformed Party)，農民黨與「改革的政治同盟」(Reformed Political Union) 等小黨。（袁頌西）

規定陳述 (Prescriptive Statement)

任何一項人類目的之達成，都須採取一項方法，基於長久之經驗，人類發現某項方法爲達成某一目的之最佳方式，表示這一方法與目的間關係的語文，即爲規定陳述，例如：

(一)如果你想免試升學，你就必須努力用功。
(二)民主政治是謀求全民福利的最好政治形態。
(三)爲了維持個人尊嚴，絕不容許偷竊行爲。

由此觀之，規定陳述包括兩方面：第一是目的，通常目的是一項爲大衆接受的價值觀念。第二是方法，方法一般爲一項方式之描述。簡言之，規定陳述所包括者卽是描述與指示兩方面 (descriptive and normative)。

在政治學上，規定陳述往往是「目的與方法分析」(ends and means analysis)用以結論之語文。其不但爲研究政策時不可缺少之文字，而且亦爲表示政治制度與理想間關係不可缺少之陳述。（魏　泰）

參考文獻：

Hare, Richard M., The Language of Morals, (New York, Galaxy Book) 1964.

訪問(Interview)

訪問爲社會研究中，蒐集資料方法之一，其方式爲面對面之談話，卽由詢問者 (interviewer) 及被詢者 (respondent)兩方，基於詢問與回答獲取有關之資料。此項資料不僅包括事實之描述，同時亦包括個人之思想及意見，故由訪問所獲得之資料範圍至廣。一般言之，訪問可分三類：

第一類爲標準式 (standardized)之訪問，卽訪問之一切問題皆預先擬訂，詢問者只能按照預訂之程序及問題進行，不得任意詢問。第二類爲半標準式(semi-standardized)之訪問，卽預訂一部份問題，除此之外詢問者可自由詢問。第三類爲非標準式 (unstandardized) 之訪問，卽詢問者得完全依據自己之判斷自由詢問，不受任何拘束。此三種方式皆時常爲學者所採用，其標準乃視現實環境及研究之對象而定。

訪問之第一優點卽資料範圍較廣，凡個人之想像、感覺、信仰、動機及希望等不易由觀察得來者，皆可在訪問中被發現。此外，詢問者尙可在訪問中，利用觀察之方式，以對證資料之可靠性，是爲另一優點。

訪問目前在政治學中應用甚廣，幾乎每項事實研究 (empirical analysis)皆需應用，例如在研究投票傾向、政治機構之活動、立法程序及國際會議之經過等，皆往往採用訪問之方法蒐集資料。（魏　泰）

參考文獻：

Hyman, Herbert H., et. al., Interviewing in Social Research, (Chicago, the University of Chicago Press) 1954.

Richardson, Stephen A., et. al., Interviewing: Its Forms and Functions, (New York, Basic Books) 1965.

通才 (Generalist)

指一個人精通或處理多種不同的事務技術和才能，和「專家」(specialist)相對。在西方社會科學書籍經常認爲屬于「通才」式的人物，如劉邦，比「專家」式的人物，如韓信、張良、蕭何等，較能爭得最高的統治地位，因「通才」式的人眼光比較廣濶，較有「整合」(integration) 及「協調」(coordination)的能力。（張旭成）

通判

宋太祖乾德初，下湖南，始置諸州通判，詔知府公事並須長史、通判簽議連書，方許行下。時大郡置通判兩員，餘置一員，州不及萬戶不置，武臣知州小郡亦特置焉，廣南小州有試秩通判兼知州者。通判掌倅貳郡政，與長史均禮，凡兵、民、錢穀、戶口、賦役、獄訟、聽斷之事，可否裁決，與守臣通簽，所部官有善否，及職事修廢，得刺擧以聞。徽宗宣和二年，詔諸州茶鹽香礬並委通判。高宗建炎初，諸州通判二員減一員，紹興五年以後，添置帥府通判，並以兩員爲額。宋太祖之設通判，本欲懲五代藩鎭專擅之弊，而以儒臣臨制之，號稱監州，通判雖屬郡佐之官，而其人選常自朝廷之特命，不以官資之崇卑論，故宋代諸州通判權重職要，及宋以後，地方諸府雖仍有通判，却已不如宋代之顯要。金每州置通判州事判官一員，從八品，簽判州事，掌通檢推排簿籍。明地方諸府亦置通判，無定員，正六品，無常職，大體掌淸軍、巡捕、管糧、治農、水利、屯田、牧馬等事。淸地方諸府亦置通判，然各府通判員數不等，分掌糧運、督捕、水利、理事諸務。（王壽南）

通信投票 (Postal Votes)

見「缺席投票」條中之通信投票一項。

通訊自由 (Freedom of Correspondence)

通訊自由往昔或稱之爲書信秘密之不可侵犯權 (inviolability of secrecy of letter)。近以科學昌明，通訊的方法除書信外，還有電話電報，是則書信已不足以包括通訊的涵義，於是遂改用通訊秘密 (secrecy of correspondence) 之稱。但深切究之，則通訊秘密的保障，亦不足以統攝通訊自由的涵義。誠以通訊自由為一義，通訊秘密的保障又為一義，未可混為一談。如將他人函件無故隱匿，係侵犯通訊自由，而非侵犯通訊秘密。又如我國刑事訴訟法第三十五條規定：「辯護人得與羈押之被告，互通書信，但有事實足認其有湮滅、偽造、變造證據……之虞者，得限制或禁止之」，這裡所謂限制或禁止即指限制或禁止通訊自由，而非限制或禁止通訊秘密。同法第一百零五條規定：「羈押之被告，得與外人通訊，但押所得檢閱之，如有湮滅證據之虞者，並得禁止或扣押之」，此所謂檢閱是對通訊秘密而言，所謂禁止扣押是指通訊自由而言，兩者命意有別，顯而易見。且就事實來說，如明信片，普通電話（指非密碼或暗語電話）的通訊，常難保障其秘密，但其通訊自由權的行使，則應予以保障。由上例說，足徵通訊自由與通訊秘密的保障，各有涵義。我國憲法第十二條規定：「人民有秘密通訊之自由」，涵義未免欠周，不如以用「人民有通訊之自由」為宜。而在通訊自由的涵義下，包括二種權利，一則人民的通訊不得無故被人扣押或隱匿；二則通訊的內容不得無故被人拆閱，若有人侵犯這兩種權利則構成刑事罪，我國刑法第一百三十三條明定：「在郵務或電報機關執行職務之公務員開拆或隱匿投寄之郵件電報者」，構成瀆職罪，應受刑罰。同法第三百十五條又規定：「無故開拆或隱匿他人之封緘信函或其他封緘文書者」，構成妨害秘密罪，應受刑罰。第一百三十三條的規定係通訊自由對抗政府郵務機關人員的作用，第三百十五條的規定係通訊自由對抗一般人民的作用。

通訊自由為憲政國家所承認，但這一自由權的行使也有一定的限度，即在特殊情形下，得依法律的規定，將通訊自由加以相當的限制，茲舉數例以為說明：㈠未成年子女的通訊得由父母或其監護人加以限制，甚或可以代行之：因為依我國民法第一千零八十四條規定：「父母對於未成年之子女有保護及教養之權利與義務」；而同法第一千零九十七條復規定，在設置監護人的情形中，「監護人行使對於未成年子女之權利義務」。本於教養的必要，對於未成年子女的通訊，自然可以加以限制。且「父母為其未成年子女之法定代理人」（民法第一〇八六條），「監護人為受監護人之法定代理人」（民法第一〇九八條），已為代理人了，則本於代理權的作用，對於未成年子女的通訊，自然得代為收受或拆閱。㈡嫌疑犯的通訊得由押所限制或禁止之：在羈押中的嫌疑犯固得與外人通訊，但在特殊情形下，押所得加以限制或禁止之。例如，我國刑事訴訟法第一百零五條規定：「……羈押之被告……得與外人接見、通訊……但押所得監視或檢閱之；如有足致其脫逃或湮滅，偽造，變造證據或勾串共犯或證人之虞者，並得禁止或扣押之」。又破產人的函件得由破產管理人收拆：按我國破產法第六十七條規定：「法院於破產宣告後，認為必要時，得囑託郵局或電報局將寄與破產人之郵件電報，送交破產管理人，」可為明證。㈢郵局於特殊情形下得拆閱通訊函件。例如郵局對於含有逃稅嫌疑的郵件得拆驗它的內容。我國郵政規則第二一〇條規定：「小包郵件之包裝方法，適用包裹包裝之規定，遇必要時，郵局得拆閱查驗其內容」，這裏所謂遇必要時，查驗有無逃稅品，即其一端。又如無法投遞的郵件，郵局也得拆閱其內容，以發現原寄件人的地址。郵政規則第七十八條規定：「無法投遞郵件，經原寄局揭示公告期滿仍無人領取者，得由郵局特定機關開拆檢閱，倘能獲知寄件人地址，應將原件裝入特製封套加封退還寄件人……」。㈣戒嚴地區軍事機關得檢查郵電：宣告戒嚴的地方，治安最為重要。戒嚴最高司令官為確保地方的治安起見，自有檢查郵電的必要。所以我國戒嚴法第十一條明定：「戒嚴地域內最高司令官……得拆閱郵信電報，必要時並得扣留或沒收之」。至於在作戰期間，軍事機關之得檢查郵電，更不待論。（羅志淵）

通訊理論 (Communication Theory)

為研究「訊息」(message) 傳遞過程的理論。本來是屬於工程學和社會心理學中的理論，近來逐漸被政治學家引用來解釋分析政治現象，成為行為政治學中重要理論之一。

通訊理論在政治學中的運用及發展，主要要歸功於美國學者篤意奇教授 (Karl W. Deutsch) 的努力。從一九五三年開始，篤意奇發表了一系列的著作，均以通訊理論為中心來分析政治現象（見 Karl W. Deutsch, Nationalism and Social Communication, An Inquiry into the Foundation of Nationality. Cambridge, Mass.: The M.I.T. Press, 1953; Deutsch, Political Community at the International Level; New York: Random House; Deutsch, The Nerves of Government, Models of Political Communication and Control. Glencoe, Ill.: The Free Press, 1963)。

篤意奇理論的形成，深受原籍瑞典已故麻省理工學院教授溫勒 (Norbert Wiener)的影響。溫勒是近代「操縱學」 (cybernetics) 理論的奠定人。他的關於機器和有機體的自動控制的過程和其作用的分析，常被討論「自動化」(Automation)的學者們提及。溫勒氏著作中所提出的「反饋」 (feedback) 的觀念，成爲篤意奇政治學通訊分析的一個核心概念。

篤意奇所發展出來的通訊理論，可以用下圖作一個簡單的描述。

篤奇意的理論，如下圖所示，建立在兩個基本概念之上：一個是情報的流動 (information flow)；一個是決定的形成(decision-making)。篤氏把各種政治體系的主要功能，看作決定的抉擇。他尤其注意決定形成的過程 (process of decision-making)。在這方面，情報的吸收與處理爲其分析的重點，茲將下圖各部分別簡述如左：

篤意奇氏通訊理論表解

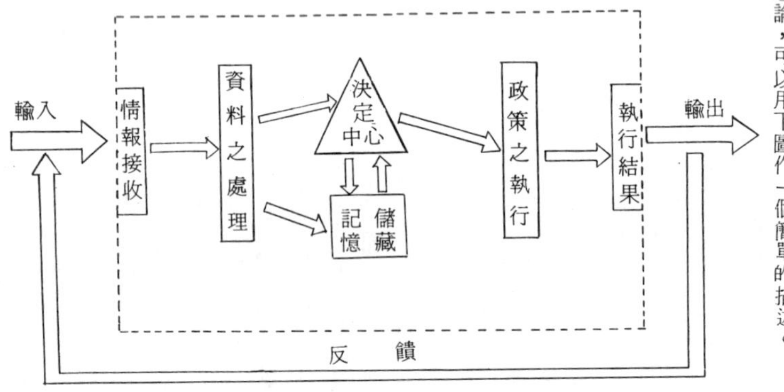

輸入
情報接收
資料之處理
決定中心
儲藏記憶
政策之執行
執行結果
輸出
反饋
（關於輸出所導致的結果的情報）

(一)情報接收(information reception)——每一政治體系均不斷從其國內及國外的環境中 (domestic and external environment)吸收情報。情報吸收途徑，或爲外交人員，或爲新聞記者，或爲政府機關，或爲情報人員。

(二)資料處理 (data processing) ——情報收集以後，必需要經過選擇(selection)和審查(screening)的過程，決定情報來源的可靠性，並將其分類，然後再分別輸送到「決定中心」(decision center) 和「記憶」(memory) 中去。

(三)「記憶」(memory) ——一個體系儲存的記憶，大致可以分爲兩類，一類是歷史性的，包括該體系過去的決定，與其他體系的關係，過去的情報等等。這些「記憶」，或存在於「決策者」(decision maker) 及該體系的成員(members)的腦海中，或儲藏在各種公私檔案及圖書文件中；另一類記憶是價值性的(value-oriented)，包括該體系的基本「意的」(ideology)，決策者和成員的基本價值判斷，行爲準則，以及對其他體系的好惡等等。記憶與經過處理過的新情報共同爲決定形成過程中的兩大因素，輸入記憶中的情報，不久便成爲記憶中的一部分。

(四)決定中心 (decision center) ——爲一體系的最高決定結構，由決策者所形成，他們在收到情報並與其記憶相諮商 (consult) 後，達成對各種問題及情況的決定 (decisions)。此項決定，一方面輸送到執行機關，一方面輸回到記憶之中，成爲以後的決定形成過程中的參考。

(五)政策之執行 (implementation of policies)——爲將已經達成的決定轉變成爲行動的過程。如行政機關實施立法機關有關增加稅收的決議；軍事機關執行上級頒下之戒嚴令；外交機關將政府的對外政策付諸實行等等。

(六)執行之效果 (effect) ——爲政治行動的結果，構成對於國內及國外環境的輸出(output)者 (就國內及國外環境而言，是其輸入(input))。

(七)反饋 (feedback) ——爲政治體系的輸出所產生的結果，以情報(information) 的形式，再度輸入政治體系，以決定政治體系新的輸出的過程。在此過程中，實際履行了的行動 (performed action)，而非意圖達成的行動(intended action)影響着一體系的運作。（參看「反饋」條）

篤意奇曾以駕車爲例，將通訊理論，尤其是反饋作用的過程加以說明。他指出當一個人駕車時，必須先具備公路情況及標誌信號方面的知識，當他在公路駕駛時，他又必須不斷地調整汽車進行的方向，否則便有開出道外或與來車相撞的可能。駕駛人的眼睛不停的收集新情況（包括輪盤轉動後車子在路中的位置），駕駛人的手不斷調整汽車進行的方向及速度。所以駕駛汽車，是一個不斷地進行的反饋的運作。由於政治體系經常也在動態狀況之中，以上的過程供可用來解釋政治體系的行動。

篤意奇認為我們可以運用通訊理論，從好幾個角度來衡量一個政治體系。

㈠看它是否有足夠的對外界環境的「記憶」及「情報」，以及靈敏的情報收集結構。

㈡看它的國外及國內環境變遷的速度。變遷越快，對政治體系所加的「負荷」(load)也就越重。換言之，即相對增加該體系在追求其目標(goal-seeking)時的困難。

㈢看它對新情況反應的速度。易言之，即接收情報及達成決定之間的時間上的「間隔」(lag)，此「間隔」視政治體系之是否民主或獨裁，是否為現代型或傳統型，而互有差異。

㈣看它接收新情報後所能產生反應的程度(gain)。小的政治體系往往能針對新情況，發生很大的反應（就該體系的相對潛力而言），大的政治體系往往運作不靈，不能面對新環境發生適度的反應。

㈤看它能不能洞燭機先，即對未來的外界情況，有精確的預測。篤意奇稱此種能力為「領先」(lead)。一個政治體系是否經常有足夠的「領先」的能力，與該體系對外界環境反應的成功與否，有極密切的關係。（以貓捉老鼠為例，貓能否捉到老鼠要看牠能否準確地預測老鼠下一步的位置，老鼠能否逃命，則同樣地要看牠是否能準確推定貓在下一步的動作）。

根據以上通訊理論的各種概念，吾人可以收集各種有關資料(data)，將各種政治體系加以研究及比較。由於篤意奇及其他通訊理論學者在討論問題時，特別着重模型的建造(model-building)、概念的澄清(clarification of concepts)，及假設的考驗(testing of hypotheses)，他們的學說及研究態度，對現代試驗性的(empirical)政治學有很大的影響。不過通訊理論到底係由機械理論引發出來，許多觀念應用在社會及政治現象的分析上，還有相當的困難。如今多數行為政治學者均不否認通訊理論的啟發性，但對其試驗性，則尚有所保留。

（魏　鏞）

參考文獻：

Robert C. North, "The Analytical Prospects of Communication Theory," in James C. Charlesworth (ed.), Contemporary Political Analysis. New York: The Free Press, 1967.

Oran R. Young, *Systems of Political Science*, Englewood Cliffs, N.J.: Prentice-Hall, Inc., 1968, pp. 49-64.

參看「反饋」及「體系分析」條。

連帶責任

責任內閣制係以閣員代元首負責任為其主要意義之一，閣員代元首所負的責任，普通稱之為閣員責任(ministerial responsibility)。閣員的責任得區分為二：一為法律的責任(legal responsibility)，另一為政治責任(political responsibility)。法律的責任是緣於元首的公務文書須經閣員副署才能生效，緣於這一文書而發生的行為倘有違法情事，則曾經副署這一文書的閣員在法庭要負擔其違法責任，這種責任是個別的責任，純屬司法範疇，政治科學不予論列。所謂政治責任亦以副署為前題，但係對衆議院的責任而言，與法院無關。申言之，政治責任係指政治上的措置失策而有不利於國計民生時，則內閣對衆議院要負擔失策責任。內閣的政治責任，在英國言之，乃指連帶責任而言。而所謂連帶責任(collective responsibility)乃謂內閣中任一閣員以任一事項為國會所擊敗，即為擊敗了整個政府，是即為內閣對國會所負的連帶責任。連帶責任的基礎建築於內閣的凝結力(solidarity)之上，而內閣的凝結力則繫於政黨情勢如何，凡施行兩黨制的國家如英國者，內閣由一黨組成，凡屬閣員均為黨的同志，有休戚與共的意識，自能一心一德，同舟共濟；凡政黨林立的國家如法國者，其內閣多屬聯合內閣，閣席由各黨分配，閣員各有立場，無共同信仰，遂致「共信不立，互信不生，互信不生，團結不固」。總之，責任是緣於責任感而來，責任感是緣於信仰而生，有共同信仰的人，才能產共同的責任感。信仰寄之於政治的結合，政治結合的表現乃為政黨。由是可以肯定，內閣連帶責任的實質意義，繫於政黨的形勢。英國為典型的兩黨制國家，所以英國最能表現連帶責任的精神；而其貫徹連帶責任之道，有五點足述：㈠國會中表決議案時，閣員必須投政府的票，假如有投反對票者，則必為內閣所罷免。㈡為閣員者，不但消極方面不應投反對政府的票，而且在積極方面，要忠誠擁護政府，盡最大可能以支持政府的一切措施。㈢本於愛護政府的意識，閣員必須自行約束其言論及行動，務須注意其言行不會有損政府的令譽或增加政府的困難。㈣各個閣員在國會之中，不應有公開的爭論，否則在國會之前，彼此相互爭辯，適足以表示內閣意見歧趨，陣容混亂，暴露政府弱點，損傷政府威信，令人懷疑閣員間缺乏連帶責任的意識了。㈤內閣爲貫徹連帶責任起見，所有內閣重大措施，必須經過內閣會議的討論，以便各閣員得就各項問題，發抒所見，然後求得結論，成爲定策。各閣員對於閣議的決定，都要負擔責任，也要切實遵行。（羅志淵）

部丞

官名，漢置，統一州，掌勸農桑之事。

史記「平準書」：「元始元年，置少府部丞數十人。」

漢書「平帝紀」：「元始七年，置少府海丞，果丞各一人，大司農部丞十三人，人部一州，勸農桑。」（繆全吉）

部長會議 (The Council of Ministers)

蘇聯之中央最高行政機關爲部長會議。部長會議各部長在憲法規定上均由最高蘇聯蘇維埃任命，並向最高蘇維埃及其主席團負責。實際上部長會議人選與活動爲蘇聯共產黨之政治局所控制。部長會議主席在新聞上常稱爲總理。

（華力進）

部曹

六部官僚，漢代尚書分四曹，後分六曹，後世則分部，與分曹同，至隋禮部改爲儀曹，兵部改稱兵曹。

文獻通考、職官考「歷代尚書」：「漢成帝初置尚書五人，其一人爲僕射，四人分爲四曹，常侍曹、二千石曹、民曹、容曹。後又置三公曹，是爲五曹。後漢尚書五曹六人，其三公曹尚書二人，吏曹、二千石曹、民曹、容曹，兩梁冠納言幘；或說六曹。」沿及後雖各部分司不再稱曹，惟舊稱京師各部司官，仍日部曹。（繆全吉）

陸克 (Locke, John, 1632-1704)

陸克(John Locke)是英國大哲學家。他在牛津大學讀書及作研究員，先後共歷三十二年（1652—1684），對該校當時經院派的(Scholastic) 哲學並無興趣，不過讀了笛卡爾(Descartes)書，受了很深的影響。陸氏又會學醫學，並作醫生，偶得機緣，遇到民黨(Whig Party)創建人沙夫貝來勛爵 (Lord Shaftesbury)，就作了他的親信秘書。一六八三年，沙氏因陰謀被逐，陸克也就避居荷蘭。一六八九年，陸氏回英，主要著作隨之陸續出版，其關於政治思想者要有兩種：㈠論容忍函 (Letter concerning Toleration)。這是討論國家與教會之關係的，出版於一六八九年。一六九〇及一六九二年，陸氏又先後出版了第二封與第三封的論容忍函。他並會着手寫第四封的論容忍函，但未完成。㈡政府論兩篇(Two Treatises of Government)，都出版於一六九〇年。第一篇是批評費爾默 (Filmer) 的；第二篇則對國家與政府的理論，作積極而淵博的探討，在政治思想史上是特別主要的。

陸克的政治理論，從人類的自然狀態 (state of nature) 講起。他認爲人類天生有社會性，所以在自然狀態中，雖然沒有政治組織，但有社會關係。各個人都是自由、平等、而獨立的。同時，又有由理性所決定的規律，作人類行爲的指針，所以自然狀態並不是放縱狀態(state of licence)。這種自然約束的規律就是自然法(law of nature)。

在自然狀態中，每個人又都有其自然權利 (natural rights)。陸克所講的自然權利，比前人所講的，較爲實在、確定、而具體，並且列舉爲三項：㈠生命 (life)。保全生命是每個人最基本的權利。㈡自由 (liberty)。他認定自然的自由是除自然法外不受任何其他規律的約束。㈢財產 (estate)。世界上的東西，本爲公有，但一經「混入」任何個人的勞力之後，便成爲他所專有的財產。私有財產乃是勞力的結果。陸克又有時把以上三種自然權利合起來，統名之日「財產」(property)。這些權利是每個人與生俱來，隨身攜帶的，並不是國家、政府給的。所以，有了國家、政府後，這些權利必須受到尊重，而絕不容侵犯或剝奪。

但因自然狀態中，缺少：㈠制定的法律，㈡裁判官，㈢執行判決的强制力，個人對自然權力的享受乃極不安全、不穩定，其結果造成「混亂與無秩序」(confusion and disorder) 的現象，而有許多「不便」(inconveniences)，使人類生活充滿了恐懼與危險。於是，人乃不得不建設政治社會。要使自由、平等、而獨立的人服從政治權力，唯一合理的方式就是經過本人的同意(consent)，任何合法政府 (lawful government) 都須由此開端。各個人爲使生命、自由、財產得到確實保障，乃同意締結社會契約，建設政治社會。由此更可見國家、政府的目的就在確實保障各個人的這些權利。

契約的內容包括幾項要點：㈠每個人放棄其自然權利的一部分，就是執行自然法與懲罰對自然法的違犯之權。㈡個人所放棄的權利，交與社會全體。社會全體由此乃得到兩種功能：⑴決定什麼是對自然法的違犯，⑵懲罰對自然法的違犯。這兩種功能構成社會全體的政治權利（political authority），而其權力也就以這兩種功能爲限，不是絕對無限的。㈢政治社會的行動，應取決於多數。多數人有權採取行動，其餘的人必須服從。

至於用什麼方法，達到保障各個人生命、自由、財產的目的，那就是政府權力之所在。政府爲達到此種目的，應有下列之權：㈠立法權（legislative power），㈡執行權（executive power）㈢外交權（federative power）。其中，立法權是最高的，執行權與外交權則是從屬的。執行權與外交權雖性質不同，但可合在一個機構之內；立法權與執行權則必須分立。又依前述之義，政府的權力是有限的，應僅限於個人以契約承諾的範圍。也可以說，政府的權力不能超出公益(public good)的範圍之外。

陸克在有系統的著作中，根本不用主權（sovereignty）一詞。但他於國家的最高權力（supreme power）也有所指。他說「社會的本質與一體性」(the essence and union of society）在於具有一個意志（one will），而這一個意志乃是「社會的公共意志」("the public will of the society")。社會組織分子所要服從的，就是這個公共意志。然則公共意志之所在，也就是最高權力之所在。於是，陸克乃認定最高權力永在社會（the community），也可以說，永在人民(the people)。公共意志由立法部門表現出來，因此陸克有時說立法權是最高的。但這裡所謂「最高」，意義並不完滿，不過就政府三權比較而言。在「最高」的立法權背後，還有一個更高的權力，那就是社會或人民的權力。立法權僅屬委託（trust）性質，一旦立法權不能達成委託的目的時，人民的最高權就可予以撤免或變更。這就是承認人民的「抵抗權」(right of resistance)，陸克稱之爲「訴之於天」("appeal to Heaven")，也就是承認人民有革命的權利。

陸克天才的卓越表現，要在藉無與倫匹的常識，把在他以前的各種觀念，兼收而並蓄之，且簡單明瞭的敘述出來，使深入於人心，而成爲後來英國以及歐洲大陸政治哲學的胚素。他的政治思想，有兩種特性是首先要注意的：㈠溫和與避免極端。㈡他的態度總是嘗試的與實驗的，沒有教條主義（dogmatism）。此種氣質，由他傳之於整個自由運動（liberal movement），與宗教上的容忍、議會民主政治的成功、放任主義（laissez-faire）、以及整套的自由格言等都有關係。

陸氏在政治哲學上的影響實在極大而極爲深遠，我們應把他視爲哲學的自由主義（philosophical liberalism）之創建人。就他本國來說，大約一直到十九世紀之末，英國憲法都是以陸氏的主張爲依據。更重要的影響是在美、法兩國，至美國獨立革命與法國大革命發生而登峯造極。這兩件大事的宣言中，都不但含有陸克的許多觀念，而且有些話簡直就好像是他書中的原文。孟德斯鳩(Montesquieu) 出名的三權分立說乃由陸氏的分權理論修改而成；一八七一年的法國憲法也是依據陸氏之政治理論的。美國獨立後，起草憲法的人也是大部以陸克的思想爲依據，經孟德斯鳩推演的陸氏政治理論乃編入於美國憲法之中；每遇總統與國會發生爭執時，仍可見其實地活動之迹。又陸克的倫理觀念中有人類行爲的動機在趨樂避苦的觀念，與邊沁（Jeremy Bentham）的基本觀念相通。所以，後來陸氏思想的許多旨趣與精神流入於功效主義（utilitarianism）中，而繼續其影響。

陸克的政治思想，雖然表面上似乎簡單明瞭，裡面却隱含着複雜性。綜觀他的全部理論，個人及其自然權利應該是最基本的，至政治社會、政府、以及政府中立法權最高等都是由基本觀念引伸而來。可是陸氏自己卻沒有把基本的與引伸出來的嚴格分清層次。尤其，他同時兼採了兩種極端相反的觀點：㈠視社會爲實體，㈡所謂社會不過是一種虛構，其實質在其組成分子的合作。這樣，乃有複雜性隱含於簡明的外形之中。（參閱「孟德斯鳩」與「共通意志」兩條）（張翰書）

陰陽家

陰陽家之名稱，亦首見於漢書藝文志。易經繫辭傳中已有明確之陰陽觀念，尚書洪範中已有清晰之五行觀念。而將陰陽五行相合，又參照古代時令災祥與天命巡狩等意，並利用天文方面之知識，加以創造，而使其成一家之言者，則爲戰國末年之齊人鄒衍。依漢書藝文志，單諸子略中所載陰陽家之著作，即有二十一家三百六十九篇。而其作者，則遍佈於宋、齊、魯、韓、楚、魏、鄭等國。其學說之盛與傳佈之廣可見矣。

鄒衍之著作，依史記孟荀列傳所載，有終始大聖之篇及主運。依封禪書所載，有主運及終始五德之運。而依漢書藝文志所載，則有鄒子四十九篇，及鄒子終始五十六篇。鄒子五十六篇，可能卽終始五德之運；鄒子四十九篇，可能卽主運（參閱錢穆先秦諸子繫年卷四，頁四四一至四四二）。至於終始大聖之篇，可能亦卽終始五德之運。可惜今俱不傳。卽漢書藝文志所載諸子略中陰陽家其他各書，亦均不得見。故吾人對陰陽家之學說，僅能就散見於各書之材料或後人之傳述中，窺其大要。

陰陽家之政治思想，要項有三：一爲五德終始說，依木、火、土、金、水五德生剋之關係，以解釋朝代帝王之更替。又可分爲三部份，卽五德終始，受命改制與封禪告成。所謂五德終始，謂朝代之更替，乃依五行生剋之關係與順序而輪轉；當德而王，德衰而亡。自鄒衍創說起，一直采五德相剋之說，取革命之義。例如黃帝當土德而王，其德衰，則由當木德之禹繼之；蓋木剋土也（參閱文選魏都賦李善注，淮南子齊俗訓高誘注及呂氏春秋應同篇）。至劉向父子，則采五德相生之說，取禪讓之義。例如漢以火德而王，其德衰，則應禪位於當土德之新莽；蓋火生土也（參閱漢書郊祀志下）。所謂受命改制，謂當德之皇帝，須受天之命，始可爲王；既已卽位，又須依其所當德運之顏色度數等實行改制，以自顯自明。而受命之條件在於有德，且須有天所顯示之受命之符以爲證明；及其德衰運終，更命有德（參閱漢書王莽傳中，董仲舒賢良策一及呂氏春秋應同篇等）。然至西漢成帝時之甘忠可與哀帝時之夏賀良，乃提出再受命之說，意謂一代德衰運終，不必卽刻去位，可再度受命，實行改元，以延國祚（漢書李尋傳及哀帝紀）。所謂封禪告成，謂當德受命之帝王，於卽位改制之後，德惠澤及萬民，而政治著有成績之時，登泰山梁父，祭祀天地，以告成功，答報恩德（史記封禪書等）。二爲時令說。謂四時、八風、十二月，各有宜忌，如春夏當陽，應行德惠獎賞，秋冬當陰，應行征討刑殺等是。然綜合各書所述，實屬於德惠獎賞者多，而屬於征討刑殺者少。爲政當順時序，行其所宜，避其所忌；順之則有休徵，逆之則有咎徵（參閱呂氏春秋十二紀，禮記月令，淮南子時則訓、天文訓與管子幼官、幼官圖、四時、五行、度地、輕重己、七臣七主、禁藏等篇）。三爲災祥說。乃將天地間之種種變異，依天人感應之理，說成災異與祥瑞，藉而課君主以政治責任，使其不敢濫權妄爲，或及時修德改政，補救缺失。祥瑞卽休徵，是天用以誇讚君主者；災異卽咎徵，是天用以譴告君主者。此說之用意既在課君主之政治責任，故言災異處多，而言祥瑞處少也（參閱兩漢書五行志及有關諸傳）。由上述觀之，陰陽家之政治思想，其基本原理有二：一是法天，二是尚德。因法天，故尊重天命，依順時序，畏懼天譴；因尚德，故須當德而王，以德受命，德衰而亡，德惠獎賞多於征討刑殺也。其意，或卽在假天威以行德治矣。（孫廣德）

麥迪生 (Madison, James, 1751-1836)

美國第四任總統，「美國憲法之父」，美國憲法修正案第一至十條所謂「民權法案」的提案人，佛琴尼亞州憲法及費城制憲會議中代表大州利益的「佛琴尼亞方案」的起草人。麥氏于一七五一年三月十六日生于佛琴尼亞州，一七七一年畢業于新澤西學院（卽普林斯頓大學的前身）。美國獨立後，先後任佛州憲法會議代表，州議會議員，並代表佛州出席大陸會議，一八八七年參加費城制憲會議，貢獻特多，憲法上的政府體制，多出其構想，故有「美國憲法巨匠」之譽，後世且稱其爲「美國憲法之父」。憲法通過後，又與漢彌頓，約翰・傑等爲文鼓吹闡揚，促請多州批准，其論著廿八篇，俱收入于「聯邦主義者」一書中。行憲後當選第一屆國會衆議院議員，一八〇一年至一八〇八年任傑佛生總統的國務卿，一八〇八年在傑氏的全力支持下，當選美國第四任總統。

麥氏和傑佛生一樣，在政治主張上與漢彌頓等的意見相左，而爲州權派的巨擘。正因如此，在其任總統後，對于傑氏的政策，仍多「蕭規曹隨」，無甚特殊表現。加以對英交涉不當，導致美、英戰爭（1812—1814），華府且被英軍焚燬，弄得怨聲載道，而被譏爲「麥迪生戰爭」。故麥氏對美國的貢獻，在其任總統以前，不在其任總統以後。麥氏的晚年頗爲淒涼，經濟尤爲拮据，于一八三六年六月廿八日鬱鬱以終。（胡述兆）

創制權、複決權 (Initiative, Referendum)

創制與複決是人民直接立法的兩種權力。所謂創制，係指選民經一定人數之簽署，得直接提出憲法修正案或普通法律案，所謂複決，卽對憲法修正案或國會所通過的法律，依據憲法的明文規定或經一定數額的選民申請，由選民複決通過後，始生效力。

人民直接立法源起于古代的希臘，而盛行于十九世紀以後的瑞士、德國及美國。早在一七七七年，美國喬治亞州的憲法卽有創制、複決的規定，其後各州相繼仿效，一時蔚爲風尙，瑞士採用此制，始于一八四八年的聯邦憲法，最初以對憲法爲限，一八七四年複決權及于普通法律，一九二一年複決權的範圍再加擴大，包括條約在內。

創制權的行使，一般以修憲爲限。修憲創制又分原則創制及條文創制兩種方式。前者只規定一個原則，再交國會制定條文，後者在提出的創制案中並須規定具體條文。但無論原則創制或條文創制，均須再經選民複決通過後，始生效力。至于提出修憲創制案的法定人數，則各國規定殊不一致，瑞士聯邦憲法規定須有五萬選民的連署；德國魏瑪憲法規定須有選民十分之一的連署；美國聯邦憲法規定，須經國會兩院三分之二的通過，或三分之二的州議會申請；美國各州憲法規定，則爲選民的百分之五至十五。我國創制複決兩權屬國民大會（憲法第二十七條），除修憲創制權外，且對中央法律有創制權（中華民國國民大會創制複決兩權行使辦法第三條）。修憲創制須由國民大會代表總額五分之一之提議（憲法第一七四條），中央法律創制須有代表總額六分之一簽署（兩權行使辦法第八條）。

複決權又分強制複決及任意複決兩種。凡憲法修正案均須經選民複決批准，始生效力，是爲強制複決。選民對于國會通過的法律，得經一定人數之簽署，要求加以複決，是爲任意複決。要求任意複決的法定人數，各國的規定亦不一致：瑞士須有三萬人的連署，德國魏瑪憲法須有選民二十分之一的連署，我國國民大會複決中央法律，須有代表總額六分之一簽署。

直接立法，爲選民控制國會的一種手段，選民有創制權，得以制定自己所需要的法律，同時又有複決權，可以否決自己所反對的法律。在此兩種權力中，複決權似乎比創制權更爲重要，因爲創制權的行使，必須經過複決的階段，始能發生實際效用，所以複決權才是選民控制憲法及法律的主要手段。不過無論創制或複決，均屬政權作用，而政權以備而不用爲可貴，故對此兩權的行使，必須出之十分愼重，始能收到實效。（胡述兆）

剩餘價值 (Surplus Value)

是構成馬克斯主義經濟理論的重要骨幹。其意義甚簡單。工人爲雇主工作，如每日以十二小時爲度，每日工作六小時的價值卽等於工作一日的工資。其他六小時的生產價值爲資本家僱主所得，是爲工人生產之全部價值中，除去所得工資後的剩餘價值。馬克斯爲加强此一價值的刺激作用，曾用最簡單的符號作爲公式：A－B＝C以A代表這一天生產的商品總量，B代表必須維持生存的商品總量，C就代表那些商品的總量，其價值卽剩餘價值，又如A代表這一標準工作日生產的總價值，B代表工人一天生活費的價值，C代表的就是剩餘價值。又如A代表工人一天努力生產的價值，B代表交回工人作爲工資的價值，C代表的也是工人生產的價值，不過這一部分却被資本家僱主拿去了。他由此得到的結論是資本家僱主因賺取工人生產的剩餘價值，而日以富裕，工人因自己生產的剩餘價值被資本家僱主剝削而日以貧困。資本家的人數因競爭和資本集中的結果，而逐日減少，工人則因被淘汰的資本家變爲小資本家，再變爲工人而逐日加多，使社會的階級裂痕逐日加深，漸由階級意識而產生階級仇恨，由階級仇恨而引起階級鬥爭。

這只是爲易於了解，而使其簡單化。馬克斯則故作神奇，迂迴曲折，以資取信。但無論如何，自馬克斯於十九世紀中期提出此一名詞，經過一百餘年，在經濟學史上迄未受到世界學者的重視。約翰·彌爾(John Stuart Mill)在歐洲思想混亂時期，曾就英國正統學派的經濟思想，作過徹底檢討，發現在必須工作取得報酬的公道原則下，社會上確有少數人，其取得收入並未經過等値的勞動，因而創立一個『不勞增益』(unearned increment)的名詞，並提出不勞增益社會化要求，以符合社會正義的原則。至於剩餘價值則自不勞增益的觀點成立後，因乏理論依據，更少有人提及。

自普及教育推行，工人在政治上的地位日臻重要，在工業高度發達國家不僅資本家不致有如馬克斯刻畫的剝削情事，在工人納入組織之後，其所隸工會亦不自承其本身是被剝削階級。大的工業組織在工人的工資提高之後，其商品價格並未比例增加，而仍有利潤可圖，是因在生產技術，管理效率上有革命性的創新結果。雖然馬克斯曾把剩餘價值和利潤纏夾一起，但是這種因創新而增加的利潤，却和剝削並不發生關係。（羅時實）

勞力價值論 (Labor Theory of Value)

作爲馬克斯經濟理論基礎的勞力價值論，原是英國正統經濟學派亞丹斯密和李嘉圖的價值學說，其用於解釋的詞句也是非常近似的。他的基本論點是說，不管那種力量能決定價值，它必須是和所有的商品有其共同的地方。這是說，要使價值有一適當的解釋，必須找出一種客觀而在各種商品中，共同具有的東西。（因爲客觀的，故使用價值不適用。）這種存在各種商品中的共同因素，就其已變的形態而加以分析，就成爲這一商品的價值。

馬克斯認爲「人工」，無論勞心或勞力的工作，是和任何商品有共同關係的。在一個問答式中馬克斯是這樣說的：『在所有的商品之中，其共同的社會要素是什麼東西？這是人工。因爲生產任何商品都要花上一些人工』（Value, Price, and Profit　三十頁）。人工只有數量上的差別，因各人的習業不同，工作也不會相同，以此沒有質的特殊性。其他要點是包括過去和現在的人工，社會必需的人工，和再生產需要的人工等等。其數量的計算則以時間爲單位，如一小時，一日，一月，一年。

馬克斯的價值論雖大致和亞丹斯密，李嘉圖的勞力價值說相同，但仍有不同之處。馬克斯認爲『…不是某項商品的交換價值規定他價值的大小，反之，這是價值的大小，控制了它的交換比例』。（資本論首册七十三頁）李嘉圖心裡只有交換價值，亦卽相對的價值。從他看，價值是某一商品能和別項商品交換的能力。馬克斯則認爲價值是交換價值，但也是存在商品內部的實體，這種實體的本質，就是凝結的勞力。M.M. Bober　從這方面看馬克斯的價值論發生了內在的矛盾，使他的價值論好像是他哲學中的一部份，而不像是資本制度經濟中，解釋交換程序的現象。

這一理論的明顯缺點是他專從供給方面着眼，忽視了需要在決定價值的重要性。當馬克斯在時，奧國學派的邦巴威克會把他的「資本正論」送給他，要他答覆，等於是向他挑戰。馬克斯和恩格斯都無言以對。在資本制度經濟中，勞力所以會有價值，是因社會上對於勞力生產出來的東西有其需要，同樣理由，土地和資本所以會有價值，也是因爲土地和資本生產出來的東西，在社會上有其需要。包括勞力在內，由這些生產因素製成的商品，其賣價並不一定都能夠上生產這些生產因素的成本（指土地，勞力，資本言）。如果社會對於這些生產因素生產的總量，有其需要，能在等於生產這些商品成本的價格，把它全數吸收，其賣價才會夠上生產這些生產因素的成本。長時期的正常價值是一種平衡的價值，一方面要看消費者對於某些商品願出的價格，在另一方面要看這些生產因素的稀少情形，由這兩種相反的力量來決定的。要說在資本制度之中，任何一種生產因素是決定交換價值的唯一或主要力量，都是錯誤的說法。（羅時實）

博士

此官早見於春秋戰國時代，如宋有博士衛平（見史記龜策列傳），魯有博士公儀休（見史記循吏列傳），齊有博士淳于髡（見說苑「尊賢」），魏有博士弟子賈怯（見漢書賈山傳），南方亦有博士鄭同（見戰國策趙第三），而齊王禮遇稷下先生七十餘人，皆命曰列大夫，或亦博士之相類官職。洎秦併有天下，博士正式納入官制，如史記始皇本紀有「博士七十人前爲壽」之紀事，以是班固漢書載稱：「博士，秦官。秩比六百石，員多至數十人」（前漢書百官公卿表）。其職在掌論議，「通博古今，辨於然否」（見前書百官公卿表、及漢官儀）。惟古之流風所及，品類不齊，仍介巫史卜祝之間，頗多方技術士之徒（見史記秦始皇本紀紀事）。漢承秦制，太常屬官置有博士，「孝文皇帝時，博士七十餘人」（漢舊儀補遺）。至「武帝建元五年，初置五經博士」（前漢書百官公卿表），後又置博士弟子員五十人，於是博士與經學相結合，風格乃爲之一變。宣帝時博士增至十二人。後漢置「博士祭酒一人，六百石。博士十四人，比六百石，掌教弟子，國有疑事，掌承問對」（後漢書百官志）。魏因之，名號悉同漢制。此外，魏文又於太常內別置博士，專掌禮儀，此卽所謂之「太常博士」（見晉書職官志「太常博士」、及通典職官太常卿內「博士」條）。自是以降，博士之名號日趨複雜，然大體不外兩類：一爲掌禮制之「太常博士」，始終爲太常之重要屬官，「歷代皆有，甚爲淸選」（見通典職官太常卿內「博士」條），相沿至清未廢。一爲掌訓教之諸博士，如「五經博士」、「國子博士」、「太學博士」等是，其名號雖多，但仍隸太常，至隋始行改制（見通典職官「國子監」）。晉代職官，悉承魏制。其太常屬官，一方面置有司禮之「太常博士，掌引導乘輿，王公已下應追謚者，則博士議定之」（晉書職官志「太常博士」）。另一方面置教弟子經學之「博士十九人。及咸寧四年，武帝初立國子學，定置國子祭酒、博士各一人，助教十五人，以教生徒」。及南渡定制，置博士「十六人，不復分掌五經，而謂之太學博士」（晉書職官志「太常」）。南朝各代相承，名號皆襲晉制。僅蕭梁稍有變化，其國學有

「限外博士員」，並復置「五經博士」，又新立「正言博士」，而位視「國子博士」（見隋書百官志上「梁」制）。北朝大體同於南朝之制。所特異者，後魏始置有「四門小學博士」之號（見魏書官氏志）。北齊則分置「國子寺，掌訓教胄子」。「寺」置「祭酒一人」，領「國子博士、太學博士、四門學博士」、暨各類「助教」、「學生」等員（見隋書百官志中「後齊」官制）。隋「依前代之法」，太常屬官置「博士四人」。「元隸太常」之「國子寺」，置「祭酒一人，統國子、太學、四門、書算學，各置博士、助教、學生等員」（隋書百官志下「隋」制）。「開皇十三年，國子寺罷隸太常」。又「改寺爲學」。「仁壽元年，罷國子學，唯立太學一所，省國子祭酒、博士，置太學博士，總知學事」。「煬帝卽位，改國子學爲國子監」（見通典職官「國子監」），「依舊置祭酒」，「國子學」、「太學」各置「博士」、「助教」、「學生」等員（見隋書百官志下「隋制」）。由是而成爲國家之定制，卽由「太常寺」與「國子監」兩大機關，各別設置有關之博士，前者掌禮制，後者掌訓教，不相隸屬，各有體制。唐、宋、元、明、清五代，皆相沿未革（見舊唐書職官志、新唐書百官志、宋史職官志、元史百官志、新元史百官志、明史職官志、及清史稿職官志。其中，以元制稍有變易，其「太常寺」改陞爲「太常禮儀院」，又並置「國子監」與「蒙古國子監」，名義上隸屬「集賢院」，實質上仍爲完整之構關，各置有國子學官「博士」，詳見新元史百官志）。而遼、金之制亦同（見遼史、金史百官志）。惟以各代設置博士之情況有殊，故所見之名號不一。其可得而言者，如隋、唐之太常寺屬官，除置有掌禮制之「太常博士」外，另於所屬之相關機關內，置有「醫博士」、「按摩博士」、「呪禁博士」等員（見隋書百官志下，及新唐書百官志），斯猶有「巫醫方技」之古博士遺風。而唐國子監之所屬博士，又定有八大名號，卽「國子博士」、「五經博士」、「太學博士」、「廣文館博士」、「四門館博士」、「律學博士」、「書學博士」，及「算學博士」。其一代文教之隆，可以想見。宋國子監於「元豐官制行」，特置有「武學博士」（見宋史職官志），自爲矯正當時柔弱之文風而設者。元又別置「蒙古國子監」，蒙古國子學官亦置有博士；而清又置有孔氏世襲之「太常博士」官，此皆各別具有其特殊意義。此外，隋之秘書省「太史」職事，「其曆天文漏刻視祲，各有博士及生員」；而內侍省（煬帝時改爲長秋監）之掖庭局，又置有「宮教博士」（見隋書百官志下）。唐之地方州縣官員，置有「經學博士」與「醫藥博士」（見舊唐書職官志）。遼之地方州縣學官，亦置有「博士」（見遼史百官志）。宋之宗正寺，特置有「宗學博士」（見宋史職官志）。明、清之翰林院，皆置有孔氏等世襲之「五經博士」（見明史、清史稿職官志）。凡此，又可見博士名號，係隨需要而設立，因所宜而定制，並不固限於「太常寺」與「國子監」兩機關，「常」中仍有其「變」。又今日學制之「博士」，與歷代官制之「博士」，不能混爲一談，今者純然代表學術意義，古者則介於學術與政治之間，兼具雙重意義，故名號雖同，而實質有殊。

（芮和蒸）

喀麥隆 (Federal Republic of Cameroon) 政黨

喀麥隆聯邦共和國 (Federal Republic of Cameroon) 成立於一九六一年十月，爲非洲的一黨國家之一。現在的執政黨稱之爲「喀麥隆國家聯盟」(Union National Camerounaise)，簡稱爲 UNC，成立於一九六六年。該黨係由原有東喀麥隆之喀麥隆國家聯盟（Cameroonian Union 簡稱 C U）及西喀麥隆之喀麥隆國家民主黨 (Kamerun National Democratic Party 簡稱K N D P)兩個主要政黨與西喀麥隆的國家秘會黨 (Kamerun National Convention Party)，喀麥隆第一黨(One-Kamerun Party)和其他諸小黨等併合而成。喀麥隆聯邦共和國原有兩大政黨，一爲聯邦總統阿瑪多艾傑 (Ahmadou Ahidjo) 所領導之喀麥隆國家聯盟，該聯盟爲一九六二年後東喀麥隆唯一的政黨。喀麥隆國家聯邦議會(National Federal Assembly) 中屬東喀麥隆的四十個議席，盡爲該黨所囊括。其一貫努力的目標爲消除種族的紛爭及完成國家的統一與建設。次爲聯邦副總統約翰洪夏 (John Ng Foncha) 所領導之西喀麥隆多數黨—喀麥隆國家民主黨。在國家聯邦議會分配給西喀麥隆的十個議席中，該黨經常擁有七、八席。其主要的目標是在發展經濟，促進農業生產及達成政治聯合。這兩個政黨於一九六六年合併後，其他各小黨的影響力頓失，故爲政治前途計，亦紛紛加入此一新成立的聯盟。卽或不然，亦遭政府所禁，如反對黨喀麥隆人民聯合　(Union des Peuples Camerounaises)卽在聯盟成立之同年遭禁。現在聯盟的領袖爲黨主席阿瑪多艾傑總統。副主席由副總統約翰洪夏及東喀麥隆區之內閣總理邱恩吉 (S.P. Tchoungi) 二人分任之。該黨的政綱，就大體而言，並不出昔日兩大黨努力的範圍。聯盟的領導人，咸認欲實現喀麥隆聯邦共和國內部之統一與建設

之理想，必先成立一個獨立統一的政黨，用以解決複雜的種族問題，否則，實難期其貫徹。（袁頌西）

喀爾文 (Calvin, John, 1509-1564)

喀爾文是法國人，出生於法國皮卡地(Picardy)省的努瓦庸(Noyon)，初於巴黎大學修法律，後習宗教，是熱情的基督教徒，因爲眼見當時教會十分腐敗，於二十歲時脫離天主教，毅然主張宗教改革，並從事實際改革活動。一五三六年，法王法蘭西斯一世(Francis I)雷厲推行肅清異教政策，喀爾文乃逃往瑞士日內瓦。瑞士原是最先響應路德(Martin Luther)所倡導的宗教革命的國家，以史文格利(Ulrich Zwingli)爲首領。史文格利要掃除教會一切陋規，以民主方式來支配政治和宗教事務，主張聖經具有最高權威。當時瑞士山區人民依然擁護羅馬教會，他便於一五三一年發動新教徒以武力控制山地五邦，不幸於戰火中死亡，新教運動跟着暫時停頓。喀爾文抵達瑞士時，當地正發生政治和宗教革命，要推翻舊教勢力。他乘機參加，於革命成功後被推舉爲教長，一五三八年，他被放逐，一五四一年又被召回，再任教長，直至逝世時止。

喀爾文任教長時，旣是宗教的最高領袖，又是國家的最高統治者，操宗教和政治大權，推行神權政治，嚴格管制人民生活，殘酷對待異教徒，例如他於一五五三年把西班牙宗教改革者塞維塔斯(Sevetus)處以焚刑。他抹殺民權，實行專制主義。

喀爾文的重要著作是基督教制度(The Institutes of the Christian Religion, 1536)。這書後來成爲喀爾文教徒的寶典。

喀爾文教現在仍以瑞士爲中心，分佈於蘇格蘭、荷蘭、波蘭、波希米亞(Bohemia)和美國的麻塞諸瑟(Massachusetts)州等地。其基本教義是：一、神擇人施救；二、神僅爲中選者籌劃贖罪；三、墮落者不可能有眞的宗教信仰，亦不能懺悔；四、神恩對中選者必有效；五、經再生改造的靈魂永不消失。此外，喀爾文認爲不能以個人爲主以解釋聖經；聖經中無明文規定的事，基督教徒不可以做。個人思想、意志、身體、生命、教會、國家，都受法律的限制。喀爾文教只有長老和牧師，沒有教皇或主教，表面上比其他教派民主化，較易感動厭惡專制的人民，有民主宗教的起碼形式。

喀爾文在政教關係方面，意見固自有矛盾，言行也不一致。他表示信仰不能強制，却實行道德上的強制。他說人民有絕對服從統治者的義務，統治者的權力是神所授與，不是由人民給予，世俗政府是人類得救的外在力量，可以安定社會、保障財產、培養人民的美德，有根絕偶像膜拜、褻瀆上帝、褻瀆神器、異端邪說等罪惡的責任，所以政府可以實施檢察制。統治者雖是暴君或是異教徒，人民也不得反抗，不得發動政治革命，因爲暴政是神對人民的處罰，處罰暴虐的統治者的權力，屬於上帝。人民的政治束縛和精神自由，不但不相互衝突，而且可以同時存在。精神上的政府是教會，爲神所設，與世俗政府並存，人民也應順從。教會可以對不信教者執行紀律處罰，只有教友得享受民權，驅逐出教者不准任公職。

喀爾文雖然不承認人民有直接反抗暴君的權利，却認爲君主有保護人民自由的責任。爲防止君主濫用職權起見，可以設置監督吏，以限制君主，以保護人民，於君主暴虐時從事反抗，因爲這種官吏也受神的命令，享有反抗權，但這是一種例外的反抗權。

史文格利主張教會和國家合併，教務和俗務不分，喀爾文則堅持教會和國家是兩個不同的社會，政治活動和宗教行爲大有區別，教會權應賦與元老團，限於從事宗教事務的管理，國家有合法的地位，也有神聖的性質，負責辦理公共事務，所以教會和政府必須分開，不可混合。但喀爾文在瑞士日內瓦實施的制度，是政教合一的教士極權制，是教士和士紳控制的貴族政體，和他的理論不一致。

喀爾文在理論上並不偏愛君主專制政體，因爲君主往往缺乏公道和謹愼；貴族民主政治(Aristocracy-democracy)是由一批人執政，他們可以相互幫助、教育和勸告，同時檢查約束任性的人員，大家有相互批評、貢獻意見的機會，所以喀爾文修改日內瓦憲法，規定四個主要行政官由小會議(Little Council)提名八人，讓公民從中選擧，小會議議員的遴選，須經二百人會議(Council of Two Hundred)同意，二百人會議則由小會議選擧。這制度有貴族政治的特性，兼有民主政治的意味。喀爾文於一五六〇年時，甚至說傳統的帝制和自由不相容，良好的政府應由人民選擧產生，選擧法官和行政官是神聖的事，不是徒具形式而已，應審愼進行。

喀爾文十分重視政府的穩定和社會的秩序，不願見到政府遭受反抗，其反抗政府的理論，本來沒有重大意義，但後來蘇格蘭的喀爾文教徒加以曲解，說反抗權不但屬於監督吏，而且屬於人民，法國的喀爾文教徒也如是說，於是反抗權逐漸演變爲人民固有的自然權利。這是喀爾文未預料的，也是他對後來的民主觀念的間接貢獻。（陳治世）

單一國 (Unitary State)

單一國與聯邦相對稱，這兩種國家的最主要區別是中央政府與地方政府權力的劃分權上，單一國的劃分權力歸於中央，換言之，單一國地方雖亦有一定權力，但這權力範圍的決定及變更操諸中央，毋需地方單位的同意。世界上絕大多數國家都是單一國，如中國、日本、英國、法國都是。（華力進）

單數選區 (Single-member District)

見「地域代表制」條中之單選舉區制。

幾內亞 (Republic of Guinea) 政黨

幾內亞共和國 (Republic of Guinea) 於一九五八年九月脫離法國獨立。該國政黨舉其要者有如下三者：

㈠非洲民主集團 (Rassemblement Democratique African)：該黨爲獨立前伍弗布尼 (Houphoet–Boigny) 所創，當時曾盛極一時而爲幾國第一大黨。非洲民主集團強調階級鬥爭，並以政治性手段組織民衆，企圖誘導無知民衆的騷動，爲一左傾的政治組織。在國會中並多方促使其與巴黎共產黨接觸。一九五一年後，原本隸屬於其下的幾內亞民主黨脫離該黨自立，而其黨又因內部意見分歧而分崩離析。原先包含於該黨內的各部族亦趁此恢復自由行動，所以該黨最後僅得留下孤零的核心組織而已。

㈡幾內亞人民聯盟 (Union des Populations Guinéennes)：幾內亞人民聯盟由原有的幾內亞非洲集團(Bloc African de Guinée)、非洲社會主義行動黨(Mouvement Socialiste African) 與非洲改造黨合併改組而成的。該黨原爲前述之非洲民主集團的反對黨，但於一九五八年十二月又併入下述之幾內亞民主黨。

㈢幾內亞民主黨 (Parti Democratique de Guinée)：該黨爲塞古杜瑞(Ahmed Sekou Touré)於一九四七年三月間所創。曾一度隸屬於非洲民主集團，而屈居爲地區黨部。在一九四六年非洲民主集團首次會議中，塞氏亦爲發起人之一，並任籌備中的幾內亞民主黨書記長。一九五一年塞氏領導幾內亞民主黨脫離非洲民主集團而獨立。一九五四年改組內部，實力更見強大。一九五五年後政府即以國事徵詢該黨意見。一九五七年該黨代非洲民主集團而取得政權。一九五八年底，幾內亞人民聯盟併入該黨，使其成爲幾內亞唯一名實相符的政黨。其政策是致力於種族與階級的平等。其支部有八千處之多，偏及全國各城鎮。一九六一年塞氏以百分之九十九點七壓倒性多數當選總統後，該黨即成該國最大衆化的組織。（袁頌西）

提名 (Nomination)

爲一項公職之選舉或任命，遴選一人爲其候選人，謂之提名。爲選民提名各種公職候選人以供其選擇，乃現代政黨在民主政治中一項重要功能。政黨此一制度之確立，其利甚多：⑴政黨爲謀其所提名之候選人能在選舉時獲勝，故對擬提人選之各種條件，已在黨內作過全盤考慮，其人選必較適當；⑵爲選民提供選擇對象，以免在林林總總之羣衆中暗地摸索，至屬切要；⑶政黨提名之候選人，實際上該黨已向選民訂立保證責任。即保證於其當選後隨時予以督導，並對其施政之得失負下責任。故政黨提名之候選人必較一般者爲可靠。惟政黨提名之辦法究以何者爲優？其制甚多，玆舉其要者如後：㈠昔日意大利法西斯黨之提名，係由各職業團體提出應選名額之加倍初步名單，然後由黨方依照應選名額核定正式候選人名單，交由選民投票，表示可否，可則當選，否則另由該黨提名，但以一次爲限。今日俄共之提名，即仿行此制，先由各種工會、俄共青年團、軍事單位、集體農場、合作社、文化團體、及其他爲俄共所承認之組織先行提出初步名單，然後由俄共核定。㈡美國政黨提名制度之演進，概括言之，乃由秘密會議制(caucus)進於代表大會制 (convention)，再由代表大會制進於直接初選制 (direct primary)，可謂由不民主發展爲民主。時至今日，秘密會議制已爲過時之物，有關總統與副總統候選人之提名，各黨均採全國代表大會制，其餘各種公職候選人之提名，多採直接初選制。亦有採用代表大會制與直接初選制之混合提名制者。而直接初選制又分開放式與關閉式兩種。㈢英國工黨與保守黨之提名公職候選人，地方黨部主其事者一爲選區工黨，一爲遴選委員會。所有候選人均由該等機構分別遴報公職等額之候選人，再由中樞正式核定。（謝子民）

提刑按察使

爲明代地方的監察機關，其機關正名爲「提刑按察使司」，主官稱按察使，置一人，正三品。屬官有副使，正四品，僉事無定員，正五品。按察使「掌一省刑名按劾之事，糾官邪，戢奸暴，平獄訟，雪寃抑，以振揚風紀，而澄清其吏治。」（明史職官志）（楊樹藩）

描寫陳述 (Descriptive Statement)

陳述 (statement) 乃是對一項事實、狀況、觀念或判斷等由語文所作之表示。其目的乃將抽象或具體之事物，藉語文加以傳達。一般言之，描寫陳述所表示之內容純係實際存在之事物，例如：

(一)美國是一個民主的國家。

(二)中華民國的憲法是五權憲法。

(三)某甲曾於某年某月某日搶刼銀行。

由此三項實例看來，描寫陳述僅在提供實際存在之資料與知識，而不在對某項事物之應否存在有所表示。

在政治學研究中，不可缺少者爲事實之敍述，例如學者欲研究美國之國會，就必須對國會制度、程序等做必要之描述，這一描述所應用之語文卽爲描寫陳述。基於這些事實之描述，學者方能利用各種標準批判其優劣，因之一項有價值的研究，必須對事實及價值判斷有着清楚之觀念，換言之，也卽對於描寫陳述與指示陳述 (normative statement) 不可予以混淆。（魏　泰）

參考文獻：

Ayer, A.J., Language, Truth and Logic, (New York, Dover), 1952.

Van Dyke, Vernon, Political Science: A Philosophical Analysis,(Stanford,Stanford University Press), 1960.

掣籤法

見「銓選」條。

掾吏

卽掾、掾史、掾佐、椽屬。請參閱佐史、胥吏、員吏。掾，古屬官之通稱。

說文「通訓定聲」：「本訓當爲佐理之誼，故从手。公府掾史也，亦佐理之一事。」

玉篇「掾」：「公府掾史也。」集韻「掾」：「一曰：官名。」

六書故：「掾乃屬官通稱。」

說文「掾」：「掾也。」段注：「漢官有掾屬，正曰掾，副曰屬。漢舊注：東西曹掾比四百石，餘掾比三百石，屬比二百石。」

漢書「蕭何傳」：「爲沛市吏掾。」

後漢書「馬援傳」：「此丞掾之任，何足相煩。」

掾常與吏、佐等字連用，義同，其常見者於左：

掾吏，後漢書「馬援傳」：「爲郡掾吏，守墳墓，鄉里稱善人。」

掾史，胥史之屬。史記「張湯傳」：「必引正監掾史賢者。」

漢書「丙吉傳」：「官屬掾史。」

後漢書「百官志」：「郡國皆置諸曹掾史。」

明代胥吏之一種，於五軍都督府、協理京營兵部、提督神機營總兵官、提督五軍營、提督神樞營、廣東等二十守備總兵官及南京內外二守備均設置之。

掾佐，屬官，隋書「百官志」：「縣自丞以下，逮于掾佐，亦皆以帛爲秩。」

掾屬，佐治之吏，正曰掾，副曰屬。

後漢書「童恢傳」：「及賜被劾當免，掾屬悉投刺去。」

阮籍「奏記詣蔣公牋」：「人人自以爲掾屬，辟書始下，下走爲首。」

通典「職官」：「漢有太尉，後改爲大司馬，綏和初，始置長史一人，掾屬二十四人。」

日知錄，政事「掾屬」：「古文范注王延壽桐柏廟碑，人名，謂掾屬，皆郡人，可考漢世用人之法。公考之漢碑皆然，不獨此廟，蓋其時惟守相命於朝廷，而自曹掾以下，無非本郡之人，故能知一方之人情，而爲之興利除害。其辟用之者，卽出於守相，而不似後代之官，一命以上皆由於吏部。」（繆全吉）

散官

閒散而無職事之官也，其制始於漢，其名始於隋，金，元以後亦稱階官爲散官。

通典、職官「文散官」：「開府儀同三司，隋文帝並以爲散官。大唐以開府儀同三司爲文散官。特進，隋文帝以爲散官，不理事，煬帝卽位，廢特進官，大唐爲文散官。光祿大夫以下，隋有光祿大夫，左右光祿大夫，皆爲散官，不理事；大唐初，猶有左右之名，貞觀以後，唯曰：光祿大夫、金紫光祿、銀光祿，並爲文散官。」

資治通鑑，「唐玄宗紀」，注曰：「散官無職事。」（繆全吉）

斯多意主義 (Stoicism)

此一學說爲希臘末年之思潮之一。承認整個宇宙由自然法支配，自然界之現象與人類行爲標準皆須符合自然法則。人生快樂在順應自然，故須抑制情感漠視物欲。此一學說並提倡世界主義，謂人人受自然法統治，故人人平等，國家不過爲偶然的制度，實則世界大同，人人應以世界公民爲最高理想，此一論點，學者認爲貢獻甚大，因其一反柏拉圖及亞里士多德之主張國家之絕對及對奴隸制度之辯護，提出世界大同人人平等之理想，並引起羅馬帝國之新理想。（張旭成）

斯多意派 (Stoics)

卽相信斯多意主義者。首創此說者爲齊諾 (Zeno)，因曾在雅典市場的廻廊 (Stoa) 講學，故被稱爲 Stoics。其後接受並發揚該學說者有 Seneca（羅馬思想家），Epictetus（出身奴隸）、Marcus Aurelius（羅馬之一皇帝），及保羅 (Paul) 諸人。又 Stoics 一詞在日常用語中常指能抑制情感慾望，能忍受痛苦的人。（張旭成）

斯賓塞 (Spencer, Herbert, 1820-1903)

英國人，國家有機體論者，繼孔德 (Auguste Comte) 之後，成爲十九世紀中葉的一位大師。

斯賓塞一面吸取功利主義的最大幸福原則，一面運用生物學的法則和觀念，把社會看作一個有機體（按斯賓塞籠統地將社會與國家一體看待），與血肉之軀無分軒輊，社會的工業組織，相當於人體的吸收和消化部門；社會的商業組織，相當於人體的循環系統；社會的政治組織，相當於人體的動力器官；而政治社會的立法機構，相當於人體的大腦。

斯賓塞認爲政治組織的職能，乃是外禦侵略內息紛爭，但不可干犯人民的權利與自由。如果國家恣意擴充其權威，則違背社會自然進化的原則，也就斲喪了社會的生機。所以政府的意旨，應只限於保障個人的生命、財產，並爲其謀求幸福。

斯賓塞綜合密勒和邊沁的學說，引伸而爲放任的政治觀念。指摘保育政府的流弊—國家的法律，始意欲減少社會痛苦，結果是增加了社會的痛苦；始意欲減少社會的罪惡，結果是增加了社會的罪惡！其遺害於社會者，不可勝言。斯賓塞根據社會進化的法則，斷言政府將逐漸消逝，而代之以分權化的地方代議制度。（謝延庚）

斯賓諾莎 (Spinoza, Benedict, 1632-1677)

是生於荷蘭的猶太人，乃十七世紀中卓然獨立的哲學家。

斯賓諾莎的政治思想，大抵可自其哲學中尋繹脈絡。他在「政治論」(Tractatus Politicus) 中揭示其基本態度，略謂人間百態乃人類之自然屬性，猶如天氣之有冷暖、雷電、風雨，無所謂是非善惡，故倫理學家與政治學家，對人類行爲切忌以喜笑怒罵的好惡之情，任意褒貶，只須冷眼旁觀，察其底蘊。並謂宇宙萬物皆有自然權利，卽利用本身力量以求自保與自適之權利，故氏謂宇宙間大噬小，強凌弱的現象，皆不悖自然，循此推論，乃抱持「強權卽公理」之說。

斯賓諾莎在思想上雖有與霍布士 (Thomas Hobbes) 頗多近似之處，但仍有其特殊風格。氏以爲國家之肇造，係基於人民求存求榮的動機，而不是由於恐懼，亦無從憑藉契約之維繫。氏且強調主權 (sovereignty) 屬於國家，而不在統治者個人；國家權威應有其限度，卽個人應保有相當的自由，論者或謂此一觀念，曾使洛克 (Locke) 承受影響。抑有進者，斯賓諾莎於論及國家之民意基礎時，並有「共同理性」(common reason) 或「衆意」(general will) 之說，後來盧梭 (Rousseau) 的「全意志」(general mind) 理論，似卽脫胎於此一觀念。

斯賓諾莎的思想，光芒逼人，惟因態度與文詞冷峻不羣，其生前固不見容於俗尚，其死後百年，仍不免遭人誤解，至十九世紀之初，始經德國浪漫主義派之頌揚而漸露其光輝。（謝延庚）

智利 (Chile) 政黨

一八二三年創立早期政黨，乃貴族向君主爭權之局。一八九一至一九二五年為巴利門共和時期。惟時至一九二〇年總統權力衰退，各種政黨因而產生。每屆大選必分為左右兩翼政黨之聯盟，一九二〇年之總統選舉，由急進與民主兩黨所支持之阿烈辛追 (A. Alessandri) 當選。此後之權力集團乃由保守、國民、自由與民主等四個政黨所構成，而急進黨人於一九三二至三八年阿氏第二任總統時則成為反對黨。一九三八年之選舉，中間及左傾各種政黨組成大衆聯合陣線支持阿奎尼 (Aguirne) 當選總統，惟國會兩院均敗於右傾集團。大衆陣線雖於一九四一年解體，然此後十餘年之政治乃中間與左派勢力縱橫捭闔於其中。一九五八年總統選舉始由保守與自由兩黨合力所支持之裔治阿烈辛追 (J. Alessandri)當選，一九六四年選舉當選總統者為基督教民主黨久佛淵(Frei)。

㈠基督教民主黨：曾致力各種社會改革，黨員乃來自天主教會有關之各種團體。主席白屆學 (Patricio)。

㈡急進黨：乃一中間偏左政黨，一八六一年由中層社會不滿現實之自由主義者所組成，基礎頗廣。其時主張：改革憲政；教育國家化；行政分權化；人民有參政自由。一九五八年選舉該黨左翼被推翻，右翼佔優勢。主席休姆柏托 (Humberto)。

㈢保守黨與自由黨：均成立於一八二三年，為右傾集團。前者為地主與教會之保護人，支持中央集權；後者雖不代表特殊立場，但為葡萄大王、硝酸與一般實業巨子之衛護人，要求眞正自由民主之共和。一九六〇年裔治之政府係由兩黨及急進黨人士所組成。

㈣國民黨：為高級官員之大本營，其黨員均與民營銀行及富商有關。一九五八年與地權平均勞工黨聯合組成國民大衆黨 (NPP)。

㈤社會主義黨：一九三三年成立，因個人野心超乎黨之利益，以及共產黨之競爭，於一九五二年以前即告瓦解，一九五七年社會主義者之兩派與左翼各黨組成大衆行動陣線，乃馬克斯主義之團體。秘書長阿尼斯托。

㈥共產黨：因「民主政治永久保衛法」之廢除，乃成為合法政黨，支持傳統共產主義，參加一九五八及六四年之總統選舉。秘書長柯偉倫 (Corvalan)。（談子民）

普及選權 (Universal Suffrage)

選舉權的取得不受財產、種族、性別、及教育等條件限制者，稱為普及選舉。在選舉權的發展史上，首先採取普及選舉的是法國。一七九三年雅各賓憲法已有打破選舉權限制的創議，一八四八年正式採行普及選舉之制，規定凡國民年滿二十一歲以上，連續居住同一區域六個月者，就有選舉權。自此，歐陸各國乃相繼仿效法國制度，皆以廢除納稅條件為擴大選權的基礎。英國在十九世紀以前，因財產權之限制，合格的選民極少，後經一八三二年、一八六七年及一八八四年三次大改革之後，選舉權大為普及；及至一九一八年選舉法 (The Representation of the People Act)和一九二八年選舉法(The Equal Franchise Act)t)先後實施，普及選舉運動遂告完成。美國在一八〇〇年之前，各州選舉法中，尚或有限制選權的種種條件，一八八八年之後，在實質上，美國已是實行普及選舉的國家。

當今之世，由於民主思想的流行，普及選舉已成為世界潮流。（謝延庚）

普魯東 (Proudhon, Pierre Joseph, 1809-1865)

法國無政府主義者，生於 Besancon ，與傅里葉(Fourier)、剛錫大浪(Considerand)、卡柏特(Cabet)等同為十九世紀上期主張社會改革之知名人物。

在他前後的社會主義者多數出身富裕之家，以悲憫為懷，為同情勞動階級而要求有所改革，只有極少數是貧苦出身，普魯東是其中之一。他的父親是一誠實商人，經營失敗，饔飧不繼。賴為印刷店作校對，求取知識，兼營生活。二十九歲考得初級學位，獎給助學金再事深造。稍後在里昂一小的輪船公司任職，派往巴黎，得與當時許多自由主義者，後來成為共產主義者的激烈份子，社會主義者，和自德國逃亡份子接觸，從後者他得到研究康德和黑格爾哲學的機會。

一八四〇他發表「財產是什麼？」(What is property?)充分表示他對無政府主義

的傾向。他强調社會是自然的有機體。人是社會動物，凡是憑藉權力形成的法律和制度，其本身卽屬罪惡，因此他把經濟組織看作是人對人的剝削。由此他得到結論，財產是偷來的東西("Property is theft")。他雖未明白主張使用革命的暴力，但廢除國家，消滅現行的經濟組織，均非使用武力，不易達成。在他前後發表過的許多著作，曾提出不少方案，主張由生活和職業相近的人組織會社或團體，以互助方式營共同生活；以分權主義防範管事人的專斷；聯合會社或團體以代替國家的政治單位。

他雖屬社會主義一流，但和許多社會主義者不同。第一，他對舊的家庭觀念具有好感，不附和自由戀愛和普通法的婚姻主張，他認爲女子的天職仍在把家事做好，生育子女。第二是他的思想具有西歐的古典意味，深受聖經，古代經籍和十七十八世紀主要著作的影響。與其說是代表勞工，毋寧說是典型的法蘭西藝人，小資產階級。

在一八四八的革命普魯東扮演的只是一個外圍的角色。他也當選過代表巴黎賽因區的國會議員，和當時的有名人物 Thiers,Victor Hugo, Louis-Napoleon Bonaparte 等並肩馳逐。也因言論激烈，吃上官司，被判監禁。他的夫人是巴黎的一個女工，大部分的生活是在艱苦中度過。一八六五年病死，也是因爲勞累過度的結果。（羅時實）

朝覲

諸侯謁見天子，春曰朝，秋曰覲，連稱爲朝覲。周禮、春官「大宗伯」：「春見曰朝，夏見曰宗，秋見曰覲，冬見曰遇。」

又秋官「大司寇」：「朝覲會同。」

禮「樂記」：「朝覲，然後諸侯知所以臣。」

孟子「萬章上」：「堯崩，三年喪畢，舜避堯之子於南河之南，天下諸侯朝覲者，不之堯之子而之舜。」

大戴禮「主言」：「蠻夷諸夏，雖衣冠不同，言語不合，莫不來至，朝覲於王。」

史記「貨殖傳」：「朝覲聘享出其中。」

漢書「禮樂志」：「制朝覲之禮。」（繆全吉）

集產主義 (Collectivism)

集產主義是國家社會主義的一種，承認國家和政府有繼續存在的必要，要以國家的力量控制社會生產，來達到社會主義的目標。英國費邊社(The Fabian Society)所倡導的社會主義，可以說是集產主義。

費邊社的重要人物如魏柏 (Sidney Webb)、奧里維 (Sidney Olivier) 和蕭伯納 (George Bernard Shaw) 等，認爲社會主義是民主理想的經濟部分，是理性化的個人主義，可以使社會安定，促進社會安全，也可以幫助人格和個性的發展，如無社會安全，自由便無可能。他們視社會爲有機體，私產制度爲不平等的根源，個人不能單憑自己力量求得利益，必須與人合作才可以生財，因爲社會的需要，因爲社會對每一事物都有價值，所以人不能脫離社會去創造價值。私產制度造成貧富懸殊、階級對立的現象。

因此，他們主張廢除租金制度和私有財產制度，把土地和資本收歸國有，由社會佔有生產工具，管理生產，控制生產和分配，管理各種公共事業如鐵路、礦山、運河等，防止少數人壟斷，使生產工具和公共事業爲人民全體而發揮功能。

至於實際管理生產工具和公共事業的任務，應由政府的專門人才負擔。人民支配自己的政府，並經由政府以支配一切主要的生產工具；人民要支配政府，就須有代表機關來表示社會公意，使政府依照社會意志爲社會全體謀福利。用這種暫進的民主的方式，達到社會主義的最後目標，社會必有圓滿的發展，個人必得到最自由最充分的享受。（陳治世）

集會自由 (Freedom of Meeting)

人類生活隨文化進展的程度而日益擴大其團體生活的範疇。近世文明國民，不僅重視其個人生活，亦珍重其團體生活。團體生活方式有二：一爲集會，一爲結社。集會爲人民暫時的團體生活，結社乃爲人民恒久的團體生活。團體生活已與個人生活有同等價值，所以各國憲法亦如同保障個人生活而保障人民的團體生活，這就是集會自由和結社自由的由來。

集會自由 (freedom of meeting) 是指多數人民集合一處，以發展演說或討論問題的一種自由權。這一觀念係導源於歐陸，所以往昔法義比諸國憲法都有關於集會自由的規定；但在英國法律上則並沒有所謂集會的自由，也沒有管理集會自由的法制。英國人認集會自由不啻爲人身自由與言論自由的結合。因已承認人身自由則人人均有趨止於某一公共地方的權利；已承認言論自由，則羣集一處的人民，自有發表言論的權利，已可羣集，又可發言，即為集會自由的實質了。所以在英國沒有集會自由的名詞，亦沒有規定集會的法律，有之，則無非係暴動法律（The Riot Act）的運用罷了。這不過稱謂上名義的不同，並不是說英國即不承認人民有集會的權利，英國人民之集會較之歐陸各國尤為自由，所以我們不可以詞害意。至就各國的集會管理制度說，有採追懲制的，有採預防制的。英美兩國採用追懲制，而歐陸各國仍多採用預防制。在採用預防制的國家中，又多將集會分為屋內集會與露天集會兩種：前者用追懲制，後者乃用預防制。例如比利時憲法第十九條規定：「比國人民有和平集會之權……行使此項權利時，無須預得官署許可」。但同條第二項却規定：「本條不適用於露天集會，該項集會應絕對遵守警察法規」。南斯拉夫憲法第十四條明定：「國民有集會之權，露天集會須於二十四小時內以前，呈報官署」。德國韋瑪憲法亦規定：「德國人民不必報告官署及得特別許可，有和平及無武器集會之權。露天集會，依據聯邦法律有報告官署之義務，其有直接危害公安者，得禁止之」。總觀上述諸例，可知在採用預防制的國家，對屋內集會係採追懲制，惟對露天集會才用預防制。不管各國對於集會管理的制度怎樣，但集會自由的原則是各國所承認的。我國憲法第十四條的規定，即為承認集會自由的明白表示。不但如此，而且在刑法中復予以具體的保障，刑法第一百五十二條規定：「以強暴脅迫或詐術，阻止或擾亂合法之集會者，處二年以下有期徒刑」，這就是為保障集會自由而設置的刑罰。但我們要注意，集會固應自由，而這一自由權的行使，也有一定的限度，易言之，集會自由亦有限制的，茲且舉例言之：㈠集會不得有強暴脅迫的意圖或行為，否則，即為觸犯刑法，我國刑法一百四十九條明定：「公然聚衆，意圖為強暴脅迫，已受該管公務員解散命令三次以上，而不解散者，在場助勢之人，處六月以下有期徒刑，拘役或三百元以下罰金，首謀及下手實施強暴脅迫者，處六月以上五年以下有期徒刑」。㈡集會不得携帶武器，德國威瑪憲法所謂人民有和平及無武器集會之自由，最足表徵這一意義。㈢人民集會不得有擾亂治安的行為，如有擾亂治安情事，則行政官署本於維持治安的必要，自得解散此項集會。㈣在交通要衝地帶集會，警察機關得限制或禁止之；在露天集會時，應予警察列席，以便相機維持秩序。㈤在戒嚴地域內，戒嚴司令官得禁止人民集會，此在我國戒嚴法第十二條中，已有明確的規定。㈥在傳染病流行地區中，衛生主管機關得限制人民集會，所以我國傳染病防治條例第二十七條明定：「傳染病流行時，衛生主管機關，得限制或禁止集會演劇及其團體活動……」。此外，軍人參加集會是有特別限制的，我國兵役法第三十一條規定凡應徵應召者未得長官之許可，不得參加任何集會。陸海空軍刑法第一百二十條規定：軍人違背職守而秘密集會者，處五年以下有期徒刑，這些都是對於軍人特加的限制。（羅志淵）

集團投票 (Bloc Voting)

選民投票時，某一階級、種族或利益集團中出現相當多數作同樣投票時即稱為集團投票。當數候選人其他條件一切相同時，工會會員投工會領袖候選人，農會會員投農會領袖候選人，天主教徒投天主教候選人，基督教徒投基督教候選人，乃一普遍現象。但選舉時各候選人罕有一切條件均相等的可能，而選民又往往同時隸屬於幾種不同集團，所以通常不致於某一集團選民完全投某一候選人的票，只可能有某一數量的人投與本集團有特殊關係的候選人的票，當此數字達到相當數額時，即稱為集團投票。所以在投票行為研究上有所謂農人票、工人票、猶太人票、浸信派票等等。民主國家可以有不同情形，不同程度的集團投票現象，但一個國家如出現極端的集團投票現象時，即無論何種選舉，全國選民完全各依其集團認同投票時，則投票即失去意義，只需計算各集團人數即可，同時民主政治亦因此失去意義。（華力進）

集體安全 (Collective Security)

集體安全是現今國際社會中維持世界和平的一種制度。在這制度之下，各國相互保證，尊重彼此的政治獨立和領土完整，並且事前承諾，遇有破壞和平，發生侵略事件時，各國將一致採取集體行動，維持和平，制止侵略。這制度建立在一個重要的假定之上，即一國或少數幾國的力量，不能亦不敢與全世界為敵。這制度的重要武器是制裁，包括外交、經濟和軍事制裁在內。第一次世界大戰後，國際聯盟採取集體安全制度（參看盟約第十條和第十一條），但因盟約條文的疏忽漏洞和含義不清，而且國際聯盟缺乏執行制裁的中心機構，以致無法制止日本、德國和義大利的侵略行為，釀成第二次世界大戰。現在聯合國也採取了集體安全制度（參看聯合國憲章第七章各條），比較國際聯盟，已有若干改進，而且在一九五〇年北韓侵略南韓時，聯合國採取警察行動，制止了北韓的侵略。但是負責維持國際和平的聯合國安全理事會，因爲中、美、英、法、蘇五常任理事國有否決權，往往被否決權所阻撓，不能發揮作用。聯合國大會有鑒於此，於一九五〇年通過著名的「爲和平而聯合決議案」(Uniting for Peace Resolution)，規定若安全理事會爲否決權所阻，聯合國大會可以通過決議案，建議各會員國採取集體行動，維持國際和平。(陳世材)

參考文獻：

Finkelstein, M.S. and Finkelstein, L.S. (ed.), Collective Security (San Francisco, 1966)

Claude, Jr., I.L., Swords into Plowshares, 3rd ed., (New York, 1964)

欽定憲法 (Octroyed Constitution)

以制定憲法的權源或制憲機關爲觀點，則憲法可分爲欽定憲法、協定憲法、民定憲法三種。欽定憲法係由君主本其君權自行決定一部憲法而頒布全國施行。例如一八一四年路易十八頒布的憲法，一八一五年以後日耳曼各邦開明君主頒布的憲法，義大利一八四八年亞爾培特頒布的憲法，日本明治天皇頒布的憲法，中國清末宣統三年的十九信條，都是欽定憲法的顯例。協定憲法係由君民雙方各本其實際上相當的權力，進行協商以制定憲法而公布施行之。英國一二一五年的大憲章，法國一八三〇年的憲法，普魯士一八四九年的憲法，均可視爲協定憲法之例。民定憲法係依據國民主權的觀念，以民權的作用，由人民制定的憲法。惟所謂民定，除美國開國前的五月花公約 (Mayflower Compact) 係由人民自行制定外，大都係由公民推選代表組織制憲會議以制定憲法，制定後交由地方憲法會議，或交由公民票決批准之；又或由民選的國會，或國會兩院議員構成的憲法會議，或民選的立法機關制定憲法，制定後或即公布施行，或須經人民或另一民意機關複決批准後施行。從現代憲政的趨勢說，君主制度日趨沒落，絕對君權已屬少見，故欽定憲法只成爲學術上的名詞，難有實際的表現。協定憲法本爲君權民權交爭之下過渡期間的現象，現以君權日衰，民權日興，故協定憲法亦日益少見。是以在民權澎湃的現代，只有民定憲法有如旭日之東昇。(羅志淵)

殖民主義 (Colonialism)

殖民主義普通是指强國用武裝力量或誘騙手段，使弱小國家屈服且接受其壓制剝削的條件，或使未開化或半開化地區接受其統治，以達其政治控制或經濟搾取的目的，造成其本國人民從事各種經營的機會。殖民國家推行這種政策時，或採重商主義，偏重於本國經濟的發展，或消滅受統治地區的土著，由本國移民去佔取一切，或施行同化政策，使當地居民和其本國人民同化。

亞歷山大大帝 (Alexander the Great) 和成吉斯汗，征服許多國家，佔領遼濶地區，但不能推行殖民主義，拿破崙一世有同樣的武功，但其殖民政策却無多大成果，因爲殖民政策的成功，固然首先要有雄厚的武力，還需有充足的海上運輸工具和製造產品的機器和技術，否則征服者在佔領外國領土後，儘管有盡力掠取物資的慾望，亦無法搬運回國，搬運回國後亦無法大量利用以製成商品，有了商品也不能運往海外銷售謀利，工業革命逐漸見效，蒸汽機、火車、輪船、紡紗機、織布機，工廠式生產等陸續使用後，殖民國家才能夠從殖民政策中獲得重大利益，所以殖民主義雖然不在工業革命盛行後才開始，却於工業革命後才廣受重視，西班牙、葡萄牙等國雖然是殖民主義者的先鋒，但因爲工業革命起自英國，英國人民和政府善於利用本身條件，在拓展殖民地的競爭中反而後來居上。

殖民主義並不以移民爲主要目標，祇以佔領外國土地、奪取廉價原料、霸佔國外市場爲原則，例如頭號殖民主義者英國，其在十八十九世紀時的人口並不過剩，常有勞工不足的情形，但它不停地利用尖叉利礮，征服海外的文物落後的地區和國家，以達到其殖民主義的目標。侵佔外國領土是帝國主義的特徵之一，也是殖民主義推行的第一步驟，所以可以說殖民主義孕育帝國主義，帝國主義培養殖民主義，兩者的關係是非常密切的。

歐美列强實行殖民主義的結果，難免發生彼此相爭的情形，捷足者力大者多得地方，起步較晚和國力較小者的份數必然較少。第一次世界大戰前夕，幾乎沒有任何地區可由列强朋分了。列强間爭取殖民地的衝突便愈見嚴重，再加上其他原因，竟導致了第一次世界大戰。大戰結束前，南非聯邦總理史末茲(Smuts)元帥倡議戰後由國際組織管理戰敗國的屬地。國際聯盟 (The League of Nations) 成立後，設委任統治委員會，以管理德國和土耳其的殖民地。聯合國因襲委任統治制，置託管理事會，以管理原來的委任統治地、自第二次世界大戰戰敗國割離的領土、以及任何國家交付託管的領土，由於民族主義和反殖民主義思想的盛行，又有聯合國不斷的努力，自一九四五年以來，尤其是一九六〇年以後，託管制度下的領土和各殖民國家的海外屬地，或紛紛獲得獨立國地位，或表示願和鄰國合作，非自治領土已不太多了。現在的非自治領土中面積較大的有東北新幾內亞（New Guinea，澳大利亞管理）、琉球羣島（美國管理）、西南非洲（南非共和國管理）、安哥拉（葡屬 Angola）、莫三比格（葡屬 Mozambique）、撒哈拉（西班牙屬 Sahara）、英國的宏都拉斯 (Honduras)、維京群島 (The Virgin Islands)、霍克蘭羣島 (Falkland Islands)、香港等地，它們的最後地位如何，現在仍未決定。至於其他地方如美國管理的馬歇爾群島 (The Marshall Islands)、卡羅林羣島 (The Caroline Islands) 等，因爲人口甚少、面積過小、資源十分缺乏、距離世界上任一文物中心又很遠，要自行獨立固不適宜，和鄰國合併也非良策，究竟它們最後應有何種地位，確是大難題。總之，今天的殖民地面積已不廣大，殖民主義雖未完全被清除，却顯然正式沒落了。

關於殖民主義的功過問題，還難蓋棺論定。殖民國家强調自己有功，說曾經挑了白人的負擔 (The Whitemen's burden)，培植了有色人種的地區，傳播了優良的文化，使世界各地方進步；痛恨殖民主義者却指責殖民主義罪大惡極，說它會使無數人民受辱，遭受剝削，淪爲白人的奴隸，它傷害了許多民族的尊嚴，延遲了不少地區的進步，造成了國際間連年的衝突，甚至曾經導致戰爭。

世事似多不幸，舊式殖民主義沒落，却有新式殖民主義繼起。第二次世界大戰結束後，蘇聯實行新式殖民主義，控制着東德、波蘭、捷克、匈牙利、羅馬尼亞、保加利亞、外蒙古、北韓等等，奪去它們的人民自由，壓制人民的思想，蘇聯的方式比舊式殖民國家的巧妙，手段也更加毒辣。殖民主義無論新舊，都不合時代潮流，舊的既已沒落，新的當然亦難久存。（陳治世）

無政府主義 (Anarchism)

「無政府主義」，據沙基 (Oscar Jaszi) 在「社會科學百科全書」所下的定義：「無政府主義乃指一種以完全廢除國家（或減少其活動至最少限度），而代以個人、團體、宗教、民族間完全自由、自動的合作，以建立一切人類關係中的正義（亦即平等與互惠）的企圖的學說」。（第二冊）蓋無政府主義者，均認爲：國家與政府爲一種剝削與壓迫的工具，對於社會與經濟的狀況，毫無助益，反爲一切禍害之源，故主張廢止政府與國家；而由於人性本善，故可以在無政府狀態中互助合作。

現代無政府主義的創始人，通常多認爲係法國的普魯東氏 (Pierre Joseph Proudhon 1809-65)，亦有認爲英人哥德溫氏 (W. Godwin) 者。而其淵源，更可遠溯至希臘時代的苦行學派 (Stores) 及伊璧鳩魯學派 (Epicureans) 的理論。我國古代的老、莊哲學思想，亦與此相通。其現代主要的人物，爲帝俄時代的巴枯寧 (Michael Bakunin,1814-78)、克魯泡特金 (Peter Kropotkin, 1842-1921) 及托爾斯泰 (Leo Tolstoy) 數人。

普魯東於一八四〇年著有「財產是什麼」(Qu est-ce gue la propriéts) 一書，謂財產都是盜竊而來，根本不應存在，而爲一「共產主義的無政府主義」。但到一八四六年，又寫「貧困的哲學」(Systéme de la Contradictions Économiques, on Philosophie de la Misére)，主張發行「勞動券」，成立合作銀行，而不必廢止一切私有財產，則已非共產主義的無政府主義者。故馬克斯反對普魯東的理論，「第一國際」開除了普氏。

至於巴枯寧與克魯泡特金二人，均主張採用有組織的革命的暴力，而反對個人的暗殺行動。但二人又均不贊成馬克思主義者的集權的中央控制辦法，而信人性的互助。巴氏的主要著作，爲「上帝與國家」(God and the State)。氏認二者皆爲奴役人類自由意志的制度，故階級必須廢止，而使人類從一切奴役人類的制度，如：婚姻、教會及國家中解放出來。克氏的名著「互助論」(Mutual Aid, A Factor in Evolution)，則係從生物學的觀點，從較簡單的動物生活中的合羣互助，以至人類複雜關係，均莫不係互助以求生存；故反對虛僞的所謂「社會達爾文主義」(Social Darwinism)，以其實有背達爾文進化論的本義。惟克氏的無政府主義的社會構想，係生產財與消費財均屬公有。而巴氏的新社會，則消費財不妨私有。

托爾斯泰的無政府主義主張，則係反對暴力而爲基於基督福音，採用和平方法以反對國家與私有財產的「基督教無政府主義」(Christian Anarchism)。其說，散見氏著小說「戰爭與和平」(War and Peace)、安娜．卡涅妮娜 (Anna Karenina) 及「復活」(Resurrection) 等書中。

綜括言之，無政府主義的共同特徵，均有三端：(1)極端的個人主義，(2)反集權的社會主義，(3)暴力主義（惟托爾斯泰爲例外）。（並參看「社會主義」、「共產主義」及「虛無主義」等條）（涂懷瑩）

無政府狀態 (Anarchy)

見「無政府主義」條。

無限制的多數統治或表決 (Unlimited Majority Rule)

所謂無限制多數統治或表決卽以多數人之意志爲依歸，其決定不管合理與否，少數人皆須無條件接受。請參閱「有限的多數統治或表決」條。（張旭成）

無產階級 (Proletariat)

係由拉丁文(Proletarius)轉來，其原始意義係古代羅馬一種貧窮沒有土地的自由人，包括技工小販，爲羅馬公民中之最低階層。就字面意義說爲「生育兒女的人」(proles)，其他位之被承認似始於 Servius Tullius。這種人的生活雖苦，但因其爲自由人，具有羅馬公民的權利，在幾次貴族與富有的平民權力鬥爭中，此種人常爲雙方所欲爭取，故亦甚爲重要。因羅馬時代的生產工作都是由奴隸爲之，此種人在經濟上只是一種寄生的生活。有時饑餓無以生存，只有仰賴國家賑濟，勉維生活。

無產階級之現代意義和共產主義有其不可分解的關係。依照馬克斯的說法，此一名詞之嚴格意義，專指從事工業生產的工資工人，其主要之收入來源爲在市場出賣自己的勞力。因在資本主義社會，工資和就業有其週期性的變動，致使無產階級的生活經常陷於貧困狀態。但他又和窮人、勞工階級和無業游民有所不同。無產階級也有精細熟練的技工，所謂工人中的貴族，其生活並不窮困，企業家也不是盡人皆富。雖然在宣傳文字上都說是無產階級，無產階級和勞工階級並非一個屬類。前者專指從事工業生產者，後者則包括一切靠工資薪水資生的農業工人，白領工作者，有事時雇用幫工等等，在財富分配中屬於工資項目的人。無業游民則指染有惡習，品行不端，邊際和不易找到工作的工人，包括流氓地痞乞丐罪犯在內。

這種意義的無產階級，從歷史上看可以說是近代的產物，是跟着現代資本主義的發展以俱來的。至其產生的原因主要是由於圈地之故，而使小農被迫出售土地，或因破產之故，只好進入都市以出售其勞力。故無產階級純是一種都市現象，因工業革命而大量增加的。在助成無產階級人數擴展的許多因素中，如中世紀行會組織之解體，寺院的分離，農奴的解放，以及人口增加超過各行業需要的人數等等，因各地情形不同，其發展經過在歐洲各國亦不盡相同。

依照馬克斯的分析，無產階級之成爲一個確定的階級，是因有有產階級的存在。假如沒有有產階級，或由其他社會階級控制生產，沒有自由市場，也就不會有無產階級。此一結論和資本主義社會中必然會產生如兩極對立的階級社會，經過二十世紀在德國、蘇俄，和美國發展的經驗，發現其中仍大有問題。其另一預言認爲無產階級將佔社會人口之壓倒多數，證以生產機械化與合理化加強之後，非熟練工人與體力勞動已在相對地減少，從事管理職務與分配服務的人數大量增加，也和他所指陳完全相反。

無產階級之社會心理概念，在馬克斯的共產主義理論中亦佔有甚爲重要的地位。從勞苦工作和爲改善生活與增加工資之鬥爭得到的教訓，工人們會逐漸感到僱主資本家是和他們敵對的另一階級。爲對付此一敵對階級，他們第一步會在現社會中組織如工會一類的工人團體，作爲自衞工具。第二步是接受共產主義，了解他們不能在商品生產的社會中繼續改善他們的生活，因爲無法避免失業和經濟恐慌與戰爭的威脅，便無法獲得穩定的物質生活。第三步是由他們組織政黨，不是爲了改善個人的生活，而是改造整個社會，不只是消除了現有的剝削階級，連無產階級也沒有了。

爲了無產階級需有一個共同信仰和目的之意識形態，馬克斯乃更進一步要把不同種族，宗教，和國籍的無產階級聯合起來以加强他們的團結，爲共同的經濟利益而凝成一體。在聯合不同宗教與種族上，馬克斯曾有相當成就，要使階級利益超越國家利益，經過兩次世界大戰結果，證明完全失敗。各國的無產階級照樣是和他們的布爾喬亞並肩作戰。

自經兩次世界大戰，知識分子與具有眼光之社會領袖同情無產階級運動者逐日加多，這些人本身都不是無產階級。爲了正義與公平分配的社會，經過數十年之多方奮鬥遂使這一世紀的後半期無論在內容與外表上，整個社會都有急劇的改變。因此使人想到：第一，假如無產階級運動是由無產階級本身擔任，其成就可能仍在工會運動的階段。第二是多數人同情和參加的結果，把無產階級的意義擴大了，從一個狹義的經濟階級，伸延到整個社會成爲增進社會福利的運動。

爲無產階級一詞帶來惡感的是「無產階級專政」(dictatorship of proletariat)。馬克斯的原意是在由資本主義到社會主義中間的過渡時期，由無產階級選舉代表組成的統治機構。專政的目的是使用政治權力消除產生利潤和地租的生產的社會關係。馬克斯以爲無產階級將在全人口中佔壓倒多數，和布爾喬亞成爲南北極的對立，因此無產階級的專政亦可說是工人民主政治的一種形式，既不是少數人的專政，也不是共產黨的專政，更不是共產黨統治無產階級的專政。「共產主義者宣言」是如是說法，恩格斯在評論巴黎公社時也會表示相同意見。

等到一九一七的十月革命，無產階級專政的意義變了。列寧、托洛斯基和史大林都曾公開表示，這主要就是一個由少數人組成的共產黨的專政。不管他們本身是否無產階級，做了共產黨員就是無產階級的前鋒，他們的言語動作都是爲了無產階級的利益，最後也就是爲了全體工人的利益。因爲沒有人有權可以反對共產黨，因此工人只能接受統治，沒有權能夠反對他們。因爲無產階級專政的意義變了，儘管蘇俄自稱他們是沒有任何階級的社會主義的社會，可是他們的無產階級專政照樣繼續下去，一去就是五十幾年。處此情況，無產階級專政乃變成一空洞名詞，專政的是他們，接受專政的也是他們。(羅時實)

參考文獻：

馬克斯與恩格斯聯合執筆的，「共產主義者宣言」。馬克斯著「資本論」上冊。列寧著：「國家與革命」。史大林著：「列寧主義要義」。

無產階級專政

見「無產階級」條。

無組織的觀察 (Unstructured Observation)

見「有組織的與無組織的觀察」條。

黑馬候選人 (Dark Horse Candidate)

黑馬候選人係指美國在兩黨全國代表大會前夕出現而未爲公衆知悉的候選人。事實上這種候選人並非未爲黨內人士認眞地考慮過，祇是他們贏取提名的機會較少而已。但是他們及其助選人在全代會舉行以前早就在默默地從事競選提名的活動了。惟這類候選人是否能夠在黨內脫穎而出，主要還是要看黨內主要候選人之間是否勢均力敵而產生僵局而定。在美國歷史上稱之爲「黑馬」的總統候選人者有波爾克(James K. Polk, 1844)、加菲爾 (James A. Garfield, 1880)、白利安(William J. Bryan, 1896)、哈定 (Warren G. Harding, 1920)，及威爾基 (Wendell L. Wilkie, 1940)。(袁頌西)

黑格爾 (Hegel, Georg Wilhelm, 1770-1831)

德國人，唯心主義之集大成者，其思想的淵源可溯及柏拉圖與亞里斯多德，且對康德與菲希特的觀念亦多所取法。氏擔任柏林大學教授多年，爲極負盛名之哲學大師。

黑格爾的政治理論，係以國家至上爲準則，氏以爲宇宙萬物之統一與調和，便是上帝的精神表現，而世俗社會中能表現此種精神者，唯有國家。在黑格爾看來，國家具有眞實人格，具有完美理性 (perfect rationality) 的象徵。國家之所以神聖，理由很多，概括的說，道德、法律與倫理風化，莫不以國家爲命脈。

國家既是一個靈性充沛的有機體，其蘊含的器官，必然要和總體血脈相通，方能保全生機。換言之，作爲部分的個人，須生活於國家總體之內，其生命始有崇高的價値，即以小我與大我契合，國家既可獲益，個人亦可得到幸福。因此，黑氏認爲自由乃社會倫理道德之產物，而非自我意志的放縱，只有在國家和社會的總體中求適應，才能獲得眞正的自由。

黑格爾因强調國家主權的絕對性質，乃倡言國家對外關係的不受法律羈束，甚至以戰爭爲光榮權利，遂使其政治理論充滿武斷和强權的色彩。(謝延庚)

雅各賓主義 (Jacobinism)

自一七八九年六月二十日法國第三階級(小資產階級)發表著名的網球場誓言並聲稱制定新憲法後，國王向第三階級讓步。自一七八九年六月到一七九二年八月政權由溫和派的第三階級領袖所掌握。在此期間，貴族階級在農民壓力下放棄其固有特權，如農奴制、狩獵權等。一七八九年九月，國民大會發表人權和公民權宣言，視自由、安全、反抗壓迫和財產爲天賦權力。認主權在民，官吏視民意而進退。一七九一年制定憲法採分權制，最高權力操於有產階級，而仍維持君主制。一七九二年八月，立法議會（Legislative Assembly）決議停止王權的行使，經普通選舉產生國民會議，制定新憲。一七九三年一月法王路易十六以勾結外敵罪名被送上斷頭臺。法國改制共和，法國革命也進入激進階段。雅各賓黨人在此階段最爲活躍。

雅各賓協會是法國大革命時最著名的政治組織，其前身成立於凡爾賽，會員限於不列顛尼（Brittany）的代表。後遷巴黎國民大會的雅各賓教堂，因而得名。此後不僅接受非三級會議（Estates General，類似議會，由教士、貴族和平民代表組成）的代表爲會員，且廣設分支機構。同時修改章程，規定凡言行與章程及人權宣言原則不合的會員，應被開除。這是後來開除溫和派的根據。

自一七九一年十月十四日開始，雅各賓協會會議允許羣眾旁聽。革命之初，羣眾頗滿意於各派哲學及政治上的許諾。其後政局日亂，經濟復不景氣，羣眾開始懷疑並要求懲治破壞革命的叛徒。在雅各賓協會演說者唯有攻擊政府才受羣眾歡迎，因此溫和派逐漸退出。

雅各賓協會對巴黎的恐怖統治達兩年（一七九二—一七九四）之久。其著名領袖有馬拉（Jeau Paul Marat,一七四三—一七九三）、但敦（Georges Jacques Danton, 一七五九—一七九四）及羅柏士比爾（Maximilien Robespierre，一七五八—一七九四）等人。但即使在恐怖時期的高潮，它所能動員者不過數千人。其所以能操縱政局者，是由於它以有組織對付無組織之故。

雅各賓協會善於利用宣傳，如報紙、宣傳小册和戲劇。在選舉時僅支持擁護該會的候選人，反對者甚至遭遇迫害。但在一七九二至一七九三年間，該會努力於建立共和政府，推行普通選舉制，廢除殖民地奴隸制，主張法律之前人人平等，經濟上大略平等，推行普及教育和政教分離，都是有利於民主政治的措施。

雅各賓協會的活動具有濃厚的宗教色彩：會員們崇拜福而泰爾（Francois Maric Arouet de Voltaire）、盧梭、富蘭克林、布魯塔斯（Marcus Junius Brutus），唱革命歌曲，進革命的主日學校。他們常常訴諸羣眾的感情，不容忍異見。另一方面，他們傳播自由、平等、博愛的思想於各地，英、美都有類似的組織出現，對後來政治影響很大。

雅各賓主義的特點是：政治上主張直接行動，有堅强的團體和民族意識，富於戰鬥性，醉心於中央集權政府。然而，他們認爲爲了高尚的團體目標，個人利益，甚至生命皆可犧牲，因而導致反民主的效果。（張京育）

發展性的分析（Developmental Analysis）

又稱「發展的研究法」（developmental approach）。爲以政治及社會發展爲重心的分析和研究方法。目前在比較政治的研究中普遍予以應用。（參看「政治發展」條）（魏　鏞）

衆議院（House of Commons）

見「國會」條。

短票運動（Short Ballot Movement）

短票運動發生在二十世紀初的美國。原因是美國在賈克遜民主傳統之下，相信眞正的民主政府是選舉愈多愈好。因之，在州及地方政府因行政職務的增加而增設的職位概付諸人民選舉。結果選票愈來愈長（有長達十二呎者），選票上所列的候選人人名也愈來愈多（有多達五百人者），以致使選舉人無法作明智的抉擇。於是美國許多政治學者乃發起短票運動。其主張，簡言之，第一，儘量減少選舉職位，即交付人民選舉的官職應限於決定政策者，至於行政（administrative)及司法方面的官職，應改由任命之；第二，在某一定時間內的選舉，應限於某一級政府之官職，即將聯邦，各州及地方選舉分開舉行，以便減少選票上候選人數。這一運動，自一九一〇年以來已收到若干效果。現在大致說來，每一城市俱已縮短其選票，而將從前由選舉產生的若干公職，改由任命。但是仍然有許多州未能將全國性的選舉與地方選舉分開舉行，以致在這些州，選票仍嫌過長。（袁頌西）

策略原理（Game Theory）

策略原理最初始於數學家，而多數爲經濟學者所引用。近年來政治學者亦對此項原理加以重視，特別是在國際政治之研究上，更爲學者廣泛應用。

此項原理之基本假設乃是認爲：人類皆能對面臨之事物或狀況做理性之選擇（rational choice）。即凡在兩方或多方，因尋求之目的不同而產生利益之衝突時，各方皆能在可能之途徑中，做合理之估計，預測他方之行動，進而對自己之行爲做合理之選擇。基於此一假設，策略原理乃得分析及說明人類在面臨某些情況之下，如何選擇及應如何選擇始能達到最有利（optimum）之收獲。一般言之，策略原理可分爲兩類：

第一爲「兩方零總和」（two party zero-sum）之策略原理，即是在兩方對立之下，一方之獲得（gain）爲另一方之失去（loss），而兩方之目的皆在獲取完全之勝利，換言之，兩方在行動時，皆是謀求己方行爲之成功而他方行爲之失敗。在此情形之下，如將兩方之「獲得」及「失去」相加，其結果爲零。故稱爲零總和之策略原理。

第二爲「多方非零總和」（multi-party non-zero sum）之策略原理。依據學者們之研究，人類在實際行爲時並非絕對彼此對立，而且往往是衝突與合作交互進行，因之在交互行爲時，並非絕對希望己方獲得而他方失去，往往是在各方皆行獲得之情形下，求取己方更多的獲得而已，故在行爲之過程中，各方皆明示或默示己方可能之行爲，及希望他方採取之行動，於是在折衝之下，各方皆延遲（deterence）行動或謀求各方皆能接受之行動，這就形成了「折衝過程」（bargaining process），而此一過程在現代國際體系中實屢見不鮮。非但如此，政治學者尙利用這一原理解釋很多其他政治現象，例如：總統與國會、人民與政府間之關係等即是。

策略原理之最大缺點乃是其理性（rationality）之假設，因爲很多政治現象皆非理性選擇之結果，所以策略原理所能形容之實際政治現象大爲減少。但是策略原理之功用並不完全限於形容及描述（descriptive），其最大功能却在於指示（normative）如何行爲，此點爲應用時不可不加注意之處。（魏　泰）

參考文獻：

Luce, R, Duncan, and Paiffa, Howard, Games and Decisions, (New York, Wiley), 1957.

Schelling, Thomas C., The Strategy of Conflict, (Cambridge, Harvard University Press), 1960.

Shubik, Martin, (ed.), Game Theory and Related Approaches to Social Behavior, (New York, Wiley), 1964.

Von Neumann, John, and Morgenstern, Oscar, Theory of Games and Economic Behavior, (Princeton, Princeton University Press), 1944.

筆帖式

官名，爲滿州語，義爲寫字之人，清代各部院衙門及外省督撫衙門皆置筆帖式，以旗人充任，職掌翻譯。（繆全吉）

給事中

秦代初置，爲加官稱號，漢承秦制，用以加於大夫、博士、議郎等實官的頭銜上，則掌天子的顧問事宜。因此諸給事中可以每日上朝，平尙書奏事。魏晉給事中或爲加官，或爲正員，但皆掌顧問應對之事。宋齊隸集書省，梁陳亦掌獻納，省諸聞奏。後魏無員，北齊亦屬集書省，凡六十人。後周，天官之屬，有給事中士六十人，掌理六經，給事左右，其後別置給事中，在六官之外。隋開皇六年，詔吏部署給事郎，煬帝乃移吏部給事郎爲門下之職，置四人，省讀奏案。唐亦於門下省設給事中四人，正五品上，主要職掌，「凡百司奏抄，侍中既審則駁正違失，詔勅不便者，塗竄而奏還。」（唐書百官志）宋亦於門下省設給事中四人，「分治六房，掌讀中外出納，及判後省之事。若政令有失當，除授非其人，則論奏而駁正之。凡奏章日錄目以進，考其稽違而糾治之。」（宋史職官志）元給事中無所隸屬，掌隨朝省臺院諸司，凡奏聞之事，悉紀錄之，如古之左右史，不主封駁，則循前代之名，實屬起居注之職。明清給事中屬於六科。（見「六科」條）（楊樹藩）

結社自由(Freedom of Association, or Freedom of Assembly)

結社爲人民恒久的團體生活，故結社必須具三個要素：一則結社必須具有恒久性，二則結社必須具有一定的規章，三則結社必須具有固定的組織。這三點爲結社與集會的歧異處。但在我國文字上，「會」字涵義有二：用作廣泛的意義時，係指集會之意，用作固定的意義時，則與「社」相當，如「農會」「工會」之「會」，非泛指「集會」的「會」，乃與「結社」之「社」無殊。所以在我國文字的用語上，不能望文生義，其爲集會之會，抑爲結社之會，應就其有無恒久組織的實質意義以辨別之。總之，結社爲恒久的團體組織，故所謂結社自由(freedom of association, or freedom of assembly)，乃爲人民組織團體的權利。但人民的結社，有以營利爲目的的，如各種公司是，有不以營利爲目的，如政治、學術、慈善各種社團是。各國通例，關於營利的結社，由公司法規定之，是爲民法上討論的問題；關於不營利的結社，由憲法或其他法律加以規定，是爲憲法上討論的課目。茲所論者，僅限於不營利的結社。

會之與社雖各有義理，但會社屬性不無相通之處，所以關於集會自由的種種原則，亦不無可以適用於結社自由。如對於結社管理的制度，一如集會，有追懲制與預防制之別；結社亦如同集會一樣，不能妨害公共安寧，善良風俗；更不能有以犯罪爲目的的結社，我國刑法第一百五十四條規定：「參與以犯罪爲宗旨的結社者，處三年以下有期徒刑，拘役或五百元以下罰金；首謀者，處一年以上七年以下有期徒刑」，可爲證明。軍人結社的限制，亦一如集會，兵役法及陸海空軍刑法已照樣的有明顯規定。至於公務人員，雖可參加各種政治、學術、慈善等團體，但專爲公務員本身利益而奮鬥的團體組織，則未獲准許設立。這是對於公務人員結社權的特殊限制。

政府對於人民結社自由的保障，不但要保障人民有參加或組織各種社團之權，且對於已成立的社團賦與法人資格，使社團有權利能力，得以團體名義置產，並得爲訴訟主體，以對抗不法之侵害，這於社團地位的保障及社團事業的發展，大有裨補。所以近世各國法例大都承認社團有法人資格，如德國韋瑪憲法第一二四條規定：「社團得依據民法規定，獲得權利能力。此項權利能力之獲得，不因該社團爲求政治上、社會上、宗教上目的而拒絕之」。丹麥憲法第八十五條更明定：「國民爲合法之目的有結社權，無須預得官署許可。無論任何社團，不得以政府命令解散之，但得臨時禁止結社。在此種情形，爲解散該社團之故，應提起公訴」，以提起公訴而解散社團，即以社團爲訴訟客體，亦即承認社團爲法人了。以提起公訴才能解散社團，較之政府一紙命令即可解散社團，對於社團的保障，自然妥善多了。我國憲法上雖沒有承認社團爲法人的規定，但工會法第二條明定「工會爲法人」，農會法第二條及教育會法第二條都分別規定農會，教育會爲法人，足徵我國法例已明認社團爲法人了。這些立法可說是最進步的立法。（羅志淵）

結構功能分析(Structural-Functional Analysis)

「結構功能分析」，又簡稱爲「功能分析」(functional analysis)。原爲人類學和社會學中的一種理論和分析法。二次大戰以後才逐漸普遍應用在政治學的研究中。

結構功能分析雖然目前在社會科學中盛行一時，但吾人却無法對它下一個明確簡單的定義。這一方面是因爲這種分析法不是一群學者聯合商議後共同的產物，因此便缺少大家都接受的內涵；一方面也是因爲各個結構功能分析法（以下逕稱功能分析法）的主要理論創始人，自己也沒有把各人理論中的基本觀念界說清楚的緣故。由於功能分析法觀念的模糊及內容的籠統，美國一九五九年度的社會學協會會長金斯里戴維斯(Kingsley Davis)，在其就職演說中，根本否定在社會學和社會人類學中有功能分析法一派的存在（見Kingsley Davis, "The Myth of Functional Analysis as a Special Method in Sociology and Anthropology," American Sociological Review, Vol. 24 (December, 1959), p. 757)。

儘管戴維斯氏不承認功能分析法的獨立地位，他的意見並未爲許多社會科學家所接受。時至今日，吾人仍時常見到功能分析法在社會科學中的運用。

根據從事功能分析學者的意見，每一個社會體系(social system)爲維持其繼續之存在，必須滿足一些功能的要件(functional requisites)。這些功能要件，根據帕生斯(Talcott Parsons)氏的意見，爲「模式之維持」(pattern maintenance)、「目標之達成」(goal attainment)、「適應」(adaptation)，和「融合」(integration)；根據李維(Marion Levi, Jr)氏之理論，則爲「對自然環境之適應」(adaptation to natural environment)、「社會角色之區分與引用」(differentiation of and recruitment to social roles)、「共同信仰之維持」(the maintenance of common beliefs)、「社會化過程」(the socialization process)，和「對擾亂行爲之控制」(the control of disruptive behavior)；對於墨頓(Robert K. Merton)而言，則爲各種「明示的」(manifest)及「隱含的」(latent)「社會功能」(social functions)（見Talcott Parsons, The Structure of Social Action, New York: The Free Press, 1949; Parsons, The Social System, New York: The Free Press, 1951; Parsons et al. (eds.),

Theories of Society, Vol. 1, New York: The Free Press, 1961; Marion J. Lery, Jr., The Structure of Society, Princeton: Princeton University Press, 1950; Robert K. Merton, "Manifest and Latent Functions,' Social Theory and Social Structure, New York: Free Press, 1957)

結構功能理論在政治學作有系統地全面應用，要歸功於奧芒 (Gabriel Almond) 和柯歐門 (James S. Coleman) 二氏合輯的發展中地區的政治一書的出版 (The Politics of the Developing Areas. Princeton, N.J.: Princeton University Press, 1960)。奧芒和柯歐門二氏合輯該書的主要目的，在於供給研究比較政治的學者們一個可以普遍應用的理論框架 (theoretical framework)。他們兩人和其他爲該書撰稿的作者（包括陸先派 (Lucian W. Pye)、邁容溫勒 (Myron Weiner)、羅斯陶 (Dankwart A. Rustow) 和伯蘭克斯坦 (George Blankston) 都認爲早先着重法律的、憲法的和政府機構的比較政治研究法，雖然有其功用，但却缺乏普遍性和預測性。這種方法在比較性質較爲相似的歐美國家時，還能差强人意，用來分析和比較西方已發展的國家和非西方的發展中國家時，便顯得捉襟見肘，不能適應。於是他們便以奧芒爲首，創導出「比較政治的功能研究法」(a functional approach to comparative politics)。

在創導「比較政治功能研究法」上，奧芒、柯歐門等政治學者，首先便提出一系列的新概念，來代替政治學中的舊名詞。如以「政治體系」(political system) 代替「國家」(state)；以「功能」(function) 代替「權力」(power)；以「角色」(role) 代替「職位」(office)；以「結構」(structure) 代替「機關」(institution)；以「政治文化」(political culture) 代替「民意」(public opinion)；以「政治的社會化過程」(political socialization) 來代替「公民訓練 (citizenship training)。藉着這些新概念作爲媒介，一套以結構功能分析爲中心的理論乃得以建立。

奧芒等學者的功能分析法，建立在四項基本假定之上：

㈠所有政治體系（包括最簡單的），都有一定的政治結構。吾人可就各體系的結構專門化 (structural specialization) 的程度而將它們加以比較。

㈡所有政治體系都必須履行相同的功能。不過這些功能履行 (perform) 的頻率 (frequencies) 和履行特定功能的結構，在各政治體系間或有不同。吾人可就這些不同將政治制度相互比較。

㈢所有政治結構，不管它專門化到如何程度，都具有多項的功能 (multi-functional)。故此吾人可就其結構所履行的功能特殊化的程度，將政治體系予以比較。

㈣就文化上而言，所有的政治體系都是「混合的體系」(mixed system)。就「合理性」(rationality) 觀之，世界上沒有一個「完全現代」(all-modern) 的文化和結構；就「傳統性」(traditionality) 觀之，世上也沒有一個完全原始的政治文化和結構。換言之，各種政治體系的現代化，只有程度上的區別而已。

基如上述各項假定，奧芒等氏確定政治體系的基本功能如左：

甲、輸入功能 (input functions)

㈠政治社會化與政治引用 (political socialization and recruitment)

㈡利益的表明 (interest articulation)

㈢利益的綜合 (interest aggregation)

㈣政治通訊 (political communication)

乙、輸出功能 (output functions)

㈤規律的制定 (rule-making)

㈥規律的應用 (rule-application)

㈦規律的裁決 (rule-adjudication)

茲將上述政治體系的功能分別簡要說明如左：

㈠政治社會化與政治引用：所有的政治制度，都須經由「基本群」(primary group 如家庭）和「次要群」(secondary group 如學校）等結構，將其政治文化傳給其幼年的成員和成年的新成員。這些幼年的政治體系成員和成年的新成員，經由上述結構，學習並接受一體系的政治文化（包括基本的政治價值，準則 (norm) 和記憶 (memory)) 的過程，叫做政治社會化過程（參看「政治社會化過程」條）。

「政治引用」(political recruitment) 功能指一政治體系，從各種特定的「副文化」(sub-cultures)（如宗教社團、階級、和種族集團）中，將部份成員引進各種專門的「政治角色」(specialized political roles) 的過程。這種過程，包括訓練他們，使其具備適當技能，並接受一定政治價值、期望和態度。

不同的政治體系常有不同的引用標準和程序。有的體系注重被引用人的關係和背景；有的體系注重表現和成就，前者可稱之爲「特殊的標準」(particularistic criteria)；後者可稱之爲「普遍的標準」(universalistic criteria)。屬乎前者的標準包括血統，社會階層，宗教背景，友誼等因素；屬乎後者的標準包括教育水準，考試成績，和工作表現等因素。一般說來，現代化的政治體系比較注重表現和成就，而原始及傳統性的政治制度比較注重背景和關係。但現代政治體系的引用過程中，背景和關係也常發生作用，不過不像原始及傳統的政治體系中那樣普遍罷了。

(二)利益的表明：政治體系的成員，經由利益表明的過程將其要求向政治體系提出。履行「利益表明」(interest articulation)功能的主要結構爲「利益集團」(interest group)。利益集團有很多種類。有的利益集團是建立在成員間特殊關係上的，如宗親集團、地域集團、宗教集團、種族集團等等。有的利益集團是建立在正式的社團(association)上的，如工會、商會、教會，和各種職業性社團。有的利益集團是建立在正式機關組織上的，如議會中的議員集團，軍隊中的軍官派系，和政府組織中的官僚派別等。還有一類利益集團是因爲特別突發的原因而形成的。其採取的形式或爲暴動，或爲示威，這種非常的利益集團，其功能往往超出了「利益之表明」以外，而有履行其他政治體系功能的可能。

利益表明的方式視政治體系之性質而各各不同。在有些政治體系之中，利益表明的方式是隱含的(latent)，散漫的(diffuse)，和特殊性的(particularistic)。在這種方式之下，利益表明功能很難得到良好的發佈與循環(circulation)(除非是在很小的社會裏面)。在另外一些政治體系中，利益表明的方式是顯示的(manifest)，清楚的(specific)，和一般性的。在這種方式之下的利益表明功能，有較佳的循環，比較更能夠將社會的需要(needs)、主張(claims)和要求(demands)傳達到政治體系中去。

(三)利益的綜合：每一個政治體系，都有一些綜合(aggregate)經過利益集團表明了的(articulated)的利益的方法與途徑。利益綜合的方式有二：其一是經由一般政策的制定，將利益予以揉合與容納；其二是將支持特定政策的人士，引用到政治角色之中。

利益表明與利益綜合的功能是常常相互重疊的。在原始的和權威型的(authoritarian)的政治體系之中，利益表明，利益綜合，以及規律制定(rule-making)等功能，常常混在一起，很難加以區分。在現代西方民主政治體系中，這些功能的履行是劃分得相當清楚的。簡略一點來說，利益集團從事於利益之表明；政黨從事於利益之綜合；而政府立法機關則從事於規律之制定。

之所以需要政黨來綜合利益的原因，是因爲利益集團種類繁多，其代表之利益亦雜然並陳，以是需要政黨將各種利益加以歸併和協調，以便選舉時人民之選擇與規律制定時立法機關之參照。

政黨是政治體系中履行利益綜合的主要結構，但却不是實現該項功能惟一的結構，有些利益集團，尤其是聯合許多小利益集團而形成的主要利益集團，也常履行利益綜合的功能。在沒有現代化政黨的國家，如西班牙，利益的綜合常由軍人中之集團，官僚中之派系，以及政府中之朋黨等機關性的(institutional)的利益集團來履行。

(四)政治通訊：所有政治體系各項功能的履行，都要靠通訊(communication)。父母、師長、牧師，靠通訊來履行「政治社會化」的功能；利益集團和政黨靠通訊來實現「利益表明」和「利益綜合」的功能；立法委員、政府官吏，和法官等也莫不靠通訊來達成「規律之制定」、「規律之應用」和「規律之裁決」各項功能。

現代競爭性政治體系(competitive political systems)的維持，建立在一個自治的(autonomous)、中立超然的(neutral)的通訊結構之上。在這種制度中，大衆傳播(mass media)媒介如報紙、雜誌、廣播、電視，都有獨立的，不受政府控制的傳達消息的自由。成熟的大衆傳播媒介，且力求在報導利益集團及政黨意見時維持客觀和超然原則。

極權的政治體系(totalitarian political systems)則不然。其通訊結構多半爲政府所控制，其政治領袖一方面限制消息的流通，一方面壟斷消息的來源對其成員作單方面的灌輸(one-way-flow)。因此現代極權制度(如共產制度)，與其說是靠武力的強制(coercion)來維持政權，不如說是靠對通訊結構的控制更爲確切。

通訊功能的履行方式與性質，和一個政治體系現代化的程度有很密切的關係。在原始的或傳統的政治體系之中，政治通訊的幅度很小，只及於很小部分的成員，其傳達通訊的結構多半爲家族，鄉村集團，鄰里等傳統性的組合。在現代化的政治體系之中，政治通訊的幅度遠較原始及傳統的政治體系爲大，其履行政治通訊功能的多半爲社團性的利益集團，政黨，大衆傳播媒介，政府機構等普遍性正規性的結構。

(五)規律的制定，規律的應用，與規律的裁決：這三項功能可以合稱之爲「政府的功能」(governmental functions)。在所有政治體系之內，都有一定結構從事於「規律制定」(rule-making)，「規律應用」(rule-application)，和「規律裁決」(rule adjudication)功能之履行。

在現代競爭性的政治體系中，履行上述三項「輸出功能」(output functions)(註：所謂「輸出」，是指政治體系向社會輸出，「輸入」則指社會向政治體系輸入)的結構是劃分得很清楚的。立法機關從事於規律之制定；行政機關從事於規律之應用；司法機關從事於規律之裁決。間或行政機關也涉入規律之制定，但多半均爲立法機關所制定之規律，在實行時不得不有的補充，且被視爲一種例外。

在原始及傳統的政治體系中則不然，規律之制定、應用與裁決三項功能的履行常常混淆不分。原始社會中之酋長及巫醫常同時履行所有三項功能。傳統政治體系中的行政結構也每有履行規律制定與規律裁決的傾向(例如我國民初以前的縣宰)。此外在現代非競爭性的政治體系之中(如共產極權體系)，其行政結構(如黨部及官僚系統)常有高於立法及司法結構的趨勢，其功能常超出規律應用的範圍，而涉入規律制定與規律裁決的履行。

由於政治體系間規律制定，規律應用，與規律裁決三項功能分野清晰程度的不同，奧芒(Gabriel Almond)乃提出「界限維持」(boundary-maintenance)的概念，作爲比較各種政治體系的一個標準(criterion)。所謂界限維持，一方面指在一個政治體系中，各項功能劃分清楚的程度，一方面指履行一定功能的結構是否有明白的區劃。憑着這種標準，吾人不僅可以將原始的、傳統的，和現代的政治體系劃分開來，同時也可以將「競爭性的政治體系」(competitive political systems)和「非競爭性的政治體系」(non-competitive political systems)加以區別。

綜合以上對於奧芒、柯歐門等美國學者所提出的「結構功能」理論所作極爲簡略的介紹，吾人可以將彼等發展及運用此種理論的目的歸納爲以下幾點：

一、他們想建立一套以「結構功能」分析爲基礎的分類法(typology)，來取代原有的，注重法律制度的分類法，將不同的政治體系加以比較。

二、他們從「功能」(functions)、「結構」(structures)和「樣式」(styles)三個基本概念出發，將各種政治體系加以比較，發展出許多一般性的「命題」(propositions)，來指引「比較政治」(comparative politics)研究的方向。

三、他們主張收集實驗性的資料(empirical data)，用數學及統計學的方法加以分析，來印證有關政治體系的一些命題，從而建立一套政治的或然率理論(probabilistic theory of politics)。

奧芒、柯歐門的政治學「結構功能分析法」提出後，在美國以及其他各國的政治學研究中，發生了很大的影響，這在「比較政治」中尤爲顯著。時至今日，結構功能理論與一般體系理論(general systems theory)平分秋色，同爲現代政治學中最重要的兩個理論。且由於兩派學者彼此借用對方的名詞與概念，合併於自己的研究與分析中，這兩種理論更爲融合爲一的趨勢，有的學者乾脆稱之爲「功能體系理論」(functional system theory)而不加區別。(參看「體系理論條」)(魏　鏞)

參考文獻：除以上曾經引述的資料外，本文尚參考：

Don Martindale (ed.), Functionalism in the Social Sciences, The Strength and Limits of Functionalism in Anthropology, Economics, Political Science and Sociology, Monograph 5, Philadelphia: The American Academy of Political and Social Science, February, 1965.

Carl G. Hempel, "The Logic of Functional Analysis," in Clewellyn Gross (ed.), Symposium on Sociological Theory, Evanston; Row, Peterson, 1959.

D.F. Aberle, A.K. Cohen, A. K. Davies, M.J. Levy, Jr., and F. X. Sutton, "The Functional Prerequisites of a Society", in Roy C. Macridis and Bernard E. Brown, Comparative Politics, Notes and Readings, Homewood, Illinois: The Dorsey Press, Inc., 1961.

Karl W. Deutsch," Integration and the Social System: Implications of Functional Analysis," in Philip E. Jacob (ed.), The Integration of Political Communities. New York: J.B. Lippincott Company, 1964.

Gabriel A. Almond and G. Bingham Powell, Jr., Comparative Politics, A Developmental Approach. Boston:Little, Brown and Company, 1966., especially chapter II.

絕對論 (Absolutism)

絕對論在倫理學上是指絕對的道德。絕對的道德由上帝的本性而來，按上帝的意志而定，其規律歷千秋萬世而不變，不受社會環境所影響，不因人身份而有別，如果道德因時而變，因地而異，因人而不同，便是相對的，不是絕對的道德。

絕對論在政治學上是專制主義或專制政體。國家的立法、行政、司法、考試、監察以及其他治權，統由一人獨攬獨行，沒有法律、國會或人民加以限制，其個人的意志就是法律，其命令有法律的效力，不受任何機關或官員的審查。這便是專制政治。

柏拉圖 (Plato) 理想中的共和國，由哲君 (Philosopher-king)按其超人的科學智識和先知先覺的智慧來決定一切、執行一切，無需法律，不受法律限制，不受人民的任何約束，而且不應受一點兒束縛。這是最早的專制主義的政治思想。

馬基威里(Machiavelli) 認爲國家應由一人統治，由統治者控制政府，制訂法律，以決定全國人民的命運，以改革腐化的社會，以釐訂道德標準，以建立社會制度。他可以廢棄舊國家後加以重建，可以改變政府形態，更易人口構成，重整人民道德，掃除人民的怯懦和柔弱來增加兵員。他是國家、社會、經濟、宗教等制度的建築師，是國家和人民命運的仲裁員。他在法律和道德之上，可以殘酷、背信、暗殺，成果必原恕他的一切罪行。總之，統治者應有無限的權力，應該可以做任何事情。這又是政治思想上專制主義的顯例。

格列戈瑞七世(Gregori VII, 1073–1085) 教皇强調他有絕對的權威，是所有教會的主權者，可以單獨任免主教，召開宗教大會議，並且使其決議有效，他人沒有這種權力；他的代表的地位在主教和其他教會人員的前面；他的諭令任何人不得取銷；他的法庭處理的案件任何法庭不得過問。英諾森三世(Innocent III, 1161–1216, Pope 1198–1216) 教皇堅稱，教皇雖不行使凡俗的權力，但俗權是來自教皇的，教皇對任何事都有審查權，而且於必要時可以行使這權力，至於是否必要的問題，教皇可以自行決定。英諾森四世 (Innocent IV, Pope 1243–1254) 甚至辯稱，教皇握有神聖的和凡俗的兩種權力，是全世界法律系統的淵源，是最後審判者，是教會的最高主腦，聖彼得的繼承人，上帝的代理人。這些是宗教上的絕對論者。

專制政體的實例，史不勝書。中國歷代帝王，早自秦始皇起，晚至清朝的最後一帝，都是實行專制政治，集各種權力於一身，雖然他們有些比較開明，有些受朝臣或皇親包圍、愚弄、分權或篡權，但大致說來，他們都是專制君主。在歐洲方面，十六十七世紀時專制政治亦甚盛行，因爲當時中世紀的制度已經崩潰，教會勢力萎縮，修道院的財物被沒收，教會受國王支配，中產階級興起，政治思想改變，人民觀念大受影響，人民多願擁護國君，以爭取民族國家的獨立，君主於是利用民心，乘機儘量行使主權，藉中產階級的財勢，以摧毀貴族和教士的優越地位，同時增加稅收，組訓軍隊，控制教會，把君權擴張至極大的程度。在西班牙，費迪南(Ferdinand) 和愛夏貝拉 (Isabella) 結婚，使阿拉崗 (Aragon) 和卡士梯爾 (Castile) 兩地得以聯合，專制政治跟着開始，西班牙便變成十六世紀時歐洲最大的國家。英國於玫瑰戰爭 (The Wars of the Roses) 後，國內安定，英王亨利七世(Henry VII, 1485–1509) 開始實行專制政治，中經亨利八世 (Henry VIII, 1509–1547) ，直至伊利沙白 (Elizabeth, 1533–1603) 時代 (1558–1603)，盡力維持秩序、發展貿易、鼓勵海外冒險，結果英國迅速强盛起來。法國於百年戰爭 (1337–1453) 後，國內團結和諧，自一四三九年起，國王取得全國軍隊的統帥權，又取得徵稅權，於是有錢維持軍隊，再利用軍隊以使其權威有效，幾年之內便有訓練精良裝備充足的武裝部隊，能夠把英國的勢力全部趕出法國，並把不列坦尼 (Brittany)、安柔 (Anjou) 和貝崗地 (Burgundy) 置於法國統治下。因此，國王自然集中、操縱、行使一切權力，直至一七八九年大革命時止，國王是國家的唯一發言人。法國的驚人成就，使歐洲新興各國的人民也願支持王權，德國方面似屬例外，但實際上並非例外，祇是延遲了，因爲普魯士和奧國的演進正和西班牙、英國、法國等相同，也走上專制政治的道路。所以從歷史上看，專制政治易使國家統一強盛，有其歷史上的功用，雖然現在是不合時代潮流了。(陳治世)

絕對否決

見「否決權」條。

統帥權

統帥權的一般意義，係指武裝部隊之掌握調遣及指揮運用而言。其於維護國家安全與社會秩序之作用，乃貫徹主權意志之有效手段。昔日君主專制時代，不但開國者類皆以馬上得天下，卽其後繼者，亦咸以武力鞏固其統治。是以開國者始則在軍爲帥，得國乃爲帝，而後繼者則因帝而領帥。於是帝帥之兼備於一身，遂爲經制。近代國家在制度上，雖亦以行政元首爲軍隊統帥，但在意義上，一則以軍隊爲執行國家主權意志之有效手段，質屬行政；二則亦以之象徵天下爲公，軍隊之國家化。

近代國家憲法雖賦元首以統帥權，但此一權力於元首之意義，則各國制度並不相同。其於虛位元首或採行內閣制的國家，無論國體爲君主或共和，元首之統帥權，通常僅具象徵的意義。像英、比、丹、希、瑞典、挪威等虛君國家，固均屬如此。而在共和國家，波蘭一九二一年憲法規定，總統不得躬親指揮軍隊（第四六條）；法國第四共和憲法規定，總理監督軍隊之指揮，並協調國防設施（第四七條）；韓國憲法規定，軍事重要事項，須經國務會議議決，國務會議由總理及國務員組成，集體對衆院負責（第六八、七二條）。其次，於實權元首或採行總統制的國家，元首之統帥權，則係實至名歸，眞正掌握着軍隊之調遣與運用。這一類型的國家，可以美國爲典例。

從以上的說明，可知元首之統帥權，並不必然兼含軍隊之調遣與運用。不過卽使在實權元首的國家，由於元首要綜攬一國大政，日理萬機，益以近代國家的元首，多數缺乏統兵率將的軍事知能，所以在技術上，類皆將之委託他人行使。元首所實際運用的，初不過是一種最後的決定權而已。而這種決定權，却也是虛權元首所沒有的。法國的憲法學者艾斯梅（Esmein, Elements de droit Constitutionnel, 1928），認爲元首之爲統帥而不能置身行伍，躬親指揮軍隊，是由於其基本職務爲處理普通行政，及缺乏軍事知能。但眞正仔細分析，這個解釋，也只能適用於實權元首的國家，在虛權元首國家，其元首之所以不能實際調遣運用軍隊，並不是由於技術上的困難，而實在是由於政治責任的關係。(荆知仁)

肅政廉訪使

見「按察使」條。

菲希特 (Fichte, Johann Gottlieb, 1762-1814)

德國人，唯心主義的健將，他大致同意康德(Kant)的哲學主張，但由於對實際政治較爲敏感，其思想乃比康德多一份狂熱與激動。

菲希特政治思想的初期特徵，可說是以個人主義和思想自由爲重點，氏曾以法國革命爲背景，發表「爲糾正公衆對於法蘭西革命之評判獻議」(Beiträge zur Berichtigung der Urteile des Publikums über die Französische Revolution 1793)爲法國革命辯護，並抨擊受柏克(Edmund Burke)影響之德國思想界；又會爲文鼓吹思想自由之不可放棄，皆充分流露其個人主義的急進精神，足以顯示菲希特少壯時期反抗現狀的傾向。

一七九六年，菲氏著「自然權利的基礎」(Grundlage des Naturrechts)，雖仍服膺個人主義，但强調「人之爲人祇因其在衆人之中」，似已暗示其社會主義的思想路線。一八〇〇年「閉關貿易國家」(Der Geschlossene Handelsstaat)一文，可視爲菲氏思想由個人主義與自由主義走向社會主義的信號。

菲希特思想中最動人的部份乃是他慷慨激昂的愛國情操。「告德意志國民書」(Reden an die Deutche Nation)，是菲氏於一八〇七年在柏林大學所發表的演講，情詞悲壯，指點民族再生之路，誠爲應付國難的偉大作品，亦爲菲氏後一階段政治思想的特色。(謝延庚)

菲律賓 (Philippines) 政黨

菲律賓雖早在一九〇〇年卽有聯邦黨(Federal Party)、國民黨(Nationalista)、民主黨(Democratic Party)等組織，從事獨立運動，其後並有其他政黨之組織，但數十年來國民黨因領導得人，一直獨霸政壇。一九四六年，國民黨分裂，部分黨人另組自由黨(Liberal Party)，始形成兩黨對立之局，以迄於今。根據一九六五年十一月九日參、衆兩院選舉，各黨在兩院所佔席次分配，可知菲國政黨之分野情形如下：

㈠參議院之席次分配：

國民黨	一二席
自由黨	九席
菲律賓進步黨	二席
公民黨	一席
總　計	二四席

㈡衆議院之席次分配：

自由黨	五九席
國民黨	四二席
獨立派	一席
空　缺	二席
總　計	一〇四席

由上表總計，可知現任總統馬可士之國民黨，未能控制國會；參議院且為自由黨人之天下。惟上表分配亦說明菲國政制已走上兩黨政治之途，此為菲國民治前途光明之一大保證。以下就菲國各政黨之政治主張與領袖人物加以說明。

菲律賓之問題對內在如何建立廉潔而有效能之政府，從事法律秩序之維持，生產（尤其稻米之生產）之增加，與全面之經濟建設；對外在如何促進菲美邦交，與太平洋區反共國家之友誼。基於此項原則，菲律賓國民黨與自由黨在政綱上並無本質之不同。因此，現在國民黨馬可士政府受到自由黨人之密切合作。甚多國民黨人之重要法律提案，受到下院自由黨人之支持。

國民黨領袖為現任總統馬可士，該黨主席為巴耶提參議員 (Senator G'l J. Puyat)，而該黨之下院領袖則為衆議員勞內爾 (Congressman Jose Lawrel, Jr.)。

自由黨領袖自前總統馬加伯高競選連任失敗自政壇退休並辭去該黨主席後，即由該黨下院議長費拉爾 (House Speaker Cornelio T. Villareal) 繼任。該黨其他重要領袖包括彭塔敦 (House Speaker Pro Tem Salipada Pendatun)、孟塔羅 (House Majority Floor Leader Justiniano Montano) 與巴第拉 (Senate Minority Floor Leader Ambrosio Padilla) 等。

成立於一九六五年之菲律賓進步黨 (Party for Philippine Progress)，由於在兩院競選失敗，且該黨在上院之兩名參議員亦於一九六七年任滿，前途暗淡，不致在政壇發生影響。

菲律賓共產黨則因一九五七年反顛覆法宣布其非法，且其所有重要領袖均被捕下獄，事實上形同消滅。（郎裕憲）

象牙海岸 (Republic of Ivory Coast) 政黨

象牙海岸共和國 (Republic of Ivory Coast) 原為法國屬地，一九六〇年八月七日始獲獨立。象國現只有一個政黨—象牙海岸民主黨 (Parti Dēmocratique de la Cote d'Ivoire)。該黨簡稱 P D C I，其前身為非洲民主聯盟 (Rassemblement Démocratique Africain)，係法國民主聯盟之象牙海岸分部。象國獨立之時，伍弗布尼總統 (Felix Houphouet-Boigny) 將其與象國原有之非洲農民黨 (Syndicat Agricole Africain 簡稱 S A A) 聯合，組成了象牙海岸民主黨，而成為今日象牙海岸唯一的政黨。在兩黨合併前，伍弗布尼身兼兩黨總理。

非洲農民黨是以農民為主的組織，並不分種族界限，其支持者多數為非洲土著農民。黨員約兩萬人，分支遍及全國，為象牙海岸社會經濟上唯一具有實力的現代化組織。該黨反對強迫勞動制度，主張統一農產品價格。至於非洲民主聯盟則一向是象牙海岸政權的壟斷者。一九五七年大選中囊括立法大會全部議席；一九五九年四月普選再度告捷。伍弗布尼以其神奇的領導能力，利用非洲農民黨的現代化組織體系及財源，配合非洲民主聯盟的政治勢力結合成象牙海岸民主黨。惟因非洲民主聯盟中部分城鎮激烈分子受共黨影響而企圖使此一新組織走向馬克斯主義修正路線。故使伍弗布尼的對外政策傾向防蘇，而終於在一九六九年五月與蘇聯絕交。其對內政策則主張重劃行政區，厲行中央集權，以徹底維持政局的安定與內部之統一。

伍弗布尼不僅為該黨的主席，而且為象國總統並兼國防、財經、農業部部長。黨秘書為腓力普雅西 (Gen. Philippe Yáce)，現為象國國民議會 (National Assembly) 之主席。（袁頌西）

貴族政治 (Aristocracy)

在西方文字的最初意義，貴族政治是指爲全民利益的最優秀公民之治，柏拉圖所著共和國及亞里斯多德所著政治學中所用貴族政治即此種意義。但在以後的用法上，貴族政治是指由少數基於出生、財產、土地等取得特殊地位之少數統治。當此種少數基於自私觀點統治時，卽稱爲寡頭政治（Oligarchy），亞里斯多德認爲寡頭政治爲純粹貴族政治腐敗結果。但在實際用法上貴族政治與寡頭政治並無嚴格區別。（華力進）

貴族院（House of Lords）

見「國會」條。

越南共和國政黨

越南共和國（The Republic of Viet Nam）自戰後獨立以來，卽因越共叛亂與北越之南侵而戰爭多年，迄無寧日。因此，政局多變，政黨分合無常；而一般民主國家所藉以成立政府之自由選舉，遲至五年前始能在戰火威脅之下舉行。現在越南總統阮文紹與副總統阮高祺之政黨聯盟，因在該次選舉中獲勝，始得就任現職。倘無意外事件發生，下次總統與國會之選舉，將於一九七一年舉行。

根據一九七〇年八月二十九日越南上議院半數之議員選舉結果，親政府之黃文高聯盟——太陽標幟、反政府的武文畝聯盟——蓮花標幟，與獨立集團之阮文玄聯盟——玉簪花標幟等三組獲勝，贏得了上議院的三十議席。此等新當選之各派議員，將任職六年。

上議院改選前，由阮文玄領導之獨立集團佔二十四席；由黃文高領導之親政府集團佔十九席；而由陳文敦領導之反政府集團僅佔十六席。此次改選後，親政府集團減至十六席，獨立集團增至三十一席，而反政府集團則仍佔十三席之多。

反政府集團，由親共之印光寺派支持。彼等組織嚴密，行動一致，與其他集團之散漫、分歧，形成強烈對比。因此，此次上議院議員改選，對越南今後之反共前途，不啻投下巨大陰影。

在此次選舉中，以政黨名義出而競選之聯名，包括急進黨、大越黨、國民黨、大越國民黨、人社黨、民主力量等。（郎裕憲）

費邊主義（Fabianism）

英國社會主義思想的主流。一八八三至八四年多間，在倫敦有一羣知識分子，抱着以最高道德的可能，重建社會的雄心，慕羅馬大將費邊(Fabius Cunctator)主張謀定後動，因以費邊爲名，組織社團。以費邊主義代表各人的共同思想。

愛德華・披士(Edward R. Pease)是最早的發動分子・蕭伯訥(George Bernard Shaw)、韋伯(Sidney Webb)華萊士(Graham Wallas)、貝森特(Annie Besant)相繼加入。至一八八九年乃發表「費邊文集」(Fabian Essays)，主張進化的社會主義。彼時馬克斯主義已在社會主義思想中掀起浪潮，費邊社員如蕭伯訥亦曾受到它的影響，但費邊的經濟思想仍是承襲英國正統學派約翰・穆勒（John Stuart Mill)和耶方士，認爲英國的功利主義過去用作維護個人主義，今後應適應現代情形，在經濟範圍內指向逐漸增加之政府干涉，以增進最大多數之最大幸福。馬克斯把國家看作階級壓迫工具，最後必須消逝，他們却把國家看作一種社會機構，增進社會福利。

費邊主要是知識分子的結合，初期並無計劃要使自身成爲一個政黨。因有許多工會領袖參加，遂與獨立工黨發生關係（一八九三）。一九〇〇年費邊分子參加英國勞工代表大會的組織。一九〇六此一組織正式成爲英國的工黨。從一九〇六到一九一四他們的主要工作是修改救貧法，稍後參加的韋伯夫人(Beatrice)則是此一運動的主腦。韋伯是著名的倫敦經濟及政治學院的首任院長。他的巨著「工業民主」是英國工會運動的理論骨幹。華萊士是這一學院的政治學講座，和接替他的拉斯基(Harold Laski)教授以及威爾士(H.G. Wells)、林賽(A.D. Linday)柯爾(J.D.H. Cole)等，都是喧赫一時，影響世界思想的巨星。韋伯自一九一二主持費邊研究部對社會主義，工會運動，合作運動的實際問題頗多闡發。（羅時實）

參考文獻：

G.D.H. Cole, The Fabian Society, Past and Present 一九四六修正的小冊子。

進士

進士爲科舉制度中終極考試及格者之稱，原義謂士之可進受爵祿者也，語源出自禮記王制：「大樂正論選士之秀者，以告於王而升之司馬，曰進士。」

本爲理想中人才出於學校之最高階段，後遂移爲科擧之稱。煬帝大業中設進士科，唐宋明清因之。初凡擧人試於禮部者，皆得稱擧進士，蓋謂應進士試也；後遂爲應進士試殿試合格者之專稱。明史選擧志：「……鄉試，次年以擧人試之京師，曰會試，中式者，天子親策於廷，曰廷試，亦曰殿試。」清史選擧曰：「殿試名第分一二三甲，一甲三人曰狀元榜眼探花，賜進士及第。二甲若干人，賜進士出身。三甲若干人，賜同進士出身。鄉試第一曰解元，會試第一曰會元，二甲第一曰傳臚，悉仍明舊稱也。」趙翼陔餘叢考：「進士之名，見於王制，秦漢以來，未見此名目也。至隋煬帝始設此科，唐因之。其初雖有諸科，然大要以明經進士二科爲重，其後又專重進士，此後世進士所始也。……然唐制有與後世不同者，後世三歲一會試，唐則每歲皆試。後世放進士，多至三四百人，少亦百餘人，唐則每歲放進士不過三四十人。宋初猶每歲一試，仁宗至和二年，始定令間歲一科擧，英宗二年又定令三歲一科，此後世三年一鄉會試之始也。」進士一科，受朝野重視者一千三百年，摭言載唐太宗御端門，見新進士綴行而出，喜曰：天下英雄盡入吾彀中矣。而士子亦有「十年窗下無人問，一擧成名天下知」之語。今則已完成其歷史使命，不復再見矣。民國以還，現行考試制度中之高等考試，及格者以薦任職任用，略相等於前代之進士出身云。（仲肇湘）

都市計劃 (City Planning)

都市計劃係指對都市的發展作有系統而富藝術性的設計，藉以衞生環境，便利交通，美化市容；除上述諸點外，並可包括衞星城市和附近交通系統的配置，以及各種特定用地的籌劃。

都市計劃的觀念起源甚早，如古代中國及希臘的許多名城，都是依計劃而建設。歐洲中世紀的都市建設，大抵以軍事安全爲着眼點，除街道加寬外，在市政廳及教堂的四週例多留有廣場，以利瞭望。現代都市的芻型，始于文藝復興以後，街道濶直，建築壯麗，而市內分區，使之各具特色，也于此開始。廿世紀初，英國哈伍德爵士 (Sir Ebenezer Howard) 首倡公園都市運動，即市內公園林立，街道廣植花木，房屋各自獨立。今日都市計劃的重點，包括下列諸項：一曰「中心分散」，強迫人滿爲患之市中心區的工業設施及住戶疏散他處；二曰「改良交通」，以地道及高架公路代替地面交通；三曰「低價房屋」，以低價的新房屋租售貧民，以消除市內的貧民窟。目前美國各大都市所實行的所謂「都市更新」或「都市發展」，都是本着此三項基本原則。至于世界各國依都市計劃而完成的嶄新城市，就其較著者言，則有巴西的新首都布拉西利亞 (Brasilia)，荷蘭的鹿特丹 (Rotterdam)，及印度的強地嘉 (Chandigarh)。（胡述兆）

都省

官署名。據通典職官注云：「舊尚書令有大廳，當省之中，今謂之都堂」。此都堂即尚書省高級長官辦公處所，總領之地，以是稱謂尚書都省。史載後齊之制，尚書省「錄、令、僕射，總理六尚書事，謂之都省」。隋代官制，亦見有「尚書都省」之稱（見隋書百官志）。及唐之世，尚書都省領二十四司（舊唐書職官志），據稱：「都堂居中，左右分司，都堂之東，有吏部、戶部、禮部三行，每行四司，左司統之；都堂之西，有兵部、刑部、工部三行，每行四司，右司統之，凡二十四司，分曹共理，而天下之事盡矣」（通典職官）。唐尚書都省之規模，於此可見。（芮和蒸）

都尉

見「郡都尉」條。

都督

都督，官名。漢順帝時御史中丞馮赦討九江賊，督揚徐二州軍事，始有都督制度之雛形。（見南齊書百官志）及魏文帝黃初二年，始置都督諸州軍事。（見宋書百官志上）自魏至晉初，都督多不兼任一州刺史，至晉惠帝末年以後，都督絕大多數皆兼領一州刺史。都督本爲治軍而設，故其銜中段例爲「都督某某州（或郡）諸軍事」，治民之職歸於刺史，然而都督常兼統兩州以上之軍事（亦有都督一州者，但爲數較少），而刺史爲一州行政長官，亦勢不能與軍事毫不相涉，故在軍事方面，刺史勢必統隸於都督。然而魏世都督初建，刺史有其獨立之地位，常不願完全聽命，致都督與刺史往往發生齟齬，入晉以後，都督持節統軍，威權日隆，刺史常退避以免與都督衝突，都督遂漸漸控制刺史，進而越權兼理民事。晉惠帝以後，都督例兼領治所之州刺史，本州之內，軍民刑政由一人全權處理自無問題，但都督常兼統兩州以上，所督之州爲其屬州，都督常被稱爲統府或督府，得置佐吏，屬州刺史須聽命於統府，統府對屬州有指揮督察之權，都督可向屬州徵聚兵戎，調用財物，板授郡守，且可上言黜陟刺史。北周明帝武成元年改都督諸州軍事爲總管（詳見「總管」條）。隋文帝時有大都督、帥都督、都督之名號，均爲散官，煬帝皆罷之，改大都督爲校尉，帥都督爲旅帥，都督爲隊正。唐高祖武德七年改總管曰都督，總十州者爲大都督，太宗貞觀二年去大字，又分爲上中下都督府，其後以幷、益、荆、揚、潞五州爲大都督府，其餘都督並爲上中下三等，各都督府置都督一人，各有府佐屬官，都督掌督諸州兵馬、甲械、城隍、鎮戍、糧廪，總判府事。唐肅宗以後，大都督例由親王遙領，都督府之政由長史主之。宋有大都督府，以親王領之，置府佐屬官，掌同牧尹。南宋或以見任宰相充都督，次有同都督，有督視軍馬，多執政爲之，總掌諸路軍馬，督護諸將，實質上與唐之都督已不同。元亦置大都督府，有大都督、副都督、僉事都督等。明代有中軍、左軍、右軍、前軍、後軍五都督府，每府有左右都督、都督同知、都督僉事，其屬有經歷、都事，都督掌軍旅之事，各領其都司衞所，以達於兵部，不開府辟屬於外省，與南北朝唐宋之都督性質不同。（王壽南）

都察院

明太祖洪武十四年，罷御史臺更置都察院（大明會典）。設左都御史、右都御史，均正二品官；左副都御史、右副都御史，均正三品官；左僉都御史、右僉都御史，均正四品官，無員額。有以尚書、侍郎等官，加都御史或副、僉都御史銜者，同樣執行監察任務，其稱號爲總督、提督、巡撫等。至於職掌，則「糾劾百司，辨明冤枉，提督各道，爲天子耳目風紀之司。」（明史職官）「遇朝覲考察，同吏部司監否陟黜，大獄重囚，會鞫於外朝，偕刑部、大理讞平之。」（明史職官）都察院下轄十三道監察御史，共一百一十人，皆正七品官，主察糾內外百司之官邪。各道監察御史，如果巡按州縣，稱巡按御史，其權限甚大，如雪冤獄，清軍役，正官風，劾官邪，肅盜匪等項無不專行。清本明制，亦設都察院，內置左都御史，滿漢各一員，從一品；左副都御史，滿漢各二員，正三品，掌整飭綱紀諫言得失。又有右都御史，右副都御史，無定員，由外省督撫兼銜，亦無專職。另有掌印監察御史，滿漢各十五員，皆從五品，分十五道糾察內外百司之官邪，分理各省之刑名，兼稽京內各衙署庫倉之事。（楊樹藩）

都護

漢宣帝地節二年初置西域都護，本爲加官，加於騎都尉、諫議大夫之本官上，使護西域三十六國，有副校尉，始以鄭吉爲之，後廢。至東漢明帝永平十七年復置，班超曾爲西域都護。觀後漢書班超傳，漢之都護權任甚重，得鎮撫西域諸國，可以專殺，對西域各國君王且可行廢立之事。晉宋以後亦偶有都護之官，但並非置於西域。唐代於四境邊疆地區亦置都護，高宗永徽中，置安東、安西、安南、安北四大都護府，其後又加單于、北庭都護府。唐都護府分大都護府與上都護府兩種，據唐書百官志，都護府之組織如下：

官名＼府別	大都護府	上都護府	備註
大都護	一人（從二品）		
上都護		一人（正三品）	
副大都護	二人（從三品）		
副都護	二人（正四品上）	二人（從四品上）	舊唐書職官志大都護府有副都護四人，正四品上。
長史	一人（正五品上）	一人（正五品上）	
司馬	一人（正五品下）	一人（正五品下）	舊唐書職官志兩府司馬均爲正五品上。
錄事參軍事	一人（正七品上）	一人（正七品下）	
功曹參軍事	一人（正七品下）	一人（從七品上）	
倉曹參軍事	一人（正七品下）	一人（從七品上）	
戶曹參軍事	一人（正七品下）	一人（從七品上）	
兵曹參軍事	一人（正七品下）	一人（從七品上）	
法曹參軍事	一人（正七品下）	一人（從七品上）	
參軍事	三人（正八品下）	三人（從八品上）	
錄事	二人（從九品上）		舊唐書職官志上都護府有錄事二人。

（此爲一般組織，安北、單于都護府則人數常較少）

都護職權爲掌統諸蕃，撫慰征討，敍功罰過，總判府事。宋、遼、金皆不設都護。元世祖至元二十二年，改大理寺爲大都護府，有大都護四人，同知二人，副都護二人，掌領舊州域及畏吾兒之居漢地者，有詞訟則聽之。明清不設都護，唯明世宗幸承天時，曾以郭勳爲都護大將軍。（王壽南）

鄉兵

召募士民在本鄉土作防守之用，猶今之民團。宋史「兵志」：「鄉兵者，選自戶籍或士民應募，在所團結訓練，以爲防守之兵也。」

明初立土著鄉兵，至召募民壯，起於正統己巳之變，而盛於王守仁平寧藩之亂。大明會典曰：「軍籍之外有民壯，有司僉點，以備警急，卽古民兵之遺意。」各州縣多者千名，少亦五百名，其編組悉依軍法，五十人爲隊，設總甲，管少甲二名，每小甲各管民快二十五名，總甲之上，更有百長、千長。富民不欲身役而願上直，官代爲召募，稱機兵，其隸將軍營者爲殺手，隸各哨堡者爲打手，又有義勇、馬快手等名稱，惟及季世僅供迎送、程勾攝、遞文移，甚至私衙執役。清仍之，於各州縣均額編民壯以及招募快手，已不復有鄉兵之用，太平軍興，各地鄉勇團練，卒成平定之功，實爲鄉兵發揮之效驗也。

（繆全吉）

鄉貢

鄉貢，科舉制度中一名詞，指鄉試所得士貢諸京師之謂。詳「鄉試」條。

（仲肇湘）

鄉試

鄉試爲科舉制度中多級考試之一級，唐試於州郡，明清試於省城，其所以名曰鄉試者，源於周禮地官鄉大夫：「鄉大夫之職，各掌其鄉之政教禁令，三年則大比，考其德行道義，而興賢者能者。」及禮記王制：「命鄉論秀士升之司徒曰選士。」實則周代有無此制，文獻無徵，後世科舉比附取義，以示典雅而已。唐書選舉志：「唐制取士之科，多因隋舊，然其大要有二，由學館者曰生徒，由州縣者曰鄉貢，皆升於有司而進退之。」文獻通考選舉考：「舉選不由館學者，謂之鄉貢，皆懷牒自列於州縣，試已，長吏以鄉飲酒禮會屬僚，設賓主，陳俎豆，備管弦，牲用少牢，鹿鳴之詩，因與耆艾敍長少焉。」鄉貢之名，係由中央立場稱其來源，意爲由鄉所貢，就實質而言，卽爲鄉試。按明史選舉志所載，「士人初應童子試，得雋入府縣學，謂之諸生，俗稱秀才，三年大比，以諸生試之直省，曰鄉試，中式者爲舉人。」舉人之魁首，卽俗所稱之解元，與會試之會元，殿試之狀元，合稱三元。（仲肇湘）

開府

本非官名，漢制，凡拜大將軍、驃騎將軍、車騎將軍等中朝官，得比三公，辟置掾屬，別開一府。漢末，李傕、樊稠、郭汜之徒，擅亂朝政，相繼以列將軍加「開府」號（見後漢書董卓傳）。其後相沿成習，於是「開府」由名號而演成官名，官制中列入加官與散官一流（參看開府儀同三司條）。

（芮和蒸）

開府儀同三司

漢官。漢文帝元年，始用「宋昌爲衞將軍，位亞三司（卽三公）」，三司之名，自此始也（見通典職官）。後漢章帝建初三年，始使「馬防爲車騎將軍，儀同三司」，儀同之名，自此始也（見藝文類聚職官部「儀同」引齊職儀）。及漢末季，李傕、樊稠、郭汜之徒，擅亂朝政，相繼以列將軍加「開府」號（見後漢書董卓傳），開府之名，自此始也。由是而有「開府儀同三司」之加官稱號，如「魏黃權以車騎將軍，開府儀同三司（晉書職官志）」，卽其例也。其後歷代相因，晉有開府儀同三司，江右、伏波、輔國將軍並加「大」而儀同三司。江左以來，將軍則中鎭撫四鎭以上或加「大」，餘官則左右光祿大夫以上，並得儀同三司。後魏亦有是號，普泰初特以尒朱世隆爲儀同三司，位次上公。北齊既有開府儀同三司，又有儀同三司。後周建德四年，改開府儀同三司爲開府儀同大將軍，增置上開府儀同大將軍；又改儀同三司爲儀同大將軍，增置上儀同大將軍（見通典職官）。隋置上開府儀同三司、開府儀同三司、上儀同三司、儀同三司諸號，並以爲散官。唐高祖武德七年，以開府儀同三司（從一品），爲文散官，並改上開府儀同三司爲上輕車都尉，開府儀同三司爲輕車都尉，儀同三司爲騎都尉（舊唐書職官志），並爲勳稱。宋元豐新制，以階易官，文散官中仍設開府儀同三司，以待勳舊（見宋史職官志及文獻通考職官考）。遼散官無考。金於文散官中，倣置此官，「從一品，上曰開府儀同三司，中曰儀同三司」（金史百官志）。元文散官，亦見有開府儀同三司及儀同三司之稱，皆正一品（見元史百官志）。明、清未設此官。（芮和蒸）

開放式訪問 (Open- ended Interview)

此種訪問屬於非標準式訪問之一，即在擬訂訪問程序時，對於各項問題並不擬答案，每一問題皆由被詢者自由答覆，其問題例如：

㈠請問閣下對於禁核試條約有何意見？

㈡請問閣下是否可將在首相任期內之經驗告知？

㈢請問閣下對世局前途有何展望？

被詢者對於此等問題之答覆，既無時間長短，又無用語及內容之限制。在此種訪問之中，雖然一切問題及次序皆爲預訂，但在訪問過程中，詢問者仍可做某些有限度之補充，例如詢問：

㈠可否請閣下再加詳盡敍述？

㈡不知閣下爲何有此種想法？

一般言之，開放式訪問之最大優點乃在使被詢者自由答覆，因而所獲得之資料較能接近答覆者之眞意，同時亦無範圍之限制，反之此種訪問之最大缺點乃在對所蒐集之資料缺乏控制及統一性，因而在資料分析時發生困難。（魏　泰）

開發中的國家 (Developing Nations)

國家分類的標準繁多，按不同的標準可分國爲許多類。加以文物發達程度爲準，則國家可分爲先進的 (advanced) 和落後的 (backward)，如按文物已否發達，國家又可分爲已發達的 (developed)、開發較少的 (less developed) 或開發中的 (developing)。

第二次世界大戰以前，所有政治制度、物質建設、教育、文化、科學、技術、工商各業都未現代化的國家，常被工業化的國家稱爲落後國家 (backward nations)。第二次世界大戰後，很多受外國控制的國家先後獲得解放，許多殖民地也取得獨立國的地位，而成爲新興國家。這些國家的文物種種尚未發達，都是落在西歐和北美國家之後，不少戰前早已獨立的亞非和南美國家，也是這樣。

國際關係學者一則認爲稱這些國家爲落後國家，很不雅，落後是慣用的形容詞，含有蔑視和侮辱的意義，會有不良的刺激作用，應避免用來形容國家，免致引起反感，妨礙正常的國際關係；二則目覩聯合國、工業先進國和其他國際組織正在協助這些國家建設，它們正在發展中，即令沒有外來援助，它們也在或快或慢的發展。所以學者和政府官員在國際關係上，改用開發較少的或開發中的國家，以減少不必要的刺激。

從表面上看，這只是形容詞的更換，似無實質意義，但在事實上，這更換表示一種觀念上的轉變。以前，在國際往來時，強國大國對於弱國小國，不但以言辭凌辱，而且以行動欺侮，言行多無忌憚，現在，大國強國雖然難免有欺負弱小的情形，尤其是蘇聯，常有虐待其附庸的行動（例如一九五八年八月進攻捷克），但一般說來，強國已改變態度，竭力避免以說話刺激小邦，甚至往往使用甜言蜜語以討好新興國家，希望能夠盡力爭取與國。可見這形容詞的更換具有國際政治上的深遠作用。（陳治世）

間接民主政治 (Indirect Democracy)

間接民主政治係相對於直接民主政治 (direct democracy) 而言者。所謂直接民主政治，係指立法權由公民直接行使之制度。而間接民主政治，乃是立法權委託少數代表行使之制度，故又稱之爲代議民主政治 (representative democracy)。現在一般民主國家，都是推行的間接民主政治或代議民主政治，其法爲由公民選舉議員，組織議會以行使立法權。

間接民主政治，在理論上是建立在「人民的意思可由代議士代表」的假定上。至於「意思能不能令人代表」，「議會所代表的人民的利益，究竟爲全體國民的利益，抑爲選舉區人民的利益」，歷來常爲討論間接民主政治所涉及到的問題。

近代代議民主政治（也即是間接民主政治）淵源於中世紀的三級會議。那時的代表與被代表人之間的關係，均是「同質」的，所以不發生意思能不能代表的問題。降及近代，由於選舉權的逐漸普及，議會不再是代表社會中某些階級的等級會議。換言之，代表與被代表人之間，不再是「同質」的了。因之，議會能不能眞正代表民意，就成爲問題了。

最早指出議會不能代表人民的意思的，是爲法人盧梭(Jean-Jacques Rousseau)。盧梭認爲主權既不能代表，亦不能讓渡，因爲主權是建立在一般意志 (general will) 基礎之上的，所以人民的代表 (deputies)，非爲人民的代議士 (representatives)，而只是人民的委託人 (commissaries)，他們不能作最後的決定。他最後說：「凡法律未經人民批准者無效，這根本不是法律。」(參見 J. J. Rousseau, Social Contract, Book III, Chap. XV.) 盧梭之所以持此觀點，主要是根據他的主權在民，不可讓渡的觀點，以及他誤認民主政治應永遠固着於古代雅典(Athens)與羅馬 (Rome) 的型態。

盧梭的主張不能適行於近代地大人多的國家，至爲顯然。其理由在一七八九年的法國制憲會議中，許多反對實行直接民主政治的人已說得相當詳細了。他們的言論，歸納起來包含下列幾點：在廣土衆民的國家，令人民進行適當的直接討論，實無可能；徵詢所有公民的意見，沒有必要，因爲需要的指示，可能從他們的代表中獲得；並非所有的人民都有空閒或知識使他們能夠去判斷立法問題；如無有系統的立法程序存在，必然是暴亂與煽惑橫行，所以爲求分工之利，公民應賦予代表行使統治職務之權。(參見 Herman Finer, Theory and Practice of Modern Government, New York, Henry Holt & Co., 1950, p. 220.) 由於這些原因，近代民主國家無不俱爲間接民主政治或代議民主政治國家。而且據范納 (Herman Finer) 氏說：自政黨興起後，政黨立於議會與選民之間，使二者的接觸，繼續不斷，其結果使直接民主政治與間接民主政治之間的絕對差異，不再存在了。(參見 Finer, op. cit., pp. 220-221.)

至於議會究是代表全體人民的利益，抑或代表選舉區人民的利益，這也是歷來所爭論的問題。早在中世紀後半期，議會仍然是三級會議的時代，自然不會認爲議會是代表全國人民利益的機構。及至專制的君主制度崩潰以後，議會不再認爲是代表階級的利益了。但是代表仍然是經由劃分後的全國若干選舉區中選出的；由於這種事實的存在，很易使人誤認議會是代表選舉區人民的利益，而非代表全國人民的利益。最早力斥這一觀念爲非的，是爲英人白克 (Edmund Burke) 氏。他在一七七四年對布列斯陶 (Bristol) 的選民演說時稱：選舉出來的議員，應自視爲全國利益的保衞者。國會非爲來自各種利益或敵對利益的使者們的集會，而是代表整個國家，代表全民利益的審議機關，所以議員不應當受地方目的之支配，而應當受一般利益之支配。(參見 Carl J. Friedrich, Constitutional Government and Democracy, Boston, Little, Brown, 1941, pp. 399f.) 英國受了白克等人思想的影響，所以並不認爲議員是代表選舉區人民利益，而是認爲代表全國人民的利益，所以並不重視候選人是否爲選舉區的居民。

但其他國家的法制，多少與英國的習慣相背，例如在美國，一般以爲議員乃是地方利益的代表人，所以候選人只限於各該邦的居民。在其他採用人民罷免制的國家，無疑地等於暗示承認議員非爲全國人民的代表，而是選舉區人民的代表。

近世憲法學者卡爾·法蘭德烈 (Carl J. Friedrich) 認爲這兩種看法，俱爲一偏之見。因爲從歷史的演變言之，議會既是代表全國人民整體利益的審議機關，亦是來自不同利益之使者們的集會，所以他認爲代議民主制實具有雙重性質。(參見 Carl J. Friedrich, op. cit., p. 259.) 法氏之理論，雖無甚精微之處，但頗能說明事實。(袁頌西)

階級

階級之現代意義是指同一社會中，在身份地位上大致相同之一羣人。芸芸衆生組成社會。若就其性別、年齡、宗教、職業、家世、財產，加以分析，可以歸入許多種類。其比較自然形成，使身處其中者和其接近之人，有同類之感的，通常稱爲同一階級。從社會學的觀點，社會之分成階級，是因每一階級中人自覺其社會身份或地位 (status) 和別的階級有所不同。社會由階級組成，構成階級的依據則爲成員的身分或地位。這裡面牽涉到地位的層級，尊卑的名分，以及對此種層級，名分之共同了解與接受。

此外如語言、地區、業務、專業等等，雖然都是社會分類之重要條件，只有和地位層級聯繫一起，才能顯出它在階級現象中的重要性。社會地位之主觀條件，是自己對其所處地位的感覺。客觀差別則有收入，職業，家世，種族，教育等等之不同，在主觀與客觀配合，自覺彼此之間在生活方式與文化水準上有其共同之處，有意無意中產生一種凝結力量，這就是階級，社會是由不同的階級組成。

但是馬克斯和他的一派却另有由他們提出的一套解釋。他們認爲人類歷史中，自有社會便有階級，階級之構成全是由於經濟的因素。從封建進入現代資本主義的社會，階級簡化到只有無產階級對布爾喬亞。這種解釋從十九世紀末期到二次大戰以後，支配了共產集團和民主世界中左翼人士的思想。但從社會學的觀點，階級和地位的差別，和經濟利益的差別並不一致。例如印度的族級制度或音譯為卡斯脫(Caste System)應是一種嚴格的階級組織。婆羅門是其中最高的一層。可是婆羅門中的窮人常有受僱於低級族富人為傭的。舊時的地主階級，無論在西歐亞東，雖然在財富和生活享受上不如新興的工商階級，其自視和社會一般觀感，都覺地主的社會地位要勝過那些新興的財主。尤其在東方國家，尊重個人的品德，有學問道德的不一定就是富人。許多有錢的或暴發戶，因其文化素養甚差，在社會上並不為人重視。

所謂重視，也和社會的風尚有關，隨着時間變動，並不是所有的社會對某一種人或某一職業都有同樣的看法。例如：在美國對於因血統關係造成的門第觀念，並不如中國和英國那樣可以影響到一個人的社會地位，在另一方面，美國對種族特性的重視，雖然到二十世紀的中期已逐漸減退，仍比法國和巴西更為顯著。美國人對教育的重視不如德國，荷蘭和瑞典，對職業和身分關係也沒有如德國那樣重視。在西方國家一般人都對科學研究者逐漸看重，神父和牧師一類宗教上的神職，雖然數百年來一向受社會尊重，在這一世紀則有今不如昔之感。從二次大戰時起，軍人的社會地位在美國正逐日看漲，獲得諾貝爾獎的人普遍受到社會尊重，末路王孫則日見沒落，甚少有人注意。

階級之起源，其說不一。通常比較容易了解者為：

一、武力說　一部落或一民族征服另一部落或民族，其成功者馬上成為統治階級，以其土地分封子弟與相隨征伐，著有勳勞者，是為貴族。在西方社會另有僧侶階級與貴族同管政治。被征服者有的降為奴隸，專供征服階級驅使，或列為賤民，如明太祖對陳友諒家人和部屬故事。在封建社會平民不能私有土地，他們只是耕種貴族的土地，為貴族服勞役，遇戰爭則替貴族或地主作戰。後來因人多地少，一部份佃農子弟被迫經商，因懋遷遠洋，積資致富，能為國君負擔戰費或平時國用，由於經常貢獻，乃進一步要求知道租稅的用途，因是乃產生現代議會的雛形，此輩工商階級亦獲過問政事之權，在貴族僧侶之後，稱為第三階級(tier estat)。

二、分業說　大抵社會上各項事業，需要不同的知識與能力的人去做。知識能力高強的人常佔重要地位。我　國父孫先生曾說，在初民社會凡是對生活改善有發明的，人們便奉他為君長，如神農氏教民稼穡，燧人氏教民取火，有巢氏教民建屋，以及大禹治水俱是。這些人的子孫因其先人對社會有過貢獻，食其餘蔭，曾有數代處於高位，以後便因襲成為職業，專司其事。古時交通不便，因職業不同之故，常各自劃區而居，子孫世代相傳，養成種種生活不同的風氣，不同的態度，和不同的思想。社會學者孫本文曾引用管子：「士農工商四民者，國之石民也，不可使雜處。雜處則其言哤，其事亂。是故聖人之處士必於閒燕，農必就田野，處工必官府，處商必就市井。」「使之羣聚而州處，」「不見異物而遷。」「則其父兄之教不肅而成，其子弟之學，不勞而能。」是故「士之子常為士，農之子常為農，工之子常為工，商之子常為商。」

淮南子也說：「人不兼官，官不兼事。士農工商，鄉別州異。是故農與農言力，士與士言行，工與工言巧，商與商言數。是以士無遺行，農無廢功，工無苦事，商無折貨」。此種世代分業的生活，形成社會各種職業階級。

三、財產說　社會階級之形成是由於財產分配之不均，不均之形成，純屬私有財產的結果。大凡社會上有地位而又有權力的人，必擁有大量財產。經過工業革命，機械工業發達，工廠制度盛行，非富有資產之人不能有工廠，遂致生產工具盡為富有資產者所獨佔。於是富者愈富，貧者愈貧。所謂有產階級或布爾喬亞的資本家和無產階級，就是這樣來的。此為馬克斯和恩格斯等一派人的主張，其未盡適合的情形在上面已經說過。

階級的影響　社會之有階級並非美事，因人與人的關係不是平面的，在同一階級的上下另有許多階層。居社會頂層的，除安富尊榮之外，可能不會有太多嫉妒不滿。居下層者則難免有彼何德何能，或如項羽見始皇出巡，有彼可取而代之之感。特別是在封建社會，爵位世襲，貴族子弟從出生即高踞人民之上。平民除特殊情況或立有軍功之外，在政治上幾無地位可言。此在定鼎初期，民阜物豐，尚可相安一時。遭時饑饉，朝庭失去控制，禍亂輒因緣而生，因為階級社會最難保持平衡，遇着多數人的生活不能過去，社會即無法安定，顛覆即由此而起。

在封建時代土地為貴族所有，一切土地所出盡為貴族所支配，平民只是耕種服役而已。我國六朝時代素重門閥，高門之家甚少寒素，寒人則大都貧賤，故高門寒族即無異富貧兩個階級。其最顯著者為近代之經濟階級。資產階級擁有大量資產，獲得巨額收入，比之勞動階級之毫無恒產，僅靠些微之工資收入者，其經濟能力誠不可以道里計。此為產生現代社會主義的主要原因。他們認為生產工具為少數人獨有是劃分階級的主要原因，要消除階級鴻溝，必須將生產工具收歸社會公有。

我們如從職業方面觀察，可知在封建時代階級與職業幾乎不可分離。公務職業盡為士以上的人所佔有。農工商盡為士以下的人，前者等於貴族，後者即非貧民亦屬平民。門閥時代職業亦幾為固定的階級所分佔，變動不易。即使近代的經濟階級，職業變動的機會較多，但大的變動亦談何容易。以西方社會而論，賺錢多的職業如醫生律師，在學的時間最長，費用亦巨，非富家子弟不易為力。因這兩種職業收入較高，於是這兩種職業的子弟也佔着便宜，容易承襲其父祖的世業。在私有財產可以繼承的社會，資產階級的子弟靠利潤生活，自無勞動之必要。勞動階級捉襟見肘，非操勞無以為生。現代工業類皆需要大量資本，決非恃勞力謀生的勞動階級所能經營。於是資產階級勢將永為資本家，而勞動階級勢將永為工人，於是階級與職業又成為不可分離的現象。

封建時代的教育無間中西，均為貴族與僧侶階級之特權。現代社會教育雖然沒有限制，但受中等以上教育者，畢竟還是家境較優的子弟居多。普通勞動階級受到生活壓力，都願子弟能幫補家用，無法得受高等教育，遂使教育亦於無形中成為資產階級的特權。

此外如婚姻制度亦受階級的影響。封建時代，貴族貧民不能通婚。六朝門閥時代，高門寒門之見亦深入人心。所謂「王謝門高非偶」即為當時重視門第之證。

近代階級社會的趨勢　從現代眼光看社會階級，可以分成廣義和狹義兩種。廣義的階級只是劃分人羣的一種界限，居上層的權力中人不能與其屬下同一階級。研究太空發展的科學家不能與販夫走卒或清除水肥者流同一階級。芸芸衆生可以劃分許多的不同種類，以同一種類，生活與地位接近者為同一階級，則此種階級即在任何社會亦將無法避免。

吾國自秦代廢除封建，至六朝講究門閥，高門寒門劃成鴻溝。但自唐宋以後着重以考試取士，朝士由科甲出身，科甲為公開競爭，但能中式，不論出身（只規定倡優皂隸之子不與考試）。故白屋公卿，傳為佳話。社會的尊榮如只限於固定的極少數人，所謂與國同休者，是造成社會不安的因素。如出於公開競爭之道，以社會尊榮獎勵特殊努力，與對社會所作之貢獻，則其作用等於鼓勵上進，可以提高社會的質素，增加社會的安定力量。社會學者認為廣義的社會階級，只要階級與階級之間，有一溝通之路，屬員可憑其努力而昇作長官，貧士可因其貢獻而獲致巨富，不僅不會阻止社會之進步向上，而且可以發生激勵作用，使大家向創造方面力求發展。

至於因財富分配造成之現代階級，經馬克斯與恩格斯之大力渲染與煽動，在十九世紀末期，已形成社會病症，引起普遍的重視。因首次世界大戰而產生的蘇維埃社會主義聯邦共和國其最大目的即在以俄國的布雪維克代表無產階級，消滅原有帝俄時代貴族地主資本家組成之有產階級，成為沒有階級的社會。可是經歷不到五十年，從共產主義者的眼光却又指出，在將沙皇時代舊的統治階級消滅之後，新的統治階級又接踵而起，其駭人聽聞的是從前消滅統治與壓迫階級的一羣，其本身就是新的統治與壓迫階級。此一問題的重要性是共產主義認為階級可以消滅。從其自身所作的試驗，則恰恰與此相反，新的階級色彩非常顯著。

把財富距離看作階級的界限，是從階級的狹義著眼。經過這一世紀的兩次大戰，以累進率的直接稅作為平衡財富的工具，在美英兩國都會收到顯著的效果。在這些國家雖然在財富的所有上仍然存有很大的差別，可是中產階級的人數却大量增加，在把兩端的人數減少到二者在數量上非常接近，中產階級的人數增加不僅聯繫這兩個極端，填補了中間的距離，把整個社會結構也改變了。

假如狹義的階級可以消除，所謂廣義的階級，事實上只是劃分人羣的一種界限，是社會分工之必然現象，人們不能同做一樣工作，此種現象即無法避免。（羅時實）

參考文獻：

孫本文，社會學原理下册，第二十一章一一八頁至一三〇頁。商務印書館出版。

MaCiver, R, M., and Page, Charles H, Society-An Introductory Analysis, Macmillan, 1950.

Encyclopaedia Britannica, vol. 5, pp. 768-768B.-1959.

International Encyclopedia of the Social Sciences, Social Mobility, vol. 14 pp. 429-438, Social Status, vol. 15, pp. 251-256.　Social

Stratification, vol. 15, pp. 288-337.

階級鬪爭

階級鬪爭爲馬克斯基本學說之一。所謂階級，其意義已如前階級條中所述。階級意識亦已大致解釋清楚。但馬克斯是把階級鬪爭看作推翻現有的社會秩序，消滅有產階級，實現無階級社會之唯一手段，不僅是一種無可避免的必然，且是推動社會進步的力量。因從階級形成至產生階級意識，由造成階級鬪爭形勢至無產階級奪取政權，建立他們自己的國家，在現代資本主義社會須經過一套極爲複雜的過程，在此處無法細述，僅就階級鬪爭爲進化的動力一點，綜合各方意見，及這一世紀的歷史事實，簡陳如次：

怎樣會有階級鬪爭：卽照馬克斯恩格斯自己的解釋，是因無產階級生活發生問題而逼成。假如無產階級的生活可以過得去，則無法激動浪潮，造成鬪爭，鬪爭是因生活困難所造成，是社會上的病態。社會歷史有治平亦有混亂，文化進步與人類在物質方面的成就，都在治平時代。這時人們都有適當生活，各安生業，社會繁榮，有多的時間和金錢從事各類建設，所以社會的進步是由於互助，不是由於鬪爭。鬪爭的結果是破壞，至少有一時期使社會停滯，不能進步。社會上人與人間會有衝突和鬪爭發生，是人與人間，或個人要求與社會要求失去平衡，既不能將其概括簡化爲階級鬪爭，亦難以固定公式如辯證法者作籠統解釋。

馬克斯和恩格斯在其聯合起草之「共產主義者宣言」最後一句，要世界的工人聯合起來，此一口號的本身卽是證明所謂無產階級並無一種自然的凝固力量。美國的工會至今日仍不願外國的無產階級移入美國。在工業開發程度不同的國家，在任何國的男工與女工，熟練工人與非熟練工人，白種人與有色人種之間，從未看出因階級意識發生作用，能相互提携，對弱者有過同情和分潤的表示。

在教育普及，生活水準甚高的國家，其工人階級都重視國家民族利益，在其祖國遭受外來侵略，生存受到威脅之時，都把國家民族看作至上，超越所有階級的利益。史大林在希特勒發動閃電的攻擊戰前，把二次世界大戰稱爲帝國主義者間的戰爭。要雙方的無產階級取觀望態度。一旦受到攻擊，馬上改變語調，要蘇俄的無產階級奮起努力，參加保衛祖國的聖戰。這在共產主義理論是矛盾的。這種矛盾現在又更加明顯。同是無產階級專政的蘇俄和中國大陸，最近是由交鬨而至軍事衝突，假如無產階級的國際主義是眞實的，這也是無可解釋的一個事例。

事實上從一九一七俄國的布雪維克因攻擊彼德格勒而取得政權，以及先後在東歐東亞控制大部分的土地人民，試問有那一次是從階級鬪爭得來？所謂階級鬪爭只是在他們取得控制地區，實行恐怖統治的一種手段而已。

他們也未因階級鬪爭之故，而消滅了社會的階級。他們把國家看作壓迫的工具，他們憑着國家力量把過去的壓迫階級消滅了，可是他們也代之而興，成爲新起的壓迫階級，繼續以國家爲壓迫工具，壓迫他們現有的被壓迫階級。（羅時實）

階級意識

通常所稱之階級意識係指同一階級中人，自覺其社會身分或地位和別的階級有所不同的感覺而言。但馬克斯及其黨徒則另有一種解釋。馬克斯說，在資本主義經濟中，從取得價值至剩餘價值之成立，其整個程序造成的後果，使現代社會分成兩大階級，其經濟利益永遠無法調和。此種利害衝突階級之存在，馬克斯認爲是歷史之普遍現象。在其和恩格斯合作之「共產主義者宣言」中，指出「所有過去存在的社會歷史，都是階級鬪爭史」。其辯證法中之正，反，合，及其唯物史觀皆聯合支持此一結論。在「共產主義者宣言」上繼續說：

「在歷史的初期，社會上幾乎到處都有一種複雜的安排，分成許多不同的階級。在古代羅馬有貴族，武士，平民和奴隸之分；中古有分封的貴族，家臣，公會董事，職工，藝徒及農奴之分。幾乎在每一階級之中，又都有次等的階級。」

「我們的時代，布爾喬亞的時代，也具有此種明顯的特點，把階級仇恨簡單化了。整個社會是一天一天地分成兩大仇恨的陣營，兩大階級直接相互面對着—一個是布爾喬亞，一個是無產階級」。

馬克斯雖然用盡力量，要使無產階級僅有階級意識，忘却其他一切人與人和與社會、民族和國家的關係，但在二十世紀經過的兩次世界大戰，馬克斯主義者曾向世界無產階級發出呼籲，指出這都是帝國主義者間之自相殘殺，要他們不可爲各自的祖國作戰。結果各國的無產階級並未理會這種呼籲，照樣爲各自的祖國生產軍火與本國的有產階級爲國家利益，併肩作戰，以戰勝包括無產階級在內的敵方。

馬克斯煊染着的階級利益的衝突，也並未到達如他所說的那種程度。這種情形並非在任何社會或任何時間，都能發生。卽在某些地方眞有那種情形，其實際從事活動的人數，比之當地的人口總數，還是微乎其微，不足稱道。布雪維克在彼德格勒發動的革命，實際參加的不過二三千人。可能同意參加的人數多些。加入組織，繳納會費的不會太多，繳納會費而又參加活動的，自然人數更少。英國的勞工運動具有深長的歷史，其領導階層亦不乏知名之士。據調查所得，投工黨票的只有十分之一是工黨黨員，黨員之中參加開會的只有十分之一；參加會議的只有十分之一是愛好活動的積極分子。因此馬克斯所說的階級意識，把無產階級看作是具有侵略性。敵對有產階級的意識，的確是太過分了。（羅時實）

黃門

宦者之職稱，漢代宦者多以黃門稱之。可考者㈠黃門令：秩六百石，「主省中（按：省中卽禁中）諸宦者」。㈡中黃門：秩比四百石，「掌給事禁中」，據顏師古云：「居禁中，在黃門之內給事者也。」（漢書百官表註）㈢小黃門：秩六百石，「常侍左右，受尚書事，上在內宮，關通中外及中宮已下衆事。諸公主及王太妃等有疾苦，則使問之。」㈣黃門署長：秩四百石，主中宮別處。（均見後漢書百官志）以上四職，皆隸屬少府。（楊樹藩）

黃門侍郎

秦代初設此官，漢因之。與侍中俱管門下衆事，無定員。郊廟則一人執蓋，臨軒朝會，則一人執麾，凡禁門黃闥，故號黃門。其官給事於黃闥之內，故曰黃門侍郎。初、秦漢別有給事黃門之職。（如：揚雄爲給事黃門。）後漢改爲一官（通典職官）。故有給事黃門侍郎，秩六百石，掌侍從左右（後漢書百官志），隸屬少府。（按：少府，爲秦漢時，掌天子宮廷財政的機關，所謂：「掌山海池澤之稅，以給共養」，詳見少府條。）獻帝初卽位，置侍中，給事黃門侍郎各六人，出入禁中，近侍帷幄省尚書事。後更給事黃門侍郎爲侍中侍郎，去給事黃門之號，旋復故。魏置「給事黃門侍郎四人，六百石，第五品，掌侍從左右，關通中外，與侍中俱出入禁中，近侍帷幄，省尚書事」（三國職官表）。晉亦置給事黃門侍郎四人，評尚書奏事。如泰始初，「黃門侍郎王恂、庾純，始於太極東堂聽政，評尚書奏事，」（晉書山濤傳）卽是顯例。宋制，武冠絳朝服，多以中書侍郎爲之。齊亦管知詔令，呼爲小門下。梁增品第，與侍中同掌侍從儐相，威儀盡規獻納，糾正違闕監合嘗御藥，封璽書。陳制亦然。後魏亦有此官。北齊置六人，所掌與侍中同。後周天官府置御伯下大夫二人，武帝改爲納言下大夫。隋六人屬門下省，至煬帝減二人而去「給事」之名。唐曾改黃門侍郎爲東臺侍郎、咸亨元年後復舊。光宅元年改爲鸞臺侍郎，神龍元年復舊。天寶元年改爲門下侍郎，員二人，掌侍從，署奏抄，駁正違失，通判省事。以後此官演變，見侍郎目內門下侍郎條（參看「門下省」條。）（楊樹藩）

會元

見「進士」條、「會試」條及「鄉試」條。

會期 (Session)

各國立法機關舉行會議的期間，世稱之爲會期 (session)。惟各國國會集會的會期，有依慣例行之者，有以法律規定者，有不分會期者，有劃分會期者，在劃分會期制中，有以一年爲一會期者，有以一年爲兩個會期者。爲制非一，各有不同。茲依各國法度，資爲例說如次。第一、不分會期者：各國國會制度中，國會集會不分會期者，可以義大利及愛爾蘭兩國爲例。義大利國會的組織體制大致與法國類似（參考 James T. Skotwell and others, Governments of Continental Europe, 1952, pp. 278–285,及 The Lord Campion and D.W.S. Lidderdale, European Parliamentary Procedure, pp. 143 ff.），但其國會兩院的集會，都沒有會期 (session) 的區分。愛爾蘭的國會亦設置兩院（參考 William Bennett Munro and Morley Ayeastr, Governments of Europe, 1954, pp. 301–303及Campion and Lidderdale, op. cit., pp. 192 ff.）其國會集會亦不分會期。所以在第一天集會後之案件，與嗣後任何一天開會的議案，並無任何區別。第二、以一年爲一會期者：國會以一年爲一會期者，殆爲多數國家所從同，茲姑以英美日等國爲例說。英國本無法律規定國會必須每年集會一次，其集會乃以英王之詔命召集之。按英國軍隊編制及財政預算等都是須每年由國會制定法律以行之；倘英王不每年召開國會，則政府的軍政措施，都成爲於法無據，所以英王非每年召開國會不可。行之多年，乃成爲慣例，卽成爲一年一會期制。在最近若干年以前，國會每會期的集會是始於十月。集會之後，在十二月尾至翌年一月杪或二月初之間，有一段休會期間，嗣後繼續開會至秋間，但在此長時間中，於耶穌復活節(Easter)及降靈節之星期(Whitsuntide)，均有休息，而在暑期中則有更長時間的休會。美國國會的會期及其集會，不但以法律定之，且以憲法來規定。蓋一九三三年批准實施的美憲第二十條修正案明定：「國會每年至少應集會一次，除法律另有規定其他日期外，國會會議應於一月三日正午開始」，是卽國會應以一年爲一會期，而每一會期是於一月三日正午開始。會期開始後，依一九四六年改組法案(Reorganization Act, 1946)規定，除國會另行決定或國家處於緊急時期外，國會應於七月三十一日休會。日本國會會期，依憲法第五十二條規定：「國會之常會，每年召集一次」。每年應於何時召集呢？國會法一則曰：「常會之召集詔書，最遲必須在二十日以前公布之」（第一條第二項），再則曰：「常會於每年十二月上旬召集，但須務求議員在會期中未任期屆滿召集之」（第二條）。是則常會在原則上應於每年十二月上旬召集，但計算在會期中如達議員任期屆滿時，則應提前召集了。常會會期爲一百五十天，自召集之日起算，經兩院一致之決議得延長之，如兩院意見不一致時，則依衆議院之議決。以上爲有關常會的規定。此外又還有臨時會，特別會，參議院緊急會。所謂「臨時會」係依憲法第五十三條召集之會，卽「內閣得決定召集國會臨時會，任何一議院，如有議員總額四分之一以上之要求時，內閣應爲決定召集之」。所謂「特別會」，依國會法第一條第三項註釋謂特別會「乃爲依日本憲法第五十四條召集之國會」，而憲法第五十四條第一項則說：「衆議院解散時，應於解散之日起四十日內，舉行衆議員總選舉，並應自選舉日起三十日內召集國會」，可見在衆議院解散後召集新的衆議員而舉行的國會卽爲特別會。至於參議院緊急集會，乃爲參議院所特有的集會。依憲法第五十四條第二項規定：「衆議院解散時，參議院應同時閉會，但內閣於國會有緊急事故時，得要求參議院召開緊急集會」。國會法第四條又補充規定「爲求參議院緊急集會，內閣總理大臣，自集會期日確定後，應向參議院議長請求之」，昭和二十二年八月十五日議定的參議院緊急集會規則第一條復規定：「內閣總理大臣確定期日要求緊急集會時，議長應將其要求通知各議員，議員應於前項指定之期日午前十時在參議院集會。」第三、以一年爲兩個會期者：各國國會大都以一年爲一會期，但亦有於一年之中，劃分爲兩個會期者，可以法國和芬蘭暨我國爲例。法國之制，依第五共和憲法第二十八條規定：「國會自行集會，常會一年兩次。第一會期於十月第一個星期二開始，於十二月第三個星期五終止。第二會期開始於四月最後之星期二，其集會期間不得超過三個月」。此項規定與第四共和之制不同。按在第四共和時代，衆議院自正月第二個星期二集會後開會直至復活節，常有一個月的休會。休會後繼續開會至八月間都沒有間斷。旋有一段休息期間至十月杪或十一月初，再行開會後，至十二月三十一日都沒有休歇。在這期間大都是致力於通過預算案，蓋以法國預算案必須於預算年度開始的一月一日以前通過之。自第三共和以來，常有預算案不能如期通過的事情，而院會又必須於十二月三十一日閉會。爲事實與法制兼顧起見，乃用取巧規避的辦法。卽屆至三十一日而預算尚未議決時，乃於當日晚前將時鐘停止擺動，以示時間尚未屆滿三十一日。而會議則繼續進行達數日之久，以底於議定預算乃止。議決之後，擧眼望鐘，則仍未過三十一日午夜，放仍曰預算案乃於三十一日前所制定者也。此種陋規，自一九四五年以來，仍一再使用（參考 D.W.S. Lidderdale, The Parliament of France, 1952, pp. III, 208）。芬蘭國會通常每年集會九個月或十個月，而分兩個會期行之：第一會期始於二月，第二會期始於九月。實與我國立法院之會期相似。按我國憲法第六十八條規定：「立法院會期，每年兩次，自行集會，第一次自二月至五月底，第二次自九月至十二月底，必要時得延長之」。此爲我國立法院之正常會期。此外，又還得有臨時集會，卽憲法第六十九條所定：「立法院遇有左列情形之一時，得開臨時會：㈠總統之咨請。㈡立法委員四分之一以上之請求」。（羅志淵）

會期委員會

見「委員會」條。

會試

會試爲科舉制度多級考試中之中央級考試，雖非如殿試之爲終極性考試，然已爲決定性考試，因會試中式者，除特殊情形外，殿試例不黜落，僅更定甲第名次而已。會試之名，起於明而清仍之，唐宋則稱禮部試或省試，文人雅言又謂之南宮試，以唐時尚書省在大明宮之內也。按明史選舉志及清會典諸書所載，於鄉試之次年，會集各直省舉人試於禮部曰會試，清代則另簡會試總裁主之。會試中式者曰貢士，其魁首通稱爲會元，與解元狀元合稱三元。若連中三元，則爲士子之殊榮。亦獎進人才之一道也。（仲肇湘）

傑佛生 (Jefferson, Thomas, 1743-1826)

美國第三任總統，于一七四三年四月十三日生于佛琴尼亞州。一七六二年畢業于威廉．瑪麗學院，旋入喬治．魏資學院研究法律。一七七五年出席大陸國會，翌年美國宣佈獨立，其不朽的「獨立宣言」，即爲傑氏的手筆。一七七九年任佛州州長，一七八五年繼富蘭克林爲駐法公使，在任五年，親睹法國大革命，並對之寄予深切同情。一七九〇年應華盛頓總統之召，回國出任國務卿，因與財政部長漢彌爾頓意見相左，于一七九三年辭職，乃糾集同志組織民主共和黨，是爲今日美國民主黨的前身。一七九六年出而競選總統，以微末之差敗于阿當斯，退而屈就副總統。一八〇一年當選爲美國第三任總統，在位八年，建樹極多。退休後創辦佛琴尼亞大學，並任美國哲學會長，于一八二六年七月四日逝于蒙迪西羅。

傑氏爲英儒洛克的信徒，崇尚民主政治，堅信自由主義，爲美國開國初年州權派的首魁。他認爲人類的自由權與生俱來，國家對人民的干涉，應以維護社會和平秩序所必要者爲度，而醫治民主政治的病態，厥爲用更民主的方法。基于此，他的政治主張包括：地方自治；各級行政、立法、司法官員普選；言論、出版及宗教自由；普遍性的自由教育；普遍的男子參政等。後人把他這些主張，統稱爲傑佛生式的民主政治。（胡述兆）

傳統的合法性 (Traditional Legitimacy)

「傳統的合法性」是指一種統治的合法性係源於傳統習俗者。此爲M. Weber所謂「傳統權威」的基礎。依 M. Weber，傳統的統治不能靠統治者個人之神寵，權力，而主要靠傳統習俗之認可。換言之，統治的「權力」，需賴傳統之默許而使之轉爲「權威」，亦即藉傳統而使統治合法化。所謂傳統，或係遠古遺留之習俗，或係行之有年之先例。傳統常被聖化，常被視爲「天經地義」，從而，依傳統而建立之社會現況亦常被認爲永恒，不可變更。傳統在某種意義上只能「被發現」，而不能被創造。

源於「傳統的合法性」而建立之統治結構中，統治者與被治者之間的權力關係爲主人與臣僕之結合，此爲「家產主義」中之普遍形式（參Patrimonalism條）。在傳統的政治中，不依傳統模式而取得統治之地位者爲僭奪、篡弒，必難爲被治者所容，故必假傳統之外衣而使其權力合法化。此如挾天子以號令諸侯、僞行禪讓是。所可注意者，即在現代之政治中，「傳統的合法性」仍有其重要的作用，特其所扮演之角色較輕而已。英國、日本之虛君即其顯例。再則，從歷史的眼光看，傳統亦非永恆不變，而係生生演化者。特社會人衆在某一特定之歷史時刻中，不見傳統之變化罷了。此外，依「傳統的合法性」而建立之統治結構中，統治者本人固亦須遵守傳統，但傳統鮮有確定之內涵，故統治者具有相當的自由裁量權，或對傳統的解釋權，其自由裁量或新解釋若不被挑戰，則演成後日之「先例」，或「新傳統」。（金耀基）

傳臚

見「進士」條。

塞內加爾 (Republic of Senegal) 政黨

塞內加爾共和國 (Republic of Senegal) 原爲法國之屬地，於一九六〇年八月獲得獨立，該國現有之政黨如左：

(一)塞內加爾進步聯盟 (Union Progressiste Sénégalaise) (U.P.S)：該聯盟實際上係由下列幾個黨派演變而來的。

(1)和協黨 (The Comité d'Entente)：和協黨之產生與塞人對於維琪政府的種族差別待遇的極端不滿有密切關係。該黨成立於一九四五年，目的在統一各城市中既已存在的其他政治團體，聯合一切合法的組織向維琪政府爭取合法的公民權。後來由於黨內的親共產黨派知識青年與親法國社會主義派領袖間發生權力鬭爭。而使該黨發生分裂。社會主義者另組非洲集團以代之。

(2)非洲集團 (Bloc Africain)：該黨爲社會主義人士所創立，以進步改革爲對抗法國政府的口號。蓋葉 (Doudon Guèye) 爲該集團領袖。後因黨內各教徒間發生權力衝突及老資格黨員的專權而引起分裂。桑果（Lēopold Senghor）領導分立運動，自創塞內加爾民主集團（The Bloc Democralique Sénég alais 簡稱B.D.S.）代替蓋葉取得塞內加爾政權。

(3)塞內加爾民主集團與塞內加爾人民集團(The Bloc Populaire sénégalais 簡稱 B.P.C.)。

該黨係一九四八年由桑果（Léopold Senghor）領導自非洲集團中分裂而出的黨派。其政治目標爲實施民主制度，反對獨裁制。頗能獲得一般具有影響力的地方團體組織，商會與回教派等的支持。但到一九五六年，該黨受留法馬克斯主義派知識青年與非洲青年組織之工會運動等激進思想的影響，乃改組塞內加爾民主黨爲塞內加爾人民集團，吸收各小黨，採取民族主義的路線，並民主化其組織。

(4)塞內加爾進步聯盟（Union Progressiste Sénégalaise (U.P.S)：一九五八年，非洲集團中親法國社會主義分子亦在政黨重組運動中併入塞內加爾人民集團，斷絕二十年來和法國的關係。桑果與蓋葉重新携手，共同組成塞內加爾進步聯盟，以桑果爲秘書長，領導該黨爲獨立與民主而奮鬬。該黨勢力遍及全國各地。其組成分子也是包括各方面的。所以以塞國第一大黨姿態出現。在一九五九年選舉中獲得國會全部議席。但因其組織分子太過複雜，所以各派系間的基本緊張氣氛在黨內仍然存在着。而妨礙黨內的團結。

(二)非洲人民團結黨（Parti du Regroupement Africa）（P.R.A.）：該黨原爲一左派組織，也是政府最大反對黨。但至一九六六年該黨與執政黨合併。所以塞國現在並無反對黨的存在。（袁頌西）

塞浦勒斯（Cyprus）政黨

根據一九六〇年七月三十一日之選舉，各黨席次分配如下：

愛國陣線　(Patriotic Front)	二六席
土耳其國民黨（Turkish Nationalists）	一五席
共產黨　(AKEL Party, Communists)	五席
獨立派　(Independent)	二席
共　計	四八席

根據上表議席分配，可知塞國議會受愛國陣線黨之控制。土裔國民黨爲議會中之最大反對黨，塞共勢力甚微，不足以左右政局。獨立派候選人之不易當選，亦可知塞國自獨立伊始即向兩黨政治之途邁進中。由於塞國人民多係希、土兩裔人民組成，希裔塞人佔總人口百分之七十七；土裔人口佔百分之十八。根據一九六〇年之塞國憲法，該國元首亦採雙軌制度。總統由希裔塞人充任，副總統則由土裔塞人充任。正副總統各自獨立並存，就職權上劃分，實爲雙軌之元首制度。至憲法下之部長會議，雖爲實際推動政務之機構，但部長席次之分配與任免，正副總統均有權控制。總統負責希裔部長之任免。副總統負責土裔部長之任免。因爲塞國社會之構成分子及政治制度如此，故該國政黨之分野，亦循此脈胳。由希裔塞人馬卡里奧斯主教（Archbishop Makarios）所領導之愛國陣線，爲議會之多數黨，並由馬氏充任塞國總統。由土裔塞人庫克(Kücük)領導之土耳其國民黨則爲議會之反對黨，並由庫克充任副總統。塞國共黨亦稱勞動人民進步黨(AKEL)，一向反對馬卡里奧斯總統之獨立計劃。一九五九年大選時，即支持極端分子之塞浦勒斯民主同盟(Cyprus Democratic Union)，以克萊內斯(John Clerides)爲總統候選人，與馬卡里奧斯對抗。馬氏當選總統後，塞共從未支持政府之政策，並不斷從事分化與顚覆活動。一九六四年，塞國希、土兩裔居民發生武裝衝突後，馬卡里奧斯總統公開向蘇俄及阿聯求援，而蘇俄與阿聯亦予援助。自此之後，塞共勢力日漸高張，更危及塞國之安寧與統一。（郎裕憲）

奧古斯丁 (Augustine, St. Aurelius, 350-430)

奧古斯丁是北非洲塔賈士特(Tagaste)人，在該地長大受教育，並在迦太基(Cathage)攻修辭學，於三八三年赴羅馬，後至米蘭(Milan)任修辭學教師。他的母親是基督徒，但他自已是明暗教徒(Manichean)，至三八六年才改信基督教，並由聖安布羅士(St. Anibross)主教洗禮入教，於三九六年任迦太基附近之希坡(Hippo)主教，直到四三〇年他逝世時止。他生前著有懺悔錄(Confessions)和天國(The City of God)等書，對基督教義貢獻頗多，對後代的政教關係影響至大。

奧古斯丁在懺悔錄中說，自從亞當(Adam)和夏娃(Eve)誤用自由不服從上帝以來，人類便有與生俱來的罪(original sin)。他爲了證明這點，曾引述早年經驗，說童年時期家有梨樹，却常結伴掠奪鄰家梨子，長大後又好女色，追求肉慾的滿足，可見凡人生而有罪。就是在嬰孩時期也有貪食、嫉妬、破壞等罪行。但人亦有善良的一面，有精神上的愛好，這種肉體上的惡性和精神上的善性常相衝突，形成整個人類史的善惡衝突。

羅馬異教徒說羅馬式微，尤其是於四一〇年為西哥德人阿拉立(Alaric)所攻陷，是因為政府摒棄了古代的邱比德(Jupiter)神，信奉了基督教。奧古斯丁為駁斥此說起見，乃於四一二至四二七年間著天國一書，從歷史、哲學和人性各方面立論，以證實此說的謬誤。他書中的觀念，和前賢雷同者頗多，其中主要特點是倡導基督國協(A Christian Commonwealth)，認為這是人類精神發展的最高峯，指出人類自古以來，便是兩國的公民，一是出生地國，一是上帝之國，人有兩面，一是肉體，一是精神，所以有塵世的利益，有靈魂上的追求，人人能夠同時屬於兩國。這種觀念，無疑是基督教的倫理和政治思想的基礎。

奧古斯丁視人的兩面性為了解歷史之鑰，並且視歷史充滿了天國和俗國的鬬爭，因為天國是基於仙間平靜和靈魂拯救的希望之上，俗國以低級人性的貪慾、佔有慾等為基礎，後者是撒旦(Satan)的王國，屬其類者如阿西里亞(Assyria)和異教的羅馬帝國，前者是耶穌之國，屬其類者如希伯萊(Hebrew)國，教會和基督化的帝國；兩者鬬爭結果，後者必敗，前者必勝，而且祇是天國可能有和平，能夠長存，俗國一定變動不居、不能穩定、有貪慾和戰爭，最後必消逝，羅馬之所以淪亡，原因便在此。

既然這樣，那末教會是否天國，世俗政府是否俗國呢？奧古斯丁以為天國俗國不和肉眼可見的任何現有制度相合，教會並非天國，世俗政府也不是魔鬼權力。政府的一切權力由神註定，因為人間有罪，政府有使用權力的必要，神給予政府權力以伐罪。雖然俗國是魔鬼和壞人棲身之所，天國是得救者此生和來世聚會之地，兩者却是混合的，其分野不是肉眼可以看見的，唯有最後審判日(the last day of judgment)到來時，兩者才分開。

然而，由奧古斯丁看來，異教帝國最少是代表罪惡王國的，教會是代表天國的，因為教會是有組織的機構，可以使人得救，使人進入天堂，是眞信徒的團體，唯有經由教會，神恩(The Grace of God)才能施於人類，也唯有經由教會，人類才能得救，所以教會的出現是歷史的轉捩點，是善惡勢力鬬爭新紀元的開始，從此人類得救和教會利益結了不解之緣，教會利益比一切利益更高而且永恆。

奧古斯丁認為人類實際上祇是一家，最後歸宿不在俗國而在天國，教會是神在世間的代表，人類生活是善與惡的搏鬬，人類史是聖恩施救計劃的揭示，於是各族團結便是教會領導下的基督教信仰的統一，但這不是說普通國家是教會的凡俗部門，是教會統轄下的機構。

奧古斯丁認為人既有罪惡，便有奴隸制以糾正罪惡，神亦准許以奴隸制懲罰壞人，但受罰者如果得救，則在永生世界中，仍有自由平等的地位。

至於國家起源，奧古斯丁說是由於神意以及人的社會性。人願意而且需要和他人交往，服從智慧與正義，享受自由與平等，只因人本有罪，神乃設立國家，置某些人於其他人權威下，藉以糾正罪惡，懲罰壞人。國家建立後，凡俗政府秉神意做事，管理低級人性的活動，節制人類的肉體行為，但不能過問人類靈魂安靜精神得救的事情，因為這是教會的職掌。國家必須是基督教信仰的社會，其目的必須是爭取高於一切的精神生活和實現正義，而正義是各得其分，神所應得之分便是信仰，如果國家和人民不信仰神，便不能有正義，非基督教國家亦不能有正義，既無正義，則不符合國家目的，不能稱為國家，但奧古斯丁為自己的歷史觀所迫，却不得不承認基督教國以前的帝國，在某種意義上也是國家，然而他明白表示，基督教國建立之後，以前的帝國不是完全的國家，因為正義之國必須傳播眞正宗教的信仰，而其傳播必須有法律和權威的保障。至於政府，如果和教會無關，亦不能有正義，因為社會組織的最後形態無論為何，仍須是宗教的。

奧古斯丁強調，教會在精神事務方面是獨立的，政府在凡俗事務方面也是獨立的，只要它不越權，不干擾教會活動，神就不會限制它；人民要服從兩方，一對教會，一對政府，其對政府的服從，不得因為其增加了對教會的服從而減少。由此可見，奧古斯丁的主張中，沒有包含教會可以侵犯政府權力的意思。（陳治世）

奧地利 (Austria) 政黨

奧地利 (Austria) 於一九三八年為德國希特勒政權所合併。一九四五年四月二十七日俄軍佔領維也納 (Vienna)，隨即由社會主義者卡爾・蘭尼博士(Dr. Karl Renner)出來組織一臨時政府。蘭尼氏登台後立即宣布前此與德國合併的條約無效，並於一九四五年五月一日恢復施行一九二〇年制定，曾於一九二九年修正的奧地利憲法。

在四國佔領當局監督之下，次第完成了戰後第一次中央議會與各省議會的選舉工作。在一九四五年十二月十九日，國民議會（National Assembly）召集之日，奧地利第二共和乃告誕生。於十二月二十日，國會兩院召開聯席會議，選舉蘭尼總統為第二共和第一任總統。

一九五五年五月十五日，奧國與英美法蘇四佔領國簽訂和約（The State Treaty），恢復獨立。該約於同年七月廿七日生效。佔領軍於十月廿五日撤退完畢。十月廿六日奧國國會通過一法律，規定奧國永久中立。

奧國在戰後政黨數目不多，現有下列四個政黨。惟大黨實際上只有兩個。茲簡介如次：

㈠人民黨（People's Party）：該黨為一中產階級政黨。黨內以農民與商人的影響力最大，但近年來該黨所屬的天主教勞工團體影響力日增。其黨員大部分為天主教徒，但該黨與教會並無直接關係。該黨重視奧地利愛國精神的發揚，強烈反對共產主義，並主張自由企業與消除階級之間的差異。

人民黨在一九六六年大選中獲得國會過半數議席，成立一黨政府。這是奧國自一九四五年以來第一次是以一個黨來執政。該黨黨魁約塞夫・克勞斯（Josef Klaus）氏乃出任聯邦總理（Chencellor）。

㈡社會黨（Socialist Party）：該黨是代表大多數勞工與部分中下階級的利益，其對於工會聯盟（Trade Union Federation）及其附屬工會有很大的影響力。

一般言之，該黨主張計劃經濟與廣泛的社會服務，贊同經由民主歷程而作溫和漸進的改革。雖然該黨在傳統上是反共的，但有時並不拒斥共產黨的支持，例如在一九六六年的大選即是如此。

該黨現任黨魁為彼德曼（Bruno Pitterman）氏。

㈢自由黨（Freedom Party）：該黨成立於一九五六年，乃是一些不滿人民黨與社會黨聯合內閣的分子所組成的。他們的政治主張並不十分明確，一般說來，主張政府對於經濟的控制愈少愈好，反對政治與宗教結合，並認為應削減政府的職務以達到減少支出的目的。他們非常重視奧地利與日爾曼民族在文化上的隸屬關係。

[illegible]影響不大。現任黨魁為彼德（Friedrich Peter）氏。

㈣共產黨：奧共所追求的目標，是為在該國建立一「人民民主政體」（People's Democracy）但何謂人民民主政體，該黨則未予以界說清楚。惟一般說來，該黨反對政府一切措施，主張國有化（Nationalization），土地改革與普遍的社會福利，反對奧國整軍，而主張奧國無論在政治、經濟或思想上都要在東西方衝突方面保持中立的立場。該黨在全國選舉中所得票數，從未超過百分之三，而且自一九五九年以來，亦未能在國會中獲得一個議席。由此可見其力量在奧國政壇上微不足道的情形了。

現任黨魁為麥里（Franz Muhri）氏。（袁頌西）

奧坎（William of Occan, 1280-1347）

奧坎為英國宗教家，在十四世紀時的政教相爭中，擁護皇帝，攻擊教權，亦當時重要唯名論者，他認為皇帝之主權有其限制，即不能違反自然法與萬民法。教皇貴在服務不宜爭權，更不能剝奪任何人之權利或自由財產，教士之職務非強制而係勸告，非執行而係評判，在西方思想史上，奧坎最大的貢獻為倡議代議民治思想，認為教會之最高權力非在教皇而寓於代議機構，即總議院，而總議院非萬能無誤。其產生與組織應採用間接選舉由各村或市之全體信徒推選若干代表組成教區，或君國或其他區域之選舉院，再由此選舉院推出代表參加出席總議院，總議院可完全代表教會，無須教皇之召集或參加。（張旭成）

愛爾法修（Helvetius, Claude, 1715-1771）

法國人，為十八世紀後半期的政治思想家。他擷取霍布斯和洛克等人的部分學說，融會為一家之言。

愛爾法修析言人性以自利（self-interest）為根本，以趨樂避苦為常情，故「人不能為善而行善」，利益才是行為的動力，也是道德規範的基礎。氏以為利益有公有私，有全體，有個別，但兩者並非必然衝突。公利即私利之總和；個人的利益滿足，始有全體的利益存在。惟其如此，使人民認識道德的唯一途徑，就是讓他們瞭解私利在公利之中，而此非立法不為功，即透過特別的設計，誘之以利，繩之以法。最好的政府，乃是最能保全極大多數人民幸福的政府，而且為人民謀福利，也是政府最聰明的做法。

愛爾法修對平等與自由的維護，頗具熱誠。他確信人類生而平等，尤以心智爲然，故國家應大力發展教育文化。同時，愛氏推論任何政體均有專權與獨裁的傾向，暗示自由之可貴，且謂科學之進步，當以意見與出版自由爲條件；宗教亦須以容忍爲原則，切忌以異端邪說相詆毀，借政治權力相摧殘。

愛爾法修的功利觀念（utilitarian ideas），顯然對後起的邊沁學說很有影響，就思想的特質及其啓發性而言，他可算是百科全書派理論之代表。（謝延庚）

愛爾蘭 (Ireland) 政黨

愛爾蘭 (Ireland) 共和國採兩院制度，其第一院 (First Chamber; Dail Eireann) 計有一百四十四個議席，均由人民直接選舉，任期五年。第二院(Second Chamber; Seanad Eireann) 計有代表六十名，其中四十三名由職業團體選舉，六名由國立大學與都柏林大學 (Dublin University) 選舉，其餘十一名則由國務總理委任。因此之故，愛爾蘭的政黨活動均集中於第一院。現在其主要政黨計有下列三個：

㈠共和國 (Fianna Fāil)：該黨曾於一九三二年至一九四八年，一九五一年六月至一九五四年六月，一九五七年三月至一九六一年十月分別執政。惟在一九六一年及一九六五年的兩次大選中，該黨並未能得到下議院議席的過半數，但仍爲國會中第一大黨，而繼續執政。

該黨的目標，自一九二六年創黨以來，即未曾改變。最初在其作爲一共和運動之時，其目標是爲追求愛爾蘭的統一與獨立，現在則爲和平地終止愛爾蘭的分割狀態，即希望北愛爾蘭亦能併入愛爾蘭共和國的版圖。與上述目標相關的，是爲該黨主張繼續推行愛爾蘭語爲國語的運動，以及根據愛爾蘭人的傳統與理想發展出一獨特的國民生活。除此而外，該黨又主張利用愛爾蘭的資源財富以增進全國人民的福祉，以及盡可能使愛爾蘭在經濟上成爲一自足的國家。基於這一目標，該黨政府現正從事一經濟發展的計劃，希望經由政府投資，優利貸款等的途徑，以促進農工業的成長。在這方面的努力，頗有可觀的成就。

該黨現爲愛爾蘭執政黨，黨魁蘭區 (John Mary Lynch) 氏出任國務總理。

㈡愛爾蘭統一黨 (Fine Gael)：該黨現爲國會下院中主要的反對黨，且曾爲一九四八至一九五一年、一九五四至五七年兩次聯合內閣中主要參預政黨之一。該黨主張政黨之間合作與北愛爾蘭保持友誼關係以達成政治統一的目標，推廣愛爾蘭語與文化，協助工農業發展等。

現任黨魁爲康斯葛萊夫 (Lian Cosgrave, T.D.)氏。

㈢勞工黨 (Labor Party)：愛爾蘭的勞工黨是建立在工會運動與鄉村合作運動基礎之上的，其主張爲經由民主體制以進行各種社會改革。舉其要者有下列幾個重要項目：(1)建立廣泛的社會安全制度與醫療保險制度；(2)銀行公營；其他企業與服務事業凡影響公衆利益者亦公營之；(3)創造最佳的就業條件，促進有組織的勞工參預工廠管理；(4)與愛爾蘭工會運動合作；(5)經由信用貸款措施以擴張農業生產，保護國內市場，保障價格與重新分配財產；(6)促進與北愛爾蘭的友善合作，以達到將來政治統一的目標。

該黨現爲國會中第三大黨，在下院一四四席中佔二十二席。其國會黨部領袖爲柯逸虛 (Brendan Corish, T.D.) 氏，行政會議 (Administrative Council) 主席爲圖萊 (James Tully, T.D.) 氏。（袁頌西）

意見自由 (Freedom of Expression)

意見自由 (freedom of expression) 世人或稱之爲思想自由 (freedom of thought)。但思想爲人們內在意識作用，其底蘊如何，非他人所能得知，亦非他人所可干涉，所以沒有自由與否的問題。所成問題的，乃爲思想的表現，亦即普通所稱的「意見」。可見思想自由之稱，不如意見自由來得恰當。表現思想的方式有言論、著作、出版、講學、通訊；換言之，言論、著作、出版、講學、通訊都是表現意識以達成意見的方法。由此可見，意見自由的內涵，實以言論自由、著作自由、出版自由、講學自由、通訊自由爲實質。我國憲法第十一條規定：「人民有言論、講學、著作及出版之自由」，第十二條又規定：「人民有秘密通訊之自由」，可見我國憲法對於意見自由已有充分周密之規定。有關言論、著作、出版、講學、通訊各種自由的命意，分見另目。（羅志淵）

新自由主義 (New Liberalism)

此一名詞爲研究近代政治思想者所習用，其意在示別于舊自由主義。舊自由主義應溯源于自然法與自然權利之哲學思想，經Adam Smith 之 Wealth of nations 發展爲所謂放任主義 (Lassez Faire)，着重于經濟自由不受政府干涉。再經十九世紀 David Records與 John Stuart Mill 之闡揚，形成所謂經濟自由主義。即 Mill 所謂政府對于自由競爭之所有干涉與限制，皆罪惡也。同此之時，Jeremy Bentham 基此思想于政治上倡導所謂功利主義，認爲最良好之政府應任各個人自行決定其幸福以達到爲最大多數人謀最大幸福之目的，此即所謂政治自由主義。以上經濟與政治兩自由主義，乃舊自由主義發展于英美之兩大主流。至廿世紀，此舊自由主義思想開始轉變，亦即新自由主義之逐漸形成。新之別于舊者有二：㈠認爲自由並非如舊的所謂反對政府干涉，自由常由某些機會所造成，而此機會只有在政府干涉之下始可有之(見 C.C.Rodee:Introduction to Science)此種新的看法，乃由于適應近代社會政治情況之變遷。在思想方面，英之哲學家 T.H. Green 倡導于前，認爲謀大衆之幸福，政府方面有其義務在，因此有公共衛生義務教育等立法，此即表示個人與社會之間有聯帶關係。在實際方面，美國之事實表現于後。美國大企業大公司與大衆化之股東已取個人自由競爭而代之。同時社會上有工人階級之產生，社會上形成工商企業、工人，與大衆利益三方面之對立，政府干涉，不得不應運而生，自由競爭新社會遂不復存在。㈡舊自由思想基于自然法，自然權利，新自由主義，傾向于實驗的與實用的(empirical and Progmatic)基于實驗主義之新自由主義。據 Alan P. Grinies 歸納近代英美政治思想家與實際政治家，如 Morris Cohen, John H. Hallowell, L.T. Hobhouse, Herbert Hoover., Franklin Roosevelt, John Dewey 各人之含義，共有四點：㈠新自由主義乃在說明一種態度，期實現一種社會情況，使所有人之個性能在此社會中表現。㈡新自由主義認爲一般言之，擁有權力者多半享有較大自由，因此基于人道主義，自由主義者應設法使無權力與無特殊利益者能享受自由。㈢新自由主義乃在社會與經濟方面居于劣勢者之一種主義。㈣新自由主義者多半站在爲宗法社會所忽視者之一邊。是以其所呼籲者多半爲反宗法的。(詳見一九六四年 W.J. Stankiewicz 所編之 Political Thought since World War II)（王世憲）

新政 (New Deal)

一九三二年七月二日，富蘭克林·羅斯福在芝加哥接受民主黨總統候選人提名的演說中宣稱：『我向各位保證，我向我自己保證，我將爲美國人民帶來一項新政』，是爲『新政』一詞之由來。這一名詞後來成爲羅斯福總統任內各項內政改革的通稱。新政包括兩個階段：第一階段爲一九三三年至一九三四年，着重于美國經濟的復興，以挽救當時經濟恐慌的危機。因爲時機危迫，國會一切從權，故在一九三三年的三月至六月的百日之間，連續通過數十重要法案，建立許多重要機構。舉其大者言：前者如緊急銀行法，聯邦緊急救濟法，全國工業復興法，國民就業法，農業調整法，農場信用法等；後者如全國復興總署，農業調整總署，公共工程總署，平民保護團等。第二階段爲一九三五年以後，着重于長遠目標的社會及經濟立法，如全國勞工關係法，社會安全法，銀行法，稅收法，國民房屋法，公平勞工標準法等。

新政實施之初，爲時勢所迫，全國上下未遑他顧，只求一心一德，共同挽救經濟恐慌的危機，然因此而使總統的權力大爲擴張，影響三權分立的基本精神，故自一九三五年以後，國會及最高法院即謀對新政有以節制，如全國復興總署及農業調整總署之被最高法院宣佈違憲，可爲著例。然因政治與社會情勢所趨，新政精神已在美國逐漸生根，如杜魯門之「平政」(Fair Deal)，甘廼迪之「新境界」(New Frontier)，以及詹森之「大社會」(Great Society)無非新政之流風餘緒。（胡述兆）

新個人主義 (New Individualism)

此乃研究近代政治思想之一名詞，有以別于舊個人主義。舊個人主義在政治思想上遠溯于希臘時代之堅忍主義，直至十九世紀，經 John Stuart Mill 之着重個人思想自由主義，再經 Adam Smith 與 John Locke 之着重自然權利（包括財產權），復經 Herbert Spencer 之解釋達爾文進化論，着眼于物競天擇適者生存之個人主義。舊個人主義之含義可歸納爲兩大要點㈠保障私有財產爲保障個人自由之必需條件，其目的在限制政府對于社會經濟程序管理權。㈡堅信個人本身是乃人生最終之目的。是以每一個人應實現其自我，培養其自身之判斷能力，以抵制社會環境所不斷加以捨己從人之壓力。惟舊個人主義思想演變至今，受近代社會大規模傳播工具之興起，與社會之多元化，發生重大之轉變，因而有所謂新個人主義之產生，亦稱之爲近代個人主義。此新個人主義認爲居今之世，個人之心靈(mind)不能避免大衆教育，報紙專欄作家與無線電電視評論家之薰陶與磨練。此大衆傳播工具與其所形成之社會結構對于個人所施展之力量，使每一個人發現並覺察他或她必需成爲屬於社會上各種團體之一員，（諸如工會、商會、政黨、壓力團體、兄弟會、宗教團體、等。）方屬有益，換而言之，舊個人主義者、如 Adam Smith, Thomas Paine, Ralph Waldo, Emerson, 與John Stuart Mill 等心目中個人之含義，于今不復存在。依新個人主義，近代之個人，不但並非果敢的，大智的，獨立的，而且日益願于捨己從人並接受他人『二手』(second hand)之意見，可謂與舊個人主義之看法正屬相反。（見 C.C. Rodee: Introduction to Political Science 1957 版Contemporary Political Theories 章）（王世憲）

新聞自由 (Freedom of Press)

新聞自由的思想可以說與自由主義同一導源，而與言論自由和出版自由相伴隨。蓋在君主專制政治時代，政府對於言論出版，或施行許可證制或採用檢查制度，全無自由之可言。迨十八世紀自由主義勃興，自由主義者主張言論出版應屬個人自由權利，國家不應予以控制；他們尤其強調，思想應讓其自由發展，各是其是，而不必求其統一；人民對於政治得盡量批評，以檢討政府措施之得失。隨着民主政治思潮的澎湃，人民日益要求思想言論出版之自由，欲以自由主義的思想以解決所有政治經濟宗教文化等問題。凡此所云，已可得見新聞自由的輪廓了。而「最早的新聞自由倡導者是英國著名的詩人兼思想家約翰・米爾頓 (John Milton)，他在「出版自由請願書」(Areopagitica) 中曾經大聲疾呼，反對英國政府和國會對於出版物的檢查與種種限制」（語見大衆傳播學術論集謝然之新聞自由基本觀念的演進）。米爾頓的呼籲雖未得實現，但嗣是以還，洛克 (John Locke)、艾斯金 (John Erskine)、哲斐遜 (Thomas Jefferson)及彌勒 (John Stuart Mill) 等英美人士對於新聞自由均多所弘揚。洛克本天賦人權的觀念，認政府權力出自人民授與，但人民仍保有種種權利，言論出版自由亦包括在內，故政府對於人民的思想自由和信仰自由不得有所損害。艾斯金認爲「所謂新聞自由卽爲人人有權利本着自己的理性與良知，將眞理傳給一般國民或社會大衆，只要他沒有存心鼓惑的企圖」。哲斐遜主張「輿論應該監督政府，他認爲報刊的作用是向人民報導國是，防止政府越權行事。……他甚至主張：寧可有報紙而無政府，不可有政府而沒有新聞自由」。彌勒在其所著自由論 (On Liberty) 中說：「如果全人類有着一共同的輿論，而只有一個人持反對的意見，那麼這個唱反調的仍然應該讓他存在。這理由正如這個反對者一旦掌握了大權，不可壓制全人類的輿論一樣。這裡包括四個論點：第一、這個反對的意見可能就是眞理之所在；第二、卽使這個反調是錯誤的意見，也可能促成我們求得整個的眞理；第三、一般的輿論卽使完全正確，也得經過反對的考驗與辯論，才能成爲合理的論點；第四、通常正確的輿論必須隨時接受反對的挑戰，才能不喪失其活力與功效」（以上錄引各語見謝然之前文）。凡此陳說，足夠闡明新聞自由的價值，亦足以警惕政府應保障新聞自由，而不應加以抑制。現在民主國家，大都已在法律上允許新聞自由。惟在極權國家的共黨政府，一方面在其本國控制新聞及大衆傳播設施，以爲其施行極權專制籠絡民心的工具；另方面譏評資本主義國家新聞事業爲資本家的報團所操縱控制，新聞事業本質上已無新聞自由的氣息。此外，更在民主國家中濫用新聞自由的權利，以從事顚覆民主國家的活動，此誠足爲民主國家的新聞自由危。總而觀之，新聞自由隨自由主義的澎湃而勃興，而光大，亦隨自由主義的觀念而發展成爲一種規模宏大的自由企業，非有資力雄厚的資本集團莫由經營，從而新聞事業—報章、廣播、電視等大衆傳播企業落入資本家操縱之手，而此等企業經營和作風更受到商業廣告的影響和支配，業者已失却其自己意志的自由。但此屬新聞事業經營方式的問題，不應以此而困惑新聞自由的本義。蓋新聞自由的本來立義，在求得法律上的充分保障，俾從事新聞事業者的採訪、編輯、評論、刊行不受政府的抑制，而能各本其自由思想和自由作風以發展其事業。至於濫用新聞自由者，則當準照言論自由和出版自由的法例，予以適當的制裁。（羅志淵）

極權政治 (Totalitarianism)

見「獨裁」、「極權獨裁」條。

極權獨裁 (Totalitarian Dictatorship)

極權獨裁是二十世紀工業社會之產物，雖與古時之專制政治有相似性，但本質上並不相同。極權獨裁之本質，有下列特點：第一，在範圍上是『全面獨裁』(total dictatorship)，不僅政治方面實施專斷的控制，而在社會、經濟、文化等方面，亦嚴加控制。第二，在時間上是「持久獨裁」(continuous dictatorship) 不論平時戰時，皆經常不斷之獨裁，故與一時權宜之計的「臨時獨裁」不同。第三，在目的上是「反憲政的獨裁」(unconstitutional dictatorship)，其目的不在維持憲政秩序，終止危機，恢復常態，而在打破現狀，破壞既有之憲政制度，顛覆原有之政府組織，而遂其私。準此，而與『憲政獨裁』不同。第四，在手段上是『暴虐的獨裁』(terroristic dictatorship)，以嚴懲重罰，高壓恐怖之手段，鎮懾異己，實施殘酷血腥之統治。第五，在程度上是『絕對的獨裁』(absolute dictatorship)，絲毫不受現行法令之拘束，可專斷自恣，更不受憲政例規及習慣之限制，可任意而爲。最後不對任何人或機關負責任。第六，在性質上是『革命性的獨裁』 (revolutionary dictatorship)，不是消極的保持現狀，而是對以前的一切，加以翻然劇變。故其獨裁統治，不僅控制人民的一切行動，而且控制人民之思想。不僅要改變人民生活方式，而且要塑造人民的意識形態。第七，在組織上是『一黨獨裁』(one-party dictatorship)，極權獨裁之國家，實施一黨專政，不准反對黨之存在，如戰前之德義，現在之蘇俄，不是實施『一國一黨』之原則，就是採行『黨國合一』之理論，根本不許別黨存立。

極權獨裁有兩種類型，一爲右派的極權獨裁，如戰前義大利之法西斯獨裁，德國之納粹獨裁，以及戰後阿根廷之皮朗獨裁等是。另一爲左派的極權獨裁，如蘇俄之共產獨裁，即是明例。

關於極權獨裁之其他問題，則請參閱『獨裁』條及『憲政獨裁』條。(張劍寒)

參考文獻：

Carl J. Friedrich & Zbigniew K. Brzezinski, Totalitarian Dictatorship and Autocracy, 2nd ed, Harvard University Press, 1965.

International Encyclopedia of The Social Sciences, vol. 4, "Totalitarian rule", pp. 164-165.

Hannah Arendt, The Origins of Totalitarianism, 2nd ed., New York, 1958.

殿最

見「考課」條。

殿試

殿試亦稱廷試，爲科舉歷程中之最後階段。明史選舉志：「三年大比，以諸生試之直省曰鄉試，中式者爲舉人。次年，以舉人試之京師曰會試，中式者天子親策於廷曰廷試，亦曰殿試。分一二三甲以爲名第之次。一甲止三人，曰狀元榜眼探花，賜進士及第。二甲若干人，賜進士出身。三甲若干人，賜同進士出身。」此制係逐漸發展而來，至宋始成定制。漢時，已有皇帝親策賢良文學之事，見漢書　錯董仲舒諸傳。趙翼陔餘叢考殿試條言之最詳確：「唐武后大授元年二月，策問貢舉人於洛陽……此殿試之始……其舉人皆試於考功員外郎，武后……於殿陛間行考功主試之事，是殿試即考功之試，非如後世會試後再赴殿試也。武后以後，其事仍歸考功，無復殿試。開元中，改命禮部知貢舉……所放第一，即爲狀元……穆宗時，始令……先以所取及第進士姓名文卷，具送中書覆閱，非另於殿陛再試也。宋太祖開寶五年，禮部試到進士安守亮等，上召對講武殿，始下詔放榜，此殿試放榜之始。六年李昉知貢舉，有徐士廉伐鼓訟寃，上乃御講武殿，籍終場舉人，再試詩賦……得進士二十六人，并昉所取，皆賜及第，則殿試實自宋太祖始……八年又試貢院合格舉人王式等於殿門……自此省試後再有殿試，遂爲常制。元時無殿試……洪武中仍復殿試之例。」以迄於清。現時公務人員考試有普通及特種甲乙丙之分，且憲法規定考試院爲國家最高考試機關，考試院考試及格之士，爲最終之考試，自無殿試可言。(仲肇湘)

獅子山(Sierra Leone)政黨

獅子山(Sierra Leone)原爲英國的殖民地，於一九六一年獨立。該國現有兩個政黨：

(一)獅子山人民黨(Sierra Leone People's Party)：該黨簡稱S.L.P.P.，於一九五一年成立，其創始人爲密爾頓馬楷(Milton Margai)。該黨成立當時即控制了政府。一九六二年獨立後的首屆大選，該黨獲得全面勝利，而成爲獨立前最大的政黨。

密爾頓創黨時的主張認爲獅子山應以獨立爲第一要務，餘者次之。所以在當時深獲人民的支持。惟在一九六四年後由於其弟亞伯特馬楷 (Sire Albert Margai)未經選舉而繼任其職位，致引起全民的不滿。同時亞伯特對鑽石礦經營不善以及國內經濟蕭條，所以在一九六七年大選時即被史蒂文斯所領導的全民會議黨所擊敗。但亞伯特將選舉最後結果秘而不宜，企圖繼續執政，結果一軍人不滿而發動了政變。自此以後該黨的地位遂爲史蒂文斯所領導的全民會議黨所替代。

㈡全民會議黨(All Peoples' Congress Party)：該黨的產生與獅子山獨立有關。在一九六〇年倫敦憲法會議決議，獅子山獨立後首席部長改稱總理，行政委員會改稱內閣，人選依舊。史蒂文斯(Siaka Probyn Stevens)反對此一決議，乃組織全民會議黨，堅決主張不選舉不獨立的原則。該黨在一九六二年大選時敗於人民黨手中。但在一九六七年趁人民對亞伯特不滿之際，聯合其他黨派於選舉中擊敗人民黨，而取得了政權。

史蒂文斯執政後，其主要政策是在推行礦業國有化，希望日後能完全自外人手中收回自營。對外則主張防共，並反對全盤親英政策。（袁頌西）

瑞士(Switzerland)政黨

瑞士(Switzerland)聯邦爲一多黨國家，現計有大小政黨共九個，惟無一黨能在聯邦國會兩院中獲得過半數議席。

㈠激進民主黨(Radical Democratic Party)：該黨爲一進步的中產階級政黨，產生於一八四七年內戰時期。一八七四年憲法之制定，該黨實具有很大的功勞。

現該黨主張加強國防，修改社會立法、工廠法等，並建議徵收酒精、煙草等稅賦，以爲從事社會福利之用。

該黨現爲聯邦國會兩院中第二大黨。黨魁爲葛拉森(Pierre Glasson)氏。

㈡社會民主黨(Social Democratic Party)：該黨爲一擁護憲政的社會主義勞工黨。它是第二國際(Second International)的支持者。主張國家有較廣泛的控制權，聯邦直接稅制與婦女投票權。

該黨現爲瑞士第一大黨，在聯邦議會下院(Nationalrat)中常擁有較多議席。該黨之所以能夠在議會中獲得較多議席，主要與瑞士之採用比例代表制與該黨之強烈主張提高政府公務員及勞工的薪資有關。

該黨強烈反共。黨魁爲格魯特(Fritz Grüter)氏。

㈢基督教社會保守黨(Conservative Christian-Social Party)：該黨爲一宗教性的右翼政黨。其產生可遠溯自一八四七年的內戰時期。該黨反對中央集權；主張各邦有權管理宗教教育；反對由聯邦直接課稅，但贊同徵收酒料及煙草稅。除此以外，該黨亦贊同推行社會福利措施。

該黨黨內有兩個對立的派系在競爭：一派傾向於社會保守主義(Social Conservatism)；一派則主張基督教社會主義的原則。黨魁現爲譚奇奧(Ettore Tenchio)氏。

㈣農民、工匠、中產階級聯合黨(Farmers, Artisans, and Middle Class Party)：該黨係於一九一九年自進步民主黨(Progressive Democratic Party)分裂出來的，現爲執政黨之一。該黨性質保守，並強烈維護農民利益。所以該黨主張制定法律，提高關稅以保護農民與小工業的利益。黨魁現爲康薩特(Hans Conzett)氏。

㈤自由民主黨(Liberal Democratic Party)：該黨之政綱與基督教社會保守黨大致相似，但其支持的力量主要的來源爲新教信徒。該黨乃爲一主張聯邦分權的政黨，故反對社會主義與過度的中央集權，而認爲各邦應有較多的自由。除此而外，該黨又主張自由貿易與自助的福利措施，反對由聯邦直接課稅。這些主張頗能獲得大城市中中產階級的支持。

該黨黨魁現爲格魯圖(Gaston Gluttu)氏。

㈥獨立主義者政黨(Independents' Party)：該黨爲一代表消費者利益的中產階級政黨，所以主張抑制生活費用的高漲與制定反托辣斯立法(Anti-trust legislation)。黨的領導人現爲蘇德(Rodulf Suter)氏。

㈦瑞士民主黨(Democratic Party of Switzerland)：該黨是在一九四一年由蘇黎士(Zurich)、格里森斯(Grisons)、葛勞斯(Glarus)三邦的民主黨所共同創立的。其目的在於聯合左翼中產階級，從而建立起中產階級與社會主義之間的共同瞭解，以消除兩者之間不必要的隔閡。因之，該黨主張實現社會民主主義(social democracy)。現任黨魁爲史陶佛息(D. Stauffacher)氏。

㈧瑞士勞工黨(Swiss Labor Party)：該黨爲瑞士極左的馬克斯主義政黨，其公開成立於蘇黎士的日期，是爲一九四四年十月。其主要支持的力量，係來自於大城市中不滿社會主義政黨溫和的改革政策的勞工群衆。該黨在實質上與共產黨無異，因爲在一九四四年共產黨及親共的瑞士社會主義聯盟(Swiss Socialist Federation)被政府一度禁止活動以後，不少的共黨分子改加入了這一政黨。尤其進者，該黨所主張者，與一般國家的共產黨沒有什麼差別。

該黨現任總書記爲吳格(Edgar Woog)氏。

(九)福音教派黨(Evangelical Party)：該黨的政見主要是根據基督教福音路德教派的教義。在聯邦國會下院中的力量甚爲微弱，與民主黨等同爲小黨。現任黨魁爲許密德（Ernst Schmid）氏。（袁頌西）

瑞典（Sweden）政黨

瑞典（Sweden）爲北歐多黨制國家。其在國會兩院中的政黨約有五個之多。

(一)社會民主黨(Social Democratic Party)：該黨爲一溫和的社會主義政黨。從一九三二年起，即一直爲瑞典最有勢力的政黨。現在在國會上下兩院中各佔七十五席及一一三席，爲第一大黨。

該黨在外交政策方面，一向支持瑞典傳統的中立政策，不與大國結盟，但贊成在聯合國制度之下的各國相互之間的合作。因之，在歐洲問題方面，該黨支持經濟合作，而拒絕在政治軍事方面的結盟。

該黨在內政方面，主張企業管理的民主化，政府的適度監督工商業，財富合理的分配，普及社會保險制度以及其他公共福利服務等。

該黨現任黨魁爲艾蘭道（Tage Erlander）氏。

(二)自由黨(Liberal Party)：該黨現爲瑞典第二大黨，在下院中擁有四十三席，僅次於社會黨；在上議院中亦擁有二十六席，與保守黨同爲第二大黨。

自由黨的主要力量，係來自瑞典鄉村中的擁護戒酒及獨立教會運動的人口。其組成份子幾包含所有社會階級。在外交政策方面，與社會民主黨所主張者無大差別，但在思想上特別重視與西方民主國家的密切聯繫。在內政方面，主張支持私有企業、商業、手工業與小工業。該黨常與中央黨（Center Party）密切合作。黨的主要領袖有奧赫林（Bertil Ohlin）等人。

(三)保守黨（Conservative Party）：該黨代表城市與鄉村中的富有階級。在外交政策方面，大部分與社會民主黨，自由黨相同，但主張與西方民主國家密切合作以及鞏固國防。在內政方面，主張維持現行私有生產制度與自由企業，反對國營；主張社會改革，但不贊成稅負阻礙工，農，商業的健全發展；支持以基督教義與倫理規範來教育青年。黨的領導人物有賀爾堡格(Yngue Holmberg)等氏。

(四)中央黨：該黨爲一中間路線的政黨，其所代表的對象主要爲鄉人口的利益。惟近年來，該黨已逐漸向城市中產階級與小商人中間發展。該黨的外交政策是追隨社會民主黨的路線。在內政方面，該黨主張保護國內農業、手工業、工商業，特別是小企業，增加地方自治權與保護私有財產等。黨的領袖有赫德倫（Gunar Hedlund）等人。

除了上述四個黨派外，尚有在國會中只佔一、二個議席的共產黨。惟瑞典共產黨對於國際共產主義的態度，是主張走獨立的民族主義路線的。（袁頌西）

當選商數（Electoral Quotient, Quota）

在比例代表法之下，先求出當選人應得票數，各政黨則以這個當選票數爲標準，依其所得票數，算出各別應選出之議員數。這個當選票數就稱爲當選商數。

當選商數之求法約有兩種：(一)變動式當選商數法（亦稱彈性當選商數法）(flexible quota system)，即先確定每個選舉區的議員名額，而隨投票總數之多寡決定當選商數。其方法又可分爲(1)哈爾(Hare)式—以各區議員額(M)來除各該區的投票總額(V)，所得的商就是當選商數(Q)，即$Q=\frac{V}{M}$；(2)德路布（Droop）式—即以各區議員額(M)加「一」之數，來除投票總數(V)，所得的商加「一」就是當選商數(Q)，即$Q=\frac{V}{M+1}$；(3)哈根巴黑（Hagenbach–Bischoff）式—以議員額(M)加「一」之數來除投票總數(V)而以漸得之商加X（X須比一小，即有分數之時，應改爲整數）爲當選商數(Q)，即$Q=\frac{V}{M+1}+X$。(二)固定式當選商數法(Uniform quota system)，即先確定每名議員所需的當選商數，然後再以此當選商數爲標準，決定該區的議員人數。（謝延庚）

當選無效

因當選人被選資格與法不合，或其於競選時有違法情事，或其所得票數不實，經提起告訴，被法院判決當選人之當選不發生效力之謂。惟當選無效之訴係對人的，其訴訟乃以特定當選人爲對象，故不影響其他當選人之當選。（談子民）

督郵

漢代地方各郡之屬吏，承太守監督屬縣。漢代地方各郡所轄縣邑數不等，多者有三十餘縣者，因此恒設督郵數人，分部監縣。督郵亦稱督郵掾，後漢書卓茂傳註言：「郡監縣有五部，部有督郵掾，爲察諸縣也。」又稱督郵書掾，漢書朱博傳云：「出爲督郵書掾，所部職辦」。續漢書亦云：「監屬縣有三部，每部督郵書掾一人」。（楊樹藩）

綏靖主義 (Pacifism)

廣義言之，不信武力，反對戰爭，崇尚和平。綏靖主義者對團體間及國際間的任何不睦和爭端，都反對用暴力解決，而主張用非暴力的方法尋求出路。他們認爲：暴力和戰爭只有引起更多的暴力和戰爭，不能眞正地解決國際衝突和問題；惟有用和平的方法，以積極或消極的態度，息事寧人，才能消除爭端和戰禍。因此，他們鼓吹國際和平，主張廢除軍備，擁護和平解決國際糾紛，反暴力，反戰，反征兵。

和平綏靖主義的沿由甚遠。東方的道教，印度教和佛教都有它的含義和精神。印度的甘地，即是現代綏靖主義者的代表。西方的基督教也有綏靖主義的特質。在基督教中，又以教友派 (The Quakers) 最具這種信念。在戰時，該派的教友們（教徒）往往不參加作戰，而另組服務隊代替服兵役，從事戰場的救護和救濟工作，服務對象有時包括敵人。例如，一九六七年越戰激烈進行時，即有數美國教友派人士由美國運送捐募所得的藥品到北越。

綏靖主義曾引起不少的論爭。批評者認爲：在今日强權政治和共黨顚覆運動到處進行的世界，綏靖主義不但不能抗禦權力防止顚覆，且有誘導或鼓勵侵略的危險。擁護者反駁稱：綏靖主義並非完全忽視權力，祇是主張非暴力以消除侵略和戰爭，何況世界上戰爭的爆發並不是因爲人們接受了綏靖主義所致，而是因爲一般領袖人物拒絕了綏靖主義的緣故。（陳　慶）

經承

清代部院衙門吏胥之總稱。清國行政法汎論，官吏法「文官」：「吏胥者，謂各衙門之掌簿書、案牘者，其稱呼不一而足，部院衙門曰經承。」福惠全書，蒞仕部。「考經承」：「經承者，經歷其事，而承奉其所行也，若事之始末不明，則苟且塞責，何謂之經，若奉行之登答不楚，則矇混致對，何謂之承。」（繆全吉）

經歷

官名，金代樞密院，都元帥府皆置之，元明因之，清代京內宗人府、通政司、都察院、鑾儀衛及京外布政使司、按察使司、鹽運使司及各府均設置之，掌各衙門出納文移等事。元史「百官志」：「總管一員、副總管二員、經歷、知事各一員。」明史「職官志」：「其屬經歷司、經歷一人、知事一人。」清會典事例，吏部「官制」：「起居注主事，各部院衙門主事，都察院都事、經歷，大理寺左右寺丞。」（繆全吉）

經濟民族主義 (Economic Nationalism)

經濟民族主義亦即歐洲在十九世紀中葉後發展的新重商主義，主張以國家（政府）的力量保護促進經濟的利益。這種思潮否定了經濟上「自由放任(Laissez faire)原則是工業進步所必須」的觀念。放棄經濟的自由競爭而採取經濟民族主義以政治力量促進經濟利益的傾向在德國一八七〇年統一後最爲顯著；它受到德國政治統一，高速工業化的推動，也受到民族主義派經濟學者的熱烈鼓吹。

該思潮在政策的具體表現有兩方面：㈠保護關稅的措施以排斥外國商品，保護民族工業，㈡以國家的軍事外交經濟力量爲本國商品打開國外市場或爭取廉價工業原料品。在歐洲十九世紀末葉及廿世紀初期，許多國家因經濟的競爭（亦即經濟民族主義的表現）而導致外交，政治甚至軍事上的衝突。（張旭成）

經濟決定論 (Economic Determinism)

經濟決定論 (economic determinism) 亦名「經濟史觀」(economic interpretation of history) 爲馬克斯 (Karl Marx) 唯物史觀(materialistic conception of history)別稱的術語，意謂經濟可以決定歷史的變化，有必然的支配作用，以別於廣義的唯物史觀—即用地理、氣候、種族諸因素，解釋歷史變化的學說。

馬克斯由辯證唯物論(dialectic materialism)的哲學出發，提倡唯物史觀，認爲社會的歷史變化，也與自然界的物質變化一樣，是客觀的，獨立於人的意志以外，有因果規律（the law of causality 一稱「因果法則」）可循，並非如唯心論者所言，是由人的意志自由支配，歷史沒有法則存在。馬克斯雖承認「

人類創造自己的歷史，不管歷史的性質如何，都是按照自己自覺的預定的目的去做」，然因人與人之間，意志和行動互相交織的結果，非某一人所能左右，故歷史事變表面「雖是偶然的，根本却仍為固定的和深藏的規律所支配。我們的任務，就在發現這些規律。……尋求足以震動廣大群衆，震動整個民族；而在每一民族中，又足以震動整個階級的那些動力」。此動力為何？即經濟所產生的力量。

所謂經濟（economy）就是指生產和交換的關係。它受物質的生產力—即生產工具所支配：生產工具如有進步，生產力勢必隨之擴大，而一切政治、法律的制度，及意識形態（Ideology）等，也將因而改變。故馬克斯說：『用手推的磨子，創造了封建領主的社會，用蒸汽機的磨子，創造了產業資本主義的社會』。他把人類的歷史，劃分為亞細亞的、古代的、封建的和近代資產階級的幾個時期，認為這是經濟的社會組織之發展階段。

恩格斯（Friedrich Engels）也說：「這種歷史觀，是要在社會的經濟發展中，在生產方式和交換方式的變易中，在社會的階級分化中，去尋求一切重要的歷史事變之最初原因和推動力量」；換言之：「如果我們要探求那決定某一社會變化或社會革命的原因時，則不應到人類的頭腦中，到人對永久眞理和永久正義的最高知識中，而應到生產方式和交換方式的變化中去尋找」。這就是說：「不應到所研究的時代哲學中，而應到那時代的經濟中去尋找」。「於是就發現了整個歷史，除原始社會以外，都是階級鬬爭的歷史。這些互相鬬爭的社會階級，總是一定的生產和交換關係的產物；一言以蔽之：就是那時代的經濟關係之產物。因此，某一時代的社會經濟組織，就形成了眞正的基礎，而各該歷史時期的法律、政治制度、宗教、哲學、以及其他觀念等上層建築，歸根結底、均應由這個基礎來說明」。此即所謂「經濟決定論」。

考這種理論的發生，是由於馬克斯受十九世紀科學思潮的影響。他以為科學是研究必然法則的知識，『凡是不承認有必然聯繫的地方，都是沒有科學的』。自然科學之所以準確，即因它研究的對象，是可感覺的事物，為客觀存在的物質，而所得的法則，有鐵的必然性，可以累試累驗，放之四海而皆準，非主觀抽象的思想可比。在馬克斯看來，思想、意識和一切精神的現象，都是物質產生的結果，受人的頭腦、感覺及生活環境所支配。「不是人類的思想支配生活，而是社會的生活支配其思想」。社會科學要與自然科學一樣，法則也有鐵的必然性，亦非研究物質的生活不可。這是他的唯物論的觀點，也是提倡經濟決定論的原因。

所不同的，是馬克斯基於辯證法的立場，認為研究事物，要把握其內在的因果規律。這因果規律既是內在的，故有特殊性。例如社會的法則，即與自然的法則不同。在自然法則中、天文、地理、生物、化學等，又各有其差別。馬克斯要研究人類進化的歷史法則，不能不求之於社會中，注意那足以影響全社會的物質基礎。這物質基礎，是與自然界的物質現象不同，經過人類改造的。它是甚麼？就是經濟。所以、經濟是社會特殊的物質，能夠支配社會變化的力量。經濟決定論的錯誤，在㈠不合現代科學的原理：因為二十世紀科學的因果觀念，已與十九世紀不同。從前是決定論的（deterministic），要探求事物的因果法則，決定其必然的結果，現在則只求一個概然的（Probability）平均率，推測其可能的趨向。歷史上的因果法則，亦復如此。㈡忽視其他因素的作用：社會是由各種因素，如政治、經濟、地理、物產、文化、心理等所組成，它們彼此關聯，互相配合，都有一定的作用。如其變化，亦必發生連帶的關係。馬克斯以為只有經濟才是支配的力量，把它看成歷史變化唯一主要的動力，而忽略其他非經濟因素（non-economic factors）的配合，故不能合理解釋社會現象，解決各種問題。（張益弘）

參考文獻：

恩格斯著『費爾巴哈與德國古典哲學之末日』。
馬克斯著『哲學之貧乏』。
恩格斯著『由空想到科學的社會主義』。
恩格斯著『自然辯證法』。
馬克斯著『政治經濟學批判』序言。

經驗主義 (Empiricism)

經驗主義不但對認知的方法有很大的影響，並且引起哲學思潮政治理論的演變。在認識論方面，經驗主義者，一反十七世紀「理性主義者」所採取的演繹方法，主張以歸納的方法和實際經驗來追求眞理發現法則。「知識是經驗的累積」是他們的信條，他們不再輕易接受所謂「自明」(self-evident)的眞理或定律，他們相信科學的知識是可以經驗來證實的，在哲學和政治理論方面，經驗主義者批評自然法的理論，自然權利理論所支撐的政治社會結構（例如君權，貴族統治等），對西方十八、十九世紀民主政治的促進是重要因素之一。經驗主義代表人物有洛克、休謨等。（張旭成）

義大利 (Italy) 政黨

義大利(Italy)亦如西歐其他國家一樣，爲一多黨制的國家。在二次大戰後九個全國性的政黨中，沒有一個政黨經獲得多數選票而得在國會裡控制過半數議席。

戰後義大利的政黨如以其力量的大小來分類，祇有三個可稱之爲群衆黨(mass party)，也即是可吸引大量選票的政黨。這三個黨按其力量大小來排列，依次爲基督教民主黨 (Christian Democratic Party) ，義大利共產黨 (Italian Communist Party)及義大利社會黨 (Italian Socialist Party)。這三個黨，可得選票百分之八十。其餘百分之二十選票則分別由義大利社會運動 (Italian Social Movement)，義大利社會民主黨 (Italian Social Democratic Party)，義大利自由黨 (Italian Liberal Party)，義大利共和黨 (Italian Republican Party)，及義大利激進黨(Italian Radical Party) 等小黨所分得。

義大利的政黨，如以其對憲政制度的關係來分類，可分爲憲政政黨(Constitutional Party) 與革命政黨。所謂憲政政黨者，即其目標與一九四八年憲法所建立的共和體制之繼續存在是相符的；反之，革命政黨的目標則在於摧毀現行共和體制。而在革命黨派中又有左派與右派之分。法西斯黨與君主黨一般視之爲右派政黨；共產黨與社會黨則被視之爲左派黨派。茲依這一分類，將義大利現有政黨分敘如左：

㈠憲政政黨：在憲政黨派中，有自由黨、激進黨，社會民主黨，與基督教民主黨。除基督教民主黨以外，其餘各黨俱爲小黨，各黨得票數不足百分之五。

⑴自由黨：自由黨自稱爲繼承加富爾(Cavour)以來的傳統。該黨主張言論自由，國家與宗教分離，以及議會政治。事實上，該黨爲一工業家聯盟及大地主的代言人。因之，該黨也主張正統的市場經濟，鼓勵自由競爭與個人創業精神。其力量基礎主要是放在工商業，農業，及職業界高所得的選民上面。現任黨魁爲馬鐵諾 (Gactano Martino) 氏。

⑵激進黨：該黨乃爲一九五〇年自自由黨分裂出來的小黨，其分裂原因是不滿自由黨的逐漸投靠大企業。激進黨主要主張：反對私人企業的壟斷經濟；經濟的某些部分由政府管制或公營；宗教與國家分離。其主要支持者來自於知識分子及有機會享受正式教育的團體。該黨很少能選出代表參加國會，但能在地方議會如羅馬等大城市選出代表。

⑶共和黨：該黨是繼承馬志尼 (Mazzini) 的傳統，爲一溫和的左翼政黨。該黨主要力量是在愛米里亞•羅曼娜(Emilia-Romagna)地區。現任領袖爲瑞爾(Oronzo Reale)氏。

⑷社會民主黨：該黨係一九四七年自社會黨分裂出來的政黨。其主要力量來自於職業階級及城市裡的所得較高或受過教育的團體。其主要領袖爲沙拉加特(Giuseppe Saragat)。

⑸基督教民主黨：該黨的前身爲義大利在法西斯黨當政以前的人民黨(Popula Party)。自一九四五年以降，該黨一直爲義國政壇的主要角色。歷屆內閣大致均是以該黨爲中心的聯合內閣。

基督教民主黨的組成成分非常複雜，實際上它祇是許多相互衝突的利益如地方黨務機器 (local political machine) ，農業組織，工商團體，天主教工會，天主教知識分子協會，天主教行動委員會，還有作爲個人黨員的士紳巨子等所組成的聯盟。由是黨內的衝突時常發生。但該黨仍是一中間路線的政黨，主張保障民主自由以防左右兩派的極端勢力攫取權力。現任黨魁爲塞爾巴 (Mario Seelba)氏，書記長爲羅慕爾 (Mariano Rumor) 氏。

㈡革命政黨：

⑴法西斯黨：現稱之爲社會運動 (Italian Social Movement)。該黨雖自稱爲一道地的天主教政黨，但實際上是一忠於法西斯主義傳統與懷念墨索里尼(Mussolini)的極右政黨。其主要力量是在羅馬南部。該黨在全國得票數祇不過百分之五，故目前尚不足以危害義大利的安定。

⑵君主黨：該黨現稱之爲義大利民主黨(Italian Democratic Party)。該黨原爲擁護義大利王室復辟的政黨，但一九六〇年後放棄了這一希望，而改擁拿波里坦 (Neapolitan) 航業巨子勞羅(Achille Lauro)氏爲領袖。所以完全變成一維護既得利益的政黨。其主要支持者爲中等及中上階級的保守分子。

⑶共產黨：義大利共黨爲西方世界共黨中最大的一個組織。在一九五九年時共有黨員一、七八九、二六九人。最多時曾達到二、二四二、七一九人（一

九四九年）。該黨曾在一九五八年大選中獲得投票總數百分之二十二點七，爲義大利第二大黨，義共在外交政策上永遠追隨俄共路線，反對與美國合作。但在內政上則遵循其自己的路線。這就是義共爲什麼能成爲義大利主要政黨之一的原因。

義共黨員與票源主要來自於低所得的勞工，農民與失業者。他們很少受過正式教育，所以對馬克斯主義可說很少甚至全然無知。他們之所以支持義共，主要是由於他們對自己命運的無助感。除此以外，義共也在設法爭取中下階級及知識分子的支持，以便通過議會的途徑而達到當權的目的。該黨現任總書記爲朗哥(Luigo Longo)。

(4)社會黨：義大利社會黨爲義國歷史較久的政黨之一，但與歐洲其他社會黨一樣，由於無法界定其目標與使命而常鬧內部分裂。該黨在一九五七年以前，曾與義共合作，雙方並簽訂一「統一行動協定」(Unity of Action Pact)。在一九五七年，一方面由於社會黨領導人奈尼 (Pietro Nenni) 改變立場而認爲自由與代議政體和經濟制度同樣重要。另一方面由社會黨與義共對於義大利是否應加入北大西洋公約組織與歐洲共同市場持不同態度，所以乃分道揚鑣。因之，現在的義大利社會黨在實際上已不是一個馬克斯主義的革命政黨了。該黨現爲義國第三大黨，其選票來源與共產黨大致相同，約佔投票總數的百分之十五。現在黨魁爲奈尼氏。（袁頌西）

著作自由 (Freedom of Writing)

在各國學者的著論上及實體憲法上都將著作自由與出版自由相並稱。所謂著作自由(freedom of writing)是指以文字圖畫來表示意見的自由，所謂出版自由 (freedom of publication)是指以印刷的文字圖畫來表示意見的自由。兩者的分歧點乃在表示意見的文字圖畫是否出之於印刷的方式，但今日論者研究出版自由，即足統攝著作自由，爲此說者，是具有二個理由：

甲、就我國實體法上說，所謂著作，非復指手寫的圖畫，實已指出版的文字圖畫而言。且看我國的「著作權法」即足證明：該法第一條明定：「就左列著作物依本法註册專有重製之利益者爲著作權：(一)文字之著譯，(二)樂譜劇本，(三)發音片照片及電影片……。」這裡所謂「重製，在文字圖畫是指「翻印」而言。所以同法第十九條明定：「著作物經註册後，其權利得對於他人之翻印仿製或以其他方法侵害利益，提起訴訟……」，「出版法」上亦具有同樣的意義，可資參證。總之今日所謂著作，殆已指出版的文字圖畫而言，所以著作自由可以統攝於出版自由之中。

乙、以非印刷的文字圖畫以表示意見的自由，實與以印刷的文字圖畫來表示意見的自由，無甚差異；所以著作的發表，與出版品的刊行，在自由與否的問題上，實同一意義。至於著作權的保障，依「著作權法」的規定，係本於保障私權的立場以對抗任何人的侵害著作人的著作權，所以著作權是屬於私權的性質；而著作自由則與出版自由同係出於「發表」的自由，以對抗政府的非法干涉；所以兩者都係屬於公權的性質，並無歧義存在。基上理由，則著作自由實可統攝於出版自由之中；換句話說，出版自由的原則，可準於著作自由。出版自由的原則，詳具於「出版自由」條。（羅志淵）

葡萄牙 (Portugal) 政黨

葡萄牙(Portugal)現爲一黨制之國家，自一九二六年軍事革命發生之後，一般意義的政黨制度，可說已不存在。親政府的力量，一般說來，集中於「國民聯盟」(National Union)——葡萄牙唯一的政黨—這一集團。反對的力量時或出現，但不旋踵即被官方宣布爲非法而解散。例如一九四五年成立的民主統一運動(Movement of Democratic Unity)，在一九四八年即被宣告爲非法組織，其理由爲該運動在實質上爲共產組織。最近成立的國民民主運動(National Democratic Movement)亦以同樣理由而被宣告爲非法組織。

現在的國民聯盟爲葡國唯一合法的政黨。其組成分子來自於葡國各個階層。現任中央委員會主席爲沙賴薩 (António de Oliveira Salazar) 教授。中央執行委員會主席爲佛南地斯 (Antonio de Castro Fernandes) 博士。（袁頌西）

補闕

唐代武太后垂拱中設置，至天授二年增加爲五員，後又定額爲十二員，秩俸皆爲從七品上，分爲左右，左屬門下省，右屬中書省，與左右拾遺俱掌「供奉諷諫，大事廷議，小則上封事。」（唐書百官志）宋太宗端拱中，改左右補闕爲左右司諫，「同掌規諫諷諭，凡朝政闕失，大臣至百官任非其人，三省至百司事有違失，皆得諫正。」（宋史職官志）元至元六月，置左右補闕，至十五年改爲左右侍奉御兼修起居註。明代建文中，一度罷六科左右給事中，增設拾遺、補闕，至永樂中，仍置左右給事中，革去拾遺、補闕。（楊樹藩）

解元

見「進士」條、「會試」條及「鄉試」條。

解散權 (Dissolution)

民主政治在政治上最重要的意義，也可說是民主政治對於政治的最大價值，是在能將關乎國計民生的國是問題，最後取決於人民。人民對於國是問題的表示有多種方式，除於平時行使的選舉、罷免、創制、複決等四權外，當國家發生政潮而解散國會，應不失爲人民表示意見的方式之一。誠以所謂解散國會的命意，乃在國會與政府間對於國是問題意見參商，國會既有不信任政府的表示，而政府則認爲國會的舉措，既不足代表民意，政府所採取的政策乃爲民意之所嚮，於是政府不以國會表示不信任卽行辭職，而將所爭議的國是問題，訴之於全國人民 (appeal to the country)，經由選民透過選舉新國會議員的方式，以裁決原來國會與政府的是非。這種將國是問題訴之於全國人民，以聽候全國人民裁決的行爲，正符合以人民最後裁決國是的意義，所以解散國會不失爲使人民表示國是意見的一種方式，其有裨益於民主政治的作用，乃爲極明顯的事實。

按之解散國會原始的意義，乃爲責任內閣制下所必需的一個要素。申言之，在責任內閣制之下，國會既有不信任決議權以爲控制內閣的工具，內閣若沒有解散國會權以爲抗衡的利器，則內閣將爲國會之奴役，不能有所主張，縱有主張而爲國會所否決時，也沒有訴之國人抉擇的機會。而且內閣沒有解散權以抗衡國會，則國會將不負責而濫用其不信任決議權，使政局時陷於動搖之中。所以從責任內閣制的體制說，解散國會實爲不可或缺的一環。亦卽是內閣須有解散權 (dissolution)，以與國會的不信任決議權相對待，此其一。國會的行動，政府的措施，於遭遇到有重大問題時，最好有探求民意歸趨的機會。在總統制的國家中議員任期一定，不能中途改選，卽缺乏這一種性能。在責任內閣制之下，政府遇有重大措施，須取得民意表示以資遵行時，卽可運用解散權，解散國會，以探求民意之所嚮，這是責任內閣制所具有的優良素質，欠缺這一素質，則責任內閣制[illegible]不能表現其活力，此其二。責任內閣制下的政府是繫於國會中的多數議席，政府失去了多數議席，卽無異宣告死刑。維持國會多數議席的方法，固有賴黨魁而兼閣揆者之善爲領導，但解散權的存在亦與有力焉。何以言之？因議員在普選中競選時總是費錢費力的，每多一次選舉，卽多吃一次苦頭，所以議員們除欲自政場中退伍者外，都不欲國會解散，而重新競選。這種恐懼解散的心理，實足以消除黨員叛黨的念頭，而有助於政府黨黨員的團結，論者亦已肯定英國內閣之所以能絕對控制在國會中的立法活動，全靠有解散權可資運用，所以解散權有鞏固政府的作用，此其三。總上以觀，可見解散權與民主政治及內閣制關係的重要了。

從英國過去史例看，解散權的運用不出下三種場合：第一、是在國會對內閣已作不信任投票時，內閣爲挽救其地位，乃解散國會，將其政策訴之選民裁決。第二、是當內閣更換之後，新揆爲探求民意之所嚮，乃解散國會，以便遵民意之所嚮而施政，如往年邱吉爾退休，艾登於接任揆職之後的解散國會，卽爲一顯例。第三、是在內閣仍保有多數議席之際運用有利的時機解散國會，藉選舉的新勝利，以增強內閣聲望而擴展政府的新生命，藉以推行新政策。從而可知，解散國會的動機是多種的，政府可居於主動的地位，本政治戰略的有利觀點，相機利用其解散權。有時候是三四年間沒有解散國會，有時却於一年內解散國會二次，如一九一〇年間卽會見之。更有時是於三年之內，每年解散一次，如一九二二年至一九二四年的三年間，會有其例。

大體說來，凡是施行責任內閣制的國家，總是採行解散制的，但各國解散權之行使，較之英國，已發生質變。例如法國一八七五年二月二十五日憲法第五條規定總統解散衆議院必須先徵得參議院的同意，這已使解散權的行使增加困難。而一八七七年五月十六日馬克馬洪總統 (President MacMahon) 運用解散權以對付足以代表絕大多數選民的衆議院，實已違背憲法的精神，此後法國人民卽對解散權之運用，發生疑懼心理，認爲不合共和制度的精神。第四共和憲法第五十一條對於解散權的行使，亦予以限制：卽於衆議院成立屆滿十八個月，嗣後十八個月內發生衆院兩次倒閣，才能行使解散權，是則解散權的機會亦殊不多了。從前波蘭總統得參議院議員五分之三的同意，乃得解散衆議院，衆議院解散時參議院同時自動解散。捷克斯拉夫的總統可解散國會不受任何限制，但總統不得在其任期最後六個月內行使解散權。此外，有因某種事由，國會應自行解散者。例如瑞士憲法第一二〇條規定：國會兩院關於憲法的全部修正，意見不一致時；或選民五萬人提出憲法全部修正案，政府應令選民作先決投票，如獲投票總數的過半數同意票，則國會兩院當然解散，由新國會草擬憲法條文，提付選民及各邦票決。比利時憲法第八十五條明定王位虛懸時國會兩院舉行聯席會議，於推舉臨時攝政後，兩院當然解散，由新國會兩院聯席會議，確定王位繼任人。同憲又第一三一條規定，國會兩院提議修憲時，便當然解散，由新國會以議決修憲案。普魯士一九二〇年憲法第十四條規定議會（一院制）任期未滿，得由議會總員過半數之同意，自行宣告解散。同憲第六條又規定，選民五分之一得提議解散議會，由議會表決之。議會通過，則自行解散，不通過，則將解散提案，交付選民表決，獲選總數過半數之同意，議會便即解散。以上所陳，均屬解散制之變例，其他變例尚多，不勝枚舉。（羅志淵）

詭辯派

是「哲人派」條。

誅戮暴君（Tyrannicide）

西元前五一四年Harmodius和Aristogiton殺死雅典暴君亦以身殉，雅典人認為誅戮暴君乃愛國行為，乃造誅戮暴君之鑄像，陳列於市中心以為自由的象徵。此一事件不免僅為歷史事故而已，而誅戮暴君之系統性理論根據則有待十一世紀之Manegold of Lantenbach之發揮（參見R. W. Carlyle, A History of Mediaeval Political Theory in the West 卷三）宗教改革運動興起後，反抗暴君之說甚盛，咸認暴君違反自然法則乃人民公敵，不啻人人得而誅之。倡此說者除法國呼格蘭教徒（Huguenots）外，有蘇格蘭的George Bucharan之統治蘇格蘭人之君權一書剖白逐白廢逐蘇格蘭女王馬利之爭，及西班牙人馬利亞納（Jean de Mariana）。中國歷史上，孔孟亦持此說贊同桀紂之放逐。（張旭成）

詹事

此官本宦者之職，「皇后、太子，各置詹事，隨其所在以名官」（前漢書百官公卿表「詹事」顏師古注）。以後演變為太子專設之東宮官，由士人任之。考其官稱，始見於秦；漢官儀曰：「詹事，秦官也。詹，省也，給也。秩二千石」。漢因之，置之以「掌皇后、太子家。有丞。屬官有太子率更、家令丞、僕、中盾、衞率、廚、廄長丞」（前漢書百官公卿表）。後漢省詹事，而太子官悉屬少傅。魏復置詹事，領東宮衆務。晉世，時省時置，而終復其官，職比尚書令、有丞、主簿、掌（率更、家、食官）三令、（左、右、前、後衞）四率、中庶子、庶子、洗馬、舍人等官。宋與晉同。齊置府，領官屬。梁、陳任總宮朝。後魏有太子左、右詹事，置丞。北齊東宮衆事，皆詹事統之，有丞，領（家令、率更令、僕）三寺、（左、右衞）二坊、及左、右衞。後周無詹事名號，別置太子宮正、宮尹（見通典職官）。隋開皇初、置詹事，二年罷之（見隋書百官志）。唐復設詹事府，置「太子詹事一人，正三品；少詹事一人，正四品上，掌統三寺、十率府之政（十率府：太子左、右率府、太子左、右司禦率府、太子左、右清道率府、太子左、右監門率府、太子左、右內率府），少詹事為之二」。另有丞、主簿、錄事等員（見新唐書百官志）。宋襲唐舊，設「府」，置有太子詹事、太子少詹事、及丞、主簿等職。其制，太子詹事，從三品，輒以他官兼，儲君登位後省。太子少詹事，正六品（見宋史職官志二「東宮官」、及職官志八「合班之制」）。遼、金皆仿設詹事院，置有太子詹事、少詹事之重要職官（見遼史百官志「南面朝官」、及金史百官志「東宮官屬」）。元制、至元十九年立詹事院，備輔翼皇太子之任，置有左、右詹事、副詹事、詹事丞、院判諸員。三十一年皇太子卒，改詹事院為徽政院。大德九年復立詹事院。以後罷立不一。至正十三年復立詹事院，迄於元亡，未再更易，其定置諸員有詹事、同知、副詹事、丞、中議、長史等職（見新元史百官志「詹事院」、及續文獻通考職官考「東宮官屬」）。明洪武初年，詹事官及其他東宮官屬，皆以勳舊大臣兼領。此由於「太祖有事親征，慮太子監國，別設宮僚，或生嫌隙，乃以朝臣兼宮職」（續文獻通考職官考「東宮官屬」）。至二十二年，以東宮「官聯無統，始置詹事院。二十五年改院為府」，復唐宋舊稱。「府」內重要職事，亦「多由他官兼掌」，計置有詹事、少詹事、府丞、主簿廳主簿、左、右春坊大學士、左、右庶子、司經局洗馬、校書等官職。「詹事掌統府、坊、局之政事，以輔導太子，少詹事佐之。凡入侍太子，與坊、局翰林官，番直進講尚書、春秋、資治通鑑、大學衍義、貞觀政要諸書」。是則詹事又兼為太子講讀官，此尤具意義（見明史職官志「詹事府一」）。清亦

置詹事府，「沿宮僚舊制」，悉同明典。諸員則滿漢並置。後改制併入翰林院（見清史稿職官志「詹事府」）。（芮和蒸）

試用

見「試署」條。

試守

見「試署」條。

試官

見「試署」條。

試署

試署為我國人事制度史上任用程序之一階段，民國三十八年公布施行之公務人員任用法，規定初任各職等人員先予試署，四十三年五十一年先後修正，已將試署改為試用。惟司法官之任用程序，因法院組織法未改，仍為試署。意謂公務人員初任簡任薦任委任各職等職位，執行公務，才德未充，經驗不足，有先予試署或試用之必要也。現制，試用滿一年，考核成績及格，予以實授，不及格者延長試用期間，最長以六個月為限，延長後仍不及格，得停止其試用。初任推事或檢察官者，試署地方法院或其分院之推事或檢察官，期間一年，期滿經司法行政部審查其辦案書類，認為成績及格，卽予補實，不及格者，仍予試署。無論試用或試署，其語源係由前代試守試官署理等名詞而來。後漢書馬援傳：「朱勃未二十，右扶風請試守滑城牢。」注引漢書音義：「試守者，試守一歲乃為眞，食其全俸。」文獻通考載唐武后令吏部大置試官。清代有所謂試用道試用知府等，則與現制試用同其詞義。前代又有署理之制，凡本任官離去本缺，而以他官暫理其事者，謂之署理。去理着試，遂成試署之名，與署理原意微有不符矣。（仲肇湘）

資本主義

是主張私有財產，為追求利潤，在自由競爭市場中從事生產與運銷的經濟組織。此種經濟在世界各國，從有商業時起卽已有之。歐洲的義大利在十三世紀已甚發達。其他各地國家亦只遲一世紀。英國雖遲至十六世紀方始發達，但工業革命却從英國開始。現代意義的資本主義，是指工業革命以後，因大量生產而使市場擴大，以機器代替手工，以工廠組織代替家庭生產，由經濟生活而影響政治組織的經濟型態。這種經濟型態英國從十八世紀後期開始，陸續遍及西歐、北美、澳洲、紐西蘭、及南非聯邦與亞洲的日本。

資本主義之被形容為窮兇極惡，是從馬克斯和恩格斯在十九世紀中期發表之「共產主義者宣言」時起，至資本論第一册刊行，始漸引起少數關心社會經濟人士的注意。馬克斯本人常用的是此一字的形容詞 capitalist, 和 capitalistic，但在十九世紀末期和本世紀初期出版的經濟學名著如季特 (Gide) 考威斯(Gauwes)馬歇爾(Marshall) 乃至美國的塞里格曼(Seligman)和瑞典的加塞爾(Cassel) 均未發現提過資本主義的名詞。在許摩勒(Schmoller)華格納(Adof Wagner)愛倫堡Richard Ghrenberg)和菲立波維治 (Philipovich) 的論著雖間或提過資本主義，但對此一概念，始終並未建立。在二次大戰前後曾有一些專論資本主義正反兩面的著作，雖亦各有其新的見解與主張，但因資本主義始終還在演變階段，對其準確的內容與意義，在許多地方均保持問號，不肯遽加論斷。

在現代經濟學者之中，對資本主義作過系統研究的，應首數戰前柏林大學的桑巴特教授(Prof. Werner Sombart) 其所著現代資本主義(Der Moderne Kapitalismus)計三大厚册，就資本主義之全部發展，分初期，全盛，與晚近三期，敍述詳明，剖析亦盡客觀平允之能事，足稱此一部門的權威著作。（英文書中有劍橋大學經濟學者 Maurice Dobb 所著Studies in the Development of Capitalism係就資本主義之經濟組織在英國發展的經歷，針對馬克斯對此的批評立論。他是劍橋學派的祖共學者，但對資本主義本題的研究甚有貢獻）據桑巴特的解釋，此一經濟組織之被稱為資本主義，其主要原因係由用於社會生產的資本，在形成此一經濟組織之中，具有決定性的作用。因此顧名思義，容易體會到此一經濟組織的全部輪廓。

資本主義的演變　資本主義雖有深長的歷史，但直至今日還未到可以論定之時。它仍然是在繼續演變，今年和舊年不同，此一世紀又和上一世紀差別更大。因此對它作過論斷的人，多數都未料中。

先就資本的形式來說。資本主義的骨幹是私有財產，為獲取利潤而使用資本——一種私有生產財的經濟制度。但是今日的私有財產和一百五十年前便大不相同。那時私人所有的生產財，大部分是土地，牲畜，以及簡單的工具和機械等等。主人動手工作，忙的時候有親屬幫助，或者僱傭幾個隣近的幫手。他們是為了自已的需要而持有這些東西。生產的東西先儘自己和親屬的消費，多餘的才送去市場出售。以換取金錢或調換自己需要的別項物品。現在的情形便大不相同。今日世界上有許多地方，像那樣私有生產財的例子還是所在多有，大部份的生產財，却集中在大量的機器和設備上面。這些財產的所有權雖然也在個人或少數私人手裡，却是以公司股票的方式，分裂成若干千萬的小股。把今日的資本制度，和百年以前的情形比較，今日生產財的所有人很少自己使用他的資本。在大量的機器和設備之中，很少有股東能指出那項是屬於他的。因為他在這裡的所有只是這一公司的整體中，分成若干份之一份而已。這個公司的一切財產是屬於一個法人。它不僅所有此一公司或工廠之機械、設備、和有形之財物而已，所有一切之無形財物：如信譽、專利及賬款等等，均屬此一公司的財產範圍。因管理公司的各個部門，需要各種不同的專門知識，其僱用的管理人員便不能全屬公司或工廠的股東；其銷售的範圍也大得幾乎沒有辦法辨出那些人是他們公司或工廠的顧主。馬克斯曾預言資本集中的結果，會使資本家和勞工距離愈遠。今日資本集中的程度，遠超越馬克斯之所預期，却因管理階級的興起，和股票分散的結果，使雙方距離更接近了。

說到資本主義的由來，馬克斯認為這是封建制度崩潰以後才產生的。歐洲國家是這種情形，日本在明治維新以前也可說是在封建狀態。可是美國、加拿大、澳洲却從未有過封建制度。自從二次大戰之後，有許多從殖民地解放出來的新興國家。他們以前都沒有現代工業，現在剛在發動建設。走的却是集產主義的路線。足見馬克斯歸納研究的結論也並未說對。

在今天提到資本主義都是把美國作為代表。在美國的資本主義，其主要的成功之一是能適應老在變動的環境。資本主義所有一種堅韌，適應與伸縮的性能。儘管環境怎樣變動，其形式與生產程序都能保持一致，使其能與環境適合。它能配合作戰，又適於和平生活。能使工業技術突飛猛進，又能適應一種遲緩的技術變動。開發原始的資源能有驚人的成就，在資源比較貧乏，未曾開發的地方，也能調劑盈虛，慢慢地開展。在世界兩次大戰，美國的工業都是贏取勝利的主力，在倉卒應戰的初期能承受嚴重的打擊。待至戰事一過，又能依照程序，恢復平時的面目，而且變得比從前更加強大。此種堅韌與適應環境的性能最少在美國表現的資本主義，其力量是不可侮的。

戰爭對美國的資本主義的確是一重大的考驗。許多在從前認為政府不應干涉的東西，像一向放在私人手裡的權力，和企業家為追求利潤動機所作的決定，現在都送給政府掌握。但工業之輪仍能繼續運轉。大量生產亦照樣維持。企業家從前都是自作主張的，現在雖細微末節，都能接受政府的吩咐。持有物資的主人亦能適應新的環境。聽憑政府征用他們的物資。並從政府取得報酬。工人也能在最短期間學會新的技術。整個經濟算是換了一個新的型態，這個新的型態既能適應新的需要，又能在最短期間完成其變換的工作。

但這並不是如馬克斯所說，資本主義必然會招致戰爭。因為儲蓄和投資，乃至累積資本，都只有在法律和秩序的安定情況下始獲進行。雖然在過去許多戰爭中有不少個人資本家獲致暴利，但正常的生產與運銷工作，在暴力與不安定的社會，便要遇到阻折。因此戰爭在資本主義經濟，只是一種非常狀態，布爾喬亞的文化本身仍是愛好和平，理性，和物質財富的。

資本主義的本身並不具有這種適應的本能。因為構成資本主義的因素之一是個人的創制自由，這種創制能力和資本主義合在一起，便產生這種適應環境變動的力量。此種自主自發的自由可以促進發明，使新的機械，新的技術能不斷出現。工業製造上採用裝配線型的集中生產，其起因即由於企業家中，有人看到把此一工業有關的各項生產部門，使其集中一處，可以減低生產成本，獲得更高的利潤，才有此發明。新式的內部管理，商業中單位的管制，如成本會計等等均係由此而來。這是資本主義社會中許多人引以自豪，認為更換別種制度即無法產生的傑作。奧籍美國經濟學者熊彼德(Schumpeter)把這種天才運用稱為創新，認為在激烈的商業競爭，仍能使具有創造天才者獲得暫時的高利潤，藉資鼓勵，是維護這種經濟的一大特色。克拉克(J.M. Clark)也認為要使自由競爭發生好的影響，並不一定要有完全的競爭，許多經濟學者同意他的看法。

今天資本主義在美國表現之特殊現象，是工業生產集中在少數幾百個特大的公司手中，這種資本集中與生產集中的結果，一方面因研究設備與計算準確，在競爭方面居於優勢，在另一方面可以減少成本，降低價格，使消費者受到實惠。因為公司太大，僱用的人數多到可以比擬一個小國的政府，其一年之收支數字可以超過一個未開發國家的政府預算。於是公司組織與政府組織產生許多類似情形。大的公司都有自己的人事制度，能使一個雇員自少至老，終生爲公司服務。此種白領階級的人數增加，至少已經發生兩種作用，一是消弭了勞資界限，成爲社會的穩定力量。二是公司掌有的生產工具雖亦是私有財產。但是這種財產是集體所有。因爲不屬於任何個人和社會主義經濟的生產工具，並無實質上的分別。在工人運動已有基礎的國家如英國美國，其工會的領導階層可憑其集體議價的特權與公司經理對等談判，政府雖居仲裁地位，却甚少以强制行之。多元主權是今日美英經濟的特色，但是資本主義原有的幾個主要條件，如私有財產，自由競爭，以及個人的創制自由與利潤動機，雖亦受到許多限制，但對具有創業雄心的企業家仍有充分園地，供其天才的發展。

和社會主義的比較　攻擊資本主義的人，認爲依據自利動機，爲追求利潤而從事企業，從道德的觀點是不足稱的。因此他們乃轉向社會主義，以爲社會主義的經濟是爲公共福利而從事經濟活動，動機正大，應使人們比在資本主義經濟更能淬厲奮發，努力以赴。但考之實際却又未盡然。蘇俄的布雪維克取得政權已五十餘年，近且恢復鼓勵制度，對具有高級技術，超水準的生產力者皆給以特殊報酬；對負有重責之管理階層，其差別工資(differential wages)之懸殊，比之美國之同等階層，亦有過之而無不及。英國的國營企業從一九四六試行至今，亦已二十餘年，其工人亦未見比民營時代有更高情緒與工作效率。資本主義社會常見之經濟罪行，如中飽、投機、與盜竊在蘇俄社會亦同樣發生。

管理階層既爲現代工業的中心，對其自身報酬究應如何決定。已引起社會注視，成爲現代經濟道德之一大問題。依照舊時想法，經理部門的職責是爲股東賺取可能最大的利潤，但因時勢變易，服務觀點亦跟着變動。一九四六至四七兩年是美國需用汽車最感迫切的一個時期。依照供需情形決定價格的原則。美國三大汽車公司儘可提高汽車售價。在二三年內不愁沒有布場，且亦不致引起國內的太大反感。但因此時公司經理的目光，已顧到消費者的利益與社會責任。在爲股東取得合理之最高利潤後，決定維持汽車價格，至供需平衡，再由市場決定汽車之自然價格。至於經理部門的福利，自二次大戰之後均係從分予股票的利潤中，劃出部份作爲退休或其他費用。

受過三十年代經濟恐慌的教訓，資本主義的經濟已提高警覺。在一般購買力感到缺乏之時，都能在失業與價格看漲中，適應環境有所選擇。當前所有的儲蓄都能在投資上找到出路，投資的收益也比凱恩斯顧慮在豐富社會中，妨礙儲蓄的最低利率，多少高出一些。也能在由放任造成的情況中，對合理的就業水準和生產技術所能供給的生活程度，發生一點干涉作用。現在美國的經濟繁榮已繼續進入第八年頭，如凱恩斯妨顧慮的經濟恐慌，尙未看出有何徵兆。

從經濟成長的觀點，比較這兩種經濟，雖然蘇俄之自我宣傳已達百分之十五與二十無足徵信，如以五十年代百分之六爲比較可靠，此同一期間美國的經濟成長僅爲百分之三點五，但和美國經濟同一類型的日本經濟成長率則已遠過蘇俄。因蘇俄經濟在最近數年漸走下坡，故與美國比較即使確實超過，其超過數字亦極稀微。加上蘇俄及其衞星國家都因農業生產之效率低落造成糧食不敷，美國和加拿大澳洲的農產則一向過剩。以有餘補不足，在這一方面仍是資本主義經濟幫助了社會主義的經濟。

依據美國國立經濟研究所(Kendrick 1961)的資料指示；在一九一九至一九五七年間美國每人增加的生產，五分之四是由於生產力的改進。根據這同一研究，在此一生產力的增加中工人得到的是百分之九十以上，在全國的國民所得中屬於工人部分的，在一九一五是比百分之七十多些，到一九五七則增至比百分之八十多些。這同一研究所的另一研究結果，亦可支持此一估計。一九五四是這一研究的最後一年，美國製造業的工資是佔全部收入的百分之八十六，資本所得在除去納稅額後只有百分之十四。從一九三九到一九五四工資所佔的平均額數是全國國民所得中百分之八十(Stigler 1963)好幾位經濟學者的意見，認爲從那時直到目前爲止，實際上幾乎沒有變動。

要把作爲生產因素之一的資本，和從分配額中按照貢獻領受報酬的資本，劃分清楚，現在比從前更加困難。新的資本結構是反映新的技術，而不是僅僅替代或增加原有的資本。用在研究方面的投資在會計名詞上，是屬於公司方面的開支，不算是新增的資本，這種數字之大在近年的許多大公司中，已到達驚人的地步。勞力也不再是因身體具有生產力，爲資本家收買的一種商品（用馬克斯語）。文書工作者、店員、管理階層、工程師，從事研究的科學家及其助理，這些人在自動化逐日進步之中，日漸成爲勞力中的主要成員。

從顧茨索(Simon Kuznets)對美國人收入不平等減退的研究報告中（一九六三）也可證實美國工人所謂正在增加的趨向，是一致的。雖然近年也可見到與此相反之別的研究，一般說來，在過去四十年中收入不平有減少趨向，仍是當前的主流。據顧茨索的個人看法，資本主義的工業化前期，在財富分配上的確造成收入不平等的事實，但其後期影響，已使此種不平有逐漸減少的趨向。他還指出在工業落後國家，比之工業先進國家，其收入不平的距離更大。

儘管以豐富替代貧窮，是現代資本主義國家的一般現象，即使富如美國仍有佔全人口百分之二十其收入不及適當的水準。這些人大部分是屬於老年、家庭破裂、少數民族、未受教育，和失業者。當然，這裡面還有以一人而具有數種資格的，不是資本主義經濟不能使他們普沾到好處。而是其他因素如地區、組織、和其他分配上的困難，把他們漏了。

資本主義展望　雖然共產集團仍有人高唱要埋葬資本主義，要以和平方式讓社會主義接替資本主義的經濟，在目前尚難看出有若何可能徵象。今天的資本主義國家多少都具有一些社會主義的成分，如公營私營企業之同時存在，國家資本投入私人資本之混合經營，加上二次大戰以後社會安全法案之普遍實施，經過立法程序，以累進率的直接稅制用作財富再分配的手段，以及工人政治地位之日漸看漲，造成有如今日由政府官員，工會領袖，與公司管理階層，構成三頭馬車之經濟計劃，已把資本主義和社會主義的經濟界限也混淆了。

雖然蘇俄還照樣保持其舊日高喊過的社會主義陣營和資本主義陣營如何相互對立，揆之近年各自的表現，同屬社會主義陣營的蘇俄，南斯拉夫，和中共的經濟，其組織與作用固非完全一致。其對資本主義國家的敵視程度，也不可同日而語。

資本主義的政府是否可用武力將其推翻，雖不易遽下斷語，但如一旦發生戰事。要使共產國家聯合起來，一致對付資本主義國家，亦不像從前想像那樣容易。如因使用核子爆炸，雙方都有同類武器。亦可能同歸於盡，但這將超出政治和經濟的分析範圍，不在研究之列　（羅時實）

參考文獻：

Bergson, Abram; and Kuanets, Simon (editors) 1963 Economic Trends in the Soviet Union, Cambridge, Mass.: Harvard University Press. Clark, John Maurice 1961 Competition as a Dynamic Process. Washington: Brookings Institution.

Commons, John Rogers (1924) 1959 Legal Foundations of Capitalism. Madison: University of Wisconsin Press.

Djilas, Milovan 1957 The New Class: An Analysis of the Communist System. New York: Praeger. 有中文譯本，中央日報出版。

Schumpeter, Joseph A, (1942) 1950 Capitalism, Socialism, and Democracy, 3rd edit. New York: Harper; London: Allen & Union. 施建生教授摘譯，登新思潮月刊第三期。

Sombart, Werner (1902) 1924-1927 Der moderne Kapitalismus: Historisch-Systematische Darstellung des gesamteuropaisehau Wirtschaftslebens von Seinen Autfangen bis Zur Gegenwart, 3 vols. Munich and Leipzig: Duncker and Humblot. Volumns 1 & 2 are the fourth edition; volum 3 third edition. 楊樹人教授摘譯登新思潮。

羅時實：現代資本主義透視，中華文化出版事業委員會出版。

資料 (Data)

資料爲科學研究之基本，在社會科學中資料乃指研究者對於社會現象中某些事實所作之紀錄。依據學者們之分析，資料之構成可分爲三部份：第一爲資料之單位 (units)，例如個人、國家等，但無論何種單位皆爲人類或人類之集合產物；第二爲要素 (variables)，即研究之重點，例如在研究選舉時候選人之基本政策即是；第三爲結果，即某一單位之某一要素所實際表現之內容。

一般言之，學者對於資料之處理可分爲兩個步驟：第一是資料蒐集 (data collection)，即根據觀察 (observation) 或調查 (survey) 從實際狀況或實驗室中找尋有關社會現象之紀錄。第二是資料分析 (data analysis)，即依研究者之假說及原理，將資料分析歸類，然後方能應用。

政治學對資料之蒐集與運用，與其他社會科學並無差異，唯政治學所重視者則限於具有政治意義而已。（魏　泰）

參考文獻：

Galtung, Johan, Theory and Method of Social Research, (New York, Columbia University Press), 1967

Phillips, Bernard, Social Research: Strategy and Tactics, (New York, Macmillian), 1966.

資深制 (Seniority System, or Seniority Rule)

各國政治機關對於用人的安排辦法，常有施行資深制 (seniority system, or seniority rule) 者，而美國國會兩院中各委員會主席的選任，尤其遵循這一制度。依照美國的傳統、兩院中的某一委員會主席出缺時，則多數黨議員充任該委員會委員爲時最久者，必爲該黨提名機關提出爲主席候選人，並由是而當選爲主席（參考 Joseph Dunner, Dictionary of Political Science p. 477）。兩院議院領袖 (Floor leader) 的選舉亦依資深制行之。又國會兩院委員會的地位有重要與次要之別，各黨議員參加委員會之配置，亦依資深制以定分配。所以當某一委員會的某一顯要議員 (high ranking member) 離會時則該黨所有委員依次升遷。資深制不但國會兩院習以爲常，各州亦多採行之。這一制度得失如何？各方意見頗不一致，贊成者認爲㈠資深制保證各委員會主席於委員會事務有充分之經驗。㈡資深制於選舉新主席之際可以避免黨內之陰謀、衝突及僵持現象。㈢資深制可拔擢小州選出的議員升至重要地位。㈣資深制可使幹練多才之士出任重要委員會主席。贊成資深制者固可列舉諸種有利於資深制的理由，以強調資深制之優良；然而反對者亦大有理由在：㈠資深制箝制才華之士，而常使中庸之人出頭。㈡資深制所企求者無非是經常任職一再當選之人。㈢資深制是欲以落後的國內一黨投票區以克制反映輿論變動的兩黨競爭區，㈣資深制以兩黨保守分子充任兩院重要職位而減輕了黨的委任。（參考 Jack C. Plans and Milton Greenheag. The American Political Dictionary, 1965, p. 146）（羅志淵）

路德 (Luther, Martin, 1483-1546)

德國人，出身寒微。一五〇五年，入寺院爲僧，其後曾任威丁堡大學神學教授，倡因信得救之說。一五一七年十月，氏因氣憤教皇代辦忒策爾 (John Tetzel) 兜售贖罪劵之事，乃著論文九十五條，公佈於威丁堡教堂門上，抨擊教會的腐敗，遂引發了革命之火！一五一九年，教皇利奧十世曾籠絡路德，促其悔過自新，路德不屈，教皇乃下詔申斥路德言論爲邪說異端，路德則當威丁堡市民之前焚毀教諭，至此，其所倡導之抗議派，在德國北部與中部大爲得勢，宗教革命的風雲因而瀰漫歐洲。

路德的革命性見解，乃是確認人人可通上帝，毋需教士居中傳達，同時強調教徒皆處於平等地位，「教」與「俗」本爲一體，無尊卑之分。析言之，信仰爲一切教義之本，而教會並無獨斷的權威。

路德在政治思想上的主要貢獻，是明顯地區分政治權威和宗教權威，並強調政治權威高於宗教權威，但這方面的作爲，實非氏之創見，不過是承襲威克利夫 (John Wyclif) 和但丁 (Dante) 等人的餘緒而已，其思想的內涵頗爲蕪雜，甚至前後矛盾或互爲扞格，但却渾然集反教會之大成。

嚴格的說，路德不是政治思想家，而是一位獨行其是的革命家。（謝延庚）

辟舉

辟舉爲我國人事制度史云舉官之一種方法。漢魏六朝，辟舉之選，頗爲淸要，隋以後一命之官皆由中央，此制遂廢。民國以還，雖無辟舉之名，然各機關長官得自擇其僚佐，而由中央銓定認可之，猶是辟舉之遺意。歷載辟舉之制文獻可徵者，辟主限於三公府，將軍府及州郡，所辟之吏限於掾屬，如長史主簿，參軍治中從事功曹之類，若非另有出路，則老於府僚。文選蔡伯喈作陳太丘碑文幷序曰：「四爲郡功曹，五辟豫州，六辟三府，再辟大將軍……大將軍何公，司徒袁公，前後招辟，使人曉諭，云欲特表，便可入踐常伯，超補三事。」陳述一生經歷，可充份說明辟舉之內容。其出路一爲特表薦舉，有升爲尚書及三公之望，二爲普通薦舉，如漢書載大司馬王音召揚雄爲門下史，荐之爲郎。三爲另有徵召，如晉夏侯湛弱冠辟太尉府，以賢良方正徵；陶潛初辭州府三命，有詔徵爲著作郎。分見潘岳顏延年所作夏侯常侍陶徵士誄並序，四爲另循舉士之路，如蔡邕郭有道碑文序：「州郡……莫之能致。羣公休之，遂辟司徒掾，又舉有道，皆以疾辭。」此制廢於隋代，隋書曰：「文帝罷州羣之辟，廢鄉里之舉，內外一命，悉歸吏曹。」文獻通考曰：「東漢時選舉辟召，皆可以入仕，以鄉舉里選循序而進者選舉也，以高才重名，躐等而升者辟召也，故時人猶以辟召爲榮云。」兩處均以辟舉一詞分作辟召選舉解，實則辟召爲舉官，選舉爲舉士，不宜混爲一談。辟舉卽辟召，猶言制舉貢舉，舉字爲助詞，非另指選舉之事。（仲肇湘）

農家

春秋戰國之際，我國農耕已甚發達，農業已普遍被認爲是立國之本，尤其是戰國中葉以後，由於人口的增加，可耕土地的面積相對的減少，民食日感短缺，加以當時國際間戰禍頻仍，戰爭規模日大，鉅額軍需物資，亟需農產支持，同時工商與學術文化事業大興，農村人口爲各大都市及各行業所吸收的數目至爲可觀，非極力獎勵提倡農業，實無法解決各種日趨嚴重的社會與經濟問題，因此各家政治思想無不重視務農。但漢書藝文志却將若干人特別以農名家，並評之曰「農家者流，……播百穀，勸耕桑，以足衣食，……此其所長也，……及鄙者爲之，以爲無所事聖王，欲使君臣竝耕，誖上下之序。」

該志曾列有農家著述凡九家百一十四篇，不過目前均已亡佚，而保存於古籍之徵引，幾盡屬農藝方面的記載，對於他們的政治思想，祇能於孟子滕文公篇有關爲神農之言許行的評述中隱約窺見一二。

據陳相與孟子所論，許行之道，大略爲：「賢者與民並耕而食，饔飧而治。」「百工之事，固不可耕且爲也。」「市賈不貳，國中無僞；布帛長短同，則賈相若；麻縷絲絮輕重同，則賈相若；五穀多寡同，則賈相若；屨大小同，則賈相若。」可見農家者流，其理想係期求能出現一種以農耕爲主的互助社會。他們縱令未完全否定政治上的組織，但却認爲人們的地位須一律平等，社會上基於實際的需要固不能不予分業，但人人必須自食其力，絕不該有治人者食於人的現象存在，或剝削者與被剝削者的對峙。爲使人們以其勞動所得能公平地交換其所需之物起見，故主張以數量上的物觀標準以維持價格的均一。此種政治思想的形成，主要係對當時的統治階層利用其權勢，橫征暴斂，驕奢淫佚，富商巨賈，則從事操縱居奇，坐獲暴利，儼若王侯的情形，發生極强烈的反感所致。也可說是春秋時代詩人們「不稼不穡，胡取禾三百廛兮！不狩不獵，胡瞻爾庭有縣狟兮！彼君子兮，不素餐兮！」（詩經伐檀）的那種哀怨進一步具體化表現的結果。而許行在滕，有徒數十人，即儒者陳相及其弟辛，亦盡棄原日所學以從，足見他的主張，大都難以實行，但當時信奉者亦頗不乏人。

許行的思想，孟子既稱爲託之神農（按藝文志所列農家神農二十篇，班固自注謂：「六國時諸子疾時怠於農業，道耕農事託之神農。」）且證諸上引藝文志對農事的評論，其爲農家者流，應無疑問。不過該志所列農家著述中竟無許子的著述，可能已混入所謂神農二十篇之內，或者當時許子傳道，祇著重身體力行，不屑著作，或因其須親操耒耜，綑屨織席以爲食，故無暇執筆，亦未可知。（賀凌虛）

遊離選民 (Floating Voters)

所謂遊離選民是指在民主國家中不固定支持某一政黨的選民。他們在這次選舉中投票支持甲黨，在下次選舉中又可能改投乙黨。遊離選民在以往認爲是民主政治中最有獨立思想與理智的分子。但近年來在美國與英國的調查發現，一般言之，遊離分子比較不大關心時下的政治問題，不太注意報章雜誌或電視廣播上的政治新聞，不大閱讀選舉宣傳文字或參加會議，亦很少與家人或友人討論政治問題。（袁頌西）

道家

戰國後期，老莊學說影響甚大，但西漢以前，並未被視爲一個學派。漢武帝時，司馬談評論先秦學術，始創道德家一名，並簡稱之爲道家。自漢書藝文志而後，歷代均沿用此一簡名，據司馬談論六家要指說：「道家……其爲術也，因陰陽之大順，采儒、墨之善，撮名、法之要。」頗與藝文志所謂「兼儒、墨、合名、法」的雜家相似，而與該志所說「清虛以自守，卑弱以自持」的道家不類。不過，司馬談所論的六家中，並無雜家，對於道家，他亦未列舉任何人物或著作，因此他所謂的道家，是否實包括藝文志所謂的雜家在內，雖不得而知，但我們似乎不必强爲解說，原因我們既用藝文志九流十家的分類，那麼我們所說的道家自應以該志所論的爲準。

漢書藝文志所列道家著述三十七家九百九十三篇，除管子一書自隋書經籍志後歷代均列入法家，故略而不論外，現存的有莊子三十三篇，鬻子二十二篇，文子十二卷（原列九篇），關尹子一卷，列子八卷、鶡冠子十九篇（原列一篇）。今本鬻子、文子、關尹子等書實屬後出僞書，已成定論，列子與鶡冠子二書，雖有人存疑，但多數人均認爲係屬僞作。老子一書，藝文志祇著錄其傳說四家而不錄原書，未知何故？

依老莊兩書所論，道家對於政治係採取一種消極懷疑的態度。他們不但反對法制，並且反對社會規範，以爲「大道廢，有仁義；智慧出，有大僞。」（老子第十八章）「自三代以下者，天下何其囂囂也。且夫待鉤繩規矩而正者，是削其性。……屈折禮樂，呴俞仁義，以慰天下之心者，此失其常然也。」（莊子駢拇篇）因此主張「絕聖棄智，民利百倍；絕仁去義，民復孝慈；絕巧去利，盜賊無有。」（老子第十九章）「焚符破璽，而民朴鄙；掊斗折衡，而民不爭。殫殘天下之聖法，而民始可與議論。」（莊子胠篋篇）

在道家心目中，社會之所以混亂，人民之所以貧困，全係由於政府多方干涉所致。「天下多忌諱而民彌貧，……法令滋彰，盜賊多有。」（老子第五十七章）「其政察察，其民缺缺。」（同上第五十八章）「有爲也，則天下用而不足。」（莊子天道篇）「伯樂曰，我善治馬，燒之，剔之，刻之，雒之，……馬之死者，十二三矣。饑之，渴之，馳之，驟之，整之，齊之，……而馬之死者已過半矣。……然且世世稱之曰，伯樂善治馬，……此亦治天下者之過也。」（同上馬蹄篇）所以他們强調君主治國必須效法自然，清靜無爲，聽任人民自由。「人法地，地法天，天法道，道法自然。」（老子第二十五章）「道常無爲而無不爲，侯王若能守之，萬物將自化。」（同上第三十七章）「聞在宥天下，不聞治天下也。…故君子不得已而臨莅天下，莫若無爲。」（莊子在宥篇）「彼民有常性，織而衣，耕而食，是謂同德：一而不黨，命曰天放。」（同上馬蹄篇）「我無爲而民自化，我好靜而民自正。我無事而民自富，我無欲而民自樸。」（老子第五十七章）他們的理想國家是：「小國寡民，使民有什伯之器而不用，使民重死而不遠徙。雖有舟輿，無所乘之；雖有甲兵，無所陳之。使民復結繩而用之，甘其食，美其服，樂其俗。隣國相望，鷄犬之聲相聞，民至老死不相往來。」（老子第八十章，莊子胠篋篇所說的至德之世與此相同）要能達成這種理想社會，他們主張必須「見素抱樸，少私寡欲，絕學無憂。」（老子第十九章）「古之畜天下者，無欲而天下足，無爲而天下化，淵靜而百姓定。」（莊子天地篇）「是以聖人之治，……常使民無知無欲。」（同上第三章）

先秦道家的政治思想，純粹是春秋戰國時代長期歷亂、日趨專制、民生凋蔽的政治社會所引起的一種反動。依照人類社會進化的法則，他們理想的國家是永久不可能實現的。西漢初年，由於適應久經六國及秦漢之際的長期戰亂，天下困窮，達於極點，全國上下，俱欲無爲這一情勢的需要，一種淵源於老莊思想，但改變其企求回復初民社會以保障個人自得自全的宗旨，轉化而爲用世的黃老思想於是乘機崛起，頗有盡壓他家思想而成國教之勢。此種思想的具體表現爲：漢初君臣，內則清靜無爲，輕徭薄賦，與民休息，同時勸農桑，興水利，弛山澤，開關梁，以求民生的豐裕；外則以柔制剛，不惜實行厚遣和親，軟語絡籠，應付外亂，以息戰禍，爭取時間，發憤圖强。但自武帝開始征伐匈奴，並封禪改制之後，黃老思想即功成身退。下至東漢，更流爲逸民與方士所宗，開魏晉玄談的先河，日漸與實際政治脫離。（賀凌虛）

達荷美（Republic of Dahomey）政黨

達荷美共和國（Republic of Dahomey）原爲法屬西非之一省，一九六〇年獲得獨立，惟政變頻仍，政局相當不寧。該國政黨可概述如下：

達荷美統一黨（Party of Dahoman Unity）：該黨係於一九六〇年十一月由原有之達荷美民主黨（Dahoman Democratic Rally 簡稱RDD）與達荷美共和黨（Republic Party of Dahomey 簡稱RPD）聯合組成。在一九五九年前達荷美係由共和黨領袖亞匹泰（Sourou Migan Apithy）所組成之臨時政府統治該國。一九五九年五月間，該國新成立之立憲會議任命民主黨領袖馬加（Hubert Maga）出任總理，代替了亞匹泰所領導之臨時政府。一九六〇年達荷美正式宣布獨立後不久，兩黨合併組成達荷美統一黨。但一九六三年十月陸軍領袖蘇格羅（Gen Christophe Soglo）發動政變，至一九六五年十一月間，先後逼走馬加及亞匹泰兩位總統，而於一九六五年十二月底自任該國總統及總理之職，並解散議會，禁止所有政黨從事活動。一九六七年又發生政變，始結束這一軍人統治政權。

在蘇格羅執政期間，達荷美實際上有兩個地下政黨存在着：一爲達荷美國家聯盟（Union Nationale Dahomeenne），支持前總統馬加；另一爲達荷美國家議會黨（Convention Nationale Dahomeenne），支持前總統亞匹泰。此一情形有如達荷美統一黨成立前之兩黨。惟因軍人政變頻仍，故政黨實際作用並不甚大。（袁頌西）

違憲（Unconstitutional, or Ultra Vires）

違憲（unconstitutional 歐洲各國多稱爲 ultra vires）是與「適憲」(constitutional) 相對稱的名詞。「適憲」與違憲在英美兩國具有不同的意義。在英國所謂「適憲」是指憲法的，如謂某一法律是憲法的，乃意義着有關國家的根本典制，而非謂該法來源不同，或具有較高的法律效力，或其修正程序有異乎常。美國所謂「適憲」則非就法律的性質着眼，係就法律或措施的效力立論，是即適憲乃謂「合乎憲法」精神，而與憲法規定並無抵觸之處。至於違憲，在英國說國會制定的某種法律違憲，非謂其與某些最高法相違背，乃意義着它違背了一般原則，即違背國家固有政治傳統、風俗習慣、道德原則，及自然法則，違憲的意義至多只謂不智的立法或依據謬誤或不健全原則的立法，或與一般承認的政策背馳，但並沒違法的意義。假如英國國會制定了某種不合理或不公正的法律，任何法院皆不會加以疑問，或拒絕執行。惟有一個例外，即樞密院司法委員會 (Judicial Committee of Privy Council) 於審判殖民地或自治領國家的上訴案時，有權宣告殖民地或自治領國家立法機關的法律爲違憲而使之失效。在美國謂某一法律或措施爲違憲，則指它是與國家根本大法的根本精神相悖，或與某一憲法條文相違背，所以美國所謂違憲具有違法之義。美國聯邦法院和各邦法院都有權解釋法令與憲法相牴觸而認爲違憲者，法院乃將此項法令不予援用，是即違憲的法令失去其效力了（參見司法審查制）。此外，更就法國說，法國人之所謂違憲是指國會通過的法律與憲法某條衝突，雖具有譴責之意，但並不因此而認定這一法律應屬無效，法院因而拒絕執行。按法國於一八三三年國會通過出版法，顯與一八三〇年憲章第六十九條相悖，有一法學家訴之於大理院控訴該法違憲，但該院判決自認法院無宣告任何法律爲違憲之權，成爲嗣後各法院遵循之判例，從而法國人不認法院得宣告國會法律爲違憲。此一觀念是基於三個理由：(一)法院宣告國會法律違憲之制是違背一七八九年及一七九〇年宣布立法與司法分權的神聖學說。(二)足以造成司法機關高於立法機關的形勢。(三)會引起立法機關與司法機關的衝突。惟有應注意者，普通法院固不得宣告國會法律爲違憲，但法院對於違犯行政機關的非法命令者得拒絕判處罰金；而中央行政法院 (Council of State) 並得取消行政機關越權頒發的命令（參考 Black's Law Dictionary）。（羅志淵）

隔膜，遺棄 (Alienation)

此一名詞在社會科學方面常指「疏遠」(estrangement) 或「隔離」(separation)。亦即一個人精神上的部分或全部的感覺狀態和經驗世界的社會結構中各重要部門發生了隔膜。在工業化的過程或在都市，個人離開了以前熟悉的親友和環境而投入新的環境後，常會有寂寞和被周圍的世界所排斥遺棄的感覺。在這種感覺狀態中的人通常有兩種反應：其中一種是認爲自己只是大機器中的一小螺絲釘，對社會的事物無能爲力，因而盲目比附，附從時常，其行爲完全以其「同儕團體」(peer group) 的行爲取向標準；另外一種是對周圍的世界採取敵對的態度，否定社會上的規章制度以發揚個性 (individuality)，恢復自然 (nature)，在歐美的「嬉皮」運動 (Hippie movement) 就有這種傾向。（張旭成）

預測 (Prediction)

科學研究之目的的不僅在於瞭解現實，而且在於提供足夠之資料以對將來可能存在之事實予以預測。在目前政治學科學化之潮流下，學者們亦在竭力提供某些原理原則，以便對未來可能發生之政治現象予以預測。

預測在政治學上與其他科學相同，乃建立於已有之知識之上，例如根據學者之研究，社會變遷與政治體系之形態具有密切之關聯，因之一旦在某一社會中，經濟迅速發展，技術迅速革新，學者亦可預言其必引起政治體系本身之變化。換言之，政治學上之預測乃建立於對某些社會關係（因果關係，方法與目等）的認識之上。

雖然如此，預測在政治學上，尙未能達到絕對準確之地步，造成此一現象之原因很多，例如：

第一、政治學中之可靠知識尙未臻完整；

第二、由於社會現象之複雜，介入之因素過多，有時不能毫無遺漏的予以分析。

預測既然不能達到準確之地步，則其是否仍在政治學上具有意義？殊爲疑問，但就事實而論，任何科學所要求之預測也均限於達到相當之可能程度而已，政治學上之預測究竟能夠達到如何之程度，將視政治學之發展而定，目前由於很多政治學者之努力，政治學之可靠知識也逐漸增加，而預測之可能性也漸增高，預測也就相對的接近準確。（魏　鏞）

團體 (Group)

在社會學上，「團體」定義甚多，但蓋言之，不外兩類。狹義言之，「團體」是一種「組織」(association)，即一羣人爲共同的目標組成一個社團。例如

Robert C. Angell 在The Integration of American Society」書中即將「團體」解釋爲「一羣人的組織」，「他們的聯合行動表明其意願的共同目的；」對于他來說，一個「團體」必須具有「一致的行動」而此種行動「必須有意識地或無意識地朝向一個共同目標」；另外一種定義認爲「團體」是有共同特徵，「角色」(roles)和「利害」(interests)的一羣人，例如農民，或美國的少數民族，但這種「團體」的要素不在「成員」本身是否有自己的組織 (association)，而在「成員」的「共同態度」(shared attitudes)。農民或工人雖不一定有代表他們利益的「組織」，但他們利害相近，對政府的措施反應常能一致，並不需要「組織」來協調他們的行動。（張旭成）

團體活躍分子 (Organization Activists)

此乃近代政治學者于研究政黨與選舉投票行爲 voting behavior 時所常用之名詞。所謂團體，多半係指政黨與壓力團體（尤其政治壓力團體）而言。活躍份子乃指政黨組織內之各級領導者與幹部人員，及各種壓力團體之領導者，主持人，與其遊說人員。所謂活躍，乃指彼等無論于平時或競選時，均經常以大部分或全部時間與精力致力于政黨與壓力團體之活動。Hugh A. Bone and Austin Ranney 于其一九六三年所出版之 Politics and Voters 一書中，述及選舉投票行爲之面面觀時，分選民之選擇 (Preference)與活動 (Activity) 兩大方面。在選擇方面，着重選民在選舉投票時對于某政黨或某候選人之選擇。在活動方面，着重分析選民活動之程度，其中以「團體活躍分子」爲其最活動者。不但熱心踴躍投票，且透過其在團體之活動以事助選。惟據Ranney氏之估計，此種分子在民主國家之成人人口中，僅佔不及百分之一之數目而已。（王世憲）

圖讖

即讖緯。而讖緯源於鄒衍之書說（陳槃論早期讖緯及其與鄒衍書說之關係，中研史語所集刊二十本上册）。蓋依史記孟荀列傳所載，鄒衍之說「先驗小物」，而講「符應」，後經方士演說而爲讖緯（陳槃論讖緯及其分目，大陸雜誌特刊一輯下册）。明胡應麟謂：「讖緯之說，蓋起於河洛圖書」（四部正譌卷上）。是也。蓋「讖緯篇目雖繁，而其性質內容，則皆效法河圖洛書」，然「古之所謂河圖洛書，乃與寶石同科，以其粗具文理，有似圖書，故歷世寶之，以爲受命之符耳。至于方士之河圖洛書，則是文書，二者之間故迥乎其不同也」（論讖緯及其分目）。而讖字則首見於史記趙世家「秦讖於是出矣」之語。又秦漢間名爲儒者之方士造緯以附於經（同上）。四庫提要卷六謂：「緯自緯，讖自讖，非一類也」。陳槃則謂：「顧名雖曰緯，而其實即讖，蓋一事異名」。讖本爲符應之類，後亦附於經，與緯同，且與圖讖、讖記等，皆託名爲緯，而無所異（同上）。至於讖緯之內容，則多假聖人之意，以遂其政治企圖，語極隱晦，而實有所指。其流行，以西漢之末與東漢爲盛，王莽、漢光武及其時之爭帝位者，皆用之以爲受命之符。「其學自隋文二主禁絕，世不復傳，稍可見者，惟類書一二援引及諸家書目具名而已」（四部正譌卷上）。而今日人中村璋八與安居香山所編緯書集成，依經歸類，搜羅極爲詳備。（孫廣德）

寡頭政治 (Oligarchy)

「寡頭政治」是一種政治的形式。亞里斯多德以政治形式，依統治者人數分類可得三種，即君主制（一人之治）；貴族制（少數之治」；憲法制（多數之治）。而此三種形式之腐敗型態即轉爲暴君制，寡頭制與民主制（此指暴民政治）。亞氏又以爲多數必然是窮人，而富人必屬少數。故他復指出一切政體，富人統治者必是寡頭政治，窮人統治者必是民主政治。依此，則寡頭政治實與階級有關，故近人R. MacIver指出寡頭政治必是階級之統治，而該階級之構成因不同之社會條件而有不同之型態。實則，自來政治，鮮少有一人之治者，亦非多數之治者，而實均係少數之治者，不過程度有別而已。

寡頭政治不止爲歷史上政治之常態，即在現代政治中，依C. Mills, J. Burnhav, H. Lasswell 諸人之見，權力亦必落在少數人身上。傳統的寡頭政治權力掌握在少數的同質的秀異份子手中，其特徵爲偏向現狀之維持，對大衆福利較少關注，社會變遷常必出之於革命方式。唯傳統的寡頭政治中同質的「少數」，因時代之逼迫，社會結構之嬗變，逐漸增多其數目，擴大其階級基礎，並構成互競相爭之多元的異質的秀異羣時，則不止發生量變，亦且發生質變，而逐漸轉衍爲 R. Dahl 所謂之 Polyarchy（詳見另條）矣。

社會學者R. Michels以爲在官僚化之政治組織中，雖其組織之目的爲民主，但爲了增加組織之效能，必須依集權之方式，將權力歸屬到少數人手中。唯此少數人取得控制權後，常不斷擴大其權力以維繫其權力控制，而置民主之目的於腦後，此即其著名的「寡頭鐵律」(iron law of oligarchy)。此種對民主悲觀之看法，爲時下學術之氣候。蓋現代社會與政治，如M. Weber所指出，越來越趨向官僚化，則Michels所謂之寡頭統治之命運似無可逃避於天地間。唯此種命定主義之色彩究不必屬眞。誠如 A. Gouldner 所言，少數統治的權力領袖，如欲鞏固其統治地位，必不能長久忽略被治者之利益，而須適應被治者之意志，此即他之「民主鐵律」(iron law of democracy)（金耀基）

寡頭統治鐵律 (The Iron Law of Oligarchy)

爲瑞士學者密歇耳 (Robert Michels) 觀察各種政治組織，尤其是德法等國社會主義團體活動的歷史所得的結論。

密歇耳的「寡頭統治鐵律」理論，可以簡括爲一句話，即：各種社會及政治活動，無論其組織在開始時如何民主化和大衆化，到後來一定會被少數領袖分子所操縱，而失去其當初原有的民主性質和精神。

他經過多年的研究，認爲所有的社會都需要一個支配性的「政治階級」(political class)。沒有這個階級，社會便不能存在。政府及國家，永遠都是被少數人所控制。社會中的多數人 (majority)，是永遠也不能自治的。密歇耳以爲只有想像的、抽象化的烏托邦中，羣衆才一同擔負統治的任務。

雖然密歇耳認定少數人統治多數人是無法避免的，他並不主張寡頭政治。他說：「領袖統治是社會生活中無法避免的形式。因此研究這種形式的好壞優劣，不是科學家的任務。但是將每一種領導型態都是大半不合民主原則這項事實加以表明，却是很有科學價值的。」因爲「一旦認識寡頭統治的現象無法避免，吾人便會想法將寡頭政治的絕對性和極端性加以限制。」所以密氏研究寡頭統治的目的，在於暴露這種現象。使人們認識這種現象對於民主政治的威脅，從而籌劃對策，以求減少（完全避免是不可能的）寡頭統治對民主政治的危害。

密歇耳的寡頭統治理論，是現代政治學中一項重要的理論，在「組織理論」(organization theory)及「領袖人才理論」(elite theory) 常常被政治學家提及。（魏　鏞）

參考文獻：

Robert Michels, Political Parties (1911). Glencoe, Illinois: The Free Press, 1949; James Burnham, The Machiavellians. Chicago: Henry Regnery Co., 1943.

實用概念 (Operational Concept)

經過嚴格地加以定義，能夠有效地運用到實際研究中的概念（亦可譯爲「運作概念」）。有時與「實用定義」(Operational definition) 通用。

在社會科學的研究中，最使人困惑的問題之一，便是學者在研究時及著作時，對其所用名詞及概念未能加以嚴格的定義，以致有一詞多義和多詞一義的情形發生，混淆了研究結果的意義，大大影響了社會科學有系統地(systematically) 累積性(cumulatively)地的發展。

部分學者有鑒及此，乃要求研究工作者在其研究問題時，對有關各項概念加以嚴格的定義，一方面要參照其他學者所下的定義，一方面要指出度量(measure) 各概念的方法。這樣才能使概念和研究結合起來，並使研究的結果對吾人在某方面的知識有增進的作用。

舉例言之。「民主」(democracy) 是一個很含糊籠統的概念，很難直接加以分析研究。近來美國行爲科學派的政治學者便用「競爭性」(competitiveness) 一詞代替「民主」，而將「競爭性」定義爲一政治體系中，有無相互競爭政治集團的存在，及在野政治集團有無合法地表達其政治意願及取得政權的機會的程度，把「民主」和「競爭性」相比較，則後者顯然較前者更爲明確，更能直接運用到研究上。行爲政治學者用「競爭性」代替「民主」用在實際研究中，使他們能較以往學者更客觀可靠地將各種政治制度加以比較，獲得許多前所未能取得的知識。（魏　鏞）

參考文獻：

Max Weber, "Objectivity in Social Science and Social Policy," in Edward A. Shils and Henry A. Finch (tran. and ed.),The Methodology of the Social Sciences, New York: The Free Press, 1949, p. 90

Carl G. Hempel, Fundamentals of Concept Formation in Empirical Science. Chicago: University of Chicago Press, 1952, p. 47.

Claire Selltiz et al, Research Methods in Social Relations, New York: Holt, Rinehart and Winston, 1951, p. 42.

對策

對策爲我國人事制度史上舉士所用考試方法之一，此法初限於皇帝制詔特舉之士，自制舉衰微後，其法由科舉承襲，或稱策論，或稱時務策，佔三場考試中之一場，所以覘考生肆應識能也。其源始自漢代試士，發策以問，對者因問陳其所見，謂之對策。史記：「太常令所徵儒士各對策。」漢書董仲舒傳：「武帝卽位，舉賢良文學之士，前後百數，而仲舒以賢良對策焉。」仲舒所對，卽歷史上有名之天人三策，漢之大政，如「推明孔氏，抑黜百家，立學校之官，州郡舉茂材孝廉，皆自仲舒發之。」然自郡國察舉以至九品中正及科舉之制興。對策隨制舉之沒落而沒落，文選尚存有王融任昉策秀才文三首，比之漢武之策問，洪纖判然，而秀才之對，闃爾無聞。唐宋制舉，亦須對御試策，大率與科學相似。較對策爲輕者，有射策，用以取低級職位之士。漢書蕭望之傳：「以射策甲科爲郎。」顏師古註曰：「射策者，謂爲難問疑義，書之於策，量其大小，署爲甲乙之科，列而置之，不使彰顯，有欲射者，隨其所取得而釋之，以知優劣。對策者，顯問以政事經義，令各對之，而觀其文辭，定高下也。」射策近似現代考試之標準測驗試題，應考者隨意抽取而答之，合者卽爲及格。（仲肇湘）

榜眼

見「會試」條及「殿試」條。

福利國家 (Welfare State)

「福利國家」是一個多義性之名詞，歷來的用法皆不統一。有人視「福利國家」爲一種理念，有人視「福利國家」爲一種具體措施。有人指「福利國家」是將來的遠景，又有人謂「福利國家」是特定國家之實際現象。可說議論紛紜，莫衷一是。但憲政學者，將「福利國家」分爲廣狹二義，加以說明。就廣義來說，福利國家係以增進國民之福利爲統治目的之國家。但就狹義言，所謂福利國家，是以具體合理之政策，强力推進國民最低生活之保障，以及增進國民之福利爲主的國家。就此加以深入之分析，可將「福利國家」之概念，簡述如下：第一，「福利國家」有抽象之理論，卽福利思想；也有具體的內容，卽福利政策，第二，福利國家有消極的一面，卽消除最大多數的最大痛苦；但也有積極的一面，卽增進最大多數的最大樂享。第三，福利國家固然重視物質利益之增進，着眼多數物質之普遍分配；但也注重國民之精神享受，側重保健與休閒生活。第四，福利國家不僅重視民主，如尊重基本人權，强調公共參與，加强政治溝通等是：而且也重視效能，如强化行政組織，簡化行政程序，擴張行政立法，發展行政司法等是。第五，福利國家是「法治國」與「社會國」之結合，以「法治國」之理論，作靜態的行爲規範；以「社會國」之理論，作動態的行動方針。且福利國以實現社會公道或正義爲目的，而法治國是保障民權，實現正義爲目標；社會國亦以「分配的正義」爲基礎。由於皆以「正義」爲目的，遂將「法治國」與「社會國」間之矛盾，加以化解，而相融合。故現在有學者認爲「社會法治國」就是「福利國」。因爲「福利國家」結合了「法治國」與「社會國」之理論。而其法治理論亦變，由過去之「法律拘束行政」，一變而爲「法律適應行政」。

「福利國家」雖是近代之名詞，但福利國家之思想，却由來已久，如我國禮運大同篇所表現之古代大同思想，卽近代福利國家之思想濫觴。國父所創三民主義，亦與福利國家之思想不謀而合。至近代之功利主義與社會主義，雖與福利國家思想有關，但並不相同。因爲福利國家之思想，並不强調任何一個階級之利益，但其「並不否認人有職業的不同，健康與疾病的差異，男女以及老幼的區別。各種不同的人，皆有其特殊的需要，不能因爲人心皆同，而忽略其各別的需要。一個康樂的社會，應該是各種人均感滿足的社會。亦因爲這個關係，而與我國傳統的大同思想比較接近」。

放棄從前自由放任之原則，拋却無爲不干涉之哲學，爲實現社會正義之目的，而積極行動的國家，才是福利國家。因之，福利國家爲實現社會正義，不得不採行許多積極的政策、計劃、與措施。所謂社會正義、卽分配的正義，亦卽是對於經濟上、健康衞生上、文化上、與其他方面上的被害者及弱者，謀求匡濟的正義。爲達此目的，就須採取下列福利政策或計劃。第一，擴大公共服務；第二，採行累進稅制；第三，實施勞工立法；第四，增進職業安全；第五，實施國民保健；第六，開展社會救助；第七，倡行國民育樂；第八，實施業務的參與。

福利之目標，僅在民主國家得以完成，而獨裁及極權之國家，是無法實現的。因爲福利政策雖由政府執行，但福利不是政府所給予人民的恩惠，更不是執政者單方面之幻想所能決定其內容，而是多數人自由表達意見後始能獲得的結果。在人民不能自由表示意見之獨裁極權國家，根本無從達成福利之目標。故有人說：「民意才是眞正促進福利國家的原動力，才是實現福利國家的必要前提」。總之，只有在民主的國家，才可積極促使政府實施福利政策，及消極防止政府走向反福利國家之道路。

在福利國家，議會民主主義將不失其重要性。蓋在福利國家，國家之機能將隨個人生活對國家之依賴性及從屬性之增加而增大，倘如不作嚴密適當之監督，國家以此爲統治手段而加以利用，則後果堪虞。爲避免福利國家造福人民之社會作用，變成爲權力作用，並爲使這種作用永遠符合人民之利益，而不爲執政者所利用以遂其私，則仍須維持議會民主主義，使議會成爲眞正的民意監督機關。

福利國家是積極行動的國家，決不是消極無爲的國家。因爲要「積極行動」，故特別重視行政，也可說福利國家的面貌，亦唯於行政方面才能具體表現出來。因之，福利國家之行政，不但在「量」的方面較往昔爲多，而且在「質」的方面，亦有所改變，不再斤斤於「干涉行政」與「救濟行政」；而側重於「給付行政」及「助長行政」。再者。福利國家之各種措施與行爲，多具有高度之專門性與技術性，在實施時又須注重其妥當性、統一性、及持續性，於是不得不重視行政組織、行政立法、行政司法、行政裁量、及行政程序等。由於福利國家很重視行政，故基於此點，有人稱「福利國家」爲「行政國家」。

福利國家對於基本人權亦妥加保障。不僅保障傳統的自由權與平等權，而且保障新興的工作權與生存權。這些權利的保障，皆以「個人尊嚴之維持」與「人格的自由發展」等觀念爲出發點。因之，福利國家保障之自由權伴隨着義務，平等權着重實質的比例均等，工作權之保障，側重職業安全。保障此權，約有三途，一爲就業輔導，二爲充分就業，三爲失業保險。至於生存權之保障，是使人民有免於饑餓之自由，及有追求幸福之權利。也就是賦予國家創設適於「個人尊嚴之維持」與「人格的自由發展」之環境、設備、及制度等的義務。但是，要求國家負擔生活保障的義務，並不等於將個人自己維持生活的責任轉嫁於國家。因爲國家只不過是應幫助各個人，恢復其能擔當自行生活責任的本來狀態而已。（張劍寒）

參考文獻：

Max Lerner, "Defense of the Welfare State", in H.M. Bishop and S. Hendel ed., Basic Issues of American Democracy, New York, 1965, pp. 439-443

Gunnar Myrdal, Beyond the Welfare State, Yale University Press, 1963

Maurice Bruce, The Coming of the Welfare State, London, 1961.

International Encyclopedia of the Social Sciences, 1968 Vol. 16, "Welfare state", pp. 512-521.

鄒文海：「福利思想，福利政策與憲政原則」，「憲政思潮」第二期（五十七年四月出版），頁一—十六。

林紀東：「福利國家與基本人權」，同右，頁一七—二八。

覺道豐治：「現代福利國家的概念」，公法研究（日本公法學會編印）第二十八號，一九六六年出版。

監生

國子監學生，漢稱國子監爲太學，故監生亦稱太學生。明分舉監、貢監、廕監及例監四種，清無貢監而有優監、恩監、故爲恩監生、廕監生、優監生及例監生四種。明史「選擧志」：「學校有二：曰國學、曰府州縣學、諸生入國學者乃可得官，不入者不能得也。入國學者，通謂之監生，擧人曰擧監，生員曰貢監，品官子弟曰廕監、捐貲曰例監。」陔餘叢考「監生」：「漢時天下之士，皆聚于太學，蓋太學設立經博士專門名家，學有本原，故士之嚮學者，皆赴之。業成者授爲郎及文學掌故，此由太學敘用者也；其他郡國所擧孝廉有道，及辟署掾史功曹，大抵亦太學之人居多，是以東漢之末，遊學者至三萬餘人。唐書、儒學傳：太宗廣學舍千三百區，四方秀艾雲集，蠻夷亦遺子弟就學，凡八千餘人。其後士之，試于禮部者，先兩監而後鄉貢，京兆所錄兩監十名以上，小宗伯多倚以爲選，登進士第者，無慮十之七八，語見文獻通考。宋制：太學有積分之法，分上舍，中舍，下舍，以遞爲升黜，亦多至數千人，而成鈞，試太學生，並別有狀元之目。癸辛雜誌：解褐舍法，下等上舍，先免解後免省，待三年後到殿，中等上舍，徑到殿，或持旨徑行解褐，其釋褐恩數優者謂之狀元，擇日於崇化堂鳴鼓，集衆諸生兩廊序坐，狀元襴襆立，同舍班俟揖訖，詣堂上香案前，望闕謝恩，是也。明承宋制，令天下擇諸生學行優者，送國子監就學，以育其才，或舉人會試不第，亦聽入監，而洪武中監生，并有奉使採訪民事，平理訟獄，甚或即授布按兩司者。其納粟入監之例，自景泰中始。朱國楨湧幢小品云：近日民生納粟一途，人頗輕之，然羅圭峰以七試不錄入貲北雍中解元，會元，蓋既有此途，可以就試，則人才亦即出，其中固未可一概論也。（繆全吉）

監司

宋代監察諸州官員的通稱。主要指轉運使和提點刑獄而言。仁宗慶曆中，會「詔諸路轉運使並兼按察使，每歲具奏官吏能否。」（通考註）故而轉運使對各州有考績權。但對各州司法業務，則別命提點刑獄糾察。（楊樹藩）

監軍

官名。始見於東周齊景公，使穰苴將兵，以寵臣莊賈監軍。漢武帝時，置有監軍使者。歷東漢至魏晉，皆見其職。其際，又有軍師及軍司之設，亦職司監軍。宋齊以來，此官廢置。隋末，或以御史監軍事，至唐亦然，時有其職，當非常官。開元二十年後，並以中官爲之，謂之監軍使（見通典職官）。史載：「至德中、常令（宦者）魚朝恩監軍事，九節度討安慶緒於相州，不立統帥，以朝恩爲觀軍容宣慰處置使，觀軍容使名，自朝恩始」（舊唐書魚朝恩傳）。自是方鎮皆置宦者監軍，迄於唐亡。其後可得而考者，遼、金有監軍之職（見續文獻通考職官考）。明亦置監軍，「無定員，惟用兵則設，或以御史，或以按察司官，領勑行事」（淵鑑類函設官部）。又明宦者權重，料亦受任監軍，史謂有明一代，「內監添置益多，邊塞皆有巡視，四方大征伐，皆有監軍，而疆事遂致大壞，明祚不可支矣」（明史職官志序文）。（芮和蒸）

監察院

監察院職司風憲，察舉不法。此一事權，在西方國家屬之國會，時有黨同伐異之弊；其在我國，自秦漢以還，歷代皆授之御史，然其運用，不免失之過於寬汎。中山先生衡其得失，取其精宏，創爲監察獨立之制，系列五院之一。制憲國大秉承遺教，於憲法特闢專章，立制度，定事權，以之爲國家最高監察機關。

監察院爲民選合議機關，監察委員由各省市議會，蒙藏地方議會及華僑團體選舉產生，其名額分配爲每省五人，每直轄市二人，蒙古、西藏及海外華僑各八人。正副院長由委員互選。院會除臨時會外，其常會每月舉行一次。委員會針對行政院之八部二會設置，以調查行政設施之有無違法或失職。爲監督預算之執行，並設審計部專司其事。

監察院之職權，包括同意、彈劾、糾舉、糾正、調查、及審計。同意權由院會行使，所及人員有司法及考試兩院正副院長、大法官，以及考試委員。彈劾權之適用，以總統及一般公務人員爲對象，以違法失職爲原因。對總統之彈劾，須有全體監委四分一之提議，以及全體監委過半數之審查及決議，向國民大會提出。對中央及地方公務人員之彈劾，須有監委一人以上之提議，九人以上之審查及決定，向司法院公務員懲戒委員會提出。糾舉權之適用對象，僅限於一般公務人員，而其行使原因，則亦以違法失職爲要件，惟行使程序較爲迅速。申言之、監委對於公務人員之違法或失職行爲，認爲應迅予停職或爲其他急速處分者，得以書面糾舉，經其他監委三人以上之審查及決定，視其違法或失職所涉及之法律與情節，由院逕交各該主管長官或其上級長官，或逕送各該管司法或軍法機關依法辦理，其主管長官對此項糾舉，應於一月內採取適當處分，或向監院聲復不應處分之理由，否則被糾舉人如爲監委改提彈劾案而受懲戒時，其主管長官應負失職之責任。監察院各委員會對行政機關之工作及設施，如認爲有不當者，得經各該委員會審查及決議提出糾正案，移送行政院及其有關部會促其注意改善，而有關部會應將其改善處置於一個月內書面答覆監察院，否則監察院得予以質詢。監察院之調查權，乃是行使糾彈權的一項先行程序，其本身係依附於糾彈權的一項手段，而非目的，所以於此不再多作說明。至於審計權，主要是監督預算之執行，審核決算，以稽察財政上不法或不忠於職務之行爲。（荆知仁）

署理

見「試署」條。

種族主義 (Racism)

凡以膚色及身體結構上的差別而定人種智能上之優劣者，謂之種族主義。以此種論點爲唯一根據，而認優種之地位應高于劣種者，稱爲種族歧視(racial discrimination)。在通常應用上，二者並無實質的差異，美國稱白人之歧視黑人者爲種族主義者，即爲明例。

種族主義起源甚早，古代波斯的阿里安人(Aryans)，認爲他們是世界最優秀的種族。納粹主義時代的德國，宣稱他們是阿里安人的後裔，所以德國人是世界最卓越的分子，又爲討好當時的日本，而稱日本人爲「榮譽的亞里安人」。今日的種族歧視主要在非洲及美國，而其歧視的對象則大部分爲黑人，南非聯邦自一九四八年以後實行所謂「白人至上」政策，並使黑白隔離，將該國最進步的地區劃歸白人，而落後地區則撥交黑人，美其名曰「分別發展，和平共存」。一九六五年羅德西亞宣佈獨立，也以南非聯邦爲榜樣，以極少數的白人統治絕大多數的黑人。美國自一八六三年林肯宣佈解放黑奴後，在理論上黑人已與白人立于同等的地位，但實際上黑人仍受到白人的種種歧視，如白人學校不收黑人學生，白人餐廳不許黑人用膳，公共場所不准黑、白同座，黑人住所限定某些區域等，諸如此類，不一而足。近年由于政府的種種努力，這些限制在形式上已告解除，但在心理上白人對黑人之歧視，似乎並無多大改善，尤以南方諸州爲然。又在世界其他地區，種族主義也是不絕如縷，如澳洲的「白澳政策」迄未宣佈廢止，英國之限制有色人種歸化，正在方興未艾，皆係不容否認的事實。（胡述兆）

種族歧視 (Racial Descrimination)

參閱「種族主義」條。

竭力滿得選區劃分法 (Gerrymandering)

即劃分選區的，政府黨利用職權，作有利於己而不利於反對黨的不公平劃分。其方法是藉選區的劃分，使反對黨的選票實力，局限於極少數的選區內，而使本黨選舉人在大多數選區內占優勢。結果反對黨在全部選區中的得票總額雖可能領先，但其所獲議員席次却較少。例如一九六二年，美國民主黨即曾運用此法，使該黨在加州議會由原先所佔的十六席增至二十五席。

此一方法係一八一一年美國麻州州長 Elbridge Gerry 所創，又因其所劃分之選區，狀似蠑螈(Salamander)，世人乃稱之爲 Gerrymandering。

按竭力滿得選區劃分法，有時亦未必穩操勝算，例如美國共和黨於一九六一年在紐約運用此法，結果並未使該黨於一九六二年的選舉中，在該州議會中增加任何席次。（謝延庚）

管理革命 (Managerial Revolution)

指企業家(entrepreneurs)和工業家，經由對於工業和其他生產事業的壟斷，從而控制經濟，政府，以至整個社會的過程。

「管理革命」一詞，見之於社會學家柏恩能 (James Burnham) 所著管理革命一書(James Burnham, The Managerial Revolution, New York: The John Day Co., 1941)。柏恩能在書中所提出的中心理論，可以簡述爲下列幾點：

(一)在現代社會中，用具的製造是一個集體的社會過程 (social Process)。根本沒有人能製造他所用的一切東西，大多數人甚至一樣東西也不製造。

(二)於是經濟生產便是人類賴以爲生的手段。誰控制這些手段，誰就是一個社會的支配階層。

(三)在現代社會中，行政人員和工業的管理人員(managers)，一方面控制了生產的過程，另一方面支配了分配的過程，事實上已有左右社會的力量。唯一對他們還有一些控制的是實業的法定所有人。等到一旦實業國有化之後，這一點點控制也歸無有，於是國家(state)便逐漸成爲管理階級(managerial class)的「財產」。管理人員也便形成了事實上的統治階級(ruling class)

柏恩能的「管理革命」理論提出後，已成爲有關領袖人才(elite)重要理論之一，在討論人才引用與社會變遷時常被提及。（參看「領袖人才理論」條）（魏　鏞）

參考文獻：

James Burnham , The Machiavellians. Chicago: Henry Regnery Company, 1943

Donald R. Matthews, The Social Background of Political Decision-Makers, New York: Random House, 1954.

蒲隆地（Republic of Burundi）政黨

蒲隆地共和國（Republic of Burundi）原爲聯合國託管地，一九六二年獲得獨立。現有下列三個政黨：

㈠國家進步聯盟（Union Progressive Nationale 或 Unity and National Progressive）：國家進步聯盟簡稱UPRONA。蒲隆地於一九六二年七月獨立時原爲一個王國。國家進步聯盟即是支持立憲君主莫旺布沙四世（Mwami Mwambustalv）的政黨。其領導人爲胡阿加索爾親王（Prince Rwagasore），該黨爲蒲隆地王國時代的執政黨及最大黨。黨內包括有瓦杜濟人（Watutsi）及巴虎杜人（Banutu）兩大種族勢力。一九六五年大選，該黨獲國會三十三席中的二十一席。該黨無明顯的思想路線，黨中政策隨領導人之不同而異其傾向。但如何使瓦杜濟人與巴虎杜人能有效的聯合，此一原則鮮有更動。於一九六六年蒲隆地發生政變，推翻立憲君主制而改建共和，米康伯羅上尉（Capitaine Michel Micombero）出而領導該黨，並自任總統兼內閣總理，國防外交及內政部長。現在國家進步聯盟爲蒲國唯一的政黨。蒲隆地目前尚無憲法，總統是出自自己任命，一切施政全由國家進步聯盟決定。米康伯羅並設立一個國家革命委員會（National Revolutionary Council），用以監督黨的活動，故國家革委會實爲該黨組織之核心，總統任期七年。米康伯羅上任後一向以共和及團結爲號召，一直執政至今。

㈡基督教民主黨（Parti Democratique Chrétion）：基督教民主黨簡稱PDC，爲王國時代國王的反對黨，唯勢力甚小，共和建立後已不復存在。

㈢人民黨（Parti du Peuple）：人民黨爲巴虎杜人所組成的政黨，在一九六五年大選時，曾獲得國會議席十席，唯共和建立後，米康伯羅總統的專斷作風，已使該黨無法立足。（袁頌西）

遞減投票制（Graduated Vote）

所謂遞減投票制，即複數投票區內之選舉人，對議員名額全部作連記投票，但其投票之價值依連記的順序而遞減。譬如某選舉區內，議員名額三人，各選舉人可以連記三名，但寫在第一位的候選人一票算一票（即一票的價值等於一），第二位兩票算一票（即一票的價值等於二分之一），第三位三票算一票（即一票的價值等於三分之一）。依此法，少數黨的目的亦可達到。

遞減投票制，是德國人G. Burnitz 及 G. Varrentrapp 所創，但並未曾實施。（謝延庚）

銓選

銓選爲我國人事制度上舉官之大政，包括登進與升遷而言。舉士舉官之分途，漢之郡國察舉，魏晉六朝之九品中正，已見諸事實，蓋察舉品第由郡國中正，而舉官則由丞相與吏部。至唐以試士屬禮部，試吏屬吏部，以科目舉士，以銓選注官，遂爲定制。六朝以前，以府軍府及州郡長官，得自辟大小掾屬，自隋以後，則一命之官，皆歸吏曹，然猶中央官與地方官各守其職，宋以後則以朝官出知地方。孔穎達謂，「顓頊以來，天下之號因其地，百官之號因其事。」舉司徒司空等官以爲證，官未有離於職事者，春秋以降，則位與職分。秦漢以降，爵、官、職、階、加銜、兼官、檢校官、差遣官、勳位等等，滋乳孔多，紛然雜陳，更有守、眞、行、假、領、錄、平等名色，皆所以亂銓選之法者。董仲舒謂：「古之所謂功者，以任官稱職爲差，非所謂積日累久也，故小材雖累日，不離於小官，賢材雖未久，不害爲輔佐。」此本古今用人惟才之通義，然衆所爭趨，情僞萬端，不得已而有停年循資之格限，遷轉升調之班序，其最下者爲掣籤之法。本意所以杜倖進而免爭攘者，終爲銓選遭受詬病之的。稽諸史乘及通考等資料，兩漢銓選之法較簡，郡國吏民之被察舉爲孝廉者，與郡國上計吏階行而貢諸王庭謂之計階，多拜爲郎，居三署，即左右與虎賁三中郎將，無常員，或至千人，隸屬於光祿勳，光祿勳歲以茂材四行舉三署郎，量能補他官。兩漢三公以德行高妙、學通行修、明達法令、剛毅多略四科辟士，分別補官，州郡刺史太守得自辟曹掾，均可因察舉或薦達而不次拔擢。司隸校尉及刺史歲舉縣令長視事三年以上理狀尤異者各一人，與計階上。郡國二千石之官，其考績優異者，亦均因治行卓異而升遷。其餘庶僚吏胥，亦均因治行卓異而升遷。漢初本有宗室不宜典三河，王舅不宜備九卿，中官子弟不得爲牧人職，有市籍及其子孫不得爲官，贅婿及贓吏不得爲吏，贓吏子孫不得察舉等禁制。東漢桓帝時，以州郡相阿，人情比周，乃制三互法，婚姻之家及兩州之人，不得相臨，此即後代迴避之法所由生。魏晉六朝以九品官人，先由大小中正品第人物，上之司徒，完成舉士之程序，然後由司徒核付吏部選用。開始舉官之程序，大率品高者爲尚書郎，下品者不過令史而已。以後發展則各憑才能位望，內爲公卿，外爲郡守方伯，無可限量。九品初爲人才分等，後移於官品，梁分爲十八班，後魏九品分正從，沿至清末始廢。劉宋時初定外官守宰三年任滿遷代之制，爲後世任期制度之所昉。經六朝長期之發展，銓選程序大體已成定型，直至明清，莫之能逾，即提名在吏部，署奏由宰臣，裁可屬天子。在九品中正時代，凡王國下佐，州縣專僚，不在中正品第之中，爲士大夫所賤。隋以後一命之官，均歸吏曹，見隋書選舉志。唐制，禮部所舉之進士，謂之出身，須經吏部身言書判之試，始可注官，通不過吏部試，有出身二十年而不獲祿者。吏部身言書判之試，係銓注六品以下官之通案，三年一大集，每年一小集，集於京師而試之，身取其體貌豐偉，言取其言辭辯正，書取其楷法遒美，判取其文理優長。四事皆可，則先德行，德均以才，才均以勞，劣者停職，優者遷官。其程序先行擬注升授之官而唱示之，然後分列甲狀，先簡於尚書僕射，再上於門下省，給事中讀之，黃門侍郎省之，侍中審之，既審上聞於天子，主者受旨而奉行。其五品以上者不受試，列名上中書門下省聽制敕處分。初，北朝後魏亦以九品官人，但重門第，寒素莫由升進，崔亮倡停年之格，銓選惟依年勞，不問士之賢愚，專以停解日月爲斷，遂失考核升降之意。唐以科舉取士，求進者衆，選人漸多，大率十百人競一官，高宗時裴行儉始設長名榜，引銓注期限等法。玄宗時裴光庭奏請銓選一循資格，無問滿否，選滿則注，限年躡級，毋得踰越，馬端臨評之爲「庸碌者便於歷級而升，挺特者不能脫潁以出。」宋代銓選之權，初於禮部之外，分屬其他有司。元豐改制之後，仍歸吏部，以審官東院爲尚書左選，流內銓爲侍郎左選，審官西院爲尚書右選，三班院爲侍郎右選。文散官自朝議大夫，執事官自大理正以下非中書省敕授者皆屬尚書左選。武臣自皇城使衞仗司以下非樞密院宣授者，皆歸尚書右選，自初仕至州縣幕職官皆歸侍郎左選，自借差監當至供奉官皆歸侍郎右選。其事權之分類及層次劃分，均甚明確，蓋承唐三銓分掌之制而增益之。選人官分七階，自承直郎至廸功郎，循資序以升進，惟宋重差不官，官不釐務，另加差遣始釐務，故資歷以差遣爲準。三年一任，須三任六考，然後遷轉。宋代科舉得士，吏部直接銓選，不再考試。惟蔭補初赴選者，皆試律及詩，已任而無勞績，舉薦而無免試恩者，皆試判三道，視其上下等第分別升授。元之銓選，從七品以下屬於吏部，正七品以上歸中書省，三品以上非所予奪，由中書取進。其銓注升選之法，概計歲月以考殿最而定黜陟。明代銓政文官屬於吏部，武官歸於兵部。選人初授者曰聽選，升任者曰升遷。聽選有雙月大選、單月急選、三年揀選等區分。升遷必經考滿而行之，若員缺應補不待滿者曰推升。內閣大學士各部尚書由廷推。侍郎以下及祭酒由吏部會同三品以上廷推。太常卿以下則由吏部推。通參以下吏部於宏政門會選。詹事由內閣，各衙門由各掌印參選。在外官惟督撫廷推，九卿共之，吏部主之。布政員缺，三品以上官會舉。監司則序選。防邊兵備率由選擇保舉。其他在外府州縣正佐，在內大小九卿之屬員，皆常選官選授遷除。萬曆二十二年，吏部思杜權貴請謁之弊，乃創爲掣籤法，無論大選急選，悉聽選人自掣，於是吏部有籤部之譏，然此法至清未革。清承明制，惟停止大學士及督撫等員缺會推之法，改爲吏部開列其題，奏由欽裁。又嚴升遷之制，定較俸推陞及內陞外轉之法。前者規定大學士缺，以各部尚書左都御史轉補。各部尚書缺依衙門次序，以尚書左都御史轉補；如不用，以各部侍郎推補。各部侍郎缺以學士左副都御史通政使推補。四品京堂缺以每年內陞京官補用。後者定吏部司官一年內陞一人，外轉一人，六科給事中一年內陞二人，外轉二人，御史二年內陞三人，外轉三人。各省司道除陞巡撫外，每年亦內陞三人，其程序係按補改轉調陞各班次開列請題，分別引見候旨授官。以上爲歷代銓政大要。尚有可得而言者，士人以制度入仕，所謂正途出身，原爲人事制度之中心，歷代名臣貴仕，多出於此。然釋褐初任，階位亦復不高，漢之孝廉，高者爲三署郎，備宿衞，下者可得縣佐。魏晉六朝九品，高品可爲尚書郎，中品以下者僅尚書令史而已。科舉雖風靡千載，榮貴無兩，但按之實際，唐代進士釋褐，甲第敍從九品上，乙第敍從九品下，宋代稍加優待，亦僅進士第一名補承事郎，正八品下，二三名補文林郎，從九品上。明清仕進專重科舉，而一二三甲亦僅一甲一名從六品，二三名正七品，二甲從七品，三甲正八品，補翰林院館職而已。然在制度上明代內外官非進士不入翰林，非翰林不入內閣，州縣正印官，上中爲進士缺，中下爲舉人缺，最下爲貢生缺，舉貢歷官，雖至方面，非廣西雲貴，不以處之。科舉正途出身者事實上佔盡優勢，尤以進士爲最，清代重視科甲正途出身，大體承明之制，略加損益。

銓選任官，其程式有輕重之分。周禮有九命之制，春秋左傳可徵者有三命，隋唐雖曰一命以上皆屬吏曹，仍有低昂，唐制二品以上冊授，五品以上制授，六品敕授，冊拜及制授敕授之官，皆由宰相進於天子而命之。七品以下旨授，其視品及流外官皆判補之。旨授皆由於吏部。今日本官制之親敕奏判四任，猶是唐制之遺，現行官制之特簡薦委四任，則循唐制而轉引自日本者。（仲肇湘）

閣員 (Cabinet Ministers)

見「內閣總理」條。

領土 (Territory)

領土為近代國家構成要素之一，為國家行使其主權之範圍，亦為國家為地域團體之一的表現，而與其他社團不同。歷史上雖有「行國」之稱的遊牧國家，但現代國家必須具備「領土主權」(territorial soverignty)，惟「治外法權」(exterritoriality) 及「國際地役」(international servitudes) 的情況下，為例外。他如『領事裁判權』，則為非主權完整國家的現象。

領土的範圍，包括：(1)領陸，包括陸地下面之礦產，地下鐵道及電纜之支配。(2)領海，通常為海岸低潮點起算三英浬，但他國船隻有「無惡意的通過」(innocent passage)之權。而且，在領海外十二英浬寬的「隣接地位」(contingent zone)，領海國可行使緝私及警察權。(3)領空，據一九一九年「巴黎國際航空公約」規定：國家對其領域上空，有完全而獨享的主權；但平時應允許「無惡意的自由航行」。惟最近國際法的趨勢，太空似認為應不屬於任何國家主權而享有排他權利。(4)領河，國內河川應屬國家主權完全控制，但「國際河川」（如多瑙河及萊茵河）以及「國際運河」（如巴拿馬運河及蘇彝士運河），得依條約，允許各國自由航行。（涂懷瑩）

領袖人才主義 (Elitism)

見「領袖人才理論」條。

領袖人才理論 (Elitist Theories)

以領袖人才(elite)之背景，引用過程，及其政治發展之關係為研究分析重心的政治學理論。

人才引用與政治體系的穩定與發展的關係，一向是中西學者及政治領袖所密切重視的一個問題。在中國，遠至孔子、老子、孟子、董仲舒、魏徵；近如曾國藩、胡林翼、 國父，以及 蔣總統，對於人才引用方面的言論著作，可說是車載斗量，不勝枚舉。在西方，早期哲人亞理斯多德，柏拉圖，中期的馬克維里以及近代學者如馬斯卡 (Mosca)，帕銳圖 (Pareto)，滿漢(Mannheim)，拉斯維爾 (Lasswell)，道爾 (R. A. Dahl)，以及宓友 (C.W. Mills)，也都曾對人才引用的問題，有深刻精闢的研究。

雖然中外學者均對「領袖人才」有莫大興趣，但對該詞內涵及研究着重之點顯然有所不同。在中國，「人才」一詞，通常均用來指個人，如「某人是人才，某人不是人才」，即使在用來指集體的人，也多半是屬于抽象性一般性的意義，而非指一特定的社會及政治團體或階級。西方學者則不然，他們多半把領袖人才看成是一個集體的現象。因此不論是「統治階級」(ruling class 馬斯卡用語)、「人才」(elite ，帕銳圖用語)、「有影響者」(the influential，拉斯維爾用語)，「權力人才」(power elite，宓友用語)，均係指一羣高踞社會重要地位，具有左右社會決策（尤其是政治決策）的重大影響力的人羣而言，這是吾人必須認識的第一點。

其次中國學者提及「人才」一詞，除「才」之外，尙注重「德」，所謂「為政在人，取人以身，修身以道，修道以誠。」因此中國政治理論中的「人才」，除具有「才幹」上的意義外，尙兼有道德上的條件。西方學者自馬克維里以降，則多半都着重領袖人才所具備的才能，社會背景，引用過程，以其與政治穩定與發展之實際關係，而不深究領袖人才本身之道德素養及信條，這是吾人對中外學者對人才概念之不同上，所須認識的第二點。

「人才」一詞的意義既已簡略說明，以下便可將「領袖人才理論」之內容，作一簡約的介紹，介紹的方式係將各種有關理論，集合起來，再加精簡歸納成各種相關的命題 (proposition)，並在每項命題之末注明提出該項命題的理論家。

(一)在任何社會，不論是古代或現代，民主或極權，均有一統治階級。該階級在人民之中為少數，但却具有莫大之影響力。（馬斯卡、帕銳圖、拉斯維爾）

(二)統治人才(ruling elite) 不僅要具備才能，並須具有德性。以力服人，不得長久，以德服人，方能長久。故此統治者引用人才不僅要看其才幹，還要看其德性。（孔子，孟子、董仲舒等）。

(三)一人之個性，出身，及才能，決定其是否有爭取領袖人才地位(elite

status)之動機與能力。當社會在某一階段特別需要一特定技能(skills)時，具有該項技能之人，便有較佳進入「人才集團」(elite group) 的機會。(拉斯維爾)。

(四)統治人才之能否維持及運用其政治權力，由以下諸因素決定：

甲、在特定時期中，特定社會流行之「政治謎」(political myth)(註：政治思潮或政治意的)。

乙、各種社會勢力之相對力量。

丙、引入統治人才中的新人的種類與性質。

丁、該社會所面臨的政治及社會變遷。(馬斯卡與帕鋭圖)。

(五)政治體系之穩定，基於統治人才不斷之更新。(帕鋭圖、董仲舒、魏徵、曾國藩)。

(六)如統治人才不斷吸收新成員，以替代舊成員，則其統治可以持久。(多數研究人才問題之中國思想家、馬斯卡、帕鋭圖)。

(七)統治人才延續其統治方法之一，係從被其統治之羣衆中，將潛在的，具有領導反叛運動的人才去掉。去掉的方法有好幾種，或將其處死，或將其監禁，或將其放逐。但最好的方法還是將彼等吸收入統治人才集團之中。(帕鋭圖)。

(八)在傳統社會中，統治人才可經由逐漸引用新人的途徑，達成政治穩定的目的。但當一社會進入急速現代化過程時，統治人才卽面臨一項難題——卽若統治人才不吸收出身低微的新人時，勢必引起其反抗，但若予以吸收，則又會破壞統治人才中的陣容，導致過度同化 (over-assimilation) 的危機。(滿漢)

(九)當一統治人才突然停止或延緩新人之引用時，必然導致政治危機。(帕鋭圖，滿漢)

(十)當一政治體系面臨危機時，新人有較佳進入統治人才之機會，此尤以出身低微者爲然。(滿漢、帕鋭圖)。

近來不少政治學者，收集試驗性的資料 (empirical data)，將上述各種命題加以考驗，獲得不少前所未有的可靠知識。同時由於資料處理方法的進步，吾人已能利用電子計算機在短時間內分析大量的有關各國統治人才的資料，因此預計在不久的將來，新的，更可靠的人才引用理論必將一一出現。

最後吾人要將「領袖人才理論」(elitist theories) 與「領袖人才主義」(elitism) 加以明白的區分。前者是將領袖人才當作既存的政治現象，加以客觀的研究與分析；後者係把少數領袖人才統治多數民衆，看成爲一種較佳的政治制度，而主張向這種形式邁進。希特勒，莫索里尼，以至列寧的思想，均有此種成分，儒家的思想，從「民可使由之，不可使知之」的角度來看，也有「人才主義」的趨向。「領袖人才理論」並不一定與民主思想與民主制度相衝突；「領袖人才主義」則與民主思想與民主制度不能相容。(魏　鏞)

參考文獻：有關人才理論的書籍至多，頗難一一備列。Lewis J. Edinger (ed.), Political Leadership in Industrialized Societies, New York: John Wiley and Sons, Inc., 1967. 一書中最後一章中，有很詳盡的關於人才理論及研究的書籍目錄。筆者博士論文 Wei, Yung, Elite Recruitment and Political Crisis: A Study of Political Leaders of the Ch'ing Period, 1644-1912 (Ph. D. Thesis) University of Oregon 1967, duplicate in Xerored copy or microfild is available at the Universils of Michigan. 卷末也附有詳盡的書目，此外下列各書亦有參考價值。

Donald R. Matthews, The Social Background of Political Decision-Makers, Garden City, N.Y.: Doubleday, 1954

Dwaine Marvick(ed.)Political Decision-Makers. New York: Free Press, 1961

Harold D. Lasswell, World Revolutionary Elites. Cambridge, Mass.: M.I.T. Press, 1965

T.B. Bottomore, Elites and Society, New York: Basic Books, 1964

James M. Burnham, The Machiavellians; Defenders of Freedom. Toronto: Longmans, 1943.

領導 (Leadership)

領導有心理、社會、和政治三方面的意義。在心理方面來說，領導是指一個人或少數人對大多數人所加的影響。在社會方面來說，領導是在社會集體生活中所行使的權力或影響力。在政治方面來說，領導是指行政首長的權力。在民主國家中，行政首長不僅是政府的一個部門，他也是政府的中心。在許多新興國家中，這個行政首長更是衆望所歸的人物。行政首長一方面是一個「民族英雄」，代表全國的民意，同時也是各派利益的周知人，綜合全國的利益。從歷史上看，領導觀念是起源於宗教，在幾個宗教運動的初期，信徒們都是隨從他們的法師領導，如摩西、耶穌、謨罕默德，都是偉大的領導者。現在研究初民社會組織的結果，證明在初民社會中，領導者的本身及其特殊地位都具有統治的權力。但自十八世紀民主革命以來，法律上規定統治的權力屬於領導者的職位，而不屬於其本身。而且領導人物的繼承也由法律規定。於是領導觀念由個人的品性變為領袖與羣衆的相互關係。最近研究的結果，證明領導會因時因事而異，在某種場合之下，羣衆選舉某種領導人物，在另一場合之下，羣衆又要選舉另一領導人物。又因現在的社會日趨複雜，領導人物逐漸由個人的變為集體的。即以美國為例，總統之下有預算局，經濟顧問會，國家安全會等，總統的一舉一動，決不是他一個人的意思，而是他和許多助手的集體意思。（陳世材）

參考文獻：

Seligman, L.G., "Leadership: Political Aspect", International Encyclopedia of Social Sciences (New York, Macmillan Co., 1968)

Holcombe, A.N., "Presidential Leadership and the Party System," Yale Review, New Series 43 (1954), pp. 321-335.

Selvin, H.C., The Effects of Leadership (Glencoe, Ill., Free Press, 1960).

價值(Values)

廣義的「價值」，包涵一切被人們認為有價之物(valued things)和人們對各種事物所作的「價值判斷」(value judgement)。前者是客觀存在外在世界和人與人關係之中；後者則為人們主觀情感意志的產物。

拉斯維爾(Harold D. Lasswell)和開普蘭(Abraham Kaplan)兩氏曾在其合著的權力與社會一書中(Harold D. Lasswell and Abraham Kaplan, Power and Society, A Framework for Political Inquiry. New Haven and London: Yale University Press, 1950, pp. 16-17, pp.55-58)，試圖將「價值」一詞予以明確的定義。其要點為：

㈠一項價值便是一項希求的事物(desired event)當甲價值乙時（此處「價值」一詞是動詞，與英文 value 用為動詞時同義），其意義為甲力求獲得乙的實現。

㈡價值主要可以分為兩類；一類可稱之為「福利價值」(welfare values)；另一類可稱之為「敬服價值」(deference values)

㈢「福利價值」包括：幸福 (well-being)，財富 (wealth)，技能 (skill)，和啓發 (enlightenment)，亦可譯為教化）。幸福指有機體的健康與安全；財富指收入——貨物與勞務；技能指在藝術，工藝，商業，或職業上的熟練；啓發則指知識，悟力，和見聞。

㈣「敬服價值」包括：權力 (power)，敬重 (respect)，正直 (rectitude)，和愛情 (affection)。權力指影響與控制別人的力量；敬重指地位，榮譽，公認 (recognition 公衆共同的認識），和聲譽 (prestige)；正直指道德價值，諸如德性，善良 (goodness)，及公義(righteousness)等；愛情則包括愛(love)與友情。

㈤價值不是絕對的，而是相對的；各項價值是互相關聯的，而且常常是互相衝突的。

上述拉斯維爾和卡普蘭二氏所下的定義雖然非常細密，但並未普遍為所有政治學家所接受。他們在討論時常常提到價值一詞而不予確切的定義。在政治學範疇中，把「價值」一詞用來指人們心中對各種事物的價值判斷，似乎要比用它來指有價值之物，更為普遍。

在伊斯頓的體系理論中，「價值」被用來指有價值的事物，為權威性分配的主體；在密契友(William C. Mitchell)的美國政體(William C. Mitchell, American Polity, New York: The Free Press, 1962, pp. 173-174)一書中，「價值」一詞則被用來指信仰 (beliefs)、規範、與對事物的價值判斷。因此吾人在研讀行為政治學家的著作時，必須留意其對「價值」一詞的用法與含義。（參看「價值袪除」與「行為研究法」條）。（魏　鏞）

價值的權威性地分配(Authoritative Allocation of Values)

「價值的權威性地分配」一詞，是美國學者伊斯頓 (David Easton) 在討論政治體系時所提出的一個觀念。他把「價值的權威性地分配」看作一個政治體系的主要機能，並用這個觀念對政治體系下定義，把它和其他「社會體系」(social systems) 區別出來。此處所謂「價值」(values) 是指社會上一般人認為有價值，想得到的有形或無形的東西：諸如「權力」(power)，「財富」(wealth)，「技能」(skill)，「知識」(knowledge)，「安全」(security)，與「

聲譽」(prestige)等均包含在內（見Harold D. Lasswell and Abraham Kaplan, Power and Society,New Haven and London: Yale, 1950)，所謂「權威性地分配」，是指政治體系經由「決策形成過程」(policy-making process) 將上述諸價值分配於一體系的「成員」(members) 之中。之所以稱上項分配爲權威性分配的主要原因有二：一是因爲所有的價值都是稀少的有一定總量的，不是人人均能得到，或得到其希求的分量；政治體系在對價值加以分配時，對某些成員的「報酬」(rewards)，便自然形成對其他成員的「剝奪」(deprivation)，而一切政策都是有强制性的，不接受便會招來懲罰。另外一個原因是政治體系的決定，其效力及權威超過其他「社會體系」(social systems or subsystems) 之上。家庭體系對分配的決定只影響一家庭之成員，教會體系的決定只影響一教會之成員，學校體系之決定只影響學校之成員，但政治體系之決定却包含以上各種體系相關的價值，其效力影響到一政治體系內各種體系的成員們，因此具有很大的「總括性」(inclusiveness) 和「權威性」(authoritativeness)（魏　鏞）

參考文獻：

David Easton. The Political System, New York: Knopt, 1960.

Easton, A Framework for Political Analysis. Englewood Cliff, N.J.: Prentice-Hall, 1965.

Easton,A Systems Analysis of Political Life New York: Wiley, 1965.

參看「價值」及「體系理論」條。

價值袪除 (Value-Free)

在政治學行爲研究法中，價值袪除是一個必要條件。所謂價值袪除，意指研究者在探討分析一個問題時，必須摒除先入爲主的、主觀的價值判斷(subjective value judgement)，如此方不致爲個人的好惡所矇昧，因而減低或喪失觀察的客觀性和發見的可靠性。

在一篇討論政治學「行爲主義」的意義的文章中，伊斯頓 (David Easton) 指出倫理評價與經驗解釋 (empirical explanation) 包含各兩個不同的命題。爲了清楚起見，最好在分析上將它們分開討論（見 David Easton, "The Current Meaning of Behavioralism," in James C. Charlesworth (ed.),Contemporary Political Analysis,New York: The Free Press, 1967)

但將價值問題與實驗問題分開並非易事。不僅反對行爲研究法之學者指出道德問題與價值判斷牽涉所有重要政治問題，不易將其擱置或抽繹出來不談；就是行爲政治學家本身近來也逐漸認識價值問題在政治行爲研究中的重要性。美國政治學者道爾曾在其所著現代政治分析一書中，對行爲研究法中的價值問題加以討論(見Robert A. Dahl. Modern Political Analysis (Englewood Cliffs, N.J.: Prentice-Hall, Inc., 1963. pp. 93-107)他認爲：

㈠價值、利益、與好奇心，均會影響學者對於研究題目的選擇；換言之，便是使人覺得什麼樣的題目重要，有興趣，值得研究；什麼樣的題目不重要，無興趣，不值得研究。

㈡吾人無法完全由經驗知識(empirical knowledge)建立重要與否及相干與否的標準。

㈢認爲眞理是有價值的，是從事客觀政治分析的先決條件。換言之，即吾人必須相信將眞理與虛假分別是一件有價值的事。

㈣所有經驗科學在邏輯上均建立在一些假定(assumptions)之上，而這些假定是無法用科學證明的。譬如吾人假定宇宙是有常軌的有常律的便是一例。

㈤在實際工作上，研究者的偏見常會使他無法正確地看到他觀察的結果和證據。

㈥客觀的，中立的科學研究，須建立在一些社會的，政治的前提之上。換言之，要想科學家能客觀地，中立地去進行對客觀世界的分析，就必須有能容忍研究自由的統治者。但是統治者往往也有他們自己一套對社會以及自然現象的理論，譬如史達林和希特勒就各對生物學有一套理論。希特勒認爲人種有基本優劣之分，史達林認爲環境影響遺傳因子，結果使持相反意見的科學家受迫害，而使持相同意見的科學家受到推重。因而嚴重地影響到科學發展的途徑和客觀性。

以上道爾對價值問題的看法提出後，一些行爲政治學家也曾試圖提出解決的辦法。其一是嚴格要求研究者在研究設計和調查的過程中，極力避免受價值主觀的影響，直到獲得客觀的研究發見後，方可作價值的判斷（不過許多行爲科學家根本認爲政治學者之鵠的在於求得政治知識，至於知識的本身是無所謂好與壞的）。其二運用由行爲研究法得來的知識，去支持或促進某種價值的增進或實現。拉斯維爾 (H.D. Lasswell) 所倡導的「政策科學」(policy science) 便是一例（見 Harold D. Lasswell and Daniel Lerner (eds.), The Policy

Science.New York: Columbia University Press, 1961)。其三是把價值當作影響人類政治行爲的一項變數(variable)，而將它作科學地客觀地分析和研究，各種關於「政治意的(Political ideology)和「權威性人格」(anthoritorian personal'ty)的科學分析，便是採用這個原則(例如Robert E. Lane, Political Ideology. New York: The Free Press, 1962; T.W. Adorno et. al.,The Authoritarian Personality. New York: Harper, 1950)

綜上所述，吾人可知價值問題的本身，及如何，或應該做到價值袪除，仍將爲未來政治學研究中一大課題。(參看「價值」與「行爲研究法」條)(魏　鏞)

價值陳述 (Normative Statement)

「價值陳述」係指陳述中含有價值判斷之意，其相對詞爲descriptive statement，即陳述中只講事實，只講「是不是」，不談「應不應」。倫理學、哲學常是價值之學，即其陳述多作者價值性之論斷。

科學中應否允許有價值陳述是一聚訟紛紜，迄今未休的題目。有些學者，特別是科學實證主義者，强調科學(不論自然科學或社會科學)只講事實，不談價值，以爲一落價值，便非科學。故科學必爲「價值中性」之學。質言之，科學只研究事象之因果律。此在政治行爲派中亦多有作如是觀者。但另一些學者則以爲社會科學與自然科學不同，社會科學者欲超乎或絕對避免價值乃係幻想。蓋研究者是人，人則有價值、目的、偏好、在研究過程中，價值常常自覺與不自覺地進入研究者心靈之中。事實上，在社會科學之研究過程中，研究者本身即係研究對象之一部份，亦即他本身必是一參與者，而非能絕對自外於研究對象者。此即社會學家C.H. Cooley 認爲社會科學之研究需要所謂之「同情的內察」。故而，絕對客觀事實之發現乃不可企及者。再則，他們以爲社會科學者對於價值非惟不能避免，亦且不應避免，因社會科學者之目的亦不止在描述世界，且在改善世界也。從而，此一爭論不止係一是否價值中性之科學爲「可能」之問題，並且係一是否價值中性之科學爲「可欲」之問題。

一般相信，科學之最終目的如係尋求眞理，則客觀性乃必不可少者，亦即必需能彰顯事實之眞相，縱或如 W. James 所說：「事實非生而自由與平等」，而必須賦之於價值與比重者。但研究者任何陳述至少應自覺到何者爲「事實之陳述」，何者爲「價值之陳述」，方不致自欺欺人。H.S. Hughes　主張社會科學者在其著作中，應開宗明義，公開陳明其個人之價值觀念。社會科學者對於價值之態度，恐不在避免，而在釐清，而其最終目的當在探求普遍性之價值。(金耀基)

墨西哥 (Mexico) 政黨

墨西哥自一九二八年迄今，係由公共團體革命黨執政，雖被稱爲一黨制之國家，但另有國民行動黨、社會主義大衆黨、國民解放運動、及共產黨等均已依法辦理登記。

㈠公共團體革命黨(PRI)：一九二八年由總統克里斯(Calles)所創立，原名國民革命黨。一九三八年改組爲墨西哥革命黨，主要構成分子爲工人、農民、與大衆(學生、知識分子、與軍人)。一九四六年改爲今名，組織益臻完密，人多以三大職業團體聯盟目之。組織結構有三：一、全國代表大會爲黨之最高權力機關，每隔三年舉行大會一次。代表約一千名，由三方面平均分配。二、常設委員會爲執行機關，於大會閉會期間代行其職權，委員三十人，由三方面分任。三、中央執行委員會爲幕僚單位，受常設委員會之督導，構成分子爲：主席與秘書長各一人，秘書三人(三方面各佔一人)，國會兩院幹部秘商會選舉產生之議員同志代表各一人。阿狄格(Ortega)於一九六五年十二月出任主席。黨綱：保衛並延續墨西哥革命主義及方案，亦即維護經濟發展、土地改革、工會主義、教育普及、與國家工業化。

㈡國民行動黨(PAN)：成立於一九三九年，乃一右傾、親天主教、與保守性之政黨。主張：一、鼓勵工商業民營，政府少加干涉；二、將私人過量土地合理分配農民。群衆基礎爲墨西哥市(首都)、蒙特銳、與蕭德覺銳積等三大都市之中層社會人士。領袖：伊巴駱拉(Ibarrola)。

㈢社會主義大衆黨(PPS)：由托里德諾(Toledano)於一九四九年所建立，其前身爲大衆黨(PP)，乃一馬克斯主義及親蘇組織。其支持者多爲知識分子及國立大中院校之學生。在國會議員選舉中，其候選人所得票極爲有限。

㈣國民解放運動(MLN)：首要宗旨爲支持卡斯楚共產政權。與社會主義大衆黨關係頗爲曖昧，兩者經常互相批評，曾分別派遣代表團出席莫斯科會議。對政府黨常採反對態度，此與社會主義大衆黨有別。

㈤共產黨：因企圖自卡斯楚手中獲得經濟支援，人多以國民解放運動之工

具目之，目前實力仍甚脆弱。（談子民）

墨家

墨家之學早已有之，而墨家一詞，則首見於漢書藝文志。該家以戰國初期之墨翟爲首，乃一有組織之團體，其首領曰鉅子（莊子天下篇），墨子而後，可考言有三人，卽孟勝、田襄及腹䵍（呂氏春秋上德篇、去私篇，及孫詒讓墨子閒詁墨子後語上墨家鉅子條）。此外，墨子弟子甚衆，墨子公輸篇謂墨子說楚王曰：「臣之弟子，禽滑釐等三百人」。淮南王書亦謂墨子「服役者百八十人」。而其可考者，除禽滑釐外，尙有高石子、耕柱子、管黔敖、治徒娛（墨子耕柱篇），魏越、高孫子、曹公子、勝綽（墨子魯問篇），隨巢子、胡非子（漢書藝文志），高何（呂氏春秋尊師篇），縣子碩（墨子耕柱篇及呂氏春秋尊師篇），公尙過（墨子貴義篇、魯問篇、及呂氏春秋高義篇），跌鼻（墨子公孟篇）等。至於再傳與三傳弟子亦當不少，雖可考者，僅有再傳禽子弟子許犯（呂氏春秋當染篇）、索盧參（呂氏春秋尊師篇），胡非子弟子屈將子（太平御覽四三七、四九二引），三傳許子弟子田繫（呂氏春秋當染篇）。然呂氏春秋當染篇云：「孔墨之後學，顯榮於天下者衆矣，不可勝數。」又呂氏春秋上德篇及孫詒讓墨子閒詁墨子後語上載：墨者鉅子孟勝以死爲陽城君守，弟子死者百八十五人。凡此，當有不少墨子再傳或三傳甚至更後之弟子。要之，墨家徒屬甚衆，而其學極盛，又有嚴密之組織，故爲當時之顯學（韓非子顯學篇）。

墨子死後，墨家之學乃有派別之分。韓非子顯學篇謂墨子之後，「墨離爲三」，「有相里氏之墨，相夫氏之墨，有鄧陵氏之墨」。莊子天下篇則謂有「相里勤之弟子，五侯之徒，南方之墨者，苦獲、已齒、鄧陵之屬」。其詳不得而知也。

至於墨家學說，均見今傳墨子一書。另有清馬國翰墨家佚書輯，無甚可觀處。墨家以苦行精神，行其救世熱忱，故其立說，要以救當世之衰亂爲主旨。而其中心思想則爲實利主義，故云：「凡費財勞力，不加利者不爲也」（辭過篇），「利人乎卽爲，不利人乎卽止」（非樂上）。是主張凡事求其功利。又云：「故中效則是也，不中效則非也」（小取篇）。是主張凡事須注重效果。因而其所謂救當世之衰亂者，卽在於「興天下之利，除天下之害」（兼愛中）；而關於利害之權衡取舍，則是「利之中取大，害之中取小也」（大取篇）。爲「興天下之利，除天下之害」，於社會道德，則主張兼愛，使人「兼相愛，交相利」。蓋因「凡天下禍篡怨恨，其所以起者，以不相愛也」（兼愛中）。若人皆能「兼相愛，交相利」，「視人之國若其國，視人之家若其家，視人之身若其身。是故諸侯相愛則不野戰，家主相愛則不相篡，人與人相愛則不相賊；貴不敖賤，詐不欺愚，凡天下禍篡怨恨，可使毋起」（同上）。又主張貴義。乃因「義，利也」（經上），「義，志以天下爲愛」（經說上）；而「欲爲義者」，卽是「兼愛天下之人」（天志下）。於國際關係，則主張非攻，「不欲大國之攻小國也，大家之亂小家也，强之暴寡」（天志中）。蓋因攻戰有害而無利，必勞民廢事（參閱非攻下），傷財（參閱非攻中及兼愛中兼愛下），死人（非攻中非攻下），甚至亡國（非攻中）。而其非攻之法，則是於提倡兼愛貴義，使人相愛而不相損之外，亦主張小國圖謀自衞，使大國不敢攻（參閱節葬下及貴義篇），並主張睦鄰救弱，國與國之間和平相處，依禮往來（尙賢中、天志中、魯問篇），若大國攻小國，則各國羣起救之（非攻下）。於國民經濟，則有節用、節葬、非樂諸篇，以發揮節約之意。蓋以爲浪費有害無利，妨害民生（參閱七患篇）。並主張「各因其力之所能至而從事焉」（公孟篇），「以事生財」（七患篇），以求生產之增加；「有力相營，……有財相分」（天志中），以求分配之均平。於政治組織，則主張由上至下，層層節制，衆人上同於里長，里長上同於鄉長家君，鄉長家君上同於國君，國君上同於天子，「上之所是，必皆是之；上之所非，必皆非之」（參閱尙同各篇），而各級政長，皆由其上級選擇賢能者任之（參閱尙同與尙賢各篇）。爲保證其主張之實行，又倡天志，明鬼，以天志作爲其一切主張之最後依據，謂天與鬼神皆爲有情感意志之人格神，而欲人之兼愛非攻，彼此交利，且能賞善罰惡。人苟能對天與鬼神絕對信仰，則必不敢爲非（見天志明鬼各篇），如此，其主張自亦可得而行矣。（孫廣德）

寮國政黨

寮國仍爲一封建社會，政權仍集中於少數豪門望族和野心家之手。所謂政黨，亦復如是。各黨之政見，除左右兩派各走極端外，亦無重大差異。而且，除左派政黨外，各黨組織並不嚴密，聚合無常，壁壘亦欠分明。寮國現有下列政黨：

㈠中間黨(Lao Pen Kang, Neutralist Party)：名義上為現任總理佛瑪(Souvanna Phouma)親王之支持者，其領導者亦為佛瑪。

㈡寮國人民集合黨(Lao Hom Lao, Rally of the Lao People 簡稱 RPL)：為一保守之政黨，係獨立黨與民族黨兩黨合併後之名稱，亦支持佛瑪親生之內閣，現任該黨領袖為沙拉尼柯(Phoui Sananikone)。

㈢寮國愛國陣線(Neo Lao Hak Sat, Lao Patriotic Front)：原名自由寮(Pathet Lao)或寮國政治陣線(Lao Political Front)，一九五八年大選時改今名。該黨受北越之控制，其領導人為蘇法努旺(Prince Souphanouvong)。

㈣寮國人民黨(Phak Pasason Lao, Lao People's Party)：亦為受越共控制之寮國政黨。

㈤和平黨(Santiphab, Peace Party)：現受寮共支配，其領袖為蘇法拉米西(Maha Kou Souvannamethi)。

一九五八年六月，部分青年官吏組織所謂保衛民族利益協會(Committee for the Defense of National Interests 簡稱 CDIN)，該會初在獨立黨主持之內閣中佔四席，一九六〇年大選時且贏得國民議會五十九席中之三十二席，遂成較正式之政黨，更名為社會民主黨(Paxasangkhom)。惟該黨份子複雜，尚難成為較具永久性之政黨。（郎裕憲）

廢止奴隸主義(Abolitionism)

凡基于人道精神，要求廢止奴隸制度的主張，統稱為廢止奴隸主義。在理論上說，只要有奴隸制度，就會有廢止奴隸的主張，所以廢止奴隸主義，可以說與奴隸制度的存在而俱來。不過這一用語，主要係指美國南北戰爭前，那些以慈善為懷的地方人士及黑人領袖，要求解放南方黑奴的一個運動。他們基于道德的精神，宗教的理想，及民主的原則，認為南方維持黑奴制度，不僅是一種可恥的罪惡，而且是對美國所標榜的自由平等的一個極大諷刺，為便于對他們的主義鼓吹闡揚，于是建立組織，如一八三三年在費城成立的「美國反奴社」(American Anti-Slavery Society)，一八四八年在水牛城組織的「自由土地黨」(Free-Soil Party，該黨于一八五四年與新成立的共和黨合併)；發行報紙，如一八二七年開始發行的「自由報」(Freedom's Journal)，一八三一年的「解放者」(The Liberator)，一八四七年的「北星」(The North Star)；並于一八四二年組織國會反奴遊說團。由是廢奴的主張，彌漫于北方。一八六〇年，共和黨的競選政綱充滿着廢奴主義的精神，卒使同情廢奴主義者的林肯當選為總統。這一情勢，與南北兩方在政治、經濟、社會等其他方面的歧見相結合，終于引起了南北戰爭。不過黑奴也畢竟因此獲得了解放，完成了廢奴主義者的心願。（胡述兆）

彈劾權

彈劾制度於我國，建制於秦漢的御史，而為歷代所沿襲，用作君主鞏固其統治的耳目。於西方，則肇始於十四世紀英國議會對貴族之檢控其不法，而為近代各國所仿效，用作議會監督政府大員的手段。

從近代國家的彈劾制度來看，彈劾案之提出，乃國會的專有權。其採一院制者固不必言，其採兩院制者，或則由兩院決議共同提出，如韓國；或則由任何一院議決起訴，如印度及伊朗；或則由國會責成監察使提出，如瑞典。但多數國家，均由下院提出。

其次，彈劾權所適用的對象，除君主國家，僅適用於國務員外，其於共和國家，大抵多適用於總統、總理、內閣或國務員。像美、菲、日、韓等國，亦適用於法官；挪威、荷蘭、烏拉圭、及尼加拉瓜等國，且更適用於國會議員。不過就一般國家的制度來說，彈劾大員，而不及小吏，乃是一項較為普遍的適用原則。

復次，彈劾權所適用的行為，如法國、義大利、及西德等，其於國家元首，大率以叛國、違反憲法或法律為限；其於國務員，則以職務上的違法為主。美國憲法規定，諸凡叛國、賄賂、或其他重罪及輕罪，均可予以彈劾。而所謂重罪及輕罪，在原則上似以犯罪為限；不過本世紀四十年代以前，亦有法官以行為不正或行為不檢而被彈劾者。然無論如何，彈劾權之運用，在理論上應以違法或職務上的犯罪為主，而不及於政策上的失當。蓋行政機關政策之當否，在採行責任內閣制國家，議會可以不信任權予以節制，而在採行總統制國家，政府之政策，本無需對議會負責，如容許議會以政策問題而予彈劾，則至少在理論上是一種矛盾。

關於彈劾案之審判，各國制度頗不相同。有的國家由參院審理，如美國、菲律賓、秘魯、烏拉圭、哥倫比亞、海地、智利等；有的國家由最高法院審理，如比利時、芬蘭、伊朗、敘利亞、荷蘭、馬利等；有的國家，則由憲法法院審理，如西德、義大利、奧國、剛果、及象牙海岸；更有的國家；特設彈劾法院，以司其下，如法國、挪威、丹麥、希臘、日本、韓國、及非洲的加彭、多哥、查德等；像土耳其由兩院聯席會議審理，印度由提案以外之另一院審理，乃是少有的特例。

我國的彈劾權，由特設之監察院行使，其彈劾對象，除民選之各級議會議員外，上至總統，下至胥吏的一切公職人員。其彈劾原因，限於違法失職的行為。至於彈劾案之審理，其於總統副總統，權屬國民大會，其於其他公職人員，則歸司法院之公務員懲戒委員會審理。（荆知仁）

德國政黨

一、簡史：十八世紀後半期，歐洲在經濟、社會、政治，三方面都發生劇變，在此劇變之中，現代意義之「政黨」乃應運而生。德國亦處於此劇變之中，但其「政黨」之誕生却較英法兩國為晚。此中原因，略有下列各點：㈠小國林立之局面（kleinstcaterei），不但阻礙新技術與新發明之吸收，而且使各小國內部許多政治團體難於聯繫溝通，而蔚成強大政治力量。㈡君主專制運用良好，國內未激起像當時在英法兩國內所發生的大革命。㈢十九世紀初葉幾個重要改革方案，像史坦因（Freiherr Von Stein）之農業改革方案等，不是「胎死腹中」便是「行之無效」，因此在一般資產階級內無法激發民主政治意識。三月革命前期（Vormärz-zeit）（即一八一五到一八四八）在貴族院（Ständekammern）雖已有許多政治集團之出現，如「哥庭七君子」（Die Göttinger Sicben）等反對當時專制政體，以及若干教授及法官，如達爾曼（Friedrich Dahlman）魏滋（Georg Watiz）等聯合提倡自由主義，但都未具備現代政黨之條件。一八四八年五月十八日在法蘭克福之保羅教堂（Panlskirche）召開之國民大會（National-versammtung）開幕時，與會代表多達數百人，但散漫無組織，每一代表都儼然是一獨立政黨，對任何一小問題，要求發言者往往多達百餘人，一日之中提案多達三四十件，議事幾無可能，故乃第一次產生類似今日各國議會中的「黨團」（fraktion）的組織，各代表多數分別按照自己政治主張加入各個組織，但此時尚無政黨名稱，（他們所提政綱往往冠以草擬時之地點名稱：如「米蘭咖啡館政綱」「巴黎大旅館政綱」等等）亦無國會以外之組織與活動。雖然以後在德國政治史上所出現的許多政治路綫，從極右到極左，這時都已有其擁護者，且「政黨」二字亦已為各人所引用。國民大會閉幕之後，由於普魯士國王以為「政黨與君主專制思想二者是不相容的」故乃於一八五〇年及一八五四年先後頒佈「普魯士社團法」（Preubische Vereingesetz）及德意志邦聯社團法』（Das-Vereinsgesetz des Deŭtschen Bundes），限制政黨之發展。直至一八六一年這種限制始逐漸鬆弛，於是在德國政治史上始第一次出現現代意義之政黨，此即是年六月六日國族協會（Nationalverein）會員孟森（Th.Mommsen）、西門士（W. Siemens）等聯合普魯士議會（Abgeordnetenhaŭs）內所謂「芬克黨團」（Frinktion Vincke）之激烈民主人士組織「德國進步黨」（Deŭtsche Fortschrithpartei），這可算德國最早的政黨。自此以後，許多原來政治性協會（verein）乃慢慢呈現現代政黨容貌，至一八七一年德意志帝國建立時，已有十餘個政黨參加帝國議會（reichstag）議員之選舉。當時重要的政黨，有「國家自由黨」佔一二五席，「中央黨」（Zentrŭm）佔六十三席，「保守黨」（Konservative）佔五十七席，「進步黨」（Fortschrittpartei）等佔四十六席，此外還有許多小黨各佔數席。第一次世界大戰結束，威瑪共和成立，由於政制不同，政黨

	一九一九 6月19日	一九二〇 6月6日	一九二四 5月4日	一九二四 12月7日	一九二八 5月20日	一九三〇 9月14日	一九三一 7月31日	一九三二 11月6日	一九三三 3月5日
國社黨 NSDAP	-	-	32	14	12	107	230	196	288
德國國家人民黨 DNVP	44	71	95	103	73	41	37	52	52
保守人民黨 Kons Volkspartei	-	-	-	-	-	4	-	-	-
基督社會主義聯盟 Christll Soz VD	-	-	-	-	-	14	3	5	4
農民聯盟 Landbŭnd	-	-	10	8	3	3	2	2	1
農民人民黨 Land volkspartei	-	-	-	-	10	19	1	-	-
農民黨 Bauesnpartei	-	-	-	-	8	6	2	3	2
人民黨右派 Volksre Chtspartei	-	-	-	-	2	-	1	-	-
德國人民黨 DVP	19	65	45	51	45	30	7	11	2
經濟黨 Wistscheftspartei	4	4	10	17	23	23	2	1	-
德國漢諾威黨 Dentsch-hsmm.p.	1	5	5	4	3	3	-	1	-
巴伐利亞人民黨 BVP		21	16	19	16	19	22	20	18
中央黨 Zentrŭm	91	64	65	69	62	68	75	70	70
德國民主黨 DDP	75	39	28	32	25	20	4	2	5
德國社會民主黨 SPD	163	102	100	131	153	143	133	121	120
獨立社會民主黨 USPD	22	84	-	-	-	-	-	-	-
共產黨 KPD	-	4	62	45	54	77	89	100	81
其他	2	-	4	-	2	-	-	-	-
合計	421	459	472	493	491	577	608	584	647

註一：一九一九年之國會正式名稱是「國民大會」(Nationalversemmlung)一九二〇年六月以後便改稱「國家議會」(Reichstag)。

註二：上表中各個簡寫字的詳名如下：

(1) NSDAP=Nationalsozialistische Deutsche Arbeiterpartei

(2) DNVP=Deutschnationale Volkspartei (3) DVP=Deutsche Volkspartei (4) BVP=Bayerische Volkspartei (5) DDP=Deutsche Demokratische Partei (6) SPD=Sozialdemokratische Partei Deutschlands

(7) USPD=Unabhängige Sozialdemokratische Partei Deutschlands

(8) KPD=Kommunistische Partei Deutschlands.

在新的憲法秩序中所負擔的職責亦不同，而且由於社會條件之改變，政黨由部之組織亦隨之而變，但一九一九年威瑪國會選舉時，參加競選的政黨除了黨名略有變更外，其他幾乎與一九一二年最後一次帝國議會內的政黨相同，不但其基本的政治主張類似，而且其社會基礎亦多大同小異，茲將一九一九年至一九三三年威瑪憲法下國會下院各政黨所佔席次上表。

一九三三年希特勒上臺，施行一黨獨裁。一九四五年五月德國戰敗投降，為美，蘇，美，法所佔領，是年七月十七日至八月二日波茨坦會議，四國同意「允許民主政黨之創立，並授予集會及公開討論之權利」，基於這個協定，英、美、法軍政府乃分別在其佔領區內宣告允許創立政黨，最初先成立縣級黨團，然後逐漸擴大而成省級及全國性，蘇聯佔領區及柏林則先成立中央黨部，然後推及地方。

二、戰後德國政黨簡介：㈠基督教民主聯盟 (CDU=Christlich-Demokratische Union)：一九四五年三月至五月之間，在盟軍佔領區內曾出現許多政治性小團體，如「反法西斯委員會」、「國家重建委員會」等，其會員多為威瑪時代的中央黨黨員，由於交通不便，各團體事先及事後都少聯繫，且不久即分別為盟軍所解散。波茨坦會議後，這些地方性團體又紛紛出現，其中有不少以基督教精神為號召，如在科隆(Köln)，博鴻(Bochum)各地的「基督教民主黨」(Christlich-Demokratische Partei)，以冷新(Lambert Lensing)、史威靈(Dr. Leo Schwering)等為首，東霍史坦(Ostholstein)的「基督民主重建黨」(Christlich-Demokratischen Aufbaupartei)以尚寧根(Dr. H. Schlange-Schöningen)等為首，一九四五年十二月十四日英佔領區各邦如威斯法侖(Westfalen)、赫森(Hessen)及西柏林各地黨綱相似之政治團體各推代表集會於波昂附近之哥德斯伯(Bad Godesberg)，聯合組織「基督教民主聯盟」(CDU)，推艾德諾(Adenauer)為黨魁。此時美、法，各佔領區亦已有類似組織。一九四九年基本法制定後，艾德諾當選為總理，次年十月廿日乃召集西方佔領區各邦內政見相同之黨團推代表集合於哥斯拉(Goslar)。於是乃有全國性之「基民聯盟」之誕生。「基民聯盟」是目前西德最大的政黨，據一九六七年七月六日該黨中央黨部之統計有黨員286,402人，其中百分七十四左右為天主教徒，百分廿二左右為新教徒。其重要政見是：反對國家資本主義，在「社會義務」範圍內維護個人人格之自由發展，及團結天主教與新教，(此項主張早在1872年即已為中央黨黨員克特勒(Kotteler)所提出)，黨魁是西德總理凱辛吉(K.J. Kiesinger)。㈡基督教社會聯盟(CSU=Die Christlich-Soziale Union)，一九四五年十月十三日前普魯士總理及威瑪共和之部長史特格耳(Adum Stegerwald)聯合慕尼黑市長薩納哥(Dr. Karl Scharnagl)及以前巴伐利亞人民黨黨員若干集會於Würzburg 組織此黨，共推穆勒(Dr. Josef Müller)為主席，其政見與CDU相似，且建黨以後一直與CDU組聯合陣線(Arbeitsgemeinschaft)，一般人多與CDU並稱，現有黨員約118,000人，目前黨魁為前國防部長現任財政部長史特勞斯 (Dr. F.J. Stran)。㈢德國社會民主黨 (SPD=Die Sozialdemokratisch Partei Duntrchlandsnds)是現有政黨中歷史最悠久者，建黨於一八六三年五月廿三日於萊比錫(Leipzig)當時稱為「德國勞工總會」(Der Allgemeine Deutsche Arbeiterverein)，主席為拉薩勒 (Ferdinand Lassalle)。一八六九年改稱「社會民主勞工黨」(Sozialdemo-kratische Arbeites Partei)，1890年間至1912年間曾是德國實力最強的政黨，佔有議會席次一百一十席，此時改稱現名。其重要主張是：社會及經濟應社會主義化，銀行保險礦產及動力資源收歸國有，團結全德勞工階級，政治民主化等，現有黨員約727,890人，是西德黨員最多之政黨。其黨內組織傾向於「中央領導」方式，目前黨魁為現任西德副總理及外長勃蘭特(Willy Brandt)。㈣自由民主黨(FDP=Die Freie Demokratische Partei)建黨於一九四八年十二月十二日於赫本海(Heppenheim)，係聯合一九四五年以後在英美法佔領區內政見相似的小黨，如南德越騰堡省的『民主人民黨』(Demokratische Volkspartei)、下薩克遜省的「自由民主黨」、史勒威荷爾史坦省的『民主聯盟』(Demokratische Union)等組織而成，首任主席為郝亦思(Th. Heass)1949年郝亦思當選爲西德聯邦總統，主席一職相繼由布呂赫(Franz Blücher)、德勒(Dr. Thomas Dehler)、邁爾(Dr. Reinhdd Mair)、孟德(Dr. Erich Mende)及雪爾(Walter Scheel)等人繼任。根據一九五九年全黨大會所通過的黨綱，其重要主張爲：「人格自由」神聖不可侵犯，「因爲之社會、安全、公正，與繁榮是以人格自由，私有財產以及公平競爭等三者之能得保障爲前提」。該黨現有黨員約七萬人，多數是智識分子。㈤德國國家民主黨 (NPD=Nationaldemokratische Partei Deutschlands)：一九六四年十二月廿八日建立於漢諾威 (Harmover)，是戰後德國第二個右派政黨，（第一個係 SRP Soz. Reichspartei 已於1953年遭憲法法院禁止），雖然目前其活動皆未超越憲法常規，但由於他強調「國家社會秩序」(Stants-und Gesellseheftaording) 頗使國際民主人士擔憂是乃戰前納粹黨之復活。其重要領袖爲塔登 (Adolf V. Thadden)、提仁 (Fritz Thrilen)、徐茲 (Waldemar Schütz) 等，該黨發展迅速，建黨至今不及四年已擁有黨員三萬餘人，主要是北德農民。㈥其他小黨有：中央黨 (Zentrum)、德國黨 (DP=Die Deutsche Partei)、全德人民黨(GVP=Die Gesamtdeutsche Volkspartei)、全德黨(Dee Gesamtdeutsche Block/BHE)、巴伐利亞黨 (Die Bayenpartei=BP)、德國和平聯盟 (Dentsche Friedens Union = DFU) 等，都無足輕重。茲將戰後德國政黨在國會所佔席數列表如上。（葉 愷）

	1949 8月14日	1953 9月6日	1957 9月15日	1961 9月17日	1965 9月19日
CDU/CSU	139	243	270	242	245
SPD	131	151	169	190	202
FDP	52	48	41	67	49
KPD	15	—	—	—	—
DP	17	15	17	—	—
BHE	—	27	—	—	—
中央黨 Zentrim	10	2	—	—	—
BP	17	—	—	—	—
經濟重建協會	12	—	—	—	—
DRP NPD	5	—	—	—	—
DFU	—	—	—	—	—
其他	4	—	—	—	—

徵召

徵召爲我國人事制度史上舉官之一支流，係特案而非常制，本以尊賢禮士，然亦有以詭道行之者。漢書：「武帝爲太子，聞枚乘名，乘年已老，廼以安車蒲輪徵乘。」范曄後漢書逸民傳論曰：「光武側席幽人，求之若不及，旌帛蒲車之所徵，賁相望於巖中矣。若薛方龐萌，聘而不肯至，嚴光周黨王霜，至而不能屈……肅宗亦禮鄭均而徵高鳳，以成其節。」足以見徵召本義之隆重。惟徵召初不限於隱逸耆舊，現任職官亦可徵召，漢書：「河南守吳公，治平爲天下第一，徵以爲尉。」亦有別具作用，以詭道行之者，後漢書邊讓傳：「大將軍何進，聞讓才名，欲辟命之，恐不至，詭以軍事徵召，既到，署令史。」晉書庾亮傳載，歷陽內史蘇峻，陰有異圖，庾亮以大司農徵之，謂徵亦反不徵亦反。皆失徵召之原意。徵召亦稱徵用，漢書元帝紀贊：「徵用儒生，委之以政」是也。（仲肇湘）

摩洛哥 (Kingdom of Morocco) 政黨

摩洛哥王國(Kingdom of Morocco)政黨之演變分爲獨立前與獨立後的兩個階段。在獨立前主要爲摩洛哥國民黨(Moroccan Nationalist Party)與聯合獨立黨 (United Independence Party)。

㈠摩洛哥國民黨：此黨創立於一九三四年。當時在一批受過法國學校教育的摩洛哥青年主持下，於黨內另行成立一個摩洛哥人民行動委員會，鼓吹人民廣泛參政，企圖在法國保護下自治。其第一步要求爲摩洛哥人對中央政府及國民議會之參與，而其最終目的則是摩洛哥的自治，並由自治而獨立。後因黨內發生意見衝突，行動委員會無法貫徹其原始任務，乃於一九三七年解散該黨。

其努力雖未獲得成功，但却促使法國作了相當的讓步。

㈡聯合獨立黨：在摩洛哥國民黨衰微之時，若干摩洛哥民族主義份子曾另組其他團體，續爲奮鬥。第二次大戰期間，法國維琪政府受德國政府之命，對摩洛哥實行緊縮政策且需索頻繁，英美乃乘機支持摩洛哥民族主義份子。於一九四三年組成聯合獨立黨，要求法國於短暫的過渡性統治後，允許摩洛哥施行憲政，完成其獨立的願望。一九四七年後，因公然抨擊法國保護政策之不合時宜，其內閣中的黨員，遂因而被逐，但其在摩洛哥之勢力，却在蘇丹（原有統治者之稱號）穆罕默德五世的支持下更形擴張。摩洛哥之能獲得獨立，該黨實有莫大的功勞。

摩洛哥獨立後，成爲各黨分立的國家。但主要政黨爲下列幾個：

㈠國家憲政保衛陣線(Front National Pourla Defense des Institution Constitutionelles)：該黨成立於一九六三年，簡稱F.D.I.C.，爲民主憲政黨(the Democratic Constitutional Party)人民行動黨(Popular Movement)及一羣主張民主制度與社會改革的自由人士聯合而成的選舉聯盟，其領導人爲圭德拉(Mr. Guodira)及卡廸布(M. Khatib)。在一九六〇年大選中，民主憲政黨只獲得百分之三的選票，人民行動黨亦不過百分之七。但組成國家憲政保衛陣線後，在一九六三年的大選中，上院得一〇七席，約占百分之九十，下院得六十九席，超過下院議員總數之半，而爲摩洛哥第一大黨。其政治目標是民主憲政的實現及社會改革的成功。

㈡伊斯底拉爾黨(Istiglal Party)：該黨成立於一九四四年，其黨主席爲阿拉爾法西(Allal El Fassi)，現爲伊斯蘭教事務部部長。該黨的目標爲提高摩洛哥人民之生活水準，並提倡平等之原則。其勢力範圍，大致爲北部平原區及中阿特拉等區，一九六三年天選中，該黨在上議院得十一席，下議院得四十一席，爲僅次於國家憲政保衛陣線之第二大黨。

㈢全民力量聯合黨(Union National des Forces Populaires)：該黨於一九五九年成立，簡稱U.N.F.D.。其勢力大致散佈在諸工業城市及南部鄉鎮地區，目前未參加執政。該黨爲一左派之政府反對黨，一度以改善勞工生活爲號召。領導人物爲曾任摩洛哥國內閣總理及勞工總會秘書長之伊不拉興(Ibrahim)，班西底克(Mahjouh Ben Seddik)，阿比拉傑克(Mohamed Aberrazak)阿曼(Thami Aman)等九人。在一九六三年大選中，該黨獲得下議院議席二十七個，爲摩洛哥現時第三大黨。

㈣民主社會黨(Democratic Socialist Party)：該黨成立於一九六四年，該黨純係爲貫徹摩洛哥國家憲政保衛陣線之目的而設。其本身並無獨特的政見。黨主席爲貝奈尼(Ahmed Bahnini)，但實際上一切黨務的進行則由里達圭德拉(Reda Guedira)所掌握。

㈤民主獨立黨(Parti Democratic de I'Independence)：該黨在政策上傾向左派，其領導人爲穆罕默德圭沙尼(Mohammed Ben Hassan El Quezzani)。

㈥摩洛哥共產黨(Parti Communiste Morocain)：該黨在摩洛哥並非是一合法的政黨，其第一書記是阿里雅德(Ali Yata)。（袁頌西）

暴亂(Violence)

此一名詞于政治學上隨研究壓力團體在政治上所佔之重要性而習見。研究壓力團體者認爲壓力團體爲欲發揮其政治壓力，不惜使用各種方法以達到其目的。自近代政治學者將政治釋爲團體間之爭(group conflict)之後，認爲壓力團體有時不惜于使用和平方法之外，訴之于武力，以施展其政治壓力。因此之故，製造暴亂，即爲此等壓力團體僅次于發動內戰政變所使用之武力。所謂暴亂，包括街頭暴動，投擲炸彈，暗殺等是。Austin Rauney 于其所着之Governing of Men一書（一九六六年再版）第十六章：「壓力團體與壓力政治」中，即將暴亂列爲壓力政治所使用武器(the weapons of pressure politics)之一。彼認爲民主國家團體間之政治爭執(intergroup political conflict)自以尋由正常和平之途徑爲主，惟暴亂之行爲在若干國家亦屬多見。彼列舉歐陸之法國與若干南美國家爲証。更提及近年來美國因黑白之爭，黑人團體在各城市所製造之暴亂。彼謂國內暴亂之頻率與程度，爲測量一國政治健康與否之指標，然暴亂在任何國家均屬難免。至此一名詞如用以說明共產黨透過其國外地下組織，或利用其他國家之壓力團體，實行暴亂，以遂其鼓動政變或顚覆政府之陰謀，以達到其世界革命之目的，其含義自與上述不同。（王世憲）

模里西斯(Mauritius)政黨

模里西斯(Mauritius)原爲英屬殖民地，於一九六八年三月十二日獲得獨立。現有下列三個主要政黨：

㈠模里西斯勞工黨（Mauritius Labour Party）：模里西斯勞工黨爲該國最大政黨，亦爲目前執政黨。其領導人籃姑覽博士（Dr. S. Ramgoolam）現任內閣總理。該黨充分代表了模里西斯之保守派民族主義，其支持分子大部分爲印度人、保守的回教徒、法裔居民和法模混血兒。後因其主張以累進稅制及工資委員會來平衡資產，藉以增加印度人的收入，此法引起了部分印度人的不滿（註：部分印度人主張根本取消法模混血兒所擁有的產糖土地所有權）而喪失了部分印度人的支持。該黨在獨立前的主要目標爲謀求在大英國協中獲得獨立，認爲模里西斯的不進步與衰弱實係殖民主義所造成，非獨立無以謀政治之進步與經濟之發展。一九六三年前該黨一直在議會中佔絕對優勢。一九六三年選舉時因某些印度人團體之聯合對抗，使該黨無法續獲已往之絕對優勢（但仍然是多數黨，惟在國會中未超過半數議席）。最後在與回教徒行動黨（Muslim Committee of Action）微妙的聯合下，始能繼續執政。獨立後對內政策仍然採和平漸進的財產平衡政策，對外則主張在國防防衛與經濟發展上與英國結盟，並與馬拉加西及印度保持密切之合作。

㈡模里西斯社會民主黨（Mauritius Social Democratic Party）：該黨現爲模里西斯第二大黨，也是前述勞工黨最有力的反對黨，目前在議會中佔八席。模里西斯所有政黨都贊成獨立，惟社會民主黨反對。它認爲模里西斯面積小，國力弱，應在英國保護與協助下謀求發展，否則將會自行瓦解。此派組成分子皆屬模里西斯的非印度人中最保守的份子。獨立前，該黨曾向激進的信奉印度教人民及少數不信教的人士同時進行活動，企圖以宗教問題分化多數黨，阻擾獨立運動。獨立後，則籲求與英國仍然保持密切的聯繫。此派代表人有古尼格（Jules Koenig）等。

㈢獨立黨（Independence Party）：獨立黨是在一九六四年由獨立前進會（Independent Forward Bloc）和全模里西斯印度協會（All-Mauritius Hindu Congress）兩個印度團體合併而成。在獨立前，該黨曾使模里西斯勞工黨在議會中失去絕對優勢。該黨主張極端的民族主義，其組成份子大多是印度人社會中種族及宗教方面之激進分子，所以對外是盲目排外，對內則反對籃姑覽總理平衡私產及經濟發展的溫和政策。（袁頌西）

模擬研究法（Simulation）

見「有控制的研究」條。

樞密

樞密院、使之簡稱，見「樞密院（唐宋）」條。（芮和蒸）

樞密院（英國）（Privy Council）

英國政府之最高行政大權由內閣掌握，但內閣乃習慣所成，無法律地位。英國法定中央最高行政機關爲樞密院（Privy Council），內閣命令必須以樞密院令（Order-in-Council）出之。樞密院現由三百多委員會組成，有關發佈命令之院會一般委員例不出席，只由現任閣員之委員出席，全體委員之集會只在舉行某種儀式時才有之。（華力進）

樞密院（唐宋）

官署名。此「樞密」之稱，「始於唐代宗寵任宦者，故置內樞密使，使之掌機密文書，如漢之中書謁者令是也。若內中處分，則令內樞密使宣付中書門下施行，則其權任已侔宰相。至僖、昭間，楊復恭、西門季元之徒，遂至於視事行文書矣」（文獻通考職官考）。後梁改樞密院爲崇政院，命敬翔爲使，始更用士人。後唐莊宗復舊名，命宰臣郭崇韜兼樞密使，其權益重。宋初，「循唐五代之制，置樞密院，與中書對持文武二柄，號爲二府」。設有樞密使、知院事、同知院事、樞密副使、簽書院事、同簽書院事等官，「掌軍國機務兵防邊備戎馬之政令」（宋史職官志）。遼、金皆倣設樞密院。遼除置契丹北、南樞密院、及南面漢人樞密院外，又置有行樞密院（見續文獻通考職官考）。元代因之，設樞密院「掌天下兵甲機密之務」；又以「國初有征伐之事，置行樞密院，大征伐則止曰行院，爲一方一事而設，則稱某處行樞密院」（元史百官志）；並另置有樞密分院（見續文獻通考職官考）。明廢樞密院。清亦不置。（芮和蒸）

罷免（Recall）

罷免是謂公民對議員、行政官員或法官在其法定任期未滿前用投票方式使其去職。通常均限於向由公民選出之議員，行政官員行使，但美國有對非民選行政官員及民選法官行使罷免權者，罷免權依 國父遺敎為我國人民四種政權之一，已規定於憲法上並正式運用。但此種政權與選舉權之採用不同。凡民主國家公民必有選舉權，否則即不成為民主國家，但罷免權則不一定有，如美國公民對總統與聯邦議員並無罷免權，只一部分州的公民對州內官員有罷免權。行使罷免權的國家，對可罷免對象範圍，及罷免程序均有嚴格規定，通常對罷免案之成立有高額法定人數之規定，如美國各邦多規定需有原選舉投票總額百分之十甚至百分之二十五公民簽署始得提出，對可罷免官員或議員亦往往有非經相當時期不得罷免或對同一罷免對象在罷免案經否決後在同一任期內不得再提罷免案等之規定，以免罷免權之濫用。（華力進）

節度大使

唐代中葉以後，常以諸王拜節度大使，皆留京師，並不過問本鎮之事，而持節為節度副大使知節度事者，乃為眞正之節度使，主持本鎮之事。（王壽南）

節度使

唐睿宗景雲二年四月，以賀拔延嗣為涼州都督河西節度使，乃節度使之始。（通典卷三十二職官四、唐會要卷七十八節度使、通志卷五十六職官六）節度使原由唐初都督嬗化而來，唐初都督除專治一州外，幷掌督諸州兵馬，節度使亦類似。節度使與都督之相異者，都督是職官，大都督從二品，中都督正三品，下都督從三品，而節度使是差遣，其人另有本官，以本官兼一州刺史或一大都督府長史並節度諸州，凡節度使之除授，其銜通例為：「（檢校某朝官）可持節（某）州諸軍事兼（某）州刺史充（某軍或某某州）節度使」，或「（檢校某朝官）可（某）大都督府長史充（某某軍或州）節度副大使知節度事管內（支度、營田、觀察……）等使」。節度使既為差遣，故無固定品階。節度使亦稱藩帥，又常通稱為藩鎮或方鎮，自唐玄宗以後，至五代末，節度使權勢極盛，節度使原為軍事性質之使職，然其後演變，於其所領內州縣兵民財政，幾乎無所不統。唐玄宗開元時，初置採訪處置使，其時節度使與採訪使各置一人，至天寶中始一人兼領之。唐肅宗乾元元年將採訪處置使改為觀察處置使，雖其職責表面上仍為「掌察所部善惡，舉大綱，凡奏請皆屬於州。」（新唐書百官志）實際上其權之大又超過採訪處置使，於其所領州縣內民政財政幾乎無所不管。自唐肅宗以後，節度使皆兼觀察使，故常稱節度觀察等使，其重要權力約有：一、軍事權：新唐書百官志：「節度使掌總軍旅，顓誅殺。」對本鎮藩軍之徵募、配備、將校之任免、戰爭策略之擬定與指揮、城寨之修築等，握有大權。節度使所屬軍隊主要可分為三部分，如下圖所示：

藩帥
- 牙軍（本鎮治州）
- 軍使、鎮將等→外鎮軍
- 屬內刺史（防、團、守捉使等）→軍團

（以上合稱）藩軍

二、監察權：觀察處置使原本為監察官，監察對象主要為本道內之州縣官。三、對本道州縣官有發舉、考第之權，甚至可以控制道內州縣官之任用。四、對本道內刑罰事宜有甚大決定權。五、對本道內之課稅有甚大之擬議權。六、對本道內州縣大小行政無不具有管轄之權。文獻通考釋唐代節度觀察使之權力曰：「兵甲、財賦、民俗之事，無所不領，謂之都府，權勢不勝其重。」（職官考採訪處置使條）杜牧稱節度觀察使「貴土地兵甲，及生殺與奪，在一出口。」（全唐文卷七五一上宣州崔大夫書）權力之強大，遂易成為地方割據之亂源。趙翼評唐自安史之亂始，地方叛亂以致唐亡，推原禍始，皆由節度使掌兵民之權故也。（廿二史劄記卷二十唐節度使之禍條）節度使有府署，其使府僚佐有：副使一人（副貳使職），行軍司馬一人（掌弼戎政，居則習蒐狩，戰則申法令。唐文宗開成四年省，後唐同光、天成間復置。）判官二人（職務廣泛，有時得盡總府事，唐文宗開成四年減少一人。）掌書記一人（掌表牋書翰），推官一人（掌推勾獄訟），巡官一人，館驛巡官四人（掌館驛轉運事），衙推一人，同副使一人（散職），參謀一或二人（掌參議謀劃），都孔目官（人數不詳，軍府無巨細皆掌之，尤以財計出納為要務，似為判官之屬。）府院法直官一人，要籍一人，逐要一人，驅使官（人數不詳），隨軍四人，別奏若干人。宋太祖即位，鑑於唐五代節度使權勢太盛，易釀成割據跋扈局面，乃盡削節度使之權，使成虛名榮寵之職，宋史職官志：「節度使，宋初無所掌，其事務悉歸本州知州通判兼總之，亦無定員，恩數與執政同，初除，鎖院降麻，其禮尤異，以待宗室、近屬、外戚、國壻，年勞久次者，若外任除殿帥始授此官，亦止於一員，或有功勳顯著任帥守於外及前宰執拜者，尤不輕授。」遼北面官其大部族有某部節度使，其屬國亦有某國某部節度使，南面官亦有節度使。金諸節鎮有節度使一人，掌鎮撫諸軍，總判本鎮兵馬之事。元以後不設節度使。

（參閱王壽南著：「唐代藩鎭與中央關係之研究」）（王壽南）

緬甸政黨

緬甸獨立之初，政黨僅有爭取獨立之革命團體反法西斯人民自由聯盟(Anti-Fascist People's Freedom League, AFPFL)。在一九四七年四月九日之初次大選中，該盟大勝，掌握統治權至一九五八年，共計十年之久。一九五八年五月，自由聯盟(AFPFL)分裂爲兩派。嗣以政局不安，三軍總司令尼溫 (Ne Win) 受命組閣，籌備大選。在陸軍支持下之尼溫內閣，維持至一九六〇年大選前夕。選舉結果由前總理宇努(U Nu)領導之自由聯盟清理派(The "Clean" faction of the AFPFL)獲勝，宇努遂再度組閣，並將該派組織更名爲聯合黨(The Union Party)。

一九六二年三月，尼溫領導軍人發動不流血革命，推翻宇努政府，掌握全權。尼氏掌權後，解散聯邦國會，停止憲法，宣布將緬甸建立爲社會主義之國家，並規定其本人領導之緬甸社會主義黨 (The Burmese Socialist Program Party, BSPP)爲唯一之合法政黨。

一九六四年三月，包括工會(Labor Union) 在內之所有政黨與組織，均遭禁止。在一九六四一九六六年間，社會黨 (BSPP) 擴充黨員與組織，並開始訓練工農幹部組織支部——人民工人議會(The People's Workers Councils)與人民農人議會(The People's Peasant Councils)。一九六六年底，尼溫宣布緬甸第一個工人議會將於一九六七年四月成立。（郎裕憲）

緩慢的社會主義 (Creeping Socialism)

此詞是美國傳統的自由主義，對於羅斯福之「新政」，杜魯門之「平政」以來政府行爲的一種意理性的綜合批評。可譯爲緩慢的、蔓延的或秘密的社會主義。creeping socialism 特別是針對美國三十年代以來工會運動之崛起而發。此詞並無確義，在一般政客、政論家及市井口中尤流爲情緒性的口頭禪。

美國爲資本主義之經濟，崇尚自由競爭，個人主義，相信市場自動調節之原理，反對政府之干涉。唯自經濟大恐慌以來，政府行爲日趨管制、干涉；以計劃輔導市場，並護掖工會，逐漸推廣社會安全政策，增多服務性之活動，日益接近福利國家之鵠的。此一現象在傳統的保守的自由主義者心目中，認爲是反乎傳統，是非美國的。一言以蔽之，這是 creeping socialism (T. Flynn 則以 hooded socialism 名之），此種批評，雖非無的放矢，究係似是而非，蓋美國缺階級意識、重個人成就，即工會亦係利潤取向，與歐洲各國之社會主義迥不相侔。D. Potter 認爲美國擴張之富裕經濟使工會運動不能轉爲社會主義。（一九五八年，企業界有感工會政治勢力之膨脹，指係社會主義之抬頭，發起「企業界參與政治」之運動，一時頗成風雲，唯此運動不但誇大了工會之力量，亦未認清工會之性質，故未幾不滅自熄）。而L. Samson 指出「美國主義」重平等之政治意理實賅括社會主義之最終目的而有餘，故美國雖有社會黨，却始終居於絕對少數，而少有崛起之可能。（金耀基）

編類 (Coding)

社會科學科學化之意義乃在利用大量之事實資料 (empirical data) 遵從科學研究之程序，以求取一般性之原理原則，但大量事實資料之處理及運用却非單純人力之所能及，近年來由於電子計算機(computer)之發展，對於社會科學之研究更具補益，但該項機械之利用却必須遵循某些程序，因之每項研究皆須先根據研究者之理論與假設製作計劃 (program)，然後將事實資料分析歸類，製成紀錄帶或卡片，進而利用機器對資料計算而爲研究之假設獲取證明。簡言之，此一程序中對事實資料分析歸類之一部分即爲編類。在此一過程中首先應決定者爲類號(code)，即對各類資料分別指定一項數字做爲代表，例如研究者欲對所獲得之一萬個訪問中，分析其教育背景與投票行爲間之關係，乃首先將不同之教育背景及投票行爲分別以數字予以表示：

大學畢業	1	在任何選舉中皆投票者	1
中學畢業	2	僅在全國性選舉中投票者	2
小學畢業	3	僅在地方性選舉中投票者	3
未受教育者	4	從未投票者	4
其他	0	其他	0

此項數字決定之後，即可將每一訪問中之回答分別由數字加以代表，此一程序即爲編類。

總結言之，編類乃係利用電子儀器之一項過程，其目的乃在將繁複之資料予以簡化或爲機器所能識別之數字，而便於大量資料之處理，其本身並無深奧

之理論存在。（魏　泰）

膚色界限(Color Bar)

對于某一種族加以歧視，隔離或限制，其原因只是爲了膚色不同，完全沒有考慮到個人的能力。最顯明的例子是美國南方的一些白人以及南非聯邦政府所主張的「白人至上」及「黑白隔離」(Apartheid) 政策。

在美國支持這些運動的有名團體有「三K黨」(Ku Klux Klan)，美國南北戰爭後成立的秘密組織，及一九五四年成立的各州「白人公民協會」(The White Citizens' Council)。他們認爲黑人在智慧，道德、公共觀念等等方面均不及白人，因而反對黑人享有投票權，擔任公職或享受與白人同等的權利。他們反對黑白合校或共同使用公共設施（戲院，交通工具），認爲黑白通婚會導致社會的淪落退步危害社會福祉，因而膚色界限必須嚴格控制。保護和促進黑人權利主張黑白享有同等權利義務的團體有黑人與白人組成的「全國有色人種促進協會」(National Association of Advancement of Colored Peoples) 及其他團體。黑人爭取他們的權利的運動自一九五四年美國聯邦最高法院首席法官 Earl Warren 所宣佈的「分離即不平等」的判決後曾獲一連串的重大勝利，尤其是在教育，投票權方面。但是在經濟方面，尤其就業的問題，黑白平等的目標仍甚遙遠，「民權運動」在這兩三年似乎慢慢冷却。（張旭成）

複決權 (Referendum)

見「創制權」條。

複數投票制 (Plural Vote System)

見「平等選區」條中之複數投票制。

複數選區 (Multi-member District)

又稱大選舉區 (large electoral district)，見「地域代表制」條中之大選舉區制。

調查 (Survey)

調查爲社會科學基本研究方法之一，一般言之，調查分爲兩個步驟：第一是資料蒐集，即利用書面問答或訪問蒐集有關社會現象之紀錄。第二是資料分析，即將所蒐集之資料分析整理，然後找出有關要素間之關係，例如學者所研究之個人社會背景及黨派傾向之關係即是。

在基本上，調查分析之最大優點乃是其內容之充實與廣泛，而且研究者往往可以利用他人所蒐集之資料，即使其目的不同，亦無妨礙，例如經濟學者甲蒐集有關某國經濟發展之資料，而政治學者乙却可應用此項資料解釋該國政治與經濟間之關係。雖然如此。調查分析也具有缺點，其最重要者爲對資料蒐集往往缺乏控制，以致摻入意外之因素，因而招致分析及解釋上之困難。

調查分析在政治學上之應用甚爲廣泛，例如對於投票行爲(voting behavior)，政策之釐定(policy-making)及民意之傾向等所做之研究即屬此種方法，故調查分析亦爲現代政治學重要研究方法之一。（魏　泰）

諒闇

天子喪服之室，與諒陰同。禮「喪服四制」：「高宗諒闇。」注：「諒，古作梁，楣謂之梁，闇謂廬也，廬有梁者，所謂柱楣也。」呂覽「重言」：「即位諒闇三年不言。」注：「高宗，殷王盤庚之弟小乙之子也，德義高美，……故曰高宗諒闇三年不言，在小乙之喪也。」論語曰：「高宗諒闇三年不言，何謂也。」史記「魯世家」：「其在高宗，作其即位，乃有諒闇，三年不言。」淮南子「泰族訓」：「高宗諒闇三年不言。」後漢書「和熹鄧皇后紀」：「太后諒闇既終。」注：「諒闇，居喪之廬也，或爲諒陰。諒，信也，陰，默也，言居憂信不言。」（繆全吉）

請願權 (Right of Petition)

請願權已爲今日各國憲法所承認的人民權利之一。究其起源實淵源於英國中世紀時代的英國國會。按英國國會在十四世紀時尚非爲一制定法律的機關，法律係由英王制定，但須徵得宗教的和凡俗的貴族之同意，衆議員僅能向英王陳情，訴請制定法律，以紓民困，這就是衆議員行使的請願權 (the right of presenting petitions)。因爲有許多個別提出的請願常是對同一苦痛而發的，乃逐漸演成將這些請願合併成一個爲共同請願的習慣，即以集體的請願以作爲全院提出的請願；英王即依據衆議員的請求經貴族院的同意以制定法律，後來則依據兩院的獻議（by and with the advice）而制定之，更由是使兩院獲得制定法律之權。國會成爲立法機關後，人民希望國會興利除敝時，乃向國會提出請願了，爲避免羣衆示威之虞，國會於一六六二年制定法律以防止騷動混亂的請願。請願已爲人民向政府陳訴意見的方式，逐漸演成爲人民的一種基本權利。一六八九年的權利法案（the Bill of Rights）規定向英王請願乃爲人民的權利，凡對此請願予以處分或控告者乃爲違法。就美國方面說，在殖民地時代即繼承了英國人民請願的傳統。獨立宣言中說：各邦已將所身受的各種迫害，已以極謙恭之詞提出請願以期改革，但屢次請願的答覆只是迭次的迫害。十五年之後憲法修正案第一條明定人民有向政府陳述救濟之請願權利。就我國言之，現行憲法第十六條「人民有請願、訴願及訴訟之權」，是即憲法承認請願權與訴願及訴訟之權同等重要。民國四十三年十二月十八日有請願法之頒行，以規定請願之行使方式。關於請願權行使的範圍，一則曰「人民對國家政策，公共利害，或對其權益之維護，得按其性質，向民意機關或主管行政機關請願」（第二條），是爲請願權行使的積極規定，再則曰「人民請願事項，不得牴觸憲法，或干預審判」（第三條）；「人民對於依法應提起訴訟之事項，不得請願」（第四條），是爲請願權行使的消極規定。關於請願權行使的程式，如請願文書應記載事項，人民集體請願有所陳述應派代表人數，以及各機關處理請願案應行注意事項，均有所規定。其中第八條所定「受理請願機關，或請願人所屬機關首長，對於請願人不得有脅迫行爲，或因其請願而有歧視待遇」，最足以保障請願權的行使。按之實際，請願權實以向受理機關提出請願，並以受理機關接受請願爲已具實效，不能強課受理機關必須實施所請願之事項。（羅志淵）

賴比瑞亞(Republic of Liberia)政黨

賴比瑞亞共和國(Republic of Liberia)爲北非的一黨國家，其唯一的黨——輝格黨（The Whig Party），成立於一八六九年。從一八七八年起一直執政迄今，爲賴比瑞亞最大黨。尤其在一九四三年後，由於領導人個人的聲望，使該黨在賴國政治上的地位更見提高，而反對黨亦因此而無法立足。該黨之領導人爲威廉杜柏曼(William Vacanarat Chadrach Tubman)。杜氏自一九四三年即被選爲賴國總統，後又接連於一九五五、一九五九、一九六三年諸次選舉中獲勝而一直當政至今。該黨對內政策是實行激進的民主政策；對外則主張發動非洲國際會議，共謀非洲之團結與發展。其對內統治上的成功，固無疑問，而其在外交上之建樹亦有其不可磨滅之功。曾於一九六一年發動二十個國家參加非洲國際會議，創蒙利維亞集團（The Monroria Group），後改組成爲馬拉加西非洲會議組織。（袁頌西）

賴索托（Kingdom of Lesotho）政黨

賴索托（Kingdom of Lesotho）原爲英國殖民地，一九六六年十月四日獨立。現有下列幾個政黨：

㈠巴蘇投國民黨（Basuto National Party）：該黨創於一九五九年，約有黨員八萬人，絕大部分爲基督教徒，現爲賴索托執政黨。其領導人約拿旦酋長(Chief Leabua Jonathan)現出任賴國總理並兼內政外交及國防部部長。

㈡賴索托國會黨（Congress Party of Lesotho）：該黨成立於一九五二年，約有黨徒七萬五千人。其領導人爲漢奇里（Ntsu Mokhehle），黨秘書長爲古比尙(Godfrey M. Kobsang)。

㈢馬利木龍自由黨（Marematlon Freedom Party）：該黨成立於一九六二年，現約有黨員四萬二千人。其領導人爲黨主席馬可突谷(Dr. Seth Makotoko)氏；副主席蘭亞(Edwin Leanya)。

㈣賴索托民主黨（Lesotho Democratic Party）：該黨成立於一九六七年，係從上述之賴索托國會黨中分裂出來的小黨。其領導人爲摩吉比(Charles Mozebi)氏。

㈤馬利木龍黨（Marematlon Party）：該黨較傾向於保守。其領導人爲馬塔酋長（Chief S.S. Matete）。

㈥共產黨(Communist Party)：共產黨是在一九六一年成立的，現約有五百名黨員。其領導人爲黨秘書摩特赫羅（John Motloheloa）。（袁頌西）

質詢(Question)

議員在議會中向政府機關首長或其代表提出詢問，不論答覆如何均不得辯論，表決者謂之質詢。此制行於英國及其他內閣制國家，我國雖非採典型內閣制，亦採質詢制，並行於各級議會。但美國等總統制國家則無質詢制。依英制，國會開會期間自星期一至星期四，開會開始時一小時左右爲質詢時間，質詢均應於會前先提出，主管單位可予書面或口頭答覆，政府首長對質詢均必須答覆，但可依國防，外交機密理由拒絕答覆，但此種情形很少。質詢雖不引起倒閣，但對政府有重大監督作用，因政府政策或執行政策有所不當，議員卽可在議會中提出質詢，並引起社會注意，足以影響政府聲望並影響下次選擧。（華力進）

遷徙自由(Freedom of Change of Domicile)

遷徙爲人民身體活動的表現,所以遷徙自由(freedom of change of domicile)亦不啻爲身體自由的延長。所謂遷徙自由實包括有二種意義，一爲旅行自由，一爲擇居自由。墨西哥憲法第十一條明定：在共和國領土內，各人有不需保證書，旅行護照，安全證或其他類似之證件而往來旅行及變更住所之權利……」，最足表明此義。我國憲法第十條所定的遷徙自由，亦與此相當。遷徙自由固爲各憲政國家所承認的原則，但是遷徙自由的運用，却受到相當的限制，這種限制可分兩方面言之，一爲國內遷徙的限制，一爲國外遷徙限制。所謂國內遷徙的限制，乃謂人民在本國之內的遷徙，固然應該自由，但在特殊情形下，則不能不受到相當的限制，所謂特殊情形，固難確定它的命意，但我們無妨舉出四種類型來做例說：（甲）國防地帶或軍事設防區域，不許人民任意旅行或定居。（乙）在戒嚴地區內的旅行，得加以限制，這在戒嚴法上已有規定。（丙）在戰時得限制或強制遷移，例如防空法第八條第五款規定「命令限制人民之遷移」，非常時期農鑛工商管理條例第九條規定：「在戰區或鄰近戰區之指定各企業，經濟部得因必要，分別令其遷移」。（丁）爲防疫而加以的限制：例如傳染病防治條例第二十六條明定：「傳染病流行區域，衞生主管機關應用牌示方法警告傳染危險，並得禁止遷移及旅行」；第二十七條又規定：「防止傳染病傳入或傳出國境，對於出入國境之旅客舟車航空器得施行國際檢疫」。至於國際遷徙的限制，就大體說，國際間遷徙的自由，較受限制，例如出國入國均較國內的出境入境爲難。因爲依照今日國際間的慣例，外國人入國，必須持有護照。所以我國人欲出國的，必須依照「護照條例」領得護照，才能出國，也才能進入外國；反之外國人欲進入我國，也必須持有其本國的護照，並且要依照「中華民國境內外人出入及居留規則」的規定，經過檢查登記的，才能在我國境居留。（羅志淵）

儒家

說文：「儒、柔也，術士之稱。」漢書司馬相如傳注：「有道術者皆爲儒。」具見儒的一義，原爲學者的通稱。故孔子曾對子夏說：「汝爲君子儒，無爲小人儒。」（論語雍也）而史記孟荀列傳亦謂：「鄙儒小拘如莊周等。」再按周禮太宰注：「儒，諸侯保氏有六藝之以教民者。」又大司徒注：「師儒，鄉里教（民）以道藝者。」則儒引申義之一爲有學識而教人者。在我國史上，孔子不但被認爲係私人聚徒講學之始，其弟子如子夏、子游、曾子等亦皆設教，因此後世便以「儒者」或「儒家」爲孔子之徒或宗尙其說的學者的專稱，並成爲此一學派的專名。

儒家自孔子於春秋末年開宗以後，終戰國之世，雖一直係屬顯學，但始終未爲當時列國君主所重視，對實際政治並未發生多大的作用。其後嬴秦統一中國，在政策與政制方面，固不無採用儒家學說之處，並設博士官職以容納儒生，惟其焚書坑儒的酷政，尤其偶語詩書棄市的禁令，使儒者之業大受打擊。西漢惠帝之時，雖除挾書之律，然因漢初六、七十年間，朝廷大抵實施黃老無爲之治，故儒術迄未得勢。及至武帝採董仲舒之議，定儒學於一尊，儒家乃從此躍居正統地位。不過，武、昭、宣三帝之時，事實上祇係以儒飾法。元、成以後，儒者始眞正逐漸在政治上抬頭。新莽篡漢，儒家政治思想曾一度全面實施，奈因王莽食古不化，既不語政情治道，又多疑而好自用，終致徹底失敗。東漢以後，儒家經學大昌，歷代幾全以之爲取士之道，惟儒家政治思想反形僵化，不獨民貴君輕之說幾成絕唱，卽實行仁政以安百姓之道，亦未見若何新猷，而實際上所施行的政制與政策，其中仍大量夾雜法家的思想與精神。但儒家重視人倫與家族的觀念，則在我國社會和人民的思想中，普遍種下無比深厚的根基。

「儒家言道言政，皆植本於仁。」（梁啓超：先秦政治思想史）「仁者，人也。」（中庸第二十一章）胡適把這話解釋爲「做人的道理。」或理想的「人道。」（氏著：中國古代哲學史）而儒家心目中的仁，亦卽「理想的人道」，並不以「修己」、「正身」爲己足，還進一步去「安人」及「安百姓」。（參閱論語憲問）所以大學所列的八條目中，後四條爲「修身」、「齊家」、「

治國」、「平天下」。而歷代眞正的儒者，亦無不懷「博施濟衆」之心，以天下國家爲己任。

儒家因以「仁」，亦即「人道」爲其思想中心，所以他們特別重視人倫與政事而不著重宗教與鬼神，而儒家論政，則把道德與政治混成一片，認爲家政與國政相通，即所謂「政者，正也。」（論語顏淵）「惟孝，友於兄弟，施於有政，是亦爲政。」（論語爲政）換言之，他們係寓人倫及教育於政事，認爲政治的作用在糾正人民不正當的行爲和社會上不正常的現象。因此他們特重教化，主張「導之以德，齊之以禮」，使人民自動向善，而反對「導之以政，齊之以刑」，（論語爲政）純粹强制人民服從。他們曾比較禮與刑的功用，認爲「凡人之知，能見已然，不能見當然，禮者禁於將然之前，而法者禁於已然之後。……禮云、禮云，貴絕惡於未萌，而起敬於微眇，使民日徙善而不自知也。」（大戴禮記，禮察；小戴禮記，經解同）至於在上位者之治國化民，儒家首重以身作則，認爲「苟正其身矣，於從政乎何有？不能正其身，如正人何？」（論語子路）因此唯「仁者宜在高位」。（孟子離婁上）所有統治階層均須「德必稱位」（荀子富國）。何況「徒法不能自行」（孟子離婁上），「故有良法而亂者有之矣，有君子而亂者，自古及今，未嘗聞也。」（荀子致仕）要之，在儒家的政治思想中，德治主義與人治主義，實如鳥之雙翼，車之兩輪，相輔而行，缺一不可。

此外，儒家言政既以仁爲中心，而仁道則以「安人」、「安百姓」爲其終極目標，因此儒家的思想，雖發軔於封建時代，而獨尊於君主專制之世，但他們論政，則以人民而不以貴族或君主爲政治的目的。先秦孟子民貴君輕之說固屬人所共知，西漢董仲舒亦以天限君而暗申民意，尤其明末清初，黃黎洲於君主專制達於高峯之際，竟大唱其民主君客之論，晚近常爲研究我國政治思想的學者所樂道，甚至有認爲「民本思想即儒家政治哲學之核心」者（金耀基：中國民本思想之史底發展）。由於儒家以人民爲政治的目的，因此他們認爲政府最主要的任務係在養民與教民。至於養民與教民的具體方法，歷代儒者的主張雖不全一致，但大體不出「制民之產」、「勿奪其時」、「省刑罰，薄稅斂」、「深耕易耨」與「謹庠序之敎」（均見孟子梁惠王上）等途徑。（賀凌虛）

衛尉

官名。秦置，掌門衛屯兵，爲九卿之一。漢因之，景帝初，更名中大夫令，後元年，復爲衛尉。又有長樂衛尉、建章衛尉、甘泉衛尉等，各隨所掌之宮，以爲官名，其職略同，惟不常置。王莽改衛尉爲太尉。東漢復曰衛尉。晉江左省衛尉。宋孝武復置。南齊掌宮城管鑰以警夜。梁衛尉卿職與漢同，陳因之。後魏亦有衛尉。北齊爲衛尉寺，有卿及少卿。隋文帝開皇三年，廢衛尉寺入太常及尚書省，十三年復置，掌軍器儀使帳幕之事，而以監門衛掌宮門屯兵。唐衛尉曾改名爲司衛，置寺卿及少卿，領武庫武器守宮三署。宋初衛尉寺置判事一人，爲寄祿官，凡武庫武器歸內庫，守宮歸儀鸞司，本寺無所掌。元豐官制行，乃歸本寺，有卿及少卿。建炎以後，廢衛尉寺，併入工部。元初立衛尉院，後罷之，專置武備寺，掌戎器。明清營造軍器之事俱掌於兵部，關於宮殿門衛屯兵之事，明由「管皇城守衛軍僉書侯伯」接任，清則由護軍統領掌之。（周道濟）

憲法 (Constitution)

憲法的實質涵義和其形式的名稱，在各時代中未必能一致相稱。遠在十二世紀中葉亨利第二 (Henry II) 規定國王與教士關係的著名法律，即稱之爲「克拉朗頓憲法」(the Constitutions of Clarendon)。十七世紀之初英王頒發給維基尼亞 (Virginia) 公司第二次與第三次的特許狀時，也應用過憲法一詞。一六八二年威廉·本 (William Penn) 所定的「賓夕法尼亞政府組織綱領」(Frame of Government for Pensylvania) 條文中，英國給與美洲各殖民地的各種特許狀中，以及十七世紀中葉前後的若干政論著作中，都曾有提及憲法的名詞。其中尤爲值得注意者，乃爲一六三九年康涅狄克 (Connecticut) 的「基本法令」(The Fundamental Orders)、一六四七年克倫威爾 (Oliver Cromwell) 部下士兵所擬的「人民約章」(Agreement of the People)、一六五三年克倫威爾所頒布的「攝政政府約法」(The Instrument of Government of the Protectorate)，以及美國獨立革命前，美洲各殖民地所刊布的各種「宣言」(declarations) 及各種「決議」(resolves) 等更常高談憲法之義了。迨十七世紀之末，憲法一詞逐漸用以指示比較重要的根本大法，尤其特指有關政府的法律。而自十八世紀之末美國獨立革命成功制訂憲法後，乃確立了現代憲法的意義。

在現在的政治學上，憲法 (constitution) 一詞雖已成爲通用語，但其內涵則人人言殊：如亞里斯多德認憲法爲一國家各機關的組織體統，由此乃能確定它們職務分配的方法，決定主權機關，並將國家組織及其人員所追求的目的性質予以規定」(見Politics, trans. by Barker, Oxford, Clarendon Press, 1946, p. 156)。蒲萊斯 (James Bryce) 謂憲法爲「……法律和習慣的總合，藉此並在此總合之下，國家的生活乃得進行」；或爲「表現公衆組織、管理、團結原則和規律的各種法律之合成整體」(見 Studies in History and Juriespruden-ces, Oxford, Clarendon Press, 1901, Vol. 1, pp. 159, 256)。方訥 (Her-man Finer) 教授說「基本政治制度的體系卽爲憲法…………它爲權力關係的自傳」(見The Theory and Practice of Modern Government, Lon-don, Methuen, 1949, p. 116)。史都朗 (C.F. Strong) 稱「眞正的憲法具有下列素質以確切表明：第一、各機關是如何組織的；第二、以什麼權力委之於這些機關；第三、依什麼方式以行使這些權力。……當國家各機關及它們的職權有確定的安排而不受暴君隨心支配者，這個國家就可以說是具有憲法。憲法的目的是限制武斷的權力，換言之，憲法是用來保障被治者的各種權利。總之，憲法是欲確定主權的確實地位」(見Modern Political Constitutions, London, Sidgwick & Jackson, 1930, p. 10)。惠爾 (K.C. Wheare) 認爲憲法有廣義狹義之分。從廣義說，憲法乃意謂一國政府的整個體系，亦卽建置、規範或管理政府的各種規例之累積。這些規例一部分是屬法律性的 (legal)，在這一意義下的規例法院予以承認並適用之，另一部分爲非屬法律性的 (non-legal or extra-legal)，如慣例、諒解 (understandings)、習慣，或憲典 (conventions)，法院不承認之爲法，但其規範政府的效力會不稍遜於所謂法律。從狹義說，則非指一切規例的整體，只指規範政府的規例之中而表現於一種法律性的文書，或極有關係的若干法律文書(見 Modern Constitutions, London, Oxford University Press, 1956, pp. 1-2)。杜利索利義 (Rocco J. Tresolini) 就美國憲法的實質，說「憲法有雙重功能，卽授予權力並限制權力」(見 American Constitutional Law, New York, The Macmillan Company, 1959, p. 9)。所謂授與權力，意謂憲法賦政府以各種權力，以施政臨民；所謂限制權力，意謂憲法禁止政府之作爲，以預留人民自由的餘地，亦卽保障人民的自由權力。　國父中山先生博覽諸說，而爲扼要之言曰：「憲法者，國家之構成法，亦卽人民權利之保障書也」，這話說得最爲中肯。蓋今日的政治學者大都已肯定，就當今各國憲法的體例和實質以觀，其中所定，大致包括有三大要義，一爲關於國家體制，政府組織和職權分配，以及各種職權行使方式的憲法 (constitution of government)。二爲關於人民所應有之公民及政治的自由權利 (civil and political rights)，和各種權利行使的分際，以及人民對國家應盡的義務。學者通稱之爲規定自由的憲法 (constitution of liberty)。三爲有關憲法的修正和解釋的程序，乃爲憲法本身體例上應有之義。學者有稱之爲規定主權的憲法 (constitution of sovereignty)。各國憲法結構，大都以此三者爲重要的內容；至於爲適應特殊環境所需的特殊規定，則各國所定大有出入，殊難有一定原則之可言了。(羅志淵)

憲法限制(Constitutional Limitation)

國家的國體、政體、政府權力、人民的權利義務、中央與地方政府權力的分配、中央政府組織原則、行政首長的產生、民意代表的選舉、司法制度的基本精神、憲法的修改，以及其他國家重大事項，省(州、邦)級的同類事宜，統由憲法分別訂明，所有個人、團體、機關必須遵守，不得違反，這便是憲法的限制。

憲法有成文的、不成文的、欽定的、民定的、剛性的、柔性的、條約的、聯邦的、省(邦、州)級的種種分別，一國的憲法可以是民定的成文的剛性的，也可以是不成文的柔性的，不論其屬於那一種，都應對其所規範的對象發生限制作用，否則失去意義。憲法在實際上能否發生限制作用，要視憲法本身和國情而定。憲法不適合國情，或憲政基礎還未鞏固，憲法規定過分瑣碎詳細，多數人民尙無共同的國民意識，或國家連年遭受外患，都會削弱甚至停止憲法的限制作用。

至於成文的剛性憲法是否比不成文的柔性憲法更能發生限制作用呢？這問題沒有一定的答案。美國的憲法屬於前者，英國的屬於後者，都有極大的效力，巴拿馬、巴西、阿根廷等有成文的剛性憲法，但上至總統下至一般百姓，很少加以重視，以致政局常常陷入混亂狀態。可見人民的憲法意識和遵守憲法的習慣，比憲法本身重要，成文的剛性憲法不一定比不成文的柔性憲法更有限制力。(陳治世)

憲法解釋權

憲法之需要解釋，以及解釋權之作用有二：第一是貫徹憲法之尊嚴，及其優於普通法律之效力。例如西德基本法規定，法律與政黨之內部組織、目的及其黨員之活動，均不得違反憲法，其有無違憲問題，由聯邦憲法法院決定之（第廿一及一百條）。法國第五共和憲法規定，法律在未公布前，得由總統、總理、或國會議長，提請憲法委員會審查，其經確定違憲者，不得公布或實施（第六一及六二條）。我國憲法規定，法律與憲法抵觸者無效，其有無抵觸發生疑義時，由司法院解釋之（第一七一條）。第二是澄清憲法條文之涵義，以消除適用上之疑慮與困惑。例如我國司法院大法官會議，釋字第十三號，解釋憲法第八一條所稱之法官，不包括檢察官在內；又釋字第七七號，解釋憲法第一六四條，教育科學文化之經費，在縣市不得少於其預算總額百分之卅五之規定，不包括追加預算在內。這兩種解釋作用，前者爲違憲解釋，後者爲補充解釋，此在多數國家，雖然二者泯而不分，然在我國，則有極明顯之區別。

憲法解釋權之歸屬，在制度上有三種不同形態。第一爲立法解釋制。如比利時、伊朗、及柬埔寨，憲法均明定由國會行使解釋權。在理論上，凡承認立法權至高無上的國家如英國、瑞士、二次大戰以前的法國，均屬此一形態。第二爲司法解釋制。如美國、菲律賓、及日本等約五十個國家，均屬此一形態。此一制度的主要特點，卽寓解釋於審判。由普通法院於聽訟斷獄之際，去發揮解釋權的功能。第三爲特設解釋制。如法、意、德、奧、希等約廿個國家，均屬此一形態。這些國家都將解釋權賦予普通法院以外的特設憲法法院，各國憲法法院的管轄雖互有不同，但其不掌理一般訴訟，則爲共有的特點。我國大法官會議在機關體系上雖隸司法院，然因其專司解釋，而不掌理訴訟，故屬特設解釋制，最與西德的制度相似。

解釋機關雖分上述三種形態，但那是專指有權解釋機關而言，事實上具有解釋憲法作用者，並不限於有權解釋機關，尤其是於採行司法解釋及特設機關解釋的國家爲然。因爲法律命令之不能抵觸憲法，乃成文憲法國家所共同遵守的原則。而基於憲法至上的原則，國會及行政機關於立法下令之際，自必無形之中已對憲法之有關條款，有了其本身之解釋，而不會明知故犯，弁髦憲法。按近代國家，不但法律日趨繁細，而命令更數倍於法律，在大量的法令中，實際受到憲法上有權解釋機關審查其是否合憲的，不過只是在適用上發生違憲爭論內極少一部分，絕大部分未會發生爭議的法令，實際都是立法機關與行政機關解釋憲法所作的註脚。而且有權機關的解釋是被動而消極的，立法與行政機關的解釋，則必然是主動而積極的，更具有廣泛的眞實意義。由此可知解釋憲法雖屬有權機關，而實際具有解釋作用者，却並不以有權機關爲限。有權機關只不過在立法與行政機關的解釋，在適用上有爭議發生的時候，作爲定於一的最後決定而已。

關於解釋憲法的方法，論者一向將之區別爲文理的，論理的，類推的，甚或限制的，及學理的等不同分類。其實這些所謂方法，本質上都是屬於辯護性的技術，眞正決定一個解釋結論的，乃是解釋者對於現實需要因素的瞭解及其所持的態度。美國近十年來研究司法判決的學人，如舒柏特(G. Schubert, Judicial Policy-Making, 1965)，墨菲 (W. Murphy, Element of Judicial Strategy, 1964)，及戈德曼 (S. Goldman, Politics, Judges, and the Administration of Justice, 1965) 等，在行爲學派之影響下，紛紛從法官個人及社會背景著手，可以說已爲研究憲法解釋方法，開闢了一個新的途徑。

最後關於解釋的效力，一般國家均承認法律與憲法抵觸者無效。但所謂無效的意義如何，也有三種不同制度。第一是法律公布前之審查，凡經有權解釋機關宣告爲違憲之法規，則不得予以公布或付諸實施。採行此種制度之國家，可以法國第五共和爲代表。第二是公布實施後之審查，卽法律在適用上，若有違憲爭論發生，而經有權機關確定爲違憲者，則對宣告爲違憲之法律，予以拒絕適用，使之不生效力。採行此種制度的國家，可以美國的司法審查爲代表。此一制度雖不像第一種之根本否定違憲法律之存在，但由於判例具有拘束國家機關之效力，被視爲法官制定法，所以法律於既經宣告違憲之後，儘管形式上仍然存在，而在適用上，則無異是已經名存而實亡了。第三也是屬於公布實施後的審查，但經宣告違憲的法律，在尚未完成修正程序之前，仍能繼續有效適用。採行此種制度的國家，可以我國爲例。我國法院組織法規定，高等法院以下各級法院之司法行政，歸行政院司法行政部監督，大法官會議於四十九年八月十五日釋字第八十六號解釋，確定應改隸於司法院，其有關法令，並應分別予以修正。此一解釋公布迄今，行將九年，而因現行有關法規尚未修改，是以法院亦尚未能改隸。於是我國憲法解釋效力之於違憲審查，乃從而別具一格，表現爲一種新的形態。（荆知仁）

憲典 (Convention)

憲典（convention）是英國憲政制度中的一種重要傳統，具有支配英國政治家政治行爲的作用。依照已故英國憲法學者戴雪的說法，英國憲法有兩大部分：其一是憲法（constitutional law），或曰英憲的法律（the law of the constitution），其二是憲典（convention），或曰英憲的典則（conventions of the constitution）。憲法是包含法院所承認及施行的規則；這是憲章所有法律的本體。憲典包含風俗、習慣、格言、或教義；這是憲章所有的道德（或名政治的倫理），不屬法律的領域。憲典雖然不是法律，不能依之以訴諸法院，但它具有憲德的力量，足以支配政治家的政治行爲。違反憲典法院固然不得追訴，但全國的輿論可予以嚴厲責難，使違反憲典者無以自容。而且可以導引出違法的行爲，發生嚴重後果。是以憲典雖不具法律型態，而具有憲政的切實效力。舉例言之：內閣於衆院有不信任的決定時，應卽自行辭職，或解散衆議院，訴之選民裁決；但經選民裁決，反對黨仍佔多數議席時，則內閣不得爲第二次的解散。衆議院中的多數黨領袖有應英王之召喚，出任內閣首相，並於衆議院多數黨議員中選任閣員。關於政治措施，內閣應向衆議院負責，各閣員應負連帶責任。凡此重大事宜，均無法律之規定，但爲憲典的要義，政治家必須體仰遵行之。又如關於某一政策，兩院意見歧趨，則貴族院應稍爲讓步，否則，英王依內閣的獻議，得賜封貴族以增加貴族院的議員，務使院中反對力量因而受到克制，以維護衆議院的主張。政府於內亂外患事變猝起之際，應卽請求國會授予大權，以應付事變。倘事機危急，或國會不在集會期間，不及請求授權時，則應當機立斷，採取緊急措施，以壓制騷亂，或抵抗外侮，雖至違法之舉，亦在所不顧，庶幾可以保衞安寧，維護國家，事後請求國會通過赦免法案，以解除違法責任。他如國會每年至少集會一次；貴族院不得提出財政法案；衆議院制定法案必須經過三讀程序等等，均屬憲典義理之作用，於英國憲政之運行，關係至鉅（參考 A.V. Dicey, Introduction to the Study of Law of the Constitution, Eighth ed., Introdution, Chaps. XIV, XV.）（羅志淵）

憲政法規（Constitutional Law）

在西洋論著中，憲法一詞，有稱 constitution，有稱 constitution law。英國憲法非屬一種完整的法典，乃屬多種有關憲政的重要法律、慣例和憲典，由是英人頗有以 constitutional law（憲政法規）爲 constitution（憲法）之稱。故戴雪（A.V. Dicey）謂「憲政法規（constitutional law），依英國之措詞，似乎是包括所有直接或間接有關國家權力分配或權力行使的一切法規」（見 Introduction to the Study of the Law of the Constitution, London: Macmillan, 9th ed., 1939, p. 22）。美國憲法係爲一個獨立的法典，因而 constitution 與 constitutional law 涵義乃有不同。constitution 稱爲憲法，卽指美國憲法（The Constitution of the United States of America）而言，而 constitutional law 應稱憲政法規。依杜利索利義（Rocco J. Tresolini）之說，憲政法規乃爲有關憲政之結構、組織、及解釋的法律之一部門。因爲美國的基本法是屬成文的憲法，所以總統、國會對於憲法的解釋，法院的判例，（尤其是聯邦最高法院的判例），官署的裁定，以及政府的習慣和慣例等，乃構成憲政法規（constitutional law）的部分（見 American Constitutional Law, New York, Macmillan, 1959, p. 12）。柯爾文（Edward S. Corwin）也說「就美國措詞言之，憲政法規（constitutional law）係指各種規律（rules）的整體，這些規律乃由法院於審理控訴各邦或聯邦政府措施而涉及憲法之解釋而來者」（The Constitution of the America, Legislative Ref. Service, Library of Congress, Government Printing Office, 1953, p. IX）總是以觀，則美國之所謂憲政法規，是屬行憲的法規，其中以各種解釋爲主幹。（羅志淵）

憲政制度（Constitutionalism）

憲政制度（constitutionalism）或稱爲立憲政體（constitutional government），乃對政府權威決策者所加有組織的約束之制度。簡言之，憲政制度卽爲法律主治或有限制的政府而異於專制統治者。憲政制度的重要基礎乃爲一種準則或規範，由是政府的措施乃得予以衡量，立憲政體是應與規範相一致的。自希臘以迄現代，這些規範是見之於自然法或神權法、習慣法、或制定法。現代憲政體制乃始於用法律技術與政治機關以控制目無法紀專制擅權的統治者。英國法家柯克（Coke）以憲政制度的名義與司圖亞王朝（Stuarts）鬥爭。一六八八年英國光榮革命常被視爲使英國憲政制度獲得勝利。現代憲政制度控制政治權力的方法，在英國因無成文憲法，故其主要的約束是在有力的傳統。而施行政黨政治，以便各黨交互執政，亦爲極重要的方式。尤其重要者乃爲基本法法典的約束，由是以明確規定各種權力和各項限制。司法審查制（judicial review）業經被視為更有效的約束，使英國的行政措施，在美國則連國會的立法，都受到法院的節制。分權制度為文明政府的基礎，亦即為憲政制度的真實意義。蓋唯分權乃能以權制權，使不致有某一方面的濫權，各有權限，各守分際，是即為立憲政體的真正表現（參考 Julius Gould & William L. Kolb (ed.), A Dictionary of Social Sciences, 1964, pp. 133-134.）。（羅志淵）

憲政時期

建國大綱第十六條：「凡一省全數之縣皆達完全自治者，則為憲政開始時期，國民代表會得選舉省長，為本省自治之監督。至於該省內，則省長受中央之指揮」。十七條：「在此時期中央與省之權限採均權制度，凡事務有全國一致之性質者，劃歸中央，有因地制宜之性質者，劃歸地方；不偏於中央集權或地方分權」。二十三條：「全國有過半數省分達至憲政開始時期，即全省之地方自治完全成立時期，則開國民大會決定憲法而頒佈之」。二十四條：「憲法頒佈之後，中央統治權則歸於國民大會行使之；即國民大會對於中央政府官員有選舉權，有罷免權，對於中央法律有創制權，有複決權」。第二十五條：「憲法頒佈之日，即為憲政告成之時，而全國國民則依憲法行全國大選舉。國民政府則於選舉完畢之後三個月辭職，而授權於民選之政府，是為建國之大功告成。」（羅時實）

憲政獨裁（Constitutional Dictatorship）

憲政獨裁是民主國家，在戰亂或財經重大變故等危機時期，運用緊急權力，以保障憲法，終止危機，恢復憲政秩序之制度。憲政獨裁是臨時的、自滅的、消極的，及回復性的。其存在基於危機，其目的在消滅危機，一旦危機消失，而獨裁亦隨之終止。準此以論，其與極權獨裁有天淵之別。

憲政獨裁之理論基礎，建立在三個基本之事實上。第一個事實是「民主國家複雜的政府制度，僅可施行於正常及和平狀態下，一旦危機發生，即不良於行」。第二個事實則是「危急時，自由民主之政府，必須暫時作某種程度的改變，藉能消除危害，恢復常態」。第三個事實為「在國危如纍卵時，為救亡圖存，政府必須集中權力，便宜處斷，而採取獨裁措施」。由於這三個事實，二十世紀之民主國家，無不在大戰期間，實施憲政獨裁，以渡危難。

憲政獨裁之任務，簡言之，就是「終止危機，恢復常態」(to end the crisis and restore normal times)。也就是「恢復戰前原狀」。因之，屬於消極任務。由於此項消極任務，可以稔知憲政獨裁之目的，亦為消極目的，依照通說，其目的在「保衛國家，維持憲政秩序，及保護人民之政治及社會自由」。捨此以外，而行獨裁，即非憲政獨裁矣。

不論危機之性質如何，亦不論暫時所採用的獨裁制度如何，一旦民主國家採行憲政獨裁後，即呈現三種表徵，一為權力之「集中」，二為權力之「擴張」，三為權力之「擺脫限制」。有此等表徵後，亦即顯示國家威權與特權之增加，和個人自由及重要性之減少。

民主國家於緊急時，實施憲政獨裁，其主要形式，約有三種，一為「行政獨裁」(the executive dictatorship)，如英美之「戒嚴制」(martial law)，法國之「戒嚴制」(state of siege) 是。由於戒嚴要「兵力戒備」，軍事機關之權力即增大，亦稱為「軍事獨裁」(military dictatorship)。二為「立法獨裁」(the legislative dictatorship)，如大陸法系國家之「緊急命令立法」(emergency decree legislation)，英美法系國家之「危急立法」(crisis legislation) 等，皆是「立法獨裁」之形式。三為「戰時政府」(war government) 之形式，如美國之「總統獨裁」(presidential dictatorship)、英國之「內閣獨裁」(cabinet dictatorship)，皆第三種形式之憲政獨裁也。此外，在第二次世界大戰中所實行之「軍政府」(military government)，亦屬憲政獨裁形式之一種。

若從歷史上之獨裁事實，分析憲政獨裁制度之類型，則可分為三種，一為羅馬共和時期所實施之憲政獨裁，稱為「合法獨裁」(legal dictatorship)。二為中世紀義大利所實施之憲政獨裁，稱為「委任獨裁」(commissionary dictatorship)。三為土耳其凱末爾(Kemal Ataturk)所實施之憲政獨裁，因富於教育意義，學者稱為「教育性的獨裁」(educational dictatorship)。

憲政獨裁有其不可否認的功績，但也隱含有危險性，根據史實及學者之研究，認為其主要危險有三。第一，是運用獨裁權力太久，習為故常，暫時的憲政獨裁，有變成永久的極權獨裁之虞。第二，憲政獨裁雖是救亡圖存之法寶，但也是固守權勢之工具。第三，實施憲政獨裁後，劇變多而改革少，有礙政治之發展與進步。為防止憲政獨裁之危險，學者遂建立了憲政獨裁之規律。

憲政獨裁之規律，在羅馬共和時期，則有四端。第一，獨裁者之任命，須依謹嚴的憲法形式。第二，獨裁者不能依其自由裁量，宣告緊急狀態。第三，獨裁之時間，有嚴格之規定。第四，獨裁之目的，限於保護既存的憲政秩序。但時至今日，學者將憲政獨裁之規律，增爲十一項。今條述如左：

一、非有極端之必要，不應實施憲政獨裁。

二、是否實施憲政獨裁，不應由未來之獨裁者決定。

三、憲政獨裁之實施，應有一定之期間。

四、獨裁權力之行使，須符合憲法精神。

五、除非萬不得已，不得隨便變更正常之憲政程序。

六、憲政獨裁之措施，不應有永久性。

七、實施憲政獨裁，應爲公益而非爲私利。

八、憲政獨裁之行爲，最後亦應負責。

九、憲政獨裁期間之終止，不應由獨裁者決定。

十、危機消失，憲政獨裁即應終止。

十一、憲政獨裁結束後，應盡可能回復原狀。

其餘有關憲政獨裁之問題，請參閱「獨裁」條，及「極權獨裁」條。

（張劍寒）

參考文獻：

Carl J. Friedrich, Constitutional Government and Democracy, (1950) Chap. 26, "Constitutional Dictatorship and Military Government".

Clinton L. Rossiter, Constitutional Dictatorship, 2nd ed., Harcourt, Brace & World, Inc., 1963.

International Encyclopedia of the Social Sciences, The Macmillan Company & the Free Press, 1968, Vol. 4,"Constitutional Dictatorship", p. 165.

戰爭邊緣論 (Brinksmanship)

美國國務卿杜勒斯 (John Foster Dulles, 1888-1959) 在任期間(1953-1959)，爲對抗共黨國家的擴展侵略政策起見，認爲自由國家應該採取强硬堅定而明顯的立場，隨時準備迎戰，以遏阻共黨國家尤其是蘇聯的國際陰謀，甚至不惜使用核子武器，以達自由國家的反侵略的目的。他公開說，必須讓準備侵略的國家知道，侵略行爲必遭受報復，侵略者必得不償失，而自由國家阻止侵略之道，是步調一致，顯意而且有力作强烈的反擊，使用自己選擇的手段，對着自己選定的地方，給予大規模的壓倒性的打擊。他也正式表示：「能夠到達戰爭邊緣而不捲入戰爭，是一種必需的藝術，如果你不精通這種藝術，你將不可避免被捲入戰爭。如果你想逃避戰爭，或者不敢接近邊緣，那你就失敗了。……我們走到邊緣而且正視着戰爭，我們便可採取强硬的行動。」

一九五七年，中東情勢十分緊急，美國總統艾森豪要求國會授權，俾能隨時保衞中東，免致中東完全陷入蘇聯手中。杜勒斯到國會參議院作證，說明必須保衞中東的理由。民主黨參議員問他：「假如英法兩國在中東和美國併肩作戰，不是有利美國嗎？」他答道：「美國根本不要和英法在中東併肩作戰。」這答覆引起了議員們的誤解，以爲他有意侮辱英法兩國。杜勒斯爲了解釋誤會起見，於作證後向新聞記者說，美國固然要避免核子戰爭，蘇聯也要避免，兩方都在戰爭邊緣上兜圈子，新事件發生的時候，誰能走到戰爭的最邊緣而不掉進去，誰就是勝利者。譬如賭樸克，目前美國和蘇聯正在賭，誰也不肯攤牌，還要賭下去，誰的賭注最大，能夠使對方拋牌，就可以贏；蘇聯政府用人民的錢作賭注，不必取得人民的同意，美國人民不同意，美國政府便不能下注，例如艾森豪總統要求國會授權，就是請求人民同意在中東的樸克賭局中看情勢下賭注，以迫使蘇聯拋牌，蘇聯拋牌就不會攤牌，不攤牌就可以避免核子戰爭；在這場中東的樸克賭局中，英國和法國的牌都不好，賭注又不大，照賭樸克的方法來說，當兩家儘量加注的時候，牌壞的各家應該拋牌，不應該跟到底，所以他說美國不要和英法在中東併肩作戰，不是因爲蔑視英法的軍力而不願共同作戰，而是指英國或法國不必加入中東的賭局，來使蘇聯攤牌。

許多美國人士和歐洲盟邦對這立場大加批評，認爲杜勒斯的態度具有危險性，很可能使美國走到戰爭最邊緣時，終於掉進戰爭的深坑裡去，世人也因此而稱杜勒斯的論調爲戰爭邊緣論。

戰爭邊緣論雖然遭受民主黨人士的非議，甘迺迪總統於一九六二年應付蘇聯在古巴的軍事設施事件時，却眞正踏到了戰爭邊緣，封鎖了古巴，向蘇發出强硬通牒，以强迫蘇聯從古巴撤退其威脅美國安全的武器。當時許多人心驚肉跳，以爲這方法富有危險性，可能導致美蘇戰爭。然而，當蘇聯的當權者黑魯雪夫明白美國不惜一戰的時候，並不走向戰爭，只是忍辱求存，自動把武器撤走了。可見戰爭邊緣論，甚至戰爭邊緣法，不一定觸發大戰；可見民主黨人士儘管抨擊共和黨人的論調，於必要時也採用了杜勒斯的主張。（陳治世）

戰時內閣

內閣制下的政府，閣員為數二十餘人，且以閣議為決策機關，行動難期迅速，尤其難以適應緊急事變；故在英國早有核心內閣 (inner cabinet) 之議，迨第一次世界大戰時，此議乃見之於實施了。按大戰初起之時，英國政府乃為阿士啟斯 (Asquith) 組織的自由黨內閣；保守黨為反對黨。當時為集中國力以爭取勝利計，各黨談妥政治休戰 (party truce or political truce)。旋於一九一五年六月三日出現聯合內閣，由三黨首要人物組成。但當時的輿論及國會則極力主張在內閣之內產生更小的機構，羅致作戰有關的要員組織之，並以完全負責戰事的進行為任務。於是同年十月間在內閣中設置一個體積較小的指導機構—即「戰事委員會」(the War Committee)，負責全權處理戰事，但其決定應報告全體內閣，並於有重大行動之前咨商於全體內閣。這一機體後以人數日多而失作用。迨一九一六年魯易喬治 (Lloyd George) 組閣時，取消該會，代之而起者乃為由三黨要員五人組成的戰時內閣 (War Cabinet)，負擔指導戰爭進行的全部責任。這一戰時內閣顯然有幾點特徵：㈠在這五人中僅有一人是掌管有重要的行政職務。其他規劃及執行獲致勝利政策的人則解脫行政任務，所以僅在偶然間管及複雜萬端的行政部門工作。㈡這種急劇脫離英國往古憲政成規的體制，並不是依據國會決議的結果或樞密院會議的決定，但基於喬治所策動的各政黨領袖的一種簡單協定。㈢戰時內閣的閣員們不但擺脫了所有純屬行政性質的工作，而且他們也不參與國會中立法程序上的各種活動，而成為一種完全脫離立法機關的執行人物，這實在是一種議會政治 (parliamentary government) 的激烈轉變，而近乎於行政立法機關的各自獨立有如美國總統制所表現者。㈣身任首相的喬治拋棄了眾議院領袖的地位，而僅於特別的時機中才出席該院；後來內閣中沒有一人經常出席眾議院，於是內閣與國會的關係實屬微妙之至了。於此應順便敘及者，即「在歐戰期間，英國又成立了一個「帝國內閣」(Imperial Cabinet)，包括戰時內閣的閣員，各自治領地的內閣總理，和印度代表二名。一九一六年「帝國會議」(Imperial Conference) 最後一次會期宣告英國內閣總理提議「帝國內閣」應每年開會一次，如有關帝國的緊急事件發生，得隨時召集」（見林昌恒譯迦納著政治科學與政府第五八一頁註二），這種「帝國內閣」的閣員不對眾議院負責，自然與眾議院沒有關係。第二次世界大戰發生後，即循着第一次大戰時的體制以改組政府。當一九四〇年初張伯倫 (Chanberlain) 首相於政府中成立九人內閣，因自由勞工兩黨拒絕入閣，故其內閣幾乎全為保守黨人。迨同年五月十日邱吉爾奉命組閣，工黨應邀參加，乃採五人戰時內閣之制，形成極有名的戰時內閣。但這內閣後亦逐漸擴大，一九四二年春初，閣員達到十人，後減縮為七人，翌年增至八人。戰時內閣是以對內閣直接負責的各種委員會組織以履行其職務，這些委員會有的是由內閣本身的人員主持，有的是由閣外的國務員或官員主持並協理之，這些委員會在實質上不啻為小型的各個內閣，而且常作戰時內閣本身應負責的各種重要決定。（羅志淵）

戰略 (Strategy)

廣義的說，戰略是指恰當的利用資源，以達到某種特定目的的一般計劃的科學與藝術。戰略與戰術不同；後者是指戰略計劃的具體執行。戰略一詞主要是用在軍事上，但也可用在政治、商業、甚至配偶的追求上。二次大戰後東西方的權力競爭，已把國邦戰略的觀念擴大到經濟、宣傳、外交及軍事各方面。總之，戰略必有一定目的，然後動員並配合各項資源以求達到該項目的。

從軍事上說，因其所面臨的因素（如氣候、地形、裝備、人員等）複雜多變，戰略不可能成為一純粹科學而總不脫藝術的範疇。因此一個軍人不能因為飽讀兵書而成為韓信或拿坡侖。另一方面，要想成為一個兵略家，自然需要吸收前人的經驗和教訓。

克勞塞維茲(Karl Von Clausewitz)認為戰略是全盤戰爭的計劃，戰術是一個戰役的計劃。他又認為軍事附屬於政治。他的總體戰觀念便是如何利用全國一切資源去達成一項目標（如贏得戰爭是）。他稱之為最高戰略。第二次世界大戰中，美國羅斯福總統與英國邱吉爾首相決定了先擊敗德國，後打垮日本的最高戰略。在這項指導原則下，歐洲戰局自然得到許多優先考慮，遂先後有北非和歐洲第二戰場的開闢。

戰爭的觀念隨生產方式、武器、技術、政治體系而變化。例如中世紀至十八世紀的歐洲，因為民族主義尚未產生，戰爭耗費極大，各國多僱傭兵，而很少從事決定性的戰爭。傭兵為謀生而來，自然不願努力作戰，為「國」捐軀。

政府因備兵耗費很大，亦不願輕使犧牲。法國大革命後，民族主義興起，各國多施行征兵制度，戰爭的性質隨之改變。加以工業革命的產生，戰爭轉成了總體戰。

二次大戰中因空軍的普遍使用，戰略觀念又有顯著的改變。原來集中兵力以殲滅敵人有生產力量的戰略觀念有了新的解釋。在總體戰中，拿槍的固然是敵人；在後方製軍火、產糧食、維交通的人也是敵人，因他們是從事現代戰爭所必需。如果能摧毀敵人的工業中心、重要交通線和人口中心，則可以斷絕敵人武器和兵員的供應，逼其求和。新戰略又認爲敵人如受到恐怖性轟炸，則必喪失其抵抗的意志力。戰略轟炸遂成爲達成這一目標的主要武器。但從二次大戰的經驗看來，空軍的效力雖大，尚不能單獨贏得戰爭。

日軍在中日戰爭期間雖然佔領了我國沿海重要和經濟中心和交通線，擁有絕對優勢的海空軍和裝備極爲優良的陸軍，却不能達成其征服中國的迷夢。這一方面固然是受國際局勢的影響，另一方面也是我國政府以「空間換取時間」，以游擊隊配合正規軍戰略的成功。

自蘇俄製成氫彈和長程彈道飛彈後，美俄核軍備逐漸平衡。由於核武器毀滅力的強大，西方軍事思想家發展出「嚇阻戰略」(strategy of deterrence)。這項戰略認爲軍力發展的目的，不在實際從事戰爭，而在防止戰爭的發生。只要被攻擊者在承受敵人最成功、最大規模的攻擊後，仍有力予敵人以毀滅性反擊，則敵人一定因所付代價太大，而不敢發動戰爭，這樣嚇阻戰略的目標就可達到。

無論何種軍事戰略，人的因素都佔重要地位。領導者的才能和被領導者的訓練往往較武器裝備等更重要。克倫威爾、菲德烈大帝、拿坡侖能得其部下信任與擁護，其勢遂銳不可當。相反地，如果將士不能用命，則雖有優勢的兵力和裝備，往往會敗於劣勢的敵人之手。國民革命軍北伐的成功便是一個極好的例證。(張京育)

◆舉人

舉人原爲被舉之人或舉到之人之通稱。漢代凡應制舉或受察舉薦達於朝者曰舉人。唐宋時稱應進士試者，或曰舉子。明清則專指會試中式之士，俗稱孝廉。趙翼陔餘叢考舉人條曰：「漢時取士……皆令郡國守相薦舉，故謂之舉人。後漢章帝建初元年詔曰：「則世舉人貢士，或起畎畝。」舉人之名，始見於此。今世俗則稱舉人曰孝廉，以孝廉本郡國所舉也。然漢時舉人，名目甚多……孝廉特其一途耳，今專以此爲舉人之稱，蓋孝廉乃每歲所常舉，其他則隨時詔舉故也……又漢成帝謂北邊二十二郡，舉勇猛知兵法者各一人。平帝又謂舉武勇有節明兵法者郡各一人。此又後世武舉之始也。唐宋舉人，則又與前代異，前代舉孝廉等，即爲入仕之途，唐宋惟重進士一科，所謂舉人者，不過由此可應進士試耳，故又謂之舉進士。」在趙翼之前，顧炎武日知錄，對此已有解釋，蓋「自本人言之，謂之舉進士，自朝廷言之，謂之舉人。」而且，「但云舉進士，則第不第未可知之辭。」「不若今以鄉試榜謂之舉人，會試榜謂之進士也。」(仲肇湘)

舉士

見「科舉」條。

舉官

見「銓選」條。

舉國一致之政府

見「聯合內閣」條。

歷史的研究法 (Historical Approach)

運用歷史資料和方法來敘述政治制度的建立與發展，說明及解釋其各部分的關係以及與其他制度間的關係，以至從政治制度過去的歷史推測其未來發展的方法。

歷史研究法曾經是政治學最主要的研究法。當早期政治學家研究一個政治制度(如國家)，他們第一步便是把該制度的歷史敘述一遍，然後試圖從歷史上各種事件的前後關係中找出一些因果的線索，再從這些線索中抽繹出造成政治制度當前情況的原因，最後更進一步就這些因素在目前政治制度的消長及存在與否推測其未來的命運。

歷史研究法對政治學的影響，可以從中國許多有關政治制度的書都是史學家所寫，和早期歐美大學中的政治系是附屬於歷史系得到證明。

但自從行爲研究法興起，政治學逐漸採用愈來愈多的心理學，人類學，社會學，和生物學的觀念、方法、與資料後，歷史資料與方法便逐漸失去在政治學範疇中的範罩性與重要性。現代政治學家對於歷史研究法主要的批評可分述如下：

㈠歷史資料(historical data)：歷史上所記載有關社會及政治制度的資料，常常是歷史家主觀地描述和重組，缺乏客觀性與可靠性。歷史記載愈久遠便愈不可靠。

㈡歷史說明與解釋(historical explanation and intepretation)：歷史家常對歷史上各種事件加以討論分析，而肯定它們之間的相互以至因果關係。但是由於歷史包羅萬象，牽涉許多社會及自然科學的問題，因此歷史家靠一己努力所得之結果，往往不能定論。何況歷史家們本身運用同樣歷史資料，也常常獲得相當不同的結論。

㈢歷史的預測(historical prediction)：西方許多歷史家如史賓格勒 (Oswald Spengler)，湯恩比 (Arnold Toynbee)，都曾在研究西方歷史之後，對其政治和社會制度的前途作長期的預言與推斷，馬克思 (Karl Marx) 以唯物辯證法和階級鬥爭論爲中心的共產史觀，也是其研究歷史資料的產物。他們這些歷史循環論與歷史決定論，要就是他們先有結論與預測，再從歷史上找資料來支持其結論與預測；要就是他們把歷史資料在時間與空間上加以重組的結果。因此他們的討論雖然對我們有啓發性的作用，但在實際運用其理論去推測政治制度的發展，其可靠性是很低的。

以上這些政治學者對歷史學者與歷史研究法的批評，可說是追根揭底相當嚴厲。但這並不能就此斷言歷史資料與歷史方法與現代政治學的研究，是完全不相配合的。羅伯道爾在一篇討論政治學行爲研究法的文章中（見 Robert A. Dahl, "The Behavioral Approach in Political Science: Epitaph for a Monument to a Successful Protest," in Nelson W. Polsby et al. (eds.), Polities and Social Life, An Introduction to Political Behavior. Boston: Honghton Mifflin Co., 1963, pp. 15-25) 曾指出行爲政治學家若完全不考慮歷史的因素是不對的。因爲在分析一個問題時，只研究當前各變數間的關係，而不考慮到

確，不久便不正確的結論。補救的方法有二。其一是使政治學家認識歷史的重要性，用現代科學方法去整理分析歷史資料；其二是使歷史學家學會現代社會科學的方法，將過去的歷史作重新有系統的分析。道爾氏並舉出利璞舍(S.M. Lipset 政治學家）對美國一八六〇選舉南方選票的分析，和班審(Lee Benson 歷史學家）對歷史學家解釋好幾次選舉結果的批評爲例，說明歷史和政治學訓練可以相互爲用。（魏　鏞）

參考文獻：

Ernest Nagel. The Structure of Science, New York: Harcourt, Brace & World, Inc., 1961, pp. 547-606.

Oswald Spengler, The Decline of the West, trans. charles F. Atkinson. New York: Alfred A. Knopt, 1929.

Arnold Toynbee, A Study of History, New York: Oxford University Press, 1946.

Hans Meyerhoff, The Philosophy of History in Our Time, An Anthology, Garden City, N.Y.: Doubleday, 1959.

Frank J. Sorauf. Perspectives on Political Science. Columbus, Ohio: Charles E. Merrill Books, Inc., 1965, pp. 34-35.

歷史的預測 (Historicol Prediction)

見「歷史的研究法」條。

歷史的說明 (Historical Explanation)

見「歷史的研究法」條。

歷史的解釋 (Historical Interpretation)

見「歷史的研究法」條。

澳大利亞 (Australia) 政黨

澳洲之重要政黨有五：自由黨、澳大利亞工黨、澳大利亞民主工黨、農村黨與共產黨等。

1)自由黨 (The Liberal Party)：創黨于一九四四年，係聯合澳洲黨 (The

United Australia Party, UAP）于一九四三年選舉失敗後之更名。該黨在一九四六年之選舉中僅在下院贏得一七席，但在兩年後之選舉中，則激增至五二席。在一九六六年之選舉中，則贏得下院一二四議席中之六一席。故自由黨現爲澳洲勢力最大之政黨，該黨領袖卽爲澳洲聯合內閣之總理。

自由黨主張自由企業制度，反對國家干涉人民之經濟活動；但若干獨佔性事業如運輸、公用事業、灌溉、電力、水力與交通等，則屬例外。該黨之組織不如工黨之嚴密，且攻擊工黨之社會化政綱。惟對工會之罷工權利，則予支持。該黨保守之財政政策、經濟穩定計劃、反通貨膨脹之措施，以及在外交上全力與大英國協和美國之合作等，爲在最近四次大選中獲勝之主因。

自由黨領袖自一九六六年前總理孟席斯(Sir Robert Menzies) 退休後卽由賀特(Harold E. Holt) 繼任。賀特於一九六八年春溺斃，遂由高登(J.G. Gorton)繼任。其他重要領袖有麥馬洪 (William McMahon) 等。

(2)澳大利亞工黨(The Australlian Labor Party)：成立於一八九〇年代，爲澳洲歷史最久之政黨。第一次世界大戰初期，該黨卽已執政。但因對海外服役之徵兵問題分裂，一九二〇年代退居反對黨地位。一九二九—三一年間曾起執政，以後十年在野。一九四一年十月再起執政，在一九四三年及一九四六年之選舉中，均贏得國會多數席次。

工黨以工會運動起家，在組織結構與政策之制定上迄與工會有密切聯繫。該黨之現政綱主張以和平方式達成社會化，並採中立之外交政策。惟在內政與外交上究應實施政綱所訂者到何種程度，爭論不決，致引起黨內之不斷分裂，一九五五年且引起全國性之分裂。他如擴大社會服務，增加歐洲人之移民額等，雖爲戰時工黨政府之政策，亦爲現自由黨與農村黨聯合內閣所採行。

工黨之重要領袖有戈威爾 (A.A. Calwell)——反對黨領袖，懷特萊門 (E. G. Whitlam)等。

(3)澳大利亞民主工黨 (Australlian Democratic Labor Party)：爲一九五五年建立之反共工黨重組後之政黨，建黨于一九五七年。該黨爲反共政黨，倡導溫和之社會主義；其領袖爲蓋爾(Vincent Clair Gair)，副領袖爲麥克曼納斯(MacManus)。

(4)農村黨(The Country Party)：建黨於第一次世界大戰之後，政綱代表農民及鄉區居民之利益，現在國會下院擁有二十議席。

農村黨之具體主張爲發展鄉區交通運輸、水利灌溉及保障農產品價格。該黨雖然一再拒絕與自由黨合併之建議，但在一九四九、一九五一、一九五四、一九五五、一九五八、一九六一、一九六三及一九六六各年之大選中均與自由黨聯合競選，現在並與自由黨組織聯合內閣。

農村黨之領袖爲副總理兼工商部長之麥克溫 (John McEwen)，副領袖爲現任內政部長之安東尼(J.D. Anthony)。

(5)共產黨 (The Australlian Communist Party)：大約有黨員五千，從未選出國會議員。在一九六一年之大選中僅得票百分之零點四三，在一九六三年之大選中亦得票不及百分之一。但澳共曾在邦議會中贏得一名議席。

澳洲國會上下兩院議席之分配，依照最近一次之選舉，統計如下：

一九六六年十一月二十六日下院之選舉：

自由黨與農村黨	八二席
工　黨	四一席
獨立派	一席
共　計	一二四席

一九六四年十二月五日上院之選舉：

自由黨與農村黨	二九席
工　黨	二八席
民主工黨	二席
獨立派	一席
共　計	六〇席

由上表統計，可知澳洲已建立兩黨制度，現爲國會反對黨之工黨，隨時有繼起組閣之可能。（郎裕憲）

獨立宣言 (The Declaration of Independence)

北美英屬各殖民地獨立運動期間的第二次大陸會議於一七七六年六月十一日議決設立五人委員會，以起草獨立宣言 (The Declaration of Independence)。五個委員是亞當斯 (John Adams) 、哲斐遜 (Thomas Jefferson)、富蘭克林 (Benjamin Franklin) 、薛爾曼 (Roger Sherman) 及李文斯頓 (Rober L. Livingston) ，而由哲斐遜充當主席，並擔任主稿。同年七月四日大陸會議通過這一宣言而發布之，從而美國乃正式誕生。這一宣言首先申明人類生而平等，並賦有生命、自由及追求幸福的各種不可讓的權利。為保障這些權利，人們乃設立政府，經被治者的同意政府乃獲得所有的權利，但當政府違反這些目的時，則人民有權去變更或廢除它，並有權依據上述原則，建立新的政府，賦予種種權力，以期達到他們的安全和幸福。這一宣言顯示，常識告訴我們，設立已久的政府不應以輕率的一時的原因而予以推翻，而經驗亦已顯示，當苦難尚可以忍耐時，寧願受苦，而不願廢除其所習慣的制度。但當長期濫權橫覇欲以絕對專制以克制他們時，則他們有權利亦有義務去推翻這種政府，並設置新的保障以策將來的安全。殖民地人民飽受痛苦，情勢迫得他們要去改革以前的政府制度。現在英王的歷史乃為不斷的損害及專制的歷史，其目的是欲建立一個暴虐的政府。為欲證實這一說法，宣言列舉了英王對殖民地施行的十八種虐政，例如拒絕批准公共需要的法律，禁止總督制訂緊要的法律，解散議會而不繼之以選舉，阻止人口的增加，妨害司法行政，使法官要遵從其意，濫設機關，增加冗員，在平常時代未經議會同意而設立常備兵，並將軍隊不歸民政機關管轄，軍隊佔住民房，妨害對外貿易，未經議會同意擅增租稅，以及其專橫不法等行為是。因此殖民地乃脫離英國，宣告獨立，成為自由的合衆國。這一宣言為美國建國史中最重要文獻之一，實可視為美國的出生證。（羅志淵）

獨裁 (Dictatorship)

「獨裁」一詞，在最初並無不良之意義。蓋原始的獨裁，發生於羅馬共和時期。依當時之解釋，在國家危急時，將專斷之權力，合法授予所信任之人，使之臨機處斷，平息危機，恢復常態，一俟目的完成，即將此專斷權力交回原來正常的機關，即是獨裁。韋氏大辭典解釋「獨裁者」，而謂「一個人，尤其在共和國中，被委任行使或自動行使政府絕對的權力時，稱為獨裁者」，可知亦無貶責之意。原始的獨裁，不惟世人不反對，且被稱道，認係「保護性的憲政手段」(as a protective constitutional device)。嗣因長久之演變，獨裁之原意已改，而有各式各樣的獨裁，各種各類之獨裁。尤其經野心之政客，專橫的惡魔，採用獨裁之後，提起獨裁，即有談虎色變之感。故時至今日，所謂獨裁，係指一個人、少數黨徒、或一個小集團，所作之國家統治，專斷不受限制而言。

從社會政治學及心理學之觀點言，獨裁不僅表示一國之政治結構與組織型態，也表明統治者之行為模式，同時也將生活方式所蘊涵之政治意理顯示出來。準此以論，在任何時代，於一切文明國家裡，都可能出現獨裁，惟因歷史上之表象不同，而先後有許多不同之名稱，如暴君政治 (tyranny)、專制政治 (despotism)、專權政治 (autocracy)、威權政治 (authoitarianism)、及極權政治 (totalitarianism) 等是。從過去到現在，歷史上之獨裁很多，但最著名之獨裁，則有羅馬共和之獨裁，英國克倫威爾之獨裁，法國雅各賓黨之獨裁，義大利之法西斯獨裁，德國之納粹獨裁，蘇俄之共產黨徒獨裁，西班牙佛朗哥 (Franco)之獨裁，及阿根庭皮朗 (Peron)之獨裁等等。

獨裁之發生原因很多，有政治、文化、社會、經濟、及心理等各方面之原因。但歸納言之，則不外民主政治之輭弱無能，制度之缺失，社會結構不合理，社會問題不能解決，經濟危機，民生凋弊，戰亂頻仍，秩序破壞，心理不安，思想空虛，以及不民主勢力之積聚擴張等原因。此觀乎第一次世界大戰後，德義之獨裁政治興起，及俄國沙皇專制政治崩潰後，共產極權獨裁之發生，即可知之。

獨裁之功能與作用，因獨裁之種類及形式而異。有種獨裁，是「救亡圖存之法寶」。「保護憲政之有效手段」，為「民主政治之工具」，「實施民主之準備」。但有些獨裁，則一反民主憲政之精神，高壓恐怖統治，為鞏固統治者之權勢，保障既得利益，而將獨裁作為鎮壓異己之工具，控制社會之法寶。變手段為目的，將權變作常經。獨裁之極，則成為血腥殘酷，恐怖戰慄之暴虐極權政治。

學者因觀點不同，取例有異，對獨裁所作之區分，亦不一致。例如馬克維里(Machiavelli)分獨裁為兩種，一為共和憲政之獨裁，另為君主專制之獨裁，前者如羅馬共和時期之獨裁，後者如古希臘及西西里之暴君獨裁。彼認為統治者應利用獨裁，當作恢復政治秩序之工具。斯密特(Carl Schmitt)亦分獨裁為二種，第一種稱為「委任的獨裁」(commissioned dictatorship)，即在國家危急時，委任某人以充分的應急權，使其便宜處斷，一旦危機消失，獨裁即終止。因此種獨裁是有限制的，亦是臨時的，故亦稱為「臨時獨裁」(Provisional dictatorship)。第二種獨裁稱為「非委任的獨裁」(noncommissioned dictatorship)，即其獨裁非由於委任，而是以政變或革命之方式，攫取大權，不在維護既存之秩序，目的在推翻現行全部制度，改變全部政治及社會秩序，權力之行使，漫無限制，爲期亦久，故此種獨裁又稱爲「至高無上的獨裁」(sovereign dictatorship)。富瑞德區(Carl J. Friedrich)則以獨裁之目的爲準，分獨裁爲兩類，一類爲「憲政獨裁」(constitutional dictatorship)，另一類爲「違反憲政之獨裁」(unconstitutional dictatorship)。前者依據憲法之規定，爲維持憲政秩序而獨裁；後者不遵循憲法之規定，爲推翻現行憲政制度或破壞憲政秩序而獨裁。而紐曼(Franz L. Newmann)則將獨裁區分爲三種類型。第一類爲「單純的獨裁」(simple dictatorship)，即由統治者將國家權力之傳統工具，加以絕對控制。第二類爲「凱撒式的獨裁」(caesaristic dictatorship)，即統治者奪取權力之後，並設法加以鞏固。因之，此種獨裁須實施全面社會及經濟改革，以期獲得廣大羣衆之支持。第三類爲「極權獨裁」(totalitarian dictatorship)，即透過政黨，借「社會運動」或「羣衆路線」等策略，而利用各種不同之權力工具，對社會及人民，加以全面的嚴密控制。此外，施坦木拉(Otto Stammer)，根據文化、社會、政治、及心理等因素之交互作用，而將獨裁分爲五種類型，第一爲「一人統治型」(one-man rule)，第二爲「俊傑統治型」(elite-related rule)，第三爲「東方專制型」(oriental despotism)，第四爲「極權統治型」(totalitarian rule)，第五爲「憲政獨裁型」(constitutional dictatorship)。除第四及第五兩型之獨裁，另作專條解說外，其餘略加解釋。「一人統治型」之獨裁，多發生於古時之暴君專制，其僭奪權力，不是政變，就是謀反，因爲統治基層不固，經常改朝換代。且因暴君之一人統治，動機爲私，並非爲公，不作政治、社會、及經濟方面之改革，縱握有軍隊，亦難久長。「俊傑統治型」之獨裁，即由握有勢力之英雄豪傑、巨室大賈、士紳地主等實施獨裁。其中居於統治之要津者爲獨裁者，因彼等掌握有軍隊、警察、官吏、士紳、富商、及重要政治首領，形成相當龐雜之統治組織。此等獨裁之目的，在維持社會政治之現狀，保障既得權益，克服危機，防止革命。「東方專制型」之獨裁，表面上是君主專制獨裁，實則是官僚政治之獨裁，而官僚巨室相結合，成爲統治階層，假「天子」之名，行世俗之治，要求人民効忠，作無條件之服從，以達其獨裁之實。

除憲政獨裁外，各種各類之獨裁，皆具有下列之特徵。第一，權力獨占，行使方式武斷專橫。此即謂在獨裁政治下，不實施權力分立，一切權力皆握於獨裁者之手。在政治上沒有競爭，也沒有反對黨之存在，一切團體與組織，皆置於政治控制之下；所有統治工具，皆由獨裁者掌握。並將其所作所爲，加以正統化，使人不敢生抗拒之意。第二，政治權力不受法律之拘束，政治行爲禁止司法之干涉，法律與法院皆是獨裁者統治人民及社會之工具。第三，人民之自由，予以剝奪或加以實質上之限制。人民之權利，沒有妥善之保障，隨時皆可加以侵害。實施強迫勞動，不尊重人民之意見，一切皆是「迫而行之」。第四，外交政策或內政政策之制訂或決定，並非爲全國人民之公益，而是謀獨裁者之私利。第五，政治及社會之控制，採高壓手段，以嚴刑峻法，作血腥恐怖統治。人民之服從，非「心悅誠服」，而是屈於脅迫，由於恐懼。（張劍寒）

參考文獻：

Franz L. Newmann, "Notes on the Theory of Dictatorship", in Roy C. Macridis & Bernard E. Brown, ed., Comparative Politics, 3rd ed., The Dorsey Press, 1968, pp. 178–188.

International Encyclopedia of the Social Sciences, The Macmillan Company & The Free Press, 1968 vol. 4, "Dictatorship", pp.161–169.

獨立變數 (Independent Variable)

見「變數」條。

盧安達 (Rwandese Republic) 政黨

盧安達共和國 (Rwandese Republic) 原爲聯合國託管地，於一九六二年獲得獨立。現有下列五個政黨。

(一)巴馬虎杜黨 (Parmehutu)：該黨全名應爲「巴馬虎杜民主共和運動黨」(Republican Democratic Movement Parmehutu)，爲虎杜族(Hutu)所支持的政黨，其目的在對抗杜濟族(Tutsi)。黨主席爲卡伊班達 (Grēgoire Kayibanda)，現爲共和國總統兼總理。黨秘書爲穆林達哈比 (Calliope Mulindahabi)。

(二)盧安達國家聯盟 (National Rwandese Union)：該黨又稱溫納爾黨 (Unar)，爲杜濟人最主要之政黨，主席爲魯克巴(Rukeba)氏。

(三)阿波羅遜瑪黨(Aprosoma)：該黨全名爲全民社會進步協會(Association for the Social Advencement of the Masses)，爲一以虎杜人爲主之政黨，主席

爲加新瓦(G. Gasingwa)氏。

㈣盧安達阿波羅遜瑪聯盟 (Aprosoma Rwanda Union)：該黨爲一迎合時代的政黨，執中庸之道，既不偏杜濟人亦不向虎杜人。其成立目的在調停種族糾紛，消除各族觀念上的偏見，及撫慰受創的社會團體。領導人爲主席吉特拉(Jósoph H. Gitera)，副主席盧布希(Isidore Rwubusisi)。

㈤拉德黨 (Reder)：其全名應爲「盧安達民主議會」(Rwandese Democratic Assembly)。主張從各族間吸收溫和有爲的黨員，借以化解種族偏見，其領導人爲尼達雅多(L. Ndagndo)。（袁頌西）

盧森堡(Luxemberg)政黨

盧森堡(Luxemberg)雖爲歐洲一小國，但亦爲一多黨國家。現任內閣即爲基督教社會黨與社會黨所組成的聯合內閣。

㈠基督教社會黨(Christian Social Party)：該黨爲一天主教黨，在內政方面主張採溫和進步的政策。在外交方面，主張與西歐其他國家結盟。該黨現爲盧森堡第一大黨，黨魁魏納爾(Pierre Werner)氏兼任聯合內閣總理。

㈡社會黨(Socialist Party)：該黨現爲盧國第二大黨，主張制定進步的勞工立法，扶助傷殘與年老勞工，改善及擴張勞工與社會保險等。黨魁爲卡拉維特(Henry Cravatte)氏。

㈢民主黨：主張支持現行的國體與政體，進步地發展自由的與非宗教的制度，及勞工立法等。現任黨魁爲松恩(Gaston Thorn)氏。

盧國除上述三黨外，尚有共產黨與人民獨立運動 (Independent Popular Movement)二個小黨。前者自然欲以共產黨的一貫政策爲目標，後者乃是由勞工階級與白領階級中不滿分子所組成，無政綱政策可言。（袁頌西）

盧騷(Rousseau, Jean Jacques, 1712-1778)

盧騷(Jean Jacques Rousseau)是法國大思想家，生於日內瓦(Geneva)，性格極爲特殊，而遭遇又異常坎坷不幸。他的母親在生產他時病逝；他的父親又在他十歲時畏罪逃亡。他十二歲就離開學校，作各種行業的學徒，但都非其所好。十六歲，他就離開日內瓦，在各地遊蕩。一七四九年，地榮學院(The Academy of Dijon)懸賞徵文，盧氏應徵，於一七五〇年榮獲首獎，一舉成名。然後有許多名著，陸續出版。其間曾以言論不容於法國政府，逃亡於瑞士及英國。晚年他在巴黎，生活窮困，突然長逝，死因不明，有人懷疑他是自殺的。

盧騷有關政治思想的重要著作如次：㈠論科學藝術之進步 (Discourse on the Progress of the Arts and Sciences,Discours sur les sciences et les arts, 1750)、㈡論人間不平等之由起與基礎(Discourse on the Origin and Basis of Inequality among Men,Discours sur lórigine de linēgalitē parmi les hommes 1755)、㈢政治經濟論(Discourse on Political Economy, Discours sur léconomie politique,1755)、㈣社會契約論或政治權的原理(The Social Contract, or Principles of Political Right; Du contral social, ou principes du droit politique, 1762)、㈤愛彌爾或教育論(Émile,ou De l'Education,1762)、㈥山中通訊(Letters from the Mount,Lettres écrites de la Montagne,1764)、㈦高錫加憲法芻議(Constitutional Project for Corsica, Project de constitution pour la corse,1861)㈧波蘭政制芻議(Considerations on the Government of Poland,Considerations sur le Government de la Pologne, 1782)、㈨懺悔錄 (The Confessions, Les Confessions,1782-89)。

盧騷的政治思想，氣魄很大，他要爲千百年來政治思想上一個大問題，就是國家權威與個人自由如何調和的問題，尋求合理的答案。人生而自由，自然狀態 (state of nature)下的人是獨立而平等的野蠻人。有了原始的社會組織後，自然的不平等才漸趨顯現。生產技術進步後，更有貧富以及其他各種的不平等，戰亂恐怖的情況接踵而來，人類乃勢須改變生活方式。於是，一致同意訂立社會契約，每個人將其一切灌利與權力交與社會全體，而以後一切事體取決於多數。此舉產生一個有生命、意志的道德集合體(moral and collective body, corps moral et collectif)，也就是政治體 (body politic) 或國家。社會契約賦予政治體以指揮其組成分子的絕對權力；這個權力，在「共通意志」(General will,volonté générale)指導之下，名爲主權。這至高無上、不能轉讓、不可分割、不會錯誤的主權應在於整個政治體(the body politic as a whole)，也可以說在於人民全體，實不外共通意志的運用，就由共通意志表現出來。共通意志是每個國民自己所有的意志，一經具體化就成爲法律。所以，法律無異國民「自己意志的記載」，而國民服從法律，也無異服從自己的意志，當可繼續保持自由。盧騷就這樣慘澹經營的，爲調和國家權威與個人自由的問題，提供了答案。至不服從法律的人，則將被强制而服從，也就是「被迫而自由」("forced to be free")。

在盧騷的思想中，主權、共通意志、與法律三者是緊密連接，而不可須臾相離的：共通意志是主權的表現，而法律又是共通意志的表現。主權既在於人民全體，立法權也在於人民全體。共通意志是不能轉讓，也不能代表的；法律既是共通意志的表現，所以立法權祇能屬於人民，法律的制定是全體人民自己的事，不能委之於代表。由此也可見，盧騷心目中的民主乃是古希臘所行的直接民主。

又依主權在民之義，人民全體是主權者，而各個人既是主權者的一部分，又是服從主權者的屬民。主權者與屬民之間，需要一種媒介，而政府正是這個媒介體。主權者是制定法律的，屬民是服從法律的，而政府則是介於主權者與屬民之間，負責執行法律的。為預防政府篡奪主權，握有主權的人民應有定期集會(periodical assemblies)，其召集與行動完全不要依靠政府，人民可自行集會。在此種定期集會中，要商決兩項重大問題：㈠主權者是否願維持現有政體？㈡人民是否願將行政之權留於現任官吏之手？

此外，盧騷又提倡國民宗教(civil religion)，認為主權者應規定「國民信仰誓約」，共同信守。

盧騷的政治思想，造成一種社會勢力，對當時以及後世，影響異常深遠。在近代民權發展的歷史上，最大的兩件事是美國獨立革命與法國大革命，而這兩件大事都與盧騷的思想有關。前者的獨立宣言(Declaration of Independence)，其精神與盧騷思想有相通之處；而美國獨立後，各州的政治組織，與盧氏理論正相契合。在後者中，盧騷的許多原則更表現於人權宣言(Declaration of the Rights of Man and of the Citizen)，並應用於種種政治試驗。人權宣言有些條文，簡直就好像在引述盧騷原來的話。在德國方面，德意志唯心論派(German Idealists)康德(Kant)、黑格爾(Hegel)等的政治哲學也受盧騷的影響極深。又盧氏所主張的人民應有定期集會，在十九世紀的民主政治中，產生了兩種出名的體制：一為定期票決修改憲法的問題，一為定期票選官吏。

不過，盧騷的思想，也有時被人利用，而成為獨裁政治的口實。近代許多獨裁政治，包括俄國在內，都與盧氏的思想有關。平心而論，盧氏的本意大概是民主的，而且是極端民主的。導致歪曲的發展，可能由於兩項重要因素：第一，他自己經過抽象的推理，有時竟不免把自己的思想導向相反的極端。比如，他可以由主張直接民主，說到「永遠不會有眞正的民主政體」；由高唱「人天生自由」，說到人可以「被迫而自由」。第二，他有些觀念，過於抽象而不確定，極易被人曲解利用，最顯者的例子就是共通意志的觀念。羅伯斯比爾(Robespierre)、墨索里尼(Mussolini)、與希特勒(Hitler)等都有「我們的意志就是共通意志」或類似的說法。流弊所及，可見一斑。盧騷為使共通意志能眞實的表達出來，主張國家之中最好不要有部分的社會(partial society)，然則政黨、同業工會等社團均將被禁，豈不完全成了極權國家？至所倡國民宗教，則更迹近統制人民的信仰了。(參閱「共通意志」條)(張翰書)

縣尹

見「縣令」條。

縣令

戰國時代秦及三晉已置縣，縣之長官皆稱令。漢代滿萬戶之縣，其長官為縣令，秩千石至六百石，不及萬戶之縣，其長官為縣長，秩五百石至三百石。縣令長之職，「皆掌治其民，顯善勸義，禁姦罰惡，理訟平賊，恤民財務，秋冬集課，上計於所屬郡國。」(續漢書百官志)此外，縣令長並可貢士於所屬郡國或中央，且可自作法令，增損吏員，故其權甚重。漢侯國置相，治理侯國事務，一如縣令長，侯國相與列侯並無君臣關係，且得受中央之命令監察列侯。漢縣令長侯國相的佐官屬吏主要有縣丞、縣尉、諸曹掾史等，略如郡制。魏、晉、南朝縣置縣令或縣長，侯國置相，一如漢制，品位各代多有不同，但縣令與縣長之別已混淆不清，不以萬戶為標準，縣令長職權仍極強大，除綜攬縣政，親理民事外，且有本縣之斷獄權，又常得加將軍校尉名號以控制一縣之兵權，縣令長佐官屬吏與漢制略同。北朝縣長官多稱縣令，極少縣長，北魏道武帝天賜二年制「縣置三令長」(魏書官氏志)，但似未久行，北魏初期，縣令常加小號將軍，及末期，縣令有加二品將軍或加儀同三司者，名號猥濫。北魏孝文帝雖愼縣令之選，但其後選任甚濫，多以舊令史充任，士流皆恥為之。北魏制縣為上、中、下三等，北齊於每等內又分上、中、下之差，共為九等。唐縣有赤、畿、望、緊、上、中、下七等之差，京縣為赤，京之旁邑為畿，其餘則以戶口多少，資地美惡爲差，縣皆置縣令一人，其品秩赤縣令正五品上，畿縣令正六品上，（新唐書百官志爲正六品上，舊唐書職官志作正六品下）上縣令從六品上，中縣令正七品上，下縣令從七品上，其屬官有丞、主簿、尉、錄事、司戶、司法、典獄等，依縣之等級不同，其屬官乃有差異，縣令之職，掌導揚風化、察冤滯、聽獄訟、督農務、恤孤窮。唐縣令受州刺史控制較嚴，故其權力已不如漢代。五代縣亦置令，沿襲唐制，但凡齷齪無能者，始任爲縣令，故縣政率皆不良。宋代縣亦置令，掌總治民政，勸課農桑，平決獄訟，凡戶口、賦役、錢穀、賑濟、給納之事皆掌之。自唐中葉已有權知縣令之稱，如白居易集有裴克諒權知華陰縣令制，至宋，始正式有知縣之名，知縣者，非縣令，乃使之知縣中之事，本屬檢校試攝判知之官，宋初欲革五代濫用縣令之弊，而重縣令之任，始以京官或朝官出知縣事，故知縣爲以京朝官之銜知某縣事。宋代縣府屬官有縣丞、主簿、尉等。遼、金諸縣皆置縣令，其制略與唐似。元縣分上、中、下三等，各置達嚕噶齊一員，縣尹一員，上縣秩從六品，中縣正七品，下縣從七品，各有屬官。明縣亦分三等，縣長官均稱知縣，已無縣令之名，知縣秩正七品，知縣掌一縣之政，凡賦役之徵調、物產地利之均節、山海澤藪之登籍、聽獄訟、稽保甲、管治安、養老祀神、表善賑饑、貢生貢士，均知縣之職掌，縣府有縣丞、主簿、典史等屬官。明自中葉以後，重內輕外，不以州縣爲意，知縣之選浮濫，縣府簿書錢穀之寄盡歸於胥吏之手。營私違法，無所顧忌，地方吏治敗壞不可問。清縣置知縣一人，正七品，掌一縣之政，制同明代。民國初改知縣爲縣知事，後又改稱爲縣長。（王壽南）

縣長

見「縣令」條。

縣尉

戰國時代，秦及三晉之縣有尉，佐助縣令，秦漢仍置。漢一般縣皆有尉一人，大縣則有二人，分爲左右尉，京縣且有四尉。漢縣尉由中央任命，秩二百石以上，其治所常與縣令長異處，其職主要爲緝捕盜賊，續漢書百官志本注云：「尉主盜賊，凡有賊發，主名不立，則推索行尋，案察姦宄，以起端緒。」又主更卒番上。魏、晉、宋、齊、梁、陳皆置縣尉，如漢制。唐高祖武德元年置縣尉，尋改曰正，七年復改爲尉。京縣置尉六人，從八品下，畿縣置尉二人，正九品下，上縣置尉二人，從九品上，中、下縣置尉一人，從九品下。宋每縣置尉一人，在主簿下，掌閱習弓手，戢姦禁暴。遼縣置尉，制與宋同。金縣不置尉，以主簿兼之。元縣置尉一人，主捕盜之事。明清已無縣尉之官。（王壽南）

翰林

翰林之名，本於楊子雲長楊賦，所謂「子墨客卿問於翰林主人」。蓋謂文學之林，如詞壇文苑云爾。古未有以此爲官名者，其設爲官署，則自唐始（陔餘叢考）。初，列爲內廷供奉之官，人才與雜流並處。其後雜流不入，專任詞臣，掌制誥文史，以備天子顧問。歷代因之，用處文學之士，職清而地禁，最稱華選（詳見「翰林院」條）。（芮和蒸）

翰林院

官署名，始設於唐，爲待詔之所。唐制乘輿所在，必有文辭經學之士，下至卜醫技術之流，皆直於別院，以備宴見。自太宗時，名儒學士，時時召以草制，然猶未有名號。乾封以後，劉禕之、元萬頃之徒，時宣召草制其間，因名北門學士。元宗初置翰林待詔，掌四方表疏批答，應和文章。旣而又選設翰林供奉，與集賢院學士分掌制詔書敕。開元二十六年，又改翰林供奉爲學士，別置學士院，仍冒翰林之名，專掌內命，後稱內相。憲宗時又置學士承旨，獨承密命，選用益重。宋沿唐制，仍以翰林學士掌制誥詔令撰述之事，無定員。承旨不常置，以學士久次者爲之。凡他官入院未除學士，謂之「直院學士」；俱闕他官暫行院中文書，謂之「權直」。學士侍從有學術者爲「侍講」「侍讀」；其秩卑資淺而可備講說者，則爲「說書」（宋史職官志）。元豐以後，廢翰林侍讀侍講學士，講讀官稱翰苑經筵，亦清要顯美之職。遼南面朝官置有翰林院，金置翰林學士院，皆掌制撰詞命。元制，翰林兼國史院，秩正二品。至元二十年併集賢院爲翰林國史集賢院，二十二年又復分立。元翰林國史院設有承旨、學士、侍讀學士、侍講學士、直學士、暨屬官待制、修撰、應奉翰林文字、編修官、檢閱、典籍、經歷、都事等官職。別立蒙古翰林院，秩從二品，設官品秩，並同國史院，掌譯寫一切文字及頒降璽書，並用蒙古新字，仍各以其國字副之（元史百官志）。明翰林院置學士、侍讀學士、侍講學士、侍讀、侍講、五經博士、典籍、侍書、侍詔、孔目、史官修撰、編修、檢討、庶吉士等員。學士仍掌制誥史册文翰之事，備天子顧問。其特色在庶吉士無定員，選進士文學優等及善書者爲之，讀書翰林院，以學士一人教習之（明史職官志）。故明之翰林院，不僅爲秘書顧問機關，亦且爲儲才養望之所，以是時人重之。清沿明制，翰林院仍具有秘書、顧問、及儲材之多元功能，設有各級職司：其掌院學士、侍讀學士、侍講學士、及侍讀、侍講等職，分由滿漢充任；其修撰、編修、檢討及庶吉士等職，俱無定員；其主事、典籍、孔目、待詔、及筆帖式等職，皆爲屬官。其中庶吉士一職，亦由新進士改授，時風所向，譽爲科舉最清貴之途。（芮和蒸）

諸侯

㈠封建時代列國之君。易「比」：「先王以建萬國，親諸侯。」書「禹貢」：「三百里諸侯。」論語「憲問」：「桓公九合諸侯。」孝經「諸侯章」：「蓋諸侯之孝也。」事物紀原、官爵封建部「諸侯」：「帝王世紀曰女媧末有諸侯，有共工氏，任智刑以強霸而不王，炎帝世，乃有諸侯風沙氏叛，炎帝修德，風沙之民自攻其君，則建侯分工，自炎帝始也。」

㈡漢代王子封侯者謂諸侯。稱謂錄，宗室古封爵名稱，「諸侯」：「馬氏通考，漢興設爵二等，曰王、曰侯，皇子而封爲王者，其實古諸侯也。故謂之諸侯王，王子封爲諸侯者，謂之諸侯。」（繆全吉）

諦得 (Diet)

見「國會」條。

諫院

宋初，掌諫諍之機關。諫院設「知院官六人，以司諫、正言充職。」（宋史職官志）若以他官兼領者，謂之知諫院。仁宗時，恒以戶部侍郎，起居舍人，判大理寺等官知諫院事。其治所置於原門下省內，門下省則遷於右掖門之西（燕翼詒謀錄）。權限很重，除諫諍權外，尚有對文書違限稽考之權，（宋會要刑法）與御史俱有天子耳目之任。元豐官制施行，廢諫院名稱，員職均隸於門下省。（楊樹藩）

諫議大夫

秦代初置此官，掌議論，無常員，多至數十人，隸屬於郎中令。漢亦設此官，但稱諫大夫，東漢又稱諫議大夫，亦無常員，掌顧問應對，及隨皇帝詔令所使，兩漢此官皆隸屬於光祿勳卿。後魏、北齊皆有此官。隋設諫議大夫七人，屬門下省。唐代諫議大夫分爲左右，各四人，正四品官。左諫議大夫屬於門下省，右諫議大夫屬於中書省，皆「掌諫諭得失，侍從贊相。」（唐書百官志）宋亦仿唐制，設左右諫議大夫，左屬門下，右屬中書，皆「掌規諫諷諭。」（宋史職官志）元代無此官之設，明代洪武十五年，曾一度置諫議大夫，後廢罷。（楊樹藩）

頭目 (Boss)

頭目是美國政治上所特有的人物。美國二大黨掌握各地方黨領導權力的首腦人物在社會上有稱之爲「領袖(leader)」者，有稱之爲「頭目（或譯黨幹部）」者。這兩種人有兩種區別：一、前者以公開、正當手段取得領導權，後者則以秘密，不正當手段取得領導權；二、前者有光明的政治目標，有其政治主張，後者則完全以私人利益爲目的，談不上政見。頭目的勢力通常限於一城市，有及於一州者，但從無全國性頭目。在過去，頭目的勢力非常大，常常稱霸一地，並可能與非法組織結合。他們只求實際控制一地黨權，並不一定在政府或黨組織中有什麼地位。頭目之能稱霸一地，係靠他所掌握的一羣死黨（通稱黨機器 Party machine）用種種方法控制一地選票，故總統競選時爲爭取選票亦不能不遷就他們。近三四十年來由於民知日進，大衆傳播工具發達，社會安全法之施行等原因，頭目及其死黨不再能以過去方法控制一地選票，故頭目勢力亦大爲減退。但在某些城市及鄉區仍顯然有此種人物存在。（華力進）

輸入 (Input)

爲政治學「體系理論」與「通訊理論」中的重要觀念。（見「體系理論」與「通訊理論」條）。（魏　鏞）

選民 (Voter)

選民係指擁有選舉權的公民而言。在民主潮流的激盪之下，人民政治權利有了很大的進展，但民主國並未給予一切人民以選舉權。易言之，國家只是有條件的把選舉權交給具有公民資格的人，這些人稱爲選民。

各國憲法或選舉法對選民資格的規定，多以下列三種條件爲衡量的標準：

(一)國籍條件：外國人無選舉權，乃各國之通則。

(二)年齡條件：各國類多規定國民達特定年齡始可成爲選民，至於多少歲始可行使投票權，各國制度不一。根據大英百科全書的統計：最高的二十五歲，如西班牙、日本、丹麥、荷蘭；其次爲二十四歲（芬蘭），二十三歲（挪威）；規定二十一歲者居多，如意大利、法國、英國、比利時、波蘭、美國（按美國各州極大多數的規定爲二十一歲（四十六州），但喬治州和肯塔啟州以十八歲，阿拉斯加州以十九歲，夏威夷州以二十歲爲履行投票權的最低年齡）；德國、捷克、加拿大之規定爲二十歲；最低的規定爲十八歲，如蘇聯、土耳其、阿根廷，和墨西哥（僅限於已婚者，未婚者至二十一歲始有選舉權）。

(三)居住條件：選民須在選舉區內居住一定時期，始有投票權，各國皆然。居住條件的內容，各國互異。英國爲三個月（軍人爲一個月），法國及比利時爲六個月，美國各州的規定參差，規定須居住一年者三十六州，六個月者十一州，二年者三州。

選民除須具備上述的積極條件外，在消極方面，不得有下列情事：

(一)因精神喪失而被法院宣告禁治產者。

(二)因犯罪而被法院依法褫奪公權者。

由於受積極或消極條件的限制，國民而不具選民資格者，爲數可觀。以美國爲例，一九六〇年，在全國一〇四、〇〇〇、〇〇〇成年人之中，因不合居住條件或其他要求者達一九、五九〇、〇〇〇人，換言之，僅有八四、四一〇、〇〇〇人有投票資格。

近世以來，各國人民拚命爭取選舉權，然而一旦成爲選民之後，有許多人却又輕易的予以委棄，現今各國均有選民放棄選舉權的事實，例如意大利選民棄權者約百分之十；西德約百分之十五；英國、以色列、及斯堪的拿維亞各國 (Scandinavian Countries) 約百分之二十；法國、加拿大約百分之二十五；而美國達百分之四十左右。（謝延庚）

選民登記 (Registration of Voters)

選民登記的目的，在於使合格選民完成合法手續，以便於行使選舉權。易言之，若不辦理選民登記，選舉之時，不免發生種種混亂現象，則既不能保障人民的參政權利，又不能達成選舉的宗旨。

選民登記的形態，各國未盡一致。

美國採取「本人登記」(personal registration) 與「非本人登記」(non-personal registration)兩種方式。嚴格的說，並無一種單一的登記方式通行全美各州者。

本人登記式，城區多採行之。每一選區單位(the election precinct) 均有選民登記部門的設置，在選舉前的公告時間內，每週有四至六天辦公，接受選民親自登記，將合乎法定資格的選民，列入名冊。此法常使選民感到煩厭，因而放棄選權者，不乏其人。但美國各州除阿肯薩斯(Arkansas)以外皆採行之。

非本人登記式，即選民名單的編列，由登記的機關爲之，毋須本人辦理。其方式係由選區工作人員（多半是 party commiteemen) 作逐戶訪查，將合格選民編入名冊。此法僅行於極少數的偏遠鄉區。

英國的選民登記，係由地方的登記官 (registration officer) 主其事。先以逐戶訪查所編成的原始名冊作基礎，然後時加修正，但登記官員於每年的六月三十日以前，完成確實可據的新編選民名冊。其中可分爲三類選民：其一是一般住戶選民(the civilian residence register)—居有定所而可於當地行使投票權者；其二爲軍職選民(the service register)—遠戍海外的軍人，依法按缺席投票的規定，將名單郵寄登記官員；其三爲納稅選民 (the rate-payers' register)—此類選民之登記，祇以納稅條件 (tax-paying qualification) 的理由，取得在地方選舉 (local government election) 中的投票資格。

歐洲大陸國家的選民登記手續，甚爲簡便。其選民登記的準備工作係以持續的人口調查爲基礎。法國的選民登記，亦如英國，名冊的編列，不以選民本人登記爲條件。（謝延庚）

選民調查

選民亦稱選舉人，選民調查乃指政府或政黨對於特定區域具備選民資格人數之總清查。由於執行調查機關之不同，其目的亦異。政府機關調查選民之目的乃在有利選務之辦理。政黨對於選民人數、政治背景、及其投票意向之調查，其目的乃在知彼己，利運用，以贏得選舉上之勝利。政府對於選民之調查當以古希臘爲先河，蓋雅典直接民主政治之實施，乃以此種調查爲基礎。至於政黨對於選民之調查，當以英國選民登記社爲肇端。而妙於用者則爲北明翰計劃(Birmingham Plan) 創始人 J. Chamberlain 。今日美國各州對於選民之調查則由選民向選務機關辦理登記，蓋各種公職之選舉及政黨辦理公職候選人之提名，均以此種調查登記爲依據。我國辦理選民調查係由政府選務機關根據戶籍資料依法爲之。（談子民）

選任委員會

見「委員會」條。

選區 (Constituency)

民主國家在選舉議員時多分區舉行投票，每區產生一議員者稱小選區制（或稱單選區制），每區產生二議員以上者稱大選區制。英下院議員及美衆院議員均採小選區，我國立法委員及省市縣議員採大選區。選區之劃分與行政區可以一致亦可以不一致，在理論上，小選區制應求各區公民數相等，大選區制各區當選議員名額不同時，則各區選民與議席比例應求相等。由於事實的困難或人爲因素，各國選區劃分結果各區選民人數與議席之比數可能大有出入。如美國城市選區選民常多於鄉村選區選民。由於人口不斷流動，選區人口無法固定，故各國通常均需每隔一定時期重新調整選區，以免各區選民人數與議席比額相差過大。如英國每十年調整選區一次。（華力進）

選擇投票 (Preferential Ballot, Alternative Vote)

此一投票法因係美國學者魏爾 (W.R. Ware) 所創，故稱 Ware System。在英國及加拿大又稱之爲 alternative vote 。這種投票的方法，就是由每區投票人將其所要推選的候選人，按照自己喜歡的程度爲順序，連記數名。開票時先計算第一位票數，如得過半數，當然無問題。否則先處分得票最少者的票，加入各該票上所指定的第二順序候選人得票之中，以得過半數票者爲當選。倘若無人獲得過半數，則再將得票次少者的票，加入各該票上第二順序候選人的得票之中，以得過半數票者爲當選。如此進行下去，設若只餘二人，而仍然無人獲得過半數時，則以得票較多者爲當選。

此投票法之主要用意，在透過歸併的計票方法，以達到一次選出當選人之目的，但由於計票時未重視第一順序候選人的特殊地位（按投票人所注意的，乃是他們所指定的第一順序候選人，第二順序以下往往掉以輕心），反而湊合得票最少或次少者的選票，併入第二順序候選人的得票之中，來決定誰人當選，顯然不合民意的要求。（謝延庚）

選舉 (Election)

選舉是指一個組織依其規定由全部或部分成員抉擇一個或少數人充任該組織某種權威職位之一種程序。一個組織的權威職位人員產生辦法有多種，如世襲、任命、抽籤，依某種資格遞補，依某種競爭方法決定等等，選舉是其中一種。人類社會組織（包括國家）過去少用選舉辦法，自民主政治制度發展後，其他辦法雖均仍保留，但選舉則已成普遍辦法。各國社會團體之選舉制度大致與政治組織選舉制度相適應。卽政治上有眞正民選制度者，社會團體亦有眞正選舉制度；一般社會團體不運用選舉制度時，政治上的選舉制度亦不可能健全，政治上民主選舉制度實以社會團體民主選舉制度爲基礎。本文後文只說明有關政治組織之選舉問題。

西曆紀元前五至六世紀時，東地中海的希臘城邦首先採用某些官員的選舉制度，羅馬時期亦維持此制。中世紀後政治上的民選官員制度被廢棄，但在教會中維持選舉制度，主要是選舉教皇、主教等高級教會領袖，在政治上只保持由少數人選舉神聖羅馬皇帝制度。現代選舉制度是隨民主制度發展的。這制度可溯源於十三世紀時英國國會代表產生辦法，以後逐漸制度化，至光榮革命後一七一六年之七年法 (Septennial Act) 更確立議員民選制度，再經十九、二十世紀之不斷改進，才成現代選舉制度。美國方面在一六二〇年建立普林茅斯殖民地(Plymouth Colony)時卽有教會與官員選舉，美國聯邦成立後在憲法上明白規定衆院議員由人民直接選舉，參議院議員與總統則間接選舉。但現代選舉制度亦經長期演變至第一次大戰後才次第完成（婦女至一九二〇年才有選舉權）。目前選舉制度已因民主政治的發展而普及世界，世界各國除不丹等少數例外，包括共產極權國家在內均在憲法上規定選舉議員或官員辦法，但實際情形差別甚大，共產國家之選舉並無眞正由人民意願抉擇議員之意義，其他非共產國家實際情形亦有種種差異。我國在民國成立前從無眞正的現代民選議員或官員制度，辛亥革命後孫中山先生由各省都督代表聯合選舉爲臨時大總統，實爲我國第一個由選舉產生之官員，以後雖成立國會，起草憲法，但因軍閥作亂，日本侵略等原因，現代民主選舉制度直到抗戰勝利於民國三十六年制定現行憲法後才正式確立，復因共黨叛亂，眞正民選制度只能實施於臺灣省與臺北市二地區。

選舉制度雖有悠久歷史並爲目前各國普遍採用，但選舉制度本身則有多方面的差異。就政治組織上那些人員應經由選舉產生言，我國在中央有總統，立法委員，監察委員由選舉產生，在地方上各級行政首長及議會應經選舉，在美國則中央有總統，兩院議員，在地方則各州市大有差異，有些州市行政首長外之許多單位主管以及法官亦由選舉產生；在英國則中央只下院議員一種，地方亦只選議員，各國普遍一致者爲議員應經由選舉產生。就國民之選舉資格言，過去往往有財產、宗教、種族、性別等種種限制，目前則各國均行普通選舉，即將財產、性別、宗教、種族等限制予以取銷，國民只需達到一定年齡（最低爲十八歲，有二十，二十一或更高者）而無精神病或犯某種罪者均有選舉權。但先進民主國家瑞士則迄今婦女仍無選舉權。就選舉方式言，雖然舉手、口頭選舉仍在某種場合中適用，各國對議員，官方選舉已普遍採投票方式，而且普遍採用秘密投票。選舉有直接間接之分，現各國地方議會及中央議會下院均採直接選舉，中央上院議員及總統則有採間接選舉者，如我國、美國、法國一九六五年之總統及我國監察委員與美國過去之參議院議員均採間接選舉制。選舉區之劃分有大選區、小選區之別，英、美、法下院議員現均採小選區制，我國各級議員選舉均採大選區制。關於議員之當選決定方式，有多數代表制與比例代表制之分，英、美採小選區亦必採多數代表制，現西德下院有半數議員用比例代表制，半數用多數代表制。法國過去曾採比例代表制，第五共和已予廢棄。

選舉的普遍政治作用是使當選者處於某種權威地位之合法化(legitimation)，但各國因政治情形之不同可使選舉產生其他作用，如英國選舉有決定那一黨當政，及決定政策大綱的作用，美國選舉可決定何黨當政（指主持聯邦政府）。（華力進）

選舉費用 (Election Expenses)

乃指爲一種公職選舉之支出而言，有政黨與候選人兩種支出之分，惟均包括候選人提名及普選時之費用，尤以後者爲主。因歷屆選舉選民人數迭有增加、物價指數上升、競選花樣繁多、組織林立、與競爭激烈，以致選舉費用大增。決定選舉勝敗之因素固多，惟金錢一項尤屬切要。晚近數十年來各國政要及學者多倡議公費選舉（見公費選舉條）。各民主國家對選舉費用之籌措方法不一，英國保守黨及工黨均規定全部選舉費用由選區組織負責籌集。美國兩黨則多採捐助、義賣、或餐敍等方式。該國會先後訂有聯邦限制舞弊行爲法與赫奇法等，對於個人或機關團體爲各種公職選舉經費之捐助、或支出費用之最高金額、及在法定期限內應將收支情形以書面報告有關機關等，均有明文規定。（談子民）

選舉無效

因主辦選務機關違法，選舉人名册因舞弊涉及該册選舉人達十分之一以上，以致影響當選與落選之結果，經提起告訴，被法院判決其選舉不發生效力之謂。惟選舉無效之訴係對事的，其訴訟乃以構成選舉無效之事實所發生之特定地區爲範圍，故不影響其他地區之選舉。（談子民）

選舉訴訟

乃選舉人或候選人確認辦理選務人員或其他選舉人及候選人有威脅利誘，或其他舞弊情事時；或確認當選人資格不符，或所得票數不實，及候選人確認其本人所得票數被計算錯誤時，於法定期限內向法定機關提出訴訟之謂。分爲選舉無效之訴與當選無效之訴（見「選舉無效」與「當選無效」兩條）。其目的乃在對違法之糾正與補救。受理機關各國法例頗有不同：美、法二國均由立法機關審查；英國由法院審理；德國由特設「選舉審定法院」審理；我國由高等法院或其分院審判，應先於他種訴訟，並爲一審終結。（談子民）

選舉舞弊 (Corrupt Practice)

乃指選舉時，選舉人、候選人、助選人、及辦理選務人員所爲各種弊端，以妨害選舉合法與正當之進行而言。諸如賄買、宴客、威脅、利誘、及假冒等行爲。凡經法院判決有上項行爲之一時，除判處罰金或徒刑，或罰金與徒刑同科外，並剝奪公權，及宣判其選舉無效。選舉舞弊與選舉違法有別，蓋前者乃明知違法而故犯，後者則有犯行而不必均有犯意。為期防制各種選舉之舞弊，各國於選舉法或刑法中特訂有取締或制裁之規定。英國遠在一八八三年即制頒「取締選舉舞弊行為法」；又該國現行法律規定：「凡在國會及地方選舉中舞弊經判決確定者，不得為國會平民院之議員」，及「無被選之資格而以詐欺方式進入國會充任議員者，處以每日五百鎊之罰金」。美國自一八九〇年起，各州陸續制訂禁止選舉舞弊行為之法律。聯邦國會於一九〇七年通過「聯邦限制舞弊行為法」，及一九三九至四〇年制定「赫奇法」(Hatch Act)。我國國民大會代表選舉罷免法第三十四條第二款及立法院立法委員選舉罷免法第三十三條第二款均有同一之規定：「選舉人名冊因舞弊涉及該冊選舉人達十分之一以上，經判決確定者，其當選無效」。又立院立法委員選舉罷免法第三十五條規定：「候選人資格不符，或當選票數不實，經判決確定者，其當選無效」。（談子民）

錫蘭政黨

錫蘭為多黨制之民主國，根據一九六五年之大選，各黨席次分配如下：

聯合國民黨 (United National Party)	七〇席
自由黨 (Sri Lanka, "Freedom" Party)	三九席
聯邦黨 (Federal Party)	一四席
托派共黨 (Trotskyite)	一〇席
自由社會黨 (Freedom Socialist)	四席
共產黨 (Communist Party)	四席
壇米爾國會黨 (All Ceylon Tamil Congress)	三席
其他黨派 (Other Parties)	二席
獨立分子 (Independents)	五席
任命議員 (Appointed Members)	六席
總　計	一五七席

聯合國民黨領袖以該黨佔有下院多數議席而組閣，但因並未超過半數席次而須聯合自由黨共同執政。聯合國民黨主張英式之議會制度，保護自由企業。共產黨之主張與此相反，為下院中之反對派。（郎裕憲）

隨機抽查 (Random Sampling)

民意測驗如要調查全體的人的意見則困難甚多，通常是在全體民眾中抽出具有代表性的一部分人作為調查的對象，期獲得與調查全體民眾同樣的效果。這種方式叫做「抽查」(sampling)，被調查的對象必須能反應全體民眾，代表各種宗教信仰、地區年齡、性別、收入、黨籍、職業的人，他們的意見才能有眞正的代表性，否則調查的結論不會準確，易言之，被調查的對象不能局限於某些特殊的範圍，必須讓全體民眾中每一個人都有被選作「樣本」的同等機遇，這叫做隨機抽查的原則。（張旭成）

檢查制 (Censorship)

censorship 是指 censor 的職位或權力，而 Censor 則最初是古羅馬時代的監察官，負責調查戶口財產，並且監察民風，為了監察民風，便實施某些檢查，所以 censor 一字後來便指檢查人員，censorship 便用以表示檢查制。

檢查制起自遠古，中國秦始皇的焚書政策，是最明顯的實例。公元前五世時，斯巴達(Sparta)政府認為某詩篇、音樂和舞蹈會使人柔弱淫邪，加以禁止。羅馬奧古斯塔士大帝(Emperor Augustus)認為詩人奧維德(Ovid)的主張具危險性，放逐他到黑海地區。公元九十五年，羅馬的聖克利曼(St. Clement)相信基督徒祇需閱讀聖經，不應看其他任何讀物，竟於使徒憲章(Apostolic Constitution)中主張禁止閱讀監泰爾 (Gentiles) 的一切書籍。以後各國政府和人民團體，或先或後，或寬或嚴都曾實施檢查制。

究竟應否實施檢查制？說者不一。例如柏拉圖(Plato)、聖奧古斯丁(St. Augustine)、馬基亞威里(Machiavelli)等，說有辨明罪惡的資格者，應有防止罪惡蔓延的權力；而亞里士多德 (Aristotle)、杜威(John Dewey)等人，則說人人必須有自由，有權作自己的選擇的人才可以有自由。然而不管反對檢查制者如何振振有詞，檢查制自開始實施以來，總是藕斷絲連。實施檢查制者或強調某種觀念謬誤或危險，必須制止，或辯稱無辨別是非的能力者閱讀有害的讀物後會誤入歧途，或偏重於維持社會的良好風氣，說一切反社會的觀念，例如春宮圖表示的觀念，都應禁絕。

檢查制可由政府機關實施，也可由人民團體推行。人民團體中的教會、公司等，都可以自定制度、設置專人、預列經費，以對其成員作某種檢查，達到教會或公司的要求。它們自己力量不足、感覺事倍功半時，便常常要求政府採取某種行動，所以現代實施檢查制者以政府爲主。

檢查制的目的，在於限制人民的思想和意見自由。所謂思想和意見自由，一般說來，包括言論、講學、著作、出版等自由。言論自由是公開表示心意或不表示心意、批評他人或政府的權利，如不故意譭謗、煽亂、妨害公序良俗、危及國家安全，便不受干涉或制裁；講學自由是學者傳授其心得或發明的自由，如不違犯人民代表所定的法律，則固然不應受阻擾，而且應受保護、鼓勵和資助；著作自由是著作人得以文字、圖畫、影片或其他工具表現其心得或發明；出版自由是著作人用機械印版或化學方法印製出售或散播其作品的權利；著作權和出版權行使的結果，如不危害國家安全、敗壞道德、傷人名譽信用或權益，便不應受到政府或人民團體的干涉，或法院的處罰。言論和講學，在沒有廣播和電視的時代，祇能影響當面的聽衆，不能直接影響遠處的人民，現在利用廣播和電視發表言論或講學，可以同時由許多遠近的人聽到，對他們發生某種影響，但是，若不於發表言論或講學時錄音攝映，則話一說完，即無踪影，不能留傳久遠；著作是出版的準備，出版是著作的結果，著作不出版，則不能大量發行，散佈四方，供人閱讀，發生影響，著作如果出版後大量發行，則不但可以直接影響遠方近處的許多讀者，而且能夠千秋萬載由人利用，所以出版自由是意見自由中最重要的一項，特別受人重視。因爲這緣故，檢查制所要限制的自由，多是針對着出版自由。

限制出版自由的方式，大致可分爲預防的(preventive)和追懲的(repressive)兩種。在採追懲制的國家裡，著作品於出版前，不受政府機關的干涉，無需取得許可，如其內容違犯法令規章，於出版後由著作者或出版者負法律上的責任，在這制度下，可以說著作者和出版者的自由，幾乎等於沒有受限制，也可以說這制度是出版自由的最寬的限制方式。在採預防制的國家裡，一切著作品在出版之前，固然必須送請主管官署審查，在出版之後，如果違反法規或造成對他人的損害，出版者仍須受法律制裁。預防制又分爲四種寬嚴不同的制度，即檢查制（censorship）、許可制（the charter system）、保證金制（the cautionement system)和報告制（the report system)；在檢查制下，出版和發行的機構須依法向主管官署登記並取得許可，其出版品在印版製造發行之前，亦必須由主管官員檢查核准，否則不得出版；在許可制下，出版品如新聞紙、雜誌等無需於出版前取得檢查官員的許可，但出版機構的設立、發行人的資格，甚至投稿人身份思想等，必須事先向主管官署登記並取得許可；在保證金制下，新聞社、報社、雜誌社等於開始營業前，須經主管官署許可，並繳交一定金額的保證金，營業後，如果發表了違法的消息或論著，其許可得被撤銷，其所繳的保證金亦被沒收；在報告制下，新聞紙雜誌於出版前，用不着送請主管官署檢查，於出版後才提出報告，供主管官署查考，提出後絕無受拒絕的情形。可見報告制是預防制中最寬的，檢查制是預防制中最嚴的。

最嚴的廣泛的檢查制，往往對下列各項實施：書信傳遞、電報收發、廣播發送和收聽、電視節目映播、影片製作和放映、戲劇上演、舞蹈表演、發音片和圖畫的製作、新聞紙書籍的出版等。主管官員檢視時，倘認爲違犯法規、妨害善良風俗或公共秩序、或可能引起不良後果，則禁止其傳遞、發收、映播、放映、上演、表演、製作或出版。現在的獨裁極權政府正在或明或暗地實施這種檢查制。

嚴厲的檢查制實施的結果，除侵害人民的自由外，還難免妨害出版及相關事務的發展，所以英國於一六九五年已廢止檢查制，二十世紀以來，許多國家先後步其後塵，平時不作檢查，祇於戰時恢復實施，並且設置新聞檢查機關，但美國於第二次世界大戰時，只檢查本國和外國間的通訊，以防止有利敵國的消息外洩，對於國內新聞和廣播，則一如平時，不加檢查。一般說來，英美兩國戰時的檢查較寬，戰後檢查制的停止也較迅速。

中華民國於四十七年修正出版法，規定「新聞紙或雜誌之發行，應由發行人於首次發行前塡具登記聲請書呈經該管直轄市政府或該管縣（市）政府轉呈省政府核與規定相符者准予發行，並轉請內政部發給登記證」（第九條）。這是採取預防制中的許可制，「發行書籍或其他出版品之出版業，應依第九條…之規定聲請登記」（第十六條）。這是追懲制。「出版品之爲學校或社會教育各類教科圖書、發音片者，應經教育部審定後方得印行」（第二十一條）。這是採用預防制中的檢查制。可見中華民國政府實施的出版品檢查制，僅以學校和社會教育的教科書發音片爲對象，不包括其他書刊，而學校在事實上僅指中小學，大專學校幾乎沒有教育部審定的教科書。至於電影的映演，則仍須經主管官署的檢查。（陳治世）

縱橫家

縱橫，亦作從衡，爲合縱連橫的簡稱。依字義，南北曰縱，東西曰橫。史記言合縱，初時並不專指拒秦（參看史記樂毅傳與吳起傳）。及至戰國後期，秦最爲强國，始成六國相約拒秦爲合縱，六國爭相事秦爲連衡（參看史記蘇秦傳與張儀傳）。其後，漢人將若干以巧辯、辭令、權謀、術數遊說諸侯，教其因順時勢，出奇制勝而著稱的人，特名之爲縱橫家。漢書藝文志批評他們說：「縱橫家者流，……權事制宜，受命而不辭，此其所長也。及邪人爲之，則上詐諼而棄其信。」

漢書藝文志所列縱橫家的著述，凡十二家百零七篇，此等著述現今全部散佚，僅鬫子自藝文類聚至太平御覽皆加以徵引。而蘇（秦）子、張（儀）子、蒯（通）子、鄒陽、主父偃等人，史記與漢書皆有傳，採載他們部分言論。自上述殘存資料看來，他們既無固定的理想與立場，亦無有系統的學說與思想，他們縱曾提出若干適應當時政治與外交的方策，亦不足以成一家之言，故近人著作我國政治思想史，均對他們不予論述。（賀凌虛）

總理

中國國民黨之有總理，始於同盟會時期，會章中「本部設總理一人，對外有代表本會之權，對內有執行事務之權，節制執行部各員，得提議於議會，並批駁議案」。國民黨時代改爲理事長制。至中華革命黨時代（民國三年九月），又恢復總理制。至中國國民黨第一次全國代表大會，黨的組織採委員制，即所謂民主集權制，但在第十九條中規定：「本黨以創行三民主義，五權憲法之孫先生爲總理」。第二十條：「黨員須服從總理之指導……」。二十一條：「總理爲全國代表大會之主席」。二十二條：「總理爲執行委員會之主席」。二十三條：「總理對於全國代表大會之決議，有交覆議之權」。第二十四條：「總理對於中央委員會之決議，有最後決定之權」。故此時黨的組織，名爲委員制，實際仍爲領袖制。

自孫先生於民國十四年三月十二日在北平行館逝世，中國國民黨第二次全國代表大會于十五年一月通過議案在總理一章（第四章）後面，加以附註：「……保存此章，以爲本黨永久之紀念」。（羅時實）

總統府

總統府爲總統依據憲法行使職權的機關。其內部的結構組織，以及各單位之職掌，雖然錯綜複雜，且亦時或調整，但若依其性質，分類歸納，約可粗列爲以下四類予以說明。

㈠決策機構　總統根據動員戡亂臨時條款第四項規定之授權，於民國五十六年設置「國家安全會議」，以決定動員戡亂有關大政方針，並處理戰地政務。安全會議以總統爲主席，由副總統、總統府秘書長、參軍長、戰略顧問委員會正副主任、行政院正副院長、國防、外交、財政、經濟部各部長、參謀總長、安全會議秘書長、以及總統指定之人員組成之。會議之一切決定，均須經總統核定後，以命令交由有關主管機關實施。安全會議設秘書長，承總統之命，爲處理會議事務；設建設計劃、總動員、戰地政務、科學發展指導等四委員會、及安全局，以各依其性質，負責策劃協調督導考核及執行有關之業務；此外，並設顧問委員會，以備諮詢。由於安全會議是根據臨時條款所設置，所以在法理上並不是永久性的制式機構。從其任務來看，乃決定有關動員戡亂大政之中樞，所以在實際上乃國家現階段之最高決策機構。至於安全會議之隸屬，法規雖無明文，但就其爲總統行使職權之機構言，似以推定其屬於總統府爲宜。

㈡顧問性機構　此類機構有三：首先是「資政」，員無定額，由總統就勛高望重者遴聘之，其對於國家大計，得向總統提供意見，並備諮詢。其次是「國策顧問委員會」，由總統特聘三十一至四十七人組成之。其膺聘者，咸爲翊贊中樞著有勛勞，或於建國事業有卓越貢獻，或屬信望素孚，富有政治經驗或學術成就之士，期其於建國有關事項，隨時向總統獻替可否。復次爲「戰略顧問委員會」，由總統就軍事上有立功、立言之勛勞者，特聘十九至二十九人組成之。以爲總統處理有關戰略及國防事項之顧問。

㈢幕僚及業務機構　總統府以秘書長爲幕僚長，承總統之命，綜理府中一切事務，並指揮監督府內所屬職員。而參軍長，則爲襄贊總統處理有關軍務之專設軍務幕僚長。至於幕僚機構下之業務分工單位，除秘書、參事、參軍、機要、侍衞、及統計室、人事處、及會計處、以及警衞總隊外，依組織法另設六局，分別掌管有關事務。唯政府遷臺後，業務單位緊縮編制，將原設之六局減併爲三。第一局掌文書與政務，第二局掌軍務，第三局掌典禮、印鑄與總務。原屬特設之稽勳委員會，亦暫予裁撤，其業務併入第一局。所有這些業務單位，皆隸屬秘書長節制，唯參軍長於參軍、第二局之軍務、第三局之典禮，以及侍衞室與警衞總隊，亦享有指揮之權。

四直屬機構　在總統府的組織體系中，除了上述三類機構之外，還有一種特定的直屬機構，計有中央研究院、國史館、中央銀行、國防研究院、及光復大陸設計委員會。這些機構的任務，顧名可以思義，於此無庸詞費。它們之所以隸屬於總統府，前四者是因襲行憲前原隸屬國民政府之舊制．後二者是政府遷臺後所新設，因任務特殊，而以置之總統府爲宜。（荆知仁）

總統制 (Presidential System)

總統制　(presidential system) 又常被稱爲總統制政府(presidential government)。這一制度創始於美國，常與內閣制相對稱，是以言總統制者，莫不以美國爲例說。美國是施行三權分立制，將行政權獨立而由總統行使。但總統不但爲行政首長，也是國家元首，是以美國的國家元首非屬虛位元首，乃爲實權元首。就針對內閣制的意義說，美國的總統制顯然具有五個特徵：第一、構成國會的議員與負行政責任的總統均由選民選舉，非如內閣制下的行政首長（卽內閣閣揆）由國會的多數黨產生。在英國的內閣制下，閣揆大都是多數黨的領袖，是以在政權的關係上，內閣與國會是勢成一體；成爲一元的政權體制：爲閣揆者在政府爲行政首長，在國會爲衆院領袖，在政黨爲多數黨領袖，三位一體，政權一元。美制則反是，議員與總統均由選民產生，立法與行政各自獨立，政黨關係，有時總統所屬的黨，與國會兩院的黨，可能勢成對立，故政府可能非屬國會多數的政府。行政與立法兩方的政黨關係不同，自然可能造成政治上的僵局。第二、在英國內閣制之下，政府應對衆院負政治責任，且屬連帶關係，而美國總統制之下，國會與總統均直接對選民負責，總統不對國會負責。然而所謂總統對選民負責者，只是政治道德上的觀念，在法制上無由貫澈；蓋選民旣不能罷免總統，亦不得彈劾總統，故所謂對選民負責，只有在選舉時受到選民的裁決而已。第三、國會與總統各有一定的任期，不能互相剋制。所以國會除對總統依法行使彈劾權外，不能以不信任投票迫使總統辭職；反之，總統亦不能解散國會，將其政策訴之選民裁決。按彈劾是屬法律行爲，只有於總統違法時始能彈劾而繩之以法，對於總統的各種政策是否福國利民，政治措施是否適合時宜，國會固不能以此來課責總統。第四、總統統率下的閣員—卽各行政部門的首長—是由總統於其黨內幹員中選拔，提經參議院同意後任命之。閣員是總統的屬吏，而非同僚。各閣員之間，也沒有閣揆的人物，國務卿並非閣揆，他也不過是外交部門的首長而已。總統對於這些屬吏，得隨時予以免職。且任一閣員之被免職，並不意味着政府意見的分裂，不過是總統一己的人事安排而已。各閣員是分別直接對總統負責，沒有內閣制所謂的連帶責任。總統固然也召集各閣員來舉行會議，但這一會議只是供總統諮詢意見和各閣員溝通思想的機構，並非是如同內閣制國家中決定政策的內閣會議。在總統制下，政府政策是由總統決定，閣員至多只能提供意見而已。總統所有的公務文書，都無需閣員副署，蓋以政策已由總統決定，責任由總統負擔，自不必施行副署制度。所有閣員均不能出席國會，國會議員也不能兼任閣員。總統和閣員都不能向國會提出法案，總統向國會致送的國情咨文，乃爲國是意見的提示，並非爲一種法案，所以在總統制下，立法與行政是截然劃分爲兩個對立的機體。第五、國會司立法，總統司行政，各司其事，殊少關聯。但國會制定的法律，應由總統公布，然後施行。總統在公布前如認爲有不智之處，則可退還國會，要求覆議。覆議時如經出席議員三分之二贊同維持原案，則總統應公布施行。這一要求覆議權，世亦稱之爲否決權，這是總統制中極重要的一個法制，爲總統對抗國會的一個重要武器。在內閣制國家中的元首固然也不無否決權的規制，但實際則極少予以運用，幾乎可以說是名存實亡了。

美國總統的職權，憲法固已有明文的規定，但其職權的實際運用，則有從寬解說者，如西奧圖羅斯福總統 (Theodor Roosevelt) 認總統爲「人民的總管」(steward of the people)，故「凡國民所需的任何事宜而未爲憲法或法律所禁止的」，總統皆應爲之（參考 The Autobiography of Roosevelt, pp. 371, 479, and 524）。但亦有持從嚴解說者，如塔虎脫 (Taft) 總統認定「總統只有憲法明文所可公平合理尋溯的權力，與行使憲法明文規定的權力所應當含有和必然含有的那種權力……，此外並無他可以行使的在他認爲是爲了社會公益的無限的殘餘權」（參考 Taft, Our Chief Magistrate and His Powers, pp. 139-140)。蒲萊斯 (James Bryce) 亦曾經說過美國總統是一般公認爲全世界權力最大的政治位置，因爲他雖然是由人民選出的，但人民從不罷免他，所以他在實際上不對人民負責，又不對人民選出的立法代表負責，故有人認爲實具有帝王意味的特徵。以前國務卿史華德 (Seward) 曾對歐洲某外交家說：「貴國與敝國的不同之處，卽在於貴國則選擇一終身在位的君主，敝國則每四年選舉一位總統，予以在某種範圍內的絕對專制權力，不過其權力範圍的界線他也未始不可自行解釋」。海斯總統（Hayes）謂：「總統實際上將全國執於他掌握之中」。福德教授（Prof. Ford）稱：「自美國總統的位置看來，美國民治政體恢復了盎格魯・撒克遜民族的最古的政治制度，選舉的君主政體」。塔虎脫說常有人介紹他與聽衆時，提及他所行使的權力大於歐洲任何國家的君主。威爾遜總統（Woodrow Wilson）認爲如果美國總統的位置落於意志堅強，不避責任，且有領袖天才的人之手，則其權力幾乎並無限制。威氏自己認定總統有三種身分：第一、爲政府的最高行政長官；第二、爲政黨的黨魁；第三、在立法方面爲全國的領導。蓋總統以黨魁資格，在制訂本黨黨綱時，即能予以極大的影響作用；因爲在代表國家的人物中，祇有他一個人是全國國民所選舉，故也祇有他一個人乃可認爲國民的喉舌，因此他就有居於領導地位，利用種種權勢關係，並可直接訴諸輿論，將全國表示贊成的議案使之成爲法律（參加林昌恒譯迦納著政治科學與政府第一〇八八至一〇九〇頁）。現今政治學者大都已肯定，美國總統具有國家元首、政府首長、三軍統帥、外交代表、政黨黨魁、立法領導六種身分，由此六種身分發揮出來之多方面的權力，眞是巍巍乎不可得而名焉。

美國的總統制曾爲法國一八四八年十一月四日第二共和憲法所採用，但施行四年即爲法國第二帝制所推翻了。現代拉丁美洲大多數國家都摹仿美國的總統制，但已發生相當的質變。例如阿根廷（Argentine）憲法規定總統的法令須由內閣閣員副署，閣員分別負擔他所簽署之法令的責任，連帶負擔他同其他閣員所議定的一切法令的責任。但所謂負責者係對總統負責，抑對國會負責任，則未經明文規定。此外規定閣員可以出席國會，可以參加討論，惟無表決權。閣員亦常有在國會受質詢之事。且總統與閣員亦常有因與衆議院不和而辭職者。巴西的總統制與美制極類似，但其憲法關於總統、閣員和國會三者的關係規定得更爲明確。且憲法規定總統的法令，必須由閣員副署，是則與美制不同，惟其所謂副署者，亦非謂副署之後，閣員應對國會負責（參考林昌恒譯迦納著政治科學與比較政府第六〇一頁）。（羅志淵）

總統選舉團（Presidential Electoral College）

這一制度產生於美國。美國憲法在制定之初，惟恐民衆易受奸雄的煽惑，不能站在公正的立場，作賢明的判斷，所以改由人民選出的總統選舉團選舉。其法爲每屆大選之年，各邦均於十一月第一個星期一之後的星期二選舉總統選舉人（presidential electors），其名額與各邦應選出國會兩院議員人數相等。但自第二十三條憲法修正案批准後，華盛頓哥倫比亞地方得推選總統選舉人三名，故一九六八年的總統選舉人總計爲五三八名。最初總統選舉人由各邦議會選舉，但隨着民主政治的發展，各邦逐漸改由人民直接選舉。各邦總統選舉人於選舉後均於十二月第二星期三之後的第一個星期一，集合於各該邦首府投票選舉總統副總統，然後將選舉結果送呈參議院議長。一月六日於參議院議長主持之下，召集國會兩院議員在下院開票，計算誰人當選。在總統候選人中，凡得票最多，而其所得票又占總統選舉人總數過半數者，就當選爲總統。如無人得到過半數，則由衆議院就得票最多者之人舉行決選。此時各邦爲一單位投票，凡能得到各邦全體過半數者就當選爲總統。在副總統候選人中，亦以得票過半數者爲當選，如無人得到過半數，則由參議院於副總統候選人中，擇其得票最多者二人舉行決選。凡能得到議員總數過半數投票者即當選。（袁頌西）

總裁

抗戰開始之翌年，中國國民黨在漢口舉行臨時全國代表大會決定恢復領袖制，設總裁代行黨章所規定總理之職權，並推選當時領導抗戰軍事委員會委員長蔣中正先生爲總裁。黨章中原第五章，現第四章總理照舊，另設第六章，現第五章總裁，其條文如下：「本黨設總裁，由全國代表大會選舉之，行使第五章所規定總理之職權」。（羅時實）

總管

北周明帝武成元年改都督諸州軍事爲總管（周書明帝紀），總管之意乃是總管若干州軍事，北周總管對屬州除具有軍事指揮權外，對屬州行政有監督之責，對屬州刺史有黜陟之權，於是總管儼然爲屬州刺史之上級長官。總管有總管府，府中僚佐有長史、司馬、司錄、記室、中郎、列曹參軍、主簿等。隋文帝「以幷、益、荆、揚四州置大總管，其餘總管府置於諸州，列爲上、中、下三等，加使持節。」（文獻通考職官考）唐高祖武德初邊要之地置總管以統軍，加號使持節，武德七年改總管爲都督，惟朔方猶稱大總管。至太宗時，行軍征討曰大總管，在其本道曰大都督。高宗之後，總管職名已少見。宋代置總管鈐轄司，掌總治軍旅屯戍營房守禦之政令。凡將兵隸屬官訓練教閱賞罰之事皆掌之。」知州爲都總管，另以武臣爲副總管，遇朝廷起兵，則副總管爲帥。（見宋史職官志）遼南面官，五京皆有都總管府，又有諸軍兵馬都總管府。金朝置諸總管府，或由府尹兼領，都總管一員，正三品，掌諸城隍兵馬甲仗，總判府事，同知總管一員，從四品，掌通判府事。（見金史職官志）元代置諸路總管府，元世祖至元初置，至元二十年定十萬戶之上者爲上路，十萬戶之下者爲下路，當衝要者雖不及十萬戶亦爲上路。有達魯花赤一員，總管一員，上路均爲正三品，下路均爲從三品，兼管勸農事，江北則兼管軍事。其司吏無定制。元代又常爲王室事務而設總管府，如管領隨路諸色民匠打捕鷹房等戶總管府（掌太祖斡耳朶四季行營一切事務），並不治兵馬，（見元史百官志）明改諸路爲府，無總管之制。清內務府置總管，掌理王室事務，已非地方官之職，清新疆職官中有駐某某兵總管之銜，爲領兵武官。（見清朝文獻通考職官考）（王壽南）

總督 (Governors-General)

官名。總督二字始見漢書「昭宣承業，都護是立，總督城郭，三十有六」。其爲官制，肇始於明。明嘉靖二十九年始設總督大臣一員，控制薊、遼、保定等處地方。先是薊遼有警，兼遣重臣巡視，或稱提督。正統而後，或憂生腹裏，或釁起邊陲，而所遣撫臣，多不能振聯屬之策，興討罪之師，故更設總督以聯屬而節制之，俾一省難作，則總督調近省之食與兵合而制之。難已，則散而歸之。故總督之始設，要在用統軍務，有事則設，事罷則廢。總督初非一定之官稱。計明代嘗置薊遼、宣大、陝西三邊、兩廣、閩浙兩江、鳳陽、保定、河南浙廣、九江、川陝河南浙廣、山陝河南川湘等總督。且皆係出之京官奉差之性質。清因之，其初亦不常設，値其時其地用兵者設之，後軍事既平，遂不復罷，俾與巡撫互相稽察。順治十八年八月（時聖祖已即位）諭令直隸各省各設總督一員，駐紮省城，有總督專轄一省，各省總督巡撫並置之勢。迨康熙四年五月，以兩廣、兩江、雲貴、山陝、直隸山東河南省分別併設總督，建立總督以兼管兩省爲原則之基礎，其後多屬相沿，而一省設總督爲特區（爲直隸總督，四川總督），或特例（爲雍正時任命李衞爲浙江總督）。亦有兼轄三省者（爲東三省總督）。

清初沿明制，命京官總督軍務，故繫都察院右都御史銜。其後雖軍事既平，不復罷裁，然總督之職權仍多源自其所繫之京官官銜。康熙三十一年議定：總督銜都察院右副都御史，同時如係由巡撫補授則並兼兵部右侍郎，如係由左侍郎補授則並兼兵部左侍郎，如係由右侍郎補授幷兼兵部右侍郎。雍正元年議定：川陝、兩江總督應授爲兵部尚書兼都察院右都御史，其他由各部侍郎或別項官員補授總督者，俱爲兵部右侍郎兼都察院右副都御史。乾隆四十四年議定總督一體授都察院右都御史應否兼兵部尚書由吏部疏請定奪。嘉慶十四年議定：以二品頂戴授爲總督者加兵部侍郎。光緒廿四年規定各省總督均兼總理各國事務衙門大臣銜。以上爲總督一般性之兼銜，亦即其監察權與軍事權對外交涉權之來源。此外有非屬一般性之兼銜，如直隸、四川之專置總督，則兼巡撫銜，俾吏治歸其考核，如東三省總督之兼奉天將軍銜，事例不一，唯應知兼銜事繫其職權。總督初爲中央官員奉使，寖成統轄外省之地方大吏。其品級爲正二品，兼尚書銜者從一品。

「總督掌厘治軍民，綜制文武，察舉官吏，修飾封疆，三年大比，充監臨官，武科充主試官」。概括言之，總督有軍事、行政、司法、監督、文官事務、地方性規章等方面之職權。

清設總督及巡撫本寓實施軍民分治之意，事實演變，逐漸喪失京官奉使性質，轉化爲地方最高級之行政官。及至洪楊之役，清代中央軍隊腐化，不堪戰鬥，總督職權更形強化，民國初年軍閥割據，即種因於此。

上述係一般行政制度中之總督。此外，清代亦嘗以管轄業務之性質，設有專業性之總督，如河道總督之專司河工、防汛，漕運總督專董漕糧之運解。（請併參閱「巡撫」條）（傅宗懋）

參考文獻：

傅宗懋著：清代總督制度。

聯合內閣 (Coalition Cabinet)

聯合內閣與聯合政府（coalition government）名異實同，均屬變態的政府體制。蓋在施行責任內閣制的國家，均以民選議院中的多數黨組織一黨內閣（或曰一黨政府）爲常態，否則，由各黨組織聯合內閣或聯合政府則爲變態的表現了。就英國的事例言之，英國被稱爲典型的兩黨制國家，在一八八五年以前，保守自由兩黨旗鼓相當，勢均力敵，每次普選之後，多數少數的陣勢至爲明顯，由是英國政府是常由兩黨交互執政。然而，其間也非無例外的情事。尤其自一八八五年出現了愛爾蘭國民黨，其後該黨雖然沒落，而工黨又繼之而起，遂致有時造成三黨並存之局。在此局勢下，多數少數的陣勢，不若以前的明確，而政府的組織也時表現變態了。其變態的型態可能有三：第一為少數內閣(minority cabinet)。每當普選結果，每有一黨能佔多數時，則英王可能任命一黨領袖出而組織少數內閣，以期內閣組成之後，卽獻議解散議會，藉以改造國會中的政黨形勢；或則任命一個能得反對黨支持的政黨領袖出而組成少數內閣，以期在短暫期間執政下去。這種少數內閣，已一再而三出現過（參考Sir Ivor Jennings, Cabinet Government, 1956, p. 29)。第二為聯合內閣 (coalition cabinet)。這是總選之後，沒有一黨佔得多數，而又沒一個較多數的政黨願意出來組閣，則惟有各黨協議共同來組聯合內閣；這是平時組織聯合內閣的情事，至於戰時為團結各黨派，集中力量以求制勝而組織聯合內閣，更為事勢所必需。第三為國民政府或舉國一致之政府 (national government) 常被視為聯合內閣之別稱，實與聯合內閣有所不同。如一九三一年八月間內閣首相麥唐納 (Ramsay MacDonald) 辭職，旋經英王召喚，復行組織新閣，延攬各反對黨參加，成立所謂國民政府。尤其一九四〇年五月間邱吉爾組織的舉國一致之政府，並非是在沒有多數黨的情勢之下所產生，乃係多數黨政府於國家遭遇戰爭時，為求充實政府勢力，乃邀請各黨參加政府，卽將內閣建築於全國所有政黨之上(on an all-party basis)以形成全國一致之政府。至就法國情勢說，因為法國政黨林立，勢力分散，每次總選之後，常難得有多數黨出現；故在第三共和及第四共和時代，其內閣常屬聯合內閣，其由一個多數黨組閣的事例，反屬少見。德國在威瑪共和時代，亦以政黨衆多，政府組織亦常出之於聯合內閣。更就聯合內閣的作用說，除戰時的聯合內閣於政黨休戰 (party truce) 的情勢下得遂行其任務並達成其目的外，平時的聯合內閣係由於政局混沌而產生的變態政府，事屬非常，難以常例相衡。大體言之，在聯合政府下，集合各黨各派於政府中，主張不同，立場各異，政策難期一致，步調更難齊一。雖曰同舟，不圖共濟，雖曰同床，實則異夢。責任不專，爭功諉過，是以聯合內閣的壽命，類屬短促，欲其有所建樹，眞如緣木求魚。（羅志淵）

聯合政府 (Coalition Government)

見「聯合內閣」條。

聯邦國 (Federal State)

將國家政治權力，以成文憲法的規定，分配于中央政府及各邦政府者，謂之聯邦國，如今日的美國、瑞士、加拿大及澳洲皆屬之。聯邦國與邦聯國不同，前者是一個統一的國家，中央的權力可以直接及于人民及各邦；後者各邦各有其獨立的主權，無異數個獨立國家，只因各邦為維護其共同的利益，故將其部分主權讓與邦聯政府行使，邦聯的權力不但不能直接及于人民及各邦，各邦且得隨時收回讓與的權力，退出邦聯，故邦聯國與其稱之為國家，毋寧稱之為攻守同盟。如一二九一年至一八四八年的瑞士邦聯及一七八一年至一七八八年的美國邦聯均屬此類。聯邦國又與單一國不同，前者中央政府的權力以憲法所賦與者為限，憲法未給予中央及未禁止各邦行使之權力，仍保留于各邦；後者則一切權力原則上屬于中央政府，但為因地制宜，乃將部分權力委託地方政府行使，英、法兩國為單一國的著例。

美國為聯邦國的典型，其特點有三：㈠重大的權力如國防、外交、宣戰、媾和、締約、移民、幣制、關稅、國際貿易等屬于聯邦，其他次要的權力則保留于各邦。㈡聯邦法律及條約均為國家最高法律，各邦法律與之牴觸者無效。㈢聯邦最高法院的判決，其效力及于全國，各邦政府，法院及人民均有遵守的義務。（胡述兆）

臨時約法

「臨時約法」的全稱為「中華民國臨時約法」，係臨時政府參議院於民元三月八日決議通過，十一日由臨時大總統明令公布實施。本來依照臨時政府組織大綱的規定，臨時政府在成立之後六個月內，應召集國民會議制定憲法，（第廿、廿一條）而在憲法成立之前，是無需制定約法的。但當時由於兩種原因，遂促成了臨時約法之產生。首先，人們覺得在清帝尚未遜位，革命成敗未卜之前，臨時政府組織大綱規定要在六個月之內召集國民會議，勢有不及，必須延緩；同時由於它缺乏人權條款，而人權條款又不宜納入政府組織之範圍。為了補救這些缺點，因而參議院乃有修訂組織大綱，並更名為臨時約法之議。其次，武昌起義之後，各地雖然紛紛響應，但清廷方面，已由袁世凱受命組閣，率其新軍勁旅節節向革命軍進逼。而革命軍方面，表面上雖然聲勢浩大，實際上則「旣乏可戰之兵，又無可籌之餉」。然義旗旣舉，如何順利完成傾覆清廷之革命目標，當時起義各省，咸以爲唯有圖難於易，假手袁世凱迫使清廷退位爲不二捷徑。基於這種認識，所以當各省都督府代表聯合會於漢口議定臨時政府組織大綱之初，卽議決如袁世凱反正，當公舉爲臨時大總統。由於這個關係，是以在兩軍陣前，雙方卽信使往還，暗謀和議。不過臨時政府雖然格於形勢，不惜以臨時大總統作爲誘致袁氏贊助共和的條件，但對他過去以及在和議期間所表現那種首鼠兩端的雙重人格，則極不相信，而組織大綱中的總統，又是大權在握，因而深恐他在就職之後，專權自恣而有破壞民國的行爲。爲了實踐諾言和防患未然，於是便又想採取一種內閣制，希望用法律的力量，以資抑制其不正當的野心。所以當二月上旬清帝退位的談判已告成熟，對袁世凱行將以臨時總統相讓的時候，參議院乃從二月七日開始，積極著手臨時約法的制訂，十二日清帝遜位之後，至三月八日全案完成，十一日公布實施。這是民國建元之後，最早制定的一部臨時憲法。

臨時約法凡七章五十六條，諸凡民權、參議院、總統、國務員及法院等，均分章予以規定，大體上已略具近代國家憲法之規模。就有關政府結構之規定言，參議院爲立法機關，由每省各選派參議員五人組成，其職權範圍，包括立法、財政、建議、質詢、彈劾及同意等權，而其議決事件，於公布施行前，總統均對之享有中止否決權，咨還覆議。（第三章各條）總統及副總統，由參議院選舉產生。總統代表臨時政府，總攬政務，統率軍隊，除提出法案於參議院，任免一般官員，依法宣告戒嚴，接受外國使節，授予榮典及部分赦免權之行使外，其他諸如制定官制官規，須交參議院議決，任命國務員及大使公使、宣戰、媾和、締約及大赦，則均須獲得參議院之同意。（第四章各條）國務員隸屬臨時大總統爲輔佐，得出席參議院發言，於總統提出法案，公布法律及發布命令時，須予副署。（第四三至四六條）法院依法掌理民刑訴訟之獨立審判，不受干涉，法官於任期中，不得減俸或轉職，非依法受刑罰之宣告或免職之懲戒處分，不得解職。（第四九至五二條）

臨時約法本身，只是一個憲法制定實施前的暫行基本法，依其第五三及五四條的規定，臨時大總統應在該法施行後十個月內，召集國會，制定憲法，可知其適用的時間不應太久。但是後來由於國會的制憲工作屢遭挫折，於是此一約法一方面時遭袁世凱及其後軍閥們的破壞，另方面又有中山先生的領導護法，一直要到民國十二年十月，在曹錕賄選總統的情形下，國會完成其議憲工作，中山先生亦放棄法統之後，此一臨時約法，才失其效力。（荆知仁）

臨時政府組織大綱

中山先生領導的革命運動，於辛亥八月十九日（西曆一九一一年十月十日）武昌舉義之後，匝月之間，各地之宣告脫離清廷，獨立響應者，已達全國各省半數以上。惟起義各省反清之目的雖然相同，但由於組織與行動上之各自爲政，互不相屬，以致形渙勢弱，很需要一個統一的組織，在軍事外交上運籌帷幄，統率指揮，以求迅赴事功。因爲這個關係，所以不但鄂督黎元洪於九月中旬曾兩度電請各省派員到鄂組織政府於前，而蘇督程德全及浙督湯壽潛旋亦聯電滬督陳其美，倡議各省派遣代表赴滬會商於後。

迨九月二十五日各省代表在滬首次集會，乃決定成立「各省都督府代表聯合會」。嗣以鄂省代表與會之後，表示鄂督希望各省代表到鄂組織臨時政府之意，而鄂督亦適時來電相催，於是在滬代表，乃復相率赴鄂，並於十月初十假漢口英租界舉行會議，十三日通過「臨時政府組織大綱」，卽日予以宣布實施。及臨時大總統於十一月初十經代表會選舉產生，民元元旦（夏曆十一月十三日）就職，三日任命各部總長，二十八日臨時參議院開始集會之後，民國臨時政府之組織，乃告建制成立。而組織大綱於宣布之後，雖先後曾經四次修正，諸如增設副總統，增訂總統之繼任與代理，以及刪除行政各部之列舉規定等，但大體言之，歷次修正，均係適應當時政情，出諸人事與運用彈性之考慮，其於組織大綱之基本精神，並無所更張。

「臨時政府組織大綱」凡四章二十一條，依次規定「臨時大總統」，「參議院」，「行政各部」及「附則」。其於政府制度之設計，實深含聯邦總統制之色彩。例如參議院以各省都督府所派之參議員組成（第八條），而參議員則以每省三人爲限（第九條），臨時大總統復以各省都督府代表，依一省一票原則選舉產生（第一條）。總統在軍事上爲武裝部隊統帥（第三條），在行政上則爲最高首長，由各部總長輔佐處理政務（第十八條）；其於宣戰、媾和、締約、制定官制官規、任命國務員與外交專使、以及臨時中央審判所之設立，固須經由參議院之同意（第四至六條），但於參議院議決事件，則亦享有要求覆議權（第十四條）。舉凡上述規定，顯然多屬聯邦總統制之特色。組織大綱所以採取此種設計，主要是爲了適應當時的非常情勢。就其總統制之安排言，是爲了當時的軍事外交，需要有一位極孚衆望，中外咸欽的人物，以建立統一的領導中心，這在蘇督程德全於辛亥九月廿四日致各省請中山先生返國組織臨時政府的通電中已可概見。至於聯邦制精神之設計，雖係出自蘇督程德全與浙督湯壽潛聯電滬督陳其美時的建議，其實則代表着當時起義各省都督們的共同心理。蓋中國自秦漢以降，雖久爲中央集權的國家，各省對清廷也久有共同的不滿與積憤，但各省之起義反清，却並非出於共同的協謀，所以當各省響應革命，考慮到要組織一個統合機關的時候，使很希望在新的統一政府下，能夠各自保持與美國各州式的半自主地位。這種心理，甚至一直到民國九年聯治運動期間，尚餘波盪漾，其燼未息。

從組織大綱的內容和性質來看，它不但和英國一六五三年的「政府組織法」(Instrument of Government) 非常相類，即以之與法國一八七五年的第三共和憲法相較，亦無大別。不過後之論者，不但批評其制定不合民主程序，缺乏民權內容，而且參議院之由各省都督府代表組成，臨時大總統之由參議院選舉產生，於是參議員無異爲各省都督之代表，總統亦初不過爲各省都督所擁戴之人物而已，實際上根本缺乏民主基礎，因而該大綱所表現之民治，可以說除共和國體而外，別無可言。這種批評，初看雖似言之成理，其實若就組織大綱制定之背景、環境、作用與目的而言，則此論顯然有失持平，而照組織大綱本身的規定，其適用期限，以憲法成立之日爲止（第廿一條），不過當民元二月十二日清帝遜位，三月十一日「臨時約法」公布之後，此一組織大綱，即已停止其適用了。（荆知仁）

諡法

古君臣死而以行爲諡之法，或謂始於周公、太公望，或謂起於周末，廢於秦，至漢而復，歷代因之，清亡而廢。又諡法周代限於大夫以上，至春秋已有私諡之事。逸周書「諡法解」：「維三月既生魄，周公旦太師望，相嗣王發，既賦憲，受臚于牧之野，將葬，乃制作諡，諡者行之迹也，號者功之表也，車服者位之章也，是以大行受大名，細行受細名，行出於己，名生於人。」史記：「秦始皇紀」：「太古有號毋諡，中古有號，死而以行爲諡，則子議父，臣議君也，甚無謂朕弗取焉，自今以來除諡法。」容齋續筆「諡法」：「先王諡以尊名，節以壹惠，諡出表紀，然不云起于何時？今世傳周公諡法，故自文王武王以來始有諡，周之政尚文，斯可驗矣。如堯舜禹湯皆名。皇甫謐之徒附會爲說，至于桀紂，亦表以四字，皆非也。周王諡以一字，至威烈、貞定益以兩，而衞武公曰：叡聖武公，見于楚語；孔文子曰：貞惠文子，見於檀弓，各三字。意：當時多有之。唐諸帝諡經三次加册，由高祖至明皇皆七字。其後多少不齊，代宗以九字，餘以五字，唯宣宗獨十八字，曰元聖至明成武獻文睿智章仁神聰懿道大考。國朝祖宗，諡十六字，唯神宗二十字，曰禮元顯道法古立憲帝德王功英文烈武欽仁聖考。蓋蔡京所定也。」大學衍義補，治國平天下之要「舉贈諡以勸忠」：「諡法不見於五經，其書見於世者，有周公諡法，有春秋諡法，有廣諡，有今文尚書，有大戴記，有世本，有獨斷，有劉熙之書，有來奧之書，有沈約之書，有賀琛之書，有王彥威之書，有蘇冕之書，有扈蒙之書，有蘇洵之書，皆漢魏以來儒者，取古之諡法，而釋以己之說，而各爲之法也。其說不一，有一諡而取義數端，臣愚以爲古今異宜，請自今節惠定諡者，本於古法而參酌以今世之所宜，庶不悖於古，而於今人之聽聞不惑云。」（繆全吉）

講學自由 (Freedom of Academic Instruction)

按現在各國所稱之講學自由 (freedom of academic instruction)，或稱之爲「講壇自由」，其淵源可遠溯之於一八四九年之佛蘭克福憲法(the Frankfort Constitution of 1849)，蓋是憲所規定的藝術、科學、研究、及教學之自由，實與今日的講學自由相當。今日所謂講學自由乃指人民以教育的方式以發表其思想意見的權利。講學自由雖與言論自由近似，然究與言論自由異其實質，所以各國憲法多特予標舉，以示尊重。例如威瑪憲法第一四二條規定：「藝術、科學及其學理爲自由，國家應予以保護及培植」，一九三一年的西班牙憲法第四十八條第三項規定：「講壇自由應予認可保護」。今我國憲法第十一條明定保護講學之旨，實爲一最新的立法例。總觀各國憲法關於講學自由的規定，則講學自由的命意可以歸納爲三：

甲、設校講學的自由：近代教育趨勢固由國家負擔教育的責任，國家自應設置各種學校，以教育國民。但國家設校的意義，並非謂有排斥「私家講學」之權利，所以私人設校講學的自由，應受法律的保障。我國往昔以州縣學及國子監爲國家設立以教育學子的機關，但學館（蒙館）及書院則爲私人設校授徒及自由講學之所，是以我國從來即有設校講學之風。誠如蔣總統在民國二十八年第三次全國教育會議所指示：「從前專制時代，政治不善，吏治不良，少數有志節有學問的人，隱於教書講學，一般人奉爲淸高，以爲天子不得而臣，這是一種維繫士氣的苦心，但是，現在是民國時代，……教育人士就決不能自居於國家法令以外，再抱着「道統與法統」分庭抗禮的傳統。是以國家爲貫徹其教育政策，並防止人民濫用講學自由起見，對於私人設校講學，自應用監督權力。以前各國憲法中有規定：人民有從事教育，創辦及管理學校或教育機關之權利。但以具有法律關於師資及兒童安全規定之條件及效忠於國家爲限。公立及私立學校及教育機關，在法律範圍內應受國家官署之監督。我國憲法第一六二條規定：「全國公私立之教育文化機關依法受國家監督」。而私立學校規程規定「私立學校之開辦、變更及停辦，須經主管教育行政機關之核准」，即爲國家行使監督權的表現。私立學校能邀核准者，必須具有該規定第二十六條規定的條件，其未依照規定手續完成立案的學校，則其學生的學籍不予承認；其有辦理不善或違反法令者，主管教育行政機關得勒令停辦。這些規定即爲監督權運用的方式。該規程且明定：「各級師範學校不得私立」，是乃爲整肅全國師資而設之特別限制。

乙、研究內容的自由：各國法制上也許規定某種主義，某種制度，某種宗教是不能作公開宣傳的。這種限制對不對是另一問題，即在承認這種限制的國家中對於在學校作學術研究的自由，也是不能干涉的。簡約言之，在學術研究的立場上，各種主義，制度，宗教都應該可以作研究的對象，所以都不應受干涉。惟應注意者，即研究雖得自由，但不得違反憲法精神，故西德基本法第五條第三項曰「藝術與科學、研究與講學，應爲自由，講學自由不得免除對憲法之忠誠」。

丙、研究結果發表的自由：學者之所以皓首窮年，殫精竭力，斤斤致志於學術研究，即欲以其畢生之力，以追求眞理而造福人羣。其志可嘉，其行可敬。然則，學者以其精研覃思的結論公諸社會，自屬人羣之幸，豈可加以限制！蓋其所論合乎眞理，自必終有出現之一日，非可用外力予以壓制，若非眞理之論，而爲荒誕虛玄之說，則必爲眞理所淘汰，雖不壓抑，亦必自歸於消滅。我國憲法第一六六條明定：「國家應獎勵科學之發明與創造……」，正所以弘揚研究結果發表的權利。（羅志淵）

隱含的功能 (Latent Function)

見「顯示的與隱含的功能」條。

韓林頓 (Harrington, James, 1611-1677)

韓林頓，英國政治思想家。出生於貴族家庭，在牛津大學受教育。其後遊歷歐陸諸國，如荷蘭、法蘭德斯 (Flanders)、丹麥、法國和義大利。

韓林頓返國後，結識英王查理一世，受其器重，常備諮詢。韓氏雖傾向共和，却無意實際政治，不願捲入國王和議會的爭執之中。他和查理一世友誼甚篤。一六四九年查理上斷頭臺時，他陪伴在側。

查理一世死後，韓林頓返歸家園，開始撰寫其巨著海洋國 (Oceana)，想借此書來影響英國未來的政治制度。因查理既死，英國可以採用最宜於她的政制。海洋國付印時曾被克倫威爾執政團查禁，後經克氏之女的干涉而獲流行。其出版年代爲一六五六年，流傳頗廣，但對當時政治影響不大。

查理二世復辟，韓林頓被疑有反政府行爲，於一六六一年被捕。後雖獲釋，終因在獄中受到非人待遇而於一六七七年去世，享年六十六。

海洋國一書雖是虛構，却係影射英國，並解釋英國過去及當代的政治現象。該書對後世政治影響最大者有下列幾點：

㈠韓氏繼承亞理斯多德思想的餘緒，認政治權力奠基於經濟力量。亞理斯多德認爲一國政治的穩定有賴於政治權力與經濟權力的結合，兩者分離，則釀成革命。韓氏認土地爲財富的主要因素，因此主張平均地權，防止獨佔。海洋國中的土地法即規定：一個人所能繼承的土地其每年收益不得超過兩千鎊。他也不能累積年入兩千鎊以上的土地。韓氏認爲在此一制度下，少數人不能壓迫多數人，多數人也不必聯合起來沒收少數人的財產。現代人解釋民主政治爲中產階級政治，中產階級愈大，政治愈安定，亦是此意。因韓氏的影響，這一理論出現於美國政治思潮中，如哲斐孫的農村民主思想，羅斯福(Theodore Roosevelt) 和威爾遜的反獨佔政策等是。

㈡在政治制度上，韓林頓主張經選舉產生參議院 (senate)，負提案和討論之責。議員由年入一百鎊以上的有產階級選出。民會 (the people) 則由各階級的代表組成，人數較參議院爲多，負議決之責。議案決定後，交參院選出之長官執行。民會不能創制，參院無權決斷。必須兩者聯合才能行使海洋國的主權。提案和討論需要專門的學識經驗，因而由帶貴族色彩的參院行使。接受或拒絕一項提案則是民主的職能，因而由代表廣泛民意的民會來決定。這是近代分權制度的開端。

㈢韓氏倡議任期制度。參院和民會任期三年，每年改選三分之一。執政官任期很短，通常爲一年，且不得連任。爲保障選舉人的自由起見，韓氏主張秘密投票制度。據他說是根據威尼斯的實例而來的。

韓氏的分權制度、秘密投票、官吏任期制度、以財產權爲基礎的選舉制度等主張在十八世紀中葉至十九世紀中葉極爲流行。其後以財產權爲基礎的選舉制度被法國大革命所提倡的平等主義所取代。但二十世紀後，我們再度看到經濟權力之受各國的重視，如「職業代表制」、「經濟議會」、「計劃經濟」等，都是想結合經濟勢力和政治勢力。他的分權觀念經洛克和孟德斯鳩發展後，成爲美國政制的柱石。任期制度和秘密投票更爲各民主國邦普遍接受。（張京育）

韓國政黨

一、簡史

韓國自第二次大戰獨立後，政治團體如雨後春筍的產生，當時勢力較強大者，係呂運亨等所領導有左派色彩的「建國聯盟」。該同盟否認上海臨時政府的正統性，並力謀自成爲獨立政府的中心。但支持並擁護臨時政府的國內右派份子，對「建國聯盟」的作爲，深感不滿與不安，遂組織「韓國民主黨」（此後簡稱韓民黨）。後來，韓民黨轉變態度，不再支持金九所領導的臨時政府，而附從李承晚的政治路線，贊成建立新的政府。因得當時美軍的助力，故能排除左派與臨政派的政治勢力，組成南韓單一政府（一九四八年八月）。然李承晚總統於組閣之際，並未給與韓民黨以政治實權，韓民黨因而不滿，另組織「民主國民黨」（此後簡稱民國黨），立於在野黨的地位，批評政府，並欲將總統制改爲內閣制，以期削弱總統權力；李承晚乃籌組自由黨，以資對抗。民國黨後改組爲民主黨。一九六〇年四月，韓國學生因不滿三、一五不公正的選舉，與李承晚政府的獨裁作風，而推翻李氏政權，由張勉所領導的民主黨取而代之。民主黨執政之際，原來內部隱藏的爭執，遂因實際利害關係而表面化，無法控制社會新的混亂狀態。一九六一年朴正熙，金鍾泌等青年將領，發動五、一六軍事政變，於全國混亂情勢中，博取多數人民的支持，其所組織的民主共和黨，成爲今日韓國的執政黨。茲繪圖說明韓國重要政黨之消長過程於後（見次頁）。

二、現況

當韓國由軍政進入民政時期後，朴正熙等組織「民主共和黨」（一九六三年），以爲從政的基礎。該黨不但大量吸收自由黨與民主黨人士，而且以民間人士的身份，積極參加第六任總統競選活動。此時，在野黨中勢力較強大者，互結爲一體，由尹潽善的民政黨領導。於激烈的總統競選中，尹氏以十五萬票之差失敗。這次選舉，風氣與前大不相同，民主共和黨一方面宣傳只有該黨才眞正具備領導韓國民族的代表性，另方面大力攻擊舊政治人物的腐敗無能。民政黨則抨擊民主共和黨僞裝民主及其於軍政時期中的諸種不當。此後，民政黨與民主黨結合成民衆黨，由朴順天領導，其目標在阻止民主共和黨的腐化與韓日會談。關於韓日會談，在野黨一方面掀起全國反對運動，另方面於議會中運用各種手段，加以阻撓。進行十四年之久的韓日會談，終於一九六五年六月廿二日完成。會談成功後，民衆黨分裂爲民衆、新韓兩黨，但於一九六七年總統選舉前，却又結合成新民黨。選舉結果，在野黨失敗，分析其失敗原因有三：(1)守舊的傾向，(2)態度不能迎合選民大衆的期望，(3)無法克制黨內的紊亂。

三、性格

韓國政黨的性格，可分爲三點敍述：

1.相互否定的性格。光復初期，李承晚總統與在野黨的韓民黨，皆主張建立內閣制的政府。後來李氏爲鞏固自己權力，而改採美國式總統制。此一行爲，形成以後韓國政黨相互間否定與鬥爭的性格。李承晚與韓民黨、民國黨、民主黨十年間的修憲鬥爭，可謂是爲反對而反對，並無建設性之批判或代替方案。

2.以領袖爲中心的性格。即以人物爲中心之權威主義的結合，並非橫的水平關係，而係縱的上下關係；非民主主義的平等關係，而爲封建的支配關係。

3.執拗而無妥協的性格。韓國政黨鬥爭之焦點，是對他黨的排斥與否定，而不在政治上是非曲直；此乃源自於權威主義與個人主義的獨善思想。獲取政權，並不是實現主張的手段，本身就是目的。一旦取得政權，即表現無可讓步的執拗態度。（雷飛龍）

附圖：韓國重要政黨之消長過程

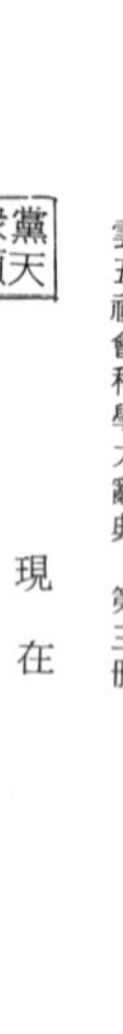

1945年）

大韓民國臨時政府還國歡迎會 宋鎭禹

韓國民主黨 宋鎭禹 金性洙

大韓獨立促成國民會 李承晚 金九、金奎植

朝鮮民主黨 李台榮

西北青年會 文鳳濟、鮮于基聖

國民會青年團 申翼熙、柳和青

青年朝鮮總同盟 柳憲山、金憲

全國學生聯盟 李哲承

民主國民黨 申翼熙 趙炳玉

自由黨 李承晚 李範奭

大韓國民黨 申翼熙、池清天

民主黨 申翼熙

自由黨 李承晚 李起鵬

統一黨 金俊淵

新民黨 尹潽善 金度演

民主黨 張勉

自民黨 金度演 金俊淵

民政黨 尹潽善

國民之黨 許政

民主黨 朴順天

民衆黨 朴順天

（1963年）

現在

民國臨時政府 九、金奎植

韓國獨立黨 金九

民族自主聯盟 金奎植

社會民主黨 呂運亨

農民黨 元世勳

朝鮮共和黨 金若水

社會黨 趙素昂

民主共和黨 朴正熙 金鍾泌

韓國獨立黨 趙肇韓

國民黨 安在鴻

國準備委員會 呂運亨

朝鮮人民黨

勤勞人民黨 呂運亨

朝鮮共產黨 朴憲永

南朝鮮勞動黨 許憲

民革黨 張建相

進步黨 曹奉岩

統一社會黨 徐相日、李東華、宋南憲

社會大衆黨 金達鎬

———— 組織變遷關係線

- - - - - - 橫的組織合關係線

歸化 (Naturalization)

一國之國民，依正當之法定手續移居他國，經住滿一定之年限後，而成為移居國之公民者，謂之歸化。歸化與移民有別，移民僅係依法移往他國居住，並非當然成為他國的公民。移民而欲成為移居國之公民者，除住滿一定年限外，尚須經過歸化手續。今以美國為例，其歸化手續如下：㈠合法移民，年滿十八歲，在美國連續住滿五年後，得申請歸化為美國公民。㈡申請人須填具申請表，並親自簽名。㈢通過英文考試，包括講、讀、及寫作普通英文之能力測驗，但在一九五二年十二月廿四日已年滿五十歲或在美國居住已滿二十年者，不在此限。㈣行為良好，在過去五年內無違法紀錄。㈤對美國歷史及政府原則，有基本了解。㈥須有殷實可靠之美國公民兩人為證人，證明申請者之一般資格及行為善良。上述手續均須于當地聯邦法院為之，如該法院經詳細調查後，認為申請人合格，則于申請書呈送法院之三十天後舉行聽證，並由法官監誓，宣誓放棄原來國籍，効忠美國政府，至此歸化手續始告全部完成。至美國公民之他國配偶，或其所收養之外國子女，並非當然為美國公民，仍須經過歸化手續，惟申請較易，通常只須住滿三年。但歸化公民之子女，未滿十八歲者，視為美國公民。又申請歸化者，在過去十年內，曾從事共產活動或其他顛覆行為者，不得成為美國公民。（胡述兆）

禮部試

禮部試卽會試，為科舉考試中之一級，唐時本由吏部考功員外郞主之。唐書選舉志：「玄宗開元二十四年，考功員外郞為貢舉詆訶，帝以員外郞望輕，遂移貢舉於禮部，以侍郞主之，禮部選士自此始。」參看「會試」條。（仲肇湘）

職業代表制 (Professional Representation)

議員的選舉，不顧政治與地域的界線，而以職業階層為選舉團者，稱為職業代表制。扼要的說，卽由社會中的各主要階層，分別選出代表以組織議會，其方式又頗不一致，有以議會純為代表職業階層之機關者，如蘇俄是；有分設政治議會及經濟議會者，此為英國韋伯夫婦所主張，一九二〇年的意大利曾採

行之；有以兩院中之第二院依職業代表原則組成者，奧國一度行之；有於議會之外另置一經濟會議，由職業代表組成者，威瑪德國行之；亦有於政府內設置經濟會議，作爲諮詢機關者，法國於一九二五年一月所設之國民經濟會議，卽爲其例。

職業代表制，以其①能直接代表人民利益，②能選出專門人才，③選民亦卽職業團體，對之易於監督，故曾爲學者主張並在某些國家實行；但因其有下列缺點：①職業團體的重要性，不能依其會員人數多寡衡量；②政治問題，不能亦不宜全依職業觀點判斷；③各職業團體代表只代表本團體利益，有礙於廣泛同意的形成，妨害國家利益；④職業團體往往守舊，實施職業代表制，常有妨社會進化，故現在各國甚少採行。（謝延庚）

雜家

雜家雜採各家學說，故稱雜家。漢書藝文志評論該家說：「雜家者流，……兼儒墨，合名法，知國體之有此，見王治之無不貫，此其所長也。及盪者爲之，則漫羨而無所歸心。」該志所列雜家的著述，凡二十家四百三篇，其中現在大體仍完整的有呂氏春秋二十六篇，淮南內二十一篇（卽今本之淮南子），殘存的有尸子輯本二卷，其餘均已散佚。尸子輯本，經近人考證，認爲實係將二尸子的著作，誤輯爲一。其一爲商鞅之客，著述內容劉向荀子錄曾評爲：「非先王之法，不循孔子之術。」另一爲穀梁經師，後漢書呂强傳章懷太子註謂其曾著「書二十篇，十九篇陳仁義道德之紀，一篇言九州險阻，水泉所起。」（參看張西堂尸子考證及嵇哲先秦諸子學）故該書內容常現矛盾，判若兩人，可略而不論。呂氏春秋與淮南子，分別爲秦相呂不韋及淮南王劉安門下賓客的集體創作，因同出多人之手，內容均不免未能完全協調，加以太史公認爲呂不韋著書旨在顯名炫世，班固又有「及盪者爲之，則漫羨而無所歸心」的評語，因此，直至現代，多數人仍誤認爲雜家學說實係樊然雜陳，並無中心思想，全漠視了隋書經籍志「雜者，通衆家之意」的解釋。

其實，吾人如客觀的細讀上述兩書，則知其著述時均懷有政治目的，並各有其理論架構。呂氏春秋成書目的，一如胡適所說：「是代一個丞相立言。」（胡適：讀呂氏春秋）該書係襲取陰陽家的學說作爲形式架構而推行其以儒家學說爲骨幹的政治理論，希望能糾正秦國當時實行法家思想純重尙法任刑的偏失。淮南內篇著述的目的，則如蕭公權所謂：「意在顚覆時君。」（蕭公權：中國政治思想史）該書係以黃老思想爲正統，利用儒家民本思想及陰陽家法天理論以限制日漸擴大的專制君權，圖與漢武帝相抗，藉以收取士民之心。此兩書的基本思想雖不相同，但其兼儒墨、合名法的政治理論則大體相似。因雜家現存可靠者僅此二書，故特以爲雜家的代表。

他們認爲國家之所以組織，或君主之所以設置，純因「君道立，則利出於羣。」而「置君非以阿君也，置天子非以阿天子也，置官長非以阿官長也。」（呂氏春秋恃君篇）故「明主之賞罰，非以爲己也，以爲國也。適於己而無功於國者，不施賞焉。逆於己而便於國者，不加罰焉。」（淮南子繆稱訓）國家的目的，既所以利羣，因此「聖人南面而立，以愛利民爲心。」（呂氏春秋精通篇）「治國有常，而利民爲本。」（淮南子氾論訓）「民者國之本也，國者君之本也。」（同上主術訓）「凡君之所以立，出乎衆也。立已定而舍其衆，是得其末而失其本。」（同上用衆篇）「水濁者魚噞，令苛者民亂。」（同上繆稱訓）「先王先順民心，故功名成。」（呂氏春秋順民篇）

人主治天下，當然不是一人獨治，而須任用百官。而君主論人任官，必須「不責備於一人。」（淮南子氾論訓）原因「物固不可全也，以全舉人固難。」（呂氏春秋舉難篇）「是故有一形者處一位，有一能者服一事。……聖人兼而用之，故無棄才。」（淮南子主術訓）同時，既用其人，卽應勿疑，「人主之患，必在任人而不能用之，用之而與不知者議之也。」（呂氏春秋知度篇）亦不可强加干涉，「人主靜漠而不躁，百官得脩焉。譬如軍之持麾者，妄指則亂矣。」（淮南子主術訓）更不可爭功自爲，「水下流而廣大，君下臣而聰明，君不與臣爭功，而治道通矣。」（同上繆稱訓）「人主好以己爲，則守職者舍職而阿主之爲矣。阿主之爲，有過則無以責之，則人主日侵，而人臣日得。」（呂氏春秋君守篇）所以他們都主張君主必須無爲，「得道者必靜，靜者無知。知無知，乃可以言君道也。……大聖無事，而千官盡能。」（呂氏春秋君守篇）「是故聖人內脩其本，而不外飾其末，保其精神，偃其智故，漠然無爲，而無不爲也。」（淮南子原道訓）。

君臣之間，雜家認爲雖有上下之分，但實處於對等的地位，「君臣之施者，相報之勢也。」（淮南子主術訓）人君如「遇士無禮，不可以得賢。」（同上說林訓）「雖有賢者而無禮義以接之，賢者奚由盡忠。」（呂氏春秋本味篇）

對於賢人的重要，他們至爲强調，「功名之立，由事之本也，得賢之化也。」（同上）「故法雖在，必待聖而後治，律雖具，必須耳而後聽。故國所以存者，非以有法也，以有賢人也。其所以亡者，非以無法也，以無賢人也。」（淮南子泰族訓）也就是因爲他們强調賢人政治，所以要求君主亦須爲賢者，「人主賢，則豪傑歸之。故聖王不務歸之者，而務其所以歸。」（呂氏春秋功名篇）「君根本也，臣枝葉也，根本不美，枝葉茂者，未之聞也。」（淮南子繆稱訓）。

至於他們所提出的治術，不外乎裕民、行化、明法幾點。裕民的途徑主要是勸農事，尙節約與薄賦斂。行化的方法在提倡修己正身，勵行忠孝，並以仁義爲本。而明法的方式，則要求君臣共守，賞罰無私，因時變法等。此外，值得一提的是他們都主張必要時用兵以甦民困。（賀凌虛）

雙劍論 (Two Swords)

雙劍論爲中古世紀時因教會與國家權力範圍問題發生爭執過程中產生的理論。教皇 St. Ambrose of Milan（約三四〇—三九七）與聖奧古斯汀（三五四—四三〇）皆主張政教權力應劃分，教會的責任爲世人謀求精神上的價值，爲永久得救，國家的職務是維持社會的秩序及和平，一切人皆隸屬於這兩個組織。St. Ambrose 則進一步爲教會誇張大權，謂「關於信仰問題，乃由主教批評皇帝，非由皇帝評主權」；「皇宮屬諸皇帝，教堂屬於教士」；「教會神聖事物不受皇帝權力之統治」，第五世紀時教皇Gelacius將雙重主權之說加以系統的，明顯的劃分預爲日後政教相爭之伏筆。他在致東羅馬皇帝 Anastatius 信中說：「治理現在世界者有兩個系統，一爲教士的神權，一爲帝王的君權。當最後的裁判時，帝王仍須教士代向上帝負責報告，故教士神權似較重大」，他並將新約路加福音中的使徒們發現兩把劍的一節文字加以附會，故稱爲雙劍論。

（張旭成）

雙頭郡太守

見「郡太守」條。

魏科 (Vico, Giambattista, 1668-1744)

意大利人，兼爲法學家與歷史學家，是歷史哲學的先驅者，因而在政治思想方面亦有其獨特風格。

魏科頗受培根 (Francis Bacon) 的影響，其法學基礎尤得力於格老秀斯 (Grotius)，而馬克維里 (Machiavelli) 與布丹 (Bodin) 的政治觀點，魏氏亦多所體認，這種思想淵源，使他一反當時慣作冥想獨斷的哲學家們的通說，而以其豐富的歷史知識和實證的態度，把理性與威權，理想與經驗融匯起來，而成爲一種整體化的政治哲學。

魏科認爲國家的成因，並非基於人類有意識的組合，追本窮源，實緣於「宗教上的恐懼衝動」(the impulse of religious awe)，蓋人類從這種衝動中獲得家庭，進而締造國家。氏且運用歷史方法，區分政體之類別及次序爲神權、貴族、與民治，民治又可分爲共和或君主，而混合體制(mixed forms of government)僅爲過渡形式。

魏科政治思想的精髓所在，輒爲其具有彈性的觀點，他認爲政治制度與觀念，常隨一國環境及民族性轉移；而時代的變更，亦可導致法律政治及風俗習慣的變更，故論者未可憑空斷言制度的孰優孰劣，這種觀念，無疑地對法人孟德斯鳩 (Montesquieu) 頗有影響。（謝延庚）

寵兒候選人 (Favorite Son Candidate)

寵兒候選人乃指某一候選人受到其本州、都市、與選區等政要一致熱烈支持以提名競選高級之職務，特別是總統職位之謂。本州代表或總統選舉人對於寵兒候選人之支持是無條件、不計代價、不問成敗、與堅持到底的。除非其本人誠意宣佈放棄競選，則選票會鐵定投給他而不轉移。（談子民）

羅馬尼亞 (Rumania) 政黨

羅馬尼亞(Rumania)爲東歐共黨集團國家之一。羅國在一九四四年八月爲俄軍佔領。一九四七年十二月三十日，國王邁爾可 (Michael) 被逼遜位離國，該國隨即宣稱改爲「人民共和國」。新憲法（一九四八年四月十三日）大部模仿蘇俄。

羅馬尼亞爲一黨制的國家。一九四八年一月，在蘇俄軍隊卵翼下的共產黨與社會黨的一部分合併，稱之爲羅馬尼亞勞工黨(Rumania Workers' Party)。

從一九五○年十二月的大選開始，爲了鞏固所謂「無產階級獨裁」，即將選舉變成一黨選舉。因之，所有有組織的反對派均被壓制。

一九六五年七月，勞工黨第九屆黨員大會宣布該黨正式改名爲羅馬尼亞共產黨，並將政治局改組，稱之爲常設主席團（Standing Presidium）。人數亦從過去的九人減少至七人。

羅共無論在內政上或國際事務上，最近均標榜獨立路線，所以常與蘇俄發生齟齬。現任總書記（Secretary-General）爲蘇士柯（Nicolac Ceausecu）。（袁頌西）

羅馬和平時代（Pax Romana）

從烏大維(Octavian Augustus)出現後的兩個世紀，即 27 B.C 至180 A.D.，羅馬帝國征服了歐亞非三洲許多國家勢力籠罩了大西洋地中海。羅馬帝國以其武力維繫了當時西方世界的和平，儼如「世界政府」。十九世紀至二十世紀一百年間，即由一八一五之維也納公會至一九一四第一次世界大戰之間，英國因其軍力强盛，對歐陸國家採取制衡政策，使歐洲保持了某一程度的和平，學者稱爲「不列顛的和平時代」(Pax Britannica)。第二次世界大戰後，美國成爲民主國家之盟主，以其武力對抗蘇俄及共產主義國家之侵略與擴張，維繫了世界的和平，學者稱之爲美國的和平時代(Pax Americana)。（張旭成）

羅德西亞（Rhodesia）政黨

羅德西亞(Rhodesia)於一九六五年十一月十一日片面宣布獨立，一九六九年六月二十日更舉行公民投票，以絕大多數通過兩項建議，一爲成立共和國，一爲執行新憲法實施種族分離政策，不作還政於大多數黑人的打算。總理史密斯(I.D. Smith)並與英國斷絕關係，不理別國的承認與否。現羅德西亞有下列政黨：

㈠羅德西亞陣線(Rhodesia Front)：該黨於一九六二年十二月大選中，在前總理費爾德(Winston Field)領導下，擊敗了前執政黨聯合聯邦黨，而登上政壇。一九六四年因黨中內部意見紛歧，逼使費氏辭去黨政各職，由史密斯出而領導該黨，並出任羅德西亞總理，該黨堅決反對黑白強制結合，主張分離政策，並以全力抗拒亞非集團國家之壓力，堅拒黑人政府之成立。一九六九年史密斯更以公民投票方式通過其白人政策之憲法，而正式宣布共和國之成立，但遭英國激烈反對，非洲團結組織亦呼籲非洲國家加強團結，支持羅德西亞非洲人民反對白人史密斯政權的運動。故該黨所堅持的白人政策將面臨最嚴厲的考驗。

㈡羅德西亞國民黨(Rhodesia National Party)：該黨係原來之聯合聯邦黨(United Federal Party)改組而成，爲前述羅德西亞陣線最主要之反對黨。該黨亦屬一白人政黨，黨魁爲懷得海(Sir E. Whitehead)，曾於一九五八年至一九六二年間爲羅德西亞總理。該黨雖亦主張白人優越的政策，但手段較史密斯所採者爲溫和。

㈢齊姆巴布威非洲人民聯盟黨(Zimbabwe African People's Union)：該黨爲一非洲人所組成的政黨，領導人爲恩谷讀(Joshua Nkomo)，其目的是在領導非洲人對抗史密斯之白人政策。但該黨以從事暴力活動及恐佈事件而遭禁。恩谷讀並被秘密囚禁。

㈣齊姆巴布威民族聯盟(Zimbabwe African National Union)：該黨成立於一九六三年，由錫多里(Ndebaningi Stithole)領導，亦爲一非洲人之政黨，其目的亦在號召非洲人民起而反抗白人政權。（袁頌西）

藩鎮

據說文解字：「藩，屛也。」即捍衞之意，毛詩大雅板蕩：「价人維藩，大師維垣，大邦維屛，大宗維翰。」傳：「藩，屛也。……王當用公卿諸侯及宗室之貴者爲藩屛。」故古來諸侯多稱「藩」。藩鎮即是屛衞中央之重鎮之意。藩鎮二字在中唐以後及五代時最爲常見，蓋自唐睿宗景雲二年始，有節度使之職，安史之亂以後，又有觀察使、都防禦使之職，此等使職，均通稱爲藩鎮，玄宗以後至五代末年，地方勢力強大，時常對中央違命叛逆，地方勢力之領導人物即節度使、觀察使或都防禦使，亦即藩鎮，藩鎮漸成爲當時政治的重心所在。新唐書特列有「藩鎮魏博」、「藩鎮鎮冀」、「藩鎮盧龍」、「藩鎮淄青橫海」、「藩鎮宣武彰義澤潞」等傳，可見藩鎮在唐史中所占地位之重要。及宋太祖即位，厲行中央集權政策，節度使、觀察使等使職名號雖仍存，但並無實權，唐代藩鎮之禍遂告消失，而此後歷史上藩鎮二字亦漸少見。「藩鎮」或稱「方鎮」。關於藩鎮之別稱及職權，參閱「方鎮」條、「節度使」條及「觀察處置使」條。（參閱王壽南著「唐代藩鎮與中央關係之研究」第三章）（王壽南）

邊沁 (Bentham, Jeremy 1748-1832)

邊沁是英國功利主義的創始人（見「功利主義」條），也是一位熱心的改革家，相信可運用立法以求得「最大多數人的最大量樂」。邊沁本人雖然從未參與實際政治，但却凝聚着衆多信奉者，後來成爲英國十九世紀改革的主流。所以英文中有邊沁主義 (Benthamism) 與邊沁學派 (Benthamite) 等字詞。

邊沁的著作極多，其中最重要的有「政府論」(A Fragment on Government, 1776) 與「道德與立法原理」(An Introduction to the Principles of Morals and Legislation, 1789) 。（朱堅章）

競選 (Campaign)

爲了一種特定之目的，所採取一連串有組織與有計劃之競爭行動，以爭取選民投票之支持，名曰競選。現代競選之種類甚多，以其主體而言，可分個人競選、團體競選、與政黨競選；以其客體而言，在黨內有黨職競選、公職候選人提名競選。在政府有公職競選、與一般職務競選。競選必需講求策略與技術，惟一切行動均應依法爲之。所謂：「相爭以道，不踰矩」；否則意義盡失。競選時間之長短各國不一，英國議員之選舉，自下院解散之日起，至大選之日止，計爲二十天。美國總統之競選於三月自新漢布雪辦理提名之時起，至十一月大選之日止，長達八個月之久。（談子民）

蘇丹 (The Democratic Republic of Sudan) 政黨

蘇丹民主共和國 (The Democratic Republic of Sudan) 原爲英國屬地，一九五六年元月一日始獲獨立。現有下列七個主要政黨：

㈠烏馬回教徒黨 (Umma Mahdist Party)：該黨爲一右翼之組織，係蘇丹安沙里(Ansari)區人所支持的一個政黨。一九六五年大選時得七十五個國會議席。其領導人爲馬哥布(Muhammed Ahmed Mahgoub)，曾爲國會領袖，並出任蘇丹總理。惟一九六九年五月左傾軍人諾尼里上校(Col Jaafar Mohammed al Mouniri)發動政變，馬氏被迫辭職。

㈡民主統一黨 (Democratic Unionist Party)：蘇丹原有兩個親埃及的政黨，一爲阿吉哈利 (Isnail el-Azhari)所領導之國家統一黨 (National Unionist Party)。一爲哈馬得(Ahmed el Sayed Hamad)所領導之人民民主黨 (People's Democratic Party)。在一九六五年選舉中，前者得五十三席，後者得三席，後兩黨聯合而成民主統一黨。

㈢伊斯蘭教章陣線(Islamic Charter Front)：此一陣線爲一嚴格的回教徒組織，創於一九六四年，其支持者大部份爲學生及知識份子。領導人爲突拉里(Hassan el Turali)。

㈣南部陣線(South Front)：該陣線成立於一九六四年十月，由居住在蘇丹北部之南部各省人民所組成，其主要政策是爭取南部省區之自治。領導人爲姆布羅 (C.K. Mboro)。秘書長爲羅加理 (H.N.P. Logali)。一九六五年大選時獲國會七席代表。

㈤蘇丹非洲民族聯盟(Sudan African National Union)：該黨簡稱 S A N U，其成立目的爲領導蘇丹南部非洲人起而反抗阿拉伯回教徒之迫害，企圖爭取南部各省之獨立，並組織臨時政府，由賈登(Aggrey Jaden)出任臨時政府主席。一九六九年賈登被罷黜，哈嚴 (Gordon M. Hayen) 繼爲該黨領導人，並宣布成立尼羅國 (The Nile)。哈氏相信該黨所領導的獨立運動，將會在非洲政治上引起注意並獲得支持。

㈥蘇丹聯合黨(Sudan Unity Party)：該黨主張與南部各省組成聯邦，而反對其脫離。領導人爲丹格尼阿魯(William Dengh-Nhial)。

㈦蘇丹共產黨 (Sudan Communist Party)：蘇丹共產黨在蘇丹是一合法存在的政黨，其領導人爲馬久布(Mohammed Mahjub)。在一九六五年選舉時獲十一個國會議席。該黨原與蘇聯及中共政權之共產黨無關，惟在一九六九年由左傾軍人發動之政變且終獲成功者，實係蘇聯幕後支持有以致之。目前新內閣中共產黨具有相當之勢力，就組織而言，新政府似走親共路線。共產黨最近發展甚速，約擁有黨員百餘萬人。（袁頌西）

蘇格拉底 (Socrates, 469-399B.C.)

雅典人，一生充滿傳奇性，亦充滿智者的煩惱！被誣死難之際，臨危不懼，儼然一代宗師風範。

蘇格拉底無著作問世，但爲柏拉圖(Plato)與亞里斯多德 (Aristotle)之正宗，關於他的思想，只能從他弟子柏拉圖的「對話集」(Dialogues)中得其梗概，論者或云，吾人所瞭解的蘇格拉底，究爲歷史上的蘇格拉底，抑爲柏拉圖的蘇格拉底 (Platonic Socrates)，頗成問題。約言之，蘇氏特別着意於正名與邏輯思想 (clear definition and logic thought)。在衆說紛紜中，强調道德的普遍法則 (general and universal rules of morality) 之存在，並析言要恢復古希臘的理想和信念是不可能的，因而同意哲人派 (Sophists) 所云，正義的觀念，唯有從個人的理性中去探求，而無法自宗教及傳統習俗中得之。在政治方面，闡明人有羣性，國家起於自然，暗示執政者須德智兼備，從而顯示政治與倫理之間的關係。

概括的說，蘇格拉底的重要貢獻有二：一是發明了一種科學方法 (scientific method)；再則是創立了一種倫理學的體系 (ethical system)。前者以「疑問與定義」(doubt and definition)方法爲脈絡；後者則强調道德即智識與邪惡即無知。嚴格的說，蘇格拉底學術的內涵，並未深入的涉及政治思想的領域 (the field of political theory)。（謝延庚）

蘇維埃 (Soviet)

「蘇維埃」一詞在俄文原意爲「會議」，並無政治意義。俄國一九〇五年革命時各罷工工廠工人革命組織稱爲蘇維埃，此後才有政治意義。至一九一七年二月革命時，俄國工人、農民、士兵在各地組成蘇維埃，但這些蘇維埃並不是布爾雪維克黨（一九一八後稱共產黨）的組織，布黨只是控制彼德格勒(Petrograd)，現稱列寧格勒 (Leningrad) 與莫斯科之蘇維埃組織而已，列寧即利用全國蘇維埃大會名義推翻克倫斯基臨時政府，然後再控制蘇維埃大會建立共產黨政權。以後蘇維埃即成爲蘇聯政制上的基本組織，依蘇聯現行憲法之規定，在中央設聯邦最高蘇維埃，在各共和國及自治共和國亦設最高蘇維埃，各下級行政區設各級蘇維埃，爲各該階層之最高權力機關。各級蘇維埃在形式上均依憲法由人民直接選擧，實際上則提名與選擧均由共產黨控制。（華力進）

蘇聯政黨

蘇聯政府祇准共產黨活動，不許其他任何政黨存在。其中原因，史達林說是因爲政黨是代表階級的團體，由其最前進的分子組成，社會有利益衝突的階級，如資本家和勞工、地主和農民、富農和貧農等階級，才應有不同的政黨，蘇聯不再有這些階級，祇有工人和農民，他們的利益不但不相互衝突，而且是相同的，所以蘇聯沒有其他政黨生存的地盤，無需政黨自由。

蘇聯共產黨的原始組織，可以說是一八六二年在彼得堡成立的土地與自由社。該社呼籲農工學兵反對沙皇制度，反對侵略波蘭，不久便被消滅。民粹主義者於一八七六年重組土地與自由社，至一八七九年分裂爲恐怖暗殺派和溫和改革派，前者於一八八一年炸死亞歷山大二世，惹起殘酷的報復政策，黨徒受害者無數。一八八三年，普里卡諾夫 (Plekharnov) 在瑞士日內瓦成立勞動解放社，從事翻譯傳播馬克斯的共產主義理論，組織工人階級政黨，企圖推翻沙皇政府，建立共和國。一八九八年，俄國社會民主勞工黨於明斯克 (Minsk) 成立，以馬克斯主義者爲其中心份子，包括普里卡諾夫、史特魯夫 (Peter Struve)、列寧、托洛斯基、馬托夫 (Martov) 等人。普里卡諾夫認爲俄國工業太落後，工人過少，不能立刻進行社會革命，必須先和反沙皇的民主革命者聯合，以爭取普及選擧權、憲政自由和社會立法。托洛斯基主張不斷革命論，堅持無產階級應負起民主革命任務，執政後繼續發展工業，然後實行社會主義。列寧的初步意見，和普里卡諾夫的相近，但他强調工人必須和農民聯盟，方能完成第一階級的民主革命，工人必須和貧苦村民結合，才能開始第二階級的社會革命。一九〇三年，該黨擧行第二屆代表大會，馬托夫等主張，凡接受黨章黨綱、在黨指導下出錢出力者便可爲黨員；列寧則堅持嚴格的黨紀，黨員除必須接受黨章黨綱、出錢出力、參加組織、恪守秘密外，還要刻苦耐勞、絕對忠誠、負責黨務。結果形成列寧爲首的布爾什維克（多數）派，與馬托夫爲首的孟什維克（少數）派，這兩派時分時合，一九一二年，列寧於捷京普拉格召開全黨代表會議，不邀孟派人員參加，解散中央委員會，重行選擧，終使兩派完全分離，再無統一希望，所以一九一二年列寧開始獨霸其黨，排除一切異己分子。一九一八年，列寧改黨名爲俄國共產黨。一九二四年蘇聯成立，黨名又改爲蘇聯共產黨。

蘇聯共產黨的組織，以民主集權制爲原則，即一、各級領導機關由選擧產生；二、領導機關定期向各級組織提出報告；三、嚴格執行黨紀，少數必須服從多數；四、上級機關的決定絕對拘束下級機關。依此原則，黨中央可以決定黨的一切，所有權力集於中央，黨內有民主之名，而無民主之實。

黨最高權力機關爲全聯黨員代表大會。按黨章所定，在一九三七年以前，代表大會應每年召開一次，那年以後每三年舉行一次，一九五三年後每四年舉行一次，但事實並不如此，第一至第五屆大會，是於一八九八、一九〇三、一九〇五、一九〇六和一九〇七年先後召開，第六至第十四屆大會，則在一九一七至一九二五年期間，每年舉行一次，第十五屆以後的會期極不規律，於一九二七、一九三〇、一九三四和一九三九年分別召開第十五、十六、十七、十八各屆大會，第十九屆延至一九五二年，第二十至二十三屆，分別在一九五六、一九五九、一九六一和一九六六年舉行。可見黨章規定是一回事，其頭目是否依規定召開代表大會是另一回事。

黨代表大會有權批准中央委員會和其他中央機關的報告，檢討修訂黨章，決定當前黨政策基本問題的路線，選舉中央委員及檢查委員等。但因代表人數過多（例如第二十三屆大會有四九四三人），會議日數過少，這些權力的行使，早已流於形式，出席者向來祇是鼓掌贊成少數高級黨棍的報告和提案，從無修正或反對他們的先例。換句話說，黨最高權力機關爲絕對少數人把持，代表大會僅是點綴門面對外宣傳的工具而已。

自一九一九年迄今，黨代表大會休會期間，由中央委員會行使黨的一切權力。中央委員人數多寡不定，通常有委員約一七〇人，候補委員一六〇人，一九六六年第二十三屆大會選出中央委員一九五人，候補中央委員一六五人，監察委員七九人。自一九一九至一九五二年間，中央委員會下設政治局、組織局和書記處，以推行委員會的決策，一九五三年廢棄政治局和組織局，新設主席團，一九六六年撤銷主席團，恢復政治局舊制，並改黨魁名稱第一書記（The First Secretary）爲總書記(The Secretary General)。史達林生前任政治局委員，所以參與決定一切政策；他兼組織局委員，所以能夠乘機控制人事；他又兼第一書記，所以管理黨的重要資料，直接執行利己的政策，終使他成爲名實相符的黨魁，無人敢於忤逆他的意見，他再利用黨以控制政府、軍隊和秘密警察，達到主宰黨政軍警的目的，而成爲全蘇聯空前的大獨裁者。現任總書記布列玆涅夫(L.I. Brezhnev)，因爲要和柯錫金(A.N. Kosygin)等政治局委員分享權力，當然不能獨斷獨行了。一九六六年第二十三屆代表大會後，政治局設委員十一人，候補委員八人；書記處設總書記一人，書記十人；人民監察委員會設主席一人，委員十三人；中央檢查委員會設主席一人，委員七十八人。這些都是黨的中央機關和主要黨員，在一般情形下，必須先當選爲中央委員，才能兼任政治局委員，必須任政治局委員，才能任總書記。

至於黨的地方組織，除大俄羅斯共和國外，其他十四個加盟共和國各有共黨代表大會和中央委員會等機關，對全聯中央委員會負責；共和國之下有市和區代表大會和執行委員會，市和區之下有基層組織（即小組）。在大俄羅斯，則分設八個地方委員會，莫斯科單獨有其中央委員會，都直接秉承全聯中央委員會的命令行事。此外，還有省委員會，民族州委員會，以及陸軍、海軍、運輸機關的黨組織。現在除全聯中央委員會外，共有十五個中央委員會，八個地方委員會，一六七個省委員會，三六個民族州委員會，五四四個市委員會，四八八六個區委員會。

黨最基層組織，設於工廠、工場、國家農場、耕作機站、集體農場、陸軍、海軍、村、行政機關、教育機關等，以從事下列活動：一、鼓動並組織羣衆，以執行黨的決定，領導基層新聞（壁報等）工作；二、吸收新黨員並給予政治訓練；三、教育黨員和候補黨員，使他們獲得最低限度的馬列主義知識；四、在政治工作上和區或市委員會合作；五、動員企業界、國家農場、集體農場的羣衆，以完成生產計劃、加強勞動紀律、展開社會主義的競爭；六、對企業、國家農場、集體農場的弛懈和浪費而鬥爭，經常注意改善工人僱員和集體農場農民的文化與生活環境；七、展開評判與自我批評，並以不妥協的態度來揭發黨員的缺點；八、積極參加國家的政經活動。從此可知，黨對基層組織的要求十分繁雜，黨給予黨員的任務是何等繁重。

黨員負有下列義務：一、保守黨機密；二、爲達成黨的決定而努力；三、在工作崗位上成爲榜樣；四、日夜加強和羣衆的聯繫；五、提高政治警覺，精通馬列主義原則；六、遵守黨政紀律；七、展開自我批評；八、向各級黨機關報告所見缺點；九、絕不對黨隱瞞或歪曲眞理；十、嚴守國家機密；十一、依照黨訓令以選用適當幹部；十二、按月繳納黨費，依規定出席會議，從事黨機關命令所定的其他事情。黨員應繳黨費，每月收入五百盧布以下者其收入百分之零點五，五百至一千盧布者百分之一，一千零一至一千五百盧布者百分之一點五，一千五百零一至二千盧布者百分之二，二千盧布以上者百分之三。

黨員人數在一九一七年祇有二萬三千人，現在已增至約一千二百萬人。入黨者須年滿十八歲，填具申請書，經三位黨員推薦，推薦人最少須有三年的黨籍，並在共同工作中認識申請人已有一年，申請書由基層組織會議討論決定，並經市（區）委員會核准後，申請人才能成爲準黨員，準黨員經訓練考核一年，如果各種表現優良，才可以升爲正式黨員。

蘇聯共產黨以馬列主義爲黨義，在哲學方面接受馬克斯的辯證法、辯證唯物論和唯物史觀；所謂辯證法，不外矛盾統一律，質量互變律和否定之否定律，辯證唯物論則強調存在決定意識，意識不能決定存在，物質變動必依辯證途徑向較高的方向進展，必有其一定的目的，必以其內在的矛盾爲其變動的原因；唯物史觀是以經濟原因來說明歷史的進展，以經濟因素爲政治、社會、宗教、道德、哲學、藝術等的基礎，這些都受經濟動機所影響所決定。蘇聯共產黨在經濟理論方面，也談剩餘價值論，說唯有勞力方能產生價值，工人的剩餘價值全由資本家剝削精光；共產黨實行社會主義時期，「各盡所能，各取所值」，等到實行共產主義的時候，便可「各盡所能，各取所需」了；無論在社會主義或共產主義時期，一切土地、一切生產工具，都必須公有，才可以達到社會革命的目標。蘇聯共黨在政治上，亦以馬克斯的主張爲口號，說階級鬥爭爲社會進化的原動力，無產階級專政爲進入無階級社會的途徑，無階級社會出現時，國家、政府、警察、軍隊都無事可做了，國家便自然萎縮，不經人故意摧毀也會慢慢地自行消失。蘇聯共黨接受馬克斯主義後，自己也曾發表一些論調，例如托洛斯基曾主張不斷革命論，列寧倡導工農聯合革命論，以及帝國主義國家戰爭不可避免、世界無產階級革命必定成功論；史達林說無產階級革命先在資本主義最脆弱的一環中成功，工人必須保衞蘇維埃制的祖國蘇聯，以修正馬克斯所說：無產階級政權先在資本主義最發達的國家出現，工人無祖國；蘇聯共黨最近在宣傳時，不再說資本主義是社會主義國家的死敵，改用和平共存的口號了。然而蘇共這些論調，與其說是長期性的理想原則和行爲指針，不如說是權宜性策略性的標語而已。過去五十年的事實已經證明，蘇共並不採取消滅階級的措施，祇製造了新的階級來代替舊的階級，即令可有無階級的社會，也不是蘇共所能造成或有意造成的社會，何況無階級社會僅是一種美夢。

蘇聯共黨表示，蘇維埃或其他機關的任何政治與組織問題，都必須經過共黨指示後才能決定，這就是無產階級（共黨）霸政的表示。自共黨執政以來，蘇聯政府的領導人員必須是黨員，一切政策由黨中央決定，所有措施要經黨中央核准才能進行，所以黨就是政府，政府就是黨，黨政不分，黨控制了國家的全部職權，控制了人民生活的各方面。（陳治世）

議員案(Private Member's Bill)

見「法案」條。

議場領袖 (Floor Leader)

乃美國兩黨在議會中領導立法工作之首領。係由兩院議員分別舉行黨員大會選舉所產生，其主要任務：㈠與議員同志保持密切接觸，力促其恪遵本黨路線進行投票；㈡指導議員同志之辯論；㈢指導督率員克盡厥職；㈣多數黨議場領袖並應負維持議場秩序之責。惟其執行上述各種任務須以本黨督率員爲前鋒。作爲一位民主國家之議場領袖，非特立法知識與會場經驗甚爲重要，而政治手腕尤應高強。論者以爲議場領袖一職苦樂參半，時常遭遇政治風險。如以英美政制相較，美國議場領袖與政策委員會適等於英國平民院中之督率員。（談子民）

黨工人員 (Party Workers)

廣義乃泛指爲政黨工作之人員，至其是否專任則非所問。狹義則指長期以其全部時間爲政黨工作，並支全薪者。黨工人員構成政黨各級組織幕僚單位，一切工作均由其策劃與推進，故與政黨關係至爲密切，一個政黨之盛衰隆替與黨工人員素質之良窳息息相關。至政黨所用黨工人員之多寡？以及廣狹二義兩者間之比重如何？端視政黨工作之繁簡爲轉移。廣狹二義黨工人員交相並用者，英國政黨屬之。過去美國政黨之目的純爲贏得選舉，每當選舉到來之時，則廣義黨工人員雲集；一俟選舉結果，則該等人員即告煙消雲散，人多病之。邇來兩黨均在急謀改進，狹義黨工人員比重漸增。（談子民）

黨紀 (Party Discipline)

乃導使黨員發展自律、自制、品性與能力之一種綱紀，其效果能產生整齊、嚴肅與服從。政黨如欲健全組織，謀求政治戰與選舉戰之勝利，必需黨員均能嚴守黨紀。黨紀與黨德之性質不同，其目的則一。黨德所以勸人爲善，黨紀則禁人爲惡。蓬勃向上之政黨，每多黨德重於黨紀。至黨紀之寬嚴，各國政黨頗多不同。一般言之，民主政黨則從寬，獨裁政黨多從嚴。以英、美兩國之政黨相較，英國政黨之紀律較嚴，美國政黨者則無黨紀之可言。而英國工黨與保守黨之紀律，則又前者嚴於後者。法國戴高樂之新共和聯盟黨紀甚嚴，該黨國會議員如投票違反紀律，即予開除黨籍。俄共黨紀極嚴，史達林時代其黨員之遭受整肅者數逾百萬。一般學者對黨紀所持之觀點甚不一致，歸納言之，可分兩派：從嚴派則視黨紀爲政黨之命脈，整飭之則興，廢弛之則墜。從寬派則異於是。以爲黨紀過嚴則黨員根本無言論、思想與行動之自由，其有違民主之精神至爲明顯。爲斯說者要以美國學者爲多。筆者未敢苟同，蓋政黨乃以促進國家之利益爲其崇高理想，黨員應有自我犧牲之精神，以成全大我，否則，政黨如無紀律，則無組織之可言。況黨紀乃行於黨內，與其發乎外而爲政治者未可混爲一談。（談子民）

黨員 (Party Membership)

乃構成政黨之基本單元。黨員之於政黨，亦猶國民之於國家。國民之質與量足以影響國家之強弱，黨員之質與量足以影響政黨之盛衰。概而言之，各民主國家之民主政黨對於黨員之吸收，多採重量原則，期有多數選民以利於勝選。獨裁國家之政黨及民主國家之獨裁政黨對於黨員之吸收均採重質而不重量，諸如俄共及其附庸國家之共黨。蓋其目的乃在強化組織，嚴防破壞份子之滲透或不穩份子之加入，以動搖其根本。故於黨員之徵收，既有定額之介紹人，且有預備黨員階段以資考核，適合其條件者始核准入黨。否則不准。即使已爲黨員，亦必遭受整肅。美國政黨之黨員採選民主義。有關黨員之身份係採用下述三種方法予以鑑定：(一)過去歸附法；(二)現在加盟法；(三)未來意向法。英國工黨黨員有團體與個人之分。（談子民）

黨員，乃指自願加入某一政黨組織，支持其達成政治目標的個人或團體。因此，黨員的觀念，起於政黨有正式組織之後；在政黨尚無正式組織，只是私人非正式的結合之時，根本無黨員之說，甚至當某些從事黨派活動者，被指爲屬於某一黨派時，亦往往加以否認。

現在美國兩個主要政黨，雖有正式組織，但黨員的觀念，仍甚含糊。許多州的法律，對政黨黨員及選民不作區別，凡登記爲某黨選民者，即爲某黨黨員，但登記爲某黨選民的方式，則視該州所採初選制度，係屬開放初選　(open primary) 或限制初選 (closed primary) 而異。採限制初選者，須在作黨籍登記時作下列宣誓：(1)過去曾投某黨候選人的票，(2)現在信仰該黨發表之政綱，(3)下次選舉時將投某一黨候選人的票，或(4)上述三者皆須主張。在開放初選制，選民只須表示選擇爲某黨的初選選民，即可參加某黨的初選，這種黨員，當然無黨證或繳納黨費等義務可言。其究竟是否某一政黨黨員，全視其自己一言而定，這是最鬆散的政黨黨員。

較美國這種黨員觀念稍爲嚴密的，是間接政黨的黨員。例如英國工黨 (British Labour Party)，自一九〇〇年至一九一八年，是由工會、合作社、社會主義團體所組成的政黨；一九一八年以後，方才准許個人黨員的加入，但仍以工會會員爲其大宗。比利時的天主教黨 (Belgium Catholic Party)，自一九二一年至一九三九年，係由天主教聯合會 (Catholic Federation)，農民協會 (Boerenbond)，天主教工人全國聯盟 (National League of Christian Workers)，中間階級聯合會 (Faderation of Middle Classes) 四個團體組成。個人因加入工會或其他團體，因而加入工黨。工會之加入工黨，係以過半數會員通過的決議爲之，其義務之一爲按月扣繳政治基金，不願加入者可申請免扣 (contract out)；懶於申請者，即成半自願的工黨黨員。間接政黨的黨員，因不直接參與黨的活動，故輸誠於政黨者亦較直接加入的個人黨員遜色。

民族主義政黨，社會主義政黨，和宗教運動的政黨，黨員觀念又較間接政黨爲強。這種政黨的加入，都以思想上接受某種主義爲先決條件；其黨的組織，乃提供思想教育和發動社會運動爲工具；黨員則爲接受此種教育，傳播此一主義，推動此一運動的人員。故其入黨，需要介紹及申請，並經正式許可；加入以後，需要經常參加會議，接受黨的教育和訓練，參與黨的政策的決定，宣傳黨的主義及政策，持有黨證，並按期繳納黨費。他人因係本於思想上的認識而自願加入政黨，故參與的熱誠，一般均甚高昂。英國工黨以個人黨員爲主體的選區工黨，一般較工會爲急進，即因此故。

共產黨及其他革命性的政黨，吸收黨員最爲嚴謹。共產黨視黨員爲無產階級的領導者，革命政黨須奉獻身心於革命運動，對黨員均課以較重的任務，故入黨條件非常嚴格。共產黨的入黨，通常需要正式黨員二人以上的介紹，經當地黨的組織通過，先作預備黨員六個月或一年，經過考查合格後，方纔取得正式黨員資格。黨員不只要參加黨的會議，繳納黨費，並須絕對服從黨的命令，將全部心力貢獻給黨，成爲所謂「職業的革命者」。

由心理認同的程度看，政黨的黨員似可分爲：⑴積極分子（militants），⑵擁護分子（adherents），⑶附從分子（followers）三種。共產黨只以積極分子爲黨員，故其黨性最強；社會黨，民族主義黨和宗教黨，黨員包括擁護分子甚至附從分子，其黨性較弱；美國政黨將偶爾投票支持的選民亦視爲黨員，只是偶爾的附從分子，其黨性當然最爲薄弱。由於各種政黨的黨性不同，故其所發生的力量，強弱亦不一致。有的政黨黨員人數不多，而影響則大；有的政黨黨員人數甚多，然影響力並不與黨員人數成正比。（雷飛龍）

黨務機器 (Party Machine)

「黨務機器」(party machine)或「政治機器」(political machine)乃美國政黨政治上的名詞，也可以說是美國政黨政治上之特點。其含義係指由政黨頭目(boss)或一小撮領袖所控制之組織，其目的在於將政黨之正式組織及政府官員置於其意志之下，並利用政府一切的活動以爲其分子謀求私利。分析言之，黨務機器並非是黨內的合法組織，而是黨外的幕後組織；其所掌握的權力，主要是在於滿足私利；其目標是在於政治控制；其方法是在於控制提名與選舉，尤其是初選。

據俄斯托拉戈斯基(M. Ostrogorski)的分析，美國黨務機器的組織，均可分爲三個層級。最基層的是爲嘍囉(boys)。他們所做的工作是跑腿的工作和政治上最骯髒的工作，例如欺騙選民與使用暴力等。再上去一層是爲小頭目(henchmen)。他們是傳遞命令與管理嘍囉的人，也是頭目最忠實的支持者。最上一層則爲發號施令的頭目(boss)或領袖。他有義務保護他的追隨者並協助其實現政治野心。俄氏的分析固然不盡適合美國所有的黨務機器，但大致說來，黨務機器的組織仍是如此。

黨務機器控制及保持其權力主要靠兩樣東西，一爲恩惠(patronage)，另一爲金錢。憑藉恩惠，他們才可以喂養支持他們的分子；有了金錢，他們才可達到收買選票的目的，因之，黨務機器就想盡各種方法去圖利。惟近年來，由於社會安全制度的推行，貧苦的人不必依靠黨務機器幫助可以生活；地方政府採用才能制的文官制度，市經理制的推廣，投票機的採用，人民教育水準的提高等，使黨務機器能夠興風作浪的機會大爲減少。所以近年來，黨務機器的高潮似在逐漸衰退之中。同時，一些沒有失敗的黨務機器，爲了生存，也在改變其組織與活動方法，以期博得人們的尊敬。（袁頌西）

黨章 (Party Constitution)

係一黨規定其宗旨，黨內組織，與黨員權利義務等之規章。其性質亦如國家之憲法然，可以約束政黨之黨員。但並非所有的國家的政黨皆有黨章，或統一的黨章。例如英國的工黨，俄國的共產黨等皆有統一的黨章，而美國的民主、共和兩黨，其有關黨的組織與活動等，則散見於黨內各種複雜的規章與習慣之中。所以黨章也有成文與不成文的分別。（袁頌西）

黨魁 (Party Leader)

任何一個組織，俱有領袖的存在，政黨自不例外。一般言之，近代一般政黨的領袖，我們稱之爲黨魁者，俱由直接或間接選舉產生，而且任期一定，惟法西斯黨例外。法西斯黨的領袖，均非由黨員選舉產生，而是來之於自委(Self-appointed)，任期終身。其繼承人也不是由選舉產生，而是由黨魁的自擇或互推。至於各國之共產黨，其黨魁表面上是由選舉產生，但實質上與法西斯黨的領袖產生方法無異。某一領袖憑藉其在黨內之實力，一旦當選爲黨魁以後，即成爲終身職，除非爲黨內另一股勢力所取代，定期改選不過形式而已。

就一般政黨而言，黨魁採用選舉方式產生，原在預防黨內獨裁的弊病，但實際上，選舉仍無法預防寡頭領袖之產生。蓋因羣衆天性保守，喜歡熟悉的面孔，對於相知不深之人，自然不願予以支持，所以領袖在形式上固然有一定的任期，但在實質上却變成永久性了。

此外，一般國家政黨領袖的權力也逐漸趨向於個人化(personalization of power)。此稱之爲「寡頭趨勢」(oligarchy tendency)。

政黨領袖又可分爲名義領袖(titular leader)與眞實領袖(real leader)兩種。前者由選舉產生，在理論上享有一切權力，惟在實際上則甚爲有限。後者則由其他途徑脫穎而出者，是實際上掌握權力或至少與前者共享權力的人。這種現象，杜佛息(M. Duverger)氏稱之爲「二重權力」(duality of power)。例如美國之民主共和兩黨，依照政黨之組織體制而言，全國委員會之主席應爲政黨之領袖，但在實質上，兩大黨的眞實領袖却另有其人。在執政黨，則爲總統；

在在野黨，或爲落選之總統候選人，或爲其在參議院之領袖，或爲大州擁有實力之州長。（袁頌西）

黨綱 (Party Platform)

乃政黨之政治綱領，亦名政綱。係發乎主義，成乎政策。故主義、黨綱與政策既三位一體，且先後有序。黨綱在現代民主政黨中甚爲重要，蓋對內爲黨人指出政黨所走之方向，對外爲全民標示其施政之藍圖。有關黨綱之制訂，美國共和與民主兩黨係於其全國代表大會中特設政綱委員會負起草之責，提經大會修正通過，惟總統候選人之意見常佔重要地位。英國工黨之黨綱乃由年會所制成，保守黨者則由領袖所決定。（談子民）

黨齡 (Party Seniority)

意卽黨員加入政黨之年資。如謂某人已有十年黨齡，卽言其加入某一政黨已屆十年之意。一般成立較久與組織嚴密之政黨，對於黨齡頗爲重視。例如作爲新徵黨員之介紹人，或改任黨內要職及出任政府公職，率多以黨齡爲考慮之一條件。美國民主與共和兩黨在參衆兩院各種常設委員會中所採之資深法則(Seniority rule)，以及英國保守黨領袖狄斯悅禮 (Disraeli) 強調：「一位偉大之領袖非由選舉所產生，而係由逐漸發展而來」，均含着重黨齡之意。蓋入黨既久，認識較深，利害關係自密，理有固然。（談子民）

屬國都尉

見「郡都尉」條。

攝政政治 (Protectorate)

見「保護關係」條。

辯證唯物論 (Dialectic Materialism)

見「經濟決定論」條。

權力分配 (Distribution of Powers)

權力分配在政治學上有三種不同的意義：

(一)指中央政府與地方政府的權力劃分——各國憲法上往往將中央政府和地方政府的權力用列舉的方式規定。這個劃分權力的最後決定權，若屬於中央政府，那便是單一國；若屬於地方政府，那便是聯邦國。凡在憲法上未曾列舉的權力，稱爲「剩餘權力」(residual power)。這種剩餘權力在單一國屬於中央政府；在聯邦國，至少理論上是屬於地方政府的。

(二)指行政、立法、司法三權的劃分——行政、立法、司法三權的劃分，以美國憲法最爲明顯。何以這三權必須劃分？據說有兩層道理：一是約翰亞當(John Adams)所說，三權劃分之後，彼此互相制衡，然後才有法治，而免人治。二是西諺所說：「所授之權，不可再授」(Delegata potestas non potest delegari)。譬如憲法將立法權授予國會，國會便不能將立法權再授予他人。但在實際上，美國總統有否決法律之權，國會有批准條約之權，最高法院有判決法律是否違憲之權。有些機構，例如州際商務委員會(Interstate Commerce Commission)更兼有行政、立法和司法的權力。可見美國的三權劃分，也並未推至極端，只是求政府效能的發揮而已。

(三)指國際社會中權力的分佈——國際社會中的權力就是各國國力的總和。因爲各國的國力大小不同，所以國際社會中權力的分佈很不均勻，容易引起戰爭。爲求維持世界和平起見，國際政治中有所謂「國際均勢」(balance of power)，卽各種方向不同的勢力要保持彼此均衡，若一國自己的國力不夠，必須與他國攜手合作，於是產生了各色各樣的同盟。第二次大戰後，因爲美國和蘇聯擁有大量的原子武器，所以國際社會中權力的分配，頗有兩極化的趨勢。倘若一國的國力大於其他各國國力的總和，那麼這個強國可以稱霸全球，集體安全制度便無法施行了（參看「集體安全」條）。（陳世材）

權力政治 (Power Politics)

或稱強權政治，卽一個國家在國際上的地位如何，以其國力之強弱爲決定的準繩。所謂「弱國無外交」，卽是權力政治下的產物。權力政治乃國際間無可避免的現象，蓋國家原是一個權力制度，爲了圖存，必然崇尙權力。論者謂國際上的權力政治爲一種惡性循環，卽國家爲了自保，必然從事軍備，復感本身力量不夠，因而參加同盟，同盟與同盟之間再從事軍備競爭，遂使國際均勢遭受威脅，終至引起大戰，戰後必然簽訂和約或設立維持和平的機構，重新安排國際均勢。後來這種均勢被打破，重又引起戰爭，爲此週而復始，循環不已。

由于國際政治崇尚權力，故國際外交最重均勢，或曰權力平衡(balance of power)。而維持國際均勢的手段，常賴國際和平組織，如拿破侖戰爭後的神聖同盟，第一次大戰後的國際聯盟，及第二次大戰後的聯合國。但在這些和平組織中仍充滿了權力政治的特色，故神聖同盟以普、奧、英、俄爲主，國際聯盟以英、法、意、日（後來加上德、俄）爲主，而聯合國則以中、美、英、蘇、法五强爲安理會的常任理事國。惟眞正的野心家多不願受均勢的覊束，故希特勒、墨索里尼及日本軍閥皆要推翻第一次大戰後的國際均勢，今日蘇俄又想推翻第二次大戰後的均勢，而儘量擴張軍備，發展核子武器，幸賴美國以其雄厚之國力與之對抗，而其核子武器的實力，且在蘇俄之上，使當前的世界局面暫時相安于核子僵局之中，而形成了所謂「恐怖平衡」(balance of terror)（胡述兆）

權力結構(Power Structure)

權力結構係指一個政治制度(political system)裏面有效權權力分配的形態；此一形態與正式的組織的安排(formal institutional set-up)不一定相同。例如中共憲法上規定全國人民代表大會是最高的國家權力機關，掌握一切立法及監督行政機關執行法律之大權，但實際上，一切大權在共產黨，而在黨內，中央委員會，政治局及其常委實際掌握立法行政及司法權力，文化大革命開始後，共產黨有效的權力已大大削減，而由軍人黨政幹部，與羣衆的所謂「三結合」形成新的權力結構。在美國，憲法上規定總統，國會及法院分掌行政，立法及司法權力，但美國政權的實際分配與運用是另外一回事：根據C. Wright Mills的The Power Elite(New York, 1959)一書之分析，政治權力操在軍人，大公司股東（大資本家）及職業政客手中，他們構成美國的權力中堅(power elite)，實際決定國家的政治，代議政治徒有其表云云。（張旭成）

權利法案 (The Bill of Rights)

通常所稱的權利法案或曰民權法典係指英國一六八九年的權利法案(the Bill of Rights)而言。按英國光榮革命之際，威廉曾召集自由國會(Convention Parliament)。自由國會於迎奉威廉爲王時發布權利而言(Declaration of Rights)，以表明他們所要求的條件。自由國會旋演成爲正式國會，將權利宣言予以制定爲權利法案。這一法案的主要內容，得區分爲三：一爲對於革命前朝政之失的責難，二爲具列奠定現代憲政基礎的要義，三爲確立王位繼承的順序。關於朝政責難者首先謂「英王詹姆斯二世，連同不良顧問、法官、牧師，助桀爲虐，企圖顚覆消滅新敎會，及本國法律與自由權利」。隨即列舉十二項王室廢法亂紀，破壞典制，僭用王權，剝削民權的種種虐政，並將宗教、財政、軍事、司法等方面的腐敗行爲，一一具列條文，以證說朝政之非。關於奠定現代憲政基礎者，條陳十三要義：如維護法律尊嚴、限制王權僭越、廢棄宗教法庭、嚴格限制稅收、確認人民請願權、禁止平時招募常備兵、准許人民携帶自衞武器、自由選舉國會議員、國會議員言論自由、澄清並改進司法審判，並確認國會必須定期集會，以討論國政，增進人民幸福。關於王位繼承順序者是確定威廉及馬麗逝世後，皇權傳予公主之直系繼承人，倘無子女，則傳予丹麥安公主及其直系繼承人，倘無子女，則傳予奧倫治王子之直系繼承人。此項王位繼承順序，於一七〇〇年時爲其年制定之王位繼承法(the Act of Settlement)所變更（參考E.N. Williams, The Eighteenth Century Constitution, 1965, pp. 1-2, 8-26)。

權利法案爲英國憲政史上的里程碑，奠定了現代英國憲政的基礎。不但此也，它還發生了重大的影響作用。其影響之最甚者，乃爲它演化成爲各國憲法上的權利條款(bill of rights or declaration of rights)。蓋現在各國憲法大都有關於人民自由權利的規定，這些條文政治學者常稱之爲規定「自由的憲法」(constitution of liberty)，而這一規定的作風實始自美國。按美國自一七八〇年以來，所有各邦及聯邦的憲法，除路易士安那(Louisiana)的一八一年、一八四五年、一八五二年及一八六四年的四部憲法外，莫不有權利條款的規定。蒲萊斯說：「美國的權利宣言，就歷史上言之，是憲法上最可注意的一部分，彷彿實在爲英國大憲章(Magna Carta)與權利法案(Bill of Rights)的嫡子和代表」（見 James Bryce, The American Commonwealth, second ed., 1968, New York, The Commonwealth Publishing Co., Vol. I, P. 474)。法國於大革命後的各種憲法也多有權利條款的規定。從此之後，各國憲法大都以權利條款爲憲法中主要部分之一了。惟有應注意者，英國權利法案的制定，原意是在防止行政機關的專制壓迫，以免人民權利受到侵害和剝奪，現在行政機關的專制壓迫，多已不復存在，似乎憲法上用不着再有權利條款的規定。而不知現在行政機關的專制壓迫固已減少，但立法機關的專擅和干涉，正大爲增加，爲防止立法機關的專制壓迫起見，自有權利條款規定的必要，美國聯邦及各邦憲法權利條款的作用，大都是意在防止立法機關的專擅，其他各國憲法的權利條款，亦大都類是。總而觀之，則英國的權利法案不僅爲英國民主憲政的基石，亦爲現代各國憲政思潮的淵源。（羅志淵）

權利請願書 (Petition of Right)

權利請願書是英國國會於一六二八年通過的一個有關人民權利的法律，但以請願書形式提出，並經英王查理一世 (Charles I) 同意。當時查理一世強行徵稅，駐兵民房與國會發生衝突，國會卽提出此項請願書，經國王同意後卽予國王補助。請願書內容主要有下列四點：一、未經國會同意國王不得徵稅；二、非依法律不得拘禁人民；三、軍隊不得駐紮民房；四、和平時期不得行使戒嚴法。此四種權利非提出新要求，乃基於原有法律與憲章權利而求查理一世予以確認而已。此請願書對英國人民權利之保障極爲重要，故爲英國憲政史重要文件之一。（華力進）

權限劃分法院

在採用行政法院體制的國家，固然行政法院以審理人民控訴政府機關的訟案爲主，普通法院以審訊人民相互間的訟爭及國家與人民之間的刑事案爲務，但難免有些案件，其管轄權之誰屬，頗有疑義者。何況政府機關官員損害人民權益的行爲，應就其行爲之爲職權的行爲，抑或爲個人的行爲而異其訴訟之繫屬，此於管轄權上尤易起爭議。法國爲應兩系法院管轄權上劃分之需要計，乃有職權劃分法院之設。所謂職權劃分法院，法國本稱之爲衝突法院 (Tribunal des Conflite, Court of Conflicts)，卽設此法院以解決行政法院與普通法院間職權上的衝突問題，惟衝突法院一詞爲國人所不習聞，故應稱之爲職權劃分法院，這種法院是由八個法官及二個候補法官組織之。在八個法官之中，有六個是由中央行政法院及普通法院的最高法院各選三人充之，再由這六個選出的法官以選舉其餘人員。這種法院是以司法部長 (the Minister of Justice) 爲當然院長，但除法官意見分爲同數兩派時外，他平常是不到院主持會議。該院受理案件極少，年中收案約六件至八件。（羅志淵）

權威主義 (Authoritarianism)

指不容忍的，不通融的，注重權威的和服從的關係的政治文化(political culture)，政治結構 (political structure)，和政治性格 (political personality)。

在最近政治學家對政治文化和「政治社會化過程」(political socialization) 的研究中，發現一國國民的基本政治態度的形成，與其早期的學習過程(learning process)，尤其是在家庭中的學習，有極密切的關係。幼兒和青年常在父子關係中學習到對政治權威的態度。在父子關係極爲嚴峻，父親具有絕對權威的社會中，常會產生服從權威，不容異見的政治文化。（見 Robert Lane, Fathers and Sons: Foundations of Political Belief," American Sociological Review, 24 (August, 1959)，權威型的教會（如有些南美國家的天主教會）組織和灌輸性的，教條化的教育制度，也有助於權威式政治文化的形成與維持。

在一個注重權威主義的社會中，其政治結構常反映其服從權威，强調上下的主從關係，不鼓勵異議及懲罰不合羣的成員的政治文化。這種政治文化，滲入一個人的心理結構中，成爲其思想及行爲的重要依據，便造成「權威型的性格」(authoritarian personality)。

根據美國學者阿篤洛 (T.W. Adorno) 等的研究，權威型的性格有以下各項象徵：

㈠傳統（因襲）主義(conventionalism)——僵硬的，食古不化地接受和依附傳統的價值觀念。

㈡權威型的服從(authoritarian submission)——毫不考慮地接受自己團體的，經過理想化的，道德權威 (moral authorities)。

㈢權威型的侵略性(authoritarian aggression)——趨向於譴責，排擠，和懲罰違反傳統價值觀念的人。

㈣反對知識分子(anti-intellectual)——反對並制裁富想像和創造力的知識分子並抵制其思想。

㈤迷信及陳套(superstition and stereotype)——相信命運，對一切抱着聽

天由命的態度。喜歡陳腔濫調。

(六)權力及「强硬」(Power and "toughness")——與權力人物 (Power figure) 相認同 (identify)(學習並模仿權力人物），强調力量和强硬手段的重要性。

(七)投射作用(projectivity)——把本身的沮喪挫折，投射到社會上公認的異端及敵人身上，以滿足潛意識的情緒上的衝動(unconscious emotional impulses)。

阿篤洛和同他合作研究的學者，曾發展出一種「F—尺度」(F-scale)（參看 scales 條），來測量一個人所具有的權威型傾向的程度（T.W. Adorno, Else Frenkel-Brunswik, Daniel J. Levinson, and R. Nevitt Sanford, The Authoritarian Personality, New York: Harper and Row, 1950）。

權威主義是對民主制度最大的威脅，因爲民主制度建立在領袖（權威）人物的不時移換，和對政治上的異己的寬容上。而權威主義的內涵與此剛剛相反。

權威主義可以在不同的社會階層和政治意識（political ideology）中形成。所以一方面有資產階級的權威主義，中產階級的權威主義，和工人階級(working class) 的權威主義；另一方面有右派的權威主義（如西班牙的王權恢復運動，葡萄牙的賽拉薩統治型態）；中間派的權威主義（如法西斯主義）；和左派的權威主義（如共產主義和「培隆主義」(Peronism)。但不管任何背景和形式的權威主義，其對民主制度的威脅都是一樣的。（參看「政治文化」及「政治社會化過程」條）（魏　鏞）

參考文獻：

Milton Rokeach, The Open and Closed Mind. New York: Basic Books, Inc., 1960.

R. Christic and Marie Jahoda (eds.), Studies in the Scope and Methods of "The Authoritarian Personality," Glencoe, Ill.: The Free Press, 1954.

Gabriel A. Almond, The Appeal of Communism. Princeton: Princeton University Press, 1954;

Seymour Martin Lipset, Political Man. Garden City N.Y.: Doubleday 1959, Chap. IV, pp. 97-130.

Robert Lane, Political Ideology, New York: The Free Press, 1962;

Karl Wittfogel, Oriental Des-potism: A Comparative Study of total Power. New Haven: Yale University Press, 1957.

權威型的性格 (Authoritarian Personality)

見「權威主義」條。

變數 (Variables)

亦稱變元。原爲數學及心理學和社會學研究中的概念；近來政治學家也逐漸在政治分析中運用此一概念從事研究工作。

抽象地說，任何有一個以上的值的概念 (concept) 都可算是變數。如溫度，重量，密度，都是有許多變化的數量性的 (numerical) 的變數；如性別，社會階級，和宗教等概念，其變化 (variation) 雖不能嚴格地作數量上的區別，却可以作等級上的 (ranking) 的劃分（例如社會階級可分爲上層階級，中層階級，下層階級三項變化），所以也算是變數。

在數學中，變數與變數的關係可以用方程式和圖表加以明確的表示，如：$X-Y=0$ 表示 X 和 Y 兩項變數作等量的共變。X 等於一，Y 等於一；X 等於二，Y 等於二，諸此類推，其關係稱之爲「函數關係」(functional relations)，可以用下列圖表說明：

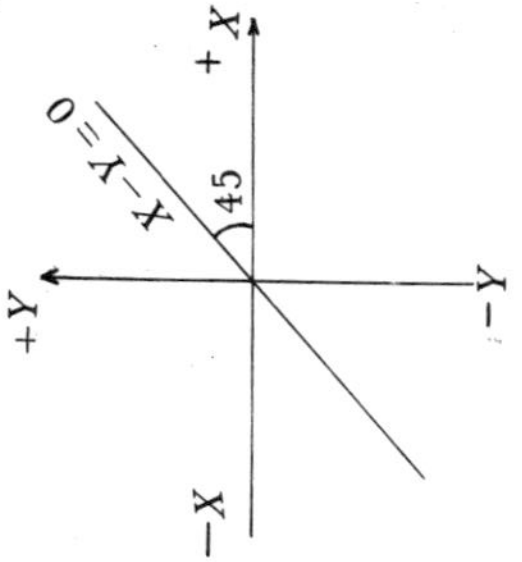

以上公式及圖表中 X 及 Y 兩變數間，顯然是沒有因果的關係的。但在心理學，社會學，及行爲政治學的研究中，爲了研究設計(research design) 上的便利，常有將變數區分爲「獨立變數」(independent variable) 和「相依變數」(dependent variable) 的辦法。所謂「獨立變數」，是在一項研究中，假定爲影響其他變數的變化，而其本身的變化不受其他變數變化的影響的變數。至於相依變數，則係在一項研究中，其變化受其他變數變化的影響的變數。例如天氣好則公園裏遊客多，天氣壞則公園裏遊客少。在此關係中，天氣之好壞決定公園中遊客之多寡，而公園中遊客之多寡並不能影響天氣之好壞。據此則天氣爲獨立變數，公園中遊客之數目爲相依變數。

變數分析在政治學中的運用可以用下列簡單圖表說明：

下圖表示筆者對美國大學學生政治態度調查的一項結果。該圖顯示，年級愈高，則非保守學生之百分比也愈高，推而言之，即美國一般大學教育，有促使學生逐漸放棄保守之政治態度的作用。在此關係中，學生之政治態度為相依變數，其在學校中之年級則為獨立變數。

非保守學生之百分比
60
50
40
30
20
10
25%
38%
41%
52%
一年級　二年級　三年級　四年級
年級

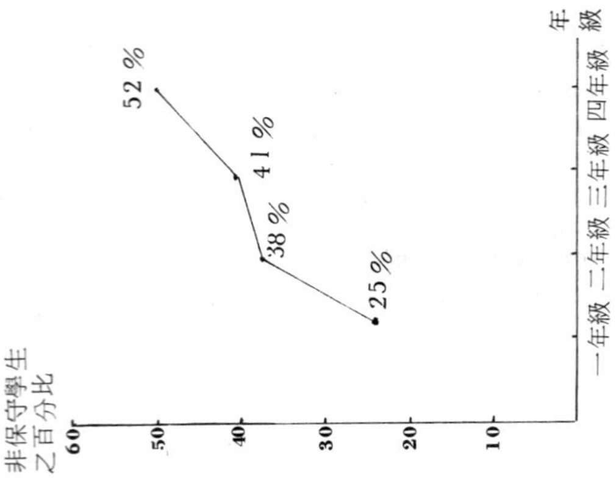

嚴格地說，社會科學研究中的變數都有相互的關聯(association)，很少變數之變化是完全不受其他變數影響的。因此吾人要認識獨立變數與相依變數的區別，只是為了研究上的方便，而非建立在嚴格的因果關係上的。

變數分析可視其牽涉變數之數目而分為好幾類，其只涉及一項變數的稱為「單項變數分析」(univariate analysis)；其關係兩個變數的稱為「雙項變數分析」(bivariate analysis)；其包含三個或三個以上的變數的稱為「多項變數分析」(multivariate analysis)。時至今日，「多項變數關聯的分析」(multivariate contingency analysis)已在政治學研究中廣泛地加以運用，其功用經電子計算機程式分析的配合而更加發揮出來。（魏　鏞）

參考文獻：

Bernard S. Phillips, Social Research. New York: The MacMillan Company, 1966, Chap. 13. V.O. Key, Jr. A Primer of Statistics for Political Scientists, New York: Thomas Y. Crowell Co., 1954; Matilda White Riley, Sociological Research, A Case Approach. New York: Harcourt, Brace & World, Inc., 1963.

顯示的與隱含的功能 (Manifest and Latent Function)

顯示的與隱藏的功能為「功能理論」(functional theory) 中的兩個相關的重要觀念。為美國社會學家墨頓所提出。

按照墨頓(Robert A. Merton)所下的定義，所謂顯示的功能，是指個人、羣體、社會或文化體系活動的結果，有意地及明白地增進其適應能力者；至於隱含的功能，則為上述活動無意的及未被認識的結果(unrecognized consequences)。

墨頓提出這兩種功能並加以區別的主要動機，是因為他覺得一般社會科學家在分析人類行為問題時，往往太着重於其理智的表面上的動機，而忽略了其潛在的、未被表明的功能的結果 (functional consequences)。換言之，他們太留心於有意識的 (conscious)、有目的(goal-oriented)的活動，而忽視了無意識的 (unconscious)、潛意識的 (subconscious)、沒有明顯目的的活動。由於人類行為很多都是屬於後一類的，墨頓覺得實有加以釋出特別予以研究解釋的必要。由此可知墨氏的「顯示的與隱含的功能」的區別，其着重者乃為隱含的功能。（按墨氏自己指出，顯示的 (manifest) 與隱含的 (latent) 兩詞，是借自弗洛伊德(Sigmund Freud) 的心理分析的用語）。

墨頓認為把顯示的和隱含的功能分開，可以達到以下幾個目的：

一、幫助吾人了解許多看起來不合理的 (irrational) 的社會型態與行為。他以原始部落土人祈雨的祭祀為例，指出這種祭祀，很少會帶來雨，從表面上來看，似乎是沒有道理，迷信式的行為。但是經過進一步的觀察，便會發現原始部落的祈雨祭典，雖然多半不能完成其顯示的功能（帶來雨），却有將平時很少見面的族人集合一起，增進情感，以促進族中團結的作用。這便是祈雨祭典的隱含的功能。

二、引導社會學家的注意力進入一個內容豐富的研究境界。社會學家原來都多半只注意顯示的功能，因此只留意研究有目的性的行為，對於那些表面上沒有明顯目的及不能達到其表面上的目的行為，便逕指為迷信，不合理而不深究其功能。自「隱含的功能」概念提出來，社會學家乃進一步留意一些表面上無意義的活動，研究其隱含在表面上的不合理的行為背後的功能，因而大有助於我們對於許多看起來涉乎迷信且不合理行為的了解。大大地擴大了社會科學家研究的領域，並供給他們理論上一個有力的概念，去解釋許多原來無法，或很難解釋的社會現象。

墨頓的顯示的和隱藏的功能觀念，隨着「結構功能理論」，一同被引用在政治學的分析中，對解釋政治體系，尤其是原始及傳統政治體系的許多功能，有很大的效果。（魏 鏞）

參考文獻

Robert A. Merton, "Manifest and Latent Functions," in Rober A. Merton, Social Theory and Social Structure, New York: The Free Press, 1957 pp. 19-83.

Gabriel A. Almond, "A Functional Approach to Comparative Politics," in Gabriel A. Almond et al., Politics in the Developing Areas, Princeton: Princeton University Press, 1960, pp. 3-64.

Robert T. Holt, "A Proposed Structural-Functional Framework," in James C. Charlesworth (ed.), Contemporary Political Analysis, New York: The Free Press, 1967, pp. 86-107.

參見「結構功能分析」條。

體系分析 (System Analysis)

體系觀念在現代政治學研究中為一項重要之發展，此一觀念本源於生物學而轉為社會學者所引用。其基本觀念乃將社會現象視為一項自我完整(self-integreted)及自我維持(self-maintained)之體系。在社會中由於不同之職分(Role)經過相當時期之交互行為(interaction)形成某一定型(Pattern)，此一定型之交互行為即被稱為體系。

依據一般之觀念，社會體系(social system)乃泛指人類社會中一切之交互行為，除此以外，其他一切之事務及狀況皆被稱為環境(environment)。由於環境之變遷往往會引起體系中行為改變，因之環境與體系之間雖有明確之界線，但是兩者間也具有相當之關聯。

因為政治行為在本質上為社會行為之一種，所以政治學者亦引用體系觀念做為研究之工具，於是政治體系(political system)也就被視為整個社會體系之部份體系(subsystem)。體系觀念在政治學上運用之優點乃在於擴大政治學研究之範圍。換言之，即政治學之研究已不再限於政治制度及政府組織方面，其研究之重點乃轉移為社會構成份子行為(behavior)及影響行為之一切因素。制度及組織雖為行為之規範，但也同時為行為之產物，因之制度與組織之研究雖然重要，但卻僅為整個研究中之一部分。體系分析之另一優點乃在其着眼於整體，即其重點乃在對整個政治現象及事實做一般性之研究。雖然如此，由於部分體系觀念之引用，體系分析亦未忽略其構成份子，例如在研究國際政治關係時將其視為一項國際政治體系(international political system)，某一國家即被視為一行為者(actor)或一部分體系。在研究該一部分體系之外交政策時，即將整個之國際體系視為其環境，該國與國際社會間之關係也可被視為體系與環境間之關係。依此類推，政治學者仍可在不失整體觀念之前題下，自由轉移分析之階層(level of analysis)。

為了對體系分析做進一步之瞭解及說明體系與環境間之確切關聯，與體系觀念成為一體之其他幾項觀念就必須加以解釋。純就政治學之觀點言之，政治體系乃在環境——除去政治行為外之社會行為整體——中從事某些功能(function)，簡言之，即政治體系自社會中吸收或接受某些需求，經過體系本身之作用，將之轉換成計劃或行動，進而滿足或解決社會之需求。此項政治體系所吸收或接受之需求一般被稱為「輸入」(input)，轉換成之計劃或行動則為「輸出」(output)。究竟此二者之含義為何，學者間仍乏一致之意見。

伊士頓(David Easton)認為輸入(input)包括需要(demand)及支持(support)，需要乃指社會中構成份子對於某一事項向政治上負責之單位表示其應否採取行動之意思。(註一)支持則指社會中給予維持政治體系之行動及態度。(註二)輸出則為政治體系為滿足輸入之需求而做之有關決定。由於這項決定體系與環境之間亦得藉以溝通及聯繫。伊士頓之整個觀念可由下圖加以代表(註三)。

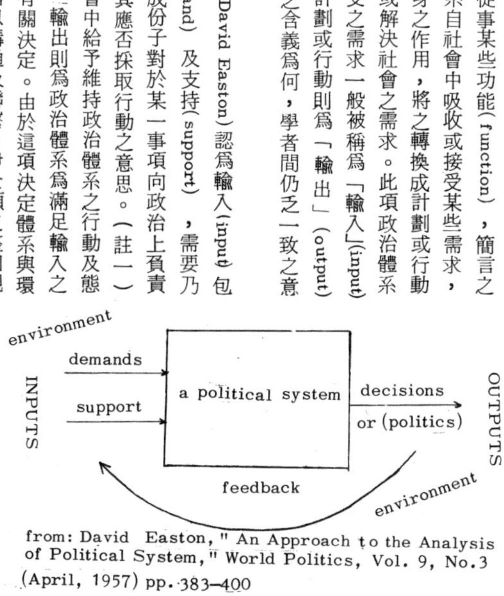

from: David Easton, " An Approach to the Analysis of Political System, " World Politics, Vol. 9, No.3 (April, 1957) pp. 383-400

阿曼德(Gabriel A. Almond)對於輸入及輸出之定義則從功能之觀點出發。他認為政治體系之輸入功能(input function)包括：㈠吸收人們從事政治行爲(Political socialization and recruitment)；㈡發現人們之利益 (Interest Articulation)：㈢集合人們之利益(interest aggregation)及㈣傳達有關政治之信息(Political communication)。輸出功能(output function)包括：㈠立法(rule-making)；㈡執行(rule-application)：㈢裁決(rule-adjudication)(註四)。

在整個體系運轉之過程中，輸出在環境中往往再行作用，進而成爲另一輸入之動力加諸於政治體系之上，這一程序即被稱爲「反哺」(feedback)。這一程序在政治學的研究中往往非常重要，但是研究者同時應行注意者乃是並不一定每一輸出都具有反哺之功能。

就目前政治學發展之狀況而言，體系觀念之運用已異常普遍，而以此一觀念做爲主要研究工具者即被稱爲體系分析。(魏　秦)

註一：David Easton, A Systems Analysis of Political Life,(New York, Wiley), 1965, p. 38.

註二：ibid, pp. 159-161.

註三：ibid, pp. 343-348.

註四：Gabriel A. Almond and James S. Coleman, (ed.), The Politics of the Developing Areas, (Princeton, The Princeton University Press) 1960, pp. 16-1).

參考文獻：

Charlesworth, James, (ed.), Contemporary Political Analysis, (New York, The Free Press) 1967.

Easton, David, The Political System, (New York, Knopf) 1953.

Easton, David, A Framwork for Political Analysis, (Englewood Cliffs, Prentice-Hall) 1965.

Kaplan, Morton A., System and Process in International Politics,(New York, Wiley) 1957.

觀察處置使

唐肅宗乾元元年改採訪處置使曰觀察處置使，簡稱觀察使，又稱廉使，爲使職，由檢校朝官充任，與節度使同爲藩鎮。觀察處置使之職權表面上爲「掌察所部善惡，舉大綱，凡奏請皆屬於州。」(新唐書百官志)事實上其權甚大，「有利於國者必行」，「有害於人者必去」，(唐會要卷七十九諸使雜錄下)觀察處置使對屬內各州有強大控制力，州縣官有能政者，由觀察使呈報中央，全唐文卷四十七，代宗委觀察使安輯流亡詔：「如刺史縣令有能政，字人民，使流亡日還，戶口歲益，宜委觀察使錄狀奏聞。」州縣官有過失弊政，亦由觀察使呈報中央，文苑英華卷四三六賑救諸道百姓德音：「其有牧宰非才，貪殘爲害，及承前積弊，須有條流，或冤獄留滯，速宜疎決者，並悉委觀察使糾察詳訪，具狀聞奏。」觀察處置使轄領二州以上之地區，例兼一道治州之刺史，並帶都團練使或都防禦使銜，有時由節度使兼觀察使銜，其職權統括該道內軍民財政無所不管。(參見「節度使」條)觀察使有府署，得自辟僚佐，觀察使之僚佐有副使一人、判官二人(唐代宗大曆十二年減一人)、支使一人、推官一人、巡官一人，轉運巡官(人數不詳)、衙推一人、參謀(人數不詳)。及宋，仍置觀察使，宋史百官志：「觀察使，無定員，初沿唐制，置諸州觀察使，凡諸衛將軍及使遙領者，資品並止本官敍，政和中，詔承宣觀察使仍不帶持節等。」歷代職官表卷五十二述宋觀察使云：「(宋)觀察諸使皆無職任，蓋止爲武臣及刺史所帶官名，而非唐之舊矣。」可見宋觀察使名稱雖同唐制，實際並無實權職任。元以後不置觀察處置使。(請參閱王壽南著「唐代藩鎮與中央關係之研究」第三章)(王壽南)

雲五社會科學大辭典（第三冊）

政治學索引

一畫

一元論…………………… 1
一院制…………………… 1

二畫

九寺…………………… 1
九品中正…………………… 1
九流十家…………………… 2
九卿…………………… 2
人民民主…………………… 3
人身自由…………………… 3
人身保護狀…………………… 4
人頭稅…………………… 4
人權…………………… 5
人權宣言…………………… 5
八座…………………… 5
十九信條…………………… 6

三畫

三元…………………… 6
三公…………………… 6
三司…………………… 6
三民主義…………………… 7
三老五更…………………… 7
三舍法…………………… 8
三省…………………… 8
三院…………………… 8
三統…………………… 8
上士…………………… 9
上伏塔 (Republic of Upper Votta) 政黨… 9
上計…………………… 9
上議院…………………… 9
下議院…………………… 9
土耳其 (Turkisk) 政黨… 9
大中正…………………… 10
大夫…………………… 10
大司空…………………… 11
大司馬…………………… 11
大司徒…………………… 11
大司農…………………… 11
大法官…………………… 11
大法官會議…………………… 11
大英國協…………………… 12
大理寺…………………… 12
大理院…………………… 13
大赦…………………… 13
大將軍…………………… 13
大衆…………………… 14
大衆交道…………………… 14
大衆媒介…………………… 15
大學士…………………… 15
大憲章…………………… 15
大鴻臚…………………… 15
大黨…………………… 16
小中正…………………… 16
小宰…………………… 16
小說家…………………… 16
小黨…………………… 16
工作權…………………… 16
工業民主…………………… 17

四畫

不成文憲法…………………… 17
不信任投票…………………… 17
不管部大臣…………………… 18
不管部閣員（見「不管部大臣」）………… 18
中正…………………… 18
中央集權…………………… 18
中丞…………………… 18
中丞相…………………… 18
中官…………………… 18
中非 (Central African Republic) 政黨…… 18
中郎…………………… 19
中郎將…………………… 19
中書…………………… 19
中書舍人…………………… 19
中書門下…………………… 20
中書省…………………… 20
中書監、令…………………… 20
中國政黨…………………… 20
中常侍…………………… 24
中產階級…………………… 24
中朝…………………… 24
中期選舉…………………… 25
丹麥(Denmark)政黨…… 25
五五憲草…………………… 25
五行…………………… 26
五房…………………… 26
五服…………………… 27
五常…………………… 27
五德終始…………………… 27
五禮…………………… 27
五權憲法…………………… 28
井田…………………… 31
元后…………………… 31
元首…………………… 31
內史…………………… 32
內侍…………………… 32
內官…………………… 32
內容分析…………………… 33
內朝…………………… 33
內閣…………………… 33
內閣制…………………… 34
內閣總理…………………… 36
內臺…………………… 38
內戰…………………… 38
公布法律權…………………… 39
公民投票…………………… 40
公民資格…………………… 40
公法案…………………… 41
公務員政治中立……… 41
公開投票…………………… 41
公費選舉…………………… 41
六工…………………… 42

六尚…………………… 42
六服…………………… 42
六科…………………… 42
六軍…………………… 43
六曹…………………… 43
六部…………………… 43
六箢…………………… 44
六管…………………… 44
六職…………………… 44
分項否決……………… 44
分權…………………… 44
厄瓜多(Ecuador)政黨… 45
厄耳薩耳瓦多(El Salvador 政黨………… 45
反史大林……………… 45
反杜林論……………… 46
反理智主義…………… 46
反猶太主義…………… 46
反對黨………………… 47
反饋…………………… 48
天下…………………… 49
天子…………………… 49
天國…………………… 49
天壇憲草……………… 49
太卜…………………… 50
太上皇………………… 50
太子…………………… 50
太史…………………… 51
太后…………………… 51
太妃…………………… 51
太守…………………… 51
太保…………………… 51
太祝…………………… 51
太倉…………………… 52
太師…………………… 52
太尉…………………… 52
太常…………………… 52
太傅…………………… 52
太僕…………………… 53
太監…………………… 53
太學…………………… 53
太醫…………………… 53
少府…………………… 53
少數內閣……………… 54
少數代表法…………… 54
少數黨………………… 54
屯田…………………… 54
巴力門………………… 54
巴西 (Brazil) 政黨…… 54
巴拉圭 (Paraguay) 政黨…………………… 55
巴枯寧………………… 55
巴拿馬 (Panama) 政黨 56
巴基斯坦 (Pakistan) 政黨…………………… 56
巴黎公社……………… 56
巴黎的約翰…………… 56
心理學的研究法……… 57
心臟地帶說…………… 59
文官…………………… 59
方鎮…………………… 59
日本政黨……………… 59
比利時 (Belgium) 政黨 63
比例代表法…………… 63
比荷盧同盟…………… 64
水衡都尉……………… 64
尺度…………………… 64
王制…………………… 64
王國…………………… 64
王畿…………………… 64

五畫

世子…………………… 65
世官…………………… 65
世界人權宣言………… 65
世界政府……………… 65
主事…………………… 66
主書…………………… 66
主義…………………… 66
主稿…………………… 66
主簿…………………… 66
主權…………………… 66
令史…………………… 67
以色列 (Israel) 政黨… 68
出版自由……………… 68
功利主義……………… 69
加拿大(Canada)政黨… 69
加彭 (Gabonese Republic) 政黨…………… 70
卡萊爾………………… 70
古巴(Cuba)政黨……… 70
古典自由主義………… 71
可資選擇之思想……… 71
史大林主義…………… 71
史瓦濟蘭 (Kingdom of Swaziland) 政黨… 72
右派…………………… 72
司士…………………… 72
司戶…………………… 72
司功…………………… 72
司市…………………… 72
司兵…………………… 73
司法院………………… 73
司法審查制度………… 73
司法權………………… 74
司空…………………… 75
司直…………………… 76
司倉…………………… 76
司徒…………………… 76
司書…………………… 76
司馬…………………… 76
司理…………………… 76
司農…………………… 76
司憲…………………… 77
司隸…………………… 77
司禮…………………… 77
四民…………………… 77
外交權………………… 77
外廷…………………… 78
外朝…………………… 78
外臺…………………… 78
奴隸制度……………… 78
尼日(Republic of Niger) 政黨………… 78
尼加拉瓜(Nicaragua)政黨…………………… 79
尼采…………………… 79
左右丞………………… 79
左丞…………………… 79
左派…………………… 80
市經理制……………… 80
布哈林………………… 80
布雪維克主義………… 80
布爾喬亞……………… 82
布爾喬亞階級………… 82
平政院………………… 82

平章事…………………… 82
平等派…………………… 83
平等選權………………… 83
平等權…………………… 83
平衡理論………………… 84
正式質詢………………… 85
民主……………………… 85
民主社會主義…………… 87
民主集中制……………… 89
民主集產主義…………… 90
民定憲法………………… 90
民約論…………………… 90
民族自決………………… 90
民族國家………………… 90
民意……………………… 91
民意測驗………………… 91
民權法典………………… 91
永久革命論……………… 92
瓜地馬拉‥(Guatemala)政黨…………… 92
甘比亞(Gambia)政黨… 93
生存權…………………… 93
生活方式………………… 94
目的與方法分析………… 94
立法委員………………… 94
立法院…………………… 95
立法程序………………… 95
立法緊急狀態…………… 96

六畫

任免權…………………… 96
任意權力………………… 97
伊匹鳩魯主義者………… 97
伊朗(Iran)政黨……… 98
伏爾泰…………………… 98
休會任命………………… 98
光祿大夫………………… 98
光祿勳…………………… 99
全民政治………………… 99
全球的互賴性…………… 99
共和國…………………… 100
共產主義………………… 100
共產主義者宣言………… 101
共產黨…………………… 101
共通意志………………… 103
冰島(Iceland)政黨…… 104
列侯……………………… 104
列寧主義………………… 104
匈牙利(Hungary)政黨· 105
印度尼西亞(Republic of Indonesia)政黨 105
印度聯邦共和國(India)政黨…………………… 106
各國國協………………… 107
合法性…………………… 107
同平章事………………… 107
同知……………………… 107
同意論…………………… 107
名家……………………… 108
名單投票法……………… 109
吏治……………………… 109
在野黨…………………… 109
在朝黨…………………… 109
地方分權………………… 109
地方自治………………… 110
地域代表制……………… 110
地緣政治學……………… 111
多元主義………………… 111
多元性民主……………… 111
多元社會………………… 112
多明尼加 (Dominican)政黨…………………… 112
多哥(Togolese Republic)政黨………… 112
多項變數分析…………… 113
多數代表法……………… 113
多數黨…………………… 113
安那其…………………… 113
州牧……………………… 113
托洛斯基………………… 113
托洛斯基主義…………… 114
旨………………………… 114
有限制的多數表決或統治……………………… 114
有限制的否決…………… 114
有控制的研究…………… 114
有組織的與無組織的觀察……………………… 116
考試院…………………… 116
考課……………………… 117
考績……………………… 117
自由……………………… 117
自由世界………………… 118
自由主義………………… 118
自由議案………………… 119
自治領國家……………… 119
自然狀態………………… 120
自然權利………………… 120
行在……………………… 120
行政否決………………… 120
行政院…………………… 120
行政院會議……………… 121
行爲主義………………… 121
行爲主義(心理學)… 121
行爲的資料……………… 121
行爲研究法……………… 121
行臺……………………… 124
西班牙(Spain)政黨… 125

七畫

佐史……………………… 125
佐吏……………………… 125
佐貳……………………… 125
佐雜……………………… 125
何爾巴哈………………… 125
克巴爾…………………… 125
克魯泡特金……………… 125
初選制…………………… 127
別墨……………………… 127
君子……………………… 128
君主……………………… 128
君主國…………………… 128
君權神授………………… 128
否決權…………………… 128
均田……………………… 129
均輸……………………… 129
妥協……………………… 130
孝廉……………………… 130
宏都拉斯(Honduras)政黨…………………… 130
局狹主義………………… 131
巡狩……………………… 131
巡撫……………………… 131
巡檢……………………… 132
廷杖……………………… 132
廷爭……………………… 132
廷尉……………………… 132

廷推……………………132
廷試……………………133
廷議……………………133
希臘(Greece)政黨……133
成文憲法………………134
戒嚴權…………………134
投票權…………………135
杜驥的法學理論………135
決定形成分析法………135
決定形成理論…………135
決定形成研究法………135
狄托……………………136
狄托主義………………137
秀才……………………137
私法案…………………137
言論自由………………137
身言書判之試…………138
辛狄卡主義……………138
邦畿……………………139
邦聯……………………139
邦聯協約………………139
防衞情況………………139

八畫

亞里斯多德……………140
亞爾索修斯……………141
佩恩……………………141
使相……………………142
例案研究方式…………142
侍中……………………142
侍郎……………………143
侍御史…………………143
兩院制…………………143
兩極化…………………144
典史……………………144
典吏……………………144
典型……………………145
典客……………………145
典章……………………145
典獄……………………145
典簿……………………145
典屬國…………………145
典籤……………………145
制度的研究法…………145
制憲權…………………146
制衡……………………146
制舉……………………147
刺史……………………147
刻板觀念………………147
協定憲法………………148
取消隔離………………148
受命……………………148
呼格蘭派………………148
命令權…………………148
和平共存………………150
和平服務團……………150
坦尙尼亞 (United Republic of Tanzania) 政黨……150
奈及利亞 (Federal Republic of Nigeria) 政黨……150
委內瑞拉(Venezuela)政黨……151
委任立法………………152
委員制…………………153
委員會…………………153
委託投票法……………154
宗人府…………………154
宗正……………………154
宗伯……………………155
宗法……………………155
宗教自由………………155
宗廟……………………156
定額抽樣………………157
尙比亞 (Republic of Zambia) 政黨……157
尙書……………………157
尙書令…………………158
尙書省…………………158
尙書僕射………………159
居住自由………………159
府尹……………………160
府兵……………………160
府牧……………………160
承旨……………………160
抽樣原理………………160
拂折一侵略……………161
拉斯基…………………161
拓荒者…………………161
明淸內閣………………161
明經……………………162
東方專制主義…………162
法西斯主義……………162
法院……………………163
法案……………………164
法家……………………165
法國政黨………………166
波札那 (Republic of Botswana) 政黨……168
波那拍主義……………168
波桑克…………………169
波蘭(Poland)政黨……169
治權……………………170
狀元……………………170
孟德斯鳩………………170
直接選舉………………172
知州……………………172
知府……………………172
知縣……………………173
知識社會學……………173
社會化的達爾文主義…173
社會內變素……………174
社會主義國際…………175
社會外變素……………175
社會立法………………175
社稷……………………175
肯亞(Republic of Kenya) 政黨……176
芬蘭 (Finland) 政黨…176
長史……………………177
門下省…………………177
門閥……………………177
門蔭……………………177
阻擾立法………………177
阿快那士………………178
阿根廷(Argentina)政黨 179
阿爾巴尼亞 (Albania) 政黨……180
阿爾及利亞 (Algerian Democratic People's Republic) 政黨……180
附庸……………………180
非政治階層……………181

九畫

保加利亞(Bulgaria)政

黨……………………181
保守主義………………181
保留簽署………………181
保馬……………………182
保護關係………………182
信仰自由………………182
南非(Republic of South Africa)政黨……… 182
南斯拉夫(Yugoslavia)政黨…………………183
哈里法克斯……………183
哈爾投票法……………183
型模……………………183
城市國家………………184
威瑪憲法………………184
威權政治………………184
宣戰權…………………184
宦官……………………185
封建……………………185
封駁……………………185
帝國內閣………………186
帝國主義………………186
建國大綱………………186
建國方略………………187
建設性不信任投票……187
待詔……………………187
思想自由………………187
拜克……………………187
拾遺……………………188
按察使…………………188
政事堂…………………189
政府……………………189
政府之逐項分類………189
政府案…………………190
政府黨…………………190
政治……………………190
政治分析………………190
政治引用………………190
政治文化………………190
政治冷漠………………191
政治地位或角色………191
政治行爲………………191
政治的社會化過程……191
政治社會學……………192
政治效力………………192
政治神話………………192
政治參與………………193
政治理論………………193
政治發展………………193
政治程序或過程………195
政治階層………………195
政治標準………………196
政治學…………………196
政治戰…………………199
政治機器………………199
政治難民………………199
政治權力………………199
政客……………………201
政策……………………202
政策科學………………202
政策條款………………202
政策釐訂者……………202
政黨……………………203
政黨休戰………………205
政黨制度………………205
政黨的基礎……………207
政黨政府………………209
政黨財務………………209
政黨組織………………210
政黨頭目………………211
政權……………………212
政變……………………212
政體……………………212
施諾……………………212
柏拉圖…………………212
柏理克利斯的葬禮演說 213
柔性憲法………………213
查德(Republic of Chad)政黨………………214
柯爾……………………214
洗腦……………………215
派系……………………216
玻利維亞(Bolivia)政黨216
皇太子…………………217
相依變數………………217
科際整合………………217
科舉……………………217
突尼西亞(Republic of Tunisia)政黨………219
美國政黨………………219
胡克……………………221
英國政黨………………222
茂才……………………226
茅利塔尼亞(Islamic Republic of Mauritania)政黨………………226
軍政時期………………226
軍國主義………………227
軍閥……………………227
軍機處…………………227
迦納(Republic of Ghana)政黨……………230
郇山主義………………230
重疊的成員身分………230
限制投票………………231
限制選權………………231
革命……………………231

十畫

剛性憲法………………236
剛果民主共和國(Democratic Republic of Congo)政黨………236
剛果共和國(Republic of Congo)政黨……237
原始的政治體系………237
哥倫比亞(Columbia)政黨…………………237
哥斯達黎加(Costa Rica)政黨……………238
哲人派…………………238
哲君……………………238
埃及政黨………………239
孫尼卡…………………239
宮正……………………239
宰相……………………240
家產主義………………240
射策……………………240
席謝祿…………………240
恩格斯…………………241
恐怖平衡………………243
挪威(Norway)政黨……244
書手……………………244
書令史…………………244
書吏……………………244
書佐……………………245

書役……………………245
書差……………………245
書面問答………………245
書記……………………245
書辦……………………245
格老秀斯………………245
格林……………………247
核心內閣………………247
校尉……………………247
浮爾巴哈………………247
海地（Haiti）政黨……249
烏干達(Uganda)政黨‥250
烏托邦…………………250
烏托邦主義……………250
烏拉圭(Uruguay)政黨·250
特別委員會……………251
特別推理………………251
特赦……………………251
留守……………………251
祖父條款………………251
祖先崇拜………………251
神話……………………252
秘書令…………………252
秘密投票………………252
秘商會…………………252
秘魯(Peru)政黨………253
租庸調…………………253
索列斯堡的約翰………253
索馬利亞（Republic of Somalia）政黨……254
紐西蘭（New Zealand）政黨……254
納粹主義………………255
缺席投票………………255
袁氏約法………………255
訓政時期………………256
訓政時期約法…………256
財政法案………………257
財產權…………………257
退伍軍人壓力團體……257
郎………………………258
郎中……………………258
郎中令…………………258
郡太守…………………258
郡丞……………………259
郡守……………………259
郡尉……………………259
郡都尉…………………260
馬克斯…………………260
馬克維里………………263
馬利（Republic of Mali）政黨……263
馬拉加西(Malagasy Republic)政黨……264
馬拉威（Republic of Malawi）政黨……264
馬爾他（Malta）政黨…264

十一畫

停年格…………………264
副署……………………264
參事……………………265
參軍……………………265
參照群理論……………265
參議……………………266
參議院…………………266
參議員禮貌……………266
國民權…………………267
國民大會………………268
國民大會代表…………269
國民政府………………270
國民會議………………270
國邦的理由……………270
國邦社會主義…………271
國協……………………271
國相……………………272
國務大臣………………272
國家……………………272
國家利益………………274
國會……………………274
國會法…………………276
國際主義………………276
國際情報局……………276
國際無政府狀態………277
國畿……………………277
國體……………………277
唯物史觀………………277
基本法…………………278
基本群…………………278
基爾特式民主…………278
基爾特社會主義………279
執金吾…………………279
婦女選舉權……………280
將作大將………………280
將軍……………………280
專制政治………………280
專制政體………………281
專權政治………………281
常設委員會……………281
康格里斯………………281
強制投票………………281
御史……………………281
御史大夫………………281
御史中丞………………282
控制群設計……………282
採訪使…………………282
探花……………………282
捷克(Czechoslovak Sociaist Republic）政黨……282
教會與國家……………283
曹錕憲法………………285
梭文主義………………285
梅因……………………285
深度訪問………………285
清黨……………………286
理性化的國會…………286
理性的合法性…………287
理論……………………287
研究途徑………………288
符命……………………288
符瑞……………………288
第三國際………………288
紳豪……………………289
累積投票………………289
組織原理………………289
莫爾……………………290
荷蘭政黨………………291
規定陳述………………291
訪問……………………292
通才……………………292
通判……………………292
通信投票………………292
通訊自由………………292
通訊理論………………293
連帶責任………………295

部丞……………………296
部長會議………………296
部曹……………………296
陸克……………………296
陰陽家…………………297
麥迪生…………………298

十二畫

創制權…………………298
剩餘價值………………299
勞力價值論……………299
博士……………………300
喀麥隆(Federal Republic of Cameroon)政黨 301
喀爾文………………… 302
單一國………………… 303
單數選區……………… 303
幾內亞 (Republic of Guinea) 政黨……… 303
提名…………………… 303
提刑按察使……………304
描寫陳述………………304
掣籤法………………… 304
掾吏…………………… 304
散官…………………… 304
斯多意主義…………… 305
斯多意派……………… 305
斯賓塞………………… 305
斯賓諾莎……………… 305
智利 (Chile) 政黨…… 306
普及選權………………306
普魯東…………………306
朝覲……………………307
集產主義………………307
集會自由………………307
集團投票………………308
集體安全………………308
欽定憲法………………309
殖民主義………………309
無政府主義…………… 310
無政府狀態……………311
無限制的多數統治或表決……………………311
無產階級………………311
無產階級專政…………312
無組織的觀察…………312
黑馬候選人…………… 312
黑格爾…………………312
雅各賓主義…………… 312
發展性的分析………… 313
衆議院………………… 313
短票運動……………… 313
策略原理……………… 313
筆帖式………………… 314
給事中………………… 314
結社自由……………… 314
結構功能分析…………315
絶對論………………… 319
絶對否決………………320
統帥權…………………320
肅政廉訪使……………320
菲希特…………………320
菲律賓 (Philippines) 政黨……………………320
象牙海岸 (Republic of Ivory Coast) 政黨…321
貴族政治………………321
貴族院…………………322
越南共和國政黨………322
費邊主義………………322
進士……………………322
都市計劃………………323
都省……………………323
都尉……………………323
都督…………………… 323
都察院………………… 324
都護…………………… 324
鄉兵…………………… 325
鄉貢…………………… 325
鄉試…………………… 325
開府…………………… 325
開府儀同三司…………325
開放式訪問……………326
開發中的國家…………326
間接民主政治…………326
階級……………………327
階級鬥爭………………330
階級意識………………330
黃門……………………331
黃門侍郎………………331

十三畫

會元……………………331
會期……………………331
會期委員會……………332
會試……………………332
傑佛生…………………333
傳統的合法性…………333
傳臚……………………333
塞內加爾 (Republic of Senegal) 政黨………333
塞浦勒斯(Cyprus)政黨334
奧古斯丁………………334
奧地利(Austria)政黨…335
奧坎……………………336
愛爾法修………………336
愛爾蘭 (Ireland) 政黨337
意見自由………………337
新自由主義…………… 337
新政……………………338
新個人主義……………338
新聞自由……………… 339
極權政治……………… 339
極權獨裁……………… 339
殿最…………………… 340
殿試…………………… 340
獅子山 (Sierra Leone) 政黨……………………340
瑞士 (Switzerland) 政黨……………………341
瑞典(Sweden)政黨…… 342
當選商數……………… 342
當選無效………………342
督郵……………………342
綏靖主義………………343
經承……………………343
經歷……………………343
經濟民族主義…………343
經濟決定論……………343
經驗主義………………344
義大利 (Italy) 政黨…345
著作自由………………346
葡萄牙 (Portugal) 政黨346
補闕……………………346
解元……………………347
解散權…………………347
詭辯派…………………348

誅戮暴君……………… 348
詹事…………………… 348
試用…………………… 349
試守…………………… 349
試官…………………… 349
試署…………………… 349
資本主義……………… 349
資料…………………… 352
資深制………………… 353
路德…………………… 353
辟舉…………………… 353
農家…………………… 353
遊離選民……………… 354
道家…………………… 354
達荷美(Republic of Dahomey) 政黨……355
違憲…………………… 355
隔膜…………………… 356
預測…………………… 356

十四畫

團體…………………… 356
團體活躍分子………… 357
圖讖…………………… 357
寡頭政治……………… 357
寡頭統治鐵律………… 358
實用概念……………… 358
對策…………………… 359
榜眼…………………… 359
福利國家……………… 359
監生…………………… 360
監司…………………… 361
監軍…………………… 361
監察院………………… 361
署理…………………… 361
種族主義……………… 362
種族歧視……………… 362
竭力滿得選區劃分法… 362
管理革命……………… 362
蒲隆地 (Republic of Burundi)政黨…………363
遞減投票制…………… 363
銓選…………………… 363
閣員…………………… 365
領土…………………… 365
領袖人才主義………… 365
領袖人才理論………… 365
領導…………………… 366

十五畫

價值…………………… 367
價值的權威性地分配… 367
價值袪除……………… 368
價值陳述……………… 369
墨西哥 (Mexico) 政黨… 369
墨家…………………… 370
寮國政黨……………… 370
廢止奴隸主義………… 371
彈劾權………………… 371
德國政黨……………… 372
徵召…………………… 374
摩洛哥 (Kingdom of Moroco) 政黨…………… 374
暴亂…………………… 375
模里西斯 (Mauritius)政黨…………………… 375
模擬研究法…………… 376
樞密…………………… 376
樞密院（英國）……… 376
樞密院（唐宋）……… 376
罷免…………………… 376
節度大使……………… 377
節度使………………… 377
緬甸政黨……………… 378
緩慢的社會主義……… 378
編類…………………… 378
膚色界限……………… 379
複決權………………… 379
複決投票制…………… 379
複數選區……………… 379
調查…………………… 379
諒闇…………………… 379
請願權………………… 379
賴比瑞亞 (Republic of Liberia) 政黨……… 380
賴索托 (Kingdom of Lesotho) 政黨……… 380
質詢…………………… 380
遷徙自由……………… 381

十六畫

儒家…………………… 381
衞尉…………………… 382
憲法…………………… 382
憲法限制……………… 383
憲法解釋權…………… 383
憲典…………………… 383
憲政法規……………… 384
憲政制度……………… 385
憲政時期……………… 385
憲政獨裁……………… 386
戰爭邊緣論…………… 386
戰時內閣……………… 387
戰略…………………… 388
舉人…………………… 389
舉士…………………… 389
舉官…………………… 389
舉國一致之政府……… 389
歷史的研究法………… 389
歷史的預測…………… 390
歷史的說明…………… 390
歷史的解釋…………… 390
澳大利亞 (Australia) 政黨…………………… 390
獨立宣言……………… 391
獨裁…………………… 392
獨立變數……………… 393
盧安達 (Rwandese Republic) 政黨…… 393
盧森堡 (Ruxemberg) 政黨…………… 394
盧騷…………………… 394
積壓否決（見「保留簽署」）…………… 181
縣尹…………………… 395
縣令…………………… 395
縣長…………………… 396
縣尉…………………… 396
翰林…………………… 396
翰林院………………… 396
諸侯…………………… 397
諦得…………………… 397
諫院…………………… 397
諫議大夫……………… 397
頭目…………………… 397
輸入…………………… 397
遺棄（見「隔膜」）… 356
選民…………………… 397

選民登記……………… 398
選民調查……………… 398
選任委員會…………… 399
選區…………………… 399
選擇投票……………… 399
選擧…………………… 399
選擧費用……………… 400
選擧無效……………… 400
選擧訴訟……………… 400
選擧舞弊……………… 400
錫蘭政黨……………… 401
隨機抽查……………… 401

十七畫

檢查制………………… 401
縱橫家………………… 402
總理…………………… 403
總統府………………… 403
總統制………………… 404
總統選擧團…………… 405
總裁…………………… 405
總管…………………… 405
總督…………………… 406
聯合內閣……………… 406
聯合政府……………… 407
聯邦國………………… 407
臨時約法……………… 407
臨時政府組織大綱…… 408
謚法…………………… 409
講學自由……………… 409
隱含的功能…………… 410
韓林頓………………… 410
韓國政黨……………… 411

十八畫

歸化…………………… 412
禮部試………………… 412
職業代表制…………… 412
雜家…………………… 413
雙劍論………………… 414
雙頭郡太守…………… 414
魏科…………………… 414

十九畫

寵兒候選人…………… 414
羅馬尼亞(Rumania)政黨 414
羅馬和平時代………… 415
羅德西亞 (Rhodesia) 政黨………………… 415
藩鎮…………………… 415
邊沁…………………… 416

二十畫

競選…………………… 416
蘇丹 (The Democratic Republic of Sudan) 政黨………………… 416
蘇格拉底……………… 416
蘇維埃………………… 417
蘇聯政黨……………… 417
議員案………………… 419
議場領袖……………… 419
黨工人員……………… 419
黨紀…………………… 419
黨員…………………… 420
黨務機器……………… 421
黨章…………………… 421
黨魁…………………… 421
黨綱…………………… 422
黨齡…………………… 422

二十一畫

屬國都尉……………… 422
攝政政治……………… 422
辯證唯物論…………… 422

二十二畫

權力分配……………… 422
權力政治……………… 422
權力結構……………… 423
權利法案……………… 423
權利請願書…………… 424
權限劃分法院………… 424
權威主義……………… 424
權威型的性格………… 425

二十三畫

變數…………………… 425
顯示的與隱含的功能… 426
體系分析……………… 427

二十五畫

觀察處置使…………… 428

Index

A

Abolitionism 371
Absentee voting 255
Absolutism 319
Ad Hoc Theorizing 251
Alienation 356
Alternative thinking 71
Alternative vote 399
Althusius, Johanes, 1557 - 1638 141
Amnesty 13
Anarchism 310
Anarchy 113, 311
Ancestor worship 251
Anti-Duhring 46
Anti-intellecturalism 46
Anti-Semitism 46
Anti-Stalin 45
Apolitical strata 181
Approach 288
Aquinas, St. Thomas, 1225? - 1274 178
Arbitrary power 97
Aristocracy 321
Aristotle, B.C. 384-322 140
Articles of Confederation 139
Augustine, St. Aurelius, 350-430 334
Authoritarian personality 425
Authoritarianism 184,424
Authoritative allocation of values 367
Autocracy 281

B

Bakunin, Mikhail, 1814 - 1876 55
Balance of terror 243
Behavioral approach 121
Behavioral data 121
Behavioralism 121
Behaviorism 121
Benelux 64
Bentham, Jeremy, 1748 - 1832 416
Bicameral 143
Bill 164
Bill of Rights 91, 423
Bipolarity 144
Bloc voting 308
Bolshevism 80
Bonapartism 168
Bosanquet B., 1848 - 1923 169
Boss 397
Bourgeois 82
Bourgeoisie 82
Brainwashing 215
Brinksmanship 387
Bukharin, Nikolay Ivanovich, 1888-1938 ... 80
Burke, Edmund, 1729 - 1797 187

C

Cabinet Ministers 365
Cabinet system 34
Caucus 252
Calvin, John, 1509 - 1564 302
Campaign 416
Carlyle, Thomas, 1795 - 1881 70
Case of defence 139
Case-study approach 142
Censorship 401
Chauvinism 285
Checks and balances 146
Church and state 283
Cicero, Marcus Jullius, 106-43B.C. 240
Citizenship 40
City of god 49
City planning 323
City-state 184
Civil rights 267
Civil service 59
Civil war 38
Classic liberalism 71
Coalition cabinet 406
Coalition government 407
Coding 378
Cole, George Douglas Howard, 1889-1959.. 214
Collective security 308
Collectivism 307
Colonialism 309
Color bar 379
Cominform 276
Comintern 288
Commonwealth 271

Communication theory 293
Communism 100
Communist Manifesto 101
Communist Party 101
Compromise 130
Compulsory voting 281
Confederation 139
Confederation of states 139
Congress 281
Consent theory 107
Conservatism 181
Constitueney 399
Constituent power 146
Constitution 382
Constitutional dictatorship 386
Constitutional law 385
Constitutional limitation 383
Constitutionalism 385
Constructive veto of no confidence 187
Content analysis 33
Contract Theory 90
Control group design 282
Controlled investigation 114
Convention 384
Corrupt practice 400
Council of Ministers 296
Council-manager form of municipal government 80
Councillor government 153
Country party 109
Coup dètat 212
Court 163
Court party 109
Creeping socialism 378
Cumulative vote 289

D

Dark horse candidate 312
Data 352
Decentralization 109
Decision-making analysis 135
Decision-making approach 135
Decision-making theories 135
Declaration of Independence 391
Declaration of the Rights of Man and of the Citizen 5
Delegated legislation 152
Democracy 85
Democratic collectivism 90
Democratic socialism 87
Dependent variable 217
Depth interview 285
Descriptive statement 304
Desegregation 148
Despotism 280
Developing nations 326
Developmental analysis 313
D'Holback, Baron Paul, 1723 - 1789 125
Dialectic materialism 422
Dictatorship 392
Diet 397
Diggers 161
Direct election 172
Dissolution 347
Distribution of powers 422
Divine right of kings 128
Dugit's theory of law 135

E

Economic determinism 343
Economic nationalism 343
Election 399
Election expenses 400
Electoral quotient 342
Elite 289
Elitism 365
Elitist theories 365
Empiricism 344
Ends and means analysis 94
Engels, Friederich, 1820 - 1895 241
Epicureau 97
Equal sufferage 83
Extrasocietal parameter 175

F

Fabianism 322
Fascism 162
Favorite son candidate 414
Federal state 407
Feedback 48
Feuerbach, Ludwig 247
Fichte, Johann Gottlieb, 1762 - 1814 320
Flexible constitution 213
Floating voters 354
Floor leader 419
Form of state 277

Forms of government 212
Free world 118
Freedom 117
Freedom of academic instruction 409
Freedom of assembly 314
Freedom of association 314
Freedom of change of domicile 381
Freedom of correspondence 292
Freedom of domicile 159
Freedom of expression 337
Freedom of meeting 307
Freedom of person 3
Freedom of press 339
Freedom of publication 68
Freedom of speech 137
Freedom of writing 346
Frustration-aggression theory 161
Funeral oration of pericles 213

G

Game theory 313
General 131
General will 103
Generalist 292
Geographical representation 110
Geopolitics 111
Gerrymandering 362
Global interdependence 99
Govemors-general 406
Government 189
Government bill 190
Government party 190
Graduated vote 363
Grand council 227
Grand-father clause 251
Greated Charter 15
Green, T.H. 1836 - 1882 247
Grotius, Hugo, 1583 - 1645 245
Group 356
Guild socialism 279

H

Habeas corpus 4
Halifax, George Savile, First Marquess of, 1633 - 1695 183
Hare system 183
Harrington, James, 1611 - 1677 410
Head of the state 31
Heartland theory 59
Hegel, George Wilhelm, 1770 - 1831 312
Helvetius, Claude, 1715 - 1771 336
Historical approach 389
Historical explanation 390
Historical interpretation 390
Historical prediction 390
Hooker, Richard, 1553 - 1600 221
House of commons 313
House of lords 322
Huguenots 148
Human rights 5

I

Ideology 66
Imperialism 186
Independent variable 393
Indirect democracy 326
Industrial democracy 17
Initiative 298
Input 397
Institutional approach 145
Interdisciplinary integration 217
International anarchy 277
Internationalism 276
Interpelation 85
Interview 292
Intrasocietal parameter 174
Iron law of oligarchy 358

J

Jacobinism 312
Jefferson, Thomas, 1743 - 1826 333
John of Paris 56
John of Salisbury, 1115 - 1180 253
Judicial power 74
Judicial review 73

K

Kingdom 64
Kropotkin, Pétr(Peter) Alekseevich, 1842-1921 125

L

Labor theory of value 299
Laski, Harold, 1897 - 1951 161
Latent function 410
Leadership 366

Leftists 80
Legislative filibustering 177
Legislative procedure 95
Legislative process 95
Legitimacy 107
Leninism 104
Levellers 83
Liberalism 118
Limited majority rule 114
Limited suffrage 231
Limited vote 231
List system of voting 109
Locke, John, 1632 - 1704 296
Lower house 9
Luther, Martin, 1483 - 1546 353

M

Machiavelli, Niccolo, 1469 - 1527 263
Madison, James, 1751 - 1836 298
Magna Carta 15
Magna Charter 15
Maine, Sir Henry James Sumner, 1822-1888 285
Major parties 16
Majority party 113
Managerial revolution 362
Manifest and latent function 426
Marx, Karl, 1818 - 1883 260
Mass 14
Mass communication 14
Mass media 15
Materialistic interpretation of history 277
Mid-term election 25
Middle class 24
Militarism 227
Minister of state 272
Minister without portfolio 18
Minor parties 16
Minority party 54
Model 183
Monarchy 128
Monism 1
Montesquieu 170
More, Thomas, 1478 - 1535 290
Multi-member district 379
Multiplex society 112
Multivariate analysis 113
Myth 252

N

National assembly 270
National interest 274
National socialism 271
National state 90
Natural rights 120
Naturalization 412
Nazism 255
Neitzsche, Friedrich, 1844 - 1900 79
New deal 338
New individualism 338
New liberalism 337
Nomination 303
Normative statement 369

O

Octroyed constitution 309
Oligarchy 357
Open question 119
Open voting 41
Open-ended interview 326
Operational concept 358
Opposition party 47
Organization activists 357
Organization theory 289
Oriental despotism 162
Overlapping membership 230

P

Pacifism 343
Paine, Thomas, 1737 - 1809 141
Pardon power 251
Paris commune 56
Parliament 54
Parliament Act, 1911 276
Parochialism 131
Party bases 207
Party constitution 421
Party discipline 419
Party finance 209
Party government 209
Party leader 421
Party machine 421
Party member 420
Party organization 210
Party platform 422
Party seniority 422
Party systems 205
Party truce 205

Party workers 419
Patrimonialism 240
Pax Romana 415
Peace corps 150
Peaceful co-existence 150
People's democracy 3
Permanent revolution 92
Petition of Right 424
Philosopher-king 238
Plato, 427-347 B.C. 212
Plebiscite 40
Plural vote system 379
Pluralism 111
Policy 202
Policy clause 202
Policy sciences 202
Policy-maker 202
Politics 190
Political apathy 191
Political analysis 190
Political behavior 191
Political criteria 196
Political culture 190
Political development 193
Political efficacy 192
Political factions 216
Political machine 199
Political myth 192
Political neutrality of public service 41
Political participation 193
Political parties 203
Political power 199
Political process 195
Political recruitment 190
Political refugee 199
Political role 191
Political science 196
Political socialization 191
Political sociology 192
Political strata 195
Political theory 193
Political warfare 199
Politician 201
Poll tax 4
Polyarchy 111
Postal votes 292
Power of Appointment and removal 96
Power politics 422
Power structure 423
Prediction 356
Preferential ballot 399
Prescriptive statement 291
Presidential electoral college 405
Presidential system 404
Primary 127
Primary group 278
Prime minister 36
Primitive political system 237
Private bill 137
Private member's bill 419
Privy council 376
Professional representation 412
Proletariat 311
Proportional representation 63
Protectorate 182,422
Proudhon, Pierre Joseph, 1809 - 1865 306
Psychological approach 57
Public bill 41
Public opinion 91
Public opinion polls 91
Purge 286

Q

Question 380
Questionaire 245
Quota 342
Quota sampling 157

R

Racial descrimination 362
Racism 362
Raison d'Etat 270
Random sampling 401
Rational legitimacy 287
Rationalized parliament 286
Recall 376
Recess appointment 98
Reference group theory 265
Referendum 298,379
Registration of voters 398
Representation of majorities 113
Representation of minorities 54
Republic 100
Rigid constitution 236
Right of equality 83
Right of petition 379
Right of property 257
Right to exist 93

Rightists 72
Rousseau, Jean Jacques, 1712 - 1778 394

S

Scale 64
Secret voting 252
Self-determination of nations 90
Senate 266
Seneca, Lucius Annaeus, 4B.C.-65A.D. ..239
Seniority rule 353
Seniority system 353
Separation of powers 44
Session 331
Short ballot movement 313
Simulation 376
Single-member district 303
Slavery 78
Social Darwinism 173
Social legislation 175
Sociology of knowledge 173
Socialist International 175
Socrates, 469 - 399 B.C. 416
Sophists............................... 238
Sovereignty 66
Soviet 417
Spectrum classification of government 189
Spencer, Herbert, 1820 - 1903 305
Spending public money in campaign 41
Spinoza, Benedict, 1632 - 1677 305
Stalinism 71
State.................................. 272
State of legislative emergency 96
State of nature 120
Stereotype 147
Stoicism............................... 305
Stoics 305
Strategy 388
Structural-functional analysis 315
Structured and unstructured observation .. 116
Suffrage............................... 135
Surplus value 299
Survey 379
Syndicalism 138
System analysis 427

T

Territory 365
Theory 287
Theory of equilibrium 84
Theory of sampling 160
Tito, Josip Broz, 1892 - 136
Totalitarian dictatorship 339
Totalitarianism 339
Traditional legitimacy 333
Trotsky, Leon 113
Two swords.............................414
Typology 145
Tyrannicide 348

U

Ultra vires 355
Unconstitutional 355
Unitary state 303
Universal Declaration of Human Rights.... 65
Universal suffrage 306
Unlimited majority rule 311
Unstructured observation 312
Upper house 9
Utilitarianism 69
Utopia 250
Utopianism 250

V

Value-free 368
Values 367
Variable 425
Verteigignngfall........................139
Veterant's presure group 257
Veto power 128
Vico, Giambattista, 1668 - 1744 414
Violence 375
Volonté générale 103
Voltaire, 1694 - 1778 98
Voter 397
Voting by proxy 154

W

Warlords 227
Way of life 94
Weimar Constitution.....................184
Welfare state 359
William of Occan, 1280-1347 336
Woman suffrage 280
World government 65
Written constitution 134

Z

Zeno of Citium, 336 B.C. - 264 B.C. 212
Zionism 230

政治學 ／ 羅志淵主編. -- 初版. -- 臺北市：
臺灣商務, 民 60
面： 公分. -- (雲五社會科學大辭典普及本；第 3 冊)
含索引
ISBN 957-05-0556-7 (平裝)

1. 政治 － 字典, 辭典

570.4 81004548

雲五社會科學大辭典普及本第三冊
政治學
定價新臺幣 550 元

名譽總編輯 王 雲 五
編輯委員會召集人 楊亮功 陳雪屏 羅志淵
本冊主編 羅 志 淵
出版委員會主任委員 劉 季 洪

出版者
印刷所 臺灣商務印書館股份有限公司
臺北市 10036 重慶南路 1 段 37 號
電話：(02)23116118 • 23115538
傳眞：(02)23710274 • 23701091
讀者服務專線：0800-056196
E-mail：cptw@ms12.hinet.net
郵政劃撥：0000165 — 1 號
出版事業登記證：局版北市業字第 993 號

• 1971 年 12 月初版第一次印刷
• 2001 年 8 月初版第十次印刷

ISBN 957-05-0556-7(平裝) 13725011

雲五社會科學大辭典

名譽總編輯：王雲五
出版委員會主任委員：劉季洪

（每部十二冊）

第一冊　社會學 ……………………………………龍冠海主編

第二冊　統計學 ……………………………………張果為主編

第三冊　政治學 ……………………………………羅志淵主編

第四冊　國際關係(增訂本) …………………………張彝鼎主編

第五冊　經濟學 ……………………………………施建生主編

第六冊　法律學 ……………………………………何孝元主編

第七冊　行政學 ……………………………………張金鑑主編

第八冊　教育學 ……………………………………楊亮功主編

第九冊　心理學 ……………………………………陳雪屏主編

第十冊　人類學 ……………………………………芮逸夫主編

第十一冊　地理學 ……………………………………沙學浚主編

第十二冊　歷史學(增訂本) …………………………方　豪主編